헤겔사전

엮은이 가토 히사타케+구보 요이치+고즈 구니오+다카야마 마모루+다키구치 기요에이+야마구치 세이이치　옮긴이 이신철

도서출판 b

□ 엮은이 □

가토 히사타케(加藤尚武)___ 1937년 생. 교토(京都) 대학 대학원 문학연구과 교수
구보 요이치(久保陽一)___ 1943년 생. 고마자와(駒澤) 대학 문학부 교수
고즈 구니오(幸津國生)___ 1943년 생. 일본 여자 대학 인문사회학부 교수
다카야마 마모루(高山 守)___ 1948년 생. 도쿄(東京) 대학 대학원 인문사회계 연구과 교수
다키구치 기요에이(瀧口淸榮)___ 1952년 생. 호세이(法政) 대학 문학부 · 제1교양부 강사
야마구치 세이이치(山口誠一)___ 1953년 생. 호세이(法政) 대학 제1교양부 교수

□ 옮긴이 □

이신철(李信哲): 연세대학교 철학과를 졸업하고 건국대학교 대학원에서 형이상학과 인식론, 독일관념론, 특히 헤겔 철학을 공부했다. 2008년 현재 사단법인 국가안보전략연구소의 선임연구원으로 재직 중이며, 건국대학교와 숭실대학교에서 강의하고 있다. 주요 논문으로는 박사학위 논문인 『방법으로서의 체계—헤겔 ·논리의 학을 중심으로』가 있으며, 지은 책으로는 『진리를 찾아서』, 『주체사상과 인간중심철학』, 『한국철학의 탐구』, 옮긴 책으로는 『순수이성비판의 기초개념』, 『우리는 어디로 가는가』, 『학문론 또는 이른바 철학의 개념에 관하여』, 『역사 속의 인간』 등이 있다.

HEGEL JITEN

by KATO Hisatake / KUBO Yoichi / KOZU Kunio / TAKAYAMA Mamoru / TAKIGUCHI Kiyoei / YAMAGUCHI Seiichi

Copyright © 1992 by KATO Hisatake / KUBO Yoichi / KOZU Kunio / TAKAYAMA Mamoru / TAKIGUCHI Kiyoei / YAMAGUCHI Seiichi
All rights reserved.Originally published in Japan by KOBUNDO, LTD., Tokyo. Korean translation rights arranged with KOBUNDO, LTD., Japan. through THE SAKAI AGENCY and BESTUN KOREA AGENCY.

서 문

일본에서 서양 철학 연구가 시작된 지 약 120년이 되었다. 일반적으로 니시 아마네(西周)가 1870년(메이지 3년)에 도쿄의 이쿠에이사(育英社)에서 강의한『백학연환(百學連環)』이 일본 근대 철학의 현실적인 출발점으로 간주된다. 그렇다면 일본인이 서구의 사상가에 대해 서구의 평가에 기대지 않고서 독자적인 평가를 내리고 그것이 세계에 통용되는 예가 하나 정도는 확보될 만한 시기가 되었다 할 것이다.

헤겔은 '시민사회'라는 개념을 확립한 사상가이며, 역사의 의미가 자유 이념의 정치적 발전 과정에 있다는 견해를 내세웠다. 그는 근대 사회와 근대화에 대해 사유하기 위한 거점이 되는 사상가이다. 헤겔을 모체로 하여 마르크스와 키르케고르라는 서로 이질적인 두 사상가가 탄생했다. 20세기 사상의 극적인 과정은 이 두 사람의 주연에 의해 구성되어 왔다고 할 수 있는데, 도스토예프스키가 그 이후 문학에서 마르지 않는 인간관의 원천이 된 것처럼 헤겔 철학은 이후의 철학에서 다함이 없는 발상의 원천이 되었다.

일본의 철학과 사상 흐름에서 스스로 대지를 딛고 서는 확실함과 스스로 세계 전망을 열어젖히는 시야를 확보하기 위해서는 우선 헤겔이라는 한 사람의 사상가에 관한 완전한 데이터를 집약하여 공동으로 이용할 수 있는 체제를 만들어내지 않으면 안 된다.

그러나 헤겔 연구는 그 기본적인 부분에서 끊임없이 움직이고 있다. 텍스트와 강의록이 해마다 증가하고 있으며, 실질적인 헤겔 전집의 분량은 마르크스나 키르케고르가 읽을 수 있었던 분량의 두 배를 넘어섰다. 법철학 강의록은 텍스트의 다섯 배 정도 분량이며, 미학과 역사철학 등의 영역에서 앞으로도 강의록 간행이 기대된다. 또한 지난 몇 년 사이에 헤겔의 동시대인으로서 지금까지 대부분 알려지지 않았던 사람들에 대한 사상적 발굴도 이루어지고 있다. 텍스트의 문자와 관련하여 헤겔이 약호로 써 놓은 단어의 독해방식이 변한 까닭에 기본적인 문맥이 달라진 것도 있다.

한 사람의 사상가에 관한 데이터가 완전해지기 위해서는 다음과 같은 문제가 해결되어야만 한다.

① 집필자(autorschaft) 문제. 헤겔이 셸링과 연명(連名)으로『철학비판지』에 발표한 논문에 대해서는 실제의 집필자 추정이 대체로 확정되어 있다. 청년기 헤겔의 필적 원고가 남아 있는『독일 관념론 최고의 체계 강령』에 대해서는 푀겔러에 의해 헤겔 자신이 집필자라는 판단이 제시되었지만 아직 확정된 것은 아니다. 이것 말고는 집필자 문제에 큰 문제는 없다.

② 집필 시기 판정 문제. 청년기 헤겔에 대해 슐러 여사가 기초적인 안을 제시하고 그것을 니콜린이 수정한 것이 있다. 예나 시기에 대해서는 킴멀레가 안을 내놓았지만 그 후 킴멀레 자신이 개정안을

다듬었으며, 청년기로부터 예나 시기에 대해서는 해리스가 작성한 집필 연대표(Chronologie)가 있다. 또한 전집 간행과 함께 각 권에 집필 시기에 대한 주석이 붙어 있다. 그것들을 현시점에서 가능한 한 집대성한 것을 가토 히사타케(加藤尙武)가 중심이 되어 십여 년 전부터 공동으로 제작해 왔는데, 이번 『헤겔사전』 간행에 즈음하여 구리하라 다카시(栗原隆) 니가타 대학 조교수가 현재까지의 정보를 거의 완전하게 집약한 것을 츠루마키 고헤이(鶴卷幸平) 씨가 컴퓨터에 입력하고 그 주요 부분을 본 사전의 부록으로 수록하였다.

③ 텍스트 교정. 라손과 호프마이스터 등의 선구적인 텍스트 교정 작업을 근본 자료에 기초하여 완전하게 만든다는 방침 아래 1968년부터 계속해서 전집(Gesammelte Werke herausgegeben im Auftrag der Deutschen Forschungsgemeinschaft. Felix Meiner)이 간행되고 있으며, 그 일부가 학생판으로서 부분적으로 개정되어 철학총서로 나오고 있다. 이전의 글로크너 판을 모범으로 한 염가판도 주어캄프 사에 의해 완결되어 출판되고 있다. 지바 대학의 가토 히사타케 연구실에서는 주어캄프 판을 중심으로 텍스트를 컴퓨터에 입력하고 텍스트 데이터를 작성하고 있으며, 본 사전의 집필에 즈음해서도 대량의 검색 데이터를 집필자에게 제공한바 있다.

④ 강의록 편찬. 라손과 호프마이스터는 남아 있는 강의록들로부터 이상적인 저작을 재편집한다는 방침하에 작업을 진행시켰지만, 현재는 청강자의 강의 노트를 그대로 인쇄, 출판한다는 방침을 따르고 있다. 일팅이 법철학과 종교철학 노트의 교정판을 내놓은 것 외에, 헨리히가 편집한 법철학, 예슈케가 편집한 종교철학 등이 간행되고 있다(권말 부록 참조).

⑤ 서간집 편찬. 이미 완결되어 마이너 사에 의해 간행되고 있다. 새롭게 발견된 것의 보충은 『헤겔 연구』(Hegel-Studien. Bouvier, Bonn)에서 이루어지고 있다.

⑥ 언행록 편찬. 니콜린 편, 『동시대인의 보고』와 로젠크란츠, 『헤겔의 생애』 등이 헤겔의 언행을 전해 준다. 에커만이 『괴테와의 대화』를 남긴 것과 같은 사례는 헤겔의 경우에는 존재하지 않는다.

⑦ 원자료(source book)의 탐색. 헤겔의 저작들이 어떤 자료에 기초하여 저술되었는가 하는 것은 아직 거의 밝혀져 있지 않다. 특히 '자연철학'이라든가 '역사철학' 등의 원자료 조사는 앞으로의 과제로 남아 있다. 이를 위한 중요한 실마리는 헤겔의 '장서 목록'이다. 이것은 헤겔 사후 장서의 일괄 매각 목록이다. 베를린의 '독일문화재국'으로부터 마이크로필름을 입수하여 카드로 만든 자료를 일본에서 제작했지만, 본 사전에는 수록하지 않았다.

⑧ 상세연보. 헤겔에 대해서는 이번에 오쿠타니 고이치(奧谷浩一) 삿포로가쿠인 대학 교수가 상세연보를 제작했는데, 그 주요 부분이 본 사전에 수록되어 있다. 만약 이에 더하여 피히테와 횔덜린의 상세연보가 작성된다면, 그것들은 비교 상세연보로서 서로의 영향관계 연구를 위한 기초 자료가 될 것이다. 동시대 사상가들과의 상호 영향관계 연구가 진전돼 나갈수록 더욱 더 상세 비교연보가 필요해질 것이다.

⑨ 영향작용사. 헤겔의 저작들이 그 후의 역사적으로 중요한 저작들에서 어떻게 인용되고 있는가를 보여주는 데이터베이스가 필요하다. 이것은 아직 만들어져 있지 않다. 하지만 헤겔 이외의 텍스트들에 대한 데이터베이스화가 진전된다면 그로부터 2차 정보로서 검색할 수 있을 것이다.

⑩ 연구서지. 세계 전체의 연구서지는 이전의 동베를린 도서관에서 슈타인하우어 씨가 편찬하여

출판하고 있었다. 이것이 계속될 전망은 현재로서는 보이지 않는다. 일본에서의 헤겔 연구서지는 고즈마 타다시(上妻精) 도호쿠 대학 교수가 직접 착수하여 현재 그것이 계속 제작되고 있으며 앞으로도 계속될 예정이다. 일본의 문서에서 헤겔이 언급되어 있는 것들의 기록집(일본에서의 헤겔 언급서지)은 본 사전에도 일부 수록되어 있지만 아직 제작중이다.

헤겔 정보의 종합적인 전체상으로부터 사상과 그 역사에 관심을 갖는 사람들 모두에게 유익한 정보를 가장 엄밀한 자료에 기초하여 끌어내고 또 쉽고 간결하게 기술하여 자유롭게 검색할 수 있는 상태로 만드는 것이 본 사전의 제작 목적이다. 본 사전은 끊임없이 움직이고 있는 정보 흐름의 최신, 최선의 중간보고이고자 노력했다.

헤겔이 술어로서 사용하고 그의 텍스트를 해독하는 데 필요한 단어에 설명을 덧붙인 것으로서는 글로크너의 『헤겔 렉시콘』이 잘 알려져 있다. 그러나 오늘날의 눈으로 보면 수록된 텍스트의 범위가 좁고 용어 선정의 주관성과 시대적 제약이라는 결함이 부정될 수 없다. 그리하여 그 외에 주어캄프 판 전집의 색인과 바셍게가 편집한 『미학』의 색인 등 헤겔 텍스트들에 덧붙여진 주요 색인들을 모아 본 사전의 항목 선정의 자료로 삼았다.

일본에서 사용되는 『헤겔사전』은 독일인들에게는 자명해도 일본인들에게는 설명될 필요가 있는 항목을 누락시켜서는 안 된다. 인명과 지명 등의 고유명사와 전기에 기재된 인물들 가운데 앞으로 연구가 진행되면서 중시되리라고 생각되는 인물 등도 누락되지 않도록 배려했다.

또한 편집자들은 종래의 연구에서 거의 취급되지 않은 자연철학 영역에 대해서도 본 사전의 편집을 기회로 충실하게 만들지 않으면 안 되는 영역이라고 생각했다.

집필자 선택에 관해 이야기하자면, 위에서 언급한 연구서지에 따라서 그 항목에 대해 과거에 가장 우수한 업적을 발표한 분들에게 위촉하였으며, 집필자의 출신 대학 등에 대해서는 전혀 고려하지 않았다. 다행히도 거의 대부분의 집필 후보자들로부터 흔쾌한 승낙을 받을 수 있었고, 전국의 백 분의 헤겔 연구자로부터 기고 받게 되었다.

집필자 가운데 한 분인 혼다 슈로(本多修郎) 선생, 그리고 건강에 자신이 없어서라고 말씀하시면서 집필을 사퇴한 오오이 타다시(大井正) 선생이 본 사전의 완성을 기다리시지 못하고 돌아가셨다. 두 분에게 공통된 것은 결코 권위자임을 내세우지 않으면서 기꺼이 풍부한 학식을 아낌없이 제공하여 주신 대 학자들이셨다는 점이다. 두 분 모두 일본을 대표하는 유물론자이지만, 감히 '명복을 빌며' 그 뜻을 이어받고자 한다.

1988년 2월부터 시작된 편집 작업이 대강 4년이라는 시간을 거쳐 하나의 책으로 햇빛을 보게 되었다. 모든 원고를 마지막으로 검토하여 마치기까지 문자 그대로 편집자 일동과 고락을 함께 하여주신 고분도(弘文堂)의 우라츠지 유지로(浦辻雄次郎) 씨에게는 진심으로 감사드리지 않을 수 없다.

1991년 12월 10일
편집자를 대표하여 가토 히사타케

옮긴이 서문

이 『헤겔사전』은 일본의 고분도 출판사에서 1992년 출간한 『ヘーゲル 事典』을 번역하여 우리말 순서에 따라 사항들을 다시 편집하고 거기에 간단한 '한국어로 읽을 수 있는 헤겔 연구문헌 일람'을 덧붙인 것이다. 헤겔과 관련한 전문적인 연구 성과를 내놓은 일본의 100명의 학자가 집필자로 참여한 이 『헤겔사전』은 헤겔과 관련된 사항들을 거의 빠짐없이 설명할 뿐만 아니라 철학적으로 중요한 개념들의 경우에는 짧은 논문의 분량으로 충실히 해설하고 있으며, 나아가 방대한 연구문헌 소개와 상세하고도 체계적인 '헤겔 집필연대표' 및 '헤겔 상세 연보' 등을 덧붙이고 있기도 하다.

우리는 헤겔 사유의 지극히 복잡하고도 분화된 근거짓기이론적인 근본구조와 그가 행한 분석의 광대한 넓이에 부딪쳐 곧바로 그의 사유에 굴복하거나 정반대로 그의 사유를 인간적 오만함이 극에 달한 망상의 산물이라고 치부하기 십상이다. 하지만 우리가 지적인 자기방기나 단적인 거부의 극단을 피하고자 한다면, 그의 텍스트들에 대한 이해를 갖춘 독해는 단적으로 필수적인 과제라 할 것이다. 그러나 그가 다루고 있는 주제들의 철학적 깊이와 그 체계의 방대함 그리고 난마와 같이 얽혀 있는 용어들의 그물망은 쉽사리 우리들로 하여금 독해의 의욕을 저버리게 한다. 옮긴이의 경우에도 그랬지만, 가령 『정신현상학』이나 『논리의 학』의 경우에는 텍스트를 접하는 순간부터가 이미 일종의 자기 절망의 도정에 들어서는 것이라는 점이 우리 모두의 경험이다. 또한 우리에 대해 헤겔 사유가 지니는 의의에 접근하는 데서는 너무도 다양한 극단적인 견해들이 끊임없이 걸림돌로 다가온다. 하지만 마냥 미로를 헤맨다고 할 수 있는 이러한 상황은 우리에게 헤겔의 텍스트를 독해할 수 있는 개념적 지도와 영향사 이해를 위한 기초적 사항들에 대한 설명이 주어져 있지 않기 때문일 것이다. 이런 형편에서 우리에게 헤겔 철학의 근본적인 기초적인 개념들과 기본적인 사항들을 제공하고 나아가 그것들의 체계적인 연관을 이해할 수 있게 해주는 이 『헤겔사전』은 우리로 하여금 헤겔 철학을 비로소 거침없이 독해해 나갈 수 있도록 해주는 바탕을 제공한다고 할 수 있을 것이다. 요컨대 이 『사전』과 더불어 우리에게는 헤겔 원전들을 독해하고 헤겔에 관한 연구사와 그의 철학을 둘러싼 다양한 논쟁들을 이해하는 데서 필수적인 체계적 수단이 제공된다고 말할 수 있으리라는 것이다. 참고로 도서출판 b에서는 이 『헤겔사전』의 출간 이후 계속해서 『칸트사전』과 『마르크스사전』, 『니체사전』, 『현상학사전』 등이 나올 예정이다.

원고지 분량으로 8~9천매에 이르는 이 『헤겔사전』 번역을 진행하는 긴 시간 동안 옮긴이에게는 이런저런 많은 생각이 스쳐지나가지 않을 수 없었다. 독일 고전 철학과 관련한 번역어 문제와 헤겔

철학에 대한 이해의 문제로부터 시작된 그 생각은 일본 학계의 부러울 만큼의 짜임새 있는 성과를 앞에 두고 어쩔 수 없이 우리 사회에서 학자로서 공부하는 자세, 학문을 위한 필요조건, 인문학의 위기, 우리 사회의 몰교양주의와 학문에 대한 적대적이기까지 한 풍조 등으로 이어졌지만, 어느 하나 뾰족한 대답이 주어지기보다는 생각할수록 절망감만이 더해질 뿐이었다. 사실 우리 철학함의 일반적인 상황이 보편적 좌절이라고 말해서 지나치지 않을 것이다. 역사와 철학에 대한 관심의 일반적인 감소, 학문에 헌신하고자 하는 진지한 학문후속세대의 격감, 양적으로 측정되는 업적에 치중하는 관료적 연구 작업의 만연은 우리가 일상적으로 경험하고 있는 안타까운 현상이다. 또 철학사의 풍부한 내용들에 대한 경시와 유행들에 대한 선호, 진리 추구를 목표로 한 근거짓기이론적인 작업의 결여는 그러한 현상들의 배후에 놓여 있는 우리 철학함의 내적인 무력함일 것이다. 그렇다면 이러한 현실로부터의 탈출구는 도대체 어디서 어떻게 주어질 수 있을까?

이런 맥락에서 옮긴이는 헤겔이 1816년 하이델베르크 대학에서의 '철학사'에 관한 취임 강연에서 다음과 같이 말한 것을 떠올리지 않을 수 없다. 시대와 철학의 연관, 철학에의 욕구 및 철학의 사명 등에 관한 근본적인 통찰을 보여주는 헤겔의 그 말을 조금 길게 인용함으로써 옮긴이의 심정을 대신 표현하고자 하는 것을 용서해주기 바란다.

"내가 철학의 역사를 이 강의의 대상으로 삼아 오늘 처음으로 이 대학 강단에 서게 된…… 이 시점에 학문의 전당에서 나의 철학적 생애를 다시 떠맡게 된 것은 내게 특별히 기쁘고 즐거운 일이 아닐 수 없다. 왜냐하면 철학이 다시금 주목과 사랑을 기대할 수 있게 되고, 거의 말문이 막혔던 이 학문이 다시금 자기의 목소리를 높여 철학에 대해 귀머거리가 되어 버린 세계가 다시금 철학에 귀 기울이게 될 것을 희망해도 좋을 시점에 우리가 이미 들어선 것처럼 보이기 때문이다. 지금껏 시대의 궁핍함으로 말미암아 일상적 삶의 하찮은 자질구레한 관심사들에게 너무도 커다란 중요성이 부여되어 왔고 현실의 절실한 관심사들과 이들을 둘러싼 투쟁이 정신의 모든 능력과 모든 힘 그리고 외면적인 수단을 남김없이 요구함으로써, 좀더 고차적인 내적 삶을 위해서 마음의 좀더 순수한 정신성이 자유롭게 유지될 수 없었고 또 좀더 훌륭한 본성을 지닌 사람들이 그에 사로잡혀 부분적으로는 그 속에서 희생되기도 했다. …… 그런데 현실의 이러한 흐름이 단절된 까닭에, …… 지금까지 사상들과 노력들이 귀착되었던 세상 나라와 더불어 또한 다시금…… 순수한 학문, 즉 정신의 자유로운 이성적 세계가 다시금 활짝 피어나기를 희망해도 좋을 것이다.

…… 내가 이미 언급한 시대의 궁핍함 및 커다란 세상사들에 대한 관심은 또한 우리들 사이에서도 철학에 대한 근본적이고도 진지한 몰두를 억누르고 그에 대한 좀더 보편적인 주목을 위협하듯 내쫓아 버렸다. 그리하여 옹골찬 본성을 지닌 사람들이 실천적인 것으로 향하고, 아둔함과 천박함이 철학에서 큰소리치며 확산되는 일이 벌어졌다. …… 이러한 천박함에 맞서고, 독일적인 진지함과 성실함 및 옹골참 속에서 함께 일하며, 철학이 피해 들어간 고독으로부터 그것을 끌어내는 것, 우리는 바로 이런 일들로 시대의 좀더 심오한 정신으로부터 촉구되고 있다고 여길 수 있을 것이다. 자 이제 우리 다함께 좀더 아름다운 시대의 여명을 맞이하자.

…… 그러나 우선 나는 여러분이 무엇보다도 먼저 다만 학문에 대한 신뢰와 자기 자신에 대한

신뢰를 지녀야 한다는 것 이외에 다른 아무것도 요구하지 않고자 한다. 진리에 대한 용기, 정신의 위력에 대한 믿음은 철학의 첫 번째 조건이다. …… 인간이 자기의 정신이 지닌 위대성과 위력에 대해 아무리 높이 평가해도 충분할 수 없는 것이다. 그리고 이러한 믿음을 지닌 인간에게 자기의 문을 열지 않을 만큼 다루기 힘들고 까다로운 것은 아무것도 없다. 처음에는 은폐되고 닫혀 있던 우주의 본질은 인식의 용기에 저항할 수 있는 힘을 지니고 있지 않다. 우주의 본질은 인식의 용기 앞에 스스로를 드러내어 자신의 풍요로움과 자신의 깊이를 그 용기의 눈앞에 펼치고 또 향유될 수 있도록 할 수밖에 없는 것이다."

여기서 보듯이 헤겔은 시대의 궁핍함으로 인해 철학에 대해 거의 귀머거리가 된 자신의 시대가 다시 철학에 귀 기울일 것을 희망하며 이를 위해 사람들이 학문에 대한 신뢰와 진리에 대한 용기를 지닐 것을 요구할 수 있었지만, 바로 이러한 진리에 대한 용기와 인간 정신의 위력에 대한 믿음이야말로 우리 철학함의 무력한 현실로부터의 탈주를 꿈꾸는 모든 이에게 절실히 요구되는 기본적인 출발점이라 할 것이다. 아무쪼록 이 『헤겔사전』이 그러한 출발점을 발견하고자 하는 사람들의 소망에 자그마하나마 기여할 수 있기를 바란다.

이 『헤겔사전』을 번역, 출판하는 과정에서 이루어진 사람들과의 만남에 감사드리는 것은 아름답고도 즐거운 인간적 도리일 것이다. 무엇보다도 우선 옮긴이로서는 도서출판 b와 함께 작업하게 된 것을 소중한 인연으로 생각하지 않을 수 없다. 조기조 대표와 이성민, 조영일 기획위원은 고상한 인간적 풍모와 학문에 대한 실존적 헌신으로 옮긴이로 하여금 스스로의 삶과 학문에 대한 태도를 되돌아보게 했고, 옮긴이의 부족한 능력에도 불구하고 끊임없는 신뢰로 작업을 격려해주었다. 이후 도서출판 b와의 공동 작업들에서 그 신뢰에 걸맞은 성과로 보답할 수 있길 기원할 뿐이다. 탁월한 헤겔 전문가인 나종석 박사와는 이미 오랫동안 삶과 학문에서의 동지적 유대를 맺어왔지만, 이번에도 그는 번역 원고 전체를 꼼꼼히 살펴보고 귀중한 충고를 아끼지 않았다. 언제나 그런 것처럼 그에게 우정 어린 연대의 마음으로 감사드린다. 마지막으로 주로 독일 관념론에서의 미학 연구자인 심철민 박사는 번역 작업의 처음부터 지금까지 가히 공동으로 참여해주었다고 할 만큼 세부적인 사항들에 이르기까지 충고와 격려를 아끼지 않았다. 그에게도 역시 감사의 마음을 전하며, 우정으로 보답할 수 있길 기원한다.

2008년 10월 도곡동 연구실에서
옮긴이 이신철

집필자 및 협력자 일람

◉ 본문 집필자 (가나다 순)

가나야 요시이치(金谷佳一), 가나타 스스무(金田 晋), 가도쿠라 마사미(門倉正美), 가미야마 노부히로(神山伸弘), 가타야나기 에이치(片柳榮一), 가토 히사타케(加藤尚武), 고바야시 야스마사(小林靖昌), 고즈마 타다시(上妻 精), 고즈 구니오(幸津國生), 구노 아키라(久野 昭), 구메 야스히로(粂 康弘), 구로사키 마사오(黑崎政男), 구로사키 츠요시(黑崎 剛), 구리하라 다카시(栗原 隆), 구보 요이치(久保陽一), 기무라 히로시(木村 博), 기쿠치 에이요시(菊地惠善), 기타가와 고지(北川浩治), 기타자와 쓰네토(北澤恒人), 나가시마 다카시(長島 隆), 나카노 하지무(中埜 肇), 나카야마 마사루(中山 愈), 나카오카 나리후미(中岡成文), 난죠 후미오(南條文雄), 다바타 노부히로(田端信廣), 다카다 마코토(高田 純), 다카야나기 료지(高柳良治), 다카야마 마모루(高山 守), 다케다 죠지로(武田趙二郎), 다케무라 기치로(竹村喜一郎), 다키구치 기요에이(瀧口淸榮), 데구치 스미오(出口純夫), 도다 히로키(戸田洋樹), 도쿠마스 다카시(德增多加志), 마스나리 다카시(增成隆士), 마쓰모토 마사오(松本正男), 마쓰이 요시카즈(松井良和), 모리카와 고키치(森川孝吉), 미야가와 도오루(宮川 透), 미즈노 다츠오(水野建雄), 사사자와 유타카(笹澤 豊), 사이토 준이치(齋藤純一), 사카이 오사무(酒井 修), 사토 가즈오(佐藤和夫), 사토 야스쿠니(佐藤康邦), 스기야마 요시히로(杉山吉弘), 스기타 마사키(杉田正樹), 스기타 히로카즈(杉田広和), 시마자키 다카시(島崎 隆), 시바타 다카유키(柴田隆行), 시카야 다이코(四日谷敬子), 아라키 마사미(荒木正見), 아비코 가즈요시(安彦一惠), 야마구치 마사히로(山口祐弘), 야마구치 세이이치(山口誠一), 야마다 다다아키(山田忠彰), 야마자키 쥰(山崎 純), 야지마 교시로(谷嶋喬四郎), 에비사와 젠이치(海老澤善一), 오니시 마사토(大西正人), 오사카다 히데유키(小坂田英之), 오카모토 겐고(岡本賢吾), 오카자키 에이스케(岡崎英輔), 오쿠타니 고이치(奥谷浩一), 오하시 료스케(大橋良介), 와타나베 유호(渡辺祐邦), 와타나베 지로(渡辺二郎), 요네나가 마사히코(米永政彦), 요네자와 호즈미(米澤穂積), 요리카와 죠지(寄川条路), 요시다 로쿠야(吉田六弥), 우부카타 쓰구루(生方 卓), 우에무라 요시로(上村芳郎), 이나오 마사루(稲生勝), 이리에 유키오(入江幸男), 이사카 세이시(伊坂靑司), 이시바시 도시에(石橋とし江), 이시카와 이오리(石川伊織), 이와나미 데츠오(岩波哲男), 이와사 시게루(岩佐 茂), 이와사키 미노루(岩崎 稔), 이와키 겐이치(岩城見一), 이케다 마사유키(池田全之), 이케다 시게카즈(池田成一), 이토 히토미(伊藤一美), 자코타 유타카(座小田豊), 하라사키 미치히코(原崎道彦), 하세가와 히로시(長谷川宏), 하야세 아키라(早瀬 明), 핫타 다카시(八田隆司), 호시노 쓰토무(星野 勉), 호시 도시오(星 敏雄), 혼다 슈로(本多修郎), 후지사와 젠이치로(藤澤賢一郎), 후지와라 야스노부(藤原保信), 후지타 마사카츠(藤田正勝), 후지타 순지(藤田俊治), 히구라시 마사오(日暮雅夫), 히라노 에이치(平野英一)

◉ 부록 집필자와 협력자 (가나다 순, 편집위원 제외)

가나야 요시이치(金谷佳一), 가미야마 노부히로(神山伸弘), 구리하라 다카시(栗原 隆), 마토바 아키히로(的場昭弘), 야마자키 쥰(山崎 純), 오쿠타니 고이치(奧谷浩一), 요리카와 죠지(寄川条路), 이사카 세이시(伊坂青司), 하라사키 미치히코(原崎道彦), 하야세 아키라(早瀬 明), 후지타 마사카츠(藤田正勝)

◉ 데이터 베이스 작성 협력

쓰루마키 고헤이(鶴卷幸平)

사용 안내

【항목 표제어와 배열】

1. 사항(저작이나 잡지를 포함)과 인명을 가리지 않고 표제어를 가나다순으로 배열했다.

2. 사항 표제어에는 독일어(필요에 따라서는 그리스 어와 라틴 어)를 덧붙였다.

3. 인명 표제어에는 원래의 표기(일본인명은 한자에 의한 표기)와 생몰년월일을 덧붙였다. 그리스 인의 표기는 원래의 발음에 충실하였으나 일반적으로 사용되는 것을 따른 것도 있다.

【인용처와 전거의 표시】

인용처나 전거의 표시는 본문의 서술로 자명한 경우를 제외하고 본문 속의 [ ] 안에 나타냈다.

1. 헤겔 저작 가운데 대표적인 것들에 대해서는 5에 표시한 약칭을 사용했다.

2. 저작명 뒤의 굵은 숫자는 헤겔 전집의 권수, 가는 숫자는 쪽수를 가리킨다. 또한 전집 판본에 관한 표기는 다음과 같다.

　　　표시 없음: 주어캄프 판 전집.

　　　GW: 아카데미 판 전집 (*Gesammelte Werke*. hrsg. von Reinisch-Westfälischen Akademie der Wissenschaft) 예외적으로 글로크너 판, 라손 판에서 표시한 경우도 있다.

3. 그 밖의 약호

　　　Ham: Werner Hamacher가 편집한 *Der Geist des Christentums* (1978)의 쪽수.

　　　Fr: Eva Ziesche: Unbekannte Manuskripte aus der Jenaer und Nürnberger Zeit im Berliner Hegel-Nachlass. In: *Zeitschrift für philosophische Forschung*. Bd. 29 (1975)에 기초하고, M. Baum/K. R. Meist: Durch Philosophie leben lernen. In: *Hegel-Studien*. Bd. 12. (1977), 특히 H. S. Harris: *Hegel's Development. Night Thought*. (1983)에서 인용한 초고 번호.

　　　PhB: Felix Meiner사 판의 Philosophische Bibliothek의 쪽수.

4. 『법철학』과 『엔치클로페디』에 대해서는 절 번호로 출전을 표시했다. 다만 긴 절에는 전집의 권과 쪽을 병기한 경우도 있다.

5. 본 사전에서 헤겔 저작의 표기

　　　[ ] 안에 따로 표시가 없는 것은 슐러, Kim.은 킴멀레의 집필연대표 번호. 특별히 주를 달아놓지 않은 문헌은 주어캄프 판 전집(저작집)(*Werke in Zwanzig Bänden*. Theorie Werkausgabe. Redaktion

Eva Moldenhauer und Karl Marcus Michel. Frankfurt a. M. 1969ff.)에 수록. 상세한 문헌정보는 권말 부록의 헤겔 집필연대표(Chronologie)를 참조.

『기독교의 실정성』 [48, 51, 53, 54, 55, 96] Die Positivität der christlichen Religion.

『기독교의 정신』 [77, 80, 81, 82, 83, 89] Der Geist des Christentums und sein Schicksal.

『논리의 학』 Wissenschaft der Logik.

『뉘른베르크 저작집』 Nürnbergerschriften.

『도덕성 · 사랑 · 종교』 [67] Moralität, Liebe, Religion.

『독일 헌법론』 Die Verfassung Deutschlands.

『미학』 Vorlesungen über die Ästhetik.

『민중종교와 기독교』 [29, 30, 31, 32, 37, 38, 39, 40, 41, 42, 44, 45, 46] Volksreligion und Christentum.

『법철학』 Grundlinien der Philosophie des Rechts.

『법철학 강의(청강자 이름 또는 강의 년도)』 Vorlesungen über Naturrecht und Staatswissenschaft oder Philosophie des Rechts.

『베를린 저작집』 Berliner Schriften.

『뷔르템베르크 민회 토론』 [Beurteilung der] Verhandlungen in der Versammlung der Landstände des Königsreichs Würtemberg im Jahr 1815 und 1816.

『뷔르템베르크의 내정』 [75] Daß die Magistrate von den Bürgern gewählt werden müssen [Über die neuesten inneren Verhältnisse Würtembergs, besonders über die Gerechen der Magistratverfassung]

『사랑』 [70, 84] Liebe.

『사랑과 종교』 [68] Liebe und Religion.

『신앙과 존재』 [72] Glauben und Sein.

『신앙과 지식』 Glauben und Wissen oder Reflexionsphilosophie der Subjektivität in der Vollständigkeit ihrer Formen als Kantische, Jacobische und Fichtesche Philosophie.

『실천이성의 단편』 [47] Die transzendentale Idee von Gott...

『아포리즘』 [Kim.46] Aphorismen aus Hegels Wastebook.

『야코비 서평』 [Über] Friedrich Heinrich Jacobis Werke. Dritter Band.

『엔치클로페디』 Enzyklopädie der philosophischen Wissenschaften im Grundrisse.

『역사 속의 이성』 Die Vernunft in der Geschichte. Philosophische Bibliothek 171a. Felix Meiner, Hamburg.

『역사철학』 Vorlesungen über die Philosophie der Geschichte.

『예나 체계 I』 Hegel Gesammelte Werke. In Verbindung mit der Deutschen Forschungsgemeinschaft. hrsg. von der Rhein-Westfälischen Akademie der Wissenschaften, Band 6 (Jenaer Systementwürfe I. Das System der speculativen Philosophie). Hamburg 1975.

『예나 체계 II』 같은 전집, Band 7 (Jenaer Systementwürfe II. Logik, Metaphysik, Naturphilosophie). 1971.

『예나 체계 Ⅲ』 같은 전집, Band 8 (Jenaer Systementwürfe Ⅲ. Naturphilosophie und Philosophie des Geistes). 1976.

『유대 정신 초안』 [63, 64, 65, 66, 70, 71, 78, 79] Entwürfe zum Geist des Judentums.

『인륜의 체계』 System der Sittlichkeit. Philosophische Bibliothek Band 144a. Felix Meiner, Hamburg.

『자연법 논문』 Über die wissenschaftlichen Behandlungsarten des Naturrechts, seine Stelle in der praktischen Philosophie und sein Verhältnis zu der positiven Rechtswissenschaften.

『정신현상학』 Phänomenologie des Geistes.

『종교철학』 Vorlesungen über die Philosophie der Religion.

『차이 논문』 Differenz des Fichteschen und Schellingschen Systems der Philosophie.

『1800년 체계 단편』 Systemfragment von 1800.

『철학사』 Vorlesungen über die Geschichte der Philosophie.

『최고의 체계 강령』 Das älteste Systemprogram des deutschen Idealismus.

『취직 테제』 [Kim. 16] Habilitationsthesen (Dissertationi philosophicae De orbitis Planetarum praemissae Theses).

『카르 친서』 [74] Anmerkungen zu den »Vertraulichen Briefen über das vormalige staatrechtliche Verhältnis des Wadtlandes zu Stadt Bern« [von J. J. Cart]

『하이델베르크 저작집』 Heidelberger Schriften.

『행성궤도론』 [Kim. 20] Dissertatio philosophica De orbitis Planetarum.

『회의주의 논문』 Verhältniß des Skeptismus zur Philosophie. Darstellung seiner verschiedenen Modifikationen und Vergleichung des neuesten mit dem alten.

『기록』 *Dokumente zu Hegels Entwicklung.* hrsg. von J. Hoffmeister. Stuttgart 1936.

『로젠크란츠』 (헤겔의 생애) K. Rosenkranz, *Hegels Leben.* 1844.

『서간집』(제○권) *Brief von und an Hegel.* Bd 1-3 hrsg. von J. Hoffmeister, Hamburg 1952-1954. Bd. 4/1, 4/2, hrsg. von F. Nicolin. Hamburg 1977, 1981.

『슈투트가르트의 청년 헤겔』 *Der jünge Hegel in Stuttgart.* hrsg. von F. Nicolin. 1970.

『청년기 신학논집』 (놀) *Hegels theologische Jugendschriften.* hrsg. von H. Nohl. Tübinen 1907. Nachdruck 1966.

6. 헤겔 이외의 사상가의 저작들에 대해서는 특별한 원칙을 세우지 않았지만, 본 사전의 이용자들이 오해하지 않을 정도로 간략하게 표시했다.

【참고문헌】

1. 참고문헌은 항목 끝에 【참】 표시를 하고 편저명과 간행년도를 연대순으로 게재했으며, 상세한 것은 사전 뒷부분의 '참고문헌 일람'에 총괄했다.

2. 간행년도는 초판 시점을 원칙으로 하였지만, 쪽수 표시 등의 필요 때문에 구하기 쉬운 판을 표시한

경우도 있다.

【기타】

1. 빈 표제어에서 보아야 할 표제어는 ⇨로 표시했다.
2. 본문의 서술과 관련하여 참조해야만 할 다른 항목은 각 항목 끝에 ⇒로 표시했다.

가능성 可能性 [Möglichkeit]

자기에게 모순하지 않는 것은 모두 가능하기 때문에 가능성은 '자기동일성의 규정'이다. 그러나 이것은 가능성이 내실을 결여한 형식적인 규정에 불과하다는 것을 의미한다. 내용을 고려하게 되면 모든 사물은 그것 자신에서 대립적인 규정을 지니며, 따라서 모순을 포함한다. 그러므로 위에서 말한 의미에서 모든 것은 불가능한 것으로 된다. 중요한 것은 사물의 가능성을 파악하는 것이 아니라 그 현실성을 파악하는 것이다. 가능적이지 않은 것은 현실적으로 되지 않기 때문에 가능성은 현실성에서 본질적인 계기이긴 하지만, 사물은 단지 가능적이라는 것만으로는 아직 구체적인 현실적인 것으로 되지 않는다. 단지 형식적일 뿐인 가능성은 동시에 비현실성과 불가능성을 의미한다. 사물이 현실적인 것으로 되기 위해서는 다양한 조건이 갖추어져야만 한다. 이 조건들의 전체가 '현실적 가능성'이다. ⇒즉자, 현실성

―사사자와 유타카(笹澤 豊)

가르베 [Christian Garve 1742. 7. 7-98. 12. 1]

계몽주의의 철학자이자 저작가. 신병으로 인해 교직에 나서지 못하고 오로지 브레슬라우에서 저술에 종사했다. 그 저작은 주로 독일 국민에게 <스스로 생각하는 것>을 배우게 하기 위한, 주변의 가까운 문제를 주제로 한 이른바 <통속철학>적 논문들이지만, 키케로의 『의무론』과 애덤 스미스의 『국부론』 등의 번역도 있다. 호프마이스터(Johannes Hoffmeister 1907-55)가 "소년 헤겔에게 또렷이 덧붙여진 가르베의 영향은 아직 한 번도 논의된 적이 없다"[『기록』 S. Ⅶ]고 쓴 것처럼, 가르베의 이름은 오늘날 거의 잊혀 있지만, 그의 신문은 볼테르와 루소에 관해서 당시 가장 많이 읽혔던 것들 가운데 하나였다. 괴테도 『시와 진실』에서 그 점에 대해 언급하고 있다. 헤겔이 김나지움 시대부터 가르베를 읽고 있었다는 것은 발췌와 소논문이 보여주는 대로이며[『기록』 S. 48f., 115f., 169f.], 예를 들어 후년의 그가 가르베의 통속철학을 경시했다 하더라도 "18세기의 사상은 헤겔의 체계의 소재일 뿐만 아니라 그 상속재산이자 정신적 실체"[같은 책 S. Ⅷ]라는 호프마이스터의 의견은 여전히 존중되어야만 한다.

【참】 Hinske (1973), Ripalda (1973), Wölfel (1974), 渡辺祐邦 (1976)

―와타나베 유호(渡辺祐邦)

가벼움 [Leichtigkeit]

가벼움은 유체성의 형태를 지니는 물체의 계기들이 분해될 가능성이다. "이 물의 과정에서 무게는 대립된 비중으로 붕괴된다. 한편의 측면은 흙으로, 다른 측면은 절대적 가벼움에서 공기로 나아간다"[『예나 체계 Ⅰ』 GW 6. 196]. 무게는 물질의 개념이지만, 이 무게가 다양한 물체로 형태화할 가능성이 가벼움의 개념인바, 그것은 물체의 다양성의 가능성을 보이는 것이다. 가벼움의 개념이 문제로 되는 것은 보편적 개체성으로부터 특수적 개체성으로의 이행에서이다. 가벼움은 나아가 원소들로 이행할 가능성이며, 또한 원소들로부터 특수한 물체로의 이행에서 문제가 된다. 그러나 가벼움은 물체의 계기들의 구별이 정립되어 있지 않은 단계에서 그 계기들의 구별을 일시적으로 그리고 또한 우연적으로 정립하는 것이다. 그러므로 가벼움의 무형

1

태성은 유체성과 달리 우연성을 특징으로 하며, 그 형태화는 물체들 사이의 차별의 일시적 존재로 된다. 열과 냄새도 이 가벼움에 기초한 존재형태이다. ⇒무게, 비중, 열, 냄새

—나가시마 다카시(長島 隆)

가분성可分性 ⇨**원자**

가블러 [Georg Andreas Gabler 1786. 7. 30-1853. 9. 13]

독일의 철학자. 베를린 대학 교수. 헤겔 우파. 1805-06년에 예나 대학에서 헤겔의 강의를 청강했으며, 『철학비판연보』(1832)에서 주목할 만한 보고를 하고 있다. 실러의 자녀들의 가정교사, 김나지움 교사를 거쳐 헤겔의 『정신현상학』에 기초한 『철학적 예비학 교과서(*Lehrbuch der philosophischen Propädeutik*, 1827)』를 저술했다. 1835년에 헤겔의 후임으로 베를린 대학 철학교수가 되었으며, 『헤겔 철학(*Die Hegelsche Philosophie. Beiträge zu ihrer richtigen Beurteilung und Würdigung*. 1843)』을 저술했다. 슈트라우스에 대항하여 헤겔 철학과 기독교의 일치를 주장했다. ⇒헤겔학파

—요리카와 죠지(寄川條路)

가산家産 [Familienbesitz, Familiengut]

예나 시기의 헤겔에게 있어 가족에서의 재산은 자녀와 더불어 제1의 언어, 그리고 도구에 이어 정신의 제3의 "매사(媒辭, Mitte)"로서 중시된다[『예나 체계 Ⅰ』 GW 6. 281]. 즉 그것은 "인륜적 정신의 비유기적 자연"[같은 책 GW 6. 317]의 좀더 고차적인 형태로서 규정되고 있다. 왜냐하면 "가산은 도구보다도 고차적인 활동의 계기를 지니는바", 결국 그것을 산출하는 노동은 오로지 개별적인 것으로서 존재하는 것이 아니라 좀더 보편적인 "공동체적 노동"[『예나 체계 Ⅲ』 GW 8. 212]으로서 존재하며, 또한 거기서 "공동체적 소유"[『인륜의 체계』 PhB. 36]가 실현되고 있기 때문이다. 『법철학』에서도 "보편적이고 영속적인 인격으로서의 가족"에 있

어 자녀가 양성의 "사랑"의 정신적 일체성으로서 존재하는 데 반해, "가족의 재산(Familienvermögen)"은 가족의 인륜성을 한층 더 키우고 그 일체성을 지탱하는 물질적 계기로서 파악되고 있다[170절, 173절 「보론」, 174절]. ⇒가족

—난죠 후미오(南條文雄)

가상假象 [Schein]

가상이란 "지양된 존재"로서의 본질에 여전히 잔존해 있는 "존재의 허무함(Nichtigkeit)"이다[『논리의 학』 6. 18f.]. 헤겔은 "존재의 지양"으로부터 우선 본질의 존재적 계기를 "비본질적인 것"으로서, 나아가서는 "가상"으로서 고찰한다. "그러나 가상은 그것 자신이 여전히 본질로부터 독립된 직접적인 측면을 지니며, 본질의 타자 일반인 것처럼 보인다"[같은 책 6. 19]. 거기서 헤겔은 가상을 "비존재의 직접성"으로 규정하여 그 부정성이나 직접성이 모두 "본질 자신의 두 계기"라는 것을 보이고, 그것이 "본질 자신의 가상"이라고 한다[같은 책 6. 21f]. 다음으로 헤겔은 본질의 두 계기 모두가 "자기 관계적 부정성"이라는 것을 보이고 '가상'을 "본질 자신에서의 가현(Scheinen)", 요컨대 '반성'이라고 한다[같은 책, 6. 24]. '가현'은 존재의 '이행', 개념의 '전개'와 더불어 본질논리학의 변증법의 형식을 특징짓고 있다[『엔치클로페디(제3판) 논리학』 161절].

가상이 가현으로서의 의미를 참으로 발휘하는 것은 헤겔의 예술미의 규정에서이다. 그는 예술미를 "이념의 감성적 가현(das sinnliche *Scheinen* der Idee)"이라고 규정한다[『미학』 13. 151]. 예술을 단순한 가상으로 간주하는 입장에 대해 그는 다음과 같이 말한다. "그러나 가상 그 자체는 본질에 본질적이다. 진리는 만약 그것이 나타나 현상하지 않는다면, 만약 그것이 어떤 것에 있어서, 요컨대 그것 자신에 있어서나 정신 일반에 있어서 존재하는 것이 아니라면, 존재하지 않는 것이 될 것이다"[같은 책 13. 21]. 미의 규정으로서의 가현에는 현상, 단순한 가상, 그리고 빛남이라는 의미가 탁월한 방식으로 종합되어 있다. 즉 예술작품에서는 이념

이 현상하는 것이며, 그때 단순한 가상으로 되는 것은 이념의 현상의 마당으로 되는 감성적 소재이다[같은 책 13. 60]. 따라서 그것은 감성적인 것의 변용이라는 의미에서 가상이며[같은 책 13. 71], 거기서 일종의 빛남이 나타난다. ⇒예술미

【참】 Henrich (1978), 四日谷敬子 (1978)

　　　　　　　　　　　　　　　　　　　—시카야 다이코(四日谷敬子)

가설假說 ⇨판단

가신家神 [Penaten]

고대 로마의 가정에서 식료품을 들여놓는 선반(penatus)를 지키는 신. 화로의 여신 베스타(Vesta, 그리스의 헤스티아Ἑστία)와 가족의 신 라레스(Lares Familiares), 남성의 생식력으로서 가장에서 가장으로 전해지는 수호신(Genius) 등과 밀접한 관계를 지닌다. 헤겔은 이것을 가족의 실체적 정신을 상징하는 것으로 삼았다. "인륜적 정신이 하나의 형태로서 표상되면 페나텐으로서 숭배되었던 것이며, 이것이 혼인과 가족의 종교적 성격인 경애심(Pietät)의 기초를 이룬다"[『법철학』163절]. 페나텐은 "가족의 정신"이라는 "하나의 실체적 본질(ein substantielles Wesen)"[『역사철학』12. 60]이며, 『정신현상학』에서는 "국가의 보편적 정신에 대립하는" 것으로 되었다. 즉 그것은 의식의 밝은 곳으로 가져와진 공공성(공개성)에 대해 속에 숨겨진 사적 성격과 집을 지키는 여성과 결합되어 혈연에 기초하는 자연적 성격을 대표하는 것이다[3. 330, 337, 352]. ⇒가족, 수호신

　　　　　　　　　　　　　　　　　　　—야마자키 쥰(山崎 純)

가와 불가可—不可 ⇨선

가장(부권)家長(父權) [Patriarch, Patriarchat]

"가족의 장으로서의 남편"에게는 단지 그 가족을 대표할 뿐 아니라 "밖에서 소득을 얻고 [가족의] 욕구에 대해 배려하며 가산을 분배하고 관리하는 역할이" 있지만[『법철학』171절], 헤겔은 가족과 그 자산에 대해서 절대적 권력을 지니고 있던 로마 사법에서의 가장의 존재방식을 비판하고[같은 책 175절 「주해」, 180절 「주해」], 가족의 어떤 성원도 가산에 대해서 평등한 권리를 지니며[같은 책 171절], 자녀는 부양 받고 교육 받을 권리를 지닌다는 것을 강조한다[같은 책 174절]. 헤겔의 가장은 "가계라는 추상물에서는 어떠한 권리도 없다"[같은 책 177절]고 말해지는 것처럼 가부장제적인 그것과는 다르며, "새로운 가족은 [혈연관계가 아니라] 인륜적 사랑을 기초로 하고 있다"[같은 책 172절, 180절 「주해」]. 그러나 헤겔은 한편으로는 토지귀족의 장자상속권을, 따라서 세습재산제를 "오로지 정치적 관점으로부터만" 인정하기도 한다[같은 책 306절 「보론」]. ⇒가족

　　　　　　　　　　　　　　　　　　　—난죠 후미오(南條文雄)

가족家族 [Familie]

헤겔에 따르면 가족은 자연적인 인륜적 공동체이다[『정신현상학』3. 330]. 즉 가족은 첫째, 인간이 단지 뿔뿔이 흩어져 있는 개별적 존재가 아니라 공동적 존재라는 것의 현실적인 표현이며, 따라서 '정신'이 직접적으로 실체로서 존재하는 모습이라고 말할 수 있다. 정신이 직접적 형태로 존재하는 것이기 때문에, 거기서 존재하는 공동의 형태도 애정이라는 자연적인 감정에 기초하는 나와 타자와의 일체의 의식이다. 이리하여 가족의 출발점은 연애에 의해서든 양친 등에 의한 배려에 기초해서든 두 사람의 남녀가 가족이라는 하나의 인격을 이룬다는 것에 동의하는 데서 성립한다. 그러나 가족이 남녀(부부)의 사랑에만 기초한다면, 그것은 단지 주관적이고 우연적이며 자의적인 데 머무르게 되지만, 가족은 단지 사랑에 머물 뿐 아니라 그것을 법률적으로 계약하고 생활의 전체를 공유하며 나아가 재산을 공동으로 운용한다. 이같이 가족은 외면적 물건에서도 일체성을 표현하지만 그것에 그치지 않는다.

이와 같은 양친과 부부의 일체성이 그 정신에서도 대상으로서 실재의 현존으로 나타난 것이 자녀이다[『법철학』174절].

이상과 같은 헤겔의 가족론을 특징짓는 것은 가족을 지금까지처럼 경제적 단위 내지는 가부장제에 기초하는 사적 소유의 형태로 포착하는 것이 아니라 애정을 기초로 한 공동체의 형태로 파악한다는 점이다. 따라서 가족형태에 대해서도 부부에 의해서 가족이 형성될 때마다 그것이 독립된 새로운 가족으로서 인정된다는 점에서 그는 본질적으로 핵가족을 가족의 단위로서 생각하고 있다. 또한 자녀를 그 자체로서는 자유로운 존재로서 파악하여 고대 로마법에서와 같이 부친의 물건과 같은 소유물로 생각하는 방식을 단호히 물리친다는 점에서 그는 근대 시민사회의 인격관계를 전제로 하여 그 위에서의 공동관계를 가족에서 추구하고 있다고 말할 수 있다. 나아가 칸트로 대표되는 것으로서 가족관계를 근대 시민사회의 계약관계로 환원해버리는 가족관에 대해서도 그는 강력한 비판을 제기하고 있다[같은 책 161절「보론」]. 시민사회의 계약관계로 환원되면 결혼과 가족관계는 서로 합의된 한에서의 이용관계로 되어버리고, 개인은 뿔뿔이 흩어진 채로 머물고 말지만, 헤겔은 오히려 가족이야말로 인간의 공동관계가 확증되어 표현되는 관계로서 국가 공동체에 필적하는 공동관계의 마당으로 생각한다.

『정신현상학』에 따르면 가족관계야말로 국가 공동체가 성립하는 지반으로 될 수 있다. 가족(가정)을 자녀에 대해 공동성의 교육의 장으로서 위치짓는 것에서도 분명히 드러나듯이 가족의 공동관계를 기반으로 시민은 좀더 자각적이고 의식적인 공동체로서의 국가 공동체에 관계해간다. 이때 국가 공동체에서 따르는 계명 내지는 법률, 결정에 의해서 사실상 가족이라는 사적인 친밀관계의 공동체에게 다양한 부담과 희생이 강요되게 되며, 거기서 공적 세계(인간의 계명)와 사적 세계(신들의 계명)의 공동성의 모순이 나타난다. 그리고 이 모순에는 남녀 사이의 모순이 대응하게 된다. ⇒사랑, 가산, 시민사회, 국가, 남성과 여성, 결혼.

―사토 가즈오(佐藤和夫)

가치 · 가격價値 · 價格 [Wert, Preis]

물건은 특별한 '욕구'에 관련되어 있는 한에서 특별한 '유용성'을 지니지만, 이 유용성은 양적으로 규정된 것으로서 동일한 유용성을 지닌 다른 물건과 비교될 수 있다는 의미에서 보편성을 지닌다. 또한 그 물건에 의해서 충족되어야만 하는 욕구도 사회의 욕구인 한에서 동시에 보편적 욕구이며, 다른 욕구와 비교될 수 있다. 그 결과 물건도 또한 다른 욕구에 대해 유용한 물건들과 비교될 수 있다. 물건의 이와 같은 보편성이 가치이다[『법철학』63절]. 이와 같이 물건의 가치는 물건의 유용성과 물건에 대한 욕구의 보편성에 기초하지만, 물건에 이와 같은 가치를 부여하는 것은 '노동' 내지 '형성(Formierung)'이다[같은 책 196절].

경제적 가치의 개념은 이미 『인륜의 체계』[PhB 29]에서 등장한다. 거기서 가치란 "추상으로서의 동등성", "개념적 척도"이며, 가격이란 "현실적으로 발견된 경험적 척도"로 된다. 또한 "노동과 생산물의 가치 및 가격"은 "모든 욕구의 보편적 체계"에 의해서 규정된다.

『예나 체계 I』에서 노동이 가치를 지니는 것은 그것이 자신의 욕구충족 수단이면서 동시에 보편적 욕구를 위한 보편적 노동, 요컨대 사회적 분업인 경우이며[GW 6. 322], 다른 한편『예나 체계 III』에서는 가치란 타자의 의견(Meinung)과 의지에 의해서 인정된 나의 의견과 의지라고 되어 있다[GW 8. 228]. 일반적으로 헤겔에서 가치는 마르크스에서와 마찬가지로 양적인 것이지만, 마르크스의 경우와는 달리 가치의 양이 투하 내지 필요노동량으로 환원되지 않는다. 어떤 사물과 노동이 무가치한 것은 그것들이 타자의 어떠한 욕구의 대상도 아니라는 것에 다름 아니다. 물가의 문제는 화폐량과 화폐의 유통속도의 관련에서 고찰되고 있다[『법철학 강의(반넨만)』104절].

외면적 차이의 배후에 놓여 있는 내적 동등성으로서의 가치 개념은 교환계약의 장면에서뿐만 아니라 범죄와 형벌과의 연관에서도 등장한다[『법철학』101절]. 어떤 범죄에 대한 형벌이 부당한 것이 아닌 때에는 양자는 가치에서 동등하다고 하는 것이다. ⇒ 욕구 · 욕망, 노동, 분업

【참】Lukács (1967)

−우부카타 쓰구루(生方 卓)

가톨릭주의 [Katholizismus]

헤겔은 루터파의 입장에서 가톨릭에 대해 엄격한 태도를 취하고 있었다. 베를린 시대에 "가톨릭교의 공적 비방"의 일원으로 고소당했을 때에도 단호한 어조로 자기변호의 문장을 남기고 있다[『베를린 저작집』 11. 68−71].

기독교는 본래 신이 정신과 진리 속에서 알려져 있다는 것을 특징으로 한다. "그럼에도 불구하고 가톨릭교에서 이 정신은 현실 속에서 자기 의식적인 정신에 경직되게 대립된다"[『엔치클로페디(제3판) 정신철학』 552절]. 즉 정신이 감성적 현전과 전통 등 외면적인 것으로 받아들여지고 '자기 외 존재(Außersichsein)'로 이어지는 것이다. 교회의 타락 역시 그로부터 결과하며, 종교개혁으로 연결되었다.

가톨릭의 전형적인 잘못은 성찬을 파악하는 방식(성체를 외적인 사물로 하여 기도의 대상으로 삼는 것)에서 보인다. 그로부터 자유와 정신을 결여한 미신적인 형태들이 생겨난다. 예를 들어 성직자와 일반 신도를 구별하는 위계질서가 그러하다. 신적 진리는 전자에 의해 독점적으로 관리된다. 더욱이 성직자는 신도에 의해 민주적으로 선발되지 않고 위로부터 임명되기 때문에 신도들에게는 자신들의 의사를 반영할 통로가 닫혀져 있다. 그밖에 놀라움을 낳을 뿐인 정신을 결여한 기도 방식, 직접 신에게 기도하는 것이 아니라 제3자(마리아와 성인)에게 중개를 구하는 것, 기적을 행한다고 믿어지는 성상과 성인의 유골을 숭배하는 것, 착한 행위를 통해 공덕을 쌓는다는 신념 등도 비판의 대상으로 거론되고 있다.

정신이 이를테면 '3인칭'에서밖에 파악되지 않고 개인의 지조가 미성숙한 것에 대응하는 까닭에 가톨릭 국가에서는 이성적인 정치체제가 성립될 수 없다. 교회가 '국가 속의 국가로서 시민법이 적용되지 않는 독자적인 영역을 형성한다. 가톨릭과 다른 사상을 지니는 것은 교회에 대한, 나아가서는 신에 대한 반역자로 간주되며, 교회에 의해서 재판 받는다. 따라서 인류적 자유는 달성되어 있지 않다. ⇒프로테스탄티즘

−나카오카 나리후미(中岡成文)

간스 [Eduard Gans 1797. 3. 22–1839. 5. 5]

법학에서의 헤겔의 애제자이자 그의 '노련한 투사'. 하르덴베르크에게 신뢰 받는 유대인 은행가의 아들로서 베를린에서 출생. 베를린 대학 법학부(1816/7)와 괴팅겐 대학 법학부(17)에서 공부하고, 하이델베르크 대학 법학부(18/9)에서 티보와 헤겔에게 사사하였으며, 로마 채권법에 관한 『전적으로 무기명으로 공공연히 교환된 계약의 해제권』으로 19년에 학위를 취득. 20년 베를린에서 교수자격 취득. 세계사적 관점에서 헤겔적인 범주들을 법학 분야에 적용하고 『가이우스 평주』(21), 주저 『세계사적 발전에서의 상속권』(24-35)으로 법학부를 좌지우지하는 사비니 등의 역사학파와 대립하면서 철학적 법학을 구축한다. 그의 학설의 특색은 법과 제도의 역사적 상대성과 그 개혁의 필연성에 대한 강조에 있으며, 로마법을 교조화하는 역사법학 류의 관습주의를 엄격하게 물리치는 데 있다. 시민과 대학 생활에 들어서기 위해 25년 기독교로 개종하고, 26년 5월 베를린 대학 법학부 원외교수, 사비니와 황태자에게 저항 받기는 했지만 알텐슈타인의 도움으로 28년 11월 정교수가 된다. 이 사이 『학적비판연보』의 창간(27)을 위해 노력했다. 27/28년 겨울학기 이래 규칙적으로 「자연법 즉 법철학, 일반 법제사와 관련하여」라는 제목으로 헤겔의 『법철학』을 기초로 법의 개념발전사를 더하여 자유주의적·공화주의적으로 강의하였으며, 생시몽주의에도 관심을 기울였다. 그리하여 반동파의 증오의 대상이 된다. 『로마 시민법 체계 요강』(27)에서 사비니의 점유이론을 공격하여 대립이 격화된다. 이것이 길게 이어져 만년에는 『점유의 기초에 관하여』(39)를 저술하였다. 『프로이센 입법 수정론』(30-32)에서는 역사적 계기는 설명요소에 불과하며 프로이센 입법의 "사용 가능성과 불가능성"을 철학적으로 평가하는 것이 선결과제라고 주장한다. 헤겔과 달리 7월 혁명에 공감을 표시하고 30년 겨울학

기의 현대사에 관한 공개강의에서 1,500명 이상의 청강자를 모아 경찰에게 감시 받는다. 황태자가 간스 강의의 위험성을 헤겔에게 하소연했다는 에피소드도 남아 있다. 기념판『헤겔 전집』에서는 강의록에서 취사선택되고 정정된 보론을 덧붙여 제8권『법철학』(33)을, 나아가 제9권『역사철학』(37)을 편집한다. 간스는 프로이센의 정치적 자기의식을 활성화시킨 '인민의 벗'으로서 찬양되었다. ⇒사비니, 알텐슈타인, 티보,『학적비판연보』

【참】 Rosenkranz (1844), Reissner (1965), Riedel (1967), Meist (1979), Gans (1981)

―가미야마 노부히로(神山伸弘)

갈 [Franz Joseph Gall 1758. 3. 9-1828. 8. 22]

바덴, 슈트라스부르크, 빈에서 의학을 공부하고 개업하는 한편 해부학을 연구, 그 후 프랑스로 귀화. 특히 뇌와 정신작용 연구에서 뛰어났으며, 인간의 정신기능은 각각의 위치를 뇌의 표면의 일정한 부위에서 점하고 있다는 <대뇌정위설>을 제창. 나아가 뇌의 표면의 윤곽과 두개골의 바깥 표면의 대응이 대단히 밀접하며, 이 두개골의 융기에 의해서 그 능력과 소질로부터 성격까지 추측할 수 있다는 골상학(Phrenologie) 내지 두개골론(Schädellehre)을 최초로 설파했다. 헤겔의『정신현상학』에서 두개골론은 중대한 의미를 지니지만, 그 구상에서의 한 계기로서 갈의 두개골론이 있었다는 것은 예나 시기 당시 이미 갈의 강연을 청강했던 헤겔의 기록(『기록』374]으로부터 명확히 드러난다. 다만 헤겔의 갈에 대한 직접적인 언급은 상당히 엄격하여 "정신을 단순한 두개골이 흩어져 있는 묘지(골고다)로 만든다"[『미학』 14. 370]고 비판하고 있다. 주저로 슈푸르츠하임(J. C. Spurzheim 1776-1832)과의 공저『해부학과 생리학(Anatomie et physiologie. 4 vols. Paris 1810-19)』이 있다. ⇒두개골론

【참】 Temkin (1946, 1947)

―기무라 히로시(木村 博)

갈바니즘 [Galvanismus]

갈바니(Luigi Galvani 1737-98)는 개구리를 사용하여 신경과 근육에 대한 자극과 전기의 관계에 관한 실험을 행함으로써 근육의 수축이 전기적 작용을 일으킬 뿐 아니라 또한 전기적 현상이 근육의 수축을 일으킬 수 있다는 것을 보이고, 그 원인을 동물의 몸에 있는 '동물전기'에서 구했다. 볼타(Alessandro Volta 1745-1827)는 갈바니즘이 동물 고유의 것이 아니라 물질의 전기분해에 의한 화학적 변화에 기초한다는 것을 분명히 했다. 헤겔은 이러한 사정을 염두에 두고 "갈바니 과정과 화학적 과정 일반의 진전을 자연적 활동의 총체로서 파악하는 것"이 이성적 정신에 대해서 이루어지는 고차적인 요구라고 생각한다[『엔치클로페디(제3판) 자연철학』 330절]. 그는 이것을 "전기적 과정에서 화학적 과정으로의 이행"으로 파악하고, 발전되지 않은 채 존재하는 "차별성을 추상적인 현존으로서이긴 하지만 각각 독립적으로 정립하는 것"이라고 한다[같은 곳]. 이 현상을 헤겔은 "화학적 과정"의 최초의 단계에 위치짓고 "무차별한 물체로부터 시작하여 그 생동성을 거쳐 중성에 이르는"[같은 책 329절] 진전의 개시라고 한다. 따라서 이 과정은 물체성을 그 계기로 하고 있으며, 실재적인 물체성의 변화를 수반한다. 갈바니즘의 경우에 최초의 물체성은 금속성이라고 말해진다. 그러므로 "단지 차별되어 있을 뿐인…… 금속이 그 내재적인 규정과 차별성을 서로 전달하지만, …… 동시에 자립적이기 때문에 서로 긴장상태에 들어선다. …… 이와 같은 긴장은 아직 전기적이다"[같은 책 330절]라고 헤겔은 정리하고 있다. 헤겔이 갈바니즘을 화학적 과정의 최초에 위치지은 것도 전기적 현상의 발생이라는 측면과 물체성의 변화라는 두 가지 측면이 거기에서 통일되어 있기 때문인바, 이러한 관점에서 그는 이러한 구별과 동일을 보지 못하는 견해를 비판하고, 갈바니즘을 전기로서만 보는 견해와 전기와 화학적인 것을 동일시하는 (구별을 보지 못하는) 견해 모두를 비판하고 있다. ⇒전기.

【참】 Fulton/Cushing (1936), Hebbel (1936)

―나가시마 다카시(長島 隆)

감각 感覺 [Empfindung, Sinnlichkeit]

젊은 시절의 헤겔은 실러의 칸트 비판에 따라 감성적인 충실을 허용하는 새로운 이성 개념을 모색했다. 근대인은 사물을 '미의 감각'에 의해서가 아니라 지나치게 '차갑고 타산적인 지성'에 의해서 파악한다는 것이다.

이후 이것은 변화된다. 확실히 감각 속에는 정신의 모든 소재가 현존하고 있고 모든 사상은 그로부터 이끌어내어진다. 그러나 연극처럼 뜻하지 않게 변화하고 선명한 감성계는 개념의 자기 외 존재에 다름 아니다. 감성적인 것은 서로 떨어져서(ein Außereinander) 공간적으로는 병존하고 시간적으로는 계기한다. 인간은 감성적 현상의 일과성에 만족하지 않고 그 속에 있는 영속적 계기를 개념적으로 파악하고자 한다. 그것은 현상을 안과 밖, 힘과 표출, 원인과 결과로 이중화함으로써 이루어진다. 사변적 이념은 감성적인 것에 대립한다. 감성적 직관에 기초하고 있다는 점에서 기하학의 우위가 말해지기도 하지만, 직관에 의해서는 어떠한 학도 성립하지 않는다. 철학 교육에서도 학생을 구체적 표상으로부터 "영혼의 내적인 밤"으로 이끄는 것이 중요하다.

예술에서 감성적인 것은 정신화된다. 즉 직접적 존재라는 가상에서 벗어나 정신이 그것에 의해 촉발되고 충족을 발견하는 독특한 가상이 문제로 된다. 따라서 예술은 오감 가운데 시각과 청각이라는 두 개의 '이론적' 감관에만 관계한다. 또한 종교에서도 감성적인 것으로부터 보편적인 것으로 고양되고자 하는 노력이 이루어지지만, 본래의 사상과 표현수단 사이에 틈이 놓여 있다. 종교는 심정 또는 감각의 문제라는 주장이 있지만, 사유야말로 인간을 동물과 구분해주는 고유한 것이며, 감각은 정신의 명확하지 않은 움직임에 불과하다.

감각의 분류표는 『엔치클로페디(제3판) 정신철학』 401절(「보론」도 포함)에서 발견된다. 감각의 영역은 (1) 신체성의 규정이자 내화되어 감각으로 되는 외적 감각과, (2) 정신으로부터 생겨나고 신체화되어 감각으로 되는 내적 감각으로 나뉜다. (1)은 나아가 ① 자연적 이념성(시각과 청각), ② 차이적 실재성(취각과 미각), ③ 대지(大地)적 전체성(촉각)을 대상으로 하는 것으로 나뉜다. (2)는 나아가 ① 개별성(분노, 수치 등), ② 보편성(인륜, 종교 등)에 관계하는 것으로 나뉜다. 내적 감각은 목소리에 의해서 신체화되지만, 그 최고의 형태는 분절언어이다.

─나카오카 나리후미(中岡成文)

감관 感官 ⇨ **감각**

감사 感謝 [Dank, danken]

'감사'의 개념은 Ⅰ. 『정신현상학』에서는 (1) '불행한 의식'[**3**. 172ff.] 및 (2) '현실과 교양의 나라'[**3**. 382ff.]의 두 장에서 의식 자신이 경험하는 형태의 하나로서 사태적이고 구체적으로, Ⅱ. 『종교철학』에서는[**16**. 127] 하나의 종교적 감정으로서 형식적이고 객관적으로 각각 제시되고 있다.

Ⅰ-(1). 피안에 대한 동경으로부터 자아에게로 돌아왔을 때 불행한 의식은 현실 속에서 살아가고자 하는 욕망을 지니고 이를 위해 노동하는 자신과, 무와도 같은 이러한 자신에게 스스로를 나누어 생의 은혜를 나누어주는 '세계'와의 상관관계를 발견하고, 그리하여 이 성스러운 세계에 감사한다. 그러나 의식은 은혜를 향유하는 자신의 개별적인 자기까지는 무화할 수 없기 때문에 감사하는 반면 자신을 향유한다는 죄의 의식에 고뇌할 수밖에 없다.

Ⅰ-(2). '감사'의 그러한 자기모순적인 구조는 고귀한 의식(궁정의 신하가 된 귀족)의, 이제 개별적 의식으로 된 국권(군주)에 대한 감사에서도 발견된다. 왜냐하면 이 의식은 자신의 대자존재를 추종의 말들과 더불어 국권에 봉헌함으로써 군주로부터 재부 등의 은혜를 받지만, 이것은 자신의 인격이 타자의 의지의 우연성에 의존한다는 굴욕적 관계이기도 하기 때문에 그의 말과 자세는 어느 것이든 감사하면서 반항한다는 분열태로 될 수밖에 없기 때문이다.

Ⅱ. 따라서 형식적으로 말하면, '감사'란 자신의 경험적 현실이 자신을 훨씬 넘어선 즉자대자적인 보편자

에 의해 조성되고 있다고 느끼는 감정이지만, 감정인한에서 그것은 언제나 그 부정으로 전화될 가능성인것이다. ⇒불행한 의식, 고귀한 의식과 비천한 의식

—사카이 오사무(酒井 修)

감성感性 [Sinnlichkeit]

감관(Sinn)에 의해서 감각과 충동을 감수하는 능력. 칸트는 감성을 지성 내지 이성에 대치시키고, 그 대립관계를 축으로 이상주의적인 도덕이론을 전개했지만, '감성'을 둘러싼 헤겔의 이해에는 그러한 칸트 이론에 대한 그의 대결 자세가 밀접히 관련되어 있다. 칸트에 경도되어 있던 한 시기에 헤겔은 "감성적인 것에 대한 추상적 이념의 우위"[『민중종교와 기독교』 1. 82]를 설파하고 있지만, 그 후 그는 특수(감성, 충동)와 보편(이성, 도덕법칙)을 분리・대립시키는 칸트의 견해를 혹독하게 비판하여[『기독교의 정신』 1. 323] 이 견해를 인간의 내부에 자기분열을 초래하는 것이라고 하고 [같은 책 1, 303], 나아가 이 견해를 극복되어야만 할 '지성'적・'반성'적 사유의 필연적 소산으로서 특징짓는다[『차이 논문』 2. 21; 『신앙과 지식』 2. 296]. 나아가 『정신현상학』에서는 "이성과 감성의 항쟁"을 전제하는 이러한 "도덕적 세계관"이 지니는 모순들이 지적되며[3. 441ff.], 『논리의 학』에서는 칸트의 이론이 감성과 도덕성을 "투쟁"의 관계에 있는 것으로서 파악하는한 "양적 무한성"에 빠질 수밖에 없다고 논해진다[5. 268f.].

이론철학의 측면에서 칸트는 감성의 수용능력을 지성의 판단능력과 함께 인식 성립의 불가결한 요소로 간주하며 초감성적인 이념에 대한 형이상학적 인식의 가능성을 부정했지만, 헤겔은 이와 같은 사고방식을 받아들이지 않는다. 헤겔에 따르면 우리의 의식은 우선은 감성적인 경험의 영역에 제한되면서도 의식은 그러한 제한을 넘어서는 부정성을 자기 자신 안에 지닌다. 의식의 이러한 자기 초극의 과정을 서술하는 것이 "의식의 경험의 학"으로서의 『정신현상학』에 다름 아니다. "감성적 의식"을 그는 "외적 사물의 현실 존재에 대한 직접적・무매개적 의식"[『엔치클로페디

(제3판) 논리학』 76절]으로서 고쳐 파악하며, 의식의 가장 저차적인 단계에 위치짓고 있다. ⇒칸트, 도덕성, 감성적 확신

—사사자와 유타카(笹澤 豊)

감성(감각)적 확신感性(感覺)的確信 [sinnliche Gewißheit]

『정신현상학』의 최초의 장의 주제를 이루며, 현상지의 서술(진리와 확신의 변증법)의 최초의 예이기도하다.

이 현상지의 첫 번째 형태는 당연히 아무것도 전제해서는 안 되기 때문에 직접적인 것(그것을 헤겔은 '존재하는 것'과 등치시킨다)에 관한 지이다. 즉 의식의 측에는 다양한 표상과 사유를 의미하지 않은 채 단지 '나라는 것 이상은 나오지 않는 '이것(Dieser)'이 있고, 대상의 측에는 다양한 성질을 의미하지 않는 단순한 존재로서의 '이것(Dieses)'이 있다. 여기에는 무릇 다양성의 매개가, 따라서 사상으로의 전개가 결여되어 있다. 그러나 <우리>의 관망하에서 이 의식에게도 숨겨진 매개성이 놓여 있다는 것이 다음의 세 단계를 거쳐 명확해진다.

첫째, 이 확신에 있어 대상은 본질적(지의 대상으로 되지 않고서도 존재하고 있다)이고, 지는 그에 반해 대상의 존재에 의존하는 것으로서 비본질적이다. 대상('이것')은 '지금(das Jetzt)'과 '여기(das Hier)'라는 이중의 모습을 지닌다. '지금'이 확신되는 대로 '존재하는 것'이라면 그것은 보존됨에 있어서도 불변하지 않으면 안 된다. 그럼에도 불구하고 '지금은 밤이다'라는 명제는 시간대에 따라서 그 가치가 변한다. '지금' 그 자체는 밤도 낮도 아닌 비존재의 것으로서 보존된다. 요컨대 '지금'은 일반적인 것이며, 이것이야말로 감성적 확신의 진리이다. '여기'에 관해서도 마찬가지의 음미를 거쳐 그것이 매개된 단순태라는 것이 판명하게 된다. 두 번째 단계에서는 처음과는 거꾸로 지가 일반적인 것, 대상이 지에 의존하여 존재하는 것으로 된다. 그러나 여기서도 앞서와 거의 동일한 변증법이 성립한다. '나'는 나무 앞에 서서 나무를 '여기'라고 말하지만, 다른 '나'는 다른 것을 '여기'라고 말한다. 개별적인 '여기'의 부정에 의해서 매개된 일반적인 '나'가, 즉

그 봄(Sehen)이 단순한 봄인 것과 같은 '나'가 남는다. 셋째, 결국 대상도 의식도 아닌 '전체'가, 즉 계속해서 자기 자신에게 동등한 관계가 감성적 확신의 본질이라는 것이 명백해진다. 여러 가지 변화와 다양성에 개의치 않고 자신의 확신(예를 들면 '지금은 낮이다')에 집착하는 이러한 '순수한 직관'에서 '지금'이 지시된다. 가리켜진 '지금'은 있다고 말하는 순간 지나간다. 존재하는 '지금'이 아니라 존재하고 있던 '지금'이 가리켜질 뿐이다. 이에 의해 '지금'이 일반적인 것, '여기'도 많은 '여기'로 이루어진 단순한 복합체라는 것이 경험된다. 자연적 의식 자신이 이러한 경험을 하는 것이지만 그때마다 그것을 망각하고 만다.

따라서 회의론을 포함한 많은 철학적 입장이 '이것'으로서의 외계의 사물의 존재가 의식에 있어 절대적 진리를 지닌다고 간주하고 있는 것은 의심스러운 일이다. 감성적 사물의 존재에 '절망'하지 않으면 지혜에 도달할 수 없다.

덧붙이자면. 감성적 확신은 계몽의 한 계기로서 다시 등장한다. ⇒회의주의, 존재(유), 확신

—나카오카 나리후미(中岡成文)

감수성感受性 [Sensibilität]

흥분성, 재생산과 더불어 동물적 유기체의 개념을 구성하는 세 가지 계기 가운데 하나. 본래 A. v. 할러가 신경계에 대응하는 능력으로서 제기했으며, 킬마이어와 셸링이 감수성-흥분성-재생산의 양적 관계 법칙으로 발전시켰다. 감수성은 외적인 것, 무기적인 원소를 자기 내에 동화하는 "보편적인 유동성"[『정신현상학』 3. 204]이며, "무한히 규정 가능한 수용성"[『논리의 학』 6. 478]이자 다양한 것으로 되지 않은 채 자기의 단순성에로 반성하는 것이다. 따라서 그것은 무기적인 자연과 유기적인 생명을 매개하는 생명적 주체의 보편적 원리라는 의의를 지니지만, 이 매개 과정은 수동적인 과정이자 이론적인 관계를 예시한다. 다만 감수성과 흥분성은 불가분한 것으로서 생각되어야만 하며, 나아가 셸링 등의 이해와 달리 양적 반비례 관계에서가 아니라 질적·변증법적 관계에서 파악되어야만 한다

[『엔치클로페디(제3판) 자연철학』 359절]. ⇒흥분성

—기타자와 쓰네토(北澤恒人)

감정感情 [Gefühl, fühlen]

감각에 의해서 규정된 자기의 상태를 느끼는 것. 감정은 "자기성"에 관계된다[『엔치클로페디(제3판) 정신철학』 402절 주해]. 이 느껴진 상태가 정감(Empfindsamkeit, 이것은 또한 감상주의라고도 이해된다)[『정신현상학』 3. 75]이다. 감각은 "정신의 둔감한 영위 형식"[『엔치클로페디 같은 책』 400절], "정신적인 것의 가장 저열한 형식"[같은 책 「보론」]이다. 감정의 단계에 있는 자기는 마음이 지니는 자연성, 육체성에 제약되어 있다. 예를 들면 개의 인형을 가지고 무심하게 노는 어린아이의 자기가 이와 같은 자기인바, 아이는 오히려 개 속에서 자기를 발견하며(finden)[같은 책 401절], 아이의 자기는 개와 일체가 된다. 이와 같은 "감정 생활"[같은 책 406절]은 아이에게 있어서는 필연적이다[같은 책 405절 「보론」]. 그러나 인간은 이러한 감정의 자기로부터 빠져나와 분별 있는 자각적인 자기를 형성해 간다. 마음은 자기 자신의 고유한 세계를 지니지만[같은 책 402절 「보론」], 동시에 성장한 인간이 자기의 마음속에서 이러한 감정의 자기가 지배하는 것을 허용하는 것과 같은 감정생활은 병적인바, 이와 같은 병을 헤겔은 "정신의 도착(Verrücktheit)"이라고 말하고 있다[같은 책 408절]. 헤겔의 이러한 분열증적 증상에 대한 고찰은 상당한 부분을 동시대인이자 근대 정신의학의 창시자인 피넬(Philippe Pinel 1745-1826)에게 빚지고 있는 것으로 생각된다[같은 책 408절 주해]. 감정에는 자기에 관한 것으로서 정신적인 내용도 포함될 수 있다[같은 책 401절 「보론」]. 욕망과 충동 및 이들의 충족의 감정에서 시작하여 도덕 감정, 법 감정, 미적 감정, 종교적 감정이라는 표현도 주어진다.

Ⅰ. 실천적 감정. 정신은 "활동"[같은 책 378절 「보론」]이고, 있어야만 할 자기를 지향하는 당위를 포함하며, 의지하는 것이다[같은 책 469절]. 의지로서 실천적 정신의 최초의 단계에 있는 것이 실천적 감정이다. 실천적 감정은 우선 있어야만 할 자기와 다양한 상태에

9

있는 현실의 자기와의 비교에서 생기는 일치와 불일치에서 유래하는 "쾌와 불쾌"의 감정으로서 존재한다. 이 감정은 나아가 만족, 기쁨, 슬픔, 고통, 노여움, 희망, 공포, 불안, 안심, 놀람 등으로 구분된다. 실천적 감정은 본래적인 실천적 내용을 지닐 수도 있다. 이 내용에 관하여 생기는 것이 "수치, 후회"의 감정이다. 그러나 감정은 그 자연적 제약 때문에 실천적 정신에 있어 필연적인 것이 아니라 목적의 실현에 있어서는 오히려 억제해야만 할 것이다[같은 책 472절 「보론」].

Ⅱ. 감정 표현 감정은 마음에 대한 작용에 대응하며, 이 작용에 의해서 규정된 마음의 내면을 외부로 표현하는 "육화(Verleiblichung)"의 활동을 수반한다. 이러한 표출이 새파래지거나 빨개지는 혈행의 상태, 웃고 울고 부르짖고 떠는 동작이다. 지성에 가장 가까운 것이 "언어"이며, 감정의 내용이 미적일 때 이 육화는 예술이다[같은 책 401절 「보론」]. ⇒부끄러움, 감각

―요시다 로쿠야(吉田六弥)

감정신학感情神學 [Gefühlstheologie]

슐라이어마허의 철학은 감정신학이라고 불린다. 그의 『종교론, 종교 멸시자들 가운데 교양 있는 자들에게』(1799)는 계몽의 합리주의 측으로부터의 종교비판에 대해 "종교의 본질은 사유나 행위가 아니라 직관과 감정"이라는 입장에서 이것을 옹호하고자 하는 시도였다. 그 후 그는 『기독교 신앙론』(1821, 22)에서 교단에 공통된 요소로서 경건심을 끄집어내고, 이것을 감정과 자기의식의 일정한 규정된 존재방식으로 삼아 절대적 의존성(schlechthinige Abhängigkeit)의 감정이라고 부른다.

헤겔에게도 종교가 심정(Herz)과 감각(Empfindung)의 사항이라는 점을 강조한 시대가 있었지만[『민중종교와 기독교』 1. 14, 17], 이미 『1800년 체계 단편』에서 슐라이어마허 비판이 보이며[1. 423], 나아가 『신앙과 지식』에서 헤겔은 그를 야코비적이고 프로테스탄트적인 주관주의의 '최고의 것'으로서 위치짓는 동시에 그 보편성과 민중성의 결여를 비판하기에 이른다. 『기독교 신앙론』과 같은 해에 헤겔 학도인 힌리히스의

『학에 대한 관계에서의 종교』가 출판되지만, 헤겔은 이것에 붙인 서문에서 격렬한 감정신학 비판을 전개한다. 감정은 인간이 동물과 공유하는 것이며, 오로지 이것만이 인간의 규정이 되는 것이라면 인간은 동물과 같게 된다. 만약 종교가 오로지 감정에만 기초하는 것이고, 그것이 의존감정이라는 규정만을 지니는 것이라면, 이와 같은 감정 속에서 살아가는 개가 가장 좋은 기독교인일 것이다. 또한 한 개의 뼈다귀로 빈 배를 채운 개는 구제감정을 지닐 것이다. 이와 마찬가지의 것이 『종교철학』[16. 117ff.]에서도 말해지고 있는데, 헤겔에 따르면 감정의 형식은 신적인 것뿐만 아니라 다양한 내용을 지닐 수 있으며, 또한 신적인 내용도 이러한 형식만을 거처로 하여 거기에 머물러야만 하는 것이 아니라 사유의 형식으로까지 나아가야만 하는 것이다. ⇒신학, 종교, 기독교, 의존, 슐라이어마허

【참】 Rosenkranz (1844), Barth (1947), 岩波哲男 (1984).

―우부카타 쓰구루(生方 卓)

강제強制 [Zwang]

강제는 넓은 의미로는 제약 일반이다. 인간은 현존재로서는 외적 대상에 제약되며, 사회적 존재로서는 습속과 법 등의 규범에 제약된다. "강제는 그런 한에서 뭔가 상대적인 것에 불과하다"[『뉘른베르크 저작집』 4. 234f.]. 그러나 본래적인 의미에서 강제는 자유의 부정 개념이다. "인간은 생물로서 확실히 강제될 수 있지만, …… 자유로운 의지는 즉자대자적으로 강제될 수 없다"[『법철학』 91절]. 따라서 "폭력 내지 강제는 추상적으로 이해하면 불법이다"[같은 책 92절]. 그것은 첫 번째 강제로서는 범죄이지만, 그것을 지양하는 두 번째 강제로서의 형벌은 정의의 회복으로서 정당하다[같은 책 93절 이하]. 그러므로 추상법은 <강제법>이다. 또한 교육에서의 강제는 오로지 자연적인 의지의 전횡을 도야하는 강제로서, 나아가 폭력 상태에 지나지 않는 자연 상태를 사회 상태로 이행시키는 강제는 <영웅의 권리>로서 적극적으로 긍정된다. ⇒억제

―고바야시 야스마사(小林靖昌)

개념槪念 [Begriff]

Ⅰ. 형식논리학에서의 개념. 개념은 우선 통상적인 형식논리학의 입장에서 생각하면 우리가 무언가에 대해 판단할 때 주어 내지 술어로서 사용하는 보편적인 개념이며, 보통명사로 표현된다. 그리고 그 개념의 내용은 유개념에 종차를 결합하는 정의에 의해서 규정된다. 예를 들어 '인간은 이성적 동물이다'라는 정의에서는 인간이라는 개념의 보편적 내용이 동물이라는 유개념에 이성적이라는 종차를 결합함으로써 규정된다. 따라서 형식논리학에서 인간이라는 개념은 우리가 현실적으로 존재하는 개별적인 인간들을 총괄하여 이해하기 위해 사용하는 보편적인 생각인 것이다. 이 경우 주의해야 할 것은 개념과, 개념의 내용을 규정한다든지 그 개념을 사용하여 판단을 능동적으로 행하는 우리, 그리고 개별적인 현실의 것들이라는 세 가지가 각각 별개로 되어 있다는 점이다.

Ⅱ. 헤겔의 개념. 그러나 헤겔이 말하는 개념에는 잘 알려져 있는 것처럼 이 세 가지가 하나로 되어 있다. 물론 헤겔이 말하는 개념도 규정된 개념(bestimmter Begriff)이라는 형태로 유와 종의 질서에 따라 규정되어 판단할 때 사용된다. 그러나 그 규정을 능동적으로 행하는 것은 판단 주관이 아니라 순수 개념 자신이며, 그밖에 판단에서 주어와 술어가 구별되는 것은 개념의 근원적 분할로 된다. 나아가 그와 같은 규정과 분할은 현실의 개별적인 것들을 개념 자신이 사유하고 그것에 침투함으로써 이루어지며, 경우에 따라서는 예를 들어 국가와 생명 그 자체가 이념을 바꿔 말하는 것이기도 한 구체적인 개별자로 된다. 그럼에도 불구하고 "개념의 엄정함"[『정신현상학』 3. 14]이라고 말해지고 있듯이 개념 자신이 냉엄함과 같은 인간적 태도를 지니는 것으로 되는 경우도 있다. 이리하여 헤겔이 말하는 개념의 특성은 현실의 개별적인 것들에 침투하여 그것들을 포함함으로써 자기를 규정하고 분할하는 부정성으로서의 자유가 개념 자신에게 부여된다는 점에 놓여 있다.

이와 같은 개념 용법은 확실히 우리들의 통상적인 개념 용법과 근본적으로 공통점을 지니지 않는 것으로 볼 수도 있을 것이다. 그러나 이것은 헤겔이 군이 우리의 통상적인 용법을 거슬러 개념 용법의 중심을 이론적 보편 개념이 아니라 도덕법칙이나 법과 같은 실천 개념으로 옮긴 것에서 유래한다. 헤겔은 한편으로 <현실의 개별적인 것들을 총괄하는 보편자>라는 개념의 본래적인 의미를 답습하면서도 다른 한편으로 <총괄한다>는 것에서 이론적인 사유만을 염두에 두는 것이 아니라 오히려 개별적인 인간들에 법이 침투하고 국가 등의 보편적 조직체가 구체적으로 실현되는 것도 염두에 두고 있다. 그리고 그로부터 개념적 사유에 의한 학의 체계의 형성과 같은 것도 구상되고 있었던 것이다. 이것은 "begreifen"이 <무언가를 지성으로 이해한다>는 의미 이전에 <무언가를 자기 속에 포섭 내지 총괄한다>는 의미를 지니고 있었다는 점을 생각하면 사실 결코 이례적인 용법이 아니다. 헤겔은 오히려 "begreifen"의 본래의 뜻으로 되돌아가고 있는 것이다. 다만 지적해야 할 것은 그 개념의 극한을 밝혀내어 절대성을 부여함으로써 무한성이나 더 나아가 부정성을 발견해냈다는 점에 헤겔이 말하는 개념의 참된 고유성이 놓여 있다는 점이다.

Ⅲ. 헤겔의 개념의 생성. 헤겔 고유의 개념은 확실히 이른바 『자연법 논문』으로부터, 본격적으로는 소위 『예나 체계』에서 모습을 드러낸다. 그리고 그 이전의 초고나 논문 등에서 개념은 전체적으로 확실히 <현실의 다양하고 구체적인 것에 대립하는 내용이 없는 형식적인 보편적 개념>이라는 부정적인 의미만으로 사용되고 있다고 볼 수 있다.

(1) 그러나 사실 초기의 종교 초고들을 잘 읽어보면 확실히 아직 부정적인 의미만으로 사용되고 있지만, 개념을 실천적인 영역에서 사용한다는 핵심적인 사태가 숙고의 결과로서 이미 분명하게 나타난다. 헤겔은 프랑크푸르트 시기의 단편에서 도덕적 개념을 이론적 개념과 구별하면서 다음과 같이 규정하고 있다. "도덕적 개념의 객체는 언제나 자아지만, 이론적 개념의 객체는 비아다"[『도덕성・사랑・종교』 1. 239]. 요컨대 이론적 개념은 자아가 현상에 적용하는 범주이지만, 도덕적 개념은 주체적 의지 자신을 규정하는 도덕법칙인 것이다. 이리하여 "[도덕적] 개념은 반성된 활동성이다"라고도 말해진다. 이 관점은 『기독교의 정신』에

11

서도 다음과 같은 식으로 유지된다. "법이란 대립하는 것들을 하나의 개념—따라서 그 개념은 대립하는 것들을 그러한 것으로서 남겨둔다—에서 합일하는 까닭에, 그러나 개념 그 자체는 현실에 대해 계속해서 대립하는 까닭에 하나의 당위를 표현한다"[『기독교의 정신』 1. 321].

확실히 이 초고에서는 동시에 『예나 체계』 이후의 개념과의 커다란 차이도 보인다. 즉 헤겔은 이 초고에서 법 등에서 보이는 개념의 통일(Einheit des Begriffs)을 사랑에서 보이는 정신의 전일성(Einigkeit des Geistes)과 구별하고 있는 것이다. 전자는 다양성을 폐기하지도 않고 합일시키지도 않는 관념에 불과한 데 반해, 후자는 다양한 것과 한정된 덕 그 자체를 사랑에 의해서 내재적으로 화합시키고 있다. 따라서 여기서의 개념의 통일은 『예나 체계』 이후의 개념의 통일과는 달리 부정적이다. 그러나 여기서는 역으로 헤겔이 지금부터 깊이 생각해 나가야만 할 과제가 분명히 보이기도 한다. 그것은 개념 그 자체가, 정신의 전일성이 지니고 있는 구체적 전체성, 즉 존재하는 것의 다양성 속의 조화라는 계기를 받아들이는 과제이다. 그 과제는 『차이 논문』에서 "개념과 존재의 분열"[『차이 논문』 2. 24]을 극복한다는 모습으로 표현되고 있다.

(2) 예나 시기에 들어서서 처음에 헤겔은 한편으로 여전히 개념을 현실의 다양한 것과 대립된 추상적인 형식적 보편자로 간주하고 있다. 예를 들어 순수 개념의 사례로서 칸트의 이성과 피히테의 자아가 들어지는 경우 순수 개념은 "유한성에 절대적으로 대립하는 무한성"[『신앙과 지식』 2. 298]으로 규정되고 있다. 나아가 『인륜의 체계』 등에서는 셸링의 생각을 받아들임으로써 그와 다른 여러 가지 의미에서 개념을 이해하고자 하기도 한다. 그러나 다른 한편으로 절대 개념이 이미 "절대적 긍정" 내지 "서로 대립하는 것의 동일성"[같은 책 2. 350]으로서 받아들여지고 "자기 자신의 반대"[『자연법 논문』 2. 488]라고도 말해진다. 그리고 『예나 체계』에서 절대 개념은 불이라든지[『예나 체계 Ⅰ』 GW 6. 178] 무라고[『예나 체계 Ⅱ』 GW 7. 112] 말하긴 하지만, 무한성으로서 『정신현상학』의 절대 개념과 꽤 중첩되는 내용을 획득하기에 이른다.

(3) 『정신현상학』에서도 개념은 아직 생성도상에 있긴 하지만, 이 시기에는 절대 개념과 순수 개념이 분명히 구별됨에도 불구하고 후자가 적극적 의미를 지니게 된다는 점에 특징이 있다. 여기서 절대 개념의 절대성이란 그 개념의 보편성 자체가 자신 이외의 다른 다양한 것과의 대립관계에 기초하여 파악되는 것이 아니라 대립항을 자신 속에 포섭하고 있다는 것을 의미한다. 우선 절대 개념의 의미는 그 용례에서 보자면 다음의 다섯 가지로 나누어질 수 있다. (ⅰ) 깊이, (ⅱ) 내적 구별 내지 구별되지 않는 것을 구별하는 활동, (ⅲ) 정신의 교양형성에서의 단순한 개념의 운동, (ⅳ) 지와 대상의 동일성, (ⅴ) 개념파악의 주체. 이에 대해 순수 개념의 의미는 (ⅰ) 사유 그 자체의 단순태, (ⅱ) 변증법적 운동의 장, (ⅲ) 사유와 존재의 동일성, (ⅳ) 모든 범주, (ⅴ) 본질이라는 다섯 가지 의미로 나누어질 수 있다.

(4) 『논리의 학』과 『엔치클로페디』에서 헤겔은 개념의 절대적 구체성을 강조하게 된다. 그 이유로서 헤겔은 개념이 보편적이라 하더라도 그것은 동시에 개별성이 속하는 것과 같은 "자기 자신과의 부정적 통일"[『엔치클로페디(제3판) 논리학』 163절]이기도 하다는 점을 들고 있다. 그러한 논의 맥락에서 그는 보편·특수·개별이라는 개념의 계기들을 구별하고 있다. 나아가 그는 그 계기들의 구별이 설정되면서도 불가분하다는 것을 "개념의 투명성"이라고 부른다. ⇒판단, 보편, 깊이

—야마구치 세이이치(山口誠一)

개별성 個別性 [Einzelheit, Einzelnes]

'개념'의 세 가지 계기 가운데 하나인 개별성은 "보편과 특수성을 그 생성의 계기"로 하고 있으며, "규정된 보편"으로서의 "특수성" 즉 "개념의 타자존재"가 스스로를 다시 "타자"로 되게 하는 "부정의 부정"에 의해서 자기 동등한 것으로서 회복된 '개념'이다. 그러므로 이것은 "자신에게 관계하는 부정 또는 규정성", 요컨대 "규정된 규정적인 것"으로서의 "구체적인 것"[『논리의 학』 6. 253, 288, 296-297, 299, 566]이며, "유와

종을 자신 안에 포함하고 그 자신이 실체적인 주체, 근저'라는 의미를 지닌다[『엔치클로페디(제3판) 논리학』 164절]. 이 경우의 개별은 '절대자'의 규정에 다름 아니며, 보편(무한자로서의 자기동일성)과 특수(유한자의 규정들)의 역동적 종합·통일, 즉 모든 것을 포괄하여 그것 자신이 발전하는 전체성으로서의 (말하자면 커다란) 개별이다. 이 "개념의 개별성"은 또한 "개체성과 인격성의 원리"라고도 말해진다[『논리의 학』 6. 297].

하지만 개별성이라는 규정은 이와 같은 '개념'의 자기 자신에로의 귀환(으로서의 그때마다의 변증법적 전개에서의 구체적 단계)이라는 의미뿐만 아니라, 헤겔에 따르면 '개념'의 상실이라는 의미도 지니고 있다. 즉 개별성은 '규정된 보편' 그 자체를 다른 마찬가지의 '특수'와 대립하는 하나의 '특수'로서의 개별적인 것이 되게 하는 '구별' 그 자체이기도 한 것이다. 이런 의미에서의 개별은 보통 개개의 사람이라든가 개개의 사물이라고 말해지는 경우의 그저 직접적인 개별, "질적인 하나(ein qualitatives Eins) 또는 이것(Dieses)"이다. 이러한 서로 "무관심한" 하나로서의 다수의 개별에 있어서 '보편'은 그것들의 단순한 공통항에 불과하다. 일반적으로 경험론 내지 유명론은 개별과 '보편'을 이와 같이 이해한다. 그러나 헤겔에 따르면 이러한 개별도 사실은 복합적 '매개로부터 회복된 직접적인 것'이자 '보편'을 품고 있는 '구체적인 것'인 것이다[『논리의 학』 6. 299-300; 『정신현상학』 3. 85-86]. ⇒보편, 특수성, 개념

―야마다 다다아키(山田忠彰)

개인個人 [Individuum]

나라고 하는 보편성은 세상 물정 모르는 사람, 학생, 서울시민, 아버지, 회사원이라는 다양한 특수성 가운데서 현실화된다. 개체성(Individualität)은 보편적인 것을 실재하게 하는 원리이며, 이 실재화의 운동을 수행하는 것이 개체·개인(Individuum, Individuelles)이다. 실재화는 보편적인 것을 개체·개인의 대타존재로 만드는 것, 개체·개인이 보편적인 것과 대립하기에

이르는 것이다. 예를 들면 생명에서 처음에 존재하는 것은 보편도 개별도 아닌 유동태, 말하자면 생태계이다. 유동태를 보편으로 하여 유(類)로 하고 개체에 대해서 있는 대타존재로 하며, 다른 한편 스스로를 이 보편에 대한 개별적인 개체로서 실재화시키는 것이 개체의 생명활동이다[『정신현상학』 3. 139ff.].

현실의 외부세계에 능동적·자각적으로 대처하지 못하면 개체는 세계에 매몰되어 버린다. 매몰을 피하기 위해서 개체는 스스로의 활동에 의해서 실재화된 유와 개체를 다시 매개한다. 이때 개체는 의식이자 개인이다. 개체는 "타자존재를 폐기하는 것에서 독립적으로 존재하는"[『정신현상학』 3. 229] 것과 같은 행위하는 이성이다. 행위하는 이성은 자기의 순수한 개체성만을 주장한다든지(쾌락과 필연성), 개인이 가슴에 품고 있는 법칙을 보편적인 법칙이라고 주장하며 세상이라는 보편에 대결시킨다든지(심정의 법칙과 자만의 광기), 또는 개체성이야말로 폐기되어야만 하는 모든 악의 근원이라고 하여 스스로의 개체성을 희생시켜 세상에 널리 퍼져 있는 개체성을 섬멸하고자 시도한다든지(덕과 세계행로) 한다. 이 결과 행위한 개인이 보는 것은 세상이 사실은 "보편적인 것과 개체성의 자기운동하는 상호침투"[같은 책 3. 292]이며, 본인 자신도 세상에서 통용되는 개인으로 되었다고 하는 것이다.

그러나 실재화=대타존재화에서 성립하는 개체·개인은 보편과 대립하는 '개체'에 머물 수밖에 없다. 개인의 본질은 언제나 해당 개인의 밖에 있는 타자=보편자이다. 매개는 개체성 측에서는 성립하지 않는다. 『정신현상학』의 '정신' 장 이후에서 '개인' 대신 '자기'의 개념이 더욱 중요해지는 것은 이 때문이다. 개체·개인이 전체와 외부를 벗어나 홀로 설 수 있는 원자라는 사고방식을 헤겔은 근본적으로 물리쳤다. ⇒자기(성)

―이시카와 이오리(石川伊織)

객관客觀 ⇨ 주관과 객관

객관적 정신 客觀的精神 [objektiver Geist]

체계 시기의 헤겔 정신철학에서 주관적 정신과 절대적 정신 사이의 두 번째 단계를 이루며, 이 시기 그의 사회철학을 보여준다. 그것은 주관적 정신에서의 심리학에 의해서 기초지어진 의지가 먼저 객관적 세계에서 나타나고, 이어서 추상법-도덕성-인륜이라는 세 단계에서 전개되며, 마지막으로 신의론(神義論)으로서의 세계사에서 절대적 정신으로의 길을 열어젖히기까지를 논구한다. 앞의 전개에서는 근대의 자연법의 입장과 칸트의 도덕성의 입장을 인륜이라는 자기의 입장에서 비판적으로 다시 파악하는 헤겔의 주장이 표현되어 있다. 어떤 의미에서 이 주장은 아리스토텔레스에 의해 파악된 고대 그리스의 폴리스에서 보이는 공동적 정신으로의 복귀로도 보일 수 있다. 물론 주관성이 주장된다는 점에서 근대의 입장이 받아들여지고 있다는 것은 말할 필요도 없다. 인륜의 내부는 가족-시민사회-국가로 분절된다. 지금까지 시민사회와 국가의 구별이 헤겔의 공적으로 여겨지고 양자 간의 관계가 중요시되어 왔다. 이것은 앞으로도 탐구되어야만 할 중요한 문제이다. 나아가 고풍스러운 인상을 줄지도 모르는 고대 세계에 대한 동경 속에서 인류가 이상으로 하면서도 아직 실현하지 못하고 있는 공동사회에 대한 통찰이 제시되어 있다는 점이 다시 주목되어야만 한다. 현대에 있어서도 사회에 대한 구상의 기본적인 틀의 원천이 여전히 헤겔의 객관적 정신론에서 발견되는 것이다. 그의 이론 속에서 그저 기술적이지 않은 규범적인 이론이 발견되는가의 여부는 논의되어야 할 과제로서 연구사에서 계속 제출되어 왔다. 법철학 강의의 출판 등을 계기로 하여 이 점에 대한 논의가 다시 활발하게 이루어지고 있다. ⇒정신, 절대(적)정신

【참】 Ritter (1969a), Hösle (1987a)

─고즈 구니오(幸津國生)

거짓 ⇨ 진리

건축(술) 建築(術) [Architektur, Baukunst]

건축은 헤겔에 따르면 이중의 의미에서 최초의 예술이다. (1) 예술이란 정신을 일정한 감각적 형태라는 모습으로 현실의 존재로 만드는 것으로서, 그 최초의 과제는 자연의 지반이라든가 정신의 울타리라는 모습으로 그것 자체로서는 내면성(정신적인 것) 없는 것과 정신적 의미를 동화시키고자 하는 데 있는바, 이러한 과제를 부여 받은 것이 우선은 건축이다. 건축의 임무는 외적인 비유기적인 자연을 정신 그 자체로부터 기예(예술이라는 기예)에 의해 미로 형성된 울타리로서 인간을 위해(인간에 대해) 만들어내는 데 있다. (2) 그리고 실제의 예술사에서도 건축은 다른 장르들에 선행하여 그 최초의 완성에 도달한 예술이기도 했다.

예술사의 법칙적 전개를 설명하는 데 사용한 '상징적, 고전적, 낭만적'이라는 유형을 헤겔은 예술의 장르들에 대해서도 사용하고 있으며, 거기서 건축은 '상징적' 예술로 되었다. 건축의 근본성격은 이념과 감각적 형태의 온전한 통일을 아직 달성하고 있지 못하다는 의미에서 '상징적'이다.

그러나 현실의 개별적인 건축물의 성격과 실제 건축사의 전개 법칙성이라는 양 측면에 관하여 '상징적(또는 자립적) 건축', '고전적 건축', '낭만적 건축'이라는 분류가 설정될 수 있다. 개체적 정신이 그것 자신으로서 형태화되고 건축에서 독립하여 실재화되며(그리스 조각), 건축 자신은 자기의 자립성을 빼앗기고 이러한 조각을 위한 단순한 무기적인 울타리로 전락해 있는 건축, 그것이 '고전적 건축'이다. '낭만적 건축'은 무어 양식, 고딕 양식, 독일 양식 등으로 불리는 건축의 경우로, 이 경우에는 건물이 그 안에서의 인간의 정신적 일에 도움을 주기는 하지만, 그러나 이러한 목적은 어쨌든지 간에 자립적인 형성물로서 건물이 만들어져 있다『미학』 14. 245f.]. ⇒상징예술, 조각

─마스나리 다카시(增成隆士)

게르만 ⇨ 독일

게르슈태커 [Karl Friedrich Wilhelm Gerstäcker 생몰년 미상]

라이프치히의 변호사. 1826년에는 라이프치히 대학 법학부의 시보. 1801년에 출판된 게르슈태커의 저작 『장래의 법철학 체계의 기초짓기로서의 지의 최고 근거에 기초한 법 개념의 평이한 연역 시도』에 대하여 헤겔은 1802년에 『에어랑겐 문예신문』에 짧은 서평을 게재한다[2. 157-163]. 그 이외에 그는 이 서평과 관련하여 편지에서 한 번 언급되어 있을 뿐이다[『서한집』(제1권) 66]. 평가는 전적으로 부정적이다. 이런 종류의 책은 "평이함이 근거의 높이보다도 우위에 선다"고 서두에서 야유하고, 저작의 기본사상을 "비속한 경험에서 그 내용을, 반성에서 그 형식을 받아들이는 학문들의 비속한 방법"[2. 158], "가장 통속적이고 가장 형식적인 이원론에서 성립하는 <지의 부흥의 근거>", "사태를 겉보기에서 일반화하고 평이하게 하는, 공허한 장광설적인 비약"[2. 163] 등등으로 점차 통렬히 비난한다. 비판의 시점은 이 시기의 형식주의 비판 및 상식 비판과 기본적으로 동일하다.

—자코타 유타카(座小田豊)

견인력과 반발력牽引力—反撥力 [Anziehungskraft und Repulsivkraft]

칸트는 "인력만으로는 물질은 응축되어 버리며, 그것에 균형을 이루는 반발력이 있어야만 한다"는 헤일즈(Stephen Hales 1677-1761)의 『식물정력학』의 생각에 기초하여 물질 내에 견인력과 반발력의 두 힘의 맞버팀을 상정하고, 그에 의해 물질의 비중의 차이를 설명하고자 했다. 셸링은 칸트가 『자연학의 형이상학적 원리』(1786)에서 말한 이 이론을 피히테 식으로 개조하여 자연 전체로 확대하고, 자연의 근원에는 무한한 발전으로 향하는 동향과 그것을 저지하는 동향의 두 인자가 있으며, 이 근원적 대립의 해소와 재생산에서 자연 전체를 선험적으로 구성할 수 있다고 주장했다. 하지만 헤겔은 칸트의 물질 이론을 근대 자연철학의 출발점으로서 평가하면서도 그 발상을 분석적이라 하여 배척하고, 이 힘들은 자립적인 힘이 아니라 구체적인 물질의 개념에 포함된 동일성과 상이성이 변형된 것에 불과하다고 보았다. 이 견지에서 그는 <견인과 반발>

을 한 묶음의 범주로서 「예나 논리학」과 『논리의 학』에서 상세하게 고찰하고 있다. ⇒ 힘

【참】Schofield (1970), 山本義隆 (1987), Ihmig (1989), Stanguennec (1985).

—와타나베 유호(渡辺祐邦)

결과結果 [Resultat]

인과성에서의 결과(Wirkung)와 여기서 말하는 <결과>는 구별되어야만 한다. 전자는 범주의 하나에 지나지 않지만, 후자는 <논리적인 것>을 명확히 하는 헤겔의 방법 개념이다. 이 말은 일반적으로 계산의 해와 추론의 결론을 의미하지만, 헤겔에서는 개념에만 관계하는 논리의 필연적 귀결 내지는 성과라는 의미에서 사용된다. 그는 자기의 방법에 대해 어째서 곧바로 구체적으로 참다운 것으로부터 서술을 시작하지 않는 것인가라는 반론을 예상하여 다음과 같이 대답하고 있다. "우리는 참다운 것을 결과라는 형식에서 보고 싶어 하기 때문이며, 이를 위해서는 우선 추상 개념 그 자체를 개념적으로 이해하는 것이 어떻게든 필요하기 때문이다"[『법철학』 32절 「보론」]. 그는 어떠한 것이든 구체적으로 규정된 것을 직접적으로 수용할 수는 없으며, 그것을 추상 개념을 대상으로 하는 순수한 논리의 전개에 의해서 비로소 <결과>로서 정립된 것이라고 생각하는 것이다. 『논리의 학』에서 일상적인 감각적 존재인 현존재에서 출발하지 않고 순수존재의 논리를 선행시키는 것도 그 때문이며, 현존재는 순수존재의 논리적인 <결과>로 파악된다. 이 세계에는 논리가 관계하지 않는 직접적인 것은 아무것도 존재하지 않으며, 모든 것은 논리의 <결과>이다. 요컨대 모든 것은 논리에 의해서 매개되고 침투되어 있는 것이다. 이리하여 헤겔은 되풀이하여 현실을 논리에 의해서 파악하는 것이다. 한편 그는 Resultat의 본래 뜻, 즉 라틴 어의 resultare(뛰어 되돌아오다)의 의미를 살려 <결과>에서 논리는 <자기 내로 되돌아온다>(in sich zurückkehren)고도 말한다. "결과 속에는 본질적으로 그 결과가 그로부터 결과한(resultieren) 것이 포함되어 있다"[『논리의 학』 5. 49]. "결과는 자기 내로 되돌아

15

온 자기 동일적인 전체이며, 그것에는 직접성의 형식이 다시 주어진다. 따라서 결과는 시원이 그러했던 것과 다르지 않다"[같은 책 6. 566]. <결과>는 시원이며, [논리에 의해서] 매개된 것은 직접적인 것이기도 하다. 이와 같이 <결과>는 직접성과 매개의 동일성, 현실적인 것과 개념의 일치를 보여주는 헤겔의 논리에 있어 가장 중요한 방법 개념이다. ⇒인과성, 직접성, 매개, 시원

―에비사와 젠이치(海老澤善一)

결단決斷 [Entschluß]

결단이란 주로 개념 내지 이념 자신이 자기를 규정하고, 자연과 사유를 스스로의 고찰 대상으로 하는 활동을 말한다.

Ⅰ. 사유에 대한 결단. 이러한 의미에서의 결단은 『논리의 학』 제2판에서 『정신현상학』을 전제하는 길을 상대화하는 논의 맥락에서 등장한다. "…… 그러나 어떠한 전제도 만들어져서는 안 되고, 시원 자체가 직접적으로 취해져야 한다면, 시원은 오로지 그것이 논리학의 시원, 곧 사유 그 자체의 시원이어야 한다는 것에 의해서만 규정된다. 오로지 사람들이 자의라고 간주해버릴 수도 있는 결단만이, 다시 말하자면 사람들이 사유 그 자체를 고찰하고자 한다는 결단만이 앞에 놓여 있다"[『논리의 학』 5. 68]. 그리고 이 결단이 순수 사유의 자유에 의한 것이라는 점에 관해서는 "모든 것에서의 완전한 무전제성이 학에 선행해야만 한다는 요구는 본래 순수하게 사유하고자 하는 결단에서 자유에 의해서 수행되는 것이고, 그 자유는 모든 것을 사상하고 자기의 순수한 추상태, 사유의 단순태를 취할 수 있다"[『하이델베르크 엔치클로페디』 36절 주해]고 말해진다.

Ⅱ. 자연으로의 자기 방기의 결단. 헤겔은 이념이 자기를 자연으로 방기하는 것도 이념 자신의 결단에 의한 것이라고 하고 있다. 즉 이념의 결단에 의해서 직접적 이념인 자기가 자연으로서 자기로부터 자유롭게 해방된다[『엔치클로페디(제3판) 논리학』 244절].

Ⅲ. 의지의 결단. 『법철학』 제12절에서는 행위를 선별하는 의지의 모습으로서 무언가를 결단하는 것이 거론된다. 나아가 그 결단이란 자신 속에 다양한 규정과 목적을 포함하고 있는 의지가 자기를 자기로부터만 산출하는 것을 말하는 것이다.

―야마구치 세이이치(山口誠一)

결정론決定論 ⇨자유

결혼結婚 [Ehe]

헤겔에 따르면 결혼은 인륜적 관계이다[『법철학』 161절 「보론」]. 여기서 인륜적 관계라는 의미는 결혼이 인류의 종으로서의 생명의 유지와 보존을 위한 성적 관계로서만 파악되어서는 안 된다는 것을 나타낸다. 또한 칸트와 같이 결혼을 시민사회의 단순한 계약관계로서만 파악하여 서로의 성기를 상호간에 사용하는 것과 같은 관계로서 파악하는 것도 잘못이다. 나아가 사랑이라는 감정에만 결혼의 본질을 두고자 하는 것도 잘못이다. 결혼은 이상과 같은 모든 것을 포함하면서도 사랑과 신뢰를 토대로 생활 전체를 공동으로 영위하는 관계에서 성립하는 사회적으로 승인된 관계인 것이다. 결혼에 대한 헤겔의 이와 같은 규정의 특징은 결혼을 단순한 자연적인 관계로 환원하는 것에 대해서나 단순한 시민적인 계약관계로 환원하는 것에 대해서 반대한다는 점이다. 결혼이라는 사회적 형태를 취하는 것은 연애지상주의나 결혼제도를 부정하는 동거주의나 내연관계에 반해 감정의 변덕이나 우연성을 극복하고 법적인 규정에 따른 관계를 취하는 것으로서 그것을 좀더 높은 인륜적 관계로 하는 것이다. 이것은 동시에 칸트적인 파악이 지니고 있는 문제점, 즉 개인의 존립을 절대화하여 사회적·공동적 관계를 인간의 본질에 있어 외적·파생적 관계로 하는 사고방식을 극복하고 인륜적·공동적 관계의 현실적 형태가 직접적으로 형성된 관계로서 결혼을 파악하는 시도이다. 이와 같이 파악된 결혼에서는 개인이 서로 헌신함으로써 일심동체가 되기 때문에, 그리하여 상대 속에서 자신을 의식하는 구조가 되는 한에서 결혼은 본질적으로 일부

일처제로 된다[『법철학』 167절]. 헤겔은 이리하여 단순히 재산관계로 환원되는 것이 아닌 공동의 존재방식의 근원으로서 일부일처제라는 결혼 형태에 대해 그 위치를 부여했던 것이다. 그리고 그 위에 좀더 커다란 사회적 규모에서의 공동적 관계를 기초짓고자 했다는 점에서 헤겔의 결혼관은 대단히 독창적이었다고 말할 수 있다. ⇒가족, 사랑

—사토 가즈오(佐藤和夫)

경건주의敬虔主義 ⇨프로테스탄티즘

경제학經濟學 [politische Oekonomie, Staatsökonomie]

헤겔의 경제학 연구의 출발점은 제임스 스튜어트 및 애덤 스미스이다. 그 시기는 프랑크푸르트 시대나, 그에 앞선 베른 시대로 추정되지만, 그 성과는 예나 시대의 『자연법 논문』과 『실재철학』에서 명료하게 나타난다. 헤겔은 『차이 논문』에서 피히테를 비판하면서 인륜을 원리적으로 지성·필연성의 영역과 이성·자유의 영역으로 준별하기에 이르지만, 이것이 후에 시민사회와 국가의 구별로서 개념화된다. 나아가 『자연법 논문』[2. 432]에 따르면 시민사회의 영역, 특히 상대적으로 독립된 총체로서 파악된 "물질적 욕구와 향유"의 영역은 그 무한한 착종 가운데서 "하나의 필연성"에 복종하고 욕구와 노동에 관한 "보편적으로 상호적인 의존성의 체계"를 형성하는데, 이 체계가 학으로서 파악될 때 "이른바 정치경제학(politische Oekonomie)의 체계"가 성립한다. 이와 같이 역사적 개인들의 특수한 욕구를 전제로 하여 생겨나면서도 그로부터 독립하여 필연성에 의해서 지배된 체계가 형성되는 것이 학으로서의 경제학 체계의 역사적 이론적 성립 근거가 되며, 또한 이 필연성의 인식이 이 학문의 과제가 된다. 하지만 과제는 그에 머무르지 않는다. 왜냐하면 이 필연성 내지 법칙은 반드시 예정조화적인 귀결만을 초래하는 것이 아니라 오히려 점점 더 커다란 차별 및 불평등을 형성하여 마침내 인륜의 붕괴를 초래할 수밖에 없는 것이고, 학은 이것을 소득의 재분배 등에 의해서 방지해야만 하기 때문이다. 헤겔은 『법철학』 189절에서 개인들의 특수한 욕구의 착종 속에서 관철되는 법칙을 인식하는 국가경제학(Staatsökonomie)을 근대를 자기의 지반으로 하여 성립한 학의 하나라고 하고, 스미스, 세이(Jean Baptiste Say 1767-1832), 리카도(David Ricardo 1772-1823)와 같은 고전파 경제학자의 이름을 거론한다. 확실히 헤겔의 시민사회 분석의 중심에 분업론이 놓여 있는 것과, '신의 보이지 않는 손'과의 연계를 떠올리게 하는 서술 등으로부터 헤겔과 고전파 경제학의 친근성은 쉽게 파악된다. 그러나 정신의 분절화된 전개과정 전체 속에 시민사회가 역사적 구조적으로 위치하고 있다는 점에서, 따라서 또한 경제학이 정신철학, 나아가 철학적 학문들의 체계 전체 속에 변증법적으로 짜여 들어가 있다는 점에서, 나아가 시민사회의 위기 인식의 심각함과 첨예함 및 문제 해결책의 점에서, 그리고 마지막으로 가치론의 이질성에 의해서 경제학은 그에게 있어 독자적인 지평으로 나아갔다고 보아야 한다. 덧붙여 말하면, 경제학적 분석은 법철학 강의 필기록에서 한층 더 구체적으로 전개되어 있다.

헤겔의 경제학 연구가 그의 사회철학에 커다란 영향을 미쳤던 것만은 아니다. 그의 철학 역시 그 후 경제학의 전개에서 중요한 역할을 수행한다. 마르크스 경제학과의 연결은 잘 알려져 있지만, 그에 머무르지 않고 그 밖의 헤겔 학도들의 경제학, 독일 역사학파 및 그의 적대자인 맨체스터학파에서도 그의 영향의 흔적을 찾아볼 수 있다. ⇒시민사회, 노동, 가치·가격, 화폐, 자본, 세금, 스미스, 스튜어트

【참】 Friedrichs (1913), Chamley (1963), Lucács (1967), Arthur (1987), Waszek (1988), Priddat (1990)

—우부카타 쓰구루(生方 卓)

경찰행정警察行政 [Polizei]

폴리차이, 경찰행정이라는 개념은 통상적인 의미로는 한국어의 '경찰'에 대응하지만, 헤겔에게 있어서는 한편으로 고대 정치학에서의 Polis, Politeia와의 연관이 의식되는 것과 함께, 다른 한편으로 피히테의 국가

개념이 이성국가와 구별된 지성국가로서 여기에 위치 지어지고 있으며, 우리나라에서는 '행정' 또는 '복지행정'이라고도 번역되고 있다(영어권에서는 public authority). 경찰행정이 국가의 기관임에도 불구하고 시민사회 권역에 위치가 정해지는 것은 그것이 "시민사회에 관련하여 활동하고 있는 보편자"[『법철학 강의(그리스하임)』230절]이자, 결국 보편적 이익 자체가 아니라 특수이익(인격, 소유, 생계, 복지)에 대한 공동의 배려를 목적으로 하는 데 지나지 않기 때문이다.

경찰행정의 활동은 (1) 치안정책, (2) 경제정책, (3) 사회정책, (4) 무역 및 식민정책으로 대별될 수 있다[『법철학』 절231-249절―다만 상세하게 전개되는 것은 강의 필기록의 해당 부분들에서이다]. 나아가 (2)는 공공적 사업에 대한 개입, 소비자 보호행정, 수급조정 정책으로서, 또한 (3)은 교육정책, 의료정책, 낭비자의 후견과 갱생책, 구빈정책으로서 각각 구체화되고 있다.

시민사회의 각 성원이 자기의 특수이익을 추구하는 과정에서 자연적인 불평등은 해소되지 않고 역으로 확대되며, 강자와 약자의 차이는 점점 두드러질 수밖에 없다. 약자란 생산자에 대한 소비자이며, 대자본에 대한 소자본이고, 자본을 가진 부유한 계급에 대한 노동에 얽매인 가난한 계급이며, 시민사회에서 해체 경향에 있는 가족 중의 아이들이다. 특히 가난한 계급이 천민화해가면 인륜은 붕괴하고 국가는 전복될 수도 있다. 그리하여 헤겔은 소비자 제일주의의 입장에서 영업의 자유와 그 귀결로서의 독점에 대한 경찰행정에 의한 규제를 '과제'로서 내세운다. 또한 경제 변동의 완화와 빈곤화 방지를 위한 수급 조정책과 구빈대책, 식민정책이 시민사회의 내재적 논리의 귀결로서 전개되지만, 그는 경찰행정이 불평등과 빈곤 문제를 해결할 수 있다고는 생각하지 않는다. 거기에 경찰행정론이 시민사회의 내재적 통합으로서의 직업단체를 제창하는 것으로 이행할 수밖에 없는 근거의 하나가 놓여 있다. 또한 의무교육제의 주장 근거는 직업단체와 마찬가지로 경찰행정도 제2의 가족으로서의 역할을 받아들일 수밖에 없다는 점에서 구해진다.

경찰행정에 의해서 시민사회를 통합하고자 하는 시도는 『예나 체계 III』[GW 8. 273]에서도, 또한 『인류의 체계』[PhB 90]에서도 볼 수 있지만, 『로젠크란츠』[86]에 따르면 또한 프랑크푸르트 시대에서의 스튜어트 경제학에 대한 비평적 주해에서도 경찰행정의 사상이 등장하고 있다고 한다. 이 시기에 헤겔은 프러시아 일반 국법(1794)을 연구하는데, 이 법과 헤겔의 경찰행정론의 연관 및 그것의 복지국가적 성격을 지적하는 것은 호체바르(Ralf K. Hočevar)이다. ⇒직업단체, 시민사회, 빈곤

【참】 Riedel (1970), Hočevar (1973), 生方卓 (1976), Waszek (1988), 川本隆史 (1989)

―우부카타 쓰구루(生方 卓)

경향 傾向 [Neigung]

인간을 어떤 행동으로 향하게 하는 동기가 되는 것 헤겔은 이 말을 초기 이래로 욕망(및 충동)과 병렬되는 것으로서 후자에 가까운 의미로 사용한다. 다만 그것은 후자가 사변적인 의미도 지니는 것과는 달리 주로 감성적 의미에 한정된다. 다만 그와 같은 한정 속에서도 행위의 동기 일반을 의미하는 경우도 있다.

그것은 우선 칸트적 규정을 전제한다. 예를 들면 베른 시대에 그것은 기도와 대치된다. 즉 기도는 "경향의 모든 매력에 의해서 훼손되지 않도록 너희들을 법칙에 대한 존경으로 채우는 신성한 것에 대한 생각에 의해서, 인간을 이곳저곳으로 몰아세우는 욕망을 넘어서서 너희들의 심정을 고양시키는 것"[『예수의 생애』―『초기신학논집』(놀)]이 되는 것이다. 여기서 헤겔은 분명히 칸트적 입장에 서 있다. 이와 같이 그것은 이른바 '칸트주의'의 베른 시대부터 칸트를 전제하고 있다.

이에 반해 그것은 칸트적 규정을 넘어선 규정도 지닌다. 예를 들면 프랑크푸르트 시대에 그것은 도덕적인 계명에 대치되는 지조(Gesinnung) 또는 경향성(Geneigtheit)과 동일한 것으로서 나타난다. "예수는 계명에 지조를 대치시킨다. 즉 그와 같이 행위하는 경향성이다. 경향은 자기 속에 기초지어져 자기의 이상적인 객체를 자기 자신 속에 지니는 것이지 소원한 것(이성의 도덕법칙) 속에 지니는 것이 아니다"[『기독교의

『정신』 기본원고 1. 301]. 여기서는 경향의 법칙과의 합치가 법칙의 "플레로마(πλήρωμα, 채움)"로 된다[『기독교의 정신』 1. 326]. 여기서 칸트적 규정을 넘어선 규정이 보인다. 확실히 이것도 사랑에 의해서 완전하게 되어야만 하는 특수한 것이긴 하다. 그러나 사랑도 파토스적으로 보면 경향이기도 하다[같은 책 1. 362]. 즉 거기서는 자기 안에서 기초지어지는 한에서 행위의 주체적 측면으로서의 동기 일반이 파악되고 있다고 말할 수 있는 것이다. 물론 많은 경우 '자연적안'이라고 형용되는 곳에서 보이는 것처럼 어디까지나 감성적인 것에 머무르는 것으로서의 한정이 덧붙여져 있긴 하지만 말이다. 그런 점에서 체계 시기에 이르기까지 그 용법은 기본적으로 변하지 않는다. 여기서도 정감성의 이론에서 보이는 샤프츠버리 이래의 감성 중시 사조의 영향 아래 칸트적인 이원론을 넘어서고자 하는 헤겔의 입장이 나타난다고 말할 수 있다. ⇒욕구·욕망, 충동

—고즈 구니오(幸津國生)

경험 經驗 [Erfahrung, Empirie]

Ⅰ. 인간의 인식의 원천은 <경험> 가운데 있다는 것이 베이컨(Francis Bacon 1561–1626) 이래 경험론의 기본적인 입장이었다. 로크는 『인간지성론』에서 다음과 같이 적고 있다. "마음은 이성적 사유와 지식의 모든 재료를 어디서 손에 넣는 것일까? 이 물음에 나는 한 마디로 대답한다. 경험에서"[Locke (1960) p. 77]. 이러한 경험론의 입장에 대해 헤겔은 다음과 같이 주장한다. 지각을 통해서 "유(類), 보편적인 것, 법칙"이 발견될 때 거기서 경험이 생긴다. 그러나 경험에서는 단지 현상의 일반성이 파악되는 데 불과하다. 그 연관의 필연성은 명확히 되지 않는다. "경험은 대상이…… 어떻게 있지 않으면 안 되는가, 어떻게 있어야만 하는가를 가르치지 않는다. 이러한 인식은 사태의 본질 또는 사태의 개념으로부터만 생겨난다. 그리고 이러한 인식만이 참다운 인식이다"[『뉘른베르크 저작집』 4. 209f.; 『철학사』 20. 79, 84 참조].

그러나 다른 한편 철학은 경험과 무관계할 수 없다. 철학은 단지 "있는 바의 것만을 인식하는"[『엔치클로페디(제3판) 논리학』 38절]것이고, '현실성(Wirklichkeit)'이야말로 그 내용이기 때문이다. 철학은 현실성에 대한 가장 가까운 의식인 경험과 더불어 시작된다. 그러나 다른 한편 그것을 부정하고 그것을 넘어서 고양되지 않으면 안 된다. 경험과학들(empirische Wissenschaften)과의 관계에서 말하면 "철학은 그 전개를 경험과학들에 빚지고 있는 한편, 경험과학들의 내용에 사유가 지니는 자유(선험적인 것)라는 가장 본질적인 형태와 필연성의 확증을 준다"[같은 책 12절].

Ⅱ. 이러한 인식의 원천이라는 맥락을 벗어나 헤겔은 『정신현상학』에서 '의식의 경험'에 대해 말한다. 그것은 자기가 실재적인 지(참된 지)라는 것을 직접적으로 확신하는 '자연적인 의식'이 행하는 경험이다. 이 경험은 한편으로 의식의 "자기상실"[3. 72]을 의미한다. 자기의 직접적인 확신을 전개하여 분명히 드러낼 때 의식은 거기서 자기 지의 비실재성을 발견하고, 자기에 대한 "절망"[같은 곳]을 경험한다. 그 과정을 헤겔은 다음과 같이 적고 있다. "의식 속에서는 하나의 것[의식]이 다른 하나의 것[대상]에 대해서 있다. 다시 말하면 의식은 일반적으로 지의 계기라는 규정을 갖추고 있다. 그러나 이 다른 것은 오로지 의식에 대해서 있을 뿐 아니라 동시에 이 관계 바깥에도 있다. 요컨대 자체적으로 있다. 이것이 참된 계기이다. 의식이 자기 자신 내부에서 자체로서 또는 참다운 것으로서 언명하는 것을 통해 우리는 척도를 얻는다. 의식 자신이 척도를 설정하고 그것과 자기의 지를 비교, 음미한다"[3. 76]. 의식이 스스로 자기에게 음미를 위한 척도를 갖다 대고 자기의 지의 모순을 분명히 한다. 철학적 사색의 입장에 서는 '우리'는 의식이 스스로 행하는 이러한 비교음미를 그저 '바라보기'만 하면 된다.

자기의 지의 비실재성이 분명히 될 때 의식은 자기 자신을 부정한다. 그러나 그것은 단순한 부정으로 끝나지 않는다. 의식의 비실재성의 자각으로부터 결과하는 것은 '순수한 무'가 아니라 '규정된 무', 요컨대 모순을 내포한 의식 형태의 무이기 때문이다. 이러한 '규정된 무', 일정한 내용을 포함하는 무로부터 의식의 새로운 형태가 성립한다. "의식에서, 즉 그 지에서나

또한 그 대상에서 변증법적 운동이 성립한다. 그리고 그로부터 새로운 참된 대상이 생겨나는 한에서 이 운동은 바로 경험이라고 불리는 바의 것에 다름 아니다'[3. 78].

이와 같이 의식의 자기부정의 운동은 새로운 의식 형태로의 이행을 결과하는 한에서 <경험>이라고 불린다. 이러한 경험의 이해는 통상적인 경험에 대한 이해와 반드시 일치하는 것은 아니다. 통상적인 이해에서 경험이란 우연히 만나게 된 다른 대상에서 종래의 지를 넘어선 새로운 지가 획득되는 것을 의미한다. 여기서 의식은 오로지 수동적인 것으로서 이해되고 있다. 그에 반해 헤겔에서는 '의식의 전환'이 성립할 때, 그리고 그 전환과 더불어 의식의 새로운 대상이 생겨날 때 경험이라는 것이 말해진다.

그러나 이러한 의식의 전환, 그리고 의식의 새로운 대상의 성립이라는 사태, 다시 말하면 선행하는 의식 형태로부터 새로운 의식 형태의 '발생'은 의식 그 자신에게는 명확히 되지 않는다. 다만 '우리'만이 그 필연적인 연관을 이해한다. 의식이 자기의 단계들을 거치는 것은 이러한 "우리에 의한 부가"[3. 79]를 매개로 이루어진다. 이러한 '우리'에 대해서만 명확히 되는 이행의 필연성에 따라서 의식은 그 발전의 길을 더듬어가며, 마침내 이미 자기 자신을 넘어설 필요가 없는 곳에, 즉 '지'의 계기와 '진리'의 계기가 완전히 일치하는 지점에 도달한다. "학(Wissenschaft)에로의 이 도정은 이러한 [이행의] 필연성으로 인해 그 자신이 이미 학이며, 내용으로 말하면 의식의 경험의 학이다"[3. 80]. ⇒로크, 정신 (의)현상학, 의식의 경험의 학, 우리

【참】 Locke (1690), Heidegger (1950a), Adorno (1963), Marx, W. (1971), Görtz (1984)

—후지타 마사카쓰(藤田正勝)

경험론經驗論 ⇨**로크, 흄**

계급階級 ⇨**직업·신분**

계기契機 [Moment]

어떤 것이 그것의 대립자와 통일되어 이것과 불가분의 관계에 있을 때 그것은 이 통일 내지 관계의 계기라고 말해진다. 이와 같은 관계 안에 있는 것은 대립자로 이행하고 그로부터 자기로 귀환하는 반성의 구조를 지니는 것이자 반성된 것(ein Reflektiertes)이라는 것을 의미한다. 그에 의해 그것은 또한 지양된 것으로 된다. 그것은 그 직접성을 폐기하고 있을 뿐만 아니라 나아가 전면적으로 부정되어 있는 것이 아니라 보존되어 있기 때문이다.

지레에서는 무게라는 실재적인 면과 중심으로부터의 거리 내지 선분이라는 관념적인 면이 결합되어 일정한 작용이 생겨나지만, 각자의 크기는 달라도 양자의 곱이 같다면 같은 결과를 낳는다는 점에서 양자는 상보적인 동시에 불가분의 관계에 있는바, 지레를 성립시키는 계기라고 불리는 것이다『논리의 학』 5. 114].

—야마구치 마사히로(山口祐弘)

계명 [Gebot]

절대적인 힘으로서 주인인 신과 그에게 절대적으로 의존하는 노예로서의 인간이라는 지배관계에서는 계명이 주어지며 그에 대한 복종이 요구된다. 이와 같이 명령된 복종은 기쁨도 즐거움도 사랑도 없는 것이며, 그 계명은 필연적으로 실정적이고, 외적인 질서에 속한다. 이와 같은 종교적 관계는 공허하며, 이러한 관계를 산출하는 근저에 있는 것은 궁핍이다. 궁핍이란 분열된 상태이며 "궁핍 안에서는 인간이 객체로 되어 억압되든가 아니면 자연을 객체화하여 억압할 수밖에 없든가 한다"『기독교의 정신』 1. 318]. 이와 같이 실정적인 유대교의 계명에 대해 예수는 그것과는 전혀 이질적이고 생명의 충실에서 생겨나는 주체적인 사랑을 대치시켰다. 청년 헤겔은 칸트의 의무의 관념에서도 명령된 것으로서의 계명적인 성격을 간취하고 지배-피지배 관계를 벗어나 있지 못하다고 비판한다. 모든 의무 관념이 소실되는 '사랑'의 관계로 변하지 않으면 안 된다는 것이다. ⇒법, 지배

—가타야나기 에이치(片柳榮一)

계몽啓蒙 [Aufklärung]

　종교적 미신과 압제에 의해서 야기된 민중의 무지몽매의 상태를 이성의 빛에 의해서 몰아내고자 하는 운동이지만, 헤겔의『정신현상학』에서는 정신이 자신에게 대립하는 현실을 경험해 가는 세계사적 경험의 한 단계로서 위치지어진다[『정신현상학』 3. 398ff.]. 계몽에 대립하는 신앙의 단계에서는 인간의 자기의식은 종교적 세계와 직접적으로 일치하는 것으로서 양자의 동일함이 전제되어 있지만, 계몽의 단계에서 순수하게 꿰뚫어보는 것으로서 자아의 순수한 통찰에서 보면 이와 같은 신앙 안에는 미신과 선입견, 오류가 포함되어 있으며, 그것들이 "오류의 나라"[3. 401]로 된다. 거기서는 전제군주가 사제와 결탁하여 민중을 속이고, 무지몽매 가운데 있는 그대로의 신앙에 머무르게 하고자 하는 것이지만, 순수하게 꿰뚫어보는 것은 이러한 민중에 대해 공기와 같이 저항 없이 침투, 보급되어 간다. 물론 현실에서는 이렇듯 순수하게 꿰뚫어보는 것인 계몽의 운동은 신앙과 대립하여 싸우는 측면을 지니면서 진행되어 간다. 프랑스 계몽운동에서의 무신론과 유물론의 주장으로 상징되는 것처럼 종교적 미신과 압제에 대한 가차 없는 전투가 전개되었던 것이다. 그러나 이러한 계몽은 자기의식으로서 대상을 부정하는 정신이긴 하지만, 내용을 아무것도 지니지 않는다. 또한 종교가 지니는 적극적인 내용 자체를 자기 측에 경험으로서 받아들이지 않은 채 결국 세계의 현실에 대해서 전적으로 부정적으로 행동할 뿐이기 때문에, 긍정적인 내용으로서는 자신의 이해를 기준으로 세계 전체를 파악해버리는 공리주의=유용성의 세계로 향하게 된다. 이와 같이 헤겔은 계몽의 운동이 현실세계에 대한 자기의식의 능동적인 비판적 활동이라는 것을 지적하고, 근대의 주체주의의 필연적인 운동으로서 의미를 부여한다. 따라서 그 연장선상에 있는 칸트는 물론이고 독일 관념론 전체의 운동이 이와 같은 계몽의 운동의 필연적 귀결이기도 한다는 것을 헤겔은 보여주고 있다. ⇒ 프랑스 계몽사상, 유용성, 유물론, 통찰

　　　　　　　　　　　　　　　─사토 가즈오(佐藤和夫)

계사繫辭 (Kopula) ⇨·**이다**

계시啓示 [Offenbarung]

　헤겔의 정신 개념에는 절대적 정신의 계시가 전제되어 있다. "정신 자신의 본성은 자기를 현시하는 것, 자기를 대상화하는 것이다"[『종교철학』 GW 17. 207]라고 언급되며, "자기를 계시하는 것은 정신 일반에 속하는 규정이다"[『엔치클로페디(제3판) 정신철학』 384절 「보론」]라고도 말해진다. 헤겔은 기독교의 계시 개념을 사용하여 정신을 논하는 것이다. "기독교에서 신은 자기를 계시했다. 즉 신은 인간에게 신이 무엇인지를 인식시켰다. 그러므로 신은 이미 닫혀있는 것, 비밀스러운 것이 아니다"[『역사철학』 12. 27]라든가, "신적 실재의 계시의 기초로부터 출발한 사유하는 정신의 전개는 처음에 감정적, 표상적 정신에 맡겨졌던 것을 결국 사상에 의해서 파악하기에 이르지 않으면 안 된다"[같은 책 12. 27f.]고 헤겔은 말한다. 그리하여 그는 "참된 종교, 즉 절대적 정신을 그 내용으로 하는 종교의 개념에는 종교가 계시되어 있다는 것, 더욱이 신에 의해서 계시되어 있다는 것이 본질에 놓여 있다"[『엔치클로페디(제3판) 정신철학』 564절]고 말한다. 그러므로 계시종교로서의 기독교가 문제로 된다. "계시된 종교는 거기서 신이 철저하게 계시적으로 된 까닭에 계시종교이다"[『종교철학』 16. 88]. 계시종교가 계시된 종교라는 것은 계시가 밖으로부터 이미 주어져 있으며, 그런 의미에서 실정적(positiv)이라는 것이다. 그런데 계시의 문제는 이것을 받아들이는 신앙의 문제로 된다. "신이 계시했을 때, 우리는 그 자리에 있었던 것도 신을 본 것도 아니다"[같은 책 16. 148]. 우리는 타자의 증언에 의해서 신을 인식한다. 직접 신을 알 때에도 그것은 "우리의 내적인 하나의 계시"[같은 책 16. 160]이다. 신이 자기를 계시하는 것은 자기를 구별하는 것, 스스로를 근원적으로 분할(판단)하는(urteilen) 것에 다름 아닌바, 헤겔은 "계시하지 않는 정신은 정신이 아니다"[『종교철학』 17. 193]라고 말한다. ⇒ 기독교

　　　　　　　　　　　　　─이와나미 데츠오(岩波哲男)

계시종교啓示宗敎 ⇨ 종교

계약契約 [Vertrag]

자립적 인격이 상호의 인격을 인정하고, 증여와 교환의 형태로 <동일적 의지>를 정립하며, 외면적 물건을 매개하는 것. 약정에서 나타나는 동일적 의지는 당사자의 특수의지에 의해서 자의적으로 세워진 <공통의지>에 불과하며, 즉자대자적인 보편의지는 아니다. 그러므로 결혼과 국가는 계약관계가 아니다. 또한 인격성은 물건이 아니기 때문에 계약대상이 되지 않는다. 계약의 과정에는 "소유자임을 그치는 한에서 소유자로서 머문다"[『법철학』72절]는 모순이 놓여 있다. 이때 당사자가 계속해서 소유하는 것은 물건의 보편적인 가치이다. 계약의 본질적 의의는 <의지와 물건>의 관계를 넘어서서 <의지와 의지>의 관계라는 인격 사이의 실재적인 상호인정의 마당을 준비하는 것이다. "소유로서의 인정운동의 개념은 계약에서 그 실재성을 지닌다"[『법철학 강의(호마이어)』265]. 그러나 계약관계에는 특수의지와 보편의지의 괴리가 있기 때문에 불법관계가 필연적으로 발생한다. ⇒법률, 인정

【참】Landau (1974), Ilting (1982), Siep (1982), Hösle (1987c)
―가미야마 노부히로(神山伸弘)

고귀한 의식과 비천한 의식高貴―意識―卑賤―意識[Edelmütiges und niederträchtiges Bewußtsein]

헤겔은 『정신현상학』에서 유럽의 중세부터 근세에 걸친 봉건제 내지 군주제국가의 시대를 개체와 전체가 조화된 고대 그리스의 인륜의 세계에 비교하여 "자기에게 소원하게 된 정신(자기 소외된 정신)의 세계"로서 묘사한다[3. 362-398]. 거기서는 본래 인간의 소산이어야 할 사회가 인간에게 소원한 서먹서먹한 현실로서 나타난다. 이 소원한 현실 속에서 '훌륭한 존재'가 되기 위해서 인간은 자신의 자연스러운 존재방식을, 요컨대 개체로서의 자기를 부정(소외)하고, 보편적인 존재로 자기를 형성해야만 한다('교양(Bildung)'을 쌓아야만 한다). 그러나 다른 한편으로 인간은 어디까지나 개체로서 사적인 생활을 영위한다. 헤겔은 이러한 양면을 다 갖추고 있는 인간이 국가권력과 부에 대해서 취하는 태도 가운데서 두 개의 유형을 발견한다. 하나는 보편성을 원리로 하여 국가권력을 선으로 간주함과 더불어 다른 한편 개별성을 원리로 하여 부도 긍정적으로 평가하는 의식이며, 다른 하나는 개별성을 원리로 하여 국가권력에서 개인에 대한 억압과 속박을 보고 또한 보편성을 원리로 하여 부에 대한 집착을 멸시하는 의식이다. 전자가 고귀한 의식이고, 후자가 비천한 의식이다. 염두에 두고 있는 것은 중세의 봉건귀족과 위계질서의 사회를 뻐딱하게 보고 있던 서민일 것이다.

그런데 고귀한 의식은 헌신적인 봉사에 의해서 국가권력을 지탱하고 유지하지만, 그러나 거기서는 아직 그 내면의 의지는 방기(외화)되어 있지 않다. 모반의 가능성이 남아 있다. 다른 마음을 품고 있지 않다는 것을 보이기 위해 고귀한 의식은 국가에 대해 '특별한 이름'으로 부르며, 이러한 '결단하는 주체'로서의 국가권력에게 '아첨의 말'을 바친다. 이것이 군주제로의 이행이다. 거기서 권력은 본래 그것과는 반대인 것으로, 요컨대 귀족들에 대한 보상으로서의 부로 변해간다. 동시에 고귀한 의식 역시 보편적인 권력을 개별성에 종속시키는 비천한 의식으로 전환되어간다. 국가권력이 부, 부가 국가권력이며, 또한 고귀한 의식이 비천한 의식, 비천한 의식이 고귀한 의식이라는 이러한 절대적인 전도에서 헤겔은 교양의 세계의 본질을 발견한다. ⇒교양, 아첨, 권력, 국가, 전도.

【참】Marx, K. (1844a), Hyppolite (1955), 稻葉稔 (1991)
―후지타 마사카쓰(藤田正勝)

고뇌苦惱 ⇨ 괴로움

고야마 도모에 [小山鞆絵 1884(메이지 17). 10. 14-1976(쇼와 51). 12. 3]

도치기현에서 태어나 1909년 도쿄 제국 대학 철학과를 졸업. 게이오 대학 교수 등을 거쳐 20년 도호쿠 제국 대학 이학부 강사로서 과학개론을 담당. 21년

독일과 프랑스에 유학. 22년 법문학부의 개설과 함께 철학 강좌의 교수가 되어 서양 근대철학사를 담당. 46년 퇴직하기까지 도호쿠 제대 철학과의 중심인물로서 활약. 유럽의 헤겔 연구를 일본에 소개하고 헤겔 철학 연구에 업적이 있었다. 저술활동은 적었는데, 저서는 『자각과 변증법』(49) 뿐이다.

—미야가와 도오루(宮川 透)

고야마 이와오 [高山岩男, 1905. 4. 18-1993. 7. 5]

1928(쇼와 3)년 23세에 제3고등학교 강사로 취직한 고야마 이와오는 그 해에 '헤겔연구회'와 '화엄경윤독 연구회'를 조직했다. '종의 논리와 호응의 원리'를 핵으로 하는 후년의 고야마의 철학은 헤겔 철학 수용을 하나의 구성요소로 하지만, 그 수용은 좀더 나아가 화엄철학을 비롯한 불교 이해를 밑바탕으로서 포함하고 있었다. 그 후 거의 매해 발표된 그의 헤겔론은 1936(쇼와 11)년에 '서철총서'의 1권 『헤겔』로 되어 나왔다. 서철총서는 서양철학 수용의 수준을 단숨에 높인 기획이었지만, 고야마의 『헤겔』은 그 처음을 장식한 책이었다. 그의 스승의 한 사람이기도 한 다나베 하지메(田辺元)는 칸트주의에서 헤겔주의로 전환하여 『헤겔 철학과 변증법』(1932)를 저술했을 때 자신의 생각이 고야마와의 토론에도 빚지고 있다고 말하고 있다. 고야마의 헤겔론은 니시다 기타로(西田幾多郎)를 중심으로 하여 당시 교토에서 철학적으로 활성화된 상황에서 나온 사건이기도 했다. ⇒다나베 하지메, 니시다 기타로, 일본의 헤겔 연구

—오하시 료스케(大橋良介)

고양高揚 ⇨열광

고용계약雇傭契約 [Lohnvertrag]

헤겔은 자기의 활동을 <시간에서>라는 제한을 붙여 양도한다는 점에서 고용노동 및 고용계약의 특질을 본다. 그것은 "나의 생산행위 내지 서비스 수행을 그것

이 양도될 수 있는 한에서 어떤 제한된 시간에서나 그 밖에 다른 제한에 따라서 양도한다"[『법철학』80절]는 특질이다. 칸트가 고용노동과 노예노동의 구별을 계약에서 본 데 반해 헤겔은 좀더 나아가 자유시간의 유무라는 구별을 받아들였다. <나의 전체성>은 이와 같이 제한된 양도에서는 이러한 양도에 대해서 외면적인 관계를 지닌다고 생각했기 때문이다. 헤겔이 염두에 두고 있었던 것은 근대 영국의 매뉴팩처 단계의 공장노동이었다. 덧붙이자면, K. 마르크스는 노동력의 상품화와 그 소유자의 문제를 고찰할 때 헤겔의 이러한 구별에 근거하고 있다[『자본』제1권 제2편 4장 3절 주 40]. ⇒공장

—다키구치 기요에이(瀧口淸榮)

고전예술古典藝術 [klassische Kunst]

헤겔은 『미학』에서 예술의 역사를 크게 세 가지로 구분한다. 첫 번째가 상징예술, 두 번째가 고전예술, 세 번째가 낭만적 예술로서, 이것은 대체로 『역사철학』에서의 동양세계, 그리스 세계, 게르만 세계라는 구분에 대응한다. 요컨대 고전예술은 그리스 예술의 별명이다.

시대가 나아감과 더불어 좀더 뛰어난 것, 좀더 고차적인 것이 나타난다고 하는 것이 헤겔의 진보주의적 역사관이지만, 예술에 한정하여 말하자면 고전예술은 그 후에 오는 낭만적 예술보다 완성도가 높은 것으로 되었다. "고전적인 예술형식은 예술에 의한 감성표현이 이룰 수 있는 최고의 것을 달성했다. 거기에 무언가 결함이 있다면, 그것은 예술 그 자체의 결함이며 예술 영역의 한계이다. 이 한계란 본래 예술이 무한하면서 구체적인 보편인 정신을 감성적으로 구체적인 형식에서 대상으로 한다는 점에 있지만, 고전예술에서는 정신적인 것과 감성적인 것의 완전한 융합이 양자의 상응으로서 수립되어 있다"[『미학』13. 111]. 고전예술은 예술의 이상을 실현하는 것이었다.

이상의 실현을 가능하게 한 최대의 요인을 헤겔은 고대 그리스에서 개인과 공동체가 아름답게 통일되어 있었다는 사회상황에서 찾았다. "고대 그리스 인은

자기를 의식하는 주관적 자유와 인륜적 공동체의 행복한 중간에서 살고 있었다. 그리스의 인륜적 생활에서 개인은 자립적이고 자유로웠지만, 그렇다고 해서 현실의 국가가 직면하는 일반적인 이해와 무관계하게 살고 있었던 것은 아니었다"[『미학』 14. 25]. 가장 자립적이고 자유로우며 나아가 공동체의 이해에 가장 깊이 관계했던 인물이야말로 영웅이라고 불리는 인간들로서, 고대 그리스 시대는 그들이 가장 눈부시게 활약하고, 또한 서사시, 비극, 조각, 회화에 그들의 웅대한 모습이 반복하여 표현되었다는 의미에서 영웅시대라고 불리기에 걸맞은 시대였다. 강력함과 덕에서 신들과 어깨를 나란히 하기에 손색이 없는 영웅들을 주인공으로 하고 그들의 말과 행동을 주제로 한다는 점에서 고전예술은 내용과 형식이 과부족 없이 상응하는 당당한 작품을 산출할 수 있었다.

예술의 장르에서 보자면 조각이 가장 고전예술적인 장르이지만, 고전적인 조각에 관해서 헤겔은 다음과 같이 말하고 있다. "고전 본래의 사상형태에서 신들의 정신적 개성은 타자와의 관계에서 파악된다든지 특수한 것으로 서로 상극적인 투쟁에 빠진다든지 하는 것이 아니라 영원히 지족하는 것으로 파악된다. …… 더할 나위 없이 엄숙한 이러한 안정은 경직되고 차갑게 죽은 안정이 아니라 사려 깊은 부동의 안정으로서, 고전적인 신들에게 가장 적합한 표현형식이다"[『미학』 14. 87]. ⇒영웅(시대), 조각, 상징예술, 낭만적 예술

【참】Schefold (1967), Robertson (1975), 村田潔 (1984)

―하세가와 히로시(長谷川宏)

고타마 ⇒인도 · 불교

고향故鄉 [Heimat]

자기의 출생지인 고향이 그립게 의식에 떠오르는 것은 그로부터 떠나 있으면서 또한 그에 대한 생각이 생겨나고 있을 때일 것이다. 인간을 정신성에서 파악하는 헤겔에게 이 정신이 출생한 그리스는 인간 정신의 '고향'이며, 따라서 "그리스 인의 지역에 오면 고향에

돌아온 것 같은 기분이 들게"[『역사철학』 12. 275; 『철학사』 18. 173] 된다. 어떤 점에서 그리스 인이 그립게 느껴지는 것일까? 그것은 "그들이 자신의 세계를 자신의 고향으로 삼았다는 점에 있다'. 즉 그것은 '고향성'이라는 공통의 정신에 의한 것이다. 그것은 그리스 인에게 있어 문화적 · 정신적으로 발전하는 가운데 그들이 획득한 생활방식, 즉 자신의 거처에 안주하고 자신 속에서 만족을 발견하며 외부와 자신을 넘어선 곳에서 그것을 구하지 않는 생활방식이며, 그것을 선으로 하는 정신에 다름 아니다. 거기서는 표상적이긴 할지라도 '자기 자신 곁에 있음(Bei-sich-selbst-sein)'이, 따라서 사유적 자유의 맹아가 존재하며, 바로 거기서 철학이 발생했던 것이다. 그렇다면 마찬가지로 고향성의 정신에서 살며, 자유 즉 '자기 자신 곁에 있음'을 스스로의 요소로 하는 철학에게 있어 그리스는 고향으로서 그렇게 느껴질 수밖에 없다. 확실히 그 정신은 감성적인 모습을 가지고 등장하며[『역사철학』 12. 275], 그 세계도 "발전과 완성의 저차적인 단계"[『미학』 15. 336]로서 고차적인 단계에서 지양되는 것이었으면서도 바로 그런 까닭에 상실된 역사의 청년기에 대한 생각과 인륜세계에 대한 향수가 중첩되어, 정신의 고향에 대한 그리움과 동경은 점점 더해지게 된다. 그러나 인간은 정신의 고향을 그리스에서만 지니는 것이 아니다. 기독교적 "초감성적 세계, 무한한 내면성"도 인간에게 있어 하나의 고향인 것이다[『역사철학』 12. 403]. 왜냐하면 인간은 이와 같은 내면성을 정신의 본성으로 지니기 때문이다. 고향이란 이렇듯 정신성의 별명에 다름 아니다. 아버지의 나라로서의 '조국'도 동일한 존재방식을 취한다고 생각된다. ⇒그리스

―오카자키 에이스케(岡崎英輔)

골상학骨相學 ⇒두개골론

공간空間 [Raum]

'공간'은 『엔치클로페디』에서 '자연철학'의 첫 머리에 위치하는 범주이자 '자연'의 가장 기초적인 성격을

표현하는 것이다. '자연'은 『엔치클로페디』의 3부 구성에서 제1부 '논리학'의 최종단계 '절대이념'이 자기 외화한 것으로서 체계의 제2부를 형성하며, 이러한 경위에서 우선 '자기 외 존재(Außersichsein)'라고 규정된다. '절대이념'이 말하자면 사유의 사유로서 모든 지식과 학문을 관통하는 기본적 개념들의 내적인 연관과 통일의 자기논증이라는 의미를 지니는 데 반해, '자기 외 존재'는 '절대이념'의 이러한 자각적인 통일이 방기되어 개념 상호간의 연관이 사라지고, 그것들에 의해 형태를 부여받아 그것으로서 인식되는 존재자가 서로 독립되어 무관계한 것으로서 나타나는 자연의 존재방식을 의미한다. 이러한 의미에서 '자연'은 다름 아닌 '절대이념'의 부정태인 것이다. '공간'은 자연으로서의 존재자가 지니는 이러한 '자기 외 존재'라는 규정에서 곧바로 유래하는 그 존재자들의 '상호외재(Außereinandersein)'라는 기본성격 가운데서 '시간'의 '계기(繼起)'에 대립하여 '병존(Nebeneinander)'이라는 논리규정을 지닌다.

공간은 두 가지 계기로부터 이루어진다. 우선 공간은 그것의 어떠한 부분에 관해서도 상호간에 차이를 지니지 않는 '균등태(Gleichgültigkeit)'이며 그런 의미에서 '연속적(kontinuierlich)'이다. 공간의 각 부분은 다만 '상호외재'라는 공허한 구별 이상의 것을 지니지 않는다. 그러나 연속성은 아무래도 어떤 것들의 연속성일 수밖에 없기 때문에 이 계기는 그 자체가 이러한 복수성을 밑받침하지만, 그러나 자신에 대립하는 또 다른 한편의 계기를 요구한다. 즉 '이산(Diskretion)'의 계기이다. 이 두 계기는 다음과 같이 하여 점, 선, 면이라는 '차원(Dimension)'을 거쳐 '한정된 공간'으로서 통일된다('공간'은 한정될 수 있게 되어 비로소 '공간으로서의 실질을 지닌다'). 즉 점은 연속태로서의 공간에 균열을 가져오는 것으로서 '이산'의 계기를 이룬다. 그러나 점은 그 자신에서 존재하는 것이 아니라 오히려 어떤 것의 '한계(Grenze)'로서 어떤 것을 어떤 것으로서 형성하는 존재의 원리이며, 이 형성물에 달라붙어서 자신을 보일 수밖에 없다. 거기서 점은 선을 기다려 선의 '한계'로서 선을 형성하는 데서 <거기에 있는> 것으로 되고자 한다. 그러나 선도 면의 '한계'에 다름

아니며, 또한 마찬가지로 면도 입체의 '한계'에 다름 아니기 때문에, 두 계기의 통일은 3차원적인 한정공간에까지 미루어지는 것이다. 뉴턴의 '절대공간'도 본래 이 두 계기의 통일에서만 성립한다. 그러나 헤겔이 보는 바로는 신의 감각기관에도 비유된 (마치 물질을 넣은 용기처럼) 독립적으로 자존하는 균일한 공간이라는 공간 이해는 연속성의 계기만을 일면적으로 받아들이고 있다. 그러나 이와 반대로 라이프니츠의 사물들 사이의 질서라는 공간 이해는 헤겔에 따르면 연속성의 계기를 부당하게 경시하고 있다『엔치클로페디(제3판) 자연철학』 254-256절]. ⇒자기 외 존재, 상호외재, 시간, 한계

【참】 Wandschneider (1982), Bonsiepen (1985), 松本正男 (1987)

　　　　　　　　　　　　　　　　　—마쓰모토 마사오(松本正男)

공기 空氣 [Luft]

'공기'는 '물리학(Physik)'의 대상영역(질량(Materie)이 자기 내에 자기 자신의 한정 원리를 지니는 자연영역)에 속하며, 여러 가지 요소로서 전개되는 대립을 포함하는 하나의 전체인 <개별태로서의 물체>, 즉 <지구 또는 행성 일반>의 하나의 구성계기를 이룬다. '공기'는 <대립의 요소>인 '불'·'물'에 대해 <구별이 없는 단순태의 요소>이며, 이 요소들을 해소와 산출의 '과정' 속에서 유지하는 '흙'의 요소의 지배하에 있다. 이 4원소의 사고방식에는 멀리는 플라톤의 『티마이오스』편, 가까이는 바더 등의 영향이 보인다. 헤겔에서 '공기'는 근대 화학과 역학의 사고방식과는 달리 다른 요소와 마찬가지로 그것 자신에서 그것으로서 존립하는 것이 아니라 대립하는 요소와의 통일적 과정 속에서 어디까지나 전체의 한 계기로서만 존재한다『엔치클로페디(제3판) 자연철학』 282절 외].

　　　　　　　　　　　　　　　　　—마쓰모토 마사오(松本正男)

공동사회 共同社會 ⇨ 시민사회

공동체共同體 [Gemeinde, Gemeine, Gemeinschaft, Gemeinwesen]

"최고의 공동(Gemeinschaft)이 최고의 자유이다"[『차이 논문』 2. 82]. 헤겔 철학은 이 말로 집약된다고 말해도 과언이 아니다. 헤겔 철학은 공동체론이라고 말할 수 있다. 바르트(Karl Barth 1886-1968)는 "기독교인 공동체와 시민 공동체"에 대해 말하고 있지만, 헤겔의 경우 이 양자의 통일체야말로 참된 공동체이다.

청년 헤겔에 있어 Gemeinde는 기독교회나 교단이 아니라 예수를 중심으로 한 사랑의 집단이었다. 헤겔은 「작은 공동체, 조그마한 마을, 작은 가족」[『민중종교와 기독교』 1. 62]이라고 자그마한 기대를 담아 말하고 있다. 그러나 그 배타성으로 인해 사랑의 집단은 고립될 수밖에 없다. 예수가 죽음에서, 감각적 현존재로부터 본래 그것이었던(gewesen) 자기반성적 본질태로서의 정신으로 되어 되살아날 때 공동체가 확립된다[『정신현상학』 3. 566]. 이 공동체는 이미 예수를 중심으로 한 사랑의 집단이 아니라 "정신의 나라"이다[『종교철학』 17. 217]. 내면성으로의 전환이 공동체 형성의 관건이다[같은 책 17. 302]. 감각적으로 보거나 들을 수 있는 예수는 대상의식의 대상이지만, 죽음에 의해서 예수는 보편적 자기의식의 대상이 된다[『정신현상학』 3. 572]. "이 보편적 자기의식은 자기 자신의 실체 안에서 휴식하고 있지만, 그것과 마찬가지로 이 실체 역시 이 보편적 자기의식 속에서 보편적 주체로 된다. 이 개별자는 자신만으로 그 완전한 전체인 것이 아니라 그것이 공동체의 의식과 하나로 될 때, 또한 그것이 공동체에 대해서 이러한 것일 때 그것은 그 완전한 전체인 것이다"[같은 책 3. 556]. 요컨대 기독교는 예수라는 개인의 행위에 의해서만 성립하는 것이 아니라 공동체에 의해서 성립한다는 것이다. 이러한 생각은 슈트라우스의 『예수의 생애』의 신화학설에 아주 가까이 놓여 있다. "보편적 신-인간, 즉 공동체"[같은 책 3. 574]라는 헤겔의 말도 슈트라우스에 의해서 <누구나 신-인간>이라고 고쳐 읽혀진다. 그러나 헤겔에 따르면 이 공동체는 아직 표상의 단계에 있으며, 자기 자신이 무엇인지를 자각하고 있지 못하다[같은 책 3. 573]. 따라서 개념으로의 이행이 요구된다. 이리하여 공동체의 세 번째 단계는 "철학의 공동체"[『종교철학 강의(그

리스하임)』 V5. 176]이다.

『법철학』에서의 Gemeinde는 직업단체라고 병기되며, 지방자치단체라는 의미에서 사용되는 경우가 많지만[295, 299, 302절], 『법철학 강의』에서는 "Gemeinde는 좀더 많은 중간집단을 포괄한다"[그리스하임 621]는 식으로 추상적 전체로서 말해지는 곳도 있다. 편집자인 일팅은 "공동체(Gemeinde) 내부에 있는 특수한 중간집단으로서의 직업단체"라는 표제를 붙이고 있다. 덧붙여 말하면, Gemeinschaft는 공동태, Gemeinwesen은 그 실체, Gemeinde 내지 Gemeine는 위에서 말한 공동체이다. ⇒교회 · 교단, 기독교, 직업단체, 예수

【참】 Barth (1942), Scheit (1972), 大井正 (1985), 柴田隆行 (1986)

―시바타 다카유키(柴田隆行)

공론公論 [Öffentliche Meinung]

공공적인 의견. "다수자가 지니는 견해와 사상의 경험적 보편성"[『법철학』 301절]이 거기서 표명된다. 헤겔의 공론에 대한 평가는 양의적이다. 『예나 체계 III』의 "정신적인 유대는 공론이며, 이것이 참된 입법단체이다"[GW 8. 263]라는 표현에서 보이듯이 공론은 한편으로 국민통합의 기반, 정치적 지배의 정통성의 원천으로서 위치지어지고 있다. 뿐만 아니라 공론과 그것을 환기시키기 위한 공개성은 근대 세계의 원리로서 높이 평가된다. "이제부터 타당해야만 하는 것은 이미 폭력이나 습관 및 습속에 의해서가 아니라 견해와 논거에 의해서 타당한 것이다"[『법철학』 316절 「보론」]. 공론은 "현실 사회의 참된 욕구와 방향상"을 나타내는 것이지만, 그것은 어디까지나 우연성을 면하지 못하며, 다수자의 주관적인 의견의 집합이라는 차원에 머문다. 객관적인 인식은 이러한 우연성을 넘어서지 않으면 안 된다. 공론은 최종적으로는 의견=독사(doxa)의 영역으로 물리쳐지며, 또한 의회의 공개성이 위로부터의 국민통합의 원리로서 위치지어지게 된다. ⇒출판의 자유

【참】 Habermas (1962)

―사이토 준이치(齋藤純一)

공자孔子 [Konfuzius]

중국의 종교는 도량(度量)의 종교이다. 그러므로 나라와 개인의 안녕은 도량규정의 준수에 걸려 있다. 헤겔에 따르면 이와 같은 도량규정을 도덕적 법칙으로서 제기한 것이 공자이다. 공자는 도량규정으로서의 도덕을 다음의 다섯 가지로 정리하고 있다. 도량규정의 최고의 관계는 아들의 어버이에 대한 관계이며, 두 번째 규정은 조상 및 죽은 자에 대한 숭경, 세 번째는 황제에 대한 순종, 네 번째는 형제의 상호관계, 다섯 번째는 타인에 대한 관계이다. 그리하여 나라와 개인의 안정은 이 다섯 가지 의무의 이행에 놓여 있다. 이와 같은 나라 전체에서의 도량규정의 질서 그 자체가 제사이다. 따라서 신민에게 있어 도덕적 생활을 영위하는 것은 신성한 일인 것이다. 그러므로 "중국의 종교는 도덕적 종교라고 불러야만 한다. (이런 의미에서 중국인에게 무신론의 이름을 씌우는 것도 가능할 것이다.) 이러한 도량규정과 의무의 열거는 대부분이 공자에게서 유래한다"[『종교철학』 16. 323]. 공자는 어디까지나 도덕적이지 사변철학자는 아니다. ⇒중국

―핫타 다카시(八田隆司)

공장工場 [Fabrik]

헤겔은 공장 내 분업에 기초하는 매뉴팩처 단계의 공장공업과 나아가 기계적 공업을 염두에 두고 있다. 공장에 관한 비교적 정리된 묘사는 공간된 저작보다도 『예나 체계 Ⅰ』, 『예나 체계 Ⅲ』, 법철학 강의에서 보인다[17/18 반넨만, 22/23 호토, 24/25 그리스하임 각각의 필기록]. 분업은 "근대 공장의 위대한 원리이다"[호토 609]. 헤겔은 근대의 공장을 보고나서 A. 스미스를 염두에 두고 공장 내 분업과 그것이 초래하는 생산량의 비약적 증대에 주목한다. 그리고 공장의 기초를 도구와 도구노동에서가 아니라 기계와 기계노동에서 본다. 분업에 의해서 노동이 단순하고 추상적인 것으로 됨과 동시에 노동은 기계적으로 되고, "인간은 자신이 있던 곳에 기계를 등장시킨다. 거기서 인간은 자신의 운동원리가 아니라 자연의 운동능력을 움직이게 하며, 그 원리를 일정하게 자신의 목적을 위해 제어한다"[반넨만 101절]. 헤겔은 이 기계제 공업하에서 인간이 노동으로부터 해방될 가능성을 보는 한편[『법철학』 198절], 그 부정적인 측면에 커다란 관심을 기울인다. "노동은 점점 더 절대적으로 죽은 것으로 되며, 기계적 노동으로 된다. 개별자의 기능은 점점 더 무한히 제한된 것으로 되며, 공장노동자의 의식은 극단적으로 마비된다"[『예나 체계 Ⅰ』 GW 6. 323]. 기계 도입의 결과로서 생기는 노동의 가치저하, 실업, 나아가 호토의 강의록[호토 609]에서는 러다이트운동(1811년 시작)에 대해서도 언급이 이루어진다. 다만 산업혁명, 기계 생산에 의한 대공업의 역사적 의의에 대한 관심은 보이지 않는다. 또한 이러한 부정적인 측면에 대한 관심은 A. 뮐러, F. v. 바더 등 자유방임적 자유주의에 대해서 논진을 확장한 보수적 낭만파가―대응의 시각에 차이가 있지만―지적하는 것에서도 놓여 있었다. 나아가 헤겔은 산업(Industrie) 활동 일반의 의의를 인간의 자연으로부터의 자유와 자연의 인간에 대한 복속에서 발견하고 있다[『역사철학』 12. 237]. ⇒노동, 분업

【참】Müller (1965)

―다키구치 기요에이(瀧口清榮)

공장工匠 ⇨신상

공포恐怖 ⇨두려움

공허함空虛― ⇨『라모의 조카』

공화국共和國 [Republik]

베른 시기의 한 단편에서 헤겔은 "공화국에는 사람이 그것을 위해 사는 이념이 있다"[1. 207]고 쓰고 있다. 이때 헤겔이 생각에 떠올리고 있었던 것은 고대 그리스의 폴리스 공화국이자 혁명으로부터 태어나고 있던 프랑스 공화국이고, 독일에서 도래해야 할 혁명이었다. 그러나 머지않아 헤겔은 프랑스 혁명에 대한 비판

으로 향하게 된다. 예나 시기의 처음에 저술된 『독일 헌법론』에서는 프랑스 공화국이 전면적으로 비판되기에 이르며, 헤겔은 공화제 대신 입헌군주제를 주장하게 된다. 그때 헤겔에게 있어 공화국은 사람이 그것을 위해 사는 이념이기를 그쳤다. 헤겔에게 고대 그리스 공화국은 여전히 동경을 남기면서도 영구히 되돌아올 수 없는 역사의 과거로 점차 멀어져간다.

베를린 시기의 『역사철학』에서 헤겔은 그리스 세계를 "청년기"에 비교하고, 그것을 "육체화된 정신, 정신화된 육체"라고 표현한다[12. 275]. 정신과 자연의 조화가 그리스의 정신이며, 그 조화야말로 동시에 개인과 전체의 조화를 가져오고 있었다. 그리고 그 조화를 시대적 배경으로 하여 비로소 민주제를 갖춘 공화국(헤겔은 그것을 "정치적 예술작품"이라고 부른다)이 가능하게 되었다. 나아가 공화국을 가능하게 한 구체적인 역사적 조건으로서 헤겔은 제정일치・노예제・도시국가의 세 가지를 들고 있다[같은 책 12. 310ff.]. 그리스의 공화국이 붕괴한 것은 정신의 반성이 심화되고 정신과 자연의 조화, 개인과 전체의 조화가 붕괴되어 그 역사적 조건이 상실되었기 때문이다. 역사의 불가역적인 전개에 의해서 공화국은 이미 두 번 다시 불가능하게 되었다. 공화국을 지향한 프랑스 혁명이 혼란에 빠진 것도 바로 그것이 역사의 불가역성을 거스르는 시도였기 때문이다. ⇒ 그리스, 정체, 프랑스혁명

―하라사키 미치히코(原崎道彦)

과거過去 ⇨**시간**

과두제寡頭制 ⇨**정체**

과잉過剰 ⇨**교환**

과정過程 [Prozeß]

"이념은 본질적으로 과정이다"[『엔치클로페디(제3판) 논리학』 215절]라고 말하듯이 '과정'은 "구별된 것을 동일하게 하고 동일한 것을 구별하는"[『엔치클로페디(제3판) 자연철학』 326절] 변증법적 운동을 나타낸다. 다만 같은 종류의 표현인 '발전(Entwicklung)'이 분명하게 '개념'의 경지를 표현하는 말로 되는[『엔치클로페디(제3판) 논리학』 161절] 것과 비교하면 어느 정도 소극적인 뉘앙스를 지니는 것으로 생각된다. '과정'이라는 개념의 특징을 정리하면 다음과 같다. (1) 세계를 절대적인 생성과 변화의 모습에서 파악한다. 따라서 (2) 개별자는 그 자존성과 기체(Substrat)성을 상실한다. (3) 개별자는 그것과 상관, 대립하는 다른 개별자와의 관계에서만 존립한다. 마지막으로 (4) 참으로 존재하는 것은 절대적 일자로서 개별자의 통일과 대립이라는 끊임없는 과정을 관통하는 '과정 그 자체'뿐인 것으로 된다.

'만물은 유전한다'고 설파한 헤라클레이토스가 '과정'의 본질을 파악한 최초의 철학자이다. 헤라클레이토스는 '불'을 세계의 본질로 한다. '불'은 계속해서 불타오르는 '과정'으로서만 '존재'하며, 모든 것은 '불' 속에 던져짐으로써 그것 자체의 자존성을 빼앗기고 유동하게 된다. 자연 전체는 '불'이라는 절대적 일자로부터의 대립의 생성, 대립의 통일로의 소멸이라는 순환과정인 것이다.

이러한 '과정' 사상에 결여되어 있는 것은 개체의 자립성과 전체로서의 순환을 좀더 높은 가치로 방향짓는 '목적'의 개념이다. 헤겔은 아낙사고라스(Anaxagoras)의 '누스' 개념에서 '목적' 개념의 시작을 발견한다. '단순한 과정'으로부터 '목적'을 내재적 활력으로 삼는 '발전'으로의 전환은 『논리학』과 『자연철학』에서 말하자면 '화학적 연관(Chemismus)'에서 '목적론'으로, '화학적 과정'에서 '유기체'로의 전환과 통한다. 다만 거기서 논의되는 '화학'이란 여러 종류의 불변적인 원소를 전제하는 근대 화학이 아니라 모든 것을 산과 알칼리의 '친화적 긴장[대립]'과 '중화[통일]'의 '과정' 안에서 보아가는, 파라켈수스에서 유래하는 연금술적 '화학'이다. ⇒ 화학・화학적 연관, 발전, 누스

―가도쿠라 마사미(門倉正美)

관계關係 [Verhältnis, Beziehung]

Ⅰ. 논리적 범주로서의 관계(Verhältnis)는 양적 관계 내지 비례(das quantitative Verhältnis)와 본질적 관계 그리고 절대적 관계로서 논해진다.

(1) 수는 부단한 자기 초월로서 나타나지만, 이 초월은 단순한 무한진행을 결과할 뿐 아니라 거기서 수는 자기 자신으로 귀환한다. 하나의 수는 초월에 의해서 생겨난 다른 수에 의해서 규정되는 것이다. 이와 같이 하나의 양이 다른 양과의 관계에서 규정되는 것이 바로 비례의 개념이다『엔치클로페디(제3판) 논리학』105절].

이 구조는 자기 자신에 대한 관계가 타자에 대한 관계라는 것에 의해서만 자기관계라는 본질의 존재방식과 일치한다[같은 책 112절]. 본질의 영역에서 모든 것은 동시에 초월되는 한에서만 존재하는 것으로서 정립되는 것이며[『엔치클로페디(제1판) 논리학』65절], 관계의 관점이 지배적이게 된다.

(2) 따라서『엔치클로페디』제1판에서는 "본질의 영역에서는 상관성(Relativität)이 지배적인 규정을 이룬다'고 서술된다. 그때 "모든 것은 반성, 관계(Reflexion, Verhältnis)의 존재이다"라고 되고 있듯이, 관계는 반성과 같은 뜻으로 사용되며, 제3판에서는 반성으로 흡수된다. "본질의 입장은 일반적으로 반성의 입장이다" [『엔치클로페디(제3판) 논리학』112절「보론」].

국왕과 신하처럼 상관관계에 있는 것은 다른 항으로 나아가 그로부터 귀환하는 반성의 운동을 통해서만 파악된다. 이러한 관계의 관점을 강조하게 되면 관계 항의 독립성은 인정되지 않고 관계 내지 반성의 운동만이 놓여 있는 것으로 될 수밖에 없을 것이다.

그러나 관계 개념하에서는 양항의 자립성 역시 인정된다. "관계는 두 개의 항을 지니지만, 이 항들은 자립적인 존립이며", "각항의 고유한 자립성이 관계의 형식을 이룬다"[『논리의 학』6. 165]. 자립성의 외관을 지니면서 동시에 타자와의 관계를 떠나서는 있을 수 없는 양항의 존재방식이 바로 관계이다. 따라서 이 자립성의 외관이 불식되게 되면 관계 그 자체의 개념이 지양된다.

이러한 지양의 과정으로서 '전체와 부분', '힘과 그

외화', '내적인 것과 외적인 것'의 관계가 위치지어진다. 그리고 구별된 계기가 완벽한 전체이자 절대적으로 존립하는 것이면서 이 존립이 따로따로의 존립이 아니라 유일한 존립에 다름 아니라는 파악이 이루어지기에 이른다. 구별 그 자체가 절대자의 개시작용의 나타남이자 절대자 그 자체이다. 이리하여 "절대적 관계"의 개념이 획득되는 것이다[같은 책 6. 217].

거기서 본질은 "가상으로서 정립된 가상"으로 되고, 이와 같이 자기에게 부정적으로 관계하는 것에 의해서 절대자의 발현으로서의 절대적 현실성이라는 의미를 지니게 된다. 그리고 이러한 절대적 관계가 '실체와 우유성의 관계', '인과관계', '교호작용의 관계'를 통해 정립됨으로써 '개념'의 차원이 열린다. 거기서는 규정들이 전체 그 자체이면서 규정들로서도 정립되어 있고, 이 규정들 속에서 통일이 보존되어 있다는 것이 현재적으로 된다[같은 책 6. 218]. 그리고 여기서 주체성 내지 자유의 나라(das Reich der Subjektivität oder der Freiheit)가 성립하는 것이다[같은 책 6. 240].

Ⅱ. 개념을 주체(Subjekt)로서 파악하는 입장은 참된 것을 실체로서 파악하는 입장의 지양으로서 이해된다. 실체주의가 진리를 부동의 실체로서 파악하고자 하는 데 반해, 주체주의는 일체의 고정된 규정을 유동화시키고 다른 규정과의 관계에서 파악하고자 한다. 이리하여 "취하지 않은 것 없는 바쿠스 제의 명정"이라는 비유도 생겨나는 것이다. 그리고 이와 같은 관계의 전체가 진리로 됨으로써 참된 것(절대자, 정신)은 그 자신이 관계로서, 나아가 자기 자신에 대한 관계(die Beziehung auf sich selbst)로서 파악되게 된다.

이리하여 조작적인 개념으로서의 관계의 좀더 넓은 의미가 주어진다. 이런 의미의 관계(Beziehung) 개념은 동일률에 따라서 사물을 고정적이고 정지된 것으로 보는 지성적 태도에 대해 변증법적이고 사변적인 사유를 표현하기 위해 사용된다. 실체론적인 요소주의에 대해 관계주의가 헤겔의 특징을 이룬다.

그에 따르면 'A는 A(A=A)'로서 규정 A의 자기동일성을 주장하는 것은 이미 A를 A일 수 없는 것과의 부정적 관계에서, 즉 A가 아닌 것이 아닌 것으로서 파악하는 것이다. "A는 A임과 동시에 비-A인 것은 아니다"라는 모순율이 이러한 사태를 좀더 적극적으로 드러낸다『엔치클로페디(제3판) 논리학』115절]. 이리하여 A는 비-A와의 상관관계의 항으로서 파악되는 것이며 그 독립적 실체성은 폐기된다. 이러한 관계에 대해 A의 자기동일성을 고집하고자 하는 것은 비-A와의 부정적 긴장관계를 좀더 강하게 의식하는 결과로 될 뿐이다.

A가 비-A를 떠나서 있을 수 없고 또 그 역도 마찬가지라고 한다면, A를 사유할 때에는 동시에 비-A를 사유하고 있는 것이며 그 역도 성립한다. 따라서 A는 참된 모습에서는 A인 동시에 비-A인 것이자 모순에 다름 아니다. 또한 A와 비-A가 관계 속에서만 있을 수 있다고 한다면, 양자 사이에 제3자를 허용하지 않는 배중률은 이 관계를 기저로서 타당화하는 것에 지나지 않는다. 오히려 그것은 이와 같은 기저를 제3자로서 전제할 수밖에 없는 것이다.

변증법은 이와 같이 관계 속에서, 또는 관계로서 놓여 있는 것으로부터 반대규정을 현재화시키는 것에 놓여 있으며, 그런 의미에서 하나의 규정의 내재적 초월을 말한다. 또한 사변이란 이와 같은 대립적 규정을 종합하고 관계를 전체적이고 통일적으로 파악하는 작용에 다름 아니다. 그것은 전통적 논리학의 한계를 넘어서서 헤겔 독자의 논리를 개척하는 것이기도 하다[같은 책 81, 82절].

절대자의 체계도 이러한 이론에 의해서 구축된다. 절대자를 동일성 명제로 표현하고자 하게 되면, 그것을 추상적 동일성으로 보고 타자를 사상한 부정적인 것으로 하게 된다. 그러나 이러한 부정적인 것은 그것이 부정한 바로 그것의 부정으로서 '규정된 부정'이며 부정된 것과의 관계를 지닌다. 또는 그것은 이러한 관계 그 자체에 다름 아니다. 이에 대해 부정된 것이 자기의 동일성을 보존하고자 하여 일면적으로 반발하게 되면 그것은 그것 자체가 한정된 것으로 되어 대립의 항으로 된다. 대립이 첨예화하면 오히려 위에서 말한 모순이 드러나고 대립자 상호간의 상관성이 현재화한다. 그것을 통해 모든 것이 서로 관계한다는 것이 명확하게 됨으로써 전체성이 회복되고 모든 유한자를 포섭하는 체계가 성립하는 것이다. ⇒반성, 변증법,

사변, 대립, 모순

【참】Wolff (1981)

―야마구치 마사히로(山口祐弘)

관념론觀念論 [Idealismus]

헤겔의 철학적 입장을 나타내는 개념이다. 본래 18세기에 라틴 어 idea에서 유래하는 독일어 Ideal(이상)에서 파생적으로 성립했다. 그러나 헤겔의 경우에 '이상'은 빙켈만 이래의 용법에 따라서 예술미와 등치되고 '관념론'은 오히려 그것과 동일한 어원을 지니는 '이념(Idee)'과 깊은 내용적 연관을 지닌다. 이것은 이념을 플라톤적 의미에서의 보편개념으로 이해하는 독일적 전통 안에 있는 것이며, 헤겔의 철학적 관념론이 이데아론의 전통을 특히 논리적인 관점에서 계승하고자 한다는 것을 의미하는 것이다. 다만 이 개념이 특정한 철학이론 내지 체계를 그 형이상학적·인식론적 입장에서 분류하는 명칭으로서 사용되기 시작하는 것은 일반적으로 칸트 이후의 일이며, 그 내용 이해에서도 칸트의 영향이 결정적이다. 헤겔의 경우에도 "관념론이란 사유적 존재자 이외에 어떠한 존재자도 없다는 주장이다"라는 칸트의 초월론적 관념론의 규정이 출발점에 놓여 있다. 그러나 헤겔이 이해하는 사유적 존재자는 이미 칸트에서처럼 초월론적 주관이 아니라 절대자로서의 이념 또는 정신이다. 헤겔은 이미 칸트가 머물렀던 유한의 입장을 넘어선 곳에서 절대자의 관념론적 형이상학을 구상하고 있는 것이다.

Ⅰ. 관념론의 본질. 그 어원상의 연관이 이미 시사하는 것처럼 이념의 절대성에 대한 인식이 관념론의 본질을 이룬다. 즉 헤겔이 이해하는 관념론은 바로 "보편적이자 하나인 이념"[『엔치클로페디(제3판) 논리학』213절]을 "절대자"[같은 곳]로 파악하고, 그것을 근본원리로 하여 모든 현실을 이해하는 입장이다. 따라서 관념론의 입장에 따르면 "모든 현실은 이념이다"[『뉘른베르크 저작집』4. 165]. 그런데 이렇듯 일체의 현실을 절대자=이념의 계기로 간주하는 데서 관념론이 성립하는 한, 유한자의 절대성에 대한 부인은 그 본질적 계기를 이룬다. 즉 "유한자는 관념적이다[이념

내부에서 그 절대성이 부정되고 있다는 명제가 관념론을 구성한다. 철학에서의 관념론이란 유한자를 참다운 존재로 인정하지 않는 데서 성립한다[『논리의 학』 5. 172]. 다시 말하면 모든 존재는 그것이 이념 내부에서 그 계기로서 지양되어 있는 한에서만 그 적극적 존립을 획득할 수 있다고 하는 것이 관념론이다.

헤겔에 따르면 철학은 본질적으로 관념론이어야만 한다. 즉 그에 있어서 이 개념은 이미 그저 철학적 입장들을 분류하는 원리임을 그만두고 있다. 그것은 오히려 철학을 철학일 수 없는 것으로부터 구별하는 원리이다. 그런 의미에서 "어떠한 철학도 본질적으로 관념론이거나 아니면 적어도 관념론을 그 원리로 한다"[같은 곳]고, 또는 단적으로 "참된 철학은 그 어떤 것도 관념론이다"[같은 곳]라고 말해진다.

Ⅱ. 관념론과 실재론. 사물에 대한 이해가 관념론의 성공 여부를 결정한다. 이미 칸트의 초월론적 관념론이 현상과 사물 자체의 준별을 기초로 하여 성립한 것처럼 사물에 대한 이해는 관념론의 기초에 관한 근본문제이다. 헤겔도 칸트의 문제의식을 계승하여 사물에 대한 고찰을 통해 관념론적 입장의 소재를 명확하게 하고자 했다. 그 고찰의 기초를 이루는 것이 관념론과 실재론의 범주적 구별이다. 양자는 사물에 대한 이해에서의 근본적인 태도의 구별을 나타낸다. 즉 사물을 일체의 사유적 규정에 선행하는 절대적 존재로 파악하는 태도가 실재론인 데 반해, 사물을 사물이게끔 하는 근원적 사유, 즉 개념의 규정작용으로부터 사물의 존립을 이해하는 태도가 관념론이다. 헤겔의 입장은 물론 실재론을 배척하고 관념론을 채택하는 데서 성립한다. 이것은 사물을 현상으로 보는 칸트의 이해를 헤겔이 이념의 절대성의 관점에서 독자적인 문맥에서 계승하고 있다는 것을 나타낸다. "철학에서의 참된 관념론이란 사물이 실은 가상 내지 현상에 지나지 않는다는 점에 사물의 참된 모습이 있다고 규정하는 것에 다름 아니다"[『엔치클로페디(제3판) 자연철학』 246절 「보론」 9. 18f.].

또한 관념론과 실재론이 대립적 개념이 아닌 용례도 있다. 예를 들면 "자연 전체 속에서 이념을 인식하는 관념론은 동시에 실재론이다"[같은 책 353절 「보론」

9. 438]. 이것은 이념이 개념과 그 실재성의 통일인데 대응하여 관념론이 실재론적 계기를 지닌다는 것, 즉 그것이 모종의 의미에서 사물의 실재성을 주장하는 것이라는 것을 의미한다. 또한 중세의 스콜라적 실재론, 즉 실념론도 보편적 이념의 절대성을 말한다는 점에서 관념론에 들어간다.

Ⅲ. "유한자의 관념론" 비판. 헤겔의 철학적 관념론에서의 근본문제의 소재는 칸트 이후의 관념론들에 대한 비판에서 선명해진다. 그중에서도 특히 『신앙과 지식』에서 칸트·야코비·피히테 철학 등의 이른바 "주관성의 반성철학"에 대한 "유한자의 관념론"[2. 298]이라는 비판이 중요한데, 거기서는 관념론철학의 근본과제의 소재가 무한성의 개념을 축으로 하여 해명된다. 무한성이 문제로 되는 것은 그것이 유한자와의 관계에서 절대자의 구조를 규정하는 범주이고, 그 관계에 대한, 따라서 유한자에 대한 이해가 절대자의 형이상학의 성공 여부를 결정하기 때문이다. 그런데 헤겔은 그 철학들 내부에서 "유한성의 절대성", "유한성과 무한성의 절대적 대립", "참으로 실재적이고 절대적인 것의 피안성"이라는 "공통의 근본원리"[2. 295]를 간취하지만, 거기서 그가 보고 있는 근본적 사태는 다음과 같은 것이다. 즉 현대의 근본적 문제 상황이 절대자에 대한 관계성의 상실에 있으며, 이 상실 상황은 유한성의 절대화에 의해 초래되었다는 것이다. 이러한 상황 분석에 기초하여 헤겔은 절대자에 대한 관계성의 회복을 절대자와 유한자의 관계에 대한 새로운 파악을 가능하게 하는 무한성 개념의 사변적 이해의 획득을 통해 수행하고자 한다. 즉 무한성은 유한성을 헤겔의 의미에서 '지양하는' 것으로서 파악되어야만 하며, 절대자는 그런 의미에서의 무한자이어야만 하는 것이다. 그리고 이러한 무한자로서의 절대자가 다름 아닌 이념이라는 것을 주장하는 데서 헤겔의 관념론은 성립한다. ⇒이념, 관념성

―하야세 아키라(早瀬 明)

관념성觀念性 [Idealität]

관념성이란 "모든 현실적인 것은 이념이다"[『뉘른

베르크 저작집』 4. 165]라는 관념론적 존재 이해의 근본원리이며, 본질적으로는 모든 현실존재가 이념 속에서 그 계기로서 지양되어 있다는 것을 의미한다. 그 구조적 본질을 이루는 지양의 이의성에 대응하여 이 원리에도 두 개의 함의가 존재한다. 즉 관념성은 우선 유한한 존재자의 자립성 또는 실재성의 부정을 의미한다. 요컨대 그것은 이념만이 참으로 실재적이고 절대적인 존재라는 것을 의미한다. 그러나 그것은 동시에 유한한 존재자의 자립성을 부정하는 것으로서 이것을 오히려 이념에 관계짓고, 그리하여 유한한 존재자의 존립을 이념의 입장에서 그 계기로서 긍정하는 것을 의미하기도 한다. "관념성은 실재적인 것의 부정이다. 그러나 실재적인 것은 비록 현실적으로 존재하지 않는다 하더라도 동시에 보존되고 잠재적으로 유지되고 있다. 이것이 관념성의 규정이다"[『엔치클로페디(제3판) 정신철학』 403절]. 이러한 관념성의 원리에 따라서 이념의 내부에 그 계기로서 지양된 존재자의 존재 성격을 결정하는 것은 '부정의 부정'으로서의 자기관계 구조이며, 그 존재구조를 단적으로 보여주는 범주는 '대자존재(Fürsichsein)'이다. 이 점에 관해서는 『논리의 학』[5. 165, 172]의 기술이 유익하다.

－하야세 아키라(早瀬 明)

관념연합觀念聯合 [Ideenassoziation]

　관념연합 또는 연상 개념은 본래 영국 경험론의 것이지만, 많은 독일 계몽주의자가 철학을 심리학 내지 인간학화 함에 있어 인식능력의 중심에 두게 된다. 예를 들면 마스(Jean Gebhard Ehrenreich Maass 1766-1823)가 그 대표자이다[『상상력 시론(Versuch über die Einbildungskraft)』 1792, 97]. 헤겔도 '관념연합의 법칙'을 정신철학의 체계 속에 위치짓고 있다. 그것은 심리학에 포함되며 상상력[구상력]의 두 번째 단계의 활동이다. 요컨대 현전하고 있지 않은 대상을 상[심상]으로서 산출하는 재생산적 상상력이 첫 번째 단계이고, 세 번째 단계가 상에 일반적 표상을 부여하는 상징 내지 기호인 데 대해, 관념연합은 상들끼리의 결합의 활동으로 된다. 그러나 헤겔은 관념연합의 <관념>이

의미하는 것은 그 말(Idee)에 걸맞지 않은 상과 표상에 불과하며, 또한 <연합>이라는 관계도 전적으로 외면적이고 우연적이어서 법칙이라는 이름에 어울리지 않는다고 하여 그 의의를 인정하지 않는다[『엔치클로페디(제3판) 정신철학』 455절 10. 262]. ⇒심상

－에비사와 젠이치(海老澤善一)

관료(제)官僚(制) [Beamte]

　헤겔이 관료에게 요구하는 근본적인 심정은 "국가적 감각(Sinn der Staates)"이며, 그것은 "보편적인 사항에 끊임없이 반복하여 종사하는 것에 의하여 얻어진다"[『뷔르템베르크 민회 토론』 4. 475f.]. 그러므로 관료의 타락은 국가의 존립을 위태롭게 한다. 관료는 "보편적 신분"에 속하며, 이 신분은 "사회상태의 보편적 이익을 그 직무로 하는"[『법철학』 205절] 것이다. 또한 관료는 통치권의 대리자로서 국가의 보편적 이익과 시민사회의 특수적 권리를 매개한다[같은 책 289절]. 나아가 관청들의 각 직무를 떠맡는 정부구성원과 관료는 국민대중과 군주를 공정하게 매개하는 "중간신분"이기 때문에, "교양 있는 지성과 법률의식"이 필요로 되며, 그들의 직권 남용에 대해서는 위로부터는 "주권의 제도"가, 아래로부터는 "단체권의 제도"가 유효하게 작용하는 것이다[같은 책 297절]. ⇒직업・신분

【참】 金子武藏 (1967), 上妻精 (1967b)

－고바야시 야스마사(小林靖昌)

관리官吏 ⇨**직업・신분**

관성慣性 [Trägheit]

　고전역학에서의 '관성'은 헤겔 자연철학에서 '물질' 그 자체의 개념에서 도출된다. '물질'은 우선은 단지 양적 구별만을 지니며, 이 '다양한 (서로 다른) 정량(verschiedene Quanta)'으로서 '질량(Masse)'으로 특수화된다. '질량'은 표면적으로 보면 그것 자신에서 하나의 전체를 구성하는 한에서 '물체(Körper)'이다. '물체'에

서는 본래의 존재방식에서의 상호 내적 연관이 사상되어 있기 때문에 '물체'의 상호 연관은 단지 외적인 관계로서만 나타나게 된다. '물체'의 이러한 외적 연관은 '물체'가 '역학(Mechanik)'의 영역에 속하는 한에서 공간적·시간적 관계이며, 결국 '물체'의 상호 운동 상태이다. 이리하여 '물체'의 운동과 정지는 그때마다 다른 '물체'와의 관계를 기준으로 하여 규정되며, 이러한 외적 관계가 '물체'에 귀속되게 됨으로써 통상적으로 물체의 '관성'이 말해지는 것이다『엔치클로페디(제3판) 자연철학』263-264절]. ⇒물체

【참】 Wandschneider (1987)

─마쓰모토 마사오(松本正男)

관성운동慣性運動 ⇨관성

관습慣習 [Gebrauch]

일반적으로 '습속'이나 '습관과 같은 뜻으로 사용되지만『법철학』151절 7. 302], 종교적 관습의 의미에서는 '제사'와 거의 같은 뜻이다.『민중종교와 기독교』에 따르면 관습은 '개념'(교의)과 '의식(Zeremonie)'과 더불어 종교의 구성요소를 이룬다. 관습과 의식의 차이는 전자가 우리들에게 도덕적 "의무"로서 부과됨과 더불어 그것에 "어떤 특별한 좋은 일과 은혜"가 결부되어 있는 데 반해, 후자는 "경건한 감정을 환기"하기 위한 "수단"일 뿐이라는 점에 놓여 있다[1. 38]. 그와 같은 관습에 속하는 것으로서는 '세례'와 '만찬'과 함께 '제물'이 거론된다. 제물은 순례와 마찬가지로 죄를 범했다고 생각할 때에 주의 은총을 잃지 않고자 하여 주에게 바치는 "속죄의 제물"[1. 38]과 일을 시도할 때와 어떠한 기쁨과 행복을 얻었을 때 "인간보다도 숭고한 존재자"의 일을 생각하고, 첫 열매와 첫 꽃 등을 바치는 "감사와 호의에 기초한"[1. 39] "한층 더 근원적이고 보편적"인 제물로 나누어진다. ⇒습관, 제사(의례)

─구보 요이치(久保陽一)

관심(이해)關心(利害) [Interesse]

어떤 주체에 있어 환경이 객체로서 대립하고 있는 것으로 볼 수 있는 경우에 주체로 하여금 이 환경과의 통일을 목적으로 세우게 하고 이 목적 실현으로 향하게 하는 것 즉 그것은 "환경을 개체가 바로 자신의 것으로서, 다시 말하면 목적으로서 정립하는 것을 가리키는 것"[『정신현상학』3. 297]이다. 여기서는 대립에 있어서도 주체가 이미 객체와의 사이에 있다(Inter-esse)는 어원적 의미가 살아 있다. 요컨대 관심에서는 대립하는 양자의 잠재적 동일성이 제시되고 있는 것이다. 이 말은 각각의 개별적인 주체의 관심이라는 실재철학적인 의미에서는 복수형으로 사용되기도 한다. 그 경우 그것은 시민사회에서의 개인들의 이해라는 의미도 지니게 된다.

개별적인 주체의 관심이라는 의미에서 관심은 본래적인 객체로서의 인륜적인 것이 주체를 제약하는 것, 또한 역으로 주체가 인륜적인 것에 작용하는 것이라는 주체와 객체의 관계를 나타내는 것이다. 즉 "인륜적인 것은 내용─그것 자체가 보편적인 것·비활동적인 것이자 주체에 있어 자기를 활동시키는 것을 지닌다─에 관계하는"[『엔치클로페디(제3판) 정신철학』475절 주해 10. 298]것이지만, 이 내용이 주체에게 "내재적"[같은 곳]이라는 것, 이것이 관심인 것이다. 여기서 한편으로는 인륜적인 것에 의해서 개별적인 주체가 제약된다는 점이 발견된다. 그러나 다른 한편으로 개별적인 주체는 인륜적인 것이 앞의 내용에 관계하는 한, 역으로 이 내용을 "활동시키는 것"으로서 관심에서 인륜적인 것에 작용한다. 즉 관심은 인륜적인 것을 형성하는 구성계기로서 불가결한 역할을 담당하는 것이다. 바로 "관심 없이는 아무것도 성취되지 않는다"[같은 곳]는 것이다.

그러나 이와 같은 개별적인 주체에서의 의미에서만이 아니라 사변적인 의미에서도 사용된다는 점에 주목할 필요가 있다. 즉 "철학의 욕구"의 근원인 생의 분열을 지양하는 것이 "이성의 관심"[『차이 논문』2. 21]으로서 파악되는 것이다. 이렇듯 관심에서 보이는 주체와 객체와의 동적인 구조는 헤겔의 철학 전체를 관통하고 있으며, 그런 까닭에 관심은 주관성 이론으로서의

그의 철학의 성격을 표현하는 하나의 술어로 되고 있는 것이다.

【참】Kozu (1988)

—고즈 구니오(幸津國生)

관찰觀察 [Beobachtung]

'관찰'은 보통 실증과학에서의 기본적인 연구방법의 하나이자 현상이 어떠하고 또한 어떻게 생성·변화하는 것인지를 사실에 입각하여 파악하고자 하는 것이다. 『정신현상학』의 '관찰하는 이성'에서 헤겔은 이러한 실증과학들의 모습을 정신사의 현상의 한 단계이자 이성의 최초의 형태로서 위치짓고 있다. 여기서 이성이란 "전체 실재라는 의식의 확신"[3. 181]이자 자기를 그와 같은 것으로서 예감하는 "이성 본능"[3. 190]이다. 따라서 이 단계에서의 주제는 "이 이성이 자연과 정신을, 그리하여 마지막으로는 양자의 관계를 감각적 존재로서 어떻게 받아들이는가, 또한 이 모든 것에서 존재하는 현실로서의 자기를 어떻게 구하는가"[3. 187]하는 것이다.

'관찰'이란 헤겔에 따르면 외적 현실에 대한 이성의 하나의 태도이자 관계방식이다. 구체적으로 그것은 감성적 대상을 '기술'하고, 본질적인 것을 비본질적인 것으로부터 구별하기 위하여 '표지'를 세우며, 현실 속에서 작용하는 '법칙'들을 탐구하고, 나아가 후자를 '실험'에 의해서 순화하는 이론이성의 일련의 절차이다. 이것들 중에서 헤겔은 '법칙'을 가장 중시한다. 그것은 존재적·대상적 형태에서의 개념, 관찰 가능한 두 개의 대립하는 실재의 동일성이라는 의식을 지닌다. 이것이 '유기적인 것'의 관찰에 적용되어 그로부터 "외적인 것은 내적인 것의 표현이다"라는 기본법칙이 도출된다. 다음으로 이 기본법칙에 기초하여 '관찰'은 자기의식에서 '논리학적 법칙' 및 '심리학적 법칙'을, 그리고 마지막으로 자기의식과 자연의 관계에서 '인상학의 법칙'과 '두개골의 법칙'을 각각 검토하고 비판한다. 대상적 현실 속에서 자기 자신을 발견하고자 하지만 그러한 노력 전체가 실패하지 않을 수 없는 이론이성의 발걸음 전체 역시 '관찰'로서 특징지

어진다. ⇒이성

【참】Fink (1977)

—후지타 슌지(藤田俊治)

광기狂氣 [Wahnsinn]

『뉘른베르크 저작집』에서 헤겔은 "정신장애(Verrücktheit)에는 그밖에 우행(愚行, Narrheit), 광기(Wahnsinn), 광폭(Raserei) 등과 같은 다양한 변용이 있다. ······ 광기는 정신적 본성의 일반적인 착란(Zerstörung)이다"[4. 49]라고 하고 있다. 『하이델베르크 엔치클로페디』에는 "정신장애의 다양한 상이성—광기, 광란(Tollheit), 광폭, 우둔(Blödsinn)과 같은 것은 뉘앙스의 차이이다"[321절]라고 되어 있다.

광기의 단초는 무지이기도 하지만[『엔치클로페디(제3판) 정신철학』 408절 「보론」], 좀더 근본적으로는 분리성이다. "광기는 유(Geschlecht)로부터 개별(단독자)의 완전한 분리(Absonderung)에 다름 아니다"[『독일헌법론』 1. 581]. 이와 같이 개별과 유가 완전히 분리해버린 경우, 사람은 대체로 다음과 같은 세 가지 태도를 보이게 된다. (1) "편안한 고통"을 견디는 것[『엔치클로페디(제3판) 정신철학』 408절 「보론」]. (2) 광기가 분노와 격노로까지 나아가 광란이나 광폭과 결합하는, 예를 들어 프랑스 혁명에서 보인 것과 같은 태도이다. "광기는 본질적으로 반항(Widerspruch)을 포함한다"[같은 책 408절]. (3) 세 번째로 보이는 태도는 분리의 통일을 지향함으로써 서서히 세상에 적응해가는 것이다. 『정신현상학』에 '심정의 법칙과 자부의 광기'라는 부분이 있다. 심정(가슴, 마음)의 법칙은 무매개적으로 훈련을 거치지 않고 단지 사념된 주관적이고 추상적인 법칙이다. 그러나 그것은 현실사회와 타자와 같은 객관성 속에서 구체적인 현실화를 꾀하지 않으면 안됨에도 불구하고 심정의 법칙의 실현은 자부(우쭐댐, Eigendünkel)의 광기 속에서 떠돌 뿐이다. 즉 심정의 법칙은 개인의식 내부에서도 마음(개별)의 법칙(보편)이라는 내적 분열을 일으키며, 세상에서 행해져 실현되고 있는 법칙[일반적인 질서]에도 반항하고 적의를 품기에 이른다. 그러나 "광기에 빠져 있는 사람들의

악의는 도덕적·윤리적 감정을 배제하는 것은 아니다"[같은 책 408절「보론」]. 전도된 마음의 광기를 각 사람이 자각하고, 경험과 훈련을 쌓으면서 의식의 개별상태를 몰락시키는 것을 통해 이윽고 인생행로에도 동화되어 갈 수 있는 것이다. ⇒정신장애

【참】 Gamm (1981)

―나카야마 마사루(中山 愈)

광물鑛物 ⇨지질학, 암석

광신狂信 [Schwärmerei]

유한자와 무한자, 자기의식과 실체, 현실과 개념 등의 관계에 대하여 양자를 개념적으로 파악하는 것이 아니라 공상에 의해서 주관적으로 관계지어 이해하는 사유태도를 가리키는 말. 『차이 논문』에서 광신은 모든 유한자를 무한자 속으로 침잠시키는 "투명한 빛의 직관을 고집하기 때문에 거기에 다양성이 있다 하더라도 그것을 배격하는 것에 의해서일 뿐이기"[2. 95] 때문에 지식으로 되지 않는다. 또한 『정신현상학』에서는 "모든 현실존재를 의식의 입장에서만 정신적인 실재로 삼는" "공상(Einbilden)"[3. 550]이 광신으로 된다. 이 점에서 광신은 역사적으로 신플라톤학파의 입장을 예상케 하지만, 『철학사』에서 헤겔은 광신을 "진리를 현실과 개념 사이에 있는 실재, 공상된 실재 속에 놓는"[19. 440] 것으로 규정하고 플로티노스는 이와 다르다고 말하고 있다. 그러나 동시에 또한 "유한한 지성의 범주에 모순되는 사변적 진리로의 고양"[같은 책 19. 442]을 광신이라고 부르게 되면, 플로티노스뿐만 아니라 플라톤과 아리스토텔레스도 광신으로 될 것이라고 말하고 있다. ⇒신플라톤학파

―기쿠치 에이요시(菊地惠善)

괴레스 [Johann Joseph von Görres 1776. 1. 25-1848. 1. 29]

독일의 작가이자 역사학자. 소년 시절에 프랑스 혁명에 공감하여 고교를 나오자마자 공화주의 결사의 활동가가 된다. 그 결사 대표단의 한 사람으로서 프랑스에 파견되었지만, 나폴레옹의 대두에 환멸을 느끼고, 귀국 후 태어난 곳인 코브렌츠의 고교 교사(1801-06, 08-14), 하이델베르크 대학 사강사(06-08)로 일했다. 이 사이 셸링의 자연철학의 영향을 받아 분극성의 원리에 기초하여 우주의 발전과 인간의 유기조직을 설명하는 대단히 특이한 '형식주의'적 생리학을 전개하고[『아포리즘』2. 542], 다른 한편으로 낭만파 시인들과의 교류를 통해 독일 고대 서사시·중세 예술의 연구와 이란 영웅 서사시의 번역에 몰두했다. 반 나폴레옹 투쟁의 고양과 더불어 『라인 메르쿠르(Rheinischer Merkur, 1814-16)』지를 창간하여 독일 해방의 논진을 넓혀 주목을 받았지만, 그 후 프로이센 정부의 반동화를 비판했다고 하여 발행을 금지 당했다. 19년 카를스바트 결의에 의한 언론통제가 시작되면서 『독일과 혁명(Teutschland und die Revolution)』에서 이를 비난하고, 그로 인해 스트라스부르로 어쩔 수 없이 도망하게 된다. 여기서 가톨릭주의자로서 역사 연구에 힘을 기울여 27년 바이에른 왕 루트비히 1세의 초청을 받아 뮌헨 대학의 역사학 교수가 된다. 이후 점차 신비주의적 경향에 기울어 『기독교 신비주의(Die christliche Mystik. 4 Bde., 1836-42)』에서는 다양한 논의를 불러일으켰다. 또한 『세계사의 기초, 구분 및 시대순서에 관하여(Ueber die Grundlagen, Gliederung und Zeitfolge der Weltgeschichte, 1830)』에서는 신에 의한 역사지배가 근본적 원리이자 선악의 대립도식에 기초하여 역사가 구분된다는 역사관을 전개했다. 헤겔은 이러한 역사관에 대해 그것은 세계사를 "수"에 의해서 규정하는 "외면적인 도식화"이며, "따분한 단순함을 역사기술 안으로 들여오는" 것이라고 평가한다[『베를린 저작집』11. 512].

―기타자와 쓰네토(北澤恒人)

괴로움 [Qual, Leiden, Schmerz]

괴로움은 헤겔 논리학에서는 일반적으로 정신의 부정성을 가리킨다. 이미 『기독교의 실정성』[1. 345]에서 타자와의 분리의 "고통(Schmerz)"이 재합일의 전제

로 되었지만, 『정신현상학』의 서문[3. 24]은 "부정적인 것의 진지함, 고통, 인내 그리고 노고"를 말한다. 『논리의 학』[5. 122]은 '질(Qualität)'의 주해에서 뵈메와 관련하여 질의 "부정적 본성'을 "고민(Qual)"이라고 바꿔 말하고 있다. 『철학사』[20. 100]에서도 "고민은 바로 자기의식적인 감지된 부정성이다'. 본래 헤겔 변증법은 프랑크푸르트 시대에 통찰된 비극적인 생의 도정의 논리화이며, 헤겔 미학은 비극의 본성을 변증법적으로 실체적인 것의 충돌(Kollision)과 그 화해(Versöhnung)로서 전개한다. 충돌에서의 "고뇌(Leiden)"를 통해 오히려 행위하는 개체를 넘어서 인륜적인 것이 회복된다. 고뇌에 대한 참된 "동정"(Mitleid) 역시 "고뇌하는 자에 속함과 동시에 인륜적인 권능에 대한 공감"이다[『미학』 15. 525f.].

―시카야 다이코(四日谷敬子)

괴셸 [Karl Friedrich Göschell 1781. 10. 7-1861. 9. 22]

법률학자이자 철학자. 라이프치히에서 공부한다. 나움부르크 상급재판소 판사(1818-34), 막데부르크의 종교국장(1845-48). 헤겔 철학과 기독교 신앙의 합일을 주장한다. 주요 논문은 「기독교적 신앙인식과의 관계에서 무지와 절대지에 대한 아포리즘―현대 철학 이해를 위하여」(1829). 여기서 괴셸은 말한다. (1) '아름다운 영혼'은 신앙과 무지를 결합하고 있다. (2) 신앙과 모순된 절대지는 신의 이름 아래 자기를 절대화하는 입장으로 범신론이며, 헤겔 철학의 입장이 아니다. (3) 신앙을 충실화한 절대지가 헤겔의 사변철학이다. 거기서는 신에 대한 의존을 느끼고 있지만, 동시에 그것은 자유를 의미하고 있는 상태이다. 거기서 진리가 인식되고, 그 진리가 믿는 이를 자유롭게 하며, 신앙을 충실화해 간다. 여기에 신앙과 진리(지)의 일치가 놓여 있다. 자유와 더불어 "내가 누구를 믿고 있는지를 나는 안다"(바울). ⇒아름다운 영혼

―이토 히토미(伊藤一美)

괴테 [Johann Wolfgang von Goethe 1749. 8. 28-1832. 3. 22]

헤겔과 괴테의 개인적 교류는 헤겔이 예나 대학 철학부의 사강사로 채용된 직후인 1801년 10월 21일에 셸링과 함께 괴테를 방문했을 때 시작된다. 이때는 바이마르 공국 재상으로서 간접적으로 예나 대학도 관할하는 시인에 대한 말하자면 인사 방문이었기 때문에 특별한 대화가 없었을 것이지만, 그 후 예나 대학 재직 중에 헤겔은 광물학회와 그 밖의 모임에서 그의 조예를 피력하고 괴테도 이 젊은 철학 강사의 천분을 발견하여 그에 걸맞게 대접했으며, 1806년 경 헤겔은 다시 괴테를 방문하여 광물학과 자연철학 문제에 관해 대화했고, 친구인 광물학자 제베크(Thomas Johann Seebeck 1770-1831)와 더불어 암실에 틀어박혀 괴테가 수행하고 있던 광학실험을 돕기까지 하였다. 예나를 떠난 후에도 헤겔이 광학과 식물학 문제에 관한 괴테의 견해를 그의 저작에서 길게 소개하고 변호한 것은 이때의 거장과의 직접적인 교류 경험이 있었기 때문이다. 다른 한편 괴테는 철학의 부흥에 기울이는 헤겔의 열의와 학식에 감탄하면서도 그의 난해한 화법에 대해서는 정말 난처해했으며, 변증법적 사유법에 이르러서는 끝내 좋아하지 않았던 듯하다. 괴테 자신은 좀더 솔직하게 사물을 바라보고 직관적으로 말하는 쪽을 좋아했던 것이다.

헤겔이 예나를 떠나고서 몇 년 후 괴테는 어떤 책에서 헤겔의 『논리의 학』(사실은 『정신현상학』) 서문으로부터 다음의 문장이 인용되어 있는 것을 보고서 격노했다. "꽃봉오리는 꽃이 피어나게 되면 사라진다. …… 열매에 의해 꽃은 식물의 거짓된 현존재로서 선언되며 등등." 이것을 읽은 그는 제베크에게 이렇게 써 보냈다. "이것보다 더 기괴한 것을 말하기는 불가능합니다. 이렇게 말하는 나쁜 견강부회하는 농담으로 자연의 영원한 실재를 부정하고자 하는 것은 이성적인 사람의 품위를 떨어뜨리는 것이라 생각합니다"[제베크에게 보내는 편지 1812년 11월 28일]. 이 일은 제베크의 필사적인 중재로 비유라는 것으로 일단 수습되고, 헤겔도 그 후 『엔치클로페디』 초판에서 괴테의 색채론을 프리스 등의 공격으로부터 변호했기 때문에 괴테도 그것을 양해하여 그를 다시 "뛰어난 친구"로서 인정하게 되었다. 하지만 그가 헤겔 류의 개념변증법에 진심

으로 동의하지 않았다는 것은 훨씬 후에 베를린 대학 교수가 된 헤겔이 방문했을 때의 유명한 대화에서도 알 수 있다. 헤겔이 '변증법의 본질은 반항심입니다'라고 말하는 것에 대해 괴테는 자신은 자연을 연구하고 있기 때문에 그렇게 말하는 질병과 관계없다고 말하고 "두 세 사람의 변증법적 환자도 자연을 연구하면 치료될지도 모른다"고 비꼬아 대답했던 것이다[에커만 『괴테와의 대화』 1827년 10월 18일의 항]. 그럼에도 불구하고 만년에 "자연이 영원히 생동하여 활발히 활동할 때 무한자가 현전한다"는 직관에 도달했을 때 그는 "나를 끌어들이면서 동시에 떼밀어버린 헤겔 철학"에 가까워졌다고 느꼈던 것이다[첼트너에게 보낸 편지 1831년 8월 13일]. ⇒색채론

【참】 Nicolin (1970), Bubner (1978), Schmidt (1984), Petry (1987), Amrine/Zücker/Wheeler (1987)

─와타나베 유호(渡辺祐邦)

교양敎養 [Bildung]

헤겔에서 Bildung이라는 말은 상호 연관되면서도 뉘앙스를 달리 하는 몇 가지 의미내용을 포함하기 때문에, 이것을 '교양'이라는 하나의 말에 대응시키는 것에는 약간의 문제가 있다. (다만 본 항목 전체의 기술로부터 분명해질 것처럼 이 말은 '교양'이라는 의미에서 사용될 때 가장 헤겔적인 개념으로 된다는 것은 말할 필요도 없다.) 이 말은 헤겔의 저작에서 크게 보아 ② '형성', ③ '교육', ④ '교양'이라는 세 가지 의미로 구별되며, 나아가 이들의 전제에 Bildung에 관한 헤겔의 ① 일반적인 개념적 이해가 놓여 있다.

① Bildung이란 일반적으로 "개별이 보편으로 되는 것 및 보편의 생성─다만 이것은 맹목적 필연이 아니라 지에 의해서 매개된 필연이다"[『예나 체계 III』 GW 8. 255], 요컨대 "그 출발점은 보편적인 원칙과 관점에 관한 지식을 획득하는 데 있으며"[『정신현상학』 3. 14], 그에 따라 "직접적인 자기로부터의 이탈(Entäußerung)"[『예나 체계 III』 GW 8. 254f.]이 행해진다. 따라서 "교양 있는(gebildet) 인물이란 자신의 모든 일에 보편성의 각인이 새겨져 있음을 알고 있으며, 자신의 특수성

을 방기하고 보편적인 원칙에 따라서 행동하는 사람이다. 교양이란 사유의 형식이다"[『역사에서의 이성』 PhB. 65]. 이리하여 헤겔의 교양 개념의 기초에는 지에 의한 보편의 생성, 보편과 특수 및 개별과의 분리, 분리에서의 상호관계 등의 사상이 놓여 있으며, 이 모티브가 긍정적·부정적인 뉘앙스와 함께 다양한 변용을 수반하여 다양한 장면에서 출현한다. 예를 들면 초기의 인륜에서는 개별성과 평등성에 기초한 상호 인정 안에서의 인간 형성으로서 파악되며[『인륜의 체계』 PhB. 16-18], 그것이 『법철학』의 시민사회론으로 계승된다[20절, 187절].

② '형성'이라는 의미에서의 Bildung은 지적인 것과 물질적인 것의 양면에서 사용된다. 전자의 예는 "의식이 이 도정에서 편력하는 형태들의 계열은 오히려 의식 그 자체가 학에 이르는 형성사(Geschichte der Bildung)"라는 『정신현상학』의 정의[3. 73]와, 시민사회에서의 법률의 성립에 대해서 말해진 "어떤 내용의 감각적이고 직접적인 형식으로부터 길고 냉엄한 노동에 의해서 그것의 사상의 형식과 동시에 그것에 걸맞은 단순한 표현에 도달하는 형성과정(Gang der Bildung)"[『법철학』 217절]이라는 문장에서 보이며, 후자의 예는 "노동은 형성한다"[『정신현상학』 3. 153]든가 "노예의 일은 사물의 형성(제작)"[같은 책 3. 154]이라는 표현에서 발견된다. 그리고 '형성'이 인간 그 자체를 대상으로 할 때 '교육'으로 되지만, 그 과도적인 표현을 "이 점에서 Bildung은 개인의 측면에서 고찰하게 되면, 그 개인이 기존의 것을 획득하고 그것의 무기적인 본성을 자기 속에서 다 먹어치우고 자각적으로 자신의 소유로 하는 데 있다"[같은 책 3. 33]는 문장에서 볼 수 있을 것이다.

③ 잘 알려져 있는 것처럼 헤겔은 뉘른베르크에서 김나지움 교장이 된 이래 특히 교육문제에 깊은 관심을 기울여 그에 관한 논의와 발언이 많다. 또한 독일어의 Bildung은 관념 수준에서 일반적으로 교육과의 연계가 대단히 강하다. 따라서 헤겔 자신이 '교육'이라는 의미에서 Bildung을 사용한 것은 말할 필요도 없지만, 헤겔의 교육사상을 다루는 연구자들도 자주 이 의미에서 Bildung을 사용하는 경우가 많다[예를 들면 Pöggeler (1980)]. 이런 방향에 관해 헤겔은 당연히 뉘른베르크

시대의 강의에서 자주 언급하고 있다[예를 들면 『뉘른베르크 저작집』 4. 312ff., 344ff.]. 그러나 좀더 기본적인 수준에서 헤겔은 인간은 동물과 달리 "자기 자신의 활동에 의해서 비로소 신체를 지배한다. 처음에 인간의 마음은 전적으로 무한정적이고 일반적인 방식으로 육체에 침투할 뿐이지만, 이 침투가 좀더 한정된 것으로 되기 위해서는 Bildung이 필요하다"[『엔치클로페디 (제3판) 정신철학』 410절 「보론」 10. 190]고 말하며, 나아가 그것의 자연적인 성장의 측면에 대해 "처음에는 완전히 보편적인 마음이 스스로를 특수화하고, 마지막에는 개별성·신체성으로까지 스스로를 한정하면, 마음은 내적인 보편성에 그리고 자신의 실체에 대립하기에 이른다. 이 모순이 개인의 마음의 생명과 정의 이유로 된다. 이 과정을 통해 마음의 직접적인 개별성이 보편자와 합치하게 되며, 보편자는 마음속에서 현실화되고, 마음의 최초의 단순한 자기통일이 대립에 의해 매개된 통일로 고양되며, 마음의 최초의 추상적 보편이 구체적 보편으로 발전한다. 이 발전과정이 Bildung"[같은 책 396절 「보론」 10. 75f.]이라고 논리적으로 설명한다. 이것은 "인간은 즉자적으로 이성적이지만, 대자적으로도 그러하기 위해서는 자기 자신으로부터 탈출하면서도 동시에 자신 속으로 들어가 형성하는(bilden) 것에 의한 자기 생산을 완수해야만 한다"[『법철학』 10절 「보론」]는 사상과 결합하기 때문에 이 Bildung은 헤겔의 철학적 기본구상을 응축해 보여주는 표현이라고 말할 수 있다.

④ '교양'으로서의 Bildung도 헤겔에서는 (a) 일반적인 의미의 것과 (b) 정신사적 또는 세계사적인 의미 내지 상징으로서의 역할을 담당하는 것의 두 가지로 나누어진다. 우선 (a)의 함의는 우리가 '교양'이라는 말에서 일반적으로 이해하는 것과 거의 동일하며, 또한 '문화'라든가 '문명'이라는 말이 지시하는 내용과도 어느 정도 부합한다. 예를 들면 문예적 저널리즘의 "일반적인 목적은 학술적이고 미적인 Bildung의 증진"[『예나 저작집』 2. 568]이라고 쓸 때 헤겔은 분명히 일반적인 교양에 대해 말하고 있다. 그러나 외국과 자국의 철학을 비교하면서 "교양의 서방적 지역성"[같은 책 2. 119]이라든가 "독일적 교양"[『뉘른베르크 저

작집』 4. 431]이라고 말할 때는 오히려 문화와 문명이 함의되어 있다고 생각해야만 할 것이다. 또한 헤겔은 "지성 일반의 교양"이자 "언어의 교양"인 "이론적 교양"과 노동에서 얻어지는 "습관"으로서의 "실천적 교양"을 구별하고 있지만[『법철학』 197절], 이에 대해서는 『철학적 예비학』에서 상세하게 논해진다[『뉘른베르크 저작집』 4. 259f.]. 또한 교양은 헤겔에서 반드시 긍정적으로만 평가되는 것은 아니다. "교양은 비문명적(ungebildet)인 민족에서는 단지 외면적이고 타락의 씨앗이 될 뿐이며, 문화적인 시민사회에서는 욕구의 만족을 위한 단순한 수단으로 간주되고 있다. 양쪽의 견해 모두 정신의 본성과 이성의 목적을 알지 못한다는 증거이다"[『법철학』 187절]. 이러한 부정적인 평가는 다음의 (b)와 관계되는 것을 포함한다.

(b) 헤겔은 "Bildung이라는 범주를 사용하여 근대정신의 객관적인 존재 방식의 일면을 철학적으로 다시 묻고자 하는 시도를 의식적으로 수행한다"[Pleines (1983) Ⅰ, XVII]. 이 시도야말로 바로 헤겔이 '교양' 개념에 맡긴 가장 중대한 정신사적·세계사적 의미이며, 그것은 『정신현상학』에서의 '교양'의 위치짓기로서 전개되고 있다. 즉 거기서 '교양'은 '자기 소외된 정신'으로서, '인륜'이라는 '참다운 정신'과 '도덕성'이라는 '자기를 확신하는 정신'과의 중간적인 또는 과도적인 단계로서의 위치를 부여받고 있다. 이리하여 정신의 자기 소외태와 등치된 교양은 분명히 부정적인 평가를 받고 있으며, 그 면을 조금 과장하면 "쇠약한 엘리트 취미", "기교적인 지적 박약"[Solomon (1983) 554]을 의미한다. 그리고 이것을 『정신현상학』에서 전개된 한에서의 헤겔의 역사철학적 구상에 따라 세계사에 대응시키면, 그리스적 폴리스 및 로마적인 법치국가와 칸트와 괴테에 의해 대표되는 근대 독일과의 중간에 놓여 있는 18세기 프랑스의 '철학자들'과 혁명의 시기에 해당된다. 그러나 좀더 중요한 것은 교양이 헤겔 사유의 특징인 3단계 발전도식의 제2단계, 즉 대자·반성·본질·외화·분열·시민사회 등에 대응하는 것으로서, 부정성의 계기이자 부정의 기능을 수행하면서도 적극적인 의의를 포함한다는 점이다. ⇒교육

【참】 Pöggeler (1980), Pleines (1983, 1986), Solomon (1983)
　　　　　　　　　　　　　　　　　－나카노 하지무(中埜 肇)

교육敎育 [Erziehung]

　어떠한 교육관의 경우에도 그 근저에는 인간관이 놓여 있다. 헤겔에서도 예외가 아니다. 그리고 그의 인간관은 "인간은 정신이다"[『종교철학』 16. 11;『철학사』 18. 13]에서 남김없이 드러난다. 이것은 첫째, 인간이 자유와 부정성을 본질로 하는 존재라는 것, 둘째, 인간은 유적 존재, 다시 말하면 "우리인 나이고, 나인 우리"[『정신현상학』 3. 145]라는 것, 셋째, 인간은 이성적 존재임과 더불어 감성적 존재이기도 하며, 그런 의미에서 인간은 전체적 통일체라는 것, 넷째, 인간은 역사적 존재라는 것을 의미한다. 이것들을 총괄하면, 인간은 인간으로서 헛되이 자연적인 충동과 욕망에 맹목적으로 지배되는 것이 아니라 사유를 활동시켜 자기가 내던져져 살아가는 역사적 세계를 관통하는 이성적인 것, 보편적인 것을 인식하고 그에 따라 행동해야만 한다는 사명을 지닌다는 것이다. 이것이 인간의 자기실현의 의미이다. 그리하여 헤겔에게 있어 교육의 목표는 다음의 두 가지로 요약된다. 첫째는 자연성을 탈피시키는 것이다. 둘째는 국가생활 속에서 자기를 객관화할 수 있도록 하는 것이다. 여기서 주의해야 할 것은 인간의 자기실현이 바로 교육이라고 하는 것은 무언가 규정이 아니라 오히려 교양(Bildung)의 개념인바, 교육은 이러한 인간의 자기실현을 돕는 활동이라는 것이다. 어린이는 인간으로서의 자기실현을 지향해야만 한다. 교사와 양친도 이러한 어린이의 자기실현을 돕는 역할을 수행하는 데서 동시에 스스로도 인간으로서의 자기실현을 지향하는 것이다. 그런데 교양이 인간 일생의 문제인 것과 마찬가지로 교육의 장소는 전혀 학교에 한정되지 않는다. 그러나 여기서 학교교육에 관점을 한정하여 헤겔의 교육관을 좀더 살펴보게 되면, 헤겔은 학교교육이 한편으로는 외부와의 관계에서 국가, 사회와 학교와 가정, 다른 한편으로는 내부에서 학교의 시설과 제도, 그리고 교사와 학생이라는 삼위일체의 구조에서 성립한다고 본다. 그리고

그는 위에서 살펴본 교육목표를 달성하기 위하여 교육내용으로서 고전어, 고전문학, 그에 더하여 사회생활에 필요한 자질과 함께 논리적 사변적 사유를 익히게 하기 위하여 법론, 의무론, 종교론 등 구체적인 문제에서 시작하여 추상적인 논리학에 이르는 철학교육을 중시했다. 이것들을 통해 그는 일반적 지식을 개별적 사례에 응용하는 것과 더불어 구체적인 사례로부터 일반적 지식을 끄집어내는, 요컨대 올바르게 판단하고 추리하는 능력을 함양하는 이론적 교양과, 자유로운 개인으로서 스스로의 주체성을 확립함과 더불어 국가 사회의 공동생활에 참여하는 일원으로서 전체의 복지에 기여하는 인간을 형성하는 도덕적 교양의 통일을 지향했던 것이다. 헤겔이 고전어와 고전문학을 중시하는 것도 문법이 그저 고전독해의 수단에 그치지 않고 판단과 추리라는 논리적 능력의 함양에 이바지하기 때문이며, 또한 문학에서는 직관과 지성, 자유와 공동이 아름답게 조화된 인간상이 발견되기 때문이다. 헤겔은 교육방법으로서는 수용성과 자발성의 통일을 원칙으로, 구체적으로는 수업에 있어서도 훈계든 숙제든 학생의 정신의 발전단계에 따라 주의 깊게 베풂으로써 학생을 학습(Lernen)보다 공부(Studieren)로 이끌 것을 주장했다. 이때 헤겔이 아직 한 사람 앞에서가 아닌 학생들에 대해 자발성의 존중과 함께 공동생활에는 좋아하든 아니든 지키지 않으면 안 되는 것, 하지 않으면 안 되는 것이 있다는 것을 가르치기 위하여 복종, 훈육, 노동(숙제) 등 정신의 발전에서의 부정성의 계기를 중시하고 있다는 점은 주목되어야 할 것이다. 헤겔의 교육관은 당시 이목을 끌고 있었던 루소로부터 바제도우(Johann Bernhard Basedow 1723-90) 등에 이르는 계몽주의적 교육관에 대해 비판적 입장에 서는 것이자 크게는 괴테, 실러 등의 신인문주의와 연결되는 것이라고 말할 수 있지만, 이론적 교양과 윤리적 교양의 통일, 자발성과 수용성의 통일, 부정성을 매개로 한 정신의 발전 등 곳곳에서 헤겔의 논리를 발견할 수 있으며, 이런 의미에서 변증법적 교육론이라고도 특징지을 수 있을 것이다. ⇒교양, 학교

　　　　　　　　　　　　　　　　　－고즈마 타다시(上妻精)

교의 敎義 [Dogma, Dogmatik]

『역사철학』에서 헤겔은 교의, 즉 이론을 교부들과 공의회가 수립했다고 말한다[12. 398]. 그에 앞서 철학이 중요한 역할을 수행했다고 보는 점에서 교의(신앙)와 철학(이성)의 대립을 극복하고자 하는 헤겔의 의도를 알아볼 수 있다. 『종교철학』에서도 그는 오늘날 철학자는 교의가 정신의 깊이로부터 성립했다는 것을 통찰해야만 한다고 말한다. 즉 기독교는 외적 역사로부터 시작되었지만, 역사를 넘어서서 그리스도가 신의 아들이라는 사상과 삼위일체의 교의가 성립했다는 것이다. 헤겔은 이 생각이 "사상 속에서 생겨나 교의학(Dogmatik) 즉 교회의 가르침을 산출했다"[『종교철학』 16. 217]고 말한다. 그는 이 교의를 "개념적으로 파악하는 것 없는 진리"[같은 책 17. 222]라고 이해한다. 이 교의를 "기독교의 근본규정"[같은 책 16. 46]이라고 부르기 때문에 헤겔은 이 교의의 의의를 충분히 이해하고 있었다고 말할 수 있다.

―이와나미 데츠오(岩波哲男)

교토학파 京都學派 ⇨ 일본의 헤겔 연구

교호작용 交互作用 [Wechselwirkung]

두 개가 서로의 원인임과 동시에 결과이기도 한 관계. 실체성과 인과성을 지양하는 규정으로서 『논리학』'본질론'의 최종단계를 이루며, '개념론'의 경지를 여는 핵심개념이다.

인과성이라는 사고방식은 원인의 원인, 결과의 결과라는 상태에서 규명해 가면 사물의 무한한 연쇄관계라는 것으로 되어 충분한 설명이 될 수 없다. 그리하여 교호작용이라는 관점이 취해진다. 예를 들면 고대 그리스의 스파르타인의 국민성·풍습과 스파르타의 정체·법률은 서로가 서로의 원인이기도 하면서 결과이기도 한 교호작용의 관계에 있다고 말해진다[『엔치클로페디(제3판) 논리학』 156절 「보론」]. 그러나 헤겔에 따르면 이러한 '교호작용'의 사고방식은 아직 서로 관계하는 양자를 서로 다른 것으로서 분리하여 이해하

고 있으며 "좀더 고차적인 제3의 것의 계기로서 인식"하고 있지 못하다는 점에서 불충분하다.

'본질론'의 논리 흐름에서 인과성이 문제로 된 것은 어디까지나 실체와 우유성, 요컨대 전체적인 것과 개별적인 것의 참된 연관을 밝혀내기 위해서였다. '개념론'의 경지로 이어지는 '교호작용'이란 "전체가 있는 까닭에 개체가 있고, 개체가 있는 까닭에 전체가 있다"는 사태의 현현에 다름 아니다. 헤겔은 "유덕한(sittlich) 사람의 행위"를 예로 든다[같은 책 158절 「보론」]. '유덕한 사람'이란 말하자면 <자기가 의욕하는 바에 따라서 규범을 넘어서지 않는> 사람이다. 유덕한 사람의 행위는 공동체의 인륜을 체현하고 있으며, 거기서는 전체자의 작용과 개별자의 작용이 일체화되어 있다. 또는 개별자의 행위=작용(Wirkung)이 전체자의 행위를 반작용(Gegenwirkung)으로서 자기 안에 포함하고 있다(그 역으로 말하는 것도 가능)고도 말할 수 있다. 이러한 행위의 존재방식에서 헤겔은 "자유와 필연의 이율배반"의 해결도 보고 있다[같은 책 159절; 『뉘른베르크 저작집』 4. 190; 『논리의 학』 6. 239]. ⇒ 인과성

―가도쿠라 마사미(門倉正美)

교환 交換 [Tausch]

교환은 『법철학』의 '추상법'에서 처음부터 '교환계약'이며, 이미 공통의 의지에 의해 매개되어 승인된 관계이다. '교환 그 자체'는 일반적으로 "어떤 특수한 물건을 다른 특수한 물건과 교환하는 것"임과 아울러 특히 "어떤 특수한 물건을 보편적 물건으로서 규정되어 있는 물건, 요컨대 화폐와 교환하는 것"[80절]이기도 하다. 특히 후자의 규정은 시민사회에서의 노동의 이해와 관계된다. 헤겔은 근대세계에서의 노동을 그 이전의 경제외적 강제에 기초한 노동 등과는 달리 특정한 욕구와 그 대상의 생산이라는 관점만으로 이해되는 것이 아니라 오히려 생산과 소비의 완전한 상호의존 체계 속에서 존립하는 것으로서 파악한다. 이러한 생산과 소비의 양자를 매개하는 관계가 교환이다. 사회적 욕구는 도야되고 다양화하며, 이에 따라 생산도 분화하여 분업을 산출한다. 그러나 그렇게 되면 노동

에서의 생산물은 해당 주체에게 있어서는 이미 "순수한 양"으로 된다. "이것을 지니는 것은 주체에서의 실천적 의의를 상실해버리며, 그것은 이미 주체에서의 욕구가 아니라 오히려 과잉이다"[『인륜의 체계』 PhB. 26]. 이리하여 근대에서의 사회적 노동은 자신의 욕구 충족을 위한 노동이 아니라 처음부터 교환을 목적으로 하는 노동이 된다. 헤겔은 이러한 이해를 스튜어트와 스미스에게서 받아들이며, 그 평가는 예나 시대 이래로 대체로 일관된다.

하지만 교환에 의해서 예정조화적인 배분이 실현된다는 것은 아니다. 더욱이 이와 같은 주체에 있어서의 욕망 일반의 추상인 과잉은 교환을 매개로 하는 한 "한편으로는 생산량이 남아돌고 다른 한편으로는 이것에 상응하는 소비자가 부족한"[『법철학』 245절] 재앙을 회피할 수 없다. ⇒화폐, 시민사회, 노동, 분업, 스미스, 스튜어트

【참】 Waszek (1988), Priddat (1990)

─이와사키 미노루(岩崎 稔)

교회·교단敎會·敎團 [Kirche]

헤겔에게 있어 교회는 제1의적으로는 물론 기독교 교회를 의미한다. 그는 자신이 프로테스탄티즘의, 그것도 루터파의 신도라는 것을 강조하고 있었다. 그러나 '신의 나라'란 그와 같은 외면적인 교회(종파)이기 이전에 모든 지역과 종교를 망라하는 '보이지 않는 교회'이다. 이 점에서 그의 이해는 기독교 전통을 따른다. 신앙 공동체를 나타내는 말로서는 이와 달리 게마인데(Gemeinde)라는 말도 있는데, 약간의 뉘앙스 차이가 있다. "현실적인 교단(Gemeinde)이 일반적으로 우리가 교회(Kirche)라고 부르는 것이다. 그것은 이미 교단의 성립(Entstehen)이 아니라 존립하며(bestehend) 유지되고 있는 교단이다"[『종교철학』 17. 320].

Ⅰ. 초기의 기독교 비판. 청년 헤겔은 제도로서 정착된('실정적'인) 기독교에 대해서 많은 점에서 비판적이었다. 예를 들면 교회의 종교교육은 상상력을 두려움으로 채워 '지성과 이성'을 억압하고, 자유로운 시민 대신 노예를 만들어내고 있는 것으로 생각되었다. 각의 종파가 자신들의 신앙을 절대시하고, 교리문답을 읽고 암기하기까지 하면 진리를 손에 넣은 것처럼 여기는 것도 마음에 들지 않았다. 계몽주의의 영향을 받은 이와 같은 비판적 견해는 미묘하게 수정되긴 하지만 체계 시기에도 유지된다.

Ⅱ. 교회의 발전. 기독교단의 기초를 놓은 것은 말할 필요도 없이 예수지만, '신적 이념'을 체현하는 이 개인이 감각으로부터 멀어져 지나간 역사로 되어서야 교단은 '정신'의 공동체(신의 나라)로서 본래의 모습을 지니게 된다. 기독교 사상은 대체로 세 단계를 거쳐 교회라는 구체적 형태로 이행한다. 첫째, 기독교의 창시. 복음서에서 보는 예수는 정신의 세계로 고양되는 것만을 진실된 삶의 방식으로 여기고 세속의 굴레를 멀리했다. 이것은 현실을 사상한 추상적인 주장이다. 둘째, 예수의 제자들에 의한 교단의 형성. 예수 사후 비로소 정신(성령)이 제자들에게 도래하여 참된 신의 이념이 파악되었다. 셋째, 지도자가 이끄는 교회 조직의 형성. 제2기의 제자들은 한결같이 정신으로 충만되어 진리를 인식하고 있었지만, 이제 능력이 뛰어난 사람이 지도자로서 선출되어 일반신도와 구별된다. 처음에는 민주적인 선출이었던 것이 사제를 성스럽게 구별함으로써 귀족제로 이행한다. '정신'의(geistig) 나라는 '성직자'의(geistlich) 나라로 변모한다.

Ⅲ. 교회의 역할. 이리하여 '존립'하게 된 교회에서 진리는 이미 현전하는 것으로서 전제되어 있다. 개인은 그것을 내면화해야 할 뿐이다. 교회는 개인이 거기서 세례를 받고 교설을 전달받아 진리에 도달하는 교육기관으로서 위치를 부여받는다. 다른 면에서 말하면, 자체적으로 존재하고 있는 진리가 거기서 자기 자신의 '자기'(결국 인간의 의지)와 동일화한다. 진리가 '권위'로서 개인을 대하는 것은 필연적 계기이지만, '권위에의 예속'으로 되어버리면 사유와 학의 자유의 억압으로 이어진다(브루노와 갈릴레이에 대한 교회의 태도). 교회 공동체가 존속한다는 것은 그것이 끊임없이 재생산된다는 것을 의미한다. 그러므로 그리스도의 생애, 수난, 부활이 (눈으로 볼 수 있는 형태로는 성찬으로서) 교회의 구성원에 의해서 영원히 반복된다. 교회는 언제나 발전된 정신에 걸맞은 발전된 교설을 필요로 하기 때문에 원시교단으로 돌아가자는 구호는 잘못이

다.

Ⅳ. 세계사 속의 교회. 신적 이념의 보존자라는 자부는 교회를 세속과 대립시키는 경향이 있으며, 경우에 따라서는 종교적 광신으로 몰아세운다. 그러나 사회적 현실에서 유리된 신앙은 추상적일 수밖에 없다. 기독교에서 자체적으로 이미 생기한 '화해', 즉 자유의 이념은 교회의 틀을 넘어서서 좀더 커다란 차원에서 실현될 필요가 있다. 종교가 내면성에 머물러 바깥 세계와의 대결 자세를 취하게 되면, 그것은 힘이 아니라 약함의 나타남이다. 참된 종교라면 의식과 교설, 교회재산, 교단봉사자 등의 요인을 통해 사회적 · 정치적 현실('국가(Staat)')과의 교섭을 어쩔 수 없이 지니게 된다. 국가는 교양(Bildung)의 과정을 헤쳐 나와 자기 자신을 자각하기에 이른 정신, 하나의 세계를 조직하기 위해 전개되는 정신이자, 그런 의미에서 현실적인 이성의 영역이다. 교회와 국가 사이에 처음 있었던 대립은 전자가 지니는 자유의 원리가 (정신과는 양립하지 않는 원리가 지배하는 것처럼 보인) 세속적 영역으로 침투함으로써(그것은 교회의 타락으로 보이는 것을 계기로 한다) 화해에 이른다. 국가와 교회 모두 각자 개혁된 모습에서 "완전히 동일한 이성의 현현형태"이다. 자유가 이와 같은 구체적 형태를 지니는 것이야말로 세계사의 목적이기도 하다. ⇒기독교, 종교, 가톨릭주의, 프로테스탄티즘, 광신

—나카오카 나리후미(中岡成文)

구별區別 [Unterschied, Differenz]

'구별'이라는 개념은 헤겔 철학에서 특유의 의미를 지닌다. 왜냐하면 헤겔이 술어로서 사용하는 '구별'이란 '절대적 구별', '구별 그 자체(der Unterschied an sich)' 또는 '내적 구별'이라고 표현되는 헤겔 철학의 독자적인 개념이기 때문이다. 보통 '구별'이라고 하면 그것은 다른 것과의 구별이다. A는 A일 수 없는, 예를 들어 B와 '구별'된다. 그러나 헤겔이 말하는 '구별'이란 이러한 다른 것과의 구별이 아니다. 오히려 그것은 "자기 자신과의 구별"인 것이며, 또한 헤겔 특유의 표현을 재현하자면 "구별" 그 자체가 스스로를 스스로와 구별

하는 그러한 "구별의, 구별 그 자체와의 구별"인 것이다[『논리의 학』 6. 46f.].

'구별'이 '구별' 그 자체와 '구별'된다는 것, 이것의 가장 기본적인 의미는 <참다운 존재>('무한성')가 첫째, 언제나 '구별', 즉 <참다운 존재>와 '가상'과의 '구별'에서 존재한다는 것, 그러나 <참다운 존재>는 둘째, 이러한 '구별'로부터 '구별'된다, 즉 이러한 '구별'을 '폐기'하고 있다는 것, 결국 <참다운 존재>는 '가상'과의 '동일성' 또는 '일체성'에서만 <참다운 존재>로서 존립할 수 있다는 것, 이것이다. 이런 의미에서 헤겔이 말하는 '구별'이란 <참다운 존재>의 존재방식 그 자체인 것이다.

이러한 '구별'의 존재방식을 헤겔은 『정신현상학』의 힘과 지성 장에서 단적으로 전개해보이고 있다[3. 120 이하]. 즉 <참다운 존재>란 우선은 '지각된 세계'로서의 <가상>=현상'과는 '구별'된 자연과학적인 '법칙들'('첫 번째 초감성적인 것', '법칙들이 정지된 왕국')이다. 그러나 둘째로 이 '법칙들'은 끊임없이 '변전하는' '현상'의 '모상'인 까닭에 그것 자체가 끊임없이 (역사적으로) '변전하는' 것이다. 따라서 참으로 <참된 존재>는 이러한 변전하는 '현상'과 '변전하는' '법칙들'과의 '일체성'으로서의 <살아 있는 자연 그 자체>, '세계의 영혼'('두 번째 초감성적 세계', '전도된 세계')인 것이다. ⇒상이성

—다카야마 마모루(高山 守)

구별 그 자체區別—自體 ⇨**구별**

구분區分 ⇨**분류 · 구분**

구상력構想力 ⇨**상상력**

구성構成 [Konstruktion]

'구성'에 대한 헤겔의 생각은 예나 전기와 그 후기

이후에 커다란 변화를 보인다. 그것은 이 시기들에서의 셸링과의 영향관계 및 그 자신의 '변증법'의 성립과 밀접히 관계될 것이다.

우선 예나 전기의 『차이 논문』(1801)에서 그는 '구성'이라는 말을 대단히 다양한 장면에서 사용한다. 더욱이 그때 그는 그것을 언제나 적극적이고 긍정적으로 이해하고 있다. 그 이해를 가장 잘 보여주는 것이 "절대자는 의식에 대해서 구성되어야만 한다. 이것이 철학의 과제이다"[2. 25]라는 그의 유명한 문장이다.―그러나 이러한 적극적인 이해는 셸링이 집필한 것으로 추정되는 논문 『철학에서의 구성에 관하여』(1802)와 관련하여 고찰될 필요가 있다. 셸링은 거기서 칸트가 '개념의 구성'을 수학에게만 허용하고 철학에게는 인정하지 않는 것을 비판하고 오히려 지적 직관에서의 '구성'이야말로 철학의 참된 방법이라고 주장하기 때문이다. 양자의 영향관계가 엿보인다 할 것이다.

그러나 학의 방법으로서의 '변증법'이 성립하기 시작하는 예나 후기의 『예나 체계 Ⅱ』(1804/05)에서 '구성'은 비판의 대상으로 완전히 전환되고 있다. '구성'이란 마치 기하학에서의 '작도'가 그러하듯이 '구성'(작도) 그 자신의 필연성을 보일 수 없다. 또한 '구성'이란 "무관심한 전체를 당장은 무관심한 부분들로 분할하는 것"[GW 7. 117]인 것이다. 그러나 '절대자'는 본래 "무관심한 전체"가 아니며, 또한 학은 '절대자'를 '무관심한 부분들로 분할하는 것'이 아니다. 이리하여 '절대자의 구성'이라는 예나 전기의 스스로의 입장과 셸링의 입장이 여기서 비판된다.―그뿐만 아니라 이러한 '구성' 비판은 그대로 '수학적 인식' 일반에 대한 비판으로 되며, 또한 그런 까닭에 스피노자와 볼프 비판과도 겹쳐지고, 이 이후 헤겔에 의해 일관되게 주장된다.

―스기타 히로카즈(杉田廣和)

구체적具體的 [konkret]

'추상적'에 대립하여 말해진다. 구체적인 것이란 개념의 일면적 규정성에 지나지 않는 추상을 포괄하는 전체적 통일이며, 변증법의 기본적 구조를 의미하는 이른바 '대립물의 통일' 사상의 기초로 되었다.

Ⅰ. 구체적 총체성. 추상이 『논리의 학』, '개념론'의 최초의 장 '개념'에서 다루어지는 데 반해 구체적인 것은 최후의 장 '절대이념'의 과제이다. 여기서는 우선 '절대적 방법'의 세 가지 계기 가운데 '시원'이 구체적 총체성의 구조를 지니는 것으로 되어 있다. "시원을 이루는 구체적 총체성은 그 자체로서 그 자신 안에 진전과 전개의 시원을 지닌다. 이 총체성은 구체적인 것으로서 자기 내에서 구별되어 있다. 그러나 구체적 총체성이 지니는 최초의 직접성으로 인해 최초에 구별된 것들은 상이한 것들이다. 하지만 직접적인 것은 자기를 자기에게로 관계짓는 보편성으로서, 즉 주체로서 또한 이 상이한 것들의 통일이다"[6. 556].

Ⅱ. 좀더 구체적으로 되는 것. 논리학의 '진전'은 또한 구체화의 과정이다. "진전은 무엇보다도 먼저 단순한 규정에서 시작하여 뒤따르는 규정이 점차 풍부하게 그리고 좀더 구체적으로 되는(konkreter werden) 것으로 규정된다"[같은 책 6. 569].

Ⅲ. 성과로서의 구체적인 것. '종결'이야말로 가장 구체적인 것이다. "시원을 이루는 것은 보편이지만, 성과는 개별, 구체적인 것, 주체이다"[같은 책 6. 565-6].
⇒ 방법, 시원, 추상

【참】 Meiners (1980), 大村晴雄 (1987)

―오사카다 히데유키(小坂田英之)

국가國家 [Staat]

국가는 가족과 시민사회에 이어지는 인륜의 제3의 최후의 단계로서, 여기서 인륜적 이념의 두 가지 계기, 즉 특수성과 보편성의 참된 즉자대자적인 통일이 실현된다. "국가는 인륜적 이념의 현실태이다"[『법철학』 257절].

Ⅰ. 헤겔은 국가론의 서두에서 국가가 시민사회와 혼동되어서는 안 된다고 역설하고 있다. 국가의 사명이 자연법사상에서처럼 소유와 인격의 안전과 보호라고 한다면, 개인의 이익만이 개인들의 합일의 목적이 되고, 국가의 구성원이라는 것은 개인의 뜻에 따른 것으로 되어버린다. 그러나 소유와 인격의 안전과 보호는 시민사회의 사명으로서, 개인과 국가의 관계는

개인과 시민사회의 그것과는 전적으로 다르다. "국가는 객관적 정신이기 때문에 개인 자신이 객관성·진리성·인륜성을 지니는 것은 그가 국가의 일원일 때뿐이다. 합일(Vereinigung) 그 자체가 개인들의 진실된 내용이자 목적으로서, 그들의 사명은 보편적 생활을 영위하는 데 놓여 있다"[같은 책 258절]. 합일 그 자체, 요컨대 연대와 공동성이 인간의 본질이며, 국가는 그것을 실현하는 것으로 보인다. 그러나 이것은 개인이 주체성·자립성을 방기하여 전체 속에 매몰된다는 것을 의미하는 것이 아니다. 근대 국가는 "인격적 개별성과 그 특수적 이익이 남김없이 발전한다'는 것, 또는 "그 속에서 가족과 시민사회가 발전되어 있는 것"을 전제한다[같은 책 260, 263절「보론」]. 더욱이 헤겔이 말하는 합일이란 변증법적인 합일인바, 그것은 각 부분의 최대의 긴장과 대립을 허용할 뿐 아니라 그것들을 요구하기까지 한다. 따라서 각 개인이 주체성·자립성을 최대한으로 추구하면서도 동시에 보편적인 것·공공적인 것에 대한 관심을 충분히 길러 충분히 의식하는 생활을 영위하는 것이 생각되고 있는 것이다. 이것은 가족과 시민사회의 경우에 비해 개인과 전체 관계의 좀더 높은 존재방식이다.

Ⅱ. 헤겔은 이와 같이 근대 국가가 특수성과 보편성의 통일을 실현할 수 있다고 생각하지만, 다만 그것은 국가체제의 정치적인 영역, 즉 정치적 국가가 분절화되어 있으면서 동시에 참으로 조직되어 있을 때, 요컨대 "매개의 체계(System der Vermittlung)"[같은 책 302절「보론」]를 이루고 있을 때의 일이다. 첫째로, 헤겔은 정치적 국가가 군주권·통치권·입법권의 3권으로 구성된 입권군주제가 바람직하다고 생각하고 있지만, 그는 3권이 서로 밀접한 관련을 지녀야만 한다는 것을 끊임없이 강조한다. 몽테스키외와 칸트에서 보이는 3권분립론은 자유를 보증할 수 있는 중요한 원리이지만, 3권이 절대적인 자립성을 지니게 된다든지 3권 상호간의 관계가 단순한 부정적인 관계로 이해된다든지 해서는 안 된다. 헤겔은 상호적인 제한의 활동이 결합의 활동을 소멸시키지 않는 참으로 유기적인 상호의존을 요구하는 것이다. 집행권과 입법권이 각자 자립하여 대항하고 있었던 대사건이 프랑스 혁명이었다.

Ⅲ. 둘째로, 헤겔은 직업단체 등의 중간단체가 통치권 및 입법권과 관련하여 커다란 역할을 담당할 것을 기대하고 있다. 예를 들면 (1) 통치는 단체들을 기초로 하여 행해지며, (2) 관청과 관리에 의한 권력 남용을 방지하는 기능이 단체들에게 기대되고, (3) 단체들은 시민사회의 상공업 신분이 대의원을 선출할 때의 기초로 된다는 등이다. 단체에는 특수한 것을 보편적인 것 안에 뿌리내리게 하는 활동(예를 들면 개인을 사회화하는 활동)이 포함되어 있기 때문에, 다수의 단체가 존재하는 것은 국가에 있어 마이너스가 아니다. 그렇기는커녕 오히려 단체들 속에서야말로 "국가의 깊이와 강함"[같은 책 289절]이 존립하는 것이다. 이 점은 중간단체를 배제하고 개인들과 집권적 국가를 직접적으로 마주 보게 하는 홉스-루소적이고 자코뱅적인 2극 구조 모델과 뚜렷이 다른 점이다. 더욱이 관료·관리층의 자의에 대항하기 위해 "아래로부터 위로 향하는 단체권(Korporationsrechte)" 제도가 생각되고 있다. 헤겔이 최고관료와 관료제도에 대해 강한 기대를 보내는 것은 확실하다. 그러나 그는 관료제도의 폐해도 충분히 알고 있었다. 상대적으로 자립적인 다양한 단체가 중앙의 권력과 균형을 이루고 있는 분화된 사회구조야말로 그가 요구한 것이었다고 말할 수 있을 것이다.

헤겔에 따르면 주체적 자유의 원리야말로 근대의 원리로서, 이것을 부정한다든지 억압한다든지 하는 것은 가능하지 않다. 그러나 이것을 전적으로 방임하는 것도 불가능하다. 왜냐하면 시민사회의 바로 <순조로운> 발전이 노동의 소외, 실업 그리고 빈곤 문제를 산출할 수밖에 없기 때문이다. 여기서 주체적 자유의 원리를 최대한으로 보장하면서도 그것을 어떻게 전체의 유지와 결합시킬 것인가 하는 물음이 성립한다. "매개의 체계"로서의 국가론은 이 물음에 대한 헤겔의 해답인 것이다. 덧붙이자면, 『법철학』의 국가 장은 A. 국내법(das innere Staatsrecht), B. 대외법(das äußere Staatsrecht), C. 세계사로 구분된다. 위에서 살펴 본 것은 A의 내용이다. B에서는 개별적인 국가와 다른 국가들과의 관계가 다루어지는바, 내용적으로 '국제법' 항목과 거의 동일하며, C에 관해서는 '역사' 항목을 참조할

수 있을 것이다. ⇒합일, 권력, 정체, 경찰행정, 국제법, 역사

　【참】 Marcuse (1954), Riedel (1969), Avineri (1972), 金子武藏 (1984)

─다카야나기 료지(高柳良治)

국가체제國家體制⇨국가

국권國權⇨고귀한 의식과 비천한 의식

국내법國內法⇨국가

국민(민족 · 민중)國民(民族 · 民衆) [Nation, Volk]

　헤겔에게서 국민 · 민족 · 민중과 가족 및 국가와의 연관은 복잡하며, 다소 불명료한 점을 남기고 있다. 예를 들면 가족은 국민(Nation)으로 확대된다고 말해진 후, 가족은 민족(Volk)으로 확대된다고 말해진다든지 하는 것이다[『종교철학』 17. 52f., 72]. 그러나 대강 다음과 같이 생각해도 좋을 것이다. 가족은 민족으로 확대되지만, 민족은 아직 국가가 아니다. "민족은 최초에는 아직 국가가 아니다. 가족…… 등의 국가 상태로의 이행은 이념 일반이 형식을 갖춘 것으로서 민족 속에서 실현되는 것이다"[『법철학』 349절]. 이것이 실현됨으로써 국가의 구성원이 국민이라고 불리는 것이다(대내적으로는 Volk, 대외적으로는 Nation이라는 말이 사용되는 것이 많은 듯하다). 그러나 이러한 국민에게는 엄격한 주문이 제기된다. "국민이라는 것이 자신들의 군주와 바로 이것과 필연적이고 직접적으로 관련되는 전체의 분절적 조직 없이 생각된다고 하면, 그것은 형태를 이루지 못한 군집으로서 이미 국가가 아니다"[같은 책 279절]. 국민이 전면적으로 신뢰되는 것은 아니다. "사람이 무엇을 의지하는가, 하물며…… 이성이 무엇을 의지하는가를 아는 것은 깊은 인식과 통찰의 소산으로서, 반드시 국민이 관여하는 것은 아니다"[같

은 책 301절]. 이로부터 국가의 최고관료의 인식과 통찰에 대한 강한 기대와 그에 대응하는 의회의 경시가 나오는 것이리라.

　다만 국가의 형성이 "민족 속에서" 실현된다고 하더라도 헤겔의 국가가 곧바로 민족국가라는 것은 아니다. 『독일 헌법론』은 "하나의 인간집단"이 국가이기 위한 필연적인 조건은 "소유물 전체의 공동방위"의 의욕이며, 그 밖의 사항, 예를 들면 국가의 구성원 사이에 습속 · 교양 · 언어에 관한 연관이 있는가 없는가, 종교의 동일성이 있는가 없는가는 근대 국가의 형성을 위해서 아무래도 좋은 요인이라고 하고 있다[1. 472]. 여기서는 민족적인 것과는 단절된 곳에서 국가가 생각되고 있는 것이어서 이 점에 대한 충분한 주의가 필요하다. ⇒국가, 가족

─다카야나기 료지(高柳良治)

국민정신國民精神⇨민족정신(국민정신)

국제법國際法 [Völkerrecht]

　자립적인 국가들의 상관관계에서 유래하는 국제공법의 하나. 국가들의 특수의지에 의해 체결되는 조약에 대해 국제법은 "국가간에 즉자대자적으로 타당해야만 하는 보편적인 법"[『법철학』 333절]을 말한다. 국제법의 원칙은 <조약의 준수>에 있지만, 이것은 당위일 뿐이다. 왜냐하면 국제법은 국가주권의 상호인정을 전제하는 것으로서, 국제분쟁을 해결하는 실효력 있는 초국가적 제도가 있을 수 없기 때문이다. 따라서 영구평화를 구축하는 국가연합(칸트)의 참된 모습은 "각각의 국민들의 개체성을 말살한" "하나의 국민의 지배"[『예나 체계 III』 GW 8. 275]라고 생각된다. 오히려 국제관계는 국민국가 상호간의 자연상태이며, 국제법의 실태는 조약의 체결과 파기라는 "영원한 기만"[같은 곳]에 다름 아니다. 자국의 권리는 전쟁에서 구제될 수밖에 없기 때문에 평화의 가능성을 유지하고 비군사적 부문의 공격을 금지하는 것이 국제법에서는 당위로 된다. 국제법이 해소될 때 각각의 국민의 습속이 국제

관계에서 작용하게 된다. ⇒전쟁

【참】Saint-Pierre (1713), Rousseau (1761), Kant (1795)

―가미야마 노부히로(神山伸弘)

군인軍人 ⇨직업·신분

군주·군주제君主·君主制 [König, Königtum]

헤겔은 입헌군주제 국가를 근대 국가의 하나의 이상적 존재방식이라고 평가한다. 이 국가관에서 군주는 독특한 규정을 부여 받는다. 그런데 정치적 국가의 권력은 우선 세 개의 항으로 분할되게 되지만, 그 가운데서 군주권은 입법권, 통치권에 대해서 "최종 의지결정으로서의 주체성의 권력"[『법철학』 273절]으로 위치지어진다. 요컨대 다른 두 개의 권력이 객관성, 보편성과 관계하는 데 반해, 군주권력은 두드러지게 주관성으로 채색된 것이라는 점이 명확히 되는 것이다. 그러면 왜 헤겔의 근대 국가는 군주권력을 필요로 하는 것일까? 그의 근대 국가관에서는 그것을 구성하는 개개인의 주체성을 종횡으로 발휘시키는 (시민사회의 보편적 상호의존의 체계) 자유를 허용하면서도 그것들을 국가의 실체적 통일로 귀환시키는 계기(통치권)가 중시된다. 이 가운데 전자의 주체성은 국민 개개인에 귀속되지만, 후자의 계기는 하나의 개체에 의해서 대표되지 않으면 안 된다. 이것이 군주권인 것이다.

그런데 헤겔에서 이 군주권을 담지하는 현실의 주체는 모든 특수성(군주 개인의 특성)을 벗어난 존재이어야만 한다. 요컨대 군주는 개성으로서는 '공허'한 점에 다름 아닌 것이다. 결국 군주에게 부여되는 주체성은 구체성을 지녀서는 안 되고 추상적인 존재이어야만 한다. 그리하여 군주 세습제가 주장된다. 선거 군주제에서는 선출된 개인의 특성이 크게 의미를 지니는 데 반해, 세습제는 그러한 우연성을 벗어난다고 생각되었던 것이다. 요컨대 여기에 들어 있는 헤겔의 함의는 국가권력을 통솔하는 주체가 가장 자연의 우연성(고대 그리스에서 최종적 판단은 자연신에게 맡겨졌

다)을 벗어난 것이면서도 나아가 근대적 주체라는 형식을 지니고, 그와 동시에 객관적 제도들에 의해서 형성되는 의지를 개인의 특수성에 의해서 왜곡하지 않고 표현할 수 있는 추상성을 구하는 것에 있었다고 말할 수 있다.

1822-23년 겨울학기에 헤겔의 '군주의 지위'에 관한 설명을 전해들은 프리드리히 빌헬름 III세는 강한 불쾌감을 표명했다고 말해진다. 또한 1830년에는 슈탈(Friedrich Julius Stahl 1802-55)이 군주권의 절대불가침성을 주장하며 헤겔의 이성주의를 혹독하게 비판한다. 이들로부터 우리는 군주권을 비롯한 헤겔의 주장이 슈타인-하르덴베르크에 의한 근대적 정치개혁이 진행되고 있던 당시의 프로이센에서도 지배층으로부터는 군주권을 환골탈태시키고자 하는 것으로서 경계의 대상이었다는 것을 알 수 있다. 사실 헤겔 철학의 충실한 계승자 간스는 1840년 베를린 대학에서 추방되고 그 대신 슈탈이 그 지위를 이어받았던 것이다. ⇒권력, 통치, 시민사회, 프로이센, 슈타인-하르덴베르크의 개혁

―모리카와 고키치(森川孝吉)

궁극적 근거窮極的根據 ⇨근거

궁핍(궁박)窮乏(窮迫) [Not]

신체의 물리적인 생존 가능성의 극한상태를 가리킨다. 욕구와의 관계가 문제로 되지만, 욕구가 정신적 의미도 지니는 데 반해 궁핍은 신체적인 의미에 한정된 욕구를 가리킨다. 예를 들면 물은 "그[아브라함]와 그의 가축에게 궁핍의 욕구"[Ham 351]로 된다.

이 술어는 초기에, 특히 프랑크푸르트 시대에 유대 정신의 상태를 나타내기 위해 사용되었다. 그것이 취급되는 방법에서는 이 시대에 '생' 개념의 형성과 관련하여 그에 대해 '생명 있는 것'이 대치되는 것으로서 파악되는 단계로부터 그것이 이 개념의 하나의 계기로서 위치지어지는 단계로의 변화가 보인다. 즉 이 술어는 '생' 개념의 형성을 말하자면 이면에서 나타내고 있는 것이다. 왜냐하면 그것에 대해 '생명 있는 것'이

대치되는 한에서 '생'은 자기 바깥에 무언가를 발견할 수밖에 없게 되고, 따라서 '생'은 보편적 실체로서는 아직 파악되지 않기 때문이다. 궁핍이 앞서와 같이 신체적 의미인 것에는 변화가 없다 하더라도 "분열된 상태"[『기독교의 정신』 1. 318]로서 파악되고, 이 상태에서도 "공통의 정신"에서의 합일로의 가능성이 있게 되는 "신체적 궁핍의 전 범위는 합일된 활동의 대상일 수 있다. 이 활동 속에서 동등한 정신이 제시된다"[같은 책 1. 395]. 즉 여기서 '생'은 이 상태도 하나의 계기로 하는 것으로서 성립했던 것이다.

예나 시대에 궁핍은 어떤 개인의 자유와 다른 개인의 자유가 서로 제한한다는 의미에서 공동체와 개인의 자유가 대립되는 것과 같은 공동체에서의 지성의 지배를 가리킨다. 피히테의 자연법론과 관련하여 "공통의 지에 의한 제한이 법칙으로 높여지고 개념으로서 고정되는" 상태가 궁핍 상태로서 파악된다. 거기서는 "궁핍 상태와 생의 모든 움직임으로의 무한한 확대가 절대적 필연성(Notwendigkeit)으로 간주된다"[『차이 논문』 2. 83f.]. 후기에도 그것은 시민사회에서의 자유의 추상성을 가리킨다. "궁핍은 법과 복지의─자유의 추상적 현존재의─유한성, 따라서 우연성을 드러낸다"[『법철학』 128절 7. 241]. 이리하여 궁핍은 '생'의 통일로부터의 이반의 극한으로서, 따라서 이 통일로의 전환점으로서, 즉 필연성으로부터 자유로의 전환점으로서 위치지어지는 것이다. ⇒욕구·욕망, 생(명), 자유

【참】 Harris (1972), Jammer (1983)

―고즈 구니오(幸津國生)

권력權力 [Gewalt, Macht]

정치의 본질을 권력으로 보는 관점은 근대의 관점에 속한다고 말할 수 있다. 그리고 그것은 근대 시민사회의 성립과 무관하지 않았다. 즉 봉건적 공동체가 해체되고 거기서 추출된 분산적 개인이 서로 일정한 질서하에 살아가게 되었을 때 거기서의 정치 세계는 무엇보다도 권력으로서 나타날 수밖에 없었던 것이다. 이런 점에서 상징적인 것이 마키아벨리였지만, 홉스에서도 국가는 "만인에 대한 만인의 전쟁" 상태로서의 자연상

태로부터 각인의 각인과의 계약을 통해서 설립되는 것이며, 부정에 대한 처벌의 공포를 통해 정치사회에 일정한 질서를 보장하는 것이었다. 그리고 로크에서도 정치권력이란 "사형 및 그 이하의 모든 형벌을 동반하는 법을 만들어 집행하는 권리"를 의미했다.

이와 같이 생각할 때 헤겔의 시민사회론이 홉스로크적인 정치이론과 밀접한 관계를 지니고 있다는 점은 명확할 것이다. 즉 헤겔에게 있어 시민사회는 '욕구의 체계(das System der Bedürfnisse)'였던 것이다. 거기서 각 사람은 '욕구 덩어리'로서 있으며, 자기의 욕구를 채우기 위해 노동을 행하고 그 결과를 자산으로 소유한다. 그러나 시민사회에서는 그와 같은 노동생산물의 교환을 통해 일정한 상호의존관계가 성립해 있으며, 그리하여 각 사람의 욕구는 오히려 타인의 노동을 통해 채워지고 각 사람의 노동 역시 타인의 욕구를 채우는 것으로서 존재한다. 그럼에도 불구하고 시민사회가 바로 '욕구의 체계'로서 존재하며, 각 사람은 자기의 욕구를 제1의적인 것으로서 생각하는 특수적 인격으로서 있는 한, 시민사회는 기본적으로 분열과 대립, 상극의 세계로서 나타날 수밖에 없다. 그리하여 그와 같은 분열을 저지하고 일정한 질서를 보장하기 위해 국가권력이 요청되는 것이지만, 그 국가는 헤겔이 말하는 외적 국가(der äußere Staat), 강제국가(der Notstaat), 지성국가(der Verstandesstaat)에 다름 아니다. 그것은 홉스와 로크에서와 마찬가지로 개인에게 외적인 물리적 강제력의 체계로서 나타날 수밖에 없다.

그러나 헤겔은 그와 같은 시민사회상에 만족할 수 없었다. 오히려 헤겔의 국가론은 그와 같은 대립과 상극에서 "무절제와 빈곤 그리고 그 둘 모두에게 공통된 육체적이고 인륜적인 퇴폐의 광경을 드러내는"[『법철학』 185절] 시민사회를 극복하기 위한 것이며, 거기서 나타나는 것이 바로 "인륜적 이념의 현실성"[같은 책 257절]으로서의 국가에 다름 아니다. 그리하여 국가는 "그 보편성으로까지 고양된 특수적 자기의식 속에서 그것이 지니는, 실체적 의지의 현실성으로서의 즉자대자적으로 이성적인 것"[같은 책 258절]으로서 존재한다. 거기서 국가는 이미 개인에 대립하는 외적 보편으로서 존재하는 것이 아니다. 특수적인 것과 보

편적인 것의 상호삼투 위에서 성립하는 구체적 보편, 인륜적 공동체로서 존재하는 것이다. 그런 의미에서 확실히 헤겔은 시민사회의 성립과 더불어 해방된 개인의 주관성과 특수성을 매개로 하면서 폴리스적 공동체를 회복하고자 했다고도 말할 수 있다. 국가는 이미 사적이면서 공적인 것으로서 존재하는 개인의 내적 의지에 의해 떠받쳐진 것으로서 있는바, 국가의 본질을 이루는 것은 이미 물리적 강제력이 아니다.

그런데 헤겔에 따르면 이와 같은 국가의 이념을 지탱하는 것 가운데 하나는 애국심이라는 정치적 마음가짐(politische Gesinnung)이며, 또 하나는 국가의 유기조직, 즉 국가체제(Verfassung)이다. 이 가운데 국가체제는 입법권, 통치권, 군주권이라는 세 개의 것으로 구성된다. 언뜻 보아 이것은 근대적인 권력분립을 표현하고 있는 것처럼 볼 수 있지만 반드시 그렇지는 않다. 이른바 사법권(그것은 내용적으로는 오히려 시민사회론 부분에서 논해지고 있다)이 통치권 안에 포함되어 있는 것은 별도로 한다 하더라도, 이 세 개의 권력들 가운데서 군주권이 최고에 위치하고 더욱이 그 군주제는 입헌적이긴 하지만 동시에 세습적이다. 상하 양원으로 이루어지는 의회에서 하원은 선거에 의하지만 상원은 세습적이고, 입법권에 참가하는 것은 이러한 의회와 통치권의 주체로서의 정부(그것 자체가 군주에 집중된 집권형의 조직구조를 나타낸다) 그리고 군주이지만, 이 가운데서 최고 결정권은 군주에게 놓여 있다. 이런 의미에서 헤겔의 국가론을 단순히 근대의 입헌주의적인 자유주의의 연장선상에서 파악할 수 없을 것이다. 헤겔에게 있어서는 정치권력이 특수적 이익이 날뛰게 되는 시민사회적 분열을 지양하는 것이야말로 문제였던 것이며, 위로부터의 지도와 아래로부터의 의지의 흡수가 훌륭하게 조화되고 바로 보편과 특수가 상호침투하면서 모두가 유기적 연관 가운데 존재하는 국가의 조직과 권력의 존재방식이 문제로 되었던 것이다. ⇒국가, 시민사회, 마키아벨리, 홉스, 로크.

【참】 Pelczynski (1971, 1984), 藤原保信 (1982)
―후지와라 야스노부(藤原保信)

권리權利 ⇨**법**

권리장전權利章典 ⇨**영국**

귀납歸納 [Induktion]

귀납에 대해서는『논리의 학』및『엔치클로페디(제3판) 논리학』의 '개념론', '반성의 추론'에서 명확한 의의 부여가 행해지고 있다. 즉 '반성의 추론'의 1. '전칭적 추론'(연역적 추론)은 대전제가 결론으로 되어 있는 것을 전제한다는 의미에서, 2. '귀납적 추론'에 입각하고, 나아가 '귀납추론'도 '완전매거'가 있을 수 없다는 의미에서, 3. '유비적 추론'(유비추리)에 입각하는 것에서 그 결함을 보완하는 것이다. 헤겔의 이러한 통찰은 J. S. 밀의 논리학을 연상시켜서 새로운 '개연적 추론'의 가능성을 시사하기에 충분하지만, 여러 종류의 '오류적 추론'(오류추리)의 형식에 대한 음미에까지는 이르고 있지 않다.

"귀납법은 오히려 아직 본질적으로는 주관적 추론이다. 매사는 각자의 직접성으로서 존재하는 개별이며, 총체성에 의한 이 개별들의 유로의 종합은 외적 반성이다. 각각의 개별이 끝까지 직접성을 잃지 않고 보존되어 있다는 것, 그리고 그에 기초한 외면성으로 인해 보편성은 완전성 이상으로 나오지 않고 오히려 어디까지나 하나의 과제로 남는다.―따라서 이러한 보편성이라는 점에서 여기서 다시 악무한으로의 누진이 나타난다. 개별성은 보편성과 동일한 것으로 정립되어야(sollen) 하지만, 그러나 개별은 아무래도 직접적 개별로서 정립되어 있기 때문에, 그 통일은 여전히 영구적인 당위(Sollen)에 지나지 않는다. 즉 그 통일은 동등성의 통일이다. 양항[보편과 개별]은 동일한 것이어야(sollen) 하지만, 동시에 또한 동일한 것이어서는 안 된다(sollen). a, b, c, d, e는 무한누진의 형태에서만 유를 구성하며, 완전한 경험을 형성하는 데 지나지 않는다. 귀납법의 결론은 그런 한에서 어디까지나 개연적이다"『논리의 학』6. 385-6]. ⇒연역, 추론(추리).

【참】 Düsing (1984), 山口祐弘 (1988)

<도표> 귀납과 삼단논법

대전제	모든 인간은 죽는다.	M→P
소전제	소크라테스는 인간이다.	S→M
결론	그러므로 소크라테스는 죽는다.	S→P

귀납(가언판단·정의)

P
M
S

S → M → P
개별 　 특수 　 보편

M은 P에게 개별적
M은 S에게 보편적

—오사카다 히데유키(小坂田英之)

귀족정貴族政 ⇨ **정체**

귀환歸還 ⇨ **반성**

규정·규정성規定·規定性 [Bestimmung, Bestimmtheit]

'규정성' 범주는 『논리의 학』 제1권 '존재론', 제1편 '질'론 전체의 과제이자, 특히 제2장 '현존재'에서 상세하게 전개되고 있다. 현존재의 '대타존재'와 '즉자존재'를 양계기로 하는 '자기 내 반성'에서 성립하는 '현존재하는 것(Daseiendes)', 즉 '어떤 것(Etwas)' 자신의 존재방식이 '규정성'이다. 어떤 것이 규정성을 지니는 것은 그것 자신의 비존재의 계기, 타자존재의 현존재에 의해서이다. 어떤 것이 대타존재의 계기를 지닌

다는 것은 타자존재가 어떤 것으로 해소되어버린다는 것을 의미하는 것이 아니다. 그것은 분명한 타자의 현존을 의미한다. 타자는 어떤 것 밖에 존재하고 있다. 이 외적인 타자에 대해 어떤 것은 즉자존재의 계기로 인해 무관심하다. 그러나 어떤 것의 타자에 대한 무관심한 관계는 타자와의 상호적인 비존재에 의해서 결정되고 있다. "타자는 어떤 것 속에서 끝나며, 어떤 것은 이 타자의 비존재이다"[『논리의 학(제1판)』 GW 11. 67-8]. 이와 같이 어떤 것의 타자는 그것 자신의 비존재로서 어떤 것의 경계를 형성한다. "어떤 것은 한계를 갖는다"[같은 책 GW 11. 68]. 한계는 어떤 것의 경계이다. 어떤 것은 한계에 의해서 타자를 지시하지만, 이 지시하는 한계는 어떤 것 자신 안에 근거를 지니고 있다. 한계는 어떤 것이 무엇인지를 지시하고 있다. 한계는 어떤 것의 본질이다. 어떤 것이 어떤 것으로서 있는 것은 어떤 것의 한계에 의해서이며, 또한 타자가 타자인 것도 바로 이 동일한 한계에 의해서이다. 한계는 어떤 것의 비존재, 즉 타자를 지시하지만, 동시에 타자의 비존재, 즉 어떤 것 자신을 지시한다. 따라서 한계에 의해서 어떤 것이 어떤 것으로서 나타나고, 또한 타자가 타자로서 나타난다. "어떤 것은 그것 자신의 한계 속에서만 그것이 그것인 바의 것이다"[같은 책 GW 11. 69]. 이리하여 어떤 것의 경계, 즉 비존재와의 관계를 나타내는 한계가 어떤 것의 고유한 존재, 즉 자기 내 존재로서 적극적인 의의를 지니게 될 때 그것이 '규정성'이다. "규정성은 즉자존재적인 규정성으로서의 규정(Bestimmung)과 대타존재적인 규정성으로서의 성질(Beschaffenheit)로 구별된다"[같은 책 GW 11. 71]. 어떤 것 자신의 즉자존재의 계기가 규정이며, 대타존재의 계기가 성질이다. 규정과 성질의 정립에 의해서 어떤 것 자신이 자기에 대해서 있는 존재방식과 타자에 대해서 있는 존재방식이 나타난다. 어떤 것 자신 안에 자기와 타자가 지양된 것으로서 정립되어 있다. 따라서 어떤 것의 본질은 자기와 타자의 통일이다. 어떤 것은 성질에서 변화하며 규정에서 변화하지 않는다. 어떤 것은 자기 자신의 부동의 규정(사명)에 의해서 한계에 맞서 한계를 넘어서고자 한다. 이때 한계는 '제한'이다. 또한 다른 한편으로 제한을 돌파하

고자 하는 어떤 것 내부의 원동력은 '당위'이다. 당위는 제한이 부정된 존재방식을 지시하며, 제한도 당위가 지시하는 존재방식을 부정한다. "규정성은 부정 일반이다. 그러나 이것을 좀더 엄밀하게 말하면 부정은 제한과 당위라는 이중의 계기이다"[같은 책 **GW 11**. 67]. ⇒대타존재, 한계, 현존재

【참】 Werder (1841), Radamaker (1979), Lakebrink (1979/1985)

―오사카다 히데유키(小坂田英之)

그노시스 [Gnosis]

철학사에서, 또는 기독교의 교리사에서 그노시스주의(Gnostizismus)라고 불린 학설(특히 기원 2~3세기에 유력했다)은 그노시스(γνῶσις)라는 개념에 의해서 오로지 인식론적인 의미에서의 '인식'을 이해하는 것이 아니라, 오히려 신을 명상하는 것에 의해서나 세계와 인간을 신으로부터의 유출에서 사변적으로 관조하는 것에 의해서 현세적인 제한들을 넘어서는 실천적인 종교적 해탈을 지향하고 있었다. 그럼에도 불구하고 헤겔이 주목하는 것은 이 학파의 사상이 그에 입각하여 전개되는 바의 사변적 구조이다. 그는 『철학사』에서 [19. 428ff.] 이 학파에 대해 신플라톤학파(헤겔에 따르면 이것은 그리스 철학에서 그 제3단계를 긋는 입장이다)의 선구라는 평가를 부여한다. 그리고 이 학파의 사상이 대체로 (1) 시원(인식할 수 없고 명명할 수 없는 순수하게 추상적인 하나, 절대적 심연, 창조 이전의 가능태 등등)으로부터 (2) 유출 또는 계시(즉 정신(누스), 로고스, 영원체(아이온) 등으로의 분해, 한정)를 거쳐 (3) 영혼의 정화에 의해 시원으로 귀환하는 식으로 전개된다는 것을 제시하고, 그러한 운동의 전체 가운데서 즉자대자적인 존재를 구체자로서 파악하고자 하는 이성의 깊은 요구를 읽어내는 것이다. 헤겔의 이러한 접근방식 내지 견해는 그의 철학의 전체적 구조 및 기독교 신학과의 관계를 고찰하는 경우에 특히 염두에 두어야만 한다. ⇒신플라톤학파

【참】 Vorländer (1927), Colpe (1958: RGG, Bd. 2. 1648ff.)

―사카이 오사무(酒井 修)

'그런 한에서' ⇨지각

그렇다 ⇨화해

그렌 [Friedrich Albrecht (Albert) Carl Gren 1760. 5. 1.–98. 11. 26]

독일의 화학자이자 물리학자. 처음에는 약제사, 1786년 의학박사, 87년 철학박사, 88년부터 할레 대학 의학부의 물리학·화학 교수. 화학, 약리학 강의를 하는 한편, 『전체 화학 체계 편람(Systematisches Handbuch der gesammten Chemie. 3 Bde., 1787-90)』 등 많은 교과서를 집필했다. 또한 90년에 『물리학지(Journal der Physik)』, 후에 『물리학연보(Annalen der Physik)』를 창간, 편집하고, 독일의 유수한 과학지로 발전시켰다. 이론적으로는 플로기스톤설의 지지자로서, 독일에서의 라부아지에파와 격렬하게 논쟁했지만, 만년에는 라부아지에설과 그다지 다르지 않는 절충 플로기스톤설을 받아들였다. 또한 칸트의 '역동적 체계'에도 호의를 표시하고 독일의 화학·물리학계에 대한 그것의 침투를 도왔다. 그의 교과서는 널리 보급되었는데, 그 중에서도 『자연설 강요(Grundriß der Naturlehre, 1788)』는 헤겔도 자주 당대의 기계적·화학적 통설로서 이용하며 또한 비판을 가하고 있다.

―기타자와 쓰네토(北澤恒人)

그로티우스 [Hugo Grotius 1583. 4. 10-1645. 8. 28]

네덜란드의 법학자. 델프트의 명문 출신. 11세에 라이덴 대학에 입학하여 14세에 졸업했다. <근대 자연법학의 아버지>, <국제법의 시조>라고 말해진다. 주저는 『전쟁과 평화의 법』(1625). 헤겔은 『철학사』의 제3부 '근대 철학' 제2편 '사유하는 지성의 시대' 제1장 '형이상학의 시대'에서 그로티우스를 로크와 홉스 사이에서 간단히 논하고 있다. 그로티우스는 전시와 평시의 국민들의 다양한 상호관계에 대해 경험적인 수집·편찬·추론을 행했다. 증명과 연역은 불충분하긴 하지만, 그는 이리하여 대상 자체 속에 근거를 지니는 보편

적인 원칙, 이론을 세웠던 것이고, 이것은 "대외법[국제법]의 철학(Philosophie des äußeren Staatsrechts)"이라고 불릴 수 있다[20. 224f.;『엔치클로페디(제3판) 논리학』 7절]. 다만 그의 교설에는 홉스와 마찬가지로 "사변적인 것, 본래적으로 철학적인 것"이 결여되어 있다는 것, 또한 그는 푸펜도르프(Samuel Pufendorf 1632-94)와 마찬가지로 국가의 원리를 인간의 본능과 사회충동에서 구했다는 것이 함께 지적되고 있다[20. 226, 230].

─다카야나기 료지(高柳良治)

그리스 [Griechen]

헤겔의 그리스에 대한 관심은 그 김나지움 시대부터 사상편력의 끝에 이르기까지 헤겔 사상의 핵심을 관통하고 있는데, 그것은 단지 좁은 의미의 철학이론만이 아니라 폭넓게 정치, 종교, 문화 등 전 영역에 걸쳐 있었다. 그러나 그의 그리스관은 반드시 한 가지 모습인 것이 아니라 그의 사상형성 과정에서 다양하게 변화한다. 그 변화과정은 요컨대 헤겔의 사상발전의 궤적을 보여준다고 할 수 있다. 청년 헤겔에게 그리스는 무엇보다 우선 동경의 대상이었다. 그 동경이 최초로 사상으로서 결실된『민중종교와 기독교』(1792/3-4)는 17세기 이래의 '고대 근대 논쟁'을 이어 받은 가르베, 특히 헤르더의 영향하에 그리스(고대)를 모범으로 한 기독교(근대) 또는 계몽적 지성에 대한 비판을 통해 그리스적인 민중종교의 부흥을 구상했던 것이다. 그것은 "모든 면에서 인간의 힘과 서로 뒤얽혀 가장 심오한 곳에서 가장 자주적인 노력에도 반영되어 있는 영혼의 습관"[『기독교의 실정성』 1. 203]으로서 그리스 인들 속에 "확고하게 뿌리를 내리고 있었던 종교"[같은 곳]이다. 그러나 동시에 헤겔은 이미『기독교의 실정성』(1795)에서 이와 같은 "자유로운 민중"을 위한 종교를 회복하는 것은 이미 불가능하다는 인식에 도달한다. "그리스와 로마의 종교는 오직 자유로운 민중을 위한 종교일 뿐이었다"[같은 책 1. 204]. 그리고 귀족계급의 발생과 더불어 부의 불평등이 일어나고, 자유로운 민중의 영혼 속에서 자신이 그것을 위해 살고 그것을 위해 죽어도 좋다고 생각하는 국가상이 사라져버리며,

국민의 모든 목적, 모든 활동이 오로지 개인적인 사항으로만 향하고, 하나의 전체, 하나의 이념에 대한 관계를 잃어버리는 것과 더불어, 민족이 자유를 상실하고 나아가 자유로운 민중을 위한 종교도 그 의미와 힘, 타당성을 잃고 기독교의 침입이라는 "경탄할 만한 혁명"[같은 곳]을 초래하게 된다. 이러한 인식은 헤겔의 역사적인 것에 대한 인식을 획기적으로 심화시키는 것으로 되었다. 헤겔은『자연법 논문』,『인륜의 체계』무렵까지는 그리스의 인륜적 세계의 붕괴를 한탄하고 있었지만, 「예나 정신철학」(1805-06)에 이르면 그 붕괴가 역사적 필연이자 좀더 고차적인 원리의 도래를 알리는 사태로서 받아들인다. 헤겔에 따르면 "보편과 개별의 직접적 통일"[『예나 체계 III』 GW 8. 263]인 그리스의 아름다운 행복한 인륜의 나라는 "절대적 개별성의 원리"를 결여하고 있다. 이 원리야말로 "고대의 사람들이 그리고 플라톤이 알지 못했던 근대의 좀더 고차적인 원리이다"[같은 곳].

『정신현상학』에서는 이미 그리스의 폴리스가 이상향이 아니며, 그 아름다운 인륜도 "자연의 무의식적인 휴식이면서 정신의 맹목적인 휴식 아닌 휴식"[『정신현상학』 3. 354]이라는 중간적인 것인 까닭에 모순과 파멸의 맹아를 포함하는 것이자 필연적으로 몰락할 수밖에 없는 것이다. 헤겔은 '안티고네'가 결연히 국법을 어기고 개별성(가족, 여성)을 선택했을 때 아름다운 폴리스는 붕괴하고 비극은 희극이 되며 로마의 법적 상태가 임박했음을 예감했다.『역사철학』,『철학사』에 이르면 그것이 좀더 분명하게 보인다. 그리스 인은 밖에서 온 것에 그리스 고유의 자유와 미, 정신을 주입함으로써 완전히 다른 것을 만들어냈지만, 헤겔은 그러한 그리스 정신을 "미의 중간(Mitte der Schönheit)"[『철학사』 18. 176]이라고 특징지었다. 그것은 정신이 자연 가운데 몰입하여 자연과의 실체적 통일 속에 있는 동양의 입장과 순수한 자기 확실성으로서 무한한 주관성의 입장인 서양 근대의 중간에 위치하는 것이다. 그리스 인은 자연으로부터 출발하지만, 동양에서처럼 자연에 몰입하는 것이 아니라 자연을 정신에 의해서 세워진 존재로 한다. 그런 한에서 정신이 첫 번째 것이고 자연은 그것의 표현이지만, 그 정신은 아직 자연적

인 것으로부터 자유롭지 않고 제약된 것이다. 그들이 일이 있을 때 찾아가 행동의 지침으로 삼은 델포이의 신탁도 신전에서의 무녀들의 영감에 가득 찬 춤을 만티스(해석자)가 의미 부여한 것이었다(그리스 인은 언제나 자연적인 것의 해석과 해명을 구했다). 그러한 그리스의 "아름다운 개성"[『역사철학』 12. 293]에서는 인륜적인 것이 그대로 개인의 감각, 존재, 의욕으로 되고 있었다. 그것의 타락과 붕괴는 도덕성, 자기 자신의 반성, 내면성이라는 주관성의 요소가 표면에 나타남으로써 시작된다. 그것에 손을 빌려준 것이 소피스트이자 소크라테스였다. 특히 스스로의 다이몬의 목소리를 따를 것을 권고한 소크라테스는 아테네의 국가에게는 큰 죄인이었던 것이다. 그것을 로마 제국에 넘겨주는 역할을 수행한 것은 알렉산더 대왕이었다. ⇒소피스트, 소크라테스, 플라톤, 『안티고네』, 호메로스, 알렉산더 대왕

—다케다 죠지로(武田趙二郞)

그리스 비극—悲劇 [griechische Tragödie, antike Tragödie]

그리스 비극은 디오니소스 제례에서 야외의 극장에서 실연되는 가면극이었다. 등장인물은 대체로 탁월한 능력을 지닌 영웅들로서 그들이 각기 사회적인 사명을 짊어지고 서로 충돌하며, 대개는 비참한 결말을 지니고서 끝나는 연극이었다. 또한 개개의 등장인물 외에 코러스(합창단)가 등장하여 상황을 설명하거나 전개를 암시하고 또는 관객의 생각을 대변하는 것이 커다란 특색이었다. 대표적인 비극작가로 아이스킬로스, 소포클레스, 에우리피데스가 있다. 그들은 모두 기원전 5세기에 활약한 작가로서 때마침 그리스의 폴리스가 문화적으로 가장 성숙한 시기였다.

헤겔은 청년기부터 고대 그리스에 대해 강한 동경을 품고 있었지만, 헤겔을 끊임없이 끌어당긴 문예가 호메로스의 2대 서사시와 그리스 비극이었다. 고대 그리스 세계가 정신적인 것과 물질적인 것, 공동체적인 것과 개인적인 것, 외적인 것과 내적인 것의 아름다운 융합으로 이루어진다는 헤겔의 역사관은 고대의 서사시와 비극에 친숙한 것으로부터 자연스럽게 시작되었던 것이었다.

3대 비극시인 가운데 헤겔은 특히 소포클레스를 높이 평가했다. 『정신현상학』의 '제6장. A. 참다운 정신. 인륜'은 오로지 소포클레스의 『오이디푸스 왕』과 『안티고네』의 분석을 통해서 그리스에서의 법과 정의와 운명의 모습을 분명히 하는 것이었으며, 『역사철학』과 『미학』에서도 소포클레스의 이 두 작품은 자주 인용된다. 헤겔의 생각에 소포클레스가 표현한 오이디푸스와 안티고네는 폴리스가 요구하는 법과 정의를 몸에 체현하여 과감하게 행동하며 공동체의 모순을 자기 운명의 비극으로서 살아간 가장 그리스적인 영웅이었다.

고대 그리스에서 이와 같은 뛰어난 비극작품이 산출된 것은 당연히 시인들의 역량 때문이지만, 그 시대가 다수의 정치적이고 사회적인 큰 인물이 활약하는 이른바 영웅시대인 것이 큰 이유였다. 앞의 오이디푸스와 안티고네만이 아니라 아이스킬로스의 비극에 등장하는 아가멤논과 카산드라 그리고 오레스테스와 프로메테우스 등도 폴리스의 명운을 상징하는 공동체적 영웅이며, 디오니소스 제례에 모인 그리스 시민들은 이 영웅들이 펼치는 비극을 자신들의 폴리스의 비극으로서 깊은 공감을 가지고 바라볼 수 있었다.

폴리스의 몰락과 함께 영웅시대는 종말을 고한다. 이후 나타나는 근대의 비극을 헤겔[『미학』]은 공동체와의 접점이 현저하게 제한된 개인적이고 주관적인 비극으로 파악했다. ⇒영웅(시대), 『안티고네』

【참】 Lattimore (1958), Lucas (1960), 吳茂一他 (1960), 山內登美雄 (1969)

—하세가와 히로시(長谷川宏)

그리스도 ⇨예수

극성極性 [Polarität]

극성은 당시 자연철학의 기본용어로서, 단순한 대립을 의미하는 것이 아니라 합일에서 나타나는 대립, 대립과 통일의 상호전제, 하나이자 동일한 전체의 통

일에서의 대립을 의미한다. 당시의 자연철학에서 극성은 이원론, 이원성과 구별되고 있으며, 단적으로 전자기성이 그 원리를 나타내게 된다. 그러나 더 나아가 이 개념은 리터, 괴레스, 오켄 등의 연구에 의해서 전자기학적인 분야의 원리로 될 뿐만 아니라 유기체론의 분야에서도 원리로 되어, 구체적인 개별적 현상 안에서까지 이와 같은 현상이 탐구되고, 자성현상, 전기적 현상 또는 식물의 경우에는 뿌리와 줄기, 상엽과 하엽 등까지 이것의 예로 되었다. 오켄은 "식물적인 기능들"과 "동물적 생명 일반의 기능들" 내에서 이 원리가 증시될 수 있으며, 또한 식물과 동물의 영역이 분극적인 분열에 있고, 나아가 양 영역에서의 분극적인 현상이 대응한다고 하였다. 극성을 원리로 삼은 사람으로는 나아가 셸링이 있지만, 헤겔 역시 "이 개념은 그의 형이상학에서의 커다란 진보이다. 왜냐하면 극성이라는 사상은 하나의 정립과 함께 다른 것도 정립되는 한에서 각각 하나인 두 개의 서로 다른 것의 필연성의 관계를 규정했던 것에 다름 아니기 때문"[『엔치클로페디(제3판) 자연철학』 248절 「보론」]이라고 평가한다. 그는 이 개념에 관해 빛, 전기, 자기 등의 현상을 언급하며, 그 개념적인 애매함을 지적하고, 자연의 보편적인 원리로서는 부정적이다. 예를 들면 "빛의 극성이라는 조잡한 표상"[같은 책 278절]이라고 말해지고 있으며, 자기에 관해서는 자석이 극성을 보이는 것을 승인하면서 "하나의 개념 형식[극성]을……규정성 내에 보편적으로 존재하는 것처럼 자연 안에 현존한다는 것을 보이고자 하는 것은 비철학적인 사상일 것이다"[같은 책 312절]라고 말하며 극성을 셸링, 오켄 등처럼 자연의 보편적 원리로서 이해하는 것에 반대하고, 하나의 현상형태, 즉 통일과 대립의 계기들의 관계를 나타내는 현상이라고 생각한다.

【참】 Schneider (1968), Hoppe (1967), 長島 隆 (1989a)

―나가시마 다카시(長島 隆)

근거 根據 [Grund]

헤겔은 '근거'에 관한 고찰을 『논리의 학』 '본질론'의 '근거' 장에서 상세하게 전개하고 있는데, 거기서

기본이 되는 논점은 일반적으로 '근거'에 의해서 설명되는 것=근거지어진 것과 '근거' 그 자신과의 사이에서 성립하는 관계('근거관계')는 그가 말하는 의미에서의 '반성(Reflexion)' 관계의 한 사례라는 것이다.

즉 헤겔에 따르면 '근거'와 '근거지어진 것'은 (1) 서로 대립하면서도 (2) 그럼에도 불구하고 양자 모두 타자를 전제로 하는 데서 비로소 존립할 수 있으며, (3) 나아가 오히려 각각은 자기 자신 안에 타자를 갖추고 있고, 그것 자체가 서로 대립하는 양항의 '총체성'으로서 성립하고 있다. "근거지어진 것은…… ① 한편으로 스스로를 정립된 것[=근거지어진 것]으로 하지만, ② 동시에 근거를 정립하는 것이기도 하다. 근거 그 자신도 또한 이상과 동일한 운동이다. 즉 그것은…… 어떤 것의 근거가 되지만, 여기서 그것은 ③ 정립된 것으로서 존재하고, ④ 동시에 또한 비로소 근거로서 현존하게 된다"[『논리의 학』 6. 97]. 이와 같은 구조를 지니는 '근거관계'의 알기 쉬운 예를 들자면, 어떤 약품에 의해서 잠들게 되는 경우에 이 현상('근거지어지는 것')을 약품이 지니는 '잠들게 하는 힘'('근거')의 발현으로서 설명하는 것과 같은 경우를 들 수 있을 것이다 (이것은 물론 공허한 것이지만, 헤겔은 일반적으로 '근거'에 의한 설명은 어느 정도까지는 이러한 동어반복적인 성격을 피할 수 없다고 간주한다).

이상과 같은 고찰을 기초로 하여 구체적으로 헤겔은 '본질(essentia)'을 비롯한 전통적인 형이상학의 기본 범주들의 내용을 이와 같은 '반성' 관계로서의 '근거관계'라는 관점에서 분석함으로써 바로잡고자 하고 있다. 즉 '근거' 장의 서두에 있는 "본질은 자기 자신을 근거로서 규정한다"[같은 책 6. 80]는 한 문장에서 집약적으로 나타나는 대로 우선 그는 일반적으로 '본질'과 그것을 구현하는 대상의 '현존재(Dasein)' 사이의 관계를 '근거'와 '근거지어진 것' 간의 '반성'관계로서 파악하고 있다[같은 책 6. 97 참조]. 나아가 또한 '근거' 장―이것은 'A. 절대적 근거', 'B. 규정된 근거', 'C. 제약'의 세 절로 이루어진다―의 A에서 헤겔은 '형상(형식)―질료' '형식-내용'이라는 '본질'과 연결된 전통적 형이상학의 기본적 범주들을 다루어, 이것들에서 양항 간의 관계 역시 '반성'으로서의 '근거관계'라고

하며, 실제로 이 범주들 자체가 '근거관계'의 논리적 내용 그 자체로부터 도출되는 것으로 되는 과정을 서술하고 있다. 다른 한편 B에서는 '근거관계'의 종류가 좀더 상세하게 구별되어 ① '근거지어지는 것'과 '근거'가 공허한 동일성을 형성하는 경우로서의 '형식적 근거', ② 후자가 전자에서의 일면적이고 불충분한 '근거'일 수밖에 없는 경우로서의 '실재적 근거', ③ 나아가 이상의 두 가지 유형의 '근거'의 통일인 '완전한 근거'라는 세 가지가 구별되지만, 그 경우 예를 들면 ①의 예로서는 물리학에서 나타나는 '인력' 개념이, 또한 ②의 예로서는 법철학적인 '형벌' 개념이 각각 다루어지고 있고, 이것들 모두가 결국 위에서 살펴본 '반성' 관계를 체현하는 것으로서 고찰된다.

헤겔에 따르면 '근거관계'에서는 대립하는 양항의 각각이 타자 속에서 나타나는('가현하는(scheinen)'), 앞에서 본 것과 같은 운동이 반복될 뿐이어서, 양항의 동일성은 그것 자체로는 이 운동 속에서 실현되지 못하며, 오히려 그것은 이 운동의 피안에서, 혹은 양항의 대립 그 자체의 근저에서 그것의 좀더 기초적인 '근거'로서―'기저(Grundlage)'로서의 '본질' 그 자체로서―현전하는 데 불과하다. 이러한 의미에서 '근거관계'는 아직 유한하고 불완전한 것이며, 본래 그것은 '개념'의 입장에서 실현되는 참된 매개관계(추론적 연결)로 향하여 극복되어야만 하는 것이다. 이와 같은 점에 입각한다면, '본질'을 비롯한 형이상학적인 범주를 '근거관계'로서 해석하고자 하는 헤겔의 시도는 동시에 또한 이 범주들의 내용적인 한계를 지적하고 그것들이 그가 말하는 의미에서의 '개념'으로서 다시 파악되어야만 한다는 것을 증시하고자 하는 목적을 지니고 있다고 말할 수 있을 것이다. 철학사적으로 보면, '근거-근거지어진 것'이라는 맞짝개념은 라이프니츠 이래 볼프학파에서 중요한 역할을 담당한 '이유(ratio)-이유지어진 것(rationatum)'에 입각한 것이지만(이 관계는 세계 내부에서 시간적으로 서로 계기하는 또는 병존하는 것과 같은 사태들 사이에 성립하는 넓은 의미에서의 이유짓기의 관계[인과관계와 논리적 귀결관계]이지만, 그 경우 하나의 사태의 생기를 이유짓는 사태들의 총체가 이른바 '충분한 이유=충족근거'

로 간주된다), 그러나 '본질'과 '형상-질료'와 같은 범주의 내용을 이 관계에 의해서 설명하고자 하는 관점은 거기서는 보이지 않으며[Baumgarten 1779 참조], 이런 점에서 헤겔의 독자적인 착상을 인정할 수 있다. ⇒반성, 본질

【참】 Baumgarten (1779)

―오카모토 겐고(岡本賢吾)

근거율根據律 ⇨근거

근대近代 [Modernes, moderne/neuere/unsere Zeit/Welt, Neuzeit]

일반적 관념과 거의 마찬가지지만 헤겔에게 있어 '근대'란 종교개혁, 시민사회, 계몽과 같은 것에 의해 특징지어지는 하나의 시대・세계이다. 요컨대 그것은 종교개혁에 의해서 사상적으로, 시민사회의 성립에 의해서 사회적으로 자유롭게 된 개인들이 각자의 목적을 마땅히 자유롭게 추구하는 동시에 그것을 상호간에 (조정하면서) 권리로서 보증하기 위해 계몽하여 ("사상이 정신적 현실을 지배한다"[『역사철학』 **12.** 529]는 의미에서) 합리적으로 하나의 관계=국가를 형성・운영해가는 시대・세계이다.

초기 헤겔은 그리스 세계를 이상으로 하는 가운데 근대에 대해서 원리적으로 부정적이지만, 예나 시대(후기) 이후에는 그리스적 원리에 대해서 근대의 "주관성의 원리" 쪽이 "좀더 고차적이다"라고 한다. 그러나 여기서 헤겔의 근대에 대한 견해는 이해하는 데 어려움이 수반된다. "근대 국가의 원리는 주관성의 원리를 인격적 특수성이라는 자립적인 극한으로 완성시킨다는…… 강함과 깊이를 지닌다. 동시에 이 원리를 실체적 통일성 속으로 다시 불러들이고, 그리하여 이 원리 그 자체 속에서 실체적 통일성을 유지한다"[『법철학』 260절]. 예를 들어 한편으로는 이 구절에 입각하여 말하자면, 근대의 이데올로기의 주류는 자유주의에 있다는 것으로서 그 전반부에서 이 자유주의를 끄집어낼 수 있다. 사실 오늘날에는―예전의 전체주의자 헤겔이라는 해석 대신―헤겔의 기본입장이 자유주의

에 있으며, 따라서 근대에 대해서 긍정적이라는 해석이 유력하다. 그러나 다른 한편 후반부에서는 표현으로서는 '근대 국가'라고 말하면서도 헤겔은 전통적인 공동선 및 그것에 기초하는 '실체적 통일성'을 주장함으로써 결국 근대를 부정하고 있다고 볼 수도 있다. 실제로 최근 복권되고 있는 반자유주의적인 '공동체주의(communitarianism)'의 다수가 이와 같은 것으로서 헤겔을 평가하고 있다.

이제 자유주의를 개인주의적인 것으로 한정하게 되면, 헤겔은 분명히 반자유주의적이다. 전체주의라고는 말할 수 없지만 분명히 공동선을 주장하고 있기 때문이다. 그러나 공동선 그 자체와 개인의 자유가 반드시 모순하는 것은 아니다. 핵심은 오히려 전통에 대한 평가에 놓여 있다. 그리고 이 점에서 말하자면 헤겔은 (위에서 말한 의미에서의) 합리주의자이지 전통주의자는 아니라고 보는 쪽이 타당하다. '실체적 통일성'은 어디까지나 '주관성의 원리'에 기초하는 것이어서 그것은 분명히 합리성을 함의하기 때문이다. (관습(Sitte)의 중시도 그 참된 의미는 추상적 보편에 대한 구체성의 강조에 있는 것이지 전통성의 강조에 있는 것은 아니다.) 이와 같은 의미에서 헤겔은 기본적으로 근대 긍정주의자라고 간주해야만 할 것이다. 그러나 동시에 그 <긍정>의 의미가 문제로 된다. '주관성'은 이면에 '분열', '물화'와 같은 것을 수반하게 되는바, 단순히 긍정적이었다고 간주되지 않기 때문이다. 근대에 대한 헤겔의 견해를 적절히 이해하기 위해서는 최종적으로는 이 <긍정의 의미>로까지 파고들어 문제로 삼아야만 할 것이다. ⇒시민사회, 계몽, 자유, 하임, 반성, 그리스

【참】 Marx (1843), Weil (1950), Ritter (1957), Rohrmoser (1961), Pelczynski (1971), Riedel (1974), Habermas (1985), 安彦一惠 (1986), Kuhlmann (1986)

―아비코 가즈요시(安彦一惠)

근원根源 ⇨**근거**

근원적으로 한정된 자연根源的―限定―自然 ⇨**자연철학**

근원철학根元哲學 ⇨**크룩, 라인홀트**

근(육)조직筋(肉)組織 ⇨**유기체**

글로크너 [Hermann Glockner 1896. 7. 23-1979. 7. 11]

독일의 철학자. 헤겔 사후 100주년을 기념하여 글로크너는 1927년부터 30년에 걸쳐 전 20권의 기념판 전집을 간행했다. 다만 그것은 구 베를린판 전집의 사진판이자, 간행의 기본자세 역시 청년기의 저작과 초고가 아니라 작품이라는 형태로 주어져 있는 '헤겔 철학(Corpus philosophiae Hegelianae)'[Hegel-Lexicon Vorwort Ⅵ]을 제공할 것을 목적으로 했기 때문에 실질적으로는 구 전집과 동일하다고 말할 수 있다. 따라서 구 전집의 결함(헤겔의 사색의 발전에 대한 무관심, 그리하여 예나 시기 이전 초고의 전적인 무시)도 거의 그대로이다. 그럼에도 불구하고 새로운 전집에 덧붙여진 그 자신의 손으로 이루어진 두 권의 『헤겔』(Hegel, 2Bde. 1929-400 및 네 권으로 이루어진 『헤겔 렉시콘』(Hegel-Lexicon. 4Bde. 1935-39, 2판 2Bde. 1957)은 딜타이 이래의 헤겔 부흥의 조류 안에 있다. 이렇듯 글로크너는 자신의 연구에서 헤겔의 초고에 의거하여 헤겔 사색의 "발전과 운명"의 과정(전 2권)을 더듬는다. 그리고 프랑크푸르트 시기가 헤겔에게 있어 결정적으로 중요한 시기이자 더욱이 그리스 비극이 커다란 역할을 담당하고 있다는 데서 이 시기의 사색을 "범비극주의"(Pantragismus)라고 명명한다. 나아가 헤겔 사색의 발전을 "범비극주의"로부터 "범논리주의"로의 전향이라고 파악하면서도 사실은 비극적인 것이야말로 헤겔의 사색 전체를 꿰뚫고 있는 것이라고 보는 것이다. "비극이란 절대자가 자기와 영원히 희롱하는 것이지만, 이 비극의 철학이야말로 헤겔이 언제나 사유했던 가장 깊은 것이다. 비극이야말로 그의 범비극적 세계관의 절대적 중심점을 이룬다. 이러한 범비극적 세계관이 체계적으로 전

근원根源 ⇨**근거**

개되는 경우에 취하는 형식이 논리적이고 변증법적인 것이었다. 그렇다면 범논리주의(Panlogismus)를 헤겔 철학의 운명이라고 부르는 것도 허용될 수 있을 것이다'[Hegel. Ⅱ. 333].

【참】 Helferich (1979), 中埜 肇 (1979)

―오카자키 에이스케(岡崎英輔)

금속성金屬性 [Metallität]

금속성은 "형태화된 물체성"이다. 무형태적이고 아직 전개되지 않은 물체의 개체성이 일면적으로 전개되어 형태를 획득하면 금속성이라고 불린다. 이 경우 물체의 개체성의 근저에 있는 원소들의 부정적인 통일의 계기들이 전개되는 것이 아니라 자기 내에서 응축되는 것에 의해 성립한다. 그러므로 금속성은 수동적인 응집, 추상적인 자기동일성("유체적인 자기동등성으로서의 금속성"[『엔치클로페디(제3판) 자연철학』 280절 「보론」]이며, 구별이 정립되어 있지 않은 채 균질성과 연속성을 특징으로 한다. 따라서 "형식상 직접적인 무차별적인 물체성"[같은 책 330절]이라고 말해진다. 금속성이 색채의 원인이라고 말해지는 것은 이 금속성의 최초의 규정인 자기동일성의 추상적인 현시가 빛이고, 다른 한편으로 응축은 담화작용인바, 이 빛이 어둠을 매개로 하여 색채를 형성하기 때문이다. 또한 배타적이고 무관심한 염기라고 말해지는 것은 금속성이 구별을 정립하고 있지 않은 채 차별이 있을 뿐이기 때문이다. ⇒가벼움

―나가시마 다카시(長島 隆)

긍정肯定 ⇨ 부정

기계론機械論 ⇨ 기계적 연관

기계적 연관機械的聯關 [Mechanismus]

'기계적 연관'은 『엔치클로페디』 및 『논리의 학』에서 논리학의 제3부 '개념론' 제2장 '객관성'의 첫 머리에 위치하며, '화학적 연관' 및 '목적론'과 함께 3부 구성을 이루고 있다. '객관'은 논리학에서 '직접태'로서 말해지는 것의 하나이지만, 이것은 실은 제1장 '주관성'에서 서술되는 것과 같은 추론의 형태를 자신 속으로 포함한 매개된 '사태 그 자체(Sache selbst)'에 다름 아니다. '객관성' 장 전체의 역할은 '사태 그 자체'에서의 이러한 매개의 실상을 완전하게 해명하는 것에 놓여 있지만, 그 출발점에 해당하는 '기계적 연관'에서 '객관'은 "충족적이고 자립적인 객관이자, 그러므로 또한 그것들의 관계에서는 서로 전적으로 자립적인 것으로서 대하고 어떠한 결합에서도 외적인 데 그치는 것"[『논리의 학』 6. 409]으로서 등장한다. 객관의 이러한 존재방식과 그것들의 관계 방식이 '기계적 연관'이라는 존재방식을 취하는 대상세계의 근본규정이다. 논리학에서의 '기계적 연관'에 대한 서술은 『엔치클로페디』 '자연철학'에서의 '역학(Mechnik)'의 서술과 상당히 정확하게 대응하지만, 이러한 기계적 연관은 자연 내부에 한정되는 것이 아니라 '기계적인(mechanisch)' 것에 대한 견해에 따라 다양한 실재적 영역에서 발견된다. 예를 들면 인간이 신체와 마음이라는 두 가지 것의 결합물인 것처럼 생각된다든지 마음이 개별적인 능력의 단순한 복합물인 것처럼 생각된다든지 하는 경우, 또는 전체적 연관을 단절하여 자립하고자 하는 개체에 우연적인 모습을 지니고서 내려덮치는 '맹목적인' '운명'에서도 마찬가지의 '기계적 연관'이 발견된다. '기계적 연관'에서의 '객관'의 직접성은 그 내부에 매개를 숨기고 있는 것인 까닭에, 헤겔의 서술은 이러한 모순을 원동력으로 하여 매개의 구조를 정확하게 현재화시키는 방향에서 '객관'의 단순한 외적 관계인 '형식적 기계적 연관'으로부터 '객관' 상호간의 통일적 연관을 '기계적 연관'의 제한 내에서 보여주는 '절대적 기계적 연관'을 향해 나아간다. ⇒사태 그 자체, 화학·화학적 연관.

―마쓰모토 마사오(松本正男)

기도祈禱 [Beten]

종교의 주관성은 신에 대한 지향성으로서 신에 대한 감각, 다시 말하면 기원(bitten)이라는 식으로 언표되는데, 헤겔은 이 주관성의 기초를 루터에 따라서 '신앙'[『종교철학』 라손판 1 Bd. I. 161]이라고 명명했다. 칸트는 기도에 대해 미신적 망상(마술)이라고 말하고 있지만, 그렇다면 기도는 정신의 직접적인 활동에 의해서 효력이 있게끔 하는 것으로 되어버린다[『종교철학』 16. 280]. 그러나 헤겔에 따르면 기도는 절대적 의지로 향하며, 절대적 의지도 이러한 인간을 배려의 대상으로 한다. 나아가 기도는 실현되는 것도 실현되지 않는 것도 있을 수 있는데, 그것은 선의 목적들에 의해서 규정된다고 한다. 헤겔이 저작 전체에서 기도에 관해 말하고 있는 것은 『종교철학』의 마술 부분과, 『미학』의 회화론 부분에서 '기도는 즉자대자적으로 사랑이며, 대자적으로는 아무것도 지니지 않는 절대자에게로 마음을 높이는 것이다[15. 54]라고 말하고 있는 것뿐이다.

—이와나미 데츠오(岩波哲男)

기도企圖 ⇨의도

기독교基督敎 [Christentum, christliche Religion]

'계시종교', '절대적 종교'라고도 불린다. 헤겔 철학은 그 근저에 기독교의 각인을 지니고 있다. 첫 머리에서 "종교는 우리의 생의 가장 중요한 요건 가운데 하나이다"[1. 9]라고 말하고 있는 청년 시대 초기의 『민중종교와 기독교』 이래 헤겔은 언제나 그리고 반복하여 기독교의 이해를 가장 중요한 과제로서 받아들여 논의한다. "신을 개념적으로 이해할 수 없다면 도대체 개념적으로 이해할 만한 것으로 달리 무엇이 있겠는가"[16. 44]라는 『종교철학』의 사상은 헤겔 철학 전체의 기본적 동기를 단적으로 표현하고 있다. 요컨대 기독교에 대한 이해가 이 철학의 근간을 이루고 있는 것이다. 그러나 그것이 지닌 기독교적 성격의 알맹이에 대해서는 다양하게 논의되어 왔다. 헤겔 우파와 헤겔 좌파의 분열 원인도 이 점에서 출발한다.

Ⅰ. 기독교와 철학—계시·진리·화해. 헤겔은 자기의 기독교 이해를 주제로 하여 논한 『종교철학』에서 기독교와 철학의 관계에 대해서 상술하고 있다. 그에 따르면 양자는 "영원한 진리, 신 및 신의 전개"를 대상으로 하는 까닭에 기본적으로 공통의 목적과 내용을 지니며, 상보적인 관계에 있다. "철학은 진리를 인식한다는, 요컨대 신을 인식한다는 목적을 지닌다. 왜냐하면 신은 절대적인 진리이기 때문이다. …… 종교는 철학 속에서 사유하는 의식에 기초한 스스로에 대한 정당화를 지닌다. 사유가 구체적인 것과 대립하기 시작하는 한에서 사유의 과정은 화해에 도달하기까지 이 대립을 관철한다. 이 화해가 철학이다. 그런 한에서 철학은 신학이다. 철학은 신의, 자기 자신 및 자연과의 화해를 서술한다"[17. 341f.; 16. 28 참조]. '진리'의 인식을 목적으로 하여 그것을 모든 대립의 최고의 종합=화해'에서 획득하는 것을 지향하는 철학과, 신의 '계시'에 기초한 신앙에서 이 진리를 영원한 것으로서 이미 확신하고 있는 기독교는 계시·진리·화해라는 이 세 가지 점에서 하나로 결합한다[『종교철학』 초고 GW 17. 207ff.]. 차안과 피안의 중보자인 신-인간인 예수 그리스도가 '정신'을 매개로 한 신과 인간의 '공동성'[『종교철학』 17. 480]의 증거로 간주되기 때문이다.

Ⅱ. 청년 시대의 기독교 연구. 튀빙겐 시대 이래로 청년 시대의 헤겔의 관심은 오로지 기독교 연구로 향하고 있었다. 그러나 그것은 특수한 신학적 관심에 기초하는 것이 아니라 오히려 계몽의 이성을 원리로 하여 근대세계의 이해를 지향하며, 폭넓은 관점하에서의 인간탐구라는 의미를 지닌다. "신의 인식은 그 본성에서 보아 죽은 것일 수 없고 인간의 도덕적 본성 속에, 요컨대 실천적 요구 속에 그 기원을 지니고 있다"[『민중종교와 기독교』 1. 70f.]. 이러한 문제의식으로 인해 <기독교의 실정성> 비판이 획득되며, 도덕성, 사랑, 아름다움, 생이라는 중요한 개념이 형성되었던 것이다. "인간의 생에 참가하는 어떠한 귀로가 발견될 것인지 스스로 묻고 있다"[『서간집』(제1권) 59f.]는 1800년 말의 술회는 헤겔 철학의 기본적 동기를 상징적으로 표현하고 있다.

Ⅲ. 기독교의 근대성—주관성의 원리. 헤겔 철학에서 기독교의 의의는 주관성과 자유라는 두 가지 근대적

개념의 역사적 이해에서 선명해진다. 신을 정신으로서 인식할 것을 주장하고[『엔치클로페디(제3판) 정신철학』384절, 같은 절 「보론」 **10**. 29f. 참조], "신의 나라"를 "정신에 있어서의 고향", "주관성의 가향(家鄉)"[『종교철학』초고 **GW 17**. 256f.;『종교철학』주어캄프 판 **17**. 280 참조]으로 보는 "절대적 자유의 종교"[『엔치클로페디(제3판) 논리학』163절 「보론」]=기독교의 등장은 헤겔에 따르면 전적으로 새로운 역사적 전환의 준비였다. 즉 기독교가 설파하는 "신 앞에서의 만인의 자유"란 "인간은 본성적으로 자유"라는 인간 정신의 자립성의 원리에 다름 아니고[『철학사』 **18**. 68f.], "인식작용 그 자체의 원리"인 자유로운 주관성이라는 "본질적 목적"이 기독교에서 "개별자의 구제"[『종교철학』 **16**. 26]로서 실현되기 때문이다.

Ⅳ. 기독교와 국가─종교개혁과 계몽. 기독교와 두 가지 근대적 개념의 연관이 지닌 역사적 필연성을 헤겔은 종교개혁이 지향하는 <신앙하는 주체의 자립성>[『역사철학』 **12**. 496]과 계몽이 주장하는 이성적 자율성의 동일성을 체현한 루터[같은 책 **12**. 523f.]에서 보고 있다. 국가와 종교, 이성과 신앙이 권위에 의해서 분리·대립되어 있는 시대상황은 자유 내지 주관성의 원리와 기독교를 참되게 결합시킴으로써만 극복 가능해진다[특히 『법철학』270절 참조]. 이것이 현실에서 참된 의미에서의 화해이다. 그러므로 이러한 이해에서 이 철학이 근거를 지향하는 <근원의 철학>임과 동시에 근대세계의 질곡에서 인간을 해방하고자 하는 <해방의 철학>이라는 것이 분명해지는 것이다. ⇒종교, 예수, 루터

【참】 Henrich (1967), Theunissen (1970), Gadamer (1976), Pannenberg (1978), Jaeschke (1983)

─자코타 유타카(座小田豊)

기본 [Edward Gibbon 1737. 5. 8–94. 1. 16]

영국의 철학적인 역사가 기본은 병약한 가운데 성장하여 1761년 처녀작 『문학연구론』을 불어로 공간했다. 63년부터 2년간의 예정으로 프랑스와 이탈리아를 두루 돌아다니다가 64년 카피톨의 폐허에서 '로마 쇠망

사' 연구를 떠올리게 되었다. 그 후 하원의원으로 일하면서도 76년 『로마제국 쇠망사(*The History of the Decline and Fall of the Roman Empire*)』제1권을 간행. 83년까지 전6권을 상재했다. (이미 베른 시대에 투키디데스와 몽테스키외에 더하여 기본을 연구하고 있던) 헤겔은 로마 공화제가 붕괴하여 귀족과 평민의 구별이 없어지고, 양자가 혼합되는 가운데 전자가 폐지되고 후자가 유일한 민중으로 되는 모습에 대해서 기본의 이 책(ib. 1787, Bd. Ⅰ, p. 74f.)에서 인용하고 있다. "로마의 긴 평화와 단조로운 지배는 제국의 생명력 내에 서서히 그리고 은밀히 퍼져가는 독을 주입했다. …… 각 주들은 **사생활(私生活)**의 생기가 없는 무관심에 빠져들었다"[『자연법 논문』 **2**. 492]. ⇒로마 시대

─고바야시 야스마사(小林靖昌)

기분氣分 [Stimmung]

자연을 통해 느끼는 일반적인 감정으로서 한편으로는 내면적이고 다른 한편으로는 외면적이다. 또한 직접적이고 아직 반성이 아닌 것이며 유쾌한 것이기도 하지만 또한 불유쾌한 것이기도 하다. 정신적 내면이 외면적 감각과 직접적으로─즉 몰의식적으로─결합될 때 외면적 감각에 의해서 만들어지는 마음의 움직임이며, "외면적 감각이 정신적 내면에 대해서 몰의식적으로 관계되고 있는 것"[『엔치클로페디(제3판) 정신철학』401절 「보론」]이다. 외면적 감각에 의해서 불러일으켜진 기분은 자연적 마음이며, 자연과 마음의 공감에 기초한다. 사람은 그와 같은 공감을 색·소리·냄새·맛 그리고 촉각에 대해서 존재하는 것으로부터 받아들인다. 내면적 감각에 의해서 불러일으켜진 기분은 "어떤 특수한 관계 또는 상태 속에 존재하는 나의 직접적 개별성에 관계하는 감각"[같은 곳]이다. 이것에는 예를 들면 분노·복수·질투·수치·후회가 속한다. 이것은 일시적인 특수한 감정이며, 주관적인 관심과 마음가짐이다. 일시적이고 우연적인 것으로서의 그것은 단순한 제멋대로의 생각이며, 그때마다의 분위기이다. ⇒인간학

─요리카와 죠지(寄川條路)

기상학적 과정氣象學的過程 [meteorologischer Prozeß]

기상현상은 "지구의 물리학적인 생명"[『엔치클로페디(제3판) 자연철학』286절], 즉 지구가 스스로를 생명의 실재적인 기초로서 정립해가는 과정으로 파악된다. 그것은 근원적으로는 공기, 불, 물, 흙이라는 물리학적 원소들이 개체적 총체로서의 지구 안에서 결합되어 전개해가는 생동하는 과정을 의미한다. 도식적으로 말하면 지구는 태양으로부터의 빛에 의해 끊임없이 휘몰려서 대기를 육지와 바다로 분열시키고, 화산 활동을 통해 이 분열을 지양하게 되는데, 여기서 지구의 산출적인 개체성이 나타난다. 물론 지구는 "죽어 가로 놓여 있는 유기체"[같은 책 341절]인바, "기상학적 과정은 지구의 생명과정이 아니다"[같은 절 「보론」]. 그러나 기상학적 과정은 지구를 생기 있게 하며 "생명적인 주체"[같은 책 339절 「보론」]가 수태되기 위한 토대로 만드는 것이라는 점에서 생명의 보편적인 과정을 예시하고 있기 때문에, 이 과정의 주체인 지구가 최초의 유기체로 된다.

―기타자와 쓰네토(北澤恒人)

기술技術 [Technik]

인간은 외적 자연에 관계하는 가운데 기술을 통해 그로부터 몸을 분리하고 도리어 그것을 제어하며 스스로의 자립성을 획득한다[『역사철학』12. 295]. 헤겔은 기술을 목적관계―특히 외적인 목적관계―의 관점에서 파악한다. 기술은 주관적 목적-수단-실현된 목적이라는 추론적 관계에서 생긴다. 주관적 목적은 자신과 객관 사이에 다른 객관, 요컨대 수단을 삽입한다. 이 수단의 존재방식에 헤겔은 주목한다. 주관적 목적 속에 있는 지성은 목적의 수행-실현이라는 외적인 목적관계를 통하여 이 수단에서야말로 자기 자신을 보존하기 때문이다. 목적이 실현된 후 "직접적인 향유는 소멸되고 망각되지만, 도구는 남는다. 인간은 그 목적의 점에서는 외적 자연에 종속되면서도 도구에 의해서 외적 자연에 대한 지배력을 지닌다"[『논리의학』6. 453]. 그리고 도구라는 수단에서의 요소들의 관계, 수단과 외적 자연의 관계가 기계적 내지 화학적

관계에 속하면서도 동시에 외적임에도 불구하고 목적관계에 참여한다는 점에 기술의 특성이 있다[『논리의학』6. 444f.]. 이런 의미에서 기술에는 수단성이 각인되어 있다.

이리하여 기술의 문제는 다분히 도구의 문제로 집약된다. 위에서 말한 내용적 기초를 준 예나 시기의 고찰에 따르면 도구란 노동에서의 주체-대상관계 속에서 주체의 능동성과 수동성이 지속하는 것으로 된 것이며, "도구는 전통 속에서 전해지는" "현존하는 이성적 중간항"[『예나 체계 I』GW 6. 300]이라는 문화적 의의를 지닌다. 그럼에도 불구하고 도구에는 인간의 활동성이 불가결하며, 계속해서 "나는 손에 못이 박히는" "추론의 혼"[『예나 체계 III』GW 8. 206]이다. 그러나 도구를 대신하는 기계는 인간이 자신을 위해 일하게 하는 것이면서도 자연과의 관계를 지니는 앞의 추론적 관계를 단절시키며, 노동의 세분화, 공소화, 기계에 대한 종속[같은 책 GW 8. 243]을 초래한다. 다만 수단의 체계로 된 기술이 불러일으키는 사회적, 문화적 변화에 대해서는 예감적인 것에 그친다. ⇒노동

―다키구치 기요에이(滝口淸榮)

기억 · 상기 · 내(면)화記憶 · 想起 · 內(面)化 [Er(-)innerung]

"Erinnerung"은 보통 "Gedächtnis"와 함께 동사 등에 의해 보완되어 <기억에 보존한다>, <상기한다>라는 의미를 나타내는 말로서 사용되지만, 헤겔은 이 두 말을 『엔치클로페디(제3판) 정신철학』에서는 한정적으로 각각 '표상(작용)'의 단계 속의 첫 번째, 세 번째 것―이하에서는 이들을 각각 E., G.로 표기한다―을 지시하는 것으로서 사용한다. 또한 '표상'은 '지성'의 인식을 '내(면)화(Innerlichmachung)'라는 점에서 '직관'으로부터 '사유'로 높이는 과정에서 매개적인 중요한 위치를 점하게 되지만, 'E.'는 다른 한편으로는 이 '내화'를 일반적으로 의미하는 말로서도 사용되고 있다.

E.는 (1) "말의 특유한(eigentümlich) 의미에서의 E."[같은 책 451절 「보론」]로서, '직관'에 있어서는 '지성'에 대해 외(면)적인 내용을 '상(像)'으로서 내화하고("지성 자신의 것"[같은 책 451절]으로 하고), (2) "본래

의(eigentlich) 이른바 E.'[같은 책 454절]로서, 아직 외적 직관을 계기로서 필요로 하지만, 상을 지성 자신의 것으로서 의식에 불러일으킨다. 이에 대해 G는 특수한 한정하에서 "언어[라는 특정의 것]의 직관'[같은 책 461절]에 내화적으로 관여하고, 최종적으로는 말의 표상적 의미를 폐기함으로써 주관을 순수화하며, 그리 함으로써 말하자면 '개념'을 의미내용으로 하는 '사유'를 준비하는 것으로 된다.

『정신현상학』 끝 부분에서는 연사화된 "Er-Innerung"이라는 말이 내화를, 동시에 정신의 형태들의 전 영역에 관여하는 것으로서의 내화를 지시하는 것으로서 사용되고 있지만, '내화'는 자체적으로는 정신 자신의 규정태이면서 의식에 대해서는 외적인 것을 의식에 대해서도 내적인 것으로 하는 것으로서 헤겔 철학의 바로 그 핵심이라고 볼 수 있다. ⇒지성, 언어, 심상, 개념, 의식, 표상

【참】 Fetcher (1970), 加藤尚武 (1980), 出口純夫 (1980), Verene (1985), DeVries (1988)

—아비코 가즈요시(安彦一惠)

기요사와 만시 [淸澤滿之 1863(분큐 3). 6. 26~1903(메이지 36). 6. 6]

오와리 번사의 아들로 태어나 히가시홍간지(東本願寺)의 육영교교(育英敎校)를 거쳐 도쿄 대학에 입학. 재학 중 페놀로사(Ernest Francisco Fenollosa 1853~1908)의 강의를 통해 헤겔 철학에서 감화를 받는다. 87년 철학과를 졸업. 88년 '현상 즉 실재론'을 주장하는 '순정(純正)철학'을 저술한다. 『종교철학해골(宗敎哲學骸骨)』(92)은 헤겔 철학에 의거하여 불교의 근대적 해석을 시도한 것이다. 96년 히가시홍간지 내에서 종문혁신운동을 일으키지만 실패했다. 1900년 도쿄에서 '코코도(浩浩洞)'를 설립하고 01년 잡지 『정신계』를 창간하였으며, 정신주의 이름 아래 신앙혁신운동을 전개했다. ⇒일본의 헤겔 연구

—미야가와 도오루(宮川 透)

기적奇蹟 [Wunder]

헤겔은 기적에 대해 초기부터 후기에 이르기까지 일관되게 비판적이었다. 그것은 기적이 객관적으로 있을 수 없다는 과학과 '지성의 계몽'의 입장에서의 비판이 아니라, 오히려 어떤 현상을 기적으로 바라보는 태도 그 자체, 즉 기적신앙이 참된 신앙이 아니라는 신앙론의 견지에서의 비판이다. 원래 "객관적인 기적이라는 것은 하나의 모순이다"[『초기신학논집』(놀) 364]. 왜냐하면 '객관적'이란 '지성의 법칙'에 적합하다는 것이고, 기적이 기적인 까닭은 '지성의 법칙'에 반한다는 점에 있기 때문이다. 그런 까닭에 기적에 대해서는 "주관적 판단밖에 가능하지 않다"[같은 곳]. 이에 반해 "지성의 법정"에서 "경험과 자연법칙"[『기독교의 실정성』 보론 1. 215]을 무기로 하여 기적을 비판하고자 한다 하더라도 도리어 기적 옹호론자를 이롭게할 뿐이다. 왜냐하면 초자연주의자 슈트로도 말하는 것처럼 "역사적이거나 해석적인 논의'[같은 책 1. 216]를 행하게 되면, 성서에 기록되어 있는 기적은 역사적으로 한 번만 일어난 것으로서 인정되어 자연법칙에 의해서 그 가능성이 폐기되는 것은 아니기 때문이다. 따라서 예수의 행위 그 자체가 아니라 그에 대한 "주관적 판단", 즉 "예수의 행위가 제자와 친구에게 있어 기적이었다"[『기독교의 실정성』 1. 116]고 하는 사태를 문제로 해야만 한다. 그러므로 헤겔은 『예수의 생애』에서는 예수의 기적에 대해 말하지 않고 『기독교의 실정성』에서 제자들과 관련하여 기적신앙을 서술했다. 기적신앙의 이러한 주관성은 베른 시대에는 '실천이성'과 '상상력'의 입장에서 파악되었다. 즉 기적신앙은 '실천이성'의 견지에서는 '권위'[같은 책 1. 117]에 대한 예속으로서 비판되었지만, '상상력'의 관점에서는—헤르더의 구약 해석에서 보이는 것처럼—"주관적 진리'[같은 책 보론 1. 202]가 용인되었다. 프랑크푸르트 시대에는 기적신앙에서의 '권위'에 대한 예속이 사랑의 종교에서의 "객관적인 것"의 계기("형태화된 사랑")[『기독교의 정신』 1. 409]의 아포리아로서 고쳐 파악되었다. 개체 예수가 신적인 것과 무리하게 결부되어 그로부터 "정신과 물체라는 가장 완고한 대립'[같은 책 1. 414]의 부자연스러운 합일, 즉 기적도 믿어진다.

기적에서는 '물체'가 '정신'에 의해서 변화되어 "지성의 영역이 정립됨과 동시에 폐기된다"[같은 책 1. 413]는 "부자연스러운 것"이 생기지만, 여기서 '정신'은 '물체'와의 '대립'을 보존하고 있기 때문에, 기적은 "가장 신적이지 않은 것의 표현"[같은 책 1. 414]이다. 이와 같은 기적신앙 비판은 후기에도 기본적으로 유지되지만, 비판의 역점은 "신적인 것의 분열"보다는 "외면적인 것"[『종교철학』 17. 196]에 대한 의거라는 점으로 옮겨지며 비판의 어조도 완화된다. "자연적 연관에 대한 정신의 폭력에 의한 사건"[같은 책 17. 316]으로서의 기적에 대한 신앙은 "외면적인 것"과 "감각적이고 직접적인 현재"[같은 곳]를 "종교의 진리의 근거"[같은 책 17. 196]로 하며, "정신적인 것을 자기 내에서 인정하지"[같은 곳] 않는 한에서 "신앙의 최초의 우연적 양식"[같은 책 17. 316] 이외에 아무것도 아닌 것이다.

─구보 요이치(久保陽一)

기준基準 ⇨ 진리

기지機智 [Witz, Geistreiches]

기지는 이미 아리스토텔레스의 『수사학』에서 노인에 대한 젊은이의 고유한 성격으로서 받아들여지고 웃음을 자아내는 "교양 있는 오만"이라고 정의되었지만, 그것의 라틴 어 대응어인 ingenium은 인간의 재주, 창의적인 능력을 의미하며, 르네상스 시기에도 기본적으로 계승되었다. 17세기 후반 이후 18세기 전반에 걸쳐 기지는 새로운 주제의 발견과 확대의 능력뿐만 아니라 언어 사용상의 공부도 가리키게 되고 문예의 본질적 성질로서 중시되었다.

헤겔은 기지를 의미와 형태가 분리되는 데서 등장하는 여러 가지 예술수법의 하나로 삼는다. 요컨대 의미가 자기에게 상응한 형식을 모색하면서도 얻지 못하는 단계로서의 상징예술형식과 의미가 외면적 형식을 능가해버리는 단계로서의 낭만적 예술형식의 어느 쪽에서도 기지는 나타난다. 어느 쪽에서든 "서로 낯선 종류의 표상들을 의표를 찌르는 유사성에서 결합하는

것이 의식적으로 행해지며"[『뉘른베르크 저작집』 4. 55], 기지가 활동할 여지가 생긴다.

상징예술의 최종단계인 의식적 상징은 의미를 미리 알고 있으면서 그것을 표면에서 보이는 것이 아니라 외계에 산재하는 평소 무관계하다고 생각되는 개별적 특징들을 의표를 찌르는 방법으로 결합하여 보인다. "이 관계에서의 수수께끼가 상징법의 의식적인 기지인바, 그것은 통찰의 재기와 결합의 활달함을 시험하며, 동시에 수수께끼를 헤아리게 함으로써 그 표현법의 스스로에 내재하는 힘에 의해서 스스로 붕괴해버리게 한다"[『미학』 13. 510].

낭만적 예술의 최종단계, 즉 예술형식의 해소라는 국면에서 주관적 내면성은 내적 깊이로 후퇴하고 외면적 형식과는 우연적으로만 결합하게 되어 예술은 해소과정에 들어선다. 현실은 이미 인륜성과 신성을 포함하는 것이 아니라 일시적인 '산문적 객관성'으로 된다. 그때 "주관성은 그 감정과 견식에 있어 자기의 기지의 권능과 힘에 기대어 현실의 모든 것들을 지배하기"[같은 책 14. 222]에 이른다. 특히 '주관적 유머'에서 자기를 객관화하여 현실적 형태이고자 하는 자를 주관적인 착상과 번뜩임에서 스스로 붕괴시키고자 할 때 기지가 등장하며, 일체의 내용은 이 기지를 발휘하게끔 하기 위한 수단으로 변한다.

기지 또는 유머는 이른바 에스프리와 통한다. 그러나 헤겔은 일반적으로 프랑스 인은 독일인과 비교하여 내용에서 떠난 형태만의 단순한 착상에 의한 익살과 농담에 비관용적이라고 생각한다[같은 책 14. 230]. 따라서 내용과 관계를 상실하지 않은 기지는 에스프리라고 말해야만 할 것이다. ⇒유머, 웃음

【참】 Freud (1905), Brummarck (1979), Best (1989)

─가나타 스스무(金田 晋)

기하학幾何學 ⇨ 수학

기호記號 [Zeichen]

헤겔에 따르면 "<기호>란 그것 자체가 지니고 있는

내용과는 전혀 다른 내용을 표상하는 바의 모종의 직접적 직관이다"[『엔치클로페디(제3판) 정신철학』 458절]. 이 점을 헤겔은 기호와 상징을 대비시키는 것에서 명확히 하고 있다. "기호는 상징(Symbol)과는 다르다. 상징도 하나의 직관이지만, 상징으로서의 직관에서는 직관 자신의 규정성이 상징으로서의 직관이 표현하는 내용이다. 그에 반해 기호 그 자체에 있어서는 직관 자신의 내용과 직관을 기호로 하여 지니고 있는 내용과는 서로 무관계하다." 요컨대 상징은 아직 감성적 소재와 연관되어 있고 주관적인 확증에 머무르는 데 반해서, 기호는 "심상의 내용에서 해방"되어 있고, 그런 의미에서 기호화하는 것(Bezeichnung)으로서의 지성은 상징화하는 것으로서의 지성보다도 한층 더 자유로운 자의와 지배를 지니고 있는 것이다. 그러므로 헤겔은 기호가 지니는 이 <자의성>을 "어떤 위대한 것"으로서 평가한다. 왜냐하면 지성은 이 <자의성>에 의해서 "상징 속에 현존하는 주관적인 확증"으로부터 "일반적 표상의 객관적 확증"으로 진전해가기 때문이다[같은 책 457절].

기호에 대한 헤겔의 이러한 평가는 칸트의 그것과는 정반대의 것이다. 칸트는 『인간학』에서 "사물의 형태(직관)(Gestalten der Dinge(Anschauungen))가 개념에 의한 표상의 수단으로서만 역할을 하는 경우에 그것은 상징(Symbole)이다. 기호(Charaktere)는 아직 상징은 아니다. 왜냐하면 기호는 그것 자체에서는 아무것도 의미하지 않은 채 직관에 수반되는, 그리고 이를 통해 개념에 관계되는 간접적 기호(mittelbare Zeichen)에 불과하기 때문이다"[38절]라고 하고 있다. 칸트는 <기호>를 "개념을 때때로 재생산하기 위해 파수꾼으로서 개념에 첨부되어 있는 데 불과한" 것으로 간주하고 상징 쪽을 높이 평가하지만, 이것은 칸트의 <우리의 개념의 실재성을 입증하기 위해서는 항상 직관이 요구된다>는 입장의 귀결이다. 헤겔에서 기호는 "자신의 독립적인 표상들에 일정한 현존재를 자신 속으로부터" 주고 "직관의 직접적인 내용과 직관에 특유한 내용"을 근절시키는 것에서 "지양된 직관으로서 존재한다는 본질적 규정"을 획득하는 것이다[『엔치클로페디(제3판) 정신철학』 458절 이하]. ⇒의미

【참】 Bodammer (1969)

―구로사키 마사오(黒崎政男)

기히라 다다요시 [紀平正美 1874(메이지 7). 4. 30−1949(쇼와 24). 9. 18]

미에 현에서 태어나 1900년 도쿄 제국 대학 철학과를 졸업. 19년 학습원 교수가 되어 도쿄제대 등의 강사를 겸임. 05-6년 『엔치클로페디』를 『헤겔 철학체계』로서 번역 출간하고, 05년 「헤겔 철학과 그 번역에 대하여」를 발표. 불교 특히 화엄을 끌어들여 해석하고, 헤겔 철학 연구의 선구를 이루었다. 15년 『인식론』을 저술한다. 그 후 국가주의로 옮아가 동서철학의 융합을 설파하고, 일본 정신의 철학을 주창. 32-43년 '국민정신문화연구소'의 연구원으로 일했다. ⇒일본의 헤겔 연구

―미야가와 도오루(宮川 透)

깊이 [Tiefe]

'깊이'는 '밤(Nacht)'과 '심연(Abgrund)'과 더불어 부정성과 관련된 근원성의 은유라고 말할 수 있다. 깊이는 현현에의 방향을 지닌다. 『정신현상학』의 종교 장에서는 그때까지의 의식형태들의 계열이 회고되며, 그것들을 지탱해온 '인식'이 '깊이'로서의 정신이었다는 것, 이제 그 정신이 전면에 나왔다는 것이 분명하게 된다[3. 500]. 깊이에 자기의식적인 정신이 대응하는 것은 근대의 특징이다. 그리스 종교에는 "철저성과 깊이"가 결여되어 있으며, 깊은 것은 기껏해야 인간에게는 알려지지 않는 "운명"으로서 등장할 뿐이다[『예나 체계 Ⅲ』 GW 8. 281]. 규정성을 싫어하고 외화를 거절하는 반학문적 입장은 "공허한 깊이"로서 비판받는다[『정신현상학』 3. 17]. 스피노자적인 실체가 "절대자의 공허한 심연"이라고 이름 붙여지는 것도 그것과 동일선상에 놓여 있다. 절대 개념의 깊이도 지양되어 "개시"된다. 그것이야말로 역사에서 잇따라 등장하는 정신들의 "목표"이다[같은 책 3. 591]. ⇒밤

―나카오카 나리후미(中岡成文)

꾸미기 [Verstellung]

『정신현상학』에서 헤겔이 '도덕적 세계관'의 자기 모순을 비판할 때의 말. '도덕적 세계관'이란 인륜적인 세계의 실재성을 자기 자신 안에서 의식하는 자기를 확신하는 정신의 입장이며, 역사적으로는 칸트의 실천철학의 입장을 가리킨다. 이 입장은 한편으로 자기를 확신하는 능동적 의식인 동시에 다른 한편으로는 대상적인 세계에 관한 의식이기도 하기 때문에, 그 양자의 관계에 관해서 몇 가지 모순을 지닌다. 그 모순의 표현이 헤겔에 따르면 칸트의 요청론이다. 신의 현존재 요청에는 도덕과 자연의 불일치가, 영혼의 불사 요청에는 이성과 감성의 대립이, 그리고 마찬가지로 신의 현존재 요청에는 또한 도덕적 의무의 절대성과 상대성의 대립이 숨어 있다. 요컨대 "도덕적 세계관이란 무사상적인 모순들의 소굴 전체이다"[3. 453]. 그리하여 이러한 의식은 거기에 포함된 계기를 종합함 없이 제멋대로 '꾸미기'하여 주장하게 된다. 예를 들면 도덕과 현실이 일치하지 않는 것을 행동의 동기로 하면서도 최고선을 요청할 때에는 양자의 일치를 인정하는 것이다.
⇒요청, 최고선

―기쿠치 에이요시(菊地惠善)

꿈 [Traum]

『엔치클로페디(제3판) 정신철학』을 중심으로 깨어 있음과 잠(또는 꿈)의 문제가 제기된다. "깨어있음(Wachen)에서 인간은 본질적으로 구체적 자아로서, 지성으로서 행동한다"[398절]. 건전하고 제정신인 경우의 인간 주관은 감각, 표상, 욕망과 경향성 등의 내용으로서 나타나는 것을 질서지어지고 관련지어진 것으로서 자기의 지성적 위치에 배속하는 것이다. 그렇지만 "꿈에서 우리의 표상은 지성의 범주에 의해서 지배되지 않는다. 꿈에서는 모든 것이 사방으로 흩어지고 조야한 무질서 속에서 서로 교차하며, 대상은 모든 객관적, 지성적인 연관을 상실하고 오로지 전적으로 표면적, 우연적, 주관적으로 결합되는 데 불과하다"[같은 절 「보론」]. 단적으로 말하면 깨어 있는 중에 활동하는 것은 지성 및 이성이고, 꿈속에서 작용하고 있는 것은 단순한 우연적이고 자의적이며 주관적인 표상작용(Vorstellen, Vorstellungen)이다. 사유는 일체의 것을 서로 구별하고, 자신과 외계의 필연적 연관에 토대하여 파악하는 것이지만, "잠의 한 계기"[같은 책 405절 「보론」]로서의 꿈에서 사유는 정지한다. 헤겔에서 꿈을 논하는 실마리를 준 것은 아리스토텔레스의 『영혼론』이었다.

―나카야마 마사루(中山 愈)

나라 [Reich]

국가(Staat)와 구별된 나라란 '신성로마제국(Heiliges Römisches Reich Deutscher Nation, 962-1806)'을 가리킨다. 청년 헤겔에게 있어 이런 의미에서의 나라는 베스트팔렌 조약으로 소멸한 것과 같았다. 실재하는 것은 분립한 영방국가(Landstaaten)와 신분들(Stände) 뿐이며, "독일은 이미 국가가 아니다"[『독일 헌법론』 1. 461]라는 것이다. 이 말은 신성로마제국을 대신하는 국민국가에 대한 헤겔의 갈망을 표현하고 있다. 헤겔이 나라에서 추구하는 본질적 특성은 "모든 정의의 근원으로서의 힘을 지니는 보편성"[같은 책 1. 459]이다. 하지만 영방국가가 주장하는 정의는 <독일적 자유>에서 유래하는 사적 권리에 불과했다. 그러나 독일이 나라일 가능성을 잘라버린 것은 이 봉건제의 원리 그 자체가 아니라 영방의 과도한 강대화이다. 이후에 나라의 이상은 대의제도에 기초한 입헌군주제로 된다. 또한 기독교의 '신의 나라'를 헤겔은 '아버지의 나라'와 '아들의 나라'와 '영(정신)의 나라'로 단계화하고 있다[『종교철학』 17. 218f.]. 유(類)의 관점에서 모든 국가체제를 규정하는 헤겔의 '국가의 이념'은 이 정신의 나라(Reich des Geistes)의 개념에 의해 보증되고 있다고 말할 수 있다. ⇒국가, 영방

【참】 金子武藏 (1967, 1984)

─고바야시 야스마사(小林靖昌)

나탄 ⇨레싱

나폴레옹 [Napoléon Bonaparte 1769. 8. 15-1821. 5. 5]

프랑스의 황제. 코르시카 섬에서 태어났다. 프랑스혁명의 격동기 후의 안정에 대한 동향에 편승하여 제1제정을 수립하고(재위 1804-14, 1815년) 전 유럽에 지배권을 미쳤다. 1806년에는 신성로마제국을 붕괴시켰다. 헤겔은 자신보다 한 살 연상인 이 군사적, 정치적 천재에 대해서 전 생애 동안 강한 관심을 기울여 저작과 서간 속에서 자주 언급하고 있다. 1806년 10월, 나폴레옹은 프로이센군을 압도하여 예나를 점령한다. 예나에서 『정신현상학』을 집필하고 있던 헤겔은 니트함머에게 다음과 같이 써 보내고 있다. "나는 황제가, 이 세계영혼(Weltseele)이 말을 타고 거리를 통해 순찰에 나서는 것을 보았습니다. …… 말에 걸터앉아 세계에 군림하고 세계를 지배하는 이와 같은 개인을 목격하는 것은 실로 불가사의한 기분입니다. …… 이 뛰어난 사람을 찬탄하지 않을 수 없겠지요"[『서간집』(제1권) 120].

나폴레옹은 헤겔에게 있어 독일과 유럽의 자유화와 근대화의 위대한 추진자였다. 나폴레옹은 독일의 제후에게 "자유로운 군주제의 개념"을 가르치는 파리에 거주하는 "위대한 국법학자"였을 뿐 아니라[같은 책 185], 또한 "그 거대한 개성의 힘을 가지고서 국외로 향해 전 유럽을 석권하고 이르는 곳마다 자유의 제도를 보급한" 것이었다[『역사철학』 12. 533]. 이러한 평가는 『역사철학』에서 전형적인 표현을 획득한다. 요컨대 나폴레옹은 카이사르와 알렉산더 대왕과 더불어 "세계사적 개인"─그것도 바로 동시대의─의 반열에 세워지는 것이다[같은 책 12. 47]. "만약 우리가 세계사적 시대를 체험했다고 자랑스럽게 생각한다면, 나폴레옹이야말로 이 시대의 사상을 한몸에서 현실화한 개인이라고 말해져야만 할 것이다"[『법철학 강의(1819/20년)』

285].

그렇다면 헤겔이 나폴레옹을 무조건적으로 지지했는가 하면 반드시 그렇지는 않다. 나폴레옹이 스페인에서 저지른 잘못은 반복해서 비판되고 있다. 나폴레옹은 1808년 자기의 형 조제프를 스페인 왕에 임명하고 바이욘누 헌법을 강요하여 스페인을 종속국가로 삼았다. 그러나 민중의 의향을 무시하고 행해진 이러한 조치는 스페인 각 지방에서 게릴라전에 의한 격렬한 반격을 받았다. "나폴레옹이 스페인 인에게 준 것은 그들이 이전에 가지고 있던 것보다 이성적이긴 했지만, 그럼에도 곧 그들은 그것을 성에 차지 않는 것으로서 물리쳤다"[『법철학』 274절 「보론」]. 국가체제와 헌법은 그 국민의 자기의식 상태와 형성에 의존하는 것이다. 『법철학 강의(반넨만)』에서는 나폴레옹이 국가의 정점에 섬으로써 국가체제의 "이성적인 면"을 손상시킨 것이 지적되고 있다[133절].

또한 독자적인 헤겔 해석을 전개한 코제브에 따르면 나폴레옹은 "용어의 본래적인 의미에서 인간적 개체"이지만, 나폴레옹에게는 이러한 자기의식이 결여되어 있다. 그리고 나폴레옹의 자기의식이 헤겔이다. 헤겔은 『정신현상학』에서 나폴레옹의 개념적 파악을 통해 인간의 본질에 관한 물음에 대답하고자 했던 것이다. ⇒프랑스 혁명, 영웅(시대)

【참】 Kojève (1947), Avineri (1972), Waszek (1985b)

―다카야나기 료지(高柳良治)

낙하落下 [Fall, freies Fall]

"낙하는 상대적으로 자유로운 운동이다"[『엔치클로페디(제3판) 자연철학』 267절]. 낙하는 물체의 개념인 중력의 현상이며, 중력에 의해서 정립된 운동이자 물체에 내재적인 운동이다. 낙하가 이 중력의 실현이며 중력에 의해서 규정된 운동이라는 의미에서는 "거의 자유로운 낙하"[같은 책 269절]라고 말해진다. 물체는 자기 밖에 보편적 중심을 정립하고, 그것으로 향하여 구심적인 운동을 수행하지만, 이 운동의 최초의 형태가 낙하이다. 낙하는 "외면성의 최초의 부정"[같은 곳]이다. 그러나 낙하의 경우는 구심운동이라고

하더라도 중심의 정립은 추상적이며, 중심으로부터의 거리는 우연적인 것에 지나지 않는다. 더욱이 낙하가 중력의 실현으로서 내재적인 운동이라고 하더라도 갈릴레오의 낙하의 법칙이 보여주듯이 낙하는 물체의 무게에 관계없이 같은 모양의 운동을 행한다. 이와 같이 낙하의 경우에는 물체의 무게가 운동에 외적·우연적이며, 그런 의미에서 '상대적'이라고 말해지는 것이다. ⇒자유운동, 무게

―나가시마 다카시(長島 隆)

남성과 여성男性―女性 [Mann und Weib]

남성과 여성의 구별은 생물학적인 차이에 기초하지만, 그것이 헤겔에서 의미를 지니는 것은 이러한 자연적 차이가 정신의 공동체에서 서로 대립하는 인륜의 두 가지 계기의 표현으로서 나타나기 때문이다. 즉 여성적인 것을 원리로 하는 가족이라는 인륜적인 형태와 남성적인 원리에 기초하는 민족공동체라는 인륜의 형태의 대립에서 그 구별이 중요하게 되는 것이다. 가족이라는 관계에서 그 내부 관계는 자연적인 감정을 기초로 한 것인바, 예를 들어 남편과 부인(Mann und Frau)의 관계는 서로가 상대방 속에서 자신을 직접적으로 인정하는 관계이기 때문에 그것 자체에 의해서 자각적인 공동성이 실현될 수 있는 것은 아니다. 그것이 공동성을 현실의 형태로서 지닐 수 있는 것은 자녀를 낳고 그리하여 민족과의 연관을 지니게 됨으로써이다. 그와 같은 자연성으로 인해 가족에서는 보편적인 측면과 개별적인 측면이 분열되어 있지 않고 그대로 내적인 감정 차원에 머물고 있다. 이러한 측면을 대표하는 것이 여성인바, 여성은 가족 내부에서의 공동의 감정을 직접적으로 보유한다. 그에 대해 남성은 이러한 가족에서 길러지면서도 이러한 직접적 통일을 파괴하고 개별과 보편의 분열을 경험한다. 즉 남성은 가족의 폐쇄성에서 벗어나 민족과 국가의 공동체를 지향한다. 그런 의미에서 민족공동체의 측면을 대표하는 것은 남성이다.

그런데 남성은 이러한 정치적 공동체에서 통치라는 보편적 목적을 위해 가족관계를 희생하고 가족의 행복

을 파괴하기까지 한다. 오히려 가족이라는 차원에서의 공동성을 억압하여 파괴하고 정치적 공동체를 위해 그러한 관계를 유동화함으로써 자기의 통일을 실현하고자 하기 때문에, 남성적 원리에 기초하는 정치적 공동체는 여성적 원리에 기초하는 가족의 존재방식에 대해 '적대적'이다. 헤겔은 이와 같은 민족공동체와 가족의 대립을『정신현상학』에서 고대 그리스의 비극을 예로 하여 서술하는데,『안티고네』해석에서는 남성과 여성의 원리의 대립을 숙명적 대립으로서 서술하고 그것을 오히려 형제와 자매의 행동의 대립으로서 묘사하고 있다[3. 328-342].

이러한 규정을 기초로 헤겔은 남성과 여성에 관한 좀더 일반적인 분류도 행하고 있다. 즉 남성은 활동적이고 동물의 존재방식에 대응하는 데 반해 여성은 수동적이고 식물에 대응한다거나, 남성은 개별과 보편이 일단은 분열하는 까닭에 학문과 예술, 국가생활 등에서 자신을 실현하고자 하지만 여성은 그것들이 직접적으로 합일되어 있는 까닭에 예를 들어 정치에 관계하는 경우 개인적인 기호와 의견에 따라서 좌우될 위험성이 있다고 규정되는 것이다[『법철학』166절]. 이상과 같은 규정은 남녀의 성별 분업을 당연한 것으로 상정한 것으로서 그 자체에 새로움은 없지만, 남성에 의한 여성의 억압 원리를 정치적 논리에 의한 가족적 원리의 억압에 있다고 지적한다는 점에서 매우 흥미롭다. ⇒가족, 국가, 결혼,『안티고네』

−사토 가즈오(佐藤和夫)

낭만적 예술浪漫的藝術 [Romantische Kunst]

낭만적 포에지란 본래의 라틴 어로 씌어진 이야기에 대해, 라틴 어와 피정복자의 언어가 혼합하여 생겨난 방언인 로망스 어로 씌어진 이야기를 가리킨다. 그 내용에서 보면, 낭만적이란 괴기적이고 모험적이라고 하는 비난의 의미로 사용되는 경우가 많았다. 그러나 A. von W. 슐레겔은 동생 프리드리히와 함께 이 이야기 형식의 속소성과 민중문학성에 주목하고, 시와 생활의 융합의 모범으로서 이 시 형식에서 "완성되지 않는 끊임없는 생성"을 찾았다.

헤겔은 그의 예술형식의 발전사관에서 낭만적 예술에 독자적인 해석을 가하고, 이것을 상징예술, 고전예술을 거친 후의 최종단계로 삼는다. 고전예술에서 정신에 합일된 외적 실재상은 이 단계에서 정신의 내면성의 자유에 있어 부적응하게 된다. 확실히 낭만적 예술의 내포 역시 스스로 아름답게 될 것을 추구하지만, 고전예술이 의미하는 미를 하위단계의 것으로 삼고, 즉자대자적인 내면이 본래 무한한 정신적 주관성으로서 나타나는 정신적인 미를 과제로 하는 것이었다. "그 참된 내용은 절대적 내면성이며 그것에 대응하는 형식은 정신적 주관성이고, 이 주관성이 계속해서 자립하고 자유라는 것을 확보하는 것이다"[『미학』14. 129]. 확실히 절대적인 주관성도 "한 번은 외적 존재 속에서 나타나고, 다음에 이 실재상에서 나와 자신 속에서 자기 집중해가는, 즉 본래 뜻에 합당한 현실적 정신이 되는 것이 아니라면, 예술의 손에서 도망하여 사유에 받아들여질 뿐의 것으로 되고 말 것이다[같은 책 14. 130]. 그와 같은 내용은 사랑을 중심으로 하여 전개되며, 종교애, 교단에 대한 헌신, 기사도적인 명예, 연애, 충성, 나아가서는 사랑 등이 제시된다.

또한 낭만적 예술에 고유한 예술 장르로서 회화, 음악, 문예가 제시된다. 어느 것이든 거기서 사용되는 감각적 재료가 그 자체로서 예술작품의 내포를 구성할 수 없으며, 다만 이것들을 매개로 하여 별개의 정신적 현상이 주어지게 된다.

헤겔의 낭만적 예술론은 한편으로 예술의 내적 반성인 예술 비평도 포함하는, 그의 예술체계의 완성임과 동시에, 예술의 과거성을 지적하는 예술 종언론과도 관련되어 새로운 현대성을 지니고서 논의되고 있다.

【참】Benjamin (1955), 大西克礼 (1961), 金田晉 (1983), 神林恒道 (1985)

−가나타 스스무(金田 晉)

낭만주의浪漫主義 [Romantik]

낭만주의는 18세기 프랑스의 계몽사상과 그 사회적 파급에 대항하여 18세기 말부터 19세기 전반에 걸쳐 독일을 중심으로 일어난 문예·사상운동이다. 그 분야는 다양한 영역에 걸쳐서 문학·철학·예술은 물론 생물학·의학 등의 자연과학 분야에도 미쳤다.

독일 초기 낭만주의는 고전주의에 만족하지 않는 노발리스, Fr. 슐레겔 등을 중심으로 우선 예나에서 첫 울음소리를 울리고 기관지 『아테네움』을 무대로 활동했다. 처음에는 피히테 철학의 영향하에 근대적 자아의 각성과 기성의 규범에 대한 반역을 지향했지만, 그 정치적 실현에서가 아니라 내면적 감정의 주관주의적 발양으로 향했다. 나아가 신적 생명의 직관을 이야기하는 셸링의 '동일철학'의 영향하에 현실세계를 초월하여 신을 동경하는 종교적 경향을 강화해간다. 이와 같은 낭만주의를 괴테와 더불어 최초로 이론적으로 비판한 것이 헤겔이다. 그는 개념의 입장으로부터 낭만주의자의 감정 지상주의를 비판한다. "[낭만주의자에 따르면] 절대자는 개념적으로 파악되어야만 하는 것이 아니라 느껴지고 직관되어야만 하며, 절대자에 관한 개념이 아니라 그에 관한 감정과 직관이 말해지고 언표되어야만 할 것이다"[『정신현상학』 3. 15]. 낭만주의는 계몽사상에 의해서 산출된 근대 세계를 기피하고 낭만적 시정(포에지)에로 몰입하며, 중세적인 종교 세계로 귀환한다. 노발리스의 신성 로마 제국 찬미와 슐레겔의 가톨릭주의로의 개종은 낭만주의의 중세적 세계로의 회귀를 상징하고 있다. 나아가 낭만주의는 게르만 문화의 원류를 동양의 신화에서 구하고, 이성적인 근대적 자아의 원리를 부정하며, 몰아적이고 신비적인 동양적 세계를 지상의 것으로 삼게 된다.

그러나 이와 같은 낭만주의가 현실 세계와 무관계했던 것은 아니다. 오히려 빈에서 융성한 후기 낭만주의는 근대적인 자아 원리를 기초로 하는 자유주의에 대항하여 군주를 정점으로 한 절대주의적인 국가주의를 주장하게 된다. 1820년대의 빈에서는 메테르니히 체제하에서 오스트리아 제국의 국수주의적 경향이 강한 정치적 낭만주의가 형성되었으며, 인도 정신사에 경도되기에 이른 Fr. 슐레겔과 국가 유기체론을 주장하는 뮐러(Adam Heinrich Müller 1779-1829) 또는 아시아 세계에서 신화의 원류를 찾는 괴레스 등이 이론적 지도자가 되어 잡지 『콘코르디아』를 무대로 국가주의의 논진을 확장했다. 프로이센의 베를린 대학에 있던

헤겔은 프로이센 국가에 대항하는 오스트리아 제국의 이론적 지주를 이루는 정치적 낭만주의에 대해 그것의 반근대적이고 복고적인 국가주의를 비판하고 이성주의적=자유주의적인 국가관을 주장했다[『법철학』 258절]. 또한 그는 역사철학 강의에서는 낭만주의의 동양 동경에 맞서 역사를 서구에 고유한 <정신의 자유의 발전과정>으로 파악하고 '자유의 이념'의 실현을 호소했다. ⇒계몽, 자유, 셸링, 노발리스, 슐레겔 형제, 괴레스

【참】 Haym (1920), Huch (1951), Lukács (1963), Pöggeler (1956), Bubner (1978), Behler (1988), Sánchez (1986), Frank (1989)

―이사카 세이시(伊坂靑司)

낱말(단어)―(單語) ⇨언어

내속內屬 ⇨판단

내용內容 ⇨형식과 내용

내적 구별內的區別 ⇨구별

내적인 것과 외적인 것內的―外的― [Inneres und Äußeres]

내적인 것과 외적인 것은 상호관계의 두 측면을 이룬다. 내적인 것이 자기 동일적인 본질인 데 반해, 외적인 것은 다양한 실재성이다. 내적인 것과 외적인 것은 하나의 사물의 두 개의 계기이기 때문에, 그 내용에서 보면 동일하다. 그러나 그 형식규정에서 보면 자기에 대한 반성의 형식인 내적인 것과, 타자에 대한 반성의 형식인 외적인 것은 서로 대립하고 있다. 그러므로 양자의 통일은 내용으로 충만한 전체를 이루는 것이 아니라 "한편에서 다른 편에로의 직접적인 전도"[『논리의 학』 6. 182]이다. 이 전도는 "오로지 내적인

것일 뿐인 어떤 것은 바로 그렇기 때문에 오로지 외적인 것일 뿐이다"[같은 책 6. 181]라는 말에서 제시된다. 따라서 내적인 것과 외적인 것을 분리하여 내적인 것만을 본질로 하는 지성적인 사유는 잘못이다. 내적인 것일 뿐인 본질은 사실은 공허한 외면적 추상에 불과하다. 내면의 의도에서만 도덕적이라고 말하는 사람은 사실은 외적 행위와 마찬가지로 그 내면에서도 공허하다. 그밖에 내적인 것과 외적인 것의 예로서는 자식의 소질과 그 주위에 있는 이성적 세계, 양에서의 내포(Intensives)와 외연(Extensives) 등도 생각된다. ⇒ 관계

—히구라시 마사오(日暮雅夫)

내포량內包量 [Intensität]

<어느 정도(크기·길이 등)>와 같은 정량의 규정성을 외연량(extensive Größe)이라고 말하는 데 대해 <몇 번>이라든가 <몇 번째>와 같은 규정성을 내포량이라고 말한다. 예를 들면 수온 10도의 물 20ℓ의 외연량은 20ℓ, 내포량은 10도이다. 헤겔에 따르면 외연량이란 "한계가 그것 자신에서 여럿인 경우"[『엔치클로페디(제3판) 논리학』 103절]의 정량의 규정성이다. 한계가 여럿이란 그 내부에 다수성의 계기를 지닌다는 것, 다시 말하면 그 양이 동일한 단위에 의해서 합성된 집합수라는 것을 의미한다. 따라서 외연량에서는 더하기, 빼기, 곱하기, 나누기가 성립한다. 물 20ℓ에 30ℓ를 더하면 50ℓ가 되고, 둘로 나누면 10ℓ씩으로 된다. 이에 반해 "정량과 일치하는 한계가 단순한 것으로서 정립되어 있는"[『논리의 학』 5. 251] 것이 내포량이자 도(Grad)이다. 내포량은 그 값이 가산적으로 규정되는 단순한 것(분할되지 않는 것)이며, 정량의 전체와 구분할 수 없다. 10도의 물을 둘로 나누거나 10도의 물을 더하더라도 전체는 10도에서 변하지 않는다.

이와 같이 외연량과 내포량의 차이를 정량의 한계(규정성)가 여럿인가 단순한가에 의해서 이해하는 헤겔의 사고방식은 반드시 이해하기 쉽다고는 말할 수 없다. 오히려 일반적으로 내포량은 밀도와 같이 이질적인 것이든 농도와 같이 동질적인 것이든 두 개의

외연량의 비례라고 생각된다. 그러나 헤겔은 10도의 수온이 단순한 주관적 지각임과 더불어 수은주의 길이에 의해서도 표시되기 때문에 내포량과 외연량을 동일한 규정성의 나타남이라고 보고 그 대립을 지양하고자 하는 것이다. 그는 내포량을 어디까지나 단순한 힘이라고 생각하지만, 여기서는 도를 '질적인 양(quantitas qualitatum)'이라고 하는 볼프와 칸트로부터의 영향과 또한 자아를 내포량으로 간주하고 그것의 나타남으로써 객관의 외연성을 생각하는 셸링으로부터의 영향이 보인다. 나아가 물질의 규정성을 외연량에서만 이해하고자 하는 근대의 자연과학적 사유에 대한 반발도 보인다고 할 수 있을 것이다. ⇒양

—에비사와 젠이치(海老澤善一)

내(면)화內(面)化 ⇨ 기억·상기·내(면)화

냄새 [Geruch]

헤겔에 따르면 냄새는 물체적인 것에서 공기의 과정이다. 따라서 냄새는 물체적인 것을 해소하는 과정이자 일체가 기화되어 미립자로 되는 볼 수 없는 과정이다. "단순한 관상적인 과정으로서의 특수한 개체성이자 공기에 의한 물체의 눈으로 볼 수 없는 발산―이것이 냄새이다"[『엔치클로페디(제3판) 자연철학』 321절]. 또한 냄새는 개체적인 물체의 대립이 드러나는 것이지만, 이것은 물체적인 것이 자기동일적인 것으로서 자기 내 존재를 지님과 더불어 타자로부터 자기를 구별함으로써 성립하는 것인 데 반해, 냄새가 이 자기 내 존재를 해소하여 기화하는 것이기 때문이다. 그러므로 "냄새는 응집된 것으로서 차별에서의 물체의 특수한 개체성이다"[같은 절 「보론」]라고 말해진다. 그런데 불이 물체를 완전히 연소시키기 때문에 물체의 해소로서의 냄새는 불과의 관계에서 물체의 한 계기이다. ⇒불

—나가시마 다카시(長島 隆)

네덜란드 [Holland, Niederland]

네덜란드는 중세에는 지금의 네덜란드뿐만 아니라 벨기에의 북서부를 포함했으며, 그 역사는 오래 전부터 바다와 깊이 연결되어 있어 사람들은 어업과 상업을 위해 바다로 나아갔고 또 제방을 쌓고 간척을 행하여 토지를 획득했다. 중세 말기의 부르고뉴 공국, 다음으로 합스부르크 왕가의 지배하에 있으면서 해양 무역과 수공업의 발전에 의해 브뤼쥬, 안트베르펜(모두 지금은 벨기에), 나아가 암스테르담과 같은 도시들은 세계 무역의 중심지였다. 16세기 중반 경에는 합스부르크 스페인에 대항한 독립전쟁이 일어나 프로테스탄티즘을 신앙하는 북부 주들이 1566년에 독립하고(최종 승인은 1648년), 지금의 네덜란드의 터전을 만들었다. 그 역사에서도 분명한 것처럼 네덜란드는 서양에서의 시민적 자유의 조국이라는 영예를 지닌다. 그것은 실러의 『돈 카를로스』, 괴테의 『에그몬트』에서와 마찬가지로 헤겔도 인정하는 바로서, 『역사철학』에서는 네덜란드 독립전쟁에 대해 기술하고 『철학사』에서는 네덜란드가 데카르트, 스피노자를 비롯한 17세기 철학자들에게 자유로운 활동의 장을 마련해 주었다고 인정한다. 특히 인상적인 기술은 『미학』에서 17세기 네덜란드 회화에 관한 것이다. 오스타데(Adrian van Ostade 1610-85), 테니르스, 스텐(Jan Havicksz Steen 1626 경-79), 렘브란트(Rembrandt 1606-69)와 같은 화가들은 시민들의 초상, 일상의 광경, 실내 모습, 보석과 금속기의 광택, 포도주를 넣은 유리잔을 마음을 다해 묘사했지만, 그것이야말로 산업을 일으키고 자유를 얻은 시민 정신의 표현이라고 헤겔은 말한다. "네덜란드 인들은 그들의 활동, 근면, 용기와 절약에 의해서 스스로 획득한 자유의 감정에 빠져드는 가운데 안온함, 유복함, 성실함, 용감함, 쾌활함에, 나아가 명랑한 나날의 일들에 대한 자랑스러운 기분에까지 도달했던 것이다"[『미학』 14. 226]. ⇒회화

―사토 야스쿠니(佐藤康邦)

노년老年 [Greis]

"노년이란 주관성과 객관성의 통일의 성취이다. 이 통일은 실재적으로는 둔감한 타성의 무활동으로 이행하지만, 관념적으로는 제한된 관심과 외면적으로 현전하고 있는 것의 착종으로부터 자유를 획득한다"[『엔치클로페디(제3판) 정신철학』 396절]. 그것은 이상에 대한 희망을 방기하며, 미지의 것의 본질을 기지의 것이라고 믿는다. 그것은 과거의 추억으로 살아가며, 이름의 기억을 잃는다. "젊은이에게 설교하는 것을 의무라고 생각하며"[같은 책 「보론」 10. 86], 어린이로 되돌아온다. 이것들은 모두 "그의 기관의 활동이 과정이 없는 타성으로 되고, 살아 있는 개별성의 추상적 부정과, 즉 죽음으로 나아가는 것과 궤를 같이 하고 있다"[같은 곳].―헤겔의 학생 시대의 별명이 '노인(der Alte)'이었지만, 그의 풍모와 태도가 노인답지는 않았다. 다만 그의 목소리는 어릴 적의 질병으로 인해 쉬어 있었기 때문에 '노인'이라고 불렸다고 생각된다. ⇒어린이, 청춘

―가토 히사타케(加藤尙武)

노동勞動 [Arbeit]

Ⅰ. 대 자연-상호주체적인 활동. 노동은 전통적으로 천한 것이었다. 그러나 근대에 이르면 시장경제가 산업 전체를 뒤덮게 되고, 노동이 학문적 개념으로서도 다루어지게 된다. 헤겔은 후진국 독일에 있으며 노동에 새로운 빛을 던져 독창적인 노동론을 산출했다. 인간은 무엇보다도 우선 노동을 통해 자연으로부터 몸을 분리하고, 자립의 길을 걸어 나간다. 여기서 인간-자연 관계가 생긴다. 목적은 노동에 의해서 실현된다. 그러나 그 관계는 일방적인 자연 가공-기술적 지배가 아니다. 노동은 자연에 고유한 인과법칙하에서 영위되며, 거기서 자연과 인간에 관한 지가 심화된다. 그러나 "인간이 자연에서 무엇을 획득하든지 간에 인간이 자연을 복속시킬수록 인간 자신이 그 만큼 저락한다"[『예나 체계 Ⅰ』 GW 6. 321]. "인간은 그가 자기 자신의 주인으로 되기까지는 자연의 주인으로 되지 못한다"[『예나 체계 Ⅲ』 GW 8. 287]. 인간은 인류공동체에서야말로 자기 자신의 주인으로 될 수 있다. 노동을 자연에 대한 영위인 동시에 상호주체적인 영위로서 파악하고,

노동의 좀더 원리적인 장면에 자리 잡고서 그로부터 인류를 전망하는 점에 헤겔의 특징이 있다. 이러한 과제에 부응하는 것이 <자기를 사물로 형성하는 것>으로서의 노동이다.

Ⅱ. 교양형성의 운동을 산출한다. 노동은 시민사회 영역을 처음으로 인류의 긍정적 계기로 삼은『인류의 체계』에서 시야에 들어왔다. 다만『인류의 체계』,『예나 체계 Ⅰ』에서는 방법론상의 제약도 있고 노동 자신에게 체계적 기능이 부여되어 있지 않다. 두 초고 사이에 노동론의 진전이 있긴 하지만, 대체로 그 의의는 대상에 대한 형식 부여에 의한 점유의 근거짓기, 욕망과 충족 사이에의 노동의 삽입에 의한 욕망의 자제, 주체와 객체를 매개하는 노동의 지속적 규칙성으로서의 도구의 산출, 자연의 실천적 영유 등에 놓여 있다. 헤겔의 노동론은『예나 체계 Ⅲ』에서 성립된다. 거기에는 근대 자연법[특히 루소, 피히테]의 내재적 극복, 요컨대 개별의지-보편의지를 실재적으로 매개하는 과제가 놓여 있었다. 그에 부응하는 것이 '소외화(Entäußerung)', '교양형성(Bildung)'으로서의 노동이며, 그것은 개체의 활동에 입각하여 개체의 자기부정[자연성의 지양]과 보편화[공동성의 자각]를 이야기하는 중요 개념이다. 나는 자연에 부정적으로 관계하며, 자신의 규정들을 사물의 형식으로 '형성(Formieren)'하고[생산물], "나의 작품(일Werk), 그 속에서 나는 스스로의 행위를 안다. [……] 노동은 차안적인, 자기를 사물로 형성하는 것, 자기-대상-화이다"[GW 8. 204, 224]. 나는 도대체가 다른 것으로 된 것이 아니라 자기를 소외화하여 타자존재에서 자기 자신과 관계한다. 여기에는 타자존재에서 자기를 안다는 재귀적 구조가 놓여 있다. (덧붙이자면 '생산(Produzieren)'도 이와 같은 자기 대상화로서 파악되고 있다.) 또한 전통으로부터의 해방이 있다. 전통적 노동관에 따르면 제작활동[포이에시스]은 소재에 의존하며, 목적에 따라서 형상을 소재 속에 들여놓는 것에 지나지 않는다. 그것은 비자유민의 직분이며, 공적 마당에서 공적 문제에 관한 자유민의 실천[프락시스]과의 사이에는 엄연한 서열이 놓여 있었다.

Ⅲ. 인류를 성립시킨다. 이리하여 노동은 인간관계-사회의 존립을 이해하는 중요 개념이 된다. 교환에 의해서 나는 <대상으로 화한 자기>를 소외화[양도]한다. 나에게 있어 그것은 소원하게 되면서도 타자에게서 보존되고 있다. "그 속에서 나는 자신이 인정되고 있음을 본다"[GW 8. 227]. 교환은 노동에 기초하는 교양형성·인정의 운동이며, 소유 주체=인격으로서의 상호인정에서는 '인격적인 옳음과 옳지 못함'의 앎 및 사법적 관계들이 생긴다. 또한 사회적인 노동분할[분업]은 시장을 매개로 하여 특정 다수를 결합하며, 노동과 욕구충족을 대타적인 것으로 하고, 각 사람에게 보편적인 것에 대한 의식을 가져온다. 이 장면에서 올바르지 못함이 있으면 보편의지인 '법'은 사법 활동을 매개로 하여 자기를 소외화하여 자기가 만인이 의지하는 바라는 것을 보임으로써 만인이 알 수 있게 한다. 여기서 노동을 운동 축으로 하고 부의 권역과 법의 지배를 내실로 하는 근대의 차원에 서는 공동체 구상이 가능하게 되었다. 후년의『법철학』에서 이러한 착상이 자취를 감추는 것처럼 보이는 것은 '인정된 상태'에 자리 잡고서 인류의 구성계기에 대한 서술이 이루어지기 때문이다. (근대의 노동에 대한 부정적 서술은 공장 항으로 미룬다.)

Ⅳ. 노동관의 전환으로부터 새로운 발상이 생겨난다. 포이에시스적인 노동관의 전환에 의해서『정신현상학』'주인과 노예' 장에서의 노예 의식의 자립과 자유의 근원 경험이 생겨난다. 노예는 인간-사회관계 장면에 한정되지 않는다. 자주 사용되는 "정신의 노동"[『철학사』20. 507]은 단순한 비유가 아니다. 그것은 자기를 작품으로 형성하여 자기에게 있어 대상으로 화하는 '정신'의 본성을 표현하는 것으로서 정신의 다양한 국면에서 발견된다. 덧붙이자면, 이것의 배경으로서 칸트『철학에서 최근 고양된 고귀한 어조』(1796)에서의 어떤 착상("자기인식이라는 거대한 노동")을 들 수 있을 것이다. ⇒시민사회, 기술, 주인과 노예, 인정, 공장

【참】Lukács (1948a), Riedel (1969)

―다키구치 기요에이(瀧口清榮)

노력努力 [(Be-)Streben]

주체에 있어 객체와의 통일이 결여되어 있을 때 이 통일을 목적으로 하여 실현하고자 하는 활동. 이 개념은 종래의 헤겔 연구에서 받아들여지지 않았지만, 선행사상과의 구별에 의해 그것의 독자성과 헤겔 철학 전체에서의 위치가 분명하게 되어야만 한다. 칸트에서는 인간의 활동 일반을 의미하고 있으며, 술어로서 확정되어 있지 않았다. 이것이 술어로서 확정된 것은 피히테에서이다. 헤겔은 베른 시대에는 칸트의 의미에서 사용하고 있다. 그러나 그는 횔덜린과 셸링을 통해 피히테의 입장을 알게 되고 프랑크푸르트 시대를 거쳐 예나 시대에 이것과 대결하게 된다. 피히테에서 노력이란 자아가 비-아에 대해서 인과관계에 서서 동일성을 실현하고자 하지만, 비-아를 동일화할 수 없는 것을 의미한다. 자아는 자기의 외부에 비-아를 발견하고 도리어 비-아에 의해서 조건지어진다. 거기서는 노력이 자아의 동일성에서 분리된 채로 있다. 이와 같은 것으로서의 노력은 헤겔의 관점에서 보면 비동일성, 즉 '반성철학'의 입장을 나타내는 것이다. 이에 대해 헤겔은 노력을 절대자의 운동을 나타내는 것으로서 고쳐 파악한다. 그런 한에서 노력은 '이념의 운동'과 공통된 의미를 지닌다. 이 말이 사용될 때 예나 시대 초기에는 Bestreben과 Streben이 구별되고 있다. Bestreben은 자기의 총체성을 향한 '생'의 방향으로서 등장하며 지성에 대치된다. "지성의 건조물이 확고하게 그리고 빛나게 되면 될수록 그 가운데 부분으로서 사로잡혀 있는 생이 그로부터 자기를 탈출시켜 자유로 향하는 노력이 활동하게 된다"『차이 논문』2. 20]. 즉 그것은 총체성으로서 부분존재에 머무를 수 없는 생의 성격을 나타내며, 총체성을 재흥시키는 이성의 활동의 근거를 이룬다. 이런 의미에서의 노력은 사변적 욕구로서의 '철학의 욕구'에 대응한다. 이에 반해 Streben은 그 속에서 "무한한 것으로 분산되는 다양성"이 절대자와의 무의식적인 관련을 제시하는 바의 "무한한 집합으로의 노력"[같은 책 2. 136]으로서 사용된다. 이러한 노력은 지성의 의미에서 이해되는 것이다. 즉 헤겔에서 노력은 이성의 의미와 지성의 의미의 두 가지 의미를 지니는 것이다. 그리고 체계시기에는 후자의 의미를 자기의 계기로 하는 식으로 전자의 의미가 고쳐 파악됨으로써 양자가 통일적으로 파악되는 것이다. ⇒충동, 욕구·욕망

【참】Höffe (1974), Kozu (1988)

−고즈 구니오(幸津國生)

노발리스 [Novalis 1772. 5. 2-1801. 3. 25]

독일 초기 낭만주의의 시인이자 사상가로서 본명은 프리드리히 폰 하르덴베르크(Friedrich von Hardenberg). 예나 대학과 라이프치히 대학에서 법률과 철학을 익힌 후 프라이베르크의 광산전문학교에서 광물학과 지질학을 공부한다. 광산 감독관이라는 직업에 종사하는 한편, 광산에서 얻은 이미지에 판타지로 가득 찬 시적 세계를 만들어냈다. 그의 시의 근저에는 조피 폰 퀸이라는 소녀와의 연애 체험이 동기로서 자리 잡고 있다. 약혼 후 곧바로 그녀는 결핵성 질병으로 사망하지만, 그는 실의 가운데서 그녀를 정신적 동경의 대상으로서 결정화하였으며 그 이상화된 형상이 그의 시 속에서 살아 있다. 그의 대표작은『밤의 찬가』와『푸른 꽃(하인리히 폰 오프터딩겐)』이다. 그 같은 창작활동과 동시에 그는 둘도 없는 친구 Fr. 슐레겔 등과 문예와 사상 동아리를 만들고 그 기관지『아테네움』을 무대로 예나에서의 독일 초기 낭만주의 운동의 사상적 중심을 이루었다. 그는 피히테와 셸링의 관념론철학에서 영향을 받으면서도 그것을 '마술적 관념론'으로서 시적으로 변용하고 포에지의 힘에 의해서 우주의 체계를 통합하는 '보편적 학'의 구축을 지향했지만, 그것을 체계화하는 데에는 이르지 못했다.

그는 계몽사상이 낳은 속물적인 근대 시민사회를 기피하는 나머지 현실에서는 달성될 수 없는 신성로마제국의 부활과 가톨릭주의로의 회심에 의한 신과의 신비적 합일, 나아가 동양적 세계로의 회귀를 몽상하게 되었다. 헤겔은 노발리스의 현실을 기피하는 낭만적 정신의 결말을 '아름다운 영혼'으로서 묘사하고 있다. 즉 "자기 마음의 순결을 보존하고자 하여 현실과의 접촉을 기피"하는 "아름다운 영혼"은 동경 속에서 자기를 구하면서 결국은 자기를 상실하고 마는 "공중

71

에서 용해되는 형태 없는 안개 같이 소멸한다"[『정신현상학』 3. 483f.]. 여기에는 바로 현실세계에서 정신의 실현을 보고자 하는 헤겔의 비판이 들어 있다. ⇒낭만주의, 아름다운 영혼, 슐레겔 형제

【참】 Haym (1920), Malsch (1965), Frank (1989)

—이사카 세이시(伊坂靑司)

노예제奴隷制 [Sklaverei]

헤겔은 인간을 오로지 '즉자적으로 자유로운 것'이라고 여기는 데로부터 노예제가 부당하다고 주장하는 입장에 비판을 가하고 있다. 인간은 자기의 자연적 직접성을 도야함으로써 자기를 자유의 주체로 형성해가는 존재이며, 그 '개념'에서가 아니라 '이념'에서 자유이어야만 한다는 헤겔 철학의 기본적 입장이 여기서도 발견된다[『법철학』 57절 「주해」]. 요컨대 "인간의 본질이 자유에 있는 이상 노예제는 절대적으로 불법"이지만, 또한 그 제도는 역사철학적인 관점에서는 "좀더 고차적인 인류와 이 인류에 결부된 교양형성에 참여하기 위한 하나의 양태"이기도 하다고 파악되는 것이다[『역사철학』 12. 129]. "모든 민족은 자유롭게 되기 위해서는, 즉 자기지배의 능력을 획득하기 위해서는 무엇보다도 우선 주인에게 복종하는 엄격한 훈련을 헤쳐 나가야만 하는" 것이고, 따라서 "자유의 단서"로서 "예속과 전제정치는 민족의 역사에서 하나의 필연적인 단계"라는 것이다[『엔치클로페디(제3판) 정신철학』 435절 「보론」]. 그런 의미에서 "노예제는 인간의 자연성에서 참으로 인류적인 상태로의 이행에 속하게"[『법철학』 57절 「보론」] 된다.

그러나 노예가 도야되고 그들이 자유의 의식에 도달했기 때문에 노예제가 폐지된 것은 아니다. 헤겔은 그 폐지의 근거를 "기독교의 원리"에서 구해야만 한다고 말하고 있다[『엔치클로페디(제3판) 논리학』 163절 「보론」]. 근대 유럽에서 "곤란한 긴 세월에 걸친 교양형성의 노고"를 거쳐 점차 노예제가 소멸한 것은 바로 "게르만 민족들에 이르러 비로소 기독교하에서 인간이 인간으로서 자유이며, 정신의 자유가 인간의 가장 고유한 본성을 이루는 것이라는 의식에 도달했기" 때

문이라는 것이다[『역사철학』 12. 31, 403]. ⇒자유

—난죠 후미오(南條文雄)

노자老子 [Lao-tse]

중국에서 사람들은 자기 밖의 황제 안에서 자기의 직접성을 보았지만, 다음의 단계에 이르면 자기 내면 안에서 자기를 보고자 하는 교설이 나타난다. 이것이 도교이다[『종교철학』 16. 328 참조]. 헤겔에 따르면 내적인 것, 즉 추상하는 순수사유로의 이러한 방향은 이미 고대 중국에서 발견되지만, 그러나 그 교설이 좀더 변화하여 심화된 것은 후대에서이며, 특히 노자에서이다. 노자에 의해서 심화된 교설에서는 사상이라는 순수한 지반으로의 이행이 싹트고 있다. 그러나 사상의 추상에 전념하는 사람들은 그것 자체에서 순수한 불사의 존재가 되고자 의도했다. 그러므로 생명성·의식·정신적인 것으로부터 분리되어 사상은 완전한 추상에 그치게 된다. 헤겔은 『역사철학』에서 공자와 노자를 동시대인이라고 하고 있지만, 현대의 연구에서 노자는 공자보다 100년가량 후(춘추시대 말기)로 되고 있다. 헤겔은 노자에 관한 자료로서 아벨 레뮈자(Abel Rémusat 1788-1832) 「노자의 생애와 견해에 관한 각서」(Paris 1824)와 『노자도덕경』의 번역을 읽고 있었다. ⇒중국

—핫타 다카시(八田隆司)

논리학論理學 [Logik]

Ⅰ. 예나 시기의 헤겔과 논리학. 헤겔 논리학을 성립사적으로 고찰할 때, 그것이 한편으로는 칸트의 초월론적 논리학과의 철저한 대결로부터, 다른 한편으로는 요한복음의 로고스 해석으로부터 성립한다는 점을 무시할 수 없다. 왜냐하면 칸트의 초월론적 논리학에서 특히 변증론의 이율배반론은, 이것에 의한 칸트의 형이상학 비판에도 불구하고, 대립하는 것을 통일하는 논리로 변증론을 전환시킴으로써 새로운 형이상학의 가능성에 길을 여는 것이기도 했기 때문이다. 그리고 칸트가 변증론에서 자아, 세계, 신을 문제로 삼을 때

이들 3자의 통일적 연관을 신과 인간으로 된 신의 말씀인 예수와 코스모스로서의 세계에서 생각하고자 했던 것이 요한복음의 로고스 해석이었다고 말할 수 있을 것이다. 이러한 사색의 최초의 결실을 예나 초기에서 발견할 수 있다. 이미 『차이 논문』에서 헤겔이 철학의 전제로서 절대자와 그 분열을 든 후 "철학의 과제는 이러한 전제를 통합하는 것, 요컨대 존재를 무 속에서 생성으로서, 분열을 절대자 속에서 절대자의 현상으로서, 유한한 것을 무한한 것 속에서 생으로서 정립하는 것이다"[2. 25]라고 말할 때, 여기서는 곧이어 전개되는 논리학의 기본적인 틀이 보인다. 그리고 1801/02년의 예나 강의에서 지성의 형식의 유한성을 폭로하고 형이상학적 인식을 이끄는 것으로서 형이상학과 구별되고 절대자의 학의 최초의 기본적 부문으로서의 논리학이 처음으로 전개되기에 이른다. 여기서 보이는 논리학과 형이상학의 밀접한 관계, 그리고 논리학을 부정적인 방식에서의 절대자의 인식으로서 보는 시선은 분명히 칸트와의 대결에서 얻어졌을 것이다. 이 점은 1804/05년이 되어 이 논리학이 변증법으로서 말해지고 형이상학과 구별되는 데서 단적으로 엿보인다. 그리고 이 과정에서 헤겔은 이중부정의 개념, 이에 의한 논리적 규정들의 절대자의 직관으로의 지양, 그리고 범주들과 판단과 추리의 형식이 칸트에서처럼 판단표 등에서 경험적으로 긁어모아지는 것이 아니라 체계적으로 전개되어야만 한다는 인식을 얻고 있는 것이다. 그러나 논리학(변증법)과 형이상학의 구별은 1805/06년의 강의에 이르면 사라져 간다. 학에로의 서론은 논리학이 아니라 의식의 경험의 학(정신현상학)으로 넘겨지는 것이다. 그리고 논리학은 정신현상학이 도달한 절대지에 근거한다는 점에서 사유와 존재의 일치에 서는 존재론적·형이상학적 논리학으로 되는 것이다.

Ⅱ. 순수학으로서의 논리학. 이리하여 1812년에서 16년에 걸쳐 제1판이 간행된 『논리의 학』은 헤겔에 의해서 '순수학'으로서 규정된다[5. 67]. 이 규정에 의해서 이 논리학이 사유의 형식만을 취급하는 이른바 형식논리학이나, 대상을 구성하는 사유를 취급하는 칸트의 초월론적 논리학과 다른 까닭이 제시되고 있다.

여기서 '순수학'이란 사유를 사유하는 학이며, 이 논리학에서는 내용이 밖으로부터 주어지는 것이 아니라 모든 것을 사유 스스로가 부여하고 이에 의해 자기를 기초짓은 학이라는 것을 의미하고 있기 때문이다. 칸트에서 각각의 범주는 판단하는 자아 내지 판단이 향하는 대상을 회로로 하여 서로 관계지어지는 데 불과하다. 이에 반해 사유의 규정들을 하나의 규정에서 다른 규정으로 나아가는 사유 운동의 진행 형식 속에서 밝히는 것, 이것이 헤겔이 지향한 것이며, 여기서 범주들은 규정된 개념으로서 개념 그 자체의 자기운동의 계기들로 되어 서로 관계하게 되는 것이다. 그런데 이와 같이 사유가 자기 자신 이외의 아무것도 전제하지 않고 자기의 운동을 지켜 볼 수 있기 위해서는, 이 사유는 이미 존재와 대립하는 사유여서는 안 된다. 여기서 헤겔에게 있어 논리학은 사유를 사유하는 학이라는 점에서 동시에 사유에 열려진 존재의 학이고, 이미 칸트에서처럼 단순한 주관의 인식형식에 그치지 않고 동시에 존재론적 범주로 되는 것이다. 헤겔이 자기의 논리학, 그리고 객관적 논리학을 전통적 구별에서 말하자면 '논리학'임과 동시에 '형이상학'이고, '존재론'이라고 말하는[5. 61] 것도 이 때문이다.

Ⅲ. 세계 창조 이전의 신의 서술. 헤겔은 논리학의 내용을 "자연과 유한한 정신의 창조 이전의 영원한 본질에서 존재하는 신의 서술"[5. 44]이라고 말한다. 이 말은 분명히 요한복음 서두의 구절 "태초에 말씀(로고스)이 계셨다"를 염두에 둔 말이다. 그리고 이 말은 결코 단순한 비유적 표현에 그치는 것이 아니다. 왜냐하면 헤겔의 논리학은 그에게 있어 신의 현존재의 존재론적 증명으로서의 의미를 지니는 것이기도 하기 때문이다. 신의 현존재의 존재론적 증명은 신에서의 개념과 실재, 사유와 존재의 일치를 전제하여 개념으로부터 실재를 도출하는 것이다. 이 증명을 칸트가 『순수이성비판』에서 100탈러의 개념과 현실의 100탈러의 질적 차이를 지적하여 부정한 것은 잘 알려져 있는 대로이다. 이에 대해 헤겔은 100탈러라는 유한한 것에 관한 논의를 신이라는 무한한 것에 적용하는 것이야말로 양자의 질적 차이를 무시하는 것이라고 비판했지만, 그러나 이것이 전통적인 존재론적 증명을

긍정했다는 것을 의미하는 것은 아니었다. 그것은 종래의 존재론적 증명에서는 신의 개념이 그 자신에서 존재를 포함한다는 것이 전제되는 데 그치고, 이 전제 자신이 기초지어져 있지 않기 때문이다. 그것은 신의 현존재의 증명이 신앙의 문제인 한에서 신의 본질은 물어지지 않은 채 신의 현존재만이 물어졌기 때문이다. 철학에서는 이러한 전제로서의 성격이 지양되어야만 한다. 그런데 어떤 것을 증명한다든가 기초짓는다는 것은 그것을 근거를 향해 근원으로 되돌린다는 것이지만, 신은 어디서 자기를 근원으로 되돌리는 근거를 발견할 수 있을 것인가? 신에 있어서는 다름 아니라 신 자신이 자기 자신을 현존재로 데려옴으로써 증명한다. 다시 말하면 개념과 존재의 일치를 신, 즉 절대개념의 자기 산출로서 생성의 모습에서 해명하는 것 이외에 다른 길은 없다. 그리고 우리는 헤겔의 논리학을 바로 이 길을 서술하는 것으로서 읽을 수 있는 것이다. 이런 의미에서 논리학을 전개하는 주체는 정신으로서의 신이며, 인간의 의식적 생활도 역사적으로 전개하는 정신의 자기운동 속으로 짜 넣어져 바로 정신이 자기를 아는 장소로 되는 것이다.

Ⅳ. 논리학의 구조 헤겔에서 논리학은 개념의 운동의 다양한 단계에 따라 크게 존재로서의 개념을 취급하는 존재론과 본질로서의 개념을 취급하는 본질론을 내용으로 하는 객관적 논리학과, 개념으로서의 개념을 취급하는 주관적 논리학으로 구분된다. 존재론은 1831년에 개정되지만, 질의 범주와 양의 범주, 그리고 그에 더하여 도량의 논리를 취급한다. 나중에 자주 논의되기에 이른 존재와 무, 생성의 삼분법 구조는 질의 범주 서두에서 전개되고 있다. 또한 양의 범주에서는 미적분학에서 획득한 무한 개념이 근대 형이상학과 피히테 철학의 끝없는 악무한에 맞서 진무한으로서 대비되고 있다. 본질론은 반성의 매개 영역을 주제화한다. 여기서 반성이란 사태를 밖으로 추사유하는 보통 말하는 반성과는 달리 사태가 자기 속에서 사태 그 자체의 내적 대항 운동으로서 구부러져 귀환하는 것을 가리킨다. 이때 직접적인 존재는 본질에 의존하는 것으로서 가상이 된다. 존재의 범주들이 그때마다 다른 것으로 이행한 데 반해, 동일성과 구별에서 시작하여 모순과

근거에 이르는 반성 규정들의 체계는 동일률, 배중률, 모순율, 근거율 등 전통적인 논리학의 공리에 대한 사변적 해석을 통해 자타관계의 내적 연관을 해명할 것을 목적으로 하고 있다. 그리고 이러한 연관은 이어지는 현상과 사물 자체, 전체와 부분, 실체성과 인과성과 교호성과 같은 본질 규정들을 꿰뚫고 있을 뿐 아니라 논리학 전체의 근저에 가로 놓여 있다고 말할 수 있다. 그리고 실체 개념으로부터 개념론으로 이행할 때에 스피노자주의에 대한 내재적인 반박을 시도하고 있다. 그리고 존재와 본질의 통일로서의 개념은 자기를 규정들을 통한 자기 동등성이라는 실체의 근본구조와 지의 자기관계로서의 주체의 근본구조를 아울러 가짐으로써 사유하는 자기관계를 통해 구성되는 현실적인 것으로서 제시한다. 그리고 개념은 완벽한 자기 규정에 이르는 도상에서 보편성과 특수성과 개별성의 계기들, 또한 판단과 추론(추리)의 모든 격들을 더듬어 가게 된다. 그리고 이것들은 개념의 주관성의 측면들이지만, 이 전개를 통해 추론의 구조가 동시에 객관적 세계의 근본구조로서 제시되게 된다. 거기서 객관성으로서 기계적 연관, 화학적 연관, 목적론이 논의된다. 그리고 이러한 주관성과 객관성의 통일에서 개념은 개념으로서 완전한 형식을 얻어 이념(이데)이 된다. 물론 여기서 이념은 플라톤과 칸트를 따르는 것이긴 하지만, 같지는 않다. 칸트에서 이념은 규제원리로서 주관성에 머무르고 있지만, 헤겔에서는 동시에 객관적 세계에 실재하며 활동하고 있는 것이며, 플라톤에서 이데아는 변증법적으로 운동하지 않지만, 헤겔에서 이념은 유기적 전체로서의 생명의 형태를 취한 후 이론적인 것과 실천적인 것으로 발전하고, 최후로 참다운 것과 선한 것의 통일로서의 절대이념에 이르기 때문이다. 절대이념에서 변증법이 내용에서 분리되어 밖으로부터 사태에 적용되는 도구와 같은 의미에서의 방법이 아니라, 개념의, 따라서 사태 그 자체의 내재적 운동이라는 것이 제시된다. 헤겔 사후에 이러한 헤겔의 논리학은 한편으로는 후기 셸링, 트렌델렌부르크, 쇼펜하우어, 키르케고르, 포이어바흐, 그리고 최근에는 K. 포퍼 등의 격렬한 비판에 노출됨과 동시에, 다른 한편으로는 마르크스에 의한 변증법적 유물

론으로의 개작을 통해 마르크스주의에, 그리고 최근의 프랑크푸르트학파의 문화비판과 철학적 해석학 등에 영향을 주고 있다. ⇒변증법, 형이상학, 신의 존재증명, 칸트

―고즈마 타다시(上妻精)

놀이 ⇨유희

농노제農奴制 [Leibeigenschaft]

헤겔은 봉건제도의 약화와 함께 국왕의 권력이 점점 강대해져가는 시대의 추이를 언급하며 농노제가 개개인의 의지를 국가라는 공통의 목적 앞에 데려가기 위한 하나의 '훈련'이었다고 하여 그 정신적 의미를 말하고 있다. 헤겔은 농노제를 인간이 자기의 신체를 자신의 것으로 하는 것을 허용하지 않고 타인의 것으로 하는 것으로서 인간성을 예속과 정욕과 야만 속으로 던져 넣어 파괴해버리는 것으로 간주한다. 그러나 헤겔에 따르면 "자기의 개별성을 고집하는 이기적인 심정의 완고함"[『역사철학』 12. 486] 게르만적 심정은 이러한 농노제의 가혹하기 짝이 없는 훈련을 경험함으로써 타파되며, 따라서 농노제는 스스로의 야만적인 포학 그 자체로부터 인간을 구한 것이다. "인간성은 노예상태로부터 해방된 것이 아니라 오히려 노예상태를 통해서 해방된 것이다"[같은 책 12. 487]. 물론 헤겔은 이것을 교육이라는 형태를 취할 수 없는 전근대적인 훈련으로 간주하고 있다. ⇒노예제

―미즈노 다츠오(水野建雄)

농민農民 ⇨직업·신분

누스 [Nus, Nous]

마음 또는 그 본질로서의 정신, 이성. 헤겔은 때에 따라 지성, 사상, 정신, 이성 등으로 번역하고 있다. 누스를 처음으로 사물들의 원리라는 의미로 파악한 사람은 아낙사고라스(Anaxagoras BC 500경-428경)이다. 그의 누스는 영혼이라는 생명원리를 가리키지만, 동시에 그 보편적 원리로서의 '지성'[『철학사』 18. 379]이라는 의미로도 사용된다. 이 '지성'으로서의 규정이야말로 아낙사고라스를 효시로 한다. 만물의 종자, 존재의 근본원소인 호모이오메레(Spermata종자)의 집단인 존재하는 모든 것은 본래 혼합된 동등한 부분으로 이루어진 무규정적인 것이지만, 그것에 운동을 일으키고 형태와 질서를 부여하는 것은 바로 세계의 형성자인 누스이다. 그러나 그에게서 그것은 물질적 규정으로 인해 아직 자유는 아니었다. 누스의 본성이 좀더 한정되는 것은 플라톤, 아리스토텔레스에서이다. 헤겔은 더 나아가 그것을 '개념'으로서 파악하고자 한다. ⇒지성, 개념

―다케다 죠지로(武田趙二郎)

눈 [Auge]

헤겔 미학은 정신의 주체성의 결여라는 자연미의 결함으로부터 예술미로의 이행의 필연성을 도출하고 예술을 눈에 비유한다. "눈 속에 영혼은 집중하며, 오로지 눈을 통해서 볼 뿐 아니라 눈 속에서 보이기도 한다. …… 눈은 영혼의 자리(der Sitz des Seele)이며, 정신을 현상시킨다"[『미학』 13. 203]. 예술은 이러한 눈과 같이 모든 것을 영혼으로 삼아 눈으로서 정신을 나타나게 한다. 그러나 헤겔은 그가 미의 완성이라고 평가하는 그리스의 신들의 조상에 눈이 빠져 있는 것을 이 예술의 결함으로서 지적한다. "[주체성의 결여라는] 이 결함은 외적으로는 조각의 형태들에 단순한 영혼의 표현, 요컨대 눈빛이 결여되어 있는 것에서 나타난다. 아름다운 조각의 최고 작품들의 눈은 멍하다(blicklos). 그 작품들의 내적인 것은 눈이 고지하는 이 정신적인 집중에서 자기를 알고 있는 내면성으로서 그 작품들로부터는 보이지 않는다. 영혼의 이러한 빛은 그 작품들 외부에 떨어지며, 감상자에 속한다"[같은 책 14. 131f.].

―시카야 다이코(四日谷敬子)

뉴턴철학·뉴턴역학——哲學·——力學[Newtonische Philosophie, Newtonische Mechanik]

뉴턴 시대의 영국에서는 실험과학들이 '뉴턴 철학'이라고도 불렸다. 특히 헤겔은 영국 경험론의 실험주의에서 기계론적인 사상을 인식하고 있었다. 그는 프란시스 베이컨(Francis Bacon 1561-1626)과 로크 그리고 뉴턴 등의 '실험과학(philosophia experimentalis)'의 학풍에 대해 일관되게 비판적이었다.

헤겔 자연철학은 절대관념론의 형이상학에 기초하고 있다. 따라서 뉴턴이 그의 저서『자연철학의 수학적 원리』(1687)에 대한 '일반적 주해'에 덧붙인 "나는 가설을 세우지 않는다……"는 주장과 형이상학적인 것은 물리학 안에서 어떠한 장소도 지니지 않는다는 선언은 헤겔 철학체계에 받아들여질 수 없었다. 헤겔은 확실히 물리학에서의 지각과 경험의 가치를 인정한다. 그러나 그것은 경험적 물리학이 자연의 범주들과 법칙들에 따라서 사유한다는 정당한 권리까지는 침해하지 않는 한에서의 일이다. 왜냐하면 물리학은 "그 범주들과 법칙들을 다만 사유에 의해서만 획득할 수 있기" 때문이다.

칸트는『순수이성비판』에서 반성개념의 이의성(die Amphibolie der Reflexionsbegriffe)을 논하고, 그러한 개념의 맞짝들로서 동일과 차이 및 일치와 반대 등의 대립을 들었다. 헤겔은 더 나아가 본질의 개념들을 모두 반성개념으로 간주하고 두 개념이 서로 다른 규정을 반조(반성)하는 관계에 있을 때 그 개념들을 반성규정들(Reflexionsbestimmungen) 또는 반성개념들(Reflexionsbegriffe)이라고 불렀다. 헤겔은 물리학(역학)이 그 개념들을 단초의 근거로서 드러내기 전에 그 개념들을 드러내기에 이르는 반성과 추론이야말로 문제라고 이야기한다. 그는 뉴턴 물리학의 공적을 반성개념으로서의 힘들(인력·척력·구심력·원심력 등)에서 인정한다. "뉴턴은 현상들의 법칙 대신에 힘들의 법칙을 세운 점에서 과학을 반성의 입장으로 나아가게 했다"는 점에서 찬양되는 것이다[파올루치Henry Paulucci]. ⇒물리학, 역학, 본질, 반성

【참】 Paulucci (1984)

—혼다 슈로(本多修郎)

니시다 기타로 [西田幾多郎 1870. 5. 19-1945. 6. 7]

니시다 기타로에게 있어서는 주제적으로 헤겔에 몰두하는 시기 내지 일은 없다. 1931년에「내 입장에서 본 헤겔의 변증법」이라는 짧은 논문이 저술되었지만, 그것도 니시다의 일 가운데서 특히 높은 비중을 차지하는 것은 아니다. 그럼에도 불구하고 니시다에게 헤겔 철학이 의미를 지니지 않았던 것은 아니다. 실제로 이 논문을『속·사색과 체험』에 수록할 때 니시다는 다음과 같은 후기를 첨가했다. "나는 오늘날의 생각의 많은 것을 헤겔로부터 배웠으며, 또 누구보다도 헤겔에게 가장 가깝다고 생각함과 동시에, 헤겔에 대해 이야기할 많은 것을 지니고 있는 것이다. 내 입장에서 말하자면 헤겔의 변증법은 여전히 주어적이다. 노에마적이다. 적어도 그 방향에 중점을 두고 있다고 말할 수밖에 없다. 그런데 나는 그에 반해 일단 취할 수 있는 입장을 단절한 곳으로부터 나와야만 한다고 생각하는 것이다"[西田幾多郎 전집 **12**. 84].

니시다가 자기를 헤겔에게 가장 가깝다고 생각하는 것은 니시다 스스로도 실재 그 자체의 운동으로서의 '변증법'적 사변을 사색의 근본적 성격으로 하기 때문이다. 그러나 바로 그와 같은 점에서 그는 헤겔에 대해 말해야만 할 것을 지닌다. 즉 헤겔의 변증법은 그의 입장에서 보면 여전히 '노에마적'이며, 다시 말하면 합리적 한정의 '유(有)'의 입장에 서는 것이다. 즉 이 '유'의 입장의 근저에는 이것을 보고 있는 비합리적인 노에시스적 자기, 다시 말하면 어디까지나 대상화할 수 없는, 그런 한에서 '무'라고도 말해야만 할 자기가 있는 것이다. 이러한 자기의 자각에서 성립하는 논리가 니시다가 말하는 참된 변증법이다. 헤겔 변증법이 노에마적인 유의 입장에서 성립하는 연속적인 '과정적 변증법'이라면, 니시다의 논리는 그 한걸음 한걸음마다 절대의 노에시스적 무에 접하는 '장소적 변증법'이다. 니시다의 이와 같은 '절대무'의 입장은 헤겔 이해라는 점에서 지금까지 없었던 관점을 여는 것이며, 치밀하고 정력적인 헤겔 연구를 행한 다나베 하지메(田辺元)조차도 니시다에게서 헤겔을 보는 새로운 방법을 배웠다고 고백한다. 니시다와 헤겔 사이에는 멀지만 그런 까닭의 가까움과, 가깝지만 그런 까닭의 멂이

있다. ⇒다나베 하지메, 일본의 헤겔 연구

—오하시 료스케(大橋良介)

—와타나베 지로(渡辺二郎)

니체 [Friedrich Nietzsche 1844. 10. 15-1900. 8. 25]

Ⅰ. 니체에 따르면 "헤겔은 이르는 곳마다 이성을 탐구하고"[『권력에의 의지』 95번], 사실을 "확인하여 공식 속으로 밀어 넣으며"[『선악의 피안』 211번], "현실적인 것을 이성적인 것으로서 숭배하고", "성과를 신격화한다"[『반시대적 고찰』 제1편 7절]. 독일의 "역사적 낙천관"의 책임은 헤겔에게 있다[『우리들 문헌학자』 155번]. "역사적 감각"에 기초하여 "현존재의 신성"을 이야기하는 헤겔[『즐거운 지식』 357번]의 철학은 "범신론"이며, 일반적으로 "독일 철학 전체"는 "낭만주의이자 향수이다"[『권력에의 의지』 416, 419번]. 이에 반해 니체는 헤겔 철학보다도 "비관주의"를 "사상의 좀더 고차적인 힘의 징후"로 본다[『니체 대 바그너』 '우리들 대척자'].

Ⅱ. 그러나 다른 한편으로 니체는 "헤겔의 혁신"을 "'발전'이라는 결정적 개념을 처음으로 학의 중심으로 가지고 들어왔다"는 점에서 인정하고, "존재"보다도 "생성, 발전"에 "좀더 깊은 의미"를 부여하는 "우리 독일인은 헤겔이 없었다 하더라도 헤겔주의자이다"라고 말한다[『즐거운 지식』 357번]. "발전"이야말로 "참으로 독일적인 발견"이며, 헤겔은 "독일적 혼의 근저에 놓여 있는 모순이라는 본성"을 "체계화하고"[『선악의 피안』 244번], "모순이 세계를 움직인다"는 "근본명제"를 수립했다[『서광』 서문 3절].

Ⅲ. 그럼에도 불구하고 니체에 따르면 헤겔은 "가장 냉정하고 냉철한 사태에 관해 마치 술에 취한 사람처럼 말한다"[『생성의 무구』 443번]. 니체는 헤겔 철학의 "핵심"에서는 "기지가 풍부한" 착상이 넘쳐나며, 헤겔만큼 "기지"로 가득 찬 독일인도 없지만, 그 핵심의 주위에는 여러 겹의 실이 "휘감겨" 핵심이 보일 수 없게 되어 있으며, 이러한 "헤겔 특유의 악문"으로 인해 결국 그 "난해하고 심원한 학"이 "극도로 도덕적인 지루한 것"으로 떨어지고 있다고 혹평한다[『서광』 193번].

니트함머 [Friedrich Immanuel Niethammer 1766. 3. 6-1848. 4. 1]

뷔르템베르크의 바일슈타인에서 태어나 튀빙겐, 고타를 거쳐 예나에서 신학을 공부하고 계시에 관한 작품에 의해서 1792년에 석사학위와 교수자격을 취득한 후, 예나 대학에서 칸트에 관한 강의를 행하고 그 다음 해 신학부에서 원외교수가 된다. 이 무렵 괴테와 친밀하게 교제하고, 관심을 철학으로 돌렸다고 한다. 나아가 피히테에 접근하여 그의 입장에서 여러 편의 논문을 쓴다. 1796년 Philosophisches Journal einer Gesellschaft teutscher Gelehrten이라는 잡지를 간행하고, 다음 해에는 피히테도 편집에 가담한다. 1798년 예나에서 신학교수로 임명되었지만, 1803년 셸링과 함께 뷔르츠부르크 대학에 교수 겸 성직자로서 초빙된다. 1805년 프레스부르크 조약의 결과 뷔르츠부르크가 바이에른으로부터 분리되었기 때문에 뷔르츠부르크 대학을 떠나 학무·종무 고문으로서 밤베르크로 옮기고, 1806년 뮌헨으로 부임하여 학무·종무 관계의 고급관료가 된다. 1808년 「현대의 교육이론에서의 우애주의와 인문주의의 항쟁」이라는 문서를 기초하여 교육에서의 이른바 '바이에른 신인문주의'를 제언하고, 이에 기초하여 '(바이에른)왕국에서의 공교육기관 설치를 위한 일반규준'을 정한다. 1848년 뮌헨에서 사망한다.

니트함머는 헤겔과 동향·동학이었을 뿐 아니라, 글로크너에 따르면[Glockner (1964) 383f.] 수수한 인품이라는 점에서 헤겔과 비슷했기 때문인지 생애에 걸쳐서 친밀하게 교제하며 헤겔의 인생에서 중대한 전기마다 세심한 배려가 깃들인 도움의 손길을 내밀었다. 두 사람이 가족까지 포함하여 친밀한 교제를 계속한 것은 왕복서한[이것은 지금 남아 있는 헤겔의 왕복서한 전체의 약 3분의 1에 이른다[『서간집』 제1권-4권 참조]]에서도 뚜렷하게 읽어낼 수 있다. 니트함머는 재정상태가 몹시 어려웠던 예나 시대의 헤겔에게 돈을 융통해주어 임시변통하게 한다든지, 『정신현상학』의 출판을 맞이해서는 몹시 애태우면서도 작업이 진전되지 않는 헤겔과 계속 독촉하며 계약파기를 넌지시

비추는 출판인 사이를 주선하여 자기 책임으로 양자의 타협을 조정한다든지, 예나를 떠날 수밖에 없었던 헤겔에게 밤베르크의 신문편집 일을 소개했다.

그러나 우리에게 있어 니트함머와 헤겔의 교제로부터 생겨나는 가장 큰 의의는 뉘른베르크 시대에 관계된다. 위에서 적었듯이 뮌헨으로 옮긴 니트함머는 당시 독일의 혼란한 상황에서 수많은 난문들과 반대를 배제하면서 초중등교육의 쇄신에 관한 이념적인 사상과 그것을 실시하기 위한 구체적인 규준을 정하고, 이 규준에 따라 자기의 교육이념을 실행해줄 인물로서

헤겔을 선택하여 그를 뉘른베르크에 있는 김나지움의 교장으로 추천했다. 이에 따라 헤겔은 교장 직에 취임함과 동시에 기준에서 제시되듯이 "생도들을 사변적인 사색으로 이끌기"[Niethammer (1968) 65] 위해 철학수업을 담당했다. 그 요지는 『철학적 예비학』으로서 알려져 있지만, 실은 여기서 나중의 『엔치클로페디』의 원형(또는 '뉘른베르크 체계'라고 말해야만 할 것)이 제시되어 있다.

【참】 Glockner (1964), Niethammer (1968)

—나카노 하지무(中埜 肇)

다공성多孔性 [Porosität]

다공성 또는 유공성은 서로 다른 종류의 가스체끼리 혼합되어 상호 확산되면서도 화학적으로 결합하지 않고 자립적으로 존재하는 현상을 설명하기 위해 근대 원자론의 제창자 돌턴(John Dalton 1766-1844)이 제기한 가설에서 유래한다. 이 가설은 각각의 물질이 자립적이면서도 그 자신 속에 무수히 많은 아주 작고 비어 있는 간격, 즉 구멍을 지니며, 이 구멍을 출입함으로써 서로 순환, 삼투한다고 생각하는 것이다. 헤겔은 한편으로는 이 가설이 우리의 지각과 경험에 의해서 입증될 수 없는 지성의 가짜라고 생각한다. 그러나 다른 한편으로 헤겔은 이 가설이 하나의 물질이 동일한 구멍을 통해서 다른 물질로 삼투하는 동시에 다른 물질에 의해서 삼투된다는 모순을 내포한 "순수한 다공성"[『정신현상학』 3. 110] 또는 "절대적 다공성"[『논리의 학』 6. 142]으로서 제시되는 까닭에, 많은 자립적인 물질을 외면적으로 결합하고 있는 사물이 자기를 해소하여 현상에 이를 수밖에 없는 이행의 필연성을 실질적으로 표현하는 것으로 간주하고 있다. ⇒사물

―오쿠타니 고이치(奧谷浩一)

다나베 하지메 [田辺 元 1885. 2. 3-1962. 4. 29]

다나베 철학의 '종(種)의 논리'가 생성, 발전하는 것은 1934년부터 1940년에 걸쳐서이지만, 그에 앞서 다나베 하지메는 1927년부터 1932년의 5년간에 걸쳐 대단히 정력적인 방식으로 헤겔 철학과 씨름했다. 그 성과를 논문집으로서 종합한 것이 『헤겔 철학과 변증법』(1932)이다. 이 논문집은 다나베의 '종의 논리'를 이해하는 데서도 중요하지만, 헤겔 연구로서도 강력한 철학적 사색력에 기초하는 것으로서 탁월한 위치를 점한다고 말할 수 있다. 이 무렵 다나베를 움직이고 있던 철학상의 문제는 하나는 마르크스주의와의 대결이며, 또 하나는 니시다(西田) 철학과의 대결이다. 전자에서 무산계급독재를 위한 투쟁을 필연이라고 하는 주장에 대해 다나베는 여기서 "역사를 지배하는 보이지 않는 전체에 대한 목적론적인 도덕적 실천을 강조하는 절대관념론"[田辺元 全集 3. 79]을 제출한다. 또한 후자의 니시다 철학에 관해서 다나베는 1930년에 우선 「니시다 선생의 가르침을 우러름」을 발표하여 비판을 개시했지만, 곧이어 자기의 비판이 이르지 못한 바를 반성하고 오히려 "영원한 지금에서의 절대무의 변증법이라는 선생의 사상은 나로 하여금 헤겔의 절대지를 새로운 입장에서 이해하는 길을 열어 주었다"[같은 책 80]고 고백한다.

위에서 "도덕적 실천을 강조하는 절대관념론"이라고 말해지고 있는 것은 사변적인 헤겔의 절대지를 "실천의 자각"으로서 다시 이해하는 입장이다. 헤겔 변증법은 여기서 실천적 성격을 지니는 "절대변증법"으로서 철저화가 시도되었다. 절대변증법이라는 표현은 헤겔의 『정신현상학』에서도 나오지만, 다나베에서 그것은 특히 보편과 특수와 개별의 "절대매개"라는 논리구조를 지니게 되며, 이것이 그대로 다나베의 '종의 논리'의 논리구조로 되었다. 이 '종의 논리'로부터 다나베는 새로이 니시다 철학에 대해서도 그것이 비실천적인 장소적 논리에 머물고 있다는 세찬 비판을 재개하게 된다. ⇒니시다 기타로, 일본의 헤겔 연구

―오하시 료스케(大橋良介)

79

다수성多數性 ⇨ 하나와 여럿

다신교多神敎 [Polytheismus]

절대자가 자연의 힘에서 해방된 자유로운 이성적 정신으로서 파악되는 경우, 우선 숭고한 것으로서 파악되고(숭고의 종교…… 유대교), 다음으로 이 정신이 특수화되고 분할되어 아름다운 개인들, 이상, 예술작품이라는 형태로 파악되며(미의 종교…… 그리스의 종교), 나아가 합목적성으로서 파악된다(합목적성의 종교…… 로마의 종교). 이리하여 그리스의 종교는 다신교(다신론)이다. 거기서는 자연과 생명의 현상들이 '신들'에 의해서 이루어진 것으로서 보이며, 더욱이 그 '신들'은 인간의 마음 안에서 영상화될 뿐만 아니라 눈앞에 구체적인 상으로서 현전되게 되었다『종교철학』17. 96f. 외;『미학』14. 89]. 그리스의 종교가 다신론이라는 것은 예술사 전개에서의 '고전적 예술'에 해당되는 그리스 예술(미술)의 원리에 본질적이다[같은 책 14. 88]. 이러한 '정신적 개성의 종교'의 3단계는 이들에 선행하는 '자연종교'의 3단계와 그 성격과 관련해서 평행적으로 유사한 면이 있으며, 예를 들어 그리스의 종교 및 인도의 종교와 관련하여 말하자면, 후자는 최초의 자기동일적 실체인 브라만에서 모든 것이 생겨나 유출된다고 하는 일원론적 범신론이며(헤겔은 인도의 종교를 일신교(Monotheismus 일신론)라고 보는 견해를 소개한 다음 이를 비판한다『엔치클로페디(제3판) 정신철학』573절), 거기서는 모든 것이 의인화되어 신격화되고, 결국 다수의 다종다양한 신들이 상상되었다. 이런 면에서 인도의 종교는 다신교의 성격을 지니며, 그리스의 종교와 유사하다고 말한다.

―마스나리 다카시(增成隆士)

다양성多樣性 ⇨ 하나와 여럿

다우프 [Karl Daub 1763. 3. 20-1836. 11. 22]

독일의 신학자. 하이델베르크 대학 교수. 처음에 칸트 철학의 학적이고 도덕적인 엄격함에 이끌리고 이어서 셸링 철학의 낭만적이고 사변적인 방향에서 영향을 받았다. 곧이어 헤겔 철학에 전면적으로 경도되게 된다. 그는 헤겔의 『정신현상학』이 인간의 의식이 신의 의식으로 상승하는 길을 논리적 방법에 의해서 명확히 하는 것이라고 이해했다. 1816년에 헤겔의 하이델베르크 대학으로의 전임을 촉구했으며, 그 후에도 개인적으로 헤겔과 깊은 관계를 유지했다. 주저: *Theologumena* (1806), *Einleitung in das Studium der christlichen Dogmatik* (1810), *Die dogmatische Theologie jetziger Zeit* (1833).

―요리카와 죠지(寄川條路)

단순한 것單純— [(das) Einfache]

특히 술어로서 사용되는 경우는 칸트의 두 번째 (우주론적) 이율배반의 "모든 실체는 단순한 부분을 지닌다"와 "세계 안에 단순한 것은 하나도 존재하지 않는다"에서 사용되며, 복합적인 것(das Zusammengesetzte)에 대립하여 불가분할체 · 원자를 의미한다『뉘른베르크 저작집』4. 188]. 일반적으로 <단순한(einfach)>이란 제약되어 있지 않은 사물과 그 경지, 제약의 계열에서의 최초의 사물을 형용하는 말이며, 논리학의 시원『논리의 학』5. 79]과 판단을 성립시키는 계사『뉘른베르크 저작집』4. 196 등]가 단순한 것이다. 이런 의미에서의 그것은 공허(leer), 무내용(ihnaltlos), 직접적(unmittelbar)과 같은 뜻이다. 그러나 복합적인 것이 "사물을 생각함에 있어 있을 수 있는 한에서 최악의 형식인 바의 외적 관계"『논리의 학』6. 291]로 될 때, 단순한 것은 내적 구별의 활동을 지니는 자기부정적인 주관으로서 적극적으로 받아들여진다.

―에비사와 젠이치(海老澤善一)

단언斷言 [Versicherung]

신 또는 절대자라는 초감각적인 실재에 관한 지는 경험적 자료에 의한 지성적 인식이라고 말할 수 없다. 따라서 이 지는 단지 '나의 의식 안의' 신앙이라든가 망상이 아니다. 이 지는 "하나의 진리의 확신을 수반하며, 따라서 이 확신은 특수한 주관으로서의 나에게가 아니라 정신 그 자체의 본성에 속하는'['『엔치클로페디(제3판) 논리학』 71절] 이념적인 것에 관한 '직접지(지적 직관)'라고 말하는 낭만주의의 입장을 가리킨다. 이 입장은 지성에 의한 반성에 의해 기반이 흔들린 형이상학의 기초짓기를 요구하며, 나아가 그것을 확립했다고 생각한 칸트 및 독일 관념론자들의 정당한 주장이기도 하지만, 그 직접성으로 인해 "주장하는 교조론", 단순한 "실체적 생"의 단언으로 되어버린다. 헤겔이 지향한 것은 이 주장을 지성의 부정을 매개로 하여 자기에게로 돌아온 "사변적 개념"으로 가져오는 것이었다[『엔치클로페디(제3판) 논리학』 26절-78절, 『정신현상학』 3. 15, 53]. ⇒지적 직관

【참】出口純夫 (1980)

―데구치 스미오(出口純夫)

단칭판단單稱判斷 ⇨판단

달 [Mond]

달은 태양계의 대립의 하나의 계기를 나타내는 "비독립적인 천체"[『엔치클로페디(제3판) 자연철학』 270절 「보론」]이다. 그러므로 달은 천체가 정립하는 중심의 통일로부터 벗어나 대립에 사로잡힌 독립성이다. 따라서 첫째, 대자존재성과 질량이 분리되어 나타나며, 특수성 측면의 현시이다. 보편적 중심을 결여하며, 자기 귀환하는 자유운동을 행할 수 없고, 자기를 배제한 다른 개체적 천체, 즉 지구를 회전하는 "타성적이자 마비된 운동"을 행한다. 둘째, 형식적인 대자존재임으로써 달은 "경화된 내적인 것으로서의 지구", "죽은 본질"[같은 책 279절 「보론」]이며, 따라서 대기를 지니지 않고, 생명을 산출하는 운동인 기상학적 과정을 결여한다. 나아가 달이 대자존재이기 때문에 자기관계하는 부정성인 불의 과정을 단적으로 보이게 되지만, 아무래도 그것은 가능성으로서일 뿐이며 현존하지 않는다. ⇒천체, 태양(계), 땅

―나가시마 다카시(長島 隆)

달라이 라마 ⇨인도 · 불교

당위當爲 [Sollen]

헤겔은 '당위'의 개념을 칸트의 '너는…… <해야 한다(sollen)>'는 정언명령[『실천이성비판』 원판 36f.]에서 이어받아, '당위의 입장'은 '도덕적 입장'이긴 하지만 그 주관적 의지가 객관성과 일치해 있지 않기 때문에 "추상적이고 제한되어(beschränkt) 있어 형식적"이라고 생각했다[『법철학』 108절]. 그리고 이 의지를 객관성과 일치시키기 위한 실마리를 헤겔은 피히테의 학문론에서 얻었다. 즉 『전체 학문론의 기초』의 세 번째 근본명제에서 자아는 비아를 제한함과 함께 자아는 비아에 의해서 제한되어 있으며, 따라서 "자아는 자기 자신에게 동등하게 있어<야>"하지만, 그럼에도 불구하고 비아로서 "자기 자신에 대립되어 있어<야>" 한다[『전체 학문론의 기초』 원판 30]. '당위'의 이러한 상반되는 요구가 피히테에서는 "진정한 종합 속으로 해소되지 않지"[『차이 논문』 2. 68]만, 헤겔은 바로 이러한 '제한(Schranke)'에서 종합으로의 추동을 발견했던 것이다.

헤겔에 따르면 제한된 유한자는 당연히 <일정한(bestimmt) 것>으로서 성질을 <규정 받고(bestimmt) 있으며, 이러한 '규정(Bestimmung)'은 유한자의 외부에 존립하는 것이 아니라 '유한자는 <무>한자가 <아니다>'라는 '부정의 부정'에 의해서 유한자에 내재한다. 그것은 유한자에게 있어서는 '규정되어 있는 것[규정성](Bestimmtheit)'이기 때문에 '제한'이지만, '규정'이 제한인 것은 바로 그것을 넘어서고자 하는 활동이 있기 때문이다. 즉 유한자는 자기 자신에서 제한을 넘어서지 않으면 안 되며, 규정되어 있는 대로의 자기를 부정하여 넘어서<야> 하는 것이라는 의미에서 '당위'이다[『논리의 학』 5. 143]. 이리하여 "당위에서 유한자를 넘어서는 것, 즉 무한성이 시작되며"[같은 책 5. 145], 도덕성 안에 존재하는 당위는 인륜적인 것에서 달성되는[『법철학』 108절 「보론」] 것이다. ⇒의무, 규정 · 규정성

―마쓰이 요시카즈(松井良和)

당파黨派 [Partei]

서로 일면적인 관점에서 비판하고 항쟁하는 집단이 당파이다『철학적 비판의 본질』2. 186]. 당파는 보편적 진리를 스스로 인정하면서 다른 당파를 진리가 아니라고 하여 무화하고자 한다. 그러나 항쟁하는 상대를 지님으로써 비로소 당파는 서로 당파로서 존립한다. 반대당이 몰락할 때에는 승리를 거둔 당 그 자체가 두 개의 당파로 분열되어 새로운 항쟁을 개시한다.

『정신현상학』의 '계몽과 신앙의 투쟁'에서는 계몽이 신앙에 승리했을 때 계몽 자신이 신앙의 계기를 자기 내에 받아들여 이신론과 유물론으로 분열되어 다툰다. "하나의 당파가 승리당이라고 확증되는 것은 그것이 두 개의 당파로 분열함에 의해서이다. 왜냐하면 승리당은 싸우는 상대의 원리를 자기 내에 소유하며, 그에 의해 지금까지 빠져 있던 일면성을 폐기했다는 것을 보이기 때문이다"『정신현상학』3. 425]. 내부 분열에 의해서밖에는 일면성을 극복할 수 없다. 결국 영원히 일면성을 벗어날 수 없다. 이것이 당파의 본질이다.

―야마자키 쥰(山崎 純)

대립對立 [Entgegensetzung, Gegensatz]

"대립이란 동일성과 상이성의 통일이다"『논리의 학』6. 55]―이것이 헤겔의 '대립'에 대한 정의이다.

상이한(차이 있는) 다양한 것들은 그것이 '동일'한 사항에 관계하는 것이 아닌 한에서 아무리 다양하다 하더라도 '대립'하는 것은 아니다. 예를 들면 다양한 식물은 실로 가지각색으로 다른 형태와 색과 향기를 지니고서 존재한다. 하지만 ('차이(다양성)'에 관한 한) 여기에 '대립'은 없다. 그러나 '동일'한 장미꽃이 <빨갛다>와 동시에 <파랗다>고 <파악되었다>고 하면 이것은 '모순'이고 '대립'이다. '대립'이란 어느 경우에도 이러한 의미에서의 '동일성과 상이성의 통일'이며, 좀 더 말하자면 그러한 것으로서의 <파악방식>의 '대립'인 것이다.

이러한 '대립'이 헤겔 철학에서는 특유한 의미를 지닌다. 왜냐하면 헤겔은 특히 사물의 '본질'에 관하여

이러한 '대립'이 필연적이라고 생각하기 때문이다. 즉 헤겔에 따르면 '자기동일적'인 '본질'에 관해서는 언제나 각각이 일면의 올바름을 지닌 <상이한 파악방식>이 성립할 수 있다. 요컨대 언제나 '대립'이 생길 수 있는 것이다. 이러한 '대립'은 '동일한 사항에 관한 두 가지 모두 올바른 <파악방식>의 양립으로 간주되는 한 '이율배반'이자 '모순'이다. 그리고 사실 '본질'이란 이러한 '대립'을 매개로 하여, 즉 '대립'하는 <상이한 파악방식>의 각자 나름의 '올바름'을 종합함으로써('이율배반 또는 '모순'의 해소) 그 자체가 '변증법적으로' <설정되는> 것이다. 좀더 일반화하여 말하자면 이렇게 '대립'을 매개로 하여 '진리'를 파악하는 것이야말로 '철학'이며 '이성'이고『차이 논문』2. 20 이하], 또한 이 '진리'야말로 '정신'이고 '절대자'이다. '대립'이란 이리하여 헤겔 철학의 가장 중요한 개념들의 불가결한 계기인 것이다. ⇒이율배반, 모순, 배중률

―다카야마 마모루(高山 守)

대불대동맹전쟁(해방전쟁)對佛大同盟戰爭(解放戰爭) [Koalitionskrieg(Befreiungskrieg)]

1793년부터 1815년에 걸쳐 프랑스 혁명 정권과 그에 이어지는 나폴레옹에 대항하기 위해 영국을 주도로 하여 일곱 번에 걸쳐 유럽 국가들 사이에 맺어진 동맹. 그것은 (1) 프랑스 혁명에 대한 간섭, (2) 식민지를 포함한 세계제패를 둘러싼 영불의 항쟁, (3) 나폴레옹의 정복하에 있는 국민들(민족들)의 해방전쟁이라는 세 가지 측면을 지닌다. 루이 16세의 처형을 계기로 하는 제1차 동맹은 혁명을 분쇄시키고자 한 왕국들의 프랑스 포위전이었지만, 혁명 정권은 한층 더 급진화하여 국민 총동원령으로 타개해나갔다. 2차부터 5차까지는 나폴레옹에 의한 대외진출을 억제하기 위한 것이었다. 해군력에서 뒤진 프랑스는 영국 본토를 공격할 수 없었지만, 대륙 왕국군대들을 타파하고 마침내 대륙봉쇄령에 의해 영국을 제압하고자 했다. 그리고 나폴레옹의 지배하에 놓인 데서 점차 깨어난 민족적인 움직임, 독립한 근대적인 국민국가를 형성하고자 하는 개혁이 '해방전쟁'을 준비했다. 1812년 나폴레옹의 러

시아 원정은 실패하고, 이를 뒤따라 러시아군이 서진한다. 러시아와 동맹을 맺은 프로이센은 13년 2월 대불전쟁을 선포하고 국왕은 '독일의 통일과 자유'를 약속하며 해방전쟁임을 강조했다. 이것은 전쟁을 지렛대로 하여 새로운 국민적 기반을 형성하고자 하는 슈타인 등의 애국적 개혁파의 노선이었다. 그러나 오랜 궁정세력은 혁명에 대한 위험성을 두려워하여 오스트리아의 동맹참가를 원했다. 여기서 제6차 동맹이 성립했다. 13년 10월 라이프치히에서 국민전쟁이 수행되고 나폴레옹은 패퇴했다. 메테르니히가 주도한 빈 회의는 '독일의 통일과 자유'의 실현을 억누르고 승전에도 불구하고 해방전쟁다운 열매를 맺지 않았다. 15년 2월 나폴레옹이 엘바 섬을 탈출하여 파리로 귀환하자 제7차 동맹이 가능해졌고 6월 워털루 전투에서 나폴레옹은 패배했다.

헤겔은 이 전쟁에 관해 (1) 봉건제의 타파라는 점에서 혁명 정권=나폴레옹 승리의 역사적 필연성을 승인함과 동시에, 그것이 프랑스를 위한 착취로 전환된 시점에서 (2) 그 세계사적 사명의 종언과 해방전쟁의 개혁노선이 지니는 새로운 우위를 인정했다. 따라서 (3) 빈 회의는 역사의 동향을 왜곡하는 허용하기 어려운 일탈이었다. ⇒나폴레옹, 슈타인-하르덴베르크의 개혁

―구메 야스히로(粂 康弘)

대상對象 [Gegenstand]

의식에서 표상되는 사항 일반을 의미하는 <대상>은 본래 '의식에 대한 것' 또는 '의식과는 다른 실재'라는 구조를 지니지만, 헤겔 철학에서 그것은 『엔치클로페디』로 상징되는 체계 차원에서의 경우와 그 차원에 도달하는 과정으로서의 『정신현상학』에서의 경우로 나뉘어 이해된다. 양자의 주요한 차이점은 구조적으로 다음과 같이 제시된다.

Ⅰ. 체계의 차원에서 <대상>은 표면상으로 본래의 구조를 지니는 듯이 기록되었다고 하더라도 그 기저에서는 그러한 구조를 상실하고 있다. 예를 들면 『엔치클로페디』의 '정신의 현상학' 절에서[『(제3판) 정신철학』

413절] "영혼(Seele)의 내용은 여기서 자립적으로(für sich) 존재하는 반성을 위한 대상으로 된다"고 말해지기는 하지만, 이러한 서술 모두는 절대적인 것의 학의 체계, 요컨대 "자기(절대자)를 자기 내에서 전개하고, 자기를 통일로 결집하여 유지하는 것으로서만, 다시 말하자면 총체성(Totalität)으로서만 존재"[같은 책 서론 14절]하는 진리의 서술이라는 전제에 기초한다. '정신(Geist)'(또는 '절대적 정신')이라고 불리며, 의식과 대상의 완전한 합일이라는 절대적 의미에서 유일한 실체로서의 전체의 자기전개에서는 일반적인 의식과 대상의 구별은 구조적으로 성립하지 않는다. 따라서 학의 체계 내부에서 말해지는 의식과 대상의 구별은 체계 자신이기도 한 자기전개의 계기(Moment)이다.

Ⅱ. 『정신현상학』에서의 <대상>은 위에서 말한 본래의 구조를 언제나 보존하면서 전개된다. 이폴리트(Jean Hyppolite)가 지적하는 『정신현상학』 '서론(Einleitung)'[3. 68ff.]에서 헤겔의 서술 의도는 다음과 같은 세 가지 점이다[『헤겔 정신현상학의 생성과 구조』 제1권 p. 10]. (1) 절대자에 관한 현상지의 서술. (2) 자연적 인식이 학에 도달하는 과정의 서술. (3) 현상학적 발전의 수법의 서술. 이러한 지적들 모두는 <의식의 경험의 학>인 『정신현상학』이 연속적인 전개의 최후의 학적 경지인 <절대자>를 제외하고 어디를 잘라낸다 하더라도 의식과 그에 대한 절대자의 존재양태의 대상적 구조를 나타낸다는 것을 의미한다. 『정신현상학』은 이러한 대상적 관계를 일원적인 체계적 경지로 통합하는 과정에 다름 아니다. 또한 이러한 대상적 관계는 의식과의 관계 방식에서 <즉자(an sich)>, <대자(für sich)>, <즉자대자(an und für sich)>라는 세 종류의 관계로서 제시된다. ⇒계기, 즉자, 대자, 즉자대자

【참】 Hyppolite (1946)

―아라키 마사미(荒木正見)

대수학代數學 ⇨ **수학**

대외법對外法 ⇨ **국가**

대의제도代議制度 ⇨의회

대자對自 [Fürsich]

'향자(向自)', '자독(自獨)' 등이라고도 번역된다. '즉자'가 '타자'와의 관계를 지니지 않거나 지닌다고 하더라도 '우리'에게 그렇게 보인 것이자 외적인 무관심한 (indifferent) 것에 그치고 있는 데 반해, '대자'는 '타자'와의 관계를 가능하게 하고 또한 '타자'와의 관계를 내면화한 바의 "부정적 자기관계"[『엔치클로페디(제3판) 논리학』 96절 「보론」]이다. 좀더 정확히 말하면, '즉자'가 그것으로서 '타자'와 관계하고 있는 것으로 볼 수 있는 것은 사태적으로는 그것에 선행하는 '대자'에서 '타자'와 구별된 '자기'가 성립하기 때문이며, 동시에 그것을 가능하게 하고 있는 '대자'의 관계가 사상되어 있기 때문이다. '대자' 없이는 분절화되지 않은 무차별한 다양과 혼돈이 있을 뿐이다. 역으로 말하면 '대자'에서 비로소 "관념성(Idealität)이라는 규정이 들어온다. …… 유한한 것의 진리는 오히려 그 관념성에 있다"[같은 책 95절]. 분절화된 세계로서의 세계는 대자의 지평 위에서 성립하는 것이다.

이러한 '대자존재'의 단적인 예로서 헤겔은 '자아'를 들고 있다. "우리가 나(Ich, 자아)라고 말할 때 그것은 무한임과 동시에 부정적인 자기관계의 표현이다"[같은 책 96절 「보론」]. 무한이라는 것은 타자라는 한계를 지니지 않는 자기관계이기 때문이며, 부정적이라는 것은 자기를 한정·규정하기 때문이다(스피노자). "자기 자신에 대한 관계로서의 대자존재는 직접성[무매개성]이며, 부정적인 것의 자기 자신에 대한 관계로서의 그것은 대자존재자, 일자(das Eins)이다. 일자는 자기 자신 내에 구별을 지니지 않는 것이며, 따라서 자기로부터 타자를 배제하는 것이다"[같은 책 96절]. 자아는 자기의 자기 자신에 대한 관계이며, 오히려 이 관계에서 비로소 하나의 통일로서의(일자) '자기'로 되고, '타자'와의 관계가 생긴다. 그 내실을 이루는 것이 '참된 무한성'이며, 그것은 "이행 및 타자 안에서 자기 자신과 관계하는 것"[같은 책 95절]을 의미한다. ⇒자아

―스기타 마사키(杉田正樹)

대중大衆 [Masse]

완전한 상호의존의 체계인 시민사회는 인간의 연관과 노동의 양식을 보편화하며, 이에 따라 비약적으로 부의 축적을 증대시킨다. 그러나 다른 한편으로는 "특수적 노동의 개별화와 제약성이 증대됨과 더불어 이 노동에 매여 있는 계급의 예속과 궁핍이 증대되며, 이와 관련하여 이 계급은 다양한 능력, 특히 시민사회의 정신적인 편익을 감수하고 향유하는 능력을 상실한다"[『법철학』 243절]. 이러한 계급이 대중이다. 대중이 "일정한 생계 규모의 수준 이하로 영락"하고, "권리감정과 준법감정 그리고 자기의 활동과 노동에 의해서 생활을 유지한다는 명예감정을 상실하기까지 전락"하면 '천민'의 출현을 초래한다[같은 책 244절]. 그러나 빈곤에 빠지는 대중을 공적 소유가 가진 수단에 의해서 구제하는 것은 시민사회의 개인들의 독립과 명예감정이라는 원리에 반하기 때문에 결국 불가능해진다. ⇒ 노동, 시민사회, 상업

―이와사키 미노루(岩崎 稔)

대지大地 ⇨지구

대학생 학우회大學生學友會 [Burschenschaft]

대불 해방전쟁 후에 결성된 애국주의적인 학생 단체. 우선 1815년 6월에 예나 대학에서 결성되었으며, 1817년 10월에는 예나 대학의 발기에 의해 루터의 종교개혁 300년 기념과 라이프치히 전투의 전승기념을 겸하여 발트부르크 축제가 개최되었는데 이를 계기로 각 대학에서 대학생 학우회가 성립되고, 그 다음 해인 18년 '전독 대학생 학우회(Allgemeine Deutsche Burschenschaft)'가 설립되었다. 독일 민족의 자유와 통일을 기치로 그 헌장에서는 전체 학생들 상호간의 통일과 자유·평등, 모든 권리·의무의 평등이 부르짖어졌다. 이의 성립에 대해서는 '체조의 아버지' 얀(Friedrich Ludwig Jahn 1778-1852)과 피히테의 이념이 커다란 영향을 미쳤는데, 특히 얀이 지도적 역할을 수행했다. 그 후 폴렌(Karl Follen 1778-1852)을 중심으로 하는 급진적 그룹인 '절

대파(Unbedingte)'가 대두하는 등 점차로 내부대립이 현저해지고 있었다. 이 급진파의 일원이었던 잔트(Karl Ludwig Sand 1795-1820)에 의한 코체부 살해사건(19년 3월) 등을 계기로 당국에 의해서 반동정책이 진척되어 19년 8월의 카를스바트 결의에 의해 혹독하게 탄압되기에 이르렀다. 대학생 학우회에 대한 헤겔의 관계는 예를 들면 1819년 5월의 대학생 학우회가 주최한 피헬스베르크(Pichelsberg)의 축전에 헤겔이 동료 교수들과 더불어 초대되었던 것과, 또한 19년의 탄압 때에 헤닝, 카로베, 아스베루스(Gustav Asverus 1798-1843) 등이 체포, 추방되었지만 이들 헤겔의 제자와 학생 등의 다수가 대학생 학우회에 소속되거나 적극적 역할을 담당하고 있던 것 등에서 생각해보면 헤겔은 확실히 프리스를 지도자로 하는 급진적인 운동에 대해서는 엄격하게 비판하고 선을 긋고 있었지만, 대학생 학우회의 운동 그 자체에는 친밀하게 결부되어 있었으며 [Ilting], 또한 대학생 학우회 내부의 직접적인 상세한 정보를 받아들이고 이 운동 자체를 가깝게 느끼고 있었다[D'Hondt]. ⇒카를스바트 결의, 코체부, 프리스, 카로베, 헤닝

【참】 D'Hondt (1968b), Ilting (1973), 村岡晳(1981)

―미즈노 다츠오(水野建雄)

대화對話 ⇨ 변증법

덕과 덕목德―德目 [Tugend]

Ⅰ. 덕이란 인륜적 의무들을 수행하는 개개인의 성격적 특성을 의미한다. 개인은 이런저런 덕을 몸에 익힘으로써 몸을 인륜적 보편자에게로 열어간다. 유덕한 인간은 인륜적 의무를 자기에 대해서 부정적인 '강제'로서 받아들이지 않고 오히려 자기의 개별성이야말로 부정되어야만 하는 것이라고 생각한다. "개별적 존재를 보편적인 것을 위해 희생하고 그에 의해 보편적인 것을 현존재로 가져오는"[『정신현상학』3. 373] 것이 덕의 활동이다.

이러한 이해에 근거하여 헤겔은 덕을 "인륜의 현상"

[『인륜의 체계』 PhB. 57], 또는 인륜적인 것의 "반영"[『법철학』 150절]으로서 규정한다. 인륜적 보편자가 각인의 덕에 의해서 현존재로 되는 것은 바로 덕에 있어서 인륜적 보편자가 개개인에게 "침투하고"[『엔치클로페디(제3판) 정신철학』 516절], "반영되는" 것에 의해서이다. "인륜적인 것은 자연에 의해서 규정되어 있는 개인적 성격 그 자체에 반영된다. 그런 한에서 인륜적인 것은 덕이다. 덕은 개인이 소속되는 관계들의 이러저런 의무에 대한 단순한 적합성 이외에 아무것도 보여주지 않는다[……]"[『법철학』 150절].

Ⅱ. 개개인의 덕에서 인륜적 보편자가 현존재의 마당을 지닌다는 헤겔의 이해로부터 보면, 그는 덕을 인륜의 실현의 원리로서 적극적으로 주창하는 듯이 생각되지만, 그러나 실정은 그렇지 않다. 덕을 주창하는 것에 관해서 그는 오히려 부정적인 견해를 보이고 있다. 『정신현상학』의 '이성' 장에서의 '덕과 세계행로' 절은 이러한 견해의 단적인 표명이다. 여기서는 보편적인 <선>을 본질적인 것으로 간주하고 개별적인 인격성을 방기함으로써 이 <선>을 실현하고자 하는 '덕의 의식'이 역으로 개별적인 인격성을 본질적인 것으로 보는 '세계행로(세상의 관습)'에 대해서 싸움을 건다는 설정 속에서 '덕의 패배'의 논리가 제시되고 있다. '덕의 의식'은 각 사람이 개별성을 방기해야만 한다고 설명하지만, 개별성을 방기하여 보편적인 <선>을 실현하는 이 능력(즉 덕) 그 자체가 각 사람의 개별성에 기초하고 있다. '덕의 의식'은 자기가 부정하고자 하는 바로 그것을 자기의 존립의 원리로 하고 있으며, 따라서 여기서 실현이 기도되는 <선>도 '세계행로' 앞에서 허무하게 쓰러져버리는 '추상적·비현실적인 본질'밖에 아니게 된다.

Ⅲ. 덕에 대한 헤겔의 이러한 말하자면 상반되는 태도는 '도덕성'의 입장―특히 칸트의 입장―에 대한 그의 비판의 관점과 밀접한 관계를 지니고 있다. 사상 형성 과정에서 헤겔의 입장은 칸트의 도덕사상의 적극적 수용에서 엄밀한 비판으로라는 과정을 밟아가지만, 덕에 대한 그의 태도도 이에 수반하여 변화한다. 헤겔의 '덕' 개념의 내실을 이해하는 데서 이 변화 과정을 아는 것은 큰 의의가 있다.

(1) 사색의 출발점에 해당되는 튀빙겐 시기─베른 시기에 칸트의 도덕사상으로부터 커다란 영향을 받은 헤겔은 '의지의 자율'의 사상에 입각하여 인간의 '도덕성'의 자각을 설파하는 '도덕적 종교'를 새로운 민중종교로서 확립한다는 의도를 지니고 있었다. 이러한 종교의 주창자로 여겨진 예수는 도덕성의 이념의 체현자로서 파악되며 '덕의 이상', '덕 그 자체'의 구현으로서 특징지어진다. 이러한 파악에서도 보이듯이 이 시기에는 '덕'과 '도덕성'은 서로 떨어질 수 없는 것으로서 생각되고 있으며, 따라서 여기서 확립되어야만 하는 종교에 대해서도 "덕의 종교"[1. 121]라는 규정이 주어지고 있다.

(2) 프랑크푸르트 시기가 되면 헤겔의 칸트에 대한 비판의 관점이 드러나 '도덕성' 내지 '도덕법칙'은 인간의 생에 보편과 특수의 대립을 가져오고 생을 파괴하는 것으로서 파악되지만, 이러한 견해의 변화에 수반하여 덕은 칸트적인 도덕법칙을 '보전'하는 것으로서 고쳐 파악된다. 덕이란 자기의 경향성을 물리치고 도덕법칙에 따르는 도덕적 심정이 아니라 오히려 경향성과 도덕법칙의 대립을 폐기하는 것이자 다름 아닌 양자의 종합의 형태라는 것이 이 시기의 헤겔의 이해이다. 그러나 그가 덕에 대해서 전면적으로 긍정적인 견해를 보이는가 하면 그렇지는 않다. 헤겔은 칸트적인 도덕법칙을 덕으로 대치함으로써 '보전'이 완성된다고는 생각하지 않는다. 개별적인 이러저런 덕은 인간관계의 다양성이 증가함에 따라 필연적으로 충돌할 수밖에 없다. 그리하여 개별적인 덕들의 통일원리가 요구되게 된다. 헤겔은 이러저런 덕이 바로 '하나의 살아 있는 정신'의 양태들로서 상대화됨으로써 참된 보전이 성립한다고 생각하며 이러한 '살아 있는 유대'를 '사랑'에서 구한다. "덕은 법칙에 대한 복종의 보전이지만, 마찬가지로 사랑은 덕의 보전이다. 덕의 온갖 일면성, 온갖 배제, 온갖 제한은 사랑에 의해서 폐기되어 있다"[1. 362].

(3) 헤겔이 도덕성 및 덕에 대해서 부정적인 견해를 지니게 된 이유의 하나로서 프랑스 혁명의 추이에 대한 그의 인식이 제시된다. 혁명이 공포정치에 빠지고 파탄되어가는 사태를 헤겔은 '자유와 덕'이라는 두 가지 '추상적 원리'가 절대화된 것의 필연적 귀결로서 파악했다[『역사철학』 12. 532f.]. 이러한 인식과 더불어 '사랑'이라는 주관적 원리의 아포리아도 자각되어 새로운 사유가 모색되는 것이 예나 시기이다. 이 시기의 헤겔은 "전체(민족)는 부분(개인)에 앞선다"는 아리스토텔레스적인 발상에 기초하여 개체의 원리인 도덕성과 덕의 절대시를 물리친다. "인륜은 개인 그 자체에서 자기를 표현하는 한에서는 어떤 부정적인 것이다. [……] 개인에 속하는 인륜적 특성들─용기(Mut), 절제, 검약, 좋은 마음씨 등─은 부정적 인륜이다[……]. 즉자적인 가능태이자 부정적인 의미를 지니는 이 덕들이 도덕의 대상이다"[『자연법 논문』 2. 505]. 요구되는 것은 특정한 덕을 원리로 하여 '존재해야만 하는' 인륜의 확립을 주장하는 것이나 덕의 의의를 전면적으로 부정하는 것이 아니라 이러저런 덕을 인륜적 전체 속에 위치시켜 '인륜의 현상'으로서 제시하는 것이다. 『인륜의 체계』에서 헤겔은 시대의 실정에 입각한 인륜의 존재방식으로서 (a) 통치자, 전사, (b) 상공업자, (c) 농민이라는 세 가지 신분조직을 구성하는 핵심으로 하는 유기적 국가를 구상하고 그 각각에게 (a') 용기(Tapferkeit), (b') 성실·정직(Rechtschaffenheit), (c') 신뢰(Zutrauen)─ 및 용가─라는 마음의 특성을 대응시키고 있다. 그는 여기서 상공업자의 성실·정직을 본래의 '덕'으로 간주하지 않고, 이에 반해 전사의 용기를 '덕 자체'로서 평가하고 있지만, 나중의 초고[『예나 체계 III』 GW 8. 266ff.]에서는 이러한 각각의 신분들에 대응하는 '심정'으로서 (a") 의무를 이행하는 도덕적 심정, (b") 성실·정직, (c") 신뢰를 병렬적으로 제시하고 있다.

개별적인 덕에 대해 헤겔이 의의를 부여하는 것은 나중 시기에서도 정해져 있지 않다. 뉘른베르크 시기에는 "질서 있는 모든 국가의 시민의 덕"으로서 "정부의 명령에 대한 복종의 심정, 국민의 명예의 감정"이 제시되며[4. 266], 『법철학』에서는 성실·정직이 "법적으로나 인륜적으로 인간에게 요구되는 보편적인 것"으로 된다[150절]. 『엔치클로페디(제3판) 정신철학』에서는 신뢰가 "인륜적 현실성의 전체에 대한 관계에서의 덕"으로 되며, '정의(Gerechtigkeit)'와 '호의적 경향성'이 "타인과의 관계에서의 우연성에 대한 관계에서

의 덕"으로 되고 있다[516절]. ⇒직업・신분, 사랑

—사사자와 유타카(笹澤 豊)

덕의 기사德—騎士 ⇨세계행로

데모크리토스 [Dēmokritos, (독) Demokrit BC 460경-370경]

레우키포스가 창시하고 데모크리토스가 완성했다고 말해지는 고대 원자론은 원자와 공허의 두 가지 원리로 모든 자연현상을 수미일관하게 합리적으로 설명할 수 있다는 점에서 이오니아학파 이래의 자연철학 발전의 정점을 구명한 것이라고 말할 수 있다. 그러나 헤겔은 이 두 사람을 구별하지 않고 논하고 있으며, 그 교설에 대한 해석이 독특하다.

헤겔은 우선 원자론에 이르는 철학사의 흐름을 엘레아학파의 원리인 존재와, 헤라클레이토스에 의한 존재와 비존재의 생성에서의 통일 사상이 원자론 단계에서 물체성・대상성을 획득하여 풍부화되었다고 특징지은 다음, 원자가 볼 수 없는 비감성적인 것이며 따라서 그것 자체가 사상의 산물이라는 점을 근거로 당연히 유물론적일 이 교설이 역으로 관념적 원리를 표현하고 있다고 간주한다. 그리고 이러한 견지에서 철학사상 처음으로 원자론에 의해서 모든 것의 질적 구별을 자기 안에서 지양하고 자기로부터 타자를 배제하면서도 자기 자신에게 부정적으로 관계하는 '하나'와 '대자존재'의 범주가 발견되었다고 주장하며, 이것을 "위대한 원리"[『철학사』 18. 357], "한층 더 높은 의미에서의 관념론"[같은 책 18. 359]으로서 평가한다.

그러나 헤겔은 다른 한편으로 그와는 전적으로 달리 무로부터의 창조와 영혼불멸설의 거부, 원자로부터 분리된 운동원인의 부정, 형태・배열・위치만을 통한 원자의 구별, 감각의 차이에 대한 설명, 원자의 원초적 선회운동과 반발・견인에 의한 세계형성 등의 원자론의 핵심 사상들을 "전체적으로 미숙하며 어떠한 만족도 줄 수 없는"[같은 책 18. 354] 것으로서 물리친다. 이러한 자기모순적인 평가는 헤겔 특유의 관념론적인 입장, 근대과학의 기계론적・원자론적 자연관

및 사회계약설로 대표되는 사회와 개인의 원자론적 파악에 대한 반대 등이 그 배경에 있었다고 하더라도 데모크리토스의 원자론 철학에 대한 객관적 이해로서는 많은 문제점을 내포하고 있다고 말해야만 할 것이다. ⇒원자, 에피쿠로스

【참】 Guthrie (1965), 西川亮 (1971)

—오쿠타니 고이치(奧谷浩一)

데 베테 [Wilhelm Martin Leberecht De Wette 1780. 1. 14–1849. 6. 16]

독일의 프로테스탄티즘 신학자. 1810년에 베를린 대학 신학 교수였지만, 프리스의 영향을 받아 철학적으로는 헤겔에게 적대하고 있었다. 코체부의 살해자 잔트(Karl Ludwig Sand 1795-1820)의 모친에게 동정적인 편지를 썼기 때문에 칙령에 의해 파면되었다. 헤겔은 그 처사를 둘러싸고 슐라이어마허와 견해를 달리했지만, 데 베테를 위한 비밀 모금에 참가하여 정부의 제재를 비판하는 모습을 보였다.

【참】 Wiedmann (1965), D'Hondt (1968b)

—스기야마 요시히로(杉山吉弘)

데카르트 [René Descartes 1596. 3. 31-1650. 2. 11]

프랑스의 철학자이자 수학자. 프란시스 베이컨(Francis Bacon 1561-1626)과 함께 근대 철학의 아버지라고 말해진다. 베이컨이 영국 경험론의 원천에 위치한다고 하면, 데카르트는 대륙 합리론의 원천에 위치한다고 말할 수 있다. 모든 것을 감연히 의심해보는 방법적 회의의 입장에 서서 그 의심하고 있는 자신만은 의심할 수 없다고 하며 '나는 생각한다, 그러므로 나는 존재한다'는 원리를 내세웠다. 또한 그는 세계가 정신과 물체에 의해서 구성된다는 이원론을 주장했다. 주저로 『방법서설』, 『성찰』, 『정념론』이 있다.

헤겔은 데카르트의 근대성을 다음과 같이 파악했다. "근대 철학이 사유를 원리로 하는 한에서 데카르트는 사실상 근대 철학의 참된 창시자이다. 자립적인 사유는 여기서 철학적 신학으로부터 구별되어 새로운 토대

로 된다. 동시대 및 근대에 대한 데카르트의 영향은 너무 광범위하여 측량하기 어려운 점이 있다. 그는 사태를 다시 한번 전적으로 처음부터 다시 시작하여 철학의 토대를 전적으로 새롭게 구축한 영웅이다. 데카르트가 동시대 및 철학적 교양 일반에 미친 위대한 영향은 자유롭고 단순하며 통속적인 방식으로 통속적인 사유의 모든 전제를 무시한 것[방법적 회의], 전적으로 단순한 명제['나는 생각한다, 그러므로 나는 존재한다(cogito ergo sum)']로부터 시작한 것, 모든 내용을 사유와 연장(내지 존재)으로 환원한 것, 주로 이 세 가지 점에 있었다"[『철학사』 20. 123].

이와 같이 데카르트의 위대함을 인정하는 한편, 헤겔은 위에서 진술한 세 가지 점에 관련된 문제점과 논리적 부정합도 날카롭게 지적했다.

방법적 회의에 관해 말하자면, 모든 것을 의심하여 사유 그 자체를 절대적 시원으로 한다는 생각은 바로 근대를 관통하는 거대한 원리로 되는 보편성을 갖추고 있었지만, 왜 모든 것이 의심되는가에 관하여 데카르트가 제시하는 이유('우리의 지각은 잘못을 범하기 쉽기 때문에', '꿈과 깨어있음의 구별마저도 확실하지 않기 때문에', '신이 인간을 불완전한 존재로 만들었기 때문에' 등)는 천진난만한 생각에 가까우며, 철학적인 음미를 견디어낼 수 없는 것이었다. 또한 '나는 생각한다, 그러므로 나는 존재한다'는 명제 역시 자아의 절대적 자립을 선언하는 두드러지게 근대적인 명제인 한편, 그것이 지나치게 주관성을 강조하는 것인 까닭에 그로부터 객관적인 존재와 다리를 놓을 수 없으며 객관성에 이르기 위해서는 신을 매개로 할 수밖에 없는 것이었다. 정신과 물체의 이원론도 각각이 상대방 없이 독립적으로 존재하는 것으로서 정립된 까닭에 양자의 관계는 외면적이고 우연적인 것일 수밖에 없었다.

이리하여 헤겔에 따르면 데카르트의 철학은 근대적인 사유의 토대를 만들어냄과 동시에 자연히 근대 철학이 떠안을 수밖에 없는 난문을 제기하는 것이었다.

―하세가와 히로시(長谷川宏)

델포이 ⇨그리스

도度 ⇨양, 내포량

도道(타오) ⇨중국, 노자

도구道具 ⇨기술

도덕성道德性 [Moralität]

헤겔이 도덕성이라는 개념을 사용하는 경우에 기본적으로는 칸트의 도덕론이 비판적으로 함의되어 있다. 즉 그것은 "대자존재와 개별성을 원리로 하는" 근대에 특유한 입장이며[『자연법 논문』 2. 504], "시민 또는 사인(私人)의 인륜"에 지나지 않는 것으로 여겨진다[같은 책 2. 506]. 그것은 동어반복적인 무모순에서 성립하는 형식적 보편성을 '도덕법칙'으로서 정립할 뿐이기 때문에, 언제나 개인들의 특수성과 대립될 수밖에 없으며, 그 결과 "강제, 요컨대 보편적 자유라는 개념에 의한 개별자의 자유의 제한"[같은 책 2. 505]이라는 형태로 공동성을 유지할 것을 지향하며, 그에 따라 칸트의 도덕론은 그의 뜻에 반하여 사람들에게 부자유를 강요할 뿐인 내용으로 전락해버리는 것이다. 따라서 헤겔은 "칸트 철학의 실천적 원칙들은 전적으로 이 도덕성에 한정될 뿐이며, 심지어 인륜의 입장을 불가능하게 만들었다"[『법철학』 33절 「주해」]고도 말하고 있다.

칸트의 도덕론은 행위의 동기 또는 의지의 형식을 중시하는 의무론이며, '이성의 사실'로서의 도덕법칙에 다만 존경의 염을 가지고 따르는 데에 적극적인 이성적 자유, 요컨대 '자율'이 있다고 하는 것이지만, 그는 그와 같은 자유론을 한층 더 정합적으로 만들기 위해 '실천이성의 요청'론을 전개하고 있다. 헤겔은 그것을 '도덕적 세계관'으로서 파악하고 다음과 같이 비판한다. 칸트의 요청론, 요컨대 도덕과 행복(자연)의 조화의 요청, 이성과 감성의 조화를 위한 영혼불멸의 요청, 그리고 그것들의 조화의 실현을 위한 신의 존재의 요청이라는 세 가지 요청은 '도덕적 의식'의 분열에 기인하는 것이며, 요청되는 것과 '표상'하는 것에서 사태를 '꾸미고(verstellen)', 행위에 의한 양자의 현실적인 통일을 불가능하게 만드는 것에 다름 아니다. 결국 칸트적인 '도덕적 세계관'은 그 요청에서의 이율배반적인 사태를 개념적으로 파악하지 못하고 이와 같은 '도덕적 세계표상'에서 마치 해결된 것처럼 보이는 '위선'에 빠져 있다고 지적하는 것이다[『정신현상학』 3. 441-463].

또한 윤리학(Ethik)에 관해 헤겔은 "덕들의 자연기술"[『자연법 논문』 2. 507]을 행하는 것이라고 규정한다. "소크라테스가 그 이전에는 다만 자연을 관찰하는 데 지나지 않았던 철학에 윤리학을 덧붙였지만', '윤리적인 것(das Ethische)'은 원래 '인륜성'을 가리키며, "소크라테스 이전의 아테네인은 인륜적이긴 했지만 도덕적 인간은 아니었던" 것이고, 그런 의미에서 소크라테스의 윤리학은 그때까지의 인륜에 주체적 반성에 매개된 '도덕성'의 계기를 포함했다고 말할 수 있지만, 근대에 이르러 칸트 윤리학이 이러한 양자를 분리시켜버렸다고 헤겔은 말하고 있다[『철학사』. 18. 444f.; 『자연법 논문』 2. 504; 『법철학』 138절 「주해」]. ⇒칸트, 인륜

—난죠 후미오(南條文雄)

도덕적 세계관道德的世界觀 ⇨도덕성

도덕적 세계표상道德的世界表象 ⇨도덕성

도둑질⇨범죄

'……도 또한' [Auch]

'……도 또한'은 사물을 구성하는 하나의 계기이자 '물성(Dingheit)'이라고도 말해진다. 이 규정은 대상과 의식의 관계에서는 『정신현상학』의 '지각' 장에서 전개된다. 지각하는 의식은 성질들을 지니는 사물을 대상으로 하지만, 이 의식에게 있어서는 자기에게 현전하는 감각 내용을 매개로 하여 이 사물을 자체적으로 일자로서 파악하는 것이 진리이다. 따라서 의식은 진리의 근거로서 사물에서 발견되는 다양한 내용을 성질로 보고 <이 사물은 A이기도 (또한) 하고 B이기도 (또한) 하며……>라고 진술하게 된다. 이 진술에서 나타나는 '……도 또한'이 전술한 규정이다. 이 경우 A, B, ……는 색깔과 맛 등등으로서 발견되는 서로 무관심한 내용이고, 각자 그 존립의 근거를 사물에서 지닌다고 보이는 한에서 사물은 다수의 '여기'와 '지금'의 집합이며, 내용이 각자 자립적인 존재, 즉 물질로 보인다면 사물은 다수의 물질로 이루어지고, 그것들을 에워싼 표면으로 된다. 어느 경우이든 사물은 '……도 또한'으로서는 성질들이 그 속에서 병존하고 있는 매체로서 규정된다.

그런데 '……도 또한'에 대한 『논리의 학』에서의 취급 방식은 『정신현상학』의 그것과 약간의 차이가 있다. 『논리의 학』에서 이 규정은 사물을 물질과의 관계에서 논하는 단계에서 도입되고 있으며, 그 이전의 이에 대응하는 규정은 모두 '물성'으로서 표시된다. 생각건대 후자의 단계에서는 아직 성질이 사물을 다른 사물로부터 구별하는 본질적 존재로서 정립되어 있지 않기 때문일 것이다. 성질, 따라서 사물 상호간의 관계가 자립적 존재로 파악되어 물질로서 정립되고 사물이 성질들로 이루어진 단순한 집합으로서 규정될 때 이 규정이 '……도 또한'으로서 표시된다. 따라서 이 단계에서 사물은 관계항으로서만 의미를 지닐 수 있는 개별적인 '이것'으로 보이고 있으며, 사물 상호간의 구별도 물질간의 양적 차이에 기초하게 된다. '……도 또한'은 이리하여 외적 직관에 대해서는 공간의 연장으로서 나타나는 사물의 규정이라고 생각되고 있다. ⇒지각, 사물

—기타가와 고지(北川浩治)

도량度量 [Maß]

절도라고도 번역된다. 질에서 확립된 규정성은 지양되어 양으로 이행하지만, 다시 질이 회복됨으로써 성립하는 '전체성'이 '도량'이다. 도량은 "질과 양의 통

일"[『논리의 학』 5. 387]이며, 우선 첫째로 "규준 즉 척도"[같은 책 5. 399]라는 의미를 지닌다. 이것은 정량(등질적 양)을 계량하는 규정이며 "특수화하는 도량"의 규정이다. 둘째로 도량은 "비례"[같은 책 5. 412]를 의미하며, 다른 것들 간의 양적 비율이다. 이것은 "질로서의 두 항의 비례"[같은 책 5. 402ff.] 및 "도량에서의 대자존재"[『논리의 학』 5. 408ff.]로서 제시되는 규정이다. 셋째로 그것은 일정한 양이 한도를 넘어서면 다른 질로 전화된다는 한계점을 의미한다. 이것은 두 개의 도량이 일정한 비례에서 결합하여 새로운 질을 이루는 "도량비례들의 결절선(Knotenlinie von Maßverhältnissen)"[같은 책 5. 435ff.]의 세계로서 제시되는 규정이다. 도량의 최후의 단계는 "도량을 지니지 않는 것(das Maßlose)"[같은 책 5. 442ff.]이다. 도량을 지니지 않는 것은 도량을 넘어선 것이지만, 도량의 비례의 계열 근저에서 나타난 "무한성"이자 질과 양을 참으로 포괄하는 "기체"[같은 책 5. 445]이다.

【참】Pechmann (1980)

—오사카다 히데유키(小坂田英之)

도량관계度量關係 ⇨도량

도량비례度量比例 ⇨도량

도량을 지니지 않는 것度量— ⇨도량

도사카 준 [戶坂 潤 1900(메이지 33). 9. 27–1945(쇼와 20). 8. 9]

도쿄에서 태어나 24년 교토 제국 대학을 졸업. 칸트 철학에서 출발하여 공간론 연구에 몰두하여 공간의 존재론적 파악을 위해 노력했으며, 유물론에 기울었다. 29년의 처녀작 『과학방법론』은 학문과 인생의 전 영역을 방법적으로 총괄하는 새로운 이론의 수립을 목표로 했다. 31년 호세이 대학 강사가 된다(34년 면직). 32년 오카 구니오(岡邦雄)(1890–1971), 사이구사 히로토(三枝

博音) 등과 '유물론연구회'를 창설하고 기관지 『유물론연구』를 발행. 33년부터 그 중심인물로서 유물론의 원리적 연구와 보급을 위해 노력하고, 『유물론전서』(제1-3차)를 기획·간행하고, 훌륭한 지도력을 발휘. 비판주의의 철학, 이데올로기의 논리학, 기술론, 통일적 과학론(자연적 세계와 역사적·사회적 세계를 통일적으로 파악하는)의 확립을 지향. 또한 광범하고 다양한 영역에 걸쳐 비평 활동을 정력적으로 행하고, 일본을 세계의 일환으로서 파악하는 관점에서 반전·반파시즘의 논지를 펼친다. 37년 집필 금지를 명령받는다. 38년 '유물론연구회'의 해산이 어쩔 수 없게 되고 다른 회원들과 함께 검거된다. 44년 대심원에서 상고가 기각되어 투옥되었으며, 패전 직전에 옥사. ⇒일본의 헤겔 연구, 사이구사 히로토

—미야가와 도오루(宮川 透)

도시都市 [Stadt]

헤겔에 따르면 많은 도시는 교회와 마찬가지로 봉건제도의 압박에 대한 '반동', '합법적으로 조직된 권력'으로서 출현했다. 핵심이 된 것은 부르크, 교회, 수도원이며, 거기에서 보호를 구한 자는 시민이라고 불렸다. 시민들이 단결함에 따라 '자유로운 소유의 원리', '시장의 자유'가 확립되어가지만, 부유한 시민은 도시귀족화하여 문벌귀족과 대립하고 또 각각의 내부에서도 당파투쟁이 생겨남으로써 도시는 파란의 역사를 갖기에 이른다. 나아가 민중은 언제나 권리를 빼앗기고 있다. 그럼에도 불구하고 상공업의 번영이 보이는 것은 파란과 번영이 모두 생명의 원리의 귀결이기 때문이다[『역사철학』 12. 461ff.]. 또한 도시는 시골(농업, 실체성, 가족)에 대해서 상공업, 반성, 개인들이라는 관념적 계기를 이루며, 이 두 계기의 참된 기초가 국가이다[『법철학』 절256]. 그리고 도시의 편성원리는 구역이 아니라 직업단체이어야만 한다고 말한다[『법철학 강의(반넨만)』 121절]. ⇒직업단체, 국가, 시민사회

—우부카타 쓰구루(生方 卓)

도식圖式 ⇨ **범주**

독단론獨斷論 [Dogmatismus]

독단론은 원래 모종의 정설과 교의를 (자주 충분한 근거 없이) 주장하는 태도를 가리키며, 회의론의 맞짝 개념을 이룬다. 칸트는 선험적인 원리로부터 추론·증명하는 방식을 독단적이라고 부르고, 인식비판을 거치지 않고서 이 방식을 남용하는 것이 독단론이라고 했다. 합리주의, 특히 볼프학파의 형이상학이 그에 해당된다. 독단론과 회의론은 모두 비판주의에 의해서 극복되어야만 한다. 피히테는 직관 속에서 증시되는 자아에서 출발하는 관념론에 대해 허구에 불과한 사물 자체를 원리로 하여 경험을 설명하고자 하는 초월적인 실재론을 독단론이라고 부르고 철저해지면 유물론으로 된다고 주장했다. 그에 따르면 가장 정합적인 독단론자는 스피노자이다. 동일철학 시기의 셸링은 칸트의 관념론과 스피노자의 실재론을 종합하는 자기의 입장을 나타내는 적극적 명칭으로서 "Dogmatismus"를 사용하고 나쁜 태도로서의 "Dogmatizismus"와 구별한다.—헤겔은 피제약자(대립에 말려든 유한한 것)의 한편을 고집하여 절대적인 것으로 만드는 '이것인가 저것인가'의 지성적 사유양식을 독단론이라고 부른다. 예를 들면 사물 자체-자아라는 대립에서 실재론자가 사물 자체를, 관념론자가 자아를 원리로 하여 그로부터 다른 쪽을 인과관계에 의해서 이끌어내고자 하면 양자는 모두 독단론으로 된다[『차이 논문』 2. 47-50]. 사유방법으로서의 독단론은 사변적 진리가 단일한 명제에서 표현된다는 생각에 있다[『정신현상학』 3. 41]. 독단론은 넓은 의미에서는 정설을 주장하는 태도를 가리키며, 고대의 진정한 회의론에 대립한다[『철학사』 19. 249ff.]. 근대의 독단론의 전형은 칸트 이전의 낡은 형이상학('객관성에 대한 첫 번째 태도')이며[『엔치클로페디(제3판)』 32절 「보론」], 행복주의와 계몽주의이다[『신앙과 지식』 2. 292]. 그러나 예를 들어 술체가 표방하는 회의론은 독단론적이며[『회의주의 논문』 2. 226, 257], 크룩의 상식의 독단론도 회의론을 포함한다[같은 책 2. 238]. 독단론과 회의론의 대립을 넘어선 제3의

것이 참된 철학('사변철학')이다[같은 책 2. 227, 230ff.]. 다만 그 정신에서 사변적인 칸트, 야코비, 피히테의 초월론철학도 주관성을 일면적으로 원리로 내세워 절대적인 것에 도달할 수 없음을 주장함으로써 체계로서는 "존재의 독단론"을 대신하는 "사유의 독단론"으로 전락한다[『차이 논문』 2. 49f; 『신앙과 지식』 2. 313, 341, 391, 430]. ⇒회의주의, 이것인가 저것인가

—후지사와 겐이치로(藤澤賢一郎)

독일獨逸 [Deutschland]

도이치(deutsch)란 원래 로마 풍으로 고대 라틴 어를 말하는 것이 아니라 민족 고래의 언어를 말하는 사람들을 의미하며, 국경과는 관계가 없는 개념이었다. 게르만 민족이란 독일어와 유사한 언어를 말하는 민족, 즉 현재의 독일, 영국, 스칸디나비아 나라들의 사람들을 가리킨다. 헤겔이 살았던 18세기 말부터 19세기 초엽은 영방국가들로 분열되어 있던 독일을 국민국가로서 통일하고자 하는 기운이 높아진 시대였다.

이와 같은 상황에서 집필된 『독일 헌법론』에서 헤겔은 대불전쟁 패배 후의 독일의 현상을 "독일은 이미 국가가 아니다"[『독일 헌법론』 1. 461]라고 표현하고 있다. 그것은 이전에 게르마니아의 삼림에서 "목덜미가 강한 사람들"인 독일인이 행사하고 있던 속박되지 않고 독립적인 "독일적 자유"가 철과 같은 필연성을 가지고서 독일인의 운명을 결정했기 때문이라는 것이다. 그리하여 오스트리아 황실을 중심으로 중앙집권을 강화함과 동시에 그때까지의 제후의 자유에 기초한 봉건적 제국의회를 신분제적 대의제도로 개변하는 것에 의한 독일의 국민국가로서의 재생을 제안한다.

장년에 걸쳐 헤겔의 혐오의 대상이었던 프로이센도 곧이어 슈타인-하르덴베르크 개혁에 의해 독일의 미래를 맡길 수 있는 개혁적이고 근대적인 국가로 변모한다. 헤겔도 이것을 인정하고 1818년에는 문부대신 알텐슈타인의 뜻을 받아들여 베를린 대학의 교수에 취임한다. 그 후 독일의 역사는 19세기 후반에 이 프러시아를 중심으로 국민국가로서의 통일을 실현한다.

『역사철학』에서 헤겔은 세계사를 자유의 발전과정

으로서 파악하는데, 이 자유가 달성되는 것은 기독교가 보여준 정신적 화해의 가능성이 세속적 질서로까지 확대되는 게르만 세계에서이다. 게르만 세계란 중세로부터 근대에 이르는 기독교적 유럽 전체를 말하는 개념이지만, 또한 종교개혁을 거친 한에서의 좁은 의미의 게르만 민족들의 세계이기도 하다.

헤겔은 이 『역사철학』에서도 "조야하면서 호전적인 동시에 솔직하고 정직하다"는 타키투스의 『게르마니아』 이래의 게르만인상을 받아들인다. 그리고 그들이 형성하는 민족공동체에서 자유를 사랑하는 고대 독일인은 공동체 전체에 예속되지 않고 구성원으로서 동시에 자유인이었다고 한다. 여기서는 『독일 헌법론』에서와는 달리 '독일적 자유'가 긍정적으로 평가되고 있다. 이어서 그는 게르만인의 두 번째 특성으로서 성실(Treue)을 든다. 성실이란 개인이 장군이나 군주에게 자유의지에 기초하여 가담하면서 자발적으로 이 관계를 깨트릴 수 없는 것으로 하는 정신적 태도를 가리킨다.

헤겔은 공동체(Genossenschaft)에서의 개인의 자유와 지배자에 대한 귀속을 기초짓는 성실에 의해 게르만인상, 게르만 사회상을 묘사함으로써 반로마주의적인 게르만 이데올로기를 정착시켰다고도 말해진다. ⇒역사, 자유, 프로이센, 슈타인-하르덴베르크의 개혁

【참】村上淳一 (1980)

─호시노 쓰토무(星野 勉)

독일 계몽사상 獨逸啓蒙思想 [deutsche Aufklärung]

스스로 계몽주의자임을 인정하는 칸트는 『계몽이란 무엇인가?』(1784)라는 제목의 소론에서 "계몽이란 인간이 자기 자신에게 책임이 있는 미성년 상태로부터 벗어나는 것이다. [……] 따라서 과감히 알고자 하라! 자기 자신의 지성을 사용할 용기를 가져라! 라는 것이 계몽의 표어이다"[Kant, *Werkausgabe* Bd. XI, hrsg. v. W. Weischedel. Frankfurt/M. 1977, S. 53]라고 계몽을 정의하고 있다. 영국, 프랑스에 비해 근대 시민사회의 형성에서 뒤처진 독일에서 타인의 지도하에 있는 미성년 상태로부터의 탈출이라는 계몽 과정은 선진국인 영국과 프랑스의 계몽사상이라는 또 하나의 타인의 지도하에서, 나아가 전근대적인 종교적 권위로부터의 관념적인 탈출이라는 모습을 취할 수밖에 없었다.

독일 계몽사상은 기독교 그 자체를 이성의 입장에서 비판적으로 검토하고 과감히 독일어로 철학할 것을 시도한 토마지우스(Christian Thomasius 1655-1728)에서 시작된다. 토마지우스는 영국 경험론의 영향 아래 생활의 이성적인 제어에 의한 행복의 증진이라는 세속화된 시민적 생활이상을 설파한다. 이성, 진보, 행복이라는 계몽주의의 이상은 볼프에게 계승된다. 라이프니츠를 이어 합리적 형이상학을 수립한 그는 이성과 계시 사이에 모순이 없다고 주장하여 멘델스존 등의 계몽사상가들에게 많은 영향을 주었다.

칸트와 나란히 독일 계몽사상의 정점에 서는 것은 레싱이다. 그는 계시의 내용을 이성에 의해서 해명하고자 하는 당시의 계몽주의의 사고방식을 한 걸음 더 밀고나가 특정한 종파나 교의에 사로잡히지 않은 이성종교라는 사고방식에 도달했다.

튀빙겐 신학교 시대에 셸링으로부터 '레싱의 심복'이라고 불리고 있던 헤겔에게 있어 독일 계몽사상은 그의 사색의 출발점을 이루는 것이었다. 그러나 프랑크푸르트 시대에는 레싱과 칸트의 계몽사상으로부터 벗어난다. 헤겔의 독일 계몽사상 전체에 대한 최초의 비판은 예나 시대의 논문 『신앙과 지식』(1802)에서 찾아볼 수 있지만, 계몽사상에 대한 그의 평가는 그 후 생애 내내 변하지 않았다.

헤겔에 따르면 독일 계몽사상은 바짝 말라붙은 볼프류의 지성과 건전한 양식에게 이해되는 한에서의 진리 즉 유용성(세속적인 행복주의)을 원리로 하며, 이것을 가지고 종교적 권위에 도전했다. 그것은 곧바로 볼프류의 형이상학을 벗어던졌지만, 결국 통속적이고 평범한 철학연구로 떨어지고 말았다. 왜냐하면 성스러운 신전을 땔감으로밖에 인식할 수 없는 계몽적 지성은 긍정적인 내용으로서는 유한한 것과 경험적인 것을 지니는 데 불과하기 때문이다. 독일 계몽사상을 넘어서는 듯이 보인 칸트, 야코비, 피히테의 철학도 그들의 이성이 지성에 지나지 않기 때문에 무한한 것을 피안에 신앙의 대상으로서 정립하고 이성을 다시 신앙의 시녀

로 삼아버리지만, 그런 한에서 계몽과 신앙의 투쟁의 승리자는 계몽이라고 도대체가 말할 수 없다는 것이 헤겔의 주장이다. ⇒계몽, 지성, 프랑스 계몽사상

—호시노 쓰토무(星野 勉)

독일의 헤겔 연구 獨逸—研究

Ⅰ. 개관. 20세기 초엽의 신헤겔주의가 여전히 철학적 전통의 힘, 철학적 인식의 진리요구에 대한 신뢰에서 출발하고 있었던 데 반해, 제2차 세계대전 후의 헤겔 철학 연구의 특색을 이루는 것은 이러한 철학적 의식이 하이데거로 대표되는 형이상학 비판과 분석철학으로부터의 비판 또는 마르크스주의에 의한 이데올로기 비판 등에 의해서 그 내실이 탈취당하고 만 것을 이어받아, 한편으로는 극복되어야만 할 유럽 철학 전통의 완성자로서, 다른 한편으로는 그럼에도 불구하고 실존철학과 마르크스주의의 현대사상이 오늘날의 시대상황과의 대결에서 봉착한 아포리아의 해결을 구하여 이러한 현대사상의 재검토, 파괴된 철학 전통의 재평가, 그것을 부정함으로써 현대사상이 태어난 원천으로의 소급이라는 형태로 헤겔 철학에 대한 접근이 시도되고 있다는 것이다. 여기서 제2차 세계대전 후의 헤겔 연구의 방향은 대강 다음의 다섯 가지 흐름으로 대별될 수 있다. 첫째는 유럽 형이상학의 파괴라는 관점에서 니체와 더불어 형이상학의 완성자로서 헤겔 철학을 해석하는 하이데거와 그 영향권에 의해 대표되는 것, 둘째는 헤겔 철학을 아직 극복되지 않은, 그런 의미에서 지금까지 가장 적합한 근대 세계의 이론으로서 이해하고 마르크스주의의 재검토라는 형태로 마르크스와 프로이트의 결합에서 헤겔 철학을 해석하는 마르쿠제, 그리고 호르크하이머와 아도르노와 같은 이른바 프랑크푸르트학파에 의해 대표되는 것, 셋째는 프랑스의 J. 발에 의해 준비된, 헤겔 철학을 실존철학의 방향에서 이해하는 것, 그리고 넷째는 이들 헤겔 이해에 공통된 것으로 헤겔 철학을 근대 철학을 완결함과 동시에 19세기와 현대를 결정하는 마르크스의 혁명이론과 키르케고르와 니체의 위기이론을 준비했다고 이해하지만, 이때 이러한 획기적 위치에 서는 헤겔 철학을 역사적으로 파악하고자 하는 K. 뢰비트로 대표되는 정신사적 연구, 나아가 다섯째는 분석철학과의 결합에서 헤겔의 언어론과 논리학을 비롯하여 그 논리에 뒷받침된 헤겔의 사회관, 국가관, 역사관을 비판적으로 재평가하고자 하는 방향이다. 물론 이러한 특색은 독일에 한정된 것은 아니지만, 헤겔의 조국 독일에서 분명히 간취할 수 있다는 것은 말할 필요도 없다. 오늘날에도 헤겔 연구에 관한 한 당연히 독일의 헤겔 연구가 지도적 역할을 담당하고 있는 것이다. 이어서 이 문제들을 따로따로 살펴보도록 하자.

Ⅱ. 헤겔과 마르크스. 헤겔 철학을 혁명적 실천의 이론으로서 해석한 마르크스의 시도를 따르고 이와 관련하여 헤겔의 법철학, 사회철학, 국가철학을 논의하는 경향은 제2차 세계대전 후의 동서독의 분열을 시작으로 국제 마르크스주의 운동 동향과 결합하여 국제적인 규모에서 관심이 기울여진 문제였다. 독일에서의 이러한 활동으로서는 다음의 것들을 들 수 있다. 첫째, 가톨릭과 프로테스탄티즘 양 진영의 접근이다. 가톨릭 진영의 대표자는 J. 호메스와 라케브링크이며, 프로테스탄티즘 진영의 대표자는『마르크스주의 연구』를 근거지로 삼은 I. 페처, L. 란트그레베, E. 메케, H. 포피츠 등이다. 그들은 각각의 입장에서 기독교와 마르크스주의의 대화를 시도하고, 특히 초기 마르크스와의 관련에서 헤겔 연구를 수행했다. 둘째, 1950년대에 들어서서『헤겔과 프랑스 혁명』을 발표한 J. 리터를 중심으로 G. 로르모저, H. 뤼베, M. 리델 등이 이른바 뮌스터학파를 형성했다. 분열을 근대사회를 해석하는 관건개념으로 여기는 그들은 헤겔의 법철학 안에서 근대의 가장 중요한 정치이론의 전개를 읽어내고자 했다. 셋째, 이러한 동향은 여전히 전문적인 철학 분야에 한정된 것이었지만, 60년대에 들어서서 헤겔 철학과의 대결과 수용은 당시의 학생운동과 결합되어 광범위하게 고양되는 시기를 맞이했다. 이러한 지도적 역할을 수행한 것은 호르크하이머, 아도르노, 마르쿠제, 하버마스 등의 사람들로 대표되는 이른바 프랑크푸르트학파이다. 그들의 문제의식이 근대적 사유를 비판하고 이성, 사회, 역사의 비판으로서 변증법을 개혁하고자 하는 데 있을 때 그들에게 헤겔 철학은 결정적인

디딤돌이었다. 또한 여기서 이들과 나란히 블로흐의 이름도 들 수 있을 것이다. 그러나 넷째, 여기서 동독의 동향을 간과해서는 안 된다. 서독에서 프랑크푸르트학파 등이 스탈린 체제로 표현되는 동구 마르크스주의를 비판할 때 동독의 헤겔 연구는 단지 학문적 관심에 뒷받침된 것에 그치지 않고 동시에 이데올로기 투쟁에서의 불가피한 문제였다. 이것을 집약적으로 보여주는 것이 1954년부터 56년에 걸쳐『독일철학지』지상에서 행해진 헤겔과 마르크스의 관계를 둘러싼 논쟁이다. 그리고 거기서 마르크스의 철학적 선구자는 헤겔이라기보다는 프랑스 유물론이며, 헤겔 철학은 오히려 프랑스 혁명의 반동이라고 주장한 R. O. 그루베 등은 이 시기의 스탈린주의적 입장을 대표한다고 할 수 있을 것이다. 그러나 스탈린 비판이 행해진 이후 다시 헤겔 철학을 이 철학이 지니는 혁명적, 진보적 경향에서 적극적으로 받아들여 이것을 올바로 계승, 발전시킨 것이야말로 마르크스, 엥겔스이자 레닌이라고 하는 노선이 유력하게 되었다. 예를 들어 G. 슈틸러 등은 이 시기를 대표하는 연구자라고 말할 수 있다. 나아가 마지막으로 분석철학의 입장에서 이루어진 것으로서 헤겔과 마르크스를 모두 '열린사회의 적'이라고 비판한 포퍼와 결부된 토피취의 일련의 연구도 잊어서는 안 될 것이다.

Ⅲ. 헤겔 철학의 성립사적 연구. 제2차 세계대전 후의 헤겔 철학의 문헌학적 연구의 두드러진 진보는 초기 헤겔, 예나 시기의 헤겔 등『정신현상학』에 이르는 헤겔 철학의 형성과정의 측면들에 새로운 빛을 던지기에 이르렀다. 그 가운데 특기할 만한 동향을 일별하여 우선 초기 헤겔에 관련하여 살펴보면, 첫째로 20세기의 초의 딜타이의『청년 시대의 헤겔』과 그의 제자인 놀의『초기 신학논집』을 제2차 세계대전 후의 루카치의『청년 헤겔』과 비교해보면 분명히 드러나듯이, 오늘날 초기 헤겔의 초고와 거기서 보이는 헤겔의 사색을 단지 신학적, 종교적 문제를 취급한 것으로서 보는 견해는 일면적인 것으로 되고 거기에 놓여 있는 사회적, 정치적 문제의식과의 결합을 견지하는 것이 지배적인 것으로 되고 있다. G. 로르모저의『주관성과 물화』는 이런 방향에서의 초기 헤겔 연구를

대표하는 것이라고 말할 수 있다. 둘째로 헤겔 손으로 이루어진 단편「독일 관념론 최고의 체계 강령」을 중심으로 프랑크푸르트 시대의 헤겔을 둘러싼 휠덜린, 싱클레어 등의 홈부르크 집단의 연구가 초기 헤겔 이해의 관건으로서 주목받기에 이르렀다. 푀겔러, 헨리히를 비롯하여 얌메, 콘딜리스 등 젊은 연구자의 연구들이 있다. 예나 시대의 연구에 관해서는 푀겔러, 킴멀레, 호르스트만 등에 의한『정신현상학』에 이르는 예나 시기 체계구상의 복원작업을 비롯하여 일팅, 리델, 지프, 쾰러 등에 의한 헤겔 사회이론의 발전사적 연구, 푀겔러, 풀다, 뒤징, 트레데, 바움, 마이스트, H. 슈미트, R 샤흐트 등에 의한 논리학, 그리고『정신현상학』의 성립과 기능, 양자의 관계 등을 둘러싼 연구들 등을 들 수 있을 것이다. 지금까지 연구의 빈틈이었던,『철학비판지』를 중심으로 셸링과 협력한 예나 초기와『정신현상학』서론에서 셸링을 비판하기에 이르는 이 기간이 오늘날에 이르러 급속히 메워지고 있는 것이다. 나아가『정신현상학』연구에 관해 한 마디 하자면, 신헤겔주의 운동을 배경으로『정신현상학』연구가 실마리를 제공한 것으로서 해링 등에 의해 주장된 테제, 즉 헤겔은 원래 이성 장에서 논리학으로 직행하고자 했지만 결과적으로『정신현상학』은 인식론 서설과 역사철학이 합체된 것으로서 성립했다고 하는 테제는 오늘날 대체로 사라지고 오히려 현상학 전체를 통일적으로 이해하고자 하는 시도가 지배적으로 되었다. W. 베커, 풀다, 푀겔러, W. 마르크스, E. 핑크 등의 연구들을 대표적인 것으로서 들 수 있을 것이다.

Ⅳ. 철학체계에 관한 연구.『엔치클로페디』에 따르면 잘 알려져 있는 대로 헤겔 철학체계는 논리학, 자연철학, 정신철학의 세 부문으로 이루어진다. 여기서 이 부문들에 관한 연구동향을 일별해보자. 독일에서 19세기를 통해 헤겔 논리학은 마르크스에 의해 관념론의 체계로부터 방법으로서 분리되고 변증법으로서 유물론의 토대 위로 이식되어 독자적인 발전을 이룬 것 외에는 사람들의 관심을 끌 만한 것은 없었다. 그것은 오히려 앵글로색슨 문화권에서 연구되었다. 그리고 이러한 경향은 20세기 초의 신헤겔주의 운동에서도

기본적으로 변하지 않았다. 그러나 오늘날 헤겔 논리학은 그에 상응한 취급을 받게 되었다. 지금까지의 연구가 주로 1831년 개정판에 놓여 있었던 데 반해, 다른 일련의 논리학에 관한 텍스트, 예를 들면 에나 시대의 논리학, 형이상학의 초고, 뉘른베르크 철학예비학적 엔치클로페디의 논리학, 『논리의 학』 초판 등도 다루어지게 되었으며, 엄밀하게 분석되어 거기서 한편으로는 헤겔 논리학 전사, 칸트를 비롯하여 스피노자 등 선행철학자와의 관계 등이 더듬어짐과 동시에, 다른 한편으로는 정신현상학과의 관계, 논리학의 학적 성격과 내용구성, 나아가 시원, 부정성 등 특유한 방법과 원리가 논의되기에 이르렀다. 또한 비고전적인 현대 논리학과의 대비에 의한 연구 등도 활발해졌다. H. G. 가다머, D. 헨리히, 풀다, 뒤징 그리고 토이니센, 호르스트만, 모일렌, 라케브링크 등의 연구들이 거론될 수 있을 것이다. 자연철학에 관해 이야기하자면, 이 부문은 지금까지 자연변증법과 관련하여 일부 사람들의 관심을 끈 것 외에는 발달된 자연과학 이전의 시대에 뒤처진 것으로서 가장 소홀히 여겨져 온 부문이었다고 말할 수 있다. 그러나 과학이 기술과 결합하여 자연 파괴를 초래하고, 이것이 지구적 규모에서 문제로 되기에 이른 지금, 이 부문도 다시 재평가되기에 이르렀다. 그리고 자연 안에서 발견되는 것도 사상이라고 하는 헤겔의 기본적 테제는 오히려 뉴턴 이후의 물리학의 발전 등에서 보이는 근대 자연과학의 학적 성격을 정확히 맞춘 것으로 여겨져 반과학적이라고 보는 종래의 헤겔 자연철학상은 급속히 고쳐지고 있다. 정신철학에 관해서 이야기하자면, 법철학에 관해 한편으로는 프로이센 국가에 권위를 부여한 보수반동의 국가철학이라고 비판하는 이데올로기적 비판이 마르크스주의와 비판적 합리주의 등의 입장에서 여전히 보이긴 하지만, 다른 한편으로는 엄밀한 실증적 연구에 기초하여 그 진보적, 합리적 측면이 제시되기에 이르렀다. 독일에서 주목해야만 할 연구로서는 R. K. 호체발과 M. 리델 그리고 일팅 등의 것을 들 수 있을 것이다. 또한 헤겔의 사회윤리와 관련하여 부언하자면, L. 지프로 대표되는 헤겔의 상호인정론, 주체성에 대한 헤겔 철학에서의 상호주체성의 원리를 둘러싼

연구들도 주목해야만 할 동향으로서 잊어서는 안 된다. 미학에 관해서는 이념의 감각적 가상으로서의 예술이라는 규정, 그에 더하여 예술의 종언, 예술의 과거성이라는 헤겔 미학의 결론을 둘러싸고 이것이 의미하는 바를 추구하여 체계적 연구 외에 초기 헤겔로 거슬러 올라가는 발전사적 연구, 나아가 칸트, 실러, 셸링과 또한 슐레겔 형제 등 낭만주의자들의 예술관과의 비교 연구가 행해지고 있다. 그리고 이러한 오늘날 독일의 헤겔 미학 연구를 앞질렀던 것이 루카치와 아도르노일 것이다. 나아가 가다머, H. 쿠노, 푀겔러, D. 헨리히, A. 게르트만 지페르트 등의 연구들을 대표적인 것으로서 들 수 있을 것이다. 종교철학에 대한 오늘날의 연구 동향에 관해 말하자면, 첫째로 초기 헤겔의 경우와 마찬가지로 사회·정치적 문제와의 관련에서 헤겔에서의 신학적·종교철학적 문제를 다루는 동향을 들 수 있다. 토이니센의 『헤겔의 신학정치론으로서의 절대정신의 학설』 등은 그것의 대표적인 것이다. 두 번째 동향으로서는 논리학과의 관계에서 이루어지는 종교철학 해석을 들 수 있다. 또한 D. 헨리히의 『신의 존재론적 증명』 등도 여기서 거론할 수 있을 것이다. 나아가 가톨릭 측에서는 J. 슈플레트와 H. 큉, 프로테스탄티즘 측에서는 G. 로르모저와 W. D. 말쉬, 판넨베르크와 몰트만 등 헤겔 종교철학의 자기동화에 입각한 오늘날의 신학운동 동향도 빠트릴 수 없다. 또한 이러한 오늘날의 헤겔 종교철학 연구 수준을 집약적으로 보여주는 것으로서 W. 예슈케의 『헤겔 종교철학 입문』이 있다.

V. 문헌학적 연구. 오늘날의 헤겔 철학 연구의 특색을 이루는 것으로서 문헌학적 연구의 두드러진 발전을 빠트릴 수 없다. 특히 라손이 죽은 후 헤겔 저작 간행사업을 이어받은 호프마이스터가 1955년에 타계한 것을 계기로 지금까지 간행된 텍스트들도 일단 해체함과 동시에 구 프러시아 국립도서관이 소장하고 있는 헤겔의 초고를 중심으로 하되 흩어져 있거나 묻혀 있는 초고를 광범위하게 수집하고, 나아가 이 모두를 엄밀한 문헌학적 고증에 기초하여 정리함으로써 이미 헤겔 자신에 의해서 공간된 저작과 더불어 완벽한 헤겔 전집을 간행하고자 하는 방침이 수립되었다. 그리고 이 사업을 추진하는 기관으로서 본에 F. 니콜린과 O. 푀겔

러를 중심으로 하는 헤겔 문헌연구소(Hegel-Archiv)가 창설되었다. 그 후 문헌연구소는 본에서 보쿰으로 이전하고 오늘날 푀겔러의 지도하에 전집을 편찬하는 것 이외에 기관지 『헤겔 연구(Hegel-Studien)』에 미발표 헤겔 초고 등 그 성과를 발표하고 있다. 나아가 이러한 전집 간행의 움직임에 호응하여 헤겔의 강의들이 헤겔 자신의 메모, 필기노트의 수집에 입각하여 빠짐없는 모습으로 전모를 드러내기에 이르렀다. 예를 들면 법철학을 둘러싼 강의들이 K. H. 일팅과 D. 헨리히 등에 의해서 간행된 것 이외에 종교철학 강의가 W. 예슈케에 의해서 간행되기에 이르렀던 것이다. 이러한 오늘날의 문헌학적 연구의 눈에 띄는 성과로서는, 필적은 헤겔이긴 하지만 그것이 베껴 쓴 것이고 원작자는 셸링 또는 횔덜린이 아닐까라고 말해져 온 「독일 관념론 최고의 체계 강령」이 푀겔러에 의해서 헤겔 자신의 것이라고 주장되고 그것이 일반적인 지지를 얻게 된 것을 비롯하여, G. 슐러와 킴멀레에 의한 초기 헤겔 초고와 예나 시대의 초고들의 년대 결정 등을 들 수 있을 것이다. 헤겔 연구는 오늘날에 이르러 점차 철학 연구와 문헌학적 연구가 파행상태로부터 벗어나 순조롭게 나아가는 데 이르렀다고 말할 수 있는 것이다.

VI. 학회 활동. 제2차 세계대전 후 독일에서 최초로 출범한 헤겔학회는 1955년에 뉘른베르크에서 W. R. 바이어를 회장으로 하여 반파시스트 지식인을 중심으로 결성된 '독일헤겔학회(Deutsche Hegel-Gesellschaft)' 인데, 이 학회는 1958년 이래 잘츠부르크에 본부를 두는 '국제헤겔학회(Internationale Hegel-Gesellschaft=IHG)'로 발전했다. 이보다 뒤늦은 1962년에 H. G. 가다머의 지도하에 하이델베르크를 본부로 하여 '국제헤겔협회(Internationale Hegel-Vereinigung=IHV)'가 설립되었다. 두 헤겔학회가 병존하기에 이른 것은 바이어와 가다머 두 사람 사이에 불화가 있었던 것은 어쨌든, 근본적으로는 전후의 동서독의 분열로 상징되는 이데올로기 대립과 무관하지 않다. IHG가 많은 회의를 통해 헤겔 철학 연구를 둘러싸고 정력적으로 마르크스주의 철학과 비마르크스주의 철학간의 대화를 촉진하는 데에 특색이 있다고 한다면, IHV는 보쿰에 있는 헤겔 문헌연구소와 결합하여 엄밀한 문헌학적 연구에 기초하는 헤겔 해석을 특색으로 한다고 말할 수 있을 것이다. 헤겔 탄생 200주년인 1970년, IHG가 동베를린에서, IHV가 슈투트가르트에서 개최한 회의는 두 학회의 대립을 가장 선명하게 보여준 것이었다. 그 후 양자의 관계는 개선되어 나갔지만, 이러한 동향을 배경으로 하여 IHG 측은 1982년에 분열하여 그로부터 '국제변증법철학회(Internationale Gesellschaft für dialektische Philosophie=Societas Hegeliana)'가 독립했다. IHG 측에서는 바이어가 명예회장으로 물러나고, 실질적으로는 르페브르와 킴멀레 등이 지도하게 되었다. Societas Hegeliana 측은 홀츠를 비롯하여 불과 잔트퀼러 등이 주재하게 되었다. IHV측은 1970년 가을, D. 헨리히가 회장이 되었으며, 그 후 1982년부터는 H. F. 풀다가 회장으로 있다. 각자의 기관지로서 IHG는 『헤겔연보(Hege-Jahrbuch)』를, IHV는 헤겔 문헌연구소와 공동으로 『헤겔연구』를, 그리고 Societas Hegeliana는 『국제변증법철학회연보(Annalen der Internationalen Gesellschaft für Dialektische Philosophie)』를 내고 있다. ⇒신헤겔주의, 헤겔학회, 프랑크푸르트학파

—고즈마 타다시(上妻精)

독일적 자유獨逸的自由 ⇒**독일, 자유**

돌바크 ⇒**프랑스 계몽사상**

동경憧憬 [Andacht, Sehnen, Sehnsucht]

단지 존재하지 않는 것이 아니라 존재해야만 함에도 불구하고 존재하지 않는다(결여되어 있다)고 인지된 느낌. 결여되어 있다고 느끼는 이 감정이 상실된 것에 대한 갈망으로 된다. 결여되어 있는 것은 있어야만 함에도 불구하고 현실적으로는 없는 그러한 부분으로 인지된다. 상실된 것을 느낄 때 그 상실된 것이 동경을 불러일으킨다. 동경이란 먼 것으로 되어버렸지만 이전에는 자기와 친밀했던 것으로서 인지하는 것에 대한 추억이며, 항상 상실된 대상을 그것의 대응자로 한다.

이 감정은 마음 깊은 곳으로부터 이 대상과의 합일을 수행하려고 갈망하지만, 그러나 그것은 언제나 이 감정에 대립하는 것인 까닭에 이 합일은 영원히 불가능하다. 이 대상은 도달할 수 없는 피안이며, 붙잡았다고 생각하는 바로 그 순간 달아나 버리는, 아니 오히려 이미 달아나 버린 것이다『기독교의 정신』1. 417]. 이 감정은 대상에 생각을 맡기고 이것을 사모하며 이것을 순수하게 감촉하려고 하면서도 자기의 대상에 관계하는 것이 아니라 다만 그것에로 향해 갈 뿐이며, 대상을 절대적으로 소원한 피안으로서 받아들인다. 동경이든 사모든 여기서 이 감정은 슐라이어마허 등의 낭만주의자들의 기독교관, 야코비 철학의 신앙의 원리로 생각되고 있다. "신앙은 유일한 내용인 유한한 것을 넘어서려고 하면서도 그때에 다만 공허한 것을 발견하는 데 지나지 않기 때문에 신앙은 모두 동경이다. 신앙의 진리는 공허한 피안이다"[『정신현상학』3. 423]. 대상이 허무이기 때문에, 거기서 자기를 채우는 것은 허무하다는 의식뿐이다. 동경이 자기의 대상으로 삼는 것은 이와 같은 순수한 심정이다. 그러므로 현재 있는 것은 순수한 심정의 내면적인 운동이며, 이 심정은 자기 자신을 느끼면서도 자기 자신을 분열된 것으로서 비애의 감정을 담아 느끼는 것이다. 이것은 대상 속에서는 만족할 수도 안식을 발견할 수도 없는 '아름다운 영혼'이라고 불리는 불행한 의식이다[같은 책 3. 484]. ⇒아름다운 영혼, 불행한 의식

―요리카와 죠지(寄川條路)

동물動物 [Tier]

　동물은 "자기가 없는 생명"인 식물에 대해서 "개별성의 자기가 자기 속에서 반성한 것"[『엔치클로페디(제3판) 자연철학』350절]이라고 특징지어지듯이, 독립된 '주체성'을 지니는 유기체로서 생각되고 있다. 즉 동물은 개체성으로서 자립하고 있고, 외면성에서 해방되어 "자기의 내발적인 우연에 따라 자기 자신으로부터 장소를 결정"[같은 책 351절]할 수 있다. 동물은 그와 같은 자기 운동하는 주체로서 (1) 신경과 뇌에 의해서 자기의 내부로 향하여 반성하고(감수성), (2) 근육과 맥동에 의해서 외부로 향하여 반작용하며(흥분성), 그리고 (3) 내장의 소화계에 의해서 개체로서의 자기를 보존한다(재생산). 이와 같은 형태를 지닌 개체는 그의 타자인 비유기적인 자연과 관계하여 그것을 자기 안으로 '동화'하고, 또한 다른 개체와 관계하는 것('생식')에 의해서 개체의 몰락('질병'과 '죽음')을 넘어선 '유적 과정'에로 자기 자신을 지양한다.

　【참】 Engelhardt (1986), Hösle (1987b)

―이사카 세이시(伊坂靑司)

동물전기動物電氣 ⇨**갈바니즘**

동양東洋 ⇨**아시아**

동어반복同語反復 ⇨**설명**

동업자조합同業者組合 [Zunft] ⇨**직업단체**

동일성同一性 [Identität]

　헤겔에 따르면 동일성은 다른 '반성규정들'과 마찬가지로 단순한 사유법칙이 아니라 존재론적 규정이며, '존재'의 '본질' 규정에 다름 아니다. "자기 자신에 관계하는 단순한 부정성이라는 동일성의 개념은 외적 반성의 소산이 아니라 존재 그 자체에서 생겨난다"[『논리의 학』6. 40]. 그런데 '자기 관계하는 부정성'으로서의 '본질'의 이러한 자기동일성이란 그것 자신에서 '구별[상이성]' 내지 '비동일성'에 다름 아닌 '구체적' 동일성이며, 이와 같이 '구별'과의 관계 내지 통일로서 성립하는 동일성은 그 자신이 '전체'임과 동시에 그 '계기'이기도 하다. 그리고 이것이 "동일성과 비동일성의 동일성[구별과 무구별의 통일]"[『논리의 학』5. 74; 『차이 논문』2. 96]이라고 정의되는 '절대자'의 기본적 구조이다. 이러한 구조의 선구적인 파악은 프랑크푸르

트 시기에서의 "합일성과 분리의 합일"[『초기신학논집』(놀) 379[b]] 및 "유한한 대립들"을 자기 안에 포함하면서 그것들을 관계짓는 통일로서의 관계와 대립의 결합, 즉 "결합과 비결합의 결합"[『1800년 체계 단편』1. 422]이라는 '무한'한 '생명'의 정식화에서 발견된다.

이와 같은 동일성의 이해와 대립하는 것이 헤겔이 '추상[지성]적' 동일성이라고 부르는, '구별'을 사상한 동일성이라는 통상의 견해이다. 사유법칙으로 여겨지는 이른바 동일성명제[동일률, A=A] 및 그것의 부정적 파악인 모순명제[모순율, A≠~A]는 이러한 동일성에 기초하고 있다. 그러나 두 명제는 무의미할 뿐만 아니라 자기모순이다. 명제인 이상 주어와 술어의 '구별'이 포함되어 있어야만 하기 때문이다[『엔치클로페디(제3판) 논리학』115절]. 동일성은 '구별'로부터의 분리로서, 본질적으로 동일이라는 것은 사실은 동일성이 '구별'과의 차이를 그 자신에서 지니는 바로 '구별' 그 자체이며, 구별이 동일성의 본질을 이루고 있다는 것을 나타내는 것이다[『논리의 학』6. 40, 42]. ⇒구별, 모순

—야마다 다다아키(山田忠彰)

동일철학同一哲學 [Identitätsphilosophie]

1801-3년의 셸링의 철학적 입장을 특징지어 보통 동일철학이라고 말한다. 셸링의 사상형성은 피히테적인 자아철학의 입장에서 출발하면서도 자연철학의 입장, 초월론적 관념론의 입장을 거쳐 유한자의 근저에서 주관적인 것과 객관적인 것의 절대적 동일성을 보는 동일철학의 입장에 이르렀다. 이와 같은 셸링의 동일철학을 헤겔은 동일성체계(Identitätssystem)라고도 특징지었다.

I. 셸링이 동일철학의 입장을 명확히 내세운 것은 『나의 철학체계의 서술』에서이다. 거기서는 사물을 자체적으로 파악할 수 있는 절대적 이성의 입장이 부르짖어지며, 유한자인 사물을 근거짓는 절대적 동일성의 존재와 그 본질이 구별되고 있다. 절대적 동일성의 본질은 주관적인 것과 객관적인 것의 대립을 근절하는 절대적 무차별인 데 반해서, 이 절대적 무차별의 외부에 정립되는 주관적인 것과 객관적인 것의 양적 차별(포텐츠)이 절대적 동일성의 존재 형식인 것이다.

셸링은 무한자인 절대적 무차별에 대해서 주관적인 것과 객관적인 것의 양적 차별이 유한자가 존립하는 근거라고 간주하고, 객관적인 것보다 주관적인 것이 양적으로 우위를 보이는 각 포텐츠 안에서 자연으로부터 정신으로의 발전을 보고 있었다. 이와 같은 셸링의 체계적 시도는 유한자의 근저에서 절대적 동일성을 봄으로써 유한자의 인과연쇄의 무한퇴행을 극복하고자 하는 것이었다. 그러나 그 반면에 절대적 동일성의 본질인 무한자는 유한자의 차별을 근절하는 절대적 무차별로서 유한자로부터 분리되고 마는 것이기도 했다.

II. 셸링이 스스로의 동일철학을 전개한 1801-3년은 또한 예나에서 셸링이 헤겔과 공동연구를 진행한 시기이며, 이러한 주관적인 것과 객관적인 것의 절대적 동일성의 입장은 사변의 입장·절대적 이성의 입장으로서 헤겔에게도 공유되었다. 두 사람은 객관적 관념론의 입장으로부터 『철학비판지』에서 당시의 통속철학과 반성철학에 대해 사상투쟁을 수행했던 것이다. 물론 당시의 셸링과 헤겔 사이에는 객관적 관념론의 입장이라는 공통의 사상적 기반이 보이기는 하지만, 사상이 완전히 일치했던 것은 아니며, 뉘앙스의 상이함과 사상적 차이도 당연히 존재했다. 그것들이 두 사람 사이에서 일상적으로 토론되고 있었다는 것은 이 시기의 두 사람의 저작에서 사상의 상호영향의 흔적이 보이는 것에서도 엿볼 수 있다.

헤겔은 후에 『정신현상학』의 '서문'에서 이 시기의 자신의 사상적 행보를 자기 결산하고 암암리에 셸링을 비판함과 동시에, 『논리의 학』에서는 유한자를 절대자(무한자)의 계기로서 파악하는 자신의 입장을 절대적 관념론이라고 불렀다. ⇒셸링

—이와사 시게루(岩佐 茂)

동화同化 [Assimilation]

유기체가 자기를 보존하기 위해 비유기적 자연을 자기 안으로 받아들여 동일화하는 과정을 가리킨다.

즉 유기체는 "합목적적인 것으로서 비유기적인 것을 점차적으로 자기와의 동일성에로 가져온다"[『예나 체계 Ⅲ』 GW 8. 125]. 식물적 유기체는 비유기적 자연을 흡수하여 성장한다. 또한 동물적 유기체는 외부로부터 자극됨으로써 결핍의 감정을 지니며, 그 결핍을 해소하고자 하는 욕구·충동을 지니고서 비유기적 자연을 자기 내로 섭취한다. 그것은 생명유지라는 합목적적인 활동이다. 이러한 활동을 좀더 구체적으로 살펴보면, 동물은 우선 첫째로 외재적인 자연을 자기 내로 '섭취'하고, 다음으로 섭취된 자연물을 위액이라든지 췌액 또는 담즙 등에 의해서 '소화'하고 소화된 비유기적 자연을 자기 내로 흡수하여 '만족'에 이른다. 이리하여 동물은 이와 같은 동화의 과정을 끊임없이 반복하여 "자기 자신을 재생산"[『엔치클로페디』(제3판) 365절]하는 것이다. ⇒충동, 욕구·욕망

—이사카 세이시(伊坂靑司)

두개골론頭蓋骨論 [Schädellehre]

(1) 정신의 능력은 서로 독립된 다수(27개)의 개별적인 능력으로 분해될 수 있다. (2) 각각의 능력은 뇌의 표면의 일정한 부위에 존재하며(대뇌국재설), 나아가 두개골의 표면에도 대응한다. (3) 두개골의 각 부분의 크기로부터 그 개인의 각 능력의 발달 상태를 추정할 수 있다. 갈(Franz Joseph Gall 1758-1828)의 이러한 두개골론에 대해 헤겔은 『정신현상학』의 '관찰하는 이성' 장에서[3. 233-262] 그 비과학성을 비판한다. 헤겔에 따르면 (1) 정신은 유동적인 통일이며, 능력이란 그로부터의 추상에 불과하다. (2) 정신과 뇌와 두개 사이에서 상정되는 인과관계에는 근거가 없다. (3) 뇌와 두개의 모양은 정신에게 있어 우연적인 것에 지나지 않는다. 그러나 이렇게 비판되는 한편으로, "정신의 존재는 뼈다"[같은 책 3. 260]라는 두개골론에서 도출되는 유물론적 결론은 '정신'을 그 정반대의 '사물'과 동일시하는 단적으로 모순된 판단(무한판단)인 까닭에, 이것은 전적인 넌센스임과 동시에 자연을 관찰하여 자연에서 이성적 법칙을 발견하고자 하는 '관찰하는 이성'이 나아가는 정점이자 그런 까닭에 전환점이라는 중요한

의미를 부여받는다.

—우에무라 요시로(上村芳郞)

두려움 [Furcht]

공포, 외포라고도 한다. "내가 일반적으로 두려움을 지니는 것은 나의 가치를 부정하는 나 이상의 힘에 대한 표상에 의한다"[『종교철학』 17. 80]. 두려움은 자연적이고 우연적인 폭력에 대해서도 생기지만(이 경우에는 공포), 이에 반해 "자유롭게 그 자리를 지니는"[같은 책 16. 277] 것이 종교적인 두려움이다. 그것은 인간이 유일한 힘, 즉 단적으로 부정적인 힘으로서의 절대자에 대한 의식에 직면하여 자연적인 자신의 허무함에 혼들리면서도 자기 자신의 실존을 긍정하여 거기에 머무르고자 할 때 나타난다. 여기서 인간은 이러한 자연적인 것을 넘어서서 자기를 방기하고, 좀더 고차적인 기반을 획득하여 사유지식의 단계로 이행함으로써 자유로운 정신에 이르는 것이다. 그렇다면 결국 "두려움은 지혜의 시작"[『정신현상학』 3. 148; 『종교철학』 16. 277]인 것이다. 두려움은 또한 절대적 주인인 죽음에 대한 두려움으로서 봉사와 노동과 더불어 자유를 얻기 위한 계기의 하나이기도 하다[『정신현상학』 같은 곳]. ⇒주인과 노예

—오카자키 에이스케(岡崎英輔)

뒤러 [Albrecht Dürer 1471. 5. 21-1528. 4. 6]

독일 르네상스의 최대의 화가. 헤겔은 뛰어난 초상화를 참으로 예술적인 재능을 갖춘 역사가의 역사기술에 비교하고 있다. 즉 현실의 세계에 관해 우리는 종종 나무를 보면서도 숲을 보지 못하는 데 반해 뛰어난 역사기술은 현실에 내재하는 의미와 정신을 우리에게 보여준다. 마찬가지로 뛰어난 초상화는 우리가 실제로 본 것에서는 알지 못하는 초상화 주인의 정신을 우리로 하여금 감지할 수 있게 해준다. 그러한 종류의 초상을 제작한 화가로서 헤겔은 티지아노(Vercelli(o) Tiziano 1476-1576)와 뒤러를 높이 평가하고 있다[『미학』 15. 104].

【참】 增成隆士 (1987)

―마스나리 다카시(增成隆士)

드라마 [Drama]

넓은 의미의 드라마, 즉 '시적 예술작품'으로서의 드라마는 문예의 3대 장르의 하나. "내용적으로나 형식적으로 가장 완성된 총체성"의 예술이자 "시와 예술 일반의 최고단계"[『미학』 15. 474]이다. 헤겔에게 있어 말은 다른 예술들의 감각소재, 석재, 목재, 안료, 음에 비해서 정신의 개현에 어울리는 요소이며, 또한 드라마는 서사시의 객관성과 서정시의 주관성을 통합, 지양한 데서 성립하는 예술형식이다.

드라마는 "현전하는 인간의 행위들, 관계들을 사건 전개를 연기하는 등장인물의 언어표현이라는 방법으로 묘사함으로써 표상의식에 호소"[같은 책 15. 475]하고자 할 때 필요하게 된다. 그 경우 "일정한 목적에 따라 수행되는 단선적인 사건전개가 아니라 충돌하는 사태, 정념, 성격에 기초를 두고, 그 결과 작용과 반작용을 불러일으키며, 그것이 또한 새롭게 투쟁과 알력의 조정을 필요"[같은 책 15. 475]로 하는 전개가 요구된다.

헤겔에게 있어 프랑스 고전주의의 삼일치의 법칙, 즉 '시간과 장소와 줄거리의 통일' 가운데 줄거리의 일관성은 절대의 법칙이다. 구체적인 줄거리의 전개법으로서는 알력이 생기는 원인을 제시하는 제1막, 충돌과 분규의 제2막, 모순의 극한에서 그 해소로 향하는 제3막이라는 식으로 막(Akte)과 장(Scenen)의 활용이 권장된다.

드라마의 운율에 관해서는 사건전개의 전진적인 리듬에 어울리는 이암보스(단장격)를 기준으로 한 디아보디아, 트리메트론(세나리우스)이 적절하다고 주장된다[같은 책 15. 494ff.].

한편 좁은 의미의 드라마(Schauspiel)는 비극과 희극의 중간적 종류에 위치하며 '비희극(Tragi-komödie)'으로 된다. 이미 고대 그리스의 사티로스극에서 사건전개는 엄숙, 합창은 희극적이라는 혼합형태가 보였다. 그러나 근대극에서는 본래 희극의 원리인 자유로운 주관성이라는 원리가 우세를 점하게 되며, 비극적 주제마저도 그것의 인륜적 내용의 실체성이 후퇴하고 또한 강고한 의욕과 심각한 갈등이 완화된 결과 비희극으로 된다[같은 책 15. 532f.].

이러한 중간적 장르의 한계는 비극과 희극보다도 부동적이라는 점을 면하지 못하고 또한 참으로 드라마적인 유형에서 이탈한다든지 산문적인 것으로 떨어질 위험이 있다는 점에 있다. 즉 갈등이 그 자신의 분열을 통해서 평화로운 결말에 도달하는 것으로 되어 있기 때문에 비극의 경우처럼 날카로운 대립이 되어 나타나는 것은 없는 것이다. ⇒비극, 희극

【참】 Freitag (1863), Bray (1963), Gouhier (1968), Elan (1980)

―가나타 스스무(金田 晉)

디드로 [Denis Diderot 1713. 10. 5-84. 7. 31]

18세기 프랑스 계몽사상운동의 지도자들 가운데 한 사람으로서 가장 독창적인 '철학자'였다. 달랑베르와 함께 『백과전서』의 편집에 협력하고, 돌바크, 루소를 비롯한 광범한 사상가와 과학자들을 조직함과 동시에 문학, 예술론, 철학 등의 광범한 영역에 걸쳐 독창적인 저작을 남겼다. 헤겔은 적어도 『정신현상학』을 집필할 즈음에는 디드로의 변증법적인 사유방식에 깊은 영향을 받고 있었으며, '소외'라든가 '변증법'과 같은 중심적 사상의 형성에 디드로, 특히 그의 『라모의 조카』가 결정적이라고 말할 수 있는 영향을 주었다. 같은 시기에 씌어진 '추상적으로 생각하는 것은 누구인가'라는 소론(이 저작의 문체 자체가 특이하다)에서도 디드로의 『운명론자 자크와 그 주인』이 서명과 함께 인용되고 있으며, 변증법적 상호전화의 사상이 디드로의 깊은 영향하에 성립했음을 엿볼 수 있다. ⇒소외, 『라모의 조카』, 교양, 프랑스 계몽사상

―사토 가즈오(佐藤和夫)

딜타이 [Wilhelm Dilthey 1833. 11. 19-1911. 10. 1]

독일의 철학자. 딜타이의 전 생애의 사색을 움직인 과제는 모든 것을 유한하다고 보고 상대화하는 역사의식과, 보편타당한 인식을 지향하는 철학 사이의 대립

을 융화하는 것에 놓여 있었다. 그의 생의 해석학은 이러한 대립이 '생'에서 발전사적으로 융화할 수 있다는 것을 명확히 하는 것이었다. 이러한 견해를 획득한 딜타이는 청년 헤겔도 그와 마찬가지로 '생'의 개념 위에 서서 대립의 융화를 지향한 자로 보고 이것을 역사적으로 추적하여 인식하고자 했다. 이를 위해서는 그때까지 간행되지 않은, 특히 초기의 초고에 관한 문헌학적이고 역사적인 고찰이 필요하다고 생각되었다. 이리하여 그와 같은 필요를 제창, 솔선하여 연구하고, 그것을 공표하여 간행한 것이 『헤겔의 청년 시대(*Die Jugendgeschichte Hegels*. 1906.[in: Diltheys Gesammelte Schriften. Bd. Ⅳ. 1921])』이다. 이것은 헤겔의 사색을 '발전'에서 본 처음의 것이며, '청년 헤겔'에서 비로소 독자적인 가치와 의의를 인정함으로써 헤겔 부흥의 계기를 이룬 것으로서 연구사상 획기적인 의의를 지닌다. 딜타이는 청년 헤겔의 사색 기조를 '신비적 범신론'

이라고 파악하고—이것이 전편의 핵심어가 된다—, 생의 분열과 대립은 생이 침해된 것에 기초하는 운명의 반작용에 다름 아니며, 그것이 '사랑'에 의해서 화해되는 경과('사랑에 의한 운명과의 화해')를 헤겔의 초고에 의거하여 추적하고, 거기서 헤겔 변증법의 원형을 보고자 했던 것이다. 딜타이에 따르면 이와 같은 청년 헤겔은 "인간 정신의 내면성 역사의 창시자"[앞의 『딜타이 전집』 Ⅳ. 157]이며, 모든 시대의 최대의 형이상학자 가운데 한 사람이다.

딜타이의 헤겔 해석은 신학적으로 치우쳐 있으며, 이는 다시 놀(Herman Nohl 1879~1960)에게로 계승되었지만, 동시에 그것은 그에 대립하는 루카치(György Lukács 1885~1971) 등의 정치경제학적 연구를 불러일으키기도 하였다.

—오카자키 에이스케(岡崎英輔)

라마교—敎 ⇨ 인도 · 불교

라마르크 [Jean Baptiste Pierre Antoine de Monet de Lamarck 1744. 8. 1–1829. 12. 28]

프랑스의 박물학자. 왕립 박물원에서 식물학을 배우고 뒤이어 동물학으로 전환했다. 그의 저서 『동물철학(Phiosophie zoologique, 2 vols., 1809)』에서 기관의 용불용설과, 환경 특히 기후의 영향에 의한 변이(획득형질)의 유전학설을 주창했다. 또한 린네(Carl von Linne 1707–78)의 생물 분류설을 인위적인 것이라고 하여 이에 반대하고, 척추의 유무에 기초한 계층적인 동물 분류설을 제창했다. 헤겔은 그의 분류설을 아리스토텔레스가 행한 혈액의 유무에 의한 동물 분류로의 귀환이라고 파악하고 적극적으로 평가했다[『엔치클로페디(제3판) 자연철학』368절 「보론」].

―기타자와 쓰네토(北澤恒人)

『라모의 조카』 [Neffe Rameaus]

18세기 프랑스 계몽사상의 가장 변증법적인 사상가인 디드로는 『맹인 서한』의 출판으로 체포, 구류당한 후 적지 않은 저작을 프랑스 국내에서 출판할 것을 체념하고 있었다. 가장 이름 높은 『라모의 조카』도 그의 사후 러시아의 에카테리나 여왕에게 원고 그대로 보내진 것이 1803년에 실러의 손에 넘어가고, 다시 그것을 읽고 감격한 괴테가 번역을 결의하여 1805년에 가까스로 출판된 것이었다. 헤겔은 『정신현상학』의 집필과 거의 때를 같이 하여 이 저작을 읽고 깊은 사상적 영향을 받았다. 그 영향은 직접적으로 『정신현상학』에 나타나 있으며, 18세기 프랑스를 중심으로 하는 유럽 세계의 문화 동향을 '자기 소외된 정신'으로서 정신의 필연적인 발걸음의 한 단계로 위치지을 때 결정적으로 중요한 역할을 수행했던바, 헤겔은 『라모의 조카』로부터의 인용을 직접적으로 행하고 있다[3. 387]. 『정신현상학』에서 다른 저작으로부터의 인용이 시구를 제외하면 대단히 적다는 것을 생각하면 이것은 주목할 만한 가치가 있다. 이 저작은 철학자인 '나'와 프랑스의 대작곡가 라모의 조카(실재한 인물)와의 대화로서 진행되어간다. 성실한 철학자인 '나'는 상식적 지성에 기초하여 논의를 펼치지만, 열등한 의식을 자인하는 '그'는 모든 논의를 상대화하여 혼란과 분열을 불러일으킨다. 처음에 철학자가 정당하다고 생각하여 진척시킨 논의가 무뢰한인 상대의 논의에 의해 어느새 전도되어 입장이 역전되어 버린다. '그'는 스스로의 분열마저 인정하고 있기 때문에 모든 가치가 '공허하게' 되어버린다[3. 389]. 이와 같은 '분열된 의식'에 의해서 기성의 모든 대상이 일단은 인간의 자기의식에 의해서 음미되고 상대화되며, 이미 의식의 피안으로서의 세계와 권위가 모두 없어지는 경험이 생기는 것이다. 거기서는 모든 것을 유동화시키는 혁명 시대의 사상적 상황이 묘사되고 있으며, 여기서 괴테와 헤겔은 가장 영감으로 가득 찬 '변증법적' 운동의 서술을 보았다. 요컨대 거기에는 단순한 조화가 아니라 분열과 대립의 경험을 통한 '교양형성'이 정신을 좀더 깊은 차원으로 인도하는 것이라는 사상이 결부되어 있었던 것이다. ⇒교양, 소외, 분열, 디드로

―사토 가즈오(佐藤和夫)

라바터(라파터) [Johann Kaspar Lavater 1741. 11. 15~1801. 1. 2]
　스위스의 목사, 저작가, 인상학의 제창자. 담즙, 다혈, 점액, 우울의 4기질론과 동물의 모습과의 유사에 기초한 그 성격 판단은 한때 유럽에서 널리 유행했다. 『정신현상학』[3. 233~242]의 '관찰하는 이성' 장에서 헤겔이 인상학의 비과학성을 논할 때에 염두에 두고 있던 것이 라바터의 『인상학에 대하여(Von der Physiognomik. 1772)』 및 괴테도 협력한 『인상학 소고(Physiognomische Fragmente. 4편, 1775~78)』이다. ⇒인상학

―우에무라 요시로(上村芳郎)

라이프니츠 [Gottfried Wilhelm Leibniz 1646. 7. 1~1716. 11. 14]
　독일의 철학자·수학자. 그의 활동은 형이상학·신학부터 논리학·수학·역학, 나아가 언어학·법학·역사학 등 광범위한 분야에 걸쳐 있다. 대표적 업적으로서는 (1) '결합법―보편기호학'의 이념에 기초한 현대적인 논리적 기호체계의 고안, (2) '보편수학'의 구상(그것의 구체화로서는 '위치해석' 등)을 통한 추상적·형식적인 수학적 구조의 취급의 개척, (3) 미적분학의 기본적 이론의 전개, (4) 역학적 에너지에 해당하는 개념의 도입과 그 보존법칙의 확립 등이 있다.
　이 성과들을 원용하여 대략 『형이상학 서설(Discours de Métaphysique, 1686)』 이래 『단자론(Monadologie, 1714)』 등을 중심으로 '단자(모나드)'와 '표상(perceptio)'을 기본 개념으로 하는 독자적인 형이상학 체계가 전개되었다. 단자('개체적 실체')란 정의에 따라 말하자면 <사태의 궁극적인 구성요소인 단순하고 분할 불가능한 '참된 일자'>이지만, 그러나 그것은 원자와 같은 물질적 대상이 아니라 오히려 우리의 '자아'를 전형으로 하는, 공간적 연장성을 결여한 생명적·정신적인 존재('실체적 형상', '엔텔레케이아')이다. 즉 단자는 역학적인 운동을 비롯하여 다양한 생명 활동과 나아가 욕구와 사유와 같은 정신 활동에까지 이르는 넓은 의미에서의 '능동작용(actio)'의 원리를 이루는 것(이 원리의 담지자인 '기체')이며, 라이프니츠에 따르면 이러한 것으로서의 단자가 서로 간에 다양하게 집결함으로써(즉 하

나의 중심적인 단자 밑에 다른 무수한 종속적인 단자가 통합되고, 더 나아가 또한 이 종속적인 각각의 단자 그 자신이 하나의 중심이 되어 다른 단자들을 통합하는 중층적인 구조가 성립함으로써) 인간을 비롯하여 자연 속에 존재하는 다양한 유기체(미세한 생물들/식물들/동물들)가 각각 개체로서 형성되게 된다. 동시에 또한 라이프니츠는 물체와 같은 물질적·무기적 존재 자체도 단자들을 '기초'로 하여 결과의 '현상'에 다름 아니라고 간주하고 있으며, 이와 같은 관점의 귀결로서 '우주' 전체가 단자들만으로 이루어진 하나의 무한한 '집합체'이게 된다.
　각각의 단자의 활동으로서는 (1) 표상작용을 행한다는 것과, (2) 그러한 표상들을 자기 자신에 내재하는 원리에 따라서 자율적으로 변화시킨다는 것의 두 가지가 있다(이와 같은 표상의 변화란 직접적으로는 '욕구'에 기초하는 행위에 해당되지만, 그러나 그것은 동시에 자연적·물체적인 운동도 포함하는 것이며, 그러므로 여기서 운동을 생기시키는 작용인은 행위를 생기시키는 목적인 아래 포섭되어 양자는 기본적으로 일치하게 된다). 표상이란 각각의 단자의 내적인 상태('양태') 속에서 이 단자의 외부(우주)가 표현·표출되는 것이지만, 그 경우 이 내적인 상태는 모든 것을 판명한 방식으로(현재적(顯在的)인 지각과 사유로서) 비추어 내는 것이 아니라 오히려 그것의 잠재적으로 머물고 있는 부분들('미소표상')까지도 포함하여 전체로서 외부에 대응할 뿐이다. 이와 같은 방식으로 단자는 각자 스스로 고유한 '시점'에서 끊임없이 변화하는 우주의 모습의 총체를 표상하게 되지만, 이것은 다시 말하면 각각의 단자가 그것 자체에서 자율적인 하나의 '분리된 세계'를 형성함에도 불구하고 동시에 어떠한 단자 속에서 생기하는 표상 계열도 서로 일정한 방식으로 조응한다는 것을 의미한다. 이리하여 라이프니츠는 단자가 '창을 지니지 않지만, 그러나 그것들 상호간에는 '예정조화'가 성립한다고 주장하게 된다.
　헤겔에 대한 영향으로서는 『예나 체계 Ⅱ』의 '형이상학'을 비롯하여 『정신현상학』 '지성' 장의 '두 힘의 유희'론과 '정신적인 동물의 나라'의 '개체성' 개념 속에서 단자 개념의 비판적 수용을 찾아볼 수 있지만,

좀더 깊은 관련을 보이는 것으로서 『논리의 학』의 (1) '존재론'의 '대자존재'론, (2) '본질론'의 '근거'론, '본질적 연관'론 및 '현실성'론이 있으며, 더 나아가 특히 (3) '개념론'의 '객관성' 편에서 '단자'가 '총체성 (Totalität)'으로서 규정되어 단순한 본질론적 '실체'를 넘어선 개념론적 '객체'의 사례로서 고찰되고 있다[6. 411]는 점이 주목된다. ⇒총체성, 정신적인 동물의 나라

【참】 Belaval (1976), Guyer (1978), Kusch/Manninen (1988)

―오카모토 겐고(岡本賢吾)

라인홀트 [Karl Leonhard Reinhold 1757. 10. 26~1823. 4. 10]

독일 관념론의 방향성을 제시한 철학자. 사상 형성기의 헤겔에게 커다란 영향을 주었다.

빈에서 태어나 그곳에서 철학 교사가 되지만, 1783년에 라이프치히로, 그 다음 해에 바이마르로 옮긴다. 빌란트(Christoph Martin Wieland 1733-1813)의 인정을 받아 『독일 메르쿠르 지』에 계몽주의에 관한 일련의 논고를 칸트 등보다 앞서 발표.

1786년부터 그 다음 해에 걸쳐 『칸트 철학에 관한 서한』―처음 나온 것과 간행본에는 대폭적인 차이가 있다는 점에 주의―를 발표하고 칸트 철학의 해설자로서의 평가를 얻어 1787년에 예나 대학에 초빙된다. 여기서 칸트 철학의 전제를 기초짓고, 나아가서는 학문 전체의 기초학이 되어야만 하는 '근원철학 (Elementarphilosophie)'을 구상. 『인간의 표상능력에 관한 새로운 이론의 시도』(1789), 『철학자들의 종래의 오해를 바로잡기 위한 기여(제1권)』(1790), 『철학지의 기초에 관하여』(1791)에서 모든 철학의 기초인 첫 번째 근본명제로서 "의식에서의 표상은 주관에 의해서 주관과 객관으로부터 구별되며, 동시에 양자에 관련지어진다"는 <의식률>을 수립했다. 근본명제를 설정하고, 그것에 기초하여 체계를 구축하고자 하는 전략에는 초월론적 관념론의 원점이 놓여 있었다. 가정적으로 철학을 시작하는 이러한 방법은 헤겔에게 평생 <철학의 시원> 문제를 안겨주었다. 의식률이 명확히 한 것은 다름 아닌 의식의 <자기관련> 구조이다. 그러나 그것은 자명한 '사실'이라고 하여 전제되었기 때문에 『아이네시데무스』(1792)와 피히테의 반론을 불러일으켰다.

『철학사의 개념에 관하여』(1791) 등에서 제시한 역사기술적인 방법은 헤겔이 『차이 논문』에서 대결한 연구 방법이었다. 또한 『일반 문예 신문』(1800)과 『19세기 초두의 철학 상황을 쉽게 개관하기 위한 기고』(1801)에서 바르딜리의 사상에 근거하여 동일철학의 성립을 고지하고, 셸링과 헤겔의 논쟁을 불러일으켰다. 일관되게 논쟁의 종언을 지향하면서도 독일 관념론 사상의 전환점에서 등장하여 논쟁의 중심이 된 생애였다. ⇒크룩, 바르딜리

【참】 Klemmt (1958), Lauth (1974)

―구리하라 다카시(栗原 隆)

람베르트 [Johann Heinlich Lambert 1728. 8. 26~77. 9. 25]

독일의 철학자, 수학자. 볼프적인 합리론과 로크적인 경험론의 조정을 꾀한다. 주저로 『신기관(Neues Organon, 1764)』, 『논리철학논고(Logische und phiolosophische Abhandlungen, 1782)』 등이 있다. 라이프니츠의 <보편기호학>을 이어받아 모든 학문을 대수로 환원하고자 했다. 헤겔은 람베르트가 추론을 "계산의 기계적 조작"으로서 생각한 논리학자로서 들고 있다[『종교철학』 17. 364].

【참】 Coseriu (1972)

―구로사키 마사오(黑崎政男)

러시아 [Rußland]

러시아는 서구적 자기완결성을 지니는 역사철학 구상 속에서 그 바깥에 위치지어진다. 또는 오히려 비서구적인 것으로 된다. 슬라브 민족의 거주지는 유럽 동부에 위치하며, 그 일부는 "서구 이성의 세례"를 받기도 했다. 그럼에도 불구하고 세계사 속에서 독립의 계기로서 등장한 것은 아니다. 그리하여 "일군의 이 민족들은 우리의 고찰에서 배제된다"[『역사철학』 12. 422]. 이러한 슬라브 민족의 특성은 농노와 그 지배 집단이 추세를 점하고 중간 신분이 누락되어 있다는

점[『법철학』297절 「보론」]과, "주관적 자기라는 근본 감정, 보편적인 것의 의식에 대단히 둔중"[『역사철학』12. 500]한 점에 있다. 다만 헤겔은 미래에 대한 예견이라는 형태로 러시아에 눈길을 돌린다. 그것은 "세계사의 영역에서 그토록 커다란 장소를 얻고, 좀더 높은 사명을 지닌다는 것을 의심할 수 없는 나라입니다. …… 그 내포적 본성을 발전시키는 무언가 거대한 가능성을 품고 있습니다"[익스쿨(Boris von Yxkull)에게 보낸 1822. 11. 28일자의 서한].

【참】 Löwith (1940)

—다키구치 기요에이(瀧口淸榮)

레싱 [Gotthold Ephraim Lessing 1729. 1. 22-81. 2. 15]

목사의 가정에서 태어나 라이프치히 대학에서 신학을 공부했지만, 극작가, 비평가로서 명성을 얻었다. 프랑스 연극의 단순한 모방을 배척하고, 셰익스피어를 모범으로 하여 독일의 독자적인 연극을 확립하기 위해 힘을 다했다. 희곡으로『민나 폰 바른헬름』(1767), 평론으로『함부르크 연극론』(1767-69) 등이 있다. 볼펜뷔텔 대공 도서관의 사서의 직에 있었을 때 이성종교의 입장에서 기성의 종교, 특히 그것의 계시신앙을 혹독하게 비판한 라이마루스(Hermann Samuel Reimarus 1694-1768)의 유고를 익명으로 출판했다. 그 후 그는 그에 대한 책임을 추궁하는 프로테스탄트 정통파 신학자들과 격렬한 논쟁을 수행했다. 당국의 개입에 의해서 논쟁을 중지할 수밖에 없었던 레싱은 극작을 통해서 자기의 사상을 표명했다. 그 성과가 『현자 나탄』(1779)이다.

헤겔의 사상 형성에 레싱의 사상은 대단히 커다란 의미를 지녔다. 『현자 나탄』으로부터의 인용이 초기 초고의 이곳저곳에 아로새겨져 있다. 헤겔은 이 책에서 레싱의 이성에 대한 확고부동한 신뢰와 아울러, 종교가 자구(성서)가 아니라 심정 속에 놓여 있다는 확신을 읽어냈다. 예를 들면 그는 『현자 나탄』에서 다음과 같은 구절을 인용하고 있다. "당신이 보아 나를 기독교도이게 하는 것이, 내가 보면 당신을 유대교도이게 한다"[『민중종교와 기독교』1. 19]. 청년 헤겔의

레싱에 대한 공감은 레싱과 연관된 헨 카이 판(ἓν καὶ πᾶν, 하나이자 모두)이라는 말을 튀빙겐 대학 시대에 휠덜린과 셸링과 함께 맺은 동맹의 상징으로 한 것에서도 알 수 있다. 또한 사람들에게 선이 무엇인가를 가르친 덕의 교사로서 예수를 묘사한 베른 시대의 초고(『예수의 생애』)의 성립도 라이마루스와 레싱(『인류의 교육』1780)의 예수 해석을 빼놓고서는 이해할 수 없을 것이다. ⇒하나이자 모두

【참】 Dilthey (1905), Harris (1972), Fujita (1985)

—후지타 마사카쓰(藤田正勝)

레오 [Heinrich Leo 1799. 3. 19-1878. 4. 24]

역사가. 정론가. 그의 베를린 시대(1824-27)에 젊은 동료(역사학)로서 헤겔에게 접근하여 학적비판협회의 서기를 맡았으며, 할레 대학으로 옮기고 나서도 헤겔에 대한 신뢰심을 계속해서 유지했다. 헤겔 사후 학파가 분열할 때 『헤겔 학도들(Die Hegelingen, 1838)』에서 대단히 보수적인 입장에서 '청년 헤겔학파'를 엄혹하게 단죄했다(인격신의 부인, 복음서의 신화적 해석, 현세적 종교의 교시, 독특한 용어법에 의한 위장). ⇒헤겔학파, 학적비판협회

—다키구치 기요에이(瀧口淸榮)

로마 시대—時代 [Rom, Römer]

로마 시대는 개괄적으로는 BC 8세기 무렵 전설적인 왕제기에, BC 510년부터 공화제기에, BC 27년 옥타비아누스 이후 제정기에 들어선다. 395년 제국은 동서로 분열하고, 서의 그것은 476년에 멸망했다. 동로마(비잔틴) 제국은 1453년까지 존속했지만, 그 명칭은 후대의 편의상의 표현인 데 불과하다. 또한 800년 카를 대제에 의해서 부활한 제국도 역시 로마 제국이었다. 나아가 962년에 대관한 오토 1세 이후의 이른바 신성 로마 제국은 명목상으로 1806년까지 존속했다. 프랑크푸르트의 구 시청사 뢰머는 그 자취이다. 그러나 헤겔이 대상으로 하는 로마 시대는 주로 공화제기와 제정기이며, 헬레니즘 시대도 포섭한다. 또한 "지성의 추상이

로마 제국의 세계사적 원리로서 제시된다"[『법철학』 180절]. 요컨대 '법적 상태'의 확립이 로마 시대에 돌려지는 공적인 동시에 한계인 것이다. ⇒법적 상태, 비잔티움

　　　　　　　　　　　　　　　—고바야시 야스마사(小林靖昌)

로이트바인 [Christian Philipp Leutwein 1768-1838]

튀빙겐 대학 신학부 시대의 헤겔의 학우. 진급시험 성적은 1등(헤겔은 4등). 당시의 헤겔에 대한 추억을 묶은 만년의 편지는 공백을 메우는 귀중한 자료. 그 속에서 그는 당시 헤겔이 루소 등의 '감정'에 무게를 두는 사상에 심취하는 한편, 칸트와 '형이상학'에 대해서는 아직 관심을 기울이지 않고 대체로 '절충가'에 지나지 않았다고 말하고 있다. 신학부 졸업 후 뷔르템베르크 공국에서 목사가 되지만 음주벽 때문에 1809년 해임되어 이후 불우한 은둔 생활을 보낸다. 요한계시록에 관한 두 권의 주석적 저서가 있다. 이 속에서의 권위주의적 교회 비판은 대학 시대의 헤겔과의 교류를 추측케 한다.

【참】 Heinrich (1965)

　　　　　　　　　　　　　　　—가타야나기 에이치(片柳榮一)

로젠크란츠 [Johann Karl Friedrich Rosenkranz 1805. 4. 23-79. 6. 14]

막데부르크에서 태어나 베를린과 할레 대학에서 공부한다. 1831년 할레 대학에서 철학의 원외교수가 되고, 1833년 헤르바르트(Johannes Friedrich Herbart 1776-1841)의 뒤를 이어 쾨니히스베르크 대학의 정교수가 되어 죽을 때까지 이곳에 머문다. 학생 시대부터 헤겔 제자들의 강의를 들었으며, 또한 뒤에는 직접 베를린에서 헤겔과 면담한다든지 하여 그의 철학에 대한 이해를 심화시켰다. 가장 유명한 『헤겔의 생애(Hegels Leben, Berlin 1844. Nachdruck: Darmstadt 1963)』 외에 『헤겔 체계의 비판적 해명(Kritische Erläuterungen des Hegelschen Systems. Königsberg 1840. Nachdruck: Hildesheim 1963)』, 『독일 국민철학자로서의 헤겔(Hegel als deutscher Nationalphilosoph. Leibzig 1870. Nachdruck: Darmstadt 1965)』과 그 밖의 헤겔과 관련한 저작 및 자서전 『막데부르크에서 쾨니히스베르크까지(Von Magdeburg bis Königsberg. Berlin 1873)』가 있다. 이 자서전의 제19장에는 가장 뒤늦은 시기의 헤겔(콜레라의 유행과 죽음)에 관해서도 기록되어 있다.

　　　　　　　　　　　　　　　—나카노 하지무(中埜 肇)

로크 [John Locke 1632. 8. 29-1704. 10. 28]

영국의 철학자, 정치사상가. 주저 『인간지성론(An Essay concerning Human Understanding. 1690)』에서 데카르트로부터 이어받은 관념(idea) 이론을 기초에 놓고 버클리(George Berkeley 1685-1753), 흄으로의 길을 여는 경험론적인 내재적 현상론 입장의 철학을 전개했다. 대표적인 학설로서는 (1) 본유관념을 부정하고, 마음은 원래 '백지'이며, 모든 관념은 감각과 반성을 통해서 경험에서 얻어진다고 하여 단순관념과 복합관념의 구별에 기초해서 다양한 관념의 생성에 대한 설명을 행한 것, (2) 실체 개념을 복합관념에 귀착시켜 기체의 불가지성을 주장함과 아울러 일반적으로 보편개념을 추상화 작용의 소산이라고 하여 유명화하는 방향을 취한 것, (3) 제1성질과 제2성질을 구별하고 당시의 자연과학 이론과의 조화를 꾀한 것 등이 거론되지만, (4) 특히 언어와 관념의 결합을 중시하고 언어에 대한 고찰을 철학의 기본적 방법의 위치에 놓은 것은 현대에도 커다란 영향을 미치고 있다. 정치사상에서는 계약설의 입장을 취하고, 반항권을 인정하며, 민주주의적인 원리들과 종교적인 관용을 주장했다.

헤겔은 『철학사』에서 로크를 크게 다루고 있지만, 그 기조는 "우리가 참된 것을 경험에서, 요컨대 감각적 존재 및 지각에서 받아들여 추출한다는 것은 더할 나위 없이 진부하고 치졸한 사상"[**20**. 203]이라는 단정에서 보이듯이, 로크의 경험론적 입장에 대한 비판이다. 그러나 또한 헤겔은 로크가 유한자와 개별자를 철학의 원리로 하고 있다는 점에서 라이프니츠와 공통성을 갖추고 있고, 또 이 두 사람은 스피노자 및 말브랑슈의 실체 일원론적인 보편주의와 대비된다고도 말하

고 있는데[같은 책 **20**. 203f.], 이는 헤겔의 철학사적 관념이 <합리론 대 경험론>이라는 상투적인 도식과 다른 점을 숨기고 있다는 것을 엿보게 한다는 점에서 매우 흥미롭다. ⇒흄

　　　　　　　　　　　　　　　—오카모토 겐고(岡本賢吾)

루소 [Jean-Jacques Rousseau 1712. 6. 28-78. 7. 2]

　프랑스의 사상가, 문학자. 스위스의 제네바에서 태어났다. 『사회계약론』(1762), 『에밀』(1762) 등의 저작에 의해서 프랑스 혁명 및 그 이후의 사회 · 정치사상에 심대한 영향을 남겼다. 헤겔도 튀빙겐 신학교 시대에 혁명의 발발을 맞이함과 동시에 루소의 사상에 접하고 강한 감명을 받았다. 신학교 친구 로이트바인에 따르면 이 시기의 헤겔의 영웅은 다름 아닌 루소이며, 그는 끊임없이 앞에서 말한 두 저서와 『고백』(1782-89)을 읽고, 이들에 대한 독서를 통해 일반적인 편견과 속박으로부터의 해방이 실현된다고 믿고 있었다[『기록』 430]. 또한 1792-94년의 초고 『민중종교와 기독교』에서의 민중종교 개념은 기독교를 비판하면서 주체적이고 실천적이며 공공적인, 존재해야만 하는 종교의 모습을 구상한 것으로서, 착상을 『사회계약론』 제4편 제8장에서 전개된, 시민의 애국심을 뒷받침하는 '시민의 종교'에 빗지고 있다. 헤겔은 머지않아 이 구상을 버리게 되지만, 그것은 마찬가지로 루소의 제자였던 로베스피에르(Maximilien de Robespierre 1758-94)의 실각 및 그의 '최고 존재의 종교'의 붕괴를 배경으로 하고 있다.

　루소에 대한 헤겔의 평가는 『법철학』에서는 오히려 엄격한 비판으로 전환된다. 헤겔은 우선 "국가의 원리로서 의지를 내세운 공적"을 루소에게 돌린다. 그러나 루소는 의지를 개별의지라는 "특정한 형식"에서 파악했을 뿐이다. 요컨대 보편의지를 "의지의 즉자대자적으로 이성적인 것"으로서가 아니라 "개별의지로부터 나오는 공통적인 것(das Gemeinschaftliche)으로서 파악한 데 불과하다"[『법철학』 258절]. 확실히 루소는 '참으로 보편적인 것'과 '단순한 공통적인 것'을 구별했다. 『사회계약론』에서 "국가의 법률은 보편의지(일반의

지)에서 생겨나야만 하지만, 그렇다고 해서 결코 만인의 의지(전체의지)일 필요는 없다고 말해진다"[『엔치클로페디(제3판) 논리학』 163절 「보론」]. 그러나 루소는 양자의 구별을 유지할 수 없었다. 헤겔은 루소가 보편의지의 원자론으로 치우치는 것을 비판한다. 보편을 개별적인 것의 토대 · 근거 · 실체로서 파악하고 "모든 특수적인 것을 관통하여 그것들을 자기 속에 포함하는 것"이라고 생각하는 헤겔에게 있어 루소의 보편의지는 투표와 다수결과 같은 '단순한 공통적인 것'으로의 경사를 내장하고 있다고 생각된 것이다[같은 책 175절 「보론」]. 이리하여 헤겔은 소수자의 지배와 다수자의 지배를 모두 물리치고[『역사철학』 **12**. 530-31], 국사에 관해 "포괄적인 통찰" 및 "기술과 숙련"을 갖춘 최고 관료를 국가 의지의 실질적인 담당자라고 생각하기 이른다[『법철학』 301절]. 또한 헤겔은 루소 사상의 핵심을 이루는 '자연상태'와 '자연인'의 관념에 대해 노동과 교양의 의의를 보지 못하는 소극적 자유에 머무르는 것이라고 하여 일관되게 비판적이다. ⇒의지, 사회계약

　【참】高柳良治 (1970), 生方卓 (1989)

　　　　　　　　　　　　—다카야나기 료지(高柳良治)

루터 [Martin Luther 1483. 11. 10-1546. 2. 18]

　루터의 신앙 또는 프로테스탄티즘의 운동 속에서 헤겔은 근대의 원리인 주관성의 확립과 정신의 자유의 선언을 본다. "루터와 더불어 정신의 자유가 핵심에서 시작되었다"[『철학사』 **20**. 50]고 헤겔이 생각하는 것은 인간의 주관성과 순수한 자기관계가 루터에 의해서 신에 대한 신앙 속에서 요구되고 승인되었기 때문이다. "인간이 자기에게서만 존재하면서도 신에게서도 존재하는 장소가 인간의 내부 깊은 곳에 놓이게 된 것이며, 신에게서 인간은 자기 자신으로서 있고, 또한 양심 속에서 인간이 스스로에게서 쉴 수 있어야만 하게 된다"[같은 책 **20**. 52]. 신에 대한 관계 속에 있으면서도 '자기에게서 있다'는 것이 바로 정신의 자유이며, 이것은 헤겔의 자유 개념의 본질이기도 하다[『역사철학』 **12**. 30]. 또한 신앙의 근거가 주관성에 놓인다는 것은

"나의 정신 속에서 진리인 것이 진리이다"[『철학사』 **20**. 55]라는 것이기 때문에, 헤겔은 거기서 철학의 과제와 공통된 것을 인정하고 있다. "루터가 감정과 정신의 증거에서 시작한 것은 성숙한 정신이 개념 속에서 파악하고자 하는 것과 동일한 것이다"[『법철학』 서문 **7**. 27]. ⇨ 프로테스탄티즘, 종교개혁

―기쿠치 에이요시(菊地惠善)

리카도 ⇨ 경제학

리터 [Johann Wilhelm Ritter 1776. 12. 16-1810. 1. 23]
　동물전기(갈바니즘), 전기생리학, 전기분해 등의 분야에서 커다란 공적을 남긴 자연과학자. 1795년부터 예나 대학에서 공부하고, 1802년에 최초의 건전지를 제작, 1803-04년에 동물전기 강의를 행하였으며, 헤겔도 이것을 들었다고 말해진다. 1804년 바이에른 과학 아카데미 회원. 낭만주의와 셸링 등의 자연철학에 반해 경험적인 연구를 주창했지만, 자연에서의 통일과 극성과 같은 개념적 틀은 스스로도 사용했다. 그의 연구와 실험은 다양한 부분에 걸쳐 있지만, 근육과 감각기관의 전기적 흥분에 관한 동물전기 연구가 유명하며, 볼타(Alessandro Volta 1745-1827)와 갈바니(Luigi Galvani 1737-98)의 대립을 화해시키기 위해 '동물전기의 사슬'과 '체내 전기'의 개념을 사용했다. 무기적 자연과 인간 현상의 상호 의존을 지배하는 보편적 원리를 찾아 이것을 시데리즘(Siderismus)이라고 불렀지만, 만년에는 스스로 이것을 부정했다. 주저로서 *Die Physik als Kunst, ein Versuch die Tendenz der Physik aus ihrer Geschichte zu denken*. München 1806과 *Fragmente aus dem Nachlass eines jungen Physikers: Taschenbuch für Freude der Natur*. 2 Bde. Heidelberg 1810이 있다. 덧붙이자면, 헤겔은 그의 자연철학에서 동물전기를 중심으로 리터의 연구를 활용하고 있지만 반드시 정확히 이해하고 있는 것은 아니다.

―구로사키 츠요시(黒崎 剛)

리히텐베르크 [Georg Christoph Lichtenberg 1742. 7. 1-99. 2. 24]
　괴팅겐 대학의 물리학 교수. 아포리즘과 풍자 등의 문학적 저술로 알려진 다재다능한 계몽주의자. 헤겔이 직접 인용하여 평가하고 있는 것은 비가 미세한 분자로서 원래 공기 중에 포함되어 있다고 하는 '해소 이론'에 대한 반박[『예나 체계 Ⅰ』 **GW** 6. 96; 『엔치클로페디(제3판) 자연철학』 286절 「보론」] 및 『인상학에 관하여 (*Über die Physiognomik*. (2 Aufl., 1778)』로부터의 인상학의 비과학성에 관한 야유조의 평언[『정신현상학』 **3**. 239, 242]이다. ⇨ 인상학

―우에무라 요시로(上村芳郎)

마그나 카르타 ⇨**영국**

마기스트라트 ⇨**참사회**

마르크스와 마르크스주의

Ⅰ. 마르크스[Karl Heinrich Marx 1818. 5. 5-83. 3. 14]. 마르크스가 헤겔 철학을 연구하게 된 것은 B. 바우어를 중심으로 하는 학외 그룹에서의 교제를 계기로 해서이다. 1837년 11월 10일자의 아버지에게 보낸 편지에서 "저는 헤겔 철학의 단편을 읽었지만, 그 그로테스크한 바윗덩어리 같은 선율은 마음에 들지 않았습니다"라고 쓴 마르크스였지만, 37년 여름에 질병 요양을 위해 방문한 슈트라로우에서 헤겔학파의 모임인 '독토르 클럽'에 가입하고, 거기서 헤겔 철학에 친숙하게 되어 우선 그 법철학과 정신현상학을 연구. 39년부터는 바우어의 강한 영향 아래 학위논문의 집필에 전념하였으며, 41년 4월『데모크리토스와 에피쿠로스의 자연철학의 차이』라는 제목으로 예나 대학에 제출하여 받아들여졌다. 새로운 서문 초안에 "이제야 에피쿠로스학파, 스토아학파, 회의주의학파의 체계를 이해할 때가 왔다. 그것은 자기의식의 철학이다"[디츠 판『마르크스-엥겔스 전집』(MEW.) 보권 (EG.) 1. 309]라고 하고 있듯이 한마디로 말하면 이것은 바우어적인 색채를 띤 자기의식론이었다. 이 논문의 의의에 관하여 히로마쓰 와타루(廣松涉)는 마르크스가 "에피쿠로스학파와 스토아학파의 대립을 지양한 입장, 요컨대 '추상적·개별적인 자기의식을 원리로 하는' 에피쿠로스의 입장과 '추상적·보편적인 자기의식을 원리'로 하는 스토

아학파의 입장을 지양한 '구체적인 개별성·보편성'에서의 자기의식의 입장"[『マルクスの思想圈』245쪽]을 확립하는 것을 목표로 했다고 말하고 있다. 그 후 마르크스는 40년 2월에 간행된 헤겔의『종교철학』제2판의 서평을 계획하거나, 41년 11월 간행된 바우어의『무신론자이자 반그리스도인 헤겔을 심판하는 최후의 심판 나팔』의 제2부『신앙의 입장에서 판정한 헤겔의 종교론과 예술론』을 바우어와 공저로 내놓고자 했으며, 나아가 헤겔의 법철학이 프로이센 국가의 승인에 불과하다고 비판한 루게(Arnold Ruge 1802-80)의 영향을 받아 헤겔의 자연법, 특히 그의 입헌군주제의 비판을 준비하고 있었다. 그러나『라인신문』편집자가 된 마르크스는 시사 논문의 집필에 전념한다. 이것은 언뜻 보아 헤겔로부터 벗어난 것으로 볼 수 있지만, 그 내용은 대단히 헤겔적 색채가 짙은 것이었다. 예를 들면 42년 5월 5일자『제6회 라인주 의회의 회의』에서 마르크스는 "법전은 한 국민의 자유의 바이블"이며 "법률은 자유라는 무의식적인 자연법칙이 의식적인 국법으로 될 때에만 참된 법률이다"[MEW 1. 58]라고 헤겔을 떠올리게 만드는 필치로 쓰고 있다. 그러나 또한 그는 헤겔과는 달리 의회는 "개인이 아니라 신분이 논전하는"[MEW 1. 34] 마당이며, "특수적 이해의 대표기관"[MEW 1. 147]에 불과한 현실을 직시하고 있다. 그 후 43년 3월에 나온『일화집』에서 포이어바흐의 '철학 개혁을 위한 잠정적 과제'를 읽고 큰 충격을 받은 마르크스는『헤겔 국법론(261절-313절) 비판』을 정리한다. 그는 "실제로 헤겔은 '정치체제'를 '유기체'라는 보편적 추상 이념으로 해소시키는 데 불과했다. 그는 이념의 주어인 것을 그 소산, 술어로 만들어버렸다"[MEW 1. 213]고 하며 포이어바흐가 했던 것처럼 헤겔에서의

주어와 술어의 전도를 고발한다. 또한 헤겔의 군주제에 대치하여 인간주의 입장에서 민주제를 제창하고, 또 헤겔이 보편적 존재로 삼은 관료에 대해 관료제는 상상 속의 국가이며 국가의 정신주의라고 하여[MEW 1. 249] 그것의 신분적 피제약성(계급성)을 지적한다. 그는 "헤겔의 주된 오류는 그가 현상의 모순을 본질에서의, 즉 이념에서의 통일로서 파악하는 데 있다. 그러나 현상의 모순은 좀더 깊은 것, 본질적인 모순을 그 본질에 지니고 있다"[MEW 1. 295f.]고 비판하면서 자기의 과제를 "헤겔이 생각하기에 이르는 곳에서 논리적 개념의 규정들을 재인식하는 것이 아니라 독자적인 대상의 독자적인 논리를 파악하는 것"[MEW 1. 296]이라고 하여 소외된 노동의 실태 해명에 착수한다. 43년에 쓴 『유대인 문제에 관하여』에서 그는 시민사회와 국가의 분열에 초점을 맞춘다. "정치적 국가가 참으로 성숙하게 된 곳에서 인간은 단지 사상과 의식 속에서만이 아니라 현실 속에서, 생활 속에서 천상과 지상의 이중생활을 영위한다. 천상의 생활이란 정치적 공동체에서의 생활이며, 그 속에서 인간은 자신을 공동적 존재라고 생각한다. 지상의 생활이란 시민사회에서의 생활이며, 그 속에서 인간은 사인으로서 활동하고 다른 인간을 수단으로 간주하며, 자기 자신도 수단으로 전락시키고 소원한 힘들의 유희 도구로 된다"[MEW 1. 354f.]. 인간은 정치적 공동체의 성원으로서의 공민이라는 입장에서 추상적인 천상생활을 영위하는 한편, 시민사회의 성원으로서의 사인이라는 입장에서 현실의 지상생활을 영위한다. 그러나 인간의 유적 존재는 국가 속에서 추상화되고, 현실의 인간은 원자적으로 고립되어 '모나드로서의 자유'를 지닐 뿐이다. 이제 필요한 것은 정치적인 혁명이 아니라 시민사회 그 자체의 변혁이다. 『헤겔 법철학 비판 서설』에서는 이러한 시민사회 변혁의 담당자를 명확히 제시하는 것이 과제이며, 마르크스는 그것을 프롤레타리아트에서 찾았다. 44년 파리에서 쓴 『경제학 철학 초고』에서는 헤겔 국법론 비판에서 해명한 문제를 과제별로 다시 정리하여 제시하는 것이 목적이 되어, "헤겔의 『현상학』과 그 최종적인 성과―즉 운동하고 산출하는 원리로서의 부정성의 변증법―에서 위대한 것은 특히 헤겔이 인간의 자기산출을 하나의 과정으로서 파악하고 대상화를 탈대상화로서, 외화로서 그리고 이 외화의 지양으로서 파악하고 있다는 것, 그런 까닭에 그가 노동의 본질을 파악하여 대상적인 인간을, 즉 현실적인 까닭에 참다운 인간을 인간 자신의 노동의 성과로서 개념적으로 파악하고 있다는 것이다"[MEW. EG 1. 574]라고 칭찬하는 한편, "그는 노동의 긍정적인 측면을 볼 뿐으로 그 부정적인 측면을 보지 못한다"고 하여 "헤겔이 그것만을 알고 승인하는 노동은 추상적으로 정신적인 노동이다"라고 비판한다. 45년 2월의 『신성가족』에서는 헤겔의 "사변적 구성의 비밀"을 폭로하는 것이 목표가 되어 "헤겔은 자기의식을 인간의 자기의식으로, 즉 현실적인, 따라서 또한 현실적·대상적 세계에 자리 잡고 이것에 제약되는 인간의 자기의식으로 삼는 대신, 인간을 자기의식의 인간으로 삼는다. 그는 세계를 머리로 서게 만들고, 그러므로 머릿속에서 모든 제한을 해소시킬 수 있다"[MEW 2. 204]고 비판한다.

후기 마르크스와 헤겔의 관계는 『자본』 제2판의 후기에 있는 말로 상징된다. "나의 변증법적 방법은 그 근본에서 헤겔의 방법과 다를 뿐만 아니라 그 정반대이다. 헤겔에게 있어서는 사유과정이 현실적인 것의 조물주이며 현실적인 것은 사유과정의 외적 현상에 불과하다. 나아가 그는 사유과정을 이념이라는 이름 아래 독립적인 주체로 전화시킨다. 나의 경우에는 거꾸로 이념적인 것은 인간의 두뇌로 전이되어 번역된 물질적인 것에 다름 아니다'. 스스로 "저 위대한 사상가의 제자라는 것을 공공연하게 고백"하는 마르크스는 "변증법은 헤겔에 의해서 신비화되긴 했지만, 그러나 그것은 결코 그가 그 일반적 운동형태들을 우선 포괄적이고 의식적인 방식으로 설명했다는 것을 방해하지 않는다. 변증법은 그의 경우 머리로 서 있다. 신비의 껍데기에 싸여 있는 합리적인 핵심을 발견하기 위해서는 이것을 뒤집어야만 한다'고 쓰고 있다. 나중에 레닌이 "마르크스는 비록 『논리학』에 관한 저서를 쓰진 않았지만 『자본』이라는 논리학을 남겼다"고 쓰고 있듯이, 마르크스와 헤겔의 관계는 생애에 걸쳐 대단히 밀접한 바가 있었다.

Ⅱ. 엥겔스[Friedrich Engels 1820. 11. 28-95. 8. 5]. "종교는 마음의 문제이다'라고 하며 슐라이어마허에 공감한 청년 엥겔스는, 1839년 11월의 그레버(Friedrich Graeber 1822-95)에게 보낸 편지에서 "나는 바로 헤겔주의자로 될 것이네. 그렇게 될지 어떨지는 물론 아직 분명하지 않지만, 슈트라우스가 내게 헤겔의 밝은 빛을 밝혀주었네. …… 헤겔의 역사철학은 바로 내가 생각하고 있는 것을 쓰고 있네'라고 적고 있다. 당시는 "2, 3일 전 나는 신문에서 헤겔 철학이 프로이센에서 금지되고 어느 유명한 할레 대학의 헤겔학파 강사의 강의가 대신의 포고에 의해 정지되었다는 기사를 읽었네"와 같은 시대였다. 베를린으로 옮긴 엥겔스가 우선 몰두한 것은 헤겔의 입장에 선 셸링 비판이며, 41년 12월에는『셸링의 헤겔론』, 42년에는『셸링과 계시. 자유로운 철학에 대한 최근의 반동적 기도에 대한 비판』을 쓴다. 여기서 엥겔스는 "이성적인 것은 분명히 필연적이며, 필연적인 것은 현실적이어야만 하는 한 현실적으로 되어야만 한다. 이것이 최근 철학의 위대한 실천적 성과로의 가교"[MEW. EG 2. 180]이지만, 셸링은 이성적=본질적=소극적, 현실적=실존적=적극적이라고 생각하고 양자의 변증법적 관계를 이해하지 못하여 반동적 역할을 행하고 있다고 비판한다. 엥겔스의 이러한 생각은 만년에도 변하지 않아서 86년의『루트비히 포이어바흐와 독일 고전철학의 종결』에서도 "헤겔의 경우 현존하는 것 모두가 현실적인 것은 결코 아니다. …… 이 국가가 이성적이고 이성에 적합한 것은 그것이 필연적인 한에서이다"[MEW 21. 266]라고 말한다. 물론 엥겔스는 무조건적으로 헤겔을 찬양하는 것이 아니라 "헤겔의 체계가 방법에서나 내용에서 관념론적으로 거꾸로 세워진 유물론에 불과하다"는 것을 지적한다. 엥겔스가 전 생애에 걸쳐 일관되게 찬양한 헤겔의 장점은 그의 역사 감각이며, 특히 논리적인 것과 역사적인 것의 일치에 관한 것이었다. 다만 마르크스는 이러한 일치를 상향적 종합=서술과정에서의 그것과 단절시키고 있다[MEW 13. 632]. 그러나 엥겔스는 마르크스의 이러한 한정을 넘어서서 이 일치를 물질적 자연 속에서 확인하고자 하여 자연에서의 사실들의 운동과 발전의 법칙성을 입증하고자 노력했

다. 이것이『자연변증법』이라고 불리는 노트이다.

Ⅲ. 레닌[Vladimir Illich Lenin 1870. 4. 22-1924. 1. 21]. 레닌은 1914-15년경에 열심히 헤겔을 연구하고『역사철학』과『철학사』,『논리학』에 관해 상세한 노트를 남긴다. 또한 잡지『마르크스주의의 깃발 아래』의 22년 3월호에서는, 우리는 "헤겔 변증법의 유물론적 동호회"가 되어야만 한다고 호소하고 있다. 레닌이 특히 힘을 기울인 일은 변증법을 인식론으로서 확립하는 것이었다.

Ⅳ. 마르크스주의. 마르크스주의 내부에서의 헤겔-마르크스 관계는 옛날부터 플레하노프(Gregorii Valentinovich Plekhanov 1856-1918)와 베른슈타인(Eduard Berstein 1850-1932), 그리고 특히 데보린(Abram Monsevich Deborin 1881-1963)과 미틴(Mark Borisovich Mitin 1901-)의 논쟁 이래 화제로 되었지만, 루카치(Lukács György 1885-1971)에 의한 면밀한 초기 헤겔 연구 이후 일면적인 논의는 회피될 수 있게 되었다. 여기서는 호소미 스구루(細見英)의 분류를 소개하는 데 그치고자 한다. "1. 관념론인가 유물론인가를 척도로 하여 헤겔과 마르크스의 대립, 아니 오히려 단절을 주장하는 흐름. 전형─제2 인터내셔널의 주요 이론가들, 스탈린, 미틴, 그로프 등. 2. 변증법 내지 소외론을 축으로 하여 헤겔과 마르크스의 직접적인 연속성을 주장하는 흐름. 이것은 신헤겔주의적인 또는 실존주의적인 경향을 지니는 마르크스 연구자들에 의해서 대표되는 것으로서 마르쿠제에서 하나의 전형을 볼 수 있다. 3. 헤겔과 마르크스의 대립을 매개로 한 연속성, 다시 말하면 마르크스에 의한 헤겔의 방법의 '역전'을 통한 계승, 즉 지양의 내적 구조를 해명하고자 하는 지향. 이것은 레닌의『철학 노트』를 선구로 하여 루카치, 가케하시 아키히데(梯明秀), 귄터 힐만 등의 관점과 저작들에서 집약적으로 표현되고 있다"[細見,『경제학 비판과 변증법』, 10쪽]. ⇒유물론, 변증법

【참】Marx/Engels (1957-68), 武市健人 (1950a), Hyppolite (1955), 梯明秀 (1959), 黑田寬一 (1968), 津田道夫 (1970), 本多修郎 (1970), 廣松涉 (1971, 1974, 1980, 1991), 許萬元 (1972, 1978), McLellan (1973), 鷲田小弥太 (1975), 細見英 (1979)
―시바타 다카유키(柴田隆行)

마르하이네케[Philipp Konrad Marheineke 1780. 5. 1-1846. 5. 31]
독일의 프로테스탄트 신학자. 하이델베르크 대학 교수를 거쳐 베를린 대학 교수 겸 삼일교회 설교사. 헤겔 우파의 대표자. 처음에 역사가로서 활동하여 교회의 신앙조항들에 대한 역사적 연구, 교회사, 교의사의 연구를 수행하고, 체계적 신학, 신조학(Symbolik), 종교개혁사의 연구에 종사한다. 기독교의 교의와 사변철학의 일치를 확신하고, 교의가 표상의 형식에서 보이는 것을 철학은 개념의 형식으로 보인다고 생각했다. 교회와 국가, 신앙과 지식의 유화를 이야기했다. 헤겔의 『종교철학』을 편집한다. 주저: *System des Katholizismus in seiner symbolischen Entwicklung* (1810-13), *Geschichte der deutschen Reformation* (1816, 1831-34), *Einleitung in die öffentlichen Vorlesungen über die Bedeutung der Hegelschen Philosophie in der christlichen Theologie* (1842). ⇒헤겔학파

―요리카와 죠지(寄川條路)

마법魔法 ⇨ **마술**

마술魔術 [Magie]
헤겔은 악마란 악의 관념이 실체화된 것이라고 생각하기 때문에 그 실재를 인정하지 않는다[『역사철학』 12. 506-8]. 따라서 중세의 흑마술도 단순한 미신 이상의 것이라고 간주하지 않으며, 거의 언급하고 있지 않다. 한편 주물을 사용하여 자연을 지배하고자 하는 고대의 마법(주술Zauberei)에 대해서도 그 효과를 부정하고 "인간보다 고차적인 존재를 인정하지 않은 채" "인간이 자연의 힘에게 명령을 내릴 수 있다"[『역사철학』 12. 122]는 생각에 기초하는, 신앙과 종교 이전의 단계로 간주하고 있다. 이에 대해 헤겔이 참된 마술이라고 말하는 것은, 마술이란 정신의 타자로의 매개를 결여한 관계를 의미하는 것이기 때문에, 정신 그 자체의 힘이다[『엔치클로페디(제3판) 정신철학』 405절 「보론」]. 그것이 가까이 드러난 예로서는 (불행한 리어왕에게 충신 켄트가 어떠한 일이 있어도 이끌리고

말듯이) 강한 정신이 직접 타자에게 미치는 영향력, 마음이 직접적으로 신체를 뜻대로 지배하는 힘 등이 거론되고 있다.

―우에무라 요시로(上村芳郎)

마음 [Gemüt, Gemütlichkeit]
경험능력의 하나의 독특한 형식으로 정신 일반, 정신의 깊이, 내면성(에크하르트, 뵈메), 사유능력, 감정과 의지의 통일(라이프니츠) 등 다양한 의미로 사용된다. 칸트는 아니무스(animus), 요컨대 젤레(Seele)라는 의미로 사용하며, 피히테는 프랑스 인의 에스프리(esprit, 정신)에 대해 독일인의 특성으로서 가이스트(Geist, 정신)에 더하여 게뮈트(마음)를 들었다. 헤겔은 『미학』에서 '정신의 내면성'이라고 규정했지만, 레싱과 헤르더 등 후기 계몽주의의 영향 아래 있는 초기에는 정감주의적 해석이 우세하다. 거기서는 헤겔이 구상하고 있는 '주관적 종교'의 입구, 즉 "종교로부터 생겨나는 배아"[『민중종교와 기독교』 1. 17]로서 받아들여지고 있다. 『정신현상학』에서도 그것은 대상을 개념파악으로서가 아니라 무한히 순수하게 내면적으로 단지 감지하고 있을 뿐인 순수의식의 하나의 양태로서 나타난다. 즉자적으로는 그것 자체가 불변이지만, 대자적으로는 그렇지 않고 언제나 "자기 자신의 분열된 현실"을 발견하는 "불행한 의식"[『정신현상학』 3. 169]이다. ⇒불행한 의식

【참】 Hoffmeister (1955)

―다케다 죠지로(武田趙二郎)

마음 ⇨ **영혼**

마음(심정)—(心情) ⇨ **심정**

마음가짐 ⇨ **지조**(마음가짐)

마키아벨리 [Niccolò di Bernardo Machiavelli 1469-1527]

『독일 헌법론』에서 "독일은 이미 국가가 아니다"라고 개탄한 헤겔에게 있어 이전에 그와 마찬가지로 전 국토에 걸친 대립과 혼란이라는 정치적 격동 속에서 이탈리아의 통일을 주장한 정치철학자 마키아벨리는 독일의 분열된 현상을 극복하는 데서 배워야만 하는 범형이 되었다. 헤겔은 프리드리히 대왕의 『반마키아벨리론』(*Anti-Machiavelli*, 1739)으로 대표되는 마키아벨리의 정치적 교설에 대한 도덕적 비난을 물리치고, 『군주론』은 이탈리아 역사의 문맥 안에서 이해하는 한 "대단히 위대하고 고결한 심정을 갖춘 참으로 정치적인 두뇌의 더할 나위 없이 위대하고 진실로 가득 찬 착상"[1. 555]이라고 평가한다. 마키아벨리는 "냉정한 사려를 지니고서 이탈리아를 구원하려면 그것을 결집하여 하나의 국가로 만들 수밖에 없다고 하는 필연적인 이념을 파악"[1. 553]했던 것이다.

—이와사키 미노루(岩崎 稔)

마호메트 ⇨ 이슬람

만유인력萬有引力 ⇨ 인력

말 ⇨ 언어

말브랑슈 [Nicolas de Malebranche 1638. 8. 6-1715. 10. 13]

프랑스의 철학자. 데카르트 철학이 지니고 있는 심신이원론을 극복하여 일원적으로 설명하기 위해 기회원인론을 주장한 사상가로서 유명하며, 주저로서 『진리의 탐구에 관하여』가 있다. 연장을 본질로 하는 물질과 사유를 본질로 하는 정신이 서로 다른 것이라면, 그것들이 어떻게 하여 서로 연관될 수 있는가 하는 것이 문제로 된다. 말브랑슈는 세계의 모든 것이 신이 창조한 것이기 때문에 "우리는 모든 것을 신 안에서 본다"는 사고방식을 취했다. 기회원인론이라는 것은

이와 같은 사고방식을 기초로 피조물은 신이라는 보편적인 법칙의 작용이 자기를 특수화하여 실현해갈 때의 '기회인'에 다름 아니라는 것이다. 헤겔은 이와 같은 사고방식을 스피노자주의와 동일한 것이라고 말하며, 사유와 존재가 유한한 대립에 그대로 머물고 보편적인 것이 특수한 것과 분리된 채로 존재하는 사고방식에 대립하여 매개를 주장한 것으로서 평가하고 있다.

—사토 가즈오(佐藤和夫)

망각忘却 [Vergessenheit]

그리스 어 레테(Λήθη)의 번역어로서 비극적 인류의 귀결인 두 개의 인륜적 확신, 예를 들면 '신들의 계명'과 '인간의 계명'이라는 서로 대립하고 모순되어 양보하지 않는 주장들이 함께 몰락하여 통일되는 화해를 가리키는 말로서 사용된다. 위의 예에서처럼 두 당사자의 죽음에 의한 화해, 요컨대 '명계의 레테'와 오레스테스나 오이디푸스의 예에서처럼 '죄의 용서'가 구별되지만, 주안점은 실체의 두 가지 위력과 그것을 체현하는 두 가지 개체성이 사라져버리는 것이며, 또한 선과 악의 추상적 사상이라는 쌍방의 위력이 사라져버린다는 것이다[『정신현상학』 3. 540]. 나아가 이것을 의식의 경험이라는 체계상의 일반 구조에서 말하면, 모든 의식형태가 직접적 확신으로서 그 추상성이 자각되어 참된 모습이 명확하게 되는 과정이 이야기되지만, 이 경험이 새로운 의식형태에서 전제되어 직접적으로 단언되는 경우 의식은 이 과정(경험)을 망각하게 된다[같은 책 3. 344, 351, 401, 540; 『미학』 14. 555-558].

【참】 Heidegger (1950a)

—데구치 스미오(出口純夫)

매개媒介 [Vermittlung]

'매개'는 '직접성(Unmittelbarkeit)'과 맞짝으로 사용되는 개념이다. "매개란 첫 번째 것으로부터 나와 두 번째 것으로 옮아가고 있는 것이다"[『엔치클로페디(제3판) 논리학』 86절]라고 말해지지만, 여기서의 의미

는 A(첫 번째 것)와 B(두 번째 것)의 두 항이 있고 A 쪽이 직접적인 것이고 B가 A에 의해서 매개되어(제약되어) 있다는 것이다. 말하자면 A가 원인이고 B가 결과이다. 예를 들면 아이의 존재는 부모에 매개되어 있다. 이에 반해 '직접성'은 '무매개성'이라고도 번역되는바, 다른 것에 매개되지 않고서 그것 자신으로 자립하고 있는 것을 의미한다. 직접적인 것은 우리에게 직관적으로 주어진다. 매개하는 것은 '매체(Medium)'라고 말해지지만, 그것은 더 나아가 해당 영역의 사물들 사이를 전달하여 접합시킨다는 의미로 보편적인 성격을 지닌다. 헤겔에 따르면 매체는 물질계에서는 물이며, 정신계에서는 기호, 특히 언어이다. 이때 물과 언어 모두 전달수단의 의미를 지닌다『논리의 학』6. 431].

모든 객관적 실재와 그 인식은 모종의 의미에서 다른 것에 의해서 매개되어 있다고 말할 수 있다. 이리하여 세계는 무한의 매개와 피매개의 연쇄이다. 부모 역시 그들의 부모에게 각각 매개되어 있다. 그리고 보통 학적인 구명은 이러한 연쇄를 찾는 것이다.

그러나 헤겔은 "천상에서든 자연에서든 정신 안에서든 또는 다른 어디에서든 직접성과 함께 매개를 포함하지 않는 것은 전혀 존재하지 않는다"[같은 책 5. 66]고 말하여 직접성과 매개가 합치한다는 것을 지적한다. 예를 들면 내가 어떤 종교와 도덕을 자명하고 직접적인 소여로 간주하는 것은 아잇적부터의 교육이라는 매개의 결과에 다름 아니다. 이리하여 직접성은 "매개의 지양을 통하여"[같은 책 6. 565] 성립한다. 나아가 참된 매개는 다른 것에 의한 "우연한 매개", "자기에게 외적인 매개"[같은 책 6. 368]가 아니라 "자기 자신 속에서 자기를 완결하는 것으로서"[『엔치클로페디(제3판) 논리학』69절] 자기매개이다. 예를 들면 생명은 무엇보다도 우선 각 기관에 제약되고 매개되어 있지만, 좀더 깊이 보면 전체적 생명이 각 기관을 재생산하고 그것들을 통합하며 동시에 생명 자신을 재생산하고 있다. 거기에는 "매개하는 것과 매개되는 것의 동일성"[『논리의 학』6. 397]이 놓여 있으며, "매개를 지양된 것으로서 자기 속에 포함한다"[『엔치클로페디(제3판) 논리학』147절 「보론」]는 생생한 운동이 놓여

있다. 만약 사물이 매개를 극복하여 직접적 자립성을 획득하는 운동체라고 한다면, 그러한 사물을 인식하는 활동도 마찬가지 구조를 가질 수밖에 없다. 요컨대 직접적인 자명성과 확신은 매개적인 논증에 의해서 근거지어지며, 나아가 그것을 극복한 결과 성립한다고 말할 수 있다. 헤겔에서는 직접지와 신앙과 매개적인 지식은 통일되어 있다. 이리하여 "직접지는 매개지의 소산이며 결과이기도 하다"[같은 책 66절]. 매개이론은 매사(Mitte)에 의해서 주어와 술어를 결합하는 추리론에서 체계화된다. ⇒야코비, 직접성, 추론(추리)

　　　　　　　　　　　　　　　　　　　－시마자키 다카시(島崎 隆)

매뉴팩처 ⇨**공장**

매사媒辭 ⇨**중항(매사)**

매체媒體 ⇨**매개, '……도 또한'**

먹다 [essen]

"어느 누구도 다른 사람을 대신해 생각할 수 없지만 그것은 다른 사람을 대신해 먹거나 마실 수 없는 것과 마찬가지다"[『엔치클로페디(제3판) 논리학』23절]라고 말하는 헤겔은 먹고 마시는 행위를 타자에 의해서 대체될 수 없는 사실로서 인정하는바, ① 헤겔은 20세기에 이르러 전개된 대체될 수 없는 실존의 사상을 이미 충분히 알고 있었다. 개체가 절대정신에 흡수되어 있고 개별적 인간이 무시되며 하늘을 날고 있는 듯하다고 안이하게 해석하면 잘못일 것이다. 먹고 마시는 것은 민족의 관습에 의해서 규정되고는 있지만『기독교의 실정성』1. 106], 먹고 마시는 행위 자체는 개별적 욕망에서의 행위이다『정신현상학』3. 489]. 자연철학에서는 영양과정의 일부로서, 종교철학에서는 교회의식으로서 다루어지고 있지만, 이 경우에도 보편과의 결합이라는 계기가 있긴 하지만 개체적이다.

"자연은 열매로 되어 조리되고 소화되며 먹고 마셔질 수 있는 유용성에서 최고의 완성에 도달한다"[같은 책 3. 526]. ② 중요한 것은 칸트의 사물 자체론을 '먹다'에 의해서 논박할 수 있다고 생각한 점이다. 헤겔은 사물 자체론을 사물과 우리의 상호적인 타자존재로서 파악하고, 우리는 현상에 접근할 수 있을 뿐, 사물 자체를 알거나 사물 자체에 접촉할 수 없다는 주장으로 이해하고 있다. 그러나 개마저도 사물 자체를 잡아먹을 수 있는 것이어서 개는 반칸트론자라고 헤겔은 말한다. 흥미로운 것으로 이 표현은 상당히 초기부터 만년에 이르기까지 일관되게 헤겔에게서 보인다. "사물이 자체적으로 무엇인지 알 수 없다고 판단하는 철학은 이 사물들에 대한 자유로운 의지의 행동에 의해서 직접적으로 반박된다"[『법철학』 44절]. "저 철학자(=칸트)보다 어리석은 자는 없다. 배가 고프면 사람들은 요리를 표상하는 것이 아니라 요리를 만들어 배를 채운다"[『철학사』 20. 361]. 신의 존재증명을 둘러싼 칸트 비판과 '사유와 존재의 일치'의 사상에는 헤겔의 이와 같은 욕망・'먹는' 행위・실천적 태도에 기초한 독특한 착상이 놓여 있다. 하지만 칸트적인 종합은 <선을 긋는다>는 실천적 행위에 의해서 성립하는 등, 사정이 단순하지는 않다. ⇒욕구・욕망, 영양과정

―호시 도시오(星 敏雄)

메시아 ⇨유대교

메타모르포제 ⇨형태변화

메타포 [(그) μεταφορά, (라) metaphora, (독) Metapher]

메타포는 "이질적인 명사의 전용(ὀνόματος ἀλλοτρίου ἐπιφορά)"이라는 아리스토텔레스의 정의 이래[De arte poetica. 21, 1457b7] 18세기까지 수사적 표현으로 간주되어 왔지만, 그 후 메타포를 독창적 사유양식으로서 높이 평가하는 경향이 생겼으며, 독일에서는 헤르더가 메타포에서 이념을 감성적으로 표현하고자

하는 인간의 충동을 보았고, 장 파울은 그것이 지닌 '단축된 의인화'의 힘을 평가했다. 헤겔은 메타포를 『미학』의 상징적 예술에서 논의하고, 상징(Symbol)과 알레고리(Allegorie)에 비해 의미와 형상의 분리가 아직 생기지 않은 채 그것만으로 명백한 의의를 지닌 직접적인 비유(Gleichnis)라고 이해하고 있다[『미학』 13. 516 f.]. 메타포의 목적은 "단순한 것, 친숙한 것, 소박한 것에 만족하지 않고 그것을 넘어서서 타자로 나아가 다른 것에 머물고, 이중의 것을 하나로 접합하고자 하는 정신과 심정의 필요와 위력"에 있다[같은 책 13. 520f.]. ⇒비유

【참】 Aristotelēs, Herder (1772), Jean Paul (1804)

―시카야 다이코(四日谷敬子)

멘델스존 [Moses Mendelssohn 1729. 9. 6-86. 1. 4]

라이프니츠-볼프학파를 대표하는 독일 계몽사상가. 음악가 F. 멘델스존의 할아버지이다. 야코비와의 '범신론 논쟁'이 유명한데, 헤겔이 멘델스존에 대해 언급하는 것도 이 논쟁과 얽혀 있다. 이 논쟁은 멘델스존이 1781년에 친구인 레싱의 추도 기념으로 전기 출판을 기획했을 때 야코비가 멘델스존에게 편지를 보내 레싱이 스피노자주의적이었던 것을 알고 있는지 물은 것에 대해 멘델스존이 역정을 낸 것이 계기가 되어 시작되었다고 한다. 헤겔은 이 논쟁을 뒤따르면서 멘델스존이 스피노자 철학에 관해 전적으로 무지하고 그것을 '죽은 개'처럼 취급하고 있는 것을 안타까워하며, 한편으로 유한한 지성을 가지고서 신의 존재를 연역하고 다른 한편으로 쾌와 불쾌의 감각에 귀착되는 양식 있는 것을 원칙으로 하는 멘델스존의 철학을 저속함의 극치라고 단정하고 있다. ⇒야코비

―호시노 쓰토무(星野 勉)

면面 ⇨공간

명계冥界 [Unterirdisches]

그리스 비극에서 노래하는 인륜적 세계는 그 공동체에서 살아가는 각 구성원이 공동체의 공통된 기반으로서 확신하는 정의 내지 선의 두 가지 형태(신들의 계명과 인간의 계명)의 모순상극에 의한 양자의 몰락으로서 파악되지만, 전자의 정신적 실체가 명계이다. 정의를 자기의 자각적 지에서 주장하고 실행하는 명문법에 기초하는 것(지상계, 종교적으로는 제우스를 주신으로 하는 그리스 종교 및 그 세계)에 대해, 명문화되어 있지는 않지만, 직접 알려져 있는 만고불변의 정의에서는 자기 확신이 근거로 하고 있는 것, 즉 제우스 이전의 티타니스, 예를 들면 에리뉘스 등이 지배하는 사자의 세계. 이것을 헤겔 철학의 기본용어와 관련시켜 말하자면, '실체적 생'이 의거하는 어두운 어둠의 위력으로서의 '초월실체'의 지평을 의미하며, 이것이 '부정적 위력'으로서의 지성(반성)에 가져와서 백일하에 드러나는 것이 모든 문제의 발단이라고 생각되고 있다. ⇒『안티고네』, 어둠

―데구치 스미오(出口純夫)

명예名譽 [Ehre]

몽테스키외는 『법의 정신』에서 덕을 민주제의, 절도를 귀족제의, 명예를 군주제의 원리로 삼고 있는데, 이 군주제는 봉건군주제이며 (공적 의무가 아니라) 소수의 특권자의 의견에 기초하는 명예가 국가의 존립을 떠받치고 있다[『법철학』 273절]. 또한 낭만적 예술형식에 속하는 기사도의 원리로서 명예와 사랑과 충성을 들고 있다. 고전적 명예가 물건적인 가치와만 관계하는 데 반해, 낭만적 명예는 '인격성 그 자체'와 주체의 무한한 자기가치와만 관계한다. 따라서 그것은 한편으로 인권의 불가침성을 "명예의 법칙"으로서 표명하지만, 다른 한편으로 "전적으로 형식적이고 내실 없는 것"으로, 나아가 냉혹하고 "비열한 파토스"로도 될 수 있다[『미학』 14. 177f.]. 또한 직업단체에서의 명예(긍지)는 혼인의 신성함과 더불어 시민사회의 해체를 저지하는 불가결한 계기이다[『법철학』 255절]. ⇒군주·군주제

―고바야시 야스마사(小林靖昌)

명제命題 ⇨판단

모나드 ⇨라이프니츠

모방模倣 [Nachahmung]

모방은 플라톤과 아리스토텔레스가 회화와 문예를 고찰하고 평가할 때의 원리로서 받아들인 미메시스의 근대어 번역이다. 중세에는 기독교적 도상관 때문에 자취를 감췄지만, 르네상스 시기의 인문 연구의 융성을 배경으로 하여 다시 예술 제작의 주요 원리로서 부상하였으며 근세 이후의 유럽 예술론의 기조를 이룬다.

특히 18세기 프랑스의 고전주의 미학에서 부알로(Nicolas Boileau-Despreaux 1636-1711), 디드로, 바투(Charles Batteux 1713-80) 등은 이러한 모방원리를 엄밀하게 교의화하고, 희곡에서의 시간, 장소, 줄거리의 삼일치의 법칙을 제창했다. 또한 그 영향을 받아 독일에서도 고트셰드(Johann Christoph Gottsched 1700-66)를 필두로 하여 멘델스존과 레싱이 모방설을 지지했다.

헤겔은 모방을 "자연의 형태들을 그것들이 있는 그대로의 방식으로 그것들에 완전히 상응하도록 모사하는 기량"[『미학』 13. 65]이라고 정의하고 이것을 비판한다. 만약 자연을 쏙 빼 닮은 모사가 가능하다고 하면, 그것은 외계에 이미 있는 것을 다시 한 번 모조하는 것으로서 쓸데없는 노력일 것이다. 예술은 언제나 그 표현수단에 제약되어 있으며 현실의 가상을 하나의 감관에 대해서만 산출하는 것이기 때문에, 완전히 상응하는 모방 같은 것은 가능하지 않으며 어리석은 농담일 것이다. 화가는 눈앞의 얼굴을 그리는 경우 잔털이나 그 밖의 미세한 특징 그리고 피부의 모양과 같은 대체로 우연과 불완전한 삶의 영역에 속하는 모든 외면적 형태를 버리지 않으면 안 된다. 예술이 산출하는 것은 "감성적인 것의 측면에서 보면 의도적인, 형태와 음향과 직관의 그림자의 세계"[같은 책 13. 61]에 지나지 않는다.

헤겔에게 있어 예술이란 이상 혹은 실재적으로 된

이념이자 이상화된 자연이다. 그것은 어디까지나 개념의 영역에 속하며 보편적 존재이다.

이것은 예술 형식을 전개함에 있어 모방원리로 가장 설명하기 쉬운 고전주의 예술이 내면성의 드러냄인 낭만적 예술로 넘겨진다는 그의 예술철학과 밀접히 결부되어 있다.

【참】 Auerbach (1946), Koller (1954)

―가나타 스스무(金田 晉)

모상模像 [(그) εἴδωλον, εἰκών, (독) Abbild]

원상(Urbild), 범형(Vorbild)의 모사상, 환영 내지 모조를 의미한다. 플라톤에 의하면 변전하는 현실세계 및 그 대상들은 영원한 이데아의 모상이다. 인식론에서의 모사설(Abbildtheorie)에 의하면 인식은 일반적으로 현실의 모사상・모사이며, 의식은 현실을 비추는 거울로 간주된다. 원자론, 소박실재론, 유물론 등은 대체로 이 입장을 채택한다.

헤겔은 이른바 본질과 현상의 관계를 설명할 때에 이 개념을 두 가지 방식으로 사용하고 있다. (1) 플라톤과 마찬가지로 현상이 본질의 모상이라고 말해지는 경우, (2) 말하자면 모사설적으로 본질이 현상의 모상으로 간주되는 경우. (1) "유한한 또는 주관적인 정신……은 이념의 현실화로서 파악되어야만 한다. 정신의 고찰이 참으로 철학적인 것이라는 것은 그것이 정신의 개념을 그것의 생생한 전개와 현실화에서 인식할 때, 즉 그것이 정신을 영원한 이념의 모상으로서 개념적으로 이해할 때뿐이다"[『엔치클로페디(제3판) 정신철학』 377절 「보론」 10. 9]. 마찬가지로 "국가의 유기조작"은 "영원한 이성의 모상"이다[『법철학』 272절]. 다만 그 둘 다 원상의 단순한 비춤이 아니라 원상이 "전개 및 현실화"한 것으로 간주되고 있다는 점에 주의할 필요가 있다. 다음의 문장을 참조할 수 있을 것이다. "가상은 무가 아니라 절대적인 것으로의 반성, 절대적인 것에 대한 관계이다. …… 가상이 가상인 것은 절대적인 것이 그 속에서 가현하고 있는 한에서이다. …… [논리학의] 이러한 해명은 유한한 것이 소멸하지 않도록 보존하여 그것을 절대적인 것의 표현 및 모상으

로 간주한다"[『논리의 학』 6. 190]. 그리하여 후자의 견해도 가능해진다. (2) "법칙은 현상의 피안에 있는 것이 아니라 현상 속에서 직접 현재적이다. 법칙의 나라는 실재하는 내지는 현상하는 세계의 정지된 모상이다"[『논리의 학』 6. 153f.]. 마찬가지로 "법칙들의 고요한 나라인 초감각적 세계"는 "지각된 세계의 직접적인 정지된 모상이다"[『정신현상학』 3. 120]라고 말해진다. ⇒본질, 현상

―자코타 유타카(座小田豊)

모세 ⇨ 유대교

모순矛盾 [Widerspruch]

Ⅰ. '진리의 규칙'으로서의 '모순'. '모순'은 헤겔 철학에서 가장 중요한 개념의 하나이다. 왜냐하면 헤겔은 '모순' 또는 '모순'이 존재하는 것이야말로 모든 '진리'의 가장 기본적인 '규칙' 또는 <기준>이라고 생각하기 때문이다[『취직 테제』 2. 533].

이러한 사고방식이 많은 반발과 오해를 낳았음은 물론이다. 말할 필요도 없이 통상적인 사고방식에서 보면 '모순'은 '진리의 규칙' 등이 아니라 바로 <비진리>의 가장 기본적인 '규칙' 또는 <기준>이기 때문이다. 그러나 이러한 통상적인 사고방식에 기초하는 반발과 오해는 헤겔의 '모순' 개념을 이해하지 못한 데서 기인한다.

헤겔이 말하는 '모순'이란 최종적으로는 이른바 <모순율>, 즉 ~(p∧~p)를 범하는 것이 아니다. 어떤 명제 p와 그것의 부정명제 ~p의 양립은 최종적으로는 인정되지 않고 부정된다. 다만 헤겔의 '모순' 개념의 독특한 점은 헤겔이 이 부정에 선행하여 이 부정의 전단계로서 우선은 바로 이 두 명제 p 및 ~p의 양립을 인정한다는 점이다. 그런데 어떤 명제 p와 그것의 부정명제 ~p의 양립이란 이른바 안티노미, 이율배반이다. 헤겔이 칸트의 『순수이성비판』에서의 이율배반 논의를 높이 평가한 것은 유명하지만[『엔치클로페디(제3판) 논리학』 48절], 헤겔이 예나 시기 이래로 일관되게 이율배

반을 중시하는 것은 바로 그것이 자기가 말하는 '모순' 개념의 기초를 이루기 때문이다.

이러한 독자적인 '모순' 개념은 또한 헤겔 철학의 근본적 방법으로서 대단히 유명한 '변증법'과도 밀접히 연관되어 있다. 왜냐하면 헤겔은 그것이 무엇이든 무릇 모든 대상에 관하여 이율배반의 성립을 주장하기 때문이다[같은 곳]. 그러므로 <진리>의 탐구는 불가피하게 명제 p와 그것의 부정명제 ~p의 양립을 매개로 하여 이 양자의 '모순'을 까닭으로 한 부정에로, 나아가 '모순'하는 까닭에 부정되는 이 두 명제를 기초로 하는 새로운 <진리>의 정립에로 전진한다. 이러한 이른바 정, 반, 합으로 전개되는 '변증법'은 이리하여 헤겔이 말하는 '모순'의 전개이론 그 자체인 것이며, 바로 '모순'이 '진리의 규칙' 그 자체인 것이다.

Ⅱ. '본질론'에서의 '모순'. 이러한 '모순' 개념이 헤겔의 저작에서 주제가 되어 논의되고 전개되는 것은 『논리의 학』 제2편 '본질론'의 제1부 제2장[6. 35 이하]이다.

이 부분의 주제는 말할 필요도 없이 '본질'이란 무엇인가에 대한 해명이지만, 이에 관한 헤겔의 가장 기본적인 관점은 어떠한 '본질'이든 그것 자체로서 일정한 무언가로서 존재하는 '본질'이 아니라는 것, 즉 '본질'이라는 '존재'는 그것 자체로서는 '비존재'라는 바로 그것이다. '본질'이란 그것 자체에서 그것으로서 존재하고 있는 것이 아니라, '직접적인 규정성' 요컨대 <다양한 데이터>를 기초로 하여 우리가 '반성(Reflexion)'='사유'를 궁리하는 것에서 '정립(Setzen)'되는 그러한 것, 즉 우리에 의해서 <설정되는> 존재인 것이다.

여기에 저 '모순', 즉 이율배반의 성립이 이야기되는 근거가 놓여 있다. 즉 '본질'이 그것 자체로서 일정한 무언가로서 존재하고 있다고 한다면, 그 '본질' 그 자체를 파악한 명제 p가 단적으로 진리인 것이어서 이 명제 p에 대해 그 부정명제 ~p가 동등한 올바름을 지니고서 성립하는 등등은 있을 수 없다. 그러나 헤겔은 '본질'이란 그것 자체에서는 '비존재'라고 생각한다. 그런 까닭에 예를 들어 <빛>은 <입자>라고 하는 본질설정명제 p는 일반적으로 그 부정명제 ~p를 내포하는 것이다. 왜냐하면 그것 자체로서는 일정한 무언

가로서 규정할 수 없는 그것, 즉 <빛>을 이 명제 p는 일정한 무언가, 즉 <입자>로서 규정하고 있기 때문이다. 본질설정명제 p에는 원리적으로 그 부정명제 ~p가 대립한다. 요컨대 일반적으로 모든 본질규정은 원리적으로 p∧~p라는 이율배반에서 성립하는 것이다.

여기에서의 부정명제 ~p가 올바름에 있어서 명제 p와 동등한 권리를 지니는 동시에 명제 p에 대립하는 긍정명제 q(예를 들면 <빛>은 <파동>이다)로서 파악되면, 여기서 긍정적인 이율배반이 성립한다.

이 p∧(~p=q)는 '모순'인 까닭에 부정된다. 그러나 명제 p와 q 모두 이미 그 나름의 올바름을 가지고 있는 한에서 단순히 부정되어 '무'로 돌아가는 것이 아니다. 두 명제의 부정은 양자의 올바름의 종합으로서의 새로운 본질설정명제 r, 예를 들면 <빛>은 <양자>라는 명제의 성립에서 수행되는 것이다. 이것이 헤겔의 독특한 '모순'의 논리이지만, 그러나 그것은 서로 대립하는 의견을 싸우게 함으로써 종합적인 참다운 견해를 도출한다는 '변증법'의 본래 뜻, 즉 '문답법'을 기본적으로 계승하는 것이다.

그런데 예를 들어 저 <양자>라는 개념의 성립은 새로운 '본질' 그 자체의 '생성'이다. 통상적으로 '생성'이라고 하면 어떤 불변의 본질을 지닌 무언가가 실제로 존재하게 되는 것을 말한다. 끊임없이 생성, 소멸하는 현상의 세계에서 '본질'은 불변이다. 불변적인 '본질'이 물질을 동반하여 실제로 존재하게 되는 것, 이것이 '생성'이다. 그러나 이에 반해 헤겔은 원래 '비존재'인 '본질'이 '변증법'적으로 '생성변화' 한다고 생각하는 것이다. '사물'이란 무엇인가, '인간'이란, '법'이란, '도덕'이란, '종교'란, 그리고 '진리'란 무엇인가라고 묻는 데서 이러한 모든 '본질' 규정이 끊임없이 새롭게 이루어지고 새로운 '본질'이 '모순'을 매개로 하여 '역사'적으로 진전, '생성'하는 것이다. '본질'을 자체적으로 '비존재'라고 파악하는 것, 나아가 그러한 '본질'이 어떤 규정된 '본질'로서 끊임없이 '생성'한다고 생각하는 것, 이러한 이른바 '절대적 부정성'의 사상이 헤겔 철학의 눈에 띄는 특징이지만, 이 사상을 방법론적으로 떠받치는 것이 '모순', 요컨대 '이율배반'의 이론에 다름 아닌 것이다.

Ⅲ. 다양한 '모순'. '모순'은 따라서 헤겔 철학의 전개 과정이 이르는 곳곳에서 중요한 역할을 수행한다. 여기서는 헤겔을 논할 때 자주 다루어지는 중요한 몇 가지 '모순'에 대해 언급해두고자 한다.

(1) 하나는, 일반적으로 존재하는 것은 '즉자존재(Ansichsein)'임과 동시에 '대타존재(Sein-für-Anderes)'라는 '존재론'과 '본질론'에 공통되게 나타나는 '모순'이다『논리의 학』5. 125 이하, 6. 65 이하]. 그것이 무엇이든 일정한 '무언가'로서 존재하는 것은 그것이 바로 그것인 근거를 그것 자체가 지니고 있다('즉자존재')(명제 p). 그러나 다른 한편으로 동시에 그것 자체는 이 근거를 지니고 있지 않다(명제 ~p). 왜냐하면 그것이 무엇인가는 언제나 다른 것과의 관계를 통해서만 결정될 수 있기 때문이다('대타존재').

일반적으로 '본질'(대단히 넓은 의미에서의 '본질'―<빨간 색>의 <본질>로서의 <빨강> 등도 여기에 함의되어 있다)이 그것 자체에서 일정한 무언가로서 존재하고 있다고 한다면, 존재하는 모든 것은 단적인 '즉자존재'이다. 그러나 그렇지 않은 까닭에 모든 것은 동시에 '대타존재'인 것이다. 이것은 '본질규정' 그 자체에 관계되는, 다시 말하면 '본질'의 '본질규정'에 관계되는 '모순'이다.

(2) 또한 '무한성'에 관해서는 어떤 것이 '무한'이라고(명제 p) 한다면, 그것은 동시에 '유한'이라는(명제 ~p=q) '모순'의 성립이 이야기된다『논리의 학』5. 149 이하. 즉 '무한한 것'이란 '유한한 것'이 아닌 것이지만, 그렇다고 한다면 '무한한 것'은 '유한한 것'에 의해서 제한되어 있는 것이고, 그런 한에서 '무한한 것'도 '유한한 것'과 병립하는 또 하나의 '유한한 것'에 불과한 것이다. 이러한 '모순'은 '긍정적 무한성(die affirmative Unendlichkeit)' 또는 '진무한(die wahrhafte Unendlichkeit)'이라는 개념에 의해서 해소된다. 그것은 모든 '유한한 것'을 포섭하여 성립하는 '전체'이지만, 그것은 결국 '변증법적인 과정'으로서의 '생성' 그 자체인 것이다. 이것도 참된 '본질'={(p∧~p=q)➡'진무한'}이라는, '본질'의 '본질규정'에 관계하는 '모순'이다.

(3) 마지막으로 '하나'와 '여럿', 또는 '전체'와 '부분'의 '모순'에 대해 언급해 두고자 한다. 헤겔은 이른바 초기 이래로 참다운 존재를 '하나'인 '전체'임과 동시에, 그렇지 않은 것, 즉 '많은' '자립적인' '부분' 또는 '다양한 것'으로 이루어진 '모순'적인 존재로서 파악한다『초기신학논집』(놀) 308, 345 이하]. 이것은 '개별적인 것'을 불가결한 요소로 하여 성립하는 생생한 '전체'를 참다운 것으로 파악하고자 하는 헤겔의 가장 근본적인 존재관을 표현하는 것이다. 이러한 '생명' 및 '유기체'를 모델로 한 헤겔의 독특한 존재관이 '변증법적인 과정'으로서의 '생성'을 이야기하는 헤겔의 '모순'의 논리 그 자체를 떠받치고 있다. '하나'와 '여럿'의 '모순' 역시 '본질'의 '본질규정' 그 자체에 관계하는 근본적인 '모순'인 것이다. ⇒본질, 부정, 변증법, 이율배반, 배중률

【참】 Giovanni (1973), Fulda (1978), Peirce/Harris (1978), Wolff (1981)

―다카야마 마모루(高山 守)

목소리 [Stimme]

"목소리는 [유기체로서의] 동물의 고차적인 특권"[『엔치클로페디(제3판) 자연철학』351절 「보론」]이며, 동물이 유기적 자기(주관성)를 전체로서 표현하는 것이다. "목소리는 (……) 순수한 자기로서, 자기를 보편적인 것으로 정립하고, 고통, 욕망, 기쁨, 만족을 표현한다"[같은 책 358절 「보론」]. 인간의 경우에는 이것이 특히 두드러진다. "왜냐하면 인간의 목소리는 내심을 알려주는 주된 수단이며, 인간은 자기가 어떤 자인지를 그 목소리로 표현하기 때문이다"[『같은 책·정신철학』401절 「보론」]. 목소리는 음악과의 관련에서는 모든 악기의 음색을 종합한 "관념적 총체상"을 지닌다[『미학』15. 175;『역사철학』12. 298]. 인간에게 있어 목소리는 그야말로 그 인간의 본성을 스스로와 타인에게 있는 그대로 보여주는 요소(Element)이며, 헤겔의 "실체를 주관(체)으로서도 파악하는" 입장에서 보자면 가장 중요한 사유의 기반 가운데 하나이다. 이 목소리가 분절되어 체계화(논리화)하면 언어가 된다. 목소리는 인간의 언어의 즉자태이다. ⇒언어, 몸짓

―데구치 스미오(出口純夫)

목적目的 ⇨ 목적론

목적론目的論 [Teleologie]

Ⅰ. 목적론에 관한 정식화의 고전적인 예는 아리스토텔레스가 4원인의 하나로 목적인(causa finalis)을 들고, 작용인(causa efficiens)에 의해서 성립하는 보통 의미에서의 인과관계에 대항시키는 형태로 목적-수단의 관계에 의한 설명방식을 설정하고 있는 것에로 소급된다고 볼 수 있다. 아리스토텔레스는 이것을 인간의 실천만이 아니라 자연의 설명원리로도 삼았다. 그에 반해 이 목적론은 갈릴레오, 베이컨, 데카르트로 대표되는 근세 초기의 기계론적 자연관의 입장으로부터 철저한 공격을 받았다. 목적론은 자연에 대한 감정이입의 산물이며 과학적 설명이 될 수 없다는 것이다. 그러나 17세기에도 라이프니츠 등은 이 목적론을 적극적으로 옹호했다. 그는 모나드를 생명을 지닌 것으로 생각했지만, 그러한 사고방식에서는 역학적 운동의 설명에는 기계론이 유효한 데 반해 정신과 유기적 생명에는 목적론이 유효하다고 하는 기본적 경향을 찾아볼 수 있다. 그리고 이것을 한층 더 철저하게 고찰한 것이 칸트였다.

Ⅱ. 칸트는 뉴턴 물리학의 커다란 영향 아래 서 있었지만, 그럼에도 불구하고 『판단력 비판』에서는 그로부터 누락되어 버린 문제에 관해 목적론의 관점에서 고찰했다. 그것이 미의 문제이자 유기적 생명의 문제이다. 미에 관해 그는 그것을 쾌와 불쾌의 감정에 의해서 판정되는 것이라고 한 데서 더 나아가 대상의 합목적성―목적의 표상 없는 합목적성―의 형식의 지각과 결부시킨다. 유기적 생명에 관해서는 풀 한 포기의 존재 가능성마저도 기계론에 의해서는 설명하기 어렵다고 한 데서 더 나아가 목적론적 설명의 필요성을 설파한다. 그러나 칸트의 경우 특징적인 것은 그의 비판철학의 원칙에 따라 목적 개념이나 합목적성을 사물 자체 속에 상정하는 것이 아니라 주관의 내적인 것, '반성적 판단력'의 선험적 원리로서 상정하는 것이다. 그리하여 목적론을 둘러싸고 우리의 인식능력이 다시 검토되고, 합목적성이 전체를 전체로서 파악하는 방식, 즉 전체가 부분에 의존하는 것이 아니라 부분이 전체에 의존하는 존재방식을 파악하는 방식이라는 것이 분명해진다. 이로부터 출발하여 셸링이 유기체론적인 자연철학을 전개했지만, 더 나아가 그의 영향하에서 헤겔은 독자적인 철학을 형성하는 데로 나아가기 시작했다.

Ⅲ. 예나 시대의 『차이 논문』과 『신앙과 지식』을 보는 한에서 헤겔은 목적론에 대해 비판적으로 말하고 있는 듯이 보이지만, 그것은 어디까지나 목적론을 가지고서는 생명의 문제가 유한성의 입장에서밖에 다루어지지 않는다는 이유에 의한 것이며, 목적론의 주제인 유기적 생명 그 자체는 그의 사색의 중심에 놓여 있었다. 그것이 『예나 체계 Ⅲ』에서 다시 다루어진다. 자연에 관해서도 그것의 합목적성에 대한 언급이 있지만, 한층 더 중요한 것이 인간의 실천, 노동의 목적론이다. "자아는 자아를 보호하고, 자아의 규정을 지키기 위해 도구를 소모시킨다는 간지(List)를 자아와 외적 사물 사이에 삽입했다"[GW 8. 206]. 노동에서 인간이 목적을 달성하기 위해 수단으로서 도구를 사용하는 것이 간지라고 불리며, 그로부터 헤겔에서 목적론을 정식화하는 '이성의 간지'라는 개념이 도출된다. 이어지는 『정신현상학』에서는 "이성은 합목적적인 활동이다"[3. 26]라고 하고, 또한 "결과란 자기로의 귀환이다"[같은 곳]라고 말해지고 있지만, 거기서 우리는 직접적 의식으로부터 절대지로 향해가는 의식의 발걸음이, 그리고 또한 자기를 외화하고 더 나아가 그것을 다시 되찾음으로써 세계와의 화해를 달성하기에 이르는 의식의 활동이 목적론적으로 파악되고 있음을 볼 수 있을 것이다. 그리고 헤겔의 경우 칸트와는 달리 그의 일원론적인 체계 구상에 기초하여 합목적성이 단지 주관의 형식일 뿐 아니라 존재 그 자신도 끌어안은 것으로서 파악되고 있다는 것에 주의해야만 할 것이다. 『논리의 학』의 '개념론'은 목적론에 관해 상세하게 논의하고 있는데, 거기서는 기계론이 맹목적 관계인 데 반해 목적론은 자유로운 관계이다. 왜냐하면 목적론에서는 전체를 구성하는 다양한 부분이 좀더 고차적인 지적 원리에 의해서 통일을 부여받고 있기 때문이라는 것이다. 그러나 목적론이 목적론에 그치는

한에서 이러한 전체는 구별항으로 분할된 채로 있으며, 그 구별항은 서로 외적인 관계에 놓여 있다. 그리하여 헤겔은 이러한 목적론을 구성하는 목적-수단-객관이라는 세 항 사이의 추론관계를 변증법적으로 전개하고, 이 세 항이 서로가 서로를 전제하는 순환구조 속에 있다는 것을 분명히 한다. 그때 이러한 순환은 단지 나쁜 것이 아니라 그것을 통해 전체가 참된 전체, 매개된 전체로서 파악되는 길을 여는 것이 된다. 이리하여 목적론적 관계는 개념이 자기를 자기로부터 구별하면서 동일성을 보존하는 과정, '동일성과 비동일성의 동일성'이 달성되는 과정으로서 파악되지만, 이때에는 이미 목적론의 단계가 초월되어 이념의 단계로 옮아간다. 헤겔에게 있어 이러한 목적론은 정신만이 아니라 자연과 사회, 역사를 관통하는 원리이다. 그런 까닭에 헤겔의 체계에 대한 근대과학 입장에서의 비판도 제기되었던 것이지만, 헤겔의 관점은 오히려 오늘날의 과학이론하에서 새로운 의의를 지니는 것이라고 말할 수 있을 것이다. ⇒유기체, 이성의 간지

【참】佐藤康邦 (1991)

—사토 야스쿠니(佐藤康邦)

목적인目的因 ⇨목적론

몰락沒落 [Untergang, Zugrundegehen]

몰락은 그저 생성의 부정이 아니라 생성에 불가결한 것으로서의 부정성이라는 의미를 지닌다. 예를 들면 헤겔은 그리스 비극에서의 안티고네와 클레온의 몰락을 그 몰락에서 양자의 근저에 있는 참된 인륜, 참된 보편이 개시되어가는 것으로서 묘사하고 있다. 그것은 주체의 측면에서 말하면 자기의 근저, 즉 자기의 근거로서의 본래적으로 존재했던 곳으로 되돌아가는 것이다. "최초의 것, 직접적인 것이라는 규정에서 출발하여 근거(Grunde)로 나아가는 한에서(자기에서 zugrunde gehen한다는[근거로까지 나아간다는] 규정 그 자체의 본성에 의해서) 근거는 무엇보다도 우선 그 최초의 것에 의해서 규정된 것이다"[『논리의 학』 6. 81]. 몰락은 이와

같은 의미에서 '근거로 돌아감(Zu-Grunde-Gehen)'이다. 참된 보편에 이르는 발전은 몰락을 경험함으로써 비로소 그것의 구체적이고 풍부한 내용을 획득해가는 것이다. ⇒근거

—미즈노 다츠오(水野建雄)

몸짓 [Gebärde]

몸짓은 목소리와 더불어 마음 내지 정신이라는 자기의 내실(Inneres)을 타자에게 제시하고 나타내는 매체[『엔치클로페디(제3판)』 정신철학』 401절]이지만, 목소리와 비교하면 표현되는 내실을 오히려 성격(Charakter)으로서 보인다[같은 책 411절]. 어쨌든 생명 있는 것의 그 생명이라는 즉자적이고 실체적인 것을 표현하여 '대타존재'의 형식을 부여하는 활동이 요점이다. 자기의식적으로는 자기의 내실을 타자에 대해서 보이는 자유로운 행위에 의해서, 즉 자기의 주체(관)로서의 실질을 서술하는 것에 의해서 절대자에 이르는 하나의 매개의 장이다. 몸짓은 목소리에 비하면 이러한 서술의 직접적이고 직관적인 모습이며, '표현의 형식'으로서는 좀더 즉자적이고 실체적이어서, 이것이 생의 약동, 정신의 자기표현에 걸맞은 형태를 얻으면 목소리로, 나아가서는 그것의 체계화로서의 언어로 된다. ⇒목소리, 언어

—데구치 스미오(出口純夫)

몽유병夢遊病 ⇨정신장애

몽테스키외 [Charles-Louis de Secondat, baron de Montesquieu 1689. 1. 18-1755. 2. 10]

프랑스 계몽사상의 선구적 법학자. 『페르시아인의 편지』 등을 통해 영국의 제도에 의거하여 프랑스 절대왕정에 강한 비판을 가함으로써 계몽사상 운동의 선구적인 역할을 수행했지만, 무엇보다도 『법의 정신』을 통해 삼권분립 등의 주장으로 근대 유럽의 법학과 정치학에 결정적인 영향을 주었다. 헤겔도 청년 시대

부터 몽테스키외에 친숙하여 그를 높이 평가하지만, 그것은 그가 그 속에서 다양한 민족의 다양한 성격특징을 나열적, 병렬적으로 기술하는 것이 아니라 하나의 전체적인 통합을 지닌 것으로서 묘사하고자 시도했기 때문이다. 즉 그는 민족의 이러저런 성격이 유기적 전체로서 파악되어가는 길을 열었던 것이다. 이것은 헤겔의 역사관, 특히 민족정신(국민정신)의 역사적 발전과 변천 속에서 하나의 필연성을 발견해내고자 하는 시도에 있어 커다란 선구적인 업적으로서 비춰졌을 것이다. ⇒민족정신(국민정신)

—사토 가즈오(佐藤和夫)

묄러 [Jacob Nicolai Møller (Nicolaus Møller) 1777-1862. 11. 30]
노르웨이 출신의 자연철학자. 1791년에 코펜하겐 대학에서 법률 학위를 받는다. 1797년 광물학을 연구하기 위해 베를린으로 향하여 거기서 슈테펜스와 알게 된다. 1800년에 두 사람은 예나에서 셸링을 만났으며, 묄러의 두 번째 작품 『마찰에 의한 열의 발생 및 두 현상의 이론을 위한 귀결에 관하여(Über die Entstehung der Wärme druch Reibung nebst Folgerungen für die Theorie beyder Phänomene)』가 셸링의 『신 사변적 자연학지』(1802)에 게재되었고, 그에 대해 헤겔도 자신의 자연철학 속에서 언급하고 있다[『엔치클로페디(제3판) 자연철학』310절「보론」]. 결혼을 계기로 가톨릭으로 개종. 1804년의 헤겔에게 보낸 편지에서 자기의 종교철학을 요약하고 있다[『서간집』(제1권) 85-87]. 1812년에는 잠시 헤겔과 함께 뉘른베르크에서 교단에 섰다. 1835년에 루뱅에서 철학교수. 그의 저작은 과학적 논설, 종교적 논설 및 당시의 독일 철학 비판으로 나누어지며, 헤겔에 관해서는 『헤겔의 논변술』(1846), 『헤겔의 변증법에 관하여』(1845), 『파르메니데스와 헤겔』(1845) 등이 있다. ⇒슈테펜스

—구로사키 츠요시(黑崎 剛)

무無 [Nichts]
I . 청년 헤겔은 "스위스 시대의 끝 무렵 이마" "중세

독일 신비주의자들"의 심원한 말의 "발췌"를 만들었다 [『로젠크란츠』102]. 그것과 관계되는지의 여부는 알 수 없지만, 놀(Herman Nohl 1879-1960)에 따르면 헤겔은 "모든 피조물"이 "무(nihil)"라는 발췌를 남기고 있다[『초기신학논집』(놀) 367]. 예나 초기의 헤겔이 말하듯이 "참된 철학"은 "모든 제한된 것"에 "맞서는" "부정적 측면"을 지니는 것이다[『회의주의 논문』2. 227-8]. 다만 그것은 단순한 부정이 아니라 "절대자의 인식의 부정적 측면"이 "긍정적 측면으로서의 이상"의 "전제"와 결부된다는 점에[같은 책 2. 228] 헤겔 철학의 비밀이 있다.

II. 예나 시기의 최초의 공간된 논문인 『차이 논문』은 "분열이야말로 철학의 욕구의 원천이다"라고 하여 "고정화된 대립들을 지양할 것"을 지향하지만, 그것은 대립 일반을 물리치는 것이 아니라 오히려 "생은 영원히 대립의 활동에 의해서 형성되는" 한에서 분열은 필연이고, 다만 '이성'은 "지성에 의한 분열의 절대적 고정화"에 반대할 뿐이다[『차이 논문』2. 20 이하]. 지성이 산출하는 규정된 '존재'의 다양 전후에는 무규정된 것, 즉 '무(Nichts)', '밤'이 펼쳐져 있으며, "존재의 다양은 무 위에서 성립한다"[같은 책 2. 26]. 추구되어야만 하는 '절대자는 분열의 입장에서 보면 '무', '밤'이며, 이로부터 모든 '존재'가 나타났다[같은 책 2. 24-5]. 그럼에도 불구하고 지성은 이러한 '존재'와 '비존재'를 "통합되지 않은 채" 방치한다[같은 책 2. 27]. 따라서 '철학의 과제'는 '존재'와 '비존재'를 통합하여 '생성'을 정립하는 데 있다[같은 책 2. 25].

그러나 이를 위해서는 "절대자의 부정적 측면"[『신앙과 지식』2. 431]을 빠져나와야만 한다. "철학의 첫 번째 임무는 절대적인 무를 인식하는 것이다"[같은 책 2. 410]. 그럼에도 불구하고 보통의 반성철학은 '무'와도 같은 유한자를 고집하고, 참된 절대자를 인식할 수 없는 '무'로 간주한다[같은 곳]. 왜냐하면 "대립의 무화의 요구"를 포함하는 "참된 무"에 두려움을 품기 때문이다[같은 곳]. 그러나 "절대자의 부정적 측면" 내지 "무한상"은 "대립 내지 유한성의 순수한 무화"이며, 이 "무한성의 무와 순수한 밤", "비밀의 심연"으로부터 '진리'가 나타난다[같은 책 2. 431]. "모든 존재가

빠져 들어가는" "무의 심연"으로서의 '무한성'은 "무한한 고통"을 "최고의 이념의 계기"로 파악하며, 거기서는 바로 신의 죽음이라는 "성 금요일"을 매개로 하여 "최고의 전체상"이 "부활"할 수 있다[같은 책 2. 432-3].

III. 의식의 형태들을 붕괴시키고, 그때마다 결과 속에서 '순수한 무'가 아니라 '규정된' '내용'을 발견하여 나아가는 "자기를 관철하는 회의주의"라는 후년의 저명한 방법[『정신현상학』 3. 72 이하]과, '순수한 존재'와 '순수한 무'를 '같다'고 보고, 그 진리를 '생성'으로 파악하는 논리학의 잘 알려진 입장[『논리의 학』 5. 83]은 이상과 같은 사색의 결과이다. ⇒밤, 깊이, 니힐리즘

―와타나베 지로(渡辺二郎)

무게 [Schwere]

'무게' 또는 '중력'은 '물질(Materie)'의 본질을 의미한다. 헤겔 자연철학에서 '물질'은 '상호외재'하는 존재자로서 이 '상호외재'라는 존재방식을 떠받치는 '반발(Repulsion)'과 '견인(Attraktion)'의 두 계기에서 생각된다. (전자의 계기만으로는 무한한 소산이, 그리고 후자의 계기만으로는 무한한 응집이 가능할 뿐으로, 복수의 물질로 이루어지는 역학적 세계는 구성될 수 없다.) '물질'은 이 두 계기의 통일인바, 이 통일은 우선 '상호외재'하는 존재자라는 규정밖에 지니지 않는 '물질' 자신에서가 아니라 그 바깥에 그것들의 연관을 가능하게 하는 '중심점(Mittelpunkt)'으로서 실재한다. '물질'은 '반발'과 '견인'의 긴장관계에서야 비로소 '상호외재'하는 복수의 물질이라는 모습을 지니고 나타날 수 있는 것이다. '무게'란 '물질'의 본질을 규정하는 이 긴장관계 또는 '중심점으로의 노력(Streben)'에 다름 아니다. 그러므로 '무게'는 '자립적'임을 가장하는 '물질'의 "비자립성의 고백, 결국 모순 고백"이다. '무게'에 관련한 헤겔의 칸트 비판은 헤겔 자연철학의 기본 성격을 아는 데서 한 번 생각해볼 만한 가치가 있다. 헤겔에 따르면 칸트는 그의 『자연과학의 형이상학적 원리』(1786)에서 '물질의 개념'을 문제 삼음으로써 "자연철학의 개념을 다시 불러일으켰다". 그러나 그는

한편으로는 '반발'과 '견인'으로부터 '물질'이 생긴다고 하면서, 다른 한편으로는 (뉴턴 역학에 이끌려) 이 각각을 무언가 확고한 것으로서 고정화시키고 '반발'과 '견인'에 대해 '물질'을 그것들이 그에 귀속되는 것으로서 전제하고 말았다[『엔치클로페디(제3판) 자연철학』 262절]. '자연철학'에서 '유한적 역학(endliche Mechanik)'에 속하는 이 부분은 '논리학'의 '기계적 과정'[『논리의 학』], '차이적 기계적 연관(differenter Mechanismus)'[『엔치클로페디 논리학』]에 정확히 대응한다. ⇒물질, 상호외재, 힘, 역학

―마쓰모토 마사오(松本正男)

무덤 [Grab]

헤겔에서의 '무덤' 관념은 대부분의 경우 정신의 소생이라는 문제와 모종의 연관을 지니고 있다. 무덤이 죽은 자가 잠들어 있는 영원한 어둠의 세계인가 아니면 살아 있는 자가 영원한 삶에 도달하는 과정의 통과점인가 하는 문제는 최종적으로는 신의 아들 예수의 부활 문제로 귀착한다. "헤라클레스가 화형의 장작더미를 통과했듯이 신이 되는 자도 무덤을 통과해서만 신-인간으로 높아졌다"[『기독교의 정신』 1. 409f.]. 헤겔의 기독교에 대한 태도는 베른 시대, 프랑크푸르트 시대, 예나 시대에 저마다 변하지만, 그것은 무덤에서 되살아나는 정신의 생을 어떻게 파악할 것인가 하는 문제이기도 하다. 앞의 구절에서도 계속해서 예수의 부활이 헤라클레스와 대비되어 논해지고 있다. 헤겔에서 무덤은 개념으로서는 자주 사용되지 않지만, 사태로서 그것은 '죽음'과 '영원'의 문제 또는 '부정성'의 문제와 연결되는 것이라고 말할 수 있을 것이다. ⇒죽음

―오하시 료스케(大橋良介)

무력화(마비) 無力化(瘋痺) [Paralyse, paralysieren]

뇌의 실질의 축소를 초래하고 판단기능의 쇠약을 수반하는 뇌의 질환이다. 헤겔은 이 말을 자연철학의 처음에서 공간으로부터 시간으로의 이행의 논리과정

을 서술할 때에 비유적으로 사용하고 있다. 공간은 직접적으로 현존재하는 양이며, 그 속에 모든 것이 존립하고, 그 점이 공간이 포함하는 자기부정을 이룬다. 시간은 바로 공간의 이러한 항상적인 자기지양의 현존재를 이루지만, 점은 시간의 규정으로서 공간에 관계하고, 자기의 규정을 선과 면이라는 부정으로서 전개한다. 그러나 시간의 구별은 공간과 같은 자기 외 존재의 무차별을 지니지 않는다. 그리하여 이것은 공간과 같이 도형화되지 않으며, 그러한 수 도형화는 "시간의 원리가 무력화되고 그 부정성이 지성에 의해 '하나(das Eins)'로 끌어내려져야 비로소 도달된다. 이 죽은 하나는 사상의 극단적인 외면성이지만, 그것은 외적인 결합을 가능하게 하고, 이러한 결합들, 즉 산술의 수 형상이 나아가 상등성과 부등성이라는 지성 규정을 가능하게 한다"[『엔치클로페디(제3판) 자연철학』 259절]. ⇒공간, 시간

— 혼다 슈로(本多修郎)

무신론無神論 [Atheismus]

헤겔은 인간의 이성이 신과 무한한 것의 인식에서 배제되어 오로지 유한한 것, 즉 주관적 감정에 불과한 것에 한정되어 있는 시대의 위기를 무신론에서 보고 있다. 근대의 자연과학은 물질의 세계와 정신의 세계를 정합적으로 구별해왔다. "유물론적인 견해, 다른 표현으로 하자면 경험적인 견해, 역사적인 견해, 자연주의적인 견해는 정신과 사유를 뭔가 물질과 같은 것으로 생각하고, 감각으로 다 환원되었다고 생각하여 신도 감정의 산물로 간주하고 신의 객관성을 부정했다. 그 결과는 무신론으로 되어버렸다"[『종교철학』 16. 57]. 이와 같은 무신론적 시대에 신경건파와 신신학이라는 헤겔 시대의 신학적 경향 역시 무신론을 벗어나 있지 못했다. 오히려 헤겔은 이러한 신학들이 철학 체계를 무신론이라고 고발하는 것 자체에서 무신론적 위험성을 보고 있다.

헤겔의 무신론 규정은 다음과 같다. "단적인 유한자만이 있고, 따라서 마찬가지로 우리만이 있지만, 신은 존재하지 않는다. 그것이 무신론이다. 이리하여 유한자가 절대적이 되고, 그것이 실체적인 것으로 된다. 그 경우 신은 존재하지 않는다"[『철학사』 20. 162]. 이러한 규정에서 보면 스피노자주의를 무신론이라고 하는 것은 정곡을 찌르고 있지 못하다고 헤겔은 말한다. 왜냐하면 스피노자는 유한한 현실에는 아무것도 없고 유한한 현실은 아무런 진리성도 갖지 않으며, 존재하는 것은 오로지 신뿐이라고 주장하기 때문이다. 헤겔의 입장에서 보면 스피노자주의는 무신론이 아니라 "무우주론(Akosmismus)"[같은 책 20. 163, 195]이다. 따라서 이것을 무신론이라고 논란을 벌이는 신학은 사실은 그 점에서 신 안으로 지양되어버린 자신이라는 무, 자신과 세계의 몰락을 감지하고 도리어 유한한 것과 현세적인 것에 대한 욕망을 보존하고자 하는 무신론인 것이다. 또한 신을 정신으로서 파악하지 않는 철학 체계가 무신론이라는 비난은 그 나름대로 올바른 것이지만, 그러나 그렇게 비난하는 신학 자체가 신의 인식을 방기하고 신을 전능한 최고존재라고 부를 뿐 범신론적 일반성으로 해소되어 결국 유한한 것도 진실이라고 한다는 점에서 무신론으로 된다. 애초에 어떤 철학 체계를 무신론이라고 주장하는 고발은 신을 개념으로서 파악할 수 없는 신학의 빈곤함을 나타낸다. "[어떤 철학 체계를] 무신론으로서 힐문하는 것은 내용이 풍부한 신에 관해 일정한 표상을 가지고 있다는 것을 전제한다. 그리고 이러한 표상이 표상과 결합되어 있는 특유한 형식들을 여러 가지 철학적 개념들 속에서 다시 발견할 수 없을 때 그 철학 체계를 무신론으로서 힐문하는 것이 발생하는 것이다"[『엔치클로페디(제3판) 정신철학』 573절]. 범신론이라는 비난이 일반적이 되어버린 이 시대에 부딪쳐 헤겔의 과제는 이러한 종교적 내용을 철학적 개념에 의해 지양하는 것이었다고 말할 수 있을 것이다. ⇒신, 신학, 범신론, 스피노자

— 미즈노 다츠오(水野建雄)

무우주론無宇宙論 ⇨스피노자

무의식無意識 [unbewußt]

헤겔이 무의식적이라는 형용사 내지 부사를 체계상의 술어로서 사용하는 것은 『미학』에서 ‘무의식적 상징예술’[『미학』 14. 412-429]을 논하는 곳에서이다. 여기서 무의식적이란 상징이라는 ‘표현작용’의 “본래의 원초적인”[같은 책 14. 412] 존재방식을 가리키는 말이다. 따라서 ‘무의식’이란 ‘자연적 의식’의 자기확신이 ‘무매개’로 믿어지고 있는 상태를 가리키는 것이며, 아무것도 의식하고 있지 않은 무감동, 무감각인 것은 아니다. ‘무자각’에서 생각하여 무언가를 믿고 단언하고 있는 의식의 형태를 가리킬 때 이 형용사가 자주 사용된다. 헤겔의 사변의 입장은 이 지가 지성에 의한 ‘반성’이라는 부정적 매개(이것이 의식화, 자각화)의 계기로서의 의식형태로 끌려들어가, 단순한 의식(자연적 의식)이 자기 자신에서(an ihm selbst) 자기의 진실(실재지)을 깨닫게 하는 데 놓여 있다. 이것을 ‘의식의 경험’으로서 말하고자 한 것이 『정신현상학』이다.

[참] Heidegger (1950a)

—데구치 스미오(出口純夫)

무제약적인 것無制約的— ⇨ **제약 · 무제약**

무차별無差別 [Indifferenz]

1801년에 출판된 『나의 철학 체계의 서술』에서 셸링은 동일철학을 주장하게 되지만, ‘무차별’은 그 속에서 주관과 객관의 동일성을 표현하는 말로서 사용되었다. 이 『서술』 직후에 헤겔의 『차이 논문』이 출판된다. 셸링 철학의 묘사에 해당되는 3장에서 무차별이 셸링 철학의 원리로서 언급되고 있다. “절대적인 것은 주관과 객관의 절대적인 무차별점으로서 양자를 자기 안에 포함하며, 양자를 산출하고, 그리고 양자 안으로부터 자기를 산출한다”[2. 94]. 주관과 객관의 무차별은 체계의 원리이자 그 귀결이다. 주관과 객관의 모든 차이가 그로부터 생기고 거기로 수렴되어간다. 그런 한에서 그것은 ‘점’이라는 형태를 취하여 존재한다. 다만 이 무렵의 헤겔이 셸링과 <주관과 객관의 동일성>이라는

체계의 원리를 공유하고 있었다고 생각됨에도 불구하고, 헤겔은 자신의 철학의 방법에 관해 말하는 경우에는 (예를 들면 『차이 논문』의 1장) 굳이 ‘절대적 동일성’이라는 말을 선택하여 무차별이라는 표현은 전혀 사용하고 있지 않다.

『자연법 논문』에 이르면 무차별이 헤겔 고유의 의미로 사용되기 시작한다. 우선 무차별은 단지 주관과 객관의 무차별이 아니게 되고 모든 다수적인 것의 무차별을 의미하게 된다. 나아가 “절대적인 것이란 무차별과 관계의 통일”[2. 457]이라는 표현에서 보이듯이 무차별이라는 것이 무차별하지 않은 것(관계 · 다수성 · 차이 등)과의 관계에서 한정된 의미를 지니게 된다. 요컨대 무차별이 반드시 그대로 절대적인 것을 표현하는 말은 아니게 되는 것이다.

그러나 이 이후 무차별이라는 말은 텍스트에서 그다지 모습을 볼 수 없게 되며, 개념으로서의 중요도도 낮아진다. 『논리학』에서는 존재론의 마지막에서 다루어지지만, 예전의 논의를 이어받은 고찰은 아니다.

—하라사키 미치히코(原崎道彦)

무차별점無差別点 ⇨ **무차별**

무한無限 [Unendliches]

헤겔은 무한을 진무한과 악무한으로 나눈다.

악무한(das Schlecht-Unendliche)이란 “유한의 피안”[『논리의 학』 5. 152], “무규정적인 공허”[같은 곳]이다. 이 무한은 유한에 대립하고 있으며, 그러므로 “유한화된 무한”[같은 책 5. 149], “유한한 무한”[같은 책 5. 152]이다. 또한 이 악무한은 유한과 대립하고 있는 까닭에 유한과 상호규정의 관계에 있고 그 상호규정은 ‘무한진행(Progreß ins Unendliche)’, ‘영속적인 당위’로서 현상한다. 그것의 전형적인 예로서는 인과관계에서 원인의 원인을 무한히 소급해가는 것, 칸트와 피히테의 윤리학에서의 “이성법칙에 대한 영속적인 접근”을 들 수 있다. 이러한 무한진행은 “유한과 무한의 지루한 교체”이자 이것 자체가 악무한이다. 다만 즉자적으로

125

이 무한진행에는 이미 유한과 무한의 진리(진무한)가 포함되어 있다. 그렇지만 지성이 잘못하여 상호규정에 있는 유한과 무한의 질적 차이를 고정시키고 절대적으로 분리하는 것이다. 그런 까닭에 악무한은 "지성의 무한"[같은 책 5. 149, 152]이다.

이에 대해 진무한은 유한을 자기 내에 포함하는 무한이다. 이것은 악무한을 계기로서 포함하지만, 그러나 유한과 악무한의 단순한 통일(추상적이고 운동이 없는 자기동등성)이 아니라 "생성(Werden)"[같은 책 5. 164], "과정(Prozeß)"[같은 책 5. 149]이라는 동적인 것이라고 말해진다. 이것을 인식하는 것은 이성이며, 따라서 진무한은 "이성의 무한"[같은 곳]이다. 악무한이 유한한 것의 "추상적인 최초의 부정"[같은 책 5. 164]인 데 반해 진무한은 "부정의 부정", "긍정"이기 때문에, 악무한이 "부정적 무한성"[같은 책 5. 166;『엔치클로페디(제3판) 논리학』94절]이라고 불리는 데 반해 진무한은 "긍정적 무한성"[『논리의 학』5. 156]이라고 불린다. 또한 이러한 "부정의 부정"은 "자기 자신에 관계하는 부정"[같은 책 5. 166]이기 때문에, 무한진행의 상(Bild)이 직선인 데 반해 진무한의 상은 원이라고 말해진다[같은 책 5. 164]. 이와 같은 '진무한'이 적용되는 가장 알기 쉬운 예는 절대자, 의식, 자기의식, 사유 등이다.

'진무한'이라는 표현이 사용되는 것은 아마도『차이 논문』에서의 wahre Unendlichkeit[2. 11, 84]와『예나 체계 Ⅰ』에서의 wahrhafte Unendlichkeit[GW 6. 266]로부터일 것이다. 헤겔의 독자적인 '무한' 개념이 명확히 나타나는 것은『1800년 체계단편』의 '무한의 생'이라는 개념 무렵부터이지만, 그것에 논리적 규정을 준 것으로서는『자연법 논문』에서의 "자기 자신의 반대인 것"[2. 454, 478f.]이라는 규정이 최초의 것일 것이다. 악무한과 진무한의 구별이 최초로 등장하는 것은『예나 체계 Ⅱ』이며, 거기서는 질과 양을 지양하는 것으로서 무한성이 이야기되고 있다[GW 7. 29ff.]. 이에 대해『논리의 학』에서는 질적 무한성과 양적 무한성 각각에 관해 악무한과 진무한이 구별되고 있다. ⇒부정, 과정, 지성, 이성

―이리에 유키오(入江幸男)

무한의 해석無限―解析 ⇨**미분**

무한진행無限進行 ⇨**무한**

무한판단無限判斷 [das unendliche Urteil]

헤겔이 무한판단을 논하는 것은 대체로『예나 체계 Ⅱ』가 최초이다. 거기서 무한판단은 부정판단을 한층 더 철저화한 부정의 판단, 술어가 속하는 좀더 고차적인 영역을 부정하는 판단이다[GW 7. 88]. 예를 들면 "감정은 빨간색을 갖지 않는다(Das Gefühl hat nicht eine rote Farbe)"는 무한판단에서는 술어(빨간색)가 속해 있는 좀더 고차적인 영역(색 일반)이 부정되고 있는 것이다. (이 예에서 알 수 있듯이 헤겔은 무한판단의 문법적 형식 "어떤 것은 비-A이다"에 얽매여 있지 않다.) 이와 같은 무한판단에는 주어와 술어를 분리하는 부정적 측면뿐만 아니라 주어와 술어를 자립적으로 존재하게 만드는 긍정적 측면도 있다.『논리의 학』에서는 이러한 긍정적 측면이 '긍정적 무한판단'으로서 명시된다. 주어에 관계하는 "개별은 개별적이다", 술어에 관계하는 "보편은 보편적이다"가 긍정적 무한판단이다. 이에 반해 앞에서 말한 무한판단은 "부정적 무한판단"이라고 불리고 있으며, 이것은 "부정적 무한(das Negativ-Unendliche)"[6. 324] 결국 악무한이며 "판단이라는 형식이 지양된 판단"[같은 곳]이라고 말해지고 있다. 또한 부정판단-무한판단의 관계는 민사소송-범죄[『논리의 학』6. 325;『법철학』95절], 질병-죽음[『엔치클로페디(제3판) 논리학』173절「보론」], 사용-양도[『법철학』53절] 등의 논리적인 분석에서 사용되고 있다.

그런데 헤겔의 변증법 논리에 따르면 절대적 구별은 절대적 동일성이다. 그러므로 무한판단에서 주어와 술어가 절대적으로 구별될 때 주어와 술어는 또한 절대적 동일의 관계에 서게 된다.『정신현상학』에서는 그와 같은 무한판단으로서 "자기는 사물이다"[3. 260; 3. 577 참조], "사물은 자아다"[3. 577]가 등장한다. 헤겔은 이런 종류의 무한판단을 사변명제, 절대적 판

단, 근원분할이라고 부르지만, 이런 종류의 무한판단은 진무한을 표현하고 있으며, 헤겔 철학의 근본사상의 표현에 불가결한 것이다. ⇒무한, 사변

—이리에 유키오(入江幸男)

무화無化 [Vernichten, Vernichtung]

원래 뜻은 <무로 만들기>. 특히 예나 초기에 사용된 개념이 중요. 유한성에 사로잡힌 지성 내지 반성에게는 문자 그대로 부정적인 의미를 지니지만, 절대적인 것에 관한 이성 내지 사변에게는 근원에서 진리를 파악한다는 적극적인 의미를 지닌다. "반성이 자기 자신을 자기의 대상으로 하는 한에서 이성에 의해서 반성에 주어지며 그에 의해 반성이 이성으로 되는 반성의 최고의 법칙은 자신의 무화이다. …… 존립하기 위해 반성은 자기에게 자기 파괴의 법칙을 주어야만 한다"[『차이 논문』 2. 28; 27, 30 참조]. 무화는 지성과 이성 모두에게 '심연'으로 의식되지만, "사변이…… 최고의 종합에서 의식 그 자체를 무화할" 때 "이 심연이라는 밤이야말로 생의 참된 낮"[같은 책 2. 35]이자 "진리의 탄생지"라는 것이 분명해진다[『신앙과 지식』 2. 431]. 절대적인 것·무한성은 "영원히 자기를 무화하는 영원한 운동, 유한성의 원천"이기 때문이다[같은 곳]. ⇒지양, 부정

—자코타 유타카(座小田豊)

문명文明 ⇨교양

문자文字 ⇨언어

문학文學 [Literatur]

헤겔에게 문학이란 가장 정신적인 예술로서의 포에지이며, (1) 조형미술과 같이 객관적인 서사시(Epos)와 (2) 음악과 같이 내면적인 서정시(Lyrik), (3) 그리고 양자를 종합하는 극시(Drama)로 구분된다[『미학』 15. 321ff.]. 그러나 이들 포에지의 평가에는 예술의 종말 테제가 반영되어 헤겔에게 있어 서사시는 이미 호메로스에서 완성되어 있으며, 낭만파적인 근대의 에포스로서의 소설에는 호메로스의 실체적 세계상태가 결여되어 있다[같은 책 15. 392]. 또한 서정시는 그것의 "개체성의 원리"에 의해 서사시가 내용으로 하는 "민족정신의 전체성"을 포괄할 수 없다[같은 책 15. 419, 431f.]. 그리고 모든 비극 가운데 가장 뛰어난 것은 소포클레스의 『안티고네』이며[같은 책 15. 550], 근대 비극은 그리스 비극과 같은 실체적인 화해를 달성할 수 없다. 헤겔에게 있어 낭만파가 지향한 '보편적 에포스'는 오로지 철학에 의해서만 가능하다. ⇒시, 그리스 비극, 『안티고네』

【참】 Gethmann-Siefert (1984), Pöggeler (1987), 四日谷敬子 (1989)

—시카야 다이코(四日谷敬子)

문화文化 ⇨교양

물 [Wasser]

헤겔의 변증법에 경의를 품고 있는 사람도 『엔치클로페디(제3판) 자연철학』 286절에 대한 「보론」에서 다음과 같은 말을 발견하면 틀림없이 낙심할 것이다. "물은 이것들[산소와 수소]로부터 합성되어 있지 않다. 만약 물이 단순한 합성체(Kompositum)라고 한다면, ……"[9. 148]. 헤겔은 물이 화합물이라는 것을 알지 못했던 것일까? 그러나 미슐레가 헤겔의 텍스트에 덧붙인 이 「보론」은 정확하지 않다. 헤겔이 물은 단순체가 아니라 수소와 산소의 화합물이라는 것을 알고 있었다는 증거는 예나 시기의 자연철학 초안에서 몇 가지를 발견할 수 있다. 그것들 가운데 하나에서 그는 분명히 쓰고 있다. "순수한 물은 산소와 수소로 이루어진다"[『예나 체계 Ⅰ』 GW 6. 164; 『같은 책 Ⅲ』 GW 8. 74 참조].

헤겔은 물이 단순체가 아니라는 것을 알고 있었다. 그럼에도 불구하고 그가 자연철학 속에서 물에 대해

불과 나란히 특별한 지위를 부여한 것은 물이 안정된 중성적 물질로서 다양한 화학반응의 매질이 되기 때문이다. 그 문제에 관해서 그는 다음과 같이 말한다. "다른 원소(Element)[물]는 중성적인 것, 자기 내에서 합성된 대립이다. 이러한 합성된 대립은…… 기계적으로 자기 내에 놓인 모든 규정성을 용해하는 것이며…… 가용성임과 함께 기체와 고체의 형태를 취할 능력이기도 하다"[『엔치클로페디(제3판) 자연철학』 284절]. 이 난해한 문장은 헤겔의 목적을 오로지 고대 자연철학의 4원소설의 부활이라고 받아들이는 한 이해할 수 없다. 그가 여기서 공기와 불과 함께 물을 '원소(Element)'라고 부르는 것은 다름 아니라 문자 그대로 그것이 지상의 물질계의 화학적 상호작용의 매체로 되고, 나아가 생물의 내적·외적 환경으로서 중요한 역할을 수행하기 때문이다. 이러한 인식을 그는 물의 물리적·화학적 성질, 즉 증발과 동결, 대기중의 수분의 응고, 소금과 금속의 용해와 석출, 표면장력, 모세관현상, 전도성과 그 밖의 전기화학적 성질, 담수와 해수의 생명 보육력 등에 관한 동시대의 과학자의 실험과 관찰에서 얻었다. 그리고 그것이 또한 물의 동결 등의 비유로 그의 사유를 이끌었던 것이다.

물은 예로부터 여러 철학자에 의해서 비유로서 사용되었다. 계몽주의자는 역사의 불가역적 진보를 강의 흐름에 비유했다. 그러나 헤겔에게 있어 역사적 발전의 변증법적 구조를 직관에 가져오는 것은 한결같은 물의 흐름이 아니라 잘 알려져 있듯이 얼어붙을 때의 물의 행동이었다. "물은 냉각에 의해 차차로 딱딱해지는 것이 아니라…… 한 번에 딱딱해진다"[5. 440]. 이 유명한 『논리의 학』의 기술은 영국의 물리학자 블래그덴(Charles Blagden 1748-1820)이 행한 과냉각상태의 물에 대한 관찰에 기초하고 있다. 더 나아가 그는 『논리의 학』에서 용질로서의 물의 기능과 언어의 매개작용을 대비시켰지만[6. 431], 이러한 발상도 동시대의 용액의 화학의 진보를 전제로 해서만 이해되는 것이다. ⇒원소

【참】Doz (1970), Derrida (1970), Engelhardt (1974, 1976), Moiso (1986)

―와타나베 유호(渡辺祐邦)

물리학物理學 [Physik]

헤겔은 물리학이란 말을 자연철학의 개념으로서 사용한다. 그런 이유로 근대 자연과학의 한 부문으로서의 물리학은 경험적 물리학 또는 합리적 물리학이라고 부른다. 헤겔의 자연철학은 셸링의 사변적 물리학 개념에 영향 받고 있었다. Physik의 어원은 그리스 어의 퓌시스(φύσις)이지만, 이 말의 본래 의미는 "사물 그 자체에 내속하는 영원한 실체"를 가리켰다. 나아가 아리스토텔레스는 자연을 "본래 그 자체 내에 운동의 원리를 지니는 실체"라고 규정하고, 결국 그것은 운동과 변화의 원리를 의미한다고 설명했다. 헤겔에 따르면 "우선 우리가 자연철학을 자연과학 일반, 물리학, 자연지, 자연학(Physiologie, 생리학)에 대한 특유의 관계에서 보면, 자연철학은 그 자체가 물리학, 그러나 합리적 물리학이다. 예를 들면 아리스토텔레스의 물리학은 대체로 물리학이라기보다는 자연철학이라고 할 만하다"[『엔치클로페디(제3판) 자연철학』 서론의 「보론」]. 헤겔은 자연철학이 경험적 물리학과 뗄 수 없는 관계에 있어야만 한다고 말한다. "철학은 자연경험과 일치해야만 한다고 말하는 것만이 아니다. 철학적 학문의 성립과 형성에는 경험적 물리학이 전제가 되고 조건이 되는 것이다"[같은 책 246절].

물리학은 중세 무렵까지는 자연현상의 질적 연구를 행하였으며, 근대에는 화학·우주론·기상학 등을 더하여 넓은 의미로 이해되었다. 17세기 경 변혁이 일어나 물리학도 수량화할 수 있는 현상의 수학적 기술로 향하고, 실험물리학과 더불어 이론물리학도 발전했다. 그러나 헤겔에게 있어서는 "자연에 관한 이론적이고 나아가 사유적인 고찰이라는" 그 본성은 동일하다. "보편적인 것을 개념의 자기규정에 입각하여 그것에 고유한 내재적 필연성에서 고찰하기" 때문이다. "말하는 바의 보편적인 것이란 여러 가지 힘과 법칙과 유이며, 이것들의 내용은 또한 단순한 수집이어서는 안 되고, 정리되고 분류되어 하나의 유기적 조직체로서 나타나야만 한다"[같은 곳]. 예를 들면 물질의 부분들의 공간적인 상호외재는 특수한 응집(Kohäsion)의 방식으로 질량에 대항한다. 이러한 상호외재의 다양한 통일에는 ⅰ) 타자에 대한 점착(Adhäsion), ⅱ) 무게

에 대항하는 단지 양적인 응집, iii) 형태의 자립성을 나타내는 질적인 응집(점적인 취약성Sprödigkeit, 선적인 강인성Zähigkeit, 면적인 전성Hämmerbarkeit 등)이 있다. 나아가 외적인 폭력에 대한 내면적 굴복과 자기유지는 탄성(Elastizität)이라고 불린다. 또한 물질의 부분인 원자와 분자는 공간에 존립한다고도 존립하지 않는다고도 생각되며, 이중부정의 변증법을 예시하고 있다고 말할 수 있다. 헤겔은 경험적 물리학이 보통 생각되는 이상으로 풍부한 사상을 포함한다고 말한다. 물리학과 자연철학의 구별은 지각과 사유의 구별이 아니라 다만 사유의 본성과 방식에 의한 구별에 지나지 않는다고 본다. 양자 모두 자연에 관한 사유적 인식이라는 점은 똑같기 때문이다[같은 책 서론 「보론」]. ⇒자연철학, 역학

―혼다 슈로(本多修郎)

물상화物象化 [Verdinglichung]

물상화라는 개념은 헤겔 자신에 의해서 사용되지 않지만, 주체의 활동·작용이 사물(Ding)이라는 대상적 형식을 취하는 것이 다음과 같이 전개되고 있다.

(1) 인간 활동의 객관화. 일반적으로 인간의 활동이 외화(Entäußerung)에 의해 대상적으로 되는 것으로서, 노동은 "차안적인 자기를 사물로 만드는 것"[『예나 체계 Ⅲ』 GW 8. 205]이며, 계명과 법, 종교와 같은 실체도 개인들의 활동의 소산으로서 "보편적 작품(Werk)"[『정신현상학』 3. 325]이다. 이러한 파악은 "자기는 사물이다"[『정신현상학』 3. 260]라는 무한판단이 보여주고 있듯이 주관-객관 이원론의 극복을 동기로 하고 있다.

(2) 자기 귀환의 부재. 『정신현상학』에서는 근대이전에 지배의 개입에 의해 주체가 외화 속에서 자기상실에 빠지는 것이 일반화되고 있다. 주인과 노예의 관계에서 노예는 노동을 통해서도 "보편적 위력과 대상적 실재를 지배하는 것이 아니다"[같은 책 3. 155]. 또한 그 이후의 세계에서도 세계의 현존재는 "자기의식의 작품"이면서 "이 현실 속에서 자기의식은 자신을 인식하지 못한다"[같은 책 3. 360]. 이러한 경우 자유는

존재하지 않으며, 자기와 대상의 관계 그 자체가 "사물의 형식으로 된다"[『뉘른베르크 저작집』 4. 82].

(3) 인간적 활동·능력의 '물건'화. 『법철학』에 따르면 근대 시민사회에서 개인들은 서로 욕구충족의 수단이 된다. 그때 모든 인간의 활동·능력이 양적 가치만을 규준으로 한 '물건(Sache)'으로서 양도·교환의 대상이 됨으로써 "욕구와 [충족의] 수단은 실재적[물적] 현존재(reeles Dasein)로서 타인에 대한 존재로 된다"[『법철학』 192절]. 여기서는 인간과 인간의 관계가 사물과 사물의 관계로서 나타나는 마르크스의 물상화 개념이 선취되고 있다.

(4) 이성의 유한화. 고정화의 작용인 지성은 이성의 유한화에 의해 생겨나는데, 그것 자신이 "사물로 된 이성(die zu Dingen gemachte Vernunft)"[『회의주의 논문』 2. 236]이다. 헤겔은 이러한 의식의 물상화뿐 아니라 (2)와 (3)의 극복도 이성의 실현, 즉 상호 승인하는 자유의 실현에서 구했던 것이다. ⇒노동, 시민사회, 마르크스와 마르크스주의

―다케무라 기치로(竹村喜一郎)

물신(주물)物神(呪物) [Fetisch]

물신, 주물을 의미하는 Fetisch는 포르투갈 어 feitiço (주술, 마술의 뜻, 라틴 어 facticius[인조의, 모조의]에서 유래)로부터 전화된 말로서 원어는 15세기 후반 서아프리카의 흑인이 자연물, 인공물, 동물 등을 숭배하는 것을 본 포르투갈 인이 그것을 성자의 유물, 주부, 호부 등을 숭상하는 가톨릭의 페이티쇼('만들어진 것', '주문을 건 것'을 의미) 숭배와 연결함으로써 성립했다. Fetisch라는 말은 드 브로스(Charles de Brosses 1709-77)의 『주물신 숭배에 관하여(Du Culte des dieux Fétiches, 1760. 독역 1785)』 이래로 일반에 유포되었다고 말해진다.

청년기의 헤겔이 물신을 문제로 삼는 것은 칸트의 종교론의 구도를 수용하여 덕행만을 신에 대한 예배로 하는 '이성종교'의 입장에서 선의지 이외의 것에 의해서 신의 의지에 들고자 하는 신앙을 '주물신앙 (Fetischglaube)'으로서 배격하는 관점에서이다[『민중

종교와 기독교』 1. 28]. 그러나 후기의 헤겔은 물신을 사태에 입각하여 다양한 관점에서 도마 위에 올린다. (1) 『역사철학』에서는 포르투갈 어의 원어와의 관련에 근거하여 흑인에 의해서 수호신이 되는 것이 물신으로 되며, 그것 자체가 흑인의 "초자연적 힘이 직관의 형태로 대상화"된 것이라고 규정된다[12. 123]. (2) 『종교철학』에서는 흑인의 종교를 포함하는 자연종교의 최초의 형태에서 신으로 되는 모든 것이 물신으로 파악된다[16. 294]. (3) 나아가 물신은 드 브로스적으로 종교에 국한되지 않고 보편적 사회현상으로서도 다시 파악된다. "물신은 모든 민족에 있어 존재하고, 또한 어떠한 개인에게서도 존재한다"[16. 295]. 흑인의 종교에 관한 정보원은 콩고에서 선교한 카바치(Giovanni Antonio Cavazzi ?-1692)인데[16. 298], 궁극적으로 헤겔은 물신을 욕망, 원망 등에 의한 인간의 자기 주박의 징표라고 파악하고 그로부터의 해방을 철학을 통해 시도했다.

【참】 Kant (1793), Erckenbrecht (1976)

—다케무라 기치로(竹村喜一郎)

물질物質 [Materie]

예로부터 사람들은 감각적으로 그 존재를 알 수 있는 실질적인 것을 막연히 물질이라고 불러왔다. 헤겔도 처음에는 만물에 삼투하는 에테르(αiΘήρ) 또는 아에르(άήρ, 공기)를 인정하고, 이것을 존재하는 모든 것의 시원을 이루는 절대적 질료로 삼았다. 이것은 그리스 자연철학의 원질에 해당된다. 헤겔에서 자연의 이념은 우선 공간과 시간의 보편적 규정하에 놓여 있지만, 이 양자의 상호부정과 상호이행이 운동으로 된다. 운동에서의 양자의 모순의 동일이 물질이다. "생성(운동) 그 자체가 바로 그 모순의 자기로의 합일이며, 공간과 시간의 직접적으로 동일한 현존재하는 통일이자 물질이다"『엔치클로페디(제3판) 자연철학』 261절. "물질은 단지 보편적이고 직접적인 것으로서 양적 구별만을 지니며, 정량들로 특수화되어 있다. 이것이 질량(Masse)이다. 질량이 하나의 전체, 요컨대 하나라는 외면적 규정 아래 있을 때 물체(Körper)이다"『엔치클로페디(제3판) 자연철학』 263절. 물체는 타성적으로 된다.

그리스에서는 물질을 일정한 형상(존재)과 형상을 갖추지 않은 질료(무)로 나눔으로써 물질은 존재와 무의 상호매개에서 성립하는 개념이 되었다. 그러나 헤겔은 에테르가 본래 절대적 정신에 다름 아니라고도 말한다『예나 체계 Ⅱ』 GW 7. 188]. 칸트는 자연의 근원을 인력과 척력으로 분할하고, 그 둘을 계기로 하여 물질의 개념을 구성하고자 했다. 그러나 헤겔은 견인하거나 배척하는 것이 이미 물질이라고 하여 칸트의 오류를 지적한다. 헤겔은 자연력들로부터의 기계론적 구성이 아니라 공간을 채우는 운동력을 근본으로 하는 형이상학적 운동론을 취했다. 헤겔에 따르면 우선 물질의 무게(Schwere) 또는 중력(Gravitation)은 그것의 견인작용과 구별되어야만 한다. 견인은 일반적으로 '상호외재(das Außereinander)'의 지양과 연속화에 불과하다. 무게는 상호 외재적인 특수성을 부정적인 자기관계로서의 통일, 즉 추상적인 주체성인 개별성으로 환원하는 활동이다. 무게(중력)는 물질이 자기 바깥에 중심을 정립하는 노력(Streben)이자 물질의 실체성·자기 내 존재이다. 헤겔은 이러한 중심을 물질적인 것으로 생각하지 않으려고 주의한다. 자연의 이념은 상호외재의 규정에서 무한한 개별성을 이루며, 그 통일이 관념적, 즉자존재적일 때는 역학(Mechnik)을 성립시킨다. 그 이념이 특수성의 규정에 있고 실재성이 내재적으로 정립될 때는 그 자기 내 존재가 자연적 개체성을 이루며 물리학(Physik)을 성립시킨다『엔치클로페디(제3판) 자연철학』 252절].

헤겔은 원자론도 포함하여 기계론적인 입자철학을 물리쳤다. 그러나 근대 화학에서는 화학적 변화 과정을 거쳐서도 보존되는 물질입자의 개념이 세워지고 분자·원자 개념이 도입되었다. 그리고 원자물리학의 진보로 원자의 구조가 탐구되어, 이것은 전자·양자·중성자로 이루어진다는 것이 분명해졌다. 그리고 양자역학은 장과 입자의 상보성관계의 사상에 도달해 있다. ⇒에테르, 시간, 공간, 운동, 물체, 무게, 상호외재, 원자

【참】 Ihmig (1989)

—혼다 슈로(本多修郎)

물체物體 [Körper, Körperlichkeit]

『엔치클로페디(제3판) 자연철학』[263절 이하]에 따르면 물체는 무게를 술어로 하는 물질이 정량적으로 특수화되어 하나의 전체 또는 일자라는 규정을 받고 주어의 형식을 취한 것이다. 그것은 역학적으로는 공간·시간의 계기를 포함하며, 공간 규정으로서는 지속성을 지니고 시간 규정으로서는 변이성을 지닌다. 다른 한편 물체는 공간과 시간의 형식, 그것들의 관계인 운동 및 정지에 대해서는 무관심하고 '관성적'이다. 이러한 추상적 물체는 타자에 대한 양적 관계가 모인 점(중심)을 자기 내에 지니는 존재로 보게 되면 현실적인 물리학적 물체가 된다. 그것은 자기에 내재하는 형식의 전개에 의해서 얻어지는 규정들의 개체적 결합점이며, 그것들의 정지적 총체성으로서 '형태'를 얻는다. 이리하여 성립하는 개체적 물체는 역학적·화학적 특수화의 과정을 거쳐 유기적 자연으로 전개된다. 또한 『미학』의 '자연미' 장에서는 객관성에 매몰된 개념의 실존형태로서 특수물체의 존재방식이 서술된다. ⇒물질

―기타가와 고지(北川浩治)

뮐러 [Johannes von Müller 1752. 1. 3-1809. 5. 29]

스위스의 역사가, 정론가. 주저 『스위스사』는 당시 많은 사람들에게 영향을 주었는데, 헤겔의 평가가 한결같지는 않다. 헤겔은 이미 『카르 친서』의 역주에서 바트 지방의회의 의의에 관해 『스위스사』에 의거하고 있으며, 후에는 그의 전집에서 많은 발췌를 행하여 『법철학』 등에서 활용했지만, 『역사철학』에서는 뮐러의 연대학을 인정하면서도 "도덕적 의도"에서 역사를 보는 "실용적 역사가"[12. 16]로서 비판했다. 『독일헌법론』에서는 뮐러가 지지한 '제후동맹'에 대해 통일국가의 견지에서 비평했다[1. 544-5]. 『밤베르크 신문』을 편집할 때에는 당시 라인동맹을 편들어 베스트팔렌의 근대화를 요구한 그의 연설을 게재했다.

【참】 Pöggeler (1986)

―구보 요이치(久保陽一)

미美 [Schönes, Schönheit]

바움가르텐(Alexander Gottlieb Baumgarten 1714-62)이 미를 '감각적 인식의 완전성'으로 규정한 이래 근대철학은 미를 주관적인 방향에서 탐구하여 칸트도 미의 객관적 원리를 드러내는 것을 불가능하다고 했으며, 그것을 미적 판단의 가능성으로서 묻고 미적 판단에서 인식능력들은 '자유로운 유희(freies Spiel)' 속에 있다고 사유했다. 그러나 실러는 미를 객관적으로 드러내고자 하여 그것을 '현상에서의 자유(Freiheit in der Erscheinung)'로 규정했다.

헤겔은 『최고의 체계 강령』에서 횔덜린과 함께 플라톤적인 '미의 이데아'에서 체계의 최고점을 구하고[1. 235], 프랑크푸르트 시대에는 미는 진리와 동등하다고 주장했다[『기독교의 정신』 1. 288]. 그러나 그는 예나 시대부터 미의 문제를 예술의 문제로서 다루게 되며, 1805/06년의 『정신철학』에서는 예술의 요소로서의 직관은 "진리를 은폐하는 베일"로 폄하된다[『예나 체계 Ⅲ』 GW 8. 279]. 그러나 헤겔에게 있어 미가 이념의 하나, 요컨대 개념과 실재성의 통일의 직접적인 방식이라는 것에는 변함이 없다[『미학』 13. 157]. 확실히 『논리의 학』은 미의 이념을 거론하고 있지 않다. 그러나 뉘른베르크 시대의 「중급반을 위한 논리학」(1810/11)이 생의 이념 항에서 미의 이념에 대해 언급하고 있고[『뉘른베르크 저작집』 4. 202], 또한 만약 미의 이념이 채택된다고 하면, 이와 같이 생의 이념과 인식의 이념 중간에 위치해야만 할 것이라는 점은 『미학』[13. 167]으로부터도 추측할 수 있다. 그러나 미는 이념 그 자체가 아니라 "이념의 감성적 가현(das sinnliche Scheinen der Idee)"인바, 이러한 "자기의 현존재에서의 개념의 자기 자신과의 일치"의 "결합의 위력"은 주체성이자 개체성이다[같은 책 13. 151,52]. "아름다운 대상은 그 현실존재에서 그 자신의 개념을 실현된 것으로서 현상시키며, 그 자신에서 주체적인 통일과 생명성을 보인다"[같은 책 13. 155].

헤겔은 그의 미학의 본래적인 대상을 예술미에 제한하고 자연미를 배제한다. 그 근거는 그에게 있어 자연은 정신에 의해서 그 타자로서 정립된 것이자 정신과 그 소산 쪽이 자연과 그 현상보다 고차적이기 때문이다

[같은 책 13. 14, 128f.]. 그러나 이념의 당장의 현존재는 자연의 '생명(Leben)'이다[같은 책 13. 160]. "자연은 이미 생명으로서 관념론적 철학이 그 정신적 영역에서 성취하고 있는 것을 사실적으로 행하고 있으며", 생명 과정은 구별과 통일이라는 이중의 관념화의 활동성을 자기 목적으로서 포괄하고 있지만[같은 책 13. 162f., 165], 이와 같이 신체(감성) 속에 영혼(이념)이 나타나는 한에서 생명은 미이다[같은 책 13. 166f.]. 그러나 자연미는 오로지 타자에서만 아름다우며, 대자적으로 아름답지는 않다[같은 책 13. 157]. 자연미의 근본적인 결함은 헤겔에게 있어 영혼과 주체성이 완전한 방식으로 현상하지 않는다는 점에 있다[같은 책 13. 193ff.]. ⇒가상

【참】 Baumgarten (1750/58), Kant (1790), Schiller (1793), Kuhn (1931)

—시카야 다이코(四日谷敬子)

『미네르바』 [Minerva]

『미네르바』는 하노버 출신의 귀족 아르헨홀츠(J. W. von Archenholz)가 1792년에 창간한 '정치적·역사적 잡지'라는 부제를 가진 일반인을 겨냥한 문화교양지로 처음에는 베를린에서 나중에는 함부르크에서 월 2회 발행되었다. 아르헨홀츠는 런던에서도 오래 체재한 숙련된 저널리스트로 당시 독일의 대중이 혁명 후의 프랑스에 관한 뉴스에 굶주리고 있는 것을 보고 이 잡지의 발행에 나섰던 것이다. 아니나 다를까 그가 스스로 파리에 들어가 취재한 연재기사 「프랑스의 내정」(당초. 후에 개제)은 금방 평판을 얻어 잡지의 매상에 공헌했다. 1793년에 공포정치가 다가오는 것을 헤아려 안 아르헨홀츠가 독일로 돌아온 후 이 연재기사는 혁명 체험을 지향하여 파리에 와 있던 독일의 대학생 윌스너(K. E. Oelsner)에게 인계되었다. 헤겔이 1794년 12월 24일자로 셸링에게 보낸 편지에 "자네도 알고 있는 아르헨홀츠의 미네르바 속의 편지"[『서간집』(제1권) 11]라고 되어 있는 것은 이 서간 형식의 연재기사 「파리로부터의 역사적 편지」를 가리킨다.

【참】 Ruof (1915), Gooch (1920), D'Hondt (1968a), Wilke

(1978), Deinet (1981), 渡辺祐邦 (1987)

—와타나베 유호(渡辺祐邦)

미네르바의 부엉이 [Eule der Minerva]

"세계의 사상으로서의 철학은 현실이 그 형성과정을 완료하여 스스로를 마무리한 다음에라야 비로소 시간 속에서 출현한다. …… 미네르바의 부엉이는 황혼이 깃들 무렵에야 비로소 날기 시작한다"[『법철학』 절 7. 28]. 이 문맥에서 이해하게 되면, 미네르바의 부엉이는 <시간 속에서 출현하는 세계의 사상>으로서의 철학을 시사하는 은유이다. 나아가 시간을 선취하는 것이 아니라 지나가버린 현실(회색)을 그것(회색)으로서 인식하는 철학의 은유인 것이다. 이것은 『독일헌법론』의 목적인 "존재하는 것의 이해"[1. 463]와 중첩된다. 이러한 학적 태도(방법)는 헤겔 철학에 일관된 것이며, 『법철학』의 백미인 시민사회 분석은 그 성과이다. 현실의 현실적 인식은 현실의 현실적 변혁의 조건이다. 이성적인 것과 현실적인 것에 관한 명제는 이상의 연관에서 이해될 필요가 있다.

【참】 金子武藏 (1984)

—고바야시 야스마사(小林靖昌)

미래未来 ⇨시간

미분微分 [Differentialkalkül]

헤겔은 『논리의 학』에서 상세히 미분론을 전개하고 있지만('정량의 무한성'에 대한 주해), 이것은 헤겔에게 있어 미적분(뉴턴, 라이프니츠 이래의 해석학)이 수학에서 사용되는 무한('수학적 무한')의, 철학적으로 그 의의가 가장 깊은 사례를 제공하고 있었기 때문이라고 말할 수 있다. 실제로 그는 해석학적인 무한의 용법이 그 자신의 철학적·사변적인 '무한성' 개념을 일정한 방식으로 구현하는 것이라고 주장한다. "수학적 무한의 규정, 특히 고등해석학에서 사용되는 것은 진무한의 개념에 합치된다"[『논리의 학』 5. 284].

해석학에서의 무한으로서 헤겔이 상정하고 있는 것은 기본적으로 (미분 가능한 하나의 변수함수 $f(x)$의) 도함수 $f'(x)$에 관한 것이다. 즉 $f'(x)$는 예를 들면

$$f'(x) = \lim_{\Delta x \to 0} \frac{f(x + \Delta x) - f(x)}{(x + \Delta x) - x}$$

와 같은 식으로 주어지지만, 이 우변과 같은 극한치는 "Δx가 0에 무한히 접근한다" 등으로 표현되듯이(결국 Δx의 값의 변역은 0을 제외한 실수연속체이다), 일정한 수학적인 무한구조를 전제하고 있다.

헤겔 이전에 상투적이었던 견해에 따르면 이상과 같은 도함수(또는 그것의 특정한 값으로서의 미분계수)는 "x의 값의 미소차이(dx)와 y의 값의 미소차이(dy) 사이의 극한적인 비(dy/dx)"로서 설명되었다. 그러나 $f'(x)$를 문자 그대로 <dx와 dy의 비>로서 간주해버리면 여러 가지 난점이 생기게 된다. 실제로 dx와 dy가 0 이외의 일정한 유한한 값을 취하는 한 dy/dx는 의도된 값에 도달할 수 없으며, 또한 dx의 값을 0으로 간주하면, 비의 분모가 0이 되어 나눗셈의 일반원리에 반하게 되고, 극한치가 존재하는 경우에는 dy의 값도 0이 되기 때문에 dy/dx는 0/0에 귀착되고 만다.

이러한 난점은 현대적인 논리적·수학적 취급(대략 코시로 소급된다)에서는 극한치 자체를 다시 엄밀하게 정의함으로써 해결된다(이에 따르면 위의 식의 Δx가 0이 될 필요가 없이 $f'(x)$는 의도된 값을 취할 수 있다). 다른 한편 동일한 문제에 대해서 헤겔은(그는 코시의 저작을 접하고 있었다) 일반적인 '비=연관(Verhältnis)' 개념(대략 함수에 해당된다)의 단계적 진전을 고찰함으로써 대답하고자 한다. 즉 그는 우선 가장 단순한 형태(일차함수)에서 출발하여 서서히 그것이 복잡화되는(고차의 함수) 과정을 더듬어가지만, 그때 최초의 단계에서 비의 관계에 서는 것이 x와 y의 직접적인 값인 데 반해 그 후 이것들에 대신하여 해당 값의 역수와 제곱수와 같은 것이 이 관계에 서게 된다는 점이 중시된다. 이것은 요컨대 함수가 x와 y의 값 사이의 직접적인 비례관계를 넘어서서 추상적인 상관관계로 일반화되어 그 대상적 자립성을 강화한다는

것이고, 헤겔적으로 말하면 '비=연관'이 x와 y의 직접적인 값이라는 '정량'에 대한 의존으로부터 벗어나 독자적인 '질'적 존재로서의 자유로운 현현을 획득한다는 것이다.

이와 같은 관점의 귀결로서 헤겔은 dy/dx를 '비=연관'의 궁극적 전개형태로서 위치 짓는다. 왜냐하면 여기서는 이미 통상적인 비의 경우와 달리 비의 양항의 값='정량'이 완전히 소멸함에도 불구하고 오히려 그 자신에 의해서 '비=연관'의 값이 확립되게 된다고 생각되기 때문이다. "[dy/dx에서] 정량은 소실되어 있으며, 이에 따라 비=연관은 전적으로 질적인 것과 같은 양적 비=연관으로서만 존재한다"[같은 책 5. 299]. 이러한 헤겔 주장의 안목은 dx와 dy를 각각에서 0이라는 값을 취하는 독립적인 변항으로서가 아니라 (0이란 그것 자체가 '정량'의 한 형태이다) 오히려 dy/dx라는 관계적 통일 속에서 '정량의 부정' 그 자체를 표현하는 것으로 파악해야만 한다는 점에 놓여 있다. "dx, dy는 이미 어떤 정량이 아니라…… 오로지 양자의 관계 속에서만 의미를 지니는 것이며, 단순한 계기로서만 의의를 지닌다"[같은 책 5. 295]. 따라서 또한 같은 이유에서 헤겔은 dx와 dy를 '무한소'(그것은 어디까지나 '정량'이다)로서 해석하는 입장도 물리친다. 이리하여 미분계수 내지 도함수 속에서 헤겔은 '정량이 그 양적 외면성과 유한성 때문에 스스로의 자립성을 폐기하고, 그 진리태로서의 순수하게 질적인 '비=연관'에로 귀환한다는 관념론적인 '무한성'의 구조가 실현되는 예를 발견하고 있다.

이와 같은 헤겔이 논의에 대해 어떠한 의의를 인정할 수 있는가 단순하지 않다(실제로 그것은 앞과 같은 어려운 수학적 해결에 곧바로 도움이 되는 성격의 것은 아니다). 그러나 해석학의 의의를 '비=연관(함수)의 개념 그 자체의 진전이라는 일관된 관점으로부터 위치짓고자 하는 그의 시도는 함수 개념의 성립과정을 이해하기 위해 참고로 되는 다양한 시사점을 포함하고 있으며, 또한 극한치의 개념과 무한개념과의 결합이 독특한 관념론적인 '무한성'이라는 관점으로부터 설명되고 있는 것이 지니는 의의는 현대의 엄밀한 형식적 취급과도 대조를 이룬다는 점에서 다시 그 참된 가치를

물어볼 만한 것이다. ⇒비례, 무한, 라이프니츠

【참】 Boyer (1959), Moretto (1986), Wolff (1986)

―오카모토 겐고(岡本賢吾)

미슐레 [Karl Ludwig Michelet 1801. 12. 1-93. 12. 16]

독일의 철학자, 헤겔 중앙파. 1824년에 헤겔의 지도 하에 교수자격을 획득, 1829년에는 베를린 대학에서 철학원외교수가 되며, 또한 1825년 이래 프랑스계의 김나지움의 교사였다. 『학적비판연보』에 참가하고, 또한 헤겔 전집의 편집기획에 가담하여 주로 『철학사』 와 『엔치클로페디』의 편집을 담당했다. 후자의 편집 에서는 「보론(Zusatz)」이 덧붙여져 세 권짜리 책이 되 고 미슐레는 제2권(1842년 간행)을 담당했지만, 「보론」 의 대부분을 1804-05년의 노트에서 취해 자연철학을 예나 시기의 구상과 동일시해버리고 말았다. 『철학사』 강의의 간행에서는 초판을 교정한 제2판을 내놓고 있다. 또한 헤겔의 강의를 보완하기 위해 칸트로부터 헤겔까지의 독일 철학사에 관한 저작을 출판하고, 나 아가 헤겔의 윤리학적 측면의 연구에 노력하여 자연법 에 관한 저작을 썼다. 그는 베를린에서 석방된 쿠쟁과 친교를 맺었다[『서간집』 (제3권) 91 passim].

【참】 Michelet (1837)

―스기야마 요시히로(杉山吉弘)

미신迷信 [Aberglaube]

헤겔에게 있어 미신이란 인간의 이성에 반하는 비합 리적이고 혐오하지 않을 수 없는 신앙이다. 헤겔이 말하는 미신은 (1) 무한한 것·신적인 것과 유한한 것·감각적인 것을 직접적으로 '들러붙게 만드는(bei- legen)' 것이다. "미신의 허깨비는 이와 같은 야합 (Beilager)에 의해서 산출되었다"[『정신현상학』 3. 413]. 예를 들면 기독교에서의 우상숭배는 신적인 것에 유한 한 형태를 부여하기 때문에 미신이다. 그것과는 반대 로 (2) 유한한 사물과 현상 측으로부터 직접적으로 무한한 것에 이르는 것도 미신이다. 예를 들면 전기라 는 현상의 원인을 신에 의해서 설명하는 것이 그러하

다. "미신은 직접적 현상으로부터 곧장 신, 천사, 악마 로 이행한다"[『철학사』 19. 320].

미신은 정신이 자신 속에서가 아니라 다른 외적인 소원한 권위에 기초한다는 점에서 "권위에의 예속" [『역사철학』 12. 493]이라고 말할 수 있다. 미신은 인간 의 이성적 자기결정 능력을 방기함으로써 본래의 종교 와는 명확히 구별된다. 신에 대한 공포에 의한 신앙, 율법의 맹목적 준수 등도 이런 의미에서 미신이라고 말할 수 있다. 미신에서 신에 대한 예속은 인간의 정치 적·사회적 예속상태와 결부되어 있다. 따라서 미신 은 "최대의 계급적 정치적 예속"[『민중종교와 기독교』 1. 31]이라고 말해진다. 앙시앵 레짐에서 대중의 미신 은 사제와 전제군주의 지배와 결합됨으로써 "오류의 나라"[『정신현상학』 3. 401]를 형성하게 된다.

미신으로부터의 벗어남은 근대에 "계몽의 미신과 의 투쟁"[같은 책 3. 400]에 의해서 이루어진다. 미신의 신비성은 유한한 것을 유한한 것에 의해서 설명하는 지성적인 계몽에 의해서 타파된다. "모든 미신은 자연 법칙의 지식에 의해서 퇴색된다"[『철학사』 19. 319]. 이러한 탈미신화의 전형은 프랑스 혁명과 종교개혁이 다. 미신으로부터의 벗어남은 예속적인 정치체제의 타파를 초래함과 동시에 참으로 인간의 내면적 주관에 입각한 종교를 가져온다. ⇒계몽

―히구라시 마사오(日暮雅夫)

미키 기요시 [三木 淸 1897(메이지39). 1. 5-1945(쇼와20). 9. 26]

효고 현에서 태어나 1921년에 교토 제국 대학 철학과 를 졸업. 22-25년 독일과 프랑스에 유학. 처녀작 『파스 칼에서의 인간의 연구』(26)는 유학의 소산. 귀국 후 마르크스주의 연구를 개시하고, 참신한 유물사관 해석 을 제시. 28년 『유물사관과 현대의 의식』을 간행. 또한 하니 고로(羽仁五郎 1901-83)와 잡지 『신흥과학의 깃발 아래』를 발행. 30년 공산당 동조자로서 검거되고, 동시 에 이른바 정통파 마르크스주의자로부터 비판되어 배제된다. 31년 국제헤겔연맹 일본지부 간행 『헤겔과 헤겔주의』에 「변증법의 존재론적 해명」을 발표 32년 『역사철학』 간행. 33년 나치스의 독재에 항의하여 '학

예자유동맹'을 결성. 이후 동서의 파시즘에 항거하여 휴머니즘의 입장에서 다채로운 평론 활동을 계속한다. 38-40년 '쇼와연구회'의 문화 부문의 책임자로서 '협동주의'의 철학적 기초짓기, 동아협동체의 구상을 위해 노력. 한편 37년 이후 신화, 제도, 기술, 경험과 『구상력의 논리』를 계속해서 쓴다. 패전의 해, 치안유지법으로 검거되어 투옥. 유고 '친란(親鸞)'이 남아 있다. ⇒일본의 헤겔 연구

―미야가와 도오루(宮川 透)

미타 세키스케見田石介 ⇨ 아마카스(미타) 세키스케

미학 · 예술美學 · 藝術 [Ästhetik, Kunst]

헤겔 미학은 '아름다운 예술의 철학'을 의미한다[『미학』 13. 13]. (1) 그것은 바움가르텐(Alexander Gottlieb Baumgarten 1714-62)의 '감각의 학'이 아니라 예술의 형이상학이다. (2) 또한 피셔(Friedrich Theodor Vischer 1807. 6. 30-87. 9. 14)가 뒤에 시정했지만, 전통적인 미학의 주요 대상이었던 자연미를 그 고찰로부터 배제했다. (3) 그리고 예술을 '아름다운'으로 한정함으로써 미의 영역을 제한함과 더불어 제자인 로젠크란츠가 성취했듯이 미의 개념을 추 등도 포함하는 것으로 확대하고 있다. 그때 예술은 자기의식을 본질로 하는 인간이 모든 것을 대자적으로 하고자 하는 "절대적 요구"로부터 나오는 것으로 되며[같은 책 13. 50f.], 그 내용 및 과제는 종교 및 철학과 공통적으로 이념(절대자, 진리)을 의식에로 가져오는 것이다. 그러나 그를 위한 형식, 수단으로서 예술은 종교의 표상, 철학의 개념에 대해 "감성적 직관"을 사용한다[같은 책 13. 20f., 139f.]. 이리하여 예술은 "절대재[이념] 그 자체의 감성적 묘사'이다[같은 책 13. 100].

헤겔은 (1) 우선 이념과 형태의 완성된 통일을 '이상'(Ideal)으로서 고찰한다[같은 책 13. 105]. (2) 다음으로 예술사를 이상 달성 이전의 오리엔트의 상징적 예술로부터 그것의 달성으로서의 그리스의 고전적 예술, 그리고 그 달성 이후의 기독교의 낭만적 예술이라는 "세계관의 역사"[Gadamer (1960)]로서 구성한다[같은 책 13. 107ff.]. (3) 그리고 마지막으로 감성적 소재의 정신화를 원리로 하여 개별적 예술들의 체계를 시도한다. 그때 헤겔은 건축에는 상징적 예술을, 조각에는 고전적 예술을, 회화, 음악, 포에지에는 낭만적 예술을 그 근본유형으로서 대응시킨다[같은 책 13. 114ff.]. 이리하여 헤겔 미학은 예술의 형이상학과 예술의 역사성을 체계적으로 종합하고, 예술을 역사적인 진리경험의 한 방식으로서 파악한다.

그러나 그의 미학은 그 예술 규정에 기초하여 동시에 예술의 종말(과거성) 테제를 내걸어 예술 그 자체를 지양한다. "예술제작과 그 작품의 고유한 방식은 우리의 최고의 요구를 이미 채우지 못한다", "이 모든 관계들에서 예술은 그 최고의 사명의 측면에 따르면 우리에게 있어 과거의 것이다"[같은 책 13. 24f.]. 요컨대 헤겔은 이념의 묘사라는 예술의 '최고의 사명'이 감성적 묘사라는 '고유의 방식'으로 인해 자기의식과 반성의 시대에 있는 '우리에게 있어' 과거의 것으로 되었다고 주장하는 것이다. 예술의 해소는 '예술의 완성'에 도달한 고전적 예술을 넘어선 낭만적 예술에서 이미 시작되었지만, 특히 그 붕괴현상으로 간주되는 것은 17세기 네덜란드의 회화와 당시 독일의 해학 예술, 또한 근대적 에포스로서의 소설과 근대 비극에서의 실체적 세계관의 결여이다. 그러나 다른 한편 헤겔은 일정한 세계관에서 해방된 현대에 대해 예술의 무한한 가능성을 인정하고 "인간적인 것(Humanus)"이 그 예술의 "새로운 성스러운 것"으로 될 것이라고 예언한다[같은 책 14. 127, 237].

【참】 Baumgarten (1750/58), Vischer (1846-57), Rosenkranz (1853), Gadamer (1960)

―시카야 다이코(四日谷敬子)

미헬레트 ⇨ 미슐레

민법民法 [Zivilrecht]

헤겔의 법의 세계는 자유로운 의지의 직접적, 개별

적 존재로서의 인격(Person)과 그 인격이 자신의 의지를 외적인 사물(Sache)에 집어넣어 사물을 자기의 지배력에 포섭함으로써 성립하는 소유(Eigentum)로부터 전개된다. 인격이 자신의 자유에 대해서 부여한 현존재가 소유이며, 그런 의미에서 "소유야말로 자유의 첫 번째 현존재로서 본질적인 목적 그 자체"이다『법철학』 45절]. 그런데 이러한 인격성과 소유의 영역이 타인에 의해서 훼손되는 두 가지 경우가 생각된다. 나의 인격성은 인정되지만 소유가 부정되는 경우와 나의 인격성 그 자체가 부정되고 나의 신체와 생명이 훼손되는 경우이다. 달리 말하면, 어떤 특수한 권리(besonderes Recht)가 훼손되는 경우와 인격성이라는 보편적 권리(allgemeines Recht), '권리로서의 권리'가 훼손되는 경우이다. 전자가 민법(Zivilrecht)의 대상이고, 후자가 범죄법(Kriminalrecht)의 대상이다. 각각 bürgerliches Recht(시민법), peinliches Recht(형법)라고도 불린다. 판단형식에서 말하면, 민법의 대상은 특수한 규정만이 부정되는 부정판단이며, 형법의 그것은 보편적인 것이 부정되는 무한판단이다『뉘른베르크 저작집』 4. 242].

—요네나가 마사히코(米永政彦)

민족民族 ⇨국민(민족)

민족정신(국민정신)民族精神(國民精神) [Volksgeist]

오늘날 「민족종교(국민종교, 민중종교)와 기독교」라는 제목의 청년 헤겔의 유고 속에서 이미 이 말이 발견된다. 거기서는 민족정신을 함양하는 것으로서 그 아버지는 시대, 역사이고, 어머니는 정치, 국헌이며, 산파이자 유모는 예술을 조력자로 하는 종교라고 말하고 있다[1. 42]. 여기서 민족정신은 헤겔에게 있어 고유한 역사적 생활 통일체인 민족 속에서 활동하고 특히 언어, 풍속, 습관, 법률, 민예, 종교, 나아가 민족의 역사 속에서 외화되는 창조적 전체 정신을 의미한다고 말할 수 있을 것이다. 민족정신이라는 말은 이미 몽테스키외의 "esprit de la nation"이라는 표현에서 발견되지만,

거기서는 창조적 정신의 의미보다도 그 아래에서 민족이 살아가는 역사적 사건과 자연환경의 소산이라는 의미가 강하다. 독일에서는 헤르더가 "Genius eines Volks"에 관해 말했는데, 그것은 민족에 고유한 것으로서 무의식적으로 활동하는 유기적 형성력을 의미했다. 그 후 이 말은 독일에서는 낭만주의자와 사비니 등의 역사학파에 의해서도 널리 사용되었다. 이러한 배경으로서는 독일이 30년 전쟁 이후 300여개의 영방국가들로 나누어지고, 당시 이러한 분열을 극복하여 독일 국가를 재생시키는 것이 영방국가의 절대주의 체제를 타파하여 민중의 민주적 해방을 도모하는 것과 함께 독일 지식인과 청년학생의 공통된 원망이었던 것을 들 수 있을 것이다. 헤겔이 자기 사색의 체계화를 꾀할 때 민족정신은 객관적 정신으로서 공동생활의 유대로서 활동함과 동시에[『법철학』156절], 세계사가 세계정신의 왕좌를 둘러싸고 서로 어깨를 나란히 하는 민족정신들의 교체에 의해서 꾸며질 때 민족정신은 또한 세계사를 꿰뚫는 세계정신의 계기로서 활동하는 것으로서 위치지어진다[같은 책 352절]. ⇒국민(민족), 몽테스키외, 헤르더, 사비니

—고즈마 타다시(上妻精)

민족종교民族宗敎 ⇨민중종교

민주정체(민주정치)民主政體(民主政治) ⇨정체

민중종교民衆宗敎 [Volksreligion]

청년 헤겔이 스스로의 사상의 초석을 놓기 위해 고투하고 있을 때 그의 최대의 관심사는 독일 민중을 참으로 생동하게 통일하는 민중종교가 어떻게 해서 발생될 수 있을까 하는 문제였다. 그가 추구하는 종교는 사적 종교(Privatreligion)가 아니라 공적 종교(Öffentliche Religion)로서 민족의 신념을 형성하고 그 정신을 고양시키며 순화해야만 하는 것이었다. 나아가 머릿속에서 정리되고 체계화된 객체적 종교(objektive Religion)가 아니라 감정과 행위 속에서만 표현되는 주체적 종교(subjektive Religion)이어야만 했다. 이러한 기준에 비추어 독일의 현실이었던 기독교가 비판되되 특히 그 실정성이 비판되며, 그 실정성의 기원을 탐구하여 원시기독교의 정신도 비판적으로 검토된다. 청년 헤겔에 의해서 참된 민중종교의 재건으로서 추구된 과제는 형태를 바꾸어 타자를 자기 내에 포함하고 공동체적 지평을 지닌 '정신'의 자각과 전개의 문제로서 생애에 걸쳐 계속해서 추구된다. ⇒루소

【참】 Lukács (1948a), Peperzak (1960), Harris (1972)

―가타야나기 에이치(片柳榮一)

밀도密度 [Dichtigkeit]

밀도란 물질의 비중, 즉 "체적에 대한 질량의 무게의 비"[『엔치클로페디(제3판) 자연철학』 293절]로서 정의되고 있다. 요컨대 같은 체적에 대해서 질량의 무게가 크면 밀도는 높고, 작으면 밀도는 낮은 것이다. 물질은 이러한 밀도의 차이에 의해서 서로 성질을 달리 하게 된다. 헤겔에 따르면 물질의 밀도의 차이는 종래에 '기공(Poren) 가설'에 의해서 설명되어 왔지만, 그것은 '공허한 간격'을 가상한 것으로서 실증적으로 제시되는 것이 아니다. 밀도를 '외연량'에서 규정하는 이러한 가설에 대해 헤겔은 물질 그 자체에 밀도가 내재하고 있다는 식으로 '내포량'의 관점에서 밀도를 물질의 "특수한 자기 내 존재(Insichsein)"[같은 책 293절]라고 하고 있다. 물질적인 매체가 그 밀도의 다름에 의해서 성질을 달리 한다는 것은 예를 들면 공기와 물과 같이 다른 밀도를 지닌 매체를 통과하는 빛이 굴절되는 것에 의해서 확인될 수 있다. ⇒다공성

―이사카 세이시(伊坂靑司)

바다 [Meer]

지구의 생명은 바다에서 생겨났다. "바다는 언제나 생명이 될 수 있는 살아 있는 과정이다. 바다는 생명의 모든 계기를 포함하기 때문이다"[『예나 체계 Ⅲ』 GW 8. 112]. 생명의 생성은 바다에서 시작되며, 광물, 식물, 동물이라는 순서로 진행된다. ―다른 한편 바다는 역사에서의 지리적인 환경이기도 하다. "바다는 우리에게 무규정, 무제약, 무한한 것의 표상을 준다. 인간이 스스로가 이 무한한 것 속에 있다고 느낄 때 그것은 제약을 넘어설 용기를 인간에게 준다. 바다는 인간을 정복과 약탈로 유혹하지만, 영리와 해야 할 일로 향하게끔 하기도 한다. 육지와 평지는 인간을 대지에 고정시키며, 그리하여 인간은 끝없는 궁핍함을 맛보게 된다. 그러나 바다는 인간으로 하여금 이러한 제약된 세계를 넘어서게 한다". 바다에 떠다니는 배야말로 "그 발명이 인간의 대담함과 지혜에 최대의 명예를 안겨주는 발명"이다. 그리스 인은 그러한 바다를 환경으로 하여 활약한 민족이었다[『역사철학』 12. 118].

―하라사키 미치히코(原崎道彦)

바더 [(Benedikt) Franz Xaver von Baader 1765. 3. 27-1841. 5. 23]

뵈메와 셸링 등의 영향 아래 신비주의 사상을 전개한 가톨릭 신학자, 철학자, 뮌헨 대학 명예교수. 1822년 러시아 여행 때 베를린의 헤겔을 방문했다. 예나 시기에 씌어진 「신적 삼각형의 단편」[2. 534]에서 헤겔은 삼위일체성을 기하학적인 표상에 기초하여 해명하고자 하고 있지만, 로젠크란츠는 이 기하학적인 표상의 수단이 바더의 저작 『자연에서의 피타고라스 사각형에 관하여』(Über das pythagoreische Quadrat in der Natur, 1798)의 영향에 의한 것임을 지적하고 있다. 기하학적인 표상 형식이 순수 사유의 형식에 적합하지 않다고 하는 점에서는 바더와 선을 긋고 있으면서도 헤겔은 바더의 신비적 지식(그노시스)을 『엔치클로페디』 제2판에 붙인 서문(1827)에서 높이 평가하고 있다. 이 서문에서 헤겔은 신학과 철학의 관계를 다루어 심정적인 신앙을 강조하고 철학을 비판하는 편협한 종교에 대해서 참된 종교도 객관적인 내용을 지닌다는 점에서 철학과 공통적이라고 변명하고, 종교도 이성적인 이론이 필요하다고 말하는 바더의 문장[8. 27]을 인용하고 있다. 바더의 특별한 공적으로서 헤겔이 인정하는 것은 과거의 종교와 철학과 예술 안에서 보이는 가장 숭고한 것, 심오한 것, 내면적인 것에 관해 "계속해서 그와 같은 형식들을 상기시켰을 뿐만 아니라, 그 형식들로부터 철학적 이념을 드러내고 확증함으로써 심오한 사변적 정신을 가지고서 그 형식들의 실질에 분명히 학문적 영예를 안겨주었다"[같은 책 8. 28]는 점이다. 헤겔은 뵈메의 신비사상의 영향을 받은 바더의 그노시스가 "철학적 관심을 불붙이고 촉진시키는 고유한 방식이다. 요컨대 그것은 천박한 계몽주의의 내용 없는 황량함에 안주하거나 그저 강렬하게만 머무르고자 하는 경건함에 대립하는 것이다"[같은 책 8. 29]라고 말하며 종교적 내용의 이성적 이해에 대한 강한 관심을 인정함과 동시에 바더 자신이 그 그노시스를 "인식의 유일한 방법이라고는 결코 생각하지 않는다"[같은 곳]는 점에서 식견의 높이를 인정하기도 한다. 헤겔은 그노시스에서 심오한 내용을 인정하면서도 학문은 어디까지나 개념에 기초해야만 한다고 주장하는 것이다. ⇒그노시스

―기쿠치 에이요시(菊地惠善)

바르딜리 [Christoph Gottfried Bardili 1761. 5. 28-1808. 6. 5]

헤겔이 튀빙겐 신학교에 재학 중 보습교사를 맡은 적도 있는 바르딜리는 『제1논리학 강요(*Grundriß der ersten Logik*, 1800; 실제 출판년도는 1799년)』에서 칸트 이후의 초월론철학을 신랄한 어조로 비난했다. 그에 따르면 "종래의 논리학 일반, 특히 칸트의 [초월론적] 논리학의 오류"는 순수 사유, 즉 "사유로서의 사유"를 "단순한 주관성"의 형식하에서 파악하고, 그에 의해 논리학을 주관적인 것으로 삼은 것에 있다. 그에 대해 그는 순수하게 논리적인 것의 초주관적 자기존재성・자율성을 주장한다('논리적 실재론'). 논리적인 것의 유일한 본래적 권역을 형성하는 "사유로서의 사유"의 내적 특성은 "A를 A 안에서 A에 의해 A로서" 무한히 반복가능하다는 의미에서의 순수한 동일성에 있다. 사유의 순수 형식으로서의 이 동일성에는 어떠한 구별이나 대립도 포함되어 있지 않다.

이러한 순수 사유와 "소재에 대한 사유의 적용"은 엄밀하게 구별되어야만 한다. "적용"이란 순수사유 A에, 이것에 외재적인 소재 C가 "플러스"되는 것이다. 그때 "소재로서의 소재"(질량으로서의 질량)는 "사유 안에서 사유에 의해 무화되고", 무화될 수 없는 "소재의 형삭"만이 사유의 형식과 통합된다. 소재의 형식이 "현실성=B", 사유의 형식이 "가능성=-B"로 표기되며, 이리하여 "적용"의 성과인 인식에서 "(A+C)에 의해서 대상 B-B가 생긴다".

논리적인 것의 존재론화를 지향하고 순수 사유의 자족・자존성을 이야기하는 바르딜리의 이론은 '적용'에서 인정되는 사유와 소재의 이원론에 휘말려 있다. 『차이 논문』은 바르딜리—및 그를 지지한 라인홀트—에 의한 "철학의 논리학적 환원"의 시도, 특히 그 전제로서의 사유(단일성)와 소재(다양성)의 "극복 불가능한" 이원론 및 "적용이라는 빈약한 종합"의 방법 [2. 40, 131]을 비판하고 있다.

【참】Karsch (1925), Zahn (1965)

―다바타 노부히로(田端信廣)

바우어 형제―兄弟 [Bruno Bauer 1809. 9. 6-82. 4. 13; Edger Bauer 1820-86]

모두 헤겔 좌파의 중심인물. 형 바우어의 자기의식의 철학은 한 시기의 마르크스에게 지대한 영향을 준다. 브루노 바우어는 베를린 대학에서 신학을 공부하고 칸트 미학에 관한 논문(1829)으로 상을 받았는데, 그것은 헤겔의 강력한 추천에 의한 것이었다. 그는 슈트라우스의 『예수의 생애』(1835, 36)에 대해 헤겔학파를 대표하는 형태로 비판적 논평을 내놓았으며, 슈트라우스에 의해서 헤겔 우파로서 위치지어졌다[『논쟁집』 1837]. 헤겔학파의 신학자 마르하이네케의 후계자로 지목되고 헤겔 『종교철학』 제2판의 실질적 편집자가 되었지만(1839), 또 한 사람의 은사인 헹스텐베르크(Ernst Wilhelm Hengstenberg 1802-69) 비판을 계기로 본 대학으로 옮기고 거기서 일변하여 복음서, 교회, 신학에 대한 철저한 비판을 전개하기에 이른다. 이 시기의 작품인 『공관복음서 이야기 비판』(1841, 42)에 따르면 복음서의 이야기는 역사적 사실이 아니라 인류사에서의 자기의식의 특정한 발전단계의 소산에 지나지 않는다. 그것은 슈트라우스가 말하는 것과 같은, '교단' 안에서 '무의식적'으로 성립한 '신화'가 아니라 '복음서 기자'에 의한 '고의적인 작성'이자 자기의식의 '소외'의 완성인 것이다. 이러한 무신론적・반프로이센국가적인 저작이 계기가 되어 그는 본 대학에서 해고되지만(1842), 동생 에드가는 『브루노 바우어와 그의 적』(1842)에서 이에 항의하고, 나아가 『비판과 교회 및 국가의 투쟁』(1844)에서 혁명을 호소하여 정부와 충돌한다. 이제 슈트라우스 이상으로 급진적 좌파로서 등장한 형 바우어는 『무신론자이자 반기독교인인 헤겔을 재판하는 최후의 심판 나팔』(1841)에서 헤겔 철학을 "무신론과 혁명과 공화주의"로 준엄하게 책망하고, 『폭로된 기독교』(1843)에서도 격렬하게 기독교를 공격한다. 기독교 비판은 그 후에도 계속 수행되지만, 그 후 그는 대중멸시론, 반사회주의, 반유대, 반슬라브 입장을 취하는 가운데 정치적으로 보수화되어 간다. ⇒헤겔학파, 기독교, 자기의식

【참】Bauer, B (1968), Barnikol (1972), 良知力 (1974), Lämmermann (1979), Garmby (1985), 大井正 (1985), 良知力・廣松渉 (1986-87)

—우부카타 쓰구루(生方 卓)

바쿠스 ⇨진리

반발력反發力 ⇨견인력과 반발력

반복가능성反復可能性 [Wiederholbarkeit]

"사유의 절대적인 가능성은 우리가 전적으로 동일한 것으로서의 하나의 것을 여러 것에서 무한히 반복 가능하다는 것에 존립한다"[『제1논리학 요강』4절]고 말한 것은 바르딜리이다. 즉 바르딜리에 따르면 "단위(또는 통일)로서의 A를 A, A, A, ……"라는 식으로 "여러 것에서", "무한히 반복 가능하다는 것" 또는 <한없이 반복하는 것>, 이것이야말로 "사유하는 것"이며[같은 책 7절], 또한 "A가 무한히 반복 가능하다는 것에서 A를 C 속에서도 설정할 수 있는 것", 바로 이것이 "A에 의해서 C를 파악하는 것, 또는 인식하는 것"이다[같은 책 8절].

그러나 헤겔은 '사유'와 '인식'을 이와 같이 '동일한 것'의 '반복가능성'이라고 파악하는 바르딜리의 견해에 대해서 근본적인 다름을 주장한다. 즉 헤겔에 따르면 "단순한 지성에서 A=B는 제1명제[A=A] 이상의 아무것도 언급하지 않는다. 즉 지성은 A가 B로서 설정되는 것을 단지 A의 반복으로서만 파악하는 것이다. 요컨대 지성은 오로지 동일성만을 고집하고, A가 B로서, 또는 B 속에서 설정되어 반복됨으로써 다른 것, 비-A가 설정되어 있다는 것, 나아가 이것이 A로서, 즉 비-A로서의 A로서 설정되어 있다는 것을 사상하는 것이다"[『차이 논문』 2. 39].

헤겔에게 있어 결정적으로 중요했던 것은 '동일성'이 언제나 그 속에 '비동일성'을 포함하고 있다는 것, 따라서 '지성'의 사유가 아니라 참된 사유인 '이성'의 사유는 '동일한 것'의 '반복가능성'에서가 아니라 '동일성'과 '비동일성'의 통일, 결국 "동일성과 비동일성의 동일성"[같은 책 2. 96]에서 행해지는 것이라는 것이

다. ⇒동일성, 바르딜리

—다카야마 마모루(高山 守)

반성反省 [Reflexion]

Ⅰ. 반성의 어원에 해당하는 'reflexio'는 빛의 반사(반조)를 의미했다. 한 점에서 나온 광선이 거울 표면에 부딪쳐 되돌아오는 운동을 모델로 하여 상관관계에 있는 것의 관계구조가 파악될 때 반성 개념이 적용된다. 아버지는 아들과의 관계를 떠나서는 있을 수 없으며, 그 개념은 아들의 개념을 향해 그로부터 귀환하는 형태에서만 파악된다. 이런 의미에서 반성은 관계와 같은 뜻으로 사용되는 경우가 있다[『엔치클로페디(제3판) 논리학』 65절].

그것은 또한 의식에 적용되어 의식의 지향성이 자기 자신을 향하는 작용을 나타내게 된다. 대상을 향하는 직지향(intentio recta)이 자기로 반전되는(sich zurückbeugen) 곡지향(intentio obliqua)을 보이는 것이다. 그에 의해 넓은 의미의 심적 체험, 의식의 활동, 체험하고 사유하는 주관, 자아, 주관의 사유형식, 주관·객관의 관계, 주관의 이론적 실천적 행동의 법칙, 주관의 활동의 목표와 규범 등이 대상화되게 된다. 그것과 더불어 의식은 자기의식이 된다.

반성이 직지향의 반전을 의미하는 이상, 그에 의해 생기는 자기의식은 당초의 대상에 대해 대립하게 된다. 또한 심적 체험을 자각적으로 대상화하고자 하면 체험 내용을 구별하고 분리하면서 주시하는 것이 필요로 된다. 이리하여 반성은 대립, 구별, 분리의 작용을 포함한다. 그러나 그와 같은 주시는 구별의 전제로서 구별되어야만 하는 것의 비교를 포함하며, 비교 시점의 설정을 요구할 뿐 아니라 대상을 전체를 바라보는 종합적 기능도 수행해야만 한다. 칸트가 볼프학파로부터 계승한 반성 개념이 비교(Comparation)와 사상(Abstraktion)과 결합된 논리적 기능의 하나로 되고, 또한 비교와 같은 뜻으로 사용되는 것은 그 때문이다[『순수이성비판』 A 262, B 318].

Ⅱ. 초기 헤겔에서 반성은 오로지 구별하고 분리하며 구별된 것을 고정하는 기능으로서 파악된다. 또한

자기 내 반성(die Reflexion in sich)이라고 말하면, 그것은 추상적이고 고립적인 주관에 틀어박혀 있는 것을 의미한다. 그런 의미에서 그것은 지성(Verstand)과 같은 뜻으로 사용된다. 그리고 직관과 감정의 종합적인 활동보다 못한 것으로 되어 이것들에 의해 극복되어야만 할 것으로 간주되는 것이다.

그러나 1800년을 경계로 하여 종교중심의 연구로부터 철학으로 전환한 헤겔에서는 반성을 방법으로 하는 철학체계의 구축이 과제로 되며, 그에 따라 직관과 반성의 관계가 변화한다. 그와 더불어 또한 반성은 종래의 구별의 기능에 머무를 수 없으며, 구별 그 자체의 근거를 넘어설 것을 요구받는다. 반성에 의해 지배되고, 유한성과 무한성을 대립시키며, 유한한 것의 세계에 침잠하여 참된 절대자를 피안에서 바라보는 자세를 공유하는 반성철학(Reflexionsphilosophie)을 비판하여 초극하는 과제가 생겨나는 것이다. 이리하여 반성은 자기가 일단 정립한 것을 부정하는 자기부정 내지 자기파괴의 계명을 부여받게 된다.

그러나 이러한 과제의 수행은 처음에는 정립에 대해 반정립을 병치시키는 이율배반의 정립에 머무르며, 참된 종합은 직관에 의한 보완을 필요로 했다『차이논문』 2. 41]. 이에 대해 반성을 참으로 방법의 지위로 고양시키고자 하면, 반사 내지 자기 내 귀환으로서의 반성의 종합적인 의미를 적극적으로 되살려 서로 대립하는 양극을 결합하는 운동으로서 파악하는 것이 필요하다. 그에 의해 반성은 하나의 규정이 그에 대립하는 규정을 포함하며 "그 자신의 반대"라는 구조를 표현하게 된다『예나 체계 Ⅱ』 GW 7. 34]. 그리고 "타자존재 속에 있으면서 자기 자신 곁에 있다"고 하는 절대자가 반성의 개념에 의해서 기술되게 되는 것이다. 즉 절대자는 "타자존재 속에서 자기 자신에게로 반성하는 것(die Reflexion im Anderssein in sich selbst)", "자기를 자기 자신 속에서 반성하는 운동(die Bewegung des sich in sich selbst Reflektierens)"에 다름 아닌 것이다『정신현상학』 3. 23, 26].

Ⅲ. 반성이 절대자의 운동구조를 표현해야만 한다면, 그것의 방법적·체계적 의의를 주제적으로 고찰할 것이 요구된다. 『논리학』에서 반성은 존재론의 이

행(Übergang), 개념론의 발전(Entwicklung)과 더불어 위에서 말한 관계(Verhältnis)의 의미를 섭취하여 본질론의 원리로 되지만, 또한 논리학 전체를 관통하는 방법적 개념으로서도 평가된다.

무매개인 동시에 무규정적인 시원의 존재는 규정(한정)에 빠지며, 이 규정은 다시 지양되어 단순하고 무차별적인 것으로 되돌아오지만, 이와 같은 존재의 운동을 자기정립과 그 지양으로서 제시하는 것이 다름 아닌 본질이다. 본질은 이런 의미에서 존재의 진리이다. 그것은 직접적 존재에 대해서 내적 존재(das innerliche Sein)라고도 칭해진다『철학적 예비학』 4. 165]. 그리고 이러한 운동이 자기 내 귀환으로서의 반성인 것이다. 그것은 또한 외화(Entäußerung)와 내화(Erinnerung)의 이중적인 가현으로서도 이해된다.

따라서 반성은 우선 자기를 정립하고자 하는 '정립하는 반성(die setzende Reflexion)'이다. 그러나 정립작용은 피정립존재를 낳을 뿐이어서 본질을 그 직접성에서 파악할 수 없게 된다. 그것은 정립한 것을 그때마다 지양해야만 한다. 그러나 지양에 의해서 도달되는 것도 피정립존재인 이상 반성은 지양되어야만 하는 것, 회귀가 그로부터 개시되어야만 하는 기점을 미리 정립하고 있는 데 불과하다('전제하는 반성(die voraussetzende Reflexion)'). 따라서 반성은 그 정립작용 그 자체를 부정할 수밖에 없다. 그럼에도 불구하고 반성이 정지하게 되면 정립된 것은 직접적인 소여라는 외양을 지니게 되고, 반성은 그에 대해 '외적 반성(die äußere Reflexion)'으로 된다. 그렇지만 직접적 소여로 보이는 것은 본래 정립작용에 의해서 생긴 것이며, 반성의 규정들(die Reflexionsbestimmungen) 내지 본질규정성들(die Wesenheiten)에 다름 아니다. 반성은 직접적인 것에 대해서 내재적이며, 규정들을 자기의 규정으로서 다시 파악하는 '규정하는 반성(die bestimmende Reflexion)'으로서 존재하게 된다『논리의 학』 6. 25-35].

Ⅳ. 그런데 존재의 모든 규정을 지양한 본질은 단순한 자기동일성(Identität)이다. 그러나 그것을 A=A라는 형식에서 동일적 언명에 의해 표명하고자 하게 되면 그것은 상이성과 구별을 사상한 추상적 동일성으로 규정되며, 그 자신이 구별된 것이 된다. 이리하여 앞의 동일성으로부터 구별(Unterschied)이 생겨나는 것이다.

그러나 구별은 본래 그것이 그로부터 구별된 것과의 상호관계에서만 의미를 지닌다. 그런 의미에서 구별은 자기를 지양하고 있으며, 동일성으로 귀환해야만 하는 것으로서 있다. 이와 같은 자기지양적인 구별이 절대적 구별(der absolute Unterschied)이다. 그럼에도 불구하고 이러한 상관성이 놓쳐지게 되면, 구별된 것은 서로 무관심하게 되고 단지 서로 다를 뿐이다('상이성(Verschiedenheit)'). 그것들은 동등함(Gleichheit), 부등함(Ungleichheit)의 관점에 의해서 외재적으로 비교되는 데 불과하다. 그렇지만 동등한 것들은 무언가의 의미에서 부등하며, 부등한 것들은 무언가의 의미에서 동등한 것이고, 동등함과 부등함은 대립하면서 다른 편을 자기의 계기로 하고 있다. 이와 같이 대립자가 그 반대자와 불가분의 관계에서 존재하는 방식이 '대립(Gegensatz)'이다.

대립의 항은 반대자를 자기의 계기로 하고 있는 한에서 그것 자신이 전체이다. 그로부터 각각이 자립적이라는 겉모습이 생겨난다. 그러나 각각이 타자를 배척하여 말소하게 되면 자기 자신의 존립을 부정하게 된다. 각각은 자립적이고자 함으로써 자립성을 상실하는 '모순(Widerspruch)'을 드러내는 것이다. 그리고 이러한 모순으로 인해 몰락하여(zu Grunde gehen) 영(Null)으로 돌아간다. 그렇지만 이러한 영은 대립항의 완전한 소멸을 의미하는 것이 아니라 대립항이 타자와의 관계를 근거(Grund)로 하여 성립한다는 것의 개시에 다름 아니다. 구별에서 나오는 대립은 부정적 과정을 거쳐 근거인 동일성으로 회귀하는 것이다[같은 책 6. 38-80].

Ⅴ. 동일성-구별-모순-근거라는 반성규정들의 전개에는 자기를 부정하고 이 부정을 부정하여 자기를 회복하는 절대적 이념의 운동이 대응한다. 후자는 반성규정들의 전개를 통해 이해되는 것이다. 그리고 절대자가 자기를 분열시켜 그로부터 자기를 회복하는 과정을 파악하는 활동이 다름 아닌 사변(Spekulation)이라고 한다면, 사변의 실질을 이루는 것은 반성이라고 말할 수 있으며, 반성은 본질론의 틀을 넘어서『논리학』전체의 원리이자 체계형성의 원리로 간주되게 된다.

반성은 자기정립을 둘러싸고 분열에 빠지지만, 이 분열을 극복하여 자기를 회복하는 운동이다. 그런 의미에서 그것은 분석(대립)과 종합(통일)이라는 양면을 갖추고 있는 것인바, 헤겔 이전의 반성개념 속에서 보이는 두 기능이 되살아나고 있다고 인정할 수 있을 것이다. 바로 이와 같은 반성의 활동에 의해서 헤겔은 칸트 이래의 독일 철학의 과제를 달성하고, 분열적·일면적인 철학체계에 대해 이것을 극복하는 포괄적인 철학을 구상할 수 있었던 것이다. ⇒관계, 자기의식, 지성, 직관, 사변

【참】Henrich (1967, 1978b), 山口祐弘 (1991)

―야마구치 마사히로(山口祐弘)

반성철학 反省哲學 [Reflexionsphilosophie]

헤겔은『신앙과 지식』(1802)에서 칸트, 야코비, 피히테 철학을 일괄하여 '주관성의 반성철학'이라는 말로 부르고 있다. 그 특징은 (1) 지성적 사유 내지 반성의 입장에 서서 유한한 것, 경험적인 것을 절대적인 것이라고 하는 점, (2) 그리고 그것에 직접 대립하는 것으로서, 따라서 그 자신이 제약된 것으로서 무한한 것을 세우는 점, (3) 나아가 이 대립을 넘어서서 절대적인 것, 영원한 것을 피안에 정립하고 그 공허한 넓이를 동경과 예감의 주관성으로 채우는 점에 있다[2. 289, 294f.]. 헤겔에 따르면 칸트, 야코비, 피히테의 철학은 이상과 같은 공통적인 특징을 지니는 반성철학의 원리적으로 가능한 형식 전체를 남김없이 보여주고 있다. 즉 칸트의 철학은 반성철학의 객관적 측면을, 야코비의 철학은 그 주관적 측면을 대표하고 있으며, 피히테의 철학은 양 측면의 종합이라고 생각되는 것이다[2. 296]. ⇒칸트, 야코비, 피히테

―후지타 마사카쓰(藤田正勝)

반작용 反作用 ⇨ 교호작용

반조 反照 ⇨ 반성

발전發展 [Entwicklung]

"무기적 자연에 '발전'은 없다. 생명체에서는 '발전'의 맹아형태가 보이지만, 본래의 의미에서 '발전'이라고 말할 수 있는 것은 정신의 세계에서뿐이다"라고 헤겔은 말한다『역사철학』12. 74f.]. '발전'이 단순한 생성·변화와 다른 것은 좀더 고차적인 것으로 향하는 방향성을 지니고 있다는 점이다. '발전'에는 '목표·목적'이 있다. 자연의 변화는 확실히 무한히 다양하지만, 원리적으로는 단조로운 반복·순환에 불과하다. 거기서는 '목적'을 지향한 높아짐은 보이지 않는다. 그러면 '발전'이라는 고차적인 운동을 시동시키는 '목적'이란 무엇일까?

Ⅰ. 자기실현. 헤겔은 아리스토텔레스의 '뒤나미스(가능태)'와 '에네르게이아(현실태)'라는 표현을 사용하여 '발전'의 개념을 설명한다『철학사』18. 39]. 식물의 배아에는 가지, 잎, 꽃, 열매 등 나중에 나타나는 형태 모두가 가능성으로서 포함되어 있다. 확실히 식물의 성장은 그러한 가능성의 자기실현이다. 요컨대 '발전'의 '목적'이란 어딘가 외부에 공상적인 이상으로서 빛나고 있는 것이 아니라 자기 내에 잠재하고 있는 것(뒤나미스), 즉 유적 본질·보편성이며, '발전'이란 그것의 온전한 실현(에네르게이아)을 지향하는 동적인 과정이다. 자기와는 다른 것으로 되는 것이 아니라 자기실현이라는 '자기'의 지평에서의 활동이라는 점이 중요하다. 『논리학』에서 개념의 운동이 '정신'의 지평인 '개념'론에서야 비로소 '발전'이라고 불리는 것은 이 때문이다『엔치클로페디(제3판) 논리학』161절].

Ⅱ. 대립과 보편성. 헤겔에 따르면 생명체의 활동은 두 가지 점에서 정신 활동의 풍부함에 도달할 수 없다. 생명체의 성장은 정신의 '발전'과 같은 '대립, 투쟁'[『역사철학』12. 76]을 포함하고 있지 않다. 대립·투쟁이야말로 정신의 힘의 위대함과 깊이를 기른다. "[정신의] 힘은 자기를 부정하는 것에서 자신을 보존하는 것에서만 존재한다"[『미학』13. 234]는 것이다. 또한 생명체의 성장의 성과인 보편성은 다른 개체(자식)의 산출이며, 해당 개체에 계승되지 않는다. 그에 반해 정신의 세계에서는 개별자의 활동이 공동체의 성과로

서 그대로 보편성을 획득할 수 있다.

Ⅲ. 인식의 발전, 세계사의 발전『정신현상학』서문이 철학들의 역사를 단순한 논박의 역사가 아니라 '진리의 발전'으로서 '꽃봉오리→꽃→열매'라는 식물의 성장에 비교하고 있는[3. 12] 것은 단순한 착상의 비유가 아니라 위에서 말한 '발전' 개념에 입각하고 있다『철학사』[18. 38, 41]에서도 동일한 맥락에서 마찬가지의 비유가 사용된다). 또한 헤겔은 세계사의 진전을 인간의 '본래적인 방식'인 '자유'의 실현과정으로서 파악한다『역사철학』12. 32]. "세계사는 자유의 의식을 실질로 하는 원리의 발전의 단계적 진행을 나타낸다"[같은 책 12. 77]는 것이다. ⇒ 역사, 진보, 형태변화, 식물, 과정

―가도쿠라 마사미(門倉正美)

발효醱酵 [Gärung]

식물 속에 흐르는 '불'의 성분이 식물의 죽음에 의한 <자기> 상실에 수반하여 열이 되고 알코올이 되어 거품이 인다. 그것은 정신적인 마실 거리이며 인간을 도취시킨다『예나 체계 Ⅲ』GW 8. 145f.]. 발효를 예나 시기의 헤겔은 '불'의 성분으로 설명하지만, 베를린 시대로 되면 '미생물에 의한 분해'라는 이해[『엔치클로페디(제3판) 자연철학』349절「보론」9. 429]가 생겨난다. 이 개념은 동시에 근원적인 생성을 나타내는 비유로서도 사용된다. "밤에는 용해하는 발효와 모든 힘을 착란시키는 투쟁, 모든 것의 절대적인 가능성, 카오스―그것은 존재하는 질료를 포함하는 것이 아니라 그 무화 속에서 만물을 포함한다―가 포함된다. 밤은 어머니이며 존립이고 모든 것의 양육이다"[『예나 체계 Ⅲ』GW 8. 83]. 근원적인 것이 '거품이 인다'라는 표현이 예를 들면『정신현상학』말미에서 사용되는 것은 이 때문이다.

―가토 히사타케(加藤尙武)

밤 [Nacht]

'밤'은 '깊이(Tiefe)' 및 '심연(Abgrund)'과 함께 헤겔

의 부정성 개념에 관련되는 메타포 군(중복되어 사용되는 것도 드물지 않다)에 속한다. 밤은 거기서 존재가 삼켜지고 무화됨과 동시에 존재자를 산출하기도 하는 마당이다.

무화의 작용은 정신적 주체에 의해서 수행되는 경우가 많다. 예를 들면 무한성으로서의 사유에서 "대립 또는 유한성은 모두 무화"되지만, 그 "순수한 밤"은 "진리의 숨겨진 심연"이기도 하다[『신앙과 지식』2. 431]. 또한 김나지움의 철학 수업에서는 학생들을 구체적인 표상에서 떼어내 '내적인 영혼의 밤'으로 되돌리는 것을 주안점으로 하고 있다. 이와 같은 경우에 무화되어야만 하는 대상은 '낮(Tag)'으로서의 감성적 세계와 유한자 일반이다. 다만 사변은 유한한 지식도 지양해야만 한다. '단순한 반성'이 무화되는 '밤'은 오히려 건전한 인간 지성이 거처를 얻는 '생의 참된 낮'이기도 하다[『차이 논문』2. 35].

다른 한편 정신의 발전의 변증법을 전제할 때 밤은 아직 충분히 전개되지 않은 질료성, 실현을 기다리는 '단순한 개념'에 대응한다. 정신의 계기들이 전개되어 각각이 독립하여 현존재하는 것이 '낮'이라고 한다면, 그 운동 이전에 아직 머무르고 있는 정신은 "본질의 밤"에 비유된다[『정신현상학』3. 505]. 개인의 마음 수준에서 그것은 언어에 의한 분절화를 경험하기 이전의 환각적인 '형상'이 꿈틀거리는 '보존의 밤'이다[『예나 체계 III』GW 8. 186f.]. 세계사에서는 하나의 문명에서 전개된 계기들이 앎으로, 즉 정신의 "자기의식의 밤"으로 내화되고 그로부터 또한 새로운 정신의 형태가 발현한다[『정신현상학』3. 590]. 철학체계에 관해서는 셸링의 동일철학의 형식주의적인 절대자관이 "모든 소가 검게 되는…… 밤"으로서 비판된 것이 유명하다[같은 책 3. 22]. ⇒깊이, 어둠

―나카오카 나리후미(中岡成文)

방법方法 [Methode]

헤겔에서 '방법'의 개념은 논리학의 전체 내용을 총괄하는 부분인 '절대이념' 장에서 비로소 주제화된다. 절대이념은 "이론적 이념과 실천적 이념의 동일

성"[『논리의 학』6. 548]으로서 가장 충실한 구체적 내용을 포함하지만, 이 단계에서는 이미 내용이라는 형태를 지니지 않고 오로지 "형식규정", "보편적 이념"[같은 책 6. 550]으로서 존재한다. 따라서 이러한 높은 곳으로부터 조감되는 것은 "내용 그 자체가 아니라 내용의 형식이라는 보편적인 것"[같은 곳]인바, 이것이 '방법'의 정의이다. '방법'은 '인식'의 존재방식일 뿐 아니라 동시에 '존재' 그 자체의 양식이며, '인식론'과 '존재론'의 통일을 수행하는 논리학 '서술'의 원리이다. 그것은 "개념 그 자체의 운동"[같은 책 6. 551]이며, '개념론'의 '발전'의 논리규정인 <보편·특수·개별>이 논리학 전체의 서술 형식을 결정하고 있다. <보편·특수·개별>이 '서술'의 원리로서 전체에 적용된 '방법'의 계기가 <시원·진전·종결>이다.

I. 시원. "시원은 시원인 까닭에 그 내용은 직접적인 것이지만, 그러나 추상적 보편성의 의미와 형식을 지니는 직접적인 것이다. …… 시원은…… 단순한 것임과 동시에 보편이다"[같은 책 6. 553].

"절대이념의 방법", 즉 "사변적 방법"[『엔치클로페디(제3판) 논리학』238절]의 첫 번째 계기인 '시원'은 이중의 성격을 지닌다. '순수존재'의 성격으로서도 명확하게 되었듯이 '직접적'임과 동시에 '매개된 것'이고, 개념의 규정에 입각하여 말하면 '개별'임과 동시에 '보편'이다. 개별은 '분석적 방법'의 시원이고, 보편은 '종합적 방법'의 시원이기 때문에, "구체적 전체성"[『논리의 학』6. 556]으로서의 시원의 이중성격은 진전의 이중성격도 결정한다.

II. 진전. '절대적 방법'의 두 번째 계기인 진전은 '분석적 인식'과 '종합적 인식'의 통일로서 다음과 같이 말해진다. "절대적 인식의 방법은 분석적이다. 이 방법이 시원을 이루는 보편의 한층 더 진전된 규정을 전적으로 보편 속에서만 발견한다는 것이야말로 개념의 절대적 객관성이며, 이 개념의 절대적 객관성의 확신이 절대적 인식의 방법이다.―절대적 인식의 방법은 종합적이기도 하다. 왜냐하면 이 방법의 대상은 직접적으로 단순한 보편으로서 규정되어 있지만, 대상이 그 직접성 및 보편성 그 자체 속에서 지니는 바의 규정성에 의해서 타자로서 자기를 보이기 때문이다"

[같은 책 6. 557]. 분석적임과 동시에 종합적이라는 '진전'의 이중성격은 '변증법'의 기본 성격을 구성한다. 진전은 절대자의 "유출"[같은 책 6. 555]이 아니라 자기실현으로서 "보편이 자기 규정하여 대자적으로 보편인 것, 다시 말하면 보편임과 동시에 개별이자 주체인 것"[같은 책 6. 555-6]으로 된다. '변증법'은 진전이 '귀환'으로 되는 것을 체계적으로 가능하게 하는 논리이다. 그러므로 '변증법'의 체계적 구조는 '삼지(三肢)조직' 내지는 '사지(四肢)조직'을 구성하는 것이다. 이러한 조직은 외면적이고 형식적인 '추론', 즉 '삼단논법'과 달리 '부정'의 내재적인 자기초월의 운동이다. 이러한 논리에 의해서 시원의 '직접성' 내지 '보편성'이 "부정의 부정"으로서 "회복된다"[같은 책 6. 564]. 이러한 회복된 시원, 두 번째의 직접성, 보편성이 '종결' 내지 '결과'이다.

Ⅲ. 종결. '방법'의 세 번째 계기인 종결, 결과는 첫 번째 계기인 시원과의 관계에서 다음과 같이 말해진다. "시원을 이루는 것이 보편인 것처럼, 결과는 개별, 구체적인 것, 주체이다. 후자는 이제 대자적으로 전자가 즉자적으로 그것인 바의 바로 그것이다. 즉 보편은 주체 속에 정립되어 있는 것이다. 삼지조직의 처음 두 계기는 추상적인, 참되지 않은 계기이지만, 그러나 바로 그런 까닭에 변증법적이며, 또한 이러한 자기의 부정성을 통해 자기를 주체로 성립시킨다. 개념 그 자체는 우선 우리에게 있어 즉자적으로 존재하는 보편임과 동시에 또한 대자적으로 존재하는 부정적인 것이며, 나아가 또한 세 번째의 즉자대자적으로 존재하는 것인바, 다시 말하면 추론의 전 계기를 관통하는 보편이다. 그러나 세 번째 것이 결론이고, 바로 결론 속에서 개념은 자기의 부정성을 통해 자기 자신과 매개되는 것이며, 따라서 개념은 대자적으로 보편으로서 정립되고 그 두 계기의 동일적인 것으로서 정립되는 것이다'[같은 책 6. 565-6]. 종결은 이와 같이 자기의 부정을 통한 주체의 즉자대자적인 자기실현이며, 개별을 의미한다. 변증법으로서의 절대적 방법은 체계적 전체에 뒷받침된 개별을 확증하는 논리인 것이다.

Ⅳ. 원환. 이러한 방법은 "절대 변증법에 의해서 모든 것을 자기 안에 보존하는 순수한 인격성"[같은 책 6. 570]을 기초짓는 것이며, 이것을 가능하게 하는 논리가 전진 즉 후진의 운동, 원환의 구조인 것이다. "무규정적인 시원에서 멀어져가는 진전의 각각의 발걸음은 또한 이 시원으로의 점차적인 되돌아감이기도 하며, 따라서 처음에는 다른 것처럼 볼 수 있는 시원의 후진적인 기초짓기와 그것의 전진적인 규정의 진행은 서로 합치하며, 동일한 것이 된다고 말할 수 있을 것이다. 그러므로 방법은 원환을 이룬다"[같은 책 6. 570]. ⇒시원, 변증법, 원환

【참】 Michelet/Haring (1888), Röttges (1976), Hösle (1987a)
―오사카다 히데유키(小坂田英之)

배중률排中律 [Satz vom ausgeschlossenen Dritten]

p∨~p는 언제나 참이라고 일반적으로 표현되는 '배중률'에 관해서도 헤겔은 독특한 견해를 피력한다. 왜냐하면 여기에서의 두 명제 p와 ~p의 관계 ∨(또는)를 헤겔은 단순한 <병립>이 아니라 '대립'으로 이해하고자 하기 때문이다. '대립'을 ⇔라고 표기한다면 p⇔~p는 언제나 참이라는 것이 헤겔이 말하는 '배중률'의 의미이다.

상호부정적인 두 명제가 대립한다는 것, 이것이 언제나 참이라는 것은 이미 헤겔의 독자적인 표명이다. 왜냐하면 헤겔은 특히 사물의 '본질'에 관해 다음과 같이 생각하기 때문이다. 즉 '본질'이란 원리적으로 모두 다 일면적인 올바름을 지니는 <서로 대립하는> 두 명제의 양립에서, 다시 말하면 '모순' 또는 '이율배반'에서 존립하고 있는 것이라는 것이다. 물론 이러한 '대립', '모순'은 '모순'인 까닭에 해소된다. 즉 두 명제의 <올바름>을 포섭한 이른바 좀더 고차적인 명제, 결국 좀더 고차적인 <본질규정>으로 전개되는 것이다. 그러나 이러한 고차적인 명제도 원리적으로는 그것의 부정명제와의 '대립' 관계에 있는 것이다.

헤겔의 서술에 따르면 다음과 같다. 즉 서로 대립하는 두 명제 p와 ~p의 모두에게 공통된 주제 E가 존재한다. 이러한 E의 '본질'에 관해 한편은 +A라고 말하고, 다른 편은 -A라고 말한다. 이러한 '대립'은 필연적이다. E의 '본질'은 이러한 '대립'을 매개로 하여 +A와

-A의 '통일'로서 한층 더 참된 것으로서 파악된다. '배중률'이란 요컨대 저 '대립'의 필연성의 표현인 것이다『논리의 학』 6. 73f.]. ⇒모순, 이율배반, 대립

—다카야마 마모루(高山 守)

범비극주의 汎悲劇主義 ⇨ 글로크너

범신론 汎神論 [Pantheismus]

범신론은 일반적으로 신과 세계 사이에 질적인 대립을 인정하지 않고 세계의 모든 것을 신이라고 생각하는 입장이며, 신을 초월적인 인격적 존재라고 생각하는 유신론의 입장으로부터는 일종의 무신론이라고 비난받는다. 1780년대에 일어난 '범신론 논쟁'에서 커다란 영향을 받은 헤겔은 스피노자의 사상을 범신론의 전형으로 파악하지만, 인도의 바라문교와 엘레아학파, 스토아학파, 브루노의 사상도 범신론의 입장으로 다룬다.

범신론에 대한 헤겔의 견해는 "사변철학은 범신론이다'라고 하는 비난의 목소리에 대해 그가 행한 다음과 같은 반론 속에서 명확히 제시된다『종교철학』 16. 97ff.; 『엔치클로페디(제3판) 정신철학』 573절]. 즉 범신론이 비난의 대상이 되는 경우 여기서는 범신론이 '모든 것은 신이다'라고 주장하는 입장으로 이해되며, 나아가 이 '모든 것'이라는 말에서 유한한 사물들의 집합으로서의 세계가 생각되고 있다. 그러나 그와 같은 의미에서의 '범신론'은 지금까지의 어떠한 종교에서나 철학에서도 주장된 적이 없었다. 인도의 종교에서나 엘레아학파와 스피노자의 사상에서 유한한 사물의 모두는 오히려 참된 실재성을 지니지 않으며, 자기의 진리성을 일자인 실체에서 지니는 우유적인 것으로서 파악되고 있다. 이러한 사상들은 신과 세계의 동일성을 주장하는 것이 아니며, 따라서 비난받는 것과 같은 의미에서의 '범신론'이 아닌 것이다. 그러나 그렇다면 이 사상들에는 비판되어야만 할 점이 없는가 하면 그렇지는 않다. 일반적으로 범신론으로 되는 이 사상들은 신을 단지 실체로서만 파악하는 '실체성의

견지'에 머무르고 있다. 그러나 신은 더 나아가 '주체'로서도 규정되고 '정신'으로서 파악되어야만 한다. 이러한 입장을 전개하는 것이 사변철학이다. 사변철학을 '범신론'이라고 꾸짖으며 비난하는 자는 정신과 실체의 구별을 알지 못하는 자인 것이다. ⇒하나이자 모두, 스피노자, 정신, 실체와 주체

【참】 Goedewaagen (1971)

—사사자와 유타카(笹澤 豊)

범죄 犯罪 [Verbrechen]

헤겔에 따르면 '범죄'란 "법 그 자체를 훼손하는 것"이다『법철학』 95절]. 즉 단지 물건을 빼앗는 것과 사람들의 행동을 구속하는 것 등은 그것 자체로서는 아직 <범죄>가 아니다. 왜냐하면 그러한 것은 개나 고양이도 하는 것이고, 여러 자연적인 재해에 의해서도 우리에게 초래될 수 있기 때문이다. 그것은 '법'을 부분적으로 부정하고 그 개변을 촉구하는 것이긴 해도 그것에 의해서 '법'의 존재 그 자체가 부정되는 것은 아니다. 그런 한에서 그것은 아직 '범죄'가 아니라 단순한 '해악'인 것이다. 이에 반해 '자유로운' '법적' 존재인 우리 인간이 물건을 훔치고 사람을 구속한다고 하면 그것은 '범죄'이다. 왜냐하면 그것은 의식하든 하지 않든 관계없이 자기의 자의적이고 기만적인 '법'의 승인을 강요하는 것이기 때문이다. 그것은 요컨대 '자유'의 구체화로서의 '법' 그 자체를 그 근저에서부터 파괴하는 것인 것이다. 그런 까닭에 헤겔은 '범죄'를 "부정적 무한판단"이라고 말한다[같은 곳]. 그것은 개별적인 법을 부정하는 것이 아니라 '법'의 존재 그 자체를 부정하기 때문이다. 또한 '범죄'란 이렇듯 '자유'이고 '법적'인 것을 생명으로 하는 인간이 '법' 그 자체를 부정하는 것이라는 데서 헤겔은 초기의 『기독교의 정신』에서 '범죄'를 "자기 자신의 생명의 파괴"[1. 344]라고 부른다.

그런데 헤겔은 이러한 '법'의 <전면적 부정>으로서의 '범죄'를 『법철학』에서[82절 이하] '법의 없는 불법'과 '사기'로부터 구별하고 '본래의 불법'이라고 명명함으로써 다음과 같이 특징짓고 있다. 즉 '민사소송'에서

의 '권리의 충돌'에서는 당사자는 누구나 자기의 주장을 본래의 '법'이라고 생각한다. 여기서는 본래의 '법'이 <주관적으로는> 확립되어 있지만, <객관적으로는> 확립되어 있지 않다. 그것은 <객관적으로는> '불법'이지만, '범의 없는 불법'인 것이다. 또한 '사기'는 <객관적인> '법'을 '불법'에 이용하고자 하는 한에서 '법' 그 자체에 관해서 <주관적으로> '불법'이다. 이에 반해 '본래의 불법'으로서의 '범죄'는 '범의 없는 불법'의 <객관성>과 '사기'의 <주관성>의 결합이며, '객관성과 주관성의 양면'에서 전적으로 '불법'인 것이다. ⇒법, 불법

―다카야마 마모루(高山 守)

범주範疇 [Kategorie]

아리스토텔레스처럼 범주를 대상의 객관적인 규정성으로 간주하거나 역으로 칸트처럼 범주를 주관적인 것으로 파악하는 것이 아니라 헤겔은 범주를 "자아와 존재의 동일성"[『정신현상학』 3. 260]이라고 생각한다. "이전에 존재하는 것의 본질성이라는 의미를 지니고 있던 범주는 이제…… 자기의식과 존재가 동일한 실재라는 것이다. 동일하다고 말하는 것은 비교에서가 아니라 오히려 즉자대자적이다. 일면적인 나쁜 관념론만이 이러한 통일을 다시 의식으로서 한편에 두고 그것에 대립하여 즉자를 등장시키는 것이다"[같은 책 3. 181]. "절대적인 개념은 범주이며, 절대적 개념은 지와 지의 대상이 동일하다는 것이다"[같은 책 3. 404].

헤겔은 피히테가 여러 범주를 연역하고자 한 것을 높이 평가하고[『엔치클로페디(제3판) 예비개념』 42절; 『철학사』 20. 393], 그 자신도 논리학에서 그것을 시도한다. "범주들을 순화시키고 그에 의해 범주들 가운데서 정신을 자유와 진리로 고양시키는 것, 이것이 논리학의 좀더 고차적인 임무이다"[『논리의 학』 5. 27.]. 그때 칸트 범주론의 삼중성(Triplizität)을 평가하고 있던 헤겔은 논리학을(논리학을 포함하는 철학체계 전체도) 삼분법으로 구성하게 된다. 또한 『정신현상학』에서도 범주를 삼중성에서, 요컨대 '관찰하는 이성'에 대해서는 존재의 형식에서, '이성적 자기의식'에 대해서는 대자존재의 형식에서, '즉자대자적으로 실재적인 개체성'에 대해서는 즉자대자적인 실재로서 고찰하고 있다.

덧붙여 말하면, 헤겔은 칸트의 범주론보다 오히려 선험적 구상력에 의한 도식론을 높이 평가하지만[『신앙과 지식』 2. 316; 『철학사』 20. 347], 약간의 예외[『정신현상학』 3. 183]를 제외하고는 그 자신의 입장을 적극적으로 말할 때에는 '도식'이라는 말을 사용하지 않는다.

―이리에 유키오(入江幸男)

법法 [Recht]

(1) 『법철학』의 구성은 제1부 '추상법', 제2부 '도덕성', 제3부 '인륜'으로 이루어진다. (2) 독일어의 Recht는 법·권리·정의라는 세 가지 의미를 지니는 말이지만, 헤겔도 『법철학』에서 이 세 가지 의미를 살리고 있다. (3) 『법철학』은 그 서문에서 말해지고 있듯이 『엔치클로페디』의 제3편 '정신철학'의 제2부 '객관적 정신'을 좀더 상세하고 좀더 체계적으로 논한 것이다. 이상의 세 가지 점에서 쉽게 알 수 있듯이 헤겔이 말하는 법은 예를 들면 <권력에 의한 분쟁 해결의 규준>과 같은 통상적인 용법과 비교하여 훨씬 넓은 내용을 지니고 있다. "우리가 본서에서 법이라고 말할 때 보통 법이라는 말로 이해되고 있는 시민법[추상법]을 의미할 뿐 아니라 도덕성, 인륜 및 세계사도 의미한다. 이것들이 마찬가지로 법에 속하는 것은 개념이란 사상을 진리에 입각하여 총괄하는 것이기 때문이다"[『법철학』 33절 「보론」]. 덧붙이자면 『법철학』은 '자연법과 국가학'이라는 부제를 갖는다. 이것은 볼프 이래의 실천철학의 전통에 입각한 표제로서, 당시 철학은 이론철학과 실천철학으로 나누어져 후자에는 자연법·정치학·윤리학이 포함되어 있었다. 이로부터도 『법철학』이 단순한 법론에 그치는 것이 아니라 법론과 윤리학을 포함한 사회-정치철학이라는 것이 분명해질 것이다.

헤겔에 따르면 법의 지반은 '정신적인 것'으로서 그 출발점은 의지이다. 이것은 자유로운 의지이다.

왜냐하면 자유롭지 않은 의지란 빈 말에 불과하기 때문이다. 따라서 자유라는 것이 법의 실체와 규정을 이루는 것이고, 법의 체계란 "실현된 자유의 왕국", 정신이 자기 자신에서 산출한 "제2의 자연"에 다름 아니다[같은 책 4절]. "법이란 절대적인 개념의 현존재, 자기의식적인 자유의 현존재이다"[같은 책 30절]. 이러한 헤겔의 파악 배후에서 자유가 이미 사회의 제도들의 원리로서 뿌리 내리고 있다는 인식을 읽어낼 수 있다. 그리고 이러한 자유로운 의지가 발전해가는 단계들이 추상법·도덕성·인륜의 각 단계인 것이다. 여기서 추상법은 소유, 계약 및 불법(에 대한 법)이라는 근대 시민사회를 기초짓는 법적 관계, 즉 시민법을 의미하지만, 그것이 추상적이라는 것은 여기서는 인간이 인권이라는 형식적인 권리의 담지자로서 보일 뿐, 개인으로서 지니는 특수성과 법적 관계의 배후에 있는 공동체의 존재방식 등이 사상되어 있기 때문이다.

헤겔은 법(철학적 법)과 실정법의 구별을 승인하고, 시민사회론 속에서 "법이 실정적으로 될 수밖에 없는 장소"[같은 책 3절]에 관해 논하고 있다[같은 책 211-4절]. 또한 법철학은 법적 관계의 담지자로부터 볼 때에는 권리(와 의무)의 철학일 것이다. Philosophie des Rechts의 번역어로서 우리나라에서는 <법철학>이 정착되어 있지만, T. M. 녹스의 영역에서는 <권리의 철학(Philosophy of Right)>이다. ⇒도덕성, 인륜, 자유, 의지, 법률

【참】上妻精 외 (1980)

─다카야나기 료지(高柳良治)

법률 法律 [Gesetz]

시민사회에서는 욕구나 그것을 채우기 위한 노동은 상호의존적이며, 그리하여 '상관적인 질서', 요컨대 일정한 룰이 성립하고 있다. 경제활동이 영위되기 위해서는 인격권과 소유권이 존중되어야만 할 것이다. 이러한 '상관적인 질서'가 보편적으로 알려지고 효력을 지니는 데서 법률이 생긴다. "즉자적으로 법인 바의 것[=상관적인 질서]이 그것의 객관적 현존성에서 정립되면(gesetzt), 즉 사상에 의해서 의식에 대해 규정되어

법임과 동시에 효력을 지니는 것으로서 주지되면, 그것이 법률(Gesetz)이다. 그리고 법은 이러한 규정에 의해서 실정법(positives Recht) 일반이다"[『법철학』 211절].

법률에서 헤겔이 생각하고 있는 것은 성문법이며, 관습법과 불문법에 대해서 그는 대단히 비판적이다. 관습법은 성문법과 비교하여 무규정적이고 보편성을 결여할 뿐 아니라 관습법에 관한 지식이 소수의 사람들, 특히 법률가의 소유물로 되는 경향이 있기 때문이다. 헤겔은 관습법에는 생활 속에 용해되어 있다는 장점이 있다고 하는 역사법학파의 사고방식에 대해 "한 국민의 현행 법률들은 성문화되고 수집되어 있다고 해서 그 국민의 관습인 것을 그치게 하는 것은 아니다"라고 반론하고 있다. 또한 영국의 국법의 일부를 이루는 불문법에 대한 헤겔의 비판은 불문법에서는 결국 재판관이 입법자의 역할도 담당하게 되고 법률의 보편성이 훼손된다고 하는 것이다. 체계화하는 것, 보편적인 것으로 고양시키는 것은 "현대의 한없는 갈망"[같은 곳 「보론」]이다.

이리하여 정립된 법률은 이제 적용됨으로써 다양한 소재와 관계하게 되지만, 그 소재의 범위는 어떠해야만 할까? 그것은 시민사회에서의 소유와 계약의 여러 가지 관계와 종류, 심정과 사랑과 신뢰에 기초하는 인륜적 관계 등이지만, 이 경우 "도덕적 측면과 도덕적 명령은 자신의 가장 고유한 주체성과 특수성에 따라서 의지와 관계하는 것이기 때문에 실정적인 입법의 대상이 될 수 없다"[같은 책 213절]. 혼인, 사랑, 종교, 국가와 같은 관계들에서는 그 본성상 외면성을 갖출 수 있는 측면만이 입법의 대상이 될 수 있는바, 입법은 예를 들어 성실과 정직과 같은 '내면적인 사항'에 대해 세워져서는 안 된다. 이는 『독일 헌법론』에서 "외면적인 사항에 관한 외면적인 결합"이 근대 국가의 원리라고 말해지는 것에 대응한다고 할 수 있을 것이다[1. 521].

헤겔은 법률에 대한 의무를 시민에 부과하기 위해서는 "자기의식의 권리의 측면에서 말하여" 법률이 사회에 공시되는 것이 필요하다고 하여 법전 간행의 필요성을 강조한다. 또한 그는 법률 지식을 자신들의 독점물로 생각하는 경향이 있는 법률가에 대해 강한 불신을

표명하고 있다[『법철학』 215절]. 헤겔의 법률론에는 민주주의적인 감각이 흘러넘치고 있다고 말할 수 있을 것이다. ⇒법, 소유, 계약

【참】 v. Bogdandy (1989)

─다카야나기 료지(高柳良治)

법적 상태法的狀態 [Rechtszustand]

원래 법적 상태는 자연상태에 대립하는 것이며, 그런 한에서 사회상태와 같다. 그러나 법적 상태에서 평등하게 인정되고 있는 인격권과 소유권은 형식적이고 추상적인 것에 불과하다. "따라서 법의 의식은……오히려 자신이 실재성을 상실한다는 것을 경험한다"[『정신현상학』 3. 357]. 이리하여 법적 상태는 행복의 상태가 아니라 불행의 상태이자 행복보다는 예속의 상태이기 때문에 실질적으로는 오히려 홉스적인 자연상태이다. 또한 법적 상태는 역사적으로 헬레니즘 시대의 그리스와 로마에 관계되며, 의식으로서는 스토아주의와 회의주의, 불행한 의식을 포함한다. 그러나 법의 형식성이라는 그 특징은 근대 유럽의 자본주의 사회에 그대로 들어맞는다. 법적 상태의 긍정적이고 부정적인 두 측면의 의의는 『법철학』에서 '추상법'으로서 전개되며, 그 결함의 극복은 사법 · 행정 · 직업단체 및 국가의 감독에 맡겨진다. ⇒법

【참】 金子武藏 (1979)

─고바야시 야스마사(小林靖昌)

법칙法則 [Gesetz]

자연법칙을 의미하는 <법칙>에 관해 헤겔은 『정신현상학』과 『논리의 학』에서 상세하게 논의하고 있다. 이것은 말할 필요도 없이 <지성은 법칙을 자연에서 도출하는 것이 아니라 자연에 법칙을 규정하는 것이다>라는 칸트의 생각을 염두에 두고 있던 것으로서 헤겔은 기본적으로 칸트의 초월론적 입장을 승인하면서 자연에 법칙을 설정하는 지성의 조작이 현상 안에서 비동일적 성분을 미리 배제해버린다는 점에 주의를 환기시키고 있다. 예를 들면 『정신현상학』에서는 갈

릴레이의 낙하운동의 법칙과 뉴턴의 천체역학의 법칙을 예로 하여 다음과 같이 말하고 있다. "법칙에서는 보편적 구별이 비항상적 현상의 항상적 상으로서 표현된다. 초감각적 세계는 법칙의 고요한 나라이다"[3. 120]. "법칙의 나라는 확실히 지성의 진리이지만, 그것은 최초의 진리에 불과하다. …… 법칙은 현상 속에 현전하지만, 그러나 그것은 현상의 현재 전체는 아니다"[3. 120-121]. "지성은 [만유인력 내에서] 보편적 법칙을 발견했다고 생각한다. 그것은 사실 법칙의 개념의 발견에 불과한데도 불구하고 지성은 전체 현실이 그것 자체에서 합법칙적이라고 주장하고 있다"[3. 121-122].

이것은 예를 들면 낙하운동의 법칙 $S=at^2$에서 S 및 t라는 함수의 두 항이 어떤 장소에서 어떤 물체에 관해서도 똑같이 관측될 수 있는 양이라고 전제되는 사정을 가리키고 있다. 자연 안에서 법칙을 발견하는 과학자의 의식은 대상을 미리 계량 가능한 등질적 세계로 가지런히 만든다. 그리고 그 결과 발견된 양적 관계를 변하기 쉬운 감각적 세계의 배후에 놓여 있는 항상적 본질 내지 초감각적 세계로 생각한다. 그러나 이러한 본질성은 지성에 의해서 정립(setzen)된 것에 불과하다. 『논리의 학』의 '본질론' 제2장 '현상'에서 그는 다음과 같이 말한다. "독일어의 법칙(Gesetz)이라는 말도 이 [setzen이라는] 규정을 포함하고 있다. 구별의 두 항의 본질적 관계는 이러한 정립되어 있음(Gesetztsein) 속에 놓여 있다"[6. 152].

『논리의 학』은 더 나아가 법칙의 <결함>을 다음과 같이 지적한다. "법칙은 현상의 자기동일성에로의 반성이다"[6. 153]. "법칙의 나라는 현상의 정지된 내용이다. 법칙은 불안정한 형식 내지 부정성의 측면을 포함하지 않는다"[6. 154]. "법칙의 나라는 실존하는 세계의 단순한 변화 없는 내용만을 포함한다"[6. 158].─이러한 고찰들은 난해하지만, 대단히 함축이 깊은 것으로 오늘날의 물리학과 경제학의 법칙에도 그대로 꼭 들어맞는 것이다. 헤겔은 <법칙>에 관한 이러한 고찰들에서 세계를 계측 가능한 양으로 환원하고 그 양적 관계를 수식의 형태로 기술하는 것이 객관적 세계 인식에 이르는 유일한 길이라고 하는 실증주의에 항의하고

있다. 그에 따르면 그러한 조작은 현상 속의 불안정한 요소와 비동일적 성분을 비본질적인 것으로서 처음부터 배제하고, 그 결과 참으로 현실을 움직이고 있는 부정적 계기를 영원히 놓치고 마는 것이다. ⇒초감성적 세계

【참】 Beyer (1968), Buckley (1971), Vadée (1972), Wiehl (1986)

　　　　　　　　　　　　　　－와타나베 유호(渡辺祐邦)

법칙을 부여하는 이성法則―附與―理性 ⇨이성

법칙을 음미하는 이성法則―吟味―理性 ⇨이성

베르너 [Abraham Gottlob Werner 1749. 9. 25-1817. 6. 30]

독일 광물학, 지질학의 개척자. 프라이베르크 광산전문학교 교수. 암석을 네 개의 역사적 단계인 시원암, 성층암, 화산암, 충적암으로 분류했다. 나아가 모든 암석이 원시 해양에서의 용해물 침전작용에 의해서 형성되었다는 '수성론(Neptunismus)'을 주창했다. 베르너의 수성론은 화산활동과 열에 의한 용융작용으로 암석이 형성되었다는 '화성론(Vulkanismus)'과 대립했다. 당시 이 대립은 커다란 논의를 불러일으켰으며, 헤겔은 이 문제에 여러 차례 언급하여『예나 체계 Ⅰ』GW 6. 137;『예나 체계 Ⅲ』GW 8. 114;『엔치클로페디(제3판) 자연철학』339절「보론」 두 학설이 모두 본질적인 것으로서 인정되어야만 한다고 주장한다. 왜냐하면 헤겔에 따르면 두 학설 각각의 원리인 '물의 원리'와 '불의 원리'는 모두 지구 형성에서 불가결한 계기이어서 두 학설이 분리되어 단독으로 이해되면 일면적으로 되기 때문이다. 주저『광맥의 형성에 관한 새로운 이론 (Neue Theorie über die Entstehung der Gänge. Freiberg 1791)』.

【참】 Wagenbreth (1955), 柴田陽弘 (1983)

　　　　　　　　　　　　　　－기무라 히로시(木村 博)

베르톨레 [Claude Louis Berthollet 1748. 12. 9-1822. 11. 6]

프랑스의 의학자・화학자. 사보아 출신의 법복귀족의 가문으로 프랑스 혁명, 나폴레옹 시대와 잇따르는 격동의 시대를 일관하여 프랑스 아카데미의 지도적인 지위에 있었다. 그는 라부아지에(Antoine-Laurent Lavoisier 1743-94)의 산소일원론을 승인하고 그의 플로기스톤설에 대한 본질적인 수정을 승인했지만, 그의 입장은 전통적 화학의 원리를 라부아지에의 새로운 원리와 종합하고자 하는 입장이며, 라부아지에의 원리를 승인하는 것은 1785년 이후의 일이다. 베르톨레의 라부아지에 학설에 대한 공헌은 화학반응의 문제에 있으며, 산의 구성요소 간의 관계, 즉 화학화합물을 친화성 개념으로부터 설명할 것을 제안했다. 그렇지만 그는 정비례의 법칙을 승인할 수 없었으며 프루스트(Joseph Louis Proust 1754-1826)와 논쟁했다. 또한 그는 염소의 표백성을 발견한 것으로 알려져 있다.

베르톨레가 화학적 친화성에 관해 논문을 발표한 것은 1799년이지만, 헤겔은 이미 예나 시대에 "베르톨레는 베리만에 의해서 세워진 화학에서 일반적으로 지배적인 개념인 친화성 개념을 공격하여 한편의 단순한 활동성과 다른 한편의 완전한 불활성화 대신에 제3자 내에서의 양자의 혼합을 주장하는 사람이다" [『예나 체계 Ⅰ』 GW 6. 151]라고 말하여 베르톨레에 찬성하고 있다. 또한 이 점에서 산과 알칼리의 화학반응에 관해 좀더 언급하고 있다. "베르톨레는…… 친화성의 계열을 완전히 승인함으로써 화학적 작용의 결과들 내에서 변화를 초래하는 상태들을 배열하고 탐구했다"[『엔치클로페디(제3판) 자연철학』 333절]. 이 점에서 베르톨레가 친화성의 세기가 반응하는 원소의 질료에 의존한다고 생각한 데 반해 헤겔은 질료적임과 동시에 양적이기도 한 본성이라고 생각하고 있다. ⇒친화성, 열

【참】 Kapoor (1970), Snelders (1986), 大野誠 (1989), 渡辺祐邦 (1990, 1991a)

　　　　　　　　　　　　　　－나가시마 다카시(長島 隆)

베스트팔렌 조약 [Westfälischer Friede]

30년 전쟁을 종결시킨 화의. 1648년 10월 24일 체결. 신성로마제국의 영방제후와 제국도시들에게 외국과의 조약체결권을 인정하고, 구교도와 신교도의 단체 절충에 의한 종교문제의 처리, <평화의 보증인>인 스웨덴과 프랑스에 대한 제국의회의 의석 승인, 영토 할양 등을 결정했다. 헤겔은『독일 헌법론』에서 이 화의가 제국을 영방국가로 해체하는 전통적 원리('독일적 자유')를 정착시키고 외국에게 합법적인 정치적 간섭권을 인정함으로써 "독일의 몰국가화(Staatslosigkeit)가 조직화되고"[같은 책 1. 546] 그 근대적인 통일국가화가 방해 받게 되었다고 비판했다. "독일은 관념에서는 국가이지만 현실에서는 국가가 아니다"[같은 책 1. 505]. 이 화의에서 보이는 자유론, 즉 "완전한 특수성을 목적으로 하고 모든 관계를 사법적으로 규정하는"[『역사철학』 12. 518] 자유론에 대한 비판은 근대 시민사회적인 자유방임론의 악폐를 자각하는 계기가 되었다. ⇒영방

【참】 Chemnitz (1647), Pütter (1786/87), Hartung (1914)

—가미야마 노부히로(神山伸弘)

베이유 ⇒프랑스의 헤겔 연구

변신變身 이야기 ⇒변화

변신론辯神論 [Theodizee]

헤겔의 사유 전체를 꿰뚫는 신학적 경향의 하나는 역사에 주목하는 것이다. 만약 신이 자연 속에서 신의 지혜를 나타내보였다고 말할 수 있다면, 더 나아가 세계사 속에서 스스로를 나타내보였다고 말할 수 있다. 이러한 생각은 라이프니츠가 자기 나름의 방식으로 시도한 "세계의 재앙을 포함하여 사유하는 정신이 악과 화해되어야 할 변신론"[『역사철학』 12. 28]을 떠올리게 만든다. 이것이야말로 "세계가 이성적으로 운행되고 있다는 것을 보이는"[『철학사』 19. 497] 것이다. 신앙과 이성의 결합을 인정하는 입장에서는 기독교

즉 철학이라는 형태를 취하지만, 종교철학의 측면에서는 의식의 형태에서 통일과 분리가 다루어진다. 분리의 면에서는 부정성, 악이, 이러한 분리의 극복이라는 점에서는 통일, 즉 악의 극복, 화해가 생각되고 있다. 이러한 점에서 헤겔의 근본 주장을 한 마디로 말하면 "철학은 참된 변신론이다"[『철학사』 20. 455]라고 말할 수 있을 것이다.

—이와나미 데츠오(岩波哲男)

변증법辨證法 [(그) διαλεκτική, (독) Dialektik]

Ⅰ. 변증법의 기원. "변증법적인 것의 올바른 이해와 인식은 가장 중요하다. 그것은 원래 현실 세계의 모든 운동, 생명, 활동의 원리이다"[『엔치클로페디(제3판) 논리학』 81절 「보론」]. 이리하여 헤겔적인 의미에서의 변증법은 실재하는 대립·모순을 원동력으로 하여 변화·발전하는 사물의 논리이자 또한 그와 같은 사물을 인식하기 위한 학적 방법이다. 이런 의미에서 헤겔 변증법은 형식논리학의 (무)모순율에 정면으로 반대한다. 그런데 고대 그리스에서 '대화·문답법(διαλεκτική)'이라고 말해질 때에는 오히려 소크라테스와 플라톤에서 보이듯이 하나의 테마에 대해서 대화·문답을 통해 공동적으로 진리를 탐구하는 방법이라는 의미를 지니고 있었다. 철학사를 더듬어 보면 '변증법'은 우선 대화·문답법의 의미에서 성립했지만, 중세에 형식논리학과 거의 같은 뜻으로 사용된 단계를 거쳐, 헤겔에서는 사물 그 자체의 운동이라는 의미와 폭넓게 학문적 인식방법이라는 의미를 짊어지게 되었다. 현대에서도 변증법을 ① 헤겔적인 의미에서 학적 방법으로 보는가 아니면 ② 대화와 논전의 방법으로 보는가 하는 식으로 양분된다. ①은 주로 마르크스, 엥겔스, 레닌 등의 유물변증법으로 계승된다. '신수사학'의 제창자인 페렐만(Chaïm Perelman 1912-)이 변증법이라고 말할 때 이것은 ②의 의미이다. 아리스토텔레스와 칸트가 '변증법'이라고 말할 때 이것은 주관적인 논의에 관계되며 ② 쪽에 가깝다.

헤겔은 변증법의 시조에 해당되는 철학자로서 생성유전을 설파하는 헤라클레이토스, 문자 그대로 '변증

법의 창시자'인 엘레아의 제논, 이데아의 탐구에서 변증법적 체계 전개를 행한 플라톤의 세 사람을 들고 있다[『철학사』 **18**. 295, 320, **19**. 64ff.]. 헤겔 변증법 형성의 계기가 된 과거의 철학은 몇 가지가 더 지적되지만, 특히 고대에서는 아리스토텔레스(특히 그의 『형이상학』), 근대에서는 칸트(특히 그의 이율배반론, 초월론적 통각, 생명유기체의 사상 등)가 결정적일 것이다. 나아가 고대의 신플라톤학파와의 연관이 흥미로우며, 근대의 피히테, 셸링의 직접적인 영향도 크다.

나아가 또한 스튜어트(James Steuart 1712-80), 스미스(Adam Smith 1723-90)의 영국 정치경제학의 연구도 근대 시민사회의 모순과 총체성의 파악이라는 점에서 대단히 중요하다. 그러나 헤겔 변증법에 결정적인 영향을 준 것은 프랑스 혁명과 그에 비교된 모국 독일의 후진성이라는 역사적 현실이며, 여기에서 당시의 유럽 사회를 사상사적으로 총괄하고자 하는 헤겔의 거대한 역사 감각이 움직이고 있다.

II. 변증법의 개념 규정. 예나 초기의 헤겔에게 변증법은 본래의 철학으로의 도입이라는 낮은 역할을 부여받고 있었다. 그리고 체계시기의 헤겔의 변증법에는 넓고 좁은 두 가지 의미의 용법이 있다. 이것은 '논리적인 것의 세 측면'[『엔치클로페디(제3판) 논리학』 79-82절]에서 말하면 <지성적 측면→변증법적 측면(부정적 이성의 측면)→사변적 측면(긍정적 이성의 측면)> 가운데 우선 두 번째 측면이 협의의 변증법에 해당된다. 이것은 사물과 그 인식의 존재방식이 일면성과 한계를 내부에서 드러내고 멸망하거나 분열한다든지 아니면 다른 것으로 변화하거나 더 나아가 끝없는 악순환에 빠지는 상황을 의미한다. 이것은 아직 긍정적 성과를 산출하지 않는 부정적 변증법이다. 이런 점에서 우리의 주위에 있는 사물은 모두 언젠가는 변화하고 멸망하는 것이자 변증법의 실례이다. 헤겔은 이것을 "유한자의 변증법"[같은 책 81절 「보론」 1]이라고 부르지만, 중요한 것은 사물이 멸망하거나 하는 것은 그 자신의 본성에서 나온다는 것을 확고하게 파악하는 것이다. 살아 있는 것이 죽는 것은 질병과 사고가 있었기 때문이 아니라 생명 그 자체의 내부에 원래 죽음의 맹아가 존재하기 때문이다.

좁은 의미의 변증법만이라면 거기서 아무런 성과도 보이지 않게 된다. 그러나 "변증법은 긍정적 성과를 지닌다"[같은 책 82절]. 그리하여 "대립된 두 규정의 통일"[같은 곳]을 지향하는 '긍정적 이성'이 활동한다. 모순·대립이 쉽게 해소되기 어렵다고 하면, 거기서 사실상 양자의 결합 내지 통일이 있다고 간주되며, 이성은 그 통일을 자각적·적극적으로 파악하고자 한다. 넓은 의미의 변증법은 '논리적인 것의 세 측면'의 최종단계에서 성립한다. 이 측면은 헤겔에 의해 정식으로 '사변적(spekulativ)'이라고 불리지만, 그는 사실상 이런 의미에서 '변증법(적)'이라는 용어를 사용하고 있다. 그에게는 "사변적 변증법(spekulative Dialektik)"[『철학사』 **19**. 65]이라는 표현도 있다.

긍정적 이성이 인식하는 사물의 통일은 결코 고정적인 것이 아니라 분열을 산출하면서 동시에 해소하는 가운데 역동적으로 성립한다. 또한 "정신은 절대적 분열 속에서야말로 자기의 진리를 획득한다"[『정신현상학』 **3**. 36]고까지 말해진다. 생명유기체의 생생한 통일 역시 살아 있기 위해서 스스로 유발하는 죽음에의 요인(병원균과 외상)을 배제·극복하는 가운데 비로소 성립한다. 헤겔의 변증법에서 특징적인 것은 사물과 그에 대한 인식이 그 본질에서 일단 분열과 부정의 상황에 놓이고 그로부터 일정한 노고를 거쳐 고차원에서 자기 통일을 회복한다는 사상이다.

III. 변증법의 구조와 예증. 헤겔에서 변증법은 기본적으로 하나의 (학문적) 방법이지만, 방법이라고 하더라도 대상에 외적으로 적용되는 형식적인 것이 아니라 대상인 사물의 "영혼"[『논리의 학』 **5**. 551]이며 "모든 사물 그 자체의 방법"[같은 책 **5**. 552]이다. 따라서 변증법이 일반적으로 무엇인가 하는 것은 논리학의 최종 성과로서 '절대이념' 항목에서 설명된다. 그러므로 변증법은 결코 포퍼(Karl Raimund Popper 1902-1994)가 생각하는 것과 같은 단순한 시행착오의 방법이 아니다. 변증법의 일반적 구조는 <시원(Anfang)→진전(Fortgang)→종결(Ende)>, <첫 번째 것→첫 번째 것의 부정→두 번째 부정>, <직접성→매개성→직접성의 회복>, <즉자→대자→즉자대자>, <보편→특수→개별> 등으로 다양하게 정식화되지만, 기본적으로 삼분법의 양식을 취한다.

이러한 삼단계적 변증법의 핵심은 두 번째 항이 첫 번째 항의 부정임과 동시에 세 번째 항으로의 다리 역할을 한다는 점이다. "두 번째 규정, 결국 부정적이거나 매개된 규정은 동시에 [세 번째 항으로] 매개하는 규정이기도 하다"[『논리의 학』 6. 562]. 또한 세 번째 항은 첫 번째 항으로의 한층 더 높은 차원에서의 복귀가 되고 있으며, 그리하여 원환이 그려진다. 첫 번째 항의 '시원'은 아직 발전되지 않은 것이지만, 그 이후의 전개를 가능성으로서 모두 포함하고 있다. 그리고 조만간에 사물은 그 가능성을 다양하게 현실화시킬 수밖에 없다. 이리하여 두 번째 항의 '진전'은 '시원'에 있던 것의 다양한 국면에서의 자기 분화, 자기 분열이다. 세 번째 항은 또한 미분화 상태의 첫 번째 항과 분열 상태의 두 번째 항의 통일이라고도 생각된다.

예를 들면 '시원'의 단계에 있는 '갓난아기'는 인간의 능력들을 가능성으로서만 갖고 있다. '젊은이'는 자신의 능력을 개화시키면서도 이상과 현실 사이에서 고뇌하고 분열적으로 된다. 그러나 이성의 힘으로 현실을 통찰하고 그것과 화해하는 '어른'은 세 번째 항의 입장에 선다. 어른은 갓난아기가 지니는 통일로 돌아가지만, 그는 세계를 부정과 모순을 포함하여 생생함과 통일을 보존하는 것으로 훨씬 구체적으로 통찰한다. 또한 논리학의 체계 인식에서 말하면, 존재론은 세계의 직접적인 인식이며(첫 번째 항), 본질론은 세계를 모순과 상호관계의 세계로 보고(두 번째 항), 개념론은 분열을 포함하면서도 역동적으로 통일을 보존하는 자유로운 세계를 묘사한다(세 번째 항). 그리고 인간의 실천 활동에서 말하면, 단지 목적을 머릿속에서 추상적으로 보존하고 있는 것은 첫 번째 항에 해당하고, 목적에서 우선 떨어져 도구와 그 밖의 수단으로 향하는 것은 두 번째 항이며, 수단이라는 타자를 매개로 하여 시초의 목적을 실현하는 것은 세 번째 항을 의미한다. 인식 과정에서 말하면, 직접적으로 대상의 전체를 보고 있는 것은 첫 번째 항에 해당하고, 대상을 지성의 힘으로 분석(분해)하는 것은 두 번째 항, 나아가 뿔뿔이 흩어진 대상을 종합적으로 파악하고 직관적 전체성을 재구성하는 것은 세 번째 항에 해당한다.

헤겔 자신은 유일한 변증법적 논리가 사물과 그 인식 과정을 관통한다고 생각한다. 그러나 그것은 그의 용어법이 대단히 다의적으로 될 수밖에 없다는 것을 의미한다. 그리고 헤겔이 지향한 것은 운동과 변화의 결과에 대한 기술이 아니라 운동 그 자체의 논리, 생생하게 된 직관을 학적으로 설명하는 논리였다. 이리하여 헤겔 변증법은 형식논리학을 넘어서는 모순의 논리를 요청했지만, 변증법적 논리를 헤겔의 관념론과 신비주의로부터 떼어내 과학적이고 가능한 명석한 논리로서 재구성할 필요가 있을 것이다. ⇒모순, 이성, 사변, 역사

【참】Marx (1844b), Hartmann (1868), Lenin (1929), Popper (1963), Gadamer (1971b), Sarlemijn (1971), 許萬元 (1972), Diemer (1976), Fink-Eitel (1978)

―시마자키 다카시(島崎 隆)

변화 變化 [Veränderung]

헤겔은 변화를 어떤 질에서 다른 질로의, 어떤 현존재에서 비현존재로의, 어떤 것에서 다른 것으로의 이행이라고 정의하고 이것을 기본적으로 존재론 단계에서의 운동으로 간주한다. 변화는 어떤 것이 특정한 질을 지닌다는 것에 수반되는 운동이며 유한한 것의 본성이다. "우리는…… 모든 유한한 것……이 변화를 면하지 못한다는 것을 알고 있다"[『엔치클로페디(제3판) 논리학』 92절 「보론」]. 또한 변화는 생성(Werden)이 현존재에서 구체화된 것이자 유한한 것이 즉자적으로는 자기의 타자라는 현존재 일반이 지니는 내적 모순·부등성·부정성의 나타남이기도 하다. 다른 한편으로 헤겔은 사물의 질적 변화와 양적 증감에 관계되는 변화를 구별하고, 현존재의 양적 증감이 일정한 한도를 넘어서서 변화하면 이 현존재 자신의 질적 변화가 야기된다는 질적 변화와 양적 변화의 상호규정 관계에도 주목한다. 따라서 변화는 헤겔에게 있어 현상의 세계에서 대립물로의 반성의 운동으로서의 전환(Wechsel)과 구별될 뿐 아니라, 또한 동일한 것이 맹아적인 형태로부터 자기 자신을 산출하여 전개하는 개념의 운동으로서의 발전이나 형태변화(Metamorphose, 변신이야기는 이것과 관련하여 언급된다)와도 구별된다. ⇒유한성,

타자, 현존재

─오쿠타니 고이치(奧谷浩一)

별 ⇨ 전체, 행성, 혜성

병존並存 ⇨ 자기 외 존재

보편普遍 [Allgemeinheit]

대상적 사물과 상태와 사건 등에서 '참다운 것, 본질적인 것, 내면적인 것'은 사유에 의해서만 파악될 수 있는 보편적인 것이다. 예를 들면 법 내지 규칙과 법칙 일반, 정의, 의무 및 권리 등은 개별적인 상황들, 형태들, 현상들, 관계들을 꿰뚫는 보편적인 것이지만, 그 자체로서 공간 속에 감각적으로 현존재하고 있는 것은 아니다. "사물들의 보편적인 것은 우리에게 속하는 주관적인 것이 아니라 오히려 일시적인 현상에 대립된 본체(Noumenon)로서 사물 그 자체의 참다운 것, 객관적인 것, 현실적인 것이며, 플라톤적인 이데아 같은 것이지만, 어딘가에 멀리 있는 것이 아니라 개별적인 사물들 속에 실체적 유로서 존재하는 것이다"[『엔치클로페디(제3판) 자연철학』 246절 「보론」]. 우리는 특정한 동물을 가리켜 '이것은 동물이다'라고 말하지만, 동물 그 자체를 가리키는 것은 가능하지 않으며, 언제나 특정한 동물을 가리킬 수 있을 뿐이다. 동물이라는 것은 현존하지 않는다. 현실적으로 존재하는 모든 동물은 특수한 것이지만, 동물이라는 것, 즉 보편적인 것으로서의 '유'는 이러한 특정한 동물들에 속하며, 그 특정한 것의 본질을 이루고 있다. 개에게서 동물이라는 것을 제거하게 되면 그것이 무엇인지는 말할 수 없다. 동물이라는 것은 단지 공통된, 지성적으로 동일한 사항, 외적인 유대와 같은 '추상적인 것'이 아니라 '유'로서 개별적인 동물들을 꿰뚫으며 그것들을 자기 속에 포함하고 그것들의 '근거, 근저, 실체'를 이루는 것이다[『엔치클로페디(제3판) 논리학』 24절 「보론」, 175절 「보론」; 『논리의 학』 5. 26, 6. 300]. 이른

바 보편논쟁에서의 실재론적-토마스적 발상을 재흥시키면서도 그것을 변증법적으로 재구성하는 헤겔은 "모든 존재자가 특수한 성질과 상태를 지니는 개별적 현실성 속에 존재하는 보편적 유" 내지 "보편적인 것으로서 자기를 개별적인 것과 연결하는 특수한 것"인 까닭(논리적으로는 '추리의 형식')을 갈파하는 것이다[『엔치클로페디(제3판) 논리학』 24절 「보론」, 179절; 『논리의 학』 6. 352, 359].

본래 헤겔에 따르면 다름 아닌 "참다운 것, 이념이 공허한 보편성 속에 있는 것이 아니라 그것 자신에서 특수한 것, 규정된 것인 보편적인 것 속에 있다는 것을 분명히 하는 것이 지성에 대립하는 철학의 일"이다[『철학사』 18. 43]. 보편 및 특수성과 개별성을 외연의 좁고 넓음 내지 양의 관계 및 종속관계에서 파악하는 지성적 파악은 "합리적인 것의 비합리적 인식"에 불과한 것으로서 물리쳐진다[『논리의 학』 6. 289, 295]. 이것들은 우선 '절대자' 그 자신으로부터 출발하는 매개운동의 계기 내지 자기 구별적으로 자기 동일적인 변증법적 활동성으로서의 '개념'의 세 계기로 보아야만 하며, 이러한 '개념'은 '무규정성'으로서의 보편과 그것의 자기 '규정(부정)성'인 특수와의 통일로서 개별이자 자기의 규정성을 관통해가는 '주체'인 '구체적 보편'에 다름 아니다[『엔치클로페디(제3판) 논리학』 164절; 『법철학』 24절].

이러한 "즉자대자적으로 존재하는 보편"은 "이성적인 것" 내지 "자기를 아는 이성"이라고도 불리며[『법철학』 같은 곳; 『엔치클로페디(제3판) 정신철학』 577절], 체계적으로는 '논리학'의 영역에서 보편, 특수, 개별의 완전한 매개관계가 제시된다. 그에 대해 '자연'에서 보편은 자기에게 적합해 있지 않으며(이것이 생명적인 것의 근원적 질병과 타고난 죽음의 맹아를 이룬다), '개념'은 그 현존재의 외면성과 유한성을 극복할 수 없다. 그러나 동물적 개체가 지니는 자연성 내지 그 실재성의 직접성을 지양함으로써 자연 속에서는 단지 즉자적으로 존재하는 데 불과한 보편이 대자적으로 된다. 여기서 '개념'의 '주체성', 즉 '구체적 보편'이 정립되게 된다. "보편이 보편에 대해서 존재함으로써 개념은 대자적으로 존재하는 것이지만, 이것은 정신에

서 비로소 출현한다. 여기서 개념은 자기를 대상화한다. 그러나 그에 의해 개념으로서의 개념의 현존재가 정립되는 것이다"[『엔치클로페디(제3판) 자연철학』 375절, 376절 「보론」]. '정신'에서 이러한 보편은 그 규정성의 단계들을 거쳐 간다. "정신은 마음으로서는 추상적 보편의 형태를 지니며, 의식으로서는 특수화의 형태를 지니고, 그것만으로 존재하는 정신으로서는 개별성의 형태를 지닌다"[『엔치클로페디(제3판) 정신철학』 387절 「보론」]. 이러한 '주관적 정신'과 '객관적 정신' 그 자체의 참된 존재인 '인륜'으로부터 세계사에서의 '사유하는 정신[이성]'은 특수한 민족정신이 지니는 피제한성 내지 자기의 세계성을 벗어던짐으로써 자신의 '구체적 보편'을 파악하고 '절대적 정신'의 지로 고양된다[같은 책 513, 552절]. "자기를 정신으로서 아는 정신"[『정신현상학』 3. 591]의 자기지에서 말하자면 자연 및 문화의 총체가, 즉 그 일체의 역사적·사회적 단계들이 지양되게 된다. 이것들을 스스로(자기의 '타자'로서) 산출하면서 자기로 귀환하는('타자'를 포월(übergreifen)함으로써 '타자'에서 자기 자신에 존재하는) '정신'으로서의 이 '정신'은 '절대적 보편'인 것이다[『논리의 학』 6. 277, 279; 『엔치클로페디(제3판) 정신철학』 577절]. 이러한 "참된 포괄적인 의미에서의 보편은 인간의 의식에 들어서기 위해서는 수천 년을 필요로 하며, 기독교에 의해 비로소 완전히 승인되게 된 사상"이라고 헤겔은 보고 있다[『엔치클로페디(제3판) 논리학』 163절 「보론」]. ⇒특수성, 개별성, 유(類), 개념, 정신

―야마다 다다아키(山田忠彰)

보편적 개체普遍的個體 [allgemeines Individuum]

"보편성이 [보편성인 채로] 외적인 현실성을 지니는"[『정신현상학』 3. 223] 것을 의미하지만, 이 경우 이러한 개체는 부정적 통일로서의 매사이기도 하다[『논리의 학』 6. 425; 『엔치클로페디(제3판) 자연철학』 228절 이하]. 개별적 용례에서는 자연철학에서의 땅(Erde)이 지수화풍이라는 사대(四大)의 하나이면서 이것을 부정적으로 통일하여 보편적 기체로서의 주체로

되는 것을 가리킨다[『정신현상학』 3. 223; 『엔치클로페디(제3판) 자연철학』 289절]. 나아가 이것은 헤겔 철학의 근간인 '주관(체)이기도 한 실체'와 관련하여 '자각적 정신' 또는 역사철학적으로 다시 말하면 '세계정신'으로서 이해할 수도 있다[『정신현상학』 3. 31]. 이 경우 절대자 내지 세계정신이 특정한 개인에게 체현되어 현존재하고 있는 것을 의미한다. 예나에 입성하는 나폴레옹의 예는 유명하다. 그리스 인륜의 비극성의 체현자로서의 안티고네도 그 하나의 예이다. ⇒나폴레옹, 『안티고네』

―데구치 스미오(出口純夫)

보편적 자기의식普遍的自己意識 ⇨**자기의식**

복수復讐 [Rache]

범죄는 복수와 결부되어 있다. 헤겔에게 있어 범죄는 직접적으로는 개별적인 인간에게 가해지는 부정의(不正義)인 동시에 인륜적 연관 전체에 대한 침해이기도 하다. 그러므로 복수도 개별적인 사건이 아니라 손상된 인륜과 그 회복의 과정으로서 이해되어야 한다. 그러나 복수는 그때마다의 특수한 의지에 관계하기 때문에 거듭되는 복수에 의한 무한한 연쇄를 산출한다. 법적 권리로서 이해되는 경우 복수라는 형식으로 범죄에 대항할 권리는 즉자적인 것에 불과하며 합법적 권리로서는 정당화되지 않는다. 그러므로 침해당한 당사자 대신에 보편자가 재판에서 이 의지를 떠맡는다. 이에 따라 "범죄의 추적과 처벌은 복수에 의한 오로지 주관적이고 우연적인 보복이길 그치고 권리의 자기 자신과의 참다운 화해, 즉 형벌로 변한다"[『법철학』 220절]. ⇒범죄, 형벌

―이와사키 미노루(岩崎 稔)

복음福音 ⇨**프로테스탄티즘**

복음서福音書 ⇨**성서**

복지福祉 ⇨**선행**

복지행정福祉行政 ⇨**경찰행정**

본능本能 [Instinkt]

　내면으로부터 규정되어 있는 생물의 가장 원초적인 특질[『엔치클로페디(제3판) 정신철학』 381절 「보론」]. 많은 능력을 지니고 자기를 알며 자유를 본질로 하는 인간은 본능에 따라 살아가기를 그칠 수 없다. 특정한 능력에 의해 확실하게 살아간다고 생각되는 동물도 쉽게 속임을 당할 수 있으며, 인간도 자기의 많은 능력 때문에 다양하게 기만당할 수 있다. 그러나 인간은 이성에 의해서 이러한 오류를 바로잡을 수 있다. 따라서 헤겔은 흄의 철학에 대해 그것이 이성과 본능을 대립시켜 인간적인 것을 본능에 귀착시키는 것이라고 하여 부정적인 평가를 내리게 된다[『철학사』 20. 280].

　다른 한편 '이성의 본능'이라는 표현이 비유적으로 사용된다[『정신현상학』 3. 190, 192; 『논리의 학』 6. 526]. 이 경우에도 그것이 본능인 한에서 자기를 인식하는 데에는 이르지 못한다[『정신현상학』 3. 560].

-요시다 로쿠야(吉田六弥)

본질本質 [Wesen]

　헤겔이 말하는 본질이란 변화하는 유한한 사물을 통해서 자기와 관계하는 존재이며, 최종적으로는 절대자의 부정적인 운동이다. 그때 절대자는 가상으로서의 직접적인 존재로부터 내면적인 자기로서의 개념으로 귀환하고자 하는 것이다.

　예를 들어 인간의 직접적 존재에는 남성과 여성, 젊은이와 늙은이, 유색인종과 백색인종 등의 다양한 구별이 있다. 그리고 같은 남성에서도 젊은이로부터 늙은이로 변화해간다. 그러나 통상적으로 인간은 남성

이든 여성이든, 젊은이든 늙은이든 관계없이 두 발로 직립 보행하는 동물 내지 이성적 동물이라는 본질에서는 모두 동일하다. 그러나 헤겔에 따르면 지금 말한 것과 같은 다양한 존재의 구별은 그 다양성 때문에 진리의 통일성을 갖추고 있지 않은 것으로서 부정되며, 동시에 그것들을 매개로 함으로써 인간의 본질이 다양한 구별을 총괄하는 내면적인 것으로서 분명하게 된다. 또한 역으로 그와 같은 내면적인 것은 외면으로 현상하고 현실화해야만 하는 것이기도 하다. 나아가 헤겔이 말하는 본질은 본래적으로는 이상과 같은 유한한 존재 사물의 본질을 창출하는 원천이 되는 절대자의 본질이다. 이 점에 관해서는 "절대자는 처음에 존재로서 규정되었지만, 이제 본질로서 규정된다"[『논리의 학』 6. 13]고 말해지고 있다.

　본질은 "자기의 고유한 부정성", 요컨대 "존재의 무한한 운동"에 의해서 생성하는 것이며, 그것은 "존재가 자기 안으로 완전히 귀환하는 것"이다. 따라서 "본질의 부정성이란 반성인 것이다"[같은 책 6. 15]. 다만 본질의 단계에서는 절대자의 자기의 내실인 개념이 명확히 되어 있지 않다. 단지 자기와 같은 것이 존재하고 있다는 것이 명확해지고 그 내실로 향하는 것이 매개의 운동인 것이다. 헤겔은 이와 같은 본질을 "자기 자신에 관계하는 부정성을 통해 자기를 자기와 매개하는 존재"[『엔치클로페디(제3판) 논리학』 112절]라고 규정한다. 또한 그 존재를 타자에 관계함으로써 "자기 자신에 대한 관계"[같은 곳]로 되는 바로 그것이라고도 규정하고 있다.

　『논리의 학』에서 본질은 다음의 세 단계를 통해 서술되고 있다. 본질은 우선 자기 자신 내에서 가현한다. 다시 말하면 본질은 가상이다. 둘째로 본질은 현상하며, 셋째로 현실성으로서 정립되어 자기를 열어보인다[『논리의 학』 6. 16]. ⇒존재, 개념, 부정, 가상, 현상, 현실성

　【참】 Eley (1976), 大村晴雄 (1976)

-야마구치 세이이치(山口誠一)

본질성本質性 [Wesenheit]

이 말은 복수형으로 사용되는 경우가 많다. 사물의 형이상학적인 본질을 가리키며, 라틴 어의 essentia의 번역어이기도 하다. 단순히 사물의 이름과 본질이 사물로부터 분리되어 관념으로서 본질성으로 되기도 한다. "반성의 규정들은 자유로운, 상호간에 견인도 반발도 하지 않는 공허 속을 떠도는 본질성들(Wesenheiten)이 되어 현상한다"[『논리의 학』6. 34]. 이와 같이 보통의 사물의 불변적인 본질이라는 의미에서 사용될 때에도 '동일성의 근거가 되는 본질'이라는 의미가 놓여 있다. "자기 동일도 차이도 어떤 것의 참된 본질성이 아니다. 그것은 어떤 것 A가 자기의 존재를 타자 B 안에서 가지는 것이다. 그 타자 B가 어떤 것 A의 자기 동일로서 어떤 것 A의 본질이다. 이 타자 B 역시 마찬가지로 자기 내로의 추상적 반성이 아니라 타자 A로 반성하고 있다. 근거는 다만 어떤 것·어떤 타자의 근거인 한에서 자기 내에 존재하는 본질이다"[『엔치클로페디(제3판) 논리학』121절]. 타자 B를 기초짓는 본질, 바로 그것이 A 자체의 내재적 본질성이 된다. ⇒본질, 범주

―가토 히사타케(加藤尙武)

볼테르[François Marie Arouet, dit Voltaire 1694. 11. 21~1778. 5. 30]

18세기 프랑스 계몽사상을 대표하는 인물이 된 문학자, '철학자'. 한편으로는 『철학서간』을 써서 뉴턴 철학과 로크 등의 영국 경험주의와 과학사상을 도입하면서 프랑스의 구체제에 대한 비판자로서 이름이 높음과 동시에, 『캉디드』를 통해 낙관주의를 비판하면서도 현세적인 인간 예찬을 주장했다. 그리고 칼라스 사건과 라 바르 사건에 대한 적극적인 개입에 의해 종교적 관용을 강하게 호소하고 당시 최고의 지혜자로서 존경받았다. 그러나 헤겔에게 있어 볼테르는 철학적으로 흥미를 불러일으키는 인물이라고는 말할 수 없었다. 예를 들어 이 점은 역사철학(이 명칭이 볼테르에게서 유래한다)이라는 가장 중요한 분야에서의 볼테르의 저작이 헤겔에 의해서 전혀 언급되고 있지 않은 데서 보이지만, 이것은 그가 경험적 서술에 빠져있기 때문일 것이다. 헤겔에게 중요했던 것은 계몽사상의 비판

정신인 것이다. ⇒프랑스 계몽사상

―사토 가즈오(佐藤和夫)

볼프[Christian Wolff 1679. 1. 24~1754. 4. 9]

독일 계몽기의 중심적인 철학자. <라이프니츠-볼프학파>라는 명칭으로 알려져 있다. 그러나 이 두 사람의 관계는 그렇게 단순하지 않다. 라이프니츠에서 볼프에 이르는 흐름이 연속적이고 직선적인 것처럼 예단케 하는 이 명칭이 처음 나타난 것은 야마우치(山內)의 최신 연구에 따르면 1724년 반-볼프학파인 부데(Franz Budde)의 저작에서이다. 또한 이 명칭은 사상 전체에 관해서가 아니라 주로 예정조화설을 염두에 두고 비유적으로 사용된 것이었다. 그리고 역사적 사실로부터 말해도 볼프가 실제 접촉할 수 있었던 라이프니츠 사상은 극히 한정된 것이었다. 그럼에도 불구하고 <라이프니츠-볼프학파>라는 명칭이 철학사에서 일반적으로 정착하게 된 것은 그 후 칸트와 헤겔이 그 결합을 적극적으로 주장했기 때문이라고 생각된다. 칸트는 『순수이성비판』에서 "라이프니츠-볼프학파는 우리들의 인식의 본성 및 기원에 관한 모든 연구에 대해서 대단히 부당한 관점을 보여준다. 왜냐하면 이 철학은 감성과 지성의 구별을 논리적인 구별이라고 간주하기 때문이다"[B 61]라고 하고 있다. 또한 헤겔은 『철학사』에서 "라이프니츠에게 직접 연결되는 것은 볼프 철학이다. 왜냐하면 볼프 철학은 본래 라이프니츠 철학을 체계화하는 것에서 성립하기 때문이며, 따라서 <라이프니츠-볼프학파>라고 불리는 것이다"[20. 256]라고 말하고 있다.

헤겔은 독일 국민문화사의 관점에서 볼프를 바라보고 있다. "볼프는 특히 독일인의 일반적 교양을 위해 불멸의 공적을 세웠다. 그는 무엇보다도 독일인의 교사라고 불려야만 한다. 볼프가 처음으로 독일에 철학적 사색을 심었다고 말해도 좋다"[같은 곳]고 하는 것도 볼프가 그의 저서 대부분을 모국어로 저술했기 때문이지만, "이것은 중대한 사항이다". 왜냐하면 "국민이 학문을 자국어로 소유할 때에만 비로소 국민"으로 되는데, 이것은 "철학에서 가장 필요"한 것이기

때문이다. 그러나 그 철학은 "일반적 내용에서 말하자면 전체로서 다만 라이프니츠 철학"에 불과하지만, 그것에 충실히 따른 것은 오직 단자론과 변신론에 관해서일 뿐이며, "그 밖의 내용은 경험적으로 우리의 감각, 경향성에서" 받아들이고 있다. 그러므로 볼프 철학의 특질은 "일상적인 보통의 표상에 기초하는 정의를 근저에 놓는 것으로서 그때 이 표상을 지성규정의 공허한 형식으로 번역"하는 것이다. 그것은 절대자 및 이성적인 것을 "서로 배타적인 사유규정과 관계들에 의해서 규정하는 철학적 사색"에 다름 아닌 것이다 [같은 책 **20**. 256ff.]. ⇒라이프니츠

【참】山內志朗 (1990)

─구로사키 마사오(黑崎政男)

봉건제封建制 [Feudalsystem, Lehensverfassung, Lehenssystem]
게르만 세계의 제2기에 등장한 세 종류의 반동 가운데 법률적인 힘과 국가권력에 대한 개인들의 반동은 개인의 고립무원을 초래했다. 개인들은 다른 권력에 보호를 구하고, 결국 일반적인 종속상태에 빠졌다. 그 체계가 봉건제도이다『역사철학』 **12**. 441]. 개인들은 단결과 사회성을 추구하여, 예전에는 보편적인 국가권력에 속해 있던 권위를 몸에 두르고 사유재산과 사적 지배를 손에 쥔 소수의 권력자에 복종하게 되었다. 이 권력자는 국가권력 그 자체를 손에 쥐고 국가로부터 대여 받은 권력을 세습재산으로 만들었다. 예전에는 국왕과 다른 고관이 신하에게 보상으로서 봉토(Lehen)를 주었지만, 이제는 약자와 빈민이 권력자에게 자신의 재산을 주고 그에 의해 강력한 보호를 얻게 되었다. 그들은 주인에게 재산을 제공하고(feudal oblatum) 채무의 이행을 주인에게 약속하며 다시 그것을 손에 넣었지만, 이것은 대여라는 형태를 취했다. 요컨대 그들은 자유민에서 봉신(Vasall, Lehnleute)이 되었던 것이다. 이것이 봉건체제이며, 봉토(Feudum)는 충성(fides)과 혈연이 되었다. 그러나 이러한 충성은 부정에 의한 구속이다. 봉신의 충성은 보편자에 대한 의무가 아니라 우연성과 자의, 폭력행위에 맡겨진 사적인 의무에 지나지 않는다. 이리하여 보편적인 부정과 불법

이 사적인 종속관계와 의무관계의 체제에 짜 넣어졌다 [같은 책 **12**. 445-446].

봉신이 봉토에서 독립하고 군주의 인격이 아니라 보편적인 국가권력에 따르게 되어 봉건제도는 붕괴했다『독일 헌법론』 **1**. 600]. 특히 독일의 경우에는 대의제가 성립하고 봉주가 개인이 아니라 대표자로서 존재하게 됨으로써 봉건제도로부터 군주정이 나타났다. 봉건제도는 다두정치(Polyarchie)이자 주인과 노예의 관계이지만, 군주정(Monarchie)에서는 주인은 있어도 노예는 없으며『역사철학』 **12**. 478] 권력은 국가에 귀속된다. 봉건제도는 국가를 알지 못하는 것이다. ⇒중세

─시바타 다카유키(柴田隆行)

봉사奉仕 ⇨ 희생

뵈메 [Jacob Böhme 1575-1624. 11. 17]
괴를리츠의 구둣방에서 '독일의 철학자'로 일컬어진 신지학자. 1600년 갑작스런 영적 체험을 하고, 1612년 처녀작『여명』을 집필, 시의 루터파 목사장 리히터(Gregor Richter)의 박해에 부딪친다. 1620년의『여섯 가지 신지학적 요점』등 만년에 많은 저작을 저술. '무로부터의 창조'를 믿지 않고 또 이 세계의 악을 신으로부터 분리하기 위하여 우선 신의 자연의 산출을 사유하는 점에 특징이 있다. 요컨대 신성의 본질은 근거를 지니지 않는 무근거(Ungrund)이지만, 그것은 동시에 눈처럼 모든 것을 포섭하고 스스로의 갈망(Hunger)에 의해서 근거(Grund)를 산출한다. 그것은 견인(Anziehen)을 본질로 하는 어둠과 그것이 현시되도록 촉구하는 빛이라는 두 의지로 나뉘어 활동하며, "첫 번째 의지는 신이라고 불리지 않고 자연(Natura)이라고 불린다". 헤겔은 예나 시대에 뵈메적인 직관에 머무르는 것을 비판하고『기록』363f.], 그것의 비개념적인 서술 형식을 '야만'이라고 평가했다『철학사』 **20**. 97].

【참】 Franckenberg (1730), 四日谷敬子 (1985, 1991b), Garewicz (1988)

─시카야 다이코(四日谷敬子)

뵈티거 [Karl August Böttiger 1760. 6. 8-1835. 11. 17]

독일의 고전문헌학자·고고학자. 문헌학·고고학·미술사에 관한 다수의 저술이 있다. 괴테, 실러, 빌란트 등의 문인과 친교를 맺는다. 드레스덴의 고대 미술관장으로 일하며 그리스 조각의 양식에 관한 연구를 행한다. 헤겔의『미학』에서 언급된다. "뵈티거가 여성스런 여신의 대리석상의 부드러워 보이는 부분들을 어루만지는 것은 예술 관조와 예술 향수와는 무관계하다"[『미학』 14. 255]. 예술 작품의 역사적 연구에 몰두하여『회화의 고고학의 구상』(1811),『예술-신화의 구상』(1826, 1836)을 저술한다. 개별적인 예술 작품들을 통일적인 관점에서 체계적으로 구분하여 예술 작품의 역사적 발전·체계적 전개를 강조했다. 주저: *Andeutungen zu 24 Vorträgen über die Archäologie* (1806), *Ideen zur Archäologie der Malerei* (1811), *Ideen zur Kunst-Mythologie* (1826, 1836).

－요리카와 죠지(寄川條路)

부富⇨빈곤, 고귀한 의식과 비천한 의식

부르크하르트 부인──夫人(크리스티아나 샤를로트 요한나 부르크하르트, 이전 성 피셔) [Christiana Charlotte Johanna Burkhardt, geb. Fischer 1778. 5. 8-1817 경]

1807년에 헤겔의 서자 루트비히(Georg Ludwig "Louis" Friedrich Fischer 1807. 2. 5-1831. 8. 28)를 낳은 여성. 당시 29세로 8세 연하. 하숙집의 가정부로 이미 다른 남성의 사생아를 두 명 낳아 남편에게 버림받은 상태였다. 루트비히의 존재는 친구들에게 알려져서 괴테가 루트비히에게 준 시도 있다[『서간집』(제4권-1) 233쪽]. 11년부터 본 부인 등에 의해 양육되었으며, 17년 헤겔가에 받아들여졌고, 5년 후 진로를 두고 아버지와 충돌하여 집을 떠나 서적업을 견습한 후 25년 네덜란드 군에 입대, 26년 보병 하사관으로 자카르타에 부임, 31년 6월의 퇴역 예정을 지나 8월 열병으로 현지에서 사망. 향년 24세[『서간집』(제4권-1) 246]. 상세한 공표는 1960년의 『서간집』 제4권. ⇒헤겔가

【참】Goethe (1817), Laube (1847), Lasson (1911), Kaufmann (1965), Wiedmann (1965), Harris (1983)

－호시 도시오(星 敏雄)

부분部分⇨전체

부아스레 형제──兄弟 [Sulpitz Boisserée 1783. 8. 2-1854. 5. 2; Melchior Boisserée 1786. 4. 23-1851. 5. 14]

독일에서 고독일과 네덜란드 미술의 수용은 미술 연구가이자 수집가인 부아스레 형제와 낭만파 Fr. 슐레겔에 의한 수집, 전시 활동에 의해서 확대되었다. 이러한 활동은 프랑스 군의 침공에 의해서 흩어진 자국의 종교예술의 구출을 의미하며, 패전의 굴욕에서 생겨난 민족의식을 높이는 역할을 수행했다. 1803년 파리에서 사적인 강의를 슐레겔에게서 받은 부아스레 형제는 그들의 중세예술 지식을 슐레겔에게 피력하고 이후의 수집 여행을 함께 한다. 이러한 수집은 쾰른, 하이델베르크, 슈투트가르트에서 전시되어 커다란 반향을 불러일으킨다. 그들의 활동에 의한 중세 독일 예술의 의미 부여는 종래의 고전주의적 예술관에 대해 예술의 민족적이고 지방적인 의의를 강조하는 "미술사의 패러다임의 전환"(A. 게트만-지페르트)을 의미하기도 한다.

헤겔은 뉘른베르크 시대부터 하이델베르크 시대에 걸쳐 친구 파울루스의 소개로 부아스레 형제와 교제한다. 또한 S. 부아스레는 헤겔의 하이델베르크 대학 취임을 위해서도 힘썼다. 1816년 헤겔은 하이델베르크에서 그들의 수집품에 접하고 독일과 네덜란드 회화의 의의를 알게 된다.『미학』에서의 이탈리아 회화에 관한 헤겔의 지식이 주로 폰 루모르(Karl Friedrich von Rumohr 1785. 1. 6-1843. 7. 25)의『이탈리아 연구』에 빚지고 있는 데 반해, 독일과 네덜란드 회화에 관한 지식의 많은 부분은 부아스레 형제와의 친교를 통해 얻어진 것이었다. 그러나 그럼에도 불구하고 헤겔은 독일 중세 예술을 삶의 근원으로 간주하는 낭만주의적인 민족주의적 정열을 슐레겔이나 부아스레 형제와 공유하지는 않았다. 그들이 중세 종교예술을 중시하는

159

데 반해 헤겔은 오히려 17세기 네덜란드 세속화에 주목하고 있다. 열광에 대한 거리라는 점에서 헤겔은 부아스레나 후기 낭만파에 대한 괴테의 입장에 가까운 것이다. ⇒슐레겔 형제, 파울루스

【참】 Nicolin (1970), Pöggeler (1971), Strack (1982), Gethmann-Siefert (1987), 岩城見一 (1989)

―이와키 겐이치(岩城見一)

부자유不自由 ⇨자유

부정否定 [Negation]

부정 또는 부정성(Negativität)에 관한 독특한 해석을 빼놓고서 헤겔 철학 특히 논리학의 특징과 방법을 이해할 수 없다. 그에게 있어 부정은 언명형식에서 긍정(Affirmation)과 대립하고 있는 형식논리적인 부정에 불과한 것이 아니다. 또한 우리의 경험적 인식의 조건으로서 실재성(Realität)에 대립된 초월론적인 부정도 아니다. 그는 부정 개념에 생각할 수 있는 한에서 최대의 중요성을 부여하며, 거기서 시대의 분열과 추상적 무를 극복하는 길을 찾고 있다. 부정은 "모든 철학이념과 사변적 사유 일반의 추상적 기초"이지만, 근대까지 그 참된 모습이 알려진 것은 아니었다. 부정이야말로 "참으로 실재하는 것, 즉자존재"이며, 그때까지 확고부동하다고 생각되어 왔던 범주를 대신해 <존재>의 원리의 위치를 차지해야만 한다[이상 『논리의 학(초판)』 GW 11. 77]. 헤겔의 부정 개념은 다양한 의미를 지니지만, 대체로 두 개로 나눌 수 있다. "최초의 부정 일반으로서의 부정은 두 번째의 부정의 부정과 구별되어야만 한다. 후자가 구체적이고 절대적인 부정성인 데 반해 전자는 추상적인 부정성이다"[『논리의 학』 5. 124].

Ⅰ. 규정성으로서의 부정. 헤겔 논리학은 우선 <규정성>을 문제로 하지만, 스피노자의 "모든 규정성은 부정이다"라는 명제를 끌어들여 규정성 그 자체가 부정이라고 주장한다. 규정성이란 어떤 것의 존재를 의미하기 때문에 부정은 어떤 것을 존재케 하는 원리이며

추상적인 무가 아니다. 또는 부정은 어떤 것의 제한이지만, 제한은 단순한 무가 아니라 어떤 것의 즉자존재와 관련된 결여이기 때문에 부정은 <즉자존재>를 지시한다. 나아가 부정은 (전혀 부정을 포함하지 않는) 실재성과 (전혀 실재성을 포함하지 않는) 부정과의 대립 범주에서의 부정이 아니라는 것에 대해서도 주의하지 않으면 안 된다. 양자는 모두 추상적인 무이며 실제로 부정은 이미 실재성 속에 계기로서 포함되어 있는 것이다.

Ⅱ. 부정의 부정. 두 번째 부정은 규정성으로서의 부정을 부정하는 것, <부정의 부정>이다. 그것은 어떤 것의 제한의 부정이기 때문에 그 즉자존재가 정립되는 것, <당위>의 활동이다. 헤겔은 부정의 부정을 <자기 관계하는 부정성>이라고 생각한다. 헨리히(Dieter Henrich)에 따르면 부정의 부정은 실재의 세계에는 존재하지 않고 언명에 특유한 이중부정의 형식 ~p로부터 파악되고 있지만, 언명의 부정은 자기관계적일 수 없기 때문에 그것에 그것 자신의 타자라는 타자존재의 사상이 결합되어 있었다고 한다. 이러한 자기 관계하는 부정성은 "모든 활동성, 생명적이고 정신적인 자기 운동의 가장 깊은 곳에 놓여 있는 원천", "주관을 인격, 자유로운 것으로 이루는 바의 생명과 정신의 객관적인 계기"[같은 책 6. 563]로 찬양되며, 헤겔의 논리적 방법과 세계관의 기초를 이루고 있다. ⇒무

【참】 Henrich (1974b)

―에비사와 겐이치(海老澤善一)

부터베크 [Friedrich Bouterwek 1766. 4. 15-1828. 8. 9]

독일의 철학자. 괴팅겐 대학 교수. 그의 사상은 절대적 잠재력설(absoluter Virtualismus)이라고 불린다. 그에 따르면 절대적 실재는 주관적인 힘과 객관적인 힘의, 요컨대 힘과 그 저항력의 통일로서의 절대적 잠재력(Virtualität)이라고 생각되었다. 헤겔은 그의 절대적 잠재력설을 주관적인 것과 객관적인 것의 통일을 근본사실로서 주장하는 방향이라고 지적한다. 훗날 부터베크는 야코비의 신앙철학의 입장을 취하게 된다. 헤겔의 비평 「부터베크의 『사변철학의 시원근거』」가 있다.

주저는 *Ideen zu einer allgemeinen Apoditik* (1799), *Anfangsgründe der spekulativen Philosophie, Versuch eines Lehrbuches* (1800), *Religion der Vernunft* (1824).

　　　　　　　　　　　　　　　　－요리카와 죠지(寄川條路)

부활復活 [Auferstehung]

Ⅰ. 신앙으로서의 부활. "그리스도의 부활과 승천은 신앙에서만 존재한다"[『뉘른베르크 저작집』 4. 68; 17. 291 참조]. 이러한 신앙은 신-인간인 그리스도에 대한 신앙, 절대적 종교로서의 기독교의 신앙이다. "이교의 신성한 신들은 피안에 있는 것으로서 표상되었다. 그리스도에 의해서 세속의 현실이, 즉 경멸해야만 할 것이 아닌 이 저열함 그 자체가 신성화된다"[같은 곳]. "사람의 아들로서 신의 아들인" 그리스도에서만 "[차안과 피안의] 동일성이 직관되기"[같은 책 4. 67] 때문이다("신-인간에게서는 어떠한 피안도 존재하지 않는다"[같은 곳]). 부활을 "신의 영원한 삶"의 "자기로의 귀환"이라고 보는 것도 신앙이다[같은 책 4. 68].

Ⅱ. 부정의 부정으로서의 부활. 부활은 부정적인 죽음을 긍정적인 것으로 전환시킨다. "그리스도의 죽음은 이 죽음 그 자체의 죽음이자 부정의 부정이다"[『종교철학』 17. 292]. "최고의 고통, 전혀 구원이 없다는 감정"을 불러일으키는 신의 죽음이라는 이러한 "가장 공포스러운 사상"[같은 책 17. 291]이 부활에 의해서 "부정적인 것에 대한 승리"로 반전된다[같은 책 17. 291 원주].

Ⅲ. 정신의 본성으로서의 부활. 부활은 정신의 부활의 일이며, "육체의 부활은 그다지 커다란 도덕적 중요성을 지니지 않는다"[『민중종교와 기독교』 1.]. "부정적인 것의 극복은 인간의 본성을 벗어던지는 것이 아니라 오히려 죽음과 최고의 사랑에서의 그에 대한 확증이다. 정신은 부정적인 것을 부정하는 것으로서만 정신이다"[『종교철학』 17. 291 원주]. 정신으로서의 그리스도의 죽음과 부활은 인간 정신 그 자신에게 있어서의 목표・모델이기도 하다[『미학』 14. 47ff. 참조]. "정신의 생은 죽음을 두려워하고 황폐로부터 순수하게 몸을 지키는 생인 것이 아니라 죽음을 인내하고 죽음 속에서 자기를 보존하는 생이다. 정신이 그 진실을 얻는 것은 오직 절대적인 분열상태 속에서 자기 자신을 발견함을 통해서이다"[『정신현상학』 3. 36; 2. 21f., 479 참조]라고 말할 때 문제되는 것은 오히려 유한한 인간 정신의 본질이다. 『엔치클로페디』의 포이닉스(불사조)의 비유[『(제3판) 자연철학』 376절 「보론」 9. 538]를 본떠서 말하면, 부활이란 부정적인 것을 안에 포섭하는 정신의 새로운 소생인 것이다. ⇒죽음, 피안・차안, 포이닉스

　　　　　　　　　　　　　　　　－자코타 유타카(座小田豊)

북아메리카北— ⇨아메리카

분류・구분分類・區分 [Einteilung]

분류는 종합적 인식 속의 두 번째 계기인 <보편에 대한 특수화>로서 위치지어지지만, 일반적으로 사람들이 인식할 때에 단순하고 추상적인 것에서 시작하고, 이것을 전제함으로써 이에 기초하여 규정화・특수화로 나아가는 것이 본래적인 도정이라고 헤겔은 생각한다[『논리의 학』 6. 520]. 여기서 분류・구분 내지 분할(Division)이 문제로 된다. 말할 필요도 없이 분류에는 분류원리가 필요하지만, 이것이 모두 어디에서 얻어지는가를 생각하면 어려움에 빠진다. 자의적으로 제멋대로인 분류원리를 제기하게 되면 상황이 다르지만, "분류의 원리는 분류되어야만 하는 대상 그 자체의 본성에서 끄집어내져야만 한다"[『엔치클로페디(제3판) 논리학』 230절 「보론」]고 생각된다면, 경험적 소재 속에서 끄집어내져서는 안 된다. 거기서 실행되는 것은 "경험적 소재 속에서 발견되는 특수한 것의 질서짓기, 이 특수한 것의 보편적 규정들의 비교에 의한 발견"[『논리의 학』 6. 523]이겠지만, 여기서 지켜져야만 하는 규칙은 <완전매거>와 같은 일반적 규칙이다. 그러나 이것은 적절한 분류를 할 때 도움이 되지 않는 "아무런 성과를 낳지 못하는 형식적인 공허한 규칙들"[같은 책 6. 524]이다. "구체적인 것의 어떤 부분 또는 어떤 측면을 고정하고 질서짓기를 이루고자 하는가는 자의

에 맡겨져 있는'[같은 책 **6.** 525] 것이고, 분류원리의 확정 근거는 객관성을 지니지 않은 채 분류되어야만 하는 대상에 있어 외재적인 관점에 의한 것이 되는 것이다. 바로 여기에 종합적 인식의 일부분으로서의 <분류에 의한 인식>의 유한성이 여기에 놓여 있다. 그러나 적절한 분류가 존재하지 않는다는 것은 아니다. 동물을 이빨과 손톱에 의해 분류한다고 하면, 그것은 적절한 분류의 하나의 예이다. 왜냐하면 그러한 징표들은 외면적인 것일 뿐 아니라 동물 자신의 개별성을 확연하게 세우는 "생명점"[같은 책 **6.** 526]이기 때문이다. 물론 이것이 우연히 되는 경우도 있지만, 그것은 "이성의 본능"[같은 곳]에 의한 것이다.

【참】 廣松渉 (1982)

―도쿠마스 다카시(德増多加志)

들은 주관적 활동의 소산임과 동시에, 이미 대상 속에 있는 기성의 것이기도 하다는 순환적 구조가 존재하는 것이다[**6.** 503-504]. 이러한 분석적 방법은 헤겔적 변증법 안에서 지양되어 있다. 체계의 논리적 전개에서 정립되는 것은 '시원'의 '보편'[직접적 개념]에 즉자적으로 포함되어 있다[『논리의 학』 **5.** 74, **6.** 557, 563]. 그런데 헤겔에 따르면 분리량을 다루는 산술학 및 해석학(Analysis)의 인식방법・연산은 분석적이다. 칸트는 이것을 종합적이라고 생각했지만, 5+7=12와 같은 산술적 명제에서는 주어[5+7]로부터의 '타자로의 이행'은 존재하지 않으며, 5와 7을 산출한 단위의 덧셈과 "동일한 연산의 단순한 속행, 반복"에 의해서 술어[12]도 성립하는 것이다[같은 책 **6.** 507]. ⇒방법, 종합

―야마다 다다아키(山田忠彰)

분석 分析 [Analyse, Analysis]

분석은 인식작용의 첫 번째(지성적) 단계이다. 이것은 외적으로 전제된 개별적이고 구체적인 대상(표상적으로 기지의 것 또는 주어진 하나의 과제 등)에서 출발하여 그것을 추상적 요소들로 "양파의 껍질을 벗기듯이" 분해하거나 그것으로부터 비본질적인 특수한 것을 사상함으로써 대상 속에 직접 포함되어 있는 형식적으로 동일한 것에서 추상적으로 보편적인(오직 공통된) 규정들을 파악하는 방법이다. 분석적 인식은 일반적으로 이러한 동일성을 원리로 하고 있으며, 그런 까닭에 "타자로의 이행, 차이적인 것의 결합"이라는 것은 이 인식에서는 배제되어 있다[『엔치클로페디(제3판) 논리학』 38절 「보론」, 227절, 같은 절 「보론」, 228절 「보론」, 231절; 『논리의 학』 **6.** 502-503]. 이 인식에 의해서 사물을 있는 그대로 파악한다고 생각하는 경험론은 사실은 사물을 변화시키고 있다. 고깃덩어리를 분석하여 그것이 질소, 탄소, 수소 등으로 이루어져 있다는 것을 발견했다고 하더라도 이러한 추상적 소재들은 이미 고기는 아니다. 마찬가지로 실재론이나 그것과는 정반대 입장인 주관적 관념론도 헤겔의 입장에서 보면 분석의 견해로서는 일면적이다. 분석적 인식에는 '정립[인식활동]'은 즉 '전제'에 다름 아니며, 규정

분업 分業 [Teil der Arbeit, Arbeitsteilung]

시민사회의 기저를 이루는 <욕구와 노동의 체계> 내부에서는 욕구 내지 그 충족수단이 다양화되고 특수화된다. 그와 함께 노동도 그 다양한 목적 때문에 다종다양한 과정으로 종별화되고 그와 동시에 노동공정은 부분화-세분화된다(노동의 분할). 그에 종사하는 개개인의 기능은 쉽게 높여지며, 분업에 의한 생산량의 비약적 증대가 생긴다. 헤겔은 공정 전체의 부분화-분절화와 그 종합에 주목한다. "열 사람으로 이루어진 작다고 할 수 있는 공장에서도 하루에 4,800개의 핀을 생산하지만, 개개인이 모두 혼자서 모든 일을 한다면 겨우 20개를 만드는 데 불과하다"[『법철학 강의(반넨만)』 101절](이런 종류의 서술은 『예나 체계 Ⅰ』, 『예나 체계 Ⅱ』에서도 볼 수 있다). 또한 헤겔은 분업의 의의를 사회적 상호의존의 관계를 확고히 하는 점에서 보지만, 더 나아가 분업의 폐해, 요컨대 개인의 활동이 일면화되어 특정한 부서에 고정되는 면에 대해서도 눈길을 돌린다. 그것은 노동의 경우에서 두드러지게 나타난다[『예나 체계 Ⅰ』 GW **6.** 323]. ⇒시민사회, 노동, 공장

―가나야 요시이치(金谷佳一)

분열分裂 [Zerrissenheit, Diremtion]

헤겔은 근대와 고대를 구별하는 것으로서 근대에 개별성의 원리가 등장하여 이미 고대의 역사단계에서처럼 보편과 개별, 사유와 존재, 즉자와 대자와 같은 대립하는 규정들이 단지 직접적으로 통일되고 이러한 절대적인 대립들을 가상으로 하는 것이 아니라 오히려 이와 같은 분열의 경험 그 자체를 정신이 자기의 교양 경험으로 해나간다는 것을 강조했다. 이것은 셸링 등의 동일철학을 극복하여 변증법적인 사유를 형성해갈 때의 결정적인 전환이 되는 인식이었다. 그는 이러한 논리들을 한편으로는 종교적인 삼위일체에 관한 사유를 심화시키면서, 다른 한편으로는 시민사회와 국가의 분열, 시민과 공민의 대립을 어떻게 파악할 것인가 하는 것을 통해 형성하고 있었다. 특히『정신현상학』에서는 자기가 소외를 경험하여 대립하는 규정에 부딪치고, 나아가 선과 악, 국가권력과 부라는 규정이 상호간에 전화되는 경험을 수행해간다. 그러한 분열 자신이 현실적인 것으로서 동일적인 규정과 대립하여 존재함으로써 정신은 모든 대립하는 규정들을 자신의 것으로서 받아들이고 그것들이 상호적으로 전도되어가는 모습(그것은 현실의 프랑스 혁명에서의 진전에서도 보였다)을 자신의 경험으로 하고 있었던 것이다. 헤겔은『정신현상학』에서 디드로의『라모의 조카』의 철학자를 성실한 의식에, 또한 라모의 조카를 분열된 의식에 대응시키고 그 대립의 경험으로부터 오히려 새로운 동일성이 생긴다는 것을 지적했다[3. 386f.].

또한 헤겔은 이러한 대립하는 규정이 생기는 것을 적극적으로 승인하고, 예를 들면 종교에서도 신이 자기 동일한 그대로 머무르는 단계보다 절대적인 분열, 대립을 경험하는 단계를 좀더 적극적인 단계로 생각하게 된다. 이리하여 모든 대립하는 규정들을 자신의 것으로서 경험해가는 과정이 적극적인 것이 됨으로써 변증법적인 철학관이 형성되었던 것이다. ⇒『라모의 조카』

―사토 가즈오(佐藤和夫)

분열된 의식分裂―意識 ⇨**분열**, 『**라모의 조카**』

분해分解 ⇨**화학 · 화학적 연관**

불 [Feuer]

불은 물리학적 원소의 하나이며, 같은 원소의 하나인 물과 함께 대립의 계기를 나타낸다. "대립의 원소는 첫째로 대자존재, …… 개체성 내에 계기로서 정립되며, 개체성의 대자적으로 존립하는 불안정으로서의 대자존재이다.―불. …… 불은 물질화된 시간 또는 자기성이며, 단적으로 불안정한 것이자 소실시키는 것이다"[『엔치클로페디(제3판) 자연철학』283절]. 불은 실재화된 물체의 개념을 전제하고 있으며, 그 최초의 실재인 보편자인 공기에 대립하여 실재하고 있는 물체의 계기이다. 무차별적인 동등성인 공기가 '대자존재'로 되고, 특수자로서 대립하면 그것이 불로서 현상한다. 따라서 불은 이러한 물체의 개념이 대립에서 실재하는 최초의 형식이지만, 불의 존립은 개체성으로서 확실하지 않고 대립의 해소 가능성을 포함하는 활동성이다. 따라서 "불안정으로서의 대자존재"라고 말해지며, 대립을 해소하고자 하는 과정이 나타난다. 이러한 과정이 불이며, "불은 과정 그 자체이다"[같은 책 281절「보론」]. 이 불은 언제나 대립을 전제하고 대립하는 특수자를 소실시키며, 대립을 해소하여 보편성에 도달하고자 한다. 나아가 불은 정신과 달리 스스로 대립물을 산출하는 것이 아니라 대립을 전제하고 대립하는 특수자와의 관계에서만 그것을 소실시켜 부정하는 과정으로서만 실재하게 된다. 따라서 불은 "자기 관계하는 부정성"[같은 책 283절]이며, "부정성 그 자체"[같은 절「보론」]이다.

또한 갈바니 전기의 과정에서도 불은 그것의 활동성으로서 나타난다. "갈바니 전기의 과정에서 활동은 관계된 금속의 차별된 규정태 안에 오로지 자체적으로 존재하고 있는 데 지나지 않지만, 이 활동이 대자적으로 현존하는 것으로서 정립되면, 그것은 불이다"[같은 책 331절]. 이 경우에도 불은 활동의 실재성이며, 실재하는 것에 의해서 존재하고 있는 대립물을 소실시키고자 하는 것이다. ⇒물, 갈바니즘

―나가시마 다카시(長島 隆)

불꽃 [Blitz, Funken]

　불은 모든 관계하는 것을 태워버려 개별적인 것을 무화시킨다. 자기도 포함하여 태워버리는 <불>에 대해 헤겔은 예를 들면 "모든 주관성이라는 모기들은 [신앙이라는―역자] 이 태워버리는 불(Feuer) 속에서 완전히 타버린다. 그리고 이러한 헌신과 무화의 의식마저도 무화된다"[『신앙과 지식』 2. 382] 등이라고도 말하고 있다. 제약된 것이 자기부정을 통해 보편성에로 돌파해가는 계기로서 헤겔은 지가 성립하는 무차별점을 "셸링이 [『나의 철학체계의 서술』에서] 말하듯이 관념적인 것이 실재적인 것 안으로 두들겨 넣는 불꽃(Blitz)이자 점으로서의 자기구성이다"[『차이 논문』 2. 111]라고 말했다. '불꽃(Funken)'은 『예나 체계 III』의 '자연철학'에서는 개체에 내면화된 불, 즉 개체로부터 보편에로의 이행을 생기게 하는 원리의 비유로서 말해진다. 이는 『엔치클로페디 자연철학』에서의 '불(Feuer)'과 '화염(Flamme)'의 의미와 통하는 용례이다. 이러한 <고차적인 것을 산출하는 돌파점>의 비유로서의 <불꽃>에서는 M. 에크하르트와 J. 뵈메로부터의 영향을 볼 수 있다.

　그런데 베른 시대의 초고에서는 그리스도가 "약간의 새로운 이념, 즉 불꽃(Funken)"[『민중종교와 기독교』 1. 51]을 제자들의 마음에 던져 넣은 것만으로 만족하지 않았다는 취지가 언급되고 있다. '불꽃'은 <신적인 것>과 인간 사이의 제약을 부정하여 관련짓는 곳으로 날아오른다. "우리 안의 신적인 불꽃"[같은 책 1. 96]이라는 용례에서도 알 수 있듯이 <신적인 것>을 감수하는 능력으로서 '불꽃'이 <정신> 안에서 파악되고 있다. 거기서 에크하르트의 영향만이 아니라 플라톤이 『제7서한』에서 말하고 있는 <배우는 자의 영혼 속에서 생겨난 이후 생겨난 그것 자체가 그 자신을 양육해가는 사상의 날아오르는 불>과 유사한 사고방식도 볼 수 있을 것이다.

　　　　　　　　　　　　　　―구리하라 다카시(栗原隆)

불레 [Johann Gottlieb Buhle 1763. 9. 29-1821. 8. 11]

　대규모 철학사 두 편을 저술했지만, 헤겔이 원전으로서 거론하고 있는 것은 『철학사 교본』 전8권이다. 헤겔에 의한 평가는 "고대 철학은 극단적으로 간략하게 다루어지고 있으며, 시대가 나아감에 따라 상세해진다. 괴팅겐 도서관에 있는 조르다노 브루노의 저작 등 희귀한 서적으로부터의 인용이 많은"[『철학사』 18. 135] 까닭에 "이용 가치가 있다"[같은 책 호프마이스터 판 258]는 것이다.

　【참】 Buhle (1796-1804, 1800-04)

　　　　　　　　　　　　　　―시바타 다카유키(柴田隆行)

불법不法 [Unrecht]

　즉자적인 올바름 내지 법은 역시 공통된 의지이긴 하지만, 어디까지나 특수의지(자의)의 공통성에 불과하며 여전히 특수의지에 대립하고 있다. 특수의지는 또한 이러한 공통의지의 부정, "즉자적으로 존재하는 올바름 내지 법에 위반된 행위"[『법철학』 81절 「보론」]를 이룰 수 있으며, 공통의지에 포함되어 있는 이러한 부정의 나타남이 다름 아닌 불법 내지 부정이다. 즉자적인 보편적 의지에 대한 특수의지의 반항은 어디까지나 가상에 불과하며, 법은 이와 같은 반항을 부정함으로써 자기를 회복하고 그에 의해 현실적인 것 타당한 것으로 된다. 『법철학』에서는 '범의 없는 불법'(시민들끼리의 권리의 충돌), '사기', '범죄'를 불법으로서 들고 있지만, 특히 본래적인 의미에서의 불법인 범죄가 형벌적 정의에 의해서 부정됨으로써 법은 스스로를 회복한다. 이것은 동시에 법의 보편성이 대자화되는 계기이기도 하며, '추상법'의 외면성은 '도덕'의 내면성으로 이행한다. ⇒범죄, 법, 정의

　　　　　　　　　　　　　　―사이토 준이치(齋藤純一)

불변적인 것不變的― ⇨**불행한 의식**

불안不安 [Unruhe]

　산성으로 되자마자 알칼리성으로 되고 또 역전하는 식으로 대립하는 성질 사이에서 언제나 역전되는 상태

이다. 예를 들면 무한하게 되자마자 유한하게 되는 악무한에서는 다음과 같이 말해진다. "한계를 넘어서서 무한 쪽으로 나아가면 그 무한 속에서 새로운 한계가 발견된다. 이 한계 위에 계속 머무는 것도, 무한 안에 계속 머무는 것도 가능하지 않으며, 같은 것을 언제까지나 반복한다"[『논리의 학』 5. 156]. 유한을 부정하여 무한이 되자마자 다시 그 무한이 유한으로 전화한다. '무한=유한'이라는 반대규정의 정점에서의 이행이 제시된다.

에테르의 규정에 '불안'의 용례가 많다. "에테르가 모든 것에 침투하는 것은 아니다. 에테르 그 자신이 모든 것인 것이다. 존재, 존립 그 자체가 이러한 절대적인 발효과정, 존재할 뿐만 아니라 존재하지 않기도 하는 절대적인 불안(die absolute Unruhe ebenso nicht zu sein, als zu sein)에 다름 아니다"[『예나 체계 II』 GW 7. 189]. 에테르는 말하자면 끊임없이 끓어오르고 있다. 불안한 채로 정상적인 상태를 유지한다. "살아 있는 신은 단순한 것과 무한한 것의 통일로서 그 안정과 지복의 한가운데서 절대적인 개념의 절대적인 불안, 절대적인 부정적 통일, <자기에게 있어 절대적으로 다른 것>이다"[같은 책 GW 7. 188]. 이러한 유동적 존재는 모든 것에 침투, 침입한다. "절대적 질료[에테르]는 절대적으로 영원한 것으로서 타자를 먹어치우는 절대적인 불안이다"[같은 책 GW 7. 189]. 그와 같이 끊임없이 변동함에도 불구하고 자기 동일하다. "절대적 질료는 보편성과 무한성의 이와 같은 합일이며, 그 절대적인 불안에서 자기 자신에게만 관계하고 오로지 자기 동일할 뿐이다"[같은 곳]. 즉 "에테르의 자기동일성은 절대적인 불안에서 생성하고 존재한다"[같은 책 GW 7. 190].

이러한 용례들은 모두 '자기가 단적으로 타자인' 존재방식을 보이고 있으며, 그 개념적인 규정은 '자기 자신의 반대물'이다. 이러한 개념적인 의미를 확고히 확인해 두면 그 개념적 의미에서의 '불안'이 그대로 실존주의 철학에서의 '불안' 개념과 겹쳐 있는 용례도 올바르게 이해할 수 있다.

예를 들어 개별적인 자아라는 것을 생각해보자. 그는 '자신은 단독자다'라고 말한다. 그는 본래는 사랑

속에서 비로소 자기를 발견함에도 불구하고 사랑 안에는 자기부정이 있다고 믿는다. "그는 그의 실존이 아니라 실존의 무로 향한다. 그의 실존은 정신으로서의 자기가 발견되어 있는 것이지만, 정신으로서의 그가 획득하는 것은 무이다. …… 그것은 자기 자신의 절대적인 반대물로서 존재한다. 그리고 이러한 자기 자신의 반대물로서 다시 반대물이자 절대적인 불안이다"[같은 책 GW 7. 173]. '불안'이란 자기이고자 함으로써 자기일 수 없다는 모순이며, 일반화하자면 'A임으로써 A일 수 없는 것'이라고 표현할 수 있다. 헤겔은 마치 '주어 X에는 술어 A라는 측면과 술어 非-A라는 측면이 있다'라는 식으로 해석하여 모순을 회피하고자 하는 시도를 의도적으로 차단하려는 듯이 '자기 자신에 대한 반대물'이라는 표현을 선택하고 있다. ⇒에테르, 무한판단

—가토 히사타케(加藤尚武)

불평등不平等 ⇨ 평등

불행한 의식不幸─意識 [Unglückliches Bewußtsein]

'불행한 의식'이 주제로서 본격적으로 논술되는 장소는 『정신현상학』에서의 '자기의식'의 제2부뿐이지만, 그러나 이 의식형태는 같은 책의 '정신'('아름다운 영혼'의 항) 및 '종교'('계시종교'의 항)에서도 의식운동의 본질적 계기로서 출현한다. ─이 형태에서 의식은 (1) 양립할 수 없는 두 개의 계기('변하지 않는 것'과 '변하는 것')가 하나의 개별적 의식인 자기 자신 속에서 불가분하게 결합되어 있다는 것과, 나아가 (2) 자신은 그 한 극인 '변하는 것'에 위치하여 또 한 편의 극인 '변하지 않는 것'에 관계하지 않으면 안 된다는 것을 알고 있는 것이다. 따라서 (3) 그것은 그 양 계기가 모순적 대립과 결합 사이를 끊임없이 왔다 갔다 하는 운동으로 될 수밖에 없다. 이러한 의식에게 자신이 무엇인가 하는 의식은 그대로 그것의 공허함의 의식인 까닭에, 그것은 **불행한** 것이다.

그러나 이러한 의식은 동시에 그것과의 화해가 성취

되면 현재의 이러한 불행으로부터 벗어나야만 하는 '변하지 않는 것'을 그것의 삼일성(三一性)이라는 구조에서 이미 경험하고(계시 받고)도 있다. 따라서 불행한 의식의 운동은 '변해가는 현실형태를 갖춘 변하지 않는 것'과의 화해를 그것의 감각적 현실성을 지양하면서 영적인 방식으로 성취하는 운동이 되어야만 한다.

즉 이 의식은 우선 (1) '현실의 영원자'를 무한의 피안으로서 느끼고, 이것에 내면적 심정에 의해서 접하고자 하는 성취될 수 없는 동경이 되며, 마음으로 믿어 귀의하고자 하는 순수한 의식이 된다. 그러나 (2) 의식은 곧바로 그러한 현실적 영원자를 개인적 구세주로서보다는 오히려 신성한 세계로서 경험하기에 이른다. 요컨대 무한의 피안은 이제 의식을 넘어선 자존적 타자일 뿐만 아니라 자신을 부분적으로라도 방기하여 의식에게 베푸는 바의 세계이다. 의식 쪽도 욕망을 지니고 노동하고 그 결과를 향유하는 능동적 활동임과 동시에 그러한 활동을 베풀어준 세계와 그 자기방기에 감사하는 것이며, 이리하여 세계와 의식은 각자에서 이중화된다. ―그럼에도 불구하고 (3) 베풂에 대한 감사란 자신의 능력과 활동이 무와 같음에도 불구하고 세계를 향유하는 것은 이러한 개인적 자기라는 의식이기 때문에, 거기서 가장 심각한 불행의 의식, 즉 죄의 의식이 나타난다. 의식이 이러한 불행으로부터 해방되는 것은 그와 변할 수 없는 것과의 양극을 매개하는 데 이바지하는 제3자, 즉 성직자 계급에게 자기를 없애버리고 따름으로써 이루어진다. 다시 말하면 그것은 자신의 판단을 버리고서 매개자의 결정과 권고에 따르며, 자신의 욕망을 끊고 단식과 고행을 하고, 재산에 대한 집착을 억누르고 희사와 기부를 행하며, 결국 이해 불가능한 내용과 언어를 독송하며 천천히 걷는 것과 같은 방식으로 자아성을 포기함으로써 이루어지는 것이다. 그러나 의식은 이와 같이 하여 자신의 자아성을 내적으로나 외적으로 없앰으로써 불행에서 사면되고 이미 자체적으로는 자신과의 화해를 성취하고 있다.

헤겔의 이러한 일반적 기술에 전제되는 것은 (1) 헬레니즘적 · 로마적 세계가 기독교적 · 유럽적 세계로 전환되는 운동, (2) 적극적 · 세속적 종교로서의 중근세 기독교의 사유형태, (3) 낭만주의적 운동의 최종 형태 등등이지만, 그것들 사이에서, 특히 역사적 기독교에 대한 헤겔의 태도 안에서 정합적 해석을 수립하는 것은 결코 쉬운 일이 아니다.

【참】 Wahl (1929)

―사카이 오사무(酒井 修)

뷔퐁 [Georges-Louis Leclerc, Comte de Buffon 1707. 9. 7-88. 4. 16]

프랑스의 박물학자, 철학자. 식물학 · 수학을 공부하고 뉴턴의 저작 등을 불역. 왕립식물원장을 맡아 일했는데, 『박물지(Histoire naturelle, 36 vol. 1749-88)』로 각국에 알려지게 되었다. 그의 일은 수학, 천문학, 물리학(광학), 임학, 생리학 등 여러 영역에 걸쳐 있지만, 과학을 종교로부터 분리하는 계몽적 관점에 서서 자연에서의 신의 직접적인 개입을 부정했다. 린네(Carl von Linne 1707-78)의 생물 분류에 대해 자연을 인위적인 체계에 가두는 것으로서 비판하고 진화론적인 견해를 주장했다. 또한 동식물의 연구에 있어 지구의 연구가 불가결한 전제조건이 된다고 생각하여 지질학과 생물학을 결합하는 박물학을 제창하고 화석과 광물학에도 관심을 돌렸다. 처음에는 암석 수성론자였지만, 뒤에 지구가 태양의 일부에서 생겼다고 하는 우주생성론에 입각하여 화성론으로 전환하고 지구의 연령을 추정했다. 헤겔은 그의 우주생성론에서 아낙시만드로스의 우주론과의 유사성을 보고 있다『철학사』 18. 213].

―기타자와 쓰네토(北澤恒人)

브라만 ⇨ 인도 · 불교

브라운 이론理論 [Brownianismus]

스코틀랜드의 의사 브라운(John Brown 1735-88)이 제기한 '흥분설'. 그는 통풍 체험에 기초하여 '흥분성'이라는 생명원리로부터 생명-건강-질병-치료법을 통일적으로 설명하는 체계를 1780년에 제시했다. 그에 따르면 생명은 흥분성과 외적 자극의 균형에서 성립하며, 양자의 불균형이 질병이고, 그리하여 생명은 부단한 외적 자극에 의존하게 되고, 질병의 치료는 자연치유력보다도 이 양자의 균형을 인공적으로 회복하는 것이다. 흥분성과 외적 자극의 관계는 수량적으로 계산 가능하며 반비례한다(양자의 총화가 80). 치료법도 아편, 알콜 등을 사용하는 극단적인 것이었다. 당시 브라운 이론은 독일, 이탈리아에서 논의를 불러일으켰으며, 독일에서는 1790-1806년에 걸쳐 의학상의 중심문제로 되었다. 독일에서는 기르탄너(Christoph Girtanner 1760-1800), 뢰슐라우프(Andreas Röschlaub 1768-1835) 등이 브라운 이론을 대표한다. 이 이론을 헤겔은 유기체론에서 받아들였지만, 그의 수용 방식은 처음부터 비판적이며, '형식주의'라는 비판을 예나 시대부터 부여하고 있다. 그는 당시의 '생명원리'를 중심으로 하는 수용 방식과 달리 '양적 불균형'이라는 브라운의 질병관을 비판하고 '질적 불균형'을 중시하였으며, 브라운의 인공적인 치료법에 대해서는 부정적이다. 또한 헤겔의 증언으로부터도 당시 브라운 학설이 의학의 전체 체계인 것과 같은 영향력을 지녔다는 점을 알 수 있다. 브라운 학설을 정면에서 문제 삼은 것은 셸링이며, 그의 비판점은 브라운이 '흥분성'을 칸트적인 그 이상으로 소급할 수 없는 '선험적 원리'로 삼은 점이며, 점차 '흥분성'이 생명원리를 '양적 차이'로 환원하게 되는 것도 비판하게 되었다. 칸트도 브라운 학설에 관해서 알고 있었다. ⇒의학

【참】 Brown (1780), Weikard (1796), Pfaff (1796), Girtanner (1797-8), Röschlaub (1798), Schelling (1799, 1806), Schwanitz (1983), 長島隆 (1990)

―나가시마 다카시(長島 隆)

브루노 [Giordano Bruno 1548-1600. 2. 17]

이탈리아의 남부 나폴리 근교의 노라에서 태어나 평생 '노라 사람'이라고 칭한다. 처음에 도미니코회의 수도사. 아리스토텔레스, 토마스 아퀴나스를 공부하고, 당시의 기하학, 천문학에도 통달한다. 1576년 아리

우스 설을 지지했다는 의심을 받아 고발되어 수도원을 탈출하였으며, 로마, 독일로 방랑하다 프랑크푸르트에서 강의를 행하고 저서를 라틴 어로 출판. 1592년 2월 이단재판소에 체포되어 7년에 걸친 고문과 심문 끝에 1600년 2월 이단의 판결을 받아 화형으로 죽음. 그의 학설은 중세의 쿠자누스의 영향을 계승하여 스피노자 등에게도 영향을 주었지만, 또한 독일 관념론에는 야코비의 『스피노자 서한』에 발췌집이 게재되어 커다란 영향을 주게 되었다. 그의 학설은 신을 일체의 차별, 대립, 모순을 하나로 귀착시키는 무한한 일자라고 하고, 이 신의 무한한 전개로서 우주의 무한성을 주장한다. 그리하여 우리의 행성계에 관해서는 코페르니쿠스 설을 지지하고, 나아가 우주 안에는 태양계와 같은 모양의 세계가 무수히 존재한다고 하여 코페르니쿠스를 넘어서고 있다. 이러한 우주를 브루노는 아리스토텔레스적인 형상과 질료로부터 설명하고, 두 원리의 일치로서의 쿠자누스적인 '반대의 일치'에서 원리적인 통일을 보지만, 형상의 정점으로서의 세계영혼과 제1질료의 활동에 의해서 만물을 설명한다. 즉 세계영혼은 '낳는 자연'이며, 만물은 '태어난 자연'이게 되는 것이다. 주저로서 『무한, 우주 및 세계들에 관하여』가 있다.

헤겔은 야코비의 소개를 매개로 브루노를 이해하여 다음과 같이 말하고 있다. "그의 논문들의 주요한 성격은 본래 정신이 자기에게 내재한다고 느끼고 자기의 본질과 일체의 본질이 하나라는 것을 알고 있는 자기의식의 아름다운 영감이다"[『철학사』 20. 24]. 그리고 그의 철학을 스피노자주의, 범신론으로 규정하고 있다. "이 브루노의 체계는 이리하여 전적으로 객관적인 스피노자주의이며, 그가 얼마나 깊은 곳까지 이르고 있는가는 사람들이 보는 대로이다"[같은 책 20. 28].

【참】 野田又夫 (1963), 速水敬二 (1967), 清水純一 (1970)

―나가시마 다카시(長島 隆)

브루커 [Johann Jakob Brucker 1696-1770]

헤겔 이전 근대의 철학사의 대표작 『인류의 시원 이래의 비판적 철학사』 전 5권의 저자. 헤겔에 의한

평가는 "광범한 수집이지만 원전으로부터는 전혀 채록하지 않았으며, 당시의 유행에 부합하는 반성을 뒤섞고 있다. 서술은 가장 불순하고 방법은 이르는 곳마다 비역사적이다", 결국 이것은 "하나의 위대한 잡동사니"[『철학사』 **18**. 134]라고 하여 대단히 혹독하지만, 헤겔이 고대 로마의 철학과 중세 철학을 논할 때에는 상당히 자주 본서를 참조하고 있다.

【참】 Brucker (1742-44), 加藤尙武 (1987)

—시바타 다카유키(柴田隆行)

블루멘바흐 [Johann Friedrich Blumenbach 1752. 5. 11-1840. 1. 22]

독일의 자연연구자. 특히 비교해부학 및 인류학 연구를 추진했다. 그의 저서 『형성충동에 관하여(*Über den Bildungstrieb*. 1789)』의 표제가 된 '형성충동' 개념에 의해서 당시의 대부분의 사상가들(예를 들면 셸링은 이 개념을 "철학적 사유법의 전면적인 혁명"의 예로서 보고 있다)에게 영향을 주었다. 이 개념은 생명이 지속되는 한 어떤 특정한 형태를 취하여 이 형태를 유지하고 이 형태가 훼손되는 경우에는 이것을 회복하는 유기체의 충동을 의미한다. 마찬가지의 파악방식이 헤르더 등에서도 보이지만, 블루멘바흐는 충동 개념을 자연의 형성에 대하여 처음으로 전문과학적(생물학적)인 의미에서 사용했다. 이 술어는 당시의 능력심리학에서의 저차적인 욕구능력으로서의 충동이라는 파악방식 바깥에서 사용되고 있고, 거기서 도덕적 평가는 전혀 보이지 않는다. 이러한 파악방식은 유기적 신체의 부분적이지 않은 전면적인 힘을 파악하고 있으며, 능력심리학의 견해의 극복에 일정한 역할을 수행했다. 헤겔은 체계시기에는 동물의 '형성충동'에 대해 언급하고 있다[『엔치클로페디(제3판) 자연철학』 365절 「보론」 **9**. 494]. 그러나 적어도 초기에는 예를 들어 "형성되는 충동"[『초기신학논집』(놀) 325]이라는 식으로 형성과 충동을 결부시켜 사용하고 있다 하더라도 이 개념을 문자 그대로 사용하지 않은 유일한 사상가였을지도 모른다. 이 점은 다른 사상가들(예를 들면 횔덜린, 슐라이어마허)이 이 개념을 확실히 생물학적인

의미에서가 아니라 그것과의 유비에서 파악된 데 지나지 않는 의미에서긴 하지만 그들 자신의 술어로서 사용하고 있는 것과 대조적이다. ⇒충동

—고즈 구니오(幸津國生)

비교比較 ⇨**비유**

비극悲劇 [Tragödie]

아리스토텔레스의 『시학』 이래 비극은 유럽 문예에서 가장 중요시되는 장르. 고대 그리스 이래로 몇 개의 흥륭기를 거쳐 17세기 이후 신고전주의, 낭만주의 등전 유럽 규모에서의 전개가 있으며, 그에 대응하여 이론적 고찰도 행해졌다.

헤겔에 따르면 비극은 희극, 좁은 의미의 드라마와 더불어 넓은 의미의 드라마의 하위 분류의 하나. 개별적인 인물들이 그 목적과 내용에 대해서 어떠한 관계를 취하는가에 따라 드라마적 문예의 구별 원리가 세워지며, 비극에서는 그 관계가 실체(Substanz)의 측면에서 규정된다. 개인의 의지보다 가족애, 국가생활, 공민의 애국심, 지배자의 의지, 교회의 권력 등이 비극의 내용으로서 우월하다. 비극의 인물도 개별적이고 우연적인 주관성을 벗어나 그것 자체가 생생하고 개성적이면서도 실체로서의 생의 내용에 따른다.

비극은 신적 존재의 현세적 실재상에서 나타나는 특수화의 원리로서의 인륜성을 본래의 테마로 한다. 이것은 개인의 행위 속에 침투하면서도 이 현실 속에서 그 실체적인 성격을 상실하거나 그 반대의 것으로 전환되는 것이 아닌 신적인 것이다.

인륜적 힘들과 행위하는 등장인물은 실체적인 객관성을 우선 특수화의 원리에 따르게 함으로써 내용적으로나 외견적으로 개별로서 현상하지만, 다음으로 그 객관성이 개개의 인간적 파토스의 목적으로서 규정될 때 파토스는 비극적 행위로 이행한다. 그 사이에 조화는 없으며 배척과 괴리만이 나타난다. "본래의 비극적인 것은 이와 같은 갈등의 내부에서 대립하는 쌍방 모두가 각각 정당화의 이유를 가지면서, 다른 한편으

로 자기의 목적과 성격의 참된 적극적 내포는 마찬가지로 정당화의 이유를 지니는 상대방의 힘의 부정과 침해로서밖에 실현되지 않으며, 그런 까닭에 인륜적이고 나아가 바로 그렇게 되면 죄과에 빠지는 것이다"[『미학』 15. 523].

비극, 특히 그리스 비극은 본래 실체성을 그 보편성 그대로 긍정하는 코러스(합창단)와 개별적 파토스의 실현을 향해 행동하는 영웅의 두 계기로 구성되었지만, 전자는 점차로 그 본래의 자립적 의의를 상실하고 줄거리 전개를 이어주는 역할로 변해 곧 탈락했다. ⇒그리스 비극

【참】 Kommerell (1940), Mann (1958), 竹內敏雄 (1959), Schadewaldt (1966), 金田晋 (1978)

―가나타 스스무(金田 晋)

비동일성非同一性 ⇨동일성

비례比例 [Proportion]

뉘른베르크 김나지움에 부임한 직후인 1808/09년 겨울 학기에 헤겔은 전 생애에 걸쳐 단 한 번 수학 수업을 담당한다. 그 상세한 자료가 흩어져 없어져버려 알 수 없지만, 강의보고에 따르면 "대수는 일반적 산법[4직 계산과 거듭제곱]에서 시작하여 비례, 수열, 대수로 나아가고, 이차방정식까지 가르치고 또 연습했다"[『뉘른베르크 저작집』 4. 294]고 한다. 그의 수학 지식은 『논리의 학』의 '양론'에서의 무한과 미분의 설명에서 볼 수 있다. 거기서 헤겔은 비례를 외래어가 아닌 비(Verhältnis)와 거의 동일한 의미로 사용하고 있지만, 엄밀하게는 두 개의 비가 같은 것 또는 그 표현인 등식의 의미에서 사용한다. 예를 들면 "방정식의 제곱근풀이에 의해 발견된 비와, 종좌표와 접선영의 비와의 비례[식]"[5. 338f.]와 같이 사용되는 것이다.

헤겔은 또한 예나 시대에 비례를 수학적 의미를 떠나 논리학의 원리로서 다룬 적도 있었다. 그 논리학은 단일관계(einfache Beziehung)·비·비례의 3부로 이루어지며, 나중의 논리학과 대조해보면 단일관계는

'존재론', 비는 '본질론'과 '개념론'의 개념 장, 비례는 이념 장에 대응한다. 비는 "그 양항이 상호관계 속에서만 의미를 지니는"[『예나 체계 II』 GW 7. 38] 것이며, 존재의 비(실체: 우유, 원인: 결과, 성과. 성과)와 사유의 비(규정적 개념, 판단, 추론)의 둘로 이루어진다. 그리고 이 두 가지 비가 같은 것이 비례이다[같은 책 GW 7. 105]. 요컨대 헤겔은 존재와 사유의 동일성을 로고스의 의미를 지니는 Proportion에 의해서 생각하고자 했던 것이다. 비례는 정의·분할·인식으로 이루어진다. 정의란 명제형식에 의해서 표현된 지이며, '(인간)=(동물): (포유)'와 같이 정의해야만 하는 것(<이것>)을 보편[유]과 특수[종차]의 비에 의해서 규정하는 것이다. 그러나 "정의에서는 [좌변이 비로 되어 있지 않기 때문에] 비례가 완벽하게 표현되고 있다고는 말할 수 없다"[같은 책 GW 7. 108]. 그리하여 역으로 보편을 비로 나타내는 것이 필요해진다. 이것이 다음의 '분할'이며, 보편의 분할에 의해서 <이것>에 도달하는 것이다. 그리고 최후의 '인식'은 기하의 작도와 증명을 모범으로 했기 때문에 비례의 완벽한 표현으로 된다. 작도는 전체를 요소로 분할하여 요소들 사이에서 발견되는 비를 지적하는 것이고, 증명은 그 비 사이에 같음을 발견하여 전체를 다시 산출하는 것이기 때문이다. 그러나 헤겔은 이 이후 수학 개념인 비례를 논리학의 원리로 하는 것은 포기했다. 비례[식]에서 보이는 동등성은 확실히 단순한 질과 양의 같음이 아니라 관계의 같음이지만, 어디까지나 형식적인 동일성에 불과하기 때문이다. 요컨대 비례에 따르면 존재와 사유의 유비는 분명하게 되지만, 존재와 사유가 하나라는 것은 분명하게 되지 않는 것이다.

【참】 海老澤善一 (1980)

―에비사와 젠이치(海老澤善一)

비아非我 ⇨자아

비유比喩 [Gleichnis]

헤겔에게 있어 상징이란 상징예술의 근본형식이며

무의식적인 것과 의식적인 것의 두 종류로 이루어진다. 후자는 비교(Vergleichung)라고 불리며 가장 넓은 의미의 비유에 해당된다. 이것은 외면으로부터 출발하는 우화, 비유이야기, 속담, 교훈시, 변신담 그리고, 내면으로부터 출발하는 수수께끼, 우의(알레고리) 및 넓은 의미의 비유(상적 표현), 결국 은유, 상, 협의의 비유(직유Gleichnis)로 차별화되어간다.

내면에서 출발하는 비교는 의미와 형태의 분리를 의식적으로 사용하는 것을 본질로 한다. 수수께끼는 표면적 형태 속에서 의외의 의미를 알아내도록 하여 재미있게 만드는 것이며, 우의는 외적 꾸밈새를 헷갈리게 하면서도 처음부터 명료한 의미가 관철되도록 하는 데에 본령이 있다. 넓은 의미의 비유는 이 둘을 통합하여 의미와 형태의 관계를 직접적이고 필연적인 것으로 함으로써 성립한다.

은유에서 의미는 형태와의 차이를 아직 현재화시키지 않고 후자와 일체가 되어 직접적으로 주어지며, 시적 표현에서 생생한 효과를 내기 위해 사용된다. '눈물의 바다', '성난 바다', '보리를 타작해 탈곡 마당이 괴롭고 한탄스러울 때' 등, 상은 정밀한 은유라고도 말해지며, 한편의 상태에 존재하는 의미를 다른 편의 상태의 형태를 통해서 알기 쉽게 표현하기 위해 사용된다. 예를 들면 괴테는 마호메트의 존재의 의미를 바위 사이에서 용출되는 샘물이 곧 유역을 넓혀 마을의 부를 증가시키고 모든 사람을 풍요의 환희에 젖게 만드는 강물에 비교했다. 그러나 여기서는 주체 그 자체가 상화되는 것이 아니라 다만 그의 행위의 소산, 그가 경험하는 사건이 상적으로 표현될 뿐이다.

협의의 비유, 직유는 의미와 그 형태의 양 측면을 각각에서 독립하여 표시하고, 동시에 양자의 관계를 '……처럼'과 '……에 닮게 하여' 등에 의해서 명시한다. 따라서 논리적으로 직유는 동일한 내용을 이중의 형식에서 반복하게 되는 일종의 중층법이다. 그러나 의미는 다양한 표상을 끌어당기는 실체적 중심이기도 하며, 세계를 중층적으로 파악하는 데 이바지한다.

직유의 의미대상이 감정인 경우 이것이 자연의 다른 대상들과 비교됨으로써 역으로 자신의 고통과 고뇌, 나아가서는 자기파멸까지도 객체시되고, 자기를 초월

적 존재로 고양시키는 데에 효과를 발휘한다. 비유가 문예에서, 특히 근대에 이르러 많이 사용되게 되는 까닭이다『미학』제2부 제1장 참조].

【참】Richards (1936), Black (1962), Ricoeur (1975), Eco (1984), Sapir (1977)

—가나타 스스무(金田 晋)

비유기적인 것非有機的— ⇨유기체

비유기적 자연非有機的自然 ⇨유기체

비잔티움 [Byzanz]

헤겔의『역사철학』에서 로마제정기의 제3장에 위치하는 시대. 콘스탄티누스대제(Constantinus Ⅰ)가 제2의 거성을 옛 비잔츠에 세우고 콘스탄티노플이라고 이름 부른 때로부터 시작된다. 이 제국은 국가와 법률과 같은 조직 전체가 기독교 원리에 기초하여 재편되지 않는다면, 교양 또는 민족에서도 기독교가 얼마나 추상적인 것에 불과한가 하는 것의 좋은 예이다『역사철학』12. 409]. 그러나 여기서는 기독교 자체가 천민과 궤도 없는 빈민의 손에 떨어져 있으며, 기독교도라고 하더라도 미신의 꿈을 즐기며 주교와 승려에게 복종할 뿐이다. 제국은 모든 정욕에 의해서 분열되고 미개인이 침략하여 와도 황제는 그것을 맞아 싸울 수 없었다. 제국은 끊임없는 불안정한 상태에 있으며, 그것은 전적으로 구역질을 불러일으키는 연약한 광경이었다. 무참하다기보다 어처구니없는 정욕의 세계였다[같은 책 411-412]. 이리하여 제국은 음모와 반역과 같은 내부의 황폐와 외적에 의해서 1453년에 붕괴했다.

—시바타 다카유키(柴田隆行)

비중比重 [spezifische Schwere]

비중은 역학적 관계에서의 개체화, 요컨대 공간 규정에서의 개체의 존재방식으로부터 대자존재로서 개

체가 그 자신에서 자기동일성에 도달한 단계에서 최초로 나타나는 단순한 규정태이다. 이 단계에서는 물질이 개체성으로서 정립되는 자기 존재로 되고 그에 의해 중력으로부터 해방되지만, 직접적인 존재방식밖에 취하고 있지 못하기 때문에 아직 자신의 규정을 자기 자신에서 정립하고 있지 않다. 그리하여 그것은 타자와의 비교에서 표현되게 된다. 이것을 "체적에 대한 무게의 비"이자 비중이라고 헤겔은 부르고 있다. "이 밀도에 의해 물질적인 것은 자기적인 것으로서 중심천체에 대한 추상적인 관계, 즉 만유인력으로부터 해방되어 공간의 한결같은 충실인 것을 그치고 추상적인 상호외재에 대해 특수한 자기 내 존재를 대치시킨다"[『엔치클로페디(제3판) 자연철학』 293절]. 따라서 비중은 역학적인 상호외재적인 존재방식으로부터 추상적이거나 중력에 대해서 물체가 그 개체성으로서 자기의 규정에 도달해 있으며, 거기서 최초로 나타나는 관계이게 된다. "개체성의 최초의 징표가 비중이다"[같은 절 「보론」].

이 비중은 지구의 비중에 관계하고 있다. 그것은 대자존재의 개시로서 만유인력에서 해방되거나 중력에 대한 관계가 다른 물체와의 관계에서 현상하기 때문이다. 또한 비중은 그때까지 통상적인 물리학에서 견인과 반발의 대립으로 환원되고 있지만, 그것은 견인이 존재하면 물체가 응축되어 비중은 크게 되고, 반발이 강하면 물체가 팽창하여 비중은 적어진다는 현상 때문이다. 그렇지만 헤겔에 따르면 이와 같은 물리학적 이해는 독립된 두 힘을 전제한 지성적 이해밖에 아니다. 오히려 이 점에서는 비중의 변화를 지구의 비중과 관련하여 이해하는 괴테의 견해를 평가하고 있다[같은 곳].

따라서 비중은 헤겔에게 있어 물체의 추상적인 원소적 존재에 대해 그 부정적인 통일로서 실재적인 개체성으로서 정립되는 물체의 최초의 개체화의 형식, 특수한 개체성의 물리학의 최초의 형식임과 동시에 응집력과 함께 이 전체 과정을 관통하고 있다. 왜냐하면 비중은 자기 내 존재의 최초의 존재방식이기 때문에 이러한 자기 내 존재의 규정들을 정립하여 전체로서 실재화하는 물리학의 과정 그 자체의 실재적인 최초의 존재방식

이게 되고, 오히려 이 과정은 비중을 실현하는 과정이라고도 말할 수 있기 때문이다. 비중이라는 물체의 존재방식의 특징은 첫째로, 역학적 존재방식의 특징인 중력을 그 개념으로 하는 균질성을 전제하는 존재방식으로부터 차별을 정립하는 것을 의미한다. 둘째로, 비중은 보편적인 무게, 즉 중력으로부터 개체성에 의해서 분리되어 있다고 말하는 것이다. 셋째로, 비중이 결국 다른 물체와 구별되는 것은 밀도의 차이에 의해서밖에 아니기 때문에 비중은 "장소를 질적으로 규정하는 밀도"[같은 책 318절]로서 활동한다. 따라서 그것은 질적 규정성이라는 점에서 개체성의 영역의 기반으로 된다. ⇒무게, 가벼움, 인력, 견인력과 반발력

―나가시마 다카시(長島 隆)

비천한 의식卑賤―意識 ⇨고귀한 의식과 비천한 의식

비판批判 [Kritik]

예나에서 1802년 초두부터 1803년 초여름까지 헤겔은 셸링과 함께 『철학비판지』를 편집, 발행하는 가운데 당시의 사상가들에 대한 비판 활동을 수행했다. 즉 그는 「의식의 사실」에서 인식의 확실성을 발견하는 철학자들, 크룩, 슐체, 라인홀트 등을 비판하는 가운데 <유한하고 제한된 인식이 자기부정을 초래하고 거기서 이성적인 인식이 개척된다>는 논리를 확립하고 그러한 논리에서 <주관성>에 입각하는 칸트, 야코비, 피히테 등을 비판했던 것이다.

헤겔은 "문예와 학문의 어떠한 부문에서 행해지든 비판은 하나의 척도를 필요로 한다"[『철학적 비판의 본질』 2. 171]는 데서 더 나아가 "철학적 비판에서도 철학 그 자체의 이념이 조건이자 전제이다"라고 주장했다. 확실히 여기서는 Fr. 슐레겔의 『뤼세움 단편』「117」―"문예는 문예에 의해서만 비판될 수 있다"―의 반영을 볼 수 있을 것이다. 그러나 그에 머무르지 않고 <철학은 하나이다>라는 헤겔에게 일관되게 흐르고 있는 <철학의 보편적인 이념>의 표현을 보아야만 한다.

"철학이 오로지 하나이고 또 오로지 하나일 수밖에 없다는 것은 이성이 오로지 하나라는 것에 기초하고 있다"[같은 책 2. 172]. 헤겔에게 있어 비판은 <절대적인 자>의 이념을 전제해서만 객관적인 평가로서의 비판일 수 있었다. 비판은 일면적인 관점을 강요하는 것이 아닐 뿐만 아니라 부정적인 분쇄도 거절도 아니다. 오히려 <비판>은 "참된 철학에 입문하는 길을 준비하는"[같은 책 2. 185] 것을 과제로 하는 것이었다. 이를 위해서는 철학의 이념을 구현하는 <철학체계>가 미리 상정되지 않으면 안 된다. 그런 조건하에서만 제한성을 짊어진 사상이 자기부정을 초래하여 철학지가 개척되는 과정이 증명된다. 『정신현상학』에서 보이는 <철학이 스스로를 음미하여 스스로를 준비한다>는 것의 원형은 여기에 놓여 있다.

【참】 Bubner (1973b)

―구리하라 다카시(栗原隆)

비판철학批判哲學 ⇨칸트

빈곤貧困 [Armut]

빈곤 문제는 부, 사치, 욕구, 이기심, 소유 및 그것의 불평등과 같은 문제 연관 속에서 헤겔의 사상적 작업의 출발점부터 계속해서 그의 절실한 관심의 대상의 하나였다. 이것은 『민중종교와 기독교』이래의 공동소유와 자선을 둘러싼 논의, 프랑크푸르트 시대에서의 영국의 구빈세 문제에 대한 주목, 나아가서는 예나 초고에서의 경제 분석 등에서도 쉽게 간취할 수 있다. "빈곤 (Armut)의 생성은 일반적으로 시민사회의 하나의 귀결이며, 그것은 전체로서 보면 시민사회로부터 필연적으로 생긴다. 한쪽에는 무제한한 부(Reichtum)가, 다른 쪽에는 궁핍(Not)과 비참(Elend)이 축적된다. 부와 빈곤의 증대는 동일한 보조로 진행된다"[『법철학 강의 (19/20년)』 193]. '궁핍(필요)'을 낳는 것은 본원적으로 욕구 자신이며, 이 궁핍은 욕구충족의 수단으로서의 노동에 의해서 극복된다. 그러나 이 노동이 세분화, 추상화되면 한편에서 생산력이 증대함과 더불어 다른

한편에서 역으로 궁핍이 점점 증대될 수밖에 없는 것이다. 헤겔은 이러한 노동자 계급의 빈곤화 원인을 구체적으로는 분업의 귀결로서의 노동의 단순화가 초래하는 노동의 가치 하락, 기계에 의한 노동의 배제, 추상적 노동에 의한 직인노동의 몰락, 대자본에 의한 소자본의 축출, 국제적 수급변동에 의한 특정 산업부문 전체의 몰락, 총수요에 대한 총공급의 과잉 등에 의해서 설명하고 있다.

빈곤은 자기의 노동에 의해서 자립하고 있다는 긍지뿐만 아니라 물질적·종교적·법률적·의료적인 모든 권리를 박탈하고, 결국 시민사회에 대한 '내심의 반역'을 품기에 이른다. 이것이 천민(Pöbel)이며, 천민의 반역은 위급권(Notrecht)으로서 파악된다. 그러나 천민성은 빈곤의 대립극인 부 안에서도 나타난다. 왜냐하면 부자는 금권만능의 사상에 지배되고 있기 때문이다. 따라서 부와 빈곤의 양 측면이 시민사회를 파멸시키는 것이다. 부자와 빈민의 관계는 주인과 노예의 관계이며, 양자의 마음가짐(Gesinnung)은 부끄러움이 없다는 점에서 동일하지만, 자기를 자유·이념의 실현주체로 자각하고 있는 것은 빈민 측이다[같은 책 196].

빈민 또는 불평등은 결국 시민사회의, 나아가서는 근대의 원리의 필연적 산물이지만, 이 문제를 해결하기에는 시민사회는 지나치게 가난한 동시에 지나치게 풍요롭다. 그렇지만 루소처럼 욕구가 적은 자연상태를 동경하거나 플라톤처럼 이기심과 사유를 배제한 공산주의 국가를 구상하는 것은 근대의 높이로부터의 후퇴에 지나지 않는다. 다른 한편 시민사회 내부에서의 구빈세, 고용정책, 자선과 같은 대책도 전혀 문제를 해결하지 못하며, 시민사회는 그 자신의 변증법에 의해 내몰려 국외로 진출해가지만, 제국주의적 식민주의에서도 해결수단은 발견되지 않는다. 그러나 이러한 국제화야말로 투쟁과 인정의 과정 속에서 단순한 이득 충동을 반대물로 전화시키고 보편적인 것에 대한 관심을 각성시켜 직업단체의 형성을 촉진하는 것이며, 헤겔은 이 조직에 빈곤 문제 해결을 맡기는 것이다. ⇒직업단체, 주인과 노예, 궁핍, 시민사회, 노동, 분업

【참】 生方 卓 (1976), Plant (1980), Henrich (1983a)

－우부카타 쓰구루(生方 卓)

빈테를 [Jacob Joseph Winterl 1732-1809]

오스트리아 출신의 의사, 화학자, 식물학자. 헝가리의 페스트 대학 교수. 특수한 원소인 '안드로니아(Andronia)'를 발견했다고 일컬었으며, 이 안드로니아야말로 유기화학과 무기화학 사이의 고리를 이룬다고 주장했다. 헤겔도 이것을 인용하기도 했지만『예나체계 Ⅰ』GW 6. 56], 그러나 실제로 그 존재가 확증되었다는 것은 아니다. 또한 빈테를은 아말감화(Amalgation)나 합금과 같은 단순한 차이적인 결합(대립의 결합이 아니라), 더 나아가 변화를 일으키면서 동시에 스스로도 변화하는 그러한 매체를 필요로 하지 않는 직접적인 결합 과정을 특히 '합체(Synsomatien)'라고 불렀다. 이에 대해 헤겔은 서로 대립하는 것이 매체에 의해 혼합(Gemisch)되는 것이야말로 본래의 화학적 과정이라고 생각하고, 빈테를의 합체를 외적 결합 내지 직접성의 양식인 "형식적 과정"[『엔치클로페디(제3판) 자연철학』 327절]에 불과하다고 비판하고, 이것을 본래의 화학적 과정과 구별해야만 한다고 주장한다.

【참】 Szabadvary (1962)

－기무라 히로시(木村 博)

빙켈만 [Johann Joachim Winckelmann 1717. 12. 9-68. 6. 8]

독일의 미술사가. '근대의 그리스 인'이라고 불릴 만큼 고대 그리스의 미술에 깊은 애착을 보였다. 예술의 이상을 '고귀한 단순함과 고요한 위대함'에서 구했던 것도 그것이야말로 고대 그리스 예술의 본질을 이룬다고 생각했기 때문이었다. 또한 빙켈만은 종래의 전기적 예술사를 대신하여 양식사로서의 미술사를 제시함으로써 예술학에 새로운 분야를 열었다. 『그리스 예술 모방론(Gedanken über die Nachahmung der griechischen Werke. 1756)』과 『고대 예술사(Geschichte der Kunst des Altertums)』 등에서 제시된 빙켈만의 예술관・예술사상은 헤르더, 레싱, 괴테에게 커다란 영향을 미쳤지만, 헤겔 역시 빙켈만에게서 크게 배운 바가

있었다. 빙켈만의 이름이 자주 등장하는『미학』에서 헤겔이 빙켈만에게서 받아들인 것이 보이지만, 그것은 다음의 두 가지로 요약될 수 있다.

하나는 예술미의 본질을 정신적인 고귀함에서 구하는 예술관이다. 그러한 생각은 고대 그리스의 예술에서 예술의 이상을 바라보는 생각으로 뒷받침되고 있는데, 그것은『미학』의 예술관으로 곧바로 연결되는 것이었다. 헤겔은 "빙켈만은 비속한 목적과 단순한 자연의 모방이라는 관점에서 예술을 떼어내고, 예술작품과 예술사 가운데서 예술의 이념을 발견해야만 한다는 점을 강력하게 요구했다"[『미학』 13. 92]고 찬양했다.

또 하나 이야기할 것은 헤겔이 고대 그리스의 구체적인 예술작품의 감상과 평가의 방법을 빙켈만에게서 배웠다는 점이다. 그것은『미학』의 '조각론'[14. 351ff.]에서 가장 두드러지게 나타나는데, 거기서 헤겔은 빙켈만의 고대 그리스 조각에 대한 견해를 그대로 받아들여 논의하고 있다.

【참】 Kultermann (1981)

－하세가와 히로시(長谷川宏)

빛 [Licht]

빛은 '비물질적 물질'로서 다른 모든 물질을 드러나게 한다. 다만 물질이 윤곽을 얻는 것은 빛만의 활동이 아니라 물질에 내재하고 있는 어둠의 계기에 의해서 빛이 한정되기 때문이다[『엔치클로페디(제3판) 자연철학』 275-277절].

Ⅰ. '비물질적 물질'. 빛은 (1) '절대적 가벼움', (2) '절대적 빠름', (3) 편재성, (4) 불가분성이라는 점에서 다른 물질과는 다르다. (1) 모든 물질이 무게를 지니고 중력이라는 자기의 바깥에 있는 것에 본질적으로 규정되고 있는 데 반해, 무게를 지니지 않는 빛은 "중력에서 해방된 관념성"[같은 책 351절]이자 자기 내에 존재근거를 지니는 '자기 내 존재'이다. 18세기의 과학자는 뉴턴이 말하는 광입자의 물질성을 증명하기 위해 빛의 무게를 측정하고자 했다. 렌즈에 모인 빛을 저울판에 얹어 측정된 '빛의 무게'는 사실은 빛의 열과 공기의 흐름에 의한 것에 불과하다고 헤겔은 반론한다. (2)

목성의 위성의 관측에 의한 빛의 속도 측정은 '빛의 전파'라는 경험적인 '가설'에 의거하고 있다. 빛은 시간·공간이라는 측정계를 넘어선 존재로서 '절대적 속도'를 지니는 것이다. (3) 물질이 불가입성을 지니는 데 반해 빛은 모든 물질을 투과하면서 보편적으로 현전한다. (4) 물질이 무게를 지니는 까닭에 질량에 의해서 분할될 수 있는 데 반해 빛은 불가분한 단순한 것이다. 이 점에서 헤겔은 "백색광은 일곱 색깔의 빛이 합성된 것이다"라는 뉴턴 광학의 기본관념을 "야만적인 범주", "조야한 형이상학"이라고 하여 격렬하게 비판한다. 암실과 프리즘이라는 인공적 장치에 의해 해체된 빛은 이미 어둠과의 관계에 들어서 있는 것이어서 빛 그 자체가 아니다. 이러한 뉴턴 비판과 색채를 빛과 어둠의 대립의 소산이라고 본다는 점에서 헤겔은 괴테와 공명한다. 또한 뉴턴의 입자설만이 아니라 파동설도 헤겔의 비판의 과녁이 된다. 둘 다 빛을 다른 물질과 마찬가지 것으로 간주하고 있다는 것이다.

Ⅱ. 모든 물질을 드러나게 한다. 빛은 '비물질적'인 까닭에 모든 물질을 무차별하게 비추어 드러낸다. 타자를 분명하게 드러내면서 계속해서 자기 자신이다.

빛은 타자를 개체화시키는 보편자, 다양을 산출하는 일자인 것이다. 이렇게 보면 빛에는 무엇인가 절대자=신의 모습이 놓여 있다. 실제로 빛은 "절대자를 의식하는 최초의 대상의 하나"였다. 빛을 몇 가지 요소의 합성으로 보는 뉴턴의 학설을 '야만'이라고 한 마음에는 하나인 신의 현전이라는 '빛의 형이상학'의 계보가 숨어 있는 것으로 보인다. 또한 빛을 '자기'와 유비하고 있다는 점에서도 인식을 '내적인 빛'으로 파악하는 빛의 비유의 전통이 엿보인다.

Ⅲ. 빛과 어둠. 다만 헤겔은 빛의 신의 정태적 내지 유출론적인 일원론을 취하지 않는다. 세계가 현상하기 위해서는 빛과 어둠의 대립이라는 이원적 갈등이 필요한 것이다『논리의 학』5. 108]. 페르시아의 조로아스터교에서 헤겔은 '빛의 종교'를 본다. ⇒색채론, 뉴턴 철학·뉴턴 역학, 어둠, 괴테

—가도쿠라 마사미(門倉正美)

빛의 종교──宗教 ⇨**자연종교**

사건事件 [Tat] ⇨ **행위**

사고思考 ⇨ **사유(사고)**

사념私念 ⇨ **의견(사념)**

사도使徒 ⇨ **예수**

사랑 [Liebe]

Ⅰ. 일반적 정의. "타자의 정신적인 것이 자기의 충심의 내면성과 밀접히 결합하여, 바로 이 타자에서만 주체의 마음이 자기 자신과 친밀하게 융합하여 살고 있는 관계. 이러한 타자 안에서의 자기 내 삶(Dies Leben in sich in einem Anderen)"이라는 감정이 사랑이다[『미학』 14. 146]. 사랑의 합일에는 '부정의 계기'가 수반된다. "사람을 사랑하기 위해서는 주체는 자기 자신으로부터 벗어나 자기를 포기하고 각자의 고유성의 완고한 면을 희생하며" 서로 '헌신'해야만 한다. 이와 같이 "인격성을 포기하면서도 자립적이라는 변증법적 모순의 감정"이 사랑이다[같은 책 15. 43].

Ⅱ. 사랑에 의한 운명과의 화해. 사랑의 사상은 프랑크푸르트 시대에 칸트주의를 넘어서는 것으로서 횔덜린과 그의 친구들의 영향하에 형성되었다. "객체에 대한 의존"(실정적 신앙에의 예속)도 "객체로부터의 도피"(실정적 신앙을 단적으로 거부하는 이성적인 도덕종교)도 아닌 제3의 길이 사랑과 상상력에 의한 주객

합일의 종교에서 추구되었다[『도덕성·종교·사랑』 1. 239-43]. 칸트주의가 아니라 사랑의 종교의 입장에서 기독교가 해석된다. 예수는 유대교의 외면적인 율법에 대해 도덕법칙이라는 이름의 내면적인 율법을 대치시킨 것이 아니라 율법에서의 정의 그 자체를 사랑에 의해 넘어서고자 했다. 율법을 어길 운명에 처한 사람도 사랑은 용서하며, 사랑의 의해 운명과 화해하는 길이 열린다. "죄의 용서는 사랑에 의해서 화해된 운명이다. 따라서 예수의 규칙은 다음과 같다. ―당신들이 잘못을 용서하면 당신들의 잘못도 역시 아버지[인 신]에 의해서 용서된다. 타인을 용서하는 것은 적대관계의 지양이며 사랑으로 되돌아온 것에 지나지 않는다. 그리고 이 회복된 사랑이야말로 전체이다"[『기독교의 정신』 1. 306].

Ⅲ. 사랑은 운명과 부딪친다. 사랑은 몸과 마음이 하나가 되는 행복한 순간이다. 그러나 그것은 아직 불행한 일상성에 둘러싸여 있다. 사랑은 특히 소유관계를 배제함으로써만 성립된다. 소유관계야말로 자기와 타자의 구별과 대립이 첨예화하는 마당이며, 사랑마저도 넘어설 수 없는 벽이기 때문이다. 사랑이 소유라는 운명에 거듭해서 부딪치는 것에 대해 헤겔은 처음부터 고심하고 있었다[『사랑』 1. 244-250]. 사랑이 일상적인 객체성의 영역을 배제하고 성립하는 주관적인 감정에 머무르게 되면 화합은 미덥지 않다. 차이를 배제하고 성립하는 직접적인 정서적 결합이 아니라 차이를 산출하는 소유관계(시민사회 영역)를 포함하는 인륜적 화합이 추구되어야만 한다. 사랑의 사상은 예나 시대에 인륜철학에로 전환된다. 이에 따라 '사랑'은 중심 원리로서의 중요성을 상실한다. 사랑에는 구별은 있어도 대립이 없기[『정신현상학』 3. 561] 때문에

시민사회와 국가의 합일을 지배하는 원리로서는 충분하지 않게 된다『법철학』 158절「보론」]. 사상의 전체적 기조도 사랑이라는 매개 없는 정서적인 것을 화합의 원리로 하는 것이 아니라 차이로부터 출발하여 보편에로 매개하는 체계적인 개념지로 변화한다.

Ⅳ. 체계 시기에서 '사랑'의 문맥. 예나 시기 이후 사랑은 주로 다음과 같은 문맥에서 논의된다. ① 가족의 사랑[『예나 체계 Ⅰ』 GW 6. 301ff.;『예나 체계 Ⅲ』GW 8. 209ff.;『법철학』 158-180절], ② '신은 사랑이다'라는 기독교의 삼위일체적인 신[『종교철학』 17. 221f., 303f.], ③ 기독교 시대의 낭만주의적 예술의 소재[『미학』 14. 154ff., 182ff., 15. 41ff.]. ⇒아름다운 영혼, 화해

　　　　　　　　　　　　　　　　　－야마자키 준(山崎 純)

사르트르 [Jean-Paul Sartre 1905. 6. 21-80. 4. 16]

사르트르는 젊었을 때부터 헤겔의 변증법 철학에 관심을 기울여왔다. 초기의 대표작『존재와 무』에는 헤겔과 비판적으로 대결하는 두 부분이 있다. 하나는 존재와 무가 어떠한 차이를 지니며, 어떻게 관계하는지를 묻는 마당으로, 사르트르는 존재와 무가 동위동격으로 나란히 서서 과부족 없이 종합되는『논리학』의 논리를 강하게 비판하고, 존재와 무 사이에는 존재론적인 우열이 없애기 어렵게 놓여 있으며 양자 관계는 파행적일 수밖에 없다고 주장했다. 또 하나는 자기와 타자의 관계를 묻는 마당으로 여기서도 자기와 타자가 서로 상대방을 인정함으로써 자신도 역시 상대방에게 인정되는『정신현상학』의 조화롭고 안정적인 논리전개를 비판하여 자기와 타자 사이에는 극복하기 어려운 틈이 놓여 있으며 양자 관계는 어느 쪽이 어느 쪽을 지배하는가라는 관점이 끊임없이 따라다니는 영원한 적대관계라고 주장했다.

인간의 불안, 부조리, 우연성을 근거로 헤겔의 낙천적인 체계구성을 비판하는 방식은 19세기의 실존철학자 키르케고르의 헤겔 비판과 궤를 같이하는 것이지만, 그렇게 비판하면서 사르트르는 헤겔 시야의 넓이와 풍부함은 충분히 인정하며 그로부터 많은 것을 배우고자 했다. 헤겔과 키르케고르를 비교하여 사르트르는

이렇게 말하고 있다. "헤겔의 올바름은 다음의 점에 있다. 그는 키르케고르처럼 결국 공허한 주관으로 돌아가는 경직되고 빈약한 역설을 고집하는 것이 아니라 참된 구체를 개념에 의해 파악하고자 했기 때문에 그 매개과정은 언제나 내용이 풍부한 것으로서 제시되는 것이다. 키르케고르의 올바름은 다음의 점에 있다. 인간의 고통과 욕구와 정열과 고뇌는 앎에 의해서 초월할 수도 변경할 수도 없는 노골적인 현실인 것이다"[『변증법적 이성 비판』 Gallimard, p. 19-20]. ⇒프랑스의 헤겔 연구, 키르케고르

　　　　　　　　　　　　　　　－하세가와 히로시(長谷川宏)

사물事物 [Ding, Dingheit]

사물은 일반적으로 그것이 지니는 성질과의 관계 혹은 그것을 형성하는 물질과의 관계에 입각하여 단일한 <이것>으로서 지시된다. 사물의 개념은 이 <관계>의 관점에서 논리학, 특히『대논리학』의 본질론에서의 '실존' 장에서 상세하게 전개된다. 이에 따르면 사물은 우선 무규정적이고 추상적인 동일성으로서 '사물 자체'라고 규정된다. 사물은 '근거'의 직접적 존재로서 타자에 대한 관계와 그 부정인 자기에 대한 관계의 통일이지만, 사물 자체는 그것들이 분석에 의해서 상호 외재적으로 구별되고 다양한 내용으로서 나타나는 전자에 대해서 그 피안에 부동의 일자로서 세워진 존재이다. 그러나 사물은 일반적으로 이러한 공허한 기초로서는 인식의 대상이 될 수 없다[『엔치클로페디(제3판) 논리학』에서 사물 자체는 '사물' 절에서 논의되지 않는다]. 반대로 다양한 내용의 존재는 다른 사물의 존재를 전제하고 있으며, 그 차이는 다른 사물과의 관계에 의해서 생긴다. 그렇다면 많은 사물 자체가 존재하고 있고 사물 자체는 그것에 고유한 동일적인 관계에 따라서 그것 자체에서 규정되어 있는 것이 된다. 이러한 고유한 관계를 이루는 내용이 '성질'에 다름 아니며, 따라서 사물 자체는 성질에 기초하여 다른 사물과 관계하는 근거, 관계의 다양에 입각하여 '여러 가지 성질을 지니는 사물'로서 나타난다. 그러나 사물은 아직 동일한 성질들을 지니는 사물, 즉 어떻게

해서든 상호 구별되는 <이것>으로서의 규정에 도달해 있지 않다. 사물이 이러한 규정을 획득하기 위해서는 성질 그 자체가 사물들을 이와 같이 구별하는 본질적 존재로서 정립되어야만 한다. 그런데 성질은 사물 상호간의 동일적인 관계로서 서로 무관심하며, 이러한 동일성이 자립적 존재(물질)로서 병존하고 있다고 보이는 한에서 사물은 그것이 지니는 성질들의 집합체, 즉 그것들을 사상하면 단순한 외연으로 되고 구별이 양적 구별로 귀착되는 ……도 또한'(물성)이라는 것으로 된다. 여기서 "사물은 성질들로 이루어진다"는 사태가 성립하지만, 다른 한편 사물이 <이것>으로 규정되기 위해서는 ……도 또한'은 물질간의 부정적 통일로서도 파악되어야만 한다. 즉 물질은 <이것>에서는 어떤 물질이 존립하는 동일 장소에 다른 물질이 전자의 부정으로서 존립하는 방식으로 존재하게 된다(물질의 '유공성'). 그러나 사물은 이와 같이 두 가지 규정의 부정적 통일로서 파악되면, 물질 상호간의 양적 관계에 기초하는 가변적 존재로 되고, 성질들의 근거로서는 해소되게 된다. ―이상과 같은 전개는 의식과 대상의 관계로서『정신현상학』의 '지각' 장에서도 주제화되고 있다. 그러나 지각하는 의식은 대상 자체의 파악(진리)의 근거를 자기의 감각 내용에서 구하는 기조에 있기 때문에 ……도 또한'은 의식에 의한 내용의 실체화의 소산으로서 파악되며, 그 일자와의 관계는 대상과 의식의 모순하는 운동으로서 전개된다. 따라서 여기서는 두 규정의 관계를 사물 상호간의 부정적 관계의 운동으로서 대상화하는 관점이 의식의 시야로부터 탈락하게 된다. ⇒……도 또한', 사물 자체, 지각, 성질, 다공성

―기타가와 고지(北川浩治)

사물 자체事物自體 [Ding an sich]

헤겔은 사물 자체를 한편으로는 칸트의 용어로서, 다른 한편으로는 자신의 용어로서 사용하고 있다.

잘 알려져 있는 대로 칸트는 사물 자체를 경험적으로 인식할 수 없다고 주장했다. 헤겔에 따르면 그러한 주장은 확실히 인식한다는 것이 대상을 그 성질을 통해 파악하는 것임에도 불구하고 사물 자체는 이와 같은 성질을 결여하고 있다는 의미에서는 정당하다. 그러나 칸트는 사물을 이러한 자체성 속에 고정시켰다는 점에서 잘못을 범했다. 왜냐하면 사물 자체란 본래 인식에 있어 사물의 최초의 추상적 상태에 불과하며, 다양한 성질을 인식함으로써 극복되어야만 하기 때문이다.

헤겔에 따르면 사물이란 타자로의 반성과 자신 속으로의 반성으로서의 사물 자체라는 두 가지 계기를 지니고 있다. 사물이란 다양한 성질을 통해서 다른 것으로부터 구별됨과 동시에 하나의 사물의 근거로서 자신 속으로 반성하고 있다. 예를 들면 소금을 인식할 때 우리는 소금 자체를 인식하는 데서 시작하는 것이 아니다. 오히려 소금의 색깔과 맛과 같은 성질을 아는 데서 시작하는 것이다. 그리고 소금의 짬이 사탕의 달콤함과 구별되어 귀속되는 앞선 것이 사물 자체인 것이다.

헤겔식으로 말하자면, 한편으로 사물의 비본질적 실존 내지 성질들은 그 사물의 일자성 내지 자기 내 반성을 자기 곁에 지니고 있는 것이 아니며, 그 비본질적 실존은 이 사물 자체에 마치 타자에 관계하듯이 관계하고 있다. 따라서 비본질적 실존은 후자의 측면을 철폐하고 자체 존재로 생성한다. 이리하여 "사물 자체가 외면적 실존과 동일하게 되는 것이다"[『논리의 학』 6. 131]. ⇒사물, 성질

―야마구치 세이이치(山口誠一)

사법司法 [Rechtspflege]

시민사회에서의 욕구와 노동의 보편적 상호의존 체계는 각 성원에게 거기서 성립하는 규칙에 대한 의식을 발달시킨다. 그 주요한 내용은 각 성원의 인격권과 그것을 뒷받침하게 되는 소유권을 서로 승인하는 것이다. 시민사회는 이리하여 특수성의 원리를 체현하는 욕구의 체계, 결국 경제사회임과 더불어 인격과 소유의 권리(Recht)를 보호하는 (pflegen) 활동=사법 활동을 전개함으로써 보편성의 원리를 체현하는 법률사회로 되는 것이다. 더 나아가 헤겔은 시민사회에서의

이러한 활동이 사람들에게서 비로소 인종적 차이와 신분적 차이를 넘어선 보편적 인격이라는 견해를 정착시킨다고 한다. 사법 활동은 (1) 법률로서의 법, (2) 법률의 현존재, (3) 재판의 셋으로 구분된다. 우선 법은 실정법으로서 성문화됨으로써 그 원리들은 보편적 규정성에서, 요컨대 사유에 의해서 모든 사람에게 파악된다. 그러한 점에서 관습법은 특수성을 면하지 못하며, 소수의 사람들의 우연한 소유물에 그칠 수밖에 없다. 이러한 시각에서 역사법학파가 비판된다. 정립된 법은 그 적용에 있어 시민사회에서의 다양한 소재와 관계되지만, "의지의 가장 고유한 주체성과 특수성"이 문제로 되는 성실과 정직과 같은 개인의 내면적 사항에는 관여하지 않는다. 또한 시민사회에서 인격과 같은 추상적 형식으로밖에 존재하지 않는 각 사람의 개별적 권리는 법이 이와 같이 법률로서 사회 일반에 공시되고 집행됨으로써 현실에서 현현하는 보편적 의사에 의해 승인되고 그 현실적 의의를 획득하는 것이다.

그런데 재판에서 판결을 내리는 것은 사건의 성질을 개별적으로 직접 인식하는 것과 더불어 법률의 침범자에 대해서 형벌을 부과함으로써 보편적인 것으로서의 법의 위력을 보이는 것이기도 하다. 그때 문제는 법에 대한 지식이 "생계를 위해 오로지 자신의 활동과 자기 자신의 지식과 의욕에만 의지하는"[『법철학』228절] 시민사회의 성원에게 널리 열려 있어야만 한다는 것이다. 법률이 특수한 신분의 전유물에 그치고 시민사회의 성원이 법정에 서는 '권리'는 지니면서도 "정신적으로 자기 자신의 지식을 지니고서" 참가할 수 없다고 하면, 그 권리는 어디까지나 그들에게 있어 "외면적인 운명"에 그칠 수밖에 없기 때문이다. ⇒시민사회, 법, 형벌, 사비니

―모리카와 고키치(森川孝吉)

사변 思辨 [Spekulation]

Spekulation이라는 말은 라틴 어의 speculatio, 그리스 어의 Θεωρία에 대응하며, 모두 '본다'를 의미하는 동사 specto, Θεωρέω에서 유래한다. 이로부터 파생되어 현재 일상어로서는 비현실적인 사고와 공론, 경제적인 투기라는 의미로 사용되지만, 중세 철학에서는 '관조(contemplatio, theoria)'와 같은 뜻으로 사용되어 적극적인 의미를 지니고 있었다(예를 들면 보에티우스Boethius 470-524). 또한 스콜라 철학에서는 speculum(거울)과 관계되어 신에 대한 간접적인 인식능력으로 생각되고 있었다. 사변은 감성적·사실적인 소여를 넘어서서 그것의 초감성적인 최종근거로 상승하는 인식능력을 의미하고 있었다(토마스 아퀴나스Thomas v. Aquinas). 사변의 이와 같은 '형이상학'적 용법은 아리스토텔레스에게로 소급될 수 있다[『형이상학』IV권 1장].

Ⅰ. 특징. 헤겔에서도 '사변'은 기본적으로 '본다'는 것을 의미하며, 동시에 최종적으로 절대자의 인식에 관계된다. 이런 점에서 사변은 '이성' 및 '철학과 거의 같은 뜻이며, 일면적으로 고정적인 '지성'과 '상식'에 대립한다. 나아가 '사변'은 '상식'을 이해할 수 있지만, 그 역은 성립하지 않는 것으로 된다[『차이 논문』2. 31].

사변의 특징은 형식적으로 말하면, 대립하는 것 안에서 그 대립을 가능하게 하는 통일을 보는 것이라고 말할 수 있다. "사변적인 것 또는 긍정적·이성적인 것은 대립하고 있는 [두 개의] 규정의 통일을, 즉 그것들의 [상호적인] 해소와 이행 안에 포함되어 있는 긍정적인 것을 파악한다"[『엔치클로페디(제3판) 논리학』82절].

이렇게 얻어진 '사변적인 것'은 오로지 주관적인 것이나 부정적인 것이 아니라 헤겔의 의미에서 '구체적인 것', '전체적인 것'[같은 절 「보론」]이다. 이러한 '사변적인 것'에는 두 가지 특성이 있다. 하나는 그것이 '명제'에 의해서 표현될 수 없다고 헤겔이 생각한다는 점인바[같은 곳], 억지로 표현하자면 "단지 A도 아니고 비-A도 아니며, 어느 것이기도 하고 어느 것도 아니다"라는 것으로 된다[같은 책 32절 「보론」 참조]. 따라서 그것은 '방법'으로서의 '변증법'과 불가분하다. 또 하나는 '사변적인 것'은 경험적인 것과 무관계한 것이 아니라 후자 안에 있고 그것을 통해서만 얻어지지만, 그러나 그것을 넘어선 것이기도 하다는 점이다. 여기서 헤겔의 '경험론'을 포섭하는 동시에 '지양'한 '절대적 관념론'의 입장을 볼 수 있다[같은 책 6, 7, 8, 9절].

Ⅱ. 헤겔에서의 '사변철학'의 형성. 헤겔에서의 '사변'의 사고방식은 프랑크푸르트 시대의 '생'과 '사랑'의 개념으로 소급될 수 있지만, 고대 회의론, 칸트의 이율배반론, 횔덜린의 '판단론'과 '동일철학'의 영향 하에 예나 시대에 철학적으로 형식화되었다. '사변'의 입장의 성립은 헤겔의 체계 구상과도 서로 연관된다. 예를 들면 뒤징(Klaus Düsing 1940-)은 '논리학'이 '형이상학'과 여전히 분리되어 후자로의 '도입(Einleitung)'으로 간주되고 있는 1804/05년 단계는 아직 과도기이며, '논리학' 자체가 '형이상학'으로 되는 1805/06년에 사변철학이 달성되었다고 생각하고 있지만, 이에 대해 바움(Manfred Baum 1939-)은 '논리학'을 '형이상학'으로의 '도입'으로 하는 1801/02년의 단계에서 이미 사변적 입장이 성립하고 있다고 본다. 왜냐하면 '도입'일 수 있기 위해서는 '논리학'이 이미 '형이상학'(특히 스피노자의 실체의 형이상학)에서 '지적 직관'을 기초로 하여 유래하지 않으면 안 될 것이라고 생각되기 때문이다. ⇒변증법

【참】 Düsing (1976), Horstmann (1977), Baum (1980)

—스기타 마사키(杉田正樹)

사변적 명제思辨的命題 [spekulativer Satz]

사변적 진리를 'S는 P다'라는 명제에 의해서 표현한 것. 하지만 사변적 진리는 본래 동적인 것이고, 이러한 명제라는 단정적인 형식으로는 그 일면밖에 표현할 수 없다. 또한 명제 표현에서는 보통 주어로 표현되어 있는 것이 독립하여 존재하고, 그것이 술어에서 드러나는 사태를 성질·상태로서 지니고 있다는 식으로 받아들여지곤 한다. 그러나 참으로 철학적인 내용을 지니는 사태의 명제표현인 사변적 명제는 그러한 상식적인 이해의 틀을 거부하고 '파괴한다'. 헤겔은 '신은 존재이다'라는 전통적인 형이상학적 명제를 예로 든다. 거기서 '신'은 '존재'를 하나의 성질로서 지니고 있는 것이 아니라 '존재' 그 자체인 것이다. 이러한 파악에 서면 '(신인) 존재란 무엇인가'라는 물음에 부딪치게 되어 헤겔의 『논리학』과 같은 '개념의 자기운동'의 총체를 따라갈 수밖에 없게 된다. 『정신현상학』 서문에서 이루어진 이러한 논의는 사변적 진리가 어떻게 서술되어야만 하는가라는 헤겔 철학의 근본문제를 비추고 있다. ⇒사변적 서술

【참】 Wohlfart (1981)

—가도쿠라 마사미(門倉正美)

사변적 서술思辨的敍述 [spekulative Darstellung]

헤겔이 말하는 사변적 서술이란 사변적 진리를 표현하는 새로운 변증법적 논증방식이다. 통상적인 논증에서는 대전제 내지 근본명제라는 형태로 그것 자체가 명증한 진리를 표현하는 명제가 가장 먼저 전제되어 있다. 그러나 헤겔에 따르면 그와 같은 명제에 의해서 사변적 진리를 표현하는 것은 가능하지 않다. 왜냐하면 진리 내용이 변증법적 운동임에도 불구하고 통상적인 명제에서 내용은 주어로서 고정되어버리기 때문이다. 나아가 사변적 명제에서도 개념의 자기귀환이 명제의 형식에 의해서 저지되기 때문에 명제를 요소로 하면서도 사변적 진리를 표현하는 다른 방식이 필요해진다. 즉 "명제 자신의 변증법적 운동"[『정신현상학』 3. 61]으로서의 사변적 서술이 새로운 논증방식으로 되고, 그것이 학적 체계로서 완성되는 것이다. ⇒변증법, 사변, 사변적 명제, 개념

—야마구치 세이이치(山口誠一)

사비니 [Friedrich Carl von Savigny 1779. 2. 21-1816. 10. 25]

1806년의 예나 전투에서의 패배 이후 나폴레옹의 지배하에 들어간 적지 않은 라인 영방들이 나폴레옹 법전을 채용하고 그것을 모방하고자 하는 영방들이 속출하고 있는 가운데 독일 영방들을 포괄하는 통일적 민법전의 제정을 요구하는 목소리가 독일 법학회를 중심으로 높아지고 있었다. 1814년 티보는 독일 영방들의 통일을 진전시키는 전제조건으로서 민법전 편찬의 요구를 『독일에서의 일반적 민법의 필요성』으로 저술했다. 이에 대해 사비니는 나폴레옹 법전에 대한 비판적 입장을 공유하면서도 같은 해 『입법 및 법학을 위한 현대적 사명』을 저술하여 티보 등에 의한 법전

편찬의 요구를 독일어가 법학적으로는 미성숙하며 상응하는 법전 편찬의 준비가 결여되어 있다고 말하며 부정했다. 그는 유럽에서의 로마법의 역사를 추적하는 것이 법 일반의 진화의 비밀을 찾는 것에 연결된다고 생각했다. 법의 내용은 '폴크스가이스트(Volksgeist)', 결국 민족의 정신에 합치해야만 한다. 관습이야말로 이 법의 주요한 발현에 다름 아니다. 요컨대 법은 제정되는 것이라기보다 그 이전에 '생성하는 것'이라는 것이다. 이러한 입장은 한편으로 그때까지 유포되어 있던 자연법학파에 대한 반동으로서 독일 법학회에서 형성되고 있던 역사법학파의 특질을 단적으로 표현하는 것이었다.

헤겔은 법과 사람들의 정신적 생활이 하나의 유기적 통일을 이루고 있어야만 한다는 점에 대해서는 역사법학파 이상으로 관심을 기울였지만, 그 통일의 존재방식에 관해서는 방향성을 달리 했다. 헤겔에 따르면 법이 '살아 있는' 것은 그 규정들과 그것을 담지하는 주체 사이에 통일이 있는 것이지만, 다른 한편으로 법적 규정들은 그것들 자신 속에 "체계화된 보편성"[『법철학』 211절 「보론」]을 요구 받는다. 왜냐하면 그러한 지평에서야 비로소 법은 개인들의 '사유와 의욕'에 의해서 뒷받침되는 근대 국가에서 효력을 지닐 수 있기 때문이다. 그러나 사비니 등에게 결여되어 있던 것은 바로 이 점이었다. 헤겔의 역사법학파 비판은 법과 함께 역사의 발걸음을 걸어 나가는 인간관도 표현하고 있다고 말할 수 있다. 주저로 *Vom Beruf für Gesetzgebung und Rechtswissenschaft*. Heidelberg 1814. *System des heutigen römischen Rechts. 8 Bände*, Berlin 1840-49가 있다. ⇒법, 자연법, 티보

―모리카와 고키치(森川孝吉)

사상思想 [Gedanke]

이성적 사유에 의해서 표상으로부터 파악되는 보편적 내용의 것 사상은 표상과 개념의 중간에 자리 잡는다. 개념은 또한 순수사상이라고도 불린다.

예를 들면 『법철학』의 내용은 '세계의 사상'이며, 논리학의 사유규정과 낙하법칙의 내용도 사상이다.

또한 『철학사』에서는 아리스토텔레스가 말하는 누스를 사상이라고 바꿔 말하고 있다. 그 점에 관해서는, "사상(누스)은 사유된 것을 받아들임으로써 자기 자신을 사유한다『철학사』 19. 162]고 말해지고 있다. 따라서 헤겔은 사상이라는 것에서 단지 주관에 의해서 산출된 관념만이 아니라 사유의 활동과 그것에 의해서 산출된 객관적 내용 둘 다를 의미하고 있는 것이다. ⇒사유, 누스

―야마구치 세이이치(山口誠一)

사실事實 [Tatsache]

이른바 '사실'은 때때로 '움직일 수 없는 사실' 등으로도 말해지듯이 우리에게 있어 그것 자체로 중요한 의미를 지니는 긍정적인 사항이다. 그러나 이에 반해 헤겔이 '사실'이라는 표현을 사용하는 경우에 그것은 지극히 부정적인 의미에서 사용된다. 즉 '사실'이란 '필연성'을 결여한 단순한 '지각'의 대상으로서의 "계기하는 변화들"이자 "병존하는 대상들"인 것이다『엔치클로페디(제3판) 논리학』 39절]. 더 나아가 헤겔은 '신앙과 직접지'도 '사실', 특히 "의식의 사실" 또는 "의식에서의 사실"이라고 부른다[같은 책 63-66절; 『회의주의 논문』 2. 220, 228, 240f. 등 참조]. '신앙'이란 말할 필요도 없이 '신에 대한 신앙'이며, 또한 '직접지'란 이 '신에 대한 신앙'―무한한 것, 영원한 것, 신이 존재한다―도 포함하여 "착상, 마음의 계시, 자연에 의해서 인간 속에 심겨진 내용과, 나아가 특히 상식이라고 [일반적으로] 이름 붙여져 있는 것"[『엔치클로페디(제3판) 논리학』 63절] 등이며, 총괄하자면 "직접 의식에서 드러나는"[같은 책 66절] 지식이다.

헤겔이 이러한 '사실'들을 일반적으로 부정적인 것으로 파악하는 것은 '지각'의 대상이나 '신앙' 그리고 '직접지'가 본래는 그것만으로 단독으로 존재하는 것이 아니라 <다른 사항과 다른 지식의 (매개) 관계>에서 '필연적으로' 그러한 것으로서 존재한다고 생각하기 때문이다. 거기에 있는 사물은 많은 다른 사물과의 관계에서 바로 그러한 것으로서 이제 거기에 있는 것이며, '무한한 것'은 '유한한 것'과의 관계에서, 그리

고 또한 '상식'도 본래는 반드시 '상식'은 아닌 많은 '지식'들과의 관계에서 바로 '무한한 것'이자 '상식'인 것이다. ⇒직접성, 매개

—다카야마 마모루(高山 守)

4원소元素 ⇨**원소**

사유(사고)思惟(思考) [Denken]

헤겔은 사유를 실로 다양한 맥락에서 사용하고 있다. 여기서는 (1) 개념적 사유와 (2) 순수사유로 크게 나누어 설명하고자 한다.

(1) 개념적 사유. 개념적 사유란 사유대상에 침잠함으로써 대상의 보편적 본질을 대상 자신의 운동으로서 분명히 해나가는 활동이다. 헤겔은 정지된 표상으로서의 주어에 밖으로부터 술어를 부가하는 논변적 사유와 대비하여 개념적 사유에서는 "개념이 대상의 자기이며, 이 자기는 대상의 생성으로서 나타난다. 따라서 자기는 움직이지 않은 채 다양한 우유성을 담지하는 정지된 주어가 아니라 스스로 운동하여 자신의 규정들을 자신에게 회복하는 개념이다"[『정신현상학』 3. 57]라고 말하고 있다.

여기서 말하는 '대상의 자기'로서의 개념은 개개의 현상의 보편적 본질로서 사유된다. 예를 들면 우리는 번개를 본다든지 천둥소리를 듣는다든지 할 적이 있다. 그 현상들은 우리에게는 잘 알려져 있고 우리는 그것들을 여러 차례 지각한다. 그러나 우리는 단지 친숙한 현상과 단순한 감각인상만으로는 만족하지 않기 때문에 그 심오한 뜻을 받아들여 그것이 무엇인지를 알고자 한다. 그리하여 현상에 대해 사유하고 현상 그 자체와는 다른 내면의 본질을 알고자 한다. 그러나 이어서 헤겔이 말하는 개념적 사유에서 이 본질은 우리가 주관적으로 만들어내는 것이 아니라 대상의 내면에 객관적으로 존재하는 것이다. 사유는 사태 속에 침잠하여 그 보편적이고 객관적인 구조에 따르면서 나아간다. 따라서 사유 그 자체가 보편적이어야만 한다. 헤겔은 이와 같은 사유를 '정신철학'의 '심리학'에서 명칭

의 영역을 넘어설 수 없는 표상에 대해 기억을 매개로 하여 명칭의 의미인 사태에 관계하는 지성의 활동으로서 고찰하고 있다.

(2) 순수사유의 자유. 헤겔은 위에서 말한 개념적 사유가 특히 바로 그 사유 자신에게 관계할 때 순수사유라고 부르는 경우가 있지만[『하이델베르크 엔치클로페디』 36절 주해], 인간의 의식과 의지가 개별적인 상태를 벗어나 보편적이고 자유로운 경지로 된 경우에도 그것을 순수사유라고 부른다. ① 『정신현상학』에서는 자기의식의 자유의 하나의 형태로서 스토아주의에 의한 순수사유의 자유에 대해 언급하고 있다. 스토아주의는 내면의 자기 동일적인 보편성을 '올바른 이성', 즉 자신의 본분으로서 확립한다. 그리고 이를 위해 외면적인 개별적인 것들에 진심으로 관계하기를 포기한다. ② 『법철학』에서도 자유로운 의지의 최초의 계기로서 '자기 자신에 대한 순수사유'가 거론되고 있다. 그 점에 관해서는 "의지는 모든 것을 도외시하는 순수한 추상 내지 절대적인 보편이라는 무제한한 무한성이며, 자기 자신의 순수사유이다"[『법철학』 5절]라고 말해지고 있다. ⇒본질, 자유, 이치추론

—야마구치 세이이치(山口誠一)

사이구사 히로토 [三枝博音 1892(메이지25). 5. 20–1963(쇼와38). 11. 9]

히로시마 현에서 태어나 1922년 도쿄 제국 대학 철학과를 졸업. 23년 이후 도요 대학 등의 교수, 호세이 대학 등의 강사를 지낸다. 28년 나가타 히로시(永田広志, 1904–47) 등과 무신론 운동을 일으킨다. 29–33년 무렵에 헤겔 연구에 종사. 29년 잡지 『헤겔과 변증법 연구』를 책임편집하고 헤겔 연구 논문을 다수 발표. 31년 『헤겔과 논리의 과학』, 『헤겔의 관념론적 변증법과 마르크스의 유물론적 변증법』을 간행. 헤겔 부흥의 움직임에 강단과는 다른 대응을 나타낸다. 31년 독일에 유학하고 돌아오는 길에 모스크바에 들러 세계관의 변혁을 체험. 32년 도사카 준(戸坂潤), 오카 구니오(岡邦雄, 1890–1981) 등과 '유물론 연구회'를 창설. 그 다음해인 33년에 당국의 사상탄압으로 검거되어 전향. 이후

일본사상사에 대한 본격적인 연구를 개시. 34년 『일본에서의 철학적 관념론의 발달사』. 일본에서의 유물론 사상을 비롯하여 사상적 유산의 발굴 작업에 종사하고, 『일본철학전서』, 『일본과학고전전서』, 『일본철학사상전서』의 편찬사업에 관계한다. 또한 과학사와 기술사 분야에서 선구적인 업적을 남긴다. 이른바 '학사고'로 사망. ⇒일본의 헤겔 연구, 도사카 준

—미야가와 도오루(宮川 透)

것이 헤겔의 논의이다. 시민사회의 사적 인격이 '국가적 마음가짐'을 갖춘 공적 인격으로 최종적으로 교양, 형성되는 것이 국가의 존립에 있어 불가결한 전제로 되지만, 부르주아와 시뜨와엥의 가교를 놓기 어려운 차이에 직면하여 좌절한 루소의 문제를 과연 헤겔이 극복할 수 있었는가 아닌가 하는 것이 문제로 될 것이다. ⇒소유, 시민사회, 루소

—사이토 준이치(齋藤純一)

사적인 것私的— [privat]

사적인 것이란 일반적으로 보편적인 것, 객관적인 것과의 대조에서 특수한 것, 주관적인 것을 의미한다. 역사적으로는 그리스의 폴리스적 공공성의 해체 후의 로마 세계에서 사적인 것이 지배적으로 되어 이후 사적 이해관심이 전면적으로 확장되어 간다. 헤겔은 초기에 사적인 것을 공적인 것에 대한 날카로운 대립에서 묘사한다. 이 시기에 그것은 정치적 활동에 대한 경제적 행동, 시뜨와엥(시민, 공민)에 대한 부르주아, 공동선에 대한 자기의 선(사적 이해)과 같은 함의를 지니는바, 헤겔은 고대 그리스에 대한 동경으로부터 사적인 것이 공적인 것을 대신해버린 세계를 개탄하고 다시 한 번 공적 세계를 사적 세계로부터 순환시켜 재건하고자 하는 자세를 강하게 보였다[『자연법 논문』 2. 491ff.]. 그러나 그 후 근대에 대한 평가와 특수성·주관성의 원리에 대한 평가가 높아져감에 따라 사적인 것에도 일정한 의의가 부여되어 간다. 예를 들면 사적 소유를 배제한 플라톤에 대한 통렬한 비판, 신앙과 양심 등에 관한 사적 생활의 일정한 자율의 승인 등이 그러하다. 『법철학』에서는 사람이 사적이라는 것은 그가 시민사회의 성원이라는 것, '욕구의 체계'의 내부에서 '스스로 자신의 이익을 목적으로 하는 사적 인격'[『법철학』 187절]이라는 것을 의미한다. 그와 더불어 '사적 권리', 요컨대 사적 소유의 권리(추상법)와 '사적 복지', 요컨대 스스로가 선으로 삼는 것에 대한 배려(도덕)가 승인되며, 특수성의 원리에 따라 그것이 관철될 것도 요구된다. 그러나 그 관철이 곧바로 스스로를 다시 보편적인 것, 공적인 것으로 연결되도록 한다는

사태 그 자체事態—自體 [Sache selbst]

'이성'의 전개 속에서 대상적 현실이란 개개인의 활동의 총체에 다름 아니라는 것이 명확하게 되면, 전체와 개체의 유기적 일체성이 자각적으로 파악될 수 있게 되고, 개인은 자기를 "완전히 실재적이라고 생각한다"[『정신현상학』 3. 292]. 이리하여 근대 시민사회(사적 상품생산사회)에서의 대자존재=즉자존재의 구명이 절대지의 주제가 된다. 관건은 개인의 활동이 '일'(작품)로서 있고, 상품으로서 자기실현을 완수해야만 한다는 데 놓여 있다. 전근대적 공동체 규제가 무너지고 개인은 스스로가 생각하는 대로 실현을 도모한다(개인으로서 권리능력을 지닌다). 그러나 그러한 자유로운 개인의 성립은 상품생산에 의해서 가능하게 된 것이며, '일'은 시장에서 판매되어야만 한다. 그렇다면 일에 관한 개인적 의식만으로는 불충분하다. "일은 **존재한다**. 즉 일은 다른 개인들에 대해서 있다"[같은 책 3. 301]. 일은 활동의 주관적 의식의 면만이 아니라 그 객관적 존재의 면을 지닌다. 이것이 '사태 그 자체'이다. 개인은 자기실현을 완수하기 위해서 성실하게 일을 하고(상품을 생산하고), 이것을 시장에 내놓는다. 거기서 개인은 우선 사회적 유용노동 일반을 기준으로 하는 검증을 받는다. 나아가 시장가격은 개개인의 기획의 총체로서 형태가 만들어지는 수요와 공급의 균형에 의해서 결정된다. 즉 사회적 분업의 유용한 한 단락으로 승인되는 데에 일의 실현이 있는 것이지만, 개개인의 일의 사회적 연관인 '사태 그 자체'는 서로 경쟁하는 개개인의 의도와 이런저런 생각을 넘어서서 하나의 사물의 운동으로서 나타날 뿐이다. "현실과 개인성의

침투'[같은 책 3. 304]는 다만 결과로서 대상적으로만 파악될 수 있을 뿐이다. '사태 그 자체'는 개개인의 활동의 연관이지만, 개개인의 의식적 통제 밖에 놓여 있다. 그것은 추상적인 일반자로서 다양한 활동의 각각에서 발견되며, 각각을 유용한 '일'이게 한다는 형태로 그것들의 술어일 수 있을 뿐이다(사회적 분업의 자연성장성). ⇒정신적인 동물의 나라

─구메 야스히로(粂 康弘)

사회계약社會契約 [gesellschaftlicher Vertrag]

인륜적 세계를 어떻게 체계적으로 파악할 것인가 하는 것이 헤겔의 젊은 시절부터의 일관된 문제의식이다. 그때 이론적 전제로서 헤겔 앞에 놓여 있던 것은 아리스토텔레스의 고전 정치학과 사회계약론을 주장한 홉스, 로크, 루소 등의 근대 자연법론이었다고 말할 수 있다. 베른 시대에 사회계약은 부정하면서도 루소적 입장에서 시민계약을 인정하기는 하지만[1. 161], 예나 시대가 되면 '자연'은 스피노자적인 '신 즉 자연'의 의미에서의 전체성의 의미와 아리스토텔레스적인 본성, 즉 폴리스는 개인에 대해 '본성상 좀더 앞선 것'이라는 의미에서의 본성으로서 파악될 수 있게 되며, 그러한 입장에서 근대의 자연법이 비판된다[리델(Manfred Riedel 1936-), 1969]. 왜냐하면 거기서는 "사회와 국가라는 이름 아래서 무형식적이고 외적인 조화라는 공허한 이름'밖에 정립되지 않기 때문이다[2. 447]. 그러나 예나 시대 말기에는 고대 폴리스의 실체적 인륜의 입장에 대해 근대 자연법론의 개별성의 자유의지, 인격의 입장이 "근대의 좀더 고차적인 원리'[『예나 체계 III』 GW 8. 263]로서 재평가된다. 그러나 이것은 사회계약론을 긍정하는 것을 의미하지 않으며, 의지와 인격의 자기입법으로서 법의 세계를 전개한다는 헤겔의 독자적인 방법의 개시를 의미한다. 이와 같은 이론적 변천을 거쳐 최종적으로 확립되는 인륜적 세계가 『법철학』의 세계이다.

『법철학』에서 사회계약론은 근본적으로 부정된다. 일반적으로 계약은 <자의>를 출발점으로 하며, 그로부터 나오는 것은 단순한 '공통된 의지'에 불과한바,

'즉자대자적으로 보편적인 의지'가 아니다. 또한 그 대상도 개별적인 외면적 물건이고, 결혼과 국가는 계약관계에 포함되어야만 하는 것이 아니다. 국가를 계약에 의해서 파악하는 것은 "국법과 현실에서의 최대의 여러 혼란을 야기했다'[『법철학』 75절]. 요컨대 국가를 계약에 의해서 파악하는 것에는 "즉자대자적으로 존재하는 신적인 것과 그 절대적 권위와 존엄'[같은 책 258절]을 파괴하는 위험성이 존재하는 것이다. 주관성을 원리로 하는 사회계약론은 윤리적인 것을 다루는 올바른 방법이 아니다. 그 방법에 의해서 생각되는 것은 원자론의 체계로서의 시민사회의 규정인 것이다. 사회계약론과 역사적 기원의 관점 대신 헤겔이 주장하는 것은 법의 세계를 의지의 본성(자연)인 자유가 실현된 세계로서 받아들이고[같은 책 4절] 그 세계의 최고의 단계로서 국가를 개념적으로 파악하는 것이다. 루소도 의지를 국가의 원리로 삼는 동시에 그 일반의지론에서 단순한 공통성(전체의지)과 참된 보편성(일반의지)을 구별했다고 하는 중요한 공적을 지닌다[『엔치클로페디(제3판) 논리학』 163절 「보론」]. 그러나 헤겔은 루소가 국가론에서는 그러한 입장을 철저화하지 못하고 기본적으로 피히테와 마찬가지로 보편적 의지를 즉자대자적으로 이성적인 것으로서가 아니라 개별적 의지로부터 나오는 공동적인 것으로서만 파악했다고 비판한다(이 점에 관해서는 헤겔의 오해라고 하는 C. 테일러, 아비네리, 시바타 다카요시(柴田高好) 등 많은 이의 의견이 있다).

따라서 국가의 실체도 사회계약론이 주장하는 것처럼 생명과 재산의 보호와 같은 외면성에서 파악되어서는 안 된다. 헤겔에서 국가는 "인간세계에서의 신의 발자취'[『법철학』 258절 「보론」]이며, 국가에서의 주체성의 원리와 윤리적 실체성의 통일의 완성, 즉 구체적 자유의 실현은 "이성의 절대적 목적'[같은 곳]이다. 이와 같이 헤겔에서 국가는 사회계약에 의해서가 아니라 "자유로운 의지에 내재하는 목적론'[M. 리델, 1970, S. 32, 일역 43쪽 참조]에 의해서 기초지어지는 것이다. ⇒자연법

【참】 Riedel (1969, 1970), Avineri (1972), 金子武藏 (1984)

─요네나가 마사히코(米永政彦)

산酸 ⇨ **산소**

산문散文 ⇨ **시, 세계의 산문**

산소酸素 [Sauerstoff, Oxygen]

　현대적으로 말하면 원소기호 O, 원자번호 8의 원소 또한 사물의 연소와 생물의 호흡에 대단히 중요한 역할을 담당한다. 이러한 산소의 성질에 헤겔도 주목하고 있다. 그러나 헤겔은 이른바 화학적 원소를 추상적이라고 간주하고, 흙·물·불·공기의 4원소야말로 구체적인 원소(Element)라고 한다[『엔치클로페디(제3판) 자연철학』 328절]. 이러한 관점은 고전적인 자연철학에 근거함과 동시에 현대의 생태계와 환경 개념에도 이어지는 흥미로운 것이라고 말할 수 있을 것이다. 흙·물·불·공기의 4원소가 추상적으로 분리된 경우에 추상적인 화학적 계기로서 질소, 산소, 수소, 탄소로 된다[같은 곳]. 산소는 이 네 가지 화학적인 계기들 가운데 수소와의 대립관계에서 파악되며, 수소를 비롯한 사물을 태우는(산화시키는) 것으로 되고 있다. 당시 연소란 물체 속의 연소(플로기스톤)가 물체로부터 나오는 것이라는 플로기스톤설을 프랑스의 화학자 라부아지에(Antoine Laurent Lavoisier 1743-94)가 비판하였는데, 그는 산소가스를 산의 근원이 되는 산소와 열소의 화합물로 삼았다. 산소는 그 이름대로 산과의 연관에서 생각되고 있었다. 헤겔도 열소는 부정했지만, 산소를 산과의 연관에서 생각하고 있다. ⇒ 열, 수소, 탄소, 질소

　　　　　　　　　　　　　　　－이나오 마사루(稻生　勝)

산술算術 ⇨ **수학**

삼권분립三權分立 ⇨ **권력**

삼단논법三段論法 ⇨ **추론(추리)**

삼분법三分法 ⇨ **'정·반·합'(삼지성)**

삼위일체三位一體 [Dreieinigkeit]

　Ⅰ. 삼성(三性)과 일성(一性). '삼위일체'는 원래 『신약성서』에 "내가 아버지 안에 있고 아버지께서 내 안에 계신다"[「요한복음」 14장 10절], "아버지께서 내 이름으로 보내실 변호자인 성령"[같은 책 14장 26절] 등으로 기록되어 있던 신앙에서 유래한다. 그것이 헬레니즘 시대에 신플라톤주의의 강력한 영향하에 서서히 개념화된 것이지만, 그노시스파는 그리스도의 인격성을 부정하고, 오리게네스(Origenes 185/6-254)는 그리스도를 로고스의 육화(肉化)로 하며, 또 아레이오스(Areios 250년 경-336)는 그리스도를 아버지의 피조물의 지위로 내려놓았다. 이들 모두 플로티노스적인 '유출(emanatio)'의 색조가 짙었기 때문에 어째서 '아버지'와 '아들'이 '하나'인지를 설명하기 어려웠다. 이와 같은 다양한 학설이 난립하는 가운데 세상에 퍼진 인심의 불안을 없애기 위해 니케아 공의회(325년)는 아버지와 아들이 '동질(ὁμοούσιος)'이라는 것을 결정했지만, 물론 이것은 철학적 해결이 아니어서 그 후에도 논쟁은 매듭지어지지 않았다. 그리하여 아우구스티누스는 『삼위일체론』을 저술하였는데, 여기서 그는 '유출'을 '파송(missio)'이라는 인격적 관계로 치환하여 아버지가 아들을 파송하고 아버지와 아들로부터 성령이 파송되며, 이 세 개의 '위격(persona)'들은 모두 완전하고 무한하기 때문에 '불가분'이며, 유일한 신은 삼위에서 불가분하게 활동한다고 설파했지만, 이 진리는 계시에 의해서만 인식되는 오묘한 뜻이라고 주장했다. 이러한 학설들에 비해 헤겔의 삼위일체론은 삼성과 일성의 양립문제를 '이념(Idee)'의 필연적 전개에 의해서 합리적으로 해명한다는 점에서 이채로움을 띠고 있다.

　Ⅱ. 이념의 자기전개. 헤겔은 본래 종교를 절대적 이념의 하나의 형태로서 파악하고, 나아가 종교들의

궁극에 위치하는 '절대적 종교'의 원리가 삼위일체라고 생각하기 때문에 거기서는 '아버지'와 '아들', '성령'이 모두 이념에 다름 아니었다. 즉 "영원한 이념 자체에서의 신"은 자기동일성 안에 머물러 주관과 객관이 나누어져 있지 않은 "사유의 추상적 지평"이며 "아버지의 나라"라고 불린다[『종교철학』 17. 218]. 그러나 추상적인 것은 구체적인 것을 사상한 결과이기 때문에 구체적인 것을 전제하며 타자에 자기를 열고 있다. 이념에서 독립적인 것으로서 해방되는 이 타자가 "세계 일반"이자 "아들의 나라"라고 불린다[같은 책 17. 241, 243]. 그것은 자연과 유한한 정신의 세계이지만, 참된 모습에서는 '이념성[관념성](Idealität)'에 다름 아니다. 유한한 정신으로서의 인간의 본성이 "신의 아들"(신의 부정)로서의 그리스도의 죽음이라는 "부정의 부정"에 의해서 신의 본성과 화해하고 있는 것을 확신하는 것이 "신도집단(Gemeinde)"이자 "영(Geist)의 나라"라고 불린다[같은 책 17. 300]. 헤겔의 입장에서 보면, 기독교에서의 '성삼위일체'는 영원한 이념으로부터 유한한 실재세계가 갈라져 나오고 양자의 대립의 화해가 정신(Geist)에 의해서 자각되는 이념의 형식을 '아버지', '아들', '영'이라는 "천진난만하고 자연스러운 형식"에서 "비유적"으로 표현했던 것에 지나지 않으며[같은 책 17. 234], 옛 사람은 삼위일체의 참된 모습을 알지 못했던 것이다[같은 책 17. 236]. ⇒기독교, '정·반·합'(삼지성), 신플라톤학파, 유출(설)

—마쓰이 요시카즈(松井良和)

삼일성三一性 ⇨'정·반·합'(삼지성)

상像 ⇨심상

상관성相關性 ⇨관계

상기想起 ⇨기억·상기·내(면)화

상상想像 ⇨상상력

상상력想像力 [Einbildungskraft]

상상력은 인간의 자유의 나타남이지만, 또한 그런 까닭에 인간을 현실에서 소외시키는 양면성을 지닌다. 그리하여 상상력은 시민적 자유가 확립되는 18세기 이후 그에 대한 드높임과 부정 사이에서 동요하면서 철학적 고찰의 초점이 된다. 『엔치클로페디』에서 이론적 정신을 직관-표상-사유의 3단계로 구분하고, 표상의 중심에 상상력의 위치를 부여한 헤겔은 그때까지의 감성과 이성의 이원론을 넘어서서 상상력의 독자성을 정착시켰다. 거기에 이르는 그의 궤적에서는 상상력의 근대적 문제성이 나타난다.

최초 시기의 종교론은 이미 생명 없는 객체적 종교를 산출하는 계몽적 지성에 대해서 주체적인 민중종교에서의 공상(Phantasie)의 의의를 강조하고 "길을 잘못 들기 쉬운 공상이 좋은 진로를 취하는 것"의 중요성을 지적함으로써[『민중종교와 기독교』 1. 30f.] 헤겔 사색의 출발점에 상상력의 문제가 있었다는 것을 알려준다. 이러한 민중종교의 이상은 청년기를 통해 시작(詩作)적이고 신화적인 상상력인 공상에 기초한 그리스의 그것에서 찾아졌다. 예술적 상상력을 민중종교의 특성이라고 생각하고 낭만파처럼 천재적 예술가의 개인적 특권이라고 하지 않은 점에 헤겔의 특징이 있다.

셸링의 동일철학에서 우선 거점을 구하면서 선행 철학들과 대결한 예나 초기에 상상력(구상력)에 관한 서로 대립되는 파악이 보인다. 칸트의 『순수이성비판』이 보여준 감성과 지성을 매개하는 '초월론적' 상상력은 주관과 객관의 동일성, 즉 사변적 이념을 안에 포함하는 것으로서 평가되지만, 다른 한편 피히테의 학문론이 파악한 자아와 비아, 유한성과 무한성 사이를 '요동하는(schweben)' 상상력은 참된 통일에 이를 수 없는 무한진행에 빠지는 것으로서 부정되는 것이다. 즉 '직관적 지성'에 통하는 진무한적인 상상력과 악무한적인 상상력이 존재하는 것이다. 이러한 양면적 평가는 상상력의 근대적 문제성을 드러낸다는 점에서도 중요하다. 여기서는 스피노자의 imaginatio론의 영향도 무시될 수 없다. 이에 기초하여 추상적인 것, 유한자를 절대적인 것으로 간주하는 상상과 반성이 비판되고 있기 때문이다.

예나 시기의 도중에 이전의 직관주의적 입장을 포기하고 사유에 의한 개념적 파악을 최고의 지평으로 삼게 된 후, 상상력은 정신철학에서 직관에서 사유로의 이행을 담지하는 표상의 한 단계로서 파악되기 시작한다. 그 내용은 시기에 따라 변동하지만, 최종적인 형태인 『엔치클로페디(제3판) 정신철학』 455-460절에서는 (1) 상기된 심상을 결합하는 재생산적 상상력, (2) 상징화하는 상상력인 공상, (3) 기호를 만드는 공상으로 3분되어 순차적으로 고도화하는 것으로 된다. 다만 뉘른베르크 시기에는 정신착란과 광기 등 상상력이 초래하는 부정적 현상이 크게 취급되고 있는 데 반해, 『엔치클로페디』에서는 그것들이 사라지고 오히려 상상력의 활동의 배후에 지성이 존재한다는 것에 대한 강조가 이루어진다는 점이 주목된다. 헤겔은 다루기 어려운 상상력을 어떻게든 지성의 틀 내로 받아들이고자 했던 것이다. ⇒심상, 헤르더

【참】 Sallis (1987)

―이케다 시게카즈(池田成一)

상속相續 [Erbschaft]

헤겔에서 상속은 정신의 직접적 실체성인 '가족'이 양친의 자연적 죽음에 의해서 해체된 후 가족의 동일성을 지속적으로 보증하고 있던 공동의 자산을 자식이 계승하는 것으로 이해되고 있다. 이에 의해 자식은 독립된 소유를 획득하고 다시 가족을 형성한다[『법철학』 178절]. 가족은 자연적 인륜으로서 인륜의 생성의 기초를 이루며, 거기에 우연성과 자의가 들어오는 것을 막기 위해 상속은 자의적으로 이루어져서는 안 되기 때문에, 그는 법정상속의 입장을 채택한다. 또한 헤겔의 상속론은 특히 로마법에서 보이는 것과 같은 동족과 가족의 명예의 사명을 위한 가족자산에도 반대한다. 가족은 이미 시민사회에서의 자유로운 인격에 기초하는 공동체이기 때문에 자산의 자유와 상속권의 평등이 보증되지 않아서는 안 되기 때문이다[같은 책 80절]. ⇒가족

―이와사키 미노루(岩崎 稔)

상식常識 [Menschenverstand]

직역하면 '인간지성'. 시대의 문화에서 일반화되어 있는 "세계정신의 위대한 형태"인 반성적 주관성의 의식의 내용[『신앙과 지식』 2. 289f.; 6. 38 참조]. 주관과 객관의 대립·제한·분리를 내용으로 하는 지성적 사유에 기초하여 자기확신을 고집하고 특히 직접적인 지와 감정에 의해서 현상을 파악하기 위해 그것은 참된 동일성을 재흥시키고자 하는 철학을 "증오하고 혐오하며 박해할 수밖에 없게"[『차이 논문』 2. 32] 된다. 따라서 상식은 절대적인 것, 신성한 것마저도 스스로의 객체로서 파악하고[같은 책 2. 33], "유한한 것을 앞에 두고 도주하고 주관성이 확고히 있음으로써 아름다운 것을 사물 일반으로, 숲을 목재로" 보는 전도를 범하게 된다[『신앙과 지식』 2. 290]. "상식은 일반적으로 자기가 가장 풍부하다고 생각하고 있는 그때에 언제나 가장 빈곤하기"[『정신현상학』 3. 105] 때문이다. 덧붙이자면, 칸트, 피히테, 야코비의 주관성의 반성철학도 "일상적 상식의 문화"라고 말해진다[『신앙과 지식』 2. 298].

―자코타 유타카(座小田豊)

상업商業 [Handel]

상업은 "보편적인 교환수단에 의해서, 즉 모든 상품의 추상적 가치가 현실적으로 존재하고 있는 바의 화폐에 의해서 따로 떨어져 있는 수단들을 서로 교환하는 일"[『법철학』 204절]이다. 이것은 상공업신분 가운데서도 상업신분에게 맡겨진다. 특히 헤겔은 시민사회의 모순들의 배출구로서 해외 시장과 개척지를 취할 때 제1신분(농업신분)의 실체적인 마음가짐에 대해서 제2신분(특히 해외무역에 종사하는 사람들)이 지니는 반성적인 마음가짐의 해방성을 평가한다. 요컨대 시민사회에서는 부의 과잉에도 불구하고 빈곤의 과잉과 천민의 출현을 초래하지만, 이 가운데 "자기보다 뒤떨

어져 있는 국외의 다른 민족 안에서 구매자를 구하고, 그와 더불어 필요한 생계 물자를 구하는'[같은 책 246절] 것으로서 상업이 중요해지는 것이다. 이 경우에 상업은 대지를 조건으로 하는 가족생활의 원리와는 달리 해외로 비약하게 만드는 요소로서의 바다를 조건으로 한다. "영리 추구에 있어 산업은 영리를 위험에 처하게 함으로써 동시에 스스로를 그보다 고양시키며, 땅덩어리와 시민생활의 제한된 범위들에 대한 집착과 그 생활의 향유와 욕망을 유동성과 위험, 파멸의 요소와 바꿔놓는다. 그리하여 산업은 더 나아가 결합의 이러한 최대의 매체를 통해 멀리 떨어진 나라들에게 상거래, 즉 계약을 도입하는 법률적 관계의 관련을 가져오는바, 이러한 상거래에서는 동시에 최대의 교양 수단이 발견되고 또 상업은 자기의 세계사적 의의를 발견한다'[같은 책 247절] ⇒화폐, 시민사회, 직업·신분

─이와사키 미노루(岩崎 稔)

상업신분商業身分 ⇨ 직업·신분

상이성相異性 [Verschiedenheit]

'상이성'─또는 "직접적인 구별"[『엔치클로페디(제3판) 논리학』 117절]이란 헤겔의 규정에 따르면 "오로지 자기 자신에만 관계하는" '동일성', 또는 "구별에 관계하지 않는" '동일성'이다[『논리의 학』 6. 48].

이런저런 것, <집>과 <수목>, 그리고 <흼>, <매움>과 같은 <사물>의 성질들, 또한 사물의 '본질'에 관한 우리의 견해들, 나아가 <나>와 <당신> 등은 우선은 <다른 것>과의 관계없이 <집>은 <집>, <흼>은 <흼>, <나>는 <나>라고 하듯이 그것 자체에서 스스로의 '동일성'을 지닌다. 이리하여 우리의 모든 영역에서 실로 다양한 '상이성'이 존립한다.

이러한 '상이성' 개념이 헤겔 철학에서 특히 의미를 지니는 것은 이 '상이성'이 '자기동일성' 자체에서의 '상이성'인 경우, 즉 어떤 것의 내적인 '상이성'이 문제로 되는 경우─예를 들면 <나>는 <나>이지만, 그러나 동시에 언제라도 <나> 자신에게도 불가해한, 그런 의미에서 <나>일 수 없는 것을 지니는 경우─이다. 헤겔은 이러한 <내재적인> '상이성'이 사물의 '본질'을 규정하는 경우에 불가결한 하나의 계기라고 생각한다. 왜냐하면 헤겔에 따르면 '본질'이란 무엇이든 이러한 <내재적인> '상이성'으로서 존재하기 때문인바, 다시 말하면 '본질'이란 원리적으로 <자기 분열적> 존재이고 이러한 <자기 분열적인> '대립'(='모순', '이율배반')을 통해서 '변증법적으로' <설정되는 것>이기 때문이다. ⇒동일성, 구별, 대립, 모순, 이율배반

─다카야마 마모루(高山 守)

상징예술象徵藝術 [symbolische Kunst]

크로이처의 '기호우의(寓意)'를 정점으로 하는 바로크적 예술표현법에 대해 괴테는 고전주의를 모범으로 하여 보편을 설명하기 위해 특수를 예시하는 '우의'를 배제하고 특수 안에서 보편을 직관하는 '상징'을 예술 본래의 수법으로 삼는다. 헤겔은 고전예술을 예술 형식의 모범(이상)으로 하면서도 괴테와는 달리 '상징'을 예술의 전단계의 수법으로 규정하고 '동양의 예술'에 속하는 것으로 삼았다.

그에 따르면 예술은 이미 이념과 형태가 합일된 이상으로서 현상하지만, 이것이 특수형식으로서 규정을 심화시킴에 따라 차례로 상징적, 고전적, 낭만적 예술형식을 획득하기에 이른다. 내적 의미와 외적 형태의 관계에 관해 고전예술은 전자를 후자의 실체적 개체성에서 표현함으로써 양자의 통일을 발견하며(finden), 낭만적 예술은 전자의 정신성이 후자의 감각성을 능가함으로써 이 통일을 넘어서는(überschreiten) 것이지만, 상징예술은 말하자면 예술의 전단계에 해당되어 완전한 통일을 여전히 모색하는(suchen) 단계이다.

상징예술은 3단계에서 전개된다. 첫 번째 단계 '무의식적 상징'에서는 의미와 형태의 차이를 여전히 알지 못하며 양자의 괴리가 자각되어 있지 않다. 자연 안에 실존하는 빛을 신적 절대자로 보는 조로아스터교, 인도의 브라만관(觀)에 있는 정화와 속죄의 의식, 이집트

의 사자(死者)관, 스핑크스 등이 이에 해당된다. 두 번째 단계 '숭고의 상징'에서는 이러한 직접적 동일태는 초극되며, 추상적이지만 보편적 정신이 구체적 현존재로부터 분리되어 내면성으로서 자립해간다. 그러나 정신은 표현을 위해 외적인 감각적 형태에 의거할 수밖에 없으며, 필연적으로 자기지양이 요구되게 된다. 세 번째 단계 '비교에 의한 의식적 상징'에서는 위와 같은 괴리가 자각적으로 예술의식에로 이용된다. 우화, 우의, 비유 등이 여기에 위치지어진다.

예술 장르로서는 건축이 상징예술 형식에 조응한다. 거기서는 아직 자기의식이 성숙되어 있지 않으며, 그 내용은 개개인과 민족들의 내적인 기둥, 의식결합의 거점이 되는 보편적 관념이며, 외형은 그것과 별개로 무거운 질료 그대로 힘의 법칙에 따라 형성되고, 다만 규칙적인 대칭으로 짜맞춰져간다. ⇒고전예술, 낭만적 예술, 비유, 건축(술)

【참】新規矩男 (1975), 杉勇 (1977), Orthmann (1975), Vandersleyn (1975)

─가나타 스스무(金田 晉)

상퀼로트 ⇨프랑스 혁명

상호승인相互承認 ⇨승인

상호외재相互外在 [Außereinander]

본래 그 밖의 존재자와의 유기적 연관에서만 그것으로서 성립하는 존재자가 이 연관을 벗어나 서로 독립적인 듯한 모습을 취할 때, 이 존재자들의 상호 관계로서는 그것들의 본질에 아무런 영향도 주지 못하며 나중에 우유적으로 부가된 것과 같은 외적 관계밖에 있을 수 없다. 헤겔은 이러한 존재자들의 상호관계를 그것들이 지니는 본래적인 통일적 연관을 고려하여 '상호외재'라고 부른다. 논리학의 '기계적 연관(Mechanismus)'은 '상호외재'하는 존재자들의 존재양식이며, 『엔치클로페디』의 체계에서 논리학 최종단계인 '이념'이 그

유기적 통일이라는 자기의 거주지를 벗어나 '자기 외 존재(Außersichsein)'하는 장소는 우선 존재자들이 '서로 나란히(Nebeneinander)'─공간─, '서로 잇달아서(Nacheinander)'─시간─라는 '상호외재'의 방식을 취하는 역학적(mechanisch) 자연이다[『논리의 학』 6. 409-410; 『엔치클로페디(제3판) 자연철학』 253절 외]. ⇒기계적 연관, 자기 외 존재, 공간, 시간

─마쓰모토 마사오(松本正男)

상황狀況 [Situation]

헤겔 미학은 '이상(Ideal)', 결국 이념과 형태의 완성된 통일로서의 예술작품의 근본특징들로서 행위를 중시하지만, 상황이란 예술의 '살아 있는 개체들(die lebendigen Individuen)'이 거기서 등장하는 지반으로서의 보편적인 '세계상태(Weltzustand)'로부터 그 개체의 개별적인 '행위(Handlung)'로 특수화하는 '중간단계'이며, "보편적 세계상태에서 우선은 아직 전개되지 않은 채 은폐되어 있는 모든 것을 본래적으로 표현하고 활성화시키기 위한 종별적인 전제"를 의미한다[『미학』 13. 260f.]. 흥미진진한 상황을 발견하는 것이 예술의 과제지만, 그 다양성은 개별적인 예술에 따라 다르다. 조각에서 상황의 다양성은 제한되어 있지만, 회화와 음악에서는 좀더 넓어지고, 시문(Poesie)에서 가장 풍부하게 된다[같은 책 13. 261]. (1) 상황은 규정성으로 나아가기 전에 이집트와 가장 오랜 그리스의 부동의 조상(彫像)에서 보이듯이 "몰상황성(Situationslosigkeit)"이라고도 말해야만 할 '무규정성'의 형식을 취한다[같은 책 13. 261f.]. (2) 다음으로 상황은 처음의 정지로부터 특수화로 걸어 나가지만, 우선은 핀다로스(Pindaros BC 522(-18)-442(-58))와 괴테 등의 기회 있을 때마다 지어진 서정시에서 보이는 아직 타자에 대한 대립을 불러일으키지 않는 "무해한(harmlos) 규정성"을 지닌다[같은 책 13. 261, 265f.]. (3) 그러나 상황의 본질은 자연적 상태들, 자연적 소질, 정신적 차이의 '손상(Verletzung)'에서 그 근거를 지니는 분열(Entzweiung), 대립(Gegensatz), 충돌(Kollision)이며, 그것이 행위의 전제가 된다. 그것은 특히 극시(Dramen)의 대상이다. 왜냐하면 이상적인

아름다움은 이념과 형태의 통일에 존립하지만 충돌은 이러한 통일, 결국 이상 그 자체를 훼손하는 것인 까닭에, 예술의 과제는 분열과 투쟁 속에서도 아름다움을 몰락시키지 않고 조화적인 결과로 이끄는 것으로 되는 바, 그것은 추함을 고정시키지 않고 오로지 순간적으로 현상시키는 시문이 가장 잘 행할 수 있기 때문이다 [같은 책 13. 267-269].

【참】 Wiehl (1971)

―시카야 다이코(四日谷敬子)

색채론 色彩論 [Farbenlehre]

헤겔의 색채론은 기본적으로 뉴턴의 광학을 비판한 괴테의 색채론을 옹호하는 입장에서 형성되어 전개되었다. 뉴턴 광학은 색채를 흼과 검음의 혼합에 의해서 설명하는 아리스토텔레스 이래의 전통적인 색채론을 뒤집어 백색광이 원색의 혼합에 의해서 성립한다고 하였다. 뉴턴은 암실에 들어온 태양광선을 프리즘에 의해 스펙트럼 분해하고 그것을 다시 한 번 프리즘에 의해 본래의 백색광으로 합성할 수 있다는 것을 실험에 의해서 물리학적으로 확인했다. 이에 대해 괴테는 자연 속에서 눈에 의해 직접 지각되는 색채를 기초로 하여 본래 색채는 자연(객관)과 육안(주관)의 상호관계에서, 즉 외부로부터의 빛의 자극에 의해서 눈 내부에 머무르고 있던 빛이 눈을 일깨움으로써 생기는 생리학적 현상이라고 생각했다. 이와 같은 근본적인 발상에서 괴테는 뉴턴 광학이 인위적으로 만들어진 암실 속에서 프리즘을 통해 나타나는 물리학적 색채만을 대상으로 한다고 비판하는 것이다.

괴테에 따르면 색채는 <빛과 어둠의 분극성>이라는 근원현상에서 양극의 상호작용에 의해서 생기며, 그것이 눈을 통해 지각되는 것이다. 그가 행한 프리즘 실험은 뉴턴의 그것과는 달리 자연광을 토대로 프리즘을 통해 보인 빛(흼)과 그림자(검음)의 경계에서 빛에 가장 가까운 황색에서 어둠에 가장 가까운 청색까지 색채가 현상한다는 것이다.

헤겔의 색채론은 이와 같은 괴테의 색채론의 영향을 받아 형성되었다. 그는 이미 『예나 체계』의 '자연철학'

에서 색채론을 논하기 시작하여 『엔치클로페디』 제3판에 이르기까지 뉴턴 광학 비판으로 고군분투하는 괴테를 계속해서 옹호하고 있다. 그러나 헤겔의 색채론은 괴테에게서 풍부하게 보이는 생리학적 색채에 관한 경험적 기술보다도 색채현상을 산출하는 근본원리에 대한 철학적 고찰에 의해서 오히려 형이상학적인 내용을 풍부하게 포함하고 있다. 그의 기본적인 관점은 색채를 "빛과 어둠의 단일태"[『예나 체계 II』 GW 7. 292]라는 식으로 <빛과 어둠의 통일>로서 파악하는 것이다. 즉 지상을 넘어선 '관념적인' 빛이 또 한편의 극인 '지상적인' 어둠에 의해서 지상적 세계로 연결되고 이 양자가 합일함으로써 색채가 산출된다는 것이다. "색채는 빛과 어둠이라는 이 두 가지 규정의 결합이다. 이 결합에서 두 규정은 구별되면서 동시에 하나로 되어 있다"[『엔치클로페디(제3판) 자연철학』 320절 9. 245]. 헤겔은 어둠을 빛의 결여태로 보는 것이 아니라 오히려 그 실재성을 인정하고 빛과의 대립과 합일에 의해서 색채가 산출된다고 생각했다. 헤겔이 괴테 색채론의 경험적 이론을 배경으로 전개한 이와 같은 <빛과 어둠의 변증법적 통일>이라고도 말해야 할 철학적 이론은 역으로 괴테 색채론에 명확한 이론적인 틀을 제공하게 되고 뉴턴 광학에 대한 공동의 투쟁을 가능하게 했던 것이다. ⇒ 괴테, 빛, 어둠

【참】 Falkenheim (1934), Beyer (1985), Petry (1987)

―이사카 세이시(伊坂靑司)

생(명) 生(命) [Leben]

근원적 실재에 관한 헤겔의 직관 내용을 이루는 것. 즉 개별적인 것이 기계적으로 집합하여 전체를 구성하는 것이 아니라 그것들의 유기적 결합에 의해서 전체가 구성되고, 또한 이 전체에 의해서 개별적인 것이 자기의 존립을 얻는다는 직관이다. 유기체가 모델로서 생각되지만, 그 배후에는 당시 기계론적 자연관을 넘어서는 유기체적 자연관의 등장이 놓여 있다. 그러나 유기체만이 아니라 거기서의 파악이 전문분야로서의 생물학적 영역을 넘어서서 정신적 세계 전체로 확대, 적용되고 있다. 그것은 특히 초기의 프랑크푸르

트 시대에 그의 사상의 중심적 위치를 점한다. 체계 시기에는 이 위치를 '정신'이 차지하게 되고, '정신'을 근원적 실재로 하는 그의 체계의 한 항목(예를 들면 자연철학에서의 유기체)을 이루는 데 불과하다고 말할 수 있다. 그러나 '정신'을 형용할 때에도 이 말이 사용되기도 한다. 예를 들면 "절대적 정신의 생명"은 "현실적인 자기로 되는 것, 자기에서 자기를 반성하는 것, 그리고 주체인 것이다"[『정신현상학』 3. 557]라고 하는 것이다. 이 점에서 보면 앞의 직관은 예나 시대 이후에도 관철되고 있다.

이러한 직관은 초기의 프랑크푸르트 시대에 획득되었다. 유한한 것과 무한한 것의 연관을 포착하는 방식으로서 '철학'에서의 '반성' 입장에 대치되는 것이 '종교'에서의 '생'의 입장이다. '반성'은 '살아 있는 것'의 다양성을 통일과 대립의 두 부분에서 파악한다. 여기서 통일이란 유기조직(Organisation)이라고 불리는 것이며, 다양한 것을 유기화함으로써 대립을 배제한다. 그러나 '반성'은 통일 바깥에서 배제된 대립을 발견할 수밖에 없다. 왜냐하면 이러한 통일 자체가 대립하는 것으로서 유한한 것에 불과하기 때문이다. 그런 까닭에 '반성'은 자기 바깥의 대립을 통일하고자 한다. 그리고 새로운 통일은 또 다시 대립을 발견하는 까닭에, 이 과정은 계속해서 진행된다. 그것은 유한한 것으로부터 무한한 것으로의 상승(Erhebung)이다. 이와 같은 과정은 유한한 것과 무한한 것이 절대적인 대립에 머무르는 까닭에 악무한에 빠질 수밖에 없다. 이러한 악무한은 다양성의 근저에서 '생'의 '외화(Äußerung)'로서의 성격을 발견함으로써만, 즉 "유한한 생으로부터 무한한 생으로의 상승"[『1800년 체계 단편』―『초기 신학 논집』(놀) 347]에서만 폐기될 수 있다. 이러한 입장이 다름 아닌 종교이다. '종교'에서 포착된 '생'은 '무한한 생'으로서 '정신'이라고 불린다. 이러한 '정신'의 입장에서 "생이란 결합과 비결합의 결합"[같은 책 348]이라고 정식화하고, 모든 개체의 다양성을 포괄하며, 모든 고정된 대립을 유동화시키고, 이 대립의 근저에서 계속해서 개체의 존립기반인 바의 근원적 통일을 발견하는 헤겔의 입장이 나타난다.

이러한 입장은 예나 시대 이후에도 헤겔 철학의

개별적인 부분들을 이루는 것이 아니라 그 철학의 전체 구조 그 자체를 보여준다. 즉 유한한 것을 넘어서서 이에 내재하는 무한성의 입장이다. 이 입장에서 개별적인 것이 전체에 삼켜져 버리는 식으로 해석하게 되면, 이 해석은 잘못이다. 생에서는 유한한 개별적인 것과 전체로서의 절대자와의 분열이 필연적이며, 이 분열을 통해서만 전체가 형성된다는 점이 파악되어야만 한다. "필연적인 분열은 영원히 대립하면서 자기를 형성하는 생의 하나의 구성요소이다. 총체성은 최고의 생명에서 최고의 분리로부터의 재흥에 의해서만 가능하다"[『차이 논문』 2. 21f.]. 여기서 대립을 극복하고 총체성을 재생시키고자 하는 '철학의 욕구'가 생긴다. 생은 이 욕구를 충족시키는 철학을 형성하고자 하는 헤겔의 작업의 기반이 되는 것이다.

총체성을 재생시킨다는 것은 그것이 유한한 것에서 사전에 주어지는 것이 아니라는 것을 의미한다. 즉 유한한 것에서 고정된 자기를 유동화시키는 실천이 불가피하게 되는 것이다. 유한한 것의 실천이 총체성으로 향하는지의 여부가 문제로 된다. 헤겔은 그것들의 실천 결과가 '외적인 합목적성'인가, '내적인 합목적성'인가를 구별하고 있다. 전자는 '죽은 것'이며, 후자는 '살아 있는 것'이다[『논리의 학』 6. 476]. 전자에서, 즉 어떤 유한한 것에서 타자는 단순한 수단에 불과한 데 반해, 후자에서 그것들은 서로 전제함으로써 총체성 실현에로 향한다. 여기서 단순한 주관성을 넘어선 그것들의 상호주관성이 나타나는 것에 주목해야만 한다. 즉 이러한 상호주관성에 의해서 '살아 있는 정신적 세계가 구성된다는 점에 헤겔의 자기 시대와의 대결 방향이 놓여 있으며, 현대와도 통하는 점이 있는 것이다. ⇒유기체, 목적론, 정신, 욕구・욕망

【참】 Dilthey (1906), Marcuse (1932), Lukács (1948a), Kozu (1988)

―고즈 구니오(幸津國生)

생기 生起 [Geschehen]

생기란 『정신현상학』의 의식경험의 운동을 설명하는 말이다. 물론 『정신현상학』에서는 단순한 일어난

일이라는 의미로 사용되는 경우도 있지만, 술어로서는 의식에 있어 현상인 까닭에 그 필연성이 통찰되지 않은 채 발생하는 것을 의미한다.

예를 들면 무한성은 같은 이름의 것의 자기반발로서 지성적 의식에서 생겨나지만, 이것은 어디까지나 어떻게 해서 생겨나는지는 자각되고 있지 않다. 그 점에 관해서는 "경험되는 대로의 운동은 지성에서는 생기이다"[『정신현상학』3. 134]라고 말해지고 있다. 또한 예를 들면 감성적 확신에서 새로운 대상으로서 다수의 성질로 이루어진 사물이 등장하지만, 그럼에도 불구하고 왜 등장하는지 지각에게는 명백해지지 않은 채로인 것이다. 이리하여 바로 헤겔이 말하는 경험은 통상적인 경험과 마찬가지로 경험대상을 발견할 때의 우연성을 수반하는 것이다. ⇒경험

—야마구치 세이이치(山口誠一)

생명生命 ⇨생(명)

생명과정生命過程 ⇨유기체

생명체生命體 ⇨유기체

생산生産 ⇨노동

생성生成 [Werden, Entstehen]

Ⅰ. 헤겔 철학 성립의 터전. 1801년의 『차이 논문』은 철학이 지적 내지 실재적 세계를 '생성'으로서 개념파악해야만 한다고 선언했다[2. 22]. 그 후 헤겔은 이러한 사상에서 자신과 자기 이전의 체계(비판철학 및 낡은 형이상학)를 결정적으로 획정하는 기틀로 된 통찰을 기술한다[『엔치클로페디아(제3판) 논리학』27-32절]. 즉 오랜 형이상학은 그 소박실재론적인 전제에 따른다고는 하더라도 사유규정을 사물의 근본규정으

로 간주하는 한에서 오히려 나중의 비판철학보다도 높은 입장에 있었지만, 결코 '자유'로운 사유는 아니었다. 이 사유는 사물을 자기 자신으로부터 자유롭게 규정하지 않고 객관을 완성된 것으로서 전제했기 때문에, '끊임없이 변용되는 프로테우스'와 같은 사물의 모습을 앞에 두고 두 가지 대립되는 주장의 한 쪽만을 고집하는 독단론에 사로잡혔다는 것이다. 요컨대 객관적 실재 그 자체를 생성의 상하에서 파악하는 '실재생성설'은 헤겔에게 사유규정을 사물의 근본규정으로 간주하는 실재론적 회귀를 가져다주면서도 낡은 형이상학과는 선을 그어 자유로운 자기규정을 실재의 원리로 성립시키는 근대 자아의 입장을 가능하게 했다.

Ⅱ. 생성의 체계적 위치부여. (1) 『논리의 학』의 기본규정: "운동, 즉 그 속에서 존재와 무가 구별되지만, 이 구별이 또한 직접적으로 지양되어 있는 운동"[5. 83]. 이 구별의 지양에서 직접적인 무와 직접적인 존재가 지양되는 것이 각각 생기(Entstehen)이자 소멸(Vergehen)이다[5. 112]. 이러한 구별의 지양으로서 생성은 좀더 크게 존재와 본질의 통일인 개념의 예시이지만, 또한 이 개념의 통일이 단순한 생기와 소실이라는 존재 영역에서 나타난 것으로서 개념의 외화형태이다. (2) 그리고 생성은 논리학 내부에서의 개념의 이러한 외화형태로서 곧바로 논리학 그 자체의 외화형태를 의미하게 되며, "자기에 의해서 파악되지 않는 자기"[『정신현상학』3. 584]인 시간, 자연이 된다. ⇒우주론

—오니시 마사토(大西正人)

생식生殖 [Zeugung]

유기체에서 개체는 사멸하지만, 자식이라는 새로운 개체를 산출함으로써 <유>의 보존, 재생산이 이루어진다. 생식이란 이와 같은 <유>의 재생산과정이자 생명의 본원적인 과정이다. "존재하는 것으로서가 아니라 이와 같이 스스로를 재생산하는 것으로서만 존재하고 스스로를 보존하는 것이 생명적인 것이다"[『엔치클로페디아(제3판) 자연철학』352절]. 그것은 동시에 개체가 <유>로 고양되는 도약점이기도 하지만, 그 기초는 개체 그 자체 안에 있다.

(1) 유기적 개체 내에서의 재생산은 개체의 감수성과 흥분성의 기저이며, 영양섭취·소화, 호흡, 배설 등 외적인 원소들을 자기에게 동화하고, 나아가 외적 자연에 대해서 자기를 객관화하는 욕구충족의 과정이다. 이와 같은 과정을 통해서 개체는 언제나 자기를 유지하고 재생산한다.

(2) '성별(Geschlechtsdifferenz)'은 <유>의 재생산을 담지하는 것이지만, <유>가 특수화된 것으로서 규정되며, 주체와 같은 <유>에 속하는 다른 주체와의 관계를 의미한다『같은 책·논리학』220절]. 식물의 성관계는 개체 내부의 소화과정으로부터 분화되어 있지 않다. 본래의 성관계는 동물적 유기체에서 나타나며, 그 형태상의 성별 내에서는 <유>로서의 동일성도 보인다. "남성기 및 여성기의 근저에는 동일한 원형이 놓여 있다"『예나 체계 III』 GW 8. 172]. 예를 들면 고환에는 난소가, 자궁에는 전립선이 대응한다. 그러나 성별에서 개체는 또한 개별적인 것으로서, 이것에 내재하는 <유>에 적합해 있지 않으며, <유>의 보편성과 개체의 개별성의 모순을 떠안고 있기 때문에 "결함의 감정"[『엔치클로페디(제3판) 자연철학』 369절]을 떠안을 수밖에 없고, <유>로서의 자기를 다른 개체 내에서 구하고자 한다.

(3) 자기에 내재하는 <유>와의 부적합성은 한편으로 개체에 있어 부정적으로 질병과 죽음의 위협으로서 나타난다. 다른 한편으로 내재적인 <유>는 동일한 <유>에 속하는 타자와 합일함으로써 <유>를 실존시키고자 하는 <유>의 충동으로 되어 개체들을 '성교'(유화 Begattung)에로 몰아세운다. 양성의 합일인 수태는 "양성의 소멸"이며, 자식이라는 "단순한 유"의 생성이다[같은 절 「보론」]. 개체들의 자립성이 부정되어 유의 통일이 긍정되는 이러한 감각이 "사랑"[같은 책 370절 「보론」]이며, 이와 같은 사랑관의 원형은 초기 단편에서도 보인다『사랑』 1. 246]. 그러나 자식 자신은 그의 부모와 똑같이 직접적 개별태이기 때문에 죽음을 면하지 못하며, 동물의 번식과정은 악무한적인 반복에 의한 <유>의 재생산으로 된다. "유는 개체의 몰락에 의해서만 자기를 보존한다"[『엔치클로페디(제3판) 자연철학』 370절]. 그러나 인간의 생식은 자연적 생명의 최고

의 완성으로서 <유>의 자립태인 '정신'을 준비한다. "성교에서 생명적 개체성의 직접태는 사멸하지만, 이러한 생명의 죽음은 정신의 출현이다"[『논리의 학』 6. 486]. 이리하여 성관계는 '가족' 내에서 그 정신적·인륜적인 의의와 규정을 획득하며, '사랑과 신뢰의 마음가짐에 의한 합일'[『엔치클로페디(제3판) 정신철학』 518절]로 고양되는 것이다. ⇒유(類), 생(명), 죽음, 가족

―기타자와 쓰네토(北澤恒人)

생업生業 ⇨ 직업·신분

샤프츠버리 [Third Earl of Shaftesbury, Anthony Ashley Cooper 1671. 2. 26–1713. 2. 15]

영국의 도덕사상가. 인간의 본성을 이기적인 것으로 간주하는 홉스의 견해를 물리치고, 인간에게서 도덕적인 가치에 관한 직관적인 감각('도덕감각(moral sense)')과 공공선에로 향하는 자연적인 경향을 인정했다. 그 배경에는 우주를 신적인 힘이 편재하는 조화로 가득찬 통일체로 간주하는 범신론적인 세계관이 있었다. 우주를 관통하는 <조화>는 동시에 그 일부인 인간의 것이기도 하였다. 인간성을 적극적으로 긍정하는 샤프츠버리의 도덕관과 인간관은 칸트와 헤르더, 괴테 등의 18세기의 독일 사상가들과 문예가들에게 커다란 영향을 미쳤다. 헤겔 역시 그의 사상 형성 과정에서 적지 않은 영향을 받았다.

베른 시대의 초고에서 헤겔은 "도덕성의 이념을 순수하게 자신의 마음으로부터 자아낸 사람들", "그 영혼이 덕에 대한 존경으로 가득 찬 사람들"로서 스피노자, 루소, 칸트와 나란히 샤프츠버리의 이름을 들고 있다[『민중종교와 기독교』 1. 74]. 초기 헤겔의 사상에 결정적인 영향을 준 것은 칸트의 실천철학이었지만, 헤겔은 칸트와 달리 감성 역시 인간 행위의 주요한 요소라는 것을 인정했다. 선한 충동과 감각, 즉 '도덕적인 감정'을 이성의 이념들에 의해서 고무하고, 그것을 통해 도덕적인 동기('도덕법칙에 대한 존경')를 강고한

것으로 할 필요성을 주장했다. 이와 같은 형태의 칸트 도덕철학의 수용, 그리고 그 위에 입각한 '상상과 심정(Herz)'에 의거한 '민중종교'의 구상은 샤프츠버리의 영향에 기초하여 비로소 가능했다고 생각된다. 프랑크푸르트 시대의 헤겔은 칸트로부터 벗어나 모든 지배-피지배의 관계에서 자유로운, 같은 것의 같은 것에 대한 관계로서의 <사랑>에 기초지어진 종교를 구상했다. 그와 같은 구상을 가능하게 한 것은 횔덜린과의 사상적인 교류였지만, 그 배후에 놓여 있는 샤프츠버리와 헴스텔호이스에 의해서 전개된 합일철학 (Vereinigungsphilosophie)의 사상을 빠트릴 수는 없을 것이다. ⇒ 합일철학, 민중종교

【참】 Weiser (1916), Henrich (1967), Jamme (1983), 藤田正勝 (1986)

—후지타 마사카쓰(藤田正勝)

서西 ⇨ **유럽**

서사시敍事詩 ⇨ **시**

서양西洋 ⇨ **유럽**

서정시敍情詩 ⇨ **시**

석회石灰 ⇨ **암석**

선善 [das Gute]

『법철학』에서 선은 "의지의 개념과 특수의지와의 통일로서의 이념"[『법철학』 129절]이라고 정의된다. 따라서 그것은 추상적인 좋음이 아니라 권리와 선행 (복지)을 내실로 하는 실현된 구체적인 좋음인 것이다.

그러나 헤겔에 따르면 도덕성의 입장에서는 칸트 윤리학에서 보이듯이 선과 주관적 의지가 분리되며, 그 결과 선은 의무를 위한 의무라는 추상적인 보편성의 규정에 머무르고 있다. 확실히 의지의 순수하고 무조건적인 자기규정이 의무의 근원이라는 인식은 칸트의 의지의 자율이라는 사상에 의해서 비로소 획득되었다. 이것을 헤겔은 높이 평가한다. 하지만 헤겔은 의무(추상적인 좋음의 이념)와 특수한 주관적 의지의 분리를 고집함으로써 칸트가 이 획득된 것을 의무를 위한 의무의 설교로 끌어내린 것을 아쉬워한다.

그런데 의무와 특수의지가 분리되어 있는 경우에는 "자체적으로나 자각적으로 선인 바의 것을 의지하는 마음씨"[같은 책 137절]인 양심마저도 원칙과 의무의 구체적이고 객관적인 체계를 결여하며, 형식적인 자기확신에 머문다. 이 경우에는 어떤 일정한 개인의 양심이 선(보편적인 의무와 특수의지의 같음)이라고 생각하고 그렇게 부르는 바의 것이 현실적으로도 선인지 아닌지의 보증은 없으며, 오히려 악(양자의 같지 않음)일 가능성도 있다. 요컨대 선과 악은 공통의 뿌리를 지니며, 서로 전환될 수 있는 것이다. 『정신현상학』의 'VI. B 자기 소외된 정신. 교양 장에서는 이러한 선과 악(das Gute und Böse)의 상호전환과 동일한 형편의 것이 사태 그 자체에서의 같음과 같지 않음에 입각하여, 또한 대상과 자기의식 사이의 같음과 같지 않음에 입각하여 좋은 것과 좋지 않은 것(das Gute und Schlechte), 즉 국권과 재부, 고귀한 의식과 비천한 의식의 상호전환으로서 논의된다. ⇒ 선행, 도덕성, 양심, 고귀한 의식과 비천한 의식

—호시노 쓰토무(星野 勉)

선線 ⇨ **공간**

선거選擧 [Wahl]

선거(선택)는 자아가 의지의 특수한 내용을 우연적·자의적으로 규정하는 것이기 때문에 [『법철학』 14-15절] 시민적인 "주관적 자유의 원리"[같은 책 185절]로서 필요하지만, 바로 그렇기 때문에 선거대상일

수 없는 것도 있다. (1) 군주는 출생에 의한다. '선거군주국'은 국가권력을 특수의지에 굴복시키는 최악의 제도이다[같은 책 281절]. (2) 군주권이 공무원을 임면하지만[같은 책 292절], 지역・신분・직업 등의 시민단체는 국가에 종속되는 특수 이익단체이기 때문에, 그 장은 보통선거로 선출되며, 국가가 인증한다[같은 책 288절]. (3) 실체적 신분에서 출생으로 취임하는 상원의원[같은 책 307절]과 달리, 상공업신분 대표의 하원의원은 특수이익을 숙지하는 동시에 국가적 감각이 있는 자를 단체적으로 선출한다[같은 책 308-11절]. 이러한 선거권은 자산에서 제한되지 않으며[『법철학 강의(반넨만)』234f.], 어떠한 시민도 단체에 소속함으로써 이것을 획득한다[같은 책 236절]. 시민질서나 국가조직과 무관계한 선거인을 등장시키는 근대의 '민주적' 선거는 오히려 "아나키즘의 원리"[『뷔르템베르크 민회 토론』 4. 482]에 기초하고 있으며, 필연적으로 정치적 무관심과 특수하고 우연적인 이익에 좌우된 결과를 낳는다. ⇒의회

【참】 Lübbe-Wolff (1981)

―가미야마 노부히로(神山伸弘)

선거권選擧權 ⇨선거

선거법 개정選擧法改正 ⇨영국

선언選言 ⇨판단

선율旋律 ⇨음악

선행善行 [Wohl]

행위가 도덕적으로 의미 있는 행위로서 성립하는 것은 행위가 직접 관계하는 현실의 한 단락에서가 아니라 그것이 현실의 부분으로서 이미 잠재적으로

포함하고 있는 바의 현실의 전체적이고 보편적인 연관에서이다. 『법철학』에서의 헤겔에 따르면 의도(Absicht)에서는 기도(Vorsatz)에서와는 달리 이 행위의 보편적 성격이 자체적으로 존재할 뿐 아니라 행위자가 알고 의도하는 것이기도 하다.

이와 같이 의도에서 행위는 자체적으로나 대자적으로 보편적 성격을 지니는 것이다. 그러나 행위는 이러한 보편적 성격만이 아니라 또한 행위를 규정하는 주체에게 고유한 특수한 내용, 즉 주관적인 동기도 그 구성요소로 한다. 나아가 바로 이 후자에 의해서 주체는 행위에서 자기의 만족을 발견하며, 또한 그런 한에서 행위가 주체에 있어서의 관심사로 된다. 그리고 행위 주체에게 고유한 특수한 "내용의 만족이 특수적으로 규정되고 나아가 보편적인 것이기도 한 선행(Wohl) 또는 행복이며, 유한한 것 일반의 목적이다"[『법철학』 123절]. 요컨대 개인은 행위를 통해서 객체적인 목적(보편적인 것)을 실현하는 동시에 더 나아가 그것에서 자신의 주관적인 만족(특수성의 권리)을 발견하는 것이다.

특수한 내용을 지니는 주관적인 것인 선행도 그것이 또 한편으로 지니는 보편적 성격이 반성됨으로써 보편적인 것에 관계할 수 있다. 이러한 특수성 자신에 입각하여 정립된 보편적인 것이 다름 아닌 타인의 복지(Wohl)이며 나아가서는 만인의 복지이다.

그런데 이러한 헤겔의 선행과 복지라는 개념에는 실러가 "의무가 명령하는 바를 혐오를 참으며 하고자 한다"고 야유한 칸트 윤리학 비판이 놓여 있을 뿐만 아니라 또한 헤겔의 인륜에 관한 기본적인 발상도 놓여 있다. ⇒의도, 행복(행복설)

―호시노 쓰토무(星野 勉)

선험론적 ⇨초월론적

선험적・후험적先驗的・後驗的 [Apriori, Aposteriori]

'선험적・후험적'은 각각 아프리오리와 아포스테리오리의 번역어로서, 아프리오리란 '보다 앞의 것으

로부터', 아포스테리오리란 '보다 뒤의 것으로부터'라는 뜻이며, 전통적으로는 예를 들어 인과관계에 의한 논증에서 '원인으로부터 결과로의' 논증이 아프리오리, '결과로부터 원인에로의' 그것이 아포스테리오리한 것으로 되었다. 그러나 일반적으로 아포스테리오리한 것이 경험적 소여로서 눈앞에 주어지는 것이라면, 아프리오리한 것은 그 근거로서 경험에 선행한다고 말할 수 있기 때문에 근대(특히 칸트 이후)로 되면 아프리오리=선경험적, 아포스테리오리=경험적이라는 점이 강조되었다. 칸트의 경우 아프리오리한 것은 아포스테리오리한 것에 대해서 다양성에 대한 통일성, 우연성에 대한 필연성, 특수성(상대성)에 대한 보편성이라는 성격을 지니게 되며, 헤겔이 이 용어를 사용할 때에는 주로 칸트 철학을 염두에 두고 있기[『신앙과 지식』 2. 304ff.;『엔치클로페디(제3판) 논리학』 40절, 41절] 때문에 칸트와 대체로 동일한 의미인 것이 많다. 그러나 분명히 헤겔의 독자적인 용법으로 보이는 곳들이 있다. "만약 우리들이 매개성을 일면적으로 강조하여 그것을 피제약성이라고 생각하게 되면, 우리는 철학이 그 최초의 성립을 경험(아포스테리오리한 것)에 빚지고 있다고 말할 수 있다. …… 그러나 사유 자신의 직접성, 즉 사유가 자기 내로 반성함으로써 자기 내로 매개된 직접성(아프리오리한 것)은 보편성이며, 사유의 자기-곁에-있음(Beisichsein)이고, 사유는 이 보편성 속에서 자족…… 하고 있는 것이다"[『엔치클로페디(제3판) 서론 12절]. 결국 사유란 직접성의 부정을 매개(경험)하여 자기 내로 반성한 직접성으로서 후험적인 동시에 선험적인 것이다. 다만 매개성이라는 후험적인 것을 거쳐 자기로 복귀한 사유는 그 경험을 망각하고 그 자신이 다시금 직접성으로서 존재하는 까닭에 선험적인 것으로 간주되는 것이다. ⇒직접성, 매개, 칸트

【참】加藤尙武 (1980)

―도다 히로키(戶田洋樹)

설명說明 [Erklärung, Erklären]

"일반적으로 어떤 현상을 가정되고 숙지된 지성규정들로 환원하는 것"[『엔치클로페디(제3판) 자연철학』

236절]. 지성이 어떤 사태 그 자체에서가 아니라 "자기 자신의 필연성"에 기초하여 그 사태의 계기들을 구분하여 자기충족적으로 설명하는 방식[『정신현상학』 3. 124f.]. "설명에서 그토록 많은 자기만족이 존재하는 것은, 의식이 그때…… 단지 자기 자신을 향유할 뿐이기 때문이며, …… 실제로는 오로지 자기 자신에만 관계하는 데 지나지 않기 때문이다"[같은 책 3. 134]. 그러므로 설명은 '동어반복'으로 끝난다[같은 책 3. 126]. 감각을 개입시키지 않는 대상의 근거를 명시하지 않은 채 법칙, 힘, 전기, 자기 등과 같은 표상에 기초하여 설명을 제공하는 '근대의 자연과학'의 태도가 '설명'이다[『논리의 학』 6. 98f. 및 『철학사』 19. 314f.]. 이것이 '동어반복'인 까닭은 예를 들면 태양과 지구의 관계를 인력이라는 개념에서 '설명'하고, 인력의 근거를 분명하게 할 수 없기 때문이다[『논리의 학』 같은 곳].

―자코타 유타카(座小田豊)

섭리攝理 [Vorsehung]

Ⅰ. 신과 인간. 섭리는 본래 종교, 특히 기독교에서 사랑으로 가득 찬 전지전능한 신이 세계의 생기사건들을 '관장하는(vorsehen)' 것, 즉 신이 세계를 인류의 구원을 향해 인간을 대신하여 정연하게 다스리는 것을 의미한다. 이 경우 첫째, 무슨 까닭에 세계에 악이 존재하는가라는 것과 둘째, 신의 세계지배는 인간의 자유와 모순된다는 것이 자주 문제로 되었다. 그러나 헤겔에게 있어 특히 불만스러웠던 것은 이와 같은 신과 인간의 대치에 의해서 기독교가 단순한 '지식'으로서의 '객관적 종교'로 떨어져버린다는 것이었다. 거기서 그는 그리스에서의 '운명'에 대한 복종과 같은, 개인의 '심정'에서 신을 보는 '주관적 종교'[『민중종교와 기독교』 1. 13f., 36]를 섭리 안에서 되살려냄과 동시에 위의 두 문제도 해소시켰던 것이다.

Ⅱ. 신의 자기부정. 헤겔에서 '섭리'란 초월적인 신이 높은 곳에서 세계를 지배하는 것이 아니라 세계에 내재하는 신이 세계사 속에서 자기를 실현하는 것이었다. 무슨 까닭에서든 세계를 초월하여 있는 것은 세계와 대립관계에 있고, 그런 까닭에 상대자이지 절대자

는 아니기 때문이다. 참된 절대자는 자기를 부정하여 세계 안에 있어야만 하며, 따라서 그 자기실현도 자기의 부정을 매개로 하여 이루어진다. 즉 신, 이성, 정신은 그것 자체로서는 아직 추상적이어서 현실성을 갖지 못하며, 인간의 행동에 의해서 비로소 현실성을 얻는다. 그러나 인간은 욕망, 충동, 경향과 정열에 휘몰려 자기의 만족을 구하여 행동하지만, "이러한 무수한 의욕, 관심, 활동은 세계정신이 자기의 목적을 달성하기 위한 도구이자 수단이다"[『역사철학』 12. 40]. 예를 들어 "세계가 미치고 어리석은 사건인 듯이"[같은 책 12. 53] 보인다 하더라도 철학은 거기서 "신의 통치의 내용, 신의 계획의 수행"[같은 곳]을 통찰하는 것이며, 이리하여 헤겔의 역사철학은 신(Θεός)을 정의(δίκη)로 하는 "신의론(神義論Theodizee)"으로 된다[같은 책 12. 28].

Ⅲ. 자기 자신 곁에 있음으로서의 자유. 앞에서 말한 것처럼 인간은 세계정신의 도구에 불과하지만, 자유가 없는 단순한 꼭두각시는 아니다. 왜냐하면 정신이란 자기의 부정에서 자기를 아는 것, "자기 자신에 대한 의식"이고, "자기 자신 곁에 있음(Bei-sich-selbst-Sein)"의 존재방식을 하고 있어 타자에게 의존하지 않으며, 그런 의미에서 "정신의 본질은 자유(Freiheit)이기" 때문이다[같은 책 12. 30]. 그리고 세계사는 이러한 정신의 본질이 인간을 통해서 자기를 실현해가는 과정이기 때문에 다름 아닌 "자유의 의식에서의 진보"이다. 즉 "<오직 한 사람>이 자유로운" 동양의 전제정치로부터 "<소수의 사람>이 자유로운" 그리스・로마적인 노예제를 거쳐, 마침내 "<만인>이 그 자체에서 자유로운" 게르만 민족의 시대에 도달한 것이다[같은 책 12. 32]. 그러나 이러한 '자기 자신 곁에 있음'으로서의 '자유'는 이미 진보의 여지를 갖지 않고 <열려>(frei) 있지 않은 것이 문제이다. ⇒ 운명

―마쓰이 요시카즈(松井良和)

성(별)性(別) ⇨ 생식

성격性格 [Charakter]

인간을 개인으로서 파악할 때 그 개인의 정념과 정열의 상태를 핵심으로 한 전체상을 헤겔은 성격이라고 부른다. "구체적인 활동에서의 정열(파토스)이 인간의 성격이다"[『미학』 13. 306]. 헤겔의 철학체계에서 보면, 『정신철학』의 '제1부, 주관적 정신'에서 논의되는 것이 가장 어울리는 것으로 생각되지만, 실제로 거기서는 거의 언급되지 않으며, 오히려 『미학』에서 문학의 등장인물의 예술성을 명확하게 하기 위해 성격에 관해 상세한 논의가 이루어진다.

그 『미학』에서 호메로스와 셰익스피어의 등장인물들의 그것을 염두에 두면서 헤겔은 성격에 세 가지 측면이 있다고 말한다. (1) 한 개인은 다양한 성격적 특징을 아울러 지니는 통일체라는 것. (2) 성격은 각자의 개성을 반영하여 특정한 모습을 취한다는 것. (3) 자립적인 개인을 특징짓는 성격은 지속적이라는 것 [『미학』 13. 306-7]. 정열(파토스)이 개인 속에서 복합적・개성적・지속적으로 살려진 것이 다름 아닌 성격이라고 한다면, 그 성격에 기초하여 또는 그 성격에 따라 움직여짐으로써 개인은 다양한 상황과 인간관계 속에서 자기에게 걸맞게 행동한다. 그리고 그 행동이 서로 부딪치는 것이 문학에서나 실제 사회에서 하나의 구체적인 세계를 형성한다. 역으로 말하면 바로 개개인의 행동의 장면에서 그 사람의 성격이 가장 잘 표출되는 것이다.

그와 같이 행동 및 외계와 구체적인 관계를 지니는 성격이 근대 예술과 근대 사회에서는 점차 행동과 외계로부터 분리되어 오로지 개인의 내면에 위치지어지는 경향에 놓여 있다. 그것은 주관성의 심화가 필연적으로 산출한 사태이지만, 예술에 한정해서 말하자면 그것은 성격의 모호함과 약함, 행동의 자의성과 우연성을 초래하는 부정적 측면을 지니는 것이었다.

―하세가와 히로시(長谷川宏)

성 금요일聖金曜日 [Karfreitag]

성 금요일은 '비탄'이라는 의미의 고고(古高) 독일어 chara에 '금요일'을 덧붙인 말로 그리스도 수난의 날을

가리키는데, 헤겔은 그것에서 '사변적'인 의미를 인정했다. 왜냐하면 신의 예수에서의 육화, 나아가 예수의 수난과 죽음의 운명을 매개로 하여 비로소 신과 인간의 합일, 참된 자유가 생길 수 있다거나 또는 일반적으로 절대자는 분열과 그 부정의 '고뇌'를 매개로 하여서만 나타난다고 생각되기 때문이다. 따라서 '성 금요일'에 의해서 상징되는 '신의 죽음'과 '고뇌'는 절대자의 인식에 있어 필연적인 계기를 의미한다. "순수개념 또는 무한성은…… 무한한 고뇌를…… 순수하게 계기로서 보여야만 한다. 이러한 고뇌는…… 근대의 종교가 기초하고 있는 감정으로서 있었지만, 그 감정이란 '신 자신이 죽었다'는 것이다. …… 그것은 철학에 절대적 자유의 이념과 더불어 절대적인 수고를, 또는 사변적인 성 금요일(그것은 일찍이 역사적으로 존재했다)을 부여하며, 그리고 성 금요일 그 자체를 전적으로 참된 그대로, 신을 상실했다는 지나친 가혹함 속에서 다시 일으켜야만 한다"[『신앙과 지식』 2. 432].

―구보 요이치(久保陽一)

성령聖靈 ⇨삼위일체, 정신

성상性狀 ⇨성질

성서聖書 [Bibel]

청년 시대의 헤겔은 예수에게서 한 사람의 도덕적으로 탁월한 살아 있는 몸의 인간만을 보았던 적이 있다. 생전에 공개되지 않은 『예수의 생애』(1795)는 복음서에 근거하면서도 더 나아가 현대의 교양이 수용할 수 있는 모습으로 예수를 묘사하고자 한 것이지만, 거기서는 성서의 모든 기적 이야기가 무시되고 있었다. 그는 성서를 문자 그대로 받아들이는 초자연적 해석이나 지성의 기준에 합치되도록 기적에 해석을 덧붙이는 해석, 또는 역사적 사실에 부합하는 예수의 재구성에로 향하지 않으며, 또 나중에 헤겔 학도의 한 사람인 슈트라우스가 시도했듯이 성서를 과감히 다름 아닌 신화라고 판결하지도 않고, 오히려 숭고한 도덕적 인간으로서의 예수에 관한 새로운 신화를 '창작'하고자 시도했다. 이 시기에 주로 이용된 것은 공관복음서이지만, 예수에서의 사랑에 의한 운명과의 화해가 주제로 되는 프랑크푸르트 시기에서 중요한 위치를 점하는 것은 『요한복음』이다. 나중에 헤겔은 그리스도의 신-인간성을 승인하게 되며, 신의 본성과 인간의 본성의 일치(양자가 모두 정신이라는 것)를 인식하기에 이르지만, 청년 시대에서와 마찬가지로 "심정과 지성에 불쾌감을 불러일으킬 수 있는 외면적인 이야기"[『역사철학』 12. 498]를 비판하는 것이나 그리스도의 생애와 기적의 역사적 사실성을 천착하는 것에 대해 중요한 의의를 인정하지 않았다. 기적이 기독교의 진리성의 표지가 될 수 없다는 것은 예수 자신의 증언에 의해서 명확해진 것이었다[『종교철학』 17. 197]. 그의 관심사는 성서 속의 참된 것을 인식하는 것, 종교에 대한 "정신의 최후의 요구", 요컨대 "인간이 정신의 사변적 개념을 그 표상에서 나타내는 것"을 성서에서 발견하는 것이다. 그리고 성서에서 발견해야만 하는 "기독교의 원리"는 한 마디로 말하면 "정신의 무한성"이다[『역사철학』 12. 394]. 이러한 원리를 인식하는 과제를 떠안는 것은 사유 또는 정신이다. "정신은 정신에서만 계시되기"[『종교철학』 16. 211] 때문이다. 최고의 사유는 신학이 아니라 철학이지만[17. 201], 사유에 의한 해석은 '시대'와 '교양'에 따라 다르며, 모든 인간에게 철학을 요구하는 것은 철학의 독선이라고 말한다[같은 책 17. 197f.]. ⇒예수, 기독교, 종교개혁

―우부카타 쓰구루(生方 卓)

성인成人 ⇨어른

성질性質 [Beschaffenheit, Eigenschaft]

두 독일어는 라틴 어의 qualitas(질)를 의미하는 것으로서 16, 17세기에 만들어졌다. 일반적으로는 Beschaffenheit가 사물의 비본질적인 성질을 나타내는 데 반해, Eigenschaft는 본질적인 성질을 나타내는 데 사용된다.

그리하여 전자는 <성상(性狀)>, 후자는 <특성>이라고도 번역된다. 예를 들면 둥글다는 성질은 공의 특성이지만, 탁자에서는 성상이라는 식이다. 이러한 상식적인 구별은 헤겔에서도 보존되지만, 그는 특히 사물과 그 성질의 관계를 존재논리, 본질논리, 개념논리의 세 논리로 나누어 생각하고 있다. 존재논리에서 <어떤 것>(Etwas)의 성질로 되는 것이 성상이다. "어떤 것이 다른 것에 대해 어떻게 있는가, 다른 것과 어떻게 결합되어 있는가, 이것이 어떤 것의 성상이다"[『뉘른베르크 저작집』 4. 167]. 이와 같이 성상은 다른 것과 비교된 어떤 것의 성질이지만, 그것이 어떤 것 자체의 규정으로 될 때 [어떤 것의] 한계라고 불린다. 한편 특성은 본질논리에서 <사물>(Ding)과의 관계에 의해서 생각되고 있다. "사물은 특성을 지닌다"[『논리의 학』 6. 133]라고 말해질 때, 특성이란 성상과 같이 사물에 직접적으로 의존하는 것이 아니라 그것 자신에서 존재하는 자기동일적인 것으로 된다. 특성은 "사물의 개별성에서 해방되어 대자적으로 존재하는"[『뉘른베르크 저작집』 4. 76] 것이며, 빨강과 냄새는 적색소와 취소(臭素)와 같은 원소의 성질로 간주된다. 따라서 자립적인 것은 사물이 아니라 특성 쪽인바, 사물은 특성을 받아들이는 무규정적인 기체, 사물 자체에 불과하며, 복수의 특성의 합성체에 지나지 않는다. 또한 헤겔은 약초를 예로 들어 특성이 타자 속에서도 계속해서 자립적이라는 것을 설명하고 있다. 약초의 특성[효능]은 다만 그것이 그 약초에서 특징적일 뿐 아니라 인체 속에서 자기를 보존하면서 그 효과를 발휘한다는 점에 있다는 것이다[『논리의 학』 5. 122]. 그러나 이들 성상과 특성이라는 두 성질은 '나는 생각한다'에서의 <나>와 <사유>의 관계에서 보이는 규정근거와 그 전개의 관계에는 이르고 있지 않다. 이러한 최후의 관계는 개념논리에서의 사물과 성질의 관계이다.

―에비사와 젠이치(海老澤善一)

성찬식聖餐式 [(라) communio, (독) Abendmahl]

기독교회의 성례전의 하나. 그리스도가 최후의 만찬 때에 제자들에게 자신을 추억하기 위해 이와 같은 만찬을 계속해서 행하도록 명했던 것에서 유래한다[마태복음 26: 26-29, 고린도전서 10: 16-17]. 그것은 성별된 빵과 포도주를 받는 것으로 이루어지는데, 빵은 그리스도의 몸을, 포도주는 그가 흘린 피를 의미하는 까닭에 그것을 먹고 마시는 것은 그리스도와 피와 살을 같이 하는 것, 성체배령을 의미한다. 헤겔은 성찬식의 의미를 "불변자가 자기 스스로 자기의 형태를 희생으로서 제출하고 의식의 향유에 맡기는 것"[『정신현상학』 3.]이라고 이해했다. 『종교철학』에서 그는 이러한 비밀스런 행적을 "그리스도의 생애와 수난과 부활의 영원한 반복"[17. 327]의 의식이라고 하고, 그 의미를 "주관과 절대적 객관의 통일이 개인의 직접적 향유에 제공되는 것"[같은 곳]으로 받아들이며, 기독교의 교의의 중심점을 이루는 것인 까닭에 각 교파의 분지점이라고 주장했다. ⇒ 제사(의례), 향유

―다케다 쵸지로(武田趙二郎)

성체배령聖體拜領 ⇨ 성찬식

세(금)稅(金) [Steuer, Abgabe, Auflage]

『독일 헌법론』에서 헤겔은 하나의 집단이 국가이기 위해서 필연적인 것을 우연적인 것으로부터 구별한다. 그에 따르면 정체의 상이성과 세습제와 선거제의 차이와 더불어 세금의 징수방법과 세원의 추구방식도, 아니 그뿐만 아니라 세금의 존재 그 자체마저도 우연적인 것에 속한다. 다른 한편으로 과세상의 불평등은 부의 불평등에서 그 정당화의 근거를 지닌다. 그러나 근대국가에서 세금은 국민 자신의 의식을 통해 징수된다. 개인들은 국가에 대해서 자기 자신의 의무를 수행해야만 한다. 거기서 이 의무가 양적으로 규정되어 평등이라는 정의가 실현되기 위해서 그것은 보편적 가치의 현존재인 화폐에 의해서 이행되어야만 한다. 이것이 세금이다[『법철학』 299절]. 여기서 헤겔의 관심사는 공평하기 위해서 세금은 물품과 노역과 같은 특수한 것으로 부과되어서는 안 된다는 것이다. 그러나 좀더 본질적으로는 화폐에 의한 납세가 주장되는 것은 근대

의 주관적 자유의 권리가 관철되기 위한 조건으로서이다. 그것에 의해 개인들은 자의적인 활동을 통해 국가에 공헌할 수 있기 때문이다.

구체적인 과세방법으로서 헤겔이 생각하는 것은 지조(地租)와 간접소비세이며, 자본과 노동에 대한 소득세에 대해서는 부정적이었다『인륜의 체계』 PhB 85f.;『법철학 강의(그리스하임)』703]. 이 점에서 그는 애덤 스미스와 대체로 같은 입장이라고 생각된다. 또한 그는 영국의 구빈세에 대해 일찍부터 주목하였지만, 결국은 그 효과를 인정하기에 이르지 못했으며『법철학』245절], 교회의 십일조는 영국에 오늘날에도 남아 있는 봉건시대의 유물로 비판되었다『영국 선거법 개정안에 대하여』11. 94ff.]. 마지막으로 헤겔은 사적소유의 승인을 법철학의 근저에 두지만, 국가가 요구할 수밖에 없는 과세는 일찍부터 소유권의 지양『독일 헌법론』1. 538;『인륜의 체계』PhB 85]으로서 파악되고 있다. ⇒국가, 평등, 소유

【참】Priddat (1990)

─우부카타 쓰구루(生方 卓)

세계 世界 [Welt]

헤겔에서 세계는 무엇보다도 자연계가 아니라 풍속, 습관, 언어, 사물에 대한 사고방식 등을 유대로 하여 성립하는 인륜적 세계를 의미했다. 이 점은 예를 들면 청년 헤겔이 신약성서 요한복음의 코스모스 개념을 해석하여 "인간적 관계들과 인간적 생의 전체"[『기독교의 정신』1. 374]라고 말하고 있는 데서, 혹은 『정신현상학』 '정신'의 단계 이후에 '의식의 형태들'과 더불어 '세계의 형태들'이 더듬어질 때 이것이 역사적 인륜적 세계를 가리키는 데서 단적으로 보인다. 물론 『정신현상학』을 보면 자연계, 나아가 감각적 세계를 넘어선 초감각적 세계, 명부의 세계 등을 가리키는 용례도 발견된다. 그러나 이것도 기본적으로는 이것들이 인간적 삶이 영위되는 마당인 한에서 전의된 데 지나지 않는다고 말할 수 있다. 그런데 세계가 인륜적 세계일 때 세계는 상호주관적 관계로서 단지 개별적인 주체들과 대립하는 데 머무르지 않고 개별적인 주체들로

이루어진 것이기도 하다. 헤겔은 칸트가 변증론에서 영혼, 세계, 신의 세 가지를 무제약적 이념으로서 문제 삼은 것을 이어받아, 영혼인 주체의 의식에서 세계가 비춰짐과 동시에 세계가 다수의 의식적 주체로 성립하는 것이라면, 영혼은 세계로 세계는 영혼으로 상호 전환한다고 하고 거기서 양자를 통일하는 것으로서 절대 실재인 신을 응시하고 있다. 이러한 신을 개념적으로 파악하는 것이 헤겔의 정신에 다름 아니다. 여기서는 칸트와 함께 데카르트의 사유주체, 라이프니츠의 단자론, 스피노자의 신 개념을 비판적으로 자기 동화시킨 헤겔의 모습이 발견된다. 그리고 칸트에서 초월론적 주체로서의 자아가 시공세계 바깥에 서는 것인 데 반해, 헤겔에서는 의식이 이와 같이 세계와 결합함으로써 자아는 대상의식과 자기의식의 상호 융합에서 파악되며, 이에 따라 자아는 세계 속에 매몰되는 세계와의 직접적인 결합에서 자기를 해방하여 세계와의 대결을 통해 반대로 세계를 자기의 것으로 만드는 방식으로 자기를 실현해가게 된다. 이러한 세계와의 결합에서 생기는 의식의 존재방식을 헤겔은 『정신현상학』에서 "의식의 세계성"[3. 38]이라고 말하고 있다. 이러한 관점에서 보면 현상학은 의식이 외화와 귀환을 통해 자기의 세계화와 세계의 자기화를 도모하는 데서 세계성에서 자기를 본래적으로 확보하고자 하는 의식의 운동을 서술하는 것이라고 말할 수 있다. ⇒인륜

─고즈마 타다시(上妻 精)

세계법정 世界法廷 ⇨역사

세계사 世界史 ⇨역사

세계사적 개인 世界史的個人 ⇨영웅(시대)

세계성 世界性 ⇨세계

세계영혼世界靈魂 [Weltseele]

세계영혼은 당시 낭만주의적 자연철학에서 사용된 개념이며, 셸링은 이 개념을 인간과 자연의 동일성을 보이는 말로서 사용한다. 『세계영혼에 대하여』(1798)에서 그는 다음과 같이 정의하고 있다. "이 두 개의 서로 항쟁하는 힘이 통일과 충돌에서 표상되면, 유기화하는 원리, 즉 세계를 체계로까지 형성하는 원리의 이념에 도달한다. 이와 같은 원리를 아마도 고대인들은 세계영혼에 의해서 시사하고자 했던 것이리라"[원본판 『셸링 전집』 2. 381]. 이 경우 그것은 전체와 개별의 직접적인 동일성, 일체성을 보이는바 개체 내에 내재하면서 세계 전체를 체계로 하여 통일체로서 형성하는 원리이지만, 그는 자연 전체를 유기체로서 구상하여 개별적 유기체(인간)와 자연 전체를 더불어 형성하는 동일적인 원리를 생각하고 있다. 이러한 생각은 고대 이래의 사고방식이지만 스피노자의 영향도 있으며, 아울러 스피노자의 영향을 받은 괴테도 셸링의 이 저작을 염두에 두고 '세계영혼'에 관한 시를 쓰고 있다.

헤겔은 세계영혼을 '일반적 마음'과 비교하여 전자를 하나의 주체, 능동적인 것으로 파악하는데, 그에 따르면 일반적 마음이 단순한 일반적 기체로서 세계영혼과 구별되지만, 세계영혼은 개체에 내재하는 주체화되어 있는 실체이다. 그러나 그는 그 두 경우 모두 자연규정에 사로잡힌 것이라고 생각하고 정신과는 구별된다고 한다. 헤겔은 이 말의 원천을 역시 셸링과 마찬가지로 고대로까지 소급하여 그노시스주의에서 기원을 보고 있으며, 이 말을 『철학사』에서 그노시스주의의 수용에 관한 스콜라 철학의 부분 또는 쿠자누스, 브루노 항에서 언급하여 세계영혼이란 질료에 의해 뒤얽힌 영혼으로서 창조 전체의 근저에 있으며, 이와 같은 영혼이 모든 곳에서 활동함으로써 개체 내에서나 세계 내에서 공존하며 활동하고 있다고 설명한다[19. 528]. 나아가 그는 이것을 소우주와 대우주의 관계에 의해서 설명하고 이 사고방식이 마니교로까지 소급된다고 하고 있다.

【참】 Bayle (1697), Schelling (1798), Goethe (1890)

―나가시마 다카시(長島 隆)

세계의 산문世界─散文 [Prosa der Welt]

로마 시대 이후의 사생활화되고 비속화된 세계상황. 그리스의 인륜세계에서 각 사람은 서로 독립자존하면서 자유로운 "시적인 관계를 지니고 있었다"[『미학』 15. 366]. 이에 반해 로마 이후 개인은 자립성을 상실하고 전체성을 빼앗긴 '단편'으로 영락한다. 모든 사람이 타자에게 의존하고, 타자에 의해서 제약되며 타자를 위해 수단화된다. 개인들은 우연적인 사정들에 의해 농락당한다. 법과 국가질서[보편]가 사적인 주관[개별]과 대립하는 모습으로 가혹한 필연성으로서 나타난다. 보편과 개별이 지배-복종이라는 외재적이고 추상적인 지성적 관계만을 지니게 된다. 개개인은 "그 자신만으로 완결된 일자이면서도 동시에 타자에게 의존하는 모순에 사로잡혀 있으며, 이 모순을 해소하고자 하는" 부단한 투쟁을 강화한다[같은 책 13. 187ff.]. 메를로퐁티는 이러한 '산문' 개념에서 배워 『세계의 산문에 대한 서설』이라는 초고를 남기고 있다. ⇒시, 이야기, 로마 시대

【참】 Merleau-Ponty (1969)

―야마자키 쥰(山崎 純)

세계정신世界精神 ⇨정신

세계행로世界行路 [Weltlauf]

『정신현상학』의 'Ⅴ. 이성' 장의 '행위하는 이성'의 세 번째 단계는 'c. 덕과 세계행로'이다. 두 번째 단계의 '심정의 법칙'이 단순한 주관적인 법칙이었던 점이 반성되고 '보편적인 것'이 덕으로서 내세워진다. 의식은 "이미 개별성에 대한 집착이 남아 있지 않다는 것의 증명으로서 인격 전체를 희생하는 것"을 지향한다[3. 283]. 홀로 '덕의 기사(Ritter der Tugend)'를 자처하며, 세상 일반을 상대로 하여 싸움을 건다. 그것은 아무래도 돈키호테적인 망상에 불과하며, 결국 세계행로의 힘겨움을 깨닫게 된다. 그가 내세운 덕은 "국민이라는 실체에서 내용이 풍부한 기반"을 지니는 것이 아니라, "그와 같은 실체로부터 빠져나온 실질이 없는 덕이며,

…… 세상(세계행로)과 싸우는 공허한 연설"에 불과하기 때문이다[3. 290]. '세계행로'란 그와 같은 망상을 넘어서서 지속하는 "공공의 질서"[3. 282]이다. 그것은 각 사람이 자기 자신을 타당화시키고자 하면서도 "다같이 저항을 받고, 서로 타인에 의해서 해체되는' 것과 같은 "만인의 만인에 대한 보편적인 저항이다"[같은 곳]. 불안정한 듯이 보이지만, 바로 거기에 사람들이 살아가는 현실적인 기반이 있다.

'덕의 기사'는 '세계행로'를 "전도되어 있음"으로 보고, "이것을 다시 한 번 전도시켜' 정의를 실현하고자 한다[3. 285]. 그러나 세상이라는 것이 자기가 생각한 만큼 나쁘지 않다는 것을 깨닫는다. '만인의 만인에 대한 투쟁'에서 사리사욕만이 추구되고 있는 것으로 보이지만, 사실은 사익을 추구하는 것이 동시에 타인에게도 은혜를 가져다주고, 공공의 복지에 공헌한다. 거기에 '갖기도 하고 가져지기도 하는' 관계(스미스적인 상호의존관계)가 있다. 덕의 기사가 세계행로에건 싸움을 통해 '사태 그 자체'라는 상호의존의 체계가 자각되며, 의식은 견실한 시민(V.C.)으로 성장한다. ⇒ 덕과 덕목, 사태 그 자체

―야마자키 쥰(山崎 純)

세례洗禮 [(그) βάπτισμα, (라) baptism, (독) Taufe]

밥티스마는 고대에 세례가 침례였던 데서 '담그다, 잠그다'는 그리스 어의 명사형에서 유래하는 말이다. 일반적으로 기독교회가 입신자에게 교회의 일원으로서 신앙생활에 들어올 수 있도록 베푸는 성스러운 의식으로 머리 위에 물(성령을 나타낸다)을 붓는다든지 신체를 물에 잠기게 한다든지 함으로써 행해진다. 그 종교적 의의는 인간의 죄로 인해 사람들을 대신해서 십자가 위에서 죽은 예수를 모방하여 몸을 완전히 물에 잠기게 하는 것에 의해 그리스도의 죽음에 참여함으로써 오랜 자기가 죽고 물에서 벗어남과 함께 새로운 자기로서 그리스도와 더불어 부활한다는 데 있다.

헤겔은 베른 시기에 그의 칸트적인 도덕의 입장 때문에 의식으로서의 세례에서는 적극적인 의미를 발견하고 있지 않다. 오히려 그는 세례에서 예수의

종교가 기성화된 유래를 보고 있다. 프랑크푸르트 시기에 이르러 그는 세례를 "아버지와 아들과 성령의 관계"[『기독교의 정신』 1. 392]에 들어가기 위한 정신의 세례 받기로 간주하게 된다. 『정신현상학』에서 세례는 성서와 관련하여 "죄로 죽는 것"[『정신현상학』 3. 570]으로 이해되고 있다. 그것은 인간이 자연적인 한에서 죄를 짊어진 존재라는 것을 '아는' 것에 의해서 그 특수성에서 죽고 보편성과 조화되고 일체화되는 것을 의미하지만, 즉자적으로는 실재가 자기와 화해를 획득하는 것이기도 하다. 『종교철학』에서 세례는 그 본래의 종교적 의의를 되찾고 있다. '그리스도의 신비체'로서의 교회의 교의에는 이미 진리가 현존하고 있다. 요컨대 신은 즉자대자적으로 화해에 도달해 있는 것이다. 어린아이는 그와 같은 '교회 공동체'에서 태어나 그 진리에 관여하도록 예정되어 있다. 그것을 교회가 표명하는 것이 '세례의 성사'이다. 그것은 재생의 의식이다. "인간은 두 번 태어나야만 한다. 처음은 자연적으로, 다음에는 정신적으로"[『종교철학』 17. 323]. ⇒제사(의례), 교회・교단

【참】 岩波哲男 (1984)

―다케다 죠지로(武田趙二郎)

세이 ⇨**경제학**

섹스투스 엠피리쿠스 ⇨**회의주의**

셰익스피어 [William Shakespeare 1564. 4. 26–1616. 4. 23]

영국의 극작가이자 시인. 인간 세계의 다양한 비극・희극을 묘사하여 30여 편의 희곡을 후세에 남겼다. 헤겔이 언급하는 것으로 『햄릿』, 『맥베스』, 『오셀로』, 『리어왕』의 4대 비극 외에 『리처드 3세』, 『로미오와 줄리엣』, 『리처드 2세』, 『헨리 4세』, 『줄리어스 시저』, 『헨리 8세』 등이 있다.

근대 유럽의 문학자들 가운데 셰익스피어는 괴테와 실러와 더불어 『미학』에서 가장 많이 인용되는 작가로

헤겔은 근대 예술(낭만적 예술)을 대표하는 전형적인 문학자로 파악하고 있다. 헤겔은 셰익스피어의 극작들에서 풍부한 서정성과 독창적인 유머 감각을 인정함과 함께 "셰익스피어의 비극과 희극이 끊임없이 독자를 늘려나가는 것은 그의 작품이 영국의 국민성을 마음껏 취하면서도 보편인간적인 것이 압도적인 우위를 나타내고 있기 때문이다"[『미학』 15. 498]라고 하면서 그 내용의 보편성을 찬양했다.

그러나 셰익스피어가 근대의 낭만적 예술을 대표하는 작가인 이상 그는 근대의 시대적 제약도 한 몸에 체현하는 작가라는 것을 모면하지 못하며, 그의 비극과 희극은 공동체와 개인이 아름다운 통일 속에 존재하는 고대 그리스의 이상적인 비극과 비교하면 주관에 지나치게 무게가 두어지고, 또한 비속한 인물과 언동이 뒤섞여 들어오는 것을 막지 못하는 불완전한 예술일 수밖에 없었다. 셰익스피어의 등장인물들은 "자신만을 의지하고 자신만의 특수한 목적을 지니는 개인이다"[같은 책 14. 200]라고 헤겔은 말하고 있다.

셰익스피어는 헤겔에게 있어 그의 장점과 단점을 포함하여 바로 근대를 대표하는 위대한 극작가였다. ⇒낭만적 예술

【참】 Gundolf (1911)

─하세가와 히로시(長谷川宏)

셸링 [Friedrich Wilhelm Joseph von Schelling 1775. 1. 21-1854. 8. 20]

피히테, 헤겔과 함께 독일 관념론을 대표하는 철학자. 1790년에 튀빙겐 대학의 신학교에 입학하여 2년 상급반에 있던 헤겔 및 횔덜린과 친교를 맺었다. 프랑스 혁명에 대한 열광에서 그들이 튀빙겐 시의 교외에 '자유의 나무'를 심었다는 것이 전해지고 있다. 재학 중에 이미 『철학의 원리로서의 자아에 대하여』(1795) 등의 저작을 발표하고 철학자로서의 길을 걷기 시작했다. 그것들은 피히테의 '학문론' 구상에서 촉발된 것이었지만, 그 틀 내에 머무는 것은 아니었다. 셸링에게 있어 '절대적 자아'는 "모든 것이 그에 의존하고 있는 실재성의 궁극적인 일점"이자 "유일한 실체"였다

[Schelling(1856-61) Bd. Ⅰ, S. 162, 192]. 셸링의 저작은 가정교사로서 베른에 있던 헤겔에게 커다란 자극을 주었다. 특히 그의 칸트 실천철학에 대한 비판[같은 책 S. 196ff., 285ff. 등등]은 헤겔이 그때까지 사색의 근거로 삼아온 칸트의 사상을 비판적으로 다시 바라보게 만든 계기를 형성했다.

학업을 마친 후 셸링은 가정교사로서 제자들과 함께 라이프치히로 향하여 스스로도 대학에서 물리학, 화학, 의학 등의 강의를 들을 수 있었다. 이러한 자연과학의 지식들의 흡수가 '자연철학'을 구상하는 기반이 되었다. 『자연철학 체계초안 서론』(1799)에 따르면 자연은 원래 근원적인 산출 활동으로서, 요컨대 '능산적 자연(natura naturans)'으로서 존재한다. 이른바 자연은 이러한 산출하는 활동의 제약에서 생겨나는 개별적 존재의 총체에 다름 아니다. 자연철학의 과제는 이 소산으로서의 자연을 그것을 산출한 것과의 관계에서, 다시 말하면 자연을 무제약적인 산출능력과 산출물의 동일성으로서 파악하는 것에 놓여 있다[같은 책 Bd. Ⅲ, S. 283f.]. 이 사이 헤겔과의 접촉은 끊어져 있었다. 그러나 헤겔이 셸링의 저작활동에 커다란 관심을 기울이고 있었다는 것은 의심할 여지가 없다. 『1800년 체계 단편』의 '생'의 개념과 셸링의 '생'에 대한 이해의 유사성이 주목된다.

자연철학은 우선 초월론적 철학의 일부로서, 그리고 곧 그에 대치되는 것으로서 구상되었다. 그에 반해 1801년의 『나의 철학체계의 서술』에서 셸링은 철학체계를 자연철학으로서나 초월론적 철학으로서 "일면적으로" 서술하는 것이 아니라 "그것 자체의 고유한 형식에서"[같은 책 Bd. Ⅳ, S. 108] 서술할 필요성을 말하고 있다. 셸링의 사색은 주관적인 것과 객관적인 것의 절대적인 무차별로서의 '절대적 동일성'을 둘러싸고 전개되었다. 셸링에 따르면 절대적 동일성은 단적으로 있다. 이러한 있음에는 동시에 그것의 '어떻게'가 수반된다. A=A라는 명제를 통해 사유되는 것에 의해서 그것은 있다. 절대적 동일성의 있음과 그것의 자기인식이 동시에 성립한다. 절대적 동일성 이외에 어떤 것도 존재하지 않는다. 그것은 있는 것의 전체, 만유(Universum)를 의미한다[같은 책 Bd. Ⅳ, S. 118ff.,

129].

1801년 헤겔은 1798년부터 이미 예나 대학에 자리를 얻고 있던 셸링의 노력으로 교수자격을 획득할 수 있었다. 예나에서의 헤겔의 최초의 성과가 『피히테와 셸링의 철학체계의 차이』(1801)였다. 거기서 의도된 것은 피히테의 사상으로부터 셸링의 사상을 구별하고 후자의 우위성을 보이는 것이었다고 생각된다. 그러나 절대자를 "동일성과 비동일성의 동일성"[2. 96]으로서 파악하는 헤겔의 입장은 이미 셸링의 그것과 같은 것이 아니었다. 헤겔의 셸링에 대한 비판은 『정신현상학』(1807)에서 명료한 방식으로 말해졌다. "절대자, 즉 A=A에서는 모든 것이 하나이다"라고 언명하고 모든 것의 구별과 한정을 "공허한 심연 속으로 던져 넣는" 동일철학의 인식의 공허함과 단조로운 형식주의를 헤겔은 엄혹하게 비판했다[3. 22].

셸링의 사상은 동일철학의 구상 이후에도 다양하게 전개되었다. 1809년의 『인간의 자유의 본질에 대하여』에서는 신과 신의 존재의 근거("신의 내적인 자연")와의 관계에서 인간의 자유와 악의 문제가 물어졌다. 1827년 이후 뮌헨 대학에서의, 그리고 1841년 이후 헤겔 사후의 베를린 대학에서의 강의에서는 사물의 <본질>만을 인식 대상으로 하는 '소극철학'에 대해 사물의 <현실존재(Existenz)>의 파악을 지향하는 '적극철학'이 구상되었다. 이성에 의해서가 아니라 경험을 통해서 알려지는 사유 이전의 현실이 그 대상이었다. 이 적극철학의 구상에는 소극철학의 정점에 서 있다고 생각된 헤겔에 대한 비판이 들어 있었다. 뮌헨 시대의 강의 『근대철학의 역사에 대하여』에서 셸링은 헤겔의 철학을 "대상이 단순한 사유 속에서 취하는 관계만을 논하는 학"이라고 하여, 그런 까닭에 '현실존재에 대하여, 현실에 존재하는 것에 대하여, 따라서 또한 이런 의미에서의 인식에 대하여 일체 논하지 않는 학"[Schelling (1856–61) Bd. Ⅹ, S. 125]으로서 물리치고 있다. ⇒동일철학, 동일성, 자연철학, 생(명)

【참】 Zeltner (1954), 西川富雄 (1960), Fuhrmans (1962), Baumgartner (1975), 藤田正勝 (1986)

—후지타 마사카쓰(藤田正勝)

셸링 [Karl Eberhard Schelling 1783–1854]

독일의 의사. 철학자 셸링의 동생. 예나 대학에서 의학을 공부하고, 1801/02년의 헤겔의 최초의 강의(『논리학・형이상학』)의 청강생. 1802년에 튀빙겐 대학으로 옮겨 의학의 학위를 취득(1803). 빈의 슈미트(Johann Adam Schmidt 1759–1809) 밑에서 안과를 연마. 당초에 F. W. J. 셸링에 의한 대학 초빙(예나, 란트슈타트, 밤베르크, 하이델베르크) 계획이 있었지만, 1805년에 슈투트가르트에서 개업하자 곧 계획이 좌절. 이 사이의 경위에 관한 1804–09년에 걸친 형제간의 많은 서한이 남아 있다. 후에 그곳에서 참사관. 헤겔의 누이 크리스티아네(Christiane Luise Hegel 1773–1832)의 주치의를 맡았고 헤겔과는 평생 친교를 맺었다. 헤겔은 『엔치클로페디(제3판) 정신철학』에서 언급하여 동물의 자기(磁氣)와의 연관에서 "철학자의 동생 카를 셸링 역시 그의 자기적 경험의 일부를 공개했다"[406절 「보론」]고 말하고 있다.

—이케다 마사유키(池田全之)

소금 ⇨중화

소련과 동구의 헤겔 연구 蘇聯—東歐—研究

소비에트에서 헤겔 연구의 방향을 이끈 것은 변증법의 유물론적 전개라는 마르크스・엥겔스의 모티브이다. 마르크스는 헤겔 변증법의 '신비적 외피'를 벗겨내어 '합리적 핵심'을 끄집어내고 헤겔의 관념론적 변증법을 유물론적으로 '역전'시켜야만 한다고 주장했다[『자본론』 제2판, 후기]. 엥겔스는 헤겔 철학에서의 '역사적 감각'을 높이 평가하여 모든 것을 생성과 소멸의 과정에서 파악하는 그의 변증법은 혁명적이며, 헤겔 철학의 폐쇄적 체계와 모순된다고 지적했다[『포이에르바하론』]. 레닌(Vladimir Iliich Lenin 1870–1924)은 『철학노트』(1914–16)에서 당시 서구에서의 변증법 경시(특히 신칸트학파)와 유물론 내부에서의 변증법 경시 풍조를 염두에 두고 마르크스주의의 변증법을 완성하고 전개시키기 위해서는 헤겔 논리학에 대한 비판적 연구가 필요하다고 강조했다. 또한 헤겔의 변증법 논리학은 인식론과 깊이 결합되어 있다는 것을 분명히 하여 마르크스에 있어서 변증법·논리학·인식론의 통일이 『자본론』에서 구체화되어 있다고 지적했다.

이후 소비에트에서는 헤겔 논리학을 염두에 둔 헤겔의 관념론적 변증법과 마르크스의 유물론적 변증법의 비교 연구가 중시되었다. 1930년대의 이러한 경향의 대표자로서는 미틴(M. B. Mitin『헤겔과 유물론적 변증법』 1934)과 악셀로드(L. Q. Akselrod『헤겔의 관념론적 변증법과 마르크스의 유물론적 변증법』 1934)가 있다. 스탈린 시대에 이르면 변증법의 통속화가 횡행하고 헤겔에 관해서도 상투적인 이해가 지배적으로 되었지만, 스탈린 비판(1955) 이후 헤겔 연구의 의의가 다시 인정되게 되었다. 특히 레닌의 지시로 되돌아가 헤겔의 논리학과 마르크스의 자본론의 비교검토, 유물론적 입장으로부터의 변증법적 논리학의 확립이 중시되었다. 이러한 방향에서의 연구로서는 로젠탈(M. M. Rozental)의 『마르크스 '자본론'에서 변증법 문제』, 일렌코프(E. V. Ilyenkof)의 『'자본론'에서 구체적인 것과 추상적인 것의 변증법』(1960), 『변증법 논리학』(1984), 나르스키(I. S. Narski)의 『변증법적 모순과 인식논리』(1969), 코프닌(P. V. Kopnin)의 『레닌의 철학관과 논리학』(1969), 체코의 젤레니(Jindrich Zelený)의 『마르크스의 '자본론'의 논리구성에 관하여』(1962)가 있다. 또한 마르크스는 시민사회와 국가의 모순에 관한 헤겔의 지적을 비판적으로 섭취하고(『헤겔 국법론 비판』, 『유대인 문제』)『정신현상학』에서의 인간 활동의 변증법을 평가했지만(『경제학·철학 수고』), 1960년대 전반까지 이 측면에서의 연구는 논리학 연구에 비해 뒤처져 있었다.

전후의 헤겔 연구에 국제적 영향을 미친 것은 헝가리의 루카치(György Lukács 1885-1971)의 『청년 헤겔―변증법과 경제학의 관계에 관하여』(1948)이다. 그는 『정신현상학』을 정점으로 하는 청년 헤겔의 변증법 형성을 근대사회의 경제에 대한 비판적 분석과 연관하여 고찰했다. 이것은 청년 헤겔에서의 사회비판 경향을 중시하는 것으로서 그때까지 주로 보수적이라고 특징지어져 온 헤겔의 사회관에 대한 새로운 평가를 촉구하고 또한 헤겔과 마르크스의 관계에 대한 파악에도 새로운 빛을 던졌다. 루카치의 문제의식에 따른 연구로서는 루마니아의 굴리안(Constantin I. Gulian)의 것이 있다[『헤겔의 방법과 체계』 1957, 『헤겔과 위기의 철학』 1970]. 구동독에서는 루카치의 저작을 계기로 마르크스주의에 의한 헤겔 평가를 둘러싸고 논쟁이 벌어졌다. 60년대에 들어서서 그곳에서는 독일 관념론의 모국으로서 헤겔을 포함하여 그 유산을 계승하자는 지향이 강했다. 헤겔에 관해서는 소비에트에서와는 조금 달리 『정신현상학』과 역사철학도 대상으로 하여 인간의 활동과 역사법칙의 관계에 관심이 집중되었다. 부어(Manfred Buhr)의 『이성의 요구』(1968), 『독일 고전 철학의 역사에 관하여』(1972)와 슈틸러(Gottfried Stiehler)의 『헤겔 '정신현상학'에서의 변증법』(1964), 『칸트에서 헤겔에 이르는 관념론』(1970)이 이 방향에서의 연구를 진전시켰다.

소비에트에서도 60년대 이후 오프샤니코프(M. F. Ofsyannikof)의 『헤겔 철학』(1959), 바크라제(K. S. Bakradze)의 『헤겔 철학의 체계와 방법』(1958)을 선구로 하여 헤겔의 전체상의 해명을 위한 몰두가 진전되었고, 60년대 후반 이후 헤겔의 사회론과 활동의 변증법 파악에 대한 적극적인 평가가 이루어지게 되었다. 전통적인 형태의 헤겔 해석을 계속해온 오이저만(T. I. Oizerman)의 『마르크스주의 철학의 형성』(1962), 『철학과 철학사의 문제들』(1969)에서도 이런 방향에서의 변화가 보인다('헤겔 법철학의 모순에 대한 적극적 평가의 문제에 관하여', 헨리히, 호르스트만『헤겔 법철학』 1982에 수록). 70년대로 되면 서구에서 헤겔의 문헌 연구 성과에 입각한 새로운 유형의 연구도 등장한다. 굴리가(A. V. Guliga)의 『헤겔』(1970), 마트로쉴로바(N. V. Motroshilova)의 「헤겔 철학의 새로운 연구」(『철학의 문제들』7/1984), 『'논리학'에로의 헤겔의 길』(1984)이 대표적인 것들이다. ⇒마르크스와 마르크스주의

【참】 Lukács (1948a), Dietl (1987)

―다카다 마코토(高田 純)

소리 [Klang]

'물리학(Physik)'의 3부 구성에서 제2부 '특수한 개체성(besondere Individualität)의 물리학'은 제1부에서 제시된 '개체적 통일'이라는 대상의 존재방식을 '역학'에서의 통일 원리인 '무게(Schwere)'와 대비하여 '물리학' 영역 고유의 통일 방식인 <질료(Materie)'의 자기 자신의 내측으로부터의 한정> 또는 '내재적 형식'으로서 서술한다. 그러나 여기서 '개체적 통일'은 시야를 개별적인 '물체(Körper)'에 한정하면 그것으로서 인정되는 것이지만, 그 '물체'들 상호 관계에 눈을 돌리면 '질료'가 본래 지니는 공간적 성질을 끌어내어 외재적인 것에 다름 아니다. '소리'는 '비중(spezifische Schwere)'과 '응집(Kohäsion)'이라는 이 영역에서의 상호외재의 존재방식을 아직 '열(Wärme)'과 같이 실재적으로는 아니라 하더라도 "관념적으로" 폐기함으로써 고차적인 통일을 시사한다. 그것은 상호외재의 절대화를 부정하는 이 측면에서 "질료적 시간성(materielle Zeitlichkeit)"이다. '소리'는 이러한 비물질적인 측면에서 사람들의 마음에 말을 건다고 헤겔은 말한다. 그것은 마음(영혼)과의 유연성(類緣性)과 조화성에서 "기계적이지만 영혼적인 것(mechanische Seelenhaftigkeit)"이라고도 불린다『엔치클로페디(제3판) 자연철학』300-302절].

―마쓰모토 마사오(松本正男)

소멸(消滅) ⇨생성

소실消失 ⇨생성

소외疎外 [Entfremdung]

이 말은 원래 ent-fremd-en이라는 동사를 명사화한 것이지만, 이 동사는 분리・이탈・이질화를 의미하는 접두어 ent와 이질・낯섦・무인연・무관계를 의미하는 형용사 fremd가 결부되어 이루어진 것이다. fremd라는 독일어 형용사는 영어의 alien, 불어의 étranger에 해당되는 말로서 일반적으로는 알지 못하는 사람

과 사물, 이방인과 이형의 것에 대해 사용된다. 따라서 entfremden이라는 동사의 가장 일상적인 사용방법은 사람들이 모종의 형태로 서로 소원하게 된다는 사용방법이다. 한국어의 소외라는 말에도 원래 다른 사람을 멀리한다는 단순한 사용방법밖에 없었지만, 오늘날에는 동서양을 막론하고 인간의 자기소외라든가 소외된 상황과 같은 형태로 고도로 추상화된 철학적 용어로서 사용되는 경우가 많아지고 있다. '소외' 개념의 이와 같은 철학적 용어화의 배경에는 (1) 마르크스의 『경제학・철학 초고』(1844년)에서 헤겔의 소외 개념이 중요한 역할을 짊어진 것으로서 원용되고, (2) 나아가 이 초고가 이른바 MEGA(마르크스・엥겔스 전집)의 간행(1920년대 말 이후)에 의해서 널리 알려지게 되어 소외라는 용어 그 자체에 대한 선구적인 주목이 이루어지며, (3) 제2차 세계대전 후, 특히 1950년대 후반 이후 이 소외 개념이 '근대' 일반의 구조해명의 핵심으로서 급부상하기에 이르렀다는 역사적 경위가 놓여 있다.

철학적 용어로서의 Entfremdung의 한국어와 일본어 번역은 오로지 '소외'이지만, 현대 중국어에서는 '이화(異化)'이다. 영어에서는 오로지 alienation만이 사용된다. 불어에서는 약간 복잡한 사정이 얽혀 있어서, 이폴리트(Jean Hyppolite 1902-68)는 rendre étranger, devenir étranger라는 동사형을 사용한다든지 라틴 어로부터의 조어 extranéation을 사용한다든지 하고 있지만, 경우에 따라서는 aliénation이라고 번역하고 있다. 다만 이폴리트는 이 aliénation(aliéner)이 본래 Entäußerung(entäußern)에 대한 대응어라고 말한다. 또한 마르크스에서는 Entfremdung과 Entäußerung이 거의 구별되지 않지만, 헤겔에서는 이 양자 사이에 미묘한 뉘앙스의 차이가 있다.

헤겔의 형이상학적 사유에 따르면 모든 존재자는 그 본성상 자기 자신을 부정하여 자기의 타자(Anderssein)로 되고 이질화되는(sich entfremden) 필연성을 내포한다. 나아가 이러한 사고방식에 따르면 일단 부정된 것도 나아가 그 내재적 부정성에 의해서 다시 부정되어 본래의 것으로 귀환하게 된다. 다만 그 귀환은 단순한 이전의 존재로 복귀하는 것이 아니라 '부정의 부정' 내지 '타자의 타자'라는 매개를 거쳐 좀더 풍부한 내용

소유

을 획득한 복원이다. 헤겔의 소외 개념은 본래 이와 같은 '타자화(Anderswerden)' 내지 '자기이화(Sich-entfremden)' 의 사상 위에서 성립한 것이다. 그런 의미에서 헤겔이 말하는 소외(Entfremdung)란 기본적으로는 자기소외(Selbstentfremdung)인 것이다.

헤겔의 체계 전체에 대해 말하자면, 자연계는 정신이 자기 밖으로 나와(즉 타자화하고 외화하여) 사물성(Dingheit)의 세계로 나타난 모습으로서 파악되고 있다. 여기서 자연은 말하자면 정신의 외화(Entäußerung)로서의 소외(Entfremdung) 형태이다. "자기의식의 외화야말로 사물성(Dingheit)을 정립한다"[『정신현상학』3. 575], "물리적인 자연은 정신의 타자이다"[『논리의 학』5. 127]. 헤겔에서는 이와 같이 정신의 타자화가 사물적 세계에 관계되는 현상일 때에는 오로지 외화라는 뉘앙스가 강한 Entäußerung이라는 용어가 사용되고 있다.

다른 한편 정신은 사물과의 관계에서가 아니라 그것 자체로서 그것의 가장 고도한 형태인 절대정신에 이르기까지의 전개 도상에서 일단은 본래적 본질로부터 탈락된 형태를 취할 수밖에 없게 된다.『정신현상학』에서 '자기 소외된 정신─교양이라고 명명되어 있는 정신이 그것이다.『정신현상학』의 VI. '정신' 장은 인간의 상호주관성의 세계(즉 공동체) 내지 그 사상의 형태들을 단계적으로 서술한 것으로서 이해될 수 있지만, 그 한 단계인 교양의 세계는 원자적인 자아의 집합체이자 개별과 전체 사이에 내면적·필연적인 통합의 기반이 없기 때문에, 거기서의 대인관계에서는 한편으로는 분열과 대립이, 다른 한편으로는 강제적이고 외면적인 결합이 특성을 이루게 된다. 헤겔에 따르면 정신의 이와 같은 소외태(탈본질형태)는 타자 속에서 자기를, 자기 속에서 타자를 보는 정신의 본래적인 본질형태, 즉 "최고의 공동성이 최고의 자유안"[『차이 논문』2. 82] 형태에 도달하기 위해 지나갈 수밖에 없는 하나의 우회단계이다. 이러한 소외태로서 구체적으로는 앙시앵 레짐으로부터 계몽의 시대를 거쳐 프랑스 혁명에 이르는 프랑스의 역사가 염두에 두어져 있다. Entäußerung에 반해 Entfremdung은 이와 같이 오로지 대인관계에 관계되는 소외현상 일반을 논할 때에 사용되는 용어로 보는 것이 타당하다. ⇒정신, 자연,

교양,『라모의 조카』, 마르크스와 마르크스주의, 디드로

【참】Hyppolite (1941: p. 49, 279), Lukács (1948b), Schacht (1970), Schaff (1977), 金子武藏 (1979: p. 1500–02)

─야지마 교시로(谷嶋喬四郎)

소유所有 [Besitz, Eigentum, Privateigentum]

주체가 생산의 조건 및 생산물(객체)에 대해 '자기의 것(eigen)'으로서 관계하는 것. 헤겔의 규정에서는 "인격이 자기의 자유에게 주는 현존재(Dasein)"[『엔치클로페디(제3판) 정신철학』487절]. 어떤 외면적인 물건에 개별자로서의 나의 자유의지가 투입되는 것에 의해 그것은 '나에게 고유한 것(eigen)' 즉 소유로 되며, 그에 의해 비로소 다름 아닌 나의 자유의지도 객관적인 형태를 취하게 된다.

내가 객체를 지속적으로 지배할 때 그것은 사실상의 소유로서의 '점유(Besitz)'이다[『법철학』45절]. 나는 '점유'를 취득함으로써 그로부터 타자의 의지를 배제하는 것이지만, 이 '점유'가 일정한 경과(예를 들면 『예나 체계 I, III』에서는 "인정을 둘러싼 투쟁")를 거침으로써 타자에게 그리고 최종적으로는 공동체(국가)에게 인정될 때 '점유'는 본래의 의미에서의 '소유 (Eigentum)'로 이행한다. '소유'를 지니는 것에서 나는 타자에 대해서도 타당한 '현실적인 의지'로서 인정되며, 제3자에 대해서 스스로의 소유의 절대성을 주장할 수 있게 된다. 그것과 더불어 소유물은 추상적·일반적인 물건으로서 주체에게 관념적으로 귀속하게 되며, 이로부터 교환과 계약이 시작되고, 상품경제와 그것에 대응한 법관계가 성립한다.

이와 같이 나는 소유에 의해서 스스로의 자유의지를 현실적인 것으로 형성할 수 있기 때문에 "소유 역시 이것, 즉 나의 것이라는 규정을 지니지 않을 수 없다"[『법철학』46절 「보론」]. 따라서 '사적 소유(Privateigentum)'는 필연적이며, 플라톤을 처음으로 하는 공동(체적) 소유는 이 점에서 부정된다. 토지도 필연적으로 '배타적 사적 소유'를 수반하며, 또한 사적 소유일 때에만 유효하게 형성된 것이고, 그렇지 않을 때는 피폐해질

수밖에 없다. 헤겔에게서도 법의 보편적인 원리를 구성하는 것은 근대적인 사적 소유의 권리이며, 이러한 권리는 사법 활동에 의해서 보장된다.

배타적이고 포괄적인 권리로서의 소유권이라는 관점에서 보는 한, 헤겔의 논의는 로크로 대표되는 '소유적 개인주의'의 계보와 일정한 친숙성을 지니지만, 헤겔은 소유의 유지를 인간 결합의 최종적인 목적으로 간주하는 사고방식을 엄격하게 물리친다. "국가의 사명이 소유와 인격적 자유의 안전과 보호에 있다고 한다면, 개개인으로서의 개개인의 이익이 그들의 합일된 궁극목적이라는 것이 되며, 이로부터 또한 국가의 성원이라는 것은 무언가 임의적인 것이라는 결론이 나온다"[『법철학』 258절]. 궁극적으로는 사적 소유와 사적 행위의 주체라는 것을 스스로 극복하는 것이 자유로운 의지의 증거로서 국가의 성원에게 요구되는 것이다. ⇒사적(인 것), 교환, 재산공동체

【참】 Macpherson (1962)

―사이토 쥰이치(齋藤純一)

은 책 18. 442]고 헤겔은 말한다. 유명한 소크라테스의 다이몬도 인간 의지의 자기결정을 의미하는 것이라고 하며 헤겔은 거기서 인간의 자기인식의 개시, "자기를 아는 자유의 시작"[『법철학』 279절]을 본다. "소크라테스의 원리가 일으킨 전세계사적인 전환의 핵심은 개인의 정신의 증명이 신탁을 대신하는 것, 주관이 결정을 받아들이는 것에 있다"[18, 495f.]. 사유의 주관성, 주관의 자기결정을 원리로 하는 소크라테스가 아테네 국가로부터 사형 선고를 받아야만 했던 것은 당연한 결과이다. 실체적인 것도 주관의 인식에 기초해야만 한다는 사상에는 본래 인륜적 실체와 주관적 인식간의 심각한 대립이 잉태되어 있기 때문이다. 모두 정당한 이 두 계기가 소크라테스의 죽음에서 서로 대립되어 소멸되었기 때문에 헤겔은 그것을 "보편적인 인륜의 비극적인 운명"으로 보고 "소크라테스의 운명은 참으로 비극적이다"[18. 514]라고 말한다. ⇒소크라테스, 변증법, 인륜

―기쿠치 에이요시(菊地惠善)

소크라테스 [Sōkratēs BC 470경-399]

『철학사』에서 헤겔은 소크라테스에 대해 "철학사에서 가장 중요한 인물, 고대 철학에서 가장 흥미로운 인물일 뿐 아니라 세계사적 개인이다"[18. 441]라고 말하며, 그의 철학과 생애에 관해서 상세하게 논하고 있다. 소크라테스는 "정신이 자기 자신에게로 향하는 중요한 전환점이며", "소크라테스에서 사유의 주관성이 명확하고 훨씬 철저한 방식으로 의식되기에 이르렀다"[같은 곳]고 여겨진다. 사유의 주관성의 활동은 소피스트에서도 알려져 있었지만, 그들의 사유는 규정된 것과 존립하는 것을 파괴할 뿐인 불안정한 것이며, 그 주관성도 부정적으로만 의식되는 개별적인 주관의 것이었다. 이에 반해 소크라테스는 사유의 주관성에서 객관적이고 보편적인 것을 발견하고자 했으며, 인간의 정신에서 그러한 진리를 인식할 수 있는 능력을 인정했다. 선은 실체적인 것이자 보편적인 것이지만, 그것은 동시에 나에 의해서 인식되어야만 한다. "소크라테스에서 무한한 주관성, 자기의식의 자유가 생겨났다"[같

소포클레스 ⇨그리스 비극

소피스트 [(독) Sophisten, (그) σοφιστής]

σοφιστής란 지혜의 교사, 사람들을 현명하게 만드는 자를 뜻함. 특히 기원전 5세기에 아테네에 나타나 구역마다 돌아다니면서 지식과 철학을 가르치고, 젊은 이들을 능변의 사람들(능변은 당시 아테네 민주제에서 필수적인 능력이었다)로 육성하는 데 참여한 교사들을 뜻함. 그들이 그것을 돈벌이 수단으로 삼아 웅변술의 형식적인 테크닉에만 치우치기에 이르러 사람들의 반대를 불러일으키게 되었다. 아리스토파네스의 조소, 소크라테스와 플라톤의 그들에 대한 투쟁을 통해 소피스트라는 말은 거짓학자, 궤변의 무리라는 꺼림칙한 의미를 지니게 되었다. 그러나 헤겔은 그들이 개념을 사상으로서 현실에 적용한 것, 그리하여 그리스에 처음으로 "교양"[『철학사』 18. 409]이라는 것을 존재케 하고 그 보급을 통해 청년들의 정신도야에

커다란 공헌을 이룩한 그들의 계몽적 공헌을 높이 평가했다. 대표적 인물은 프로타고라스(Prōtagoras BC 500–400경), 고르기아스(Gorgias BC 500(484)–391(371)경)이다. ⇒소크라테스

—다케다 죠지로(武田趙二郞)

소화消化 ⇨영양과정

속성屬性 ⇨실체(성)·속성·우유성

속죄贖罪 ⇨용서

쇼펜하우어 [Arthur Schopenhauer 1788. 2. 22–1860. 9. 21]

　쇼펜하우어는 헤겔보다 18세 연하였다. 쇼펜하우어와 헤겔이 직접적으로 어떠한 대화와 문답을 나눴는지를 알기 위한 자료는 적다. 예를 들면 1820년 3월에 뵈크(August Böckh 1785–1867)의 사회로 양자가 논쟁한 것이 베르(Karl Wilhelm Christian Bähr 1801–74)의 기록으로 남아 있다. 거기서는 인과성에 관한 양자의 견해 차이의 일단이 보이며, 철학계의 최고 위치에 있던 헤겔도 쇼펜하우어 앞에서 곤혹스러워하고 자연과학에 대한 지식 부족을 드러내며, 젊은 그로부터 <지혜 없는 분>이라고 놀림을 당하고 있다. 그 전 해인 1819년 12월에는 베를린에서 1,000~1,100명의 학생들이 공부하고 있다는 것과 헤겔이 베를린으로 옮기고부터 점점 철학의 수강자가 증가하는 상황이 리히텐슈타인(Martin Heinrich Karl Lichtenstein 1780–1857)으로부터 쇼펜하우어에게 연락된다.

　쇼펜하우어의 『소품과 단편집(Parerga und Paralipomena, 1851)』을 통해 보는 한, 헤겔과 쇼펜하우어의 차이점은 전자에게서 보이는 역사와 국가에 대한 관심과 관념론, 정신철학, 보편개념, 체계에 대한 지향에 대응하여, 쇼펜하우어의 반역사주의와 국가에 대한 무관심, 실재론, 의지철학, 경험적·현실적 세계, 체계에 대한 의혹

과 같은 점들일 것이다. 다른 한편으로 집요하기까지 한 쇼펜하우어의 헤겔 비판에는 쇼펜하우어에서의 헤겔과의 공통성을 엿보이게 하는 점이 있다. 예를 들면 양자 모두 칸트 철학으로부터 출발한다는 것, 이성주의에 대한 저항을 보인다는 것, 어떤 시기에 따로따로 괴테와의 교류가 있었던 것, 또는 생(생명)의 철학을 근본에 지니고 있는 것 등은 쇼펜하우어와 헤겔의 거리가 가깝다는 것을 이야기하는 측면이다. "인간의 생(Leben)은 일반적으로 반목과 투쟁과 고통의 삶이다"[헤겔 『미학』 13. 234]. "인간의 현존재(Dasein)는 궁핍과 어려움, 고통과 불안으로 가득 차 있다"[쇼펜하우어 『의지와 표상으로서의 세계』].

　【참】 Schopenhauer (1851, 1966), Treber (1969b), Nicolin (1970)

—나카야마 마사루(中山 愁)

수數 [Zahl]

　헤겔은 『논리의 학』의 '정량' 절에서 수의 개념을 주제로 하여 논의하는데, 그때 기본으로 놓여 있는 것은 일반적으로 수를 <여럿의 일자로 이루어진 모임>으로서 파악하는 그리스(아리스토텔레스, 유클리드 등) 이래의 견해이다. 그러나 동시에 그는 수가 (1) 단지 여럿의 일자(Eins)의 모임('모임의 수(Anzahl)')일 뿐만 아니라 (2) 그것 자신이 하나의 **통일적**이고 단일한 **존재**('통일성(Einheit)')이기도 하다는 이중의 논리적 계기를 갖추고 있다는 점을 강조한다. "모임의 수와 통일성이 수의 계기를 이룬다"[『논리의 학』 5. 232—강조는 원전].

　이와 같은 지적을 통해서 헤겔이 의도하는 것은 '수'에 이어서 전개되는 '외연량/내포량'에 관한 그의 서술을 아울러 참조함으로써 명확해진다. 즉 일반적으로 외연량이란 하나의 물체를 형성하는 부분들의 수와 또는 공간적인 연장의 크기, 시간적인 지속의 길이 등과 같이 서로 외재하는 부분들(단위들)이 얼마만큼 모여 하나의 전체를 이루고 있는지를 나타내는 양이다. 다른 한편 내포량이란 그러한 상호외재적인 부분들로 이루어지는 전체가 아니라 그것 자체에서 일정한 내적

(비-연장적)인 통일성을 이루고 있는 대상에 관해서 그 통일성이 얼마만큼의 강도와 힘을 지니는지를 나타내는 양이며, 구체적으로는 운동에너지와 압력과 같은 물리량 또는 음과 색채 등의 감각의 세기, 높이, 밝기와 같은 것이다[같은 책 5. 255ff. 참조].

일반적으로 여러 가지 대상이 양적인 관점에서 규정될 때 해당 대상은 오로지 단순한 상호외재적인 부분들의 다양성으로 환원된다고 간주되는 경향이 있지만, 위와 같은 구별에 근거하게 되면 그것은 어디까지나 외연량의 경우이며, 오히려 대상이 하나의 내적 통일성을 형성하는 것으로 파악되고 그와 같은 통일성 자체에 관한 척도를 설정하는 것이 문제로 되는 경우(내포량)도 있다는 것이 이해된다. 이러한 사정은 주어진 다양한 대상의 근저에서 '개념'의 내적 통일성을 발견하고자 하는 헤겔의 기본적인 입장에 있어 그것 자체가 하나의 중요한 의의를 지니게 된다. 그러나 그뿐만 아니라 동시에 그는 이와 같은 양에 관한 구별이 원래 수의 개념 자신의 두 계기에 뿌리박고 있다고(요컨대 외연량은 '모임의 수'의, 내포량은 '통일성'의 전개형태라고) 주장한다. "수는 모임의 수이며, 그런 한에서 외연량이지만, 그러나 그것은 또한 일자인바, 예를 들면 일자로서의 10(ein Zehn), 일자로서의 100이며, 이런 한에서 내포량으로의 이행 도상에 있다"[같은 책 5. 256]. 이와 같은 관점에서는 <상호외재적인 다양성과 그 근저에 놓여 있는 내적 통일성>이라는 구조가 외연량-내포량의 경우만이 아니라 그보다도 한층 더 기본적인 '수'의 범주에서, 그리고 더 나아가서는 논리학적인 범주 전반의 가장 기초적인 내용 수준에서 공통적으로 발견되는 것이라는 점을 주장하고자 하는 헤겔의 입장이 나타난다.

더 나아가 이와 같은 '통일성'의 계기는 '수'의 경우에서는 구체적으로 어떠한 형태로 나타나는 것일까? 헤겔은 '수'의 '일자'로서의 성격을 이른바 '서수'의 개념에 연관시켜 설명한다. "수란 10, 100임과 동시에 수 체계에서의 열 번째 것, 백 번째 것이다"[같은 책 5. 260]. 이 경우에 내포량에서 보이는 '통일성'과 수에서 보이는 '서수'의 성격이 어떻게 대응하는가 하는 문제는 그 자체로 좀더 검토가 필요하지만(이 점은

예를 들면 Deleuze(1968)에서 상세하게 논의되고 있다), 어쨌든 헤겔이 수를 하나의 '체계'라는 관점에서 파악하여 개별적인 수의 정의의 기초를 그 '모임의 수로서'의 측면보다 오히려 해당 수가 '체계' 내에서 어떠한 위치(순서)를 점하고 있는가 하는 측면에서 찾고자 한다는 것은 그 자체가 주목할 만한 점이다(예를 들면 현재의 표준적인 자연수론—데데킨트·페아노의 공리계—에서 생각해도 개별적인 자연수는 0을 기점으로 하는 '후속자(successor)'로서 바로 상호간의 순서관계에 기초하여 정의되고 있으며, '모임의 수로서의 측면은 이러한 순서관계로부터 파생된다. 이 점은 Russell (1903, 1919) 등을 참조). 일반적으로 이런 저런 논리적 개념들 안에서 다양성과 통일성이라는 대립적인 양계기가 놓여 있다는 것을 인정하고, 통일성의 측에 비중을 두는 형태로 해당 개념의 내용을 다시 파악하고자 하는 헤겔의 이른바 '사변적'인 파악은 수 개념의 고찰에서 실제로 하나의 흥미로운 통찰을 낳고 있다고 말할 수 있을 것이다. ⇒수학, 미분

【참】 Russell (1903, 1919), Deleuze (1968)

　　　　　　　　　　　　　　　—오카모토 겐고(岡本賢吾)

수공업 신분手工業身分 ⇨ 직업 · 신분

수다성數多性 ⇨ 하나와 여럿

수단手段 ⇨ 목적론

수소水素 [Wasserstoff]

원소기호 H, 원자번호 1의 원소 수소를 연소시키면, 담청색의 불꽃으로 타오르며, 산소와 결합하여 물을 생기게 한다. 헤겔은 수소를 포함하여 이른바 화학적 원소를 추상적이라고 여기고, 흙·물·불·공기의 4원소야말로 구체적인 원소(Element)라고 한다[『엔치클로페디(제3판) 자연철학』 328절]. 이러한 관점은 고

전적인 자연철학에 근거함과 동시에 현대의 생태계와 환경 개념에도 연결되는 흥미로운 것이라고 말할 수 있을 것이다. 흙·물·불·공기의 4원소가 추상적으로 분리된 경우에 추상적인 화학적 계기로서 질소, 산소, 수소, 탄소로 된다[같은 곳]. 수소는 이 네 개의 화학적인 계기들 가운데서 산소와의 대립관계에서 파악된다. 이것은 중화되어 있는 물을 분해하면 산소와 수소로 되는 것에 의해서이다. 산소가 연소시키는 것인 데 반해 수소는 연소될 수 있는 것이다. 결국 수소는 다른 물질을 태울 수도 없으며, 생물을 살릴 수도 없다. 어디까지나 스스로 탈 수 있는 것, 태워질 수 있는 것이다[같은 곳, 같은 절 「보론」]. ⇒산소, 탄소, 질소

―이나오 마사루(稲生 勝)

수은水銀 [Merkur, Quecksilber]

상온에서 액체에 머무르는 성질을 지니는 유일한 금속 원소(-38.85℃에서 고체화, 356.7℃에서 비등. 원소기호 Hg). 수은은 고대부터 독 또는 약으로서 주목되었으며, 또한 연금술 등에서 이용되어 왔다. 로마 신화에서 메르쿠리우스가 수은에 배치된 것이 이것의 어원으로 되었다. 이로부터 수성과 수은의 관계가 말해지며, 헤겔도 이에 대해 부정적으로 언급하고 있다[『엔치클로페디(제3판) 자연철학』 280절 「보론」]. 또한 헤겔은 상온에서 액체에 머무르고 비중이 큰 성질을 이용하여 대기압의 측정 등이 이루어진다는 것, 다른 금속과 쉽게 합금을 만들 수 있고 수은이 다양한 금속을 녹이며 수은을 증발시키는 것에서 도금과 금의 정련 등에 사용하는 것 등에 대해서도 언급한다[같은 책 330절 등].

―이나오 마사루(稲生 勝)

수치羞恥 [Scham]

헤겔에서 수치는 인간이 자연 그대로의 감성적인 존재의 방식을 극복하여 인간 고유의 단계에 도달할 때에 생겨나는 것이다. 인간과 동물을 나누는 것이 이 수치의 의식인 것이며, 벌거벗은 자연적인 상태를 부끄러워하여 의복을 몸에 걸치는 것도 그 한 예이다. 헤겔은 그와 같은 예로서 성서의 아담과 이브의 부끄러움의 감각을 들고 인간 감정의 시작으로 삼고 있다. 그러나 헤겔의 경우 오로지 동물적 자연성으로부터 인간이 벗어난다는 의미만이 아니라 사회 속에서 인간이 연대와 공동의 관계를 지니지 못하고 사회성을 없앤 채 사적 이해로만 달려가는 상황에 대해서도 자연이라는 말이 사용되고 있기 때문에, 수치라는 관념도 사회에서의 그와 같은 자연적 행동에 대한 비판을 위해 사용되기도 한다. 예를 들면 『사랑』이라는 단편에서 수치가 더 나아가 사랑과 결합된 차원에서 사용되고 있어 흥미롭다[1. 247]. 죽은 것, 단순한 자연적인 것에 있어서는 그것들이 뿔뿔이 흩어져 대립이 지배적이고 결합과 통일의 계기를 발견할 수 없지만, 사랑에서는 통일이 살아 있는 것으로서 존재하고 유기적 결합이 보인다. 그러므로 사랑은 '소유'에서 파악된 '개체성'의 상태에 대해서 죽은 분리의 관계를 감지하고 그것을 노여워하는데, 그것이 수치의 감각이다. 이 경우 사랑은 아직 대립의 상태를 없애버렸다는 것이 아니라 대립과 분리의 상태가 병존한 채로, 다시 말하면 신체적이고 개별적인 적대상태가 병존해 남아 있는 것이기 때문에, 그것에 대해 수치의 감각이 생겨난다는 것이다. 그런 의미에서 수치는 사랑과 결합되어 있으며, 자연상태와 아욕을 사랑이 극복하고자 할 때에 생겨나는 것이다. 독재자와 매춘부의 경우에는 사랑의 감정이 결여되어 있기 때문에 '수치를 알지 못하게' 된다는 것이다. ⇒사랑

―사토 가즈오(佐藤和夫)

수학數學 [Mathematik]

헤겔이 수학의 원리와 방법에 관해서 가장 상세하게 계통에 선 고찰을 전개하는 것은 『논리의 학』의 '이념' 편(그 편의 제2장 '참된 것의 이념')에서 보이듯이 그의 논리학 체계의 거의 종결부에 가까운 부분―결국 가장 본래적인 의미에서의 '진리'의 인식이 달성되는 단계―에서이다. 그 경우 그의 기본적인 주장은 수학적인

원리와 방법이 '필연적인 한계'[『논리의 학』 6. 535]를 지니며, 특히 그것들을 철학에까지 적용하는(예를 들면 스피노자와 같이) 것은 부적절하다는 것에 놓여 있다. 그러나 또한 이러한 수학에 관한 서술이 위와 같은 체계 내에서의 고차적인 위치에서 나타나듯이, 헤겔이 수학에 대해 철학에 준하는 중요한 인식론적 의의를 부여하고 그것을 주제로 한 해명을 행할 필요성을 인정하고 있다는 점도 확실하다. 구체적으로 헤겔은 수학의 원리와 방법을 그에게 특유한 의미에서의 '개념'과의 연관에서 설명하고 다시 위치짓고자 시도하고 있는바, 그의 논의의 가장 흥미로운 점은 바로 이러한 '개념'과 수학의 연관짓기에 있다고 말할 수 있을 것이다.

즉 우선 첫째로 헤겔은 인식 일반을 '분석적 인식'과 '종합적 인식'으로 구별하고, 산술을 전자에, 기하학을 후자에 속하게 하고 있다(대수는 기본적으로 산술의 발전형태로서 파악되고 있지만, 거기서는 '종합'적인 성격도 발견된다고 여겨진다[같은 책 6. 509 참조]). 분석적 인식이란 '개념'의 계기들 사이에서 발견되는 '타자로의 이행'을 포함하지 않고 오로지 '동등(gleich)'한 계기의 '반복'적인 계기로서만 성립하는 것이지만[같은 책 6. 507 참조], 헤겔은 산술에서의 연산 과정(또는 좀더 일반적으로 말하자면 정해진 수순에 따른 연산들의 조합으로서의 '알고리즘')이 바로 추상적이고 똑같은 단위들 사이의 기계적인 결합과 분리의 절차로서 이러한 분석적 인식으로서의 성격을 지닌다고 한다(이와 같은 연산절차의 내용을 상세하게 분석하고 있는 것은 아니지만, 그는 이런 저런 연산양식이 하나의 단순한 원리―즉 '합하여 헤아림(zusammenzählen)'―에 귀착된다고 주장한다[같은 책 5. 235 참조].

다른 한편 종합적 인식이란 보편성·특수성·개별성이라는 '개념'의 계기들 간의 일정한 통일을 포함하지만, 사실 기하학에서와 같은 '증명'을 매개로 하는 '정의'와 '정리' 간의 결합에는 바로 그와 같은 '개념'적 통일의 실현(='이념')이 발견된다. "정리는 [증명을 매개로 하여] 정의와 결합되는 데서 개념과 실재성의 통일인 이념을 표현한다"[같은 책 6. 527]. 이와 같이 헤겔이 말하는 것은 (1) 정리에서는 대상(개별성)이

충분히 그 본질적인 내용에서(보편성 및 특수성으로서) 규정되어 있으며, (2) 더욱이 이 계기들의 결합이 단지 대상에서 직관과 지각에 의해서 발견되는 것이 아니라 증명을 매개로 하여 '개념의 내적 동일성'에 기초하는 '필연성'으로서 제시된다고 생각되기 때문이다[같은 책 6. 527]. 이 경우에 구체적으로 헤겔은 '정리'라는 것에서 특히 피타고라스의 정리와 같은 것을 염두에 두고 있다. 실제로 이 정리는 개별적인 직각삼각형이 그 세 변(특수성) 사이에서 성립하는 일반적인 법칙적 관계(보편성)를 통해 바로 하나의 대상(개별성)으로서 규정되게 되는 사정을 말한 것으로서, 이상과 같은 의미에서의 '정리'의 한 예라고 볼 수 있을 것이다. 좀더 말하자면 그것은 (삼각함수로 일반화됨으로써) 임의의 삼각형의 규정을 위해서도 적용되게 되고, 또는 원의 기하학적 구성도 (직경의 양 끝과 원주상의 한 점을 연결한 삼각형은 언제나 직각삼각형으로 된다) 보이는 것처럼 다양한 도형 사이의 유기적인 연관을 명확하게 하는 기초로 되는 하나의 결절점적인 성격의 것이다. 대략 이상과 같은 의미에서 헤겔은 이 정리를 "삼각형의 완전한 실재적=사태적인 정의(reele Definition)"라고 부르며, 이 정리에서 '보편성'으로부터 '개별성'으로의 "참된 종합적인 진전"이 발견된다고 하고 있다[같은 책 6. 532](또한 직각삼각형을 '가장 규정된 삼각형'으로 보는 견해는 이미 라이프니츠 등에게서도 보인다).

이상과 같이 산술과 기하학을 설명하면서도 헤겔은 그러나 좀더 나아가 수학 그 자체의 내용적인 진전에 따라 분석적/종합적 방법 모두가 그 한계를 드러내기에 이른다고 주장한다. 즉 그와 같은 한계는 첫째로 '통약불가능성', 요컨대 무리수의 등장[같은 책 6. 536 참조], 둘째로 이와 관련된 해석학(미적분학)이라는 형태에서의 '무한'의 등장[같은 책 6. 509f. 참조]에서 분명해지는 것이다. 헤겔에 따르면 이 양자는 단순한 '양 그 자체'로부터 '질적인 양 규정'으로의 이행을 의미하며, 따라서 또한 거기서의 동일성은 이미 산술적 연산에서와 같은 단순한 '동등성'이나 기하학적 정리에서와 같은 계기들의 긍정적 종합이 아니라 오히려 본래적으로 이질적인(통약불가능한) 양적 규정과

질적 규정간의 '부정적 동일성'으로서 파악되어야만 한다. 그리고 이와 같은 파악을 수행할 수 있는 것은 본래적인 의미에서의 '개념'의 입장에 선 철학에 의해서라고 주장된다.

이상과 같이 수학에 관한 헤겔의 논의는 그의 논리학 체계에서 하나의 중요한 위치를 점하고 있을 뿐 아니라 그가 말하는 의미에서의 '개념'이 어떠한 것인지를 이해하는 데서 여러 가지 시사점을 던지는 것이라고 말할 수 있다. ⇒수, 미분, 개념

―오카모토 겐고(岡本賢吾)

수호신守護神 [Genius]

고대 로마 인의 신앙에서 남자에게 탄생과 더불어 주입되어 생존 중에 계속해서 살아 있는 생식력을 신격화한 것. 가장의 심신을 떠받치고 가족의 연속성을 유지하는 신비적인 활력이라고 생각되었다. 헤겔은 이것을 일반화하여 아직 자립적이지 않은 수동적인 개체와 그것을 수호하는 <자기>적인 개체의 관계에 사용한다. 예를 들면 어머니와 아들의 관계에서 "어머니는 아들의 수호신이다"[『엔치클로페디(제3판) 정신철학』 405절]. 또한 "자기의 수호신에 대한 개체의 관계"[같은 절 「보론」 10. 131]는 바로 "소크라테스의 수호신(Genius, δαιμόνιον)"[『철학사』 18. 490]과 같은 것이기 때문에 개인 안에 자리 잡은 수호신이 '신탁'을 매개로 하여 어떤 행동을 결의하게 한다. 그러나 인간의 행동과 운명을 결정하는 것은 주위 상황과 개인의 특수성의 결합이다. 개인에게 구체적으로 귀속되는 사회적 "관계들의 총체", 바로 이것이 "그 개체의 수호신"이라고 헤겔은 말한다[『엔치클로페디(제3판) 정신철학』 406절]. 또한 청년기의 초고에서 Genius는 Geist와 거의 같은 뜻으로 사용되고 있다[1. 44]. 『종교철학』에서는 동양 종교의 기술에서 자연에 자리 잡고 있는 영적인 힘이라는 일반적 의미에서 사용되고 있다[16. 292. 296 외].

―야마자키 쥰(山崎 純)

숙지熟知 ⇒인식, 경험

순수의식과 현실의식純粹意識―現實意識 ⇒불행한 의식

순수통찰純粹洞察 ⇒통찰

순환循環 ⇒원환

숭고(성)崇高(性) [Erhaben, Erhabenheit]

칸트가 『판단력비판』에서 미를 '아름다움(Schönheit)'과 '숭고'로 나눈 것을 이어받아 청년 헤겔은 "그리스인의 정신은 아름답고, 동방인의 정신은 숭고하고 위대하다"[『유대정신 초고』, 『초기 신학 논문집』 368]고 쓰고, 숭고를 동방인의 정신의 특성으로 삼았다. 이것은 『종교철학』에서도 그대로 이어져 그는 거기서 숭고성의 종교를 유대교, 아름다움의 종교를 그리스 종교라고 했다. 숭고성이란 신이 피안으로서 파악되는 존재방식이지만, 이폴리트는 유대교가 바로 숭고한 것의 종교이자 인간과 신의 분리의 종교인 까닭에 유대민족은 불행한 민족이지만, 바로 그런 이유에서 그리스 인보다도 한층 더 깊은 주관성을 발견하고 기독교를 준비함과 동시에 그 화해도 준비했다고 하면서, "헤겔 철학은 이 화해의 주석에 다름 아니다"[Hyppolite 1, p. 186. 일본어역서 상 256]라고 여겼다. ⇒유대교

【참】 Hyppolite (1946)

―다케다 죠지로(武田趙二郎)

슈바르트 [Karl Ernst Schubarth 1796-1860]

고전학자, 헤겔의 적대자. 괴테의 의뢰로 헤겔은 그의 취직을 알선했다. 그러나 후에 그는 헤겔에게 공공연히 도전하고 적대적인 논문을 발표했다. 이것은 『철학 일반, 특히 헤겔의 엔치클로페디에 대해서, 후자의 평가를 위한 하나의 기여』(1829년 간행)이다. 헤겔

에게는 죽음과 불사에 관한 이론 및 영혼의 불사에 대한 신앙이 결여되어 있다고 하는 악의적인 이러한 비난에 대해 헤겔은 그 부조리함을 지적한다.

—이시바시 도시에(石橋とし江)

슈타인-하르덴베르크의 개혁 [Reformen von Stein-Hardenberg]

1806년 나폴레옹에게 패한 프로이센은 엘베 강 서안의 공업지대를 잃고, 거액의 배상금을 지불하기까지 프랑스군의 점령을 인정해야만 했다(1807년의 틸지트 조약). 이러한 괴멸적인 타격으로부터 회복하기 위해서는 구체제의 전면적 쇄신이 불가결했으며, 측근정치의 개혁을 주장하여 실각한 슈타인(Karl Stein, Freiherr vom und zum 1757-1831)이 1807년 10월 사실상 수상 역할을 수행하는 각료로서 등용되었다.

그의 목표는 나폴레옹으로부터의 독일 해방을 위해 '공공정신과 시민감각을 일깨우고', 국민적 총력을 결집하는 것이었다. 개혁의 계획은 (1) 궁중내국(Kabinett)의 폐지와 내각제도를 축으로 하는 근대적 행정기구의 확립, (2) 국민의 근간이 되는 독립자영농민의 창출, (3) 길드와 국내 관세를 폐지하고 조세제도를 고쳐 상공업의 근대화를 도모, (4) 도시 자치 제도와 국민적 대표기관의 설치, (5) 군제개혁, (6) 교육개혁에 미치는 것이었다.

슈타인은 점령군에 대한 무력반항 계획의 발각으로 1808년 11월에 해임되었지만, 하르덴베르크(Karl August Hardenberg, Fürst von 1750-1822)가 1810년부터 22년까지 5차에 걸쳐 내각을 구성하여 개혁을 계승했다. 개혁은 행정기구·군제·교육과 상공업에서는 실현되었지만, 농촌 영역에서는 진전되지 못했다. '농민해방'의 과제에서는 프랑스와 같이 세금부과의 무상폐기가 이루어지지 않고 토지소유권 취득을 위해 농민은 보유지의 3분의 1 내지 2분의 1을 할양해야만 했기 때문에 상층농민밖에는 독립자영을 바랄 수 없었으며, 역으로 영주가 영세 농민을 고용하는 융커 경영이 발전했다.

그러나 어쨌든 개혁이 진전된 것은 패전에 의한 국가적 위기의 중압 때문이었다. 헤겔은 이것을 특수

상황하에서의 역사적 필연성의 관철이라고 통찰하고 여기에 독일 근대화를 맡기고 있다. 15년 나폴레옹의 몰락 후에는 구세력이 유리해지고 국왕의 헌법 공약도 버려짐으로써 이제 빈 체제하에서 개혁은 종식되었다. ⇒대불대동맹전쟁(해방전쟁)

【참】 石川澄雄 (1972)

—구메 야스히로(粂 康弘)

슈테펜스 [Henrich Steffens 1773. 5. 2-1845. 2. 13]

노르웨이 스타방게르에서 태어난 자연철학자. 할레, 브레슬라우, 베를린 대학에서 물리학을 가르치는 한편, 정치가·소설가로서도 활약. 『지구 내부의 자연사 (Beyträge zur innern Naturgeschichte der Erde. Freiberg 1801)』, 『철학적 자연학의 기본특징(Grundzüge der philosophischen Naturwissenschaft. Berlin 1806)』, 『인간학 (Anthropologie. 2 Bde., Breslau 1822)』에서 셸링의 영향을 받아 세계의 화학적이고 지질학적인 형성의 이념적 역사를 제시했다. 하지만 헤겔에 따르면 슈테펜스는 셸링에 앞서 밀도와 응집의 반비례 관계를 주장했으며 [『엔치클로페디(제3판) 자연철학』 330절 「보론」 9. 311], 실제로 헤겔도 위에서 언급한 『자연사』를 상세하게 공부했다[『예나 체계 I』 GW 6. 61, 122-5]. 다만 헤겔 자신의 사상 성숙에 따라 슈테펜스의 직각적 접근에 대한 관심은 차차로 사라졌다[『베를린 저작집』 11. 523]. 또한 셸링 외에 피히테, 괴테, 노발리스, 슐레겔 형제, 실러 등과의 만남을 기록한 자서전 『나의 경험 (Was ich erlebte. 10 Bde., Breslau 1840-44)』은 독일 낭만주의의 역사를 아는 데서 귀중한 문헌이다. ⇒뮐러

【참】 Petry (1970a), 渡辺祐邦 (1991b)

—기무라 히로시(木村 博)

슈토르 [Gottlob Christian Storr 1746-1805]

헤겔 재학시의 튀빙겐 신학교 교수. 합리주의 신학에 대해서 칸트 철학을 원용하여 정통파 신학의 정당성을 주장했다. 즉 그는 칸트의 '실천이성의 우위'를 <유효성의 우위>로서 고쳐 해석하면서 (1) 유효성을 지니

213

기 위해서 도덕은 인간 본성에 걸맞은 것이어야만 하며, (2) 이를 위해서 인간의 행복에 대한 요구를 중시해야만 하지만, 여기서 그와 같은 행복 또는 '최고선'을 실현하는 것으로서의 신이 (이론)이성을 넘어서서 요청되어야만 하고, (3) 따라서 그와 같은 신에 대한 신앙을 강화하는 전통적 교의는 정당하다고 설명했던 것이다. 그와 더불어 (4) 종교는 그것 역시 인간 본성에 걸맞은 것으로서 동시에 감성적인 것을 중시하는 '주체적 종교'이어야만 한다고 주장했다.

헤겔은 '주체적 종교'의 생각을 수용했다. 그러나 다른 한편 그는 특히 베른 시대에 최고선 실현을 위해 신을 요청하는 것에 대해 그로부터 '실정성'이 생기는 것으로서 비판했다. ⇒최고선, 실정성, 요청, 신학, 칸트, 플라트

【참】 Storr (1794), Henrich (1967), Harris (1972), 速水敬二 (1974), Kondylis (1979)

―아비코 가즈요시(安彦一惠)

슈트라우스 [David Friedrich Strauß 1808. 1. 27-74. 2. 8]

헤겔 좌파의 범신론적 신학자로 후에 정치가로서도 활약한다. 슈투트가르트에서 가까운 루트비히스부르크에서 태어나 튀빙겐 대학의 과정을 끝마친 후 베를린 대학에서 죽기 직전의 헤겔을 방문하고 강의를 청강한다. 그의 『예수의 생애(Das Leben Jesu. 1835, 36)』는 독일 신학계에 커다란 반향을 불러일으켜 그에 대한 평가를 둘러싼 논쟁이 헤겔학파 분열의 계기가 되었다. 그는 여기서 지금까지의 성서 해석을 (1) 초자연적, (2) 자연주의적=합리주의적, (3) 신화적 해석의 세 종류로 정리하고, 앞의 둘을 거부했다. 그에 따르면 복음서에는 거의 사실성(史事性)이 없으며, 기적과 메시아 이야기는 기독교단 내에서 무의식적으로 성장·형성된 '신화'에 다름 아니다. 다른 한편 신성 또는 그리스도는 예수라는 개인 안에서가 아니라 인류 또는 '유(Gattung)' 안에서 실현되는 것이라고 이해되었다. ⇒헤겔학파

【참】 Müller (1968), Sandberger (1972), Harris (1973), 大井正 (1985)

―우부카타 쓰구루(生方 卓)

슈티르너 [Max Stirner 본명 Johann Kasper Schmidt 1806. 10. 25-56. 6. 26]

헤겔 좌파의 사상가. 주저 『유일자와 그의 소유(Der Einzige und sein Eigentum, 1844. 10.)』는 일대 센세이션을 불러일으켰다. 슈티르너의 사상은 보통 개인주의적 무정부주의로 이해되기 쉽지만, 그 사상적 본령은 헤겔-헤겔좌파 사상권역의 극복에 있다. 슈티르너에 따르면 헤겔의 관념론과 포이어바흐의 인간주의는 이데아적인 것을 참된 실재로 보고 개별적인 것을 그것과 통일되어야만 할 것으로 본다는 점에서 일관되며, 사회주의도 이것을 벗어나지 못한다. 그 경우 개체적인 것은 공허하게 된다. 슈티르너는 전자를 후자의 소외태로 하고, 후자가 전자의 본래의 모습이라고 주장한다. 이러한 자각에 서면 전자는 추상적인 것에 불과하다는 것이 분명하다. 이리하여 헤겔 사상권역의 용어와는 이질적인 유일무이한 '유일자', 인류이든 유적 본질이든 본질인 제3자를 매개로 한 공동형식과는 이질적인 직접적 공동형식인 '연합'의 사상이 표명된다. 그의 사상은 오해와 곡해에 빛이 바래지면서도 헤겔 좌파의 사상적 총괄을 촉진했다. ⇒헤겔학파, 포이어바흐

―다키구치 기요에이(瀧口清榮)

슐라이어마허 [Friedrich Ernst Daniel Schleiermacher 1768. 11. 21-1834. 2. 12]

나폴레옹의 독일 침공으로 인해 할레 대학을 물러난 후, 베를린에서 삼위일체교회의 목사가 되고, 스스로 그 창설에 진력한 베를린 대학의 신학정교수를 겸한 신학자, 철학자, 고전학자. 그는 헤른후트파 경건주의의 영향하에 자랐으며, 또한 스피노자의 범신론적 경향을 계승하여 당시 베를린의 지식인들 사이에 지배적이었던 계몽사조에 반대하면서 종교감정을 존중하는 입장을 관철시켰다.

『종교에 관한 연설』(Reden über die Religion, 1799)에서 종교의 본질을 신앙자의 체험, 즉 그의 직관과 감정에서 구하는 기본적 자세를 보인 그는 『복음주의 교회의 원칙에 따른 기독교신앙(Die christliche Glaube nach *den Grundsätzen der evangelischen Kirche*, 1821)』에서 신에게 절대적으로 의존하는 존재로서 자기를 의식하는 감정이 종교심이라고 규정했다.

"아름다운 종교"[『기독교의 정신』1. 299]의 수립에 의해서야말로 자유의 현실성이 가능해진다는 헤겔의 주장에서는『종교에 관한 연설』과 유사한 성격도 인정되며,『차이 논문』과『신앙과 지식』에 그에 대한 언급이 있다. 그러나 만년의 헤겔은『힌리히스의 종교철학에 대한 서문』등에서 종교를 오로지 절대적 의존의 감정에 의해서만 기초짓고자 하는 슐라이어마허의 입장을 비판하고 있다.

헤겔의 눈에 지나치게 문헌주의적으로 비친 그의 플라톤 연구와 플라톤의 거의 대부분의 저작에 대한 독일어 번역은 아리스토텔레스적이기보다는 플라톤적이었던 그의 자질을 보이지만, 그 자질에서나 사상에서 슐라이어마허와 헤겔은 상당히 대적적이었다. 전자가 주관성을 원리로까지 높이고 사유를 감정표현의 도구로 삼는 경향을 보인 데 반해, 후자는 객관성을 중시하고 사유를 모든 학문의 원리로 간주했다. 전자가 그의 개성을 잃지 않고서 외면적으로 활동하는 융통성을 훌륭하게 보여준 데 반해, 후자는 Fr. 슐레겔류의 낭만파 서클의 분위기에 대해서는 오히려 일종의 혐오감을 지니고 있었던 것이리라. ⇒해석, 학적비판 협회, 데 베테, 의존

【참】Dilthey (1870)

―구노 아키라(久野 昭)

슐레겔 형제兄弟 [August Wilhelm von Schlegel 1767. 9. 5-1845. 5. 12; Friedrich von Schlegel 1772. 3. 10-1829. 1. 12]

Ⅰ. A. W. 슐레겔. 초기 낭만파의 기관지『아테네움』(Athenäum)을 동생과 함께 창간하고『문예와 예술에 관한 강의(*Vorlesungen über schöne Literatur und Kunst*, 1801-04)』와『극예술과 문학에 관한 강의』(*Vorlesungen über dramatische Kunst und Literatur*, 1809-11)에 의해서 낭만주의의 보급에 공헌한 평론가, 시인, 언어학자.

그는 셰익스피어의 희곡 17편의 독일어 번역으로도 알려진다. 또한 인도의 불전과 서사시를 라틴 어 번역

으로 소개하여 헤겔의 인도 이해에도 영향을 미쳤지만, 동방의 신화를 자연과 정신의 합일의 가장 저차적인 단계로 본 헤겔은 인도 신화를 높게 평가하는 그의 입장에 대해서는 비판적이었다[『역사철학』12. 199].

Ⅱ. Fr. 슐레겔. 낭만주의를 대표하는 문예이론가에 그치지 않고, 소설『루신데(*Lucinde*, 1799)』에서 이론의 실천을 시도하기도 하고, 또한 언어학과 동양학 영역에서도 업적을 남겼다. 특히 문예의 발전을 역사의 발전단계와 필연적으로 관련된 유기적 전체로 보는『그리스 시문의 연구에 관하여(*Über das Studium der griechischen Poesie*, 1794-95)』에는 어떤 의미에서 이미 헤겔의 역사이해를 선취하는 면이 있었다.

『시문에 관한 대화(*Gespräch über die Poesie*, 1800)』등에서는 유한한 자아가 무한한 목표로 다가가는 동경과 사랑에서 낭만적인 시의 이상이 추구되며, 어떠한 형식에도 안주하지 않는 주관이 유한한 현실에 대해서 취하는 자유롭고 창조적인 초월적인 태도가 아이러니로서 특징지어진다. 아이러니에 의해서 시는 작품임과 동시에, 시인이 자기의 초월적 태도를 시작(詩作)에 반영하는 '시의 시'로 된다. 그러나 Fr. 슐레겔의 사상의 중심에 있다고 말해도 좋은 이 아이러니의 발상에 대해, 모든 객관적인 것을 허무한 것으로 돌리고자 하는 그 부정적 성격 때문에 아이러니의 태도를 취하는 주관 그 자체도 공허하다고 본 헤겔은『미학』과 그 밖의 것들에서 비판을 반복하고 있다. ⇒낭만주의, 인도・불교

【참】Pöggeler (1983)

―구노 아키라(久野 昭)

슐체 [Gottlob Ernst Schulze 1761-1833. 1. 14]

비텐베르크 대학의 조교 당시부터 비판철학을 공격. 헬름슈타트의 철학교수가 되어 익명으로 출판한『아이네시데무스(*Aenesidemus oder über die Fundamente der von dem Herrn Prof. Reinhold in Jena gelieferten Elementarphilosophie*. 1792)』에서는 인간의 표상 외부에 사물 자체와 표상능력을 상정했다고 하여 칸트와 라인홀트를 공격했다. <객관적인 진리의 추론>에 의문을

제기한 그는 회의주의를 표방했지만, 사실은 <의식의 사실>에서 인식의 확실성을 추구하는 상식철학적인 생각에 입각해 있었다. 확실히 그의 의식률 비판은 피히테에게 자아론을 성립시키게 만든 하나의 계기로 되며, 1790년대 철학의 주요한 테마였다. 그러나 『이론철학 비판(*Kritik der theoretischen Philosophie*. 1801, 전2권)』은 <의식의 사실론>을 비판하는 헤겔의 『회의주의 논문』에 의해서 회의주의로서의 모순이 폭로되며, 또한 경험적 심리학으로의 경향도 지적되었다. ⇒회의주의, 라인홀트

【참】Krug (1833)

―구리하라 다카시(栗原 隆)

슐체 [Johannes Schulze 1786. 1. 15-1869]

베를린의 프로이센 문부성 추밀고문관. 헤겔의 죽음에 입회한 유일한 친우. 베를린 판 『헤겔 전집·정신현상학』을 담당. 헤겔 우파. 할레에서 대학 교육을 받고, 후에 각지에서 교육 및 교육행정에 참여. 1818년 32세에 프로이센 추밀고문관이 되어 1859년까지 재직. 1818년부터 21년까지 헤겔의 강의를 청강. 그는 헤겔이 "프로이센 국가의 고등교육제도에 대한 태도에 관해 언제나 제게 충실한 통찰로 가득 찬 사심 없는 충고를 주셨다"고 말한다.

―이토 히토미(伊藤一美)

스미스 [Adam Smith 1723. 6. 5-90. 7. 17]

영국의 도덕철학자이자 경제학인 애덤 스미스의 주요 작품 가운데 『글래스고―대학강의(*Lectures on justice, Police, Revenue and Armies*, 1896)』의 출간은 헤겔 사후이며, 또 『도덕감정론(*The Theory of Moral Sentiments*, 1759)』에 헤겔이 몰두했다는 증거는 없는바, 거기서의 중심개념인 sympathy는 헤겔의 정신철학에서 아무런 역할도 담당하고 있지 않다. 헤겔이 정면에서 대결한 것은 『국부론(*An Inquiry into the Nature and Causes of the Wealth of Nations*, 1776)』뿐이며, 특히 거기서의 분업론이다. 헤겔이 『국부론』을 읽은 시기에 대

해서는 프랑크푸르트 시대 설과 나아가서는 베른 시대로 거슬러 올라간다는 설도 있지만, 그 영향을 명료하게 읽어낼 수 있는 것은 예나 시대의 초고, 특히 『예나 체계 I, III』[GW 6. 323; 8. 224]이다. 거기서 그는 스미스의 핀 제조에서의 분업의 실례를 인용하면서 분업에 의한 생산력의 발전, 인간의 보편적 관련의 형성을 설명한다. 마찬가지의 서술이 나중의 법철학 강의 필기록에서도 발견된다[『법철학 강의(반넨만)』 101절; 『같은 책(호토)』 198절; 『같은 책(그리스하임)』 198절]. 그러나 분업 발전의 귀결에 관해 스미스에서는 사회의 하층에 이르기까지의 부의 침투가 강조된 데 반해, 헤겔의 눈길은 노동의 가치 하락, 노동자의 실업과 우둔화, 나아가 이와 같은 부정적 매개를 거친 노동으로부터의 해방 가능성으로 향하고 있었다.

또한 직업단체의 폐지와 자유경쟁의 관철이 보이지 않는 손에 의한 조화를 가져온다는 스미스에 반해, 헤겔에 따르면 자유경쟁은 오히려 독점 및 끊임없는 경제변동과 부와 빈곤으로의 양극분해를 초래하며, 그 모순의 해결을 위해서는 직업단체의 재건이 시대의 과제로 된다. 양자의 눈에 비친 근대 시민사회는 분명히 그 발전단계를 달리 하고 있다. ⇒분업, 직업단체

【참】Lukács (1948a), Waszek (1988), Priddat (1990)

―우부카타 쓰구루(生方 卓)

스콜라학―學 [Scholastik]

스콜라학이란 대단히 애매한 명칭이며, 체계라기보다는 일반적인 양식이다. 그것은 기독교의 철학적 노력을 가리키는 말이다. 스콜라라는 이름은 카를 대제 시대에 대사교좌 성당과 대수도원에 부속된 커다란 학교에서 교사들을 감독하는 감독관(성직자, 사교좌 성당참사회원)을 스콜라스티쿠스라고 부른 데서 유래한다[『철학사』 19. 540-542].

스콜라 철학은 본질적으로 신학이었다. 그리고 이 신학이 그대로 철학이기도 했다[같은 책 19. 543]. 그것은 신학과 철학의 결합이자 혼합이었다[같은 책 18. 84]. 스콜라학자들의 노력은 기독교회의 교리학을 형이상학적인 근거 위에 세우는 것으로 향했다[같은 책

19. 533]. 스콜라 철학은 초자연주의의 입장에 서는 것이 아니라 교회교의를 사유하여 개념적으로 파악함으로써 인식한 것이다[같은 책 18. 101]. 그러나 그것은 추상적인 지성규정들을 고집했기 때문에 오히려 구체적인 것과 현실적인 것에 대한 관심을 전혀 지니지 못한 채 순수한 형식주의에 머물렀다. 스콜라학자라고 하면 끝없이 세밀하게 구별을 세우는 것으로 악명이 높다[같은 책 19. 545]. 이러한 형식주의는 융통성 없는 방법의 삼단논법적 억지이론[같은 책 19. 546], 자연적인 사물에 관한 선험적인 억지이론[같은 책 18. 79]이다. 그것은 실재하는 내용을 지니지 않는 전적으로 야만적인 지성철학이다[같은 책 19. 587]. 그러나 스콜라 철학은 바로 유럽 중세의 유럽적 철학[같은 책 19. 530]이라고 말할 수 있으며, 북게르만의 자연에서 자라난 것이었다. 스콜라학자를 아리스토텔레스학파라고 부르는 것은 잘못이다[같은 책 20. 14]. 스콜라 철학은 아리스토텔레스 교설의 전통에서 생겨난 데 불과하다[같은 책 19. 144]. 스콜라 철학은 보통 에리우게나(Johannes Scotus Eriugena 810경-877)에서 시작되었다고 하고 있지만, 그는 본래 스콜라학자가 아니다. 또한 스콜라학자 고유의 과제는 유명론과 실재론의 보편논쟁 및 신의 존재증명이다[같은 책 19. 553]. ⇒중세철학, 신학, 신의 존재증명, 유럽

―시바타 다카유키(柴田隆行)

서술한다. 그것이 <자유>인 것은 '사유'를 그 본질로 하기 때문이다. 스토아주의에 따르면 자기 바깥에 있는 사물이 예를 들면 참이고 선인 것은 그것 자체가 참이고 선이기 때문이 아니라 다만 그와 같이 사유되기 때문이다. 확실히 사유하는 의식과 참된 것(또는 선한 것)의 구별이 세워진다. 그러나 이 구별은 즉시 폐기된다. 구별된 것이 참으로는 자기(사유)로부터 구별된 것이 아니라는 것을 의식이 즉시 깨닫기 때문이다. 이러한 운동 속에서 사유하는 의식은 "타자 안에 있는 것이 아니라 계속해서 다만 자기 자신 곁에 있을 뿐이다". 그리고 바로 그런 까닭에 "자유이다"[3. 156].

그러나 이 자유는 일면적인 또는 추상적인 자유이다. '생동한 세계'로부터 '사상의 순수한 보편성'에로 물러섬으로써 성립하는 자유이기 때문이다. 다시 말하면 생명을 잃은 마음의 존재방식―헤겔은 ἀπάθεια를 Leblosigkeit라고 해석한다―위에서 성립하는 자유이기 때문이다. 이러한 추상성 때문에 스토아주의는 무엇이 참이고 무엇이 선인가 하는 물음에 대해 내용을 결여한 일반적인 말밖에는 할 수 없다. 그것들은 물론 "숭고하긴 하다. 그러나 어떻게 하더라도 내용의 확대를 지닐 수 없기 때문에 곧바로 권태를 초래하기 시작한다"[『정신현상학』 3. 159; 『철학사』 19. 280 참조]. ⇒자기의식

―후지타 마사카쓰(藤田正勝)

스토아주의―主義 [Stoizismus]

스토아주의란 고대 그리스 철학의 일파인 스토아학파의 학설, 그 원리를 가리킨다. 스토아학파의 사람들의 관심은 특히 실천의 문제로 향해 있었다. 그들이 이상으로 하는 것은 자기의 힘 범위 바깥에 있는 것, 본래 선도 악도 아닌 것(아디아포라[άδιάφορα)에 의해서 마음이 움직여지지 않는 것, 다시 말하면 정념이 없는 마음의 상태(아파테이아[άπάθεια)를 보존하는 것이었다.

헤겔은 『정신현상학』에서 스토아주의를 "무한성(절대적인 구별에서의 자기동일)"을 실현한 자기의식, 결국 "자유로운 자기의식"[3. 156]의 하나의 형태로서

스튜어트 [James Denham Steuart 1712. 10. 21-80. 11. 20]

『로젠크란츠』에 따르면 "시민사회의 본질, 욕구와 노동, 신분들의 분업과 자산의 배분, 구빈제도와 경찰행정, 조세 등에 관한 헤겔의 모든 사상은 결국 그가 1799년 2월 19일부터 5월 16일까지 쓰고 오늘날에도 완전하게 남아 있는 스튜어트 『경제학』의 독일어역에 대한 비평적 주해에서 최종적으로 응집되었다. 거기에서 나타나는 것은 정치와 경제에 대한 수많은 탁월한 식견들과 수많은 슬쩍 언급된 견해들이다. 스튜어트는 아직 중상주의 제도의 지지자였다. 헤겔은 경쟁의 한 가운데서 그리고 노동과 유통의 기구에서 인간의 심정을 구하고자 노력하면서 고귀한 정열을 담고 흥미진진

한 실례를 풍부하게 사용하여 중상제도라는 죽은 자를 타도했던 것이다[186]. 이러한 헤겔의 주해가 소실되어 버렸기 때문에 로젠크란츠의 보고는 루카치의 비판에도 불구하고 헤겔-스튜어트 관계에 관한 기본자료일 수밖에 없다. 이 보고가 전하고 있는 것은 (1) 주해의 집필시기(챔리에 따르면 최초의 독서는 1797년 초이다), (2) 주해의 테마의 개관, (3) 헤겔이 사용한 텍스트가 독일어역이었다는 것, (4) 시민사회의 비인간성과 중상주의(또는 스튜어트)에 대해서 헤겔이 비판적 입장을 취했다는 것이다.

헤겔의 스튜어트 비판은 그의 영국 및 시민사회적 현실에 대한 이 시기의 관심에서 생겨난 것이지만, 스튜어트와 튀빙겐의 깊은 관계(스튜어트는 1757년부터 61년에 걸쳐 튀빙겐에 체재하며 뷔르템베르크 공의 후대를 받았으며, 화폐론을 독일어로 출판하고 공에게 헌정한다. 그의 『경제학 원리』도 초판 발행 2년 후에 독일어역이 이 지방에서 출판된다)도 그 배경의 하나였다고 생각된다. 그러나 스튜어트에 대한 그의 입장이 비판적이었던 것은 이미 이 시기에 헤겔이 다른 경제학적 입장에 서 있었다는 것을 짐작하게 해준다. 예를 들면 루카치는 헤겔의 경제학 연구의 출발점을 스튜어트 연구에서 찾고 있지만, 해리스는 헤겔이 이미 베른 시대에 아담 스미스에 몰두하고 있었다고 추측한다. 그럼에도 불구하고 욕구론으로부터 경찰행정론, 나아가서는 역사관에 이르기까지 헤겔에 대한 스튜어트의 영향을 무시하기는 불가능하다. ⇒경찰행정, 스미스

【참】 Chamley (1963, 1965), Lukács (1967), Harris (1972, 1983), Plant (1980), Waszek (1988)

─우부카타 쓰구루(生方 卓)

스피노자 [Baruch de Spinoza 1632. 11. 24-77. 2. 21]

네덜란드의 철학자. 주저 『에티카』에서 기하학적 논증 방법에 의해 체계적으로 범신론 사상을 전개했다. 1780년대의 '범신론 논쟁'이 불러일으킨 스피노자 르네상스의 동향 속에서 헤겔은 이 사상을 만나 커다란 영향을 받았다. 이러한 동향에 단서를 제공한 야코비

의 『스피노자 학설에 관한 모제스 멘델스존 씨에게 보내는 서한』을 헤겔은 20세 때에 읽고, 학우 휠덜린 등과 철저한 논의를 나누게 된다.

"스피노자는 근대 철학의 주안점이다. 스피노자주의자인가 그렇지 않으면 철학이 아닌가이다"[『철학사』20. 163f.]라는 말이 보여주듯이 헤겔은 스피노자 철학에 대단히 높은 평가를 내리고 있다. 높이 평가되는 것은 스피노자의 무한실체의 사상이며, 이러한 관점에서의 평가는 특히 예나 초기에 두드러지게 보인다. 헤겔에 따르면 스피노자의 체계에서는 무한실체와 유한자의 관계가 긍정과 부정, 전체와 부분의 관계로서 파악되며, 무한실체는 부정적 존재인 유한자를 자기의 부분으로서 포함하는 절대긍정의 전체로서 포착되고 있다[『신앙과 지식』2. 345]. 이러한 파악이야말로 참된 무한자로서의 절대자와 이에 대한 유한자의 관계에 관한 올바른 인식을 제시하는 것에 다름 아니다. "제한된 것은 절대자 안에서, 즉 동일성으로서 정립되어 있는 한에서만 존립한다"[『차이 논문』2. 27]는 것이 헤겔의 기본적인 사고방식인바, 이러한 동일성의 인식을 '사변'이라고 부르는 그가 스피노자의 체계에서 발견한 것은 바로 그와 같은 '사변'의 관점이었다. '사변'의 관점에서 보면, 유한한 존재들은 그것 자체로서의 실재성을 지니지 않는 '절대자의 (단순한) 현상'으로서 파악되는데, 이와 같은 파악은 유한한 존재들을─따라서 세계를─표상지(imaginatio)의 산물로서 파악하고 긍정에 대한 부정으로서 파악하는 스피노자의 견지에서 명확히 보인다. "실체성의 연관"이야말로 "사변의 참된 연관"에 다름 아니다[『차이 논문』2. 49]. 헤겔은 이러한 스피노자 이해의 입장에서 스피노자의 체계를 "무우주론"으로 특징짓고 있다[『엔치클로페디(제3판) 논리학』50절; 『엔치클로페디(제3판) 정신철학』573절; 『철학사』20. 177, 191, 195].

그러나 스피노자의 무한실체와 자기의 '절대자'를 등치시키고 이 점에서 스피노자 철학을 평가하는 견해는 헤겔의 '절대자'에 관한 사상의 진전에 따라 곧이어 그 자신에 의해서 방기된다. 『정신현상학』 서문에서 명시되는 것처럼 절대자는 '실체'로서 파악될 뿐 아니라 나아가 '정신'으로서 내지는 '주체'로서 파악되어야

만 한다고 하는 것이 이후의 헤겔의 견지이지만, 이 견지에서 보면 스피노자의 무한실체의 사상은 이미 절대자의 완전한 파악이라고 간주되지 않는다. 스피노자의 입장은 절대자를 실체로서 파악하는 한 "모든 철학적 사유의 본질적인 시원"[『철학사』 **20**. 165]을 제시하는 것이지만, 그러나 아직 그것은 시원의 단계에 머무르고 있다. "절대적 실체는 참된 것이지만, 아직 완전히 참된 것은 아니다. 그것은 자기 내에 활동과 생동성을 지니는 것으로서도 생각되어야만 하며, 바로 이에 의해 정신으로서 규정되어야만 한다"[같은 책 **20**. 166]. 절대자를 '정신' 내지 '주체'로서 파악하는 것 그것은 절대자를 '부정의 부정' 과정을 통해서 성립하는 긍정으로서 파악하는 것, 즉 단순한 무한자가 자기 자신을 부정하여 유한자로 되고, 나아가 이 유한자로서의 자기를 부정하여 자기 자신으로 복귀하는 무한자의 '자기 자신을 정립하는 운동'으로서 파악하는 것을 의미한다. 그러나 스피노자의 무한실체는 그러한 부정의 계기를 포함하지 않는 단순한 긍정인 데 지나지 않는다.

하지만 헤겔에 따르면 실체를 '주체'로서 파악하는 관점이 스피노자에게 전적으로 결여되어 있었던 것은 아니다. 헤겔이 평가하는 것은 실체를 '자기원인(causa sui)'이라고 하는 스피노자의 관점이다. "자기원인이란 중요한 표현이다. [······] 이것은 전적으로 사변적인 개념이다. [······] 만약 스피노자가 자기원인에 존재하는 것을 좀더 상세하게 전개했더라면 그의 실체는 경직된 것이 아니게 되었을 것이다"[『철학사』 **20**. 168]. 그러나 스피노자는 '자기원인'이라는 '사변적인 개념'에 참으로 사변적인 전개를 부여할 수 없었다. 이것은 그가 사용한 방법—기하학적 방법—에 기인한다. 절대자를 '주체'로서 제시하는 것, 그것은 절대자를 자기매개운동의 성과로서 제시하는 것이지만, 이것은 "학의 처음부터 직접적이고 무매개적으로 가정되는" 것과 같은 "정의"라는 "단언의 형식"에서는 본래 수행될 수 없는 것이다[『논리의 학』 **6**. 196; 『엔치클로페디(제3판) 논리학』 229절 「보론」]. ⇒셸링, 야코비, 사변, 실체와 주체, 정신

―사사자와 유타카(笹澤 豊)

스핑크스 ⇨이집트

습관褶慣 [Gewohnheit]

고대 그리스에서 노모스(νόμος), 헥시스(ἕξις) 또는 에토스(ἦθος)라는 말로 표현된 습관은 근대에 들어서서도 철학의 중심과제의 하나이다. 헤겔에 따르면 습관은 정신의 자유로운 활동을 위한 자연적인 기반, '기구(機構)'이다. 마음과 신체의 자연적 소질은 의지의 일관된 통제에 의해서 정신의 활동에 상응한 기구로 육성되어야만 한다. 따라서 습관은 옛날부터 제2의 자연(키케로의 말이다)이라고도 말해졌던 것이다. 헤겔은 자연으로부터의 정신의 해방인 이러한 마음과 신체의 도야를 첫째로 감각과 감정에 대한, 둘째로 욕망과 충동의 충족에 대한 무관심(Gleichgültigkeit), 셋째로 정신과 그 대상을 매개하는 도구로서 신체를 형성하는 숙련성(Geschicklichkeit)의 세 단계로 구분한다. 첫 번째의 무관심은 여러 가지 감각과 감정이 '마음의 존재' 속으로 지양됨으로써, 또한 충족에 대한 무관심은 금욕에 의한 것이 아니라 충족의 체험에 의해서 얻어지게 된다. 이렇게 하여 어린이들은 일상생활에 필요한 습관을 몸에 익힌다. 또한 추위에 지지 않고, 배고플 때에도 목적지를 향해 확고히 걸어 갈 수 있으며, 우스운 것에 대해서도 비웃지 않고, 행운을 당해서도 기뻐 어쩔 줄 몰라 하지 않는 인간이 길러진다. 자연적인 기능에서도 특히 습관화가 필요한 것이 있다. 인간은 출생의 순간부터 호흡을 하고 있지만, 성우나 관악기의 연주자에게는 특별한 호흡법의 체득이 요구되는 것이다.

나아가 정신의 고차적인 내용에 대한 습관도 생겨난다. 이 경우에는 역으로 지성과 의지가 포함하는 활동이 육화되어 이 기구와 일체화된다. 헤겔은 기억을 분절된 음의 계열을 막힘없이 발할 수 있는 지성의 기구로서 이해하고 있다. 그러고 나서 자유를 내용으로 하는 의지와 법, 인륜에 관한 습관이 거론된다[『엔치클로페디(제3판) 정신철학』 410절 및 주해]. ⇒영혼

【참】 Ravaisson (1927), Funke (1958)

―요시다 로쿠야(吉田六弥)

시詩 [Poesie, Gedicht]

헤겔에 따르면 넓은 의미의 시는 산문(Prosa)에 대립하고 문예 전반과 대응한다. 시는 이중의 의미에서 예술들의 최고위에 있으며 그것들을 통합한다. 첫째로 그것은 건축, 조각, 회화 등의 조형예술들과 음악의 양극을 좀더 고차적인 단계에서, 즉 정신적 내면성 그 자체의 영역에서 통합한다. 둘째로 그것은 상징예술(건축), 고전적 예술(조각)보다 고차적인 단계의 예술 장르로서 회화, 음악과 더불어, 그리고 동시에 이 양자를 통합하면서 낭만적 예술의 최후의 부문을 형성한다.

조형예술들과 음악이 감각적 재료를 그대로 정신적 내포를 담는 형태로 삼는 데 반해 시는 그것 자신이 이념적이기도 한 언어를 외적 형태로 함으로써 정신적 내용을 감각적 재료로부터 떼어놓는다. 말소리는 물리적 실재상에 담보되고 있지만, 사람에 따라 말이 나오는 조건이 다르며, 또한 나온 말과 글자는 물리적으로 다름에도 불구하고 그것들 사이에 등가관계가 성립된다는 점에서 이미 이념적이다.

이러한 말소리를 외적 형태로 하고 말의 뜻에 매개되면서 사상내용이 전달되지만, 다른 한편으로 표상과 직관상과 감정과 같은 내적 상태상도 외화되어 가는 것이다.

시는 본래 반드시 운문일 필요가 없다. 고대의 언어들에는 리듬이 자연스럽게 속해 있었다. 그것은 음절의 자연스러운 장단에 기초하며, 그리하여 시는 어의 또는 의미 내포가 다름에 따라 동요함이 없었다. 그러나 근대의 언어들은 자연적인 리듬을 잃고 의의를 중시한다. 그것을 명시하기 위해 악센트가 우위를 차지하게 되고 산문화로 향한다. 각운과 두운 등의 압운은 낭만적 문예 형식에 고유한 것이다. 주관적 정신이 소리의 물질성에서 자기 자신을 청취하고자 할 때 각자가 형성하는 외적 음향을 각운에 의해서 한층 더 강하게 제어하는 것이 요구되는 것이다.

넓은 의미의 시는 서사시, 서정시, 극시로 이루어진다. 서사시에서는 사건, 사태가 객관적으로 자기 완결된 전체성에서 주관에 대립하는 것으로서 묘사된다. 그러나 협의의 시는 서정시이다. 여기서는 서사시와는 거꾸로 "자신을 말로 나타내고 심정을 그것 자신의 외화에서 듣고자 하는"[『미학』 15. 418] 요구가 충족된다. 극시에 관해서는 '드라마' 항을 참조. ⇒드라마

【참】Kayser (1948), 竹內敏雄 (1952), 新田博衛 (1980a)
—가나타 스스무(金田 晉)

시간時間 [Zeit]

헤겔의 시간론은 우선은 전통적인 시간론의 틀에 따라 '자연철학'에서 이루어진다. 그러나 헤겔이 말하는 '자연'은 '정신'이 자기 자신을 파악하기에 이르기 전의 외면적 형태이며, 역으로 말하면 '자연'의 진실태는 '정신'이다. 따라서 시간론 역시 자연철학의 틀만이 아니라 정신철학의 틀에서도 파악되어야만 한다.

『엔치클로페디・자연철학』서두에서 공간과 시간의 규정이 전개된다. 공간이란 자연의 최초의 직접적인 규정이며, 그 안에서 구별 가능한 '점'의 추상적 다수성이다. 점은 배타적이기 때문에 연속적이어야만 하는 공간의 부정이기도 하다. 그러나 점은 그것 자체가 공간적이기도 하다. 따라서 점에서 나타난 공간의 부정은 더 나아가 부정되어 있는 것으로 된다. 공간은 그것 자체에서 부정의 부정이다. 이리하여 점에서 공간의 계기들이 지양되고 공간의 진실태가 시간으로서 나타난다. 지양된 공간 즉 시간은 마찬가지로 점이면서도 지금이라는 점이다. 지금・점은 있을 때 이미 없고, 끊임없이 '이미 없음'과 '아직 없음' 사이에 있으며, 있음에서 없음으로의 끊임없는 이행 또는 생성이다. 따라서 "시간은 다음과 같은 있음이다. 즉 그 있음은 **있음**으로써 있지 **않고**, 있지 **않음**으로써 있는 것이다. 그것은 **직관된 생성**이다"[『엔치클로페디(제3판) 자연철학』258절].

그런데 서두에서 말한 것처럼 이와 같은 시간은 '자연'의 규정의 일부임과 함께 '정신'의 규정의 일부이기도 해야만 한다. 후자의 관점에서 정신과 시간의 관계가 문제로 된다. 이 관계는 『정신현상학』에서 아주 응축되어 표현되어 있다. "그러므로 정신은 필연적으로 시간 안에서 현상한다. 정신은 스스로의 순수한 개념을 파악하지 않는 동안에는, 결국 시간을 근절시

키지 않은 동안에는 시간 안에서 현상한다"[『정신현상학』 3. 584-5]. '정신'에서 보면, 시간은 '자연'에 속하는 한에서는 아직 외면적인 자기, 자기에 의해서 파악되어 있지 않은 자기이며, 자연의 영역에 속하는 한에서의 사물의 존재형식이다. 그러나 정신이 스스로를 파악(begreifen)하고 개념(Begriff)으로서의 존재방식에 이르게 되면, 정신은 자연의 영역의 시간형식을 지양한다. 이것이 '시간을 근절시킨다'는 표현의 의미이다. 그것은 정신이 시간을 넘어선 공상이라든가 신화라든가의 영역에 속한다는 것이 아니라 시간 안에서 이 시간의 불가역성에 지배되지 않고 오히려 이 시간을 자유롭게 다루며 시간의 주인이 된다는 것을 의미한다. "그러므로 시간이 개념의 위력인 것이 아니며 또한 개념이 시간 안에 있는 것도 아니다. 개념은 시간적인 것이 아니다. 오히려 개념이 시간의 위력이다"[『엔치클로페디 같은 책』 258절]. 덧붙이자면, 또한 이것은 정신의 차원으로서의 '영원'이 초시간이라든가 무시간이라든가 하는 것이 아니라 '시간성'이라는 차원으로서 이해될 수 있다는 것을 시사한다고 할 수 있을 것이다. ⇒공간, 생성, 운명, 장소

【참】 Heidegger (1957: § 82)

―오하시 료스케(大橋良介)

시간성時間性 ⇨시간

시대時代 [Zeit]

헤겔에게 있어 시대는 철학을 성립시키는 <기반>이라고도 말해야만 할 것이었다. '시대의 정신'이라는 개념이 있다. 용어로서는 베른 시대[『민중종교와 기독교』 1. 85; 『기독교의 실정성』 1. 104, 110]부터 이미 있었다. 실러의 『미적 교육에 관한 서한』의 영향을 받아 쓰여진 단편에서는 "주목할 만한 커다란 혁명이 발생하기 위해서는 그에 앞서 미리 조용하고 은밀한 혁명이 시대의 정신 속에서 발생해야만 한다"[『기독교의 실정성・보론』 1. 203]고 말해졌다. 이 '시대의 정신'에서 헤겔은 <시대의 현상>의 근거, 내적인 원인

을 보았다. 이 시대정신을 파악하는 데서 비로소 사건의 역사적인 필연성이 명확해진다. 철학하는 태도로된 "존재하는 것의 이해"[『독일 헌법론』 1. 463]란 개별적인 사건들을 우연적인 사태로 간주하지 않고 "하나의 정신에 의해 지배된 사건들의 체계"로서 "내면적인 연관"에서 파악하는 것을 의미하고 있었다.

시대는 그 정신에 의해서 시기가 그어진다. 예를 들면 대의제를 둘러싸고 다음과 같이 말해진다. "이 제도가 세계사에 한 시기(Epoche)를 긋는다. 세계의 문화와 교양에서의 연관은 동양적인 전제주의와 공화국의 세계 지배 후에 후자의 타락을 통해서 양자의 중간으로 인류를 이끌었다. 그리고 독일인은 세계정신의 이러한 제3의 보편적인 형태를 산출한 국민이다"[『독일 헌법론』 1. 533]. <전제주의→고대의 공화국→대의제>라는 정체에서의 구분과 <동양→그리스・로마→독일>이라는 풍토적인 구분이 중첩되어 세계사는 3단계로 구분된다. 결국 세계사는 그 필연적인 계기를 실현함으로써 세계사에 한 시기(Epoche)를 긋게 되는 세계사적 국민이 정체와 풍토의 좌표축에서 상연하는 3막극으로 된다. 또한 이 시대의 요구를 최초로 실현하게 되면, 세계사적 영웅으로서의 역할을 담당한다고 한다[『법철학』 347절, 348절]. 각 사람은 "시대의 아들"[『역사철학』 12. 72]로서 그 시대에 규정되어 출현하는 것이다. 시대원리를 역사의 무대 배후에서 간지를 활동시켜 연출하고 있는 이성에서 보게 되면, 역사는 섭리의 실현이라고 간주될 수도 있을 것이다. 그러나 그것은 과연 3단계로 구분되는 것일까?

확실히 변증법적인 발전단계를 <통일, 대립, 재합일> 등으로 3단계로 도식화하게 되면, 세계사의 순서가 이념의 개념규정의 순서와 겹쳐질 수도 있을 것이다. 그러나 변증법은 또한 식물의 비유를 빌려 줄기, 새잎, 맹아, 꽃, 열매를 거치는 발전의 논리로서 설명되기도 한다. 그렇다면 역사에서의 이성의 발전을 특별히 3단계로 구분할 합리적인 이유는 없어진다. 사실 "세계사적 국정(國政)은 네 가지, 즉 (1) 동양적 국정, (2) 그리스적 국정, (3) 로마적 국정, (4) 게르만적 국정이다"[『법철학 강의(반넨만)』 165절]라고 보는 4단계 구성과, <동양의 전제에서는 한 사람이, 그리스・로마의

민주제와 귀족제에서는 약간의 사람이, 게르만의 군주제에서는 모든 사람이 자유이다>라는 널리 알려진 3단계 구성이 체계 시기의 사색 속에 혼재되어 있다. 『철학사』에서는 3단계 구성도 있지만 <그리스·로마의 철학>과 <게르만 철학>의 2단계 구성도 있다. 헤겔에 의한 시대구분은 상당히 애매하다고 말할 수밖에 없는 것이다. 베를린의 헤겔에게 괴레스(Jakob Görres)의 논저, 『세계사의 기초, 조성 그리고 시대순서에 대하여』에 대한 비평이 있다. 거기서 그는 철저히 <역사의 도식화>를 배척하고 있다. 헤겔 철학의 논리를 가지고 실제의 세계사의 시기를 규정하고자 하는 것은 오히려 오해하게 만드는 것이라고 말할 수 있을 것이다.

여러 시대를 통해서 철학은 하나라는 것이 일관된 헤겔의 관점이었다. "스스로를 인식한 이성은 어느 것이든 참다운 철학을 산출하고 모든 시대에 걸쳐 동일한 과제를 해결해왔다"[『차이 논문』 2. 17]. 철학의 역사는 단지 이런 저런 철학적 성과의 <집적>이 아니다. <변화>로 이루어지는 것도 아니다. 철학의 역사 속에서 다양한 철학은 자기지에 이르는 이성의 발전과정의 계기인 것이다. 그리고 세계사도 정신의 자기지와 자유의 이념의 실현과정이다[『역사철학』 12. 32, 96]. "어떠한 국민도 세계의 보편적인 연관에 참여하기에 앞서 각자 독자적인 문화의 단계를 독립적으로 편력해야만 했다"[『독일 헌법론』 1. 533]. 여기서는 개인의 자연적인 의식의 도정으로부터 세계사적인 정신의 도정으로 이행하여 <철학자>에 도달하는 『정신현상학』의 구조와 유사한 이중의 역사구조가 엿보인다. "정신은 세계사이다"[『예나 체계 III』 GW 8. 287]라는 관점 아래 세계사와 철학사 모두 정신사 내에 포괄된다. 정신은 자기실현의 도상에서 시대정신으로 되고, 철학으로서 구체화된다. 여기서 철학은 헤겔에게 있어 "사상에서 파악된 그 시대"[『법철학』 서문 7. 26]로 된다. 그것은 시대의 지적 소산으로서의 철학이 스스로의 시대의 제약과 역사적인 필연성을 개념적으로 파악하는 '존재하는 것의 이해'라는 형태에서의 <자기지>의 존재양식을 말하고 있다. ⇒ 역사, 철학, 세계, 변증법, 이성의 간지

【참】 加藤尙武 (1978)

―구리하라 다카시(栗原隆)

시대원리時代原理 ⇨시대

시민市民 ⇨직업·신분

시민사회市民社會 [bürgerliche Gesellschaft]

I. 근대의 총괄 시도 『법철학』이 시대의 변화 속에서 언제나 그 성격이 문제로 되어왔던 데 반해, 시민사회론에 대해서는 변함없는 찬사가 주어져왔다. 있는 바의 것에 대한 개념파악이라는 모티브의 결정체, 즉 긍정과 부정에 대한 투철한 눈을 시민사회론에서 발견하기 때문이다. '시민사회'라는 말은 청년기 초고에도 있지만, 그것은 국가와 같은 뜻이고 당시의 용법에 따르는 것이었다. 예나 시기에 들어가면 시민사회 영역은 인륜의 사색을 좌우하는 중요 테마로 된다. 그러나 인륜론 가운데에서 '시민사회' 개념이 확립되기 위해서는 하이델베르크 시기를 기다려야만 했다([『법철학 강의』(반넨만)]. '시민사회'라는 말은 이 강의와 관련된 『엔치클로페디(제1판)』 437-39절에 대한 노트에도 있다). 인륜은 개별과 보편이 각각 독자적인 영역을 이루면서 서로 매개된 일체성으로서, 구체적으로는 시민사회-국가체제로서 성립한다. 인륜은 제도의 체계이며, 그것에는 자각적인 담당자와 심성이 없을 수 없다. 헤겔의 '시민사회'는 근대의 성과를 집약하여 개별에게 고유한 활동영역을 보장하면서 그것을 보편으로 <교양, 형성>하는 과제를 짊어진다. 그 기축은 <노동>과 그것에 기초하는 <욕구와 노동의 체계>에 있다. 시민사회야말로 근대의 주체적 자유를 이루는 추상법-소유주체, 도덕성-내면적 주체성이 본래적으로 활동하는 장이며, 나아가 시민사회의 제도들에서 보편을 앞으로 가져오는 마당인 것이다. 이런 의미에서 시민사회는 국가의 조건이며, 반면에 시민사회는 국가를 전제한다. 나아가 헤겔은 시민사회 그 자체를

해체할 수도 있는 문제성을, 그리고 더 나아가 시민사회-국가체제를 붕괴시킬 수도 있는 문제성을 지적하기에 이른다. 여기에 시대에 앞서가는 헤겔이 있다.

Ⅱ. 청년기. (전통적 용법에 따라서) '시민사회'라는 말은 『민중종교와 기독교』[1. 61, 63, 66], 『기독교의 실정성』[1. 160]에 있지만, 그 영역은 "시민사회에서 개개인의 권리가 국가의 권리로 된 것은 시민사회의 본성에 속한다"[같은 곳]고 하듯이 국가의 영역과 겹친다. 이러한 용법은 시민이 곧 정치적 의의를 지니며, 국가와 시민사회가 동질의 통치기구를 형성하는 시민사회(societas · civitas)라는 당시에도 여전히 남아 있던 전통적 용법에 닿아 있다. 후에 헤겔은 이러한 전통과 단절된 지점에서, 또한 근대 자연법에서도 여전히 겹쳐 있던 시민사회-국가를 분리하여 근대의 차원에 입각하는 양자 관계를 확립하고자 한다. 다만 시민사회 영역은 청년기의 사색에 끊임없이 그림자를 드리우고 있었다. 그것은 소유와 권리의 문제로서, 사랑의 공동성에 소외를 초래하고(단편 『사랑』, '재산공동체' 참고), 또한 유대적 입법을 넘어서서 <생>의 화합을 초래할 <사랑과 용서>(예수)를 구별-대립을 첨예화하는 소유의 운명에 끌어들이는 것이었다. "소유(재산)의 운명은 우리에게 대단히 강력하게 되어버렸다"[『기독교의 정신과 그 운명』1. 335]. J. 스튜어트 『정치경제학 원리』(1767, 독역 1772)의 상세한 노트(1799. 2. 19-5. 16)는 이러한 한가운데서 작성되었다.

Ⅲ. 예나 시기 (1). 인륜을 해체하는 것. 시민사회 영역의 문제는 인륜의 사색에서 중요한 구성요소로서 다루어진다. 헤겔의 최초의 체계구상을 전해주는 단편(1801-1802)에는 "이념은 자연을 떠나 정신으로서 고양되며, …… 욕구와 법의 영역을 지배하에 두면서 자유로운 민족으로서 실재적으로 된다"고 하고 있다. 고전적 실천철학의 틀에 근거하는 『자연법 논문』의 인륜 구상은 '욕구와 법의 영역'을 고전적 신분론의 틀 안에 두고, 고대의 폴리스적 인륜을 붕괴된 것이라는 관점에서 철두철미 부정적으로 취급한다. 앞의 영역에 해당하는 '점유의 체계'는 "물적 욕구와 그를 위한 노동 및 축적에 관계하는 보편적인 상호의존의 체계"[2. 482]이며, 형식적 법·권리를 동반한다. 그것

은 개별성을 원리로 하기 위해 부정적인 취급이 누그러지면, 곧바로 사인(부르주아)의 이해관심을 만연시키고 불평등을 확대시키며, 그 결과 인륜을 침식하여 독자적인 위력으로 전환된다. 그리하여 제1-제2의 신분간 구별은 폐기되고 인륜은 붕괴한다. 또한 앞의 부정적인 취급을 정당화하는 논리는 '억제'에서 구해졌다. 『독일 헌법론』정서 단편 '국가의 개념'(1802. 11 이후)에서는 앞의 영역을 위해 '사회'가 사용된다. 그것은 국민의 자유로운 활동과 자치의 영역으로 된다. 이러한 관점에는 사회의 세세한 항목까지 통괄하고자 하는 프랑스 혁명 하의 국가론과 피히테의 자연법론에 대한 비판의식이 움직이고 있다.

Ⅳ. 예나 시기 (2). 보편화의 운동. 앞의 영역은 『인륜의 체계』에서는 '욕구의 체계'로서 인륜의 긍정적인 구성요소로 일변한다. 헤겔은 A. 스미스의 자연적 자유의 체계를 시야에 받아들여 분업에 의해 뒷받침되어 그것에서 균형적으로 확대되는 시장과 거기서 부단히 생성되는 균형의 확립에 주목한다. 그것은 확실히 개별성이 자아내는 합성체이지만, 단순한 총화는 아니다. "잉여는 어떠한 것이든 간에 모두 전체에 있어서 무차별화된다"[『인륜의 체계』PhB 80]. 전체인 시장은 개별적인 것을 보편적인 것으로서 수용하고, 보편적인 것에 의거하여 잉여의 교환을 성립시킨다. 여기서 보편에 대한 신뢰가 생긴다. '욕구의 체계'에 고유한 덕인 정직(Rechtschaffenheit)은 문자 그대로 법 형성(Rechtschaffen)에로 통한다. 분업, 욕구의 다양화, 잉여, 가치, 화폐, 교환, 계약이라는 실재적 관계의 도달점은 상업활동(Handel)에 두어진다. 헤겔은 이러한 체계의 변동-착란의 모습들(부와 빈곤으로의 양극 분해도 포함)을 검토하면서도 그것의 자기통합력에 기대를 걸고 인륜의 신분간 관계와 전체를 유지하는 것에 중요한 가치를 부여한다. 그러나 이러한 체계는 여전히 고전적 폴리스론의 신분론의 틀 내에 있으며, 노동에는 객체에 대한 형태부여-점유의 의의가 부여되는 데 그친다. 『예나 체계 Ⅰ』에서는 시민사회 영역을 가리키는 표현이 "공동성과 상호의존의 거대한 체계"[GW 6. 324] 이외에 특별히 내세워지지 않지만, 이 영역은 '인륜적 정신', '국민정신'에서의 보편적인 차원이라

는 위치를 지니기에 이르며, 그 귀취가 후자의 존재를 결정적으로 좌우한다. "개인의 욕구의 범위와 그를 위한 활동 사이에 국민 전체의 노동이 나타난다"[같은 책 **GW 6**. 322]. 헤겔은 분업과 욕구의 다양화를 기초로 개별적 노동이 그대로 만인의 욕구에 적합한 "보편적이고 관념적인 노동"[같은 책 **GW 6**. 321]의 의의를 지니는 것, 그리고 개인의 욕구충족이 '국민 전체의 노동'을 매개하는 것, 이러한 차원에서 점유가 소유의 의의를 지니는 것에 주목한다. 노동의 가치는 이러한 보편성에 의거하여 정립된다. 여기에는 노동에 있어 보편성의 각성을 주장하는 자세가 놓여 있다. 그러나 헤겔은 분업에 대해 획기적 의의를 인정하면서도(A. 스미스의 이름은 **GW 6**. 323 난외에 있다), 노동의 일면화, 기계에 대한 종속, 노동가치의 하락, 나아가 공황에 이르기까지 언급한다. 이러한 체계에 대한 단호한 제어의 필요마저도 주장된다. 인륜적 정신이 이 체계의 유기적 구성에 어떻게 관계되는지를 제시하지 않은 채 이 초고는 중단된다.

　Ⅴ. 예나 시기 (3). 교양형성의 단계. 『예나 체계 Ⅲ』에서는 "현실적 정신"[**GW 8**. 222]이 시민사회 영역에 해당된다. "만인의 만인을 위한 노동과 향유"[같은 책 **GW 8**. 223]라는 보편성의 지평에서 개별자는 불특정 다수의 <추상적> 욕구에 대응한 <추상적> 노동을 담당한다. 불특정 다수를 위해서라는 의미에서 <추상적인 가공물>이 상대하는 데서 교환가치(사물로서는 화폐)가 성립한다. 교환은 이러한 가공물을 그저 개별자의 구체적인 욕구-충족으로 가져오는 데 그치지 않는다. <사물화된 자기(가공물)>의 교환 그 자체가 추상적 노동의 담당자로서의, 또한 인격=소유주체로서의 인정이라는 의의를 지닌다. 헤겔은 <인정된 상태>의 지평에서 생기는 "선악의 지식, 인격적인 올바름과 올바르지 못함"[같은 곳]을 매개로 하여 법적 범주가 등장하여 활동하는 장면을 설정한다. 범죄에 대한 법의 발동에는 인정된 상태로부터의 특수의지의 이반을 원상태로 되돌린다는 의의가 놓여 있으며, 보편의지(법)는 개별의지가 알게 된 것으로 되어 현실적으로 알려져 타당한 것이 된다. 현실적 정신은 이러한 교양형성에 의해서 <법의 지배>라는 헌법체제(보편의지의

구체화)의 초석이 된다. 다만 만인의 노동의 성과인 '보편적 부'는 개개인의 생활의 수단, 실체이긴 하지만, 이전의 초고들에서 보았듯이 부와 빈곤으로의 양극분해에 이르는 부정적인 양상을 드러낸다. 그렇지만 이러한 보편적 부의 영역에는 고유한 가치가 있는 이상, 국가권력의 "간섭은 가능하긴 하지만 눈에 띄지 않는 것이어야만 한다"[같은 책 **GW 8**. 244]. 개입은 누진과세, 구빈세 등의 재정, 사법, 내무행정(Polizei) 등에 걸치지만, 그것들은 통치의 계기에 속한다. 이와 같이 '현실적 정신'이 교양형성-앎의 운동이라는 것에 의해 헌법체제-국가권력과의 매개를 다룰 수 있게 되었다. 여기서 시민사회-국가체제의 원형이 탄생한다. 다만 "앎에 기초한 공동체(공동사회Gemeinwesen)"[같은 책 **GW 8**. 237]는 개별의지에서 나오는 소외화-교양형성의 단계들로서 제시되기 때문에 그 구성계기들이 반드시 정돈되어 있지는 않다. 또한 『정신현상학』 '이성' 장에서는 <인륜적 의식의 생성>이 노동과 욕구의 체계의 긍정적인 면에 의거하여 다루어지며, '정신' 장 '자기 소외된 정신'에서는 재부는 국권에 침투하여 그것을 재부의 운동에 흡수하는 위력으로서 다루어진다.

　Ⅵ. 교양형성으로서의 제도의 체계. 후에 이러한 <앎에 기초한 공동체>는 확고하게 된 체계로서 제시된다. '시민사회'는 그렇게 했을 때 개념화되었다. 시민사회의 기저를 이루는 욕구와 노동의 상관적 질서 그 자체에서 노동에 기초한 교양형성의 작용이 활동하기 때문에 이제 거기서는 "즉자적으로 법인 바의 것"[『법철학』 211절]이 잉태된다. 이리하여 인격과 소유의 침해에 대한 사법제도의 활동은 잠재적인 것의 정립이라는 의의를 지니게 된다. 그러나 시민사회는 보편과 특수가 분리되는 "인륜의 상실태"[같은 책 181절]이기도 하기 때문에 권리의 보장에 그치지 않고 "개개인의 생계와 복지의 보장"에 관계하는 내무-복지행정(Polizei), 직업단체(Korporation)가 정립된다. 특히 이와 같은 시민적 관계에 뿌리박고 자치능력을 갖춘 직업단체에서 국가와의 "공동통치"[『법철학 강의(반넨만)』 141절]가 성립한다. 시민사회의 제도들(지역 자치단체도 포함)은 보편-특수의 일체화에 관계하는 이성적인 것

의 나타남으로서 "공공의 자유의 초석이다"[『법철학』 265절]. 시민사회에서의 제도화를 통해 비로소 국가의 제도적 통합이 성립한다고도 말할 수 있을 것이다. 그러나 그 제도들은 시민사회 내에서 발생하여 그것을 해체할 수도 있는 문제에 대응하여 정립되어 있기 때문에 불완전함을 드러낸다. 부가 증대되는 한편, "특수한 노동의 개별화와 제한성이 증대됨과 동시에 이러한 노동에 결박된 계급의 예속과 궁핍이 증대된다"[같은 책 243절]. 시민사회에서는 빈곤, 천민 문제가 불가피하게 생겨난다. 직업단체는 특히 상공업층 내에서 인륜적 계기를 회복하는 과제를 짊어지면서도 가능과 정직함이라는 가입요건이 필요하며, 앞의 문제에 전체적으로는 대처할 수 없다. 그러나 국가가 직접 대처하면 인격적 자유의 안전과 보호라는 시민사회의 사명을 받아들일 수 없게 되며, 국가(이성국가)와 시민사회(지성국가)의 원리적 구별이 해소되어버린다. 시민사회는 인륜적 이념의 지주이면서 그 의미가 되물어지는 장이기도 하다. ⇒인륜, 국가, 제도, 법, 노동, 욕구·욕망, 직업단체

【참】 Riedel (1969, 1975a), Avineri (1972)

―다키구치 기요에이(瀧口淸榮)

시원始原 [Anfang]

Ⅰ. 일종의 전체론으로서의 시원론. 헤겔은 무엇을 가지고 철학의 시원, 제1의 것(Erstes)으로 해야만 할 것인가라고 묻는다[『논리의 학』 5. 65]. 우리가 유명론적 반성에 입각하여 우리에게 '직접적'으로 주어지는 개물이야말로 그것이라고 대답하게 된다면, 보편은 구성적 주관에 의한 '매개'로서 실재로부터 떼어내진다. 그러나 그때 그와 같은 개물의 '직접성'을 검증하는 기준은 무엇일까? 눈앞의 <이것>이라 하더라도 역시 현실적인 사물로서 물리의 보편을 배제할 수 없는 것은 아닐까? 보편적 법칙에 의한 '매개성'을 단순하게 배제하고 실재에 남는 것은 오히려 무언가 추상적으로 실재의 '존재'라고밖에 부를 수 없는 것, 즉 실재의 소극적인 보편성은 아닐까? 『정신현상학』의 시원인 '감성적 확신' 장이 제시하는 것은 감성이 추구하는

개별이 어느덧 추상적인 보편으로 전도되어 버리는 희극이며, '지각' 장에서는 역으로 의식적 검증이 덧붙여져 비로소 실재의 추상적 보편성이 개별로 구성되는 장면이다(그러나 이것 역시 전도된다). 그러므로 『논리의 학』의 시원론이 이야기하는 것은 직접적인 것이든 매개된 것이든 그 내용이 이론의 '전체' 안에서 결정된다고 하는 일종의 전체론이며, 철학의 시원이 무언가 특정의 직접적인 것이 아니라 '직접성'이라는 순수한 형식으로서, 또한 매개는 매개에서 '매개성'이라는 순수한 형식으로서 말해지는 순수학의 입장이다. 헤겔의 용어법에서 직접성은 무규정성으로, 또한 매개성은 규정성으로 바꿔 말해진다. 그때 강조되는 것은 철학의 '시원'의 직접성·무규정성 내지 '결과'로서 얻어지는 인식의 매개성·규정성이라는 "양 규정은 불가분하며, 양자의 대립이 허무한 것으로서 제시된다"[같은 책 5. 66]는 것이다. 여기서 검토되고 있는 것은, 이 대립을 딜레마로 간주하여 방패로 삼고 철학의 시원을 불가해한 것이라고 하는 회의주의적 이의제기(『회의주의 논문』에 따르면 이것은 회의론이 철학에 대해서 적대적으로 된 고대 후기 이후의 것이다)의 해소이다. 그리고 그것은 동시에 '필연적 존재자'라는 관념의 무규정성을 비판하고 이와 같은 관념에서 철학을 개시하기가 불가능하다는 것을 이야기하는 칸트에 대한 대답이기도 하다. 시원의 존재의 무규정성은 칸트가 무조건적 필연성의 심연이라고 불렀던 것이다. 전체를 응시한 전체론에서는 무규정성과 규정성의 단절적 이분법이 허락되지 않으며, 무규정성은 '무규정이라는 규정성'이자 그 직접성은 '매개된 직접성'이다. 그러므로 헤겔에 따르면 직접적인 "시원은 [결과로부터] 매개된 것으로 되며, 학의 전진운동의 선은 원환(Kreis)으로 이루어진다"[같은 책 5. 71].

Ⅱ. 뒤나미스(가능태)로서의 시원론. 방금 본 마지막의 것에서 보자면, "시원을 이루는 것은 아직 전개되지 않은 내용 없는 것[같은 곳]이며, 따라서 "시원의 직접적인 것은 그것 자체에서 결함 있는 것이고, 자기를 좀더 전개하고자 하는 충동(Trieb)을 지녀야만 한다"[같은 책 6. 555]. 주목해야 할 것은 이 충동이 실재그 자체의 가능태로 되지 그저 인간 주관의 그것이

아니라는 점이다. 이것은 실재 그 자체가 자기를 그 가능태로부터 현실화한다고 하는 실재의 '생성'설이다. ⇒신의 존재증명, 원환

—오니시 마사토(大西正人)

시종侍從 ⇨영웅(시대)

식물植物 [Pflanze]

생명이 없는 역학적·물리학적 자연과 달리 "주체적인 생명성, 요컨대 생명 있는 것은 식물적 자연에서 시작된다"[『엔치클로페디(제3판) 자연철학』337절]. 이와 같이 식물은 비유기적 자연과 구별되어 생명력을 지니는 유기체로서 생각되고 있다. 그러나 식물의 생명성은 아직 직접적인 단계에 있어 동물과 같이 독립적으로 존재하는 주체성을 지니는 데는 이르지 못하며, 따라서 스스로 그 장소를 결정하거나 이동할 수 없다. 또한 식물의 형태는 동물과 같은 유동성을 지니는 데는 이르지 못한 채 동질적이며 "기하학적 형식과 결정의 규칙성에 가까운 단계에 머무른다"[같은 책 345절].

그러나 헤겔은 괴테가 이야기한 "식물의 변형(Metamorphose)"의 사고방식에서 "식물의 본성에 관한 이성적인 사상의 단초"[같은 책 345절]를 보고 있다시피 식물을 생명력 있는 형성과정으로서 하나의 전체적인 통일성에서 고찰하고 있다. 헤겔이 그리는 식물의 형성과정은 다음과 같다. 즉 종자가 우선 뿌리와 잎으로 분화하고, 외부로부터 양분(비유기적 원소)을 받아들이면서 각각에서 세포조직을 분열시켜 성장해간다. 뿌리는 물과 흙 방향으로 형성되어 목질섬유가 되고, 잎은 빛과 공기를 추구하여 성장하며, 이리하여 식물은 빛으로부터 활력과 색채의 빛남 그리고 형태의 치밀함과 강력함을 자기 내에 받아들인다. 그 과정에서 꽃봉오리가 산출되어 특유의 색을 지닌 꽃이 피어나며, 그 결과 개체의 생명력을 보존하는 것으로서의 종자가 산출된다. 이와 같이 식물은 다양하게 분화해가는 형태들의 하나의 통일적 전체로서 파악된다. "식물은 그 형성 작용에서만 자기를 산출하거나 또는 형태의 부분들을 유기적 통일 속에 보존할 수 있기 때문에, 식물은 이 부분들을 현존재하는 전체로 형성하는 것이다"[『예나 체계 Ⅲ』 GW 8. 139].

헤겔은 『정신현상학』서문에서 진리의 변증법적 발전의 메타포로서 이와 같은 식물의 통일적 전체로서의 형성과정을 이용하고 있다. "꽃봉오리는 꽃이 피어나게 되면 사라지며", "꽃은 열매에 의해 식물의 거짓된 현존재로서 선언된다"는 식으로 볼 수 있다 하더라도 "[식물의] 이러한 형태들의 유동적 본성은 그들을 동시에 유기적 통일의 계기들로 만드는바, 그러한 유기적 통일 속에서 그들은 서로 모순되지 않을 뿐만 아니라 하나가 다른 것과 마찬가지로 필연적이며, 이러한 동등한 필연성이 비로소 전체의 생명을 형성한다"[『정신현상학』3. 12]. 철학에서도 한편의 진리가 다른 편의 진리를 논박하고 배제하는 것처럼 볼 수 있다 하더라도, 식물의 각각의 형태가 계기로 되어 식물의 생명 전체를 성립시키는 것과 마찬가지로 서로 모순되는 각각의 진리 역시 철학 전체에서의 필연적 계기를 이루며 진리의 변증법적 발전의 과정을 구성해간다고 생각되는 것이다. ⇒유기체, 지질학

【참】 Engelhardt (1986), Hösle (1987b)

—이사카 세이시(伊坂靑司)

식민지植民地 [Kolonie]

경찰행정하에서 인구증가와 과잉생산으로 빈곤이 생기면 "일시적 해결수단"[『역사철학』12. 287]으로서 식민지 건설에 대한 충동이 높아진다[『법철학』248절]. 식민에는 (1) 식민자가 가족원리로 돌아가 농업을 경영하는 효과와 (2) 모국이 이곳을 새로운 시장으로 삼아 노동의욕을 낳는 효과가 있다. 그 종류로는 ① 생활 자료의 획득을 위해 식민자가 모국과 관계없이 행하는 산발적인 것(근대식민), ② 공민적 자유의 확보를 위해 국가가 독립식민지를 조직적으로 건설하는 것(고대 그리스와 로마)이 있다. ①의 경우, 독일인의 식민에는 (2)의 효과가 없으며, 지배와 착취욕에 의해서 가능했던 스페인 정복지와 선주민을 쫓아낼 수

있었던 영국 식민지는 본국에 정치적·경제적으로 종속된다. 이에 반해 선주민과의 혼혈은 그리스에서는 <아름답고 자유로운 그리스적 정신>을 낳았다[『역사철학』 12. 278]. 다른 민족과의 접촉은 인정을 요구하는 투쟁을 초래하지만, 신대륙의 선주민은 정신과 도구가 무력한 까닭에 패배했다. 또한 식민지 해방이야말로 본국에게 참된 이익이 된다. ⇒ 경찰행정, 아메리카

【참】 Smith (1776), Marx (1867), Avineri (1972), Walton (1984)
―가미야마 노부히로(神山伸弘)

신神 [Gott]

청년 시대의 헤겔은 칸트 이래의 독일 관념론에서 문제가 된 실천 이성의 요청에 기초한 신 개념과 투쟁하고 있었다. 그 청년 시대의 기독교 연구의 궤적이 『초기신학논집』이며, 칸트와 독일 관념론을 둘러싼 헤겔의 총괄이 예나 시기의 『차이 논문』과 『신앙과 지식』이다. 예나 시기의 연구를 거쳐 『정신현상학』을 비롯한, 지금까지의 독일 철학에서는 보이지 않는 독자적인 신 개념을 지니는 일련의 체계적 저작들이 성립한다. 청년 시대의 저작으로부터 만년의 저작에 이르기까지 어떠한 형태로든 언급하고 있는 것은 신이라고 말할 수 있을 것이다.

Ⅰ. 청년 시대의 총결산이라고 말해야만 할 『정신현상학』에서 신 개념은 학의 인식과의 관계에서 논의되고 있으며, 지금까지의 칸트, 피히테, 셸링 등의 애매한 신 개념이 검토된다. 여기서 철학적 사색이 등장한다. 이 사색 속에서 헤겔은 "신은 존재이다"[『정신현상학』 3. 59]라는 말을 거론한다. 이 주장에서 주어와 술어의 관계, 특히 술어 '존재'의 실체화가 논의되며, 술어가 주어의 본질로서 철저하게 사유되어 변증법적 운동으로 전개된다. 이 주장은 곧이어 논리학에서 존재를 다룰 때 다시 논의된다. 『정신현상학』의 계시종교 장에서는 신의 죽음과 신이 인간이 되는 것(Menschwerdung)에 대해서도 언급하고 있다. 신의 죽음에 관해서는 이미 『신앙과 지식』에서 파스칼에 대해 언급하며 철학은 '사변적 성 금요일'을 신 상실의 한가운데서 되살려내야만 할 것이라고 주장한다. 또한 신이 인간으로

되는 것, 이것이 기독교의 본질이며, 절대적 종교의 내용이라고 말한다. 이것이 신을 객관으로 하고 단순한 주관의 대상으로 하는 자연신학과 다른 점이다.

Ⅱ. 헤겔은 논리학에서 "논리학의 내용은 신의 서술"[『논리의 학』 5. 44]이라고 말하고 있다. 헤겔이 지향한 것은 "진리의 학문적 인식"[『엔치클로페디(제2판)』 8. 14]이며, 진리를 신[『같은 책(제3판) 서론』 1절]이라고 생각해 온 유럽의 전통을 검증하는 것이다. 이러한 신의 내실을 분명하게 해가는 것이 변증법의 전개이다. "신은 가장 현실적인 것"[같은 책 6절]이며, 이것을 개념에서 파악하는 것이 논리학이다. 따라서 신의 존재증명 역시 논리학을 보완하는 것이다. 안셀무스의 신의 존재증명이 다시 주목 받는다. "개념과 존재의 통일"[『같은 책·논리학』 51절] 속에 칸트에 대한 비판이 포함되어 있다.

개념론 최후의 이념은 헤겔에 따르면 진리이며 바로 신에 다름 아니다. 이념의 외화를 거쳐 다시 자기 자신으로 되돌아온 정신의 철학의 최후의 곳에서 절대적 정신이 다루어진다. 그리고 <정신으로서의 신에 관한 인식은 개념파악에 의한 사유에서 나아가는>[『같은 책·정신철학』 564절] 것이며, 나아가 "신은 자기 자신을 아는 한에서만 신이다. 나아가 신의 자기에 대한 앎은 인간에서의 그의 자기의식이며, 신에 대한 인간의 앎은 신 안에서의 인간의 자기에 대한 앎으로 나아간다"[같은 곳]고 말해진다.

Ⅲ. 『종교철학』은 신 인식과 관계된다. 당연히 그것은 신이 인식 불가능하다는 시대의 사상에 대한 비판을 전제한다. 종교철학은 신의 개념에서 시작한다. "신은 절대적으로 참된 것, 즉자대자적으로 일반자이며, 모든 것을 포괄하고 포함하는 것이자 모든 것에 존재를 부여하는 것이다"[『종교철학』 16. 92]. 그에 더하여 신은 절대적으로 참된 것 일반, 즉 신적 일반자, 보편자이며, "자기 자신과의 절대적 통일 속에 있는"[같은 책 16. 93] 것이다. 이 신과 더불어 어떠한 독립적인 것도 존재하지 않는다. "신은 절대적 실체이며, 유일하게 참다운 현실성이다"[같은 책 16. 94]. 그러나 오로지 신만이 실체라고 말해질 뿐 아니라 정신, 절대적 정신 역시 절대적인 실체임과 더불어 주관이라고 말해진다.

일반적으로 이와 같은 신이 우리의 어디에 위치하는가 하면, 신은 믿고 느끼며 표상하고 아는 자로서의 우리 속에 존재한다. 헤겔은 이것을 인식하는 것이 사유라고 생각한다. 이것은 신이 개별자를 넘어서서 보편자로까지 고양된다는 것이다. 그러나 아직 이 단계에서 헤겔의 신은 아브라함의 신이나 예수의 아버지인 신이 아니라 신적 정신을 본질적인 과정으로 보고 더 나아가 삼위일체적인 정신으로 보고 있었다고 말해도 좋을 것이다.

그러나 신은 단순히 무한하다든가 유한하다든가 하는 말로 규정될 수 없다. 오히려 신은 유한자로의 운동이자 유한자로부터의 자기회귀인바, 이와 같은 자기 자신에서의 운동이다. 이와 같은 운동은 신이 자연, 역사, 국가, 예술 속에서 전개된다는 것이다. 종교철학에서 이 신 개념이 실현되는 궁극적인 형태가 절대적 종교이다. 거기서 신의 이념은 "개념과 실재와의 통일"[『종교철학』 17. 205]이라고 언표된다. 헤겔은 베를린 시대에 철학이 신을 인식하는 것 이외의 궁극목적을 지닐 수 없다[『베를린 저작집』 11. 241]는 글을 남기고 있다. ⇒기독교, 신학, 신의 존재증명, 신과 인간, 신성

【참】 Schmidt (1952), 岩波哲男 (1984)

―이와나미 데츠오(岩波哲男)

신-인간神-人間 ⇨신과 인간

신경조직神經組織 [Nervensystem]

신경은 뇌로부터 나누어지는 동시에 뇌로 집중되는 하나의 계이며, "자기 내로 반성되어 있는 존재(Reflectirtseyn in sich)"[『예나 체계 Ⅲ』 GW 8. 165]에 다름 아니다. 그런 만큼 신경은 "감각하기 쉬운 것, 즉 뼈 조작"[같은 책 GW 8. 151]에 관계하면서도 이것에만 한정되는 것은 아니다. 오히려 반대의 측면인 "흥분하기 쉬운 것, 즉 근육조직"[같은 곳], 다시 말하면 "뼈라는 죽은 통일에 대한 살아 있는 통일로서의 근육"[『예나 체계 Ⅰ』 GW 6. 227]에도 관계한다. 이런

의미에서 신경이야말로 "분해될 수 없는 유동성"[같은 곳] 내지는 "보편성의 형식 속에 있는 절대적 개념"[같은 책 GW 6. 229]이라고 말할 수 있다. 이러한 신경이 지니는 형태로서의 신경조직은 다른 혈액조직과 소화조직과 따로 있는 것이 아니라 오히려 각각이 "개념의 총체성을 그 규정성에서" 제시하는[『엔치클로페디(제3판) 자연철학』 354절 「보론」] 불가분의 통일을 이루는 것이다.

―기무라 히로시(木村 博)

신과 인간神―人間 [Gott und Mensch]

신과 인간은 헤겔에 따르면 어느 쪽이나 정신을 본질로 한다는 점에서 한편으로 자신에 대한 지=타자에 대한 지, 타자에 대한 지=자신에 대한 지라는 근본적으로 공동적이고 상보적인 관계에 놓여 있다. "신과 인간의 공동성이라는 대상은 정신과 정신의 공동성이다. …… 인간이 신에 대해서 아는 것은 [인간과 신과의] 본질적인 공동성으로 인해 공동적인 지이다. 인간이 신에 대해서 아는 것은 인간 속에서 신이 자기 자신에 대해서 아는 한에서일 뿐이며, 이 지는 신의 자기의식이긴 하지만, 그와 마찬가지로 인간에 대한 신의 지이기도 하며, 따라서 인간에 대한 신의 이 지는 신에 대한 인간의 지인 것이다. 신에 대해 아는 인간의 정신은 신 자신의 정신에 다름 아니다"[『종교철학』 17. 480]. 언뜻 보면 신의 절대성과 무한성에 반하는 것처럼 생각되는 이 관계에 의해서 오히려 신은 비로소 자기의 절대성을 증명하게 된다. 왜냐하면 "신은 유한한 것으로의 운동이며, 따라서 자기 자신에게로 유한한 것을 지양하는 것으로서 존재한다. 유한한 것으로서의 자기를 지양하는 것인 자아[인간]에서 신은 자기에게로 되돌아오고, 이와 같이 자기에게로 귀환하는 것으로서만 신은 존재한다. 세계가 없으면 신은 신이 아니기"[같은 책 16. 192] 때문이다. 인간도 이 관계에서 비로소 자기의 본질을 알게 된다. "인간이 신에 대해서 가지는 표상은 그가 자기 자신에 대해서, 요컨대 자기의 자유에 대해서 가지는 표상에 대응한다. 그가 신 안에서 자기를 알 때 그에 의해 그는 신 안에서 스스로

의 지나가버리지 않는 생을 알며, 스스로의 존재의 진리에 대해서 아는 것이다. …… 인간이 참으로 신에 대해서 알 때 그는 또한 참으로 자기에 대해서 아는 것이며, 이 두 측면은 서로 호응하고 있다"[같은 책 16. 83].

그러므로 신과 인간, 무한과 유한을 화해시켜 참다운 합일의 관계를 현실화한 상징이 "신의 영원한 인간화에서의 현실성"[『신앙과 지식』 2. 423, 112 참조]인 신-인간(der göttliche Mensch, Gottmensch), 예수 그리스도이다. "신-인간에게는 어떠한 피안도 존재하지 않는"[『뉘른베르크 저작집』 4. 67] 까닭에, 예수에 의해서 "정신의 그 자신과의 화해, 절대적인 역사, 진실성의 과정…… 직관되고 확신되기에 이른다"[『미학』 14. 147]. 이리하여 인간은 모두 "신의 목적이고, 신과의 일체라는 무한한 사명과 중요성을 지니기"에 이르며, "신과의 합일을 자기의 현존재의 목표로서 정립하여 달성한다는 요구를 부여 받는다"[같은 책 14. 148].

안티고네에서 보이는 것처럼 고대 그리스 시대에 신들과 인간의 항쟁이 나타나는 것은 참된 신-인간이 아직 도래하지 않았기 때문이다. 그러므로 양자가 절대적인 대립관계에 빠지고, 신의 권리인 가족의 자연의 계명과 인륜적인 자기의식의 권리인 국권이 분열한 상태 속에서 개개인은 양자의 좁은 틈에서 어쩔 도리 없이 농락당한다[『정신현상학』 3. 344ff., 417f. 참조]. 이러한 사태는 "인륜에서의 비극의 상연"[『자연법 논문』 2. 495]이라고도 불린다. ⇒종교, 신, 예수

—자코타 유타카(座小田豊)

신뢰信賴 [Vertrauen, Zutrauen]

내가 어떤 타자를 신뢰한다는 것은 "나의 대자존재를 그가 그것을 인정하고 그것이 그에게 목적과 본질이라는 식으로 내가 그 안에서 인식한다"[『정신현상학』 3. 406]는 것이다. 즉 그가 나의 존재를 인정해준다는 것을 나 자신의 확신으로 하고 있다는 것이다. 신뢰의 가장 소박한 존재방식이 '신앙'이다. 신앙한다는 의식은 신앙 대상 속에서 자기가 긍정되고 있다고 느끼고 그것과 일체가 된다. 헤겔은 또한 '애국심'[『법철학』

268절]에서 신뢰의 전형적인 본래적 모습을 본다. 즉 애국심의 심정에서 나는 국가에서 나의 이익이 지켜질 때 국가의 이익이 그대로 개별적인 나의 이익이기도 하다고 느끼는 것이다. 그러나 신뢰는 의식이 거기에 속하는 인륜적 정신과 일체인 한에서 생생하게 숨쉬는 것이어서, 의식이 고립화되어 단순한 개별성으로 될 때 그것은 인륜적 정신과의 통일이 상실되고 견고한 신뢰가 소멸되어 단순한 원칙으로 전락한다. ⇒신앙

—이사카 세이시(伊坂靑司)

신분身分 ⇨**직업·신분**

신비神秘 [Geheimnis]

청년 헤겔은 유대교의 신비를 "철저하게 인간을 떠난 것이며, 어떠한 인간도 거기에 참여하는 것을 허락받지 못하며, 다만 그것에 기댈 수 있을 뿐"[『기독교의 정신』 1. 285]인 것이라고 하여 그 신비의 자기폐쇄성을 강조하고, 어느 누구도 배척되지 않고 다만 침묵할 것이 요구되는 엘레우시스의 신들의 신비와 대조시켰다. 종교철학 강의에서는 계시종교로서의 기독교의 삼위일체성 교의를 '신비'(불가해한 것)라고 말하지만, 그 핵심은 무한한 것과 유한한 것이 구별되면서 하나라는 것이다. 이러한 신비는 감성과 지성에게는 불가해하다. 이것들은 구별을 고집하기 때문이다. 그러나 계시종교의 신비의 본성은 무한과 유한의 이러한 구별을 지양하는 것이며, 그와 같은 것으로서 자기를 드러내놓는 계시이다. 이러한 신비는 보통의 신비의 자기폐쇄성과는 대극을 이룬다. 이런 의미에서 청년 헤겔의 엘레우시스에 집중된 '신비' 이해는 후년에도 이어지고 있다. ⇒생(명), 엘레우시스

—가타야나기 에이치(片柳榮一)

신비주의神秘主義 [Mystizismus, Mystik]

이를테면 감각적인 세계에 등을 돌림으로써 초감각적인 신적 존재를 체험한다든지 그것과 합일할 것을

추구하는 입장. 이러한 광명존재와 자기가 하나라고 아는 점, 따라서 이 존재가 자기에게 개시되어 있다는 점에서 신비적인 것이 성립한다『정신현상학』 3. 526].

이러한 입장의, 아직 사상으로까지 발전되어 있지 않지만 정신적인 것과 자연적인 것의 직접적 통일에 기초하는 원초적이고 상징적인 의례형태인 밀의(Mysterien)에서는 영혼이 정화를 통해 하나의 목적으로 고양되는 반면, 한층 더 추상적이고 자립적으로 고찰됨으로써 영혼의 불사라는 표상이 나온다『종교철학』 17. 151].

헤겔에 따르면 전일적인 것으로서의 실체가 일정한 현상을 생성시켜 생기 있게 하는 혼으로서 그것들의 현상에 내재하고 있는 상태에서 긍정적으로 보여 이해되는 곳에서 생긴 범신론적 예술은 인도에서 발원하여 마호메트교와 그 신비적 예술에서 완성되며, 기독교 신비주의의 몇 가지 현상들에서 한층 더 심화된 주관성을 가지고 재현된다『미학』 13. 416]. 즉 자기가 신적 존재와 합일하고 있다고 느끼고, 그 주관적 의식 속에서 신적 존재의 현존을 느끼는 주관 측에 중점을 두는 형태로 범신론적 통일이 강조되는 곳에서 헤겔은 신비주의의 전개를 보았다[같은 책 13. 478].

청년기 헤겔에게는 경건주의적 신비주의의 영향이 있으며, 예를 들어 예나 시기의 단편「신적인 삼각형에 관하여」가 보여주듯이 그의 철학체계의 3부문 구성에는 기독교적 삼위일체론이 독일 신비주의의 계보를 통해 영향을 주었다고 볼 수 있을 것이다. 또한 "신적인 것에 대한 신앙은 믿는 자 자신 속에 신적인 것이 있는 것에서 비로소 가능해진다"『기독교의 정신』 1. 382]고 하는 발상에서는 신의 초월성보다도 내재성이 문제이며, 그런 점에서 신비주의적이라고 평가할 수도 있을 것이다. 그러나 그가 청년기에 신비주의의 영향을 강하게 받았다는 것이 곧 그의 사상적 입장이 신비주의적이라는 것을 의미하는 것은 아니다. ⇒에크하르트, 바더

【참】 Dilthey (1906), Haering (1929)

―구노 아키라(久野 昭)

신상神像 [Götterbild]

정신의 전개 도정의 한 단계인 예술(『정신현상학』의 표현으로는 '예술종교')에서 예를 들면 어떤 종의 동물이 신성시되어 상으로서 만들어지고 신 내지 신들이 의인화되어 그 상이 만들어지는 방식으로 신적인 것이 상이라는 형태를 취한다『정신현상학』 3. 512-529;『미학』 13. 177f.].

조각의 역사적 전개에 관해서 고찰한 부분에서 헤겔은 이집트의 거대한 신상에 주목한다. 그것들은 '고전적' 조각의 정점을 이루는 그리스 조각의 원천이라는 역사적 의의를 지닐 뿐 아니라, 그것 자체로서 독자적인 예술양식을 지니는 데서 더 나아가 대단히 뛰어난 솜씨를 보이기 때문이다. 그 특징으로서 헤겔은 우선 기교가 완성의 영역에 도달하고 있음에도 불구하고 일정한 본보기를 고수하고 있고 내면의 창조적인 자유가 결여되어 있다는 것을 든다. 그는 그 이유로서 플라톤의 말을 원용하여 이집트에서는 예술표현이 예부터 신관들에 의해 결정되고 있고 화가와 장인이 새로운 것을 만드는 것이 허용되지 않았기 때문이라고 말한다. 또한 헤로도토스를 원용하여 원래 예술가는 일반 사람들보다도 비천한 인간으로 여겨질 정도로 그들의 사회적 지위가 낮았다고 말하기도 한다. 나아가 이집트 조각의 특징에 관해 그는 빙켈만의 통찰을 높이 평가하고 그것을 참고로 하여 신상의 부동성과 그 밖의 특징들의 이유를 이집트인의 사고방식의 측면에서 설명하고 있다『미학』 14. 447-453]. ⇒이집트

―마스나리 다카시(增成隆士)

신성神性 [Gottheit, Göttlichkeit]

'신성'이라는 말은 계몽과 이신론에 의해 '신'이라는 말 대신에 사용되었으며, 18~19세기의 독일에서 일반적으로 인간의 감정과 사유에 의해서 접근될 수 있는 포괄적이고 피안적인 한층 더 높은 존재자라는 의미에서 사용되고 있었다. 헤겔도 '신성'이라는 말을 한편으로는 '신'과 거의 동일한 의미에서 사용했지만, 그것은 기독교 이외의 신도 가리켰다. 다른 한편 그는 '신성'을 신의 신다운 까닭과 '신적인 것' 일반을 가리키는 데

사용하고, 그때 '산'과 구별하는 경우도 있었다. 후자의 의미의 신성은 처음에는 주로 인간의 감정과 이성의 입장에서 규정되었지만, 후에는 점차 인간을 포괄하며 넘어선 절대자의 입장에서 파악되게 된다. 그는 베른 시대에 "신에게 다가간다는 것은 무엇을 의미할 수 있는가?"[『서간집』(제1권) 29]라는 문제를 칸트적인 도덕신학의 견지에서 고찰하고, '신성'을 "이성이 나누어준 [최고선에 대한] 권리를 수행하며 인정하게 하는 힘"[『실천이성의 단편』1. 103]이라든가 "일체의 제약에 어울리지 않는 순수한 이성"[『예수의 생애』 GW 1. 207]이라는 식으로 인간에게 내재적인 힘으로 포착했다. 동시에 이러한 칸트적이고 인간학적인 규정은 신비주의적인 의미('신적인 불꽃')를 포함하며, "인간이 신성 그 자체의 숭고한 마음에서 유래한다는 증거를 주는 신적인 불꽃의 형상"[같은 곳]이 추구되었다. 프랑크푸르트 시대 초기에 '이성'이 '사랑'으로 전환되었기 때문에 '신성'은 "상상력에 의해서 존재자로 된 사랑"[『도덕성·사랑·종교』1. 242]으로 고쳐 파악되었다. 그러나 프랑크푸르트 시대 말에는 인간학적 규정을 넘어서서 '신성'은 횔덜린과 마찬가지로 인간을 포괄하며 넘어선 '자연' 및 생과 같은 뜻으로 보이게 되었다. 오히려 이 '신성'이 인간에 의해서 반성된 상태, 즉 '정신'이 "상상력에 의해서 존재자로 된 사랑"을 의미했다. "모든 것은 신성 안에 살며, …… 어린이는…… 곧바로 근원적인, 그러나 지금은 전개되고 스스로 산출되며 느껴진 합일로 되돌아온 신성을 인식하며"[『기독교의 정신』1. 389], "이러한 마음의 우정이 반성에 있어 존재자로서…… 나타나면, 신적인 정신, 즉 교단을 통치하는 신이다"[같은 책 1. 394]. 이러한 '정신'이 '자연'보다 우위에 있는 것으로 여겨지며, 그것이 '신성'과 '신적인 것'을 의미한다. 그러나 오히려 '정신'의 '자연'에 대한 우위로 인해 "자연은 생 또는 신성을 증명하는 데 불과하며", "신적이라 하더라도 신은 아니다"[『뉘른베르크 저작집』4. 289]라는 식으로 '생'과 같은 뜻인 '신성'이 '산'과 구별되는 경우도 보인다. ⇒신

【참】 Horstmann (1974)

—구보 요이치(久保陽一)

신성(성)神聖(性) [Heiligkeit, heilig]

가장 일반적으로는 '속(俗)'에 대해 종교현상의 비일상적·비자연성 등을 의미한다. 유대교와 기독교에서는 신의 신성(神性) 및 신의 피조물에 대한 관계성을 의미한다. 후자의 측면에서 신과 (긍정적) 관계에 있는 것에 관해서 폭넓게 그 신성이 말해지게 되었지만, 이에 반해 물질적인 것을 배제하고 정신적인 것에 관해서만 신성을 말하는 경향도 보인다. 칸트는 후자의 노선에서 도덕의 주체로서 "우리의 인격에서의 인간성은…… 신성해야만 한다"고 말했다. 그러나 동시에 "도덕법칙에 완전히 적합한 심정"으로서의 '신성성'은 인간에게는 불가능하다고 말한다.

초기의 헤겔은 이러한 칸트적인 노선에서 '신성성'에 관해 말하고, 동시에 (그노시스적으로나 스토아적으로 또는 독일 신비주의적으로 등 다양하게 해석할 수 있지만) 인간에 대한 긍정적(이상주의적) 견해에 입각해서 인간에게도 신성성이 가능하다고 주장한다. 칸트의 '근본악'이라는 견해를 부정하면서 "인간 본성 그 자체의 타락이라는 명제는…… 경험에 반하는 것이다"라고 하며 "우리의 내적인 신적인 불꽃"과 같은 것들에 관해 말하고 있다[『민중종교와 기독교』1. 91, 96]. 그리고 특히 베른 시대에 신성성은 공화주의적인 덕의 상태로서 조국을 위해 희생할 수 있는 것으로서 생각되고 있다.

이에 반해 체계 시기에는 위에서 말한 기독교에 일반적인 의미에서의 '신성성' 개념의 (기술적) 사용이 주체로 된다. 그러나 동시에 거기서는 '결합시키는 것'을 신성이라고 하는 괴테적 용어법[『미학』14. 276 등]과 더불어 "이성의 자기 자신에 대해서 존재하는 통일성은 참다운 주관성, 즉 자기 속에서 자기를 규정하는 주관성이다. 이것은 지혜, 신성성이다"[『종교철학』17. 51]라는 헤겔의 독자적인 사상에서의 개념규정도 이루어지고 있다. ⇒도덕성, 공화국

【참】 Kant (1788), Lukács (1948a), Baumeister (1976), Busche (1987)

—아비코 가즈요시(安彦一惠)

신성동맹 神聖同盟 [Heilige Allianz]

빈 회의 직후인 1815년에 러시아 황제 알렉산드르 1세의 제창으로 영국, 터키, 로마교황을 제외한 유럽의 모든 군주를 결집한 동맹. 군주들은 기독교적 우애로 하나의 가족으로 결합하고, 왕권신수설로 신민을 지배하며, 영구평화를 유지시킨다고 선언. 메테르니히는 이것을 "무의미한 목소리 높은 요설"이라고 조소하면서 자유주의와 국민주의의 탄압기관으로서 이용했다. 헤겔은 이것을 "유럽의 균형"을 정식으로 표명하고 [『법철학 강의(호토)』 835], 국제분쟁을 조정하는 칸트적인 "군주동맹"[『같은 책(그리스하임)』 734]으로서 평가하지만, 데마고그와 무신론자에 대한 탄압기관이라고도 이해하여 제자들에게 주의를 촉구한다[『서간집』(제2권) 268]. 일반적으로 말하면 국가들은 동맹을 "자기 위에 서는 재판관"[『법철학 강의(호토)』 835]으로서 형성해야만 하지만, 주권국가에게는 이탈권이 있기 때문에 동맹은 '당위'[같은 곳]에 불과하며, '하나의 가족'적인 국가결합은 개체성으로서 필연적으로 '대립물'과 '적'(신성동맹의 경우 터키와 아메리카)을 낳는다[『같은 책(그리스하임)』 735]. 국가들을 넘어서는 참된 "절대적 재판관"은 "세계사에서 현실성이 주어지는 정신"[같은 책 634] 이외에는 없다.

【참】 Fleischmann (1905), Windelband (1936)

―가미야마 노부히로(神山伸弘)

신성정치 神聖政治 ⇨ 종교

신심 信心 [Erbauung]

Erbauung이란 원래 집을 짓는(erbauen) 것이다. 그것이 전용되어 중세 이래로 기독교도로서의 덕을 기르는 것은 자기를 "신의 신전"[고린도후서 6: 16], "성령의 주거"[고린도전서 6: 19]로서 짓는 것이라고 하여 덕을 세운다는 의미로 사용되게 되었다. 냉정한 개념적 사유를 취지로 하는 헤겔에게 있어 신심은 단순한 '감사한(erbaulich)' 설교라는 정도의 의미밖에 갖지 못하기 때문에, 그는 "통찰이 아니라 오히려 신심을 주어야만

한다"[『정신현상학』 3. 16]는 낭만주의자의 감상적인 태도를 "철학은 신심을 깊게 하고자 하는 것을 경계해야만 한다"[같은 책 3. 17]고 철저하게 비판했다. "사람들은 철학에 대해 종교가 상실되었기 때문에 Erbauen에 몰두하여 목사를 대신해야만 한다고 요구하고 있다"[『기록』 371]는 경구 66의 말도 같은 취지의 비판이다.

【참】 金子武藏 (1979)

―다케다 죠지로(武田趙二郞)

신앙 信仰 [Glaube]

헤겔의 신앙 이해는 기본적으로 이것을 신의 인식으로 보는 것에서 일관된다고 말할 수 있다. 또한 당연히 거기서 예상되는 것은 기독교 신앙이지만, 그것을 무조건적으로 전제하는 것이 아니라 필요에 따라 용어법에 관한 주의를 환기하고 있다. 즉 그는 "그럼에도 신앙이란 표현은 그것이 기독교 신앙을 상기시키고 이것을 포함하거나 쉽사리 동일한 것인 것으로 보이는 이점을 수반한다. 그리하여 이 [야코비의] 신앙심 있는 철학은 본질적으로 경건하고 기독교적으로 경건한 것처럼 보인다. …… 그러나 우리는 외견상 단순한 말의 같음을 통해 몰래 숨어들어올 수 있는 것에 기만당하지 않아야 하며 그 구별을 확고히 견지해야 한다"[『엔치클로페디(제3판) 논리학』 63절]고 하여 기독교 신앙과 신앙 일반, 특히 직접지와 같은 뜻으로까지 확대 해석된 야코비의 신앙 이해를 준별하고 있는 것이다. 나아가 그는 한층 더 깊이 파고 들어간 형태로 "신앙이라는 말부터가 이미 기독교 신앙을 위해 간직되어 온 것인바, 그리스 인의 신앙, 이집트인의 신앙 등이라고는 말하지 않으며 또 제우스에 대한 신앙, 아피스에 대한 신앙 등이라고는 말하지 않는 것이다. 신앙이란 확신에 갖춰진 내면성을 말하는 것이며, 더욱이 의견과 표상과 신념과 의욕과 같은 그 밖의 모든 것에 대립하는 것으로서의 가장 깊고 가장 집중된 내면성을 언표하는 것이다"[『신의 존재증명에 관한 강의』 17. 349]라고 하여 기독교 신앙에 대해서만 이 말을 사용한다. 하지만 신앙과 지의 대립이나 단절을 부정하는 입장에서 "반성과 논변 또는 사유 일반을

그 속에 포함하지 않는 신앙은 없는 것과 마찬가지로, 비록 한순간의 것이라 하더라도 신앙을 거기에 포함하지 않는 사유는 존재하지 않는다. 그것을 신앙이라고 부르는 것은 원래 신앙이 무언가 전제의 형식이어서, 그 유래가 어떠하든, 강고한 기초로 되는 가정의 형식이기 때문이다[같은 책 17. 352]라는 식으로 신앙 지평의 비종교적인 것으로의 확대도 보유하고 있다. 요컨대 "신앙이 일종의 지이며, 지의 특수한 한 형태"[『엔치클로페디(제3판) 정신철학』 554절]라고 보는 입장인 것이다. 이러한 용어법들은 신앙을 신의 인식으로서 이해하는 데로 수렴되며, 기독교 신앙의 핵심을 철학적으로 다시 파악했다는 자부심에 뒷받침된 헤겔 종교철학에서는, 인식의 측면에서 보는 한, 신앙은 개념적 사유의 아랫자리에 서게 된다.

"[신학자들이] 절대적 내용을 유한하게 사유함으로써 기독교의 근본교의가 대부분 교의학으로부터 사라져버리는 일이 발생했다. 철학만이 그런 것은 아니지만 주로 철학이 지금 본질적으로 정통적인바, 영구히 타당한 명제들, 즉 기독교의 근본진리들은 철학에 의해서 획득되고 보존된다"[『종교철학』 17. 202]고 한다. 교회의 권위에 입각한 실정적 신앙이 그 위치를 회복할 것도 아니다. 신앙을 신의 인식으로 보는 논리구조를 『정신현상학』의 서술에 입각해 말하면, 절대종교 내지 계시종교(즉 철학적으로 파악된 기독교)가 절대 실재(신)의 자기의식으로서 실현되어가는 과정에서 절대 실재의 대상의식이라는 주관성의 면을 담지하면서 그 완결에서 종교 그 자체로 되돌아오는 것이 신앙이다. 이것은 신앙을 자기의식적 구조 안으로 받아들이는 헤겔의 강인한 논리구조라고도 볼 수 있지만, 신앙 그 자체에 그 존립부터 이미 일종의 한시적인(물론 이것은 구원론적인 의미에서의 '시간'이지만) 성격이 놓여 있으며, 신의 나라의 실현을 보는 것은 신앙의 본래적인 완결로서 그 종식을 의미하는 것이라고 생각되어야만 할 것이다.

신의 인식으로서의 신앙을 근저에서 밑받침하고 있는 그것의 존재론적 성격 역시 헤겔 종교철학에서 특히 강조되어야만 한다. 프랑크푸르트 시기의 "신적인 것에 대한 신앙은 믿는 자 자신 안에 신적인 것이 존재함으로써만 가능해진다"[『기독교의 정신』 1. 382]는 통찰로부터 시작하여 헤겔 종교철학의 기본명제로서의 "정신은 정신에 대해서 존재하는 한에서만 정신이다"[『엔치클로페디(제3판) 정신철학』 564절]의 장대하면서도 치밀한 전개인 『종교철학』에 이르기까지 본래적으로 동등한 자의 대응과 모순을 매개로 한 합일의 모티브는 신앙을 논하는 것에서 충분히 구현되어왔다고 말할 수 있다. 『종교철학』 제1부 '제사론'은 그 하나의 증좌이다.

그러나 여기에 이르러 또한 역사적 현실이 종교철학적 진실을 계속해서 배반하고 있다는 것은 "신앙에서는 아무것도 정당화되지 못하고…… 가난한 자에게 복음이 설교되지 못하며 소금은 맛을 잃고 있다"[『종교철학』 17. 343]는 것이 그의 동시대 인식이다. 헤겔의 이른바 성직 신분으로서의 철학자에 의한 이러한 사태의 자폐적 방관은 여전히 계속되고 있다고 말해야만 한다. ⇒기독교, 신, 종교, 정신, 야코비

—요네자와 호즈미(米澤穂積)

신의 권리와 자기의식의 권리神—權利—自己意識—權利⇨ 신과 인간

신의 존재증명神—存在證明 [Gottesbeweis]

헤겔의 체계 전체가 신의 존재증명으로서 이해될 수 있다는 것은 헤겔 해석사에서 이미 자주 지적된 점이다. 이와 같은 지적의 배경을 이해하기 위해서는 중세의 안셀무스(Anselmus 1033-1109)에 의해 최초로 이루어진 신의 존재에 대한 존재론적 증명이 근세의 데카르트와 스피노자 등의 '필연적 존재자'의 사상을 경유함으로써 단지 특수 형이상학의 한 부문일 뿐인 합리적 신학의 특수한 대상으로서의 신의 존재에 대한 관심을 떠나 폭넓게 존재론 전반에 걸쳐 '존재'와 '개념'의 상호관계를 묻는 형식으로 크게 변용해 간 것에 주의해야만 한다. 헤겔에 따르면 안셀무스의 존재론적 증명은 특수 형이상학의 한 부문 안에서 움직이는 것으로서 (이를테면 생물학이 곧바로 생물의 개념을

전제하기에 이르듯이) 그 대상인 신의 개념(그 본질 내지 실재성(Realität)의 총계에서 최대의 존재자)을 '전제'하고 있었다. 그리고 '존재' 내지 '현실성'은 이러한 질의 하나로서 신에게 귀속된다. 이러한 증명에 대해서는 그것이 '단순한 개념'으로부터 '존재'를 끌어내는 것이라 하여 이미 오래 전부터 다양한 비판이 제기되었다. 다른 한편 헤겔에 따르면 스피노자의 실체 개념도 그 개념이 존재를 포함하는 자기원인으로서 체계의 최초에 마찬가지로 '전제'되고 있었다. 다만 여기에는 안셀무스에서 보이지 않는 '필연적 존재자'의 생각이 놓여 있다. 이것은 특수 형이상학에서처럼 무언가 특수한 대상의 개념을 전제하고 이것에 존재를 귀속시키고 있는 것이 아니다. 오히려 그것은 예를 들어 이것이라고 특정될 수 있는 무엇인가가 필연적으로 존재한다는 것은 증명되지 않는다 하더라도 역시 무엇인가가 존재한다는 것은 필연적이라고 주장하는 것에 다름 아니다. 그리고 이와 같이 어떠한 특정도 행하지 않는다는 의미에서 전적으로 '무규정적'인 사상을 굳이 '필연적 존재자의 개념'이라고 부른다면, 이 개념에 대해서 존재를 거부하는 것은 아무것도 존재하지 않는다고 주장하며 존재하는 사유의 자기모순을 초래한다고 생각하는 것이다. 헤겔은 이 점에서 세계의 우연적 '존재'로부터 필연적 존재자로서의 신의 '개념'에로 추리하는 우주론적 증명과, 거꾸로 '개념'으로부터 '존재'로 나아가는 존재론적 증명과의, 자기의 체계로서 유기적으로 전개되어야만 할 통합을 보고 있다.

헤겔은 이러한 상황을 칸트의 비판을 통해 받아들였다. 칸트에 따르면 세계의 존재로부터 필연적 존재자의 개념에로 추리하는 우주론적 증명은 방금 본 이 개념의 '무규정'함 때문에 결국 안셀무스적인 개념의 전제로, 즉 그의 존재론적 증명으로 퇴보한다. 그리고 이 증명은 결정적으로 존재란 어떤 경험되는 사물의 질이나 규정성과 같은 것이 아니라고 비판된다. 이 비판에 대한 대답이 『논리의 학』의 다양한 장소에서 발견된다. 우선 시원의 존재의 무규정성은 물론 경험된 사물의 질이 아니지만, 사유의 경험 그 자체가 가능하게 되기 위한 질, 즉 무규정이라는 규정성이다. 또한 절대적 필연성 속에서 개념과 존재의 상호관계가 가능

태의 현실화라고 말해진다. ⇒시원

【참】Henrich (1960)

―오니시 마사토(大西正人)

신체 身體 [Körper, Leib]

신체는 헤겔에게 있어 개인의 본질의 표현이며, 또한 개인의 자유의 현존재이기도 하다.

신체에 대한 철학적 고찰은 현대에 이르러 예를 들면 메를로-퐁티(Maurice Merleau-Ponty 1908-61) 등에 의해서 정력적으로 이루어지게 되었다. 그 동기는 내면적인 마음과 외면적인 물체라는 양자를 이원론적으로 분단시키는 길을 끊는 데 있었다고 말할 수 있을 것이다. 그런 점에서 헤겔의 신체론은 명확히 정리된 모습으로 논해진 것은 아니지만 선구적인 관점을 지니고 있다.

Ⅰ. 개인의 본질의 표현. 『정신현상학』 '이성' 장에서는 인상학을 논의의 대상으로 하여 신체에 대한 고찰이 이루어지고 있다. 즉 인상학에서는 개인의 본질을 '의식', '의도', '성격' 등의 내면적인 것에 두고, 이것들이 개인에 고유하게 외면화된다고 생각한다. 예를 들면 누군가가 선인에 어울리게 행동하고 있다 하더라도 인상학자는 그 사람의 인상으로부터 그 사람의 내면의 본성이 사악하기 때문에 그 사람은 악인이라고 판정하는 것이다.

이와 같은 경우에 다음의 것이 전제되어 있다. 그것은 신체가 단지 타고난 것일 뿐 아니라 개인에 의해서 산출된 본인 자신의 표현이자 기호라는 것이다. 이러한 전제는 『엔치클로페디』 '인간학'의 'c. 현실적 마음' 부분에서 좀더 정확하게 고찰되고 있다. 그것에 따르면, 개인의 마음은 신체성(Leiblichkeit)에서 자유로운 형태를 지닌다. 이 경우에도 마음과 신체성의 관계는 의미와 기호의 관계와 유사하다. 그리고 특히 주목해야만 할 것은 개인의 표현으로서 용모 일반과 더불어 마음의 전체에 기초하여 흘러나온 정신의 음성이 거론되고 있다는 점이다. 이 음성은 용모 등이 정신에 있어 불완전한 기호인 데 반해 좀더 완전한 기호라고 생각되고 있다.

Ⅱ. 자유의 현존재로서의 신체. 헤겔에 따르면 지금 말한 마음의 표현과 같은 것이 성립하기 위해서는 신체가 해당 인격에 의해서 소유되어야만 하며, 따라서 신체가 나의 자유의 현존재로 되어 있지 않으면 안 된다. 나 자신은 확실히 자기의 의지와 신체를 나누어 생각할 수 있다. 그러나 타인의 입장에서 보면, 상대방인 나와 그 신체를 나누어 식별하는 것은 가능하지 않다. "나는 타인에게 있어 나의 신체라는 모습으로 존재하는 것이다. 내가 타인에 대해서 자유인 것은 내가 오로지 현존재에서 자유인 것으로서만 그러하다는 것은 동어반복명제이다"[『법철학』 48절]. ⇒영혼

―야마구치 세이이치(山口誠一)

신플라톤학파新―學派 [Neuplatoniker]

헤겔은 고대 그리스 철학의 발전에서 세 개의 시기를 구별했다. 제1기는 탈레스에서 아리스토텔레스에 이르는(기원전 6세기에서 기원전 4세기말까지의) 시기인바, 철학은 통일성이 있는 학적 지식으로서 그것 자신 속에서 형성되고 있었다. 그러나 제2기는 철학 자체가 독단론(스토아주의, 에피쿠로스학파 등)과 회의론과 같은 특수한 체계들로 분열하여 서로 대립한 단계인바, 이 추세는 기원전 3세기 이후 현저해졌다. 그리고 헤겔은 제3기의 동향을 총괄하기 위해 신플라톤학파라는 명칭을 사용하지만, 그럼으로써 그는 이 개념에 통상적인 것보다는 훨씬 넓은 외연을 부여하게 된다. 즉 이 개념은 내용적으로는 (1) 필론(Philōn BC 30?-AD 40?), (2) 카발라 사상 및 그노시스파(AD 2~3세기 경 성행)에서 (3) 알렉산드리아 철학[플로티노스[205-270]과 프로클로스[412-485]도 포함된다]까지, 그리고 시간적으로는 1세기에서 6세기 전반(유스티니아누스 황제에 의한 이교철학 금지)까지 포섭하는 것으로 되는 것이다[『철학사』 18. 188ff. 및 특히 19. 403ff.].

그의 이와 같은 파악방식의 근저에 있는 것은 세계사에서의 대전환은 사상의 영역에서도 그에 대응하는 혁명적 변동을 일으키지 않으면 안 된다는 확신이다. 그러므로 신플라톤학파의 사상은 결코 전 시대의 철학들의 아류나 절충이 아니며, 하물며 퇴폐도 아닌, 헬레니즘 세계의 전면적 변동에 의해 필연적으로 형성된 입장이다. 그것은 모든 신들이 하나의 만신전에 합사되어 모든 종교가 하나의 종교 속으로 흡수되어 가는 세계사적 조류에 대응하여 유한한 모든 원리와 규정을 초월하며 언어가 미치지 못하는 일자로 향하는 철학으로 되는 것이다. 즉 절대적 실재(Wesen, 정신)의 [스스로 자기의 타자가 됨으로써 영원히 자기에게 동등하게 있는] 그 무한한 본질(구체성)은 세계사의 현실에서는 이미 종교로서 이러한 하나의 자기의식(그리스도)에서 표상되어 있지만, 이 본질을 개념적으로 파악하는 사유운동이 사상의 나라에서도 일어나야만 하는 것이다.

그러나 이 운동을 수행함에 있어 다양한 종교적·신화적 표상에서 좀더 자유로웠던 것은 알렉산드리아 철학이었다. 즉 플로티노스의 근본 주제는 일자(to hen) 및 이 일자와 그로부터 발현된 것과의 관계인 것이다. (1) 그런데 일자란 어떠한 다수성이나 한정적 술어를 지니지 않는 순수하게 하나인 일자이며, 모든 것에서 자기동일적인 일자이다. 그것은 그 완전무결함 때문에 흘러넘쳐 그로부터 자기로 향하며, 이러한 자기귀환을 통해 자기를 직관한다. 이러한 근원으로 돌아오는 운동이 누스이다. (2) 누스에서는 자기의 일자성을 대상으로 하는 한에서는 예지계가, 그리고 자기와는 다른 차이와 여럿과 변화가 대상인 한에서는 감성계가 각각 사유대상으로서 성립하지만, 개념적 원형이 아니라 감성적 모상으로 향하는 경우의 누스는 (3) 오히려 영혼(프쉬케)이다. 그것은 유출과 모상의 무수한 연쇄를 거쳐 질료(휠레)라는 극한에 부딪친다. (4) 질료는 단지 가능적으로밖에 존재하지 않는 바의 참된 비존재이자 전적으로 부정적인 것이지만, 또한 악의 기원이기도 한 것이다.

프로클로스는 플로티노스가 제시한 이러한 주제들을 계승하지만, 그는 일자가 흘러넘쳐 현실을 산출해 가는 질서의 상세한 모습을 한층 더 명확하고 정합적으로 서술할 뿐 아니라, 일정한 독자적인 논술방식―일자가 흘러넘치는 각 단계와 그 전체 가운데서 애써 삼위일체성적인 질서를 발견하고자 하는 태도―을 폭넓게 사용함으로써 더욱 더 체계적으로 사상을 표현하기에

이른다. 따라서 그 역시 일자의 자기 밖으로 벗어남 또는 자기분열을 '유출'이라든가 '산출'이라는 말에 의해서 표현하지만, 이것은 "유일한 삼위일체성이 동시에 세 개의 삼위일체성이다"라는 개념적 삼위일체성의 한 계기를 지시하고 있는 것이다. 이에 반해 거기까지의 사변적 파악이 보이지 않는 플로티노스에서는 '유출' 등에 의해서 사실은 아무것도 말해지고 있지 않을 뿐 아니라 자주 자의적 표상이 섞여버린다.—이와 같은 견지에 서서 헤겔은 플로티노스 사상의 불투명함에 비하면 프로클로스에서는 신플라톤학파 중에서도 가장 완성되고 가장 탁월한 사상이 포함되어 있으며, 그것은 이 학파의 철학의 정점에 서는 것이라는 평가를 내리고 있다. ⇒ 유출(설), '정·반·합'(삼지성)

—사카이 오사무(酒井 修)

신학 神學 [Theologie]

튀빙겐에서 우선 철학을 공부하고 20세에 철학 석사가 된 헤겔은 그로부터 3년 후인 1793년 신학 박사 후보생이 되었다. 1804년의 이력서 초안에서 그는 "나는 양친의 요망에 따라 설교자의 신분을 얻었다. 그리고 신학 연구에서 그것이 고전문학과 철학에 연결되어 있는 까닭에 마음으로부터 충실히 계속해서 몰두해왔다"[『초기신학논집』(놀) Ⅳ]고 쓰고 있다. "헤겔은 처음부터 철학을 위해—신학자였다"는 뢰비트(Karl Löwith 1897–1973)의 지적은 적절하다. 헤겔은 최고의 학문을 "이성에 의해서 신을 인식하는 것"[『엔치클로페디(제3판) 논리학』 36절 「보론」]이라고 생각하고, 신학을 "신앙의 학"[같은 곳]이라고 말한 데서 더 나아가 신학을 단지 역사적으로 취급하는 것이 아니라 참으로 개념 파악하는 사고로까지 전개시켜야만 한다고 생각했다[같은 곳].

철학과 신학의 관계가 헤겔의 사색에 있어 하나의 중요한 주제였다는 것을 보이는 저작은 『종교철학』이었다. 헤겔은 신학이 신을 대상으로 하여 인식하는 것이라고 말한다. 그리고 철학이 행하는 개념에 의한 종교인식은 세 개의 단계를 밟아간다. (1) 직접적이고 사로잡히지 않은 종교 내지 신앙의 입장, (2) 지성의

입장, (3) 철학의 입장[『종교철학』 17. 342]. 철학은 기독교 내의 이성을 지적하고 정신의 증언, 진리의 증언이 이 종교의 근저에 있다고 한다. 철학은 개념파악하는 것이며, 그런 한에서 신을 개념에서 인식하고자 한다. "신학인 철학에서는 종교의 이성을 보이는 것만이 문제이다"[같은 책 17. 341]. 헤겔은 동시대의 신학이 오직 감정만을 근거로 삼고 있다는 것을 비판한다. 오히려 감정의 내용이 진리인가 아닌가 하는 것이 사유에 의해서 음미된다. 구체적 감정의 내용과 사유의 대립이 화해된다. "이러한 화해가 철학이며, 그런 한에서 철학은 신학이다"[같은 책 17. 342]라고 헤겔은 말한다.

그러나 종교철학이 논리학과 분리될 수 없다는 것이 헤겔 철학의 하나의 특징이다. 헤겔은 "논리학은 순수 사상의 에테르에서의 신의 이념의 전개를 고찰하는 형이상학적 신학이다"[같은 책 17. 419]라고 주장한다. 슈플레트(Jörg Splett)는 헤겔의 논리학이 전체로서는 "기독교 교의학이 «내재적 삼위일체론»이라고 부르는 것이 지니는 사변적 진리의 서술이다"라고 말하지만, 논리학이 절대자에 이르는 자기운동이라고 한다면, 하나의 신학이라고도 말할 수 있다.

철학은 근대 신학에서의 이른바 합리주의에 반대한다. 헤겔은 합리주의가 이성을 앞에 내세우면서도 말라붙은 지성에 불과하다[『철학사』 18. 101]고 생각한다. 뢰비트는 헤겔을 평가하여 "헤겔은 이성의 장미를 십자가 안에 옮겨놓고서 철학적 사상이 신학의 도그마적 표상과 합체해야만 한다고 생각한다"고 적절히 말하고 있다.

【참】 Löwith (1941), Schmidt (1974), Splett (1965)

—이와나미 데쓰오(岩波哲男)

신헤겔주의 新—主義 [독일]

19세기 후반부터 20세기 초에 걸쳐 독일, 네덜란드, 이탈리아, 프랑스, 영국 등에서 다양한 모습으로 관념론 철학, 그리고 헤겔 철학 부흥의 움직임이 보이며, 이 운동이 신헤겔주의라고 총칭되지만, 그러나 다른 나라들과 독일에서는 약간 경향을 달리하고 있었다. 왜냐하면 다른 나라들에서 헤겔 철학은 우선은 외래의

사상으로서 어느 정도 통합적으로 받아들여졌기 때문이기도 하고, 영향사는 이 철학을 이해하고 그 의미를 분명히 한다는 태도로 비교적 안정된 형태로 진행된 데 비해, 독일에서는 1840년대에 시작되는 절대적 관념론의 해체과정을 통해 헤겔 철학의 영향사가 심각한 단절을 보이고 있기 때문이다. 이것을 촉진한 것으로서는 첫째로 헤겔 좌파로 대표되는, 3월 혁명을 앞에 두고 철학의 실천화, 현실화를 추구하는 입장으로부터의 비판, 둘째로 자연과학의 진보와 이것에 수반되는 산업사회의 발전을 배경으로 실증주의, 유물론, 실용주의 등이 대두했던 것, 셋째로 역사주의의 상대주의가 관념론의 기반을 허물었던 것 등이 거론될 수 있을 것이다. 그러나 1860년대에 들어서서 이러한 추세에 반해 18세기에 칸트가 뉴턴 물리학으로 대표되는 근대 과학에 대해서 등장했던 것처럼 인식론적이고 방법론적인 검토를 덧붙임으로써 그것의 객관성과 정밀성에 만족하는 과학을 독단의 선잠에서 각성시키고자 하는 운동이 일어났다. 그것이 바로 랑게(Friedrich Albert Lange 1828-75), 코헨(Hermann Cohen 1842-1918), 리프만(Otto Liebmann 1840-1912), 릴(Alois Riehl 1844-1924), 그리고 빈델반트(Wilhelm Windelband 1848-1915)와 같은 사람들에 의한 이른바 신칸트주의 운동이다. 그리고 칸트에서 시작되는 예전의 독일 관념론 운동이 곧이어 헤겔을 불러냈던 것처럼, 이 신칸트주의 운동은 곧이어 헤겔 철학에 대한 관심을 환기시키게 되었던 것이다. 이미 하르트만(Karl Robert Eduard von Hartmann 1842-1906)은 1877년에『현대의 철학적 과제에 대한 신칸트주의, 쇼펜하우어주의, 헤겔주의의 입장』이라는 책에서 이러한 동향을 예고하고 있지만, 헤겔 철학 부흥에 직접적인 기회를 제공한 것은 헤겔 학도의 철학사가인 피셔(Kuno Fischer 1824-1907)의『헤겔의 생애와 저작과 학설』(1897)의 간행에 즈음하여 딜타이가 1900년에 서평하고 거기서 헤겔 철학의 발전사적 연구의 필요를 호소한 것이다. 딜타이 자신이 이 과제를 받아들여『청년 헤겔』(1905)을 저술하며, 이어서 그가 시사한 것에 기초하여 그의 제자 놀(Herman Nohl 1879-1960)이 당시 베를린 왕립도서관에 소장되어 있던 헤겔의 유고에서 초기 초고를『헤겔의 청년기 신학논집』(1907)으로서 간행함으로써 그 후의 청년 헤겔 연구에 결정적인 공헌을 수행했던 것이다. 스스로 신칸트주의 운동에 편승한 빈델반트는 1910년, 그의 하이델베르크 총장 취임연설을『헤겔주의의 부흥』이라는 제목으로 행하는데, 이것은 이렇듯 헤겔 철학을 바로 보고자 하는 기운을 분명히 철학 운동 속으로 도입하여 자리 잡게 한 것이라고 말해도 좋을 것이다. 그리고 이 운동은 헤겔 사후 100년에 해당하는 1930년대 초까지 계속되어 나치 대두와 더불어 변질된다고 말할 수 있을 것이다.

이리하여 독일의 신헤겔주의의 특색은 결정적으로 신칸트주의 운동과 딜타이의 생철학에 의해 열린 지평에 서 있는 것이다. 그리고 이런 까닭에 신헤겔주의 운동은 전반적으로 헤겔 철학에 있어 절대정신의 형이상학의 재생에는 관심을 기울이지 않았으며, 오히려 관심은 칸트와 신칸트주의 운동이 자연과학의 방법론적 기초짓기로 향하는 것을 이어받아 역사적 세계의 총체적 파악에로 향한 헤겔의 사색을 뒤따라 시도함으로써 정신과학의 방법과 이것을 기초짓는 논리를 획득하는 데로 향했던 것이다. 그리고 이런 의미에서 신헤겔주의의 헤겔 해석은『논리의 학』,『엔치클로페디』보다는 오히려『정신현상학』과 '객관적 정신의 학'으로 향했으며, 헤겔의 변증법 논리도 이러한 헤겔의 역사적 생의 이해와 결부되어 이해되었던 것이다. 그런 까닭에 신헤겔주의 운동에서는 헤겔 철학을 전체적이고 체계적으로 발전시킨다든지 다시 구축한다든지 하는 단서가 생겨나지 못했다. 신칸트주의가 마르부르크와 하이델베르크를 거점으로 학파를 형성했던 것에 대비하여 신헤겔주의 운동은 어떠한 학파도 형성하지 못했지만, 이것은 위와 같은 사정과 관계없는 것이 아닐 것이다. 나아가 우리는 신헤겔주의의 특색으로서 이 철학운동이 지닌 헤겔 저작의 새로운 간행이라는 문헌학적 운동과의 깊은 결합에 관해 언급해야만 한다. 딜타이가 제창하고 아카데미에 의한 칸트 전집 간행에도 자극을 받아 놀을 뒤이어 헤겔의 미간행 초고들을 중심으로 새로운 헤겔 저작 간행 운동이 추진되었으며, 그 성과는 라손(Georg Lasson 1862-1932)에 의한 철학총서판의 헤겔 전집의 간행, 글로크너(Hermann Glockner

1896-1979)에 의한 구 헤겔 전집의 개정복각, 호프마이스터(J. Hoffmeister)에 의한 『헤겔 발전의 기록』(1936) 등에서 보는 대로이다. 나아가 헤겔 부흥의 물결은 독일에서 유럽으로 널리 전파되었지만, 이 기운을 받아들여 1930년대에 헤겔국제연맹(Internationaler Hegel-Bund)이 결성된 것도 빠뜨릴 수 없다. 여기에 독일에서도 글로크너, 해링(Theodor Haering 1884-1964), 라손 등을 비롯한 많은 철학자가 참가했지만, 그들은 모두 독일에서의 신헤겔주의 운동을 대표하는 사람들이었다.

―고즈마 타다시(上妻精)

해서 존재와 무의 통일과 차이라는 변증법적 생성의 시원의 문제에 몰두했다. 이것은 스파벤타의 시도의 계승이다. 그는 헤겔이 엄밀하게 내재적 입장에서 출발하면서도 체계의 서술에서 다시 플라톤적 이원론으로 휘말려드는 점을 수미일관하지 못하다고 보았다. 다양한 헤겔학파 가운데서도 이탈리아의 신헤겔주의는 헤겔 철학 그 자체로부터 가장 멀리 떨어진 시도였다.

【참】Spaventa (1864), Croce (1906), Gentile (1913), 近藤恒一 (1985), 上村忠男 (1986, 1989)

―이와사키 미노루(岩崎 稔)

신헤겔주의新―主義[이탈리아] [neo-hegelianismo]

이탈리아에서 19세기 말부터 일어난 헤겔주의를 가리킨다. 그에 앞서 이미 헤겔 우파에 공감한 베라(Augusto Vera 1813-85)가 나폴리에서 역사철학과 법철학, 신의 섭리 문제를 도입하고 있었지만, 신헤겔주의는 이들의 객관주의에 대한 반동이기도 하다. 또한 이탈리아에서는 독특한 실증주의적인 사유 풍토와 이른 시기부터 수용되어 있던 근대적인 실증주의 사상과의 관계에서 헤겔의 수용이 동시에 '헤겔의 개혁(riforma di Hegel)'으로서 주장될 수밖에 없다는 사정이 있었다. 신헤겔주의의 원류는 『정신현상학』에 주목하여 동일성을 동일화로서 파악하고, 객관주의적인 헤겔 이해를 피히테적인 입장에서 전도시켰던 스파벤타(Bertrando Spaventa 1817-83)에서 보이지만, 이 학파를 대표하는 것은 크로체와 젠틸레 두 사람이다. 우선 크로체(Benedetto Croce 1866-1952)는 그의 철학의 핵심 부분을 형성한 후에 헤겔을 만나 헤르바르트의 영향하에 구성된(헤겔의 철학과는 이질적이라고 말할 수 있다) '구별(distinzione)'의 논리를 가지고 들어와 헤겔 논리학의 입장을 비판적으로 평가했다. 그러나 그가 헤겔로부터 계승한 것은 역사의 문제에 대한 생생한 관심 등 개별적인 문제에 불과했다. 그에 반해 젠틸레(Giovanni Gentile 1875-1944)는 야야(Donato Jaja 1839-1914)와 스파벤타 등의 헤겔학파 가운데서 사상형성을 이루고 '순수행위로서의 정신'의 사상(attualismo)에 의

신화 · 신화학神話 · 神話學 [Mythen, Mythologie]

각 민족은 각자에게 고유한 신화를 지닌다. 신화는 민족의 세계관을 이야기 형식으로 표현한 것이자 민족의 종교의식의 핵심을 이루는 것이다.

헤겔은 『종교철학』에서 인도, 페르시아, 그리스 등의 신화를 분석하고, 각각의 민족종교의 성질을 명확히 하고자 했다. 고대의 종교를 취급할 때에는 신화가 가장 유력한 자료가 되었다. 신화의 철학적인 의미를 명확히 하는 것이 종교철학의 가장 중요한 과제의 하나였다.

그럼에도 불구하고 이성을 절대적 근거로 하는 헤겔에게 있어 신화는 언제나 양면성을 지니는 것으로서 나타날 수밖에 없었다. "민족의 종교는, 따라서 또한 신화는 보편적인 규정, 즉 진리를 포함한다. 신화의 근저에는 합리성의 본능이 있다. 그러나 동시에 신화는 감성적인 견해를 취하는 것이기 때문에 거기에는 다양한 우연적이고 외적인 재료가 섞인다. 왜냐하면 개념을 감성적으로 표현하고자 하면 반드시 어딘가에서 무리가 생기고, 환상의 토대 위에서는 이념을 올바르게 나타낼 수 없기 때문이다"[『철학사』 18. 103].

신화가 보편적인 진리를 포함하는 예로서 헤겔이 가장 자주 끌어들이는 것이 구약의 낙원추방의 신화이다. 지혜의 나무의 열매를 먹는 것은 인간이 순진무구한 자연태(즉자태)에 안주할 수 없게 되는 것이고, 그곳을 떠나 자기의 모습에 대해 반성하게 되는 마음의

경지(대자태)에 다다름으로써 인류의 정신적 발전이 가능해진다. 낙원추방의 신화를 헤겔은 인간에서의 지의 그러한 역설적인 모습을 암시하는 것으로 파악했다.

신화와 철학적 이념의 어긋남에 대해 언급한 것으로서는 플라톤의 대화편에 삽입되는 문학성 풍부한 신화(내지 우화)에 대한 비판이 있다. 헤겔은 이러한 신화(우화)의 삽입이 논리의 필연적인 전개를 중단시키는 것이기 때문에 철학서에는 걸맞지 않다고 생각했다[『철학사』].

【참】 Cassirer (1925), Bacherard (1957), Durand (1968)
―하세가와 히로시(長谷川宏)

실러 [Johann Christoph Friedrich von Schiller 1759. 11. 10–1805. 5. 9]

'괴테 시대'의 독일의 시인, 극작가. 철학적으로는 칸트와 독일 관념론을 매개하는 위치를 점한다.

칸트는 『판단력비판』에서 미를, 대상 그 자체가 아니라 그 대상을 직관하는 주관이 쾌의 감정에서 지니는 '주관적 합목적성'으로 규정했다. 이에 반해 실러는 『칼리아스 서한』에서 자연적 대상에 관해 '현상에서의 자유', 요컨대 감성적인 것의 '자기규정'이라고 하여 미를 대상 그 자체의 객관적 속성으로서 생각했다. 또한 동시에 칸트적인 엄숙주의적 자유에 대해서 '자기규정'의 개념을 전개하여 이성과 감성이 조화된 미적 자유라는 생각을 제시했다. (실러는 이미 초기에 퍼거슨(Adam Ferguson 1723–1816), 샤프츠버리 등에게서 영향을 받아 조화를 주장하고 있었다.) 그리고 이에 뒤이어 『우미와 존엄에 관하여』에서 도덕적 주체의 미로서 "아름다운 영혼"의 "의무가 자연으로 된" 상태를 "인간성의 이념"으로서 주장했다. 나아가 『인간의 미적 교육에 관하여』에서 미를 대상으로 해서 이성적인 것과 감성적인 것을 통일하여 '유희'할 때에만 "인간은 완전하게 인간으로서 존재한다"고 주장했다.

미학 그 자체로서는 위에서 말한 객관적이고 통일적(총체적)인 것으로서의 미의 규정이 헤겔 자신이 말하듯이[『미학』 13. 89ff.] 헤겔 미학의 선구를 이루는 것으

로서 일반적으로 평가되고 있다. 미적 자유의 생각아―이미 베른 시대에 『인간의 미적 교육에 관하여』에 대한 칭찬이 보이지만[『서간집』(제1권) 25]―특히 프랑크푸르트 시기의 헤겔에게 영향을 주었다는 것은 거의 확실할 것이다. 또한 헤겔은 초기에 바로 실러의 이상을 (실러가 미적 사회 실현을 위한, 그것에 선행해야만 하는 미적 교육을 말하는 것에 머물렀던 데 반해) 미적 사회로서 구상했다는 식으로 실러의 헤겔에 대한 결정적 영향을 말하는 사람도 있다. ⇒아름다운 영혼, 미, 자유, 조화

【참】 Kant (1790), Schiller (1943–), Wiese (1959), 金田民男 (1968), Leuze (1975), Gethmann-Siefert (1984), Dickey (1987)
―아비코 가즈요시(安彦一惠)

실연적實然的 ⇨ **판단**

실재實在 ⇨ **본질**

실재론(실념론)實在論(實念論) ⇨ **관념론**

실재론과 유명론實在論―唯名論 ⇨ **스콜라학**

실재성實在性 [Realität]

실재성이란 관념성(Idealität)의 맞짝개념이며, 독어의 real과 불어에서 독어로 귀화한 reell의 두 개의 형용사의 명사화이다. 이들 양자는 라틴 어의 res(사물), realis(사물적인)를 동일한 어원으로 하면서도 언어적 변천과 그것의 역사적 교차로 인해 미묘한 의미내용의 차이를 지니지만, 이 양자를 통일한 실재성 역시 헤겔 철학에서 다양한 의미에서 논의된다.

실재성의 범주가 『논리학』 체계 속에서 최초로 등장하는 것은 존재의 현존재, 즉 질로서 있는 규정성을 지니는 존재에서이다. "구별되어 존재하는 것으로서

간주되는 질은 **실재성이다**'[『논리의 학』 **5**. 118]. 여기서는 어떤 것이 특정한 질을 지니는 것의 긍정적 측면이 실재적이라는 것으로 된다. 그러나 실재성 역시 고립되어서는 존재할 수 없다. 질은 가변적이며, 다른 질을 부정적으로 배제함과 동시에 그것 자신 안에 한계를 지니지만, 이 한계를 넘어서서 타자로 이행한다. 따라서 실재성은 부정성 및 유한성과도 관계될 수밖에 없다. 또한 질이 타자로 이행함으로써 질 그 자체가 지양되며, 여기서 부정의 부정으로서의 자기관계, 대자존재가 발생한다. 이것은 유한자의 부정으로서의 무한자, 실재성의 지양으로서의 관념성이며, 이런 의미에서 실재성의 진리가 관념성이게 되는 것이다.

그러나 실재성의 범주는 이것에서 소멸되는 것이 아니라 현상·현실존재·현실성 등과 관련되어 순화되어 가며, 체계 끝 부분의 이념론에서 개념과 불가분한 고차적인 것으로서 다시 모습을 나타낸다. "이념은 자기 자신을 규정하여 실재성으로 되는 자유로운 개념이다'[『엔치클로페디(제3판) 논리학』 213절]. 여기서 실재성은 주체이자 관념적인 것인 개념 자신의 활동에 의해서 자기 밖에 객체로서 산출된 것이며, 산출자로서의 개념의 내용 그 자체에 다름 아니다. 개념의 자기실현이라고도 말해야 할 이러한 실재화는 동시에 변증법적 과정이기도 하다. 이런 관점에서 개념과 실재성의 일치라는 헤겔의 실재적 진리관이 말해지는 것이다.
⇒ 질, 부정, 유한성, 관념성

―오쿠타니 고이치(奧谷浩一)

실재철학實在哲學 [Realphilosophie]

예나 대학에서의 헤겔의 '자연철학과 정신철학' 강의 가운데 1803/4년의 일련의 초고와 1805/6년의 강의 초고를 호프마이스터(Johannes Hoffmeister, 1907-55)가 라손판 전집에 끼워 넣는 형태로 『실재철학 I 』 및 『실재철학 II 』로서 편집하여 간행했다(1931/2년). 이후 해당 텍스트는 '실재철학'이라고 불려왔지만, 현재의 결정판 전집에서는 『예나 시대의 체계초안 I ·III』으로 되어 있다. 확실히 두 개의 체계초안에 공통되게 <현상학적 구조>가 보인다. 예나 대학에서의 1805/6년

의 강의공고에서도 '실재철학(philosophia realis), 즉 자연철학 및 정신철학'이라고 되어 있다. 그러나 1803/4년에는 '자연철학과 정신철학을 포함하는 사변철학의 체계'로 되어 있었다. 『체계초안 I 』에서는 <의식>이, 『체계초안III』에서는 <의지>가 전개되며, 그 배경에 있는 논리학도 다르다. 따라서 각각의 체계를 시행착오를 겪어나가는 과정의 산물이라고 보아야만 한다.

―구리하라 다카시(栗原隆)

실정성實定性 [Positivität]

청년 헤겔의 사상형성은 실정성의 극복과 중첩된다. 헤겔의 실정성 이해의 변화는 크게 셋으로 나눌 수 있다. (1)은 김나지움 시대부터 베른 시기까지, (2)는 베른 시기부터 프랑크푸르트 시기에 걸쳐서, (3)은 프랑크푸르트 시기부터 예나 시기에 걸쳐서이다. (1)의 시기는 자연법과 실정법의 대립을, 그리고 또한 기독교의 공허화와 형식화를 문제로 하고 있었다. 이때의 실정성 이해는 자기의 심정과 행위를 자신의 주체에 기초짓는 것이 아니라 자신 바깥의 '권위'에 의거시키는 점에 있다. 실정성이란 자율이 아니라 타율이며, '권위'라는 타자에 의존하는 관계이다. 헤겔은 『초기 신학논집』에서 이와 같은 타율의 관계형식을 유대교에 중첩시켜 보고 있다. 자기 바깥의 '권위'에 대한 복종이야말로 인간의 주체를 폄하하여 예속시킨 원인이었다. 이러한 유대 민족의 실정적 상황을 해방시키고 민족에게 자유를 가져다주기 위해 등장한 것이 예수라고 헤겔은 해석한다. 그때 헤겔은 '예수의 가르침'에서 칸트의 도덕률을 읽어내고, '이성의 자유'를 강조한다. 그러나 (2)의 시기에 걸쳐서 헤겔은 '이성의 자유'로는 실정성을 극복할 수 없다는 것을 자각한다. 『실정성 논문』에서 말해지고 있듯이, 예수는 '주체의 자유'를 설파했음에도 불구하고 '기적'이 신앙의 대상이 되고 '예수의 가르침'이 실정화된 것은 우리가 '이성의 자유'를 보편적인 것으로서 수용할 때 '감각'과 결합되지 않는 한에서 그 자유의 가르침은 보편화되지 않기 때문이다. 기독교의 실정화에서 헤겔은 주체적 자유와 객체적 현상의 결합의 필연성을 읽어내고, 그

관점을 『실정성 논문 개고』에서 명확히 하고 있다. 그리고 더 나아가 『종교와 사랑』 초고에서는 주-객의 복종·배제의 관계인 실정성의 근저에서 주-객의 통일적인 관계인 '사랑'이 활동하지 않으면 안 된다고 주장한다. (3) 이러한 실정성의 극복과정에서 헤겔은 횔덜린의 영향을 받아 '생'을 내세운다. 거기서는 주-객의 '분리'가 '동일'과 같은 관계로서 파악하게 된다. 이와 같이 '분리하는' 지성이 활동하고 있는 실정성 안에 이성이 내재하고 있다는 것을 확인하는 것에서 실정성은 극복된다.

【참】 Henrich (1967), Kondylis (1979)

─핫타 다카시(八田隆司)

실존(현실존재)實存(現實存在) [Existenz]

실존이란 개별적인 사물존재들을 근거와 근거지어진 것이라는 관계에서 파악할 때 후자의 근거지어진 것에 해당한다. 요컨대 실존은 근거로부터 출현한 것을 가리킨다.

예를 들면 어떤 민족의 풍습과 생활상태가 근거가 되고, 그 민족의 특정한 정치체제가 실존하는 것으로 된다. 헤겔에 따르면 우리가 직면하여 눈으로 보는 세계는 실존하는 것의 총괄이다. 요컨대 근거와 근거지어진 것은 모두 세계의 사물이며, 동일한 사물이 어떤 사물과의 관계에서는 근거로 되고, 다른 사물과의 관계에서는 근거지어져 실존한다.

헤겔은 실존을 정확하게는, 한편으로 "매개의 지양에 의해서 매개되어 있는"[『엔치클로페디(제3판) 논리학』 122절] 존재라고 말하며, 다른 한편으로 "자기 내로의 반성과 타자 내로의 반성의 직접적 통일"[같은 책 123절]이라고도 규정하고 있다. 실존이란 근거 자신이 스스로 설정한 존재라는 매개관계가 사라진 데서 성립한다. 그리고 하나하나의 실존은 한편으로 근거로서 다른 존재를 근거지음으로써 자신에게로 반성한다. 그러나 동시에 다른 한편으로 근거지어지는 것으로서는 자신의 존재기반을 다른 것으로서의 근거 안에 지님으로써 타자에게로 반성한다. 이리하여 사물의 상대성이 실존에 의해서 표현되고 있다. ⇒근거

─야마구치 세이이치(山口誠一)

실천實踐 [Praxis]

헤겔에서 '실천'이라는 용어는 실재적 세계에 무언가의 변혁을 초래하는 일이라는 점을 큰 틀로 하여 기본적으로 적어도 두 가지 의미를 지닌다. 하나는 객관에 대한 주관의 두 가지 정반대의 관계방식으로서 '이론(Theorie)'과 나란히 거론되어 '이론'과 마찬가지로 일면적인 존재방식으로서 좀더 고차적인 통일형태(즉 '이념')를 향해 폐기되어야만 하는 것으로서 생각되는 경우의 그것이다. 또 하나는 특히 '자유'와 '의지'와의 관계에서 (즉 목적의 정립이 오로지 행위와 결합되는 것이라는 것을 논의의 전제로 하여) 주체의 자율적인 목적정립, 즉 무언가 다른 것으로부터가 아니라 자기 자신으로부터 자신을 한정하는 것이라는 의미이다. 실천철학에서의 헤겔과 칸트의 기본적인 사고방식의 차이로 인해 단순한 대응은 가능하지 않지만, 여기에 칸트의 '기술적-실천적(technisch-praktisch)'과 '도덕적-실천적'의 구별[『판단력 비판』 서론 Ⅰ 등]의 영향이 있다는 것은 명확하다. 첫 번째 의미의 '실천'에서 '실천' 주체는 '이론(Theoria, 관조)'의 경우와 같이 대상을 자립적·불가침한 것이라고는 생각하지 않은 채, 이것을 오로지 유용성의 관점에서 조망하여 가공·소비하고, 말하자면 어부지리를 얻기 위해 자연의 구성원을 서로 관계시켜 싸움시키면서 그것을 통해 이 상극 외부에 보존된 자신의 목적을 달성하고자 한다. 이러한 자세는 목적이 감성적 욕구에 여전히 맡겨져 있고 그것과 연관하여 대상이 그것 자신에서보다도 일면적으로 단지 주관적 요구의 면으로부터만 파악되고 있다는 한계성을 지니며, 이러한 한계의 극복을 위해 '이론'과의 통일을 기다려야만 한다[『미학』 13. 153-155; 『엔치클로페디(제3판) 자연철학』 245, 246절]. 두 번째 의미의 '실천', 요컨대 목적정립의 자율성 또는 의지의 자유의 것은 칸트의 '도덕성'론에 대한 비판을 발판으로 하여 '의지', '법', '국가' 등, 법철학의 문제로서 전개되어간다[4. 57-65]. ⇒이론, 자유, 의지, 유용성, 도덕성

【참】Riedel (1965)

　　　　　　　　　　　　　　　－마쓰모토 마사오(松本正男)

실천적 감정實踐的感情 ⇨감정

실천적 자아實踐的自我 ⇨자아

실천적 정신實踐的精神 ⇨심리학

실체(성)·속성·우유성實體(性)·屬性·偶有性 [Substanz, Attribut, Akzidenz]

헤겔 철학에서 '실체' 개념은 다른 많은 전통적인 철학과 형이상학의 개념들 가운데서도 특히 중요한 위치를 점하고 있다고 말할 수 있다. 예를 들면 헤겔은 『정신현상학』 '서문'에서 자기 철학의 과제를 "참다운 것을 단순한 실체로서가 아니라 동시에 또한 주체로서도 파악하고 표현하는 것'[3. 23]에 있다고 하고 있지만, 사실 이 발언의 전제를 이루는 것은 그가 '주체'—또는 그의 논리학의 용어로 하자면 '개념'—로서 파악하고자 하는 것이 그 내용적인 면에서 그 이전의 단계에 (특히 스피노자 및 라이프니츠에서) '실체'로서 파악하고 있던 사태에 기본적으로 일치한다는 견해이다.

이러한 '실체'와 '주체/개념'의 밀접한 관계는 『논리의 학』에서 한층 더 명확히 되어 있다. 즉 이 저작에서 '실체'는 '본질에 대한 학설'의 최종부문을 이루는 '현실성' 편에서 다루어지지만, 그 편은 우선 구성상에서도 이어지는 '개념에 대한 학설'로의 연결점으로 되어 있으며, 나아가 내용적으로도 이미 본래의 의미에서의 '개념'에 상응하는 것—'보편성', '개별성', '특수성'이라는 세 계기의 통일—이 '실체' 사이의 '교호작용'이라는 형태로 실현되는 장소로 되고 있다[6. 240 참조]. 이러한 점에 기초하여 헤겔은 이어지는 '개념에 대한 학설'의 서두 부분에서 "실체의 해명은 개념에로 이끄는 것이며, …… 실체[의 은폐된 내용]의 드러냄은

개념의 생성이다"라고 하고 있다[같은 책 6. 251].

구체적으로 하면, '현실성' 편은 '절대자', '현실성', '절대적 연관'이라는 제목이 달린 세 개의 장으로 이루어지지만, 그 가운데 제1장 '절대자'에서는 ('실체'라는 말은 두드러지게 사용되고 있지 않지만) 스피노자의 실체 개념을 기본적인 참조대상으로 하면서 그에 대한 비판적인 분석에 기초한 재구성이 행해지고 있다. 즉 스피노자에서는 (1) 유일하고 무한한 '신'적 존재만이 실체로서 인정되며(이 실체는 다른 모든 존재자의 '원인'이면서 그것 자신은 이미 어떠한 '원인'도 지니지 않는다는 의미에서 '자기원인(causa sui)'이라고 말해진다), (2) 이 실체의 본질을 이루는 무한히 많은 '속성' 가운데, 우리의 '지성'에 의해서 인식될 수 있는 단 두 가지 것으로서 '사유' 및 '연장'이 위치지어지고, (3) 나아가 세계 속에 존재하는 다양한 유한적 개별사물들은 하나인 '실체'가 자기를 유한화하는 것에 의해서 귀결되는 바의 '실체' 자신의 단순한 '양태(Modus)'로서 파악된다. 헤겔은 가장 기본적으로는 이러한 스피노자적인 무한한 전일적 실체를 그의 주체 개념의 원형적인 존재방식을 나타내는 것으로 수용하며, 또한 (3)과 같이 개별사물을 실체로부터 생성되어 다시 실체로 사라져야만 할 필연성을 지닌 양태로서 파악하는 견해를 유한자가 '즉자대자적으로 존재하는 것'일 수 없다는 것을 통찰하고 있는 것의 나타남으로서 높이 평가하고 있다. 그러나 또한 다른 한편으로 그는 스피노자에서 '실체-속성-양태'라는 전개가 바로 그 전개의 외부에 서 있는 우리의 '지성'에 의해서 정립되는 것에 불과하며 실체 자신의 '자기 내 반성'으로서 파악되고 있지 않은 것으로서 비판하고, 이 점에 기초하여 헤겔은 스스로 '절대자' 장에서 실제로 이 전개를 실체 자신이 그 내용을 속성 및 양태를 통해서 '개시하는(auslegen)' 데 이르는 과정 그 자체로서 다시 논술하고자 한다. 여기서 우리는 실체를 인식의 피안에 있는 심연에 그치지 않고 그 내용을 완전히 현현시키는 존재로서—좀더 헤겔적으로 말하면 결국 자기 자신을 인식하는 주체로서—파악하고자 하는 그의 일관된 관점을 알아볼 수 있다.

제2장에서는 일단 문제가 '가능성', '우연성', '필연

성'과 같은 양상 개념으로 전환되지만, 사실 여기서는 간접적으로 라이프니츠의 모나드(='개체적 실체') 개념이 다루어지고 있다고 이해된다[Kusch/Manninen 1988 참조]. 모나드는 스피노자적인 실체와는 달리 무한히 많이 존재하는 유한실체이지만, 헤겔은 이러한 모나드에서 (스피노자의 경우와 대비시키면서) '자기 내 반성'의 원리—즉 '표상'과 '욕구'—의 존재를 인정하며 이것을 적극적으로 평가하고 있다. 그리고 더 나아가 제3장에 이르러 비로소 명시적으로 '실체'라는 말이 도입되고 '실체-우유성'이라는 맞짝개념('실체성의 연관')이 다루어지게 된다. '우유성'은 원래 '양태'라는 말과 거의 같은 뜻의 것으로서 사용되지만, 여기서 헤겔은 라이프니츠적인 모나드와 스피노자적인 전일적인 실체의 통일을 시도하기 위하여 유한한 실체가 자기 자신을 폐기하여 무한한 실체로 (그 우유성으로서) 회귀하게 되는 과정을 서술하고자 한다고 말할 수 있을 것이다. 구체적으로 이 문제는 '실체-우유성'의 연관을 넘어서서 '원인'이 되는 실체와 '결과'로 되는 실체의 관련('인과성 연관')을 거쳐 이미 언급한 실체 사이의 '교호작용'에까지 이르는 것에 의해서 비로소 실현되게 된다.

이상과 같이 헤겔이 실체 개념에서 이끌어내고자 하는 것은 다양하지만, 동시에 또한 라이프니츠적인 모나드와 스피노자적인 실체를 통일하고자 시도한다는 점에서 가장 명료하게 나타나듯이 그가 파악하는 한에서의 실체가 원래의 실체의 이념—그것은 '자기 자신에 의해서 존재하는 것(ens per se)'이며, 결코 다른 좀더 고차적인 실체에 대한 양태로 되는 것을 허락하는 것이 아니다—을 일정한 방식에서 결정적으로 변용시키고 있다는 것도 대체로 확실하다 할 것이다. 나아가 헤겔이 '실체' 개념에서 명확히 수용하고 있는 것이 남아 있다고 하면, 그것은 예를 들어 위에서 살펴본 편의 표제로 되어 있는 '현실성' 개념 그 자체에서 구할 수 있을 것이다. 이 개념은 아리스토텔레스의 '에네르게이아=현실활동태' 개념을 계승한 것으로서 바로 실체의 중요한 본질로서의 '활동태'를 나타내는 것이지만, 헤겔에 의해서 그것은 '개념/주체'의 본질로서의 '부정성'으로서 다시 파악되었다고 이해되기 때

문이다. ⇒실체와 주체, 개념, 스피노자, 라이프니츠

—오카모토 겐고(岡本賢吾)

실체와 주체實體—主體 [Substanz und Subjekt]

Ⅰ. 이 사전에는 Substanz에 관해서는 '실체(성)·속성·우유성'이라는 항목이, 또한 Subjekt에 관해서는 '주관과 객관', '주어와 술어'라는 항목이 따로 마련되어 있다. 따라서 Substanz와 Subjekt의 각각에 대해서는 위의 항목들을 참조할 수 있을 것이다. 다만 특히 Subjekt에 관해 한 마디 하자면, 원래 그것은 원어에서는 다양한 의미를 역사적으로 분화시키면서도 그것들을 의식적·무의식적으로 포함한 한 단어이며, 헤겔 자신도 그러한 의미론적 전제에 서서 사용하고 있다는 것을 그 자신의 문장에서 분명히 읽어낼 수 있다[예를 들면 Henrich (1978) 210-11을 참조]. 이 단어를 '주체'와 '주어'와 '주관'으로 나누어 옮겨야만 한다는 데 문제가 있지만, 이에 대해서는 따로 고려되어야만 할 것이다.

따라서 본 항목에서는 오로지 Substanz와 Subjekt라는 두 개의 개념의 관련에 대해서만 기술하고자 하지만, 주지하다시피 이 관련은 '실체·주체설' 등과 같은 명칭 아래 헤겔 철학체계의 기본에 관한 문제로서 적어도 헤겔 철학 연구에 종사하는 사람이라면 반드시 어떤 형태로든 다룰 수밖에 없었던 것이며, 따라서 다양한 논의를 불러일으켜 왔다. 그러나 이 관련을 고찰하는 경우에도 헤겔이 이 개념들의 내포로서 위의 다른 항목들에서 기록된 것들에 충분히 근거하고 있다는 명백한 사실을 언제나 염두에 두어야만 하며, 나아가 중요한 것으로서 명기해야만 하는 것은 이 두 개념 역시 철학 그 자체의 기초개념으로서 그리스 이래의 전통에 깊이 뿌리내리고 있는 것이기 때문에 헤겔이 이들을 사용하는 경우에 그 배후에 있는 사색의 역사(특히 그 개념들을 정초한 아리스토텔레스 철학과, 17세기의 철학에서의 그것들의 재확인에서 시작하여 계몽사상과 영국 경험론에 의해 제시된 그것들의 유효성에 대한 회의를 거쳐 칸트로부터 헤겔과 동시대의 철학자들에 의한 그것들에 대한 반성적 구명에 이르는

근세 철학사에서의 실체론과 주체론)를 깊이 의식하는 동시에 그것들을 함축적으로 소재로 하고 있다는 사실이다. 그리고 이것은 특히 본 항목의 주체인 실체와 주체의 관련을 생각하는 경우에 중요하다고 생각된다.

Ⅱ. 실체와 주체의 관련에 관한 언급은 당연히 헤겔 저작의 곳곳에서 나타나지만, 양자의 관계를 단적으로 명시하고 있다는 점에서도 그의 체계구상이 거의 완성된 시기에 쓰여지고, 이 두 개념과 그의 체계의 관계를 강하게 시사한다는 점에서도 가장 중요한 동시에 "유명하게 된"[Glockner (1968) 431] 것은 다음의 문장이다. ① [Es kommt nach meiner Einsicht, welche sich nur durch die Darstellung des Systems selbst rechtfertigen muß, alles darauf an,] das Wahre nicht als *Substanz*, sondern ebensosehr als *Subjekt* aufzufassen und auszudrücken.([오로지 체계 자체의 서술을 통해서만 정당화되어야만 하는 나의 통찰에 따르자면 모든 것의 관건이 되는 것은,] 참된 것은 실체로서가 아니라 그와 마찬가지로 주체로서도 파악되고 표현되어야 한다는 것이다.)[『정신현상학』 3. 22-23] 그리고 이것을 보완하는 한 문장이 몇 쪽 뒤에서 발견된다. ② [Daß das Wahre nur als System wirklich oder] daß die Substanz wesentlich Subjekt ist, [ist in der Vorstellung ausgedrückt, welche das Absolute als *Geist* ausspricht, – der erhabenste Begriff, und der der neuern Zeit und ihrer Religion angehört.])([참된 것은 오직 체계로서만 현실적이라는 것 또는] 실체는 본질적으로 주체라는 것은 [절대자를 **정신**으로 언표하는 표상 속에서 표현되는데,—정신은 가장 숭고한 개념으로서, 근대와 그의 종교에 속하는 것이다.])[같은 책 3. 28] 헤겔이 실체와 주체의 관련에 대해 생각하고 또 주장하고자 한 것은 함축적으로는 이 두 문장에 의해서 거의 다 드러난다고 볼 수도 있기 때문에, 그 관련을 추구하고자 한다면 이 두 문장의 함의를 찾아내는 것이 중요하다고 말할 수 있다. 그리고 그에 대한 탐구 과정에서 ①의 문장의 문장론적인 불완전을 지적하는 연구자도 있다(예를 들면 "nicht는 nicht nur이지 않으면 안 된다. 그렇지 않으면 그 다음의 ebenso는 이해될 수 없다"는 주장[Röttges (1976) 29]과 nur를 괄호 속에 삽입한 문장

을 들은 예[Glockner (1968) 431]도 있다). 그리고 이와 같은 사정과 관련하여 이 부분의 외국어역에는 약간의 차이가 보인다(Bailie: ⋯⋯ *not as Substance but as Subject as well*; Miller: ⋯⋯ *not only as Substance, but equally as Subject*; Hyppolyte: ⋯⋯ *non comme substance, mais précisément aussi comme sujet*; 金子: 單に實體として⋯⋯ だけでなく, 全く同樣に主體としても⋯⋯; 임석진: ⋯⋯'실체'로서뿐만 아니라 '주체'로서도⋯⋯.). 그러나 이와 같은 문장론적 구명은 문제의 본질적인 이해에 있어 지나치게 사소한 것으로서 도외시해도 좋을 것이다. 요컨대 여기서는 진리의 파악과 표현에 관해 실체와 주체가 등치되고 있는 것이다. 또는 양자가 동일화되고 있다고도 말할 수 있을 것이다. 그리고 이와 같은 실체와 주체의 동일화야말로 헤겔의 철학체계와 변증법적 사유의 핵심을 이루는 것이기 때문에 ①의 문장은 "그의 철학의 프로그램을 완전히 포함한⋯⋯ 최고도로 압축된 추상적 설명"[Henrich (1978a) 204]이라든가 "전 저작의 요체"[Heinrichs (1974) 49]라고 평가되는 것이다. 그러나 실체와 주체의 등치 또는 동일화라는 것에 대해서 말하자면, 이것은 반드시 헤겔의 철학에 특유한 것은 아니며, 실체를 최초로 개념적으로 정식화한 아리스토텔레스에서 이미 실체와 주체의 동일화가 행해지고 있었다는 것은 실체에 관한 아리스토텔레스의 정의[예를 들면 『형이상학』 1017b, 1029a 등]에서도 분명하게 알 수 있다. 따라서 이제 문제로 되는 것은 실체와 주체의 동일화에 포함된 헤겔의 독자적인 사유내용이지 않을 수 없다.

Ⅲ. 여기서 생각해 보아야만 하는 것은 동일화와 동일성은 같지 않다는 것이다. 헤겔은 무조건적으로 '실체가 주체다'(동일성)라고 말하고 있는 것이 아니다. (②에는 그와 같이 쓰여져 있지만, 이것은 부문장이며 Vorstellung의 내용이다. 다만 "실체와 주체의 통일"[Röttges (1976) 29]이라든가 "실체는 주체이다", "주체는 실체이다"[Henrich (1978) 206, 212]라는 표현을 사용하여 설명하는 것도 있지만, 이것들이 간략 표현이라는 것은 그 문맥에 주의하면 분명하다.) 헤겔이 주장하는 것은 진리(이것은 절대자·정신·신·보편으로 치환되어도 좋다)의 파악·표현과 관련하여

실체와 주체가 동일한 의미를 지닌다는 것이다. 다시 말하면 이러한 동일화는 헤겔의 철학적 사유라는 얼거리에서 진리(절대자 등)를 매개로 하여 비로소 가능하게 되는 것이다. 이러한 점을 고려할 때 실체와 주체의 동일화는 실체의 주체화와 주체의 실체화이며, 따라서 우리는 그 결과로서 생기는 것을 "실체의 주체성과 주체의 실체성"[Glockner (1968) 434]이라고 부를 수도 있을 것이다.

그럼에도 불구하고 물론 실체와 주체의 동일화에서 양자가 동등한 무게를 지닌다고 이해하는 연구자도 있긴 하지만, 헤겔의 사유 틀에서는 오히려 주체에 중점이 두어지고 있다고 생각해야만 할 것이다. 따라서 '주체의 실체화'보다도 '실체의 주체화'가 중요시되어야만 할 것이다. 왜냐하면 헤겔의 변증법적 사유의 기초에는 "어떠한 것이든 부정에 의해서 유동화하는" 활동이 있고, 이 활동이 매개에 다름 아니기 때문에 "어떠한 것이든 매개되지 않은 채로(직접적으로) 방치하지 않고자 하는" 강한 의지가 활동하고 있기 때문이다[참조 『정신현상학』 3. 36ff.]. 그리고 이러한 부정적 매개를 행하는 작용자가 주체이다. 따라서 주체는 모든 것을 유동화하는(그러므로 스스로도 운동한다) 운동체에 다름 아니다. 이에 반해 실체란 본래 '그것 자체로서 있는 부동체'이기 때문에, 이 실체를 주체로 전화시키는 것에서야말로 헤겔의 변증법적 사유(사변)의 본질이 있다고 말할 수 있는 것이다. 더욱이 헤겔의 체계에서 참된 것(절대자·정신·신 등)은 바로 스스로를 부정하여 타자로 되고 타자인 것에서(그것을 부정하여) 스스로인 운동체이기 때문에, 참된 것은 당연히 주체로서 파악되어야만 한다. 그럼에도 불구하고 그러한 운동체 그 자체로서 그것은 실체이기도 하다(헤겔은 이것을 "살아 있는 실체"[『정신현상학』 3. 23]라고 부른다). 이상과 같이 생각하게 되면 ①의 문장의 Substanz를 Ansichsein으로, Subjekt를 Fürsichsein으로 바꿔 읽는 것도 가능할 것이다[Heinrichs (1974) 50]. 더욱이 "살아 있는 실체"로서 실체가 주체성을 획득하게 되면, 역으로 주체에 실체성이 주어지게도 되고, 주체가 실체화(실체로서 파악)되는 것이다[Henrich (1978a) 217f.].

IV. 이상이 '실체·주체설'에 대한 말하자면 체계적인 이해이다. 그러나 이것과 나란히 잊어서는 안 되는 것이 이에 대한 역사적 이해일 것이다. 말할 필요도 없이 헤겔은 젊었을 적부터 철학사를 중요시했을 뿐 아니라 특히 자신의 철학체계를 구상함에 있어서 고대와 근세의 철학사를 근거로 하여 칸트 이후의 동시대의 철학설에 대해서 수용과 비판의 양면에서 대응하는 가운데 스스로의 독자성을 구축하고자 노력했던 것은 예나 초기의 그의 저작들에서 분명히 읽어낼 수 있는 바이다. 그리고 이와 같은 그의 학문적 태도가 '실체·주체설'에도 반영되어 있는 것은 당연하며, 이 설의 근저에는 데카르트에서 시작되어 칸트를 거쳐 자기 자신에 이르는 철학적 사색의 역사에 대한 헤겔의 총괄과 대결이 움직이고 있다고 볼 수 있을 것이다. 이것을 개관하면, 데카르트와 스피노자, 라이프니츠로 대표되는 17세기 철학의 기저에 실체 개념이 있었던 것은 주지의 사실이다. (하지만 '무엇을 실체로 할 것인가'라는 점에서는 다양하게 생각되었고, 또한 거기서는 주체가 다양하게 출몰하며, 나아가 스피노자에 대한 헤겔의 복잡한 시선에도 주목해야만 한다.) 그리고 이러한 실체 개념은 18세기 영국의 경험론에서 강하게 비판되어 흄에 이르러 소멸한다. 이 뒤를 이어 칸트는 초월론적(헤겔식으로 말하면 반성적) 철학의 지평에서 주체를 확립하고, 이 초월론적 주체(관)에서 범주로서 내재화되는 형태로 실체의 복권을 시도했다. 나아가 칸트는 초월론적 통각에서 데카르트에도 연결되는 방식으로 주체를 실체화하기도 했던 것이다. 그리고 이러한 경향은 칸트 이후의 철학자들에 의해서 기본적으로 증폭될 뿐 아니라 17세기의 철학과는 다른 형태로 실체화의 움직임이 진전된다. 이와 같은 철학사를 시야에 넣고서 헤겔은 그것을 근본적으로 비판하는 방향에서 변증법적 사변에 의한 체계구축에 전념하고, 그 과정에서 하나의, 그러나 기본적인 주제로서 실체와 주체의 관련에 주목했던 것이다. 이상과 같은 철학사적 문맥에 놓고 볼 때 헤겔의 '실체·주체설'은 흥미로운 모습을 보일 것이다. ⇒ 실체(성)·속성·우유성, 주관과 객관, 주어와 술어, 즉자대자

【참】 Glockner (1968), Heinrichs (1974), Röttges (1976),

Henrich (1978a), Solomon (1983), 山口誠一 (1989)

　　　　　　　　　　　　　　　　－나카노 하지무(中埜 肇)

실현實現 ⇨현실화

심령학心靈學 ⇨심리학

심리학心理學 [Psychologie]

마음(프쉬케)을 고찰하는 방식이 옛날부터 존재하는 형태는 헤겔에 따르면 '영혼론(Seelenlehre)' 또는 '심령학(Pneumatologie)'이라고도 불리는 '합리적 심리학(rationelle Psychologie)'이다. 이것은 나쁜 의미에서의 형이상학적이긴 했지만, '단순', '불멸'과 같은 마음의 본질을 고찰하고자 했다. 근대에 들어서서 일어난 또 하나의 형태가 '경험적 심리학(empirische Ps.)'이다. 이것은 볼프 류의 능력심리학을 가리킨다고 생각되지만, 감각에 주어진 대로 개별적인 능력들을 기술하는 것이다. 이것들 가운데 전자는 마음을 사물적인 것으로 간주하고 '단순', '복합'과 같은 지나치게 단순한 지성규정의 적용에 머무르고 있다[『엔치클로페디(제3판) 논리학』 34절 및 「보론」]는 점에서, 또한 후자는 정신을 독립된 개별적인 능력들의 잡다한 집합체로 끌어내린다[『엔치클로페디(제3판) 정신철학』 378절 및 「보론」]는 점에서 그 고찰방법에 결함이 있다. 헤겔이 제시하는 심리학은 이에 반해 정신을 그 본질인 활동에서 내재적인 발전에 따라 서술하고자 하는 것이며, 헤겔에 따르면 아리스토텔레스 이래로 다시 "정신의 인식에 개념을 도입"[같은 책 378절]하고자 하는 시도이다.

『엔치클로페디 정신철학』에서 정신을 취급하는 심리학은 마음을 취급하는 인간학과 의식을 다루는 정신현상학 뒤에 위치하며, 전통적인 지·정·의의 구분에 대응하여 셋으로 나누어진다. 처음의 '이론적 정신'은 감각적 소재가 언어화되어 사유로까지 고양되는 과정을 직관, 상상력(상기, 상상력, 기억), 사유라는

단계에 따라 고찰한다. 이것은 소여의 감성적 소재가 내면화되어 정신의 소유로 되는 과정임과 더불어, 지성이 자기를 외면화하여 언어와 기계적 기억을 산출하는 과정이기도 하다. 다음으로 '실천적 정신'은 직접적인 의지의 형태로서 실천적 감정, 충동, 행복이라는 주관적 목적이 객관화되는 과정을 고찰하며, 마지막으로 두 단계의 통일인 '자유로운 정신'은 자기를 아는 의지, 즉 자유의지의 생성을 논한다.

　　　　　　　　　　　　　　　－우에무라 요시로(上村芳郎)

심상心像 [Bild]

Bild라는 말은 많은 경우(헤겔의 경우도 포함하여) '마음속의 상'(오늘날 우리가 외래어로 말하는 이미지에 거의 상응하는 것) 또는 그림 등과 같은 형태로 표현된 '형상(形象)'을 뜻한다. 헤겔 『미학』에서의 문예론에는 그것들과는 다른 의미의 Bild도 등장한다.

Ⅰ. 심상. 헤겔에 따르면 '이론적(관조적) 정신'은 '직관하고→표상하며→사고한다'는 방식으로 변증법적으로 전개된다. 이것을 '보고→이미지를 떠올리고→생각한다'는 방식으로 우리 나름대로 바꿔 말하는 것도 어느 정도 허락될 것이다. 그 가운데 '표상한다'는 마음속의 느낌의 내용을 내면화하는 일에서 시작된다. 느낌의 내용을 지성은 우선 직관으로서 마음에 고정시키면서 내면성의 고유한 공간, 고유한 시간 속으로 들어온다. 이리하여 그것은 우선 (a) 자의적이고 우연적인 심상이며, 이러한 대자적인 심상은 잠정적이다. 그러나 (b) 지성은 단지 의식인 것이 아니라 주관이며, 규정하는 힘을 그것 자체에 (즉자적으로) 지닌다. 그러므로 심상은 지성 안에 내면화되어(기억되어) 의식되는 것 없이 보존되는 상태로 존재한다. (c) 이러한 추상적인 상태로 보존된 심상이 지금 현실적으로 존재하는 상태로 되는 것이 상기이며, 그러기 위해서는 직관이 발동될 필요가 있다. 상기란 심상을 모종의 직관에로 관계짓는 것이다. 그것은 무매개적인 개별적 직관들을 형태(형식)의 면에서 일반적인(공통된) 것으로 분류하는 것, 요컨대 내용(내포)이 동일한 표상으로 분류하는 것이다. 이를테면 지성의 수직갱 속에 지성

의 단순한 소유물로서 저장되어 있던 심상은, 그러나 이제 자립되고, 심상과 직관은 나누어진다. 지성은 잠재되어 있는 자기의 소유물을 현재화시키는 힘을 지닌 권력이다. 지성 내에 잠재되어 있는 심상을 지성 내에, 그러나 현재화시키는 형태로 존재하게 만드는 일이 표상한다는 것이며, 이 단계에서 내적인 것은 지성 앞으로 세워질 수 있는 상태에 있다[『엔치클로페디(제3판) 정신철학』452-454절].

Ⅱ. 비유로서의 빌트(Bild). 『미학』의 '이상'이 예술미의 특수한 형식들로 전개되는 것을 논하고 있는 부문 내의 한 장에서 Metapher(은유)와 Gleichnis(직유)의 중간에 비유의 한 형태로서 Bild가 위치하여 이들의 같음과 다름이 논해지고 있다. Bild는 한편으로 은유를 상세히 한 비유이다. 다른 한편으로 직유와는 달리 Bild에서는 어떤 의미를 비유적으로 의미하는 구체적인 외적 형상 내지 사태가 그것으로서 명확하게 분리되어 추출될 수 있는 것이 아니다. 요컨대 Bild는 바로 이 외적 형상이 바로 이 내적 의미에 대응한다는 식으로 명확히 대조하여 볼 수 없는 그러한 종류의 비유이다[『미학』13. 516-539]. ⇒표상, 비유

—마스나리 다카시(增成隆士)

심정 心情 [Herz]

심정이란 각종의 권리관계를 초월한, 어떠한 객체에도 사로잡히지 않은 마음이다. 모든 특수한 것에 관한 권리를 방기하고 법률과 운명에 대해 인간의 주체성 전체를 대치시키는 예수의 태도라고 생각되고 있다. "예수는 무규정적인 주체성, 성격이라는 것을 객체적인 명령을 조금도 어긋나지 않게 지키는 것과는 전혀 관계없는 전적으로 별개의 영역의 것으로 만들었다"[『기독교의 정신』1. 321]. 이와 같은 심정은 의식의 개별성이 동시에 보편적이라고 주장하기 때문에, 심정이란 "무매개적으로 보편적이길 의지하는 의식의 개별성"을 의미한다[『정신현상학』3. 281]. 그러나 개별성과 보편성의 통일은 무매개이기 때문에, 양자의 통일도 양자를 매개하는 운동에 의해서 실현되는 것이 아니다. 오히려 보편성이 개별성에 닿아 이것을 느끼

는 "순수한 내면적인 감정"에 불과하다[같은 책 3. 169]. 심정이란 이와 같이 보편성이 개별성에 닿는 것, 개별성이 자기를 보편적이라고 느끼는 것이다.

심정은 자기를 느끼면서도 대상이 서먹서먹한 것으로서 걸어 들어오는 까닭에 대상을 개념적으로 파악한 것이 아니며, 다만 그것에 닿아 느낄 뿐이다. 행위에서 현실적인 것이 아닌 이러한 내면적인 감정은 단지 '사념된 것'에 불과하며, 더욱이 이러한 감정은 특별히 빈곤하고 공허한 실질만을 보여준다. 따라서 그것은 의식의 가장 낮은 단계에 지나지 않는다[『엔치클로페디(제2판) 서문』]. 이와 같은 자연적인 심정의 직접적인 욕구와 경향은 어떤 내용 또는 사실이 의식 안에서 직접적으로 발견된다는 것을 그 원리로 하고 있기 때문에, 만족 및 축복이라는 내면적인 본성을 갖추고 있으면서도 그것은 소박한 신앙 및 심정에 그친다. 그것은 풍부한 내용을 단지 직접적인 것, 따라서 우연적인 것으로서 보이는 데 지나지 않으며, 일면적인 지성에서 생겨난 결론에 다름 아니다. 순수하고 소박한 종교심으로서는 신에 대한 신앙을 그저 불러일으키는 데 불과한 야코비의 신앙철학을 가리킨다[같은 곳].
⇒야코비

—요리카와 죠지(寄川條路)

십자군 +字軍 [Kreuzzüge]

헤겔은 『역사철학』에서 십자군에 의해서 근대적인 자아의식의 원형이 만들어졌다고 논하고 있다. 이러한 사고방식은 『정신현상학』에서 피안에 있어야 할 것을 개체에서 구하는 '불행한 의식'(자기의식)에서 '관념론'(이성)으로 이행하는 과정에 대응한다. 그리스도의 무덤을 지키고자 하는 십자군은 "개체성의 정점인 이 것"으로서의 신을 추구한다. 그러나 무덤 안에 그리스도의 유골이 있어야 하는 것은 아니다. 그는 하늘로 올라갔던 것이다. "무덤에는 참으로 본래적인 전환점이 놓여 있다. 모든 감성적인 것의 공허함이 사라진다. …… 이리하여 세계는 인간이 신적인 것으로서의 개체를 자기 내면에서 구해야만 한다는 의식을 획득했다. 이에 따라 주관성이 절대적으로 정당화되며, …… 자

기신뢰와 자기활동의 시대가 시작된다"[『역사철학』 12. 471f.]. 개체적인 것이 동시에 절대적이라는 존재방식은 이후 내면에서 구해진다. ⇒무덤

—가토 히사타케(加藤尚武)

싱클레어 [Isaak von Sinclair 1775. 10. 3–1815. 4. 19]

헤센–홈부르크 궁정의 황태자 교육관의 아들. 궁정의 고관이 된다. 1792년 가을부터 (아직 헤겔과 휠덜린이 있던) 튀빙겐 대학에서, 또한 1794년 봄부터 1795년 가을까지 예나 대학에서 공부하며 피히테의 강의를 듣는다. 휠덜린과 친하게 사귀며 잠시 같은 정자에 함께 거주했다. 시빌링, 헤겔도 포함하여 '정신의 맹약'을 맺는다. 당시의 초고 『철학적 논구(Philosophische Raisonnement. 1795/96)』는 스피노자적인 하나인 존재의 근원분할로부터 반성이 생긴다는 휠덜린의 『판단과 존재』의 근본사상에서 출발하지만, 반성의 부정을 통해 근원적 통일성에 도달하고자 한다는 점에서 휠덜린을 넘어선다. 그는 근원적 통일성의 상태인 '무정립(Athesis)'과 그로부터 생기는 반성의 상태인 '정립(Thesis)' 각각의 절대적 타당성을 부인하며 양자를 합일시키는 '비정립(Aesthesis)'의 관점에 서며, 분리를 방기하여 자기와 타자에 현존재를 부여하는 '자기를 부인하는' 반성에 의해서 그 관점을 수행하고자 한다. 그리고 마지막으로 그는 피히테가 그의 사상에 철저했더라면 필연적으로 자신의 '비정립'의 관점에 도달했을 것이라고 피히테의 반성철학을 비판한다. 이후 싱클레어는 정치적으로 활약하며 1798년의 라슈타트 회의에는 곤타르트가를 떠나 홈부르크에 체재하고 있던 휠덜린을 데리고 간다. 또한 보르도에 있던 그에게 편지[1802. 6. 30]로 디오티마의 죽음을 알렸으며, 광기에 사로잡힌 그를 1804–06년 다시 홈부르크로 데려왔다. 그러나 1806년 라인 동맹 법령에 의해 홈부르크는 헤센–다름슈타트에 종속하게 되어 싱클레어의 정치적 활동은 불가능하게 되며, 저작활동에 전념한다. 위그노파의 전쟁(1702–04)을 주제로 하는 3부작 드라마(1805–07) 외에 근본에서 초기의 구상을 보존한 『진리와 확신(Wahrheit und Gewißheit. 1807–09)』 3권을 썼으며, 헤겔의 『정신현상학』에 필적한다고 자부했다[『서간집』(제1권) 394].

【참】 Hegel, H. (1971), Pöggeler (1973b), 四日谷敬子 (1986)

—시카야 다이코(四日谷敬子)

아낙사고라스 ⇨ 누스

아름다운 영혼——靈魂 [schöne Seele]

의무와 경향성을 엄격하게 구별하는 칸트의 엄격주의에 대해 이 두 가지를 어떻게든 화해시키고자 하는 시도의 하나가 실러와 괴테의 '아름다운 영혼'의 이상이다. 실러에 따르면 "마치 오로지 본능만이 그로부터 발현하여 행동하는 것처럼 용이하게 이 [아름다운] 영혼은 인간성에 있어 가장 고통스러운 의무도 수행한다. 그리고 이 영혼이 자연충동에서 획득하는 가장 장렬한 희생마저도 이 충동 그 자체의 자발적인 결과인 것으로 볼 수 있다"[실러, 『우미와 존엄에 대하여』, *Schillers Werke* **20**. 287].

괴테는 『빌헬름 마이스터의 수업시대』 제6권에 '아름다운 영혼의 고백'을 삽입하여 경건주의적 종교 감정을 지닌 한 부인에게 다음과 같이 말하도록 함으로써 의무와 충동의 화해의 이상을 추구하고 있다. "어떠한 것에서도 제게는 계명의 형태로는 나타나지 않는 것입니다. 저를 이끌어 저로 하여금 언제나 정도를 걷도록 하는 것은 충동입니다. 저는 자유롭게 스스로 생각하는 것에 따르며, 거의 아무런 구속도 회한도 없습니다."

헤겔은 『기독교의 정신』에서 그리스도와 마리아 막달레나(Maria Magdalena)를 아름다운 영혼으로서 긍정적으로 묘사한다. 사랑과 생명의 충일함이 율법과 운명을 넘어서며, 그것이 죄를 용서하고 운명과의 화해를 가져오는 힘을 지니고 있다는 것을 자기 속에서 감지하고 있는 영혼이 아름다운 영혼이다. 그리하여 예수는 율법하에서 고통 받고 있는 사람들에게 "너희의 죄는 사해졌다"고 말했던 것이다. 또한 유대인의 합법성에 머무를 수 없어서 이미 진부해진 율법을 넘어선 죄를 지은 여인인 마리아 막달레나도 헤겔에게 있어서 아름다운 영혼이었다[『기독교의 정신』 **1**. 350-359].

헤겔은 또한 『정신현상학』의 자기 확신하는 정신의 C항에서 양심과 관련하여 '아름다운 영혼'에 대해 논하고 있다. 칸트적인 도덕적 세계관 역시 대상을 외부에 정립시킬 수밖에 없는 데 반해, 양심은 스스로의 신념에 따라 결단하고 행위하는 개체이며, 내외의 질서에 의해서가 아니라 자기 자신으로부터 결정하는 것이다. 양심은 계명을 표현하는 것이 아니라 '자기'의 자유를 보이는 것이다. 그러나 자기의 자유는 자의적인 것을 지닌 것으로서 나타날 수밖에 없다. 개체는 언제나 감성적인 것과 결합되어 있기 때문이다. 이에 반해 '아름다운 영혼'은 이 세상의 행위를 거부하고, 그럼으로써 '양심'의 위험, 즉 자기 확신이 빠지는 독단적 행위로서의 악을 회피한다. '아름다운 영혼'은 헤겔에게서도 내면의 목소리를 신적인 목소리로서 듣는 도덕적 천재이지만, 헤겔은 양심이 행위 주체인 데 반해 아름다운 영혼은 관조적인 것이라고 보고 있다. 이 영혼의 행위는 "자기 자신의 신성의 직관"인 것이다. 양심은 행위하긴 하나 한정되어 있는 정신이었지만, 아름다운 영혼은 한정되지 않은 정신이긴 하나 행위로부터 도피하고 있다. "이러한 자기에게는 자신을 외화하기 위한 힘, 자기 자신을 물화하고 존재를 인내하는 힘이 결여되어 있다"[『정신현상학』 **3**. 483]. 헤겔이 정신의 최고의 존재방식으로서 추구하는 절대정신은 아름다운 영혼의 보편적 주체성과 양심의 일면적인 구체적 행위가 화해한 합체이다. ⇨화해

【참】 Hirsch (1924), Hyppolite (1946)

−가타야나기 에이치(片柳榮一)

아리스토텔레스 [Aristotelēs, BC 384/3–322/1]

아리스토텔레스는 헤겔에 따르면 사변철학의 깊이에 도달한 모범으로 삼아야만 하는 첫 번째 철학자이다. 이 점에 대해서는 "실제적으로 아리스토텔레스는 가장 철저한 사변으로서의 관념론을 알고 있었다. 그 점에서 아리스토텔레스는 사변적인 깊이에서 플라톤을 능가하며, 나아가 이 철저한 사변을 가지고서 항상 지극히 광범위한 경험세계를 문제 삼고 있다"[『철학사』 19. 133]고 분명히 언급되고 있다.

철학의 역사의 발전이라는 헤겔 철학 일반의 견지에 따르는 한 확실히 아리스토텔레스 철학은 철학의 시작인 고대 그리스 철학에 속한다. 따라서 완성된 헤겔의 철학에 대해서 아리스토텔레스의 철학은 당연히 미완성된 철학이라고 말하지 않을 수 없다. 하지만 인용된 문장으로부터는 이러한 이해를 읽어낼 수 없다. 아니 오히려 그 인용문은 잘 알려져 있는 『엔치클로페디』 맨 마지막의 『형이상학』 제12권으로부터의 인용과 함께 생각해보면 아리스토텔레스와 헤겔의 본질적인 가까움을 보여준다.

헤겔은 『철학사』에서 아리스토텔레스의 철학을 (1) 형이상학, (2) 자연철학, (3) 정신철학, (4) 논리학의 네 분야로 나누어 논하고 있다.

(1) 형이상학. 이 부문에서는 특히 『형이상학』 제12권에 중점을 두고 현실태(에네르게이아)와 부동의 동자를 부정성 내지 주체의 관점에서 해석하고 있다. 특히 부동의 동자에 대해서는 이미 『정신현상학』에서도 "아리스토텔레스 역시 나와 마찬가지로 자연은 합목적적 활동이라고 규정하고 있는 것처럼, 목적은 직접적인 것이며, 정지하고 있는 것, 그것 자신이 움직이면서도 움직여지지 않는 것이다. 따라서 그것은 주체이다"[『정신현상학』 3. 26]라고 말하고 있다.

(2) 자연철학. 이 부문에서 헤겔은 근대 자연과학에서의 작용인 중시의 생각과 비교하여 아리스토텔레스의 자연에서의 내적 목적의 생각을 대단히 높게 평가한다. 이 점에 관해 헤겔은 "자연에 대한 아리스토텔레스

의 이해는 현대의 그것보다 탁월하다. 왜냐하면 아리스토텔레스에게서 주요 관심사는 자연적 사물 그 자체의 내적 규정인 목적을 규정하는 데 있기 때문이다"[『철학사』 19. 173]라고 분명히 말하고 있다. 또한 시간에서의 지금의 문제나 이른바 4원소 사이의 변화 등의 견해는 헤겔의 자연철학에도 중요한 영향을 미치고 있다.

(3) 정신철학. 이 부문에서 헤겔은 오로지 『영혼론』만을 해석하고 있고, 순수사상에 대한 언급에서 아리스토텔레스 철학의 사변성을 확인하고자 한다. 여기서는 지금까지 그리 주목 받지 못했던 예나 시기의 『영혼론』 번역 단편에 따라서 설명하려고 한다. 왜냐하면 『철학사』의 해석이 언뜻 보아 꽤 강력한 것처럼 보이지만, 그것은 예나 시기의 아리스토텔레스 해석에서 유래하는 헤겔 자신의 견해에 따른다고 말할 수 있기 때문이다. 즉 헤겔에 의한 예나 시기의 아리스토텔레스 해석은 아리스토텔레스의 원문에 충실히 따르는 것인바, 거기서 헤겔은 자신의 철학 문제의 원천을 보고 있는 것이다. 『정신현상학』 집필을 전후하여 번역된 『영혼론』 제3권 제4·5장 단편에서도 그 점이 보인다. 거기서는 헤겔이 말하는 순수사상이 『영혼론』 제3권 제4·5장을 매개로 하여 완성된 경위가 파악될 수 있다. 특히 그는 제4장 후반을 독자적인 방법으로 이해하고 있다. 난외주에서 그는 "다음과 같은 경우 사유는 어떻게 해서 자기를 한정하는 것인가? 그것은 사유가 단순하게 촉발되는 것이 아니라 공통성이 없다 하더라도 수동태를 자기 속에 포함하고 있는 (거기서 수동태는 공통적인 것에 속한다) 경우, 나아가 사유 자신이 사유되는 객관인 경우이다"[Kern (1961) S. 52]라고 기술하고 있다. 그에 더하여 그는 그 물음 전체에 대해 "아리스토텔레스가 문제로 삼은 것은 이성의 타자적 존재, 결국 수동태를 어떻게 파악해야만 하는가라는 것이다"[같은 곳]라고 말하고 있다. 이리하여 헤겔에게서는 이성의 사유 그 자체가 그 자신에서 자신을 타자적 존재 내지 객관으로 한다는 것을 설명하는 것이 중요했다. 베를린 시기의 아리스토텔레스 해석은 예나 시기의 이렇듯 정성 들인 번역에 기초하여 의도적으로 고쳐 해석한 것이라고도 말할 수 있을 것이다.

(4) 논리학. 헤겔은 아리스토텔레스의 이른바 『오르가논』으로서 총괄되고 있는 다섯 저술에 관해 『범주론』에서의 유(類)에 관한 분석에 주목하면서도, 전체로서의 아리스토텔레스 논리학은 유한한 사유의 박물학이라고 쓰고 있다. 요컨대 아리스토텔레스 논리학에는 사유규정의 필연적 질서가 결여되어 있다는 것이다. ⇒사유

【참】Kern (1957, 1961), Gadamer (1971d), Riedel (1990)

─야마구치 세이이치(山口誠一)

아리스토파네스 [Aristophanēs, BC 445년 경-385년 경]

고대 그리스 최대의 희극시인. 펠로폰네소스 전쟁 시기에 활약했으며, 끊임없이 시류에 반대하는 입장에 서서 동시대를 풍자했다.

헤겔은 아리스토텔레스의 희극을 도시국가의 파탄이 초래한 필연적인 현상으로 간주했다. 도시국가에서의 공동체와 개인의 아름다운 통일이 깨지고 다양한 모순이 분출한 것이 희극에 좋은 재료를 제공했다는 것이다. 소크라테스의 새로운 형식의 교육을 조소한 『구름』에 대해서도 헤겔은 소크라테스의 부정적 측면을 파악한 것으로 평가했다. "아리스토파네스는 차갑고 사악한 조롱자가 아니라, 더할 나위 없이 재기발랄한 교양인이며, 아테네의 행복을 진지하게 생각하고 있는 탁월한 시민이었다. 그의 희극들에서 완전히 해체되는 것은 신적인 인륜세계가 아니라 자기야말로 절대적인 힘이라고 생각하는 완전히 도착된 주관성이었다"[『미학』 15. 554-5].

─하세가와 히로시(長谷川宏)

아마카스(미타) 세키스케 [甘粕(見田) 石介, 1906(메이지 39). 4. 23-1975(쇼와 50). 8. 9]

시마네 현에서 태어남. 아마카스는 양아버지의 성. 30년 교토 제국 대학 철학과를 졸업. 32년 '유물론연구회'에 가입하여 문필생활을 개시. 40년 '치안유지법'으로 검거됨. 51년 오사카 시립 대학 경제학부 강사가 되었으며 70년 정년퇴직. 생애 전반부는 헤겔 철학 연구, 후반부는 『자본론』 연구에 전념. 헤겔 철학 관련 저서와 번역은 『헤겔 철학에로의 길』(34), 『헤겔 대논리학 연구』 전 3권(79-80), 피셔, 『헤겔 전기』(35), 딜타이, 『청년 시대의 헤겔』(38) 등.

─미야가와 도오루(宮川 透)

아메리카 [Amerika]

Ⅰ. 원주민의 추방. '신세계' 아메리카의 원주민은 자연적 문화와 유화·담백·겸양·비굴이라는 무력한 정신밖에 갖지 못한 채 조직적 권력을 건설하기 위해 필요한 도구(말과 철)를 갖지 못했다. 그 때문에 "유럽적인 자존심(Selbstgefühl)과 기능"[『역사철학』 12. 109]에 대응할 수 없어 소멸의 쓰라림에 부딪친다. 욕망과 자존심이 각성되지 않는 한, 현주민은 유럽에 계속해서 굴복한다. 헤겔은 양자의 관계를 인정을 둘러싼 투쟁으로서 이해했다.

Ⅱ. 북아메리카. 식민의 동기는 세금이 없는 처녀지에서의 이익과 프로테스탄트로서의 종교적 자유의 추구에 있다. 이러한 정신적 태도는 한편으로 근면을 통해 산업융성과 인구증가를 가져오고, 또한 종교적인 상호신뢰를 낳았다. 그렇지만 다른 한편으로 "자기의 향락을 위해서만 보편적 이익에 몰두하는 개인의 이익 중심주의"[같은 책 12. 112]가 만연되고, 모든 것을 개인의 기호에 따라 처리하는 것이 종교적으로 방임된다.

여전히 농업 중심의 가정원리의 나라인 아메리카 합중국에서는 광대하게 남아 있는 개척지에서 빈곤이 해소될 수 있고, 또한 상비군을 필요로 하는 인접국도 없다. 따라서 여기서는 이성적이면서 현실적인 국가의 필요가 없으며 그 공화정도 형식적 법률로 재산을 보호하는 외면적인 것에 불과하다. 게다가 법률이 있어도 "합법성에는 성실함이 결여되어 있다"[같은 곳]. 이러한 독특한 체제에서야말로 공민의 의무를 승인하지 않는 퀘이커교도가 공민으로 될 수 있다[『법철학 강의(반년만)』 198].

합중국의 종래의 역사는 '구세계'의 사건들에 대한 반향에 지나지 않으며 세계사적 의의를 지니지 않는다. 오히려 아메리카는 특수주의에 함몰된 유럽정신을

251

넘어서는[『미학』 **15**. 353] "미래의 나라"[『역사철학』 **12**. 114]이며, "늙어버린 유럽에 싫증난"(나폴레옹) 사람들에게 "동경의 나라"[같은 곳]이다.

Ⅲ. 남아메리카. 정복의 동기는 원주민의 착취와 정치적 요직의 획득에 있다. 주로 스페인이 지배하기 때문에 가톨릭적으로 상호신뢰의 기초가 없다. "세속적인 사항에서는 폭력과 자발적인 복종이 지배한다"[같은 책 **12**. 112]. 독립전쟁에서 무력으로 건설된 공화국은 정권의 "끊임없는 전복(Umsturz)"[같은 책 **12**. 111]에 시달린다. ⇒유럽

【참】 Campe (1817)

－가미야마 노부히로(神山伸弘)

아브라함 ⇨유대교

아스트 [Friedrich Ast 1778. 12. 29–1841. 12. 31]

『철학사강요』를 저술. 헤겔은 그 저작을 개설서의 하나로서 소개하며 "비교적 좋은 정신에서 저술되고 있다. 대부분 셸링 철학이지만, 조금은 혼란스럽다. 어느 정도 형식적으로 관념철학과 실재철학을 구별하고 있다"는 코멘트를 붙이고 있을 뿐[『철학사』 **18**. 136]이지만, 종래의 철학사에 비하면 아스트의 철학사는 구조적으로 헤겔의 철학사에 가장 가까운 것으로 생각될 수 있다. 아스트에 따르면 철학사는 생명 과정에 비유할 수 있으며 무한누진이 아니라 발전적 원환을 이루며, 영원의 출현·자기 계시와 영원한 귀환·자기 해소의 반복이다. 철학사는 실재론으로부터 관념론에로, 나아가 관념실재론에로 전개된다. 구체적으로는 오리엔트의 근원 철학으로부터 그리스의 실재론에로, 나아가 중세의 관념론에로, 그리고 양자의 화해인 근대 합리주의의 관념실재론에로 전개된다. 이것은 셸링의 유기적 정신의 전개라는 생각을 구체화한 것이라고 생각된다.

【참】 Ast (1807), Heß (1926), 加藤尙武 (1987)

－시바타 다카유키(柴田隆行)

아시아 [Asien]

헤겔에 의하면 아시아의 자연적 형세는 대립하고 있다. 이들 대립은 아시아의 본질적 관계를 표현한다. 아시아는 세 개의 극으로 이루어진다. 첫째는 히말라야 산맥을 중심으로 한 전혀 개척되지 않은 산악지대이다. 둘째는 황하와 양자강에 의해 만들어진 중국 평야와 갠지스 강에 의한 인도 평야로 대표되는 평야지대이다. 셋째는 아라비아, 시리아, 소아시아의 사막의 땅, 평탄한 고지대로서 첫째와 둘째의 혼합이다. 산업적으로는 첫째의 산악지대에서는 목축, 둘째의 평야지대에서는 농업, 셋째의 사막과 고지대에서는 상업과 교역이다. 사회적으로는 첫째에서는 족장적인 독립성, 둘째에서는 사유재산과 주종관계, 셋째에서는 시민적 자유이다[『역사철학』 **12**. 129f. 참조].

이러한 아시아의 자연적 형세는 중국과 몽골의 동양, 중앙아시아의 인도, 나아가 아라비아와 소아시아의 오리엔트 각각의 역사에 커다란 영향을 미치고 있다. 중국과 몽골은 족장제를 그 원리로 한다. 중국에서는 세속적 국가생활의 유기적 조직으로까지 발달하고 있는 데 반해, 몽골에서는 정신적, 종교적 왕국이라는 단순형태에 고착되어 이로부터 한 발자국도 벗어나지 못하고 있다. 중국에서는 황제가 족장으로서 천자이다. 황제의 사명은 만민의 이익, 안녕, 복지에 있다. 종교국가인 몽골에서는 세속국가에서와는 반대로 라마가 수장이며, 신으로서 숭배된다. 인도에서는 국가조직의 통일이 붕괴되어 개개의 권력이 할거하며 자유를 주장한다. 그 때문에 개인은 차별로부터 해방되어 있는 것처럼 볼 수 있지만, 구별이 자연의 손에 귀착되어 카스트의 차이로 된다. 그리하여 이들 구별을 총괄하기 위해서 궁극적인 통일을 종교적 통일에서 구하며, 정신적 의식의 세계와 세속의 세계를 구별한다. 단순한 신의 관념과 전적으로 감각적인 자연력의 관념이 분열하며, 둘 다 끝없이 변화한다. 오리엔트는 중국의 운동 없는 일자와 인도의 유랑하는 불안에 대립하여 나타난다. 여기서는 서로 적대하는 민족들의 나라라는 형태를 취하는 것과 함께 각종의 다양한 대립적인 국민들 간의 연합이라는 형태를 취한다. 각종의 원리가 자유롭게 할거하면서 공존공영을 누리고 있다. 이

들 각종의 다양한 민족 속에서 처음으로 등장하는 것이 유목민이며, 다음으로 바빌로니아와 시리아에서는 융성하는 상업과 교역이 출현했다.

오리엔트는 자기 자신 속에 대립을 생생하게 포용하고 있었다는 점에서 세계사에서의 참된 과도기 역할을 하였다. 왜냐하면 오리엔트는 동양과 인도라는 두 개의 계기를 통일하여, 그것을 자기에게서 보류시키는 것이 아니라 유럽에 전달했기 때문이다. 거기에 오리엔트의 유럽에 대한 관계가 있다. 오리엔트에서 모든 종교원리와 모든 국가원리가 포용되지만, 그 원리가 비로소 전개된 것은 유럽에서이다. 그 때문에 『법철학』에서 동양과 인도는 헤겔이 생각하는 세계사에 등장하지 않는다. 오리엔트, 그리스, 로마, 게르만의 넷이 세계사에서의 국가이다. 이런 생각은 인류 발상지가 중앙아시아에 있다고 하는 오랜 신화가 유럽에서 완강하게 지지 받고 있었기 때문이라고 생각된다. 하지만 1822년의 『세계사의 철학』에서는 인도와 중국이 오리엔트 국가원리의 주요국가라고 생각되게 되었다. 이것은 앙크틸 뒤 페롱(Anquetil du Perron 1731-1805)에 의한 아베스타 경의 불어 번역에 의해서 고대 페르시아 종교의 영향이 적잖이 알려지고 민족과 종교의 기원이 오히려 인도인 속에서 구해져 왔기 때문이라고 생각된다. ⇒중국, 인도・불교, 유럽

【참】 Schulin (1958), Leuze (1975)

―핫타 다카시(八田隆司)

아우크스부르크 화의―和議 [Augsburger Friede]

『독일 헌법론』을 논할 때 헤겔은 황제의 선거제도를 규정한 '황금헌장'(1356년)이나 '영원의 공안(公安)'(1495년), 베스트팔렌 조약 등과 더불어 아우크스부르크 화의에 의해 성립한 사태가 '헌법'의 구체적인 내실을 구성한다고 이해하고 있다. 이 화의는 1555년 9월의 아우크스부르크 제국의회에서 신성로마제국 측과 루터파 제후들 간에 체결되었다. 이에 따라 멜란히톤의 '아우크스부르크 신앙고백'은 가톨릭교회의 신조에 필적하는 자격을 지니는 것으로서 인정받게 되었다. 그러나 대상은 루터파에 한정되었으며, 또한 무엇보다

도 중요한 것은 거기서 자유를 인정받게 된 것이 신앙을 지니는 개인이 아니라 영방군주와 제국도시 당국이었다는 점이다. 왜냐하면 화의에서는 "주민은 그 지방의 영주의 신앙을 따른다(Cuius regio, eius religio)"는 원칙이 확인되었기 때문이다. 그리하여 성직자에 대한 감독은 영방군주에게 위임되었으며, 군주가 임명한 종무국이 이를 관할하도록 승인되었다.

이 화의에 내포돼 있던 문제는 이윽고 30년 전쟁의 참화로서 중유럽을 뒤흔들었으며, 헤겔로 하여금 "독일은 이미 국가가 아니다"라고 탄식하게 한 영방적 분립상태로 이어진다. 종교개혁은 당연히 세속 권력과의 분화를 가져와야 마땅했겠지만, 물론 결과는 거꾸로 되었다. 헤겔은 이러한 사태를 "종교는 그 자신이 분화하는 데서 자기를 국가로부터 분리해 내는 대신, 오히려 분화함으로써 국가 속으로 들어가 국가를 폐기하는 데 크게 기여했으며, 나아가 헌법 속으로 자기를 끼워 넣어 국법의 조건으로 되었다"[『독일 헌법론』1. 518]고 해석한다. ⇒루터, 종교개혁

―이와사키 미노루(岩崎 稔)

아이네시데모스 ⇨회의주의

아이러니 [Ironie]

소크라테스는 스스로 무지를 가장하면서 대화를 통해 스스로 지자임을 자처하는 사람의 무지를 역으로 폭로하는 방법에 의해서 진리를 분명하게 하고자 했다. 그것이 소크라테스의 에이로네이아라고 불리며, 야유라든가 풍자라는 의미를 지닌다. 이와 같은 지자의 가면을 벗기는 대화기법으로서의 아이러니가 근대에 들어서서 특히 낭만주의자 Fr. 슐레겔에 의해 '낭만적 아이러니'로서 주관주의적으로 변화되었다. 그에 따르면 아이러니가 숨쉬는 "시 가운데서는 참으로 초월적인 광대극이 생겨난다. 내면에서 보면 그것은 모두를 높은 곳에서 바라보고, 모든 제약된 것을 넘어서서, 또한 자신의 예술과 덕과 독창성도 넘어서서 스스로를 무한하게 고양시키는 정서이다"[*Kritische Friedrich-*

Schlegel-Ausgabe Bd. Ⅱ. Hrsg. von H. Eichner, 152]. 이리하여 슐레겔은 아이러니의 힘에 의해서 모든 제약을 초월하는 '자유'를 손에 넣을 수 있다고 생각했다. 즉 아이러니를 행사하는 자아는 자기의 내면에 대한 제약을 영속적으로 계속해서 부정함으로써 마치 맞거울질에서 자기 자신의 무한한 되비침을 보는 것처럼 자아의 내면으로 무한하게 초월하여 가는 것이다.

헤겔에 의한 낭만적 아이러니 비판의 논점은 초월적인 자아가 자기 이외의 존재를 부정하고 공허하게 함으로써 결국 자기 자신의 존재도 부정하고 공허하게 된다는 것에 있다. "아이러니의 이와 같은 부정성의 가장 가까운 형태는 모든 사물적인 것과 인륜적인 것, 그리고 내용을 풍부하게 담고 있는 것의 공허함이며, 모든 객관적인 것과 그것 자체로서 현실적으로 통용되고 있는 것의 공허함이다. 자아가 이와 같은 입각점에 머물러 있는 한 자기 자신의 주관성만은 제외하고 모든 것이 자아에 있어서 전적으로 허무하고 공허한 것으로서 나타난다. 그러나 이 주관성은 그렇게 됨으로써 알맹이가 없이 공소하게, 그리고 그것 자신이 공허하게 되어버리는 것이다"[『미학』 13. 96]. 사실 슐레겔은 낭만적 아이러니에서는 '자기창조'와 '자기파괴'의 교체에 의해서 자아의 동일성이 '지리멸렬한 혼란'으로서의 '카오스' 속에서 해체된다고 말하고 있다. 헤겔은 이와 같은 낭만적 아이러니가 지니는 부정성에 반해 고전적 아이러니 속에서 아이러니 본래의 활동을 보고자 한다. "아이러니는 소크라테스에서는…… 어떤 한정된 의미를 지닌다. 소크라테스의 한정된 아이러니는 저 단순한 부정이나 저 부정적인 행동이 그것에서 이해되기보다는 오히려 대화의 기법이자 사교에서의 쾌활함이지 이념을 희롱하는 조소나 위선이 아니다"[『철학사』 18. 461]. 슐레겔이 말하는 광대가 진짜 얼굴과 놀이의 가면을 어지럽게 교체하여 인격적 동일성을 해체해버리는 데 반해, 헤겔은 고전적 아이러니에서는 변증법적 대화를 통해 사람이 가면을 벗고 본래의 얼굴을 드러내며 숨겨져 있던 진리를 언표한다고 생각한다. ⇒꾸미기, 변증법, 소크라테스

【참】 Benjamin (1955), Pöggeler (1956), Strohschneider-Kohrs (1960), Prang (1972), Bubner (1987), Behler (1988)

―이사카 세이시(伊坂靑司)

아이스킬로스 ⇨그리스 비극

아첨 阿諂 [Schmeichelei]

헤겔은 『정신현상학』에서 중세로부터 근대에 걸친 유럽의 역사를 '고귀한 의식'과 '비천한 의식'의 관계를 축으로 하여 묘사한다. '고귀한 의식'으로 생각되고 있는 것은 개인으로서의 자기를 희생하여 공공에 이바지하는 봉건귀족인데, 그 헌신에 의해 '국가권력'이 지탱되고 유지된다. 그러나 고귀한 의식의 내면의 자기, 내면의 의지까지 방기되고 부정된다는 뜻은 아니다. 모반의 가능성이 남아 있다. 고귀한 의식은 '언어'를 통해 내면의 의지를 외화(방기)한다. 국가에 대해서 '특별한 이름'으로 부르며 찬미하고 '아첨의 언어'를 바친다. 절대군주의 탄생이자 고귀한 의식에 의한 헌신적 공적 봉사의 '아첨의 영웅주의'[3. 378]로의 전환이다. 이미 순수한 명예가 아니라 포상으로서의 부가 구해진다. 고귀한 의식은 보편성을 개별성에 종속시키는 비천한 의식으로 전환된다. ⇒고귀한 의식과 비천한 의식, 언어

【참】 稻葉稔 (1991)

―후지타 마사카쓰(藤田正勝)

아파테이아 ⇨스토아주의

아프리오리 · 아포스테리오리 ⇨선험적 · 후험적

아프리카 [Afrika]

헤겔에 의하면 "세계사는 동에서 서로 향해 나아간다"[『역사철학』 12. 134]. 유럽이 세계사의 종결이고, 아시아가 그 시원이다. 헤겔이 세계사의 전개에서 '본

래의 아프리카라고 말하고 있는 것은 이집트를 제외한 사하라 사막 이남의 아프리카이지만, 그 역사적 위치는 "아프리카를 뒤로 할 때 비로소 우리는 세계사의 무대에 오른다"[같은 책 **12.** 129]고 하는 역사 이전의 단계이다. 즉 "아프리카는 역사적 세계에는 속하지 않으며, 따라서 거기서는 운동과 발전이 보이지 않는다. …… 우리가 본래적인 의미에서 아프리카라고 말하는 것은 아직 전혀 자연적 정신의 영역을 벗어나지 못한 몰역사적인 것이다"[같은 곳]. 그런데 인간은 타자를 통해서 비로소 자기 자신을 알 수 있지만, 아프리카의 정신에서는 타자는 자연이고, 따라서 자기는 자연적 자기이며, 자연에 대한 관계가 자기로서 알려진다. 인간으로서의 타자와 자신보다 고차적인 절대적 본질에 대한 앎이 아직 존재하지 않는 것이다. 그러므로 거기서는 고차적인 존재자에 대한 외경과 자신을 약한 것으로 느끼는 종교적인 의식은 없고, 다만 "인간이 최고의 힘이며 인간이야말로 자연에 대해서 명령을 내리는 것"[같은 책 **12.** 122]이라는 의식만이 있다. 이러한 의식에서 종교는 마술이나 주술로서 나타난다. 또한 자기를 최고로 하는 이러한 의식은 도리어 인간멸시의 관념을 낳는다. 인간에 대한 존경은 고차적인 존재의 의식에서 비로소 생겨나기 때문이다. 식인의 관습이나 노예제도는 죽음의 경시라기보다는 생명의 경시, 인간멸시에 기인한다. 나아가 국가에서 보이는 것은 자연적, 감성적 자의의 입장이기 때문에 국가를 성립시키는 것은 '외적인 폭력'뿐이다. 그러므로 총괄하자면 "아프리카인은 인간의 개념을 이루는 바의 의식을 갖지 못했기 때문에 자유가 아닌"[『종교철학』 **16.** 252] 것이다. 아프리카는 '자유의 의식의 진보'라는 역사의 무대에 오르기 이전의 '동화의 나라'이다. ⇒흑인

—미즈노 다츠오(水野建雄)

악 [Böses]

악은 인식능력을 지닌 인간에게서만 존재한다. "인식이야말로 모든 악의 근원이다. …… 인식이 비로소 대립을 정립하는 것이며, 이 정립 안에 악이 존재한다.

동물, 돌, 식물은 악이 아니다. 악은 인식의 범위 내부에서 비로소 현존한다"[『종교철학』 **17.** 257]. 인간이 자기의 본질의 자연성에 반해 의식적으로 스스로의 내면에 머무르고자 할 때 악이 생긴다. "악이란 정신의 자연적인 현존재가 자기 속으로 향함(Insichgehen)에 다름 아니다"[『정신현상학』 **3.** 564, 570 참조]. 그러므로 악은 정신의 본질인 자유와 불가분한, 이를테면 자유와 표리를 이루는 계기이다. 왜냐하면 자유와 악은 둘 다 "타자에 의존하지 않고, …… 자기만으로 존재하고 자기 자신을 대상"으로 하는, 의식의 내면에서의 자립적인 존재방식이기 때문이다[『엔치클로페디(제3판) 정신철학』 382절 「보론」 **10.** 26]. "악의 근원은 일반적으로 자유의 신비 속에, 즉 자유의 사변적인 특질, 결국 의지의 자연성으로부터 벗어나 이 자연성에 반해 내면적이라는 자유의 필연성 속에 놓여 있다"[『법철학』 139절]. 악의 근원이 '자유의 신비'라고 말해지는 것은 악의 본질의 인식과 그 극복을 통해서만 자유가 자각적으로 (대자존재로서) 현실화되기 때문이다. "악은 타자에 대한 대자존재의 의식이다……. 이 분리에 의해 비로소 나는 나에게서 존재하며, 거기에 악이 놓여 있다. 악이란, ……나를 개별화하는 것, 보편적인 것으로부터 자기를 떼어내는 개별화이다. 이것은 이성적인 것이며, 정신의 법칙, 규정이다. 그러나 이 분리에 의해서 대자존재가 성립하며, 보편적인 것, 정신적인 것, 법칙, 그리고 각각의 있어야 할 것이 비로소 성립한다"[『종교철학』 **17.** 257].

따라서 '인간은 본성적으로 악하다'는 원죄의 가르침은 자유의 종교인 기독교에서 불가결[『법철학』 18절]하게 된다. 왜냐하면 스스로의 악을 알지 못하고서는 선이 무엇인지, 자유가 무엇인지를 알 수 없기 때문이다. "진리는 인간이 즉자적으로 악하고 일반적으로 악하며, 스스로의 가장 내적인 것에서 악하고, 단적으로 악하며 내면에서 악하다는 것, 악이라는 이 규정이 인간의 개념 규정이라는 것, 그리고 인간이 이것을 의식한다는 것이다"[『종교철학』 **17.** 262]. 이것이 자유의식의 맹아이다.

악은 '열악함(Schlechtes)'과는 구별된다. "악이란 의도적으로 그와 같은 [필연적인 인간]관계를 파괴하는

데로 향한다. 열악함은 직접적인 의도를 가지고 하는 것은 아님에도 불구하고, 그러나 알면서도 감성의 충동과 또는 마음의 경향성에 대한 약함으로 인해 의무가 훼손될 때 존재한다"[『뉘른베르크 저작집』 4. 61]. 악이라고 알면서도 타인이 없는 경우에는 남몰래, 세상에 아첨하는 데서는 공공연히 "타자에 대한 의무와 자기 자신에 대한 의무마저도 훼손"하는 의지의 박약함인 열악함에 비해, 악은 "의지의 강함"을 지니고서 감히 "타자를 해치고자 하는 심정이다"[같은 책 4. 269]. ⇒원죄

―자코타 유타카(座小田豊)

악무한惡無限 ⇨**무한**

안셀무스 ⇨**신의 존재증명**

『안티고네』 [Antigone]

고대 그리스의 비극시인인 소포클레스의 작품. 기원전 441년이나 442년의 디오니소스 축제에서 상연된 것으로 작가의 53, 4세의 작품이다. 중심 등장인물은 안티고네, 이스메네 자매와 클레온, 하이몬 부자의 네 명이며, 거기에 테바이의 장로들로 이루어진 코러스(합창단)가 덧붙여진다.

테바이의 새로운 왕 클레온은 조국에 반역하여 토벌되어 죽은 폴뤼네이케스의 시체 매장을 금하는 포고령을 내린다. 폴뤼네이케스의 누이 안티고네는 이스메네의 제지를 뿌리치고 오빠의 시체를 매장한다. 계명을 깨트린 데 분노한 클레온은 안티고네에게 죽음을 선고한다. 안티고네는 마을 바깥의 동굴 속에서 스스로 목을 매달아 죽고, 클레온의 아들이자 안티고네의 약혼자였던 하이몬도 안티고네의 뒤를 따라 자살한다. 결국 비탄에 빠진 클레온만이 남아 연극의 막이 닫힌다.

이 『안티고네』를 헤겔은 그리스 비극 최고의 명작이라고 생각한다. 아니 "모든 시대를 통해서 가장 숭고하고, 어떤 점으로부터 보아도 가장 우수한 예술작품의 하나"[『미학』 14. 60]로 간주한다.

헤겔은 『안티고네』의 주제를 클레온과 안티고네의 사상적 대립에서 보고 있다. 인간의 계명을 체현한 클레온과 신의 계명(오빠의 시체를 매장하라는 계명)을 체현한 안티고네가 타협의 여지없이 대립하고, 한편의 안티고네가 죽음의 위험을 무릅쓰고 신의 계명을 지키는 것에서 헤겔은 비극적 영웅의 전형을 본다. 그리고 헤겔은 인간의 계명과 신의 계명이 끝내 화해에 도달하지 못하고 비극적 결말을 맞이할 수밖에 없는 것에서 폴리스 국가의 깊은 모순과 붕괴의 필연성이 시사되고 있다고 생각했다. 헤겔이 『안티고네』에 대해서 가장 상세하게 논한 곳은 『정신현상학』의 'VI. 정신 A. 참다운 정신. 인륜'[3. 327-354]이다. ⇒그리스 비극, 인륜적 세계

【참】 Jens (1952), Bultmann (1952), 新田博衛 (1980b)

―하세가와 히로시(長谷川宏)

안티노미 ⇨**이율배반**

알레고리 ⇨**비유**

알렉산더 대왕―大王 [Alexandros, Alexander der Große BC 356-323]

아버지 필립포스의 뒤를 이어 여러 업적을 남기고 요절한 마케도니아의 왕. 헤겔은 호메로스의 시 속의 청년 아킬레우스가 그리스의 생활을 열고, 현실의 청년 알렉산더 대왕이 그것을 닫았다고 하면서, 대왕을 "현실 세계가 일찍이 산출한 것들 가운데 최고로 자유롭고 최고로 아름다운 개성"[『역사철학』 12. 277]이라고 찬양했다. 대왕은 아리스토텔레스의 교육을 받아 타고난 풍부한 정신을 조소적 정신으로 완성시켰다. 그는 그리스 인의 오랜 과제였던 아시아에 대한 보복을 수행했으며, 동양과 서양의 오래된 반목과 항쟁에 최후의 매듭을 지음과 함께 그리스의 고차적인 문화를

동양으로 확대시켜 아시아를 헬라스적인 국토로 변화시킴으로써 동양에 은혜를 베풀었다. 그의 아시아 원정은 동시에 유럽인들에게 동방사회에 대한 눈을 뜨게 하는 것이기도 하였다. 대왕은 장군으로서는 위대하며, 작전 면에서는 군사적 천재이고, 전투에서는 대단히 용감한 병사였다. 그의 사후 아시아 각지에 그리스적인 국가들이 일어나 그리스 인의 지배는 북인도까지 미쳤다. 그 중에서도 이집트의 알렉산드리아는 무역의 중심지임과 동시에 동양의 풍습 및 전통과 서양의 문화의 융합지였다. 대왕은 학문에서도 공헌한 바가 크며 예술의 보호자로서도 페리클레스와 더불어 명성이 높다. 헤겔은 대왕의 업적을 축소시켜 보는 자들을 "그를 근대적 척도에서, 결국 덕이니 도덕이니 하는 척도에서 측량하고자 하는 것으로서 알렉산더라는 위대한 세계사적 인물에는 이르지 못하는 것"[같은 책 **12**. 334]이라고 물리치고, 그의 대사업을 그 위대함과 아름다움에서 역사상 유례가 없는 것이라고 평가했다.

다른 한편 코제브는 대왕이 '여성'적인 가족에 속하는 '개별성'에 가치를 부여하고, 국가를 사유재산, 가족의 세습재산으로 변모시키며, 공민을 자신의 신민으로 만든 것에서 그리스적인 인륜의 붕괴와 로마제국을 초래한 원인을 보았다. ⇒페리클레스

【참】 Kojève (1947)

─다케다 죠지로(武田趙二郎)

알칼리 ⇨중화

알텐슈타인 [Karl Sigmund Franz Altenstein, Frh. vom Stein zum
1770. 10. 1~1840. 5. 14]

독일(프로이센)의 정치가. 최초의 문교부 장관(1817~1840). 베를린 대학 및 본 대학 창설을 위해 노력. 1817년 신설된 문부대신에 취임하자마자 "철학하는 대신"[『서간집』(제2권) 422]으로서 당대의 혁명 및 혁명적 충동을 학문과 교육으로 선도하여 국가에 공헌할 수 있도록 하고자 했다. 그때 그가 세계정세와 세계

발전 과정을 방법적으로 해명하여 주는 것으로서 발견한 것이 헤겔의 철학체계이다. 그리하여 알텐슈타인은 마음으로부터의 신뢰와 깊은 경의를 품고서 1814년 이후 공석이었던 피히테 강좌에 헤겔을 초빙한다[1817. 12. 26일자 편지]. 헤겔은 이 베를린으로부터의 초빙을 곧바로 받아들인다[1818. 1. 24]. 이후 양자 사이에는 존경과 신뢰로 가득 찬 관계가 맺어진다. 그리고 "헤겔 철학은 알텐슈타인을 매개로 하여 프로이센 대학에 그 세력을 획득해 간다"[『서간집』(제4권-2) 130]. ⇒프로이센

【참】 Rosenkranz (1844), D'Hondt (1968)

─오카자키 에이스케(岡崎英輔)

암석 巖石 [Gestein]

헤겔은 1804년 1월에 예나 광물학회(Die Herzogliche Jenaische Mineralogische Sozietät)의 시보(試補)회원(Assessor)으로 선출되었다[『서간집』(제4권) 90]. 이 학회는 괴테가 친구인 예나 대학 교수 렌츠(Johann Georg Lenz 1748-1832)와 함께 1796년에 창설한 것이기 때문에 그 창립은 런던의 영국 지질학회보다 10년이 앞선다. 렌츠는 나중에 광산 감독관도 겸한 학자로서 그의 저작 『광물의 체계(System der Mineralkörper. 1800)』는 헤겔도 가지고 있었다. 아마도 그는 이러한 학자가 주재하는 회합에 참가하여 자신의 자연철학의 구성에 필요한 광물학과 지질학의 최신 지식을 얻고자 했을 것이다. 헤겔의 예나 시대의 자연철학 강의초안을 보면, 거기에는 화강암(Granit), 석회암(Kalk), 운모(Glimmer), 장석(Feldspath), 편마암(Gneuss, 현재의 철자법으로는 Gneiss), 경사암(Grauwacke), 각섬암(Hornblende), 반암(Porphyr), 사문암(Serpentin), 현무암(Basalt), 역암(Konglomerate), 각력암(Breccia) 등의 지각을 구성하는 주요한 암석의 이름들과 금, 은, 동, 유황, 석면, 석탄, 암염 등의 광물 이름들이 출현하여 마치 이 시대에 연구된 암석과 광물의 목록을 보는 듯한 생각이 든다[『예나 체계』Ⅰ. **GW 6**. 131f.; Ⅱ. **GW 7**. 304f.; Ⅲ. **GW 8**. 114f. 참조].

물론 헤겔은 단지 이 이름들을 열거할 뿐만 아니라, 그가 말하는 바의 '지상의 삼위일체', 즉 양극과 그

중항 및 그것들의 상호이행이라는 변증법적 도식에 따라 암석과 광물을 분류하는 독자적인 체계와 생성이론을 만들려고 시도했다. 유감스럽게도 이 시도는 성공하지 못했지만, 그것은 반드시 그의 철학이 관념론이었기 때문은 아니다. 이 지각구성물들의 복잡한 화학적 조성 및 그 생성과 변성에 필요한 물리적 조건들과 지질학적 시간이 판명되고 조산운동의 어렴풋한 모습이 명확하게 되기 위해서는 좀더 나아가야 하기 때문이다. 오히려 우리는 불충분한 경험적 지식에 의거하면서도 다양한 화합물의 복잡한 혼합에서 형성되는 이러한 자연의 국면에서도 이성과 개념의 모습을 보고자 한 그의 용기에 놀라지 않을 수 없다. 그러나 헤겔이 그의 자연철학에서 단지 사변만을 의지하고 있었던 것은 아니라는 것을 홀(James Hall 1761-1832)에 의한 석탄과 대리석의 인공제조실험을 전하는 제베크(Thomas Johann Seebeck 1770-1831)의 편지(1808년 1월 29일)에서도 알 수 있다[『서간집』(제1권) 212-213]. 그는 이러한 지식에 기초하여 슈테펜스의 자연철학의 지나친 사변적 행위를 비판했던 것이다.

【참】 Gillispie (1959), Kimmerle (1967), Levere (1986)

—와타나베 유호(渡辺祐邦)

애국심 愛國心 [Patriotismus]

헤겔은 개인이 자기가 소속된 관계들 각각의 의무에 대해서 전심으로 적절히 대응하는 것을 '정직(Rechtschaffenheit)'이라고 파악하지만[『법철학』 150절], 이 기본적인 덕이 국가와의 관계에서 발휘될 때 애국심으로 된다. 그것은 국가 이념의 주체적 실체성으로서의 '정치적 지조'이다[같은 책 267절]. 결국 애국심은 "참으로 존립하는 확신", "습관이 된 의욕"이며, 국가에서의 이성적이면서 동시에 현실적인 제도들의 결과인바 국가에 대한 신뢰이다. "애국심이라는 말은 흔히 엄청난 희생이나 행위를 무릅쓰고자 하는 기개로 이해될 뿐이다. 그러나 본질적으로 애국심이란 일상적 상태나 생활관계 속에서 공동체를 실체적 기초 내지 목적으로 아는 것에 익숙해져 있는 지조"이며, "비상한 노력을 기울이고자 하는 기개"도 여기에 기인한다[같]

은 책 268절]. ⇒ 지조(마음가짐), 제도, 양심

【참】 金子武藏 (1980)

—고바야시 야스마사(小林靖昌)

야코비 [Friedrich Heinrich Jacobi 1743. 1. 25-1819. 3. 10]

체계적인 사유를 혐오하고 감정과 신앙의 직접적 확실성을 주장한다. 멘델스존에게 써 보낸 『스피노자의 교설에 관한 서한』(1785)을 통해서 스피노자 사상에 대한 관심을 높였다. 헤겔은 튀빙겐 시대에 횔덜린 등과의 독서회에서 이 글을 읽고 '하나이자 모두'에 강한 공감을 나타냈다[『로젠크란츠』 40f.].

헤겔에게는 야코비에 관한 세 개의 정리된 논술이 있다[『신앙과 지식』 2. 333-393; 『야코비 서평』 4. 429-461; 『철학사』 20. 315-329]. 야코비 비판의 기본적인 사고방식은 공통되지만, 『서평』이 긍정적 평가도 포함한 객관적인 서술을 위해 유의하고 있는 데 비해 『신앙과 지식』은 논란의 자세를 뚜렷이 하고 있다.

긍정적으로는 "종교성이 사유의 궁극적인 참다운 성과라는 것, 모든 정합적인 철학적 사유는 스피노자주의로 귀착될 수밖에 없다는 것"[4. 432], "절대적인 것을 정신으로서 파악해야만 한다는 것"[4. 439]을 인식한 점에 있다고 평가된다.

비판의 기본적 관점은 직접적인 지를 인정하고 매개된 지를 부정한다는 점("야코비는 인식 속에 존재하는 매개를 배척한다. 매개는 그에게 있어 정신의 본성 내부에서 그 본질적인 계기로서 재흥되지 않는다"[4. 435ff.; 20. 318ff. 참조]), 신은 인식 불가능하다고 하는 점("신, 절대적인 것, 무제약적인 것은 증명될 수 없다. 왜냐하면 증명하는 것, 개념적으로 이해하는 것은 어떤 것에 있어서의 제약을 발견하는 것이고 어떤 것을 제약으로부터 도출하는 것이기 때문에"[20. 322; 4. 430, 439 참조])의 둘로 요약할 수 있다.

칸트와 공통된 관심을 가지면서도[2. 333; 20. 315] 야코비가 이러한 견해에 도달하는 본질적인 원인은, 『신앙과 지식』에 따르면, 그가 유한성과 무한성을 각각 별개로 "대치된 것이라는 형식에서 받아들임"으로써[2. 346f.] "반성과 상상이 파악하는 무한한 것"[2.

352], 즉 "유한한 유한성"[2. 388]밖에 파악할 수 없기 때문이다. 칸트의 "이성의 요청"이 이해되지 않고[20. 323], "신앙을 사유에 맞서게 하는"[20. 324] 것도 그 때문이다. ⇒하나이자 모두, 직접지

—자코타 유타카(座小田豊)

약탈略奪 [Verwüstung]

황폐케 하는 것. 폐허로 만드는 것. 『인륜의 체계』 제2부에서는 유기화된 자연의 "목적 없는 파괴", 인간의 노동에 의해서 유기적으로 형성된 것을 전반적으로 파산케 하는 야만적인 활동을 의미한다. 칭기즈칸과 티무르처럼 두드러진 모습으로 동양 세계에서 보이는 문화 파괴의 활동을 가리키지만, 그것은 인간 세계에서의 문화 형성과 파괴의 끊임없는 교체, 부정과 그 부정의 연쇄 속에 위치지어져 있다『인륜의 체계』 PhB. 42f.]. ⇒칭기즈칸

—사이토 준이치(齋藤純一)

약함(취약성)—(脆弱性) [Sprödigkeit]

물질의 직접적인 형태, 즉 물질을 성립시키는 점이 긴밀한 관계를 갖지 않고서 분산되어 있는 상태가 취약성이라고 말해진다. 따라서 취약한 물질에서는 점과 점이 응집하지 않은 상태에 있다. 그에 반해 예를 들어 철과 같은 금속은 그 대극에 놓여 있는 물질이다. "일반적으로 금속만이 자화될 수 있다. 왜냐하면 금속은 절대적으로 취약한 것이 아니라 단일하고 특수한 무게의 순수한 연속성을 자신 속에 지니고 있기 때문이다"[『엔치클로페디(제3판) 자연철학』 312절 「보론」 9. 207]. 이와 같이 자성을 띤 금속은 점과 점이 높은 응집력을 지니고서 강고하게 연속하고 있다. 이와 같은 금속과 대비하여 헤겔은 취약한 물질의 대표로서 '유리'를 생각하고 있다. 유리는 점성에 머무르고 있어 약하며, 금속과 같은 응집성을 지니는 데 이르고 있지 않다. "내재적인 점성, 즉 취약성(그 다음에는 응집력)이라는 규정이 좀더 완전한, 그러나 형식적인 투명성(예를 들면 취약한 유리)과 일체가 된다"[같은 책 320

절]. 응집력이 아직도 모자란 취약한 유리는 철과 같이 자성을 띠는 것은 아니지만 투명하다는 특징을 지닌다.

헤겔은 이와 같은 물리학상의 용어를 인간의 존재방식을 나타내는 것으로서도 비유적으로 사용한다. 폴리스적인 공동체가 해체된 로마의 '법 상태'에서 개인은 인륜적 실체라는 기반을 상실하여 개별적인 자기로서만 존재한다. 그와 같은 자기는 인륜적 유대를 상실하여 '점'으로서 뿔뿔이 흩어져 존재한다는 의미에서 "취약한 자기"라고 불린다. 이와 같은 자기는 "인격적 원자"로서 "[인륜적인] 정신을 상실한 점"에 불과하다. 이리하여 "인격은 각각 인격으로서 독립적으로(für sich) 존재하며, 다른 인격과의 연속성을 스스로의 점성의 절대적인 취약성으로부터 배제"[『정신현상학』 3. 358]함으로써 서로 소원하고 냉담한 관계에 의해서만 존재할 수 있게 된다.

—이사카 세이시(伊坂靑司)

양量 [Größe, Quantität]

『논리의 학』의 양론은 '크기(양)'라는 제목이 붙어 있다. 일상어로서는 크기(Größe)가 타당하지만, 이 말은 정량의 의미를 지니기 때문에 순수량의 의미를 강조하기 위해 외래어인 양(Quantität)이라는 말을 부가한 것이라고 한다. 헤겔에 따르면 "양이란 규정성이 존재 그 자체와 하나가 아니라 지양된 것 또는 무관심한 것으로서 정립되어 있는 순수존재이다"[『엔치클로페디(제3판) 논리학』 99절]. 또는 "양이란 지양된 질적인 것, 무관심하게 된 구별이다"[『논리의 학』 5. 269]. 헤겔은 양의 범주 앞에 질의 범주를 선행시켜 양을 질이 지양된 것이라고 생각한다. 이것은 양에 고유한 의의를 지니게 하지 않고 질을 제일의적인 규정성으로 한다는 것을 의미하며, 또한 양에 선행하는 규정성을 고려하지 않는 근대의 경험과학에 대한 반발이라고 볼 수 있다. 이 점에서 보아 양의 성격을 적확하게 설명하고 있는 것은 무엇보다도 "자기 밖으로 나옴(Außersichkommen)"[같은 책 5. 215 등]이라는 규정이다. 양은 그것이 규정하는 존재와 서로 분리될 수 없는 것이 아닐 뿐만 아니라 나아가 그 규정성은

자기 자신과도 일치하지 않는 것이다. 따라서 양 개념의 전개 목적은 그 완성이 아니라 폐기에 있으며, 그 전개는 양이 <자기 밖으로 나와> 그의 타자(질)로 되는 운동이다. 순수량-정량-비(양적 비례)라는 양의 진전 과정은 다름 아니라 양 속에 있는 질적인 것을 찾아내 양이 질로 복귀하는 논리적 운동을 서술하는 것이다.

Ⅰ. 순수량(die reine Quantität). 순수량은 불가분한 하나의 무한한 섞인 것이 없는 것이다. 예를 들면 시간은 지금을 낳지만, 다만 <자기 밖으로 나와> 다른 지금을 낳는 부단한 흐름이다. 이것이 정량(지금)의 제약으로서의 순수량(시간)이다. 현실적으로 존재하는 것은 모두 일정한 크기를 지니기 때문에 정량이 첫째이고 순수량은 그 추상에 불과하다고 생각되는 경향이 있지만, 거기서는 정량의 제약성이 명확히 되지 않는다. 순수량은 연속성과 비연속성의 두 가지 계기를 지닌다.

Ⅱ. 정량(Quantum). 일정한 크기를 지닌 양, 즉 한계를 수반하는 양이 정량이다. 단지 크고 작음의 비교에서가 아니라 그것 자신에서 규정되어 있는 정량은 수(Zahl)이다. 정량이 지니는 한계의 측면이 강조되고 그 한계가 정량의 전체와 하나라고 보일 때, 정량은 외연량과 내포량이다. 외연량은 수를 그 내부에서 지니지만, 내포량 즉 도는 수를 외부에서 지닌다. 도는 단순하면서 그것을 정량이게 하는 수를 외부의 양에 의지하는, 다시 말하면 단순하고 대자적인 한계가 동시에 전적으로 외면적이라는 모순에 빠져 있다. 이러한 모순이 정립된 것이 무한진행, 즉 무한대와 무한소의 개념이다. 여기서 헤겔은 미분계산의 해석에 『논리의 학』의 많은 지면을 할애하고 있다.

Ⅲ. 비(das quantitative Verhältnis, 양적 비례). <자기 밖으로 나옴>이라는 양의 본성을 가장 명확하게 나타내는 것은 무한진행이지만, 그 나쁜 무한에 대해 헤겔이 주장하는 참된 무한은 정량의 변화에 관계없이 변화하지 않는 것, 즉 비이다. "비의 양항은 그 직접적인 수치에 따라서 타당한 것이 아니며, 그 가치는 관계 내에서만 존재한다"[『엔치클로페디(제3판) 논리학』 105절]. 비를 구성하고 있는 각각의 정량은 타자와의 관계 내에서 자기의 규정성을 지니는바, 다시

말하면 타자존재 안에서 자기에게로 복귀하고 있다. 따라서 <자기 밖으로 나옴>이라는 양의 본성은 비에서 해소된다. 비는 정비례, 반비례, 멱비례로 이루어진다. ⇒질

―에비사와 젠이치(海老澤善一)

양도讓渡 [Veräußerung]

인격이 소유하는 외면적 물건을 방기하여(entäußern) 주인 없는 물건으로 하든가 타인의 점유에 맡기는 것. 양도는 <이 물건≠나의 의지>라는 부정적 "무한판단"에 의해서 "의지를 물건으로부터 자기 내 반성"[『법철학』 53절]시킨다. 이에 의해 의지는 "나의 자기의식의 보편적 본질"[같은 책 66절], 구체적으로는 인격성·의지자유·도덕성·인륜·종교·이성 등을 점유한다. 이들은 물건이 아니라 양도 불가능하고 시효에 관계없는 "인권"[『법철학 강의(호마이어)』 264]이다. 이것이 즉자일 때 노예·농노, 소유의 부자유, 정신적 종속 등의 인권방기가 생길 수 있지만, 교양을 쌓아 의지가 인권을 대자화하면 이러한 불법은 즉시 폐기될 수 있다[『법철학』 66절]. 육체적·정신적 능력과 활동은 생산량·사용시간을 제한하면 양도 가능하지만, 그것의 총체적 양도는 인격성의 방기로 된다[같은 책 67절]. 나에게는 자기의 생명을 방기할(자살할) 권리가 없으며, 나에게 죽음을 명할 수 있는 것은 자연이나 이념 이외에는 없다[같은 책 70절]. ⇒교환

【참】 Ritter (1969b), Theunissen (1982)

―가미야마 노부히로(神山伸弘)

양상樣相 ⇨**판단**

양심良心 [Gewissen]

양심이라고 번역되는 Gewissen은 '함께 안다'는 것을 의미하는 그리스 어의 συνείδησις, 라틴 어의 conscientia의 독일어 번역이다. 따라서 양심(Gewissen)이라는 말은 '함께'라는 요소와 '안다'라는 요소에서 성

립한다. 즉 양심은 우선 자신의 행위가 도덕적인 의무에 적합한지의 여부를 '안다'는 것이다. 다음으로 그것은 첫째로는 그것을 자기와 '함께', 둘째로는 타자와 '함께', 셋째로는 절대자와 '함께' 아는 것이다. 이것을 『정신현상학』에서 양심을 다룬 부분에 입각하여 말하자면, 첫 번째 것이 자신의 행위가 의무에 적합하다는 것을 자기와 함께 아는 것에서 자기를 확신하고 있는 대자의 계기이며, 두 번째 것이 대타의 계기이고, 세 번째 것이 자체의 계기이다. 양심은 이러한 세 가지 계기를 아울러 지닌다는 점에서 '전적으로 안다'는 것을 가리킨다.

헤겔에 따르면 자기 확신을 중요한 계기로 하는 양심 개념은 루터의 종교개혁에서 유래한다. 그 경우 양심이란 "거기에서 사람이 자기에게서 있으면서 동시에 신에게서 있는"[『철학사』 20. 52] 바의 마당이다. 루터의 양심에서 근대적인 주관성이 "진리의 규준은 그것이 나의 심정 속에서 확증되고 분명하게 되는 대로이다"[같은 책 20. 55]라는 무한한 자기 확신을 획득한다. 『정신현상학』의 헤겔은 이러한 루터의 양심 개념을 전제하면서 더 나아가 독일 낭만주의자인 야코비의 '도덕상의 천재', 노발리스 등의 '아름다운 영혼' 및 프리드리히 폰 슐레겔의 아이러니 개념에 의거하여 양심론을 전개한다.

양심이란 원래 동일한 자기 내부에서의 현상이지만, 거기서는 대화적인 구조를 찾아볼 수 있다. 대화의 한편은 개별적인 행위를 직접적인 자발성을 지니고서 실현하는 자기이며, 다른 한편은 그 행위의 윤리성을 판단하고 비평하는 자기이다. 양심의 가책에서는 전자가 재판되는 것, 후자가 재판하는 것이다. 헤겔은 양심의 이러한 구조에 착안하여 이 구조 자체가 그것에서 유래한다고 생각되는 두 사람의 개인 사이에서의 대화를 상호인정론으로서 전개한다. 요컨대 그는 이러한 상호인정을 행위하는 양심과 비평하는 양심 사이의 운동으로서 보아가고자 하는 것이다. 그리고 상호인정이 성립하는 마당을 다음과 같이 적고 있다. "(서로 대립하는 두 자아의) 화해를 성립시키는 그렇다(Ja)는 이중성으로까지 연장된 자아의 현존재이며, 여기서 자아는 자기동일을 보존하며, 자기를 전적으로 외화하

여 정반대의 것으로 전화시키면서도 자기 자신이라고 하는 확신을 지니고 있다. 이러한 그렇다(Ja)는…… 양쪽 자아의 한가운데서 나타나는 신이다"[『정신현상학』 3. 494].

『정신현상학』은 헤겔의 국가에 대한 정열이 냉각된 시기, 또 낭만주의자에 대한 공감에서 깨어나지 않은 시기의 저작이기 때문에 양심을 가지고서 '절대자'의 입구로 삼았다. 그러나 『법철학』의 헤겔은 양심을 "즉자대자적으로 선한 것을 의욕하는 마음"[『법철학』 137절]이라고 정의하면서 낭만주의자들의 주관적이고 형식적인 자기 확신에 불과한 양심을 "보편적인 것 이상으로 자기 자신의 특수성을 원리로 하여 그것을 행위에 의해 실현하는 자의=악일 가능성이기도 하다"[같은 책 139절]고 하여 엄혹하게 비판하고 있다. ⇒인정, 선

【참】Hirsch (1924), 星野勉 (1983)

─호시노 쓰토무(星野 勉)

양친兩親 ⇨ **가족**

양태樣態 ⇨ **실체(성)·속성·우유성**

어둠 [Dunkles, Finsternis]

조로아스터교적인 이원론과 관련하여 말해지는 경우가 많다. 그러나 빛(또는 선)을 긍정적인 것, 어둠(또는 악)을 부정적인 것으로서 고정적으로 대립시켜버리는 것은 추상적이다. 오히려 빛은 무한한 확장이라는 점에서 부정적이기도 하며, 어둠은 역으로 "산출하는 모태"로서 긍정적이기도 하다[『논리의 학』 6. 72]. 형식으로서의 빛과 본질로서의 어둠은 서로에 입각함으로써만 현현한다.

빛과 어둠의 교섭으로부터 색채가 생겨난다는 것이 괴테의 색채론에 동조하는 헤겔의 견해이다. 어둠(또는 불투명성)은 물질적 개체성의 성격을 지니며, 그로부터 '암흑화(Verdunkelung)'의 과정이 생긴다[『엔치

클로페디(제3판) 자연철학』 320절]. 어둠은 빛과 결합하여 개체적 물체성으로서 실재화된다. 어두운 것이 물질화, 특수화되면 검은 색을 띤 것이 되고, 밝은 물체성이 그것으로서 고정될 때 흰 것이 된다. 이러한 양극 사이에 다양한 색채가 있다. ⇒빛

　　　　　　　　　　　　－나카오카 나리후미(中岡成文)

어떤 것 ⇨타자

어른 [Mann]

어른의 특징은 현실주의, 즉 "세계의 객관적 필연성과 이성성의 인정"[『엔치클로페디(제3판) 정신철학』 396절]이다. "자신 속에서 완성된 어른은 인륜적 세계[세간]를 지금부터 스스로 만들어야만 하는 것으로서 보는 것이 아니라 본질적으로 완성된 것으로서 본다. 어른은 사태 <쪽을 향해, 그것을 위해(für)> 활동하며 관심을 지닌다. <대항해서(gegen)>가 아닌 것이다. 어른은 젊은이의 일면적인 주관성을 넘어서서 객관적 정신성의 입장에 선다"[같은 책 396절 「보론」 **10**. 78]. '완성된(fertig)'이라는 것이 어른을 표현하는 핵심어이다. 그러나 이것은 온건한 진보주의이기도 하다. 세계는 살아 있는 것이자 끊임없이 움직이고 있기 때문에 "현실의 이성(die Vernunft der Wirklichkeit)"[같은 책 **10**. 83]에 따른 진보가 필요하다. '현실적인 것은 이성적이다'라는 『법철학』 서문의 말은 '어른이 되어라'라는 것과 같은 것이다. ⇒이성, 현실성, 자녀, 청춘, 노년

　　　　　　　　　　　　－가토 히사타케(加藤尙武)

어린이 [Kind]

헤겔은 태아를 포함하여 어린이에 관해 상세한 기술을 남기고 있다. 주된 텍스트는 『엔치클로페디(제3판) 정신철학』 396절의 「보론」, 405절의 전체이지만, 『법철학』의 가족 장[173-175절]에서도 어린이론이 있다. 『엔치클로페디(제3판) 자연철학』에서는 「보론」에서도 어린이에 관한 기술이 없다. 그러나 헤겔이 어린이에 관해 말한 텍스트 전체를 관찰하면 태아기의 기관의 발달, 모유의 소화하기 쉬움 등에 관해서 당시의 가장 발달한 과학적인 지식을 갖고 있었음을 알 수 있다. 어린이를 파악하는 헤겔의 관점에서 독창적인 것은 태아의 정신에 관해서 모체와 미분화의 단계에 있는 의식이라고 규정했다는 점이다. 자아는 원자로서 처음부터 독립해 있는 것이 아니라 어머니의 자아와의 공유결합의 상태로부터 자립이 형성된다. 자립한 후에도 자아에게는 '자신을 지키는 정신'이라는 보편성이 이식되어 있지만, 그것은 동시에 광기의 원인으로도 된다. 로마법에서 부인된 어린이의 권리가 기독교 사회에서 인정되기에 이르렀다는 헤겔의 기술은 계몽시대의 진보적 어린이관에 공통된 것이지만, 오늘날에는 아리에스에 의해서 정정되고 있다. ⇒어른, 교육

【참】 Ariès (1960), 加藤尙武 (1990a)

　　　　　　　　　　　　－가토 히사타케(加藤尙武)

억제抑制 [Bezwingen, Bezwingung]

『자연법 논문』에서의 자유론, 인륜론의 기둥이 되는 중요 개념. 그것은 피히테의 강제(Zwang) 개념을 강하게 의식하고 있다. 헤겔에 따르면 피히테의 자연법론에서는 상호제한으로서의 자유가 기조를 이루며, 그 때문에 지성적 대립이 고정되고 인륜의 개념(보편적 자유)과 주체(개별적 자유)가 분리된다. 그럼에도 불구하고 양자의 합일을 도모하고자 하는 데서 강제의 외면적 체계가 생겨난다. 헤겔은 스스로의 자유론, 인륜론을 내세움에 있어 이의 극복을 염두에 두고 억제 개념을 대치시켰던 것이다.

헤겔에 따르면 '이것인가 저것인가의 선택의 자유'(경험적 자유)는 자유를 둘 중의 어느 하나로서 규정하고, 앞의 분리를, 나아가서는 강제의 체계를 초래한다. 그럼에도 불구하고 참된 자유는 "대립하는 것, +A 및 -A의 부정이며, 관념성이다. …… 이러한 자유에 있어 강제는 결코 있을 수 없다"[『자연법 논문』 2. 477]. 억제의 특질은 +A, -A라는 규정태를 폐기하고,

+A-A=0이라는 관념성을 초래하는 "본래적으로 순수하게 부정적인 태도"[같은 책 2. 479]에 있다. "주체는 억제되지만, 강제되는 것은 아니다"[같은 곳]. 억제는 또한 형벌의 장면에도 적용된다. 형벌은 억제에 기초하는 것이지 강제에 기초하는 것이 아니다. 무한성의 의의를 지니는 억제 개념은 더 나아가 인류와 그 비유기적 자연(점유의 체계)과의 관계에도 적용된다. 긍정적인 전제로서의 인류에 대해 점유의 체계는 사인의 이해관심만을 유포시키고 차별과 불평등의 형성을 본성으로 한다. 이러한 체계는 "긍정적 전체성에 의해서 전적으로 부정적으로 취급되어야만 한다"[2. 482f.]. 이것을 정당화하는 것이 억제인 것이다. 그러나 『자연법 논문』 이후 억제 개념은 이러한 체계적 기능을 완전히 상실한다. 반면 강제 개념은 『예나 체계 III』의 중요 개념으로서 수용된다. 이 사이의 사정은 예나 시기 인류론의 형성을 고찰하는 데서 대단히 중요하다.

―다키구치 기요에이(瀧口淸榮)

언어言語 [Sprache]

I. 체계에서의 위치짓기. 의식과 마음의 통일인 주관적 정신이 자기에게 대상형식을 부여하기 위해 실재태로서 산출하는 존재의 형식, 즉 관념적 세계로서의 내면을 보편적 형식에서 표출한 것이 이론적 측면에서 생각될 때 언어라고 불린다. 정신이 스스로를 정신으로서 알기 위해 스스로를 정립하고 자기의 존재형식으로서 표출한 것이 언어이다. 이 언어의 산출은 『엔치클로페디(제3판)』의 '정신철학' 제1부 '주관적 정신' C '심리학, 정산'의, 즉 이론적 정신의 전개과정의 한 계기인 '표상'이 더듬어가는 전개형태, 즉 '상상력' 및 '기억'의 산물이다. 이것이 체계상의 위치이다. 언어라는 존재자가 되어 비로소 정신이라는 관념적인 것이 실재하는 현실, 세계일 수 있지만, 동시에 이 언어는 정신의 '대타존재'라는 형식이기도 하다. 이런 의미에서 언어는 정신의 기호이다.

II. 기호로서의 언어. 기호란 내적인 것의 외화(대타존재)를 위해 구상되어 일반화된 것[『엔치클로페디(제3판) 정신철학』 457절]이며, 주관적인 것의 객관화 수단으로서 자의적으로 사용되는 도구이지만, 마음, 감정이라는 생명활동의 외화로서는 몸짓, 목소리가 그 기호라고 생각되고 있고, 소리는 발해짐과 동시에 사라져버리는 것으로서 '시간적 존재'이지만, 이 소리가 한층 더 분절화되어 정신이라는 고차적인 '영혼'의 표현에 걸맞은 형태를 얻었을 때 목소리는 "소리로서 발해지는 언어(Tonsprache)"[같은 책 459절]가 된다. 이것은 정신이라는 인간적 내실 또는 로고스를 표출하여 자기 및 타인에게 '이해하기 쉬운(verständlich)' 형태로 존재하게 만드는 것이다. 이것이 '말(Rede)'로서의 언어이다. 이것이 곧 '명명'이라는 정신의 자기인식의 개시를 의미하며, 사물에 이름을 부여함으로써 세계를 자기의 것으로서 창조하는 것으로 된다(이러한 사고방식은 분명히 유대-기독교 전통에 뿌리박고 있다). 이 이름이 '낱말(Wort)', 요컨대 표상으로서의 표상을 '언표하는' 것이 된다[『예나 체계 III』 **GW 8**. 189 이하]. 이러한 "지성에 의해서 산출된 직관과 그 의미와의 결합인 이름"[『엔치클로페디(제3판) 정신철학』 460절]에서 사유가 시작된다. "우리가 사유하는 것은 이름에서이다"[같은 책 462절]. 이러한 낱말과 그 조직으로서의 언어체계에서 정신의 자기인식으로서의 '학'이 시작된다. 따라서 본래 말해지고 낱말로 발해지는 것이 정신의 자기인식 활동의 요소로서의 언어의 본질이지만, 이것은 시간적 존재로서 소실되어간다. 이러한 정신의 상상력에 기초하는 언어에 기억되고 영속하는 대타존재의 형식을 부여한 것이 '문자(Schriftsprache)'이다. 따라서 문자는 정신의 본래의 기호로서의 말해진 언어의 기호, 결국 "기호의 기호"[같은 책 457절]이다. 헤겔은 이러한 관점에서 말해진 언어, 표음문자, 표의문자의 순서로 그 기호성격 및 소외태를 보고 있다. 이 문자의 체계화가 문법이며, 그것이 가장 철저화된 것이 지성개념의 체계화로서의 논리기호이다. 헤겔의 경우에 언어는 정신의 자기인식의 기호로서 '대화'에서 생성한 역사적 국면에서 이해되고 요해되는 것이지 그저 의지전달 및 정보교환을 위한 수단과 도구로서의 기호라고 생각되고 있지 않다. '명확히 규정된 여러 가지 표상을 위해 한층 더 분절화되어 명확히 발음되는 소리, 즉 말(Rede)과 이 말의 체계인 언어는 감각, 직관, 표상 등에게 그것들의 직접적인 현존재보다도 고차적인 제2의 현존재를 부여한다"[같은 책 459절]. 이 현존재가 지니는 '대타존재'라는 형식이 헤겔 사변철학의 한 계기로서의 '부정의 위력'인 '지성'의 형식이 될 때 이른바 기호론이 주장하는 기호로서의 언어가 된다.

Ⅲ. 정신의 현존재로서의 언어. 헤겔은 이러한 기호성격을 언어에서의 정신의 자기인식의 필연적 계기로서 자각화하면서 언어를 이 기호성격을 넘어서서 본래의 자기로 돌아오는 마당으로서도 생각하고 있다. 이것이 "언어의 사변적 본성"[『논리의 학』 5. 20]이라고 불리며, 지성범주로서는 대립, 모순하는 것을 동일한 언어가 의미할 수 있는(예를 들어 지양(Aufheben)) 것이 언어의 긍정적 본질로 되어 있다. 이러한 사변적 본성이 '말로 나올' 때 계몽이 주장하는 기호언어는 스스로 "분열의 언어"[『정신현상학』 3. 354]로서, 또한 "양심의 언어"[같은 책 3. 478], 자기의 확신을 자기의 행위의 진실로서 '연설'하고 웅변으로 나와 "정신의 현존재로서의 언어"[같은 곳]가 된다. 따라서 언어보다 앞서 정신이 구체적인 것으로서 있어 그것을 기호에 의해 표현하면 언어로 되는 것이 아니다. 언어는 도구와 수단으로서의 기호가 아니다. 언어에서 정신은 자기를 정신으로서 알며, 스스로가 즉자적으로 정신이었다는 것을 아는 것이다. 이것을 언표하는 것이 "사변적 명제"[같은 책 3. 61]이다. 언어는 이 명제로서 비로소 정신의 현존재이다. ⇨정신, 지성, 목소리

【참】 出口純夫 (1980)

―구치 스미오(出口純夫)

에네르기 ⇨잠재 · 현재

에로스 [Eros, (그) ἔρως]

플라톤에서 에로스는 지상의 결핍상태를 벗어나 참으로 아름다운 것을 사모하여 구하는 힘이다. 횔덜린은 이 에로스에서 합일의 힘을 기대했다. 그의 플라

톤주의는 청년 헤겔에게 짧은 기간 동안만 영향을 주었다. 그러나 헤겔에게 있어 에로스와 사랑은 이윽고 그 중요성을 상실한다.

체계 시기의 헤겔에 따르면 "아름다움으로 장식된 에로스"는 "가이아(대지), 탈로스(명계), 에레보스(암흑)"와 더불어 "카오스로부터 생성된" 가장 오래된 신이다[『종교철학』 17. 101]. 에로스는 "대지 · 긍정적인 것 · 보편적 기반"과 "명계 · 암흑 · 밤 · 부정적인 것"을 "매개하는 활동적인 것"으로서 우주의 근원적 생성력을 나타낸다[같은 곳]. 그러나 "에로스 즉 사랑은 객관적인 것 · 신일 뿐만 아니라 힘으로서 인간의 주관적 감정이기도 하다"[같은 책 17. 127]. 에로스에 사로잡힌 사람은 격렬한 연모의 정에 자극 받는다. 연모의 정은 개인의 주관적 감정인 동시에 우주의 근원력에 연결되는 "사랑의 보편적 이념"[『미학』 14. 157]을 품고 있기도 하다. 결국 "활동을 일으키는 것이 외재적인 신인 동시에 또한 인간 자신의 내적 규정이다"[같은 책 라손 판 311]. ⇨사랑, 플라톤

【참】 Düsing (1981)

―야마자키 쥰(山崎 純)

에리뉘스 ⇨운명

에벨 [Johann Gottfried Ebel 1764. 10. 6-1830. 10. 8]

프랑크푸르트의 은행가 곤타르트(Gontard) 가와 친하게 사귄 의사. 주인 야콥(Jacob, 횔덜린의 디오티마의 남편)의 누이 마르가레트(Margarete 1769-1814)를 평생 사랑했다. 1795년에 횔덜린에게 그 집안의 가정교사직을 알선했다. 프랑스 혁명에 찬동하고, 1796년 파리에서 혁명의 현실을 본다. 실망한 그를 격려하여 횔덜린은 편지[1797. 1. 10]에서 독일의 "도래해야만 할 혁명"에 대해 말한다.

【참】 Strauß (1931)

―시카야 다이코(四日谷敬子)

에셴마이어 [Adolph Karl August von Eschenmayer 1768. 7. 4-1852. 11. 17]

독일의 철학자, 의사. 지방 의사를 거쳐 1811년 튀빙겐의 철학과 의학의 원외교수, 18-36년 정교수. 정신의학의 발전과 정신병 치료에 진력하였으며, 또한 장년 셸링의 비판적인 친구였다. 초기에 그는 킬마이어, 셸링의 영향하에 낭만주의적인 자연철학을 전개하고, 자기 현상 내에 순수한 형태로 보이는 분극성의 법칙을 자연의 보편적 구조로서 단계적으로 추구하고자 했다. 그는 『자발성=세계영혼 또는 자연철학의 최고원리(*Spontaneität=Weltseele oder das höchste Prinzip der Naturphilosophie*, 1801)』에서 셸링의 세계영혼의 개념을 자발성으로 파악하여 자발성이야말로 대립하는 포텐츠(정신과 자연)의 이원론을 생동하게 만드는 원리라고 하였으며, 또한 인간은 의식에서의 자발성의 힘에 의해서 정신 내에서 자유를, 자연 내에서 법칙(필연성)을 본다고 논했다. 다른 한편 그는 야코비의 영향으로 살아 있는 신앙을 중시하였으며, 『비철학으로의 이행에서의 철학(*Die Philosophie in ihrem Uebergang zur Nichtphilosophie*. 1803)』에서는 셸링의 동일철학에서의 절대적 동일성과 대립의 관계가 지닌 애매함을 비판하고, 철학은 그 정점인 절대자 안에서 소멸하는 것으로서 이 '비철학'이야말로 종교라고 주장하였으며, 대립과 절대적 동일성, 철학의 영역과 신앙의 영역을 분리시켰다. 이러한 입장에서 지식과 신앙을 총괄하는 인간의 정신능력의 탐구로 향하여 『경험적, 순수, 응용 세 부문으로 이루어진 심리학(*Psychologie in drei Theilen als empirische, reine und angewandte*. 1817, 2. Aufl., 1822)』에서는 자연본능으로부터 신앙에 이르기까지의 영혼분석이 시도되었다. 나아가 심리학을 정신과 자연에 관한 과학들의 포괄적인 기초학으로서 위치짓고, 사유, 감정, 의욕이라는 정신의 세 가지 능력에, 진, 미, 선의 세 원리와, 무기적, 생명적, 정신적의 세 영역이 대응하는 체계를 구상했다. 또한 헤겔의 종교철학에 대해서도 비판을 가했지만, 헤겔은 그의 형식주의를 포착하여 "하나의 도식을 전제하고, 거기서 가까이 놓여 있는 소재를 분류하는" 것이라고 평가하고 있다 [『베를린 저작집』 11. 523].

【참】 Marks (1985)

―기타자와 쓰네토(北澤恒人)

에스프리 ⇨ **기지**

에우리피데스 ⇨ **그리스 비극**

에우메니데스 ⇨ **운명**

A=A ⇨ **피히테, 셸링**

에이도스 ⇨ **아리스토텔레스, 플라톤**

에크하르트 [Meister Johannes Eckhart 1260 경-1327]

에크하르트는 본래 도미니크회의 수도사로서 독일 신비주의의 창시자로 말해지는 신비사상가이다. 로젠크란츠는 헤겔이 베른 시대 끝 무렵에 이미 에크하르트와 그의 후계자인 타울러(Johannes Tauler 1300-61)의 구절들을 발췌하고 있었다고 보고함과 동시에, 이들 중세 독일 신비사상가와의 만남이 기독교의 근본표상인 삼위일체를 개념적으로 이해하고자 하는 헤겔의 시도에 강한 영향을 미쳤다는 것을 인정한다[『신의 삼각형에 대하여』 2. 536]. "대지는 신의 자기의식으로서 지금과 정신(정령)이자 또한 신이 자기 자신으로서 직관하는 영원의 자식이기도 하다. 그리고 양자는 하나의 통일이자 신의 자기 자신에서의 인식이다"[같은 책 2. 537]. 이 말에서 우리는 분명히, 기독교의 삼위일체에 대한 개념적인 이해가 "절대적인 타자존재에서의 순수한 자기인식"[『정신현상학』 3. 29]이라는 헤겔의 변증법을 성립시키는 중요한 계기였다는 것을 알 수 있다.

―기쿠치 에이요시(菊地惠善)

에테르 [Äther]

아리스토텔레스는 "옛 사람들은 흙·불·공기·물 이외에 무언가 다른 종류의 제1물체가 존재한다고 생각하고, 그것의 최고의 장소를 아이테르라고 이름지었다……. 이 장소를 이렇게 부른 것은 끊임없이 그것이 언제나(아에이) 달리고 있기(테인) 때문이다"[『천체론』제1권 제3장]라고 말하고 있다. 헤겔에서의 '에테르'도 우선은 이와 같은 '언제나 달리고 있는' 원초적인 것으로 생각된다. 그리고 이로부터 "대립항의 상호 내부로의 무매개적인 반전'(슈미츠)라는 그의 '에테르' 개념이 생겨난다.

그런데 이 헤겔에서의 '에테르'는 다음의 네 시기로 나누어 고찰될 수 있다.

제1기(예나 시기 이전)-'시적 메타포'. 그는 이미 튀빙겐 시대에 '민족정신'을 기르는 "역사, 정치체제, 종교"의 3자를 "하나의 에테르적 실재"[『민중종교와 기독교』1. 42]라고 부르고, 나아가 베른 시대에 헨 카이 판의 사상을 피력하면서 "우리 고향의 에테르"[『엘레우시스』1. 231]라고 노래한다. 이 '메타포'에 들어 있는 헤겔의 사색은 깊다.

제2기(예나 시기 1801-02년)-'에테르' 개념의 형성. 1801년 『행성궤도론』에서 처음으로 자연철학의 개념으로서 '에테르'가 언급되며, 1802년 『인륜의 체계』에서 그의 '에테르' 개념 형성이 완료된다. 예를 들면 "이야기"라는 "에테르적 물체"는 "존재하는 것에서 존재하지 않는 것", "형성되면서 소실되는 것", "가장 무규정적인 것이면서 자신의 절대적 유연성과 투명성 때문에 모든 형태를 취할 수 있는 것"이다[PhB. 21]. 또한 '에테르성'이란 "개체들을 지배하면서 개체들을 연약함으로부터 절대적인 유연성에로 해소하고 있는 것"이다[같은 책 62]. 여기서는 그의 '에테르' 개념의 모든 특징이 표현되고 있다. ─나아가 『자연법 논문』에서는 이 '에테르'가 단편적으로 철학의 체계 구상 속으로 집어넣어져 서술되기 시작한다[2. 501ff.]. '에테르'는 한편으로 "자연을 관통하는 에테르"로서 '자연철학'의 시원에 위치하고, 다른 한편으로 "원초적 에테르"로서 '정신철학'의 시원에 위치한다.

제3기(예나 시기 1803-06년)-철학 체계 속의 '에테르'. 위의 구상에 따라 '에테르'는 이 시기에 자주 나타나며 철학체계 속에서 중요한 역할을 담당한다. 우선 『예나 체계 I』에서 '에테르'는 한편으로 "절대적 존재"로서 '자연철학'의 시원에 위치하며[GW 6. 268], 다른 한편으로 "에테르의 자기 내 귀환"으로서 '정신철학'을 성립시킨다[같은 책 GW 6. 265]. 또한 『예나 체계 II』에서는 '에테르'가 처음으로 '논리학·형이상학'에서 '자연철학'으로의 이행에서 서술된다. '에테르' 개념이 가장 풍부하게 묘사되는 것은 여기서이다[GW 7. 178-192 참조]. 그러나 『예나 체계 III』에서는 이미 '에테르'는 '자연철학'의 시원에서만 다루어지며 '정신철학'에서는 나타나지 않는다.

제4기(1807년 『정신현상학』이후)-최후의 오마쥬. 『정신현상학』'서문'에서 헤겔은 '에테르'에 최후의 오마쥬를 바친다. "절대적 타자존재에서의 순수한 자기인식, 이 에테르 그 자체가 학의 근거이자 지반이다"[3. 29]. 이 이후 헤겔의 문헌에서 '에테르'라는 말은 거의 모습을 감춘다. 그러나 헤겔이 이전에 '에테르'에 담아 놓았던 사변은 '투명성'으로서 여전히 그의 사유 속에서 계속해서 살아 있다.

【참】 Schmitz (1957), Harris (1983)

─스기타 히로카즈(杉田廣和)

에피쿠로스 [Epikouros, (독) Epikur BC 342-270 경]

헤겔의 에피쿠로스에 대한 평가는 원자론과 유물론에 대해 언제나 그런 것처럼 일반적으로 말해서 상당히 낮다. 그러나 유일한 예외는 도덕론 분야이다. 헤겔은 감각과 쾌락의 긍정에서 출발하는 에피쿠로스 철학의 기본 성격을 이성적 사유와 극기를 중시한 스토아학파와의 대립물로 보면서도, 실천철학에서는 전자가 '마음의 평정'이라는, 즉 절도와 이성에 의해서 지켜진 행복을 목표로 함으로써 실질적으로 후자로 전화되어 일치된다고 간주한다.

그러나 그는 자연학 영역에서는 에피쿠로스가 미신과 점성술을 거부한 것에서 경험적 자연과학의 창시자로서의 역할을 인정하면서도, 스토아학파에 존재하는 궁극 목적과 보편적 이성에 관한 사상을 버리고 이론적 기초를 원자와 감각의 위에 놓은 것에 대해 강한 불만을 표명한다. 또한 그는 원자론 그 자체만이 아니라 예를 들어 원자의 원초적 운동에서의 우연적 계기로서의 방향의 편차와 공허 속의 원자 운동의 등속성 등 그가 몇 가지 중요한 점에서 데모크리토스의 원자론을 발전시킨 것을 인정하지 않은 채 그를 실질적으로 데모크리토스의 아류로서 취급한다든지 그가 인류적 세계를 포함하여 "모든 사건을 우연에 귀착시켰다"『역사철학』 12. 24]고 곡해한다. 또한 헤겔에 있어서는 플라톤과 아리스토텔레스적인 천체의 신학에 반대하는 의도도 포함하여 감각·표상 또는 선취관념(예료)을 진리의 기준에 두고 감각의 명료함을 반박할 수 없는 것으로 본 에피쿠로스의 규준론이나, 사물의 표면에서 떨어져 나오는 미세한 입자의 흐름이 우리 속에 들어오는 것에서 시각을 시작하게 하는 감각의 성립을 설명하는 인식론이 감각과 직접적 개별성을 절대화한다는 이유에서 "개념의 필연성이 폐기되고 모든 것이 사변적 관심을 잃고 붕괴된다"[『철학사』 19. 297]거나 "전적으로 아무런 사상도 아닌"[같은 책 19. 322] 것으로서밖에 비쳐지지 않는다. 그러나 이와 같은 평가를 하나의 계기로 하여 헤겔학파 내부에서 마르크스의 에피쿠로스 연구가 등장한 것을 잊어서는 안 될 것이다. ⇒스토아주의, 원자, 데모크리토스

【참】 Marx (1841), Bailey (1928)

─오쿠타니 고이치(奧谷浩一)

『엔네아데스』 ⇨유출(설)

엔델 [Nanette Endel 1775 경–1840/41]

헤겔의 여자 친구. 누이인 크리스티아네의 친구로서 가톨릭 신앙을 지니고 있던 방물 제조 여공. 헤겔은 베른에서 양친의 집으로 돌아와 그녀와 서로 알게 되었다. 그녀가 잠시 헤겔의 양친 집에 머물고 있었기 때문에 헤겔은 집에 돌아왔을 때 그녀와 청년 시절의 애정관계를 맺었다. 1797-98년 헤겔은 그녀에게 다섯

통의 편지를 보낸다[『서간집』(제1권) 49-58]. 이 애정관계는 프랑크푸르트로 간 후 그의 편지에도 여운을 남기고 있지만, 점차 우정관계로 변해간다.

─요리카와 죠지(寄川條路)

엔치클로페디 [Enzyklopädie]

헤겔의 저작 『철학적 학문들의 엔치클로페디 강요. 강의용을 위하여(*Enzyklopädie der philosophischen Wissenschaften im Grundrisse. Zum Gebrauch seiner Vorlesungen*)』의 속칭으로 1817년 6월에 초판, 27년에 초판의 약 두 배 분량인 2판, 죽기 전 해인 30년에 3판이 출판되었다. 원래 '강의용 편람'이었지만 체계 전체를 취급한 저작이 이것밖에 없기 때문에 헤겔학파의 성전이라는 위치가 부여되었으며, 최초의 전집 판에서 각각 3인의 편집자들의 손으로 다양한 강의록에서 선택된 '보론(Zusatz)'이 덧붙여져 양적으로 증대되어 3권의 책으로 되었다. 1927년의 글로크너 판에서는 제명도 『철학의 체계』로 되어 3권의 책 구성으로 간행되었다. 최초의 전집 판에서 편집자의 가필이 본문만 하더라도 100군데 이상 들어갔으며, 보론의 자의성에도 주의해야만 한다. 이는 주어캄프 판으로도 계승되어 오늘날에도 사용되고 있다. 이것과는 다른 종류로서 헤겔에게 충실하여 보론이 없는 판도 출판되고 있으며, 3판은 철학문고 판에서, 초판(속칭 『하이델베르크 엔치클로페디』)은 글로크너 판, 2판은 아카데미 판에서 입수할 수 있다. 강의록 등의 자료들도 망라하여 모든 판의 같고 다름과 보론의 유래를 고려한 성립사적 시각에 기초한 연구가 기대된다. 보통의 철학사에서 19세기 후반부터의 반-헤겔 철학이 현대 철학 생성의 요인이었다고 말하는 경우 그것은 엔치클로페디로 향하고 있다. 19세기 후반 헤겔의 저작에서는 이 저작 이외에는 절판상태였다[星 敏雄 1984]. 『엔치클로페디』는 논리학-자연철학-정신철학의 3부 구성으로 이루어져 『논리의 학』이 논리학에 대응하고 『법철학』은 정신철학의 '객관적 정신'에 대응한다. 사후에 편집되어 출판된 『역사철학 강의』, 『미학 강의』, 『종교철학 강의』, 『철학사 강의』는 각각 정신철학의 '세

계사', '예술', '계시종교', '철학'의 상세한 전개이다. 고대 그리스의 이소크라테스(Isokratēs BC 436-338)에서 엔퀴클리오스 파이데이아는 '지식의 원환', 즉 일반교육을 의미했다. 부다이우스(Budaeus 1468-1540)가 encyclopaedia라는 말을 사용한 것이 처음이다. 이후 다양한 백과전서의 계보가 존재한다. 데카르트와 라이프니츠의 보편학 구상도 이것에 연결된다. 프랑스 백과전서파의 영향도 있어서 동시대인으로는 슐체가 같은 제목의 저작을 이미 1814년에 내놓았으며, 라인홀트, Fr. 슐레겔, 슐라이어마허 등이 엔치클로페디의 강의와 저작을 선보였다. 헤겔도 뉘른베르크 시대에 제도에 따라 '철학적 엔치클로페디'의 강의를 요구받았으며, 또한 그에게는 대학에서 학생들에게 강의 입문서를 제공하고자 하는 외적인 이유도 있었다. "이 책은 테제의 연속에 다름 아니며, 그 전개는 강의에 맡겨져 있다"『서간집』(제3권-1) 69]. 그러나 이를 통해 헤겔은 염두에 두고 있던 체계 전체의 서술에 성공했다. 철학 이외의 학문은 표상에서 완성된 것으로서의 개념을 수용하여 스스로가 다루는 대상의 필연성에 대한 정당화를 수행하지 않는다『엔치클로페디(초판)』1절]. 엔치클로페디는 학문들의 전 범위를 그 학의 대상과 대상의 "근본개념(Grundbegriffe)"『뉘른베르크 저작집』4. 9;『법철학』서문 7. 11;『엔치클로페디(제3판)』16절;『엔치클로페디(초판) 9절』]에서 고찰한다. 엔치클로페디는 학문들의 근본개념의 철학적 유래를 논하는 것이다. 대상에 관한 경험적 다양의 종합적 통일과 대상의 본질 고찰에서 산출된 사상이 결합하여 어떤 특수한 학이 생긴다[4. 9]. 이처럼 헤겔의 엔치클로페디는 학문론적인 과제를 짊어지고 있다. ⇒체계, 학(問)

【참】Nicolin/Pöggeler (1959), Schalk (1972), Bubner (1973), Nicolin (1977), 星 敏雄 (1984), Schleiermacher (1987)

―호시 도시오(星 敏雄)

엘레우시스 [Eleusis]

1796년 8월에 헤겔은 프랑크푸르트에서 헤겔을 위해 일자리를 찾고 있던 횔덜린 앞으로 '엘레우시스'라는 제목의 시를 썼다. 다만 현존하는 것은 그 초안일 뿐으로 과연 그 시가 실제로 횔덜린에게 보내졌는지는 불명확하다. 헤겔은 많은 시를 남기고 있지만, 이것은 그 가운데서도 최대의 작품이다.

엘레우시스는 고대 그리스의 지명으로서 거기서 중요한 비밀제사가 행해졌기 때문에 그 제사 자체가 그렇게 불린다. 그 비밀제사에 의탁하는 모습으로 헤겔은 3년 전에 이별한 횔덜린에 대한 우정을 격렬하게 고백하고 있다. "어느덧 내게 그려지네 열렬히 고대했던 / 그 포옹의 장면, 그 즈음 번갈아 탐문하던 물음들의 신비스런 모습 / 벗에 대한 그리움과 마음가짐, 표정에서 그때 이후로 / 지금껏 변한 것이 무엇이던가 / 예전의 동맹에 대한 진실한 마음 점점 더 굳어져, / 더욱 더 풍부하다는 것을 확신하는 기쁨이여. / 맹세의 말로 확약하진 않았으나 / 오직 자유로운 진리를 위해서만 생겨난 그 동맹, / 의견과 감정을 얽어매는 규약과는 결코 화해하는 법 없었네"[1. 230]. 베른에서의 바쁘면서도 고독한 처지, 그리고 헤겔 등의 희망을 배반하고 있던 프랑스 혁명의 현상. 일찍이 튀빙겐 신학교에서 헤겔 등이 말하고 있던 이상은 이미 상실된 것이 아닌가 하는 위기감이 횔덜린에 대한 우정이 되어 넘쳐흘렀다.

그리고 이 시를 쓴 두 달 후 헤겔은 프랑크푸르트에서 취직자리가 발견되었다는 소식을 횔덜린에게서 받게 된다.

또한 프랑스의 헤겔 연구자 동트(Jacques D'Hondt)에 따르면 이 시는 헤겔과 프리메이슨과의 관계를 분명히 보여주는 것이기도 하다. ⇒횔덜린, 프리메이슨

【참】D'Hondt (1968)

―하라사키 미치히코(原崎道彦)

엔텔레키 ⇨**잠재 · 현재**

엘베시우스 ⇨**프랑스 계몽사상**

엠페도클레스 ⇨**횔덜린**

여성女性 ⇨**남성과 여성**

여성이라는 것女性— ⇨**남성과 여성**

역사歷史 [Geschichte]

Ⅰ. 세계사에서의 이성. 헤겔은 역사철학 강의의 서론에서 역사 고찰의 종류로서 근원적 역사와 반성적 역사 그리고 철학적 역사를 들고, 근원적 역사가 헤로도토스의 『역사』와 투키디데스의 『펠로폰네소스 전쟁사』처럼 직접, 간접으로 보고 들은 사건, 행위, 상황을 기록하는 데 머무르는 것으로서 역사가 자신이 사건의 정신에서 살고 이것을 넘어서지 않는 데 반해, 그리고 반성적 역사가 리비우스의 『로마사』와 요한네스 폰 밀러의 『스위스사』 그리고 니부르의 『로마사』처럼 시간에 구속됨이 없이 시대를 초월하여 역사를 개관하고 이로부터 교훈을 끌어내거나 이것을 비판하거나 하는 데 반해, 역사에 내재하면서도 결코 역사에 매몰되어 수동적으로 사실을 받아들이는 것이 아니라, 또한 이런 의미에서 역사를 넘어서면서도 결코 선험적으로 사실을 구성하는 것이 아니라 말하자면 양자의 종합으로서 역사를 꿰뚫는 이념에 입각하여 역사를 인식하는 것을 철학적 역사로서의 자기의 역사철학의 과제라고 말하고 있다. 헤겔은 "이성이 세계를 지배한다"[『역사철학』 12. 20]는 것을 아낙사고라스 이래의 철학의 원리라고 하고, 이 원리가 세계사에서도 관철된다는 것을 증명하는 것이 역사철학의 과제라고 말하는 것이다. 여기서 이성은 사유하는 이성에 앞서 무엇보다도 세계 속에 존재하며, 역사를 관통하여 목적론적으로 발전하는 이성으로서 응시되기에 이르렀던 것이다. 아리스토텔레스는 자연계 전체를 질료가 목적으로서의 형상의 실현을 지향하는 운동이라고 보고, 거기서 질료인과 형상인과 목적인과 작용인의 4원인론을 전개하고 있지만, 헤겔이 이성을 역사의 "실체임

과 아울러 무한한 힘이며, 그 자신 일체의 자연적 생명과 정신적 생명의 소재임과 동시에 이 내용들을 움직이는 무한한 형상이다"[같은 책 12. 21]라고 말할 때, 이것은 아리스토텔레스 전통을 역사적 세계로 옮겨 되살린 것이라고도 말할 수 있을 것이다. 그런데 예전에는 신의 섭리가 세계를 지배한다고 믿어졌지만, 헤겔이 세계사에서의 이성의 지배를 증명하고자 할 때 그는 모종의 의미에서 이것을 따르는 것이다. 헤겔 자신도 자기의 역사철학을 "신정론(Theodizee)"[같은 곳]이라고 말하고 있다. 그러나 헤겔에게 있어 이성의 지배는 신앙의 문제가 아니라 어디까지나 인식의 문제였다. 헤겔은 역사 발전의 목적과 수단, 그 과정의 논리를 구체적으로 탐구하고자 했던 것이다.

Ⅱ. 자유의 의식에서의 진보 그렇다면 역사 발전의 목적은 무엇인가? 그것은 자유이다. 세계사의 주역이 정신이라면 정신의 본질은 자유이기 때문이다. 헤겔은 "세계사란 의식에서의 자유의 진보이다"[같은 책 12. 32]라고 말하고 있다. 세계사의 무대가 아시아에서 고대 그리스와 로마로, 그리고 민족대이동 후에는 알프스를 넘어 게르만적 세계로 동에서 서로 이동함에 따라 전제정치가 지배하는 단지 한 사람만이 자유였던 데 불과하지만, 노예제 위에서 폴리스 민주제를 꽃피운 고대 그리스와 로마에서는 소수긴 하지만 복수의 사람이 자유라는 것을 알게 되고, 게르만 국민들이 활약하는 근대에 들어서면 인간이 인간인 한에서 모든 사람이 자유라는 자각이 생겨나기 이르렀다는 것이다. 헤겔에 따르면 자유는 개념으로서 각자의 심정 속에 머물 뿐 아니라 이미 관습과 법률과 도덕 등 공동생활의 기반으로서 객관적으로도 실현되고 있는 것이며, 이러한 실현된 자유로서의 현실을 받아들이고자 하는 의지야말로 자기로 귀환하는 자유로서 참으로 무한한 것이라고 말하는 것이다. 헤겔은 역사철학에서 자유의 의식의 진보를 더듬어나감으로써 이러한 자기의 자유 개념 그 자체를 세계정신이 현재에 도달한 높은 곳으로서 그 역사적 필연성에서 증명하고 하는 것이다.

Ⅲ. 이성의 간지. 그렇다면 세계에서 자유가 실현되기 위한 수단은 무엇일까? 헤겔은 "어떠한 위대한 일도

정열 없이 성취되지 않았다"[같은 책 **12.** 38]고 말하고, 세계정신은 개인의 정열과 관심과 의욕 등 그 자신이 개별적인 활동을 도구와 수단으로 하여 자기 목적을 실현해간다고 말한다. 거기서 "이성의 간지"[같은 책 **12.** 49]를 볼 수 있다. 이러한 헤겔의 사상은 때때로 역사를 형성하는 주체를 정신이라든가 이성이라는 형이상학적 실체로 결정하고, 본래의 주체이어야 할 인간을 이러한 형이상학적 실체의 꼭두각시로 만드는 것이라고 하여 비판된다. 그러나 헤겔도 근대 휴머니즘의 적자로서 역사를 쌓아가는 것이 인간이라는 것을 분명하게 자각하고 있었다. 이 점은 헤겔이 루소 등의 계몽사상에 지도된 프랑스 혁명을, 그것이 공포정치에 빠진 경위에 대한 비판에도 불구하고, 인류가 처음으로 자기가 역사의 주인이라는 것을 자각하고 자기의 사상 위에 현실을 구축하고자 한 사건으로서 그 세계사적 의의를 생애 내내 승인한 데서도 엿보인다. 그러나 헤겔은 동시에 자유를 지향한 프랑스 혁명이 공포정치에 빠지는 등, 역사가 인간이 쌓아가는 것이긴 하지만, 그것이 의도대로 쌓아올려지는 것이 아니라 생각하지 않은 결과를 불러내는 것이라는 것을 알고 있었다. 이것도 헤겔이 운명이나 소외로서 청년 시절부터 문제로 삼은 인식이었다. '이성의 간지'란 이러한 헤겔의 중층적인 역사관을 보여주는 것에 다름 아니다. 헤겔은 "인간이 전적으로 외면적인 의미에서 이성 목적의 수단이 되는 것은 아니다. 인간은 이성 목적을 충족함과 동시에 또한 이 이성 목적을 기회로 하여 내용상으로는 이성 목적과 다른 자기의 개별적 목적을 만족시킨다. 그러나 더 나아가 이러한 이성 목적 그 자체에 관여하는 것이어서, 그 점에서 인간은 자기 목적인 것이다"[같은 책 **12.** 50]라고 말하고 있는 것이다. 또한 헤겔은 논리학에서 '이성의 간지'의 목적론적 구조에 관해 말하고 있는데, 거기서는 수단 없이 목적을 달성할 수 없는 한에서 도구의 우위를 말하고 있다는 것을 상기해야만 할 것이다.

Ⅳ. 세계법정으로서의 세계사. 헤겔에게 있어 인간은 자유를 본질로 하는 개인임과 동시에 타인과 더불어 살아가는 상호주체적 존재라는 것은 직관되는 사실이며, 그의 철학은 이 사실에서 출발한다. 그런 의미에서 헤겔은 사회계약론이 전제하는 것과 같은 근대 개인주의에 반대하며, 인간을 '폴리스적 동물'이라고 파악한 아리스토텔레스로부터 『법의 정신』의 몽테스키외를 관통하는 계보에 서 있었다. 개인주의 입장에서 출발할 때 타자와의 공동성 문제는 당위의 과제로 되는 것이고, 이상적인 공동체는 국가를 넘어서 인류공동체로 된다. 칸트가 세계시민적 질서의 실현을 설파하는 데서 보이는 대로인 것이다. 그러나 헤겔에게 있어서는 국가가 자유와 공동성의 통일로 이루어지는 인륜공동체의 최고의 실현태였다. 그런데 최고의 실현태라고 하더라도 그것은 어디까지나 객관적 정신에서의 일이며, 절대정신의 입장에서 보면 국가라고 하더라도 다른 국가와의 관계에 서 있는 상대적인 존재이다. 무엇보다 헤겔에게 있어서는 절대적인 것이라 하더라도 상대적인 것을 떠나서는 존재하지 않는다. 즉 국가는 그것이 세계정신에게서 맡겨진 세계사적 사명을 짊어지는 한에서 존속하고 발전하지만, 그것을 끝내 완수할 때 몰락하게 된다. 이런 의미에서 세계사에서 전개되는 국가의 영고성쇠는 일정 기간 어떤 민족에게 머무르면서도 다른 민족에게로 무대를 변화시키면서 진행하는 세계정신의 발걸음을 보이는 것에 다름 아닌 것이다. 그리하여 "세계역사는 세계법정이다"[『법철학』 341절]라고 말해지는 것이다. 헤겔의 철학체계에 따르면, 이리하여 세계사의 철학은 법철학 등의 객관적 정신의 철학과 절대정신의 철학을 매개하는 것이 되는 것이다.

Ⅴ. 역사의 종언. 역사의 한가운데서 살아가는 인간이 어떻게 하여 역사의 전체를 보편성에서 고찰하는 입장을 확보할 수 있을까? 근대 역사철학의 개척자인 계몽의 사상가들은 스스로 생각하는 바의 이성과 인간성을 시대를 넘어서 보편적으로 타당한 것이라고 주장하고, 이 입장에서 역사를 고찰했다. 중세를 암흑시대로 보고 있었던 견해는 이러한 계몽의 역사 이해의 특색을 단적으로 보여주는 것이라 할 것이다. 그러나 이것이 초역사적인 입장에서 재단하는 것이고 또 그런 한에서 계몽의 진보사관이라고 하더라도 구원사관을 따르는 것이라는 것은 명확할 것이다. 역사를 보는 눈은 어디까지나 역사 속에서 발견되어야만 한

다. 헤겔은 이러한 과제를 이성을 역사화하고 역사를 이성의 자기실현의 목적론적 운동으로서 파악함으로써 해결하고자 했다. 이러한 이성의 운동이 자기의식을 얻어 자기로 귀환하는 장소에 헤겔 스스로 서서 그로부터 세계사를 바라봄으로써, 모든 역사 흐름을 자기가 살고 있는 현재 속으로 지양할 것을 지향했던 것이다. 다시 말하면 역사의 흐름 한가운데 서서 그 흐름을 자기의 장소로 흘러들게 함으로써 차단하고자 했다고 말할 수도 있을 것이다. 거기서 헤겔은 스스로가 살고 있는 현재를 넘어서, 칸트가 세계시민적 질서의 실현을 미래에 맡겼던 것처럼, 미래에 관해 말하지 않는다. 그것은 어디까지나 역사의 내재적 이해를 지향한 헤겔의 자세를 보여줌과 동시에, 경험적으로는 역사가 헤겔이 섰던 시점을 넘어서 진행하는 것이라 하더라도, 이념의 전개라는 의미에서는 완결에 도달해 있다는 헤겔의 인식을 보여주는 것이다. 여기서 보이는 것은 세계사를 관통하는 정신이 자기의 자기의식으로 귀환하고 있다는, 즉 자기가 절대자와의 일치에 서 있다고 하는 절대적 확신일 것이다. 그리고 이러한 확신을 뒷받침하는 것이 무엇이냐고 묻는다면, 그것은 이러한 현재에 살고 있는 자기를 제쳐놓고 역사를 보는 관점은 아무 곳에도 없으며, 역사철학은 어디까지나 역사에서 살아가는 인간의 자기인식이어야 한다는 헤겔의 역사철학 이해일 것이다. 이와 같이 헤겔이 세계사를 철학 속으로 지양한 것을 이어받아 마르크스가 실천을 통해 철학을 역사 속으로 지양하고자 했다는 것, 또한 헤겔에서의 절대자와의 일치에 서 있다는 확신이 붕괴될 때 헤겔 이후의 역사주의의 역사철학이 생겨난다는 것은 잘 알려져 있다. ⇒자유, 운명, 이야기, 목적론, 프랑스 혁명, 마르크스와 마르크스주의

—고즈마 타다시(上妻精)

역사주의 歷史主義 [Historismus]

헤겔 철학은 대체로 현실적인 것은 주관적인 것과 객관적인 것이 매개된 것이며, 역사는 이러한 매개로서 현실 일반의 본질 규정이라고 하는 통찰에 의해서, 인간 존재·문화의 역사성에 대한 의식으로서의 역사주의의 형성에 기여했다. 그러나 그의 역사철학이 동시에 역사는 필연적으로 이성의 사상을 요구한다고 하는 통찰을 제기했던 데 반해, 19세기 역사주의 사상의 주된 조류는 계몽적이고 합리주의적인 철학 이론에 의한 역사의 합리적 체계화의 거부 내지 회의라는 주도 이념에 기초하여 역사적 생기의 개별적인 발전과 사태성의 의미에 대한 이해를 추구하는 실증주의적, 상대주의적 경향을 강화시키고 있었다. 20세기에 역사주의 아래서 역사에서의 합리적인 것이 점점 주관적인 것으로 환원되고 상대화되면 될수록, 역사 및 그에 대한 이해 그 자체가 도대체 객관적이고 이성적인 것 없이 성립할 수 없다는 헤겔의 근본 통찰에 점점 더 깊이 충돌할 수밖에 없다.

【참】Heussi (1932), Schnädelbach (1974), Brauer (1982)

—히라노 에이치(平野英一)

역학 力學 [Mechanik]

물리학의 분야들 가운데 가장 일찍 고대와 중세에 걸쳐 발달한 것은 역학이었다. 그것은 일반적으로 물체들 사이에서 작용하는 힘과 운동의 관계를 논하는 물리학의 한 분야로 이해되었으며, 물체의 정지 상태와 평형 상태를 논하는 정력학(Statik)과 물체의 운동 상태를 논하는 동력학(Dynamik)으로 나누어졌다. 그러나 근세에서의 동력학의 발전에 의해서 정력학도 동력학에 포함되고, 후자는 또한 기계장치(Mechanismus)에 대한 응용 측면을 확대하게 됨에 따라 오히려 역학(Mechanik)으로 불리게도 되었다. 헤겔은 『논리학』에서는 mechanisch한 고찰을 외연량적, dynamisch한 고찰을 내포량적으로 보는 입장을 내세워 논의하고 있다 [『논리의 학』 5. 255f.]. 또한 『자연철학』에서는 넓은 의미의 역학을 오로지 Mechanik이라는 말로 나타내고 있다.

갈릴레오(Galileo Galilei 1564-1642)와 뉴턴(Isaak Newton 1643-1727)에 의해서 기초가 확립된 고전역학은 보통 '역학'이라고 칭해지지만, 헤겔도 이를 따르고 있다. 그러나 고전역학은 일반적으로 물리학에서의

수리적 연구방법의 범례로 되어 왔다. 수학적 방법을 무개념적이라고 간주한 헤겔로서는 물리학 중에서도 일찍부터 발달한 역학(천체역학을 포함)을 물리학과 혼동하는 모습을 보이는 고전역학에는 비판적이었다. 헤겔은 뉴턴 물리학에 대해 수학적 입장과 물리학적 입장을 혼동하지 않아야 한다고 경계하고 있다. 그리고 '수학적인 것의 전체'는 단순한 관념적인 것, 형식상의 것에 그치는 것이 아니라 사실은 실재적인 것, 물리학적인 것으로 보아야만 한다고 비판했던 것이다[『행성궤도론』 글록크너 판 전집 1. 4].

덧붙이자면, 현대에 고전역학은 그 한계가 분명히 되어 두 방향에 따라서 수정되고 있다. 그것은 공간 개념과 시간 개념의 혁신에 기초하여 상대성 역학을 등장시킴과 동시에, 다른 한편으로 물질적 대상의 미소성의 기준이 플랑크 상수에 의해 명확히 되었기 때문에 미시적 영역에서 양자역학을 발전시키기에 이르고 있다. ⇒물리학, 뉴턴 철학·뉴턴 역학, 행성

―혼다 슈로(本多修郎)

연상聯想 ⇨ 관념연합

연속성連續性 [Kontinuität]

연속성은 비연속성(분리성)과 아울러 양의 두 계기를 이룬다. 양이란 질적 규정성에 무관심하게 된 사물의 관계이며, 이러한 무관심성이 사물의 자기 자신과의 통일을 형성한다. 이것이 "한계와 배척에 의해서 중단되지 않는 단순하고 자기 동등한 자기관계"[『논리의 학』 5. 212]로서의 연속성이다. 그러나 사물 자신이 다수의 사물의 복합체이듯이, 이 연속의 관계 역시 자립적인 많은 하나들의 통일이기도 하며, 따라서 연속성은 그 자신 속에 여럿이라는 분리의 계기, 즉 비연속성을 포함한다. 예를 들면 하나의 집이 차지하는 공간은 연속량이며, 이 속에 모이는 100명의 사람들은 비연속량이다. 일상적인 관념은 자주 이 양자를 대립적으로 파악하는 경향이 있지만, 그러나 비연속량을

포함하지 않는 연속량이나 연속량을 포함하지 않는 비연속량은 모두 있을 수 없다. 헤겔에 따르면 공간과 시간의 분할에 관한 이른바 이율배반은 이들이 지니는 연속성과 비연속성의 통일이라는 객관적인 성질의 주관적 반영인 것이다.

―오쿠타니 고이치(奧谷浩一)

연역演繹 [Deduktion]

연역은 전통적인 형식논리학의 어휘이지만, 그것이 헤겔에서도 표현으로서 유지되고 있는 것은 『예나 체계 Ⅱ』의 논리학에서이다. 여기서 연역은 우선 '사유의 상관'에서의 '추론'으로서 나타나며, 나아가 '비례(Proportion)'에서의 명확한 규정에서는 '인식'으로서 주어져 있다. 추론에서는 판단과 마찬가지로 기본적으로 두 개의 논리적 측면이 생각된다. 하나는 개별이 보편에 포섭되는 운동의 방향이며, 또 하나는 보편이 개별에서 자기를 구체화하는 운동 방향이다. 개별에서 출발하여 보편에 이르는 전자의 측면을 형식적으로 보여주는 것이 귀납적 추론이며, 거꾸로 보편에서 출발하여 개별에 이르는 후자의 측면을 형식적으로 보여주는 것이 연역적 추론이다. 『예나 체계 Ⅱ』의 논리학에서 '추론'의 제1단계인 '개별적인 것으로서의 주어의 실현'에서는 연역이 생각되고 있으며, 또한 제2단계인 '보편의 실현'에서는 귀납이 생각되고 있다. 귀납과 연역은 각각 삼단논법(Barbara)의 대전제와 소전제에 대응한다. 대전제는 대개념(보편)을 포함하는 전제이며, 소전제는 소개념(개별)을 포함하는 전제이다. 삼단논법의 대전제에서는 결론의 술어가 구체화되고 있는바, 다시 말하면 개별을 보편이 포섭하고 있다. 그에 대해 소전제에서는 결론의 주어가 보편화되고 있는바, 다시 말하면 보편이 개별에서 구체화되어 있다. 이 양편의 관계는 비례의 단계에서도 유지된다. 비례의 과제는 '존재의 상관'과 '사유의 상관'을 일치시키는 것이다. 비례의 제1단계 즉 '정의'는 개념(주어)을 규정한다. 제2단계 즉 '분류'는 정의의 '다중화'이다. 정의와 분류는 상호적으로 함께 요구하는 관계에 있으며, 이 양자의 총합이 제3단계의

'인식'이다.

〈도표〉 연역과 삼단논법

대전제	모든 인간은 죽는다.	M→P
소전제	소크라테스는 인간이다.	S←M
결론	그러므로 소크라테스는 죽는다.	S←P

연역(선언판단·구분)

P
M
S

P → M → S

보편　특수　개별

M은 S에게 보편적

M은 P에게 개별적

"인식이 그로부터 출발하는 바의 것, 즉 부정적인 하나인 인식이 연역인 까닭에 그것 자체가 다시 인식의 최후의 것이다. 인식의 보편성에서는 서로 대립하는 계기들의 통일만이 존재한다. 그리고 대립하는 계기들의 규정성은 탈락된다. 그리고 연역된 것이 그로부터 출발이 이루어진 것과 다른 것이라는 것은 탈락된다. 그런 것이 아니라 연역은 인식 일반과 서로 겹쳐지는 바, 다시 말하면 인식은 그것 자체가 반성이다. 그러나 이러한 자기 자신에 동등한 것에는 스스로 변화하는 내용이 대립한다. 이러한 내용에 입각하여 볼 때 인식은 본질적으로 연역이다"[『예나 체계 Ⅱ』 GW 7. 121].
⇒ 귀납, 추론(추리)

【참】 Düsing (1984)

―오사카다 히데유키(小坂田英之)

열熱 [Wärme]

열의 본성과 관련하여 그것을 특별한 물질적 실체로 보는 열물질설과 열을 물질의 운동으로 파악하는 열운동설이 있고, 또한 그 중간 학설도 있었다. 열운동설은 17세기에, F. 베이컨, 보일(Robert Boyle 1627-91), 뉴턴 등에 의해서 전개되며, 18세기가 되면 다니엘 베르누이(Daniel Bernoullis Ⅰ 1700-82)에 의해서 열운동설의 수학적 이론이 제창된다. 그러나 18세기부터 19세기 전반에 걸쳐 화학자를 중심으로 열물질설의 한 형태인 열소설이 영향력을 지니고 있었다. 헤겔을 포함하여 열소설에 대한 비판도 존재했지만, 열물질설이 사라지는 것은 19세기 후반이다.

18세기에 연소를 물체 안에 포함되어 있는 연소(燃素, 플로기스톤)가 물체로부터 나오는 것이라고 하는 플로기스톤설이 유력했지만, 프랑스의 화학자 라부아지에(Antoine-Laurent Lavoisier 1743-94)는 이 플로기스톤설을 비판하고 새로운 연소이론을 수립하여, 프리스틀리(Joseph Priestley 1733-1804)에 의해서 발견된 탈플로기스톤 가스 결국 산소 가스를 산소와 열소(칼로릭)의 화합물로 보고 연소 때에 나오는 불꽃과 열은 공기 중의 산소와 결합한 열소가 방출되는 것이라고 하여 열소를 화학원소의 하나라고 생각하고 있었다. 열소설은 열용량, 비열, 잠열의 개념과 결합한 열량 보존의 생각과 더불어 광범위한 영향력을 지녔다. 요컨대 열소는 열량을 짊어지는 실체이며, 다른 물질과 결합하여 잠재화하거나 물체로부터 떨어져 열로서 나타나 온도 상승을 초래하거나 이동하거나 하는 것으로 되었다. 빛과 전기와 더불어 불가량적인 유체라고 생각되고 있었지만, 방사선과 광파동설을 매개로 하여 열소는 에테르의 진동이라는 열진동설이 19세기에 이르러 나타난다.

헤겔은 열소설에 비판적이다. 그는 열소설이 비열과 열용량으로부터 인도된 것이라는 것은 인정하지만, 열소설은 경험적으로나 논리적으로 근거가 없다고 하여 비판하고 있다. 헤겔은 열을 비중과 응집성이 현상에서 나타난 것이라고 파악하고자 한다[『엔치클로페디(제3판) 자연철학』 305절]. 이것은 예를 들면 용해열과 기화열과 같이 응집성의 변화에 열이 관계하거나 열에 의한 팽창 등과 같이 체적의 변화로부터 비중이 변화하거나 하는 현상에 의거하고 있다고 말할

수 있을 것이다. ⇒산소

—이나오 마사루(稻生 勝)

열광熱狂 [Enthusiasmus]

'질병'에서 "개인은 자기 자신의 구체적인 내용에 대해서 무매개적으로 관계하고 자기 자신과 지성적인 세계연관에 관한 건전한 의식을 감정생활로부터 구별된 상태로서 지니고 있다"[『엔치클로페디(제3판) 정신철학』406절]고 하는 헤겔은 지성적인 현실성으로서 건전한 의식에 대해서 객관적으로 존재해야만 하는 내용을 무매개로 아는 이러한 직관을 '투시(Hellsehen)'라고 부르고 있다. 그러나 투시는 지성적인 매개를 결여한다는 점에서 감정과 공상 등의 모든 우연성에 맡겨져 있다. 그래서 헤겔은 이러한 투시를 정신의 하나의 '고양(Erhebung)'이라고 생각하거나 그 자신 속에서 일반적인 인식에 주어지는 한층 더 진실한 상태라고 생각하거나 하는 것은 있을 수 없다고 한다. 질병과 열광에 의해서 자기를 상실한 때야말로 인간에게 본래의 '보는 능력(Gesichte)'이 주어진다고 인정하고 있는 플라톤은, 그럼에도 불구하고 그것이 이성적인 의식에 종속한다는 것도 올바르게 알고 있었다고 헤겔은 덧붙이고 있다.

—기쿠치 에이요시(菊地惠善)

열소熱素 ⇨**열**

열악함劣惡— ⇨**악**

영감靈感 [Begeisterung, Geisterung]

영감은 인간의 마음이 개인적, 주관적 제약을 넘어서서 객관적인 영(정신Geist, 신)으로 채워져 있는 상태이자 신을 표현하는 종교와 예술에 있어 하나의 불가결한 심성으로 보이지만, 일반적으로 Begeisterung은 "다양한 형태에서의 높은 것"[『역사철학』12. 432]에 대한

감격을 의미한다. 다만 영감 내지 감격은 자칫하면 반성을 결여하여 분방하고 자의적인 판단으로 치닫거나 공허한 동경과 광신에 빠지기 쉬워 '개념의 필연성'을 중시하는 철학에서는 한계가 있다.

종교에서 영감의 하나의 전형은 그리스의 바쿠스 축제에서 찾아볼 수 있다. 헤겔은 이미 『민중종교와 기독교』에서 "신 그 자체가 현전하고 있는 것을 본다"는 바쿠스 축제에서의 공상을 "환희의 영감"[1. 79]으로서 칭찬하고 있었다. 『정신현상학』에서도 "바쿠스적인 영감"[3. 528]은 그것을 통해 "절대적 정신의 신비가 의식에 다 드러나"[3. 527] 것으로서 평가되었다. 다만 거기서는 아직 '자연의 정신'이 현시되는 데 지나지 않으며, '자기의식적인 정신'이 개시되는 것은 기독교의 제사·예배에서이다. 기독교에서의 영감에 관해서는 이미 『기독교의 정신』에서 유대인의 '반성의 표현'에 대비하여 "신적인 것에 관해서는 다만 영감에서만 말해질 수 있다"[1. 372]고 말해지며, 이리하여 예수는 "신의 영감을 받은 인간"[1. 397]으로 간주되고 있었다. 나아가 영감은 예술에 의한 "신의 표현"[『엔치클로페디(제3판) 정신철학』560절 10. 369]의 하나의 조건으로 간주된다. 다만 그것은 외적 자극과 의도에 의해서 만들어지는 것이 아니라 예술가가 자기의 "주관적 특수성을 잊고", "전적으로 사태에 의해 채워져"[『미학』13. 372-3] 그로부터 '사태'를 생생하게 현전화시키고자 하는 충동에서 생겨난다.

다른 한편 헤겔은 『정신현상학』서문에서 영감이 주관적 '반성'을 경멸하는 나머지 '개념의 필연성'[3. 48]을 보지 못하는 것, 특히 셸링과 같이 "피스톨에서 총알이 발사되듯이 갑자기 절대지로부터 시작하는 영감"[3. 31]을 비판하며, 또한 『역사철학』에서는 다만 파괴할 뿐인 "마호메트적인 오리엔트의 감격"[12. 432]을 비난했다. ⇒제사(의례)

—구보 요이치(久保陽一)

영국英國 [England]

헤겔은 베른 시대부터 죽을 때까지 계속해서 영국의 역사와 정치·경제에 깊은 관심을 가지고 있었으며

열심히 연구했다. 그러한 연구는『카르 친서』,『독일 헌법론』,『뷔르템베르크 민회 토론』,『법철학』및『역사철학』의 강의들,『영국 선거법 개정안』등에 반영되어 있다.

프랑스 혁명의 충격과 독일 영방들의 근대화 개혁의 태동 속에서 헤겔이 초기의 폴리스적 구상에서 탈피하여 시민사회에서의 인격적 특수성의 충분히 자유로운 발전과 그것을 보편성에로 매개하는 의회제도에 입각한 정치적 국가라는『법철학』의 구상으로 향해 가는 것은 영국의 시민사회와 의회주의의 발전사와 현상에 대한 끊임없는 연구와 비판적 고찰에 크게 힘입고 있다. 헤겔은 영국에서의 발달한 지방자치를 기반으로 한 신분들과 지방의 다양한 이해를 대표하는 의회주의의 오랜 전통, 시장사회 속에서 개인들의 특수한 욕구와 앎과 의지를 다면적으로 관련시켜 도야하는 상업과 산업의 발달사 속에서 근대의 "주체성의 원리"[『법철학』260절, 187절]의 실현에 가장 적합한 상황이 만들어지고 있다고 본다. 그러나 다른 한편으로 그는 이러한 자유가 구체적 특수성을 벗어나지 못한 형식적 자유에 머무르고 있다고 비판한다. 영국 헌정체제의 기초를 구축한 마그나 카르타와 권리장전은 역사적으로 획득된 사적 권리 내지 특권으로서 단순한 실정적인 것의 집적에 불과하다. 청교도혁명과 명예혁명을 거치면서 구태의연한 불합리하고 부패한 선거제도와 거기에 입각한 지주귀족의 의회 과두정치, 나아가 영주권, 수렵권, 10분의 1세 등과 같은 많은 봉건적 특권의 존속 등은 영국에서 대류 국가들의 혁명과 개혁에서 수행된 것과 같은 보편적 이성원리에 의한 헌법-법체계의 개혁이 필요함에도 불구하고 그들의 경험으로부터 배우지 못한 채 실질적 자유의 실현이라는 점에서 크게 뒤처지고 있다는 점을 보여주고 있다[『영국 선거법 개정안』11. 88-90, 94]. 그에 더하여 헤겔에 의하면 이러한 명예혁명 이후의 영국의 법제 개혁 필요성은 상업혁명과 산업혁명의 진행에 의해 공업화, 도시화된 시민사회의 구조적 모순과 왜곡, 즉 산업 부르주아지와 노동자라는 새로운 계급의 대두, 부의 축적의 극대화와 노동자의 물질적, 정신적 빈곤의 증대, 국내의 실업・빈곤 문제와 그 탈출로로서의 식민주의적 해외

진출 등등 때문에 한층 더 긴급성을 띠고 있었다[『법철학』240-248절]. 이리하여 일찍부터 영국의 의회 선거제도에 주의를 기울여 온 헤겔은, 한편으로 1830년경부터 급속히 고양된 선거법 개정을 요구하는 의회 개혁과 사회 개혁 운동의 필요성과 타당성을 승인하면서도, 다른 한편으로 프랑스 7월 혁명을 염두에 두는 가운데 이러한 개혁 운동 속으로 새로운 계급의 정치참가와 전통적 의회정치 장소의 파괴를 이끌어 들이지 않을 수 없는 "프랑스적 추상"[『영국 선거법 개정안』11. 122]의 급진성이 보이는 것을 두려워하여, 계급대립을 융화시켜 혁명을 회피하고 개혁을 달성할 수 있는 것은 군주권 강화의 길이라는 점을 지적했다. ⇒의회, 시민사회

【참】Rosenkranz (1844), Rosenzweig (1920), Höhne (1931), Petry (1976), Waszek (1985, 1986, 1988), Pelczynski (1986)

―히라노 에이치(平野英一)

영국과 미국의 헤겔 연구 英國─美國─硏究

경험론의 오랜 전통을 지닌 영국에서 헤겔이 적극적으로 도입되어 영향력을 미치고 있던 것은 그린(Thomas Hill Green 1836-82), 브래들리(Francis Herbert Bradely 1846-1924), 보잔케트(Bernard Bosanquet 1843-1923) 등을 중심으로 하는 19세기 후반의 이른바 신헤겔학파에 서이며, 그것은 미국에도 파급되고 있었다. 그러나 곧 20세기에 이르자마자 신실재론과 분석 철학이 융성하는 가운데 헤겔 철학은 점차 비판 대상이 되었으며, 오히려 배격 대상으로까지 되고 있었다. 거기서는 "헤겔의 형이상학에서 도출되는 것은 참된 자유가 전제적 권력에 대한 복종에 있다는 것 자유로운 언론은 악이라는 것, 절대군주제가 선이라는 것……"이라는 러셀(Bertrand Russell 1872-1970)의 말에서 단적으로 보이는 것처럼 헤겔 정치철학의 보수적・권력적 성격이 그대로 그의 형이상학적 전제와 결합되고 때로는 파시즘의 사상적 온상으로까지 여겨지고 있었던 것이다.

그러나 이미 제2차 세계대전 무렵부터 그와 같은 경향에 대한 변화의 조짐이 보이고 있었다. 콜링우드(Robin George Collingwood 1889-1943) 밑에서 배운 녹스

(T. M. Knox)는 이미 1940년의 논문 「헤겔과 프러시아주의」에서 역사적 자료로서 헤겔 자신의 저작을 사용하여 헤겔이 권력국가론자이자 보수적인 프러시아국가의 어용철학자라는 것은 전혀 근거가 없으며, 따라서 또한 헤겔은 국가사회주의에 대해서 아무런 책임도 없다고 주장했다. 그리고 헤겔을 오히려 서구정치사상의 자유주의적 전통을 계승하는 자라고 말했던 것이다. 『법철학』(1942), 『청년기 신학논집』(1948), 『헤겔 정치논문집』(1964), 『미학』(1975), 『자연법론』(1975), 『인륜의 체계』(1979)로 이어지는 헤겔 저작들의 일련의 영어번역은 그와 같은 문제의식으로 촉진되었던 것이며, 그것이 영미에서의 헤겔 부흥과 관련하여 큰 힘이 되었던 것은 말할 필요도 없을 것이다(물론 『정신현상학』, 『논리의 학』, 『철학사』 등은 그보다 상당히 오래 전에 영역되어 있었다). 그리고 그와 같은 문제의식과 작업은 펠친스키(Z. A. Pelczynski) 등에 의해 계승되어 헤겔에 대한 본격적인 연구가 진행되고 있었던 것이다.

물론 헤겔 부흥은 단지 그의 정치철학에 그치지 않고 철학 전반에 미치고 있었다. 핀들레이(J. N. Findlay), 『헤겔—재검토(Hegel: A Re-Examination, 1958)』는 비트겐슈타인(Ludwig Wittgenstein 1889-1951) 밑에서도 공부한 핀들레이가 헤겔 철학을 분석 철학에 대립된 것으로서가 아니라 오히려 그것에로 끌어당기고 나아가 보통 사람들에게도 이해될 수 있는 것으로서 제시하고자 했던 것이었다. 핀들레이에 따르면 헤겔은 초월론적 형이상학자나 직관주의자가 아니라 철저하게 개인의 경험적 지식에 관계하는 철학자였다. 이 핀들레이 밑에서 공부한 플랜트(R. Plant)의 『헤겔(Hegel, 1973)』에서의 헤겔 평가는 좀더 적극적인바, 그것은 근대사회가 초래한 인격의 단편화와 원자화에 항의하는 데서 더 나아가 시민사회를 매개로 하여 인륜적 공동체를 부흥시키고자 하는 헤겔 정치철학을 그의 형이상학에서의 근대 계몽 비판과 결부시켜 통일적으로 이해하고자 하는 것이었다.

이 점에서 전후 영미권에서의 헤겔 연구(또는 헤겔 흡수)의 정점을 이루는 것이 테일러(C. Taylor), 『헤겔(Hegel, 1975)』이라고 말할 수 있다. 메를로퐁티(Maurice Merleau-Ponty 1908-61) 등의 현상학의 영향을 받은

테일러는 자기 자신의 사유 속에서 헤겔 해석을 전개하고자 하는데, 그 기본에 있는 것은 근대 계몽의 주체성의 논리와 그에 대한 반동으로서의 낭만주의 내지 표현주의(expressionism)의 통합으로서 헤겔 철학의 현대적 의의를 분명히 하는 것이었다(테일러는 헤겔 형이상학 그 자체에 대해서는 보편적 정신이 자립화되고 개별적 정신이 수단화된다는 점을 비판한다).

물론 영미권에서 헤겔 연구의 진전은 『정신현상학』과 『논리의 학』 그리고 『법철학』과 같은 헤겔 철학의 중심부분에 그치지 않는다. 해리스(H. S. Harris)의 초기 헤겔 연구(Hegel's Development: Toward the Sunlight. 1972; Hegel's Development: Night Thoughts. 1983), 페트리(M. J. Petry)의 헤겔 자연철학 연구(Hegel's Philosophy of Nature. 1970)로 대표되는 개별 연구들과 주해들도 여럿 출판되어 있다. 1970년에 결성된 미국헤겔학회(The Hegel Society of America) 및 1979년에 결성된 영국헤겔학회(The Hegel Society of Great Britain)가 영미에서의 헤겔 연구 진전의 표현인 동시에 헤겔 연구의 새로운 진전에 박차를 가하고 있다는 것은 말할 필요도 없을 것이다.

【참】藤原保信 (1972), Ottomann (1977)

―후지와라 야스노부(藤原保信)

영방領邦 [Land]

독일을 구성했던 지방 국가. 신성 로마 제국의 제국신분들(Reichsstände)은 국가 권력을 "사법"[『독일 헌법론』 1. 468]의 형식으로 획득하여 봉건제를 건설하고, 황제에게 종속하지 않는 "독일적 자유"[같은 책 1. 570]를 처음부터 향유했다. 『역사철학』에 따르면 이른바 대공위 시대(1256~73)에 국가 통일이 소멸되었기 때문에 제후는 봉신관계(Lehnsverhältnis)로부터 자유로운 "영방군주(Landesherr)"[12. 479]로 되었다. 이러한 추이에서는 긍정적 측면과 부정적 측면의 의미를 찾아볼 수 있다.

(1) 부정적 의미. 제후는 처음에 세력 균형의 요청에서 상호간의 "내적 연관"[『독일 헌법론』 1. 516]을 유지하고 독일 전체로서 행동했다. 그러나 전체를 무시하

고 "개인의 일만 배려하는 시민적 감각"[같은 책 1. 517]이 도시의 성장에 따라 대두하고 이 감각을 정당화하는 종교개혁이 일어나면, 신파와 구파의 항쟁으로 "인간의 가장 깊은 유대"[같은 책 1. 518]가 분열되어 독일의 국가적 해체에 이른다. 베스트팔렌의 조약이 제국 신분들에게 영방주권(Landeshoheit)을 인정했기 때문에, 독일은 "본질상 주권을 지니는 독립 국가들의 무리", "합법적인 무정부상태"[같은 책 1. 470]로 된다.

(2) 긍정적 의미. 군주제에 의해서 노예제 폐지, 각 사람의 자유롭고 평등한 권리의 보증, 실체적 목적에 대한 특수의지의 복종, 봉건 가신(Vasallen)의 국가 관리화가 생겨난다[『역사철학』 12. 478f.]. 봉건제에서는 군주의 사유재산이었던 권력과 영토 등이 그의 세습제·장자상속제를 매개로 하여 국유재산이 되고, "국법에 의한 관리"[『뷔르템베르크 민회 토론』 4. 479]가 성립한다. 헤겔은 국가의 보편적 목적을 사유적으로 파악한 예로서 프리드리히 대왕에 의한 프로이센 일반 영방법(Landrecht)을 들고 있다[『역사철학』 12. 523](헤겔은 프랑크푸르트 시기에 이것을 연구했다[『역사·정치 연구 단편』 1. 443]).

군주의 대항 세력으로서의 의회는 국가의 "통일을 감시하고"[『역사철학』 12. 509], 군주에게 "정의와 공정"[같은 책 12. 479]을 의지하도록 만든다는 점에서 유의미하다. 그러나 영방의회(Landstände) 내지 그 위원회가 조세동의권에 의해서 국고를 강탈하고 군주와는 별도의 주권을 형성하는 것은 폐기되어야만 한다[『뷔르템베르크 민회 토론』 4. 500ff.]. ⇒군주·군주제, 베스트팔렌 조약

【참】Rosenkranz (1844), Hartung (1914), 金子武藏 (1967), Mitteis (1969)

―가미야마 노부히로(神山伸弘)

영방법領邦法 ⇨ **영방**

영방의회領邦議會 ⇨ **영방**

영양과정榮養過程 [Ernährungsprozeß]

유기체에 대해 영양이 말해진다. 그 경우 할러 이래 당시의 자연과학자에게 있어 자명한 3단계, 즉 형태화-동화-재생산의 도식이 사용된다. 식물에서 영양은 이 도식의 제1단계에 관계하는 것이며, 보급된 영양을 식물이라는 유에 고유한 본성으로 전화시켜 이 동화된 액을 다양한 형성물로 전화시킨다[『엔치클로페디(제3판) 자연철학』 346절]. 식물은 동물의 경우와는 달리 자기 유지하는 주관성으로서 존재하고 있지 않은 까닭에 외부에 대해 배척적인 개체로서 관계하는 것은 아니다. 이리하여 식물의 영양은 "연속적인 흐름이자 결코 중단되는 영양섭취가 아니며, 또한 식물은 그때 개체화된 비유기적인 것에 관계하는 것이 아니라 보편적인 원소에 관계한다"[같은 책 344절]. 식물의 과정의 산물은 화학적 과정의 산물에 가깝다. 동물은 주관성을 실현하여 개체화하는 까닭에 그 영양은 "단속적"[같은 책 352절]이고 개체적인 비유기적 자연에 개체적으로 관계하여 그것의 고유한 질을 부정함으로써 영양물로서 동화한다. 동화는 외면을 자기의 통일로 받아들이는 것으로서[같은 책 362절], 동화 과정은 ① 받아들인 자연과 동물성의 감염, ② 소화, 동물성 물(위약, 췌액)의 과정과 동물성 불(담액)의 과정이다. 소화의 분석에서 헤겔은 스팔란차니(Lazzaro Spallanzani 1729-99)를 사용하며 찬양한다[같은 책 365절]. 영양과 소화는 외계와의 동일성을 주장한다는 점에서 '먹다'에서 칸트의 사물 자체와 그 이원론을 논파한 것과 마찬가지 논점을 제공하고 있다고 생각된다. ⇒먹다, 유, 유기체

―호시 도시오(星 敏雄)

영웅(시대)英雄(時代) [Heroen(zeit)]

알렉산더 대왕과 카이사르와 같이 스스로의 역사적 위치와 사명을 명확하게 자각하지 못하면서도 역사를 크게 전진시킨 대사업을 이룬 인물이 영웅이라고 불린다. 영웅은 또한 세계사적 개인이라고도 명명되지만, 세계사적이라고 말해지는 이유는 그의 행위가 본인이 의식하지 못함에도 불구하고 역사의 흐름을 따르는

것이었기 때문이다. 영웅의 위대함은 오로지 역사와의 관계 속에 놓여 있으며, 개인으로서 보면 그들은 오히려 불행한 운명을 짊어졌고, 또한 그들의 인간적 자질도 반드시 뛰어나다고 말할 수 없었다. '시종에게 영웅은 없다'는 격언은 일면의 진실을 말하고 있는 것이어서, 영웅을 전체적인 세계에 놓고서 볼 줄 모른 채 일상의 자질구레한 언행 속에서밖에 보지 못하는 시종에게 영웅은 보통 사람과 다른 점이 없다. 헤겔의 말에 따르면 그것은 "영웅이 영웅이 아니기 때문이 아니라 시종이 시종에 지나지 않기 때문이다"『정신현상학』3. 489; 『역사철학』12. 48].

영웅은 역사 속에서 어디까지나 개인으로서 걸출한 존재이기 때문에, 정치조직과 관료조직이 정비된 근대국가에서 영웅은 나타나기 어렵다. 영웅은 민중이 아직 역사의 배후에 숨어 있을 때 역사의 움직임을 한 몸에 체현하는 자로서 등장한다. "민중은 수동적이고 활동하지 않으며, 영웅들이 행위를 수행하고 책임을 받아들인다"『역사철학』12. 285]. 자립적이고 자유로운 영웅이 마음껏 자신의 활력과 마력을 발휘할 수 있던 시대야말로 헤겔이 청년기부터 강렬히 동경한 그리스 고대에 다름 아닌바, 그 시대는 영웅들의 위업을 서사시, 비극, 조각, 회화 등에 훌륭하게 형상화할 수 있었던 것을 포함하여 영웅시대라고 불렸다. "그리스 영웅들은 법률 이전의 시대에 등장하여 자기 국가의 창설자가 된다. 정의와 질서, 법과 도덕은 그들로부터 생겨나며, 나아가 그들의 개인적인 작품으로서 실현된다"『미학』13. 244]. ⇒고전예술, 알렉산더 대왕, 카이사르, 나폴레옹, 호메로스

【참】Kerény (1958)

─하세가와 히로시(長谷川宏)

영원永遠 [Ewigkeit]

영원은 우선 시간과의 관계에서 논의된다. "영원이란 시간의 앞이라든가 뒤라든가 하는 것이 아니다"[『엔치클로페디(제3판) 자연철학』247절 「보론」]라거나 "영원이란 전후가 없는 지금이라는 절대적 현재이다"[같은 곳]라는 식으로 말해진다. 요컨대 영원을 오로지 시간의 사상(捨象)으로 생각할 것이 아니라 오히려 이념, 정신을 영원이라고 생각해야만 한다는 것이다. 이것이 형태를 바꾸면서 헤겔 저작의 기조로 되어 흐르고 있다. 이 영원자와 관계하는 것이 종교이자 절대적 종교에서의 영원성, 즉자대자적인 신이다[『종교철학』17. 215]. 이러한 영원한 것, 신적인 것이 실재적인 현상과 형태에서 우리의 외적 직관 및 심정과 표상에 계시되는 동일성을 정신에 의해 만들어내는 것[『미학』15. 573f.]이 예술의 목적이다. 또한 개념파악은 "영원의 사유"[『베를린 저작집』11. 251]라고 생각된다.

【참】鹿島徹 (1991)

─이와나미 데츠오(岩波哲男)

영혼靈魂 [Seele]

마음이라고도 번역된다. "…… 영혼(혼)은 말하자면 육체와 정신의 중간이고, 양자를 결합하는 끈"[『엔치클로페디(제3판) 논리학』34절 「보론」]이며, 육체 속에 묻혀 있는 정신이라고 말해지고 있다. 영혼은 "정신의 수면"[『같은 책·정신철학』389절]이며, 아리스토텔레스의 '수동적인 누스', 육체에 매몰된 누스라고 한다. 그러나 헤겔의 영혼은 자기 발전하여 절대적 정신에 이른다. 이런 점에서 '수동적 누스'와는 다르다. 『정신철학』은 주관적 정신, 객관적 정신, 절대적 정신으로 구분되어 전개되고 있다. 주관적 정신은 A. 인간학·영혼(마음), B. 정신의 현상학·의식, C. 심리학·정신으로 이루어진다. 영혼은 정신의 가장 저급한 것, 직접적·자연적 형태이다. 자연정신(Naturgeist)이다.

Ⅰ. 자연적 영혼(die natürliche Seele). 영혼은 자연·육체와 일체가 되어 있으며, 그것들에 지배되고 구별도 지니지 않는다. 이것이 자연적 영혼이다. 그러나 자연과 육체에는 구별과 변화가 있기 때문에 자연적 영혼에도 구별이 생긴다. 개체로서의 영혼의 각성이 일어나며, 타자(외적인 것·쾌·불쾌 등)를 감지하게 된다. 이리하여 영혼은 감지하는 영혼이 된다.

Ⅱ. 감지하는 영혼(die fühlende Seele). 감지하는 영혼은 수동적이다. 주체는 타자이다. 그러나 타자와 일체

가 되어 있던 이 영혼이 자기 자신이라는 것을 알아차리고 자기 속에서 타자를 감지한다. 이것이 자기감정이다. 그러나 그것은 육체성과 정신성의 모순에 괴로워하며, 곧이어 육체성은 계기이고 정신성이 주체라는 것을 안다. 이것이 현실적 영혼이다.

III. 현실적 영혼(die wirkliche Seele). 육체성·특수성이 자기의 것으로 되어 있는 영혼이 현실적 영혼이다. 이러한 영혼은 곧이어 자아로 되고 사유와 판단의 주어로 된다. 이때 영혼은 자기의 규정들을 외적 세계로서 자기로부터 배제하고 자기를 그것에 관계시킨다. 이리하여 자기는 외적 세계 속에서 직접적으로 자기 내로 반성한다(귀환한다). 이 영혼이 의식(Bewußtsein)이다. ⇒인간학, 정신

—이토 히토미(伊藤一美)

영혼과 육체靈魂—肉體 [Seele und Leib]

영혼과 육체는 절대적으로 대립하고 있는 것이 아니라 상호관계에 있다. 대립은 오히려 양자의 근원적 통일로부터 이야기되어야만 한다는 것이다. 이 점에서 헤겔은 데카르트, 말브랑슈, 스피노자, 라이프니츠를 평가한다. 그러나 그들이 이야기하는 통일이 추상적이었다거나 판단의 계사에 불과하다고 비판하기도 한다. 헤겔은 다음과 같이 말한다. 영혼은 육체 속에 영혼의 위력이 미치지 못하는 것이 있다는 것을 안다. 영혼은 이러한 육체성을 자신에게 소원한 것으로서 자신으로부터 던져버리고 자기 자신에게로 돌아온다. 이리하여 영혼은 육체성에서 해방된 자유로운 자아가 되며, 주어가 된다. 이리하여 자아는 육체 속에서 자기 실현할 수 있게 되고, 육체 속에서 자립한 것으로서 존재할 수 있게 된다. 영혼은 부정된 육체성과 매개적으로 통일된 것이다. 이때 육체는 영혼에 복종하고 있으며, 영혼은 육체를 수단으로 하고 있다. 주어가 된 영혼에 의한 육체와의 통일이 헤겔의 근원적 통일이다[『엔치클로페디(제3판) 논리학』 34절 「보론」, 195절 「보론」, 208절 「보론」, 『같은 책·정신철학』 13절 「보론」, 36절 「보론」].

—이토 히토미(伊藤一美)

영혼론靈魂論 ⇨심리학

영혼의 불사靈魂—不死 [Unsterblichkeit der Seele]

"인간은 신 안에서 자기를 앎으로써 동시에 신 안에서 자기의 불멸의 생명을 안다"[『종교철학』 16. 83]. 인간은 자기의 존재의 진리성을 아는 것에서 영혼의 불사에 관한 표상을 얻는다. 그것은 신에 관한 표상을 얻는 것이기도 하다. 두 표상은 필연적 관계를 지니고 있다. "인간은 진실로 신에 관해서 알 때 또한 진실로 자기에 관해서도 안다"[같은 곳]. 인간의 진실과 신의 진실은 하나이다. 신은 자기 내 존재가 참된 규정이며, 인간도 참된 모습에서는 자기 내 존재이며 정신이다. 이때 영혼은 불사이며, 인간은 불사이다. "인간은 인식에 의해서 불사인 것이다. 다만 사유하는 자로서만 인간은 죽을 수 있는 동물적인 영혼이 아니라 자유로운 순수한 영혼이기 때문이다. 인식, 사유는 자기 자신에서의 총체로서의 인간의 생명, 인간의 불사성의 근본이다"[같은 책 17. 262].

【참】 岩波哲男 (1984)

—이토 히토미(伊藤一美)

『예나 문예 신문』 [Jenaische Literatur-Zeitung]

괴테의 주선으로 창간된 비평·문예 신문(1804-41). 일반 문예 신문(1785-1849)의 할레로의 이전(나중에는 할레 일반 문예 신문이라고 불린다. 1822년 2월의 40호에 헤겔의 법철학에 대한 비평이 실려 있다)을 1803년 8월에 헤겔로부터 비로소 듣게 된 괴테는 구상과 체제에서 이 신문과 아주 유사한 신문의 창간을 기획하여 예나 대학에서 활동했다. 10년간은 괴테 자신의 주도 하에 편집되었으며, 창간 1년째에 400명 이상의 기고자를 헤아렸다. 베를린에서의 비평잡지 창간에 관해 문부성에 보낸 1819/20년 겨울의 편지에서 헤겔은 비평잡지의 필요성에 관한 예증으로서 예나 대학의 명성이 이 비평 신문에 의해 커졌다는 취지의 언급을 하고 있다[『베를린 저작집』 11. 15f]. 예나 일반 문예 신문이라고도 불린다.

【참】Hocks/Schmidt (1975)

─야마다 다다아키(山田忠彰)

예수 [Jesus, Christus]

헤겔은 예수와 소크라테스를 전자는 종교의, 후자는 철학의 이를테면 이상적인 체현자로서 즐겨 대조시켰다. 두 사람의 최대의 상이점은, 헤겔에 따르면, 예수가 차안과 피안, 세계·인간과 신의 중보자로서 성육신한 '신-인간'이라는 점에 있다. 여기에 역점을 두는 것은 물론 헤겔이 기독교인이라는 점과 떼어놓고 생각할 수 없지만, 그러나 또한 그것만으로 마무리될 수 없다. 예수에 대한 평가와 위치짓기는 헤겔 철학 이해에 깊이 관계된다. "절대적인 것이 의식에 대해서 구성되어야만 한다. 그것이 철학의 과제이다"[『차이 논문』 2. 25]라고 쓴 이후, 철학과 종교의 과제를 동일한 것이라고 보는[11. 241;『종교철학』 16. 28 참조] 체계 시기의 철학관은 중보자 예수에 대한 이해를 빼놓고서는 성립할 수 없다.

Ⅰ. 도덕의 교사 예수─주체적 종교와 객체적 종교. 청년 헤겔의 관심은 주로 예수라는 사람 그 자신에게로 향해 있었다. 그 동기는 프랑스 혁명으로 상징되는 근대의 정치 상황 속에서 기독교의 존재 의미를 '민중종교'의 관점에서 되묻는다는 것이다. 그는 계몽에서 유래하는 '지성과 기억'의 '객체적 종교'에 '심정과 상상력'의 '주체적 종교'를 대치시키고[『민중종교와 기독교』 1. 13ff.], "독일에서의 혁명"을 기대하게 만드는 칸트 철학[『서간집』(제1권) 23 참조]을 사용하여 예수를 주관주의적으로 해석한다. 고정화되고 기성화된 현실과 이상, 차안과 피안의 절대적 분리를 극복·화해시키고 생동하는 총체적 주체성을 회복하는 것이 "인간의 최고의 목적인 도덕"[『민중종교와 기독교』 1. 70f.]의 교사 예수에 의탁하여 구상된다. 『예수의 생애』에서는 초월적 권위를 부여 받은 이른바 <선교의 예수>는 의도적으로 배제되고 대부분 흥미 없는 정도의 <역사적 예수> 상이 묘사된다. 유명한 최후의 만찬 장면에서 예수는 사도들에게 자신의 권위에 복종할 것을 요구하는 절대적 종교의 창시자가 아니라 자율적

도덕을 설교하고 고뇌하는 한 사람의 교사이다[『청년기 신학논집』(놀) 126]. 『기독교의 실정성』에서는 이성을 부정하고 권위에 기초하여 제도화된 기독교가 '실정성'이라고 비판되고[1. 108ff., 131f.; 217ff. 참조], "인간 멸시의 시스템 이외의 어떤 것일 수 없다"[1. 188]고 단죄되는 데 반해, 예수는 "참다운 의미에서의 종교"를 가르치는[1. 139] 도덕의 교사로서 묘사된다.

Ⅱ. 사랑의 교사 예수─삶의 충만함과 사랑의 풍부함. 『기독교의 정신』의 예수는 이미 칸트의 도덕론의 교사가 아니다. 칸트는 차안과 피안의 대립관계, "삶의 분열"을 전제하고 있다고 비판되며, 본래 "주체와 객체의 종합"인 삶과 삶의 분열을 화해시키는 사랑의 힘을 설교하는 예수[『기독교의 정신』 1. 326f., 336]가 묘사된다. 예수는 '전일적인 것'인 삶과 분열된 현실의 삶[같은 책 1. 338f.]을 동일한 하나의 '삶'으로서 감지하는 것, 즉 "삶의 합일인 사랑"[같은 책 1. 394]을 설교하고 있는 것으로 된다. "전일적인 신성 속에 있는"[같은 책 1. 343] 삶과 "삶의 충만함, 사랑의 풍부함"[같은 책 1. 355]을 통해서 예수는 "인간 속의 신적인 것", "삶과 사랑에 의해서 합일되어 있는 공동체"[같은 책 1. 393]와 "사랑에서의 운명과의 화해"[같은 책 1. 346]를 가르치고 있는 것이다.

Ⅲ. 신의 죽음과 고뇌의 시─새로운 종교의 창설. 절대적인 것을 파악하는 철학이론의 구축을 시도하고 있던 예나 시대의 헤겔은 인간을 중심에 놓고 경험에만 자리 잡은 채 신을 사상하고 인간 이외의 모든 것을 객체로 간주하는 절대적 주관의 철학, 즉 칸트 철학에 의해서 말하자면 <신의 죽음>이 귀결된다고 말한다[『신앙과 지식』 2. 299]. 그는 이것을 "프로테스탄티즘의 고뇌의 시"의 산문화[같은 책 2. 294]라고 부른다. 그에 의하면 주관과 객관을 종합하고 유한한 것과 무한한 것을 매개하여 참으로 절대적인 것을 구성하기 위해서는 무한성을 본질로 하는 '정신'에 의거할 수밖에 없다. 이러한 정신의 상징적인 형상이 정신을 본질로 하는 인간과 신의 동근원성을 매개하는 예수이다[『예나 체계 Ⅲ』 GW 8. 280f.]. 헤겔은 "신의 죽음이라는 무한한 고통을 인내하는 가운데 기독교로부터 철학을 매개함으로써…… 새로운 종교"를 창설할 것[『로젠

크란츠』140f.]을 지향하고 있었다. 물론 이것은 이미 단순한 종교가 아니라 동시에 철학이기도 한, 그리고 그런 까닭에 스스로의 체계구상에서 파악된 '종교'이다. 이리하여 신-인간인 예수는 절대적 정신을 정점으로 하는 헤겔의 철학체계의 핵심이자 역사상의 전환점으로 위치지어진다. 예수의 죽음과 부활에 의해서 신의 죽음은 피안적인 것으로 생각되는 신 개념을 극복하고, 인간의 주관적 자유를 개시하는 계기로 파악되기에 이른다. "사람의 아들로서 그리스도는 신의 아들이다. 신-인간에게 있어 피안은 존재하지 않는다. 그는 이 개별적인 인간으로서가 아니라 보편적인 인간으로서, 결국 참다운 인간으로서 여겨진다"[『뉘른베르크 저작집』 4. 67]. 신의 죽음은 "죽음의 죽음"[『종교철학』 17. 292ff.]인 것이다. ⇒기독교, 신과 인간, 삼위일체, 부활, 중보자, 소크라테스

【참】 Theunissen (1970), 細谷貞雄 (1971), Scheit (1972), Pannenberg (1978), Pöggeler (1990)

―자코타 유타카(座小田豊)

예술藝術 ⇨ 미학·예술

예술미藝術美 [Kunstschönes]

예술미는 헤겔 미학의 본래적 대상이자 "이념의 감성적 가현"을 의미한다[『미학』 13. 151]. (1) 우선 예술미가 '감성적'이라는 것은 예술의 감성적 소재를 가리키는 것이 아니다. 감성적 소재는 예술작품에서 바로 "단순한 가상"으로 "정신화"되어 있다[같은 책 13. 48, 60f.]. (2) 또한 예술은 인간 정신의 대자존재로의 "절대적 요구"에서 출발하며[같은 책 13. 50f.], 이념의 감성적 묘사로서 반성적 사유와 무관계하지 않다. (3) 그러므로 예술미는 첫 번째 의미에서 결코 "감성적인 파악"에 대해서가 아니라 "본질적으로 정신에 대해서 있다"[같은 책 13. 57]. (4) 그러나 예술에서 나타나는 이념은 개체적으로 형태화되어 결국 제한된 이념이다. 이념과 형태의 완성된 통일이 '이상(Ideal)'인바[같은 책 13. 105], 그것은 특히 고전적 예술을 근본유형으로 하는

그리스 조각에서 실현되며[같은 책 13. 109, 118], '명랑함(Heiterkeit)'과 '지복(至福 Seligkeit)'을 특징으로 한다[같은 책 13. 208f.].

―시카야 다이코(四日谷敬子)

예술작품藝術作品 [Kunstwerk]

헤겔에 따르면 진실한 미(='이상')는 예술미로서만 있을 수 있으며, 그것은 개별화되어 예술작품이라는 현실의 존재가 된다[『미학』 13. 202ff.]. 예술미는 시대를 넘어선 미가 아니라 역사의 현실 가운데서 현상하는 미이다[같은 책 357]. 다만 헤겔은 진실한 예술작품은 그 자체로 완결된 전체성을 지닌 것이자[『차이 논문』 2. 19], 영원한 것(즉자대자적으로 참다운 것)이 실재의 현상과 형태에서 우리의 심정과 표상에 대해 개시되는 것이고, 이러한 정신에 의해서 발생된 동일성이 모든 예술의 목적이라고[『미학』 15. 572f.] 말하기도 한다. 예술작품과 그것의 직접적인 향유는 이것을 접하는 일반 사람들을 위한 것이며, 현인과 식자를 위한 것이 아니다[같은 책 357]. 알맹이(정신 내지 이념)와 모양(감각적 형태)이 하나로 되어 있는 것이 진실한 예술작품이다[『엔치클로페디(제3판) 논리학』 133절]. 자연의 소산보다 고차적인 이러한 인간의 일의 소산은 인간 특유의 감각에 의해서 받아들여진다[『미학』 13. 441ff.]. 예술작품을 산출하는 예술가가 풍부한 감정과 사상(내지 영감)을 천부적인 능력으로서 갖추고 있어야만 한다는 것은 인정하면서도 헤겔은 표현에서 사용하는 제재를 연구하는 지적인 일과 기술과 기교를 갈고 닦는 것의 중요성을 강조하고 있다[같은 책 46f.]. ⇒영감

―마스나리 다카시(增成隆士)

예술종교藝術宗教 [Kunstreligion]

그리스 종교는 실러에게서나 Fr. 슐레겔에게서 자연의 종교였다. 따라서 헤겔 역시 1803년까지는 그리스 종교를 '자연종교(Naturreligion)'로 간주하고 있었다[『로젠크란츠』 135]. 그러나 새롭게 발견된 1803년의

초고는 그것을 '예술종교'로 파악하고 이미 예술의 과거성의 사상을 시사하고 있다[같은 책 181]. 그리고 『정신현상학』은 그리스 예술이 일회적이자 반복할 수 없는 과거의 '회상'이라고 단언한다. "신들의 모든 영원한 법에 대한 신뢰는 특수한 것을 가르쳐준 신탁과 마찬가지로 침묵하고 있다. 이제 조상(彫像)은 생기 있게 하는 영혼이 달아난 시체이며 찬가는 신앙이 달아난 단순한 말이다"[3. 547]. 『미학』에서도 그리스 종교는 예술종교이며[14. 26], "호메로스와 헤시오도스가 그리스 인들에게 그들의 신들을 만들어주었다"고 말해진다[같은 책 14. 34].

【참】 Schiller (1795), Schlegel, Fr. (1795/96), Baum/Meist (1977)

―시카야 다이코(四日谷敬子)

예지적 세계叡智的世界 [intellektuelle Welt]

플라톤의 참된 실재로서의 이데아의 사상을 실체화하여 감각적 세계에 예지적 세계를 대치시키는 두 세계론을 형성하는 데 커다란 영향을 준 것은 플로티노스였다. 헤겔은 플로티노스를 높이 평가한다. 플로티노스에게 있어 모든 것의 근원은 '일자'이며, 이것은 모든 사유를 넘어설 뿐만 아니라 미와 선도 넘어선다. 모든 것을 넘어선 이 일자로부터 산출된 것이 누스이다. 이것은 자기에 의한 자기 자신의 지(知)이며, 자기를 대상으로서 지니면서 자기 자신인 순수한 지의 세계이다. 이 두 번째 것이 이른바 예지적 세계이다. 헤겔은 플로티노스가 절대적인 일자의 자기 한정으로서 누스의 산출을 생각한다는 점을 높이 평가하지만, 이러한 한정, 전개가 일어났다고 할 뿐 그 필연성을 아직 참되게 파악하고 있지 못한 점을 불충분한 것으로 여긴다[『철학사』 19. 435-462].

경험적 세계의 파악이 주요한 관심사가 되는 근대에서 대립적인 두 세계론은 주류가 아니지만, 라이프니츠가 모든 사물의 예지적 성격(Intellektualität)을 주장하고, 우리들이 그것을 모래알 하나까지 완전하게 알 수 있게 되면 그로부터 전 우주의 전개를 파악할 수 있다고 말할 때, 거기서 우리는 예지적 세계의 근대적 모습을 볼 수 있을 것이다. 그러나 헤겔은 라이프니츠가 참된 통일을 신의 예정조화에서 벗어나게 한다는 점에서 이 주장을 기교적인 것으로 비판한다[같은 책 20. 233-255]. 칸트가 사물 자체를 우리의 지성적 세계 파악으로부터 구별하고 있다는 점에서도 예지적 세계를 규제적으로 상정하는 칸트의 의도가 엿보인다. 헤겔은 지금까지의 이러한 대립적 사상을 비판하고, 무한한 절대자 자신이 유한한 감각적 세계를 자신 그 자체로서 산출하며, 스스로의 규정 속에 유한성, 우연성을 포함한다는 새로운 절대자 개념을 제시한다. 종교철학 강의에서는 이와 같은 절대자의 구조를 영원한 아버지의 나라라고 하고, 논리의 타자로서의 현실을 아들의 나라라고 하며, 나아가 그 통일, 자기화를 성령의 나라라고 하는 삼중구조를 생각한다. ⇒초감성적 세계, 이원론

―가타야나기 에이치(片柳榮一)

오류誤謬 ⇨**진리**

오류誤謬**의 나라** ⇨**계몽**

오리엔트 ⇨**아시아**

오벨리스크 ⇨**이집트**

오성悟性 ⇨**지성**

오이디푸스 [Ödipus]

그리스 비극의 영웅, 테바이의 왕 오이디푸스의 일을 가리킨다. 그가 태어날 때 이 아들이 부친을 죽이고 어머니와 결혼한다는 불길한 신탁이 있었고, 그 예언에서 벗어나기 위해 다양한 방책을 시도하지만, 거꾸

로 그것이 운명을 불러들이고, 그것을 알지 못한 채 아버지를 살해하고 어머니와 결혼하게 된다. 헤겔의 청년기 초고에는 직접 그리스 비극에 대해 언급하는 부분은 없지만, 『기독교의 정신』에서의 '생'과 '운명' 의 논리 전개에서는 오이디푸스 비극이 강하게 반영되어 있다. 그것은 『정신현상학』에서는 인륜적 실재와 인륜적 자기의식의 갈등이라는 형태를 취한다. 자기의식의 행함에 의해서 원래 통일로서 존재하는 실재가 두 개로 분열되고, 한편의 계명이 알지 못하는 "빛을 몹시 꺼려하는 위력"[『정신현상학』 3. 347]으로서 자기의식에게 덮쳐온다. 헤겔이 이 비극에서 본 것은 "아는 것은 그 개념에서 그대로 알지 못하는 것이기도 하다"[같은 책 3. 537]는 사태이다.

【참】Pöggeler (1973a)

―다케다 죠지로(武田趙二郎)

오켄 [Lorenz Oken 1779. 8. 1-1851. 8. 11]

독일 낭만주의 시대의 자연철학자이자 박물학자. 예나와 뮌헨 대학의 의학교수였으며, 그 후 취리히 대학 초대 학장. 모든 생명 조직의 기본 단위로서 '인푸소리아(infusoria)'를 주장. 또한 두개골이 척추에서 이루어진다고 주장했지만, 괴테에게서 자기 학설을 도용한 것이라고 비판 받았다. 요컨대 괴테는 척추가 뼈의 근본 조직이자 그 중심점이며, 두개골과 손, 발 등으로 스스로를 분리하는 동시에 그것들을 동시에 결합한다고 하는 것을 논문에서 분명히 하여 친교가 있던 오켄에게 보냈지만, 오켄은 그 사상을 자신에게 고유한 것으로 하여 명성을 얻었다[『엔치클로페디(제3판) 자연철학』 354절 「보론」 9. 443]는 것이다. 헤겔도 두개골의 근저에 척추가 있다고 생각했지만[『예나 체계 Ⅲ』 GW 8. 152f.], 셸링의 영향하에 있는 오켄의 자연철학에 대해서는 "공허한 형식주의"[『엔치클로페디(제3판) 자연철학』 359절 「보론」]라고 비판한다. 주저는 『생식학(Die Zeugung. Bamberg 1805)』, 『자연철학 교과서(Lehrbuch der Naturphilosophie. Jena 1809)』. ⇒두개골론

【참】Goethe (1820), Schuster (1929), Bloch (1972)

―기무라 히로시(木村 博)

오페라 [Oper]

시에 수반되는 음악인 성악은 시에서 독립된 자유로운 선율적 표출과 시가 나타내는 표상에 상응한 특성 묘사라는 두 면을 지닌다. 오페라는 이 두 면을 통일하는 음악 형식의 하나이다. 헤겔에 따르면 오페라 대본은 내용이 부조리하거나 천박하지 않고 견실하면 좋다. 대본의 문학적 완성도가 높으면 도리어 자유로운 음악 표현은 불가능하다. "가사에 관심의 중점을 두는 것은 비음악적인 방향이다"[『미학』 15. 148]. 그러나 줄거리를 전개하고 특성묘사를 행하기 위해서는 레시타티브(Recitative)가 필요하지만, 여기서 음악은 종속적이다. 즉 특성묘사에 기울어지면 음악이 불필요하게 되는 것이다. 따라서 이러한 양면의 통일은 모순을 잉태한 통일이다. 헤겔에 있어서 이러한 조건들을 충족시키는 것은 당시의 이탈리아 오페라로서 특히 로시니(Gioacchino Antonio Rossini 1792-1868)의 작품이었다. 그러나 이러한 오페라론이 1821년에 초연된 베버(Carl Maria von Weber 1786-1826)의 『마탄의 사수』에 대한 암묵적인 비판이라고 하는 점도 잊어서는 안 된다.

【참】Dahlhaus (1983)

―이시카와 이오리(石川伊織)

완전성完全性 [Vollständigkeit]

어떤 개념의 특수한 실례가 보편적 특징을 충분히 나타내고, 동일한 특징을 지닌 어떠한 실례도 남아 있지 않을 때 그 개념은 완전하다. 유(Gattung)와 종(Arten)의 관계는 "유는 변하지 않은 채 종 속에 있지만, 종은 보편(das Allgemeine)과 다른 것이 아니라 다만 종 상호간에 다르다"라고 표현된다. 그런데 특수는 "그것이 관계하는 다른 특수와 함께 동일한 하나의 보편성"을 지님과 동시에 "그것들의 종의 상이성(Verschiedenheit)도 그것으로서는 보편적"이며, "이 상이성이 전체성"으로 된다. 그리고 특수의 규정성이 단순한 <상이성>으로 보이는 경우에 이 전체성이 완전성(Vollständigkeit)으로서 나타나게 된다. 그러나 이 상이성은 "바로 통일이 없는 구별"이기 때문에 이 구별에서는 보편성도 "단지 외면적인 반영"에 불과하며, "우

연적인 완전성"에 지나지 않는 데 머무는 것이다[『논리의 학』 6. 280].

—구로사키 마사오(黑崎政男)

외팅거 [Friedrich Christoph Oetinger 1702. 5. 6-82. 2. 10]

벵겔(Johannea Albrecht Bengel 1687-1752)과 더불어 슈바벤 경건주의의 대표적 신학자. 뵈메로부터 강한 영향을 받아 정통파와 더 나아가서는 경건주의의 기본 틀을 넘어서서 신비주의적인 '신지학'을 전개했다. 객관적으로는 뵈메와 독일 관념론을 매개하는 위치를 점한다고도 볼 수 있다.

'생'의 개념과 '진리는 체계이다', '진리는 전체적인 것이다'라는 주장 때문에 슈나이더(Robert Schneider), 로르모저(G. Rohrmoser), 벤츠(E. Benz) 등에 의해서—특히 계몽파와의 관계에서는 그들 사이에 커다란 견해 차이가 있지만—헤겔의, 특히 프랑크푸르트 시대의 사색에 결정적인 영향을 준 것으로 여겨진다. 그러나 이에 대해 브레히트(Martin Brecht)와 잔트베르거(Jörg Sandberger)는 실증적으로 영향을 받았다는 증거는 없다고 주장한다. 그러나 또한 부셰(Hubertus Busche)가 말하듯이 횔덜린을 매개로 한 간접적인 영향의 존재 가능성은 부정될 수 없다. ⇒생(명), 횔덜린

【참】 Oetinger (1858-64), Schneider (1938), Brecht/Sandberger (1969), Piepmeier (1978), Busche (1987)

—아비코 가즈요시(安彦一惠)

외화外化 [Äußerung]

헤겔에서 외화란 내적인 본질적인 것이 외적인 현존재로 나타나는 것, 또는 그 나타남이다. '소외화(Entäußerung)'가 주체-객체 관계에서의 주체의 자기방기와 자기부정이라는 의미가 강한 데 비해 외화는 주체의 직접적인 자기표현이라고 말할 수 있다. (1) 힘과 외화에서 외화란 대자적인 하나인 본래의 힘이 다양한 규정들로 전개되는 것이다. 힘은 외화에 의해 비로소 힘으로 제시된다. (2) 행동, 노동, 언어, 감정 등은 주체의 내면을 외적 객관에서 표현하는 외화의 형태들이다.

"언어와 노동은 외화이다"[『정신현상학』 3. 235]. 외화된 것은 객관으로서 내면으로부터 자립하여 타자에게 맡겨지는 것이기 때문에 내면을 너무 많이 표현하거나 또는 너무 적게 표현한다. 행동과 감정이 그와 같은 불완전한 외화인 데 반해, 언어는 좀더 온전한 외화로 된다. "언어만이 자아를, 즉 자아 그 자체를 표현한다"[같은 책 3. 376]. ⇒언어, 노동, 소외

—히구라시 마사오(日暮雅夫)

요가 ⇒인도 · 불교

요소要素 [(그) στοιχεῖον, (라) elementum, (독) Element]

경위(境位), 경지, 장, 마당, 장면 등으로도 번역된다. 원래는 어떤 계의 하나의 항인 문자 내지 음을 의미했지만, 곧바로 '기초' 일반을 의미하기에 이른다. 아리스토텔레스는 『형이상학』에서 "어떤 것이 그것에 기초하여 합성되고, 그 종류로부터 그것과는 달리 종별화되는 부분들로는 분해될 수 없는 제1의 구성요소"라고 정의하며, 소리, 근본소재(예를 들면 흙, 물, 불, 공기의 4원소), 증명의 기초, 지고의 보편개념이라는 네 가지 의의를 구별하고 있다.

헤겔도 이 개념을 앞의 두 가지 자연학적인 의미에서 사용하는[『논리의 학』 5. 138; 『엔치클로페디(제3판) 자연철학』 281절 9. 133f., 328절 9. 295f.] 한편, 뒤의 두 가지 의미에서 정신철학적인 독자적 변용을 덧붙여 사용하는 경우가 많다. '의식의 경험의 학'인 『정신현상학』에 따르면 의식→자기의식→이성→정신→종교→절대지라는 "참된 지로까지 나아가는 자연적 의식"이 더듬어가는 경험의 도정의 그때마다의 '역참'이 그 의식에 있어서의 '요소'로 파악된다[3. 72]. 회의와 부정성을 본질로 하는 인간의 정신은 헤겔에 따르면 본래 "절대적인 타자존재에서의 자기인식", "보편적인 의미에서의 지"를 지향하지만, "이 요소는 그것 자신의 생성이라는 운동을 통해서만 그 완성과 투명성 그 자체를 보존한다"[같은 책 3. 29]. 요컨대 의식은 스스로의 자기인식의 요소에 입각해서만 그 장면에서

나타나는 대상을 이해할 수 있는 것이다. 예를 들면 "사상의 요소"에서의 "신의 이념"에 대한 파악은 "사유의 추상적인 요소"로부터 "개념적 이해의 요소"로의 전개운동으로서 가능해지지만[『종교철학』 17. 218ff.], 헤겔은 이 운동을 유한한 인간 정신과 무한하고 영원한 정신의 상호 관계하는 전개과정에서의 이해의 존재방식 문제로서 파악한다[같은 책 16. 11ff.]. 따라서 이 과정의 단계들 및 각각의 그 단계들에서의 두 정신의 존재모습이 함께 하나의 공통된 '요소'에 존재하는 것으로서 간주된다.

―자코타 유타카(座小田豊)

요청要請 [Postulat]

영혼의 불멸, 자유 그리고 신의 존재의 요청은 칸트에게 있어 도덕성과 행복의 일치로서의 '최고선'이 실천적으로 가능해지기 위한 전제 내지 필연적 제약이었다[Kant (1788) S. 238]. 헤겔의 초기 사색에서 그것은 기본적으로 받아들여지고 있다. 튀빙겐 시대의 초고에서 헤겔은 다음과 같이 적고 있다. "최고선이 전체로서 현실로 될 것을 바랄 수 있기 위해 실천이성은 신에 대한 신앙을, 또한 불사를 요구한다"[『민중종교와 기독교』 1. 17].

그에 반해 『정신현상학』에서 칸트의 요청론은 다음과 같이 해석되어 비판되고 있다. 도덕적인 의식은 의무만을 본질적인 것으로 삼고 그것 이외의 모든 것('자연')을 그것과는 무관심한 것으로 간주한다. 그러나 '현실적인 행위하는 의식'으로서의 의식은 이 '자연'에 관계할 수밖에 없다. 그때 생겨나는 도덕성과 자연(행복), 이성과 감성, 의무 일반과 구체적인 상황에서의 의무의 불일치에 대해 의식은 각각의 조화 내지 통일을 <요청>한다. 그러나 거기서 발견되는 것은 "사상 없는 모순의 거대한 소굴"[『정신현상학』 3. 453; 『철학사』 20. 371 참조]이다. 예를 들면 처음에 도덕성과 현실의 대립이라는 것이 말해지면서도 곧바로 도덕성의 현실화로서의 행위에 관해 이야기되는 것처럼, 처음에 세워진 계기가 즉각 폐기되고 그 반대의 계기가 실재로 되는 것이다. '꾸미기(Verstellung)'[3. 464]라는

점에서 헤겔은 요청론의 본질을 발견한다.

1801년의 『차이 논문』에서 헤겔은 칸트의 실천이성의 요청이라는 맥락을 벗어나 독자적인 의미에서 "이성의 요청"[2. 43]에 관해 말하고 있다. 『차이 논문』에 따르면 철학의 과제는 반성에 의해서 절대자를 의식에 대해 구성하는 점에 존립한다. 그러나 그때 반성은 <직관>을 전제하며 그것과 하나이어야만 한다. 이러한 요청을 헤겔은 '이성의 요청'으로 간주하고 있다. ⇒꾸미기, 칸트

【참】 Kant (1788), Walsh (1969), Baumeister (1976), 藤田正勝 (1983a)

―후지타 마사카쓰(藤田正勝)

요한복음―福音 [Evangelium Johannes]

기독교 연구를 수행하고 있던 청년 시대의 헤겔이 대단히 자주 읽은 성서 텍스트는 요한복음이었다. 특히 서두의 "태초에 말씀이 계셨다. 그 말씀은 하나님과 함께 계셨다. 그 말씀은 하나님이셨다"를 인용하고, 이에 코멘트를 덧붙이고 있다[『기독교의 정신』 1. 373f.]. 헤겔은 요한복음의 말씀, 즉 로고스를 이성으로 파악하고 신의 아들 예수의 교의를 전개하고 있다. 신의 아들이자 사람의 아들의 접점이 로고스이다. 헤겔은 요한복음의 서두를 인용하여 이것은 "그리스도의 형상과, 즉 역사적, 외적인 것과 일체화된"[『역사철학』 12. 401] 깊은 사상이라고 말하고 있다. 그리고 요한복음에 근거하여 교단 안에 그리스도가 강림한다는 깊은 사변을 인정하고 있다. 『예수의 생애』의 텍스트로서 존중되고 있는 것도 요한복음이다. 그의 사상 전체의 삼위일체론적인 기조도 요한복음에 의한 바가 크다고 말할 수 있을 것이다.

―이와나미 데츠오(岩波哲男)

욕구・욕망欲求・欲望 [Bedürfnis, Begierde]

일반 용어로서 두 개념 모두 주체에 있어서의 어떤 결핍상태를 나타내며, 이러한 결핍을 채우기 위한 활동의 기점으로서 규정된다. 그와 같은 것으로서 두

개념은 통상적으로 거의 같은 의미로 사용되는 경우가 많으며, 그 연관이 반드시 명확히 되어 있는 것은 아니다. 실제로 그것들은 개념사적으로 대단히 가깝게 사용되어 때때로 서로 혼동되어 왔다. 예를 들면 어떤 개념사적 연구에 따르면, 18세기에 욕망이 욕구에 의해 치환됨에 따라 양자의 연관이 불명확하게 되었다고 한다. 이로부터 어째서 두 개념의 구별이 이루어지지 않아 왔던가 하는 사정이 이해된다. 그러나 헤겔에서 양자의 구별은 명료하다. 이 점은 예를 들면 자기의식론에서 다음과 같이 제시된다. 욕구란 자기의식에게 있어 "그것 자신에서의 타자존재의 감정, 그것 자신의 부정의 감정, 또는 결핍의 감정"[『뉘른베르크 저작집』 4. 118]인 데 반해, "욕망의 활동은 대상의 타자존재, 대상의 존립 일반을 지양하여 대상을 주체와 합일시키는 것이며, 그에 의해 욕망이 만족되는 것이다"[같은 곳]. 즉 욕구는 주체에 있어 어떤 것이 결핍되어 있는 사태로서 욕망의 실재적 전제를 이루며 주체와 객체의 분열을 보이고 있는 데 반해, 욕망은 욕구에서 제시된 이러한 결핍을 채우고자 하는 주체의 활동의 기점이 되는 것으로서 주체와 객체의 분열을 극복하고 그것들의 통일을 실현하는 방향을 보이고 있는 것이다. 다만 체계 시기에서의 술어의 용법으로서는 욕망의 이러한 의미가 '충동'에 의해서 표현되고 있고, 욕망은 많은 경우 "직접적 자기의식의 충동"[뉘른베르크 시대 김나지움 강의]으로서 감성적 의미에 한정되어 있다. 그런 한에서 욕망은 '충동'의 계열 속에 위치지어지며 그 한 단계를 이루는 것이다.

욕구에 관해서는 전문과학적으로도 심리학에서 거의 마찬가지로 규정되고 있지만, 헤겔의 규정은 그의 선구적인 것이라고 말할 수 있다. 다만 헤겔의 규정의 경우 욕구는 심리적인 것에서 다 드러나지 않는다. 시민사회에서 개인들이 상호간에 욕구를 매개로 하여 결합하고 '욕구의 체계'를 구성하는 것처럼 그것은 사회적인 것이다. 여기서 문제가 되고 있는 것은 인간의 욕구지만, 이 욕구는 동물의 욕구를 전제한다. 즉 욕구에 있어서 동물로부터 인간으로의 발전이 파악되고 있다. 헤겔 이전에는 일반적으로 욕구는 어떠한 시대에도 변하지 않는 것으로 생각되고 있었다. 이에 반해 그는 노동에서 욕구가 동물적 단계로부터 인간적 단계로, 그리고 인간적 단계 속에서도 역사적으로 발전하는 것이라고 파악했다. 시민사회에서의 욕구는 그 발전의 성과로서 등장하고 있는 것이다. 이러한 파악은 현대에도 사회에 관한 이론에 하나의 기본적인 틀을 제공하고 있다. 이것들은 각각의 영역에서 그 의의를 잃고 있지 않은 욕구의 실재철학적인 존재방식에 관한 견해이다. 이 개념에 관한 종래의 헤겔 연구는 주로 이 측면에 주목하여 헤겔적 규정의 의의를 명확히 해왔다. 이 점은 앞으로도 탐구되지 않으면 안 된다. 그러나 좀더 주목해야만 하는 것은 헤겔이 자기 철학의 근원으로서 '철학의 욕구'를 파악하고 있었다는 점이다. 그리고 앞의 실재철학적인 규정과의 통일에서 후자를 다시 파악할 필요가 있다.

'철학의 욕구'론에서 헤겔의 시대인식이 보이고 있다. 그것은 그의 시대가 '생'의 통일을 상실하고 있으며, 이것을 회복하지 않으면 안 된다는 것이다. "인간의 생에서 합일의 힘이 사라지며 대립들이 그것들의 생생한 관계와 교호작용을 상실하고 자립성을 획득할 때 철학의 욕구가 발생한다"[『차이 논문』 2. 22]. 이리하여 그는 '철학의 욕구'에 의해서 그의 시대와 대결했던 것이다. '철학의 욕구'의 규정에서 주의해야만 하는 것은 '철학의 욕구'의 '의'를 주격속격으로 취하는 경우와 대격속격으로 취하는 경우의 둘로 나누어진다는 점이다. 전자는 '사변적 욕구'이자 헤겔의 입장이며, 철학 그 자체가 주객의 대립을 극복하고자 하는 욕구이자 근원적 실재로서의 '생'의 통일이 상실되어 있을 때 이것을 회복하고자 하는 '생' 자신의 활동이다. 이에 반해 후자는 마찬가지로 이러한 '생'의 통일이 상실되어 있을 때 나타나는 것이지만, '철학에 대한 욕구'로서 철학을 욕구하기는 하면서도 스스로를 철학으로 형성할 수 없는 것이다. 헤겔은 여기서 '반성철학'에서의 '철학의 욕구'를 보고 있다. 그런 한에서 그것은 제약된 것이다. 그것은 '사변적 욕구'가 '반성철학'에서 변질된 것이다. 그러나 후자의 '철학의 욕구'에서도 '이성의 숨겨진 활동'에 의해 '사변적 욕구'가 시사되는 것이며, 여기서 '생'의 통일을 실현하는 데서 그 역할이 인정된다[같은 책 2. 13, 26 참조].

욕망의 경우에도 사변적 의미가 발견되는지의 여부는 어려운 문제이다. 그러나 발전사를 고려하게 되면 이 의미에서의 용법도 발견된다. 예를 들면 초기 프랑크푸르트 시대에는 당시의 중심적 개념인 '사랑'에 근접하게 사용된 경우도 있다. 즉 욕망은 신적 통일에 이르는 중간단계, 신적인 것에 대한 신앙으로서 표시되며, 사랑에 가까운 인간의 신성한 활동을 의미한다. "그것[신적인 것에 대한 신앙]은 신적인 것을 예감하는 것·인식하는 것이며, 그것과의 합일의 요구(Verlangen)이고, 동등한 생의 욕망이다"[『기독교의 정신』-『초기 신학논집』(놀) 313]. 또한 『정신현상학』의 자기의식론[3. 139]에서 자기의식은 "그 현상과 그 진리의 대립"에서 "진리, 즉 자기의식의 자기 자신과의 통일"을 "자기의식에 있어 본질적으로 이루"고자 하는 바의 '욕망 일반'을 지닌다. 이것은 그것의 하나의 형태인 '직접적인 욕망'과는 구별되고 있으며, 언뜻 보아 상반되는 것처럼 생각되는 자기의식의 상호인정에 대한 욕망도 그 하나의 형태로 하는 것이다. 그것은 사변적 의미에서의 욕망이라고 말할 수 있을 것이다.

두 개념은 인간 활동의 가장 원초적인 것을 지시하고 있지만, 동시에 이것 속에서 철학의 영위가 그 근원에서 확인되고 있다. 즉 헤겔의 철학활동이 원리적으로 제시되고 있는 것이다. 여기서 두 개념에 대한 헤겔의 규정에 의해 개념사에 대해 이루어진 기여가 발견될 것이다. ⇒충동, 시민사회, 노동, 생(명), 궁박, 경향

【참】 Riedel (1965), Kim-Wawrzinek (1972), Pöggeler (1973a), Zimmerli (1974), Schulte (1981), Kozu (1988)

―고즈 구니오(幸津國生)

욕구의 체계欲求─體系 ⇨시민사회市民社會

용서容恕 [Verzeihung]

기독교의 개념으로서는 죄를 사하는 것이다. 언어적으로는 단념(Verzichten)과 어원을 같이 한다고 말해진다.

헤겔은 이 용서의 개념을 『정신현상학』에서 아름다운 영혼을 논할 때에 도덕성을 다루는 형태로 논의하고 있다. 여기서는 자기에게로 복귀한 자기의식은 스스로의 직접적 개별성을 순수지 및 행위로서, 참된 현실 및 조화로서 안다. 이것이 양심의 자기이다. 자기는 자기를 양심으로 삼음으로써 타인과 동일한 자기가 된다. 또한 이 경우 개별적 의식과 보편적 의식이 대립하고, 후자의 보편적 의식을 전자의 개별적 의식의 폐기된 계기로 하는 경우, 헤겔은 그것을 악이라고 부른다. 보편적 의식이 악이라고 부른다 하더라도, 악에게도 자신의 법칙이 있다고 주장하게 되고, 악도 자립하여 서로 자립적으로 된다. 이러한 자립성의 측면을 극복할 때 스스로의 비현실적 본질을 단념하지 않으면 안 된다. 이 경우의 용서는 종교적인 사태가 아니라 도덕성의 사태를 말하고 있다. 즉 여기서는 선악의 추상적 구별을 동일한 것으로 정립하는 것, 즉 상대의 죄를 용서한다는 의미에서 용서라는 말이 사용되고 있는 것이다.

『정신현상학』에서 이 용서는 더 나아가 화해(Versöhnung)와 관련하여 종교 장에서 비극을 논할 때 망각(레테)과 관련지어지고 있다. 헤겔은 "대립의 상호 화해는 죽음에서의 지하계의 레테이든가 지상계의 레테이든가이다"[『정신현상학』 3. 539f.]라고 말한다. 이 경우의 용서는 죄책에서 용서받는 것이 아니라 범죄로부터 해방되는 것이다. 이것이 종교적인 의미를 지니고서 속죄와 관계지어지는 것은 계시종교에서이지만, 거기서는 용서라는 말보다는 화해라는 말이 사용된다.

이와 같이 『정신현상학』에서는 용서가 주로 도덕성에서 파악되고 있었지만, 『미학』에서는 낭만주의 예술의 모습에서 논의되고 있다. 즉 예술에서는 신의 생과 수난, 탄생과 죽음과 부활이 유한자에 계시될 때, 그 내용이 낭만주의 예술의 대상이 된다. 이 점에서 예수와 마리아에서 묘사된 화해의 전개를 볼 수 있다[『미학』 14. 132f.]. 신이 인간이 되고, 유한성 속에 존재하며, 절대자를 현상시키는 바의 속죄의 역사, 이것이 구체적으로는 교단으로 되며[같은 책 14. 147], 인간의 신으로의 회귀(회심)에서 회개를 본다[같은 책 14. 166f.]. 이것이 "내적인 것의 회개"[같은 책 14. 166]이다. "죄의 내적인 이전의 존재로 거슬러 올라가 본래적으

로 현실적인 것으로서 자기 속에서 이제야 확립된 적극적인 것으로의 회귀"[같은 책 14. 167]이다. 따라서 이것은 당연히 종교철학에서의 죄의 용서로 전개될 수밖에 없다.

『종교철학』에서 헤겔은 우선 의식의 규정인 바의 죄의 용서(정화)를 논의한다. 종교적 의식에서 문제로 되는 신에 대한 공물은 참회, 형벌, 회심을 목적으로 한다기보다 신과 인간의 분리의 지양으로서의 화해가 전제로 된다[『종교철학』 16. 229].

이러한 화해는 무언가를 단념하는 것이며, 자신이 행한 행위를 단념하는 경우에는 회개라고 말해진다. 형벌이 악을 절멸시키는 것이라고 한다면, 내심에서 이것을 절멸시키는 것이 회개이자 참회이다[같은 책 16. 235]. 즉 도덕성과 관련지어져 있는 용서가 죄의 용서와 관련지어져 속죄라는 표현으로 전환되는 것이다. 그리고 헤겔의 속죄론은 전체로서 삼위일체론의 기초 위에 성립하고 있다고 말할 수 있다. 즉 "그리스도는 모든 이를 위해 죽었다"[같은 책 17. 294]는 것이며, 또한 "그리스도에서 모든 이가 죽었다"[같은 곳]고 말해진다. 그 결과 "세계는 화해되고, 이 죽음에 의해서 세계로부터 그 악이 즉자적으로 제거되는 것이다"[같은 책 17. 295]라고 헤겔은 말한다.

그 배경에는 에베소서 4장 32절 "하나님이 그리스도 안에서 여러분을 용서하신 것같이 여러분도 서로 용서하십시오"가 놓여 있다. 즉 그 전체에서 신에 대한 회개, 속죄 나아가 신의 용서가 고려되고 있는 것이다. 헤겔은 명확히 그리스도의 속죄의 죽음을 염두에 두고 있다. 그리하여 헤겔은 『종교철학』에서 "신은 죽음에 의해 세계를 화해시키고, 영원히 세계를 자기 자신과 화해시켰다. 소외로부터의 이와 같은 회귀는 신의 자기 자신으로의 복귀이며, 이에 의해 신은 정신인 것이다"[같은 책 17. 295]라고 말한다. 그리스도의 죽음에서 신의 화해를 본 헤겔은 이 죽음에서 내적 회심, 전환의 모습을 본다. 또한 그는 여기서 신의 속죄를 보았다. 이 죽음에 의해서 악이 부정되고 세계는 악에서 해방된다는 것이다. 따라서 용서는 또한 화해와 깊이 관계하게 된다. "죽음이 화해의 중심점이 된다"[같은 책 17. 296]고 말해지는 것이다. ⇒화해, 예수, 악

【참】 樫山欽四郎 (1961)

―이와나미 데츠오(岩波哲男)

우리 [Wir]

헤겔의 서술에서 <우리>는 <우리 철학자(Wir= Philosophen)>라는 적극적인 의미를 지니며, 현실적으로는 철학자 헤겔 자신을 가리킨다. 헤겔의 서술 태도를 살펴보면, 낭만파적 색채가 짙은 시기와 냉철한 체계가인 후기로 나누어진다. 그리고 실존적이라고도 말할 수 있는 전기와 전체 지식을 엄밀한 변증법에 토대하여 전개하는 후기를 마치 쐐기처럼 결합하고 있는 것이 『정신현상학』이다. 『정신현상학』에서 <우리>는 일상적 의미에서의 개인적 서술자를 넘어서 보편성을 지니는 학적 서술자로서 서술에 짜 넣어진다. 거기서 <우리>는 우선 전기의 광범한 지식의 축적을 축적과정(역사)과 함께 학적 필연성에 따라 정리하여 의식현상으로서 제출하고, 다음으로 의식에서 그것이 논리적 맥락을 지니고서 참다운 지로 정립되는 과정과, 그 과정에서 의식과 대상의 구별이 소멸하고 양자가 통합되어 체계의 지평에 이르기까지를 서술한다. 나아가 『정신현상학』에서 위에서 말한 개인(나)으로부터 보편적 존재(정신)로서의 <우리>로 변모하는 과정으로서 제시되는 것이 '자기의식' 장[3. 137ff.]이다. 거기서는 인정의 운동 등에 의해서 "서로 다르고 자립적으로 존재하는 자기의식이" "우리인 나와 나인 우리의 양자의 통일"이라는 절대적 실체(정신)에 이르는 과정이 경험된다[같은 책 3. 145]. ⇒지, 우리에 대해

―아라키 마사미(荒木正見)

우리에 대해 [für uns]

헤겔의 서술, 특히 『정신현상학』에서는 <우리에 대해>가 단순한 서술상의 편의에 의해서 사용되는 것이 아니라 인식론적이고 존재론적인 위치짓기와 방법론상의 필연성에서 사용된다.

Ⅰ. 인식론적이고 존재론적인 위치짓기는 『정신현상학』에서의 다음과 같은 서술의 구조에 의해서 제시

된다. 우선 『정신현상학』에서는 '의식의 경험의 학'으로서 의식이 차례차례로 자기의 형식을 발전적으로 변화시킴으로써 좀더 보편적인 인식 대상을 파악하여 진행해나가는 종축이 지적된다. 이 경우 <우리에 대해>는 차례차례로 나타나는 사항을 선취하여 각각의 의식 형식들로 제시하는 진행 역할을 의미한다. 좀더 엄밀하게는 각각의 단계의 서술 구조에서 <우리에 대해>는 말하자면 횡축으로서 다음과 같이 제시된다. 즉 각 단계에서 "의식은 어떤 것을 자신과 구별하고, 동시에 그것과 관계한다"[『정신현상학』 3. 76]고 되듯이, 의식은 자기의 표상으로서 나타난 사항을 의식에 대해서 초월적인 '자체존재(즉자존재Ansichsein)'로서 파악하고, 다음으로 그와 같은 자체존재의 표상, 즉 '대타존재(Sein für ein anderes)'를 자체존재에 관한 <지(Wissen)>로 간주하는 것이다. 그때 <우리에 대해>라고 새겨지는 내용은 이와 같이 경험하고 있는 해당 의식의 배후에서 일상적 혼돈에 놓여 있는 사항이 그때마다의 의식 형태에 대응하는 식으로 학적 고찰의 대상으로서 가져와지는 것이다. "의식에게 그것이 어떻게 생겨나는지 알려지지 않는 새로운 대상이 나타나는 일이 생겨나는 것은 우리에 대해 이를테면 의식의 배후에서 일어나는 바의 것이다"[『정신현상학』 3. 80].

Ⅱ. 방법론상의 필연성이란 현상학적 방법을 가리킨다. 헤겔은 칸트적 범주가 지니는 초월적 전제성을 엄격하게 배척하고[같은 책 3. 69f.], 의식은 표상되는 내용에 의해서 규정된다는 현상학적 방법을 취한다. 그러나 여기서 예측되는 위험성은 우선 일상적 의식에 나타나는 표상은 우연성과 특수성으로 뒤덮여 있으며, 그것을 기술하는 것으로는 학이 되지 않는다는 점이다. 또한 이에 대해서 미리 완전히 형식화된 인식론적 범주들을 지니고 나오게 되면 헤겔 자신이 비판하는 전철을 밟게 된다. 그리하여 도입되는 것이 <우리에 대해>이다. 이것은 일상적 혼돈을 이미 정리했다는 전제적 의미를 지닌다. 그러나 의식의 형식이 내용에 의해서 규정되고, 더욱이 그 내용이 의식의 자기음미, 요컨대 '자체존재'와 '지'가 일치하는가 아닌가 하는 음미의 구조에서 차례차례 발전적으로 새겨지는 것이라면, 또한 <우리에 대해>라고 새겨지는 전제적 내용

도 시시각각 진리에 다가가지 않으면 안 된다. 이리하여 이것은 아폴리트도 말하고 있듯이[『헤겔 정신현상학의 생성과 구조』 제1권 p. 28, 일역서 상권 29쪽] 인식의 이론임과 동시에 인식의 대상, 요컨대 존재의 이론이기도 하며, 나아가 기술되는 해당 의식만이 아니라 <우리>를 포함한 의식의 경험의 이론이기도 하다. ⇒의식, 의식의 경험의 학, 우리

【참】Hyppolite (1946)

―아라키 마사미(荒木正見)

우연성偶然性 [Zufälligkeit]

존재할 수도 있다면 존재하지 않을 수도 있고, 어떤 형태로 존재할 수도 있다면 다른 형태로도 존재할 수 있는 것, 그리고 이러한 자기 존재의 근거를 자기 자신 속에서가 아니라 다른 것 속에서 지니는 것이 우연적인 것이라고 말해진다. 우연적인 것은 "단지 가능적인 것이라는 의미에서의 현실적인 것"[『엔치클로페디(제3판) 논리학』 145절 「보론」]이며, 우연성은 "가능성과 현실성의 통일"[『논리의 학』 6. 205]이다. 존재자의 전체를 개념 전개의 필연성에서 파악하는 헤겔 철학에 있어 우연적인 것의 존재를 어떻게 규정할 것인가는 중요한 문제로 되지만, 헤겔은 우연적인 것의 존재를 부인하지 않고, 오히려 세계에서의 우연성의 현상 그 자체가 필연적이라고 주장한다. 우연성이 특히 단적으로 현상하는 것은 "개념이 자기 바깥에 있는 존재방식"[같은 책 6. 282]으로 되는 자연의 영역이며, "자연의 표면에서는 우연성이 자유롭게 활보하고 있다"[『엔치클로페디(제3판) 논리학』 145절 「보론」]. 또한 정신적인 실천의 영역도―그것이 '자연적 의지'인 '자의(선택의지)'를 포함하는 한에서―우연성을 벗어나지 못한다. 이러한 우연성은 현실성의 계기로서 그 존재의 정당한 권리가 인정되어야만 한다. 그럼에도 불구하고 우연성은 "현실성의 일면적인 계기"에 불과하며, 그것을 현실성 그 자체와 동일시하는 것은 허용되지 않는다[같은 곳]. 현실성 그 자체는 개념 전개의 필연성으로 관통되어 있고, 철학이 인식 대상으로 해야만 하는 것은 이 필연성인 것이다. ⇒필연성, 현실성

【참】 Henrich (1967)

　　　　　　　　　　　　　　—사사자와 유타카(笹澤 豊)

우유성偶有性 ⇨ 실체(성)·속성·우유성

우정友情 [Freundlichkeit, Freundschaft]

　우정은 성격의 일치와 공통의 일을 같이 한다는 이해관심의 일치에 기초하며, 타자의 인격 그 자체에 만족하는가의 여부에는 관계하지 않는다. 친구에게는 가능한 한 폐를 끼쳐서는 안 되며, 친구에게 도움을 주는 경우에는 세심한 주의가 필요하다. 하물며 자신의 일을 타인에게 강요해서는 안 된다. 보편적 인류애의 의무나 인간의 근원적 통일은 지인·친구 관계와 같은 가까운 결합에서 자연스럽게 이루어진다[『뉘른베르크 저작집』 4. 271]. 우정은 사랑과 마찬가지로 "다른 것 안에 있으면서 자기 곁에 있다"는 자유의 구체적인 예이다[『법철학』 7절]. 또한 엠페도클레스는 우정과 증오를 원리로 보아 4원소에 덧붙이고 결합의 원리인 우정을 선의 원리라고 하고 있다. 아리스토텔레스는 엠페도클레스를 비난하여 우정에 분리의 요소를 뒤섞고 있다고 말하지만[『철학사』 18. 348], 이에 대한 헤겔의 변증법적인 논평은 유감스럽게도 기록되어 있지 않다.

　　　　　　　　　　　　　　—시바타 다카유키(柴田隆行)

우주宇宙 [Universum]

　우주는 "하나의 유기적 전체", "이성적인 총체성"이다. 이 우주의 진리가 "자아의 본질 내에서의 자아", "자기 동등한 것", "모든 것에 침투하는 것"인바, "이와 같은 것은 특수한 구별에 대한 지배를 보유하는 까닭에 자기 자신에게로 귀환하는 보편자"[『엔치클로페디(제3판) 자연철학』 246절]이다. 즉 그것은 "우주의 신적 이념"이자 "유일하게 현실적인 것"이다. 따라서 우주는 자신 내에 존립의 근거를 지니며, 그 자신의 원리의 필연적인 전개가 그 전체를 형성하는 것과 같은 체계성

을 지니게 된다. 따라서 "무규정적인 개별성에 의해서 자기 내에서 완결된 보편성, 즉 우주"[『논리의 학』 6. 412]라고도 말해진다. 헤겔의 ·우주'라는 용어는 이와 같은 체계성을 지니는 전체에 대해서 비유적으로 사용되기도 한다. 예를 들면 "학은 그것만으로 신을 필요로 하지 않는 종교의 외부에 있는…… 인식의 우주를 형성한다"[『종교철학』 16. 23f.].

　　　　　　　　　　　　　　—나가시마 다카시(長島 隆)

우주론宇宙論 [Kosmologie]

　'세계'를 대상으로 하여 그 우연성과 필연성, 작용인과 목적인, 선과 악 등의 이율배반들을 취급하는『엔치클로페디(제3판) 논리학』 35절] 형이상학 영역이다. 같은 책의 예비개념에서 '객관에 대한 사상의 첫 번째 태도'로서 언급되는 비판철학 이전의 독일의 낡은 형이상학(라이프니츠-볼프학파의 철학)의 세 번째 부문을 이룬다. 이 형이상학은 (1) 존재하는 것은 사유되는 것에 의해 자체적으로 인식된다는 실재론적 전제에 의해 비판철학을 능가하지만[같은 책 28절], (2) 객관 그 자체의 자유로운 자기규정을 인정하지 않고 객관을 완성된 것으로서 전제한다는 점에서 부자유한 철학이었다[같은 책 31절「보론」]. 즉 이 철학은 객관을 자기 자신의 반대의 것으로 되는 주체적 생성의 자유로서 간주하지 않기 때문에 그것 자체가 부자유하게 되며, 실재의 이율배반에서 독단적인 일면적 관점에 빠진다[같은 책 32절]. 이리하여 비판철학은 인간에게 자유를, 사변철학은 더 나아가 실재에게 자유를 되돌려주는 것으로 위치를 부여받는다. ⇒ 생성

　　　　　　　　　　　　　　—오니시 마사토(大西正人)

운동運動 [Bewegung]

　제논의 역설이 운동을 둘러싼 것이었다는 것은 우연이 아니다. "운동이란 존재하는 모든 것에 [내재하는] 변증법"[『철학사』 18. 305]이기 때문이다. 유명한 네 가지 역설에 의해서 제논은 운동의 논리적 모순에 부딪치며 '그러므로 실재성은 운동하지 않는다'고 설

파한다. 모순하게 되는 것은 시간과 공간이라는 계기, 그리고 시간·공간에서의 연속성과 부정성[단절]의 계기를 분리하여 독립적으로 존재하는 것으로 간주하기 때문이다. 시간 그 자체, 공간 그 자체는 운동의 추상적 계기로서만 존재하는 것이며 "운동이야말로 시간과 공간의 실재성이다"[같은 책 18. 307;『엔치클로페디(제3판) 자연철학』 261절 「보론」].

이 점을 제논의 세 번째 역설 '날아가는 화살은 정지되어 있다'에 대한 헤겔의 해명[『엔치클로페디(제3판)』 같은 곳]에서 살펴보자. <날아가고 있는 화살도 각 순간을 취해 보면 자기 자신의 장소를 점하고 있고, 거기서는 자기의 장소를 넘어간다는 운동의 본질이 보이지 않는다. 그러므로 날고 있는 화살은 정지되어 있다>는 것이 이 역설의 주장이다. 여기서는 '각 순간을 취한다'는 설정에 의해서 시간이라는 계기가 '마비되어 있다. 그러나 순간적인 '마비된 지금'이라는 추상적 형태나 '장소'라는 개념에는 시간적 계기가 불가결하다는 것이 명확해진다. 날고 있는 화살의 그때마다의 공간적 위치를 차이 나게 하는 것은 거기를 통과하는 시간의 차이이며, 거꾸로 그때마다의 시간적 위치를 차이 나게 하는 것은 그 시간에서의 공간적 위치의 차이인 것이다. 또한 '날아가는 화살은 정지되어 있다'는 주장은 '정지되어 있다'는 표상적 표현에 의해서 운동과 '지속(Dauer)'이 표리일체라는 것을 역설적인 형태로 말하고 있다. 결국 '날아가고 있는 화살'이라는 '지속하는 물질(Materie)'은 운동이 시간·공간의 동적 통일태인 데 대해 시간·공간의 정적 통일태인 것이다. ⇒제논[엘레아의], 모순, 시간, 공간

―가도쿠라 마사미(門倉正美)

운명運命 [Schicksal, Fatum]

운명이란 개인 또는 민족에서 인간의 행위가 초래한 결과가 인간에게 있어 불가해하지만 피하기 어려운 부정적인 위력으로서 나타나는, 행위와 결과의 연관이자 '필연성'과 거의 같은 뜻이다. 헤겔은 초기에는 그리스의 서사시와 비극 그리고 셰익스피어에 의거하여 운명의 존중을 역설했지만, 후기에는 오히려 운명의

극복을 주장하게 된다.

Ⅰ. 운명의 존중. 그는 튀빙겐 시대에 그리스 인의 운명(μοῖρα)에 대한 복종을, 기독교의 '섭리신앙'[『민중종교와 기독교』 1. 34]과 대조하고, 헛되이 자기의 행·불행에 구애되지 않은 채 인간보다 한층 더 높은 신성을 숭배하고 인간의 "약함과 자연에 대한 의존성"[같은 책 1. 36]에 적합하다는 의미에서 '인간적'인 태도로서 칭찬했다. 베른 시대에는 칸트적인 이성의 자율이 강조되지만, 운명에 대한 복종이라는 모티브도 보존된다. 예를 들어 『예수의 생애』에서는 "인간에 대해 자연을 지배하는 힘이라는 것을 규정하는 한계"[GW 1. 209]가 제시되며, "신이 내게 지정하는 운명을 경외함"[GW 1. 270]이라고 말해진다. 그러나 이것은 또한 아직 18세기에 지배적이었던 스토아학파적인 운명관의 틀 내에 머물러 있다고 말할 수 있다.

프랑크푸르트 시대에 운명은 이미 튀빙겐~베른 시대에서처럼 인간의 자유와 양립하긴 하지만 인간에게 외적인 작용으로서가 아니라 인간을 포월한 '자연'의 입장에서 내적인 동시에 외적인 작용으로서 파악된다. 이것은 횔덜린의 영향에 의한 것일 터이다. 『사랑과 종교』에서 운명은 아직 인간에게 소원한 "미지의 힘"[1. 243]으로 간주되고 있었지만, 『유대 정신』에서 유대 민족의 박해의 운명이 아브라함의 "공동생활과 사랑의 끈을 떼어놓는 분열"[『기독교의 정신』 1. 277]에서 유래하는 "자연 그 자체로부터 이탈한 맥베스의 운명"[같은 책 1. 297], 즉 인간의 행위의 소산으로서 파악된다. 다만 거기서 운명은 유대인에게 있어 직접적으로는 다름 아닌 외적이고 부정적인 작용으로서 활동하는 '숙명'이었지만, 『기독교의 정신』에서는 인간을 그 근원적 상태에 묶어두는 "도덕적인 벌"[『기독교의 정신』 복안 1. 305]로서의 '소명'을 의미하게 된다. 법적 형벌에서는 범죄자와 법의 도랑은 메워지지 않지만, 에리뉘스(에우메니데스)와 네메시스의 복수로서 나타나는 운명의 벌은 "생의 친화성을 파괴한"[『기독교의 정신』 1. 343] 행위에 의해서 "분열된 적대적 생"[같은 책 1. 344]에 다름 아니기 때문에, '사랑'에 의해서 "생은 자신의 상처를 다시 치유하는"[같은 곳] 것이 가능하다. 그런 까닭에 "사랑에서 운명은 화해된다"

[같은 책 1. 346]. 그러나 이 사랑 내지 아름다운 영혼도 "소유의 운명"[같은 책 1. 333]과 "객관성의 거대한 영역"[같은 책 1. 396]에 대해 완고하게 순수한 자기를 고집하는 나머지, 가족 등의 "자연의 가장 신성한 것"[같은 책 1. 402]에 상처를 입히고, 그 결과 "국가"[같은 책 1. 403]에 의해 몰락된다. "모든 운명을 넘어서서 숭고한 것과 최고의 가장 불행한 운명이 결합될 수 있다"[같은 책 1. 351]. 이로부터 '예수의 운명'이, 나아가 '교단의 운명'이 생겨난다. 또한 독일사가 유대 민족의 운명과 유비적으로 '독일적 자유'에 기초하는 "독일 민족의 운명의 철의 필연성"[『독일 헌법론』 1. 517]에서 포착된다. 일반적으로 운명은 역사에서 "인간을 움직이는 일체의 힘"[같은 곳]에 대한 설명원리로 된다. 이리하여 『취직 테제』에서는 "도덕적 학의 원리는 운명을 존중하는 것이다"[2. 533]라고 말하게 된다.

Ⅱ. 운명의 극복. 예나 시대 후반 이후 자연에 대한 정신의 우위, 그리스 국가와 종교에 대한 근대적 개인의 자유와 기독교의 우위가 확립됨과 더불어 운명에 대한 복종이 아니라 운명의 극복이 강조된다. 확실히 『정신현상학』에서도 '쾌락'이 타자의 "생을 탈취하는" 것에 의해 역으로 "자신의 생이 탈취되어버린다"[3. 274]든가 '인륜적 행위'[3. 342]가 신의 계명과 인간의 계명 가운데 한쪽만을 따르는 결과로 몰락한다는 식의 비극적 '전도'[3. 274]에서 프랑크푸르트 시대의 운명사상이 인정된다. 그러나 비극에서 운명은 인간(배우와 합창단)에게 낯선 힘으로서 나타나는 데 불과하며, 자기와 운명의 참된 합일은 존재하지 않는다. 희극에서 비로소 인간은 "자기를 신들의 운명으로서 나타내게"[3. 541] 된다. 또한 운명은 일반적으로 "자기 내에서 완성되지 않은 정신의 필연성"으로서의 '시간'[3. 584-5]을 의미하며, 그것은 절대지에 의해 극복된다. 체계 시기에 운명은 대체로 '기계적 연관에서의 '객관적 보편성'[『논리의 학』 6. 421]이라든가 "맹목적으로 불가해한 몰개념적인 힘"[『종교철학』 17. 109]처럼 부정적 의미에서 파악되며, 그 극복이 주장된다. 이리하여 인간이 운명에 의해서 어떠한 외적 상태에 놓이든 간에 '직업'에서 "그것을 자신의 것으로 하고, 그로부터 외적 현존재의 형식을 제거"[『뉘른베르크 저작집』 4. 262]해야만 한다든가, "운명이 지배하는" "서사시"[『미학』 15. 364]보다도 "자기를 운명 그 자체로 하는" "극"[같은 곳]이 우위라든가, "자기를 개체로서 표현할 수 없는" "보편적 힘"[같은 책 14. 109]으로서의 그리스의 운명에 대해, 바로 이 그리스적 운명의 현실화(로마의 법 상태)로부터 출현한 기독교에서의 신의 인간화가 높이 평가받게 된다. ⇒필연성, 형벌

【참】Rosenzweig (1920), Peperzak (1960), 細谷貞雄 (1971), 金子武藏 (1982)

― 구보 요이치(久保陽一)

운문韻文 ⇨시

운율韻律 ⇨시

웃음 [Lachen]

레싱은 『함부르크 연극론』에서 "희극은 조소에 의해서가 아니라 웃음에 의해서 개량한다"고 했지만, 헤겔 미학도 희극의 고찰에서 웃음을 언급한다. 장 파울은 『미학입문』에서 웃음의 대상인 '우스운 것(das Lächerliche)'을 감성적으로 직관된 무한한 '무분별'이라고 정의했지만, 헤겔은 우스운 것을 '우스꽝스러운 것(das Komische)'과 구별한다. 우스꽝스러운 것에는 "자기 자신을 확신하여 스스로의 목적의 해소와 실현을 견딜 수 있는 주관성의 축복과 쾌적"이 속하는 데 반해, "본질적인 것과 그 현상, 목적과 수단의 어떠한 대비도 우습게 있을 수 있다. 그것은 현상이 그 자신에서 지양되고, 목적이 그 실현에서 자기 자신으로부터 그 목표를 탈취한다는 모순이다". 즉 웃음이란 영리함의 충만한 기쁨의 표현, "영리함(Klugheit)이 그와 같은 대비를 인식하고 그 대비에 관해 알고 있을 정도로 현명하다는 증표"에 지나지 않는다[『미학』 15. 527f.].

【참】Lessing (1769), Jean Paul (1804), Ritter (1940/41), Rommel (1943)

—시카야 다이코(四日谷敬子)

—이와사 시게루(岩佐 茂)

웅변雄辯 ⇨언어

원리原理 [Prinzip]

Grundsatz(원칙·근본명제)도 같은 종류의 용어이다. 사상과 체계를 전개하기 위한 단서(시원)이며, 체계는 이 원리로부터 연역, 도출된다. 데카르트의 경우 "나는 생각한다, 그러므로 나는 존재한다"가 그의 철학의 제1원리였으며, Ch. 볼프는 A=A라는 동일률을 원리로 하여 그로부터 스스로의 체계를 연역했다. 또한 피히테는 모든 지식을 체계적으로 도출하고 근거짓는 것으로서 세 개의 근본명제를 내세우고 "자아는 근원적으로 단적으로 자기 자신의 존재를 정립한다"는 명제를 제1의 최고 근본명제로 간주했다.

체계가 학이기 위해서는 체계의 원리를 어떻게 근거지을 것인가 하는 것이 문제가 될 수밖에 없지만, 헤겔의 경우에 원리는 최초의 것(시원)임과 아울러 스스로에 의해서 근거지어지는 것이었다. 그것은 가장 단순한 것·직접적인 것이면서 체계의 전개 속에서 스스로를 근거짓는 것이다. 체계의 종결에서 시원은 온전히 근거지어지며, 체계는 닫혀져 종결이 시원으로 복귀한다(종결=시원). 즉 헤겔의 학적 체계의 원리는 최초의 단순한 것·직접적인 것이면서 체계에 의해서 매개되고 증명되는 것이다.

헤겔에게 있어 『정신현상학』도 '의식의 경험의 학'으로서 학인 한에서 시원을 지니고 있으며, 그 시원은 감성적 확신이었다. 그러나 그것은 학적 체계 그 자체의 원리라기보다는 '의식의 경험의 학'이라는 특수한 학을 시작하는 주관적인 원리에 불과하다. 그에 대해 본래의 학인 '논리학'의 시원이야말로 헤겔의 체계 그 자체의 객관적인 원리이다. 헤겔은 『논리의 학』의 초두에서 '학의 시원은 무엇을 가지고 이루어져야만 하는가?'에 관해 상당한 지면을 들여 논의하고 있으며, 직접적으로 단순한 존재야말로 철학의 원리로서의 절대적 시원이라고 주장한다. ⇨체계, 시원

원소元素 [Element]

헤겔은 우선 근대 원자론에서의 원소와 그가 생각하는 원소를 구별한다. 전자가 화학적 원소라고 한다면, 후자는 물리학(자연학)적 원소라고 말해진다. 물리학적 원소는 "일반적인, 오로지 개념의 계기에 따라서만 특수화된 물질"[『엔치클로페디(제3판) 자연철학』 281절 「보론」]이며, "이미 독립적이지 않지만, 또한 개체화되지도 않는 일반적 자연실재"이다. 이것은 중력을 개념으로 하며, 양적 규정만을 지니는 역학적 차원(시간적·공간적)의 물체가 그 계기들을 비로소 실존하게 만든 물질의 형태이다. 따라서 물리학적 원소는 '개념의 계기에 따라서'라고 말해진다. 이러한 개념의 계기는 천체라는 역학적 물질의 총체성의 구성요소이게 되며, 통일의 계기, 대립의 계기의 양향, 이 구별을 통해서 회복된 통일을 보이게 된다. 그런 의미에서 원소는 모든 물체의 구성요소를 의미하며, 따라서 '요소'라고도 번역되지만, 헤겔은 이러한 개념의 계기에 따라서 원소가 네 개 있다고 하고, 나아가 이 원소는 고대 그리스로까지 소급할 수 있다고 생각한다. 즉 공기, 불, 물, 흙이 그것들이다. 헤겔은 이들을 만물의 구성요소로서 처음으로 파악했다고 하여 엠페도클레스를 평가한다. "이러한 일반적인 물리학적 근본형식들을 최초로 명확히 파악하고 구별한 것이 엠페도클레스의 위대한 의의이다"[같은 곳]. 근대 초기 파라켈수스도 다른 원소, 즉 수은, 유황, 염, 흙을 물리학적 원소로서 제기했지만, 이에 관해서도 헤겔은 "실재의 물체가 네 개의 계기를 지닌다는 것이 좀더 고차적인 의미"[같은 책 280절 「보론」]를 지닌다고 지적한다. 이 원소들은 중력에서 분리되어 자기 자신에서 내재적으로 규정된 물질이지만, 이것은 천체의 계기의 추상적인 실존일 뿐이며, 이 원소의 대립과 통일 과정을 통해서 비로소 구체적인 물체의 개체성에 도달하게 되는 것이다. 이와 같이 4원소 안에서 사상적인 전개를 보고자 하는 데에 헤겔의 원소 이해의 특징이 있으며, 나아가 그는 고대 그리스 이래의 자연학과의 결합에서 평가하

는 것이고, 또한 '4원' '4대'라고 번역하는 이유도 있다.

'화학적 원소'는, 헤겔에 따르면, 물리학적 원소가 '일반적인 자연실재'로 되는 데 반해 개별적인 물체의 개체성을 전제하며, 그 개체성을 합성된 것으로서 파악한 '화학적 단순성', 일반 성분일 뿐이고, 그것은 화학적 추상에 다름 아니다. 그리하여 헤겔이 당시의 화학에서 보는 것은 과정성이며, 거기서는 다시 물리학적 원소가 과정으로서 나타나게 된다. 당시가 근대화학의 발흥기이고 언뜻 보아 그 성과에 등을 돌리는 것처럼 볼 수 있는 헤겔의 원소관은 그런 한에서 어디까지나 "개체성의, 그것도 우선은 일반적 개체 즉 지구의 생성만을"[같은 곳 281절 「보론」] 시야에 넣어 파악한 것이자, 헤겔 자신도 화학적 관점과의 구별을 지적하고 있는바, 그저 버려야만 할 것이 아니다.

【참】山本光雄 (1958), Engelhardt (1984), Moiso (1986), 化學史學會 (1989), 山口誠一 (1991)

―나가시마 다카시(長島 隆)

원심력·구심력遠心力·求心力 ⇨힘

원인原因 ⇨인과성

원자原子 [Atom]

(1) 원자의 개념은 논리규정의 변증법적 전개를 다루는 헤겔 논리학 전체의 구성에서 보면, 제1부 '객관적 논리학'의 제1권 '존재론' 가운데 제1편 '질'에서 제2편 '양'으로의 이행을 논의하는 부분에서 취급되고 있으며, 보통의 의식에서는 서로 독립된 규정이라고 생각되는 질과 양의 내용적인 연관을 고찰하기 위한 소재로서 중요한 위치를 점하고 있다. 헤겔에게 있어 원자의 개념은 '대자존재(Fürsichsein)'라는 논리규정에 대응하는 존재이다. 대자존재란 자기 관계하는 것이지만, "부정적인 것의 자기 자신에 대한 관계로서의 대자존재"[『엔치클로페디(제3판) 논리학』 96절]가 '일자(das Eins)'이며, 이 일자는 "자기 자신 속에서 구별을 지니지

않는 것, 따라서 타자를 자기로부터 배제하는 것"[같은 곳]이다. 그리고 "현존재(Dasein)의 형식에 있는 일자"[『논리의 학』 5. 184]가 원자이며, "부정의 자기 자신에 대한 추상적인 관계"[같은 곳]가 공허이다. 원자와 공허는 모두 타자를 배제하는 부정적인 자기관계이기 때문에, 그것들 사이의 관계는 우연적이고 외면적이다[『엔치클로페디(제3판) 논리학』 98절]. 그리하여 헤겔은 "일자와 공허는 전적인 외면성으로까지 끌려 내려온 대자존재"[『논리의 학』 5. 185]라고 말하고 있다. (2) 그러나 헤겔은 타자를 배제하는 일자는 배제에 의해서 타자와 관계하기도 하기 때문에, 배타적인 대자존재는 폐기되고 거기서 폐기된 규정성으로서의 양의 존재가 성립한다[『엔치클로페디(제3판) 논리학』 98절]고 생각한다. (3) 또한 물질의 가분성에 관한 이율배반도 질에서 양으로의 필연적인 이행을 인정하는 헤겔에게 있어서는 "양이 분리성과 연속성의 단순한 통일이라는"[『논리의 학』 5. 216, 6. 171] 것을 인식함으로써 해결되게 된다. 요컨대 일자란 타자와의 관계 안으로 지양되어야만 하는 존재이며, 분할은 분할의 가능성, 즉 가분성[같은 책 5. 225]인 것이다. (4) 원자가 타자와의 관계를 부정적으로만 이해하는 사유의 산물이라는 것으로부터 당연히 원자론 일반에 대해서도 헤겔은 "원자론적인 원리들은 학문에서와 마찬가지로 정치적인 영역에서도 모든 이성적인 개념, 조직, 그리고 생명을 죽이는 것"[『뷔르템베르크 민회 토론』 4. 483]이라고 냉엄하게 비판하고 있다.

―기쿠치 에이요시(菊地惠善)

원자론原子論 ⇨원자, 데모크리토스

원죄原罪 [Erbsünde]

원죄설은 아담이 지혜의 열매를 먹어 범한 죄를 인류가 이어받으며, 따라서 인간은 본래 악하다는 기독교의 교의이다. 하지만 원죄-속죄설은 이미 18세기 중반 경부터 퇼너(Johann Töllner 1724-74) 등의 신(新)교의학에 의해 비판되어 정통파 신학과의 논쟁이 생겨나

고 있었다. 헤겔도 이것을 초기에는 '실정적 신앙'의 전제로서 비판했지만, 후기에는 '인간의 사명'을 나타내는 교의로서 인정했다. 그는 튀빙겐 시대의 『교설』에서는 아직 정통파 신학의 원죄·속죄설을 말하고 있었지만, 베른 시대에는 그것을 칸트적 '이성신앙'의 입장에서 실정적인 '그리스도 신앙'의 전제로서 비판했다. 왜냐하면 '그리스도 신앙'은 인간이 도덕적으로 무능한 까닭에 자기 힘으로는 축복에 도달할 수 없으며 대속자 그리스도에 대한 신앙에 의해서만 축복을 기대할 수 있다는 사고방식에 기초하지만, 그것의 전제가 되어 있는 "인간의 본성의 타락의 명제"에 대해 이성은 "구역질을 느낄지도 모르기"[『민중종교와 기독교』1.] 때문이다. 죄에 빠졌다는 이러한 교의는 더 나아가 로마 시대의 "타락한 인간성"의 "경험"[『기독교의 실정성』보고 1. 209]에 합치하며, 따라서 역으로 "나쁜 정치가 인간성을 낮추어버리지 않는"[『민중종교와 기독교』1. 91] 경우에는 "인간의 타락의 교의는 쇠퇴할 것이다"[같은 책 1. 100]라고 말한다. 그러나 후기에 원죄설은 "인간은 자연에 존재하는 대로 존재해야만 하는 것이 아니라 즉자적으로 존재하는 데 불과한 것에서 대자적으로 될 사명을 지니고 있다"[『철학사』 19. 499]고 하는 것, 요컨대 "인간의 사명"[『종교철학』17. 251f.]을 나타내는 교의로서 인정되었다. 인간은 '인식'과 '의식'에 의해 자연에서 벗어나 잠재적으로는 '정신'이자 '선'이지만, 여전히 자연의 충동과 이기심에 붙잡혀 있는 한에서 '악'이다. 그런 까닭에 인간은 잠재적인 '선'을 현재화해야 하고 자기형성을 하지 않으면 안 되지만, 그것은 '인식'에 의해서 행해진다. 이와 같이 원죄설이 인정되게 된 것은 '반성'과 '분열'이 프랑크푸르트 시대 이후 '생'의 필연적 계기로 인정되게 되었기 때문이다. ⇒실정성, 악

【참】 Hirsch (9152), Ringleben (1977)

─구보 요이치(久保陽一)

원환圓環 [Kreis]

헤겔의 체계는 여러 원환으로 이루어지는 하나의 거대한 원환을 형성한다. 그것은 원환 속에 원환이 놓여 있는 이를테면 마트로시카 구조를 형성하며, 그에 따라 부분과 전체는 항상 동형으로 된다. 원환이 체계에서 논리전개의 궁극적인 단위라고 말할 수도 있다. 일정한 하나의 원환을 분해하면, 거기에는 몇 개의 원환이 놓여 있다. 몇 개의 원환이 모여도 거기서 완성되는 것 역시 다름 아닌 원환이다.

헤겔이 그러한 원환형태의 논리에서 노렸던 것이 무엇이었는지 말하자면, 그것은 예를 들어 『정신현상학』서문에서 "참된 것은 전체이다"[3. 24]라고 말해진 그 '전체'를 말하는 것이었다고 생각된다. 체계라는 원환은 그 외부가 존재할 수 없는 것이며, 따라서 그 외부로 나가는 것이 불가능한 전체일 수밖에 없다. 그것은 그 존재 근거를 자신 속에 갖추고 있으며, 자기 내에 완결되어 있고, 어떠한 타자에도 관계하지 않고 자기와만 관계한다. 체계를 형성하는 하나하나의 원환은 체계라는 거대한 원환의 모형을 이루며, 체계 전체가 이윽고 원환형태로 완결되어가는 필연성을 띠고 있는 것이다.

헤겔은 이미 프랑크푸르트 시기의 단편들에서 이러한 원환형태의 논리로 향하기 시작했다고 보인다. 그러나 헤겔이 체계의 원환성이라는 것을 빈번하게 말하게 되는 것은 예나 시기의 중간 무렵에 저술된 초안 『논리학과 형이상학·자연철학』 무렵부터이다. 그러한 원환형태 논리를 헤겔 고유의 용어로 표현하고자 한 것이 '즉자·대자·즉자대자'라는 도식으로 되었다. 이 도식은 예나 시기의 최후에 저술된 『정신현상학』 '서문'에서 비로소 주장되는데, 이 도식의 성립과 더불어 헤겔 고유의 체계 논리가 확립되었다고 말할 수 있을 것이다. ⇒체계, 학(문)

─하라사키 미치히코(原崎道彦)

위선僞善 [Heuchelei]

사람들에게 보이기 위해 자신의 의로운 행위를 사람들 앞에서 행하는 것. "행위의 생각 속에─사람들에게 보이기 위해서라는─행위 그 자체 속에는 존재하지 않는 다른 것을 섞어 들이게" 되면, 그것은 위선이다[『기독교의 정신』 1. 331]. 악한 의지를 다른 사람들에

게 있어서는 선이라고 주장하고 자신은 외면적으로 원래 선인 척하게 되면, 이것은 "자신에 있어서 진실되지 않은 것을 감히 진실하다고 언표하는 진실하지 않은 거짓"["정신현상학』 3. 463f.]이다. 이 경우에 선으로서 타인에게 제출하고 있는 것과 그 내면은 다르기 때문에, 그것은 위선이다. 요컨대 그것은 선을 다만 타자에 대한 존재로서만 사용하고 있는 것이다. 거기서 위선이란 행위를 다른 사람들에게 있어서만 선이라고 주장하는 것이다["법철학』 140절]. 또한 사람이 자신의 행위를 변호하기 위해 행위에 의한 것이 아니라 탁월한 심정을 언표함으로써 선을 이루고 싶다고 말하는 경우, 이것은 "내면은 탁월하다는 의식에 의해서 자신을 위로하는 것과 같은 거짓된 자부"["엔치클로페디(제3판) 논리학』 140절 「보론」]이다. ⇒양심

―요리카와 죠지(寄川條路)

유類 [Gattung]

　유 개념은 그리스의 에이도스에서 유래하며, 유-종-개체라는 삼분법에서 말해진다. 유 개념은 논리학과 자연의 분류에서 문제로 되지만, 헤겔은 유 개념을 자기의식에 적합하게 하여 그것이 자기의식에서 최고의 의의를 획득한다고 주장하는 점에서 상당히 독특하다. 『자연철학』에서는 식물과 동물에 대해 유-종-개체가 말해지며 유 개념이 중요한 역할을 담당하고 있다. 헤겔에게서 생명 있는 것은 과정으로서 존재하며 정지하고 있는 존재가 아니다. 생명 있는 것은 형태화-동화-재생산의 세 규정에 의해서 정리되지만, 유 과정(Gattungsprozeß)은 그 재생산에 해당한다. 유 그 자체는 '즉자적 개념'에 불과하며 유 과정에 의해서 유 개념이 대자화=실현된다. 유 과정은 세 개의 형식을 지니는바『엔치클로페디(제3판) 자연철학』 367절 「보론」], ① 성관계, ② 유-종 관계에서의 '폭력적 죽음', ③ 질병에 의한 '자연사'이다. 유(예를 들면 동물)는 종(예를 들면 인간)으로 특수화하며, 나아가 구체적 개체로서 형성되면 적대적으로 타자에게 행동하여 타자를 비유기적 자연으로 폄하하는 것이 폭력적 죽음[같은 책 368절]이다. 먹을 것인가 먹힐 것인가?

유에서 개체와 개체가 연속하여 타자에게서 자기를 감지하는 것이 성관계이다. 개체는 생식 행위(Begattung)에 의해서 유(Gattung)를 현존케 한다[같은 책 369절]. 자손을 만드는 데서 개체는 몰락한다. 그러나 이것은 동물적 과정이며 "정신에서 비로소 유는 즉자대자적으로 영원성 속에 존재한다"[같은 책 370절 「보론」]. 신체의 일부가 유로서의 비유기적 힘과의 투쟁에서 자극되고 고립되어 전체의 활동에 적대하면 유동성이 저지되어 질병이 된다. 개체는 보편성으로부터의 위력 속에서 몰락하는 것이다. 유(종) 개념을 헤겔이 생식(=유 과정)에 의해서 규정하고 있는 것은 근대적이다. 그는 아리스토텔레스적인 형태학적 유 개념이 아니라 17세기 말에 영국의 박물학자 존 레이(John Ray 1627-1705)가 제창한 교배가능성에 의한 생물학적 종 개념을 채용하고 있다. 헤겔이 유를 생식에 의해서 규정하는 역사적 배경이 여기에 있음에 틀림없다. ⇒생식, 질병, 죽음, 유기체, 진화론

【참】加藤尚武 (1983a)

―호시 도시오(星 敏雄)

유有 ⇨**존재(유)**

유공성有孔性 ⇨**다공성**

유기체有機體 [Organ, Organismus]

　일반적으로 생명을 지니는 것을 가리킨다. 헤겔은 유기체를 자연철학의 최고 단계인 화학과정으로부터 정신이 산출되기에 이르는 과정 속에 위치짓고 비유기적 자연으로부터 생성되고 형성되면서도 동시에 비유기적 자연을 지양하는 고유한 존재라고 생각한다. 유기체의 고유성이란 그것이 주체적인 '생명과정(Lebensprozeß)'이라는 점에 있다. 그러한 사고방식의 배경에는 기계론적 자연관에 대해서 '생명' 개념을 중심에 놓은 셸링의 유기체론적인 자연철학이 놓여 있다. 헤겔은 '비유기적인 것(Unorganische)'으로부터

'유기적인 것(Organische)'으로의 이행과정을 다음과 같이 묘사하고 있다. "저 이행은 비유기적인 것의 자기 내 반성이며, 다시 말하면 유기적인 것 그 자체 일반으로의 생성이다. 그러나 이러한 보편적인 것은 자기 자신에서 자기를 실현해야만 하며…… 바로 그 운동에 의해서 자립적으로 된다. 이 운동은 보편적인 것 자신 속으로 치환된다. 유기적인 것은 그 비유기적 자연을 자기 자신의 것으로 삼는 것이다"[『예나 체계 Ⅲ』 GW 8. 126f.]. 이와 같이 비유기적인 것으로부터 유기적인 것으로의 이행은 유기체가 생성하여 자기를 실현하는 운동과정인 것이다.

헤겔의 유기체론의 특징은 생명과정의 유동성과 거기서 형태화되는 '유기조직(Organisation)'을 하나의 통일된 전체로서 파악하는 것에 있다. 즉 유기체는 "자기 자신을 내몰아 유지하는 무한한 과정"[『엔치클로페디(제3판) 자연철학』 336절] 속에서 자립적인 '주체'로 끊임없이 자기를 '형태화(Gestaltung)'함과 동시에 그 형태화 과정으로부터 유기조직을 지닌 개별적인 '생명체'로서 산출되는 것이다. 지구상에 생겨난 '생명체'는 식물적 유기체와 동물적 유기체로 분화한다. 식물은 "겨우 직접적인 주체인 데 불과한 생명상"[같은 책 343절]이어서 동물적 유기체와 같이 자유롭게 이동할 수 없다. 식물은 빛, 물, 공기와 같은 비유기적인 자연원소들을 외부로부터 받아들이며, 자기를 뿌리와 잎 나아가 꽃으로 형태화하고 그 결과로서 종자를 산출하여 자기 자신의 생명성을 보존한다. 그에 반해 동물은 유기체가 지니는 유동성을 가장 잘 체현하고 있다. "유기적인 유동성이라는 하나인 것 요컨대 유기적인 젤라틴 모양의 것은 비유기적 자연을 자기로부터 분리함으로써 이것을 자기 속으로 지양하여 자기의 유동성에로 가져오며, 이 유동성으로부터 자기를 근육과 뼈로 분화시킨다. 그럼으로써 바로 유동성, 요컨대 생명을 부여받은 유기적 유동성은 비로소 자신의 내적인 보편성으로 되고 절대적인 개념으로 된다"[『예나 체계 Ⅰ』 GW 6. 223]. 이와 같이 하여 동물은 유동적인 주체성으로서 자유로운 '자기운동'을 행할 수 있다. 즉 동물적 유기체는 외부로부터의 '자극'에 반응하여 이동하면서 비유기적 자연을 자기 속으로 받아들이며, 그것

을 동화함으로써 자기를 재생산한다. 헤겔은 동물적 유기체의 활동을 '감수성', '흥분성', '재생산의 세 가지 계기로 구별하고, 그에 따라 자극을 감각하는 '신경조직', 운동하기 위한 '골조직'과 '근조직(Muskelsystem)', 식물을 소화하기 위한 '내장조직'과 같은 조직형태를 고찰하고 있지만, 이러한 부분들은 통일적인 전체로서의 유기체의 계기로서 비로소 기능하는 것이다.

동물적 유기체는 개별적인 개체로서 생명활동을 영위하면서도 동시에 같은 유에 속하는 다른 개체와 서로 관계하여 하나의 유적 과정을 구성한다. 헤겔은 개체가 병에 걸려 죽음을 맞이하는 것에서 유적 의식이 생성한다고 생각한다. "질병은 [생명] 과정의 계속이다. 유기체는 이 질병을 견뎌낼 수 없다. 질병에 대항하여 보편적인 것인 유가 나타난다. 동물은 죽는다. 동물의 죽음은 의식의 생성이다"[『예나 체계 Ⅲ』 GW 8. 172]. 이리하여 동물적 유기체는 죽음에 직면함으로써 유라는 보편적인 것을 의식하게 된다고 생각되고 있다. 여기서 헤겔은 동물적인 의식이 인간의 '정신'으로 이행하는 필연성을 보는 것이다. ⇒생(명), 질병, 죽음

【참】 Querner (1974), Breidbach (1982), Engelhardt (1986), Ilting (1987)

—이사카 세이시(伊坂靑司)

유대교 [Judentum]

헤겔은 『기독교의 정신』의 최초의 부분에서 예수가 대립할 수밖에 없었던 유대교의 정신에 관해 노아와 아브라함으로 거슬러 올라가 대단히 비판적으로 논의하고 있다. 대홍수라는 자연의 사나운 위력을 경험한 노아는 자연의 지배를 니므롯처럼 현실 속에서가 아니라 사상 속에서 구하여 스스로 생각한 이상을 존재자(신)로서 놓았으며, 이 신에 의해 자연이 지배를 받아 신은 두 번째 홍수를 일으키지 않겠다고 약속하게 된다. 아브라함이 일생동안 추구했던 것도 자연을 지배하기 위해 자연과 엄혹하게 대립하고 자연과의 우호적인 관계를 파괴하며 분리·단절하는 것이었다. 적대하는 것은 바로 지배라는 관계에 들어가는 것이기 때문이다. 그는 평생 계속해서 지상의 이방인이었다.

타인과의 안정된 공동생활을 명령하는 운명에 반항하여 자신의 고립과 격리를 고집했다. 아브라함은 어떠한 것도 사랑할 수 없었으며, 그의 이념(신)을 통해서 세계와 간접적인 관계를 지니고 이 신을 통해 세계를 굴복시키고자 했던 것이다. 사랑이 아니라 적대하는 것의 지배가 타자와의 유일한 관계였다. 모세에 의한 출애굽도 유대인의 영웅적 행위에 의해서 시작된 것이 아니다. 유대 백성은 승리했지만, 그들은 싸웠던 것이 아니다. 유대 백성이 사막에서 곤경을 만날 때마다 이집트를 그리워했던 것에서 "이 민족의 해방에는 자유의 영혼이 없었을 뿐 아니라 자유에 대한 본연의 욕구도 없었다는 것"[『기독교의 정신』1. 282]이 나타난다. 가나안 정착과 다윗 왕국의 융성 후 아시리아와 바빌로니아에 의해 철저히 유린당하자 사람들은 소름 끼치는 현실로부터 도피하여 다시 이념 속에서 위로를 구한다. 메시아를 고대하는 것은 그것이 뚜렷이 나타난 것이며, 자기 자신은 방기하고자 해도 자기의 객체를 방기하려고 하지 않는 보통 유대인의 자연스러운 도피 장소였다. 헤겔은 유대인의 운명을 괴상한 모습의 것에 몸을 맡기고 인간성의 모든 신성한 것을 죽인 맥베스의 운명에 비교하고 있다.

『종교철학』에서의 유대교 취급은 좀더 온건하다. 그는 자연종교를 넘어선 정신적 개성의 종교로서 유대교(숭고Erhabenheit의 종교)와 그리스의 종교(미의 종교)를 들고 있다. 유대교가 유일자(Einer)로서 신을 숭배하고 있는 것 가운데서 단지 실체(Substanz)가 아니라 정신적이고 주체적인 통일이 나타난다는 것이다. 유대교의 예배의 근본은 '주인에 대한 두려움'이지만, 청년 시기와는 달리 헤겔은 이것을 오로지 노예적인 공포로 간주하지 않는다. 그는 "이 현명한 두려움은 자유의 본질적인 한 요소이며, 모든 특수한 것으로부터의 해방, 모든 우연적인 이해관심으로부터의 이탈을 본성으로 하고 있다"[『종교철학』17. 81]고 긍정적으로 평가한다. 물론 유대교가 민족과 시간적인 것을 고집하고 또한 추상적인 유일자를 고집하는 자세를 완고한 열광주의로서 비판하는 것을 잊고 있는 것은 아니다. ⇒실정성

【참】 Rohrmoser (1961), Leuze (1975)

―가타야나기 에이치(片柳榮一)

유대 백성―百姓 ⇨ 유대교

유럽 [Europa]

"세계사는 동에서 서로 나아간다. 왜냐하면 유럽은 단적으로 세계사의 끝이고, 아시아는 그 시작이기 때문이다"[『역사철학』12. 134]. 아메리카에서 보면 유럽은 동이지만, 유럽은 구세계의 중심이고 더욱이 끝이며 절대적인 서방이다[『역사철학』12. 132]. 서양의 모습은 연로하여 아름답지 않다는 말이 청년기의 헤겔에게 있다[『민중종교와 기독교』1. 44]. 한편 아시아는 특별히 정해진 동이지만, 어쨌든 물리적인 동서가 문제인 것은 아니다. 확실히 물리적인 태양은 동에서 떠서 서로 지지만, 자기의식의 태양은 서에서 올라오는 것이고, 자유의 전개도 이에 따른다[『역사철학』12. 132].

동양의 보편태는 노골적인 것이지만, 서양의 사유는 보편태 그 자체의 원리를 특수한 것으로서 정립한다[『철학사』19. 410]. 규정된 보편이 유럽의 보편의 양태인 것이다. 마호메트로 상징되듯이 동양에서는 추상적인 정신으로의 순화가 요구되었지만, 서양에서는 바로 구체적인 정신으로의 순화가 필요했다[『역사철학』12. 428]. 바로 그렇기 때문에 유럽에서 처음으로 종교적 원리와 국가적 원리의 발전이 있었던 것이다[같은 책 12. 132].

이러한 발전의 원리인 자기분화는 청년 헤겔에서는 부정적으로 받아들여지고 있다. 예를 들면 유럽에서 개개인은 전체를 상실하지 않고 각 사람을 결합하는 유대는 사유 상의 것에 불과하다[『기독교의 정신』1. 376]든가, 사유하는 것과 사유되는 것이 고정적 반성 속에서 분열하고 있는 것이 북서 유럽의 특징이며[『차이 논문』2. 22], 프로테스탄티즘과 주관성은 바로 북방의 원리[『신앙과 지식』2. 289]라는 등이다.

그런데 유럽은 저지와 고지와 같은 지리적 구분을 지니지 않지만, 세 개의 지역으로 나누어질 수 있다.

① 지중해에 면한 남유럽. 이탈리아와 그리스가 포함된다. 여기는 세계정신이 예전에 자기의 고향을 발견한 곳이다. ② 중앙유럽. 카이사르가 갈리아 정복에 의해서 개척한 곳이며, 프랑스, 독일, 영국 등이 들어간다. ③ 북동유럽. 폴란드, 러시아, 슬라브 국가들이 들어간다. 항상 아시아와의 관계를 유지하고 있는 지역으로 가장 새로운 곳이다[『역사철학』 12. 133]. ⇒아시아

―시바타 다카유키(柴田隆行)

유머 [Humor]

유머는 실러적인 소박한(naiv) 시와 정감적인(sentimentalisch) 시의 대립이 문제로 되는 미학에서 중요해진다. 장 파울의 『미학입문』에서는 "유머는 거꾸로 된 숭고로서 [……] 유한한 것을 이념과 대비시킴으로써 섬멸한다". 또한 졸거의 『미학강의』에서도 유머의 본질은 "이념이 전적으로 현상의 다양성 속에서 흘러넘침에도 불구하고 본질로서 인식되는 상태"에서 명확해진다. 그러나 헤겔은 이런저런 내용을 오로지 주관적인 '기지(Witz)'를 보이기 위해서만 사용하는 '주관적 유머'를 낭만적 예술의, 그리고 예술 일반의 해소현상의 하나로 들고 있다. 확실히 그는 주관적인 반사속에서도 객관을 형태화하는 '객관적인 유머'에서 '정신의 수많은 깊이와 부'를 인정한다(괴테의 『서동시집』 등). 그러나 거기서의 내면성과 객관성의 호응은 단지 '부분적(partiell)'인 데 불과하다[『미학』 14. 231, 240].

【참】 Jean Paul (1804), Solger (1829), Strohschneider-Kohrs (1960)

―시카야 다이코(四日谷敬子)

유물론唯物論 [Materialismus]

유물론은 근대에서는 프랑스를 중심으로 하는 계몽사상과 결부되어 종교적 세계관에 대립된 무신론의 철학적 표명으로서 생겨났다. 프랑스 계몽사상은 종교적 권위와 미신에 대한 철저한 비판의 표명으로서 인간

의 자연을 넘어서는 모든 피안적인 존재에 대한 승인을 거부하고, 인간의 감각경험에 의해서 도달할 수 없는 것을 부정하거나 의미 없는 것으로 주장했다. 이신론과 같은 신의 존재를 인정하는 사고방식에서도 그 내용은 인간의 이성에 의해서 음미되는 것이 우선시되었다. 그리고 돌바크(Paul Henri Thiry, baron d'Holbach 1723-89), 엘베시우스(Claude-Adrien Helvétius 1715-71), 라메트리(Julien Offroy de la Mettrie 1709-51)를 대표로 하는 유물론에서는 인간의 행복이 현세에서의 감각적 행복에서 추구되며, 정신은 물질의 기능에 다름 아니라고 하여 물질로 환원되고 사유는 감각으로 환원되게 된다.

통상적으로 유물론은 관념론에 대립하는 것이지만, 헤겔에게서는 이와 같은 유물론이 단지 비판의 대상으로서만 다루어지는 것이 아니라 정신과 물질의 이원론적인 대립을 극복하고자 하는 "진정한 철학적 요구"[『차이 논문』 2. 119]로서도 높이 평가된다. 왜냐하면 헤겔이 비판하고자 한 것은 지성의 입장에 머물러 주관과 객관의 대립을 고정화하고, 절대적인 것으로 향하고자 하는 철학적 운동을 거절하여 상식적인 입장에 머물고자 하는 당시의 상황이었기 때문이다.

그에 반해 유물론의 주장은 예를 들면 "정신의 존재는 (두개골이라는) 뼈에 <있다>"[『정신현상학』 3. 260]는 형태로 표명될 때에는 한편으로 정신과 물질의 관계에 관한 천진난만한 표명으로서도 볼 수 있지만, 다른 한편으로는 주어에 전혀 포함되어 있지 않은 것에 술어의 규정이 덧붙여지는 무한판단[같은 곳]을 통해 이성이 자신의 대립물로까지 스스로 분열하면서도 자기를 다시 지양해가는 이성의 운동이 거기에 잠재적으로 포함되어 있게 된다. 헤겔은 프랑스 유물론의 운동에서 이와 같은 가능성을 간취했던 것이다. ⇒관념론, 프랑스 계몽사상, 감각, 물질, 사유(사고), 마르크스와 마르크스주의

―사토 가즈오(佐藤和夫)

유신론有神論 ⇒범신론

유용성有用性 [Nützlichkeit]

유용성은 헤겔에게 있어 계몽의 철학적 입장(이신론, 경험론, 공리주의)의 본질과 한계를 특징짓는 중심 개념이다. 계몽에서 순수통찰(모든 대상의 내용을 자기의식의 대자존재로 환원하는 보편적 자기)은 피안의 세계 속에서 자기와 본질의 통일을 보는 신앙과 서로 싸우지만, 순수통찰에게 있어 모든 긍정적인 대상은 유한한 것으로서 그것 자체로서 존재함과 동시에 타자를 위해 존재하게 되는데, 요컨대 유용한 것으로서, 수단으로서 존재하게 되는 것이다. 이리하여 모든 것이 인간에게 있어 유용함과 동시에 인간에 대한 의의를 지닌다. 도덕이나 사회적 결합, 그리고 이성 역시 이러한 유용성으로부터 그 의의가 발견되어 정당화된다. 특히 종교는 가장 유용한 것으로 된다. 이러한 유용성의 입장은 소외된 정신의 단계이며, 정신의 자기생성에 있어 필연적이긴 하지만 절대적 자유의 출현에 의해서 극복되어야만 하는 단계이다『정신현상학』 3. 415, 429, 430]. ⇒계몽, 소외, 통찰

【참】 Hyppolite (1946), Kainz (1976, 1983)

―히라노 에이치(平野英一)

유체성流體性 [Flüssigkeit]

헤겔은 유체성이라는 용어를 취약성과 대립시켜 사용하지만, 이 양자 모두 물체가 원소들을 통일하여 하나의 개체로서 존립하는 경우, 요컨대 '총체적인 개체성'이 직접성의 형식을 지니는 경우의 존재방식을 나타내며, 무형태성이라는 형태를 의미한다. "취약성에 대립하는 것은 공 모양의 것, 즉 모든 차원을 자기 내에서 말살시키는 보편적인 공으로 되는 유체성이다. 이 유체성은 그에 의해 확실히 세 개의 차원 모두에게로 향하는 온전한 실행이지만, 그러나 규정성의 전개를 지니지 않는 총체성이다"『엔치클로페디(제3판) 자연철학』 311절 「보론」]. 따라서 유체성이라는 형태를 지니는 물체는 첫째로, 원소들을 자신의 계기로서 그것들에 대하여 부정적으로 통일하고 있다. 그러므로 그것은 규정들을 해소하여 무차별화하고 있다. 그렇지만 둘째로, 그 원소들은 계기로서 물체를 구성하게 되지만, 아직 전개되지 않은 단계에 있으며, 그 원소들은 계기로서의 필연적인 구별을 정립하고 있지 않다. 따라서 계기들은 전개의 가능성을 지님과 동시에 물체의 성질을 규정하고 있지 않다. 이 경우 물체의 계기들이 무차별이기 때문에, 예를 들면 물의 경우에는 증기상, 액상, 고체상 등의 형태를 취한다. 이러한 두 가지 특징을 지니는 물체의 형태가 유체성이다. 유체성의 단적인 형태가 공 모양인 것은 유체성의 형태는 외적인 영향에 의하지만, 공의 경우에 대기의 압력이 어떤 면에도 똑같이 관계하기 때문이다.

유체성의 무형태성이라는 의의로부터 더 나아가 보편성의 직접적인 존재방식이 제시되고, "개념과 그 규정의 절대적으로 유체적인 연속성"『논리의 학』 6. 321]이라고 표현된다. 그러므로 구성요소의 우연적인 결합에 불과하기 때문에 "이와 같은 유체성은 자기 자신에 동등한 독립성으로서 구별항의 존립이며, 또한 그 실체이다"『정신현상학』 3. 140]. 또한 계기를 정립하는 것에 의해서 "구별 없는 유체성을 분열시키는 것이야말로 바로 개체성을 정립하는 것이다"『정신현상학』 3. 140].

―나가시마 다카시(長島 隆)

유주類推 [Analogie]

헤겔이 언급하고 있는 아날로지 개념에는 둘이 있다. 하나는 『논리의 학』[6. 387-391]에서의 '유추(아날로지)에 기초한 추론'이다.

모든 인간은 죽는다.

그런데 가이우스는 인간이다.

그러므로 가이우스는 죽는다.

이것은 올바르지만 공허한 추론이다. 왜냐하면 내용적으로 살펴볼 경우 전제의 '모든 인간'은 결론의 가이우스를 포함하는 개개의 모든 인간들에 대해 확실한 결과를 성립시킬 것이기 때문이다. 따라서 이러한 전칭추리의 근거는 귀납이다. 귀납추리는 무한히 많은 개체를 매개념으로 지닌다. 그러나 귀납이 기초하는 많은 개체와 '모든 인간'이라는 보편성 사이에는 단절이 있다. 이 틈을 매우는 것이 유추이다. "귀납의 추론의

진리는 직접 그 자신이 보편성인 것과 같은 개별성을 매개항으로 지니는 추론, 즉 유추의 추론이다"[『논리의 학』 6. 387]. 유추는 어떤 개체가 지니는 성질이 동일한 유에 속하는 다른 개체에도 공통적이라고 추리한다. 그것은 '이성의 본능'이며 "경험적으로 발견되는 각각의 현상들이 대상의 내적 본성 혹은 유에 기초하고 있다는 것을 예감케 한다"[『엔치클로페디(제3판) 논리학』 190절 「보론」]. 그러나 이 경우 보편과 개별의 통일이 직접적이라는 점에서 이 추리는 사변적인 추론에는 도달해 있지 못하다.

아날로지는 그리스 어에서는 비(proportion), 올바른 관계를 의미한다. 이런 의미에서의 플라톤의 아날로기아 개념에 헤겔은 일찍부터 주목하고 있다. <최초의 것과 중간의 관계가 중간과 최후의 것의 관계와 동등하고(a:b=b:c), 또 그 역이 성립하며, 나아가 각 항이 중간항으로 될 수 있을 때 필연적으로 각 항은 하나이다>라는 『차이 논문』[2. 97f.]과 『철학사』[19. 89f.]에서 두 차례 인용하고 있는 플라톤의 아날로기아 개념에서는 매개념에 의한 결합이 각 항의 동일성을 현현시킨다는 헤겔적인 사변적 추론의 원형을 볼 수 있다. ⇒추론(추리), 비례

【참】 Specht (1952), Schneider (1975)

―우에무라 요시로(上村芳郎)

유출(설) 流出(說) [Emanation, Emanationstheorie]

'유출'이라는 개념으로 헤겔이 염두에 떠올리고 있는 것은 다음과 같은 존재 이해이다. 즉 보편적 실체가 특수와 세계로까지 자신을 저락시켜 유한화하는(유출하는) 사태를 파악하는 경우, 이 유출은 시원으로부터의 일방향적인 원격화이자 근원의 희박화·불완전화이며, 유출의 결과인 특수 또는 세계에는 본래의 출발점으로 되돌아가는 계기, 또는 최초의 실체 쪽으로 반성하여 귀환해가는 계기가 포함되어 있지 않다고 이해하는 그러한 존재 이해, 즉 보편으로부터 특수 또는 유한으로 직접적으로 하강하는 것과 같은 사유방식이 그에게 이해되고 있다. 그러한 유출 개념에 기초한 구체적 사상으로서 헤겔은 스토아학파의 범신론을

들고 있으며[『철학사』 19. 411ff.], 또 스피노자의 무우주론도 마찬가지 구조를 지닌다고 간주하고 있다[『논리의 학』 6. 198]. 그것들과 비교하면 신플라톤학파의 철학에서 이른바 유출(근원적 일자의 흘러넘침)은 시원으로의 귀환(궁극적으로는 탈자 또는 영혼의 단순화에 의한 근원의 직관)과 아울러 전체를 구성하는 한 계기에 다름 아니기 때문에, 이 학파는 유출설로서 그 성격이 부여되는 것이 보통임에도 불구하고 단순히 유출설이라고 규정할 수 없다. 그와 같은 사정은 예를 들면 신플라톤학파 가운데 알렉산드리아 철학을 대표하는 플로티노스를 살펴보면 명백할 것이다. (그의 사상은 제자인 포르피리오스[Porphyrios ?-304]에 의해서 각 권이 9편씩의 논문으로 이루어진 6권의 논문집 『엔네아데스』―그리스 어의 9, ἐννέα에서 유래한다―에 정리되어 있다).

즉 플로티노스가 전 존재의 근원으로서 정립한 '일자'는 (1) 확실히 술어에 의한 어떠한 한정도 불가능한 '절대적으로 하나인 것'이자 자기와의 단적인 동일불이성이며, 이리하여 자기 충족성이지만, (2) 그러나 파르메니데스의 존재자(토 에온)처럼 정지된 무시간적 자기동일성이 아니라, (3) 자기에게 머무르면서 자기를 열어 모든 존재를 자신 속으로부터 현출(유출)시키는 바의 오로지 유동을 향한 원리이자 활동적이고 산출적인 일자인 것이다. (4) 그럼에도 불구하고 이 유출의 산물은 반대로 시원의 일자로 귀환하지 않으면 안 된다. 그중에서도 특히 최초의 산물인 지성(누스)은 자기의 근원인 일자를 탈자(영혼의 단순화)에서 직관한다. 또는 오히려 일자는 지성의 [일자로의] 직관을 통해 자기를 직관하고, 이리하여 자신에게 복귀하는 것인바, 요컨대 일자의 활동에는 귀환 역시 계기로서 포함되는 것이다. ―그러나 그의 이와 같은 사색의 전체는 지성에 의한 단순한 관조에 의해서만이 아니라 오히려 정신을 바깥의 것으로부터 분리된 부동심(아타락시아)의 경지에 서게 하고 덕과 행복으로 이끄는 실천적인 목소리로 일관되어 있는 것이다.

헤겔은 플로티노스에서 일자로부터 한정된 것으로의 이행(산출)이 '유출'이라고 말해지고 있듯이 개념적·필연적으로가 아니라 표상적·형상적으로만 언

명되어 있을 뿐이며, 따라서 철학적으로는 아무것도 논하고 있지 않은 것과 같다고 비평하며, 그의 사상을 고차적이긴 하지만 개념 면에서는 여전히 미완성의 관념론이라고 총괄했다[『철학사』 **19**. 445ff. 및 463]. 삼위일체성적인 개념 질서에 의해서 '일성'을 표현하고자 한 프로클로스를 헤겔이 신플라톤학파의 정점에서는 것이라고 평가하는 것은 바로 동일한 근거, 동일한 척도에 기초하는 것이다. ⇒신플라톤학파

— 사카이 오사무(酒井 修)

유한성有限性 [Endlichkeit]

유한성이란 우선 어떤 것이 특정한 질을 지님으로써 이미 주어져 있는 규정이며, 변화의 범주와 분리될 수 없다. 어떤 것이 특정한 질을 지니면, 이 규정성 때문에 다른 질을 부정하고 다른 질과 대립한다. 이러한 질은 어떤 것의 한계·제한을 이루며, 이것을 잃으면 어떤 것은 어떤 것이 아니게 된다. 이런 의미에서 어떤 것은 유한하며, 가변적이다. 그러나 "유한한 것은 어떤 것 일반과 같이 단지 변화할 뿐 아니라 소멸한다"[『논리의 학』 **5**. 139]. 질의 불안정성은 어떤 것과 다른 것의 끝없는 교체를 낳으며, 여기서 악무한이 생기지만, 이 무한진행은 부정의 부정으로서의 대자존재, 즉 진무한으로 지양된다. 이와 같이 질만이 아니라 개념과 존재의 분리를 특징으로 하는 유한한 것은 일반적으로 한계 속에 있으면서 한계를 넘어서고자 하는 모순에 내몰리며, 자기를 소멸시켜 무한에 이르지 않을 수 없다. 유한자는 몰락하여 그 근거인 무한자를 입증하고 무한자에 의해서 흡수되는 매체이다. 이런 의미에서 유한과 무한을 단절시켜 한쪽만을 원리로서 고집하는 지성적 견해는 폐기되어야만 하는 것이다. ⇒질, 무한

— 오쿠타니 고이치(奧谷浩一)

유행流行 [Mode]

일시적이고 우연적인 외적 현상으로서 제시되고 있다. 이와 같이 일반적으로 유행은 일시적이라는 점에서 습관에 대치된다. 그러나 모두 외적 현상으로서 헤겔은 유행을 습관이라고 바꿔 말하기도 한다. 유행의 이와 같은 존재방식으로 인해 복장을 "유행의 우연성에 맡기는" 것과 같은 것은 "개인의 지성을 이를 위해 행사하고자 노력하기에는 가치 없는 것이다"[『철학사』 **20**. 72]라고 말하고 있듯이 복장의 유행에서의 우연성이 제시된다. 어떤 시기 유행한 것도 몇 년 후에는 우스꽝스러운 것이 되고 새로운 것으로 변한다. "현대의 복장은 많은 어려움을 초래하며"[『미학』 **14**. 411], 또한 "현대의 복장에서 일시적인 것을 새롭게 반복하여 변화시키는 권리가 일시적인 것에 대해 행사된다. 이것은 유행의 이성성이다"[같은 책 **14**. 411]. 이리하여 유행은 일시적인 것인 까닭에 변화를 필연성으로 지닌다. ⇒습관, 의복

— 이시바시 도시에(石橋とし江)

유화宥和 ⇨화해

유황硫黃 ⇨암석, 파라켈수스

유희遊戱 [Spiel]

헤겔에게서 유희(스포츠를 포함)는 자유로운 차원에서 인간이 활동하는 것으로서 파악되며, 한편으로 어린이들이 성장해 가는 단계에서 유희의 역할이 논해지는[『엔치클로페디』] 것과 아울러, 다른 한편으로 고대 그리스에서 행해진 스포츠가 검토된다[『역사철학』 **12**. 297]. 스포츠와 유희가 노동과 결정적으로 다른 점은 그것이 생존의 필요에 압박되어 행해지는 것이 아니라는 것이다. 따라서 그것은 진지하게 행해지면서도 신체와 자연에 정신이 복종하는 것이 아니라 거꾸로 정신의 자유로운 활동으로서 행해진다. 그 경우에 신체는 오히려 '정신의 기관'으로서 변화된다. 유희를 이러한 자유로운 활동으로 파악하는 관점은 그의 철학적 논의에서 자주 등장하는 '힘의 유희', '자기를 해소하는 유희'라는 용법에서도 마찬가지로, 대립에 사로

잡히지 않는 자유로운 상호전화가 제시되고 있다. ⇒ 노동

—사토 가즈오(佐藤和夫)

육화肉化 ⇨**삼위일체**

윤리학倫理學 ⇨**도덕성**

음미吟味 ⇨**진리**

음악音樂 [Musik]

　음악은 소리에 의해서 주관적 내면성을 몰대상적이고 내면적인 그대로 표출한다. 음악의 주요 과제는 대상성의 재연이 아니라 "속 깊은 곳의 자기가 스스로의 주관성과 관념적인 마음에 맡겨져 자기 내 운동하는 모습을 되울려내는 것"[『미학』 15. 135]이다. 그 표출 수단은 리듬과 화성과 선율(멜로디)이라는 순수한 음악적인 형식과 법칙이다.

　리듬과 화성을 통일하는 것으로서 선율이 중시된다. 이것은 순수한 음악적 소재만으로 구성되는 기악(=자립적 음악: selbständige Musik)보다도 성악(=반주음악: begleitende Musik)을 중시하는 결과로 된다. 헤겔은 음악적 형식을 최대한 활용하여 "자유와 필연성의 투쟁" [같은 책 15. 189]을 묘사하고자 하는 당시의 기악을 전문가밖에 이해할 수 없는 난해한 것이라고 비판한다.

　성악은 시와 음악이 수반되는 까닭에 '반주음악'이다. 그러나 여기서는 음악이 주축이다. 우수한 성악곡은 가사가 주는 일정한 표상을 길어내면서도 이에 구속되지 않고 내면으로부터 이에 대응한 자유로운 음악 표현을 행한다. 이것이 선율적 표출이다. 한편으로 음악이 특성묘사로 향하면 레시타티브로 되어 낭송이 된다. 여기서는 음악이 종속적인 것이 된다.

　헤겔은 바흐(Johann Sebastian Bach 1685-1750)에서 보이는 선율적 표출과 낭창의 통일을 찬양하지만, 바흐의 종교곡을 실제로 듣고서 한 찬양인지는 의심스럽다. 미학의 최종 강의는 멘델스존(Felix Mendelssohn 1809-47)이 『마태 수난곡』을 부활시켜 1829년 3월 상연한 것에 앞선 1828/29년 겨울 학기이기 때문이다. 이러한 찬양은 오히려 예술에서 종교적 이념의 반영을 보고자 하는 헤겔 미학의 이론적 요청이라고 생각해야 할 것이다.

　헤겔의 순수기악 비판은 실은 보수적·고전주의적 입장에서의 암묵적인 베토벤(Ludwig van Beethoven 1770-1827) 비판이다. 그러나 또한 선율을 중시하여 기교를 배제하고 평범한 음악애호자의 자연스러운 감정을 중시하는 이 입장은 부퐁논쟁(1750년대 전반 백과전서파를 중심으로 하는 이탈리아파가 전통적 프랑스 궁정 오페라를 비판하여 논쟁으로 발전. 루소는 프랑스 음악에는 유쾌한 선율이 결여되어 있으며, 이 결함을 화성과 장식음과 같은 인공적이고 부자연스러운 미로 보완하고 있다고 비판하여 이탈리아의 오페라 부파를 지지했다)에서의 루소의 음악관과 통하는 것이기도 하다. ⇒오페라

　【참】Rousseau (1753), 海老澤敏 (1981), Dahlhaus (1983)
　　　　　　　　　　　　　　　　　　—이시카와 이오리(石川伊織)

응집凝集 [Kohäsion]

　물질의 요소들이 집합하여 "공간적으로 상호 관계하는 특수한 방식"[『엔치클로페디(제3판) 자연철학』 294절]이 응집이다. 응집에서 물질의 요소들은 상호 외재적으로 관계하는 데 불과하여 아직 내재적인 관계에는 이르고 있지 않다. 그러나 물질은 상호 외재적인 관계로부터 내재적인 관계로 그 응집력이 높아짐에 따라 다양한 형식을 얻게 된다. 최초의 형식은 자신 속에서는 응집력을 지니지 않고 다른 것에 들러붙어 있을 뿐인 '부착(Adhäsion)'이다. 다음으로 중력에 저항하여 모인다든지 밖으로부터의 압력과 충격에 굴복하여 덩어리진다든지 하여 응집하고, 그 응집력에 따라 물질은 '취약성(Sprödigkeit)'과 '강성(Rigidität)'과 '전성(展性Dehnbarkeit)'이라는 고유성을 나타낸다. 나아가 물질은 외부로부터의 압력에 대해서 굴복할 뿐

아니라 "받은 부정을 자립적으로 지양하고 자기를 회복하는"[같은 책 297절] 응집력, 즉 '탄성(Elastizität)'을 주장하게 된다.

물질이 탄성을 지님으로써 그 물체는 진동하고, 따라서 '소리(Klang)'를 내게 된다. 물체가 내는 소리는 그 물질의 응집력의 정도에 따라, 예를 들면 응집력이 낮은 '물'은 울림이 없는 데 반해 유리는 약하긴 하지만 울림을 내고, 나아가 금속은 응집이 긴밀하기 때문에 울림을 발하도록 변화한다. 물체를 친다든지 서로 마찰시킨다든지 하면, 그 물체는 소리를 냄과 동시에 '열(Wärme)'도 발한다. 이와 같은 열을 전도하는 정도는 그 물체의 응집성의 차이에 따른다. 예를 들면 '양모'처럼 응집력을 지니지 않는 것, 또는 공기나 물처럼 응집력이 낮은 것은 열의 전도가 나쁘지만, 금속은 응집력이 높기 때문에 열의 전도성이 높다. 이와 같이 헤겔은 물질로부터 발하는 소리라든가 열의 차이가 그 물질의 응집력의 차이에 규정되어 있다고 생각하는 것이다.

―이사카 세이시(伊坂靑司)

의견(사념) 意見(私念) [Meinen, Meinung]

헤겔에 있어서 <의견>을 물리치는 것은 철학의 출발점이다. 학적 지평으로 향해 나가는 의식의 경험으로서의 『정신현상학』에서는 우선 그것이 강조된다[3. 12]. 또한 <의견은> 가네코 다케조(金子武藏)에 의해 <사념>으로 번역되고, 또한 억견, 상념으로도 번역되는 것처럼 "특수한 개인으로서의 나의 것"[『엔치클로페디(제3판) 논리학』 20절]이라는 뉘앙스를 지닌다. 나아가 그것은 가장 낮은 수준의 인식형식으로서 단순한 직관에 불과한 '이것(Dieses)'에 대응하며[『정신현상학』 3. 82f.], 공허하고 무관심한(gleichgültig) '지금'과 '여기'에 대응한다[같은 책 3. 84]. 따라서 예를 들면 유기적 생명이 단지 개별적인 사물로서 포착되는 것도 <의견>이듯이[같은 책 3. 86], 그것은 현실의 넓이와 깊이에 대응하는 것이 아니라 한정적이고 개별적인 견해를 고집하는 것이다. ⇒감성적 확신

【참】金子武藏 (1971)

―아라키 마사미(荒木正見)

의도 意圖 [Absicht, Vorsatz]

행위의 의도(Absicht)란 어떤 구체적인 신체동작을 수단으로 하여 실현되어야만 하는 보편적 목적이다. 그에 반해 행위의 기도(Vorsatz)란 그와 같은 신체적 동작을 마음속에 떠올려 꾀하는 것 그 자체이다.

예를 들어 내가 전차 안에 앉아 있던 특정한 좌석에서 일어서려고 꾀하는 것은 기도이다. 그리고 그에 의해 내 앞에 서 있는 노인에게 좌석을 양보하고자 하는 친절을 생각하는 것이 의도에 다름 아니다. 그와 같은 의도의 특징에 대해서는 "생각하는 자로부터 출발하는 것으로서의 기도는 단지 개별성을 포함하고 있을 뿐만 아니라 본질적으로 저 보편적인 측면, 결국 의도를 포함한다"[『법철학』 119절]고 말해진다.

헤겔이 말하는 기도와 의도는 앤스콤(G. E. Anscomb 1919-) 등의 현대의 분석적 행위이론에서 모두 의도(intention)로 일괄된다. 그에 대해 헤겔이 의도를 기도로부터 구별한 것은 개별적인 것의 참다운 모습은 보편적인 것이라는 논리학의 입장에서만이 아니라, 인간의 의지에 의해 자각적으로 설정되는 궁극적 목적으로서의 인륜적인 선함을 발견해내기 위해서는 우선 행위의 보편적 측면을 먼저 분명하게 하지 않으면 안 되기 때문이다. "의도의 권능은 행위의 보편적 성질이 단지 자체적으로만이 아니라 행위를 하는 자에 의해서 인지된다는 것이며, 따라서 이미 그 사람의 주관적 의지 속에 가로놓여 있었다는 것이다"[『법철학』 120절].

단순한 기도에 기초하는 행위의 결과에 대해서 행위를 하는 자가 책임을 짊어져야만 하지만, 그가 보편적인 선함을 목적으로 하는 도덕성 나아가 인륜성을 부여 받는 것은 아니다. 그와 같은 선함을 목적으로 하는 행위는 복지(Wohl)를 지향하는 주관의 의도가 있어야 비로소 성립한다. ⇒책임, 선행

―야마구치 세이이치(山口誠一)

의무義務 [Pflicht]

Ⅰ. 칸트 비판. 헤겔의 의무론은 칸트의 도덕철학에 대한 깊은 통찰과 예리한 비판을 통해 수립된 것이었다. 즉 칸트는 도덕법칙이 자연법칙과 마찬가지로 보편적으로 타당한 객관적 법칙일 수 있는 것은 그것이 후험적인 경험적 질료에 의존하지 않고 선험적인 순수 실천이성에 기초하기 때문이라고 생각했기 때문에, 경험된 주관적 욕구와 감성적 동인을 도덕적 의지의 규정근거로부터 모두 배제해버렸다. 따라서 도덕법칙은 예를 들면 "만약 행복하게 되고 싶다면, ……하라"라는 조건부의 가언명령이 아니라 "너는 ……해야만 한다"고 단적이고 무조건적으로 명령하는 정언명령이었다[『실천이성비판』원판 38f.]. 요컨대 그것은 "너의 의지의 준칙이 언제나 동시에 보편적 입법의 원리로서 타당할 수 있도록 행위하라"[같은 책 54]는 것이며, 이 명령에 복종하여 일체의 주관적이고 감성적인 욕구를 물리치고, 객관적이고 이성적인 도덕법칙에 완전히 일치된 행위만이 '의무'라고 불렸다. "의무여! 너, 숭고하고 위대한 이름이여"[같은 책 154]라는 칸트의 부르짖음은 바로 그의 도덕철학의 극한점을 나타내는 것이었다.

그러나 의무가 이와 같이 주관과 객관, 감성과 이성의 분리, 대립을 전제하는 것이야말로 헤겔에게 있어 승복하기 어려운 것이었다. 헤겔은 그의 젊은 날의 초고, 이른바 『초기신학논집』에서 칸트가 "모든 것을 넘어서서 신을 사랑하고, 너의 이웃을 너 자신처럼 사랑하라"라는 명령을 의무명령으로 간주한 것을 '부당'하다고 힐난하고 있다. 왜냐하면 의무를 기쁘게 행하는 것은 그 자체로 모순이기 때문이다. 의무에는 사랑이 빠져 있고 사랑에는 의무라는 생각이 빠져 있다. 헤겔은 그와 같은 의무가 참으로 살아 있는 것과는 무관계한 공허한 개념 형식에 불과하다고 생각하고 [『기독교의 정신』 1. 325], "사랑은 타인 속에서 자기 자신을 발견하든가" 또는 오히려 "말하자면 타인 속에서 살고 감각하며 활동하고 있다"[『민중종교와 기독교』 1. 30]고 적었다. 이와 같이 그는 주관과 객관, 개별적 의지와 보편적 의지가 대립하면서 결합되어 있는 것, 부분과 전체의 유기적 통일에서 참되게 살아

있는 인간의 본질을 구하고 이것을 '인륜'으로서 파악했다. 인륜의 본질적 형태는 가족과 국가에서 나타나기 때문에 헤겔의 의무론도 여기에 관점을 두고 다양한 의무를 논하게 된다.

Ⅱ. 의무의 충돌. 인륜적 의식은 보편에서 개별로 그리고 개별에서 보편으로 조용히 생성되고 있고 의무의 의식은 가족과 국가로 단일하고 순수하게 향하고 있지만, 의무를 현실에서 행위로 옮기면, 행위는 한편의 의무밖에는 실현할 수 없기 때문에 의무와 의무의 비극적 충돌이 일어난다. 헤겔은 이것을 소포클레스의 비극 『안티고네』를 본보기로 하여 '인간의 계명'과 '신의 계명'의 충돌로서 드러냈다. 즉 테바이의 왕 클레온이 국가에 대한 반역자 폴리네이케스의 시체 매장을 법령에 의해서 금한 것은 '인간의 계명'의 입장이며, 폴리네이케스의 누이 안티고네가 감히 국법을 깨뜨리고 오빠의 시체를 매장한 것은 '신의 계명'의 입장이었던 것이다. 다시 말하면 클레온은 국가에 대한 의무를 행하고 안티고네는 가족에 대한 의무를 행했던 것이다. 그러나 안티고네는 동굴 속에 유폐되어 비탄에 잠겨 목을 매고, 다른 한편 클레온은 그의 아들이 동굴에서 약혼자 안티고네의 뒤를 따라 자기 옆구리를 칼로 찌르고 그 비보를 들은 왕비도 관 속에서 칼로 자살함으로써 절망의 늪에 빠진다. 이렇듯 헤겔은 '인간의 계명'을 따르는 클레온과 '신의 계명'을 따르는 안티고네 모두 몰락할 수밖에 없었다는 비극을 예로 들어 인륜에서의 개별과 보편의 아름다운 정태적이고 무매개적인 통일은 그것을 실제의 행위에 의해 실현하고자 한다면 개별에 대한 의무와 보편에 대한 의무의 충돌에 의해 필연적으로 파탄되고 붕괴한다는 것을 보였던 것이다[『정신현상학』 3. 328ff.]. 그러한 붕괴에 의해서 나타나는 것이 보편과 개별을 구별하는 도덕성의 입장에서의 의무이다.

Ⅲ. 도덕적 의무. 헤겔에게 도덕성의 입장은 자기의식이 자기와 즉자적으로 존재하는 보편적 의지를 구별하면서 더 나아가 자기가 보편적 의지와 동일하다는 것을 대자적으로 의식하는 입장이다. 그것은 '고립적'(대자적)인 주관적 의지이며, 보편적 의지와의 동일성 <에서 분리되어 있다(abs-tractum)>는 의미에서 추상적

(abstrakt)이다. 따라서 "도덕적 입장은 <상관관계> 및 <당위> 또는 <요구>의 입장이다"[『법철학』 108절]. 거기서는 선도 보편적이고 추상적인 본질성이고, 특수적 주관의 의지에 있어 '의무'로 된다. 의무의 규정은 정의를 행한다든가 타인의 복지를 위해 노력하는 것이라는 특수적인 규정을 아직 포함하고 있지 않으며, 단지 내용 없는 동일성, 추상적인 무규정성이 남아 있을 뿐이다. "<의무>는 <의무를 위해> 해야 한다"[같은 책 133절]는 이러한 공허한 형식주의에는 어떤 행위의 내용이 의무인지 아닌지의 기준이 존재하지 않으며, 오히려 모든 불법적이고 비도덕적인 행위가 '의무'의 이름 아래서 시인될 수 있다[같은 책 135절]. 따라서 이러한 주관성은 내용이 공허하다는 의미에서 역시 추상적이며, 선이라는 추상적 보편성과 실제로는 동일한 것이다. 그리고 선과 주관적 의지의 이러한 동일성이 양자의 참된 모습이기 때문에, 양자는 그 추상적 일면성을 지양하여 구체적 통일을 달성한다. 즉 『정신현상학』에서 붕괴된 '인륜'은 이후의 『법철학』에서 재생되는 것이다. 그것은 국가를 가족이 전개되고 실현된 완성태로서 다시 파악함으로써 가능하게 되었던 것이다.

Ⅳ. 인륜적 의무. 인륜의 전체에서는 객관적인 것이 주관성으로서 채워지며, 주관성 속에 객관적인 것이 현실화되어 있다. 그것은 개별과 보편이 아름다운 통일을 이루고 있는 공동체이며, '가족'에서 '시민사회'를 거쳐 '국가'로 전개되는 것이지만, 어느 것에 있어서든 인륜적 실체가 개인의 현실의 자기의식에 의해서 자각되고, 인륜적 규정들은 실체적 규정들로서 개인의 의지를 구속하는 다양한 종류의 의무로 된다. 그 의무가 제한으로서 나타나는 것은 오로지 무규정적인 주관성, 즉 추상적 자유에 대해서, 그리고 자연적 의지의 충동 또는 무규정적인 선을 자기의 자의에 내맡겨 규정하는 도덕적 의지의 충동에 대해서일 뿐이다. 역으로 개인은 이러한 의무에 의해서 오히려 한편으로는 단순한 자연의 충동에 몸을 맡기는 것으로부터, 그리고 또한 도덕적 반성 속에서 억압되어 헤매는 것으로부터 해방됨과 더불어, 다른 한편으로는 행위의 구현 및 객관적 규정에 이르지 못한 채 자기 속에 머무르는

동시에 아무것도 하지 못하는 무규정적인 주관성으로부터 해방된다. 그런 까닭에 "의무에 의해서 개인은 자기를 실체적 자유로 해방하는"[같은 책 149절] 것이며, "의무란 본질에의 도달이며, 긍정적 자유의 획득이다"[같은 책 149절 「보론」]. 그런데 실체적 의지가 현실적으로 나타난 것이 국가이기 때문에 인간이 이행해야 하는 의무는 국가 속에서 인간이 속하는 관계들에서 그에게 제시되고 있는 것에 다름 아니다[같은 책 258절]. 따라서 국가가 참으로 '인륜'의 완성태인가 아닌가가 헤겔의 의무론에서 가장 중요한 문제로 된다. ⇒ 덕과 덕목, 도덕성, 인륜, 『안티고네』

―마쓰이 요시카즈(松井良和)

의미意味 [Bedeutung]

'의미'란 기호에서 직관의 대상에 '자의적으로 (willkürlich)' 덧붙여지는 것이다. 『뉘른베르크 저작집』에서 헤겔은 다음과 같이 말하고 있다. 표상이 "외적 현존재로부터 해방"되어 주관화될 때 "외적 현존재와 내적 표상은 서로 다른 것으로서 대항"하고 있다. 어떤 외적 현존재를 "그것에 대응하는 것도 아니고 내용 면에서도 그것과 다른 한 표상"과 "자의적으로" 연결하여 "전자가 후자의 표상 또는 <의미>가 되도록 함으로써 그 외적 현존재는 <기호>가 된다"[4. 51]. 요컨대 '지성'은 기호에서 "직관의 직접적인 내용을 근절시키고 직관에 다른 내용을 <의미>와 영혼으로서" 부여하는 것이다. 즉 "감성적 소재와 일반적 표상의 결합"은 "자의적인" 까닭에 "사람들은 기호의 <의미>를 먼저 배워"야만 하는 것이다[『엔치클로페디(제3판) 정신철학』 457절 이하]. ⇒ 기호

【참】 Bodammer (1969), Wohlfart (1984)

―구로사키 마사오(黑崎政男)

의복衣服 [Kleidung]

일반적으로 환경적응설, 장식설, 수치설, 이성흡인설 등이 있지만, 헤겔은 "기후로부터 몸을 지키려는 욕구"[『미학』 14. 402]와 "수치의 감정에서 몸을 가리

고자 하는 욕구'[같은 곳]를 의복 발생의 주된 요인으로 삼는다. 전자의 경우 가죽과 깃털 그리고 비늘과 패각 등으로 태어날 때부터 이미 몸의 표면이 덮여 있는 동물에 반해, 맥동하는 심장이 신경계통과 함께 현상하고 피부의 모든 부분을 통틀어 감수력을 지니는 인체는 한 단계 높은 생명상을 보이긴 하지만 그로 인해 피부를 덮는 의복이 필요하게 된다.

다른 한편으로 수치란 있어서는 안 되는 것에 대한 노여움이다. 인간에게 있어 있어서는 안 되는 것은 동물적 측면인바, 그 기능에 이바지하는 가슴, 배, 팔, 손, 넓적다리, 발 등을 은폐하기 위해 의복을 사용하며, 정신적인 규정을 집중시키는 머리 부분을 두드러지게 한다. 이리하여 형태에서 정신의 표현은 얼굴과 전신의 자세와 운동에 한정되며, 특히 팔과 손 그리고 다리의 위치에 의해서 표출적 효과를 드러내는 몸짓에 국한된다.

헤겔은 의복의 양식을 크게 고대와 근대로 구별한다. 고대에서 의복은 많든 적든 무정형의 평면이고 어깨에 걸치지만, 다른 점에서는 단순하고 자유롭게 그것 자체의 내재적인 무게에 의해 드리워지며, 다만 신체의 위치와 자세 그리고 운동에 의해서 규정되어 정신을 표출시키기에 적절하다. 이것은 "의복에서의 이상"이다[『미학』 13. 218]. 이에 대해 근대의 복장은 지체의 모습에 부합하게 재단, 봉합되어 있어 의복이 드리워지는 모양의 자유는 없으며, 주름이 접히어 들어가는 것도 솔기에 규정되어 있기 때문에 의복은 신체에 종속되어 이것을 모방한다. 그 부자유함을 벗어나기 위한 유행, 변화는 근대의 복장에 있어 고유한 문제이다.

감각미에 대해서는 나체 표현 쪽이 유리하지만, 이상적 예술은 정신의 표출을 첫 번째 것으로 하는 이상, 피부면의 소혈관과 주름 그리고 섬모와 같은 동물적 생명의 잔재를 나타내는 각각의 신체 세부의 조직을 덮고, 형식의 정신적 의의로 가득 찬 면만을 두드러지게 하는 옷이 조각에서 대단히 중요하다. 의복은 예술적 표현법으로서 건축 작품에 유비된다. 그것은 일종의 울타리이지만, 신체를 속박하는 것이어서는 안 된다. 의복은 그것 자체의 무게에 의해서 드리워지고,

주름을 만들고 자태에 부합하여 한없이 자유로우면서 그 내부의 신체의 자유로운 운동을 허락하는 것이다[『미학』 14. 40ff. '옷'의 절]. ⇒조각, 유행, 헤르더

【참】谷田閲次 (1960), 遠藤敎三 (1975), 鷲田淸一 (1989)

─가나타 스스무(金田 晉)

의식 意識 [Bewußtsein]

Ⅰ. 헤겔의 철학적 세계를 처음으로 웅혼한 형태로 수립한 『정신현상학』은 '의식의 경험의 학'이라는 부제를 달고 있다. 거기서 "자연적 의식이 참된 지식으로 나아가는 도정", "의식 그 자체가 학으로까지 형성되는 상세한 역사"가 더듬어지기 때문이다[『정신현상학』 3. 72-3]. 그것이 가능한 것은 '의식'이 본래 제한된 자기 자신을 '넘어서는' 초월성을 본질로 하고 그 자신에서 "바로 자기 자신의 개념"이기 때문이다[같은 책 3. 74]. 바꾸어 말하면 "의식은 한편으로 대상에 대한 의식이지만, 다른 한편으로 바로 그 자신의 개념이기도 하며', 따라서 "의식에 있어 참된 것에 대한 의삭"임과 함께 "그 참된 것에 대한 자기 자신의 앎을 의식하는 것"이기 때문에, "의식은 자기 자신에서 자기 자신의 척도를 부여하고" "자기 자신을 음미"함으로써 의식이 행하는 "변증법적 운동"인 것이다[같은 책 3. 76 이하]. 그리하여 "의식의 형태들"을 무너뜨리고 "의식의 참된 실존"에 이르기까지 "의식의 역전"이라는 "경험"을 수행하는 바의[같은 책 3. 78 이하] "자기 자신을 관철하는 회의주의"[같은 책 3. 72]가 전개된다. 의식의 "배후"에서 일어나는 이러한 발생사건을 그 "운동과 생성"의 필연성에서 전개하여 보게 하는 것이야말로 "우리" 철학자"에게 있어" 긴요한 과제이다[같은 책 3. 80].

Ⅱ. 이러한 방법에서 성립한 『정신현상학』은 최초의 '의식' 장에서 '감성적 확신', '지각', '힘과 지성'의 세 형태를 취급한다. 그 후의 장들은 '자기의식'과 '이성'이다. '이성' 장에 이어 '정신' 장이 있지만, 여기서는 이미 "단지 의식의 형태들"이 아니라 "세계의 형태들"이 취급된다고 확언되며[같은 책 3. 326], 그 후 계속해서 '종교'와 '절대지' 장이 이어진다. 뉘른베르크 시대의 '중급반을 위한 의식론(1809년 이후)'은 의식의

형태들을 이성까지로 한정하는 경향을 명확히 하고 있다. 그 '의식론'에서는 제1단계가 '의식 일반'(감성적 의식·지각·지성의 세 단계를 포함), 제2단계가 '자기의식'(욕망·주인과 노예·자기의식의 보편성의 세 단계를 포함), 제3단계가 대단히 짧은 '이성'이다[『뉘른베르크 저작집』4. 111-123]. 만년의 『엔치클로페디(제3판) 정신철학』에서도 이 구분이 고정화되어 '의식'을 취급하는 '정신현상학'은 이성에서 중단되며, 나아가 그것은 '인간학'과 '심리학' 사이에 놓인 채 대체로 '주관적 정신' 부문에 속하게 되어 법·도덕·인륜을 다루는 '객관적 정신'[『정신현상학』에서의 '이성'과 '정신' 장]과, 예술·계시종교·철학을 다루는 '절대적 정신'[『정신현상학』에서의 '종교'와 '절대지' 장]으로부터 단절되었다[『엔치클로페디(제3판) 정신철학』10. 199-229]. 결국 문제는 의식이라는 이름 아래서 헤겔이 무엇을 이해했으며 어떠한 정신의 존재방식을 생각했는가 하는 것이다. 이하에서는 『정신현상학』의 근본사상에 근거하면서 뉘른베르크 '의식론'의 틀을 원용함으로써 간략한 소묘를 수행하고자 한다.

Ⅲ. '의식'이란 '정신'의 '현상' 형태, 나아가 정신이 "존재하는 대상과 본질적으로 관계할" 때의 현상 형태로서 대상을 아는 "자아와 대상과의 상호관계" 또는 "대상에 대한 자아의 일정한 관계"이다[『뉘른베르크 저작집』4. 111-2]. (1) 그 대상이 '자아에 대립하는 객체'일 때 의식은 '의식 일반'이며, (2) 대상이 '자아 자신'일 때 의식은 '자기의식'이고, (3) 대상이 '사상'일 때 의식은 '이성'이다[같은 책 4. 113].

(1) 의식 일반 가운데 (a) 우선 최초의 '감성적 의식'은 "외적 대상에 대한 직접적 확신"으로서 '지금·여기에' '이것'이 있다고 확신한다[같은 책 4. 113-4]. 그러나 '지금'은 이 지금이기도 저 지금이기도 하며, 또한 그것들 가운데 어느 것도 아닌 '보편적인 것'이고, '여기'에 대해서도 마찬가지 것이 타당하기 때문에 이 의식의 진리는 '보편적인 것'에 존립한다고 단정된다[같은 책 4. 114]. 『정신현상학』에서의 '감성적 확신'의 음미는 좀더 치밀하게 언어론도 포함하여 대상·자아·양자의 직접적 관계의 세 가지로부터 전개되며, '이것'이란

사실 '보편적인 것'이라고 결론지어진다[『정신현상학』3. 90]. (b) 이어지는 '지각'은 '이것'에서 변하여 '매개'를 포함하는 '보편적인 것'인 '사물', 즉 "많은 성질을 갖춘 사물"을 그 대상으로 한다[같은 책 3. 94]. 이 사물은 보편적 성질들의 ……도 또한·병존(Auch)'의 면과 '일자(Eins)'로서 그 성질들을 부정적으로 통일하는 면을 지니며[같은 책 3. 96], 그 자신에서 "상반되는 진리"[같은 책 3. 101]를 갖추어 "그 자신 하나의 독립적으로 존재하는(Fürsichsein)" 개별성을 가짐과 동시에 "다른 것에 대해서 존재하는(Sein für ein Anderes)" 보편성을 지님으로써[같은 책 3. 102 이하], "하나의 동일한 관점에서 바로 자기 자신의 정반대"[같은 책 3. 105]이다. (c) 이 구조가 한층 더 높아져 "무제약적인 보편성"에 이를 때 "지성의 왕국"이 시작된다[같은 책 3. 104]. 지각사물에서 인정되었던 구조는 '힘'과 그 '외적 표출'로 다시 파악되며[같은 책 3. 104], 이 "두 개의 힘의 유희"의 '현상'을 매개로 하여 '지성'은 "사물들의 내적인 것", "초감성적 세계"를 발견하고[같은 책 3. 116-7], "법칙들의 고요한 왕국"[같은 책 3. 120]이라는 "첫 번째 초감성적 세계"[같은 책 3. 128]를 수립한다. 그러나 그것은 구별과 통일의 상호 전환 운동으로 발전될 수밖에 없으며, 이것이 오로지 '설명'의 차원에서가 아니라 "사상 그 자체 속에 정립될" 때[같은 책 3. 125] 거기서 "두 번째 초감성적 세계"로서의 "전도된 세계"가 출현한다[같은 책 3. 128]. 그것은 첫 번째 세계를 전도시키는 데 그치지 않고 "바로 자기 자신이 전도시켜진 세계", 즉 "바로 자기와 그 반대 정립물을 통일시키고 있는" 세계이며, 이것이야말로 "무한성", "세계의 영혼", "생의 단순한 본질", "절대적 개념"이다[같은 책 3. 131-2]. 헤겔은 대상세계의 본질구조를 구별과 통일의 상호 전환의 변증법적 구조에서 보았다고 말할 수 있다.

(2) 이제 '사물의 내적인 것'이 '개념'으로 된 이상, 의식은 여기서 "자기 자신을 대상으로 하여" '자기의식'으로 전환된다[『뉘른베르크 저작집』4. 116]. (a) 자기의식은 우선 '욕망'으로서 "다른 사물과 관계하며", 대상을 '지양'하여 자기와 결합하려고 한다[같은 책 4. 117 이하]. (b) 그러나 자기의식은 '부정'의 활동을

행하는 다른 자기의식과 상대해서만 '만족'을 얻는다 [『정신현상학』 3. 144]. 자기의식은 자유로운 독립자로서 상대에게 '인정'될 것을 요구한다[『뉘른베르크 저작집』 4. 119]. 그렇기 때문에 "자연적 현존재에 사로잡히지 않은 자유로운" 자기를 상대에게 분명히 보여주지 않으면 안 된다[같은 책 4. 119]. 이러한 생사를 건 투쟁에서 '감성적 현존재'보다도 '자유'를 중시한 자는 '주인'으로 되고 '자유'보다도 '생명'을 선택한 자는 '노예'로 된다[같은 책 4. 120]. 그러나 본래 자유는 "현존재 속에서" 실현되어야만 하기 때문에, 현존재에 사로잡힌 노예가 그럼에도 불구하고 "개별성을 방기하고", "참된 복종"을 이루며, "주인의 공포"를 인내하고, '노동'에 의해 "봉사"하며, "외적 세계의 형성"에 노력할 때, 자기의식은 "보편적 의지"로 이행한다[같은 책 4. 121]. (c) 그 결과 "보편적 자기"가 성립하고, '인정'의 장이 열리며, "모든 덕", "모든 헌신", "모든 명성"의 기초가 구축된다[같은 책 4. 122].

(3) 마지막으로 헤겔은 "이성이란 의식과 자기의식의 최고의 통합이며", "이성의 규정들이 우리 자신의 사상임과 동시에 대상적이기도 하여 사물들의 본질의 규정이기도 하다"는 '확신'이고, 나아가 이성의 앎은 "단순한 주관적 확신"이 아니라 "확신과 존재의 합치 내지 통일"로서의 '진리' 그 자체이기도 하다고 규정하고 있다[같은 책 4. 122f]. ⇒정신 (의)현상학, 의식의 경험의 학, 감성적 확신, 지각, 지성, 초감성적 세계, 자기의식, 인정, 주인과 노예, 이성

—와타나베 지로(渡辺二郎)

의식儀式 ⇨제사(의례)

의식의 경험의 學儀式—經驗—學 [Wissenschaft der Erfahrung des Bewußtseins]

'의식의 경험의 학'은 예나 시대 초기에 『논리학·형이상학』 등의 철학체계에 대한 서론으로서 구상되었지만, "체계의 현상학적 위기"[로젠크란츠Rosenk-ranz, 글로크너Glockner]에 의해 구상이 바뀌어 『정신현상학』이라는 제명으로 변화되었다. 초판에 '의식의 경험의 학'과 '정신현상학'이라는 두 개의 제목이 있었던 것에서 『정신현상학』이 둘로 나뉘어 해석되었지만 (해링Th. Haering과 호프마이스터J. Hoffmeister는 '의식의 경험의 학'과 '정신현상학', 이폴리트J. Hyppolite는 '개인적 의식의 현상학'과 '정신 일반의 현상학', 푀겔러O. Pöggeler는 자기의식의 앞까지가 '의식의 경험의 학'이고 이후는 '정신철학'[Pöggeler 1961]), 이는 효력을 상실하고 있다. 문헌학에 의하면 제본업자의 실수로 이중의 제명이 있었던 것으로서 결국 헤겔은 제명으로 '정신현상학'을 채택했다. 『정신현상학』은 정신의 현상으로서의 의식의 마당에서 행해지는 '의식의 경험의 학'이다. 헤겔은 칸트가 의식에 머물러 정신현상학의 수준까지는 가지만 정신철학의 수준에는 가지 못한다고 분명히 말하기 때문에, 정신현상학은 정신철학과 구별되며, 칸트가 최대의 목표로 되는 것이 분명하다. 헤겔은 『정신현상학』 서문을 인식을 도구와 매체로 생각하는 데서 사물 자체(=절대자)와 인식이 대립적으로 파악되고 있는 상황을 지적하는 것에서 시작한다. 사물 자체와 인식의 이항대립은 결국 칸트를 가리키고 있다. 이 이항대립이 진리 인식(=학)을 방해한다. 『정신현상학』의 목표는 이것의 격퇴이다. 헤겔은 학이 진리 인식에 대한 두려움이야말로 오류라는 것을 보여야만 한다고 주장한다. 이리하여 부정신학적으로 '현상지의 서술'이 필요하게 된다. 학의 권위에 의해 잘라버리는 것이 아니라 학도 현상지로 내려서서 이항대립이라는 견해=현상지와 같은 신분으로서 진리성이 음미된다. 이 서술은 <자연적 의식의 참다운 지로의 도정>, 결국 (우리에 대해für uns 있는) 학과 (그것에 대해für es 있는) 현상지와의 대화이다. 현상지라는 표현에는 고대 그리스의 파이노메논(Phainomenon) 개념(세계 속의 의견, 믿음)이 놓여 있다. 자연적 의식이란 스스로의 지를 당연하다(natürlich)고 소박하게 믿는 의견(Meinung)이다. 자연적 의식은 서술되는 가운데 비진리성이 증명된다. 이 도정은 '회의의 길', '절망의 길'이다. 절망하여 권위에 의지하기로 결심해도 소용없다. 현상지의 비진리성을 철저하게 꿰뚫어보는 것이 자연적 의식을 단련시킨다. <의식의 학에로의

형성의 상세한 역사>가 더듬어진다. 지의 실재성의 음미가 행해지지만 학을 척도로 하는 것이 아니라 의식 자신의 자기 음미에 의해 진행된다. 척도는 의식 자신 속에 있으며 의식에서 지와 진리(=척도)가 비교된다. 양자가 일치하지 않을 때 의식은 스스로의 지를 변화시키지만 동시에 대상(=척도)도 다른 모습으로 알려지게 된다. 새로운 대상이 알려지는 것이 '의식의 경험'이다. 이 새로운 대상의 생성은 그러나 의식 자신에게는 무엇이 일어나는지 알려지지 않는 것으로 의식의 배후에서 일어난다. 이것은 '우리(=학)의 개입'에 의해 이루어지며, 개개의 갑작스러운 의식의 경험은 필연적인 운동으로서 알려진다. 이리하여 의식의 경험은 의식의 경험의 학으로 된다. ⇒정신(의)현상학, 의식

【참】 Rosenkranz (1844), Glockner (1929/40), Haering (1934), Hyppolite (1946), Heidegger (1950b), Hoffmeister (1952b), Pöggeler (1961), Marx, W. (1971), 加藤尚武 (1980a, 1983b)

─호시 도시오(星 敏雄)

의욕意欲 [Wollen]

의욕은 통례적인 구분에 따르면 지성·감정과 더불어 인간의 기본적인 심적 능력의 하나로서 의지와 같다. 헤겔은 이념의 이론적 활동인 인식에 대해서 의욕을 이념의 실천적 활동으로서 파악한다[『엔치클로페디(제3절) 정신철학』 225절]. "이 의욕은 한편으로는 전제된 객체가 **무력하다**는 것을 확신하지만, 다른 한편으로는 [그것 자신이] 유한한 것으로서 동시에 다만 **주관적인** 이념으로서의 선이라는 목적과 객체의 **자립성**을 전제한다"[같은 책 233절]. 이것은 '주관적 정신'에서는 이론적 정신에 대한 실천적 정신으로서 파악된다. 여기서 의욕은 참된 의지의 전단계인 충동과 자의이다. 결국 의욕은 그것 없이는 의지가 현실적으로 될 수 없는 기본적 욕구능력이지만, 그것만으로는 선의 실현은 단지 당위로서 무한히 추구되는 데 불과하다. "다만 의욕할 뿐인 월계수는 초록으로 무성하지 않은 고엽이다"[『법철학』 124절 「보론」].

【참】 Riedel (1965)

─고바야시 야스마사(小林靖昌)

의존依存 [Abhängigkeit]

'의존'이라는 말은 '자유'나 '독립'과 대비되어 사용되며, 일반적으로 타자에 제약된 관계를 의미한다. 헤겔은 초기에는 한편으로 그리스 인의 '운명'에 대한 복종에서의 "자연에 대한 의존"[『민중종교와 기독교』 1. 36]이나 알프스 주민의 "자연력에 대한 의존의 감정"[『기록』 235]을 자연에 대한 인간의 지배력의 한계를 자각한 태도로서 칭찬했지만, 다른 한편 유대인의 "율법에 대한 의존"[『유대교의 정신』 1. 296]이나 예수의 제자들의 "예수 개인에 대한 의존"[『기독교의 정신』 1. 388]을 실정적 종교의 원인으로서 비판했다. 그 후 '의존'은 대체로 부정적인 의미로 사용되며, 그리하여 '의존의 감정'에서 종교의 본질을 인정한 슐라이어마허의 사고방식은 "동물도 종교를 갖는 것이 된다"[『종교철학』 16. 168]고 비판된다. 그때 사물이나 욕망에 대한 의존은, 농민[『법철학』 204절 「보론」]에서 보이는 것처럼, 타인에 대한 의존과 결합된다고 지적된다. 그러나 "노동자를 자연에 대한 의존에서 해방"시킬 기계노동이 자본주의 경제하에서는 도리어 "자연에 대한 의존을…… 높이는 데 불과하다"[『예나 체계 I』 GW 6. 323]는 점이 통찰됨과 동시에 시민사회의 이러한 "전면적 의존의 체계"[『법철학』 183절]에서 오히려 이기심이 타자의 욕망충족에 공헌하게 되는 까닭이 평가된다. ⇒운명, 시민사회

─구보 요이치(久保陽一)

의지意志 [(독) Wille, (불) volonté]

일반적으로 의지란 어떤 동기에 기초하여 어떤 목적을 선택(또는 어떤 대상·내용을 의욕)하고, 그것을 결단하여 실현하기 위해 행위하는 능력이라고 말할 수 있다. 헤겔의 경우에 의지는 그것을 암암리에 함의하고 있긴 하지만, 그보다는 자유의 (실현의) 주체적 능력이다.

Ⅰ. 의지의 세 가지 형태. 의지란 본질적으로 자유로운 의지이며, 의지의 본질은 자유이다. 그러므로 자유의 세 가지 양태·단계에 상응하여 의지는 세 가지 형태로 구분된다. (1) "우선 다만 **즉자적**으로 자유로울

뿐인 의지는 **직접적 내지 자연적 의지이다**[『법철학』 11절]. 그 내용은 충동·욕망·경향이다. 이와 같은 의지는 여전히 유한하고 형식적인 데 지나지 않지만, 자유로운 의지의 자연적 기초로서의 의의를 갖는다. (2) 다음으로 다만 <대자적으로> 자유로울 뿐인 의지는 임의적으로 "선택할 가능성"으로서의 "자의"[같은 책 14, 15절]이다. 그것은 서로 모순되는 충동들 가운데 무언가를 우연히 선택하여 그것에 다른 것을 종속시키는 주관적 능력에 지나지 않는다. 그럼에도 불구하고 그것이 지닌 행위의 <현실적> 동인으로서의 의의를 보지 못하고 빠뜨려서는 안 된다. 그러나 자연적 의지나 자의가 불가결한 계기이긴 하지만 그것만으로는 여전히 참으로 자유로운 의지라고 말할 수 없다. (3) 거기서 전자의 직접성과 후자의 특수성이 후자에 뿌리박고 있는 자기 내 반성에 의해 사유의 보편성으로 지양되어 구체적 내용으로서 나타나게 된 의지가 "즉자대자적으로 있는 의지"로서 참으로 자유이다. "의지는 사유하는 지성으로서만 참된 자유로운 의지이다"[같은 책 21절]. 그것은 "자기 자신을 규정하는 보편성"[같은 절]으로서 "참으로 무한하고"[같은 책 22절] "자기 자신 곁에 있고"[같은 책 23절] "이성적인 것"[같은 책 24절]이다. 이 이성적 의지 역시 3단계로 전개된다.

Ⅱ. 이성적 의지의 3단계. 1) 법적 의지. 이성적 의지는 특수 의지와 보편 의지의 일치이기도 하다. 시민의 특수 의지와 사회의 보편 의지와의 외적인 일치만을 의욕하는 것이 법적 의지이다. 그것은 <합법성(Legalität)>에 대한 의지이다. 하지만 "법의 출발점은 자유인 의지이기 때문에, 자유가 법의 실체와 사명을 이루며"[같은 책 4절], "자유로운 의지의 현존재가 법이다"[같은 책 29절]. 따라서 법(제도)은 각 시민의 자유의 실현과 보장을 목적으로 하지만, 그 보장은 형식적으로 가능한 데 불과하다. 그것이 <추상적인 법(권리)>으로 되는 이유가 거기에 있다. 자유의 실질적인 실현은 개인의 주체성에 맡겨져 있다.

2) 도덕적 의지. 주체적 자유의 실현은 '도덕성'의 영역에서 추구된다. 이 입장에서 요청되는 보편적 형식이 칸트의 정언명령이다. 칸트의 도덕성은 "**도덕법칙이 직접적으로 의지를 규정한다**는 것에 의존하는" 입장이다. 이에 대해서 헤겔은 한편으로 "의지의 인식은 칸트에 의해 처음으로 그 견고한 기초와 출발점을 의지의 무한한 자율이라는 사상을 통해 획득했다"고 높이 평가하지만, 다른 한편으로는 그 관점의 고정화가 "이 획득된 것을 공허한 형식주의로 끌어 내린다"고 비난한다[같은 책 135절]. 헤겔이 인륜의 계기로서 고찰하는 도덕성은 칸트의 그것을 근거로 하고 있음에도 불구하고 그것에 한정되지 않는다. 오히려 헤겔은 이 입장을 근대가 획득한 "주체적 자유의 권리"로서 찬양한다. "주체적 자유의 권리는 고대와 현대의 구별에서 전환점 및 중심점이다. 이 권리는 그 무한성에 있어서 기독교에서 언표되었으며 세계의 일정한 새로운 형태의 보편적·현실적 원리로 되었다"[같은 책 124절]. 또한 헤겔은 도덕적 의지의 양태로서 '기도(Vorsatz)'와 '의도(Absicht)'를 받아들여 둘 다 귀책근거와의 관계에서 문제 삼고 있지만, 전자는 심정윤리의 연관에서, 후자는 책임윤리의 연관에서 고찰하고 있다고 말할 수 있다. 의도의 목적은 복지·행복이며, 이로부터 단순한 요청에 불과한 칸트의 최고선의 사상에 반해서 개인의 주체적 만족이라는 특수성의 권리의 복권이 요구된다. 그러나 이것은 특권이 아니라 주체적 자유의 권리로서 오히려 기본적 인권이다. 여기서 특수성의 개개의 내용은 각 사람의 특성에 따른 사랑과 양심, 시민사회와 정치체제에서의 권리들, 예술·학문·철학 등의 활동들이다[같은 책 124절]. 그것들은 각 개인의 그때그때마다 고유하고 일회적인 특수한 주체적 참여 없이는 구체적으로 현전하거나 현실적으로 참답게 존재할 수 없다. 그런 의미에서 특수성의 권리는 실존의 권리이기도 하다. 나아가 헤겔은 '법(권리)의 계명(Rechtsgebot)'으로서 <하나의 인격이어라, 그리고 다른 이들을 각각 인격으로서 존중하라>[같은 책 36절]를 들고 있다. 이것은 직접적으로는 단지 법인격에 관계되지만, 확대해서는 칸트의 정언명령의 제2정식에, 나아가서는 오늘날의 주체적 자유의 권리에도 관련된다. 또한 도덕적 의지의 양태로서 자의에 불과한 '형식적 양심'이 비판되지만, 헤겔에 있어 "참된 양심은 즉자대자적으로 선한 것을 의지하는 지조이다"[같은 책 137절].

3) 인륜적 의지. 이것은 특수 의지와 보편 의지의 외적인 동시에 내적인 일치이며, 즉자대자적으로 자유로운 이성적 의지의 참된 모습이다. 인륜적 의지의 실현은 "최고의 공동성은 최고의 자유이다"[『차이 논문』 2. 82]라는 명제에서 표현된다. 『법철학』에서 그것은 '국가'에서 구해진다. "국가는…… 자기를 사유하여 알고, 자기가 아는 것을 아는 한에서 수행하는 공공연한, 자기 자신에서 명백한 실체적 의지로서의 인륜적 정신이다"[『법철학』 257절]. 요컨대 "국가는 실체적 의지의 현실성으로서…… 즉자대자적으로 이성적인 것이다"[같은 책 258절]. 그러나 이런 의미에서의 국가는 정치적 체제로서의 국가가 아니라 그것을 가족 및 시민사회와 함께 포섭하는 이념으로서의 국가이다. 이것은 국가권력이 가족을 가족으로서, 시민사회를 시민사회로서 참다운 동시에 현실적으로 존속시키는 한에서 그것을 인정하는 바의 "유로서의 그리고 개개의 국가에 대한 절대적 위력으로서의 보편적 이념"[같은 책 259절]이다. 이러한 연관에서 인륜적 의지는 "세계사의 과정에서 그 자신을 현실화하는 정신"[같은 곳]이다. 나아가 "세계사는 제어할 수 없는 자연적 의지를 단련시켜 보편적인 것[법]과 주체적 자유[도덕]에 이르게 하는 훈육"[『역사철학』 12. 134]이기 때문에, 이상에서 고찰한 의지의 단계들은 세계사의 발전단계에 대응한다고 말할 수 있다. 거기서 의지는 자기 형성(Bildung)과 관련된다. "법에서 특수성은 여전히…… 자연적 의지의 그것에 불과하다……. 마찬가지로 도덕성의 관점에서 자기의식은 아직 정신적 의지가 아니다. …… 인륜적 관점에서야말로 의지는 정신의 의지로서 있으며, 그 자신에 대응하는 실체적 내용을 지닌다"[『법철학』 151절 「보론」]. 헤겔은 이러한 인륜적 의지의 입장을 칸트의 도덕적 의무론에 반해 '윤리적 의무론'이라고 부르는데, 『법철학』의 제3부 '인륜'의 전체가 그것의 체계적 전개이다. "의무가 제한으로서 나타날 수 있는 것은…… 도덕적 의지의 충동에 대해서일 뿐이다. ……[윤리적]의무에서 개인은 자기를 실체적 자유로 해방한다"[같은 책 149절]. 인륜적 의지는 가족・시민사회・국가를 관통하여 각각에게 고유한 의무를 수행한다. 그것을 헤겔은 '정직(Rechtschaffenheit)'

으로서 파악한다. 이 덕은 가족에서는 사랑으로서, 국가에서는 애국심으로서 발휘되지만, "그 참된 인정과 긍지를 획득"하는 것은 '직업단체(Korporation)'에서이다[같은 책 253절]. ⇒자유, 법

【참】 Riedel (1975b), 上妻精 외 (1980), 金子武藏 (1984)

―고바야시 야스마사(小林靖昌)

의학醫學 [Medizin, Arzneikunst, Arzneikunde]

헤겔에 따르면 "의학은 전체로서의 자연의 힘들을 돕는 것에 다름 아니다"[『엔치클로페디(제3판) 자연철학』 372절 「보론」]. 따라서 의학은 질병의 치료가 주된 임무이지만, 헤겔에서는 어디까지나 유기체의 자기 운동을 보조하는 것이 의학의 과제이다. 당시는 브라운 이론에 기초한 의학이 주류였다. "브라운 이론이 의학의 전체 체계라고 말해진다"[같은 책 373절]. 하지만 헤겔이 의학에서 구한 것은 자연치유력에 기초한 치료이며, 그런 한에서 그의 의학관은 인공적인 치료법을 이야기하는 브라운 이론에 반대된다. 나아가 의학은 개개의 질병, 즉 경험적 개별성에 관계하기 때문에 시작과 기초만이 합리적인 데 불과하다. "박물학, 지리학, 의학 등은 현실존재의 규정들, 즉 이성에 의해서가 아니라 외적인 우연과 유희에 의해 규정되는 종류와 구별을 취급하는 데 지나지 않는다"[『엔치클로페디(제3판) 논리학』 16절]. ⇒질병, 브라운 이론

―나가시마 다카시(長島 隆)

의회議會 [Parlament, Stände]

Stände(신분들)이라는 명칭에서 시사되는 것처럼 중세의 신분제 의회에서 유래한다. "이 대의제도(System der Repräsentation)는 모든 근대 유럽 국가들의 제도이다. 그것은 이미 게르마니아의 삼림 속에 있었던 것은 아니라 하더라도 그로부터 생겨난 것이다"[『독일 헌법론』 1. 533]. 그러나 그 대부분은 절대왕제의 확립과 더불어 소멸되고, Parliament라는 이름을 지닌 영국의 신분제 의회만이 근대적 의회로까지 발전한다. 헤겔도

그러한 인식에 입각하여 뷔르템베르크의 민회를 비판한다. 그런데 "의회 고유의 개념 규정은…… [시민사회라는] 영역 자신의 통찰과 의지가 거기서 국가와 관계하여 현현한다는 점에서 구해져야만 한다"[『법철학』301절]. 즉 통치자와 일반 시민을 매개하는 것에 의회의 사명이 있는 것이다. 덧붙여 말하면 만년의 헤겔이 주목한 영국의 선거법 개정을 거쳐 의회제도는 확립되어 간다. ⇒영국

【참】金子武藏 (1984)

―고바야시 야스마사(小林靖昌)

이것 ⇨감성(감각)적 확신

이것인가 저것인가 [Entweder-oder]

"사변적인 것을 알기 위해서는 <이것인가 저것인가> 이외에 제3의 것 결국 <이것도 저것도> 및 <이것도 아니고 저것도 아니다>가 있다는 것을 알지 않으면 안 된다"[『철학사』19. 399]. 회의주의가 '이성은 전체이든가 아니면 부분이든가의 어느 편이다'라는 전제로부터 논의를 진행시킨다는 것을 비판한 이 문장은 헤겔의 사유방법의 핵심을 보여준다. '절대자는 자아다'라든가 '절대자는 존재다'라든가로 말해지지만, "사변철학의 주장은 그와 같이 확정적인 것이 아니다. 사변철학은 그 진리를 명제의 형식으로 표현하지 않는다"[같은 책 19. 393]. 회의주의자는 하나의 철학원리에는 반드시 다른 원리가 대립하기 때문에 '절대자는 ……이다'라고 말할 수 없다고 말하지만, "진리는 무미건조한 <이다>가 아니라 본질적으로 과정이다"[같은 책 19. 380]. 헤겔의 '이것인가 저것인가'는 철학의 근본명제의 관계를 서술하고 있는 것으로서 개인의 선택・결단의 그것을 말하고 있는 것은 아니다. ⇒회의주의, 직접지, 사변

【참】Annas/Barnes (1985)

―가토 히사타케(加藤尚武)

이념理念 [Idee]

헤겔 철학의 근본 개념이다. 원래 17세기에 독일에서의 플라톤주의의 보급에 수반하여 그리스 어 ἰδέα에서 유래하는 라틴 어 idea 내지 프랑스 어 idée로부터의 차용어로서 성립했다. 그러나 그에 대한 헤겔의 철학적 이해에 직접적으로 영향을 준 것은 아마도 초월론적 철학과 플라톤・스피노자적인 전통의 결합에서 성립한 셸링의 이념론일 것이다. 헤겔은 그 영향 아래 스피노자적인 범신론 입장에서 절대자의 형이상학을 구상함과 동시에 이데아를 신의 자기 사유의 내용으로 이해하는 고대・중세적 이데아론의 모티브를 그 구상에 결부시킴으로써 사유적 존재자=이성으로서의 절대자라는 이념의 이해에 도달했다.

Ⅰ. 이념과 철학. 철학은 본질적으로 이념의 학이다. 이것이 헤겔의 근본적 이해이다. 즉 이념이야말로 철학의 유일한 대상이며, 철학의 과제는 이념의 인식에 있다는 것이다. 그러므로 "철학의 목표는 이념을 그 참다운 형태 및 보편성에서 파악하는 것"[『엔치클로페디 강의에 대한 서론』 10. 404]이라고 말해진다. 그러나 그 목표, 즉 이념의 참된 모습의 인식은 그 자체가 철학 체계의 서술로 될 수밖에 없다. 왜냐하면 이념의 인식은 그 본질적 체계성 때문에 이념의 체계에 대한 인식 이외의 것일 수 없고, 그것은 철학 체계의 서술로서 실현되기 때문이다. 그러므로 이것이 헤겔의 근본 이해인 한에서 우리는 논리학・자연철학・정신철학으로 이루어진 그의 철학 체계, 즉 '철학적 학문들의 엔치클로페디'의 전체 속에서 비로소 그가 말하는 이념의 윤곽을 발견하게 된다. 즉 각각의 학의 대상인 논리(로고스)・자연・정신이 헤겔이 이해하는 이념의 외연을 이루는 것이다. 헤겔은 이러한 논리・자연・정신의 전체를 하나의 이념의 전개상으로서 일원적으로 파악하고자 하는 것이다. 그의 철학 체계는 그러한 이념의 전 영역을 관통하는 통일적 구조와 그 근저에 존재하는 의미의 해명을 지향하는 것이라고 말할 수 있다.

Ⅱ. 이념의 구조와 의미. 이념의 근본구조는 이념 전체에 대해서 원형적 의미를 지니는 논리의 영역에 의거하여, 즉 논리학에서 해명된다. 거기서 제출되는

이념의 가장 본질적인 구조란 자기 자신과의 절대적 통일성이다. 즉 그 통일성이 그 통일성의 주체 자신에 의해 정립된다는 의미에서 절대적인 통일성이다. 그리고 이 통일성의 계기임과 동시에 그것을 정립하는 주체인 한에서의 이념이 헤겔이 말하는 개념에 다름 아니다. 요컨대 주체적인 개념으로서 수행하는 자기 부정을 매개로 하여 자기 자신과의 통일성을 정립하는 부정적 자기 매개가 이념의 구조이다. 그리고 철학 체계는 일관되게 이러한 구조로 관철된다고 하는 것이 헤겔의 이해이다. 즉 논리학 전체가 이미 절대적 주체로서의 개념이 순수 논리의 권역에서 수행하는 이념의 부정적 자기 매개의 서술이지만, 나아가서는 논리학·자연철학·정신철학이라는 이념의 체계 전체를 다시 마찬가지의 구조가 관통하는 것이다. 그런데 이념이 이러한 구조를 지니는 근거는 이념이 신의 자기인식의 내용으로서 의미지어진다는 데 놓여 있다. 요컨대 이념의 부정적 자기 매개 구조는 신의 자기 인식의 구조를 보이는 것이다. 그 구조의 난해함은 인식의 주체로서의 신 자신의 절대성에서 유래한다. 생각건대 헤겔이야말로 전통적인 이데아론의 주요 구성 계기인 신의 자기인식이라는 사상에 대해서 아마도 처음으로 본격적인 방식으로 방법적 반성을 가한 철학자인 것이다. ⇒관념론, 지적 직관, 관념성, 플라톤

【참】Heimann (1927), Hartmann (1929), Gadamer (1971a), Lakebrink (1979/85)

―하야세 아키라(早瀬 明)

'이다, 있다' [Ist]

ist(이다, 있다)는 독일어의 동사 sein의 3인칭 단수 현재형으로서 헤겔의 저작에서 가장 빈도수가 많은 용어의 하나이다.

'이다, 있다'에는 'A가 존재한다(A ist)'는 의미로 사용되는 경우와, 'A는 B이다(A ist B)'라는 의미로 사용되는 경우가 있다. 전자가 단적으로 A가 존재한다는 것을 주장하는(존재로서의 '있다') 데 반해, 후자는 주어 A와 술어 B를 결합시키는 계사이다(계사로서의 '이다').

유럽어에서는 양자를 구별하는 것이 가능하지 않기 때문에 철학사에서 양자가 자주 혼동되는 경우도 있었지만, 이미 아리스토텔레스는 존재의 의미들을 고찰하는 가운데 양자를 구별하고 있었다. 헤겔에게 있어서도 '이다, 있다'는 이러한 두 가지 의미에서 중요한 용어로서 사용되고 있다.

(1) '있다'는 존재한다는 의미에서 사용되고 있다. 예를 들면 der an sich seiende Begriff(즉자적으로 존재하는 개념)라는 표현의 seiende는 계사의 의미가 아니라 존재한다는 의미이다. 동사 sein의 명사화에 의해서 표현되는 Sein(존재[유])은 헤겔 철학의 가장 기본적인 범주의 하나로서 『논리학』의 시원을 이루는 것이지만, 헤겔에 있어서는 사유와의 직접적 동일성(존재=사유)에서 파악되고 있다.

(2) '이다'는 A ist B라는 판단의 계사(Kopula)라는 의미를 지닌다. 계사로서의 '이다'는 주어와 술어를 결합하는 것으로서 존재한다는 의미는 아니다. 헤겔은 판단을 개념 그 자체의 근원적 분할(Ur-teil)로서 파악함과 동시에 분할된 항(주어와 술어)이 개념으로서의 동일성을 회복해가는 것을 '계사의 충실'로서 파악했다. ⇒'지닌다'

―이와사 시게루(岩佐 茂)

이데 ⇨이념

이데올로기 [Ideologie]

근대적 의미에서의 이데올로기 개념에는 존재-현실을 파악하고 있지 못한 의식형태라는 함의, 또는 마르크스의 의미에서 본원적으로 사회적 생활-존재에 규정된 사회적 의식형태라는 함의가 있다. 그리고 '공론적', '비현실적'이라는 경멸의 의미를 포함한 용법은 '이데올로그'(관념학파)를 공격한 나폴레옹에서 시작되지만, 어쨌든 헤겔이 이러한 의미에서 이데올로기 개념을 사용한 적은 없다. 원래 프랑스 관념학파의 데스튀트 드 트라시(Antoine Louis Claude Destutt de Tracy 1754-1836)에 의한 이데올로기(idéologie)는 추상적 형

이상학 비판이라는 의미를, 따라서 정신과학들을 인간학, 심리학 측면에서 기초짓는다는 의미를 지니는 것이었다. 헤겔은 이런 의미에 근거하여 "프랑스 인들의 관념학"의 모티브와 J. 로크 내지 근대 스코틀랜드 철학의 모티브의 친근성을 지적한다『철학사』20. 219, 286]. 다만 의식이 학문지로 나아가는『정신현상학』의 각 단계마다 해당 의식형태의 비진실성을 폭로하는 모티브가 있다고 한다면, 거기서 이데올로기와 그 비판 문제를 읽어내는 것도 가능할 것이다.

—다키구치 기요에이(瀧口淸榮)

이론理論 [Theorie]

헤겔의 '이론(Theorie)'이라는 용어에는 어원인 그리스 어 "Theoria"가 본래 지니는 <봄>, <관조>라는 의미가 강하게 울리고 있고, 특히 '실천(Praxis)'과 대비되는 대상과의 모종의 관계방식을 의미한다. '이론적'인 것 또는 '이론적' 태도란 관계를 지니는 상대 사물을 자립적인 존재로서 전제하고, 사물에 대한 이러한 일종의 신앙 아래서 올바른 인식을 위해서는 주관 측의 능동적인 활동(상상, 믿음, 편견 등)을 배제하고 순수하게 수동적인 활동(감각, 지각, 관찰 등)에 자신의 활동을 제한해야만 한다고 생각하는 인식의 자세를 말한다. 그러나 헤겔에 따르면 이러한 '이론'적 태도는 자기모순을 포함한다. 왜냐하면 '이론'적 인식에서 수용된 감성적 소여·관찰 결과가 단순한 찰나적·개인적 체험에 그치지 않고 상호주관적으로 타당한 객관적인 인식으로까지 높아지기 위해서는 사유 기능인 지성의 손에 맡겨져 개념적·보편적 한정을 받아야만 하지만, 그러나 이러한 한정에 의해서 지각에서 개별로서 존재하는 대로 파악되었어야 할 것이 보편적인 것으로서는 오히려 주관 측에 속하는 것으로 생각되어야만 하는 것이 되기 때문이다. 이러한 모순은 '실천'에서 대상의 불가침성의 폐기를 통해 극복된다. 헤겔은 그가 생각하는 참된 '개념'적 파악의 입장 또는 '이념'을 '이념'으로서 파악할 수 있는 입장을 '이론'적 태도와 '실천'적 태도의 이러한 통일 속에서 발견하고 있다. '이론'의 이러한 한계성은 '이념'과 '개념'적 파악에 관계하는

다양한 장면에서 문제로 된다. 예를 들면 자연철학은 자연의 '개념 파악하는 인식(das begreifende Erkennen)'이지만, 이것은 자연에 대한 '이론적 태도'와 '실천적 태도'의 통일이다. 또한 '미(das Schöne)' 즉 '이념의 감성적 드러냄'도 이러한 통일에서 비로소 그것으로서 파악될 수 있다[『엔치클로페디(제3판) 자연철학』246절;『미학』13. 153-155]. ⇒실천, 개념, 미, 관찰

【참】Riedel (1965)

—마쓰모토 마사오(松本正男)

이론적 자아理論的自我 ⇨자아

이론적 정신理論的精神 ⇨심리학

이름(명명)——(命名) ⇨언어

이상理想 [Ideal]

이상이란 플라톤의 이데아, 아리스토텔레스의 에이도스에서 연원을 지니는 '이념(Idea)'의 형용사형의 명사화. 1760년 경 라틴 어 ideale(전형적, 모범적이라는 뜻)에서 독일어로 조어되었다. 1775년 경 이미 유행어가 되었으며, 빌란트(Christoph Martin Wieland 1733-1813)가 우선은 미적인 의미에서, 이어 칸트와 실러가 윤리적인 의미에서 이를 사용한다.

헤겔에 따르면 '개념론'은 주관적 개념, 객관, 양자의 통합으로서의 이념의 삼단계를 지니지만, 거기서 이념이란 "즉자대자적으로 참이고, 개념과 객관성의 절대적 통일"[『엔치클로페디(제3판) 논리학』213절]이라고 규정된다. 이 점에서 플라톤의 이데아는 아직 추상적 보편성, 참된 즉자존재에 머물고 있다.

이념이 지니는 실재적인 모습은 사유에 의해서 관찰될 뿐이지만, 이상은 실존하는 것으로서 현실화되고 형태화된 구체적인 이념이다. 한편으로 이상은 어디까지나 개념의 영역에 속하며, 보편적이다[『미학』13.

203ff.].

이 점에서 이상은 이념이 실재화된 것이면서도 그 실재적인 모습에서는 단순한 외면성의 측면을 토해내고 내면성에로 돌아오게 된다. 자연은 이상화(idealisieren) 되어야만 한다. '관념적(ideell)'은 이념 이전의 개념의 주관적 통일의 존재방식을 가리킨다.

헤겔에 따르면 예술은 자연의 모방이 아니며, 자연미 역시 불완전하다. 예술이란 빙켈만 등에 따라서 자연의 불완전성을 불식하고 그 형태를 이념에 적합한 것으로 하는 자연의 이상화(Idealisieren)에 다름 아니다.

미는 이념의 감성적 현현(das sinnliche Scheinen der Idee)[같은 책 13. 151]이며, 이상의 별칭이다. 정신이 자기를 벗어나 외부의 대상들에 몰입하고 자기를 외부의 소산에서 표현할 때 예술작품이 산출된다.

이상은 상징예술과 낭만적 예술의 중간에 위치하는 고전예술의 내용과 형식을 규정한다. 고전예술의 이상은 인간적인 것을 그 보편적인 모습과 특수한 모습 모두에서 내용 및 형식으로 삼는다는 점에서 특히 고전적 이상이라고 불린다. 예술 장르로서의 조각이 이 고전적 이상에 어울린다.

―가나타 스스무(金田 晉)

이성 理性 [Vernunft]

이성 개념은 헤겔 철학의 핵심을 이루고 있다. 헤겔의 이성 개념은 언제나 역사적・현실적으로 존재하는 것과 결부되어 역사와 현실 속에서 있으면서 다양한 문화와 제도를 산출해온 필연의 논리와 같은 것을 함의한다. 또한 동시에 이성은 이와 같은 필연성을 파악하는 것이며, 그런 의미에서 주관적 규정으로서 인간의 사상을 나타낸다. 자유로운 인간 정신이 지니는 사상과 사물과 세계의 필연적인 본질은 둘 다 동일한 이성의 규정태로서 생각되고 있다. 그런 한에서 인간의 사유는 이러한 필연적 본질을 발견하고 파악할 수 있으며, 또한 파악해야만 한다. 따라서 "존재하는 바의 것을 개념에서 파악하는 것이 철학의 과제이다. 왜냐하면 존재하는 바의 것은 이성이기 때문이다"[『법철학』 서문 7. 26]라고 말해진다. 이와 같은 이성 개념의 형성 배경에는 특히 칸트 철학과의 이론적 대결과 프랑스 혁명을 이성의 실현으로 간주하는 역사적 관점이 놓여 있다.

Ⅰ. 이성의 능력. 현실의 세계는 주관과 객관, 특수와 보편, 하나와 다양한 것이 모순・대립하면서 존재하는 세계이다. 이성은 이것을 이로정연하게 정리하여 통일적으로 파악해야만 한다. 헤겔은 칸트의 범주의 연역론에서 주관적 자아와 객관적 세계를 성립시키는 근원적 동일성이 이미 이성으로서 제시되어 있다고 생각한다. 그러나 헤겔에 따르면 그 동일성은 '있어야만 하는 것'에 머물고 있는 형식적 동일성이며, 따라서 이 이성은 이성의 형식성이 주어져 있을 뿐으로 실재성을 갖지 못하고, 실재이고자 하면 지성적으로 다루어지게 된다. "이러한 사유는 다시 지성이자 경험적 감성에 대립한 것으로 되고 있다"[『신앙과 지식』 2. 315]. 지성이 절대적으로 고정화되면 형식 동일성에 다양성이 절대적으로 대립하게 된다. 실재적 세계로부터 괴리된 이성에 대한 비판은 헤겔의 기본적 관점이다. 헤겔은 칸트에서의 감성, 지성, 이성이라는 구별을 유동화한다. 이성의 과제는 지성에 의해서 고정되고 고립화된 정태적 세계를 부정하고 이에 살아 있는 동적 통일성을 부여하는 것이다. "지성은 규정하고 그 규정을 고정한다. 이에 반해 이성은 지성의 규정들을 무로 해소하는 것이기 때문에 이성은 부정적이며 변증법적이다"[『논리의 학』 5. 16]. 이성은 모순・대립하는 존재의 세계 속을 헤쳐 나가며 이로(理路)를 열어간다는 점에서 운동이자 또한 투쟁이다.

Ⅱ. 이성과 현실. 헤겔은 1817년에 프랑스 혁명에 관해 그것은 이성을 억압해온 많은 특권과 실정법에 대한 이성의 투쟁이며, 그 후의 25년간은 이성의 이념이 실현되기 위한 "박격포", 시련의 시대였다고 말하고 있다[『뷔르템베르크 민회 토론』 4. 506ff.]. 자기를 실현하는 이성의 저항하기 어려운 <역사의 힘>에 의해서 현실은 그 본래의 형태에 도달한다는 것이 헤겔의 <현실> 이해이다. 따라서 헤겔은 "이성적인 것은 생기해야만 한다"[『법철학 강의(반넨만)』 134절 S. 192]고 말하는 것이다. 이성은 신적인 것이나 당위가 아니며 현실에 내재하고 현실 속에서 생기한다. "존재해야만

하는 것은 사실에 있어서 존재하는 것이며, 다만 존재해야만 한다는 데 머물러 존재하는 것이 아닌 것은 결코 진리가 아니다"[『정신현상학』 3. 192]. 이성과 현실의 관계는 현상하는 것으로서만 존재하는 본질의 발현이 현상이라고 하는 본질과 현상의 관계와 마찬가지로 안과 밖의 관계인바, 그것들은 일체를 이루고 있다. "이성적이라고 하는 것은 추상적으로 고찰하면 일반적으로 보편성과 개별성이 서로 침투하여 일체를 이룬다고 하는 것이다"[『법철학』 258절]. 『법철학』 서문의 "이성적인 것, 그것은 현실적이고, 현실적인 것, 그것은 이성적이다"라는 말과 "이성적인 것은 현실적으로 되고, 현실적인 것은 이성적으로 된다"[『법철학 강의(19/20)』 51]는 말은 이러한 의미에서 말해지고 있다. 현실 속에 숨어 있는 이 이성을 인식하고 발견하는 것이 자각적인 정신으로서의 이성의 과제이다. 그리고 이것은 동시에 인간이 자기의 이성을 자각하고 이것을 풍부하게 해가는 것이기도 하다. 『정신현상학』은 이성의 자각 과정의 서술이다.

III. 『정신현상학』의 이성. 이성은 넓은 의미에서는 절대지도 포함하지만, 다른 한편 절대지에 이르는 의식 발전의 하나의 특수한 계기이기도 하다. 이성은 <의식>으로부터 <자기의식>에로 경험을 쌓아 보편성으로까지 향상된 자아지만, 이러한 이성의 입장은 세계에 대한 새로운 태도의 주장이다. 헤겔은 이러한 이성의 태도를 "이성은 모든 실재라는 확신이다"[『정신현상학』 3. 179, 181]라고 말하고 있다. 나아가 그는 <이 세계는 자기다>라는 확신을 '관념론의 태도'라고 말한다. 관념론(이성의 철학)은 역사철학적으로는 근대의, 특히 칸트, 피히테의 입장이지만, 그러나 이들의 이성이 자기형성이라는 도정을 결여하고 자기의 근거를 전개할 수 없으며 무매개한 직접적인 이성인 한에서 그 이성은 단순한 '확신'에 지나지 않는다. 그러나 이성은 결코 당위에 의해 현혹되는 것이 아니라 실재성을 지닌다는 확신 아래 존재 속에서 자기 자신을 추구하고자 하는 '이성본능(Vernunftsinstinkt)'을 지닌다. 참된 관념론(이성의 철학)은 세계=자기의 확신에 시련을 부여하고 본능을 실재의 인식으로까지 높이는 것이다. 그러므로 이성은 세계 속에서 자신의 본래적인 내용을

발견하고자 세계인식에 착수해야만 한다.

이성은 우선 '관찰하는 이성'으로서 세계를 관찰함으로써 거기서 자기 자신을 발견하고자 하며, 이어서 '행위하는 이성'으로서 사회 속에서의 다양한 실천을 통해 자아를 주장하고 자기를 실현하고자 한다. 이러한 경험을 통해 이성은 자신의 자유와 행복이 조화된 사회생활 속에서만 있을 수 있다는 것을 깨닫게 된다. 나아가 조화는 고대 그리스의 인륜에서 보이는 무자각적인 것이 아니라 근대적 주관성의 지를 매개로 한 자각적인 조화이어야만 한다. 그것은 칸트 철학에서 보이는 보편적 이성의 입장이다. 헤겔은 칸트의 자기 입법적 이성에 해당되는 것을 '법칙을 부여하는 이성(Gesetzgebende Vernunft)', 법칙을 음미하고 검사하는 도덕적 이성을 '법칙을 검증하는 이성(Gesetzprüfende Vernunft)'이라고 부르지만, 그러나 헤겔에 따르면 "무매개적인 입법[법칙을 부여하는 이성]은 자의를 가지고서 법칙이 되게 하고, 인륜을 가지고서 자의에 대한 복종이 되게 하는 바의 폭군이다. 마찬가지로 [……] 법칙들의 음미[법칙을 검증하는 이성]도 절대적인 법칙들로부터 떨어져 자유롭게 이치추론을 행하고, 법칙들을 자신에게는 무관계한 자의라고 간주하는 지의 오만을 의미한다"[『정신현상학』 3. 320, 324]. 이리하여 이성은 자기의 개별성을 폐기하고, 자기를 인륜적 세계의 살아 있는 실체인 정신으로 아는 데 이른다.

IV. 이성신학. 헤겔의 근대 이성 비판은 종교 영역에서는 이성신학의 비판이 된다. 이성신학은 계몽주의의 이성의 도움을 빌려 성서를 해석하는 신학이다. 그것은 자유로운 인식으로서 교회의 교의에 대치하지만, 그러나 그것은 말 풀이와 훈고로 시종일관하는 "단지 지성적인 이성신학"[『종교철학』 16. 40]이다. "사실을 말하자면, 계몽의 이성신학은 신을 최고의 본질로서 파악함으로써 신을 공허한 것으로 만들고 빈곤한 것으로 만든 것이다"[같은 책 16. 37]. ⇒칸트, 지성

【참】 Hyppolite (1946), Marcuse (1954), Henrich (1983)

—미즈노 다츠오(水野建雄)

이성본능理性本能 ⇨**이성**

이성신학理性神學 ⇨이성

—미즈노 다츠오(水野建雄)

이성의 간지奸智 [List der Vernunft]

헤겔은 역사를 현실 세계에서 인간의 행위들이 축적되는 것이라고 생각하지 않고 오히려 이성이라는 보편적 이념이 자기의 목적을 실현하는 과정이라고 생각한다. 그리고 이 목적 실현을 위한 방법을 헤겔은 이 '이성의 간지'라는 말로 표현했다. 역사는 '자유 의식의 진보'이며, 그 궁극목적은 세계에서의 자유의 실현이다. 자유의 실현은 확실히 특수한 관심과 정열에 기초한 인간의 행위에 의해서 실현되지만, 그 결과는 인간의 원망과 의도와는 다른 양상을 드러내는 것이어서, 역사는 인간의 행위로부터 독립된 자립적 운동을 전개한다. 이러한 모순을 헤겔은 역사의 배후에 자리 잡고 있는 이성이 스스로는 침해됨이 없이 인간의 정열을 제멋대로 활동시켜 자기의 목적 실현을 위한 수단으로 하고 있는 것이라고 설명하고, 인간도 전체의 한 계기에 불과한 것으로서 역사의 필연성이 관철되는 것을 역사의 본래적 과정이라고 간주했던 것이다.

일반적으로 이성의 간지는 주관적 목적이 어떤 객관에 관계하여 자기의 힘을 실현하는 방법이다. 다만 그 목적이 직접 다른 객관을 수단화하여 규정하는 **직접적 관계**에서는, 목적과 객관이 자립적인 다른 본성을 지니는 한에서, 그 규정 방식은 폭력처럼 보일 수 있고, 또한 그 직접적 관계에서 목적이 객관의 외면성에 맡겨지는 경우에는 목적의 규정 자체가 우연성에 맡겨진다. 이성의 간지는 이와 같은 객관과의 직접적 관계에서 객관을 폭력적으로 강제하는 것이나 단지 객관에 자기를 위탁하여 우연성에 맡기는 것이 아니다. 간지가 간지인 까닭은 "자기와 객관 사이에 다른 객관을 삽입하는 것"[『논리의 학』 6. 452]에 놓여 있는바, 다시 말하면 "자기는 과정에 들어가지 않고서 이러저런 객관을 그것들의 본성에 따라 서로 작용하고 지치도록 활동하게 하여, 더욱이 다만 자신의 목적만을 실현하는 매개적 활동에 놓여 있는 것이다"[『엔치클로페디(제3판) 논리학』 209절 「보론」]. ⇒목적론, 역사, 정열

이성의 요청理性─要請 ⇨요청

이슬람 [Islam]

7세기 전반에 서양에서 구체적 정신에로의 순화가 요구되었을 때 동양에서는 추상적 정신에로의 순화가 돌연히 빠르게 시작되었다. 이것이 이슬람교이다[『역사철학』 12. 428]. 이 동양의 혁명은 오직 추상적인 일자를 절대적 대상, 유일한 궁극목적으로 하여 이 일자에게 현실을 복종시키려는 의도를 지녔으며, 모든 특수성과 의존성을 타파하고 보편성과 순수성을 실현하고자 했다. 이것은 "추상의 지배"[같은 책 12. 431]였다. 현실세계에는 확고한 것이 아무것도 없고, 모두가 활동적이고 역동적으로 세계의 무한한 광야로 사라지며, 모두를 결합하는 끈은 일자의 숭배일 뿐이라고 생각되었다. 로베스피에르(Maximilien François Marie Isidore Robespierre 1758-94)에게서는 '자유와 공포'가 원리였지만, 여기서는 '종교와 공포'가 원리로 되었다. 이것은 확실히 광신이다. 그러나 이 광신은 어떤 것에도 방해받지 않고, 어디에서도 한정되지 않으며, 아무것도 전혀 필요로 하지 않는 추상적인 열광이었다[같은 책 12. 432]. 마호메트(Muḥammad 570-632)는 예언자지만, 어디까지나 인간으로서 인간의 약함을 극복하지 못한다. 이슬람교의 대상은 순수하게 지적인 것이기 때문에 일체의 우상이 부정되었다.

이슬람교는 동양의 범신론이지만, 인도보다는 고차적이며, 주관적으로는 좀더 자유롭다[『미학』 13. 473]. 모든 것이 코란 안에 있다고 하여 도서관이 파괴된 적도 있었지만, 나중에는 칼리프의 궁전을 중심으로 시와 학문이 번성했다.

이슬람교의 기원은 622년으로 마호메트가 메카에서 도피했을 때 시작되었다[『역사철학』 12. 430]. 이슬람교도는 오지에 들어가는 기술을 유럽인보다 좀더 습득하고 있었으며, 이슬람교는 흑인을 일정 정도의 문화에 다가서게 하는 유일한 것으로 생각될 수 있다

[같은 책 **12**. 122]. 그러나 이슬람교는 아시아와 아프리카로 쫓겨나 이미 아주 오래 전에 세계사의 무대로부터 모습을 감추고 동양의 유유자적과 평온 가운데로 물러났다[같은 책 **12**. 434].

—시바타 다카유키(柴田隆行)

이신론理神論 [Deismus]

자연종교는 근대에서는 지성과 관계하는 한에서 형이상학적 종교라고 불린다. 그것은 또한 이신론의 것이라고 헤겔은 생각한다[『종교철학』 **16**. 259]. 일반적으로 기독교의 신관은 인격신론이라고 말해지지만, 이것은 역사적으로는 삼위일체신론이라는 모습을 취했다. 그러나 이신론은 이러한 인격신을 인정하지 않는다. 그것은 신을 단순한 지성 개념으로 삼고 이것을 단순한 추상체라고 생각한다. 이와 같은 사고방식은 원래 계몽의 것인데, 계몽은 신앙의 절대 실재를 추방하고 단순한 지고존재를 인정하는 데 불과했다. 그런 의미에서 이신론은 계몽의 하나의 결과이며, 신의 인식을 부정한다. 이와 같은 인격신을 인정하지 않는 종교를 헤겔은 『종교철학』에서 "지성적 종교"[**16**. 259]라고 부르며, 이것이야말로 이신론이라고 말한다. 또한 헤겔은 이신론이 루소와 볼테르에 의해서 보편적인 사유방법으로 높여져 독일에 도입되게 되었다고 지적한다[『베를린 저작집』 **11**. 278].

—이와나미 데츠오(岩波哲男)

이야기 [Geschichte]

Geschichte(역사)는 한편으로 res gestas, 즉 행위와 일어난 사건 그 자체라는 객관적 의미와, 다른 한편으로 historiam rerum gestarum, 즉 행위와 일어난 사건의 기록, 역사이야기(Geschichtserzählng)라는 주관적 의미를 지니고 있다[『역사철학』 **12**. 83 참조]. 일반적으로 역사는 종교와 국가와 더불어 국민정신의 구성계기를 이루지만, 그에 부응하여 이야기로서의 역사도 종교와 국가에 있어 불가결한 요소를 이룬다. 이야기는 우선 종교, 특히 상상력의 종교에서 필요하게 된다. 왜냐하면 종교는 이성에 의해서 이해될 뿐 아니라 민중의 심정과 상상력에 호소하는 것이 아니라면 참으로 주체적이 될 수 없기 때문이다. 이를 위해서 종교는 "신화"[『민중종교와 기독교』 **1**. 37]와 "전설"[같은 책 **1**. 94], "종교적 이야기"[『기독교의 실정성』 보고 **1**. 199]와 결부될 필요가 있다. 그러나 이때 이야기가 습속을 달리 하는 타민족에서 유래하는 것이었거나 특권적 신분의 전유물인 경우 "역사적 신앙"[『민중종교와 기독교』 **1**. 93]은 오히려 민중의 이성의 자율을 훼손하게 된다. 또한 역사 이야기는 헤겔의 경우 국가의 성립과 더불어 생기는 것으로 간주된다. 왜냐하면 공동체가 국가로 높여지고, 그때마다의 주관적인 명령만으로는 해결되지 않고 법률과 보편적인 규정을 필요로 하게 될 때 "분별이 있고 그것 자신에서 확고하며 그 결과에서 영속적인 행위와 사건의 기록과 그에 대응하는 관심"[『역사철학』 **12**. 83]이 생기고, 국가는 "과거의 의식을 필요로 하기"[같은 책 **12**. 84] 때문이다. 오히려 '객관적 역사' 자체가 국가와 더불어 성립하는 역사이야기와 분리될 수 없다. "국가가 비로소 역사의 산문에 있어 상응하는 내용을 가져올 뿐 아니라 동시에 역사 그 자체를 만들어낸다"[같은 책 **12**. 83]. '역사적인 것'이 시작되는 것은 본래 '시와 예술'로 귀착되는 '영웅시대'가 끝나고 "생활의 확고한 산문이 현실의 상태에서나 그 파악과 서술에서 현존하게 될"[『미학』 **15**. 258] 때이다. ⇒ 역사

【참】 Rebstock (1971)

—구보 요이치(久保陽一)

이오니아학파—學派 [Ionien]

헤겔은 자연을 원리로 하는 동양사상을 계승하면서도 정신을 원리로 하는 서양사상에로의 이행을 위해 노력하는 고대 그리스 철학에 의해 본래적인 철학의 역사가 시작된다고 생각한다. 그 시작점은 물론 탈레스(Thalēs BC 640(624)경-546경)를 시조로 하는 이오니아 지방의 자연철학자들, 즉 이오니아학파이다. 만물의 근원을 물로 삼아 자연의 다양성과 변화 속에 있는 통일적이고 불변적인 근원적 실체에 대한 물음을 처음

으로 제기함으로써 신화적 세계관으로부터 철학에로의 비약적인 발전을 이룩한 탈레스는, 헤겔에 의해서도 감성적 지각을 벗어난 사유의 추상에 의해 유일한 물질적 원소를 절대적인 것으로 정립했을 뿐만 아니라 "일자가 본질, 참된 것, 오로지 즉자대자적으로 존재할 뿐인 것이라는 의식에 도달하고 있다"[『철학사』 18. 203]는 점에서 신들에 관한 호메로스적 공상을 가라앉히고 "정신의 위대한 대담함"[같은 곳]을 보여주었다고 평가된다.

그러나 탈레스 이후에 일치감치 개별적 원소를 버리고 이들 원소의 근원에 있는 '무규정(무한)적인 것'을 원리로 삼은 아낙시만드로스(Anaximandros BC 611-546 이후)와 공기라는 감성적 물질로 되돌아가면서도 이것을 매체로 하는 소우주(인간의 영혼)와 대우주와의 연관, 공기의 희박화와 농후화라는 밀도의 양적 변화에 의한 질적 피규정성을 설파한 아낙시메네스(Anaximenēs BC 585-28 경)를 포함하는 이 이오니아학파의 유물론적인 자연철학에 대한 헤겔의 평가는 결코 높지 않다. 왜냐하면 헤겔에 따르면 그들의 발상과 원리는 여전히 감성적·물질적 자연을 벗어나지 못한 채 대체로 추상적이고 빈약한 규정에 머물러 있을 뿐만 아니라 비물질적·정신적인 것의 중요성을 간과함으로써 자연의 운동의 원리·목적·활동성을 고려하지 못한다는 결함을 지니고 있기 때문이며, 그 자신의 말로 하자면 "절대자가 자기를 규정하는 것으로서 파악되지 못한 죽은 추상체에 불과"[같은 책 18. 218]하기 때문이다. 이리하여 이오니아학파 이후의 철학사는 헤겔에 의하면 직접적인 자연규정을 벗어나 좀더 관념적인 원리로 이행하고 발전하는 과정으로서 특징지어진다.

【참】 Farrington (1944), Guthrie (1962)

―오쿠타니 고이치(奧谷浩一)

이원론二元論 [Dualismus]

헤겔이 이원론이라는 말을 사용할 때, 그것에는 과거 철학자의 기본사상을 평가하는 경우와 논구되어야만 하는 사태에 관해 말하는 경우의 두 가지가 있다.

전자에 관해서는 예를 들어 피히테와 야코비에서 이원론은 절대적인 그것으로서 원리이다[『신앙과 지식』 2. 411 참조], 칸트의 "형식적 관념론은 이원론이다"[같은 책 2. 314]라고 말하는 것이 그것이며, 후자에 관해서는 "현존재는 차이의 영역, 이원론의 영역이다"[『논리의 학』 5. 174], "의식은 현상한다, 또는 이원론이다"[같은 책 5. 175], "유한자와 무한자의 이원론"[『종교철학』 17. 474]이라고 말하는 것이 그것이다. 그러나 어느 경우이든 헤겔의 최대의 관심은 이 이원론을 극복하는 것에 있었다. 예를 들면 예나 초기의 '동일성과 비동일성의 동일성'이라는 절대자관, 『정신현상학』에서의 '의식과 대상성의', '개별성과 보편성의', '자기와 존재의' 통일이라는 과제, '논리학'에서의 '존재'와 '본질'의 '개념'으로의 지양 등과 이것은 헤겔 철학에 일관되어 있다.

이러한 이원론의 극복과 관련하여 헤겔은 대립하는 것의 한편을 잘라낸다든지 양자의 대립을 단순히 부정하여 양자를 그대로 통일하는 방식을 취하지 않는다. 예나 초기에 이미 헤겔은 다음과 같이 말하고 있다. "동일성이 인정되는 것과 마찬가지로 분리도 인정되어야만 한다. …… 절대자에서는 대립정립의 활동과 동일이라는 것이 동시에 존재한다"[『차이 논문』 2. 96]. "철학의 과제는 …… 존재를 무 속에서 생성으로서, 분리를 절대자 속에서 그 현상으로서, 유한한 것을 무한한 것 속에서 생명으로서 정립하는 것이다"[같은 책 2. 25]. '자'란 분리하는 활동으로서의 '반성(Reflexion)'에 의해서만 가능한 이상, 단순한 (무매개적) 통일에 의해서는 지의 가능성이 배제되어버리기 때문이다. 이와 같은 사고방식이 『정신현상학』에서의 '실체=주체설', 그리고 '변증법'에로 발전해가는 것이다. ⇒철학, 절대자·절대적인 것, 변증법

【참】 Fischer (1973)

―도다 히로키(戶田洋樹)

이유율理由律 ⇨**근거**

이율배반二律背反 [Antinomie]

안티노미, 즉 이율배반이란 "동일한 대상에 관해서", "동등한 정당성 및 동등한 필연성을 가지고 주장되는" "서로 대립하는 두 개의 명제"이다『엔치클로페디(제3판) 논리학』 48절]. 예를 들어 "세계에는 시간적인 시원이 있고, 또한 공간적으로도 세계는 한계지어져 있다"는 명제(정명제)와 "세계에는 어떠한 시원도 공간적인 한계도 없으며, 시간에 관해서든 공간에 관해서든 세계는 무한하다"는 명제(반대명제)와의 양립이 대단히 유명한 칸트의 이율배반론에서 논의되는 첫 번째 이율배반이다『순수이성비판』 A 426=B 454, A 427=B 455].

이러한 칸트의 이율배반론, 혹은 일반적으로 이율배반 개념 그 자체는 특히 이른바 예나 시기 이후 헤겔에게서 결정적으로 중요한 의미를 지녔다. 왜냐하면 이 시기에 헤겔은 이율배반이야말로 "앎과 진리의 형식적이긴 하지만 최고의 표현"이라고 쓰기에 이르기 때문이다『차이 논문』 2. 39].

앎과 진리는 본래 이율배반 형식에서 성립한다는 테제를 헤겔은 이『차이 논문』에서 다음과 같이 근거짓고 있다. 즉 앎과 진리의 가장 기본적인 표현형식인 A=B라는 '동일성'의 형식(전형적으로는 자연과학의 법칙 등)은 A와 B와의 '동일성' 외에 양항의 '대립', 결국 바로 A와 B라는 양항의 <비동일성>을 근본적인 요소로서 포함하고 있다는 것이다.

일반적으로 우리의 경험적인 앎이란 서로 다른 두 개의 사항 A, B가 모종의 형태로―예를 들어 인과관계에서―관계지어진다는 점에서, 그리고 최종적으로는 양자가 '동일성'(A=B)에서―결국 과학의 법칙들에서처럼―파악된다는 점에서 성립한다. 따라서 우리의 앎 혹은 진리란 원래 '동일'인 것의 '동일성'인 것이 아니라, 원래 <비동일>인 두 개의 사항의 '동일성'인 것이다. 바로 그렇기 때문에 앎의 성립에는 경험 또는 실험이 불가결한 것이다.

여기서 헤겔은 앎과 진리의 근원적인 이율배반을 발견한다. A=B라는 앎이 A≠B라는 근본적인 비동일성 위에서 성립하고 있는 한, 그 앎의 <부정성>이 그 앎 자체 속에 포함되어 있는 것이다. 그런 까닭에 A=B라는 앎(정명제)에서는 원리적으로 A≠B라는 이 앎의 부정(반대명제)이 언제나 "동등한 정당성 및 동등한 필연성을 가지고 주장될" 수 있는 것이다.

이 이율배반이 헤겔이 말하는 '모순'이다. 앎과 진리를 고정적으로 파악하는 것은 단순한 '지성'의 앎이다. 이에 대해 '이성'의 '사변적인' 앎, 결국 본래의 앎, 본래의 진리란 항상 앎을 이율배반, 결국 '모순'에서 파악하는 것이며, 나아가 언제나 이 이율배반을 넘어서는 데서 새로운 앎이 성립한다는 저 '변증법적인' 앎의 운동 그 자체이다. ⇒모순, 배중률

―다카야마 마모루(高山 守)

이젤린 [Isaak Iselin 1728. 3. 17-82. 6. 15]

스위스의 철학자·역사가. 그의 역사·사회관은 특히 슈투트가르트 시대의 헤겔에게 영향을 주었다. 이젤린은 그의 저서『인류의 역사에 관한 철학적 추측(Philosophische Mutmaßungen über die Geschichte der Menschheit. 1764)』에서 인류의 역사에서 충동의 지배적 역학에 관해 서술했다. 그에 따르면 '완전성에 대한 충동'이 인간을 동물로부터 구별하며, 인간의 상태 변화의 근거를 이룬다. 이 변화가 인류의 역사를 형성한다. 이 충동이 인류의 역사에서 위대한 행위를 낳는 것이다. 그 가운데 지배적인 것은 '솔직한 동시에 계몽된' 충동이 아니라 '성급한 동시에 거의 기계적인' 충동이다. 그 두 충동의 구별은 지배자 부분과 다른 부분으로 분열된 상황으로 국가가 변화된 것과 관련된다. 헤겔도 이젤린과 마찬가지로 지배자 부분이 그들의 고유한 이익을 공공의 복지에 대립시켜 충동을 이기적인 것으로 전락시키는 사회의 분열된 상황에서 충동의 변화의 근거를 구했으며, 계몽적 이성의 입장에서 이 상황을 비판했다『그리스 인과 로마 인의 종교에 대하여』 1787]. 나아가 남성에 의한 여성의 지배에서 주인과 노예 관계의 발생을 보는 이젤린의 견해가 이 관계에 대한 헤겔의 견해에 영향을 주었을지도 모른다는 해석(호프마이스터Johannes Hoffmeister 1907-55)이 있다. ⇒충동

【참】 Hoffmeister (1936), Ripalda (1977)

—고즈 구니오(幸津國生)

이중의 가현二重─假現 ⇨반성

이중화二重化 [Verdopplung]

헤겔의 철학에는 독특한 이중구조가 뿌리내리고 있다. 왜냐하면 헤겔은 그것 자체에서 그 자체로서 존재하는 그러한 절대적인 자체 존재를 일반적으로 인정하지 않기 때문이다. 즉 헤겔에 따르면 존재하는 것은 일반적으로 그것 아닌 <다른 것>과의 매개에 의해서, 다시 말하면 <자기>와 <타자>의 <이중화>에서 비로소 그것으로서 존재하는 것이다. 예를 들면 <빨강>은 <빨강> 아닌 <다른 색>에 의해서(같은 차원에서의 이중화), '본질'은 우리에게 직접 주어지는 '본질' 아닌 소여들 즉 '현상'에 의해서(차원이 다른 이중화), '주관'은 '객관'에 의해서, '객관'은 '주관'에 의해서(작용을 매개로 한 이중화) 매개되어 각각인 것이다.

이러한 <이중화>의 사상이 헤겔 철학에서의 가장 중요한 개념들, 예를 들면 '모순'이나 '절대적 부정성'과 직접 관계된다. 왜냐하면 모든 것이 그것 자체에서 바로 그것이지 않다고 하면, 모든 것은 그것 자체 안에 바로 그것인 것의 '부정성'을, 즉 그것의 '죽음'을 품고 있기 때문이다. 즉 어떤 것이 A라고 하면, 그것 자체에서 이미 동시에 비-A이기도 한 것이다.

이러한 <이중화>에 관련하여 헤겔 자신의 서술을 잠깐 살펴보면 다음과 같다. 즉 '자연법칙'과 '법률'과 같은 일반적으로 '형식'은 그것 자체에서 그것으로서 존재하는 것이 아니다. 오히려 그것들은 <자연>과 <사회> 그 자체라는 '내용'과의 관계에서 이것들에 매개되어 그것으로서 존재한다. 그러나 다른 한편 <자연>과 <사회> 그 자체도 그것 자체에서 그것으로서 존재하는가 하면 그렇지 않으며, 그것들도 '자연법칙'과 '법률'이라는 '형식'에 의해 매개되어 그것으로서 존재한다. 이리하여 <자연>과 <사회>는 그것 자체에서 '이중화'되어 있다. <자연>과 <사회>는 이러한 '이중화(된 것)'의 끊임없는 '전도'(매개)에서 '절대적인 상호

관계'로서 존재하는 것이다『엔치클로페디(제3판) 논리학』 133절].

—다카야마 마모루(高山 守)

이집트 [Ägypten]

Ⅰ. 스핑크스로 상징되는 '수수께끼의 나라'. 스핑크스야말로 이집트 정신의 상징이라고 헤겔은 말한다. 그것은 자연적인 것으로부터 벗어나기 시작하고 있지만, 아직 벗어나 있지는 않다. 거기서는 정신적인 것의 의미가 해결되어야만 하는 과제(또는 수수께끼)로서 내걸려 있다. 자연 속에 몰입한 정신과 그로부터 해방되고 싶어 하는 충동, 이 두 가지 현실적인 요소가 모순된 채 합체를 강요받고 있다. 그것이 이집트 정신의 특성이며, 여기서 보이는 것은 자연과 정신의 모순이다. 거기서는 통일이 과제로서 내걸려 있다『역사철학』 12. 245-247, 269-271].

Ⅱ. 이집트의 종교. 이집트에서는 인간의 생사 및 생활 과정과 나일 강, 태양, 오시리스가, 요컨대 정신적인 것과 자연적인 것이라는 서로 성질을 달리 하는 것이 하나의 매듭으로 함께 짜여 있다. 나아가 이집트인들은 그것이 단순한 비유가 아니라 이들 가운데 어떤 형태에도 동일한 하나의 것이 놓여 있다(그것은 살아 있는 내면적인 것이다)고 생각하고 있었다. 다만 그 '하나'라는 것은 아직 전적으로 추상적이며, 거기에는 성질을 달리 하는 다양한 것이 혼재되어 있다. 종종 극단적인 것으로 치달은 동물숭배에서도 이집트 종교의 특색이 보이지만, 이집트의 경우에는 단순한 생명숭배를 넘어서서 정신적인 것이 적어도 과제로서 파악되기에 이른다.

헤겔은 인간 영혼이 불멸이라는 생각을 최초로 품은 것이 이집트인이라는 헤로도토스의 학설을 특히 중시했다. 이집트인은 영혼을 뭔가 구체적인 개체적인 것으로서 본 한계는 있었지만, 영혼이 자연과 다른 것이라는 것, 요컨대 정신이 독립적으로 그것만으로 존재한다는 생각을 품은 사람들로서, 헤겔은 세계사에서 이집트인의 존재를 중요하게 보고 있다『역사철학』 12. 256-263].

Ⅲ. 이집트 예술의 상징성. 이집트의 예술(미술)은 위에서(Ⅱ) 말한 사태의 형상화에 다름 아니다. 이집트에서 정신은 그것 자신의 내면적 삶을 참으로 발견하는 데까지는 이르지 못하고 오히려 그 과정으로서의 고투 그 자체가 기예(예술)에 의해 형상화되었다. 그것은 구체적으로는 피라미드와 동물의 모습을 지닌 상징물로 대표된다. 후자는 내적인 것을 외적인 현실 세계의 것의 모습으로 상징적으로·파악하고자 했던 것이다. 스핑크스는 그 극치로서, 이것은 상징적인 것 그 자체의 상징이다『역사철학』**12**. 263-269;『미학』**13**. 448-465].

이집트 예술을 특색짓는 것 가운데 하나인 오벨리스크는 장르 구분에서 보자면 건축과 조각의 중간에 위치한다. 그것은 태양 빛을 받아내는 것으로서 태양에게 바쳐짐과 동시에 태양을 상징하는 것이기도 했다[『미학』**14**. 281-283]. ⇒신상, 피라미드

—마스나리 다카시(增成隆士)

이치추론理致推論 [Räsonnement]

이 말은 자주 '이리 갔다가 저리 갔다가 하는(hin und her gehend)'이라는 말과 함께 사용되는 것에서도 알 수 있듯이 '이치를 따지는, 이유를 억지로 갖다 붙이는(räsonnieren)' 것을 의미하며, 헤겔에서는 부정적인 의미만을 지닌다. 어쨌든 그것은 '이유·근거(Grund)'를 들어 추리하고 결론을 끌어내어 사태를 설명하고자 하는 것이며, 그런 점에서 권위와 전통을 배경으로 한 단언이나 의견과는 구별된다. 그러나 다른 한편 그것은 본질을 꿰뚫고 있지 않은 점에서 '개념적으로 파악한다(Begreifen)', '이성적·사변적으로 사유한다(vernünftig, spekulativ denken)'는 것과는 대척적인 사유 태도이다. 그 전형적인 예는 '궤변(Sophistik)'이다. 이것은 일반적으로 각각의 '사태가 다수의 근거를 지닐 수 있다'는 데서 유래한다. 왜냐하면 "그 결합 방식의 우연성 때문에 사태의 외부에 있는 다양한 관점과 규정에 대해서 문호가 무한히 열리게" 되기 때문이며, 이로부터 "모든 사태 내지는 개개의 사태에 관해 하나 또는 몇 가지의 그 나름의 근거를 들

수 있지만, 그에 대립하는 사태에 관해서도 마찬가지로 들 수 있게" 되고, 나아가 "그로부터 아무것도 생기지 않는 다수의 근거마저 존재할 수 있게" 되게 때문이다[『논리의 학』**6**. 108f.]. 이와 같은 '우연적'이고 '일면적인 근거'는 '실재적 근거(der reale Grund)'의 수준에서 생긴다고 헤겔은 생각한다. "소크라테스와 플라톤이 궤변이라고 부른 것은 바로 이와 같은 다수의 근거로 이루어지는 이치추론에 다름 아니다. 이와 같은 이치추론에 대해 플라톤은 이데아의 관찰, 즉 사태를 그의 즉자대자적인 모습에서 또는 그 개념에서 관찰하는 것을 대치시켰던 것이다"[같은 책 **6**. 109].

—스기타 마사키(杉田正樹)

이폴리트 ⇨프랑스의 헤겔 연구

이해利害 ⇨관심(이해)

이행移行 [Übergang, Übergehen]

이행은 논리적 규정들의 진행의 세 가지 기본 방식 가운데 하나를 보여준다. "타자로의 이행은 존재의 영역에서의 변증법적 과정이며, 타자로의 가현은 본질에서의 변증법적 과정이다. 이에 대해 개념의 운동은 발전이다"[『엔치클로페디(제3판) 논리학』161절「보론」]라고 하는 것처럼, 논리학을 크게 '존재-본질-개념'으로 나누는 경우의 '존재'론의 영역에서 논리규정이 진행해 가는 방식이 이행이다. 그것은, 좀더 엄밀하게 말하자면, '현존재'라는 규정된 존재의 방식을 문제로 하는 장면에서의 진행을 지배하며, <타자(타자존재)에 의해 규정된 존재>라는 것을 문제로 하는 장면의 기반을 제공한다. 거기서 문제로 되는 것은 어떤 규정된 특정한 존재자가 그와 같이 규정되어 존재한다는 것의 의미이다. 여기서 어떤 존재자가 규정되어 있다는 것의 근저에는 <타자로의 이행>이라는 것이 있다는 주장이 이루어진다. 예를 들어 A라는 규정은 단독으로는 아무것도 아니며 <A 아닌 것이 아니다>라는 한정을

갖추어 비로소 성립한다고 생각하는 것이다. 결국 어떤 규정은 그 규정에서의 타자가 존재함으로써 비로소 자기 자신일 수 있다는 것이며, 타자로부터 분리되어 있는 한에서는 아무것도 아니고, 자기의 타자의 규정을 포함하고 있다고 생각하는 것이다. 어떤 특정한 존재자가 이 특정한 존재자로서 존재한다는 것은 타자로 이행한다는 것을 자기의 존재를 위한 기본조건으로 하고 있다고 간주할 수 있다는 뜻이다.

나아가 "이중의 이행(der doppelte Übergang)"[『논리의 학』 5. 384]이란 양에서 질로의 이행과 질에서 양으로의 이행이라는 두 가지 이행의 불가분한 필연성을 말한 것으로서, 헤겔에 따르면 "학적 방법의 전체에서 대단히 중요한 것"[같은 곳]이다. ⇒현존재, 질, 량, 타자

【참】 Werder (1841)

─도쿠마스 다카시(德增多加志)

인간성 人間性 [Humanität, Menschlichkeit]

모든 인간에 내재하고 인간을 인간답게 만드는 바로 그것, 인간의 본질, 본성. 헤겔의 인간성에 대한 견해는 우주의 궁극목적을 개인의 형성에 두는 독일 낭만파의 인간관에 가깝다. 그러나 이러한 형성(교양)을 추상적이고 개별적인 인간이 아니라 구체적인 인간에서 보고자 하는 헤겔은 인간성을 우선 그리스 민족이라는 "가장 인간적인 민족"[『종교철학』 17. 126]에서의 '구체적 인간'의 종교를 고찰하면서 부상시킨다. 왜냐하면 그리스의 종교에서는 신적인 것과 인간적인 것이 화해하고 있고, 이리하여 구체적 인간은 스스로의 신들에서 자기를 표현하고 있으며, 결국 "인간성은 신 자신 안에 있기"[같은 책 17. 95] 때문이다. 여기서 인간은 한편으로는 자기의 자연성을 부정하고, 다른 한편으로는 자기를 신적인 것에 관계시키고 있다. 그리하여 이와 같은 인간의 인간성은 "구체적 인간이 현실적으로 있는 바의 것, 그의 욕망, 경향성, 격정, 습성, 그의 인륜적인 폴리스적 규정들 및 가치가 있고 본질적인 바의 모든 것"[같은 책 17. 126f.], 요컨대 구체적 인간에 관한 모든 규정에 다름 아니다. 헤겔이 그리스

세계에서 보는 인간성의 규정은 그의 그리스에 대한 사랑으로 인해 특히 미와 자유에 관계된다. 그런데 이러한 인간성에 관한 의식은 어떤 시대에도 변함없이 존재하는 고정된 것이 아니다. 그것은 형성되고 나아가 향상되어 구체적이고 현실적인 것으로까지 성립될 수 있고 또 성립된 것이다. 인간의 본성은 "다른 사람과의 일치로까지 나아가는 것에 있으며, 의식들의 공동성이 성취될 때에만 현실적으로 존재"[『정신현상학』 3. 65]하는 것이다. 결국 "인간이란 그 행하는 바의 것인 것이다"[『엔치클로페디(제3판) 논리학』 140절 「보론」]. ⇒그리스

─오카자키 에이스케(岡崎英輔)

인간의 계명과 신의 계명 人間─誡命─神─誡命 ⇨인륜적 세계

인간지성 人間知性 ⇨상식

인간학 人間學 [Anthropologie]

인간은 그 본질에서 정신이라는 것이 헤겔의 인간관이다. '인간'이라는 표현을 헤겔은 즐겨 사용하지 않는다. 『엔치클로페디 정신철학』의 제1부 '인간학'이 고찰하는 것은 '영혼(Seele)'이라는 요컨대 자연 속에서 자기의 신체에 사로잡혀 있는 단계의 정신이다. 그 최초의 단계는 정신이 자연과의 공감 속에서 살고 있는 '자연적 영혼'의 단계이다. 인종과 민족정신 등의 자연적 질, 연령변화와 성관계, 수면과 각성 및 감각작용이 여기서 다루어진다. 다음으로 이러한 자연과의 합일로부터 탈출하여 자기의 자연성과 투쟁을 벌이는 '감지하는 영혼'의 단계가 나타난다. 이것은 투시와 동물자기, 정신착란, 몽유병과 같은 질병에 입각하여 개체의 자기감정의 자각을 고찰한다. '습관'이라는 인간의 '제2의 자연(본성)'의 형성이 이 단계의 성과이다. 그리고 마지막으로 영혼이 신체를 지배하여 자기의 표현으로 전화시키는 '현실적 영혼'의 단계가 간략하

게 고찰된다.

—우에무라 요시로(上村芳郎)

인격(성) 人格(性) [Person, Persönlichkeit]

헤겔에서의 인격 개념의 특징은 로크 및 칸트로 대표되는 근대의 자립적인 자유로운 주체로서의 <인격>이라는 사상을 기본적으로 받아들이면서도 좀더 나아가 그 개념의 개별화된 추상성을 '인륜'의 입장에서 지양하고자 하는 데 있다고 말할 수 있다. 요컨대 헤겔에게 있어 인격이란 본질적으로 "법적인 동시에 도덕적인 인격"[『법철학』 66절 「주해」]에 다름 아니며, "소유에서 비로소 인격은 이성으로 있다"[같은 책 41절 「보론」]고 말해지고 또 "계약은 계약에 들어오는 사람들끼리 서로 인격 및 소유자로서 인정하는 것을 전제한다"[같은 책 71절]는 표현에서 분명해지듯이, 인격은 추상적인 수준에서의 <인정> 행위와 관계되어 있다. 그리고 '인륜'의 단계란 그와 같은 형식적인 상호관계에 놓여 있는 '사적 인격'[같은 책 187절] 또는 '인격적 자유'[같은 책 261절 「주해」]가 '가족 및 '시민사회'에서의 '노동' 등을 매개로 하여 현실적으로 도야되어가는 과정이며, 또한 그것은 '국가'에서의 상호인정의 성립을 촉진하는 구체적인 '신뢰' 관계가 형성되어가는 과정을 전개한 것이라고 말할 수 있다[같은 책 268절, 279절 「주해」; 『엔치클로페디(제3판) 정신철학』 515절, 518절].

헤겔은 "개별자의 자립적이고 자기 내에서 무한한 인격성의 원리, 즉 주체적 자유의 원리는 내면적으로는 기독교에서, 외면적으로는, 따라서 추상적 보편성과 결합된 형태에서는 로마 세계에서 출현했다"[『법철학』 185절 「주해」]고 말하고 있다. 이 점에 관해 『정신현상학』에서는 좀더 나아가 역사적인 관점에서 '인격'이 고대 그리스에서의 개별과 보편의 즉자적인 일체성이 붕괴되고 개인들이 원자화되어가는 '법적 상태'에서 출현했다고 하고 있으며[3. 355], 그 연장선상에서 근대라는 시대가 '인격성의 소외'와 그 지양의 시대로서 파악되고 있다[같은 책 3. 360]. 따라서 한편으로 헤겔은 <인정을 위한 투쟁>에서 참된 자유를 획득

할 것을 스스로 단념한 개인에 대해서 그들은 "인격으로서 인정될 수 있지만 자립적 자기의식으로서 인정되는 진리에는 도달해 있지 않다"[같은 책 3. 149]고 말하고, 더 나아가 그와 같은 실질적으로 공허하며 단지 형식적인 권리가 보편적으로 인정되는 데 불과한 인격이라는 개념을 비웃고 "어떤 개인을 인격이라고 부르는 것은 경멸의 표현이다"[같은 책 3. 357]라고까지 표현하고 있다. 그러나 다른 한편으로 또한 그러한 인격에서의 <자기성>은 근대의 '절대적 자유'에 부정적으로 매개됨으로써 '도덕성'의 단계에서 '제3의 자가'로서의 '양심'의 성립을 촉진하는 것으로서도 위치지어진다[같은 책 3. 465f.]. 어느 쪽이든 헤겔의 '인륜적 자유'론은 <인격으로서의 개인>이라는 지평에서 논의되는 근대적 '자유'론의 문제점을 날카롭게 드러내고 그 극복을 지향한 것이라고 말할 수 있다. ⇒인정

—난죠 후미오(南條文雄)

인과성 因果性 [Kausalität, Kausalitätsverhältnis]

인과성은 <실체>가 지니는 필연적 관계의 하나로서 "본래 결과(Wirkung)는 원인(Ursache)에 포함되어 있지 않은 것은 아무것도 포함하지 않는다. 거꾸로 원인은 그 결과 속에 없는 것은 아무것도 포함하지 않는다"[『논리의 학』 6. 224]라고 파악되어 원인과 결과의 동일성으로서 표현된다. 그러나 헤겔은 이 동일성 속에서 두 가지 결함을 지적한다. 첫째, 인과적 설명은 동어반복에 빠져 있다. 예를 들면 비는 습기의 원인이고 습기는 비의 결과라고 설명할 때 원인[비]은 결과[습기] 속에서 소실되어 있고, 원인이 없다면 결과도 없기 때문에 남아 있는 것은 물뿐이어서 물은 물이라고 반복되고 있는 것과 같다. <비-습기>의 인과성은 실체인 물과는 무관한 주관적 지성이 덧붙인 공허한 설명에 불과한 것이다. 둘째, 습기에 대해서는 원인인 비도 본래 지상에 있어야만 하는 물이 다른 무언가에 의해서 공중으로 올라간 것의 결과에 다름 아니다. 비는 어떤 것의 결과임과 동시에 그것과는 다른 것에 대해서는 원인이다. 거기서는 동일한 것에서 원인과 결과가 일치하는 것은 아니다. 이리하여 원인에서 원인으로의

무한역진이, 또는 같은 것이지만 결과에서 결과로의 무한누진이 생겨난다.

이상과 같이 인과성을 비판한 다음 헤겔은 <작용-반작용>(뉴턴의 제3법칙)에 의해서 그 결함을 극복하고자 한다. "인과성은 전제하는 활동이며…… 원인은 작용한다(wirken)"[같은 책 6. 233]. 원인이 작용(Wirkung)[이 말은 <결과>의 의미도 지닌다]이라고 생각되면, 결과는 반작용(Gegenwirkung)이다. 작용을 받는 것은 이미 동어반복에서 기체로서의 실체나 무한진행에서 타자로서의 실체와 같이 작용에 무관한 것이 아니라 수동적인 것(das Passive) · 작용을 제약하는 것이며, 타자로서의 자기에 다름 아니다. 이와 같이 쌍방향적인 인과성을 생각함으로써 동일한 실체에서 자기동일성이 인정되게 된다. 칸트는 인과성과 교호작용을 다른 것이라고 생각했지만, 헤겔은 전자를 후자 속에서 지양하고자 하는 것이다. ⇒ 결과, 교호작용

―에비사와 젠이치(海老澤善一)

인도 · 불교佛教 [Indien, Buddhismus]

헤겔이 살던 시대의 유럽에서는 인도와 불교에 관한 지식이 도입되고 있었을 뿐만 아니라 헤겔의 식견도 시기에 따라 눈에 띄게 변한다. 아래에서는 주로 만년의 저작에 의거하여 기술하고자 한다.

Ⅰ. 인도 인도에서는 종교, 산업, 상업만이 아니라 모든 구별이 카스트에 침투하고 있다. 이 사회적 구별은 자연적 구별에 기초하고 있기 때문에 인위적으로 변할 수 없다[『역사철학』 12. 84f. 참조]. 자연적 구별에 의해 주어진 다양한 구별이 인도에서는 자립하여 할거하고 있다. 그러므로 이러한 구별들을 총괄할 때 현실의 자연에서가 아니라 공상 속에서 통일하는 것이 인도인의 특징이다[같은 책 12. 207f. 참조] 인도인이 자연을 공상에 의해서 통일할 때 모든 것은 신으로 된다. 인간은 예를 들면 샘과 수목을 소요하며 의인화한다. 그러나 헤겔에 따르면 공상은 그것들의 존재를 표상하는 데서 인간 자신을 표상한다. 이들의 존재는 인간의 표상이며, 인간의 표상의 객관화에 불과하다. 의식과 대상의 관계를 공상에서 파악하는 한, 자기에

대한 규정내용과 대상에 대한 규정내용은 구별되지 않는다. 몽상에서는 자신을 대상과 대립시키는 의식은 없다. 그렇게 되면 자신과 타자, 개별자와 보편자의 구별이 없어진다. 그러므로 인도인은 유한한 개별자이면서 무한한 보편자이자 신이기도 하다는 혼동이 생겨난다. 유한자와 무한자의 혼동에 의해서 태양, 달, 별, 갠지스 강, 동물, 꽃 등 일체의 것은 정신에 있어 신이게 된다. 공상에서는 통일은 없고 혼동만이 있다. 이러한 공상의 혼동에 도달하기 위하여 인도인은 고행(요가)에 의해서 마음을 자신에게 집중하고 신체성을 벗어나고자 한다. 비감성적인 절대적 브라만을 인식하는 데서 영원한 행복이 얻어진다고 하기 때문이다.

브라만은 일자이자 불변자인 단순한 실체이지만, 그것은 분화되어 다양한 자연물의 모습을 취한다. 이러한 추상적 실체인 브라만이 현현하면 크리슈나와 비슈누로 되며, 인간적 모습을 취한 생명으로 된다. 그러나 브라만은 그것 자신에서 변화를 지니기 때문에 그 형태들에 대해서도 브라만이라고 불린다. 비슈누 역시 최고의 브라만이며, 물과 태양도 브라만이다. 규정성은 모두 브라만의 화신이다. 그러므로 브라만을 알기 위해서는 인간은 스스로의 규정성을 사상하고 일체의 대상성을 탈락시켜 가장 공허한 순수추상의 지식을 포착해야만 한다[『종교철학』 16. 361 참조]. 그러나 헤겔에 따르면 브라만은 형태를 취해 현현함에도 불구하고 공허한 추상체, 무규정적인 무이자 자아의 피안에 존재하게 된다. 자아에 대해서는 오로지 자아만이 있고, 브라만은 자아 자신의 부정자로서 있는 데 불과하다. 브라만은 모든 것이 그로부터 생겨나고 산출되는 실체로서 모든 것을 창조하는 힘으로 되고 있지만, 이 힘은 추상적인 까닭에 활동성을 결여하고 형식을 결여하고 있다. 브라만은 무규정적인 무인 까닭에 실체성이라는 형식마저 현존하지 않는다. 이러한 브라만의 모순이야말로 인도의 혼란을 사상으로서 표현했던 것이다.

Ⅱ. 불교 인도에서는 공상에 의해서 구별들이 통일된 데 반해, 불교에서는 그것이 사유에 의해서 이루어진다. 요컨대 현실의 구별들은 정신의 자기 내 존재이자 사유에 의한 구별들이다. 따라서 자기 내에는 모든

것을 성립시키는 실체적 힘, 사유가 있다. 그렇다고 하면 모든 것의 타자는 사유 속의 타자이기 때문에 사유 바깥의 타자와의 관계는 단절되어 있다. 타자관계를 부정한 형태의 자기관계가 있는 것이다[『종교철학』 16. 374f. 참조]. 그러므로 우연적이고 경험적인 타자관계를 부정하는 데서 순수한 자기에 도달해야만 한다. 신체의 모든 운동, 감성적이고 외면적인 형태의 속박에서 벗어나 순수한 자기, 모든 규정을 배제한 무에 침잠해야만 한다. 이러한 추상적 무로 돌아들어가 열반의 경지에 도달하는 데서 인간은 윤회전생에서 해탈하여 부처가 된다. 이러한 정신성이 개별적 형태를 취하여 나타날 때 고타마와 달라이 라마가 나타난다. 인도에서는 무수하게 많은 것이 신이었던 데 반해, 불교에서는 신이 고타마와 라마라는 인격에 한정된다. 원시불교에서는 죽은 인간의 형태를, 라마교에서는 현존하는 인간의 형태를 취하긴 하지만, 고타마든 라마든 모두 주관의 개별성이 아니라 주관 속의 보편적 원리를 타인에게 보이는 데서 신심을 불러일으키고, 성불할 수 있는 식으로 구현하고 있다. 불교에서는 확실히 절대자는 정신이다. 그러나 헤겔에 따르면 이러한 정신을 파악할 때 불교는 정신을 직접적인 형식에서 포착할 뿐이며, 사상의 형식에서 대상화하고 있지 않다. 그러므로 이미 죽은 스승 부처나 대(大) 라마라는 살아 있는 모습이, 결국 인간이라는 직접적인 표상형식에서 숭배된다. 불교에서는 "인간은 감성적·외면적·직접적인 정신성으로서 존재하며, 따라서 이 인간의, 요컨대 하나의 경험적·개별적 의식의 형태에서 존재한다"[『종교철학』 16. 382]. 헤겔에 따르면 불교에서 정신은 아직 사상으로서 표현되어 있지 않은 것이다. ⇒자기 내 존재

【참】 Leuze (1975)

―핫타 다카시(八田隆司)

인력 引力 [Gravitation]

'인력'은 '물체(Körper)'의 본래적이고 내적인 상호 연관의 '역학' 영역 내에서의 발현이다. '물체'는 각각 '상호외재'하는 하나의 전체라는 모습을 지니지만, 이것은 그 이면에 있는 상호의 내적 연관을 사상한 일면적인 겉보기에 불과하며, 배후로 물러난 이 내적 연관은 '충돌(Stoß)', '낙하(Fall)'의 단계를 통해서, 나아가 '인력'에서, '상호외재'라는 '역학'의 최종적 제한 내에서의 온전한 발현에 이른다. '인력'에서 헤겔은 태양계에서의 (그의 생각으로는) 선험적인 근거를 지니고서 양적으로도 한정 가능한 '물체'(천체)의 체계적 질서를 염두에 두고 있다. 그는 여기서 그가 말하는 '이념'의 형식을 간취하며, 이러한 이해의 선구자로서 케플러를 찬양한다. 이에 반해 그에 따르면 뉴턴의 '만유인력 (allgemeine Gravitation)'의 사상은 낙하운동의 양적 한정이라는 '반성'의 단계에 그치고 있으며, 거기서 '이념'을 간취하는 데 이르지 못한다[『엔치클로페디(제3판) 자연철학』 269-70절]. ⇒물체, 상호외재, 충돌, 낙하, 뉴턴 철학·뉴턴 역학, 케플러

【참】 Ihmig (1989)

―마쓰모토 마사오(松本正男)

인륜 人倫 [Sittlichkeit]

헤겔은 『법철학』에서 도덕으로부터 인륜으로 이행함에 있어 인륜을 다음과 같이 정의하고 있다. "인륜이란 살아 있는 선으로서의 자유의 이념이며, 이러한 살아 있는 선은 자기의식 속에 자기의 지와 의지의 활동을 지니고, 자기의식의 행동을 통해 자기의 현실을 지니지만, 다른 한편 마찬가지로 자기의식도 인륜적 존재 속에 자기의 즉자대자적으로 존재하는 기반과 동적인 목적을 지니는바, ―결국 그것은 현존세계로 됨과 동시에 자기의식의 본성으로 된 자유의 개념이다"[『법철학』 142절].

헤겔은 인륜이 추상법의 외면성과 도덕의 내면성을 하나로 종합한 것이라고 말한다. 헤겔은 근대 계몽기의 자연법론자들(예를 들면 홉스와 로크)처럼 사회적 제도들을 인간의 내면으로부터 분리된 외적인 법의 체계라고 보지 않는다. 오히려 그는 그것을 선의 이념이 자유로운 의지를 통해서 역사 속에 구체화되고 축적되며 발전되어온 것으로 본다. 그러므로 또한 개인이 도덕적일 수 있는 것은 그와 같은 사회적 연관들

에 그렇게 하여 구체화되어 있는 선의 이념을 스스로의 것으로 만드는 것에 의해서이다. 또한 칸트와 같이 법과 도덕을 이원적으로 분리하는 것도 잘못이다. 오히려 인륜으로서의 사회적 제도들은 제도라는 객관적 계기와 자기의식이라는 주관적 계기의 통일 위에서 성립하는 것이며, 그것들의 상호침투 속에서 발전해간다.

헤겔이 인륜의 주관적 계기를 강조할 때 확실히 그는 한 면에서 근대에 해방된 개인의 주관성을 중시하고 있다. 그러나 헤겔이 굳이 인륜 내지 인륜적 공동체라고 말할 때 그것이 그리스의 폴리스적 공동체를 하나의 모델로 하고 있다는 것은 의심할 수 없다. 본래 인륜(Sittlichkeit)은 어원적으로도 습속을 의미하는 "Sitte"에서 유래한다(윤리Ethik도 원래 습속을 의미하는 그리스 어 에토스ἦθος에서 유래한다). 그리고 폴리스적 공동체에 대한 동경은 이미 튀빙겐 및 베른 시대 초기 헤겔에게 존재하고 있었다. 그러나 거기서 고대의 인륜적 세계는 현실의 시민사회에 대치된 이상으로서 놓여 있었다. 그러나 예나 시대에 그것은 시민사회 바깥에 그것과 대치된 것으로서가 아니라 시민사회의 연관, 요컨대 해방된 개인의 욕망과 그것을 충족시키기 위한 노동, 노동생산물의 소유 및 계약에 의한 그것들의 교환이라는 새로운 상호의존의 연관을 통해서 실현되어야만 하는 것으로 된다. 그러므로 또한 시민사회의 분열을 지양하여 유기적 통일을 가능하게 하는 것으로서 민족(Volk)이 절대적 인륜의 위치를 점하게 되기도 한다.

인륜의 이와 같은 위치짓기와 그것을 보여주는 논리는 『정신현상학』과 『법철학』에서 거듭해서 나타난다. 『정신현상학』에서 그것은 무엇보다도 '정신' 장에서 나타나지만, 그것에 앞선 '이성' 장에서도 우선 목표로서의 '인륜의 나라(das Reich der Sittlichkeit)'가 선취적으로 제시되며, 쾌락에서 출발한 자기의식이 자기를 실현하고자 하여 타자 및 사회와 충돌하고 충돌하는 것을 통해서 자기부정과 자기극복을 이루면서 마침내 사회적 연관 속에 몸을 두고 인륜의 세계를 자기의 것으로 해나가는 과정이 더듬어지고 있다. 그리고 '정신' 장에서는 우선 그리스의 폴리스에서 역사적 실체

로서의 인륜적 세계가 제시되면서 폴리스의 해체 후 공동체로부터 소외된 정신이 다시 인륜의 세계를 회복해가는 과정이 장대한 유럽 정신사의 과정에서 더듬어지고 있다. 아니 우리는 '위대한 교양의 책'으로서의 『정신현상학』 그 자체를 특수적인 것으로부터 출발한 자기의식이 자기부정의 여행을 거듭하고 교양=자기형성(Bildung)을 거듭하면서 바로 특수적인 것과 보편적인 것, 사적인 것과 공적인 것이 상호침투하고 아름다운 조화 속에 있는 인륜의 세계를 나의 것으로 해나가는 정신의 발걸음을 말하는 것이라고 볼 수 있는 것이다.

『법철학』 역시 이미 말했듯이 추상법, 도덕, 인륜이라는 전체의 구성 그 자체가 사회적 제도들을 인륜의 체계로서 개념적으로 파악하여 나의 것으로 해나가는 정신의 발걸음을 제시하고 있지만, 나아가 이 '인륜'의 부분에서의 '가족', '시민사회', '국가'라는 구성 역시 가족에 있던 인륜적 일체성이 해체되면서 곧이어 시민사회를 매개로 하여 국가에서 회복되어가는 과정을 보이고 있는 것이다.

이와 같이 보았을 때 헤겔 정치철학에서 '인륜'이 지니는 무게가 자연스럽게 분명히 될 것이다. 물론 회복된 인륜의 세계는 이미 폴리스의 그것이 아니라 근대에서 추출된 개인의 특수성과 주관(주체)성을 매개한 그것이자 시민사회를 매개한 그것이었다. ⇒시민사회, 가족, 국가, 법, 제도, 노동

【참】 Taylor (1975, 1979), 藤原保信 (1982)

—후지와라 야스노부(藤原保信)

인륜적 세계 人倫的世界 [sittliche Welt]

『정신현상학』의 '이성' 장에서 헤겔은 '인륜의 나라'를 "인륜이란 개인들이 자립적인 현실성을 지니면서도 그들의 본질의 절대적·정신적 통일을 얻고 있는 것에 다름 아니다"라고 정의한다. '자기의식' 장에서의 표현을 사용하자면 거기서 자기의식은 "우리인 나, 나인 우리"로서 존재한다. 헤겔이 이와 같은 인륜적 세계의 원형을 고대 그리스의 폴리스에서 보았던 것은 의심할 수 없다. 거기서는 폴리스의 법에서 보이는

'인간의 계명'과 자연적이면서 보편적인 '신들의 계명'이 대립하면서도 조화를 유지하고 있다. 그리고 이 대립이 드러나게 될 때 폴리스의 인륜적 세계의 붕괴도 분명하게 되는바, 헤겔은 그 후의 유럽의 정신사를 이와 같이 공동체로부터 소외된 자기의식이 인륜적 세계를 회복해가는 과정으로서 묘사한다. 그러나 앞의 인용에서도 분명하듯이 거기서 다시 부흥된 인륜공동체는 개인의 자립을 전제로 하는 것이라는 점에 주목해야만 한다.

―후지와라 야스노부(藤原保信)

인상학 人相學 [Physiognomie]

관상학(때로는 골상학)이라고도 번역된다. 역사적으로는 옛날부터 특히 동물의 용모와의 유사 내지 대우주(천체)와 소우주(인체)의 조응이라는 두 가지 방법으로 행해져 왔지만, 르네상스 이후에는 18세기 말 라바터의 『인상학 소고』(1775-78)가 유럽에서 일시적으로 커다란 관심을 불러일으켰다. 라바터에 따르면 "인상학이란 가장 넓은 의미에서 인간의 (우연적인 운명이 아니라) 성격을 외면으로부터 검토하는 학문"[『인상학 소고』 제1장]이다. 『정신현상학』의 '관찰하는 이성' 장에서[3. 233-262] 헤겔은 이것을 상당히 상세하게 논하고 있다.

인상학의 원리는 내면과 외면의 대응이라는 사상에 놓여 있지만, 그 대응관계 자체를 헤겔이 부정하고 있는 것은 아니다. 감정과 내면은 자주 얼굴과 손이라는 기관을 매개로 하여, 요컨대 얼굴의 표정과 몸짓에 의해서 표현된다. 나아가 오래 지속되는 정열과 경향은 얼굴과 자세에 새겨지기도 한다[『미학』 14. 369-70]. 그러므로 외면으로부터 사람의 성격을 추측하는 것은 일상적으로 행해지고 있고 회화와 조각도 그러한 표현을 이용하고 있다. 그러나 이와 같은 경험적인 인간지를 라바터는 인간의 얼굴 생김새로부터 "모든 면에서의 전체 성격"을 해명할 수 있다고 말하고 "과학적 인상학"으로까지 높이고자 했다. 이에 대해 헤겔은 그것은 자의적으로 선택된 얼굴의 특징을 자의적으로 상정된 무언가의 성질로 연결할 뿐이며, 따라서 양자의 관계도 자의적인 것에 불과하다고 비판하고, 인상학의 '법칙'인 것은 "내가 세탁물을 말릴 때에는 언제나 비가 내린다"는 주부의 푸념과 다르지 않다는 리히텐베르크의 평가를 인용하여 야유하고 있다. 또한 라바터의 인상학이 개인의 운명을 점치는 것은 아니지만, 손과 얼굴의 모습과 운명을 연결 짓는 오랜 유형의 수상술과 인상술에 관해서도 헤겔은 두 개의 것의 관계는 한층 더 외면적이라고 말하고 있다. ⇒라바터, 리히텐베르크

【참】 MacIntyre (1972)

―우에무라 요시로(上村芳郎)

인식 認識 [Erkennen, Erkenntnis]

헤겔은 유한한 인식과 절대적 인식을 구별하고 있다. "인식의 유한성은 눈앞에 있는 세계를 전제하는 데 있으며, 그때 인식주관은 타불라 라사로서 나타난다"[『엔치클로페디(제3판) 논리학』 226절 「보론」]. 이와 같이 주객분리의 입장에 서는 유한한 인식도 즉자적으로는 대상의 개념의 활동성이지만, 대자적으로는 대상에 대해서 외면적인 인식이라고 생각되는 인식이다. 유한한 인식은 분석적 인식과 종합적 인식으로 나뉜다.

분석적 인식은 소여의 구체적 대상을 추상적 보편성이라는 형식에서 파악하며 "추상적 요소로 나누는 것"[같은 책 227절 「보론」]이다. 분석적 인식은 "로크 및 모든 경험론자의 입장이다"[같은 곳]. 덧붙이자면 "숙지된 것은 도대체가 그것이 숙지되어 있다고 해서 아직 인식되어 있는 것은 아니다"[『정신현상학』 3. 35; 『엔치클로페디(제3판) 예비개념』 19절, 24절 「보론」; 『논리의 학』 5. 22 참조]. 또한 확실히 "인식은 언제나 숙지되어 있는 것으로부터 미지의 것으로 나아간다"[『논리의 학』 6. 502]. 하지만 그렇다고 해서 숙지되어 있는 것의 타당성이 시인되는 것은 아니다. "표상에 대한 분석은 이미 그 표상의 숙지되어 있음의 형식을 지양하는 것 이외에 다른 것이 아니다"[『정신현상학』 3. 35].

종합적 인식의 "종합적 방법의 운동은 분석적 방법의 역이다. 후자가 개별로부터 출발하여 보편에로 나아가는 것인 데 반해 전자에서는 (정의로서의) 보편이

출발점을 이루며, 그로부터 (구분에서의) 특수화를 통해 개별(이론)로 나아간다. 이에 의해 종합적 방법은 대상에서의 개념의 계기들의 발전으로서 나타난다"[『엔치클로페디(제3판) 논리학』 228절 「보론」].

이것들에 반해 절대적 인식의 절대적 방법은 분석적인 동시에 종합적이다[『논리의 학』 6. 557]. 절대적 인식은 주객의 대립을 지양함으로써 성립한다. 이와 같은 인식에 관한 이론적 고찰은 칸트와 같은 인식론, 요컨대 인식에 대해서 시종일관 계속해서 메타 수준에 입각하는 인식론으로는 될 수 없다. 헤겔은 칸트적인 인식론을 인식의 도구설, 인식의 매체설로서 비판하거나[『정신현상학』 서론], 물에 들어가지 않고서 수영 연습을 하는 것과 같은 것이라고 비판한다[『엔치클로페디(제3판)』 서문 10절, 예비개념 41절 「보론」]. 인식에 관해 말하기 위해서는 확실히 메타 수준에 서지 않으면 안 되지만, 그러나 그 메타 수준의 인식 자체가 언제나 대상 수준으로 전도되는 방식으로 인식을 고찰하고자 하는 것이 헤겔의 인식론임과 동시에 또한 절대적 인식 그 자체이다. 그 방법에 관해 일반적인 형식으로 말하고 있는 것은 적지만[『정신현상학』 '서론', 『논리의 학』 '절대이념'의 장 등이 참고가 된다.

−이리에 유키오(入江幸男)

인정認定 [Anerkennung, Anerkennen]

I. 인정의 변증법적 구조 '인정'은 인간의 공동적, 상호적 존재를 특징짓는 개념이며, 예나 후기(『예나 체계 III』과 『정신현상학』)에 중요한 역할을 담당한다. 헤겔에 따르면 자유는 "타자존재에게 있으면서 자기에게 있는(bei-sich-sein)" 것에 있지만, 특히 이 경우의 타자존재는 타인이다. 개인은 타인 속에서 자기를 직관함으로써 자유이며, 이 경우 개인은 타인으로부터 인정된다고 말해진다.

『정신현상학』에서는 자기의식의 이중성으로부터 그의 공동존재(나=우리)와 상호인정이 도출된다. 개인은 자기의식을 지닐 때 자기를 의식의 대상으로 하며, 자기를 자기와 대상으로 이중화한다. 그때 대상은 이미 사물이 아니라 다른 개인이어야만 한다[3.

144]. 그런데 한편의 개인이 다른 편의 개인 안에서 자립성을 발견할 수 있는 것은 다른 편이 한편을 위해 그의 자립성을 부정하는 경우이다. 이러한 행위는 자기와 타자 사이에서 상호적으로 행해지는 것이고, 이것이 상호인정이다. 이러한 운동은 "양자의 자기의식의 이중의 운동이다. 각각은 자기가 하는 것과 동일한 것을 다른 편이 하는 것을 본다"[『정신현상학』 3. 146].

II. 인정투쟁. 『정신현상학』의 인정론에서 유명한 것은 '인정투쟁'의 분석이다. 개인 사이에서 한편이 다른 편에 대해 자립성을 주장하고 다른 편으로부터 인정을 획득하고자 할 때 투쟁이 생긴다. 인정투쟁은 처음에는 개인의 개별적 존재방식(욕구와 소유)을 둘러싼 것이지만(『예나 체계 I』, 『예나 체계 III』에서는 점유를 둘러싼 투쟁이 중시된다), 곧이어 개인의 존재 전체, 즉 생명을 둘러싼 것(생사를 건 투쟁)으로 된다. 그런데 이 투쟁에서 어느 쪽인가가 죽음에 이른다면, 요구된 인정은 불가능하게 된다. 인정투쟁의 분석을 통하여 명확히 되는 것은 개인이 자립적인 것으로서 인정되기 위해서는 좁은 개별적 존재방식(이기적, 배타적 욕구와 점유)에 대한 집착을 버리고 자기를 보편적 존재방식에로 형성·도야해야만 한다는 것이다. 이것은 구체적으로는 개인이 공동체에서의 자기 존재를 자각하는 것을 의미한다.

III. 공동체와 인정. 『정신현상학』에서 인정투쟁으로 계속해서 다루어지는 것은 불평등한 인정 관계로서의 '주인과 노예'이지만, 뒷부분('이성' 장)에서는 자유로운 동시에 대등한 인정은 개인들이 서로 유기적으로 결합된 민족의 '인륜적 공동체'에서 실현된다고 상정된다. 참된 인정은 개인이 서로 협력하고 생활을 밑받침해주는 데 있다. 인륜적 공동체에서는 "상호적이지 않은 것은 아무것도 아니며, 개인의 자립성이 고립적 존재방식을 부정하면서도……, 대자적이라는 긍정적 존재방식을 취하지 않는 것은 아무것도 아니'. 거기에 "타인의 자립성 속에서 타인과의 완전한 통일을 직관하는 자기의식적인 이성의 실현이 있다"[『정신현상학』 3. 265f.].

상호인정의 원형은 피히테의 『자연법의 기초』(1796)에 있지만, 거기서 인정은 법적인 것(권리의 보증)에 불과하며, 형식적이고 소극적이다. 칸트에서 인정은 도덕적 인격의 존중이며, 형식적이고 추상적이었다. 인류에서의 인정은 법적 인정과 도덕적 인정을 지양하는 것이라고 말할 수 있다. 『정신현상학』에서 공동체의 모델은 고대 그리스의 폴리스에서 구해지지만, 『예나 체계 Ⅲ』에서는 새로운 근대의 공동체가 구상된다. 후기 헤겔에서는 인정 개념의 역할이 후퇴하지만, 『법철학』에서의 <법-도덕-인륜(가족-시민사회-국가)>은 인정의 실현 단계를 이룬다고 말할 수 있다. 가족에서의 사랑에는 개인이 타인을 위해 헌신하면서도 타인 안에서 자기를 발견한다는 인정 관계가 놓여 있지만, 이와 같은 사랑의 인정은 감정적인 것이고 객관성을 결여한다. 시민사회의 경제활동에서 개인은 사회적 분업체제에 짜 넣어져 있고 개인의 노동이 타인의 노동과 상호 의존하며 개인들은 서로 생활을 뒷받침하지만, 거기서 개인의 이익의 획득은 불확실하며 인정은 불완전하다. 이와 같은 결함을 제거하는 것이 국가이며, 거기서 개인은 이기성을 방기하고 국가에 봉사함으로써 인정된다.

인정에는 그것의 운동과 실현 과정(인정행위Anerkennen)이라는 면과 공동체에서 그것이 실현된 모습(인정되어 있음Anerkanntsein)이라는 면이 있다. 또한 공동체에서의 인정에는 전체에 의한 개인의 인정이라는 날실의 관계와 개인들 사이의 상호인정이라는 씨실의 관계가 있다.

Ⅳ. 상호인정과 의사소통. 『정신현상학』에서는 인정이 좀더 광범위한 의사소통 관계의 원리로서도 이해되고 있다. 서로 다른 형의 인물들(예를 들면 관조형의 양심과 행동형의 양심)이 각자의 결함을 인지하고 좀더 고차적인 차원으로 높아지는(지양, 화해) 관계가 상호인정이라고 말해진다[3. 490ff.]. 또한 기독교에서의 신과 개인의 관계도 상호인정으로서 설명된다. 신은 유한한 인간 안에서 자기를 인식하지만(인간에 대한 사랑과 용서), 다른 한편으로 인간도 신 안에서 자기의 무한성을 자각한다고 말해진다[3. 552ff.]. ⇒노동, 시민사회, 인륜, 주인과 노예, 투쟁

【참】 Siep (1979), Wildt (1982)

―다카다 마코토(高田 純)

인정을 위한(생사를 건) 투쟁認定―(生死―)鬪爭 ⇨인정

인종人種 [Rassen]

인종은 인간의 내적인 자연환경이며, 지리적 환경과 깊이 관계되어 있다. "인종의 구별은 또한 자연적인 구별, 즉 무엇보다도 자연적 마음에 관계되는 구별이다. 그러한 것으로서 인종의 구별은 인간이 대집단을 이루어 모여 있는 대지의 지리학적 구별과 연관된다". 흑인, 몽골인종, 코카서스인종이 구별되지만, 유럽인을 포함하는 코카서스인종이 가장 높은 정신성을 갖춘다. "정신은 코카서스인종에서 비로소 자기 자신과의 절대적인 통일에 이른다". 정신의 자기규정·자립성은 코카서스인종에서만 가능하며, "세계사의 발걸음은 코카서스인종에 의해서 비로소 등장했다"고 한다[『엔치클로페디(제3판) 정신철학』 393절 「보론」]. 이러한 헤겔의 주장은 유럽에 의한 세계지배를 합리화하는 인종차별 이데올로기에 연결되는 것으로 간주할 수 있을 것이다.

―하라사키 미치히코(原崎道彦)

일과 다――多 ⇨하나와 여럿

일본日本 [Japan]

현존하는 자료를 보는 한에서 헤겔이 '일본'을 언급하는 곳은 베른 시기의 끝 무렵부터 프랑크푸르트 시기에 걸쳐 씌어졌다고 생각되는 『역사연구단편』 속의 단 한 곳밖에 발견되지 않는다. 더욱이 그것은 일본에 관해 논한다기보다는 몽테스키외가 그의 『법의 정신』에서 일본에 대해 언급하고 있는 부분(제1부 제6편 13장 '일본의 법의 무력함')을 참조하고 있는 데 불과하다. "사형의 공개. 몽테스키외는 일본인에 대해 언급하면서 공개적으로 이루어지는 많은 잔인한 처형이 민족의 성격을 조야하게 하고, 형벌 그 자체와 범죄에 대한 무관심을 만들어낸다고 말하고 있다"[1. 440]. 나중의 『역사철학』에서도 일본을 논한 부분은

존재하지 않는다. 헤겔의 역사의식에서 '일본'은 완전히 탈락되어 있었던 것이다.

—하라사키 미치히코(原崎道彦)

일본의 헤겔 연구 日本─研究

일본에서의 헤겔 연구는 현재 독일과 프랑스에서의 연구와 더불어 활발한 양상을 보이며 국제적 현상으로서의 헤겔 연구의 일익을 담당하고 있다. 그러나 제2차 세계대전 이전 시기에 일본에서의 헤겔 연구는 독일과 프랑스에서의 그것과 현저한 차이를 드러내고 있었다. 전자를 후자로부터 나누어준 것은 헤겔 철학의 생성기반과 수용 주체인 일본의 문화적 기반의 이질성, 즉 초월적인 일신교로서의 유대-기독교 전통에 의거한 유럽의 정신풍토와 비초월적인 다신교로서의 신도 애니미즘의 전통에 침윤된 일본의 정신풍토의 구조적 이질성에 놓여 있었다. 이전의 헤겔 철학은 초월적인 일신교로서의 유대-기독교의 교의내용을 표상을 개념으로 다시 짜는 방향에서 철학으로 조직한 '변신론'의 체계이자 본래적인 의미에서의 신학이었다. 이와 같은 것으로서 헤겔 철학은 일본의 정신풍토에서 본질적으로 '타자'로서의 성격을 짊어지는 것이다. 그러나 타자를 타자로서 정당하게 평가하기 위해서는 메이지 유신 이후 서구문화의 수용방식으로서 채용되어 온 '화혼양재(和魂洋才)' 방식으로부터의 부정적인 전환이 불가결하며, '화혼'이라는 이름의 일본문화의 원체질에 대한 자기부정적인 자기지양 없이는 이문화를 타자로서 평가하는 눈을 기를 수 없다. 일본에서의 헤겔 연구는 원리적으로 말하면 이와 같은 자기부정적인 자기지양을 일본문화에 촉구하는 의의를 짊어지고 있다.

일본에서의 헤겔 연구를 역사적으로 회고하는 경우, Ⅰ. 1880년대 전반~1920년대 중엽(메이지 10년대 후반~다이쇼 시기), Ⅱ. 1920년대 후반~45(쇼와 초기~패전), Ⅲ. 45년 이후(전후)의 세 시기로 나눌 수 있다.

Ⅰ. 이 시기에 독일 철학의 수용이 본격적으로 개시되어 '강단철학'이 확립된다. 1880년대 전반 영국과 프랑스계의 철학사상은 자유민권사상과 혁명사상의

온상이라는 것이 메이지정권에게 자각되어 이에 사상적으로 대항하기 위해 유교윤리(봉건적 교학 이데올로기)의 부활이 시도됨과 동시에 독일 철학의 적극적인 도입이 권장되었다. 이때부터 90년대 전반에 걸친 시기가 독일 철학 수용의 창시기에 해당된다. 90년대 중엽부터 1900년대 전반에 걸친 시기가 그 제2기에 해당되며, 제국 대학을 거점으로 한 강단철학이 확립되기에 이르렀다. 제3기, 특히 1910년대에는 신칸트학파의 철학 연구가 왕성해졌다. 독일 철학 연구는 칸트 철학 연구가 주류이고 헤겔 철학에 관한 연구는 아주 적었다.

헤겔 철학이 연구되게 된 것은 페놀로사(Ernst Francisco Fenollosa 1853-1908; 1878-86 도쿄 대학에 재직)가 스펜서(Herbert Spencer 1820-1903) 류의 진화론에 의거하여 헤겔에 관해 강의를 한 이후의 일이다. 80년대 말부터 90년대에 걸쳐 헤겔 철학에 관한 지식도 점차 보급되고 있었지만, 진화론 또는 불교적 형이상학에 의거한 이해라는 점이 이 단계의 특징이었다. 『철학연적(哲學涓滴)』에서의 미야케 세츠레이(三宅雪嶺(雄二郎))의 이해는 전자의, 기요사와 만시(清澤滿之)의 '현상 즉 실재론'은 후자의 대표적인 예이다. Ⅰ의 시기의 연구 성과를 들면 다음과 같다. 나카지마 리키조(中島力造) 『헤겔 변증법』(91), 저자 이름이 없는 논문 「헤겔의 변증법과 동양철학」(92, 『철학회잡지』), 모토라유 지로(元良勇次郎) 『헤겔의 존재론에 관하여』(1909), 기히라 다다요시(紀平正美) 「헤겔 철학과 그 번역에 관하여」(05, 『철학잡지』). 번역으로서는 시부에 다모츠(澁江保) 역 『역사연구법』(1894), 기히라(紀平)·오다기리 세츠타로(小田切良太郎) 역 「헤겔의 철학체계」(『엔치클로페디 논리학』의 중간까지. 05, 『철학잡지』). 그밖에 법학자·국가학자에 의한 연구로서 『법학협회잡지』에 게재된 우에스기 신키치(上杉愼吉) 「국가학사에서 헤겔의 지위」(04), 요시노 사쿠조(吉野作造) 「헤겔 법률철학의 기초」(05), 도미즈 히론도(戸水寬人) 「헤겔의 학설」(08) 등이 있다.

Ⅱ. 칸트 철학을 대신하여 헤겔 철학 연구가 철학계의 주요동향이 된 것은 20년대 후반부터 30년대에 걸친 쇼와 초기이다. 헤겔 연구가 급격하게 활황을 보이게

된 배경에는 다음과 같은 두 가지 사정이 있었다. 하나는 1931년이 헤겔 사후 100주년이어서 사후 100년 기념제의 거행을 준비한 독일, 유럽의 철학계에서의 '헤겔 부흥'의 추세였다. 30년 헤이그에 본부를 두는 '국제헤겔연맹'이 결성되고 31년 일본지부도 설치되어 이 지부로부터『헤겔과 헤겔주의』(31),『스피노자와 헤겔』(32),『헤겔 철학 해설』(31)이 간행되었다. 이리하여 일본에서의 헤겔 연구는 국제적 현상으로서의 헤겔 부흥이 일익을 담당하는 형태로 본격적으로 일에 착수하게 되었다. 또 하나는 유럽에서의 헤겔 부흥이 마르크스주의와의 대결 지향을 감추고 있었던 것과 관련되는 것으로서 쇼와 초기의 일본에서 마르크스주의가 대두한 것이었다. 일본 철학계는 마르크스주의에 세계관적으로 동조할 것인가 아니면 대결할 것인가 하는 선택에 압박되어 아카데미 철학계는 마르크스주의와 대결하는 방향에서 헤겔 철학 연구로 나아갔다. 니시다 기타로(西田幾多郎)는 "밤이 깊도록 마르크스를 논하거나 마르크스 때문에 잠자리에서 몸을 뒤척인다"고 노래하고(29), 다나베 하지메(田辺元)는 마르크스주의와 대결하기 위한 "비교할 수 없는 강력한 무기"로서 '변증법'을 자기의 것으로 하기 위해 헤겔 연구로 향했다. 이 시기에 비판적 변증법, 유물적 변증법, 존재론적 변증법, 사변적 변증법, 즉물변증법, 무의 변증법 등 다수의 변증법 논리가 제창되었지만, 이것들은 헤겔 변증법의 체계적 해석에서 산출된 것이자 각각의 제창자의 체계적 입장을 언표하고 있었다.

헤겔 연구가 얼마나 활황을 보였던가는 헤겔 철학에 관한 잡지 논문이 25(다이쇼 14)년 이후 급증하고, 30-31년 두 해에만 약 70편에 달하는 것으로부터도 짐작할 수 있다. 29년과 31년에 잡지『이상』과『사상』이 각각 헤겔 특집을 편성한다. 29년은 '헤겔 연구'(4월,『이상』), '변증법 연구'(10월,『사상』), 31년은 '헤겔 부흥' 제1책(4월,『이상』), '헤겔 부흥' 제2책(9월, 같은 잡지), '헤겔 연구'(10월,『사상』). 또한 29년 이후 사이구사 히로토(三枝博音) 편집의 전문지『헤겔과 변증법 연구』가 간행되었다.

이하에서 '교토학파'의 대표적인 철학자, 니시다, 다나베, 미키 기요시(三木清), 고야마 이와오(高山岩男),

무타이 리사쿠(務臺理作)의 헤겔 연구 내지 헤겔 해석을 일별해 보고자 한다.

니시다의 해석은 앞에서 거론한『헤겔과 헤겔주의』에 수록된 '나의 입장에서 본 헤겔 변증법'에서 볼 수 있다. 그는 개물이 거기에서 존재하는 '무의 장소'적 존재론의 입장에서 헤겔(및 마르크스)의 '과정적 변증법'에 대해서 '장소적 변증법'을 제창하고, 헤겔이 변증법적 모순을 노에마적 주어적 대상면에서만 파악하고 노에시스적 술어면에 대한 통찰이 결여되어 있다는 일면성을 지적하는 방향에서 헤겔 비판을 전개했다. 다나베의 논문집『헤겔 철학과 변증법』(32)은 니시다의 '절대무'의 입장을 계승하고 후기 셸링의 '신에서의 자연'의 입장을 실마리로 하여 헤겔에서의 '절대적'의 의미를 해명함으로써 '관념변증법'과 '유물변증법'을 다 같이 포섭하는 '절대변증법'을 제창했다. 미키의 「변증법의 존재론적 해명」(앞의『헤겔주의』에 수록)은 헤겔 변증법 그 자체의 연구라기보다는 오히려 헤겔, 마르크스를 실마리로 미키 독자의 '변증법'을 구축하고자 하는 시도이자 '존재'(현실존재)와 그 '근거'(이유)인 '사실'과의 역동적 관계에 입각한 '질서의 변증법' 방향으로 스스로의 변증법을 구체화하고자 하는 것이었다.

고야마의『헤겔』(35, 서철총서)은 헤겔 청년기의 '학의 생성'으로부터 사후의 헤겔학파의 해체까지를 서술한 것으로서 이 시대의 것으로서는 포괄적인 연구였다. 그것은 헤겔 철학을 기독교의 진리를 "논리로써 개념적으로 조직하는 학"으로서 파악하고 초기 신학논집,『정신현상학』,『논리학』,『엔치클로페디』,『법철학』,『역사철학』,『예술철학』,『종교철학』,『철학사』 등 헤겔 철학의 거의 전 영역을 개관하고 있다. 그것은 헤겔 부흥에 직면하여 헤겔 철학의 유산을 니시다와 다나베의 변증법 지평에서 계승하고자 하는 동기를 지닌 것이었다. 무타이의『헤겔 연구』(35)는 독자적인 체계적 연구이다. 정신의 순수 '개념'과 그 '표현'인 '세계'와의 연관구조를 기축으로 하여『정신현상학』,『논리학』,『역사철학』,『철학사』를 비판적으로 분석하고 헤겔 철학의 비밀의 열쇠는『정신현상학』에 있다는 관점을 제시하고 있다.

Ⅲ. 전후시기의 초기 단계에서는 마르크스주의 관점에서 헤겔 철학을 '변증법'에 비추어 연구하고자 하는 경향이 두드러졌다. 그러나 50년대 후반부터 60년대에 걸쳐 사회주의의 품위를 의심케 하는 사태가 기존의 사회주의 나라들에서 잇달아 발생하고 마르크스주의가 쇠퇴하는 조짐이 보이기 시작했다. 이와 같은 조류 속에서 휴머니즘으로서의 청년 마르크스 사상에 착안하여 그로부터 마르크스 사상의 모습을 재구축하고 부활시키고자 하는 초기 마르크스 연구가 일어났다. 그에 대응하여 초기 마르크스와 관련하여 헤겔을 다시 파악하고자 하는 새로운 연구동향이 나타났다. 그러나 70년이 탄생 200년에 해당한다는 사정도 곁들여 70년대 이후 헤겔 철학을 초기 마르크스와의 관련이라는 관점을 떠나 헤겔 철학 그 자체에 입각해서 총체적으로 파악하고자 하는 동향이 대두하여 오늘날에 이르고 있다. 그것은 말의 엄밀한 의미에서 '근대의 지양'이라는 과제 앞에 서게 된 '현대'에 있어 마르크스주의보다도 헤겔 철학이 시사하는 바가 풍부하다는 인류의 예감에 기초하는 것이라고 말할 수 있을 것이다.

위에서 개관한 것과 같이 사후 150년이 지난 오늘날의 시점에서 헤겔 철학은 국제적인 규모에서 두 차례의 말하자면 '부흥'을 경험한바 있다. 이러한 두 차례의 '부흥'에는 모두 국제적인 현상으로서의 마르크스주의의 동향이 깊이 관계되어 있다. 1930년대의 '부흥'에는 국제적인 마르크스주의의 '대두'가, 현재 진행되고 있는 1970년대 이후의 '부흥'에는 마르크스주의의 '쇠퇴'가 각각 깊이 관계되어 있는 것으로 생각된다. ⇒기요사와 만시, 기히라 다다요시, 니시다 기타로, 다나베 하지메, 미키 기요시, 고야마 이와오, 사이구사 히로토, 도사카 준, 아마카스(미타) 세키스케, 고야마 도모에, 마르크스와 마르크스주의, 변증법

—미야가와 도오루(宮川 透)

일부일처제—夫—妻制 ⇨**결혼**

일신교—神教 ⇨**다신교**

입법立法 ⇨**권력**

자극刺戟 ⇨ **유기체**

자기磁氣 [Magnetismus]

사변적 사유의 주요 이념의 하나는 쿠자누스(Nicolaus Cusanus 1401-64) 이래의 '대립의 통일'의 원리이다. 자기에 대한 실험적 연구는 길버트(William Gilbert 1544-1603)에 의해서 창시되어 "같은 이름의 극은 서로 배척하며, 다른 이름의 극은 서로 견인한다"는 자기의 법칙은 자연철학에서도 유력하게 되었다. 셸링은 이것을 극성(Polarität)의 법칙이라고 하고, 자기·전기·화학적 연관(자기와 전기의 종합)을 물리학의 범주들이라고 칭했다. 헤겔도 이것들을 '총체적인 개체성의 물리학(Physik der totalen Individualität)'의 범주라고 했다. 헤겔도 이 작용들의 동일성을 인정하는 데로 기울었다. 그러나 당시 유력했던 베르셀리우스(Jöns Jacob Berzelius 1779-1848)의 전기화학적 이원가설에 대해서는 비판적이었다. 헤겔은 오히려 화학원소들의 화학적 친화성(chemische Verwandtschaft, Affinität)을 질과 양의 도량관계의 변증법에 기초짓고자 시도한다[『엔치클로페디(제3판) 자연철학』 309-315절]. ⇒화학·화학적 연관

―혼다 슈로(本多修郎)

자기(성)自己(性) [Selbst, Selbstheit, Selbstischkeit, selbstisch]

보통 '자기 자신을/에서(sich selbst)'라는 식으로 sich를 강조하여 사용되는 부사의 selbst를 헤겔은 대문자화하여 ① 변화를 통한 사물의 동일성의 중심, ② 자발성의 원천이라는 의미에서 인격적인 것과 자연물 모두에

<자기>라는 말을 사용한다. 『정신현상학』의 '관찰하는 이성' 끝 부분에서 "자기란 사물이다"[『정신현상학』 3. 260]라고 하는 것이 최초의 출현. 개체(개체성)와 보편의 통일을 그 자신이 개체성인 이성이 수행하는 것은 원리적으로 무리가 있다. 자기의 본질을 자기로부터 구별하여 보편으로서 자기 바깥에 세울 수밖에 없는 개체성 대신 '정신' 장 이후에 이 통일을 수행하는 것이 자기본질·자기 원인자로서의 자기이다.

자기는 우선 개별자를 개별자이게끔 하는 보편적인 것, 개인 바깥에 있는 본질, 인륜적 실체이다. 그러나 개별자는 실제로 보편을 담지하여 이것을 현실화한다. 이것이 개별자를 보편화한다. 개별성을 보편적으로 서로 인정하는 개개인, 즉 인격성이라는 제1의 자기가 성립한다. 그러나 자기본질인 개별자는 자기 원인자이어야 한다. 제2의 자기인 교양과 계몽의 자기는 교양형성의 운동에 의해서 스스로의 내용을 스스로 만들어낸다. 그러나 더 나아가 산출된 자기는 개별자 자신의 자기확신에 머물러서는 안 된다. 도덕적 의식이라는 제3의 자기는 자기를 자기로부터 독립된 현존재, 즉 세계로서 산출하며, 나아가 이 현존재가 자기와 동일하다는 것을 안다[같은 책 3. 324-494].

자기(Selbst)의 용례가 496개가 있음에도 불구하고 자기성(Selbstheit)은 4개, 더욱이 '이성' 장에서는 오히려 이기성에 가까운 의미로 사용되며[같은 책 3. 271f.], 도덕적 의식에서는 만인에게 승인된 단적으로 의무에 들어맞는 행동을 가리킨다[같은 책 3. 476]. 이것도 자기가 '정신' 장 이후에 비로소 개념화되었다는 것을 뒷받침할 것이다. '자기(Selbst)'를 형용사화한 '자기적인(selbstisch)'의 용례는 '종교' 장 이후를 중심으로 7개가 있다. 이것은 자기의 자발성으로서의 존재방식,

행위하는 것으로서의 자기를 형용한다.

한편 자연철학에서의 "물질의 자기"란 빛이다. 자기성(Selbstischkeit)이란 빛이 지니는 직접적인 추상적 자기동일태를 가리킨다[『엔치클로페디(제3판) 자연철학』276절]. 또 하나의 자기성(Selbstheit)은 생명의 자기운동을 가리키며[같은 책 359절], 『현상학』의 "살아 있는 개체"[『정신현상학』 3. 223]와 같다. 다만 『현상학』에는 Selbstischkeit의 용례는 없다.

【참】石川伊織 (1988)

─시카와 이오리(石川伊織)

자기감정 自己感情 [Selbstgefühl]

심정이 "자기 자신에게로 귀환"하여 "그것만으로 존재하는 현실적인 것"으로서 "만족하고 있는" 상태를 의미한다[『정신현상학』 3. 170]. 인간에게 있어서는 이러한 자기감정에서 더 나아가 '욕망과 노동'이라는 관계가 생겨난다[같은 곳]. "동물은 자기감정에서 끝나는 데 반해, [인간의] 이성본능은 동시에 자기의식이기"[같은 책 3. 200] 때문이다. 『엔치클로페디(제3판) 정신철학』에서는 스스로의 감정의 특수성을 이해하는 것을 통해 "주체가 주관적 일자로서의 자신"을 깨닫고 있는 존재양식이 자기감정이라고 불리며[407절], 그것이 외적 세계와의 연관을 능숙하게 맺지 못하는 형태가 '광기'로 된다[같은 곳]. 『정신현상학』의 주인과 노예의 변증법에서 "대상의 순수한 부정……, 순수한 자기감정을 자신을 위해 취하는" 자기 충족적인 주인보다도 '저지된 욕망'인 '노동'을 매개로 하여 세계와의 매개관계를 형성하는 노예가 긍정되는[3. 153] 것도 동일한 논지이다.

─자코타 유타카(座小田豊)

자기 곁에 있는 존재 自己─存在 ⇨ 타자

자기관계 自己關係 [Beziehung auf sich, Verhältnis zu sich selbst]

사태와 범주의 존재방식을 논리적으로 규정하며 그 변증법적 운동을 추진하고 이끄는 개념장치의 하나. ─자기관계에는 상반되면서도 연관되는 두 개의 주요한 의미가 있다. 첫째, 어떤 것이 다른 것에 대해서 무관심하고 또한 그것 자신 안에 구별을 포함하지 않게 되면, 그것은 단순하고 추상적인 **긍정적** 자기관계, 자기 동등성으로 형용된다. 이것은 몰관계성으로서의 직접성과 내포적으로는 다르지만 외연적으로는 같으며, 범주로서는 우선 존재 또는 현존재이다. 그러나 둘째, **부정적인** 자기관계 내지 부정적인 것의 자기관계는 관계로서 매개이며, 그것 자신 속에 구별 또는 분열을 포함하면서 통일을 보존하는 것에 관해 말해진다. 존재론에서는 대자존재와 무한성, 본질론에서는 반성과 반성규정, 개념론에서는 개별성과 생명이 부정적 자기관계의 범주로서 중요하다. 그 운동양식은 반성론에서 구명된다. 즉 오로지 자기에게만 관계하는 부정은 (1) 부정(매개)이며, (2) 타자존재에 대한 관계를 결여하는 것으로서 직접성이고, (3) 부정이 그 자신에서 활동함으로써 부정된 부정으로 된다. (2)와 (3)은 첫 번째 의미에 연결되며 (1)과 대립한다. 이것들이 복잡하게 얽혀서 방종이라고도 말할 수 있는 운동을 전개하는 가운데 변증법의 논리규칙이 확립된다. ─사변철학에서 재구성되는 자기관계의 경험적-일상적 사례는 무기적 자연에서는 시간·빛·물·물체(의 특히 형태) 등이 전형이며, 생물현상으로서는 자기보존·소화·자기재생산 등이 있다. 생물의 개체성·주체성·자기성은 부정적 자기관계에 의한다. 국가도 부정적으로 자기관계하는 유기적 조직으로 특징지어진다. 그러나 자기관계의 모델케이스이자 가장 다양하게 분절된 것은 자기의식 내지 자아와 그의 자유 또는 의지이다. "정신은 자유에서 무한하게 부정적인 자기관계이다"[『법철학』 321절]. ─자기관계라는 개념은 피히테의 영향을 받아 예나의 체계구상 이래 빈번히 사용되게 되며, 예를 들어 『논리의 학』 존재론의 제1판과 제2판, 『엔치클로페디』의 제1판과 제3판을 비교하면 알 수 있듯이 후자로 될수록 광범하게 적용된다.
⇨ 반성, 부정, 자아

─후지사와 겐이치로(藤澤賢一郎)

자기 내 반성自己內反省 ⇨ 반성

자기 내 존재自己內存在 [Insichsein]

"무게는 무규정적인 외면성에서의 자기 내 존재이다"[『엔치클로페디(제3판) 자연철학』 334절 「보론」 9. 332]라고 말해지듯이 일반적으로 '어떤 것'이 "타자와의 관계를 일단 단절"하여 그것 자신의 본질적 존재방식에서 "자기 안에서 정자"되어 있는 상태[『종교철학』 16. 374]를 의미한다. 어떠한 구별도 지니지 않는 '즉자'와는 다르며 스스로의 '자기 외 존재'와의 구별을 지니고, 나아가 "구별의 지양에 의해서 다시 자기 자신에 동등하게" 되어 "현존하고 있는"[『논리의 학』 5. 123] 것을 가리킨다. "다만 자기 내 존재는 처음에는 전적으로 무규정적이며, 이것이 더 나아가 우선 자신을 대자적으로 존재하는 것으로서 규정하고 개념에서 비로소 주체의 구체적인 강함을 보존하기에 이른다"[같은 곳]. "자기 내 존재의 본질성은 사유 그 자체"이며, 인간의 자기의식에서 비로소 이 본질성이 대상으로서 의식되어 구체적인 생동성을 얻기에 이르기 때문이다[『종교철학』 16. 375]. 불교는 "자기 내 존재의 종교"이다[같은 책 16. 374ff.]. ⇨자기 외 존재, 인도·불교

─자코타 유타카(座小田豊)

자기목적自己目的 ⇨ 목적론

자기 외 존재自己外存在 [Außersichsein]

'자기 내 존재'의 맞짝개념. 원래 뜻은 '나를 잊고 있는 것'. 한편으로 어떤 것의 본질·개념이 현상·감성적 존재 등으로서 추상적으로 나타나는 것을 가리킨다. 공간이 "자연의 자기 외 존재의 추상적 보편성"으로 되는 경우[『엔치클로페디』 자연철학 254절 9. 41]가 그에 해당한다. 또한 다른 한편으로 그것은 『정신현상학』에 따르면 인정 운동의, 그리고 또한 정신적 존재자의 전개의 첫 번째 계기이다. "자기의식에 있어 자신의 본질이 타자로서 나타나 자신의 바깥에 존재하고 있는"[3. 149] 것. 자기의식에서의 이러한 타자는 그것 역시 자기의식이며, 이 타자에서 자기 외 존재가 성립한다. 그것은 자기와 타자의 '병존'과는 다르며, 타자에서의 자기상실 및 이 타자의 폐기로서 나타난다. 자기의식은 "자기를 다른 존재자로서 발견"하고, "타자를 존재자로 보지 않고 타자 안에서 자기 자신을 보기" 때문이다[같은 책 3. 146]. 인정의 매개운동은 쌍방의 자기의식이 이 자기 외 존재를 폐기하는 데서 시작한다[같은 책 3. 146]. "스스로의 자기 외 존재에서 존재하면서 자기 자신 속에 머무르는 것"일 때, 정신은 "현실적인 것"인[같은 책 3. 28] 까닭에, "감성적인 것은 일반적으로 외면성을 보이며, 따라서 자기의식의 자기 외 존재를 보인다"[『법철학』 21절]. ⇨ 자기 내 존재

─자코타 유타카(座小田豊)

자기원인自己原因 ⇨ 실체(성)·속성·우유성

자기유지(자기보존)自己維持(自己保存) [(라) conservatio sui, (독) Selbsterhaltung]

홉스, 라이프니츠 등에 의해서 제시된 근대의 개체성의 원리. 예나 시기 이후의 저작에서는 예를 들면 "이미 현존하고 있는 것을 스스로 다만 산출할 뿐"의 자기산출작용[『뉘른베르크 저작집』 4. 157]과 같은 가벼운 의미에서 이곳저곳에서 보일 뿐이지만, 『예나 체계 Ⅱ』에서는 개체(모나드)와 보편(류)을 결합하는 중심적인 개념의 하나로서 자주 출현한다. "단일한 것으로서 나타나는 자기 자신에로의 반성작용인"[GW 7. 147f.] 자기보존은 여러 모나드에서 "하나이자 동일한 보편적인 것", 즉 '유'로서 나타나는[같은 책 7. 170] 것으로서 "모나드의 자기보존은 오히려 모나드의 지양"인 것이다[같은 책 7. 148]. 모나드의 자기보존은 타자의 부정이자 인식작용이지만, 타자 역시 동일한 작용을 행하는 까닭에 서로 지양된다[같은 책 7. 169]. 그러므로 자기보존은 유를 통한 "개별성의 구제"이자 "개별성을 불사적인 것으로서…… 보존하는 것을 지향하는 동경"이라고 말해진다[같은 책 7. 170].

【참】 Henrich (1976)

　　　　　　　　　　　　　　　　　　　－자코타 유타카(座小田豊)

자기의식 自己意識 [Selbstbewußtsein]

헤겔은 '자기의식'을 '의식'의 <진리>로서 파악한다[『정신현상학』 3. 135]. '의식'에 있어 참된 것은 어디까지나 자기가 아닌 타자이다. 확신은 의식에게, 진리는 대상에게 돌려진다. 양자의 불일치는 언제나 의식에게 귀속된다. 그에 대해 '자기의식'에서 확신과 진리는 하나이다. 확신 그 자체가 대상이자 진리이기 때문이다. 이것은 자기의식이 단지 '자아=자아'라는 동어반복이라는 것을 의미하지 않는다. 자기의식은 자기와 대상의 구별을 보존한다. 그러나 이 구별은 곧바로 폐기된다. 타자가 참으로는 자기 자신이라는 것이 자각된다. 이 운동을 통해서 자기의식은 비로소 자기의식으로 된다. 다시 말하면 자기의식이란 이러한 운동에 다름 아니다.

헤겔은 자기의식의 가장 단순한 형태를 '욕망'[같은 책 3. 143]에서 발견한다. 욕망은 자립적인 대상을 부정하고 자기 자신을 확신한다. 그러나 거기서 욕망은 동시에 대상의 자립성을 경험한다. 대상이 계속해서 존재함으로써 비로소 자기 자신의 확신이라는 것이 가능해지기 때문이다. 자기의식이 참으로 자기 자신을 확신하기 위해서는 대상 자신이 자기를 부정하는 것이 필수적인 계기로 된다. 스스로 자기를 부정하면서도 동시에 그 자립성을 보존하고 자기의식이 자기 자신을 확신하는 것을 가능하게 하는 것, 그것 자신도 역시 자기의식일 것이다. "하나의 **자기의식**이 하나의 **자기의식**에 대해서 존재한다. 이를 통해 비로소 자기의식은 실제로 존재한다. 왜냐하면 여기서 비로소 자기의식에 대해서 타자존재(Anderssein)에서의 자기 자신의 통일이 생기기 때문이다"[같은 책 3. 144f.].

자유롭고 자립적인 존재로서의 대상이 상대방(자기의식) 역시 자신과 마찬가지로 자유로운 존재라는 것을 직관하고, 스스로 자기의 직접성(욕망)을 부정하는 것, 이 부정을 통해서 자기의식이 타자에 의해서 자신이 자유로운 존재로서 인정되어 있다는 것을 직관하는

것, 나아가 이상의 것이 일방적으로가 아니라 양방 모두에게서(더욱이 그것이 의식되면서) 이루어지는 것, 이것을 헤겔은 '인정' 또는 '상호인정'이라는 말로 부른다. 이 '인정'이 성립하는 데서, 다시 말하면 인륜적인 공동체가―"우리인 나와 나인 우리"[같은 책 3. 145]가―성립하는 데서 자기의식은 비로소 자기의식(『뉘른베르크 저작집』[4. 82], 『엔치클로페디(제3판) 정신철학』[436절]에 따르면 '보편적 자기의식')으로서 존재한다.

또한 절대자에 관해서도 스스로 자기에 대해서 타자로 됨과 동시에 타자인 것에서 자기 자신을 인식하는 운동이라고, 다시 말하면 자기가 <정신>이라는 것을 아는 앎이라고 말해진다[『정신현상학』 3. 22f., 28f.]. 『엔치클로페디』의 '절대적 정신 B. 계시종교' 장에서는 다음과 같이 말해지고 있다. "신은 자기 자신을 아는 한에서만 신이다. 신의 자기지는 더 나아가 인간에게서의 신의 자기의식이며, 신에 관한 인간의 지이다. 이 지는 신 안에서의 인간의 자기지로 나아간다"[564절 주해; 『종교철학』 17. 187 참조]. ⇒인정, 욕구·욕망

【참】 Pöggeler (1973a), 稻葉稔 (1977), Heidegger (1980), Marx, W. (1986)

　　　　　　　　　　　　　　　　　　　－후지타 마사카쓰(藤田正勝)

자립성 自立性 [Selbständigkeit]

일반적으로는 타자존재를 부정하고 "자기 자신에서 실체적인 것"과 "주관적인 특질의 강함을 지니고서 자기에 기초하는 개체성"을 의미하지만, 참으로는 타자와의 매개성과 상호성에 근거하여 "개체성과 보편성이 통일되어 침투하고 있는" 상태를 가리킨다. "왜냐하면 보편적인 것이 개별적인 것을 통해 비로소 구체적인 실재성을 획득하는 것과 마찬가지로, 개별적이고 특수한 주체 역시 보편적인 것 안에서 비로소 스스로의 현실성의 흔들림 없는 기반과 진정한 내실을 발견하기 때문이다"[『미학』 13. 236f.]. 『정신현상학』의 '자기의식의 자립성과 비자립성'에서 비자립적이라고 보이던 노예가 '인정을 둘러싼 투쟁'의 결과 참된 자립성으로

서 증시되는 것도 노예가 '죽음의 공포'와 '노동'을 매개로 하여 타자존재·타자와 보편적 관계를 인식하여 수립하기 때문이다[3. 148f.]. 사물의 경우에도 개별성과 타자, 그리고 보편성과의 필연적 연관에서 비로소 자립성이 성립하게 된다[『종교철학』 17. 453]. ⇒주인과 노예

―자코타 유타카(座小田豊)

자본資本 [Kapital]

『법철학』에 따르면 시민사회의 '보편적 자산'의 배분에 관여할 가능성은 '자본'과 '기능(Geschicklichkeit)'에 의해 제약되어 있으며, 나아가 양자 사이의 불평등은 필연적이다[200절]. 이와 같은 자본과 기능(노동)의 상관적 파악은 이미 『인륜의 체계』[PhB 85]에서도 찾아볼 수 있다. 그러나 자본 개념이 적극적으로 전개되는 것은 법철학 강의에서이며, 예를 들면 헤겔은 자기 노동에 의한 소유를 근대의 원칙으로 제시하면서 생산하지 않고 오로지 소비할 뿐인 '자본가'를 "사회의 기생벌"(이것은 다른 유(類)의 벌에 기생하여 스스로는 먹을거리를 모으지 않는다)로 단정한다[『법철학 강의(그리스하임)』 499]. 그렇지만 모든 자본가가 '비생산적'이라고 간주되고 있는 것도 아니다. 또한 대자본과 소자본의 경쟁의 결과인 자본의 집중 및 임금의 저하[같은 책 609ff.], 그리고 과잉된 자본의 국외로의 진출되[『법철학』 246-8절] 그는 간과하고 있지 않다. ⇒시민사회, 소유

【참】 Priddat (1990)

―우부카타 쓰구루(生方 卓)

자산資産 [Vermögen]

헤겔은 가족을 구성하는 세 가지 계기 가운데 하나로서 "가족의 소유와 재산 및 그에 대한 배려"[『법철학』 160절]를 들고 있다. 소유는 개인-인격이 외면적 실재성을 지닐 때에 필요불가결한 것이지만, 개인-인격이 아니라 가족의 차원에서 그 공동성을 외면적으로 보장하는 것이 자산이다. 그 특질은 "공동의 소유"[같은 책 171절]에 있으며, 사적 소유의 측면이 그림자를 드리우고 있다. 나아가 시민사회의 차원에서는 만인의 의존관계, 요컨대 사회적 분업에 기초한 노동의 체계 그 자체가 "보편적 자산"[같은 책 199절]이다. 각 사람은 자신의 기능과 밑천에 따라 이 자산에 참여하여 자신의 생계를 꾸려가게 된다. 그러나 각 사람의 기능과 밑천은 다종다양한 (자연적이고 사회적인) 우연한 사정에 좌우되며, 개인들의 자산 내지 기능에는 필연적으로 불평등이 생길 수밖에 없다. 이 점이 시민사회의 해방적 측면에 대한 이면을 형성한다. 또한 이 보편적 자산이 계층적-신분적인 구별의 기반을 이룬다. ⇒재산공동체, 직업·신분, 가족, 시민사회

―가나야 요시이치(金谷佳一)

자살自殺 [Selbstmord]

헤겔은 생애에 걸쳐서 여러 차례 자살에 관해 고찰하고 있다. (1) 소(小) 카토의 자살에 관해서는 『기독교의 실정성』 이래로, 만년에 이르러서도 종교철학, 역사철학, 정신철학 등에서 거듭해서 고찰하고 있다. "조국, 국가의 이념이 그[카토]의 세계의 궁극목적이었다. …… 카토는 그에게 있어 그때까지 사물의 최고의 차원이었던 것, 즉 그의 세계, 그의 공화국이 파괴되었을 때 비로소 플라톤의 『파이돈』으로 향했다. 이리하여 그는 좀더 고상한 차원으로 도피했다"[『기독교의 실정성』 보론 1. 205]. 청년 헤겔의 공화국주의는 개인의 헌신의 대상(국가=궁극목적)이라는 의미를 지니는 것으로, 만년의 국가주의(국가=실체)와 반드시 대립하는 것은 아니다. (2) 『법철학』에서 인간은 자기의 생명·재산을 포함하여 외부 세계의 것을 스스로 단념함으로써 내면으로 향하여 자유롭게 된다고 논하며 자살에 대해 언급하고 있다. "인간만이 모든 것을, 나아가 자신의 생명마저도 방기할 수 있다. 인간은 자살을 행할 수 있다. 동물에게는 가능하지 않다"[『법철학』 5절 「보론」]. (3) 그러나 자살의 권리에 대해서는 자기결정(양도·방기)의 범위가 외적인 사물과 시간적으로 한정된 노동에 한정된다는 이유에서 "권리로서의 자살"은 부인된다[같은 책 70절]. 칸트에서 자살의 금

지와는 다른 논리에서 기독교의 정통적인 준칙을 지지하고 있다. (4) 아프리카인과 중국인의 경우에는 초월자에 대한 신앙이 없기 때문에 생명존중의 사상이 존재하지 않는다. "좀더 고차적인 존재자에 대한 의식을 지니고서야 비로소 인간은 인간에게 합당한 존경을 표시하는 입장에 도달한다"[『역사철학』 12. 125]. 그러므로 비기독교 세계에서는 자살과 헌신이 쉽게 행해진다[같은 책 12. 161, 164]. 이것은 현대에 이르기까지 서구인이 비서구인에 대해 지니고 있는 편견의 하나의 전형이다. 서구인의 헌신에 대해서는 최고의 정신적 가치를 부여하고, 비서구인의 헌신은 자기상실에 불과하다고 멸시한다.

―가토 히사타케(加藤尙武)

자아自我 [Ich]

Ⅰ. 자아와 그의 자기의식은 근대 철학의 가장 근본적인 개념이다. "데카르트와 더불어 근대의 교양과 사유가 시작된다"고 하는 것은[『철학사』 20. 120] 다름이 아니라 그가 '순수사유'로서의 자아를 확립했기 때문이다[같은 책 20. 127ff.]. 이 자아를 원리로서 세련화한 것이 칸트였다. 자아는 나의 모든 표상에 수반하는 '나는 생각한다'는 '초월론적 통각'이자 표상의 다양·경험적 소재를 결합하여 통일로 가져오는 '종합적 기능'을 담당한다. 그것은 경험을 가능하게 하는 활동이자 경험의 주체이기 때문에 그것 자체는 실체로서 현상 속에 나타나는 것이 아니다(주체와 실체의 분열).

Ⅱ. 칸트에서는 물어지지 않았던 통각적 의식의 가능성을 문제로 삼은 피히테는 자아는 어떠한 기체에도 속하지 않는 순수한 활동이자 그것이 '자기 내 귀환'함으로써 동시에 자기 자신을 활동의 산물로서 정립하는 '사행'이라고 했다. 『전체 학문론의 기초』에서 그는 이 사행적 자아를 의식의 의심할 수 없는 사실인 'A=A'의 가능성의 구명을 통해 "자아는 근원적으로 단적으로 자기 자신의 존재를 정립한다"라는 명제(「학문론의 제1 근본명제」)에서 표현했다. 그것은 형식적 동일성이기 때문에 사상된 내용을 회복하기 위해서는, 그리고 또한 자기의식에서의 차이적 구조를 설명하기 위해서는 질료적인 것과의 대립이 필요하게 된다. 그것이 'A≠nicht A'의 분석에서 얻어지는 명제, 즉 "자아에 대해서 비아가 단적으로 반정립된다"(「제2 근본명제」)이다. 비아는 사유되는 자아로서의 자기의식의 성분임과 동시에 의식에서 독립된 객관적 실재라는 성격을 지니며, 곧 자연계로 구체화되어야만 하는 것이다. 나아가 피히테는 자아의 동일성과 대립이라는 이 모순을 해결하기 위해 자아 내에서의 '가분적 자아'와 '가분적 비아'와의 대립과 종합을 생각한다(「제3 근본명제」).

이리하여 주체와 실체의 분열이 칸트 이상으로 첨예화됨과 동시에 통일의 회복이 양자의 교호작용(가분성의 종합)에 의해서 도모된다. 이 교호작용의 방향에 따라 자아는 비아에 의해서 규정되는 것으로 생각될 때에는 이론적이고, 역으로 비아에 활동을 미치는 것으로 생각될 때 그것은 실천적 자아다. 칸트의 이론이성과 실천이성은 동일한 자아의 다른 측면에 다름 아니다. 자아와 비아가 그때마다 특수한 규정에서 대립하며 양자를 매개하는 제3의 것(자아) 안에서 종합되지만 이 종합은 또다시 새로운 규정을 짊어진 대립을 산출한다는 종합의 과정적 진행은 헤겔의 변증법 형성에 커다란 영향을 주었다. ―그러나 피히테는 이 종합을 끝까지 완수할 수 없었으며, 통일은 자아에 의해 비아를 절멸시키는(인간의 자연지배) '무한한 노력'이라는 요청으로 치환된다. 헤겔은 『차이 논문』과 『신앙과 지식』에서 이 점을 엄격하게 혹독하게 비판했지만, 본래 피히테 자신이 이러한 결과에 만족하지 않았으며 『기초』 이후 곧바로 학문론의 개정을 여러 차례 시도하게 된다. 그러나 그가 그것을 공간하지 않았기 때문에 헤겔은 그에 대해 알 수 없었다.

Ⅲ. 예나 『실재철학』에서 헤겔은 언어·노동·가족이라는 틀에서 자아의 독자적인 구성을 시도했지만, 『정신현상학』과 그 이후에는 이것을 포기하고 주관-객관 모델로 복귀하여 전기 피히테의 자기 정립하는 자아와 상호인정론을 계승·발전시킨다. ―① 자아는 순수한 자기 내 반성·자기의식이자 논리적으로 말하면 "단순한 대자존재"[『정신현상학』 3. 147], "자기 자

신에 관계하는 부정성'[『논리의 학』 6. 253]이다. 자기 관계하는 부정성이 펼치는 모습은 『논리의 학』 본질론의 '가상' 장에서 구명된다. 그러나 ② 자기에 관계하는 부정은 자기 자신과 반발하여 자기 내에서 구별을 산출한다. 즉 자기의식으로서의 자아는 한편으로는 감성적 확신과 지각의 대상, 다른 한편으로는 자기 자신이라는 '이중의 대상'을 지닌다. "자기의식은 거기서 이러한 대립이 지양되고 자신에게 있어 자기 자신과의 동등성이 생기는 운동으로서 나타난다"[『정신현상학』 3. 139]. 이러한 운동은 실체와 주체의 통일을 확립하는 '의식의 경험' 여정의 일부이지만, 최종적 통일은 피히테와 마찬가지로 상호 매개에 의해 수행되는 것이 아니라 "자아는 사물이다", "사물은 자아다", "자아는 자아다"라는 세 개의 '무한판단(주어와 술어의 무매개적·무사상적 결합)'을 세우고, '절대지' 장에서 그것들을 회고적으로 정당화하는 방식으로 달성된다. ③ 자아는 보편성과 개별성의 통일이자 주관적 정신이다. 보편성으로서의 자아는 모든 규정성과 내용을 사상한 '관계 일반'이며, 개별성으로서의 자아는 타자에 대립하여 타자를 배제하는 "절대적으로 규정된 존재방식"을 소임으로 하는 개체적 인격성이다. 자아의 보편성과 개별성의 연관은 『논리의 학』 개념론의 서론과 '개념' 장에서 논해진다. 또한 상호 인정에 의한 상호인격성의 이론으로서는 『정신현상학』의 주인과 노예의 변증법이 유명하다. 주관적 정신은 『엔치클로페디』의 제3부 '정신철학' 제1편의 주제이다. ⇒ 자기의식, 자기관계, 무한판단, 학문론, 칸트, 피히테

　　　　　　　　　　　　　　　―후지사와 겐이치로(藤澤賢一郎)

자연自然 ⇨ **자연철학**

자연미自然美 ⇨ **미**

자연법自然法 [Naturrecht]
　헤겔에 따르면 역사적으로 보아 근대 국가가 구상되는 17세기 이후 자연법은 서로 대립하는 두 개의 학문적 취급방식을 완성시켜 왔다. 17세기의 영국 철학(홉스, 로크)에 의한 '경험적' 취급방식과 18세기 후반의 독일 비판철학(칸트, 피히테)에 의한 '형식적' 취급방식이 그것이다. 그러나 이들 체계에서는 어디서나 인륜적 전체가 양극으로 분열된 채 화해되고 있지 않았다. 두 입장에서 공통적으로 보이는 인륜적 법칙과 경험적 자연의 분열을 넘어서는 것으로서 헤겔은 "인륜적 자연이 어떻게 해서 진정한 법(Recht)에 도달하는가라는 과정을 구성하는 것"[『자연법 논문』 2. 505]으로서 자연법을 구상하는 것을 과제로서 세우는 것이다. 이러한 과제를 등에 짊어지고 헤겔은 예나 시대에는 좀더 본격적으로 근대 자연법(『예나 체계 Ⅰ, Ⅲ』에서 홉스, 루소, 피히테 등에 대한 직접적이거나 간접적인 언급이 그것을 뒷받침한다)과 대결한다. 그로부터 "개별자의 자각된 자유로운 의지라는 원리"[『철학사』 19. 129]에 의해서 정립되는 법, 결국 근대 자연법이 과제로서 세운 것과 동일한 지평에서 근대법과 인륜의 바람직한 모습을 탐구하기 시작한다. 여기서는 시원으로서 세워진 인륜적 자연(긍정적 보편)이 부정적인 것으로서의 개별과 관계하여 그것을 융합해가는 형태에서가 아니라 역으로 시원으로서 놓인 개별자가 다른 개별자와의 상호인정 운동을 매개로 하여 자기 속에서 형성되는 보편적 의사(전체)를 자각해가는 구성이 취해진다. 이리하여 헤겔은 자연법 개념에서 "직접적 자연에 의해서…… 심어진" 법이 아니라 "사태의 본성, 결국 개념에 의해서 자기를 규정하는 법"[『하이델베르크 엔치클로페디』 415절]이라는 의미를 읽어냄으로써 '자기 규정하는' 자유로운 의사를 자연과 법의 참된 매개자로 간주하기에 이르는 것이다. 그럼에도 불구하고 헤겔의 저작에서는 『법철학』과 베를린 시대의 『엔치클로페디』 등 만년에 이르기까지 근대 자연법의 원리에 대한 뿌리 깊은 비판이 발견된다. 그것의 주된 눈길은 사회상태에 선행하는 자연상태에서의 각 개인에 대한 자연권 부여라는 사고방식과 그러한 개인들 상호간의 계약에 기초한 국가의 설립이라는 명제로 향한다. 헤겔에 따르면 모든 권리는 국가의 법적 질서 속에서 비로소 성립하는 것이어야만 하며, 또한 사회

계약이라는 본래 사법(私法)제도에 속하는 관념을 공법 안으로 들여오는 것은 국가를 개인의 의사가 아니라 자의에 기초짓는 것으로 볼 수 있다.

이와 같은 헤겔의 철저한 근대 자연법 비판은 근대 국가의 구상에 있어 한편으로 칸트에서도 아직 남아 있던 구성원의 모든 전 국가적 특권을 배척하는 입장을 철저화하고, 다른 한편으로 시민사회 그 자체가 산출하는 모순(빈부의 차등 등)의 해결 장소를 그 한복판에 있는 개인들의 의사에 의해서 생성, 운동하는 정치적 공동체, 즉 국가에 맡기는 것에서 찾아진다. 이것은 또한 헤겔을 근대 자연법의 지양자로서 동시대의 다양한 비판자들과 구별시켜주는 것이기도 하다.

【참】Welzel (1951), Riedel (1969), 上妻精 외 (1980)

―모리카와 고키치(森川孝吉)

자연사自然史 ⇨**자연철학**

자연신학自然神學 ⇨**신**

자연의 무력自然―無力 ⇨**자연철학**

자연적 의식自然的意識 ⇨**의식의 경험의 학**

자연정신自然精神 ⇨**영혼**

자연종교自然宗敎 [natürliche Religion, Naturreligion]

자연종교란 인간이 직접적 상태에 있을 때의 종교의 식이다. "신은 자연적인 것으로서 정립되며, 의식은 자연적 규정성에 사로잡혀 있다"[『종교철학』16. 274]. 그러나 이 자연의 폭력에 대한 공포의 극복은 "정신적인 것이 자연을 지배하는 힘"이기도 하다[같은 책 16. 278]. 거기서는 인간의 누군가가 자신의 자연적 의지만으로 자연현상을 제어할 수 있다고 간주된다. 이러한 주술이 객관화되어 주물숭배로 되고 나아가 모든 자연적 사물을 포괄하는 신의 힘으로서 생각되면 자연과 주관이 구별되고 자연의 종교가 나타난다. 헤겔에 따르면 이 단계의 최후에 만물의 감성적 표상에 기초를 두는 중국의 종교가 있다. 그 본질은 하늘이며, 하늘의 나타남이 도량이다. 이것을 지상에서 지배하는 유일한 자가 황제이다. 전일자로서의 이 원리가 한 사람의 개별적 인격에서가 아니라 모든 순수사유에서 전개되었을 때 인도의 종교가 된다. 나아가 이 원리가 자기 내에서 추상화되어 무로 되고 그것과 인간이 일체로 되었을 때 불교의 열반의 경지에 도달한다. 불교에서 궁극 원리가 자기 외부로부터 차단된 데 반해, 페르시아 종교에서는 이 원리가 세계의 힘으로서, 세계의 목적으로서 발현한다. 그것은 세계의 목적으로서의 선이며, 세계의 힘으로서의 빛이다. 이 빛이 모두를 개시하고 생명과 발전에 도움을 준다. 그러므로 페르시아의 종교는 빛의 종교라고도 불린다. 이때 종교의식은 자연종교로부터 벗어나며, 자유의 종교로의 이행이 시작된다. ⇒종교, 페르시아

【참】Leuze (1975), 岩波哲男 (1984)

―핫타 다카시(八田隆司)

자연철학自然哲學 [Naturphilosophie]

Ⅰ. 역사 속의 자연철학. 자연철학은 플라톤의 『티마이오스』와 아리스토텔레스의 『자연학』에서 시작되는 긴 역사를 지닌 학문이다. 근세에 이르러 데카르트와 라이프니츠가 그것에 새로운 장을 덧붙였으며, 18세기 말에 칸트가 이성비판의 입장에서 관념론적 자연철학의 가능성을 시사했다. 셸링과 헤겔의 자연철학이 이러한 철학적 전통들을 계승 발전시킨 것이라는 것은 말할 필요도 없다. 그러나 독일 관념론의 철학자들은 단지 전통을 계승할 뿐 아니라 동시대의 자연과학의 경험을 토대로 하여 종래에는 존재하지 않은 체계적인 자연철학을 구상했다. 셸링은 이 체계의 기초로서 자연 속의 적대성에 착안하여 자기 속에서 이 모순을 해소하는 동시에 재생산하는 과정으로서 전체 자연을

보고자 했다. 또한 헤겔은 마찬가지의 변증법적 구조를 자연 속에서 보면서 그것을 순수한 이념이 구체적 현실성을 획득하는 최초의 단계로서 파악했다. 이러한 관점하에서 비로소 자연을 신이 만든 정교한 기계가 아니라 자기 속에 발전과 형태화의 원리를 지니는 살아 있는 전체로서 파악하고 또한 그것 자신이 체계를 구축하는 것으로서 고찰할 수 있게 되었다. 독일 관념론의 철학자는 또한 이러한 관점에서 동시대의 과학에 여전히 남아 있는 오랜 형이상학적 사고법을 현실에 적합하지 않은 것으로서 공격하고, 그것을 대신하는 사유형식을 발견하고자 노력했다. 그들의 용어가 반드시 일반적인 과학자가 채용하는 것으로 되진 않았지만, 그 사고방식에는 현대에도 통용되는 중요한 내용이 포함되어 있다.

Ⅱ. 체계 속의 자연철학. 헤겔의 경우에 자연철학은 그의 사변적 철학체계 또는 절대적 관념론의 일부이며, 이 부분을 빼놓은 그의 철학은 생각될 수 없다. 헤겔에 따르면 체계의 세 부분, 즉 <논리학>, <자연철학>, <정신철학>은 말하자면 이념 자신의 발전단계를 반영하는 것이자 그 전체가 이념의 현실성을 이룬다. 이 가운데 자연철학은 처음에 논리적 범주로서 순수한 모습으로 나타난 이념이 객관적 세계로서도 현실화되고자 하는 중간 단계이다. 거기서 이념은 아직 완전히 자유로운 발전을 성취할 수 없으며, 물질적으로 속박된 불완전한 모습으로 정신의 본질을 비춘다. 그런 한에서 자연은 정신의 '타자존재(das Anderssein)' 또는 '상호외재(das Aussereinandersein)'라고 불린다. 다만 인간만이 그 정신적 영위인 노동과 문화에 의해서 이 제한을 돌파하여 정신의 실질인 자유를 객관적 세계로서도 실현할 수 있다. ─이러한 형이상학적인 내지 신학적인 도식에 의해서 헤겔은 자연을 말하자면 정신에 종속하는 것으로서 파악하고 그것에 기초하여 인간의 자연지배를 정당화했다. 그럼에도 불구하고 이 절대적 관념론이야말로 자연을 발전과 자기조직화의 원리를 자기 안에 내장하는 통일적 전체로서 고찰하는 동시에 지성과 구별된 의미에서의 이성적인 것으로서 파악하는 것을 가능하게 한 것이었다.

Ⅲ. 헤겔 자연철학의 입장과 구조 헤겔은 이미 예나 시대의 강의초안에서 <자연의 철학적 고찰>과 <평범한 고찰>을 분명히 구별한다. 후자에서 자연은 단지 양적 차이에서 전체와 부분으로 이루어지며, 인과관계에서도 단순한 <이것>들의 모임이다『예나 체계 Ⅱ』 GW 7. 180]. 이 구별은 나중의 『엔치클로페디』 제3판(1830)에서 좀더 알기 쉽게 다음과 같이 말해지고 있다. "자연철학은 개념적으로 파악하는 고찰이기 때문에 그것은 동일한 보편자를 그것 자체의 내재적 필연성에서 개념의 자기규정에 따라 고찰한다[같은 책・자연철학』 246절]. 다시 말하면 자연철학도 이론적 자연과학과 마찬가지로 '자연경험'을 전제하여 그로부터 추출된 동일한 '힘과 법칙과 류'와 같은 보편자를 주제적으로 고찰하는 것이지만, 그 고찰법은 일반적인 자연과학의 고찰법과는 조금 다르다는 것이다.

이 고찰법의 차이는 헤겔 자연철학의 실제 구조를 연구해 보면 곧바로 알 수 있다. 그는 자연철학을 거듭해서 <역학>, <물리학>, <유기적 자연학>의 세 부분으로 구분하지만, 이것은 그 자체가 자기 자신의 현실태를 향해 스스로의 힘으로 발전하는 이념의 자기구현화 과정의 조감도이다. 그 도입부에서 그는 말한다. "자연은 다양한 단계의 체계로서 고찰되어야만 한다[같은 책 249절]. 이러한 단계적 진행을 이끄는 것은 다만 '자연의 내적인 것(das Innere der Natur)'이라고도 말해야 할 '변증법적 개념'뿐이다. 자연철학 전체의 구조와 그것의 개별적인 단계들의 내용은 모두 이 개념의 변증법적 운동을 엄밀히 따르고 있다. 그것은 우선 단순한 질점으로서만 생각된 물질의 계, 즉 역학계로부터 시작하여 이어서 질적 다양성을 지닌 물질의 복잡한 상호작용으로 이행한다. 그로부터 마지막으로 이러한 상호작용을 자기 안에서 하나로 합쳐 다른 물질계로부터 독립된 존재를 지니는 물질계, 즉 생물로 나아간다.

헤겔은 이러한 이념의 진행과정에 르네상스 이래의 전통적 과학과 18세기에 두드러진 발전을 이룬 새로운 과학 분야들을 할당했다. 제1부 '역학'은 우선 갈릴레오로 대표되는 지상의 물체의 운동학(유한적 역학)과 케플러 및 뉴턴으로 대표되는 자유공간 내의 물체의 운동학, 즉 천체역학(절대적 역학)이다. 그것에 이어지는 제2부 '물리학'에는 주로 18세기 후반에 발전된 새로운 자연과학 부문들, 즉 광학, 열학, 음향학, 화학, 전자기학 등이 대응한다. 헤겔은 이 부문들을 "가장 어려운 부문들"이라고 부르고 있는데, 당시의 발달되지 않은 화학과 전자기학의 상태를 생각하면 그것은 당연할 것이다. 마지막의 '유기적 자연학'의 중심은 말할 필요도 없이 식물학과 동물학이지만, 오늘날의 상식과는 달리 광물학과 지질학도 여기에 더해진다. 이것은 당시의 박물학의 상식에 따른 것으로 아마도 결정의 형성과 같은 자기형태화 능력과 자기조직성이 광물과 암석을 단순한 원소의 집합과 구별하여 유기체라고 불렀던 것일 것이다.

IV. '자연의 무력' 또는 근원적으로 한정된 자연. 위에서 본 것처럼 헤겔은 자연을 차례로 개체화의 정도와 환경으로부터의 자유도를 증대시켜 가는 물질계의 단계로서 고찰하지만, 그것을 이른바 <존재의 대연쇄>처럼 미묘한 뉘앙스를 통해 이행하는 것으로 생각하지 않았다. 그는 오히려 '자연은 비약하지 않는다'라는 18세기의 변천론자와는 다른 눈으로 이 문제를 바라보고 있었다. 이 점에서 헤겔의 자연철학은 자연의 모든 계층에 동일한 적대성과 분극구조를 보고자 했던 셸링의 그것과도 선을 긋고 있다. 헤겔이 이러한 <자연철학적 형식주의>를 엄혹하게 비판한 것은 『정신현상학』 서문에서도 그대로 보인다. 그 주된 이유는 그러한 형식주의 역시 기계론적 자연해석에 못지않게 자연의 살아 있는 구체적 연관을 잘못 보는 것이기 때문이다.

셸링과 달리 헤겔은 자연 안에서 어쩔 수 없이 무력한 것, 근원적으로 한정된 것을 감지하고 있었다. 예를 들면 생물은 환경인자의 착란을 받아들여 다양한 변이형과 기형을 낳으며, 분류학자의 노력을 비웃는 이행형과 중간종을 산출한다. 18세기 후반까지 유럽의 자연연구자들이 다양한 관찰과 실험을 통해서 발견한 이 사실을 헤겔은 '자연의 무력(Ohnmacht der Natur)'이라고 불렀다. 그가 생물체의 내부에서 대립하는 두 개의 생물학적 기능(감수성과 피자극성)의 비율에서 모든 생물의 종을 선험적으로 도출하고자 하는 셸링의 <참된 자연사>의 구상 또는 선험주의적 진화론에 반대

한 것도 이러한 자연경험에 대한 중시가 나타난 것이다. 그에 따르면 생물 종의 다양성은 급수(級數)의 공식에 자연수를 대입하는 절차에 의해서 생기는 것이 아니다. 그것은 오히려 "조건들의 불완전함과 혼란에 대항하여 개념에 의해서 정해진 형식을 지킬 수 없는 자연에서의 개념의 약함"을 나타낸다. 그는 이러한 관점으로부터 자연에서 역사를 부정하지만, 이것은 많은 불평에도 불구하고 오히려 관찰과 경험을 통해 자연의 참된 모습에 접근하고자 한 몇몇 자연연구자들, 예를 들면 쥐시외(Antoine Laurent Jussieu 1748-1836), 라마르크(Jean Baptiste Lamarck 1744-1829), 쾰로이터(Joseph Gottlieb Koelreuter 1733-1806), 퀴비에(Georges Léopold Cuvier 1769-1832) 등의 연구를 헤겔이 읽고 있던 증거인 것이다.

V. 헤겔과 자연과학. 헤겔은 이 박물학자들의 관찰만이 아니라 자연과학의 다른 분야의 실험보고도 대단히 열심히 연구했다. 종래에 자연과학은 헤겔의 숙련된 분야가 아니며, 여기서 그는 언제나 셸링의 모방자였다고 말해져 왔지만, 이러한 부당한 판결은 오늘날 파기되어야만 한다. 청년 헤겔이 그의 철학체계 건설 과정에서 고찰한 자연과학 문헌은 넓은 범위에 걸쳐 있으며 주제도 다양하다. 그 가운데 주된 것만을 들자면 라플라스(Pierre Simon Laplace 1749-1827)의 천체역학(특히 다체문제와 섭동의 연구), 베르톨레(Claude Louis Berthollet 1748-1822)의 화학적 친화력 연구, 럼포드(Benjamin Thompson Rumford 1753-1814)의 열학적 실험, 갈바니(Luigi Galvani 1737-98)와 볼타(Alessandro Giuseppe Volta 1745-1827)에 의한 동전기적 실험, 스팔란차니(Lazzaro Spallanzani 1729-99)의 소화에 관한 실험 등이 있다. 헤겔은 당시 비로소 독일에서도 발행되기 시작한 각종의 과학잡지와 안내서류에서 그 정보들을 얻었지만, 그 목적은 우선 변증법을 좀더 현실에 적합한 사유형식으로 단련하는 데 있었다.

헤겔은 자연과학이 괴테를 모범으로 하여 "솔직한 직관과 경험"을 받아들여야 한다고 주장했다[『엔치클로페디(제3판) 논리학』 126절 「보론」]. 그리고 "과학이 지금 자신이 사용하고 있는 형이상학적 범주를 의식하여 그 대신 사물의 개념을 기초에 두게 될' 것을 바라고,

나아가 "전문가는 그것을 반성하지 않지만, 이 학문에 대해서도 이성 개념이 요구되는 날이 반드시 올 것이다"라고 말했다[『같은 책·자연철학』 270절 주해 및 「보론」]. 이러한 '사물의 개념'과 '이성 개념'이라는 말을 <상호작용하는 물체의 체계>라는 정도의 넓은 의미에서 받아들이면, 그의 말은 과학의 역사에 비추어서도 옳았다고 말할 수 있을 것이다. ⇒이념, 개념, 변증법, 역학, 셸링, 괴테

【참】 Hörz/Löther/Wollgast (1969), Engelhardt (1976), Breidbach (1982), Gies (1982), Cohen/Wartofsky (1984), Horstmann/Petry (1986), Neuser (1987), Petry (1988), 渡辺祐邦 (1990)

―와타나베 유호(渡辺祐邦)

자연충동 自然衝動 ⇨ 충동

자유 自由 [Freiheit, frei]

헤겔 철학은 근본적으로 자유의 철학이다. 자유로운 정신인 이성이 이 현실의 세계에 <자유>라는 이념이 실현되는 것을 끝까지 확인하는 것이 철학의 본래 모습이다. 그것은 인간 정신의 가장 심오한 본질이 <자유>이기 때문이다. "물질의 실체가 무게인 데 반해, 정신의 실체, 정신의 본질은 자유이다. 정신의 모든 속성은 자유에 의해서만 성립하며, 모든 것이 자유를 위한 수단에 지나지 않는다"[『역사철학』 12. 30]. 인간은 자유롭게 될 수 있는 존재이다. 자유는 특정한 상태가 아니라 해방의 과정을 포함한다.

자유란 자신의 본질을 자각하여 본래의 자신에 따라 살며, 다른 어떠한 것에도 좌우되지 않는 것이다. 자신의 본질을 보지 못하면, 자유를 상실하고(비자유, 부자유), 자립성을 상실하고 만다. 이러한 자유의 개념을 헤겔은 『법철학』에서 첫째로 내면적인 자유, 둘째로 자신의 욕망을 실현하는 행동적인 자유, 셋째로 다른 인간과의 공동생활 속에서 자신의 본래의 존재방식을 발견하는 사회적인 자유라는 세 가지 측면에 따라 고찰하고 있다.

Ⅰ. 내면적인 자유. 감옥에 있어도 인간은 정신의 자유를 지닐 수 있다. 그것은 자신의 생명, 신체, 재산을 도외시할 수 있는 한에서의 내면적인 자유이다. 결정론의 사슬로부터 인간을 해방하는 것은 이러한 내면적인 자유이다. 생명을 잃을 것을 두려워하는 자는 생명과 교환하여 타인의 노예가 될 수 있다. 신체의 고통을 견디지 못해 동료를 배반하는 자는 동시에 자기 자신을 배반한다. 재산문제로 자유를 상실하는 자의 수는 헤아릴 수 없을 정도이다.

나는 생명, 신체, 재산을 지닌다. 그러나 타인의 입장에서 볼 때 나란 나의 신체에 다름 아니다. 생명과 재산은 나의 존재를 지탱하는 나의 실체이다. 재산(Eigentum)이란 나에게 고유한(eigen) 것이라는 의미이다. 생명, 신체, 재산을 도외시하여 내가 자유롭게 될 때 나는 전적으로 비어 있는 장소에 나의 정신을 옮겨 놓는다. 그때 '아무것도 아니기에 어떤 것으로도 될 수 있다'는 의미에서 나는 '보편적'이다.

"의지는 α) 순수한 무규정성 또는 자아의 자기 내에서의 순수한 반성의 요소를 포함하는데, 거기서는 모든 제한, 요컨대 자연, 즉 욕구, 욕망 및 충동을 통해서 직접적으로 현존하거나 또 그 무엇에 의해서든 주어지고 규정된 모든 내용은 해소되어 있다. 그것은 절대적 추상이나 보편성의 무제한적 무한성, 즉 자기 자신의 순수한 사유이다"[『법철학』 5절].

Ⅱ. 행동적인 자유. 내면적인 자유에 의해서 나는 나의 생명, 신체, 재산을 마치 존재하지 않는 것처럼 도외시했다. 나의 실질이 되는 '나의 것'(소유)은 해소되고, 나는 순수한 '나인 것'(존재)으로 되었지만, 이러한 순수한 자아란 소유대상을 사상시킨 소유 주체이다. 나는 말하자면 존재하는 순수한 결핍, 기아, 공복이다.

나는 무언가를 욕구하며, 무언가를 욕망의 대상으로 한다. 아무것도 없이 비어 있는 자아에 욕망의 내용이 한꺼번에 흘러들어온다. "자아는 구별이 없는 무규정성으로부터 구별하고 규정하며 규정성을 어떤 내용과 대상으로서 정립하는 것으로의 이행이다. 이 내용은 자연에 의해서 주어지는 것이라고 해도 좋고, 정신의 개념에서 산출되는 것이라고 해도 좋다. 자아는 자기 자신을 어떤 특정한 것으로서 정립함으로써 현존재

일반 안으로 들어간다"[같은 책 6절].

자아는 이와 같이 하여 자신을 특수화한다. 자신의 현실을 부정하여 보편이라는 비어 있음에 도달한 자아가 이제는 그 비어 있음을 부정하여 자신을 특수화한다. 자유는 이와 같은 부정 작용의 왕복인 것이다.

Ⅲ. 사회적인 자유. 자아는 자신을 보편화하여 내면적인 자유를 달성함과 동시에 행위적인 자유에서 자신을 특수화하여 현실세계에 몸을 두게 된다. 특수화했다고 단지 내면화 이전의 사로잡힌 상태로 돌아가버리면 자유가 사라져버린다. 자신을 특수한 처지에 놓고서도 동시에 자유이기 위해서는 '규정성 속에서 자유이다'라는 존재방식을 취하지 않으면 안 된다.

"자아는 그것이 부정성의 자기 자신에의 관계인 한에서 자신을 규정한다. 이와 같은 자기에 대한 관계로서 그것은 마찬가지로 규정성에 대해서도 무관심하며, 이 규정성을 자기 자신의 것이자 관념적인 것으로 아는바, 곧 자아가 그에 의해 매여 있지 않고 오히려 자아가 자신을 그것 속에 정립한 까닭에 오로지 그 속에서만 존재하는 단순한 가능성으로서 안다. 이것이 바로 의지의 자유인바, 이 자유가 의지의 개념 또는 실체성이며, 무게가 물체의 실체성을 이루는 것과 마찬가지로 의지의 무게를 이룬다"[같은 책 7절].

구체적인 상황 속에서 자신을 특수화하면서 그 상황으로부터 자유인 경지가 본래적인 자유이다. 그것은 공허한 자신을 그대로 관철시키는 것도 특수한 욕망에 침잠하고 마는 것도 아니다. '규정성 속에서 자유인' 것의 구체적인 모습으로서 헤겔은 우정과 사랑의 예를 내세운다. "자아는 다른 것 안에 있으면서 자기 곁에 있다. 이와 같은 자유를 우리는 이미 정감의 형태로 지닌다. 예를 들면 우정과 사랑에서"[같은 책 7절 「보론」].

내가 타인을 위해 애쓰면서 그에 의해 자신을 잃어버리는 것이 아니라 오히려 본래의 자신을 더욱 더 충실하게 해나가는 존재방식이 우정이고 사랑이다. 이들 안에서 자신이 특수한 상황에 참가하면서 자유라는 것이 실현되어 있다. 참된 자유는 연대 안에 있다.

"인격의 다른 인격과의 공동성은 개인의 참된 자유를 제약하는 것으로 간주되어서는 안 된다. 그것은 공동의 자유의 확장으로 간주되어야만 한다. 최고의 공동성이야말로 최고의 자유이다"[『차이 논문』 2. 82].

Ⅳ. 국가야말로 자유의 현실태. 자기의 본질을 알고 본래적인 자기에 따른다는 것을 헤겔은 자기의 본질을 이성으로서 알고 타인과의 공동성 속에 있는 자기야말로 본래적인 자기라고 이해한다. 사회적인 공동생활 속에서 이성적으로 살아가는 것이야말로 자유로운 삶의 방식으로 된다. 인간은 보편적인 법칙에 따르는 이성적인 태도를 취함으로써 주관적인 자유와 객관적인 자유를 일치시킨다. "이성적이라는 것은 객관적 자유(보편적인 실체적 의지)와 주관적인 자유의 통일이다. 즉 사상에 기초하는 보편적인 법칙과 원칙에 따라 행동이 규정되는 것이다"[『법철학』 258절]. 현실의 국가를 떠난 곳에서 객관적인 이성이 존재하는 것은 아니다. 이성과 현실은 국가라는 형태에서 하나로 된다. "국가는 자유가 실현된 모습이다. 자유를 실현하는 것이야말로 이성의 절대적인 목적이다"[같은 책 258절 「보론」]. 개인이 국가에 복종하지 않고 제멋대로 행동하던 조야한 시대를 그리워하여 '독일적 자유'라고 부르는 것은 시대착오라고 헤겔은 말한다.

Ⅴ. 역사에서의 자유의 발전. 예를 들어 현존하는 국가가 자유의 현실태로서 다소 불완전했다고 하더라도 역사의 추세는 정치적인 자유를 확대하는 방향에 있다고 헤겔은 믿었다. 헤겔은 민주주의 정체가 아니라 입헌군주제에서야말로 자유의 완전한 실현이 보인다는 주장을 내세웠다. "세계사는 자유의 정신이라는 의식의 전개과정을 나타낸다. 이 전개과정은 자유의 다양한 규정이 점점 높아져가는 계열이라는 모습으로 나아간다"[『역사철학』 12. 86].

역사의 이성은 다양한 국민을 시대마다의 역사의 주역으로 정하고, 그 주역들의 교대를 통해 자유의 이념의 완성을 실현한다. "세계사는 제멋대로인 자연적인 의지를 훈련시켜 보편적인 것과 주체적인 자유로 완성시키는 훈육이다. 동양은 한 사람이 자유라는 것밖에 알지 못했고 지금도 그러하다. 그리스와 로마 세계는 약간의 사람이 자유라는 것을 알고, 게르만 세계는 모든 사람이 자유라는 것을 알고 있다. 그러므로 세계사의 첫 번째 형태는 전제정체이며, 두 번째 형태는 민주정체와 귀족정체이고, 세 번째 형태가 군주정체이다"[같은 책 **12**. 134].

Ⅵ. 용례 연구. '이성적인 존재와의 일치'라는 헤겔의 자유 개념은 '선택에서의 강제의 결여'라는 보통의 자유 개념과 일치하지 않는 것이 많다. 이 점이 벌린(Isaiah Berlin) 등에게서 날카롭게 비판되고 있다. 그러나 청년기의 용법에서는 "시민적 정치적 자유를 교회는 천국의 부에 대한 치욕이라고 가르쳐 왔다"[『기독교의 실정성』 1. 182]는 식으로 보통의 자유 개념이 사용되고 있다. "자기의식의 자유"[『정신현상학』 3. 155]에서는 '자각에 기초한 자립'이라는 의미가 강하며, "개인의 자유의 근저는 법에 있다"[『뉘른베르크 저작집』 4. 232]는 것은 '법과 권리를 매개하는 상호존중에 의한 자립'이라는 의미이다. 타자와의 관계로부터 자기를 되찾아 내적 핵심으로 집약하고(자기 내 반성), 자기의 본질을 자각하여 자립한다고 하는 의미의 용법이 많다. '본래성을 발휘하여 자기의 실체를 실현한다, 실질이 있다'라는 의미에서도 '자유'가 사용되며, 그것이 '전체와 개인의 일치'를 함의하는 경우에 자유주의자로부터의 반발을 사게 된다. ⇒정신, 역사, 자아, 이성, 국가, 법

【참】 Berlin (1969), O'connor (1971), Pothast (1980)

─가토 히사타케(加藤尙武)

자유로운 민중 自由─民衆 ⇨그리스

자유로운 정신 自由─精神 ⇨심리학

자유운동 自由運動 [freie Bewegung]

자유운동은 헤겔에 따르면 물체의 개념에 의해서 정립된 물체에 내재적인 운동이다. 낙하가 물체의 개념을 양 규정에서밖에 실현시키지 못한 채 추상적이었던 데 반해, 자유운동은 물체의 개념, 즉 중력의 완전한 실현이다. 따라서 자유운동은 물체의 계기들을 전개하고, 중심을 자기 내에 지님과 동시에 다른 것 내에서도

지니고 있다. 그러므로 "중심의 실재성과 관념성의 이러한 모순의 현상이 운동인바, 그것도 절대적으로 자유로운 운동이다"[『엔치클로페디(제3판) 자연철학』 268절]. 이러한 운동이 실재성을 지니는 것은 천체의 운동이며, 그 이외의 물질에서는 실현될 수 없다고 헤겔은 말한다. 따라서 케플러의 법칙은 "절대적으로 자유로운 운동의 법칙"[같은 책 270절]이다. 이러한 운동은 운동 일반의 자기귀환의 운동이며, 운동의 계기들을 전개하여 총체성에 도달한다. 그러므로 시간의 계기와 공간의 계기는 질적 차별을 지니고서 현상하며 타원운동을 그리게 된다. ⇒낙하, 천체

【참】 Hösle (1987d)

─나가시마 다카시(長島 隆)

자의 恣意 [(독) Willkür, (라) arbitrium]

원래는 의지의 '선택능력', '선택의 자유'를 의미했다. 칸트에 따르면 "인간의 자의는 확실히 감성적이긴 하지만 동물적이 아니라 자유로운 자의(arbitrium liberum)이다". 요컨대 "임의로 행위하든가 또는 임의로 행위하지 않을 능력"이다. 헤겔에게 자의는 대자적으로 자유인데 지나지 않는 의지이며, 임의로 "선택할 가능성"이자 "의지로서 있는 우연성이다"[『법철학』 14, 15절]. 그것은 "다만 자연적 충동에 의해서 규정된 것으로서의 의지와 즉자대자적으로 자유로운 의지 사이의 반성[적 의지]이라는 중간"이다[같은 책 15절]. 나아가 양심의 자유에서 "자기의식은…… [선의] 가능성인 것과 전혀 마찬가지로 보편적인 것을 제쳐놓고 자기의 특수성을 원리로 하여 그것을 행위에 의해서 실현하고자 하는─악이고자 하는─자의이기도 하다"[같은 책 139절]. ⇒의지

【참】 上妻精 외 (1980)

─고바야시 야스마사(小林靖昌)

작용 作用 ⇨교호작용

작용인作用因 ⇨ 라이프니츠, 아리스토텔레스

작품(일)作品(一) [Werk]

의식이 행위를 통해 스스로의 본질과 목적을 대상으로서 현실화한 것. "작품은 의식이 자신에게 부여하는 실재성이다. 요컨대 작품은 개체가 즉자적으로 그러하다는 것이 개체에 있어 존재하는 그러한 것이다"[『정신현상학』 3. 300]. "참된 작품이란 행위와 존재의, 의욕과 실현의 통일이다"[같은 책 3. 303]. 다만 어떤 개인의 작품은 우선은 타자에게 있어 소원한 것이다. 작품이 '사태 그 자체'로서 종을 포섭하는 유라는 보편적인 성격을 지닐 때 개개인의 행위의 목적이 보편적인 것·공동성으로서 구현된다[같은 책 304f.]. 그러므로 작품은 개개인의 매사(媒辭)이며, 그 최고형태가 국민에서의 인륜 또는 인륜적인 본질을 매개하는 보편적 정신으로 간주된다. "국민의 인륜적인 작품은 보편적 정신의 살아 있는 현재이다. 보편적 정신은 정신으로서는 개인들의 관념적인 <하나인 것>이며 작품으로서는 그들의 매사이자 순환이다"[『예나 체계 Ⅰ』 GW 6. 316f.].

─자코타 유타카(座小田豊)

잠재·현재潛在·顯在 [Dynamis, Energie(Entelechie)]

아리스토텔레스는 그 이전의 철학자들의 원인에 관한 학설을 자세히 검토하고 그들에 의해서 언급된 사물의 네 가지 원인(질료인·형상인·목적인·작용인)을 최종적으로는 질료인과 형상인의 두 가지 원인을 축으로 하여 이해하고자 했다. 이러한 관점에서 개별적인 사물은 정적으로는 질료와 형상의 결합체로서, 동적으로는 가능태로서의 질료에 형상이 부여되어 현실화되어가는 과정으로서, 즉 가능태(뒤나미스)로부터 현실태(에네르게이아)로의 전화로서 파악된다. 또한 완전현실태(엔텔레케이아)는 현실태와 같은 뜻으로 사용되는 경우도 있지만, 후자가 활동으로서의 현실태를 가리키는 데 반해 전자는 결과로서의 완성된 현실태를 의미하며, 영혼과 제1의 동자를 표현하는 경우도 있다.

헤겔의 잠재(Dynamis)와 현재(Energie 또는 Entelechie) 개념은 위에서 말한 아리스토텔레스의 가능태, 현실태 또는 완전현실태에서 직접적으로 유래한다. 헤겔은 예를 들면 사물의 발전의 두 계기에 관해 "첫 번째 상태는 소질, 능력, 나의 말로 하자면 즉자존재(das Ansichsein, potentia, δύναμις)로서 알려져 있는 것이다. 두 번째 상태는 대자존재(das Fürsichsein), 현실성(actus, ἐνέργεια)이다"[『철학사』 18. 39]라고 말하여 그 자신의 기본개념과 아리스토텔레스의 그것이 내용상 같다고 생각하며, 뒤나미스가 그의 즉자 또는 가능성에, 에네르게이아가 대자 또는 현실성에 해당되는 것으로 간주했다. 그러나 아리스토텔레스가 이 두 가지 규정을 유비 관계에서 고찰하는 데 반해, 헤겔이 이들을 사물의 맹아로부터의 발전 일반을 파악하는 개념장치로 확대하고 더욱이 삼중성의 도식으로 짜 넣은 것과, 에네르게이아를 "자기를 자기와 관계짓은 부정성"[같은 책 19. 154], 엔텔레케이아를 "자기에게로 귀환하는 이성의 원환"[같은 책 19. 161] 등으로 자기의 관점으로 끌어들여 이해하고 있는 것은 아리스토텔레스에 대한 객관적인 이해라는 점에서 일정한 문제를 내포하고 있다는 것을 잊어서는 안 된다.

─오쿠타니 고이치(奧谷浩一)

장소場所[자연철학] [Ort]

'장소'는 공간과 시간의 통일태, 공간-시간점이며, 단순한 시간점, 단순한 공간점이라는 추상적인 점과 달리 자연적 세계에서의 처음의 '구체적인 점'이다. 공간은 '이산인 동시에 '연속'이라는 모순적 통일태지만, 이 '이산'의 측면(결국 '점'들 사이의 차이의 측면)은 공간의 원리만으로는 설명될 수 없다. 이러한 공간의 결함을 구하는 것은 시간이며, 시간은 시간점의 차이를 공간 내에 새겨 넣음으로써 공간점의 차이를 가능하게 한다. 그러나 한편 시간 쪽에도 공간에 의해서 구해지는 측면이 있다. 시간은 영원한 소멸이자 영원한 무이기 때문에 시간점의 차이는 시간의 원리만으로는 성립하지 않으며, 시간점의 차이는(따라서 시간 자신도) 공간에서 존속하는 흔적, 공간점으로서만 가능하게 된다. 이러한 '장소' 이해는 다른 '장소'들과 동일한 '장소'의 통일의 문제인 제논의 '운동'(부정)론과 즉각적으로 연관된다『엔치클로페디(제3판) 자연철학』 260-261절]. ⇒공간, 시간

—마쓰모토 마사오(松本正男)

장소場所[종교철학] [Ort]

자연철학과는 다른 맥락에서, 말하자면 종교철학적인 의미에서 헤겔이 사용하는 '장소'가 있다. 그것은 고유성 내지 본질이 성립하는 곳이라는 의미이다. 예를 들면『기독교의 실정성』논문에서 헤겔은 기독교가 민족에 고유한 종교적 공상을 뿌리째 뽑아버리고 말았다고 말하지만, 그 경우 이 고유한 종교적 공상이 특정한 잘 알려진 '장소'에 결부되어 있다는 것 또한 민족이 이 '장소'를 알고 있는 까닭에 민족은 말해진 공상의 진실성을 믿는다는 것을 그는 지적하고 있다『기독교의 실정성』보고 1. 200]. 또한『종교철학』에서는 우리가 신을 인식한다고 할 때의 우리란 누구인가라는 물음이 제기된다. 그 물음에 의해서 가장 깊은 의미에서의 인간 본질이 물어지게 되지만, 헤겔은 이 물음에 대해서 우선 '우리'의 내용이 성립하는 '장소'를 문제로 삼는다. 그리고 그 장소가 '사유'라고 말한다『종교철학』16. 95f.].

—오하시 료스케(大橋良介)

재산공동체財産共同體 [Gütergemeinschaft]

헤겔은 재산공동체의 존립 가능성에 관하여 기회 있을 때마다 언급하고 있다. 그러나 그 기조는 시종일관 부정적이었다.

청년기에는 생동하는 공동성의 존재방식을 둘러싼 사색 가운데서 재산의 공유에 기초한 공동체가 받아들여진다. 헤겔에 따르면 그것은 한동안 작은 종파에서만 성립하면서도 일단 그것이 제도화되면 억압적인 것으로 전화되어 버린다『민중종교와 기독교』1. 62;『기독교의 실정성』1. 126]. 청년기 단편『사랑』[1.

250]에서는 사랑이 형성하는 공동성과 재산의 공유가 형성하는 공동성의 차이에 초점이 맞춰진다. 사랑의 관계는 언제나 소유(물)와의 관계에 말려들며, 거기에는 끊임없이 분리의 감정이 뒤섞인다. 재산의 공유가 과연 이 문제를 극복할 수 있는지의 여부가 캐물어지게 된다. 재산의 공유는 분배를 필연적으로 수반한다. 그러므로 분배가 평등의 외관을 취하면서도 배타적 <권리>의 사상이 재산의 공유에 달라붙어 있다. 재산의 공유는 앞의 문제에 부응할 수 없다.

소유(재산)의 힘은 근대 사회의 동향을 규정하고 있다. 헤겔의 사색은 과연 그것을 극복하는가에서 볼 수 있는 재산 공유의 원리적 존재방식을 검토하는 것으로 향한다.『정신현상학』[3. 317-8]에서 재산의 공유는 개개인의 욕구-충족의 관련에서 받아들여진다. 헤겔에 따르면 재산공동체가 존속함에 즈음하여 ① 각 사람에게 자신이 필요로 하는 만큼의 것이 배분되는 경우—그러나 이러한 욕구에 따른 분배는 개인들의 평등 사이에 모순을 낳는다. ② 개인들의 평등이라는 원리에 따라서 분배되는 경우—그러나 형식적 평등에 입각하면 분배는 욕구와의 관련을 지니지 않게 된다. 그럼에도 불구하고 이러한 관련이야말로 분배의 개념인 것이다. 이렇게 보면 재산의 공유는 <개별성과 보편성이라는 대립하고 서로 모순하는 계기를 갖추고 있다>는 것이 판명된다. 헤겔은 이 문제를 추상적 법적 보편성과 욕구-충족의 특수성으로 분열된 시민사회로 해방하는 것에서 해소하고자 했다. 다만 재산공유의 모티브는 <가족>론에 자취를 남기고 있다.

—다키구치 기요에이(瀧口清榮)

장 파울 [Jean Paul 1763. 3. 21-1825. 11. 14]

독일 낭만주의 문학을 대표하는 작가. 특히 소설 분야에서 획기적인 작품을 남겼다. 그 자신이 괴테가 모든 것을 정연하게 파악한 것에 대해 자신은 모든 것을 낭만주의적으로 용해시킨다고 말하는 것에서 보이듯이 그의 작품은 공상과 비속한 현실, 청아한 것과 그로테스크한 것의 의표를 찌르는 배합, 유머, 아이러니로 가득 찬 것으로 되어 있다. 그의 대표작

『거인(Titan)』은 괴테를 비롯한 동시대의 거인적 정신에 도전한 교양소설이며, 19세기를 통해 독일 문학계에 커다란 영향을 미쳤다(말러(Gustav Mahler)에게 교향곡 제목을 제공할 정도로). 헤겔은 『미학』에서 장 파울에 관해 상상력과 기지 및 잡다한 지식에 의해서 사람을 놀라게 하지만, 실은 외면적이고 "바로크적인 수집"[『미학』 13. 382]인 데 불과하다고 언제나 그런 것처럼 동시대의 작가에 대해 엄격한 평가를 내리고 있다.

—사토 야스쿠니(佐藤康邦)

재생산再生産 ⇨ **생식**

적대敵對 ⇨ **운명**

적분積分 ⇨ **미분**

전기電氣 [Elektrizität]

헤겔은 전기를 물리학적 과정과 화학적 과정의 경계에서 성립하는 현상으로서 파악한다. "물체는 그 특수성이라는 점에서는 원소와 관계한다. 그러나 형태화된 전체로서 물체는 물리학적 개체로서 서로 관계한다. 아직 화학적 과정에 들어오지 않은 특수성으로서 물체는 자립적인 것이며, 서로 무관심한 채 전적으로 역학적인 관계 속에서 자기를 보존한다"[『엔치클로페디(제3판) 자연철학』 323절]. 이것이 헤겔이 규정하는 전기가 위치하는 장면이다. 첫째, 이 수준의 물체가 원소를 구성요소로 하고 그것들의 하나의 총체성으로서 독립적으로 존재한다는 것, 둘째, 이 물체가 독립하여 존재하면서도 타자에 대한 관계로서 서로 물체의 상이성을 전하고자 하여 활동한다는 것, 셋째, 나아가 이 활동이 여전히 독립된 물체 사이의 역학적인 운동으로서 활동한다는 것. 이상이 전기 현상이 생겨나는 장면이라고 말해지는 것이다. 따라서 헤겔은 다시 이 장면의 물체의 근본성격을 "물리적임과 동시에 역학적"[같은 책 324절]이라고 말한다.

헤겔에 따르면 물리학적인 과정은 공간적인 과정에 놓여 있는 물체가 독립된 존재로서 자기의 규정성을 실재화해가는 과정이지만, 원소들의 부정적 통일로서의 물체의 개체성은 처음에 자성으로서 하나의 자석 속의 대립으로서 현상한다. 전기에서는 이러한 대립이 각각의 물체 사이의 대립으로서 실재화한다. 요컨대 플러스와 마이너스의 전기가 독립된 물체의 형태를 취하여 나타나는 것이다. 헤겔은 이것을 "형태의 순수한 목적"이지만 "형태가 그 무관심성을 폐기하기 시작하는 형태이다"[같은 곳 「보론」]라고 말한다. 전기에서는 개체성의 개별적인 규정성들이 전체로서 실재하며, 전체로서 화학적 과정 속으로 들어가기 때문이다. 또한 그는 그때까지의 자성, 전기, 화학적 과정의 동일시에 대해 동일성을 봄과 동시에 그 명칭은 고유한 현상규정으로서 남겨두어야 한다고 주장한다[같은 책 313절 「보론」]. ⇒ 갈바니즘

—나가시마 다카시(長島 隆)

전도顚倒 [Verkehrung]

말의 뜻으로는 어떤 상태와 규정을 역전시키는 것 또는 역전된 상태를 가리킨다. 일찍이 "…… 철학은 지성 나아가 건전한 상식……의 정반대라는 것에 의해서만 철학이다. 그것들에 대해 철학의 세계는 즉자대자적으로 하나의 전도된 세계인 것이다"[2. 182]라는 예가 보인다. 그러나 철학적인 개념으로서 중요한 위치를 부여받게 되는 것은 『정신현상학』에서이다.

우선 '힘과 지성' 장에서 '전도된 세계'가 논의된다. 지성에게는 현상하는 감성적 세계를 넘어선 '내적인 것', '초감성적 세계'가 대상으로서 열린다. 여기서 헤겔은 플라톤적 이데아, 칸트적 사물 자체, 근대과학의 '법칙들의 고요한 나라' 등의 문제성을 대상으로 하고 있다고 생각되지만, 이 첫 번째 초감성적 세계는 감성적 세계의 전도이긴 하지만 구별과 변화의 원리를 지니는 현상을 전체적으로 지양한 것은 아니다. 이러한 전도가 '설명'을 매개로 한 번 더 전도되어 현상이

지니는 그것들의 원리를 자기의 것으로 하고 "동등하지 않은 것의 자기동등성, 비지속성의 지속성"[『정신현상학』 3. 127]의 성격을 지닐 때, 두 번째 초감성적 세계, 즉 '전도된 세계'가 성립한다. 이 세계는 현상과 초감성적 세계의 이원론이 지양되어 각 계기가 직접적으로 스스로의 부정의 계기를 포함하면서 통일되어 있는 "내적 구별"의 세계, 즉 무한성의 세계이며, "절대적 개념", "생명의 단순한 본질", "세계의 영혼"[같은 책 3. 132]이라고도 말해진다. 나아가 이러한 무한성을 통해서 대상의식으로부터 자기의식에로의 전환이 이루어진다는 것을 생각하면, '전도된 세계'는 헤겔 철학의 관건이 되는 개념들 가운데 하나라고 말할 수 있다.

나아가 '자기 소외된 정신, 교양'에서도 디드로의 『라모의 조카』를 실마리로 하여 전도의 의식이 지니는 중요성이 지적된다. 성실한 의식이 지니는, 교양을 결여한 몰사상적인 자기동등성의 원리를 파괴, 전도시킴으로써 "절대의 분열 한가운데서의 자기동알"[같은 책 3. 385]이 가능하게 된다. 전도의 의식은 정신으로 풍부해지며, 거기서 지배적인 것은 '개념'이게 된다[같은 책 3. 386]. ⇒초감성적 세계, 무한

【참】 Gadamer (1971b), Rosen (1974)

─요네나가 마사히코(米永政彦)

전도된 세계顚倒─世界 ⇨전도

전자성電磁性 ⇨극성

전쟁戰爭 [Krieg]

전쟁은 보통 평화로부터의 일탈이라고 생각된다. 그러나 헤겔은 전쟁을 특히 국가의 독립에 있어 중요한 계기라고 간주한다. 헤겔에 따르면 국가는 사유권과 인격의 자립이라는 개별적인 영역들을 자기의 분지로서 포함하며, 동시에 국가는 하나의 통일태로서 이 영역들의 고립화를 부정하는 바의 존재이기도 하다. 전쟁은 이 후자, 즉 인륜적 전체성의 자립에 있어 불가

결한 계기이다. "전쟁에 의해 국민들의 인륜적 건전성은 유한한 규정성들의 고착화에 대해 그들이 집착하지 않게 되는 데서 유지된다. 이것은 바람의 운동이 바다를 부패로부터 막아주는 것과 마찬가지다"[『법철학』 324절; 『자연법 논문』 2. 481f.]. 전쟁은 개개인이 몰두하고 있는 개별적인 규정성들(사적 세계)만이 아니라 그것들 전체의 생명을 파괴하는 위험성을 내포하는 것이다. 이러한 전쟁의 위협을 앞에 두고 개개인은 자신의 현실존재의 안정이 흔들리고, 자기 자신이 유한하고 덧없는 존재라는 것을 이해함과 동시에, 자기의 개별적 세계가 본질적으로 국가라는 전체적 세계의 존재 때문에 존립하고 있다는 것을 자각하는 것이다. 헤겔에게 있어 전쟁은 시민이 국가의 일원이라는 것에 의해서 비로소 시민일 수 있다는 것을 개개인에게 이해시키는 국가 활동의 하나의 형태이다. 유기체와 같은 개체와 전체의 생동하는 조화와 통일에 "국가의 건강"[『독일 헌법론』 1. 462]이 있고 전쟁은 그 계기라고 한다면, 역으로 "평화는 인간의 침체"이자 "영구평화는 물론 지속적인 평화마저도 국민들을 부패시킬 것이다"[『법철학』 324절 및 이 절의 「보론」]. 헤겔은 국가연합에 의한 영구평화라는 칸트의 구상도 결국 특수한 주권의지의 우연성에 내맡겨진다고 비판하는데[『법철학』 333절], 그것은 평화를 위한 규범들도 국가에서 전쟁이 지니는 의의에 대한 분석이 없다면 환상에 불과하다고 간주하기 때문이다. ⇒국제법

─미즈노 다츠오(水野建雄)

전제前提 ⇨추론(추리)

전제정치專制政治 ⇨정체

전체全體 [Allheit, Ganzes]

일반적으로 개별 또는 부분에 대치되어 사용되는 개념이다. 다만 헤겔에게서 그것은 궁극적으로 개별이나 부분과의 대립이나 양자택일에서 파악되는 것이

아니라 이것들과 상호 결합·침투하여 일체화된 것으로 된다. 부분과 전체의 일체성에 관한 헤겔의 사색의 기축은 비유적인 형태에서긴 하지만 프랑크푸르트 시대의 수고에서 이미 명백하게 나타나 있다. "생명체에서 부분은 바로 전체이며, 전체와 동일한 일자인 것이다. ……세 개의 가지를 지닌 하나의 나무는 가지와 함께 일체가 되어 하나의 나무를 형성하고 있다. 그러나 이 나무의 하나하나의 외아들들인 하나하나의 가지 그것 자신들이(또한 그 나무의 또 다른 자식들이라고도 말해야만 할 잎들과 꽃들도 그렇지만) 그대로 하나의 나무인 것이다"[『기독교의 정신』 1. 376]. 이러한 사고방식은 곧바로 "진리는 전체이다"[『정신현상학』 3. 24]라는 말로 결실된다. 이것은 헤겔 철학의 기본명제라고도 말해야만 하는 것이지만, 헤겔은 또한 진리를 "누구든 참가하여 취하지 않는 자가 없는 바쿠스제의 도취"[같은 책 3. 24]의 전체적 일체성에 비유하고 있다. 또한 "전체란 다만 자기전개에 의해서만 자기를 완성하는 실재"[같은 책 3. 24]이며, 그 전개에는 독자적인 리듬이 갖춰져 있다고 말해진다. 이 리듬이 논리적 필연성이라고 말해지는 것이며, 그것을 순수한 형태로 추출한 것이 방법이자 논리이다. "진리는 오로지 체계[적 전체]로서만 현실적이다"[같은 책 3. 28]든가 "지는 오로지 학(Wissenschaft=전체지)으로서만 또는 체계[적 전체]로서만 현실적이다"[같은 책 3. 27]라는 말에서도 전체라는 개념이 차지하는 의의가 단적으로 나타나 있다. ⇒ 생(명), 체계, 개별성, 학(문), 진리

—야지마 교시로(谷嶋喬四郎)

전통傳統 [Tradition]

초기 헤겔에서 전통은 습속으로서의 민중종교에서 문제로 된다. 그것은 실천적인 동시에 공동적인 것이다. 그것을 담지하는 민족정신은 역사를 아버지로, 정치를 어머니로, 종교를 유모로 하여 산출되지만, 역으로 이 셋을 생산적으로 규정한다. 그러나 이것들은 역사적·사회적 현실로서 개인의 자유를 구속한다. 그리하여 헤겔은 '실정성'의 문제와 대결하게 된다. 우선 유대의 율법은 예수의 덕에 의해서 온전하게 되지만, 양자의 주객대립은 그의 사랑에 의해서, 그의 사랑은 다시 상상력의 종교에 의해서 온전한 것으로 변경된다. 그러나 종교가 존속하기 위해서는 실정성이 필요하다. 이리하여 헤겔은 종교의 역사성을 승인한다. 요컨대 실정적인 것은 영원한 것을 담지하는 한에서 권위이지만, 그렇지 않은 한에서는 개혁되어야만 한다[『민중종교와 기독교』; 『기독교의 실정성』 1. 9-229]. 이러한 역사의식 내에서는 단지 객체적·지성적인 신학과 계몽주의에 대항하여 이성과 감성의 욕구를 함께 채우고 시대에 입각한 민중의 요구에 응답하는 주체적 종교의 정신이 역시 맥박치고 있는바, 그것은 후기의 헤겔에서도 약동하고 있다. 즉 "전통은 움직이지 않는 석상이 아니라 생동하는 것이며, 원천으로부터 더 멀리 돌진해 가면 갈수록 더 장대해지는 거센 격류처럼 부풀어 오르는"[『철학사』 18. 21] 것이다. ⇒ 실정성

【참】金子武藏 (1984)

—고바야시 야스마사(小林靖昌)

전환轉換 ⇨ 변화

절대자·절대적인 것絶對者·絶對的— [Absolutes]

절대자·절대적인 것이란 '신'이라는 종교적 표상에 대해서 헤겔이 부여한 철학적 표현이다. 헤겔 철학의 주요 테마의 하나는 신의 종교적 표상을 어떻게 개념적으로 파악하여 표현할 것인가 하는 점에 있었지만, 이 문제는 헤겔에게 있어 절대자를 어떻게 규정할 것인가 하는 물음의 형태로 고찰되었다. 그 집약적인 논술은 '논리학'에서 이루어지며, "논리적 규정들은 일반적으로 절대자의 정의들, 신의 형이상학적 정의들로 간주할 수 있다"[『엔치클로페디(제3판) 논리학』 85절]고 말해지지만, 그러나 이러한 테마는 결코 그의 철학체계의 국부적인 문제에 그치는 것이 아니라 오히려 그의 체계의 전체가 절대자의 서술이라고 여겨져야만 한다. 절대자는 체계의 전체에서야말로 참되게 절대자로서 표현된다고 하는 것이 헤겔의 절대자에 대한

기본적인 견해이다. "참된 것은 전체이다. 그러나 전체란 다만 자기를 전개함으로써 자기를 완성해가는 실재에 다름 아니다. 절대자에 대해서는 그것이 본질적으로 결과이며 종결에 이르러서야 비로소 그것이 참으로 그것인 바의 것이라고 말할 수 있다"[『정신현상학』3. 24].

헤겔의 체계 형성 노력은 이러한 절대자에 대한 물음에 의해서 주도되고 있었다고 말할 수 있다. 그 사색의 개시기에 그가 우선 대결해야만 했던 것은 칸트, 피히테로 대표되는 '반성철학'의 사유양식이다. 칸트는 신이라는 '초월론적 이념'이 인간의 인식능력의 한계 밖에 있다고 설파하였으며, 피히테는 '절대적 자아'의 이념이 우리의 의식이 도달할 수 없는 피안에 있다고 설파하였지만, 이것은 절대자의 철학적 구성의 불가능성을 주장하는 것에 다름 아니다. 그러나 헤겔에 따르면 이러한 주장이 타당한 것은 다만 지성적인 반성에 대해서일 뿐이어서, 그것은 다름 아니라 지성 내지 반성이 사물을 구별과 대립의 모습에서 고정시켜 파악하는 "제한된 힘"[『차이 논문』2. 20]이기 때문이다. 지성적 반성은 절대자를 유한자(비동일성)에 대한 무한자(동일성)로서 파악하고, 이 대립을 고정화함으로써 절대자를 그것 자체로 유한한 것으로 끌어내리기 때문에, 참된 무한자로서의 절대자를 파악할 수 없다. 요구되는 것은 "동일성과 비동일성의 동일성"[『차이 논문』2. 96]으로서의 절대자를 현전시키는 것이다. 그것을 가능하게 하는 것은 유한한 존재들을 그것들 자체로서는 자립적으로 존재하지 않는 '절대자의 현상'으로서 파악하는 '사변'의 입장이라고 하는 헤겔은 스피노자의 무한실체의 사상에 주목하여 이것을 '사변'의 관점의 단적인 표명으로 간주했다. 스피노자의 체계에서는 무한실체가 부정적 존재인 유한자를 자기의 부분으로서 포함하는 절대긍정의 전체로서 파악되고 있다. 이러한 파악이야말로 참된 무한자로서의 절대자와 이에 대한 유한자의 관계에 관한 올바른 인식을 제시하는 것에 다름 아니다.

그러나 이와 같이 스피노자의 무한실체와 자기의 '절대자'를 등치시키는 견해는 헤겔의 '절대자'에 관한 사색의 심화와 더불어 포기되며, 곧바로 야코비의 스

피노자 비판에서와 마찬가지로 무한실체가 인격성, 자기의식을 결여하고 있다는 점이 비판되게 된다. 『정신현상학』서문에서 명시되듯이 절대자는 '실체'로서 파악될 뿐 아니라 더 나아가 '정신' 내지는 '주체'로서 파악되어야만 한다고 하는 것이 나중의 헤겔의 입장이지만, 이러한 입장에는 스피노자의 무한실체의 사상을 이미 절대자의 완전한 파악으로 인정하지 않는다는 그의 태도 표명이 포함되어 있다. 절대자를 '정신 내지 '주체'로서 파악하는 것, 그것은 절대자를 '부정의 부정'이라는 과정을 통해 성립하는 긍정으로서 파악하는 것 즉 단순한 무한자가 자기 자신을 부정하여 유한자로 되고, 나아가 이러한 유한자로서의 자기를 부정하여 자기 자신으로 복귀한다는 무한자의 '자기 자신을 정립하는 운동'으로서 파악하는 것을 의미한다. 그러나 스피노자의 무한실체는 그러한 자기 부정의 운동성을 안에 포함하지 않는 단순한 긍정에 지나지 않는다. 이것은 스피노자가 체계 구성의 방법으로서 기하학적 방법을 취한 것과도 관련된다. 절대자를 자기매개 운동의 성과로서 제시하는 것, 그것은 "학의 최초로부터 직접적이고 무매개적으로 가정되는" "정의"라는 "단언의 형식"에서는 도대체가 수행되지 않는다[『논리의 학』6. 196; 『엔치클로페디(제3판) 논리학』229절「보론」]. 이에 대해 헤겔은 이제 분리와 분열의 능력으로서의 지성을 절대자 그 자체가 지니는 자기부정의 힘으로서 다시 파악하고[『정신현상학』3. 36], 절대자가 자기의 이러한 부정의 힘에 의해서 자기 자신을 완성시켜가는 자기생성의 과정을 독자적인 변증법 논리에 의해서 서술하고자 한다. ⇒이념, 전체, 정신, 부정

―사사자와 유타카(笹澤 豊)

절대적 자유와 공포絶對的自由―恐怖 ⇨**프랑스 혁명**

절대(적)정신絶對(的)精神 [absoluter Geist]
　헤겔의 정신철학에서 주관적 정신-객관적 정신에 이어서 정신이 자기로 귀환하는 최고의 단계를 차지한

다. 따라서 그것은 정신철학의 체계적 위치에서 보아 정신철학만이 아니라 논리학·자연철학을 포함한 그의 철학체계 전체의 최고의 단계이다. 그것은 예술·종교·철학의 삼단계로 이루어진다. 즉 구체적 형태에서 실체적 내용에 대한 감성적 직관의 형식으로서의 예술, 이 직관이 반성규정에로 가져와진 실체적 내용의 '현현'에 대한 표상의 형식으로서의 (계시)종교, 그리고 양자의 통일로서의 자기의식적인 사유 또는 개념의 형식으로서의 철학이다. 이리하여 예술과 종교가 그의 철학체계 구상에 들어오게 된다. 이러한 절대적 정신을 가지고서 체계를 종결하는 이 구상은 자기완결적인 것으로서 세계 전체를 자기의 앎 안에 가두는 것으로서 해석될 수도 있다. 확실히 헤겔의 입론에는 그와 같이 받아들여질 수도 있는 점이 있다. 그러나 반드시 그와 같이 해석이 적절하다는 것은 아니다. 왜냐하면 특히 절대적 정신 가운데서 최고의 위치를 점하는 학 내지 철학은 정신의 자기목적적인 활동을 나타내는 것으로서 지의 무한한 축적을 의미하며, 그런 한에서 새로운 인식이 부가될 것이기 때문이다. 즉 "사태의 본성, 즉 개념은 계속해서 운동하여 발전하는 것이며, 이 운동은 그와 마찬가지로 인식의 운동인 바, 영원히 즉자대자적으로 존재하는 이념은 자기를 영원히 절대적 정신으로서 확증하고 산출하며 향유하기"[『엔치클로페디(제3판) 정신철학』 577절 10. 394] 때문이다. 이 체계는 닫힌 것이 아니라 항상 새로운 내용으로의 발전이 정신의 자기목적적인 활동에 의해서 이루어지며, 그런 의미에서 체계는 열려 있다고 생각되는 것이다. 철학보다 낮은 위치에 놓인 예술의 위치짓기에 대해서는 인식 지상주의라는 비판이 이루어질 수 있을 것이다. 또한 종교에 관해서는 철학과의 동일성 주장이 헤겔 자신의 프로테스탄트로서의 확신에도 불구하고 종교상의 정통파의 불신을 없앨 수 없었으며, 그 이후의 학파 해체를 초래하는 논쟁점으로 된 점이 주목된다. 이 둘을 철학보다 저차적인 것으로서가 아니라 철학과 동등하게 존재하는 인간 활동의 구성계기로서 다시 파악하여 가는 것도 고려되어야만 할 것이다. ⇒정신, 객관적 정신

【참】 Fulda (1965), Bubner (1973a), Kimmerle (1977), Peperzak

(1987)

―고즈 구니오(幸津國生)

절대지絕對知 [absolutes Wissen]

헤겔은 『정신현상학』 서문에서 "학의 토대이자 지반"으로서 절대지를 말하고, 그 존재방식을 "절대적인 타자존재에서의 순수한 자기인식(das reine Selbsterkennen im absoluten Anderssein)"[『정신현상학』 3. 29]으로서 제시한다. 절대적인 타자존재를 존재라 하고, 인식하는 것을 사유라고 한다면, 절대지는 사유와 존재의 일치에서 성립하는 지이며, 이런 한에서 사물과 지성의 일치라는 전통적인 진리 개념을 따르는 것이라고 말할 수 있을 것이다. 문제는 헤겔에서 이러한 일치를 보증하는 것이 무엇인가 하는 것이다. 전통적 형이상학은 이때의 사물을 자체적으로 존재하는 실체라고 하고, 지성을 인간의 유한한 지성을 넘어서서 궁극적으로는 자족적으로 존재하는 신의 지성에 귀결시킴으로써 사물 자체의 인식 가능성을 이야기했다. 이에 반해 칸트는 이러한 전통적 형이상학의 독단성을 폭로하고, 존재하는 사물은 주관의 인식형식의 제약하에 주어진다고 말하여 사물 자체의 인식 불가능성을 분명히 했다. 사유와 존재의 일치라는 진리 개념은 칸트에서도 유지되었지만, 그것은 "경험 일반의 가능성의 제약들은 동시에 경험의 대상들의 가능성의 제약"인 한에서이며, 거기서 사물 자체와 현상의 이원적 대립은 면할 수 없었다. 이때 헤겔의 자기관계와 타자관계를 함께 지니는 절대지의 정신은 바로 칸트의 초월론적인 입장을 살리면서도 전통적 형이상학의 요구를 충족시킬 것을 지향하는 것으로서, 각자가 지니는 난문을 일거에 해결하는 구조를 지니는 것이다. 왜냐하면 여기서 사물과 지성을 각각 독립적인 것으로서 구별함으로써 인식을 혹은 실체에 밖으로부터 속성을 부여한다든지(객체적 형이상학) 혹은 감성적 질료에 인식형식을 부여하는 것(칸트 초월론철학)으로 파악하는 입장을 비판하여, 헤겔은 양자를 하나의 인식과정을 형성하는 두 개의 계기로서, 그리고 주체의 주체성을 이 과정 그 자체의 주체에서 발견해냈기 때문이다. 이것

이 다름 아닌 정신이다. 이제 사물과 지성, 헤겔적으로 표현하면 실체와 주체, 즉자존재와 대자존재, 의식과 자기의식의 대립이 정신 안에서 지양된 것이다. 그런데 이리하여 헤겔에게서 절대지는 스스로를 정신으로서 아는 정신(der sich als Geist wissende Geist)[같은 책 3. 591]으로서 성립하는 것이지만, 이때 절대지가 단지 인식론적인 문제 지평에서 성립하는 이론지가 아니라 무엇보다도 역사적 세계에서 살아가는 인간의 윤리적 생을 지반으로 성립하는 실천지라는 점에 유의하지 않으면 안 된다. 그것은 헤겔에 의해서 "실체는 주체다"[같은 책 3. 28]라고 말해질 때 실체가 무엇보다도 공통의 언어, 풍속, 습관, 환경, 종교 등을 유대로 하여 성립하는 "인륜적 실체"[같은 책 3. 311]라는 데서 단적으로 엿보인다. 이때 실체를 주체로서도 파악하는 것은 자기가 살아가는 역사적 세계를 오로지 소여된 존재로서 고정하는 것이 아니라 상호주관적인 행위연관에서 생성 발전하는 것으로서 파악하는 것을 의미하며, 더 나아가 이와 같이 인식할 뿐 아니라 이러한 인식에 기초하여 자기를 실체의 보편성에 입각하여 형성함과 더불어 세계를 보편성에 입각하여 형성하는 것을 의미한다. 헤겔의 말로 하자면, 그것은 "우리인 나와 나인 우리"[같은 책 3. 145]의 입장에로 자각적으로 고양된다는 것을 의미한다. 이런 의미에서 절대지(das absolute Wissen)는 또한 자유와 공동성의 통일로 향하여 인간을 해방하는 지(das absolvierende Wissen)이기도 한 것이다. 헤겔이 절대지가 절대지인 까닭을 여기서 "자아는 자기의 타자존재에서 자기 자신 곁에 있다"[daß ich in seinem Anderssein bei sich selbst ist][같은 책 3. 583]고 언표할 때, 이 정식이 동시에 헤겔에서 공동생활에서의 자유의 존재방식을 나타내는 정식이기도 하다는 점에 주의해야만 할 것이다. ⇒진리, 정신

―고즈마 타다시(上妻 精)

절망絶望 [Verzweiflung]

헤겔에게 있어 절망이란 의식이 처음에 진리라고 생각하고 있던 것이 사실은 "무와 같은 것이라고 완전하게 확신하는 것"[『정신현상학』 3. 91]이다. 『정신현상학』에서 절망은 '의식의 경험의 학'의 방법의 중요한 하나의 계기를 이룬다. 참다운 지에 이르는 자연적 의식의 도정에서 의식이 처음에 실재로 삼는 것이 사실은 실재가 아니라는 것이 분명해진다. 그때 자기가 실재적인 지라고 생각하고 있던 의식은 자기상실을 초래하여 절망에 이른다. "이 도정은 회의의 도정이라고 간주되지만, 좀더 엄밀하게는 절망의 도정이다"[3. 72]. 절망은 회의의 한 형태지만, "철저하게 완수된 회의주의"[같은 곳]로서 그것은 개별적인 진리를 흔들면서도 곧 이전의 진리로 되돌아가는 일반적인 회의와는 구별된다. 또한 절망은 단순한 부정적인 운동이 아니라 새로운 참된 대상을 생기시킨다는 적극적 의의도 지닌다. 그 점에서 절망은 결과에서 순수한 무만을 보는 오로지 부정적일 뿐인 회의주의와도 구별된다. ⇒회의주의, 의식의 경험의 학, 부정

―히구라시 마사오(日暮雅夫)

점占 [Wahrsagerei]

별, 새, 거북의 등딱지, 나뭇가지, 짐승의 내장, 손과 얼굴의 특징, 꿈, 카드, 이름과 생년월일 등, 사용하는 수단은 다양하다. 공통된 것은 그 우연적인 현상들을 '징표'로 간주하여 그 해석에 의해서 미지의 것을 알려준다는 점이다. 거기에는 인간의 지식을 넘어선 무언가의 필연성의 지배라는 관념과 점술사의 공감에 의한 해석이라는 방법이 놓여있다. 그러나 이러한 원리 그 자체가 헤겔의 입장에서 보면 부정될 수밖에 없다. 인간세계를 지배하는 법칙이 있다는 것은 헤겔도 인정하지만, 예를 들어 '운명'이나 '이성의 간지'와 같은 헤겔 자신의 사상을 들어보아도 그것은 결코 인간의 지식을 넘어선 불가해한 필연성은 아니다. 헤겔은 통상적으로 사람들이 '운명'이라고 부르는 것은 나중에 찾아낸 원인을 외면적으로 덧붙이는 데 불과하다고 비판한다[『종교철학』 17. 112]. 또한 다른 한편으로 점술사의 해석의 정당성도 부정될 수밖에 없다. 헤겔은 투시와 예감과 같은 현상 그 자체의 존재는 승인하지만, 이것은 점이 아니며, 또한 그 경우에도 미래의 사건에 대한 판명한 예지 가능성은 부정한다[『엔치클

로페디아(제3판) 정신철학』 406절 「보론」]. "델포이 신전의 무녀들도 열광에 취해 자아를 망각하고, 무의식적으로 제정신을 잃고서 알아들을 수 없는 것을 말한다. 그러면 이에 대해 해석자가 특정한 의미를 부여한다"[『역사철학』 **12**. 290]. 이 '해석'이라는 것은 헤겔에 따르면 상상력의 산물이다. 그리스 인과 로마 인은 국사를 결정할 때에 자주 점술사에게 조언을 구했는데, 점이 필요로 된 것은 아직 고대인이 주관적 의지의 강한 결단력을 결여하고 있었던 까닭에 외적 현상에서 자신의 시도에 대한 보장을 구했기 때문이다. 그리하여 헤겔은 "고대인의 미신은 짐승의 내장에서 거기서 보여야만 하는 것 이상의 것을 보았다"[『엔치클로페디 같은 책』 392절 「보론」]고 말하고 있다. 또한 점성술과 인상학(수상학)에 대해서는 해당 절을, 역에 대해서는 『역사철학』[**12**. 168]을 참조. ⇨점성술, 인상학

—우에무라 요시로(上村芳郞)

점點 ⇨공간

점성술占星術 [Astrologie]

"점성술은 인류 및 개인의 운명을 유성의 현상 및 위치와 결부시킨다"[『엔치클로페디아(제3판) 정신철학』 392절 「보론」. 이하 같음]. 이에 대한 헤겔의 견해는 '점성술은 미신으로서 거부되어야 한다'는 것이다. 물론 자연존재로서 보면 천체는 인간과 관계한다. 동물과 식물의 경우에는 천체와 기상과의 공감이 명료하게 나타나며, 광인과 약한 정신은 좀더 강하게 자연의 영향을 받는다. 그러나 시간과 공간에 의해서 규정되는 유성의 운동법칙과 자립적인 개체인 동식물이 행하는 운동은 다른 종류의 것이며, 또한 인간은 신체상으로는 일정한 시공간 내에 한정되어 있지만 "그럼에도 불구하고 정신은 공간과 시간을 초월해 있기" 때문에 천체의 운동은 정신에 있어서는 의의가 없다. 더구나 황도 12궁과 지상의 사건을 결부시키고자 하는 시도 등은 공허한 생각에 불과하다고 헤겔은 점성술이 불합리한 이유를 설명하고 있다. ⇨점, 인상학

—우에무라 요시로(上村芳郞)

점유占有 ⇨소유

점유의 체계占有―體系 ⇨시민사회

점착粘着 ⇨물리학

접촉接觸 [Berührung]

물체나 질량 등의 외적인 표면적 맞닿음을 나타낸다. 그러나 외적 접촉은 개별적인 것 자신의 내적 관계를 초래한다. 요컨대 두 개의 개별적인 것이 서로 접촉하여 관계함으로써 각자의 특성들과 규정들이 분명해지는 것이다. 그리고 "개별적인 것 상호간의 접촉에서 이 개별적인 것들이 본질적으로 무엇인지가 보인다"[『예나 체계 Ⅱ』 **GW 7**. 246]. 이 규정성들의 총체성, 일자로서의 존재방식이 '무한성'[같은 책 **GW 7**. 314]이다. 예를 들면 정지와 운동이라는 규정성은 개별적인 것 상호간의 접촉에 의해서 규정된다. 또한 이러한 규정성들에서 개별적인 것은 서로 대립적으로 정립된다. 이 두 규정성은 절대적이 아니라 동시에 정지이기도 하고 운동이기도 하며, 정지나 운동 모두 개별적인 것에서 정립되어 있다. 이와 같은 무한성은 "모순이며, 무한한 것"[『논리의 학』 **6**. 75]으로 되듯이 『논리의 학』에서 모순으로 된다. 이리하여 접촉은 모순으로 진전한다.

—이시바시 도시에(石橋とし江)

정감情感 ⇨감정

정량定量 ⇨양

정립定立 [Setzen]

일반적으로 어떤 사항을 내용에 의해서 규정하는 것(Bestimmen), 또한 그것을 명제(Satz)에 의해서 표현하는 것(Position)을 말한다. 그러나 피히테가 정립을 자기 자신과 그 객관을 수립하는 자아의 활동이라고 이해한 것을 이어받아 헤겔도 그것을 좀더 한정된 의미에서 사용한다. A가 B에서 C를 정립한다고 할 때, A[정립자와 B[정립에 의해서 지양되는 것]는 동일한 것이며, C[정립된 존재(Gesetztsein)]는 매개되어 있고, 그 존재를 타자 내에서만 지닌다. 만약 A와 B가 다르게 있다면, 그것은 단순한 Bestimmen에 불과하다. 따라서 정립은 좁은 의미로는 자기관계·자기규정의 활동을 나타내며, 논리학에서는 본래 '본질론'에 속하는 것이다. 예를 들면 원인이 결과를 정립한다는 것은 원인이 그 자신으로부터 결과를 산출한다(hervorbringen)는 의미이다. 한편 '존재론'에서는 유한이 무한을 정립한다고는 말해지지 않는다. 유한으로부터는 무한이 출현할(hervorgehen) 뿐이기 때문이다. '개념론'에서는 Position의 의미에서의 용법이 많다. ⇒반성

—에비사와 젠이치(海老澤善一)

'정·반·합'(삼지성)正·反·合(三肢性)

[(독) These/Antithese/Synthese(Dreiheit), (영) thesis/antithesis/synthesis(threeness)]

정·반·합은 <정립-반정립-종합>의 약칭이며, 헤겔 변증법의 특징으로서 널리 유포되어왔지만, 헤겔 자신은 이 표현을 사용하지 않는다. 그 자신의 말로 하자면, 변증법은 <즉자-대자-즉자대자>, <긍정-부정-부정의 부정> 등으로 표현된다. '정'은 단정적으로 주장되는 기본명제이며, '반'은 그것에 대립하는 명제이고, '합'은 정과 반을 고차원에서 종합한 명제이다. 정·반·합의 도식에서 합은 정과 반의 외적 통일 내지 절충으로 보이기 쉽고, 또한 그 도식에서는 복잡하고 다의적인 변증법이 대단히 도식적·형식적으로 생각되어버릴 위험성이 있다. 헤겔 변증법에서는 정이 자기의 모순에 의해 반을 불러일으키는 것이고 따라서 합 역시 정과 반의 내부로부터 도출된다.

어쨌든 변증법은 '삼지성(Dreiheit)'을 지니며, 헤겔 자신은 그밖에 마찬가지의 표현으로서 '삼중성(Triplizität)', '삼분법(Trichotomie)', '삼일체(Triade)' 등을 사용한다. 종교적으로 말하면 이러한 삼단계적 표현들은 아버지와 아들과 성령이라는 기독교의 삼위일체(Dreieinigkeit, Trinität)에서 유래한다. 철학사적으로는 칸트가 『순수이성비판』에서 범주에 관해 삼분법적인 표현을 불가피한 것이라고 한 것을 들 수 있으며, 또한 그의 이율배반론도 정·반·합의 원형이다. 특히 피히테의 『전체 학문론의 기초』에서는 정·반·합이 명확하게 학적 원리로 된다.

헤겔 변증법이 '정·반·합'으로 정식화된 최초의 예는 샬리베우스(Heinrich Moritz Chalybäus 1796-1862)에 의한 것이다. 샬리베우스에 따르면 논리학의 최초의 범주 전개인 존재·무·생성은 최초의 정·반·합의 변증법의 나타남이며, "존재, 무 및 현존재 또는 생성은 그것 자체가 이하의 모든 정·반·합에서 다시 출현하지만, 다만 좀더 규정된 표현에서 출현한다"[Chalybäus (1837) S. 300]고 한다. 또 더 나아가 이러한 정식화에 관해서는 마르크스(Karl Heinrich Marx 1818-83)가 경제학자 프루동(Pierre Joseph Proudhon 1809-65)을 비판할 때에 헤겔 변증법을 "정·반·합", "정립(Position)·대립(Opposition)·합성(Komposition)" 등으로 표현한 것도 무시할 수 없다[Marx (1847년, 불어로 출판) S. 127].

이리하여 헤겔 변증법을 정·반·합으로 정식화하는 것이 일반화되는데, 예를 들면 키르히너(Friedrich Kirchner 1848-1900)는 "헤겔의 변증법적 방법에 따르면 진전되는 개념은 정과 반으로부터 합으로 고양된다"[Kirchner (1897) S. 451]고 설명하며, 크로너(Richard Kroner 1884-1974)도 "사변적 사유의 기본세포는 명제가 아니라 [정·반·합이라는] 세 명제의 체계이다"[Kroner (1924) S. 283]라고 말한다.

일본에서 특히 '정·반·합'이라고 불리게 된 배경에는 일본에 처음으로 헤겔 철학을 소개한 세인트루이스학파의 페놀로사(Ernest Francisco Fenollosa 1853-1908)의 도식적이고 형식주의적인 변증법 해석이 존재했다고 말해진다[酒井修 (1990)]. ⇒모순, 변증법

【참】 Mueller (1958), Chalybäus (1837), Marx (1847), Kirchner (1897), Kroner (1924), 武市健人 (1950b), 酒井修 (1990)
　　　　　　　　　　　　　　　　　—시마자키 다카시(島崎 隆)

정부政府 ⇨ 통치

정신精神 [Geist]

Ⅰ. 체계 시기에서의 정신 개념. 헤겔 철학의 중심 개념. 정신이 자기로 귀환한 것인 좁은 의미의 정신만이 아니라, 논리-자연-정신의 체계 전체를 관통하는 근원적 실재. 그것은 우리 인간과 무관계한 신비한 것이 아니다. 세계 내에서 자기를 나타내는 것이기 때문에 우리 인간이 산출하는 것과 내용적으로 합치된다. 그것은 개인적인 것이 아니라 공동적인 것이다. 이것은 인류의 경험 축적이라고 이해될 수도 있을 것이다. 이러한 개념은 일반적으로 개별적인 것을 넘어서서 이것들을 연결하는 것으로서, 원래의 그리스어 πνεῦμα(프네우마)의 의미인 '숨'이 전화된 것이지만, 헤겔의 정신 개념은 이러한 사정을 잘 나타내고 있다고 말할 수 있다.

(1) 정신의 본질. 정신의 본질은 "타자존재에서 자기 자신 곁에 있는"[『철학사』 18. 41] 것, 즉 "자유, 자기와의 동일성으로서의 개념의 절대적 부정성"[『엔치클로페디(제3판) 정신철학』 382절]으로 규정된다. 이것은 거기에서는 개념이 "자기의 완전하게 외적인 객관성"[같은 책 381절]을 지니게 되는 자연과 대비되는 규정이다. 따라서 자연과의 관계의 존재방식이 정신의 본질규정에서 문제로 된다. "정신 일반의 규정성에는 우선 자연의 규정성이 대립하고 있다. 그런 까닭에 전자는 다만 후자와 동시적으로만 파악된다"[같은 책 381절 「보론」 10. 18]. 그러나 그것은 단지 자연에 대립하고 있는 것만은 아니다. 그것은 "관념성, 이념의 타자존재를 지양하는 것, 이념이 자기의 타자로부터 자기로 귀환하는 것 내지 귀환하고 있는 것"[같은 곳]으로서 표시되며, '이념의 타자존재'로서의 자연을 지양하는 운동이다. 따라서 정신이 자연에 의해 매개되어

있다는 것은 가상에 불과하며, 정신은 자기가 그것에 의해서 매개되어 있는 것처럼 보는 것을 지양하며, 자기에 의해서 존립하는 것으로 깎아 내린다. 따라서 "자연으로부터 정신으로의 이행이나 어떤 것의 다른 것으로의 이행이 아니라, 자연에서 자기 밖에 있는 정신이 자기 자신으로 귀환하는 것에 지나지 않는다"[같은 책 10. 25]. 따라서 정신은 자연과 구별되는 좀더 고차적인 단계일 뿐만 아니라 이것들을 포함하는 절대자 그 자체로서 파악되고 있다. 즉 정신은 최고의 단계로서 체계의 한 부분일 뿐만 아니라 이 체계 전체를 관통하는 근원적 실재인 것이다.

(2) 정신의 역사성. 자연으로부터 정신의 해방은 역사를 구성한다. 즉 정신은 역사에서 자기를 현시한다. "세계사는 어떻게 정신이 그것 자체인 바의 것에 대한지를 그것이 스스로 획득하는가 하는 서술이다"[『역사철학』 12. 31]. 여기서 정신은 자기에게 도달하는 운동으로서 국민정신들을 계기로 하는 세계정신으로 된다. 그것은 자기의 개념을 실재화시키는 목적론적인 과정에서 나타난다. 이 과정은 역사를 닫히게 하는 것이라고 비판될 수도 있을 것이다. 그러나 역사에서 모든 인간이 자유의 의식을 획득하고 역사의 과정을 자기 자신의 외화와 그 회복으로서 파악하는 것은 그 어떤 신비적인 것이 아니다. 이것은 모든 인간이 역사의 주체로서 등장하는 것을 의미한다. 자기가 산출하고 있는 것을 의식에 가져온다는 것은 역사 형성의 의식이 심화되는 것으로 이해된다. 역사 또는 세계사의 고찰은 정신의 실재화의 인식을 지향하는 한에서 "신의론(神義論)"[같은 책 12. 28]이다.

(3) 절대자·신으로서의 정신. "절대자는 정신이다"라는 것이 "절대자에 대한 최고의 정의"[『엔치클로페디(제3판) 정신철학』 384절]라고 하듯이 정신은 헤겔에서의 절대자를 나타낸다. 그것은 기독교의 신을 나타내는 것이다. "신은 정신이다"[『종교철학』 16. 38]. 아버지인 신은 자연을 창조하고 그의 다른 자아인 아들을 산출하며, 이 타자 속에서 무한한 사랑을 지니고서 자기 자신을 직관하고, 자기와의 통일로 귀환한다. 이 통일이 아버지와 아들로부터 나와 교단에서 완전한 현실성과 진리에 도달하는 성령(Heiliger Geist)

이다[『엔치클로페디(제3판) 정신철학』381절 「보론」 10. 23]. 이러한 삼위일체의 규정에서 헤겔에 의한 기독교 이해가 나타나 있다. 헤겔의 신학적 표상은 정신이라는 술어를 매개로 하여 그 철학 전체에 미친다. 기독교에서 표상으로서 주어진 것을 개념에서 파악하는 것이 철학의 과제이다.

Ⅱ. 정신 개념의 발전사. 이 개념의 성립을 파악하는 것은 그의 철학의 고유한 입장을 파악하는 것이다. 이를 위해서는 특히 예나 시대에서 생겨난 스피노자주의적 입장으로부터 주관성이론으로의 이행을 명확히 하는 것이 중요하다.

(1) 초기. 이 시기에 정신 개념은 체계 시기에서와 같은 그의 철학의 핵심을 이루는 개념으로서의 특별한 의미를 지니고 있지 않았다. 이 개념은 베른 시대까지는 계몽주의적 역사연구에서 몽테스키외와 헤르더적인 용법에 따라 사용되었다. 이에 반해 그의 철학을 핵심을 이루는 개념으로서의 의미를 지니고 있던 것은 특히 프랑크푸르트 시대에서 근원적 실재로서의 '생'이었다. "무한한 생을 추상적인 다수성과는 반대로 사람들은 정신이라고 부를 수 있다. 왜냐하면 정신은 그것의 형태로서의 다양한 것과는 반대로 다양한 것의 살아 있는 합일이기 때문이다"[『1800년 체계 단편』—『초기신학논집』(놀) 347]라고 할 때, 인간의 종교로의 고양을 둘러싸고 당시의 중심적인 술어인 '생'에 말하자면 신학적인 설명을 준 것이라고 말할 수 있기 때문이고, 또 정신 개념 그 자체가 주역을 담당했던 것은 아니기 때문이다. 그러나 거기서도 이미 정신은 다양한 것의 합일이라는 규정에서 공동적인 것으로서의 정신의 본질이 보이고 있다.

(2) 예나 시대 전기. 『차이 논문』에서 '철학의 욕구'의 주체로서 "분열된 조화를 철학 안에서 스스로의 손으로 만들어내고, 자기 활동적으로 형성한"[2. 20] 정신이 파악된다. 그러나 여기서는 아직 술어화되어 있다고는 말할 수 없다. 왜냐하면 "인간의 생에서 결합의 힘이 사라졌을 때"[2. 22] '철학의 욕구'가 생긴다고 하듯이 이것 역시 '생'으로서 말해질 수 있기 때문이다. 자연과 정신을 병행하는 것으로 파악하는 『초월론적 관념론의 체계』의 셸링의 입장으로부터 수용한 『차이 논문』에서의 자기 입장에 대해 헤겔은 1801/02년 겨울학기의 강의에서 방향으로서는 이미 이 입장을 떠나기 시작한다. 그리고 『자연법 논문』에서 이 병행론을 그만두고 자연에 대한 정신의 우위를 주장하게 된다. 이러한 주장에서 그의 주관성 이론에로의 방향이 성립한다. 그러나 『차이 논문』에서 "동일성과 비동일성의 동일성"[2. 96]으로 정식화되는 절대자가 비동일성의 계기인 의식에서 구성되어야만 한다는 입장에는 셸링의 동일철학에 대한 비판이 숨어 있었다. 스피노자주의적인 입장에 서는 한에서 정신을 자기 입장의 표현으로 할 필연성은 없다. '생' 그대로도 좋았을지도 모른다. 이전에 '생'이라고 불렸던 것의 구조가 정신이라고 불리게 되는 것은 자연과의 대비에서 인간의 자기의식의 구조가 파악됨으로써이다. 그러나 그와 같이 자기의식이 파악된 것은 "주관성의 반성철학"[『신앙과 지식』2. 287]에 대한 비판을 통해서이다. 동일철학의 입장에서 이루어진 이 비판, 특히 피히테 비판은 오히려 동일철학의 제한성을 자각하게 만들었다. 주관-객관의 대립 그 자체가 양자의 절대적 동일성 내에서 발견되는 것이다. 대립 속에 있으면서 동일성을 산출하는 자기의식의 활동이 이를테면 환골탈태되어 받아들여진다. 자아=자아라는 명제에서 파악되는 피히테적인 자아에서는 그 바깥에 비-아를 전제할 수밖에 없는 까닭에, 동일성은 주관과 객관의 이원론을 넘어선 "주관-객관"[『차이 논문』2. 100], 즉 주관적인 동시에 객관적인 동일성이 아니라 "주관적 동일성"[『신앙과 지식』2. 296]에 머무르게 된다. 그러나 주관적인 동시에 객관적인 동일성이 비동일성을 포함하는 것으로서 파악되게 되면, 이러한 비동일성이란 앞의 자기의식의 운동에 다름 아닐 것이다. 자기의식의 운동이 비-아인 대상과의 동일성을 확립하는 운동이라면, 그것은 절대자의 운동을 나타내는 것일 것이다. 이와 같은 운동을 산출하는 것은 비-아 쪽에 있을 수 없기 때문에, 자아의 운동이 주관적인 동시에 객관적인 동일성을 산출하는 것으로서 파악된다. 또는 적어도 이 동일성은 자기의식과 똑같은 구조를 지닌 것으로서 파악된다. 여기서 절대자를 의식에서 구성하는 과제가 새로운 형태로 정립된다. 이 과제를 담당하

는 것이 예나 시대 후기의 『정신현상학』이다.

(3) 예나 시대 후기. 이 저작에서 문제로 되는 것은 정신이 어떻게 해서 성립하는가 하는 것이다. 이러한 성립의 마당은 근대 철학의 주관-객관이라는 문제구성을 보이는 의식이다. 정신은 의식에 의해서 매개되는 한에서 실체에 머무른다. 의식은 실체를 대상으로 한다. 의식의 대상으로 되는 실체란 "실체의 자기의 대상"[『정신현상학』 3. 38] 또는 실체의 타자존재이다. 이것이 의식의 '경험' 안에 놓여 있다. 실체는 실체 자체의 타자존재로서 의식의 경험 안에서 나타난다. 그렇다면 의식의 형태들은 실체의 타자화의 형태들이라고 말할 수 있다. 요컨대 의식과 그 운동은 실체의 타자존재이다. 실체의 자기외화와 자기귀환, 즉 "실체가 스스로에게 자기의식을 부여하고, 자기의 생성과 자기로의 반성(귀환)을 가져온다"[같은 책 3. 33]는 것은 실체에 불과한 것이 자기를 외화함으로써 의식으로 되고, 그로부터 자기로 귀환하여 정신으로 된다는 것을 의미한다. 거기서 의식은 정신으로서의 의식으로 된다. 이렇게 '의식의 경험'은 정신에게 있어 불가결한 것이다. 이리하여 정신 쪽으로부터도 의식이 위치지어진다. 여기서 실체=주관(체)이라고 하는 주관성 이론이 확립된다.

정신은 자기의식에서 그 개념을 발견한다. 자기의식은 다른 자기의식에 대해서 있을 때 현실적으로 존재한다. 이러한 자기의식들은 서로 대상임을 통해 자기의 타자존재에서 자기 자신과의 통일을 획득한다. 이것은 정신의 본질인 바의 자유의 규정에 다름 아니다. 정신이란 이러한 자기의식들의 통일, 즉 "우리인 나, 나인 우리"[같은 책 3. 145]로 파악된다. 이것은 주관-객관이라는 문제구성으로부터의 전환을 보인다. 즉 이 후자의 문제구성에서 자아의 입장이 자연을 대상으로 하여 인간-자연 관계에서의 학적 인식의 근거를 이루는 것인 데 반해, 여기서는 이 자아가 어떻게 하여 학적 보편성을 주장할 수 있는 것인지가 문제로 되는 것이다. 왜냐하면 데카르트에서 보이는 것처럼 처음에는 개체적 자아의 인식능력의 음미이어야 할 방법적 회의가 결과에서는 보편적 성격을 지니는 것으로 간주되어 개체적 자아와 학적 인식의 결합의 근거가 제시되지

않는 데 반해, "의식의 공동"[같은 책 3. 65]으로서의 정신의 입장이 주장되기 때문이다. 즉 이러한 입장에서 개체적 자아는 보편성을 획득할 수 있는 것이고, 칸트적 자아도 헤겔적으로 보면 아직 자기의식이 아니라 대상의식의 단계에 놓여 있는 것이다. 자기의식의 단계에 이르러 비로소 의식이 전제하고 있던 정신이라는 기반이 의식 자신에 있어 다른 자기의식과의 관계로서 나타난다. 이러한 정신은 오로지 대상의식으로부터 자기의식을 거쳐 이성에 이르는 '의식의 형태들'에서 현상할 뿐만 아니라 세계 그 자체에 내재화하게 된다. 즉 '세계의 형태들' 또는 역사적으로 잇달아 일어나는 공동적 정신으로서 현실화된다. 전자로부터 후자로의 이행은 '정신적 실재성'을 기반으로 하여 이루어진다. 행위하는 이성에서 개체성이 즉자대자적으로 존재하는 것이 '정신적 실재성'으로 된다. 이것은 행위에서 개체성이 자기를 객관화하고, '사태 그 자체' 즉 세계 그 자체로 된다고 하는 확신이지만, 이것 역시 '의식의 형태'에 머무른다. 이것이 진리로 되는 것은 '사태 그 자체'를 근거로 하여 술어화된 사태가 '양심'에서 그것 자신이 주어 또는 주체로서 등장하고 '세계의 형태'로 됨으로써이다. 거기서는 모든 것이 정신적인 것으로서 파악되며, '정신적 실재성'에서 의식의 자기성과 세계성이 서로 침투한다. 그리고 정신은 두 형태의 통일로서의 종교를 거쳐 절대지에서 자기에게로 귀환한다. 이렇게 의식이라는 자기의 현상을 뒤따르면서도 이 현상의 근거가 되는 것은 정신이다. 그러나 『정신현상학』을 전제로 하여 정신 그 자체의 학이 전개될 수 있다. 『정신현상학』에 대해 『논리학』이 "정신의 본래의 학"[『정신현상학』 3. 81]으로 해석되는 것은 이러한 의미에서이다. 『정신현상학』의 위치짓기에 관해서는 논란이 있지만, 그것은 어쨌든 여기서 성립하는 것이 정신의 학으로서의 '학의 체계'이다.

Ⅲ. 체계에서의 정신철학의 위치. 체계 구상 역시 발전하지만, 최종적으로는 엔치클로페디의 제3부문으로서 정신철학이 위치지어진다. 거기서는 정신이 이념의 타자존재로부터 자기로 귀환한다. 더 나아가 그것은 주관적 정신-객관적 정신-절대적 정신의 3부로 이루어진다. 주관적 정신은 마음-의식-정신 또는

인간학-정신현상학-심리학으로 나누어진다. 자연 안에 있는 마음의 상태로부터, 의식에서 외부세계를 대상으로 하는 단계를 거쳐, 인간의 주관적 능력의 전개로서의 이론적 정신 및 실천적 정신이 파악되고, 객관적 정신의 말하자면 주관적 전제가 어떻게 자연으로부터 생성되는 것인지가 서술된다. 주관적 정신은 때때로 개인적 정신으로 이해되었지만, 인간학에서 인종론 등을 포함하여 당시의 민족학적 지식이 담겨 있는 것에서 보이듯이 개인적 차원에 머무르지 않는다. ⇒ 객관적 정신, 절대(적)정신, 정신(의)현상학

【참】 Lukács (1948a), Fulda (1965), Fetscher (1970), Pöggeler (1973a), Düsing (1976), Peperzak (1987)

―고즈 구니오(幸津國生)

정신의 맹약精神―盟約 ⇨ 횔덜린, 싱클레어, 시빌링

정신(의)현상학精神―現象學 [Phänomenologie des Geistes]

생전에 『정신(의)현상학』이라는 제명의 저작을 헤겔은 한 책도 쓰지 않는다. (1) 1807년에 출판된 『학의 체계』를 헤겔의 개정 2판(결국 생전에는 미간행) 출판에 대한 유지를 계승한 편집자 J. 슐츠가 최초의 전집에서 『정신현상학』이라고 제목을 붙여 오늘날에 이르고 있다. 종래의 번역 등은 이 판을 답습하여 왔지만, 1980년의 아카데미 판과 1988년의 철학문고 판은 초판 중심의 편집 방침을 지녀왔다. 1960년대부터 문헌학적인 면에서의 기초연구가 진전되어 해석의 실질 내용에도 영향을 미치고 있다. (2) 1807년의 『학의 체계』는 '제1부, 정신현상학뿐으로, 제2부 '논리학-자연철학-정신철학'은 결국 뒤에 『엔치클로페디』로서 출판되어 1, 2라는 구분은 1831년에 폐기되었다. 이 후자의 정신철학의 1부 등이 정신현상학이라는 제목을 지니고 있는 것과 헤겔 자신의 자기 언급으로부터 전자(일본에서의 속칭 『대현상학』)가 후자(『소현상학』)로 왜소화되고 억눌려졌다는 해석을 취하는 연구자가 많다. 겉보기에 소현상학은 약 90분의 1의 양으로 정신 장 이하가 결여되어 있다. 풀다[H. F. Fulda 1965]가 정리한 것을

이용하여 말하자면, 정신현상학은 우선 Ⅰ. '체계의 부분'이라고 말하는 해석자들이 있는데, 그 가운데서 ① 체계의 제1부로 하는 해석자[Fichte, Gabler, Erdmann, Rosenkranz, Baillie]와 체계의 제1부가 아니라 주관적 정신의 부분[K. Ph. Fischer], 철학사의 결론 부분[Michlet], 이념에서의 반성의 추리[Lasson, van der Meulen], '또 하나의 체계'[上妻, 原崎], 정신이란 무엇인가에 대한 탐구[山口]라고 하는 해석자, ② 수를 헤아릴 수 없는 체계 분지들이라고 하는 자[Croce, Glockner]가 있으며, 다음으로 Ⅱ. '체계 부분'이 아니라 학으로의 '도입(Einleitung)'이라고 하는 해석자들이 있는데, 그들은 '체계로의 예비학'[Haering, 加藤 1990], '체계로의 생성적 전단계'[Fichte, Weisse], '체계의 특정 증여분 Voraus'[1831년의 Hegel, 星 1981], '학으로의 예비학'[星 1981]으로 나누어진다. 나아가 Ⅲ. '체계 서론이자 체계 총론'[金子 1962, 1971]이라 하여 양편을 아우르는 해석도 있다. 또한 Ⅳ. 만년의 헤겔 사상과는 일치하지 않는 것으로서 체계 틀로부터 이해하는 것을 금하는 해석[加藤 1983]도 있다. (3) 성립사의 사정('이중 제목 문제', 이중의 목차) 등으로부터 『정신현상학』의 체계적 통일성을 부정하는 해석이 다수파이지만([Pöggeler 1961], "영원한 미완의 책이다."[加藤 1983]), 체계적 통일성을 주장하는 논자도 있다[Fulda 1966, Bubner, 星 1981]. (4) 현상학이라는 말은 람베르트에 의해서 처음으로 사용되었다[星 1987]. 1764년의 저서에서 그는 "진리를 탐구하는 수단의 연구의 결론부를 형성하는 가상의 학"이라는 의미에서 사용하며, 칸트는 주저 『순수이성비판』을 "감성적 지식의 원칙의 타당성과 한계를 경계지으며, 형이상학에 선행하여 그것을 준비하는 부정적 학"=일반현상학(phaenomenologia generalis)에 기초하여 구상하며, 일반현상학+형이상학을 이론적 부문으로 삼았다. 헤겔에게 있어서도 현상학은 형이상학에 선행하여 준비하는 부정적 학이며, 거짓된 것에 관계하고, 학의 가상[『정신현상학』 3. 71]에로 향함으로써 학을 가상에서 해방하며, 현상지의 비본래성을 폭로하고 자연적 의식을 철저한 절망에 빠트려 그로부터 참된 지로 이끄는 것이다. 정신의 현상은 의식이며, 의식은 정신에 도달하는 전단계로서 비본래

적인 존재방식을 지니고 있다. 의식의 그와 같은 '의식의 입장'을 의식의 각 단계(의식, 자기의식, 관찰하는 이성, 행위하는 이성, 인륜적 정신, 교양, 도덕, 종교)에서 비판하고, 헤겔 본래의 정신의 높이, 결국 절대지(=개념 파악하는 사유)의 필연성을 증시하는 것이 현상학의 본래의 역할이다. 『정신현상학』에 포함되는 감성적 지의 보편성의 지적과 주인과 노예의 역전, 과학의 정체가 두개골론이라는 것의 지적과 도덕의 부도덕성의 폭로, 자기지의 파탄을 드러내는 양심론 등 날카로운 분석은 사람들을 끊임없이 본래의 철학적 사색으로 유혹한다. 풀다는 헤겔에게는 아리스토텔레스와 칸트의 주석서와 같은 것이 없다고 한탄했지만, 일본에는 가네코 다케조(金子武藏)에 의한 상세한 주석을 붙인 번역이 존재한다. ⇒정신, 의식, 의식의 경험의 학

【참】 Haering (1929/38), Hyppolite (1946), Pöggeler (1961, 1966, 1989), 金子武藏 (1962, 1971, 1991), Fulda (1965, 1966), Bubner (1969), Marx, W. (1971), Bonsiepen (1979, 1988), 加藤尚武 (1980a, 1983b, 1990b), 星敏雄 (1981, 1984, 1987), 上妻精 (1983), 藤田正勝 (1983b), 原崎道彦 (1987), 山口誠一 (1989)

─호시 도시오(星 敏雄)

정신장애精神障碍 [Verrücktheit]

헤겔의 우리말 번역 문헌에서 Verrücktheit는 '정신착란'이라고 번역되는 것이 많으며 '미침', '의식의 미침', '광란'이라는 역어도 있지만, 여기서는 '정신장애'의 대응어를 Verrücktheit로 해둔다. 『뉘른베르크 저작집』[4. 49]에서는 "정신장애는 일반적으로 말하면 깨어있을 때에 공상의 표상들이 직관과 지성적 표상들보다 우세한 것"이라고 정의된다. 『엔치클로페디(제3판) 정신철학』에 따르면 정신장애는 "정신 자신 내에서의 정신의 착란(Zerrüttung) 및 불행"[408절]이자 "유기체의 분해"[401절 「보론」]이다. 나아가 그것은 "심리적인 것의 하나의 질병"[같은 책 408절], "본질적으로 정신적인 동시에 육체적인 하나의 질병"[같은 절 「보론」]이다.

정신장애가 일어나는 원인으로서 헤겔은 『뉘른베르크 저작집』[4. 49]에서 (α) 신체적 원인과 (β) 정신적 원인을 제시하지만, 『엔치클로페디』에서 그것을 좀더 상세하게 서술하고 있다[401절 「보론」, 408절과 그 「보론」]. 결론적으로 정신이 장애를 일으키는 것은 사유하는 지성적이고 건전한 인간 주체가 신체적이고 정신적인 원인들로 인해 개인의 특수한 감정들과 공상들 사이에서 분열과 모순을 일으키기 때문이다. 한 개인이 두 개의 주체로 분열되어 '내면의 분열'을 낳고, 정신의 자유를 확보할 수 없는 상태가 정신장애이다. 그것은 "사람의 영혼의 발전에서 필연적으로 나타나는 하나의 형식 또는 단계"[같은 책 408절 「보론」]이며, 다양한 종류의 정신장애가 있다[같은 곳].

헤겔이 문제로 다루고 있는 정신장애들 가운데 두 가지만을 다루어보자. 하나는 몽유병(Somnambulismus)이다. 이것은 잠에서 깨어 있으면서도 꿈을 꾼다든지, 몽유 보행한다든지 하는 병적 상태이다. 하나의 인간 정신이 특수한 표상과 감각에 사로잡혀 있기 때문에, 그것들이 지성적·이성적 의식과 결합되지 않은 채 양자가 분열되어 있는 상태, 이를테면 두 종류의 인격성의 상태가 몽유병이다. 또 하나는 우울증(Hypochondrie)이다. 이것은 심기증이라고도 번역된다. 헤겔 자신도 이러한 병적 상태로 인해 예나 시대로부터 만년의 베를린 시대에 이르기까지 계속해서 괴로움을 당했다. 우울증은 정신적이고 신체적인 동시에 전신에 걸친 '질병'[『서간집』(제3권) 127]이다. 헤겔은 그것이 졸중성의 발작을 일으키는 거의 마취된 것과 같은 무력감에 사로잡힌 심정상태, "상대적 무력의 상태"[『엔치클로페디』 396절 「보론」]를 보인다고 적고 있다. 그 실상은 기분, 심정, 감정이다. 심정과 자기의 불일치, 심정과 경우의 불일치[『서간집』(제2권) 326-327], 또는 "지금까지의 세계와 비유기적 자연이 불화한(결렬되어 있는) 상태"가 우울증의 상태이다. "나는 수년간 무기력하게 될 만큼 우울증으로 괴로움을 당했다. 실제로 사람들은 누구나 인생의 그와 같은 전환점, 요컨대 자기의 존재의 위축이라는 어두움의 시점을 지니며, 그 궁지를 헤쳐 나와 자기 자신의 확신에로 심화되고, ……내면적인 한층 더 고귀한 실존이 보증되는 것이다"[『서간집』(제1권) 314]. ⇒광기, 정신착란, 질병

【참】 Treher (1969a), Nicolin (1970), 中山愈 (1978)

─나카야마 마사루(中山 愈)

정신적인 동물의 나라精神的—動物— [das geistige Tierreich]

'이성'이 전개되는 가운데 대상적 현실이라고 말해지는 것은 개별적인 사람들의 활동의 총체에 다름 아니라는 것이 분명해진다. 이것이 "자기가 전적으로 실재적이라고 생각하는 개인"[『정신현상학』3. 292]이다. 거기서 개인의 활동과 사회 전체와의 연관은 자각된 유기적 일체성이며, 이 "즉자존재와 대자존재의 상호침투"[같은 곳]에서 절대지가 성립한다. 그것은 구체적으로는 소규모의 독립적인 사적 상품생산자로 이루어진 근대 시민사회였다. 개인은 자기를 실현하기 위해 자기가 지니는 특수한 내용을 '일'(작품)로 하여, 하나의 상품으로서 시장에서 팔아야만 한다. 개인은 스스로의 의도와 가능한 한에서의 통찰을 지니고서 성실하게 일하지만, 상품의 가격의 결정은 개인의 계획을 넘어선 사회 전체에서의 수요와 공급의 균형에 따른다. 시장은 개인이 그 일원으로서 형성하는 것이면서도 그들이 산출하는 결정은 언제나 사후적으로 개인의 힘을 넘어선 것으로서 나타난다. 개인이 자신이나 타인을 기만하려는 의도는 전혀 없지만, 계획의 총체는 개인의 손이 미치지 않는 별개의 자동적인 활동으로서 개인을 포괄적으로 지배한다. "이러한 유희에서 개인은 자신이나 상대방을 기만함과 동시에 또한 기만당하는 것을 발견한다"[같은 책 3. 308]. 사회적 분업의 자연 성장성이라는 근대 사회의 근본현상의 주관적 측면을 헤겔은 '상호기만' 또는 '정신적인 동물의 나라'라고 불렀다(그것의 객관적 측면이 '사태 그 자체'이다). 대상적 현실이 개개인의 자유로운 활동의 총체라는 것을 인식한다는 점에서 자유의 자각인 '정신'이라는 인류사의 분수령을 이루는 새로운 발전단계가 시작된다. 그러나 그러한 활동의 실현형태인 상품생산(교환)이 개인의 힘으로는 통제할 수 없는 하나의 사물로서의 자동적인 움직임에 지배되고 있다는 점에서 인간적이지 않은 동물의 나라라고 표현되는 것이다. ⇒사태 그 자체

―구메 야스히로(粂 康弘)

정신착란精神錯亂L [Verrücktheit]

정신착란은 영혼(Seele)의 발전과정에서의 필연적인 한 단계, 형식이다. 즉 영혼은 자연적 영혼(natürliche Seele)으로부터 감지하는 영혼(fühlende Seele)을 거쳐 현실적 영혼(wirkliche Seele)으로 전개되지만, 그 과정은 영혼이 스스로 지니는 자연적 직접성, 실체성을 해방시켜 자아가 의식적으로 자기를 지배해가는 과정이다. 정신착란은 두 번째의 감지하는 영혼의 단계에서 나타나는 것이지만, 그것은 자유로운 자기의식의 전체성과 그 가운데서 지배되고 유동화되지 않는 자연성, 육체성의 원리와의 모순이 나타난 것이다. 이성적 정신이 자연적 충동과 지하적인 위력에 대한 지배력을 상실한 데서 정신착란의 현상이 나타나는 것이다. 헤겔은 그것의 세 가지 주요한 형식들을 다음과 같이 분류하고 있다[『엔치클로페디(제3판) 정신철학』408절 「보론」. 10. 172]. (1) 정신이 폐쇄되어 자기 내에 침잠해 있는 상태. ―백치, 방심, 허튼소리. (2) 자기를 어떤 주관적 표상과 고정적으로 결합시켜 그것을 객관적인 것으로 삼는 상태. 예를 들면 '나는 왕이다'라든가 '자기는 개다'라고 하는 착란. 이것은 인간은 왕이 될 수 있다고 하는 무규정적인 일반적 가능성만을 근거로 하고 있지만, 이러한 추상의 수준에서 생각할 수 있는 것은 인간뿐이라는 점에서 "인간은 우행, 광기의 특권을 지닌다"[같은 책 10. 168]. (3) 객관성에 대하여 자기의 단지 주관적일 뿐인 표상을 현실화하고자 하는 광기, 흉행. 그것은 폭력적인 현실의 전도, 살인욕구에까지 이르는 경우가 있다. (2)에서는 자기의 표상과 객관성의 모순이 느껴지고 있지 않지만, (3)에서는 그것을 명확히 의식하면서 현실을 부정하고자 한다. 『정신현상학』의 '심정의 법칙과 자만의 광기'에서 자기의식이 빠지는 광기도 이 단계에서의 광기성을 근본적인 형태에서 파악한 것이라고 생각된다[3. 275-283]. ⇒영혼, 광기, 정신장애

―요네나가 마사히코(米永政彦)

정열情熱 [Leidenschaft]

인륜적인 것이 주체에 내재적이고 후자가 전자를 움직이는 것일 때 주체가 부분적으로가 아니라 전면적

으로 자기를 활동하도록 하는 것. 한편으로, 칸트적으로 말하면, 의무를 위한 의무가 이에 대치되는바, 그것은 도덕적으로 비판된다. 다른 한편으로 정열은 '자연의 은혜'라는 몽상에 대치되는바, 욕구는 정열과 같은 주체의 활동에 의해서가 아니라 '자연의 은혜'에 의해서 만족되어야 한다는 것이다『엔치클로페디(제3판) 정신철학』 475절 주해 10. 298]. 이에 대해 정열은 헤겔에게 있어 단지 도덕적으로 비판되어야만 하는 것이 아니며, 또한 현실의 욕구를 만족시키는 것이다. 여기서 헤겔의 현실적인 태도가 보인다. 그것의 주요한 활동 마당은 역사이다. 그것은 역사의 주체적 계기를 이루며, 역사에서의 자유 실현의 수단이고, 현실의 욕구를 만족시키는 것이다. 즉 "세계에서의 어떠한 위대한 것도 정열 없이는 성취되지 않았다"『역사철학』 12. 38]는 것이다. 정열이 부정적인 의미를 지니는 면이 있는 데 반해, 이것과 구별하여 안티고네의 오빠에 대한 사랑에서 보이듯이 보편적인 것이 개별적인 주체에 내재할 때 파토스(Pathos)로서 파악된다『정신현상학』 3. 352;『미학』 13. 301]. ⇒이성의 간지

—고즈 구니오(幸津國生)

정유定有 ⇨ 현존재

정의定義 [Definition]

일반적으로 정의는 전통적인 관점에 따르면, 예를 들어 '인간'의 정의인 '이성적 동물'에서 보이듯이, 정의되는 개념(인간)에 대해 (1) 그것의 가장 가까운 류(동물)와, (2) 종차(이성적)를 제시하는 것으로 이루어진다. 헤겔은 이러한 <최근류+종차>라는 정의의 구조를 그가 말하는 의미에서의 '개념'에 다음과 같이 관련짓고 있다. "정의는 그 자체가 개념의 세 가지 계기를, 즉 ① 가장 가까운 유(genus proximum=최근류)로서의 보편자, ② 유의 규정(qualitas specifica=종차적인 질)으로서의 특수자, ③ 그리고 정의되는 대상 그 자체로서의 개별자를 포함한다"『엔치클로페디(제3판) 논리학』 229절「보론」 8. 381].

이 경우 보편자와 유(최근류), 특수자와 종(종차)이 대응되는 이유는 각각의 어의에서도 분명히 드러난다. 헤겔에게 특징적인 것은 통상적으로 개체에 대한 언급을 포함하지 않은 일반적인 형태로 주어지는 정의 속에 그와 더불어 개별성의 계기도 포함시키고 있다는 점이다. 이것의 배경에는 그가 정의를 단순한 일반적인 '징표'의 제시로서가 아니라 개별적 대상에 관한 완전한 규정에로 향한 진전의 출발점으로서 파악하고자 한다는 사정이 놓여 있다. 즉 예를 들어『논리의 학』의 '이념' 편에서 정의 개념을 취급하는 데서 그는 정의를 단지 '분류'(종-유의 체계)의 개념에로 관계지을 뿐 아니라, 더 나아가 '정리'와 '증명'과 같은 개념으로까지 전개시키는 것이다. 그 경우 정의는 "최초의 아직 전개되어 있지 않은 개념"으로서 대상이 지니는 성질들의 겨우 하나를 이용하는(규정하는) 데 불과하지만, 이에 반해 그러한 추상성·일면성을 넘어서서 대상의 "다양한 종 규정"을 "단순한 개념"에로 "관계" 짓은 것을 가능하게 만드는 것은 "증명"을 매개로 하여 성립하는 "정리"이다『논리의 학』 6. 516]. 요컨대 여기서 정의는 개별적 대상이 그것의 보편성과 특수성에서 완전하게 규정되게 되는 단계로서의 '정리'로 향한 최초의 일보로서 파악되고 있는 것이다.

이상과 같이 헤겔이 정의를 파악하는 방식은 정의의 내용에서 해당 정의를 충족시키는 사태 그 자체의 생성 조건과 과정을 찾고자 하는 관점—이와 같은 관점은 예를 들면 라이프니츠의 '인과적 정의' '실재적=사태적 정의'(이 후자의 용어는 헤겔 자신이 [『논리의 학』 6. 532]에서 사용하고 있다)의 개념에서 발견된다—에 연결되는 것을 포함하고 있다고 말할 수 있을 것이다. ⇒개념, 유(類), 증명

—오카모토 겐고(岡本賢吾)

정의正義 [Gerechtigkeit]

일반적으로는 사태의 필연적인 전개에 합당한 것. 특수에 대한 보편의 우위를 유지하고, 특수가 보편을 위협하는 경우에는 그것을 원래대로 되돌려 올바른 질서를 회복하는 것. 좀더 특수한 의미에서는 인간의

행동과 사회제도의 올바름과 올바르지 못함을 구별하는 원리. 헤겔에게 있어 정의가 특수한 의미에서 사용되는 경우에는 오로지 시민사회에서의 소유와 교환에 관한 원리로서 법(Recht)의 침해 즉 불법에 대한 법의 회복을 의미한다. 이는 시민간의 권리의 충돌을 조정하는 민사적 정의이다. 나아가 사기와 범죄라는 법 그 자체의 침해에 대한 형벌로서의 형사적 정의. 이 경우 법의 회복은 "주관적인 이해관심"과 "권력의 우연성"에서 해방되어 "복수(復讐)적인 정의"가 아니라 "형벌적인 정의"에 기초하고 있을 것이 요구된다[『법철학』 103절].

이것들은 법률(실정법)의 적정하고 확실한 준수와 적용을 요구하는 형식적인 정의를 의미하지만, 『법철학』에서는 교환이라기보다 배분에 관한 실질적인 정의의 요구가 발견된다. "확실히 정의는 시민사회에서의 하나의 위대한 것이다. 훌륭한 법률은 국가를 번영하게 하며, 자유로운 소유는 국가의 영광의 근본조건이다. 그러나 내가 [시민사회에서] 특수성에 얽혀 들어가 있는 이상, 나는 이 연관관계 속에서 나의 특수적인 복지도 역시 촉진될 것을 요구하는 권리를 지닌다"[『법철학』 229절 「보론」]. 사법활동에 의한 소유와 인격의 안전 보장을 넘어서서 더 나아가 "개개인의 생계와 복지의 보장"[같은 책 230절]을 권리로서 실현하는 것, 시민사회가 자유로운 소유와 교환의 결과로서 초래하는 빈곤 문제에 대응하는 것, 이것들은 경찰행정에 부과된 사명이다. 경찰행정에 관한 기술에는 시장의 정의인가 아니면 복지의 정의인가와 같은 정의 개념을 둘러싼 오늘날의 논의와 대조해보아도 흥미로운 문제가 포함되어 있다. ⇒법, 불법

【참】 Rawls (1971)

―사이토 준이치(齋藤純一)

정재定在⇨현존재

정체政體 [Verfassung]

Ⅰ. 정체관의 변천. 정체는 국가의 조직형태지만,

청년기의 헤겔은 "공화국에서 사람들이 그것을 위해 살아가는 것은 이념이다"[『1795년 단편』 1. 207]라고 말하고 있듯이 국민이 국사에 직접 관계하는 공화정의 신봉자이다. 예나 시기 전반의 『독일 헌법론』에서 현대 국가의 규모를 이유로 고대 공화정의 재현 불가능성을 언명함에도 불구하고[1. 479f.], 같은 무렵 저술된 『인륜의 체계』에서 헤겔은 장로와 사제가 절대적 통치자로서 정점에 서는 국가구상을 전제로 정체의 분류를 행하며, 민주정을 선호하고 있다. "자유로운 통치의 가능한 형식들. Ⅰ. 민주정(Demokratie), Ⅱ. 귀족정(Aristokratie), Ⅲ. 군주정(Monarchie). 각각은 부자유한 것일 수 있다. Ⅰ. 중우정(Ochlokratie), Ⅱ. 과두정(Oligarchie), Ⅲ. 전제정(Despotie)"[PhB 91]. 인륜의 절대적 실재성의 현시[권력]가 모든 사람들에게 있는 경우가 민주정, 다수자에게 있는 경우가 귀족정, 한 개체에 있는 경우가 군주정이다. 이것들이 기구상 동일한 부자유한 형식으로 전화하는 것은 "통치하는 자 자신이 통치되는 자이어야만 한다는 자유"인 "유기적 원리"[같은 책 82]가 폐기되는 경우이지만, 최종적으로는 "절대적 정체는 신분들에서의 민주정이기도"[같은 책 90] 한 민주정이 지향된다. 정체 구분의 술어는 이후에도 변하지 않지만, 예나 시기 후반에는 민주정에서의 다수의지에 의한 소수의지의 억압이라는 문제와 관련하여 군주정의 의의가 높여지기에 이른다. "세습군주는 전체의 확고한 직접적인 결절점이다"[『예나 체계 Ⅲ』 GW 8. 263]. 이후 헤겔은 공공연히 입헌군주제를 표방한다.

Ⅱ. 후기의 정체 구분. (1) 공시적 구분. "정체를 민주정・귀족정・군주정으로 구분함으로써 여전히 국가 권력과의 관계에서의 정체 구별이 가장 명확하게 주어진다"[『엔치클로페디(제3판) 정신철학』 544절]. 다만 이 구분은 형식상 헤겔 류로 정리된 고대의 그것(실제로는 플라톤의 『폴리티코스』, 아리스토텔레스의 『정치학』에서의 분류와 합치되지 않는다)과 동일하지만, 후자가 실체적 동일성을 전제로 한 "외면적 구별"[『법철학』 273절]에 지나지 않았다는 점에서 개념적으로 서로 다르다. 헤겔이 각 정체에 부여한 규정은 『뉘른베르크 저작집』에서 볼 수 있다. ① 민주정은 전체 시민이

시민인 한에서 정치에 참여하는 정체이다. 이것이 타락한 형태가 우중정 또는 천민지배(Herrschaft des Pöbels)로서 민중 가운데 재산을 소유하지 않은 부분이 부정한 마음씨로부터 성실한 시민을 폭력적으로 국사에서 배제하는 것이다. 헤겔에 따르면 민주정은 습속이 단순하고 부패하지 않은 영토가 작은 나라에서만 일어나 존속할 수 있다. ② 귀족정은 소수의 특권을 소유한 가문만이 정권을 독점하는 정체이다. 그것이 타락한 형태가 과두정으로서 정권을 장악한 가족 수가 아주 소수인 경우에 생기며 개별적인 권력들이 모두 하나의 평의회에 의해서 행사된다. ③ 군주정은 정치가 한 개인의 수중에 있고, 나아가 세습적으로 하나의 가문에 장악되어 있는 정체이다. 그러나 군주는 전체 권력을 직접적으로 행사할 수 없으며, 특수한 권력의 행사를 공무원과 국회의원에게 맡겨야만 한다. 그것의 타락한 형태는 군주가 자의적으로 정치를 행하는 전제정체이다[4. 249f.]. 헤겔이 말하는 군주정은 동양적 전제주의와 봉건군주제가 아니라 성문헌법을 지니는 "진실한 군주정"[『엔치클로페디(제3판) 정신철학』544절]이며, 또한 전제정치는 군주정의 변종에 한정되지 않는다. 전제정치는 일반적으로 법률이 없는 상태이며, 거기서는 "군주의 의지든 인민의 의지(우중정)든 특수의지로서의 특수의지가…… 법률을 대신하여 힘을 발휘한다"[『법철학』278절].

(2) 통시적 구분. "동시에 민주정·귀족정·군주정은 국가의 발전도정에서의, 따라서 국가의 역사에서의 다양한 필연적인 형성으로 간주되어야만 한다"[『엔치클로페디(제3판) 정신철학』544절]. 이 도정은 『역사철학』에서 ① 오로지 보편적인 의지에 기초하는 첫 번째 군주정, ② 특수성 및 개별성의 나타남으로서의 귀족정과 민주정, ③ 특수성을 복속시키면서 자기의 바깥에 특수한 각 영역의 독립성을 인정하는 권력으로서의 두 번째 군주정으로 단계화되며, 정체는 제멋대로 선택되는 것이 아니라 민족정신에 적합하게 형성된다[12. 65]. 또한 공화정(Republik)이 "그 밖의 잡다한 경험적 혼합"[『법철학』279절]으로 되는 것은 민주정뿐만 아니라 로마에서처럼 귀족정도 그것에 포함되기 때문이다[『역사철학』12. 363f. 참조].

(3) 입헌군주제의 함의. 헤겔은 입헌군주제 일반을 시인한 것이 아니다. 『법철학』에서 그는 군주에게 '덕'의 의무를 지우면서[같은 책 273절], "나 위에서 최후의 결정을 내리는"[같은 책 280절 「보론」] 역할만을 부여하며, 헌법의 내용을 유기적인 제도들의 확립에서 찾고 있다[같은 책 286절]. 이러한 마음씨와 제도를 전제로 하는 국민의 정치 참가에 의해 "주권이 인민에게 속하는"[같은 책 279절] 정체의 실현이 예견되는 것이다. ⇒국가, 주권

【참】Albrecht (1978), Hanisch (1981), Henrich/Horstmann (1982)

—다케무라 기치로(竹村喜一郎)

제논[엘레아의] [Zēnōn BC 490경-430경]

제논은 엘레아의 국정에 참가한 철학자이자 또한 최초로 피타고라스의 제자였다고 말해진다. '제논의 역설(Paradox)'로 알려져 있다. '역리'라고도 번역되는 역설은 정당하다고 생각되는 추리에 의해서 처음에 상정된 생각과는 반대의 결론이 도출되는 현상이자, 또한 일반적으로는 모순 또는 불합리하면서 거기에 깊은 진리를 포함하고 있는 생각을 의미한다. 고대에는 '거짓말쟁이의 역설'이, 현재는 러셀(Bertrand Russell 1872-1970)이 발견한 '집합론의 역설'이 유명하다.

제논은 네 개의 역설을 남겼다. 그것은 <사람은 경기장을 건널 수 없다>, <날아가는 화살은 날지 않는다>, <빨리 달리는 아킬레스는 거북이를 추월할 수 없다>, <반분의 시간은 그 배의 시간과 같다>라는 것이다. 이것들은 모두 운동과 변화라는 자명한 현상을 일정한 추론에 의해서 부정하는 것이며, 참된 실재는 변화하지 않는다고 생각하는 스승 파르메니데스를 변호하고자 하는 의도를 지닌다. 헤겔은 "제논의 특성은 변증법이다", "제논은 변증법의 창시자이다"[『철학사』18. 295]라고 칭찬한다. 왜냐하면 그는 순수한 사유의 운동에 의해서 감성에 현혹되지 않은 채 독단적인 상정을 논박했기 때문이다. 그러나 운동을 단순히 부정해버린 제논의 변증법은 결국 "주관적 변증법"[같은 책 18. 319]에 머물며, 헤라클레이토스의 객관적인 변증법에

이르고 있지 못하다. 제논의 역설은 시공 분할의 무한성 문제와 관련하여 현대 수학에까지 그림자를 드리우고 있다. 또한 헤겔이 운동이란 어떤 것이 "동일한 지금의 순간에 여기에 존재함과 동시에 또한 여기에 존재하지 않는다"[『논리의 학』 6. 76]는 의미에서 "현존재하는 모순"이라고 주장할 때, 이러한 논의는 제논의 운동부정론을 거꾸로 취했던 것이다. ⇒변증법, 모순, 운동, 파르메니데스

【참】 Diels/Kranz (1951)

―시마자키 다카시(島崎 隆)

제도制度 [Institution, Einrichtung]

제도는 인류론 가운데서 두드러진 것은 없지만, 인류의 이념을 구체적으로 분절화하여 전개하는 데서 불가결한 개념이다. 인류는 제도의 체계로서 나타난다. 제도는 개별적인 사람들의 지와 활동을 떠나 성립하는 것이 아니라 그것에 걸맞은 담지자를 필요로 한다. 개개인이 제도 속에서 스스로의 거점을 발견하는가의 여부는 제도가 인류의 이념에 합당한가 아닌가에 따른다. 제도의 존재방식이 문제로 되는 까닭이다. 헤겔에게 있어 제도란 이성적인 것이 사회적 객관성을 획득하고, 그리하여 개개인의 제2의 본성으로 되는 마당인 것이다[『법철학』 263-8, 286절 참조]. 이와 같은 의미를 포함한 제도의 용례는 『예나 체계 Ⅲ』에서의 인류구상에 근거한 『정신현상학』 '절대적 자유와 공포'에서 볼 수 있는("자각에 기초하는 자유의 법률과 보편적 제도(Einrichtung)"[3. 434]) 제도와 그것과 균형을 이룬 개개인의 마음가짐의 형성은 헤겔에게 있어 중대한 문제로 된다. 헤겔은 독일 영방들이 나폴레옹에게 패배하여 개혁이 도입되는 모습을 보면서 그때그때마다 제도에 대한 관심을 표명하고(1813, 1815년 김나지움 졸업식에서의 식사), 강의에서도 언명하고 있다(예를 들면 1817/18년의 『법철학 강의(반넨만)』 146절).

『법철학』의 시민사회-국가체제는 이리하여 제도의 체계로서 제시된다. 인류에 견고한 내용을 부여하고 "주관적인 의견과 제멋대로의 의향을 넘어서서 존립하는 것", 그것이 "즉자대자적으로 존재하는 제정법과 제도"[144절]에 다름 아니다. 다만 국가의 지평에서는 제도에 권력의 분립을 막는 "객관적 보장", 요컨대 "유기적으로 조합되어 상호적으로 제약하는 계기들"[같은 책 286절]이라는 의미가 강한 데 반해, 시민사회의 제도들(사법제도, 경찰(복지)행정, 직업단체-지역자치단체)에는 개개인으로부터 자의를 제거하고 보편적인 것을 개개인의 공공적인 의욕으로 형성하는 기능이 부과되어 있다. 그것들은 이러한 기능으로 인해 "국가의 그리고 국가에 대한 개인들의 신뢰와 지조의 견고한 토대, 공공적 자유의 초석"[같은 책 265절]이라고 말해진다.

―다키구치 기요에이(瀧口清榮)

제사(의례)祭祀(儀禮) [Kultus]

헤겔의 종교사상의 근저에 제사로서의 종교의 재건이라는 동기가 놓여 있다. 튀빙겐 시대의 그리스 축제에 대한 소박한 공명은 베른 시대에 칸트의 『단순한 이성의 한계 내에서의 종교』의 영향을 받아 제사를 물신봉사로서 거부하는 자세로 전환된다. 그러나 겨우 1~2년의 이 시기를 제외하면 제사라는 행위(Tun)를 종교의 본질로서 적극적으로 의의를 부여하고자 하는 자세는 끝까지 변하지 않았다. 종교를 이성적 교의로 환원하고자 하는 계몽의 시대에 눈에 띄는 특징이다. 제사론에는 계몽적 지성이 비합리라고 하여 내버린 것을 다시 한 번 이성에 받아들이고자 하는 헤겔의 노력이 놓여 있다. 예나 시기에 그리스의 축제의 이념을 계승하는 것으로서 기독교의 성찬이 정당화되며, 거기서 제사론의 기본이 만들어진다. 요컨대 그는 육화→수난→부활이라는 "그리스도의 생기사건(Geschichte)"을 근원적 동일→분열→재화합이라는 인류사(Geschichte)의 상징으로서 파악하고, 그리스도의 "몸을 먹고 그 피를 마시는 합일의 가장 내적인 방식에서" 분열의 고통과 화해에 대한 확신을 확고히 하는 의식으로서 의의를 부여한다[『자연법 강의 초고』[『로젠크란츠』 133-141]). 기독교의 성찬에서 희생과 공동식사라는 그리스적 공희(供犧)와 공통된 요소를 읽어내고 그리

스적인 것의 이념적 재건으로서 이것을 승인했다.

제사는 삼위일체론 안에 위치지어진다. 실체적 통일(아버지)의 표상(아들)을 구체적으로 향유하는 자기의식의 요소(영=교단의 정신)가 성찬이라는 제사이다. 그것은 "신의 현재성의 향유"로서 "기독교 교의의 중심점"으로 된다『종교철학』 17. 327f.]. 거기에 <절대적인 것의 현재성의 파악>이라는 헤겔 철학의 근본동기가 놓여 있다.

헤겔은 종교의 심오한 의미인 제사까지도 이성화했다는 점에서 종교를 전면적인 해체로 몰아넣었다고 할 수 있다. 반대로 행위로서의 제사를 종교의 본질로 한 점에서 철학이론으로 지양되지 않는 종교 고유의 영역을 지켰다고 볼 수도 있다. 제사론은 '종교의 철학'의 종교성이 문제로 되는 장소이기도 하다. ⇒축제, 성찬식

【참】 Scheit (1792)

―야마자키 쥰(山崎 純)

제사(축제)祭祀(祝祭) [Fest]

청년 시대의 헤겔은 그리스 인의 제사를 종교의 이상으로 삼아 왔다. 계몽의 풍조는 종교를 이성적 교의로 환원하고, 희생제물을 중심으로 한 제사를 비합리적인 것으로서 배제하고자 했다. 헤겔은 이에 반대하여 종교를 습속 생활에 뿌리 내린 전 인격적인 국민적 영위(행위)로서 재건하고자 했다. "그리스의 국민적 축제(Volksfeste)"가 그 모델이 되었다『민중종교와 기독교』 1. 41]. 그리스 인의 제사는 조국의 수호신에 대한 공동의 숭배 속에서 지상에 현재하는 화합을 상징적으로 체현한다. 이러한 "공동의 기쁨"[『기독교의 실정성』 1. 203]이야말로 <절대적인 것>의 현재이다. 이것을 기초로 전 인격적인 생의 충일함을 향유하는 것, 이것이 청년 헤겔이 제사에 기대했던 것이었다.

그리스 인은 "공적인 제식(öffentlicher Gottesdienst)을 집행할 때에 감관(Sinn)과 상상력(Phantasie)과 심정(Herz)이 감격될 수 있도록 주의했다. 더욱이 그 경우에도 결코 이성이 망각되어 얼이 빠지는 것이 아니라, 영혼의 모든 힘들이 합일되어 작용하고 앙양됨으로써

민중의 경건한 마음가짐이 발양되고, 엄격한 의무 관념이 아름다움과 쾌활함을 통해 온화한 것으로 되어 한층 더 친숙하고 쉬운 것이 되도록 주의를 기울였다. …… 민중 고유의 제식 준비에 민중의 마음(Sinn)이 몰두하고, 상상력이 요동치며, 가슴(Herz)이 떨리고, 이성도 만족되게 되면, 민중의 정신은 이미 아무런 부족함도 느끼지 않고" 온전한 자족성을 향유할 것이다『민중종교와 기독교』 1. 58].

이러한 기대는 예나 시기에 그리스적인 종교의 부흥을 단념하고 기독교와 화해하기에 이르러 기독교의 제사(Kultus성찬)론으로 계승된다. 그와 더불어 Fest라는 말은 중요성을 잃고 Kultus로 교체된다. 그럼에도 젊은 날의 축제론은 헤겔의 종교 사상의 출발점이자 근저를 이루는 것으로서 중요한 의미를 지닌다. ⇒제사(의례)

―야마자키 쥰(山崎 純)

제약 · 무제약制約 · 無制約 [Bedingung, das Unbedingte]

헤겔은 『정신현상학』의 '지각' 및 '힘과 지성' 절에서 '사물(Ding)'을 구성하는 보편적인 계기들을 '제약된' 보편성이라고 부르며, 나아가 그것들이 '사물'의 계기라는 한정에서 해방되어 '사물'의 내적인 본질로서의 '힘'으로 전개된 상태를 '무제약적'인 보편자라고 표현하고 있다. 이와 같은 '제약'이라는 말의 용법 배경에는 'Bedingung'이라는 독일어에서 '물화한다(bedingen)'라는 의의를 읽어내고, 일반적으로 '제약'을 '물화하는 것'으로서 파악하는 관점이 놓여 있다(이것은 헤겔 이전에 이미 셸링에게서 보인다). 이러한 견해는 나아가 '무제약적인 것'을 그것 자신으로서는 '사물'로 규정되어 있지 않은 채 오히려 타자를 '제약하는=물화하는' 모종의 절대적 존재로서 파악하는 견해를 동반한다.

『논리의 학』에서는 '본질론'의 '근거'의 최후의 항 'C. 제약에서 '근거'와 '근거'에 부수되는 요인(부분적 근거)으로서의 '제약'과의 관계가 논의되며, 나아가 이 양자의 통일인 '무제약자'로서 '사태(Sache)'의 개념이 도입되고 있다. "절대적인 무제약자[=사태]는 제약

과 근거라는 두 측면을 자기의 계기로서 포함하며, 그것은 이 두 계기가 회귀해가는 통일이다"[『논리의 학』 6. 118]. 'C. 제약'의 논의 주제는 그것의 마지막 한 문장에서 "근거와 제약에 의해 매개되고, 더욱이 이 매개의 폐기에 의해 자기와 동일하게 된 무매개성[=무제약자로서의 사태]은 실존이다"[같은 책 6. 123]라고 기술되어 있는 대로 가장 기본적으로는 '근거-제약-사태'의 상호관계를 고찰함으로써 '본질'로부터 '실존'에로의 진전을 실현하는 데 있다. 그리고 '사태'의 개념은 이어지는 『실존』 장에서 다시 '사물'로서 새롭게 규정되게 된다.

이상에 근거하면, 『논리의 학』에서 '제약-무제약'은 『정신현상학』에서와는 달리 '사물'의 개념이 나타나기 이전의 단계에서 취급되고 있으며, 오히려 이 출현을 준비하는 계기로서 파악되고 있다는 것이 밝혀진다. 이에 따라 '제약'이라는 말을 <물화하는 것>으로 해석하는 관점은 배경으로 물러나고, 오히려 이 말은 그것에 대응하는 라틴 어의 '조건(conditio)' 혹은 '요건(requisitum)'이라는 원래의 용법에 가까워져 사태가 현실화되기 위한 요인이라는 의미를 강화하고 있다. 이미 라이프니츠에서 '근거(=충분한) 이유'를 '요건'의 총체로서 파악하는 관점이 발견되지만, 헤겔에 의한 '근거'와 '제약'의 관계에 관한 논의도 이 점과의 관련에서 다시 읽을 여지가 있다. ⇒사물, 사태 그 자체, 근거

─오카모토 겐고(岡本賢吾)

제한制限 ⇨ 한계

조각彫刻 [Skulptur, Plastik]

조각은 헤겔 미학에서 고전적 예술을 근본유형으로 지니는 예술이다. 이 예술양식은 "미의 왕국의 완성"이며, "보다 아름다운 것은 있을 수 없으며 또한 생길 수 없다"[『미학』 14. 127f.]. 따라서 미를 척도로 할 때 조각은 최고의 예술이다. 그 본질을 이루는 것은 "실체적인 개체성(die substantielle Individualität)"이지

만, 헤겔은 조각에 대해 오로지 "인간의 신체형식에서의 지속적인 것, 보편적인 것, 법칙적인 갓"만을 묘사할 것을 요구한다[같은 책 14. 370, 372]. 이러한 고전주의적인 규범적 견해에 의한 개체성 개념의 희박화는 아도르노(Theodor Wiesengrund Adorno 1903-69)의 『미학이론』에서 비판된다. 그러나 미의 척도하에서는 최고의 예술도 정신성을 척도로 삼을 때는 결함을 보이며, 그리스의 신들의 조상에는 눈, 요컨대 정신의 주체성이 결여되어 있고, 또한 신들은 죽지 않기 때문에 고통(부정성)을 알지 못한다[같은 책 14. 131, 134].

【참】 Wölfflin (1915), Adorno (1970), Schüttauf (1984)

─시카야 다이코(四日谷敬子)

조국祖國 ⇨ 고향

조로아스터 [Zoroaster BC 1500-1200 추정]

헤겔이 조로아스터를 평가하는 것은 그의 가르침이 역사성을 포함하고 세계사의 시원으로서 동양과 서양의 가교를 놓았기 때문이다.

조로아스터는 추상적 보편자인 인도인의 브라만을 대상화하여 그것을 선으로서 긍정한다. 그것이 오르무즈드이며, 빛은 그것의 자연적 모습이다[『종교철학』 16. 397f. 참조]. 이 오르무즈드는 모든 빛 가운데 현재하는 것이기 때문에 불을 숭배하는 신앙을 낳는다. 그러나 오르무즈드는 태양이나 달과 같은 개별적인 자연물이 아니기 때문에 예배되는 것은 개별자가 아니라 개별자 속의 빛뿐이다. 개별적인 자연물은 보편자인 빛에 참여함으로써 발전하고 은혜와 번영을 향유한다. 빛은 모든 자연의 생명의 원천이다. 이와 같이 오르무즈드가 빛으로서 자연 안에서 의식될 때 그것과 대립하는 어둠, 즉 아흐리만 역시 의식된다. 그리하여 선에는 악이, 빛에는 어둠이 대항하며, 미래에 어둠은 선으로 일원화되게 된다. 그 결과 종말을 말하는 조로아스터의 가르침에서는 역사성이라는 새로운 생각이 나타난다.

헤겔의 이러한 조로아스터 이해의 배경에는 당시

유럽의 조로아스터 연구의 영향이 놓여 있다. 1700년에 신학자 토마스 하이드(Thomas Hyde)는 『고대 페르시아·판루티아·메디아의 종교사』에서 그것의 기독교 신앙과의 유사점을 구하여 조로아스터는 엄밀한 일신교도로서 아브라함의 일이 예전의 이란인에게서 다시 행해질 수 있도록 하기 위해 신이 보낸 자라고 말했다. 또한 그는 이러한 조로아스터의 가르침을 다신교도인 그리스 인이 잘못 해석하고, 더 나아가 마니교 등의 이원론을 알았던 사람들이 이것을 이란인의 예부터 내려온 종교라고 오해했다고도 말했다. 그의 유대·기독교적 해석이 그 후 조로아스터교 이해의 정설로 되었다. 앙크틸 뒤페롱(Anquetil du Perron 1731-1805)의 『아베스타』 불역은 이에 커다란 충격을 주었다. 그것은 하이드가 재구성한 것과는 전혀 달리 분명히 다신교적이고 제의적인 신앙을 보이고 있었기 때문이다. 그리하여 이 원문의 내용이 올바른가 아닌가의 논의가 일어났다. 영국인인 존즈(Willam Jones 1746-94) 등은 그의 『아베스타』 텍스트는 올바르지 않다는 것을 실증하고자 했던 데 반해, 클로이커(Johann Friedrich Kleuker)는 앙크릴 뒤페롱을 변호하여 그의 『아베스타』 번역을 1776년에 독역하고, 파르시주의의 논문을 덧붙여 출판했다. 헤겔의 조로아스터교에 관한 자료의 여럿은 이 클로이커에 의존하고 있다. 그리하여 헤겔의 빛에 관한 해석은 클로이커의 그것과 공통된다. 헤겔의 조로아스터 이해는 유대·기독교적 종말관을 나타내면서도 그리스적 색채를 짙게 띠고 있다. ⇒페르시아

【참】 Leuze (1975), Boyce (1979)

―핫타 다카시(八田隆司)

플라톤과 라이프니츠에서 보이는 '조화'에 대해 언급하고 있지만『철학사』 19. 54, 20. 240, 250f., 254], 이것을 특별히 평가하고 있지는 않다. 헤겔은 조화가 아니라 화해에 중요한 역할을 부여했다.

Ⅱ. 미와 조화. 미의 근본원리를 대립하는 계기들의 조화라는 것에서 보는 학설은 적지 않다. 칸트 미학도 그 일종으로 간주될 수 있을 것이다. 미의 조화설은 필연적으로 미를 궁극적 가치(적어도 그 하나)로 위치 짓게 되지만, 헤겔에 따르면 미는 정신의 발걸음의 일정한 단계에서 의의를 지니는 것이어서 궁극적 가치는 아니다.

다만 미라는 현상에 근거해서 보면, 조화라는 형식관계가 미를 구성하고 있는 것처럼 생각되는 경우가 있다. 헤겔은 규칙성, 법칙성, 조화의 셋을 들고 있는데, 추상적이고 외면적인 미인 이들에 대해서는 저급한 미로서의 단순한 자연미와 고급한 미로서의 예술미(내지는 '이상')의 중간에 위치한다는 한정된 지위만을 인정한다. 이 가운데 조화는 형태와 색과 음 등에 관련하여 말해진다(음의 경우는 한국어로 '화음' 또는 '화성'이라고도 표현된다). 그것은 단순한 규칙성이 아니라 질을 달리 하는 것 사이에 존립하는 모종의 관계이며, 거기서는 본질적인, 더욱이 상이한 측면들이 하나의 총체를 이룸과 동시에 다른 한편으로 그 측면들의 단순한 대립이 해소되어 있다. 조화는 추상적이고 외면적인 미의 하나이긴 하지만, 오로지 외면적인 것을 넘어서기 시작하고 있으며, 좀더 정신적인 내용을 포함하는 것으로 될 수 있는 위치에 있다『미학』 13. 187f.]. ⇒미

―마스나리 다카시(增成隆士)

조정措定 ⇨정립

조화調和 [Harmonie]

Ⅰ. 모순과 그 지양이라는 이를테면 투쟁적인 성격을 띤 동적인 것에 의해서 관철된 헤겔의 철학체계에서 조화는 제한된 역할밖에 담당하고 있지 않다. 그는

존재(유)存在(有) [Sein]

헤겔에서 존재란 "무규정적 직접성(unbestimmte Unmittelbarkeit)"을 의미한다『논리의 학』 5. 82]. 프랑크푸르트 시대의 "주어와 술어의 합알"로서의 "반성의 외적인" 존재는『신앙과 존재』 1. 251; 『1800년 체계단편』 1. 422] 예나 초기에 주관에 대립하는 객관적인 것을 의미하게 되며, 지성에 나타나는 이 "절대적 존

재"[『예나 체계 III』 GW 8. 286]가 참으로는 절대자의 존재라는 것을 증시하는 것이 헤겔 논리학의 하나의 과제이다.

『정신현상학』의 끝에서 도달한 '절대지'로부터 논리학의 시원을 이루는 존재로의 전환에 관해 헤겔은 1807년의 강의에서 다음과 같이 말하고 있다. "존재에서 의식 자신의 이러한 확신 때문에, 또는 자기의식이 자기 자신을 학의 경지와 실체로 형성했다는 점에서, 자기의식의 특별한 자기 내 반성은 쓸데없다. [……] 보편적 자기의식과 개별적 자기의식의 통일로서의 지에 있어서는 바로 이러한 스스로의 경지와 본질 그 자체가 스스로의 학의 대상이자 내용이며, 그런 까닭에 이러한 경지는 대상적인 방식으로 언표되어야만 한다. 이리하여 대상은 존재이다"[『로젠크란츠』 212f.]. 또한 『논리의 학』[5. 68]은 동일한 사태에 관해 "이러한 통일 속으로 합치된 것인 순수지는 타자에 대한 그리고 매개에 대한 모든 관계를 지양했다. 순수지는 구별 없는 것이다. 이리하여 이 구별 없는 것은 그 자체가 지이기를 그친다. 따라서 오로지 단순한 직접성만이 앞에 놓여 았'지만, 직접성 즉 비매개성이라는 "반성표현"을 새롭게 단적으로 표현하면 "순수존재"라고 말한다.

이러한 구상에 따르면 존재논리학은 그 근저에 반성을 지니면서도 그것이 특별히 주제화되지 않는 논리학이게 된다. "존재의 영역에서 개념 그 자체의 자기규정 작용은 그저 즉자적인 데 불과하다"[『논리의 학』 5. 131]. 그런 의미에서 존재논리학은 "존재하는 개념", "오로지 즉자적인 개념"을 주제로 하는 것이다[같은 책 5. 58]. 또한 헤겔 논리학에서 "존재자(Seiendes)"란 "하나의 독자적으로 존재하는 규정"을, 요컨대 "그것만으로 단독으로 존립하는(für sich bestehend)" 질적인 규정성을 의미한다[같은 책 5. 183, 182, 131]. 헤겔은 이러한 존재논리학에 종별적인 변증법 형식을 "타자로의 이행"이라고 정식화하고 있다[『엔치클로페디(제3판) 논리학』 84절].

개념의 규정작용이 즉자적인 존재논리학에도 부정이 도입될 수 있는 것은 헨리히(Dieter Henrich 1927-)가 지적한 것처럼 '무규정적 직접성'(규정성과 매개성의

부정)과 같은 '부정의 길(via negationis)'을 거친 반성표현에 의한다. 이러한 절차에 의해 존재는 무로 '이행해' 있고, 생성으로서만 사유될 수 있다[『논리의 학』 5. 83]. 가다머(Hans-Georg Gadamer 1900-)는 헤겔이 존재와 무를 구별하는 입장을 단순한 '의견'으로 하고 있다는 점에 착안하여[같은 책 5. 95], 논리학에서 문제로될 수 없는 현상학적인 의견이 여기서 언급되는 것은 사유의 시원으로서 그 규정작용이 아직 생겨나고 있지 않기 때문이라고 해석한다.

【참】 Henrich (1963), Gadamer (1971c), Shikaya (1978), 四日谷敬子(1991a)

―시카야 다이코(四日谷敬子)

존재론 存在論 [Ontologie]

존재를 부수적·특수적으로가 아니라 자체적·보편적으로, 즉 존재를 존재 그 자체로서 탐구한 아리스토텔레스의 '제1철학'은 그 후의 서구 존재론과 형이상학의 전통을 이루고 있다. 헤겔의 논리학 체계에서는 존재(ens)의 보편적 본성을 탐구하는 존재론을 형이상학의 첫 번째 부문으로 간주한 볼프 등의 전통을 받아들이면서도 이것을 대체하는 것으로서 사물의 존재와 본질에 관한 범주들의 학을 '객관적 논리학'으로서 위치짓고 있다. 이러한 논리학의 첫 번째 분야는 동시에 칸트의 초월론적 논리학에 해당하는 것도 포함한다. 그러나 이것은 개념의 즉자를 취급하는 데 지나지 않으며, 이후에 좀더 고차적인 분야로서 사유가 주체로서 자기규정해가는 개념의 즉자·대자태를 고찰하는 '주관(주체)적 논리학'이 이어진다. 이런 의미에서 헤겔의 논리학 체계는 아리스토텔레스에서 시작되는 전통적인 존재론과 형이상학을 총괄적으로 비판하고, 개념의 입장에서 그것들을 좀더 고차적인 단계로 지양할 것을 의도하여 구상된 것이라고 말할 수 있다.

―오쿠타니 고이치(奧谷浩一)

졸거 [Karl Wilhelm Ferdinand Solger 1780. 11. 28-1819. 10. 20]

헤겔과 같이 베를린 대학의 교수, 낭만주의 시대의

미학자로서 알려져 있다. 그의 잘 알려진 저서인 『에르 빈―미와 예술에 관한 네 개의 대화』(1815), 『미학강의』 (1829 유고)에서 보이듯이 미와 예술에 관한 사상만이 졸거 철학의 중심을 이루는 것처럼 생각되는 경향이 있지만, 그것은 어디까지나 피히테, 셸링의 영향하에 출발하여 헤겔의 변증법과 깊이 관계하면서도 그들의 체계적 철학을 넘어서서 키르케고르의 사상을 선취하기에 이르기까지 나아간 철학적·종교적 사색에 뒷받침된 것이었다. 그는 '부정의 부정'과 같은 변증법의 도식을 문제로 하지만, 헤겔과 같이 사유와 존재의 일치로서의 '절대정신'을 상정하는 것이 아니라 신적 이념과 현실적 세계의 화해하기 어려운 분열을 날카롭게 의식하고 있으며, 자기의식을 그 양극으로 분열된 것으로서 파악한다. 그리고 이와 같은 철학적 내용을 단적으로 전해주는 것이 예술이다. 졸거의 예술철학에서 중심적으로 파악되는 것이 '아이러니' 개념이다. 이것은 Fr. 슐레겔을 비롯한 낭만주의자들에 의해서 모든 세속적 유한성을 넘어선 주관성의 자유를 나타내는 것으로서 칭송 받는 개념이었다. 하지만 졸거에서 참된 아이러니는 오히려 인간이 현실 세계에서 살아가는 한 자기의 사명을, 그것이 아무리 고원한 것이라 하더라도, 이 유한한 세계에서 수행할 수밖에 없다는 데서 유래하는 것이라고 생각된다. 유한성을 벗어난 신적인 것도 우리에게 놓여 있을 때는 비천한 것과 마찬가지로 몰락할 수밖에 없다. 그러나 이러한 몰락의 때에 비로소 신적인 것으로서 밝은 빛으로 채워지며 계시가 이루어진다. 따라서 아이러니는 희극적인 것이 아니라 비극적이다. 헤겔은 그에 대해 그러한 낭만주의로 통하는 점을 비판하고 변증법적 성격을 평가한다 [『법철학』 7. 277]. ⇒아이러니

―사토 야스쿠니(佐藤康邦)

종교宗敎 [Religion]

Ⅰ. 종교의 개념. 종교란 인간이 절대자(정신)를 의식함과 동시에 그것을 통해 절대자(정신)가 자기를 의식하는 사건이며, 절대적 정신, 즉 자기가 무엇인지를 알고 있는 정신의 하나의 형태이다. 이것은 인간이 세속적이고 유한한 영역으로부터 벗어남으로써 생기지만, 그것에 의해 세속적이고 유한한 영역이 전적으로 부정되어버리는 것은 아니다. 종교는 자연과 유한한 정신의 영역들, 특히 인륜을 전제하며, 그것들의 유한성을 극복함과 더불어 그것들 "전체의 재총괄(Resumption des Ganzen in Eins)"[『기록』 335]로서 그것들의 참된 존재기반(절대자)을 열어 보이는 것이다. 다만 종교는 절대자를 '표상'의 형식에서 열어 보이는 것에 지나지 않으며, 철학과 같이 절대자의 내용에 상응하게 사유의 형식에서 파악하는 것은 아니다.

헤겔의 이와 같은 종교관은 프랑크푸르트 시대 말에 맹아가 생겨나 예나 시대 후기에 확립되고 『정신현상학』과 베를린 시대의 종교철학 강의(1821년, 1824년, 1827년, 1831년) 등에서 전개되었다. 다만 이미 튀빙겐 시대에 "종교는 우리의 생활의 가장 중요한 관심사 가운데 하나이다"[『민중종교와 기독교』 1. 9]라고 말해졌듯이 종교에 대한 관심은 그의 생애 거의 모든 시기에 걸쳐 있다. 그러나 초기의 종교론에서는 아직 철학체계에 대한 몰두가 이루어지지 않은 채 기존의 기독교가 비판되고 그것의 역사적 재건이 기도되고 있었던 데 반해, 예나 시대 이후 종교는 철학체계의 일부로 편입됨과 더불어 기독교가 참된 종교로서 시인되게 된다. 그럼에도 불구하고 후기의 종교개념에서의 몇 가지 사상적 내용―종교적 감정이 종교적 의식의 토대를 이루며, 의식이 종교의 불가결한 요소를 이루고, 종교가 국민정신을 기반으로 성립하며, 국가와의 긴밀한 관계에 있다는 것 등―은 튀빙겐~베른 시대의 『민중종교와 기독교』로까지 소급될 수 있다. 이 논고에서 그는 단순한 지성과 기억력에 의한 '객관적 종교' 내지 '신학'에 대해, 실천이성과 감성, 심정, 상상력이 조화된 '주체적 종교'를 대치시킴과 동시에 '사적 종교'에 대해 국민정신의 한 계기로서의 '공적 종교'를 제창했다. 그는 이 주체적이고 공적인 종교, 즉 '민중종교'의 모범을 그리스 인의 종교에서 찾아내 그로부터 기존의 기독교의 교양, 의식, 국가와의 관계를 비판하고, 칸트적인 '보편적 정신적 교회'와 공화제로부터 대안적인 구상을 역사의 지평에서 제시했다. 베른 시대 중기에는 실천이성의 '덕의 종교'에 중점이 두어져

그 관점에서 어떻게 기독교가 '실정적 종교'로 변모하게 되었는지가 물어졌지만, 베른 시대 말에는 다시 헤르더적인 '상상력의 종교'로 관심이 옮겨졌다. 프랑크푸르트 시대에는 횔덜린의 합일철학의 영향하에 '미적 종교'로서의 기독교 구상이 생겨났다. 그것은 실정성, 도덕성, 사랑의 '플레로마(πλήρωμα충만함)' 단계의 정점에서 "사랑과 반성이 결합되어 있는" "사랑의 플레로마"[『기독교의 정신』1. 370], 나아가 "정신에 의한 정신의 인식"으로서의 "신앙"[같은 책 1. 354]의 '완성'으로서 성립함과 더불어, 동시에 '생' 내지 '자연'의 근원적 합일의 회복으로서의 "순수한 생의 의식"[같은 책 1. 370], 즉 '정신'을 의미했다. 여기서 삼위일체설이 용인되게 되지만, 예수와 교단의 운명에서 기독교의 실정성 문제가 남겨졌다. 이 문제의 해결이 예나 시대 이후 철학에 맡겨지는 것과 함께, 프랑크푸르트 시대 말에 획득된 기독교의 이념이 그 후 자연에 대한 정신의 우위, 근대의 자기인식 원리를 수반하여 예나 시대 후기에 "자기를 절대적 정신으로서 아는 정신"[『예나 체계 Ⅲ』GW 8. 265]으로 전개된다. 『정신현상학』에서 종교는 의식의 형태로서 '불행한 의식'과 '계몽의 미신과의 투쟁' 등에서 다루어질 뿐만 아니라 '양심' 뒤에서 '양심'의 '자기의식'의 대상화에 의한 절대자의 의식임과 동시에 절대자의 자기의식이기도 한 절대적 정신으로서 파악되며, 그것이 종교사적으로 서술된다. 그것과 더불어 기독교의 실정성 문제(종교와 세계의 대립)가 종교의 표상성으로 귀착되며, '절대자'에 의해 극복되고자 한다. 나아가 종교철학 강의에서 비로소 '종교의 개념'이 종교사에 앞서 주제로 되며, 그것은—1827년 이후의 강의에 따르면—(1) 신, (2) 신에 관한 지, (3) 제사로 이루어진다. (1) 신 그 자체는 '일자'('일반자', '실체')로서 규정된다. (2) 신에 관한 인간의 의식은 '직접지'로부터 시작되어 '감정', '표상', '사유'로 고양된다. 그때 헤겔은 특히 야코비의 '직접지'와 슐라이어마허의 감정신학을 비판함과 동시에 칸트에 의해 비판된 신의 존재증명에서 새로운 의미를 발견하고자 한다(그는 신의 존재증명에 관한 특별한 강의를 1829년에 행한다). (3) 신과 인간의 대립은 제사에 의해서 극복되지만, 제사는 단지 외면적 행위가

아니라 '신앙'을 기초로 하고 있으며, 신의 인간에 대한 은총(특히 육화)과 인간의 신에 대한 헌신이라는 두 가지 측면으로 이루어진다.

Ⅱ. 종교사. 헤겔은 이러한 '종교의 개념'을 토대로 세계사에서의 '특정한 종교들'을 고찰한다. 그는 이미 예나 시대의 『자연법 강의』에서 자연종교로부터 기독교의 신화론적 단계를 거쳐 철학에 의해서 매개된 기독교에 이르는 종교사를 묘사하고 있었지만, 『정신현상학』에서는 종교 이전의 의식형태들(의식, 자기의식, 이성)의 재현으로서 종교사를 자연종교, 예술종교, 절대종교의 삼단계로 재구성했다. 자연종교에서는 오리엔트의 빛의 종교, 인도의 식물과 동물의 종교, 이집트의 공작자(工作者)의 종교가, 예술종교에서는 그리스의 고전예술이, 절대종교에서는 계시종교로서의 기독교가 서술된다. 이 가운데 예술종교는 곧바로 '예술'로서 종교로부터 독립되며, 또한 여기서는 빠져 있던 중국의 종교, 인도불교, 유대교 등이 종교철학 강의에서 보충된다. 결국 1831년의 종교철학 강의에서는—청강자 D. 슈트라우스의 개요에 따르면—(1) '자연종교'로서 주술의 종교, (2) '의식의 분열' 내지 본래적인 종교로서 중국의 도량의 종교, 인도의 추상적 통일의 종교, 라마교와 불고, (3) '자유의 종교'로서 ① '이행형태'인 선의 종교(페르시아의 빛의 종교와 유대교), 시리아의 고통의 종교, 이집트의 수수께끼의 종교, ② 그리스의 미의 종교, ③ 로마의 합목적성의 종교, (4) '절대종교'로서 계시종교(기독교)가 배치된다. 이 종교들의 특성은 각각 세 가지 종류의 수단에서, 즉 첫째 형이상학적 개념에 의해서, 둘째 표상에 관해서, 셋째 제사에 대해서 고찰된다. 이 모든 단계들에 공통된 개념(특히 '육화')이 인정됨과 더불어 (1)-(3)의 종교들은 기독교 안으로 지양된 것으로 간주된다. 그때 종교들의 전개에서 '신이란 무엇인가'라는 의식이 발달하지만, 동시에 인간의 자기의식이 자연에 대한 구속으로부터 정신의 자유로 진보한다. 왜냐하면 인간이 신에 대해서 지니는 표상은 그가 자기 자신에 대해서 그리고 자기의 자유에 대해서 지니는 표상에 조응하기 때문이다.

Ⅲ. 계시종교로서의 기독교. 기독교는 헤겔에 따르

면 그리스 예술에서 인정된 신의 인간화와 인간의 자유가 로마 제정 시대에 상실되어버린 상황에서 신과 인간의 화해를 가져오기 위해 일어났다. 이러한 화해는 세 개의 경지 내지 단계, 즉 (1) 순수사유 내지 아버지의 나라(삼위일체의 이념), (2) 표상 내지 아들의 나라(세계의 창조, 타락, 육화), (3) 자기의식 내지 영의 나라(교단에서의 부활, 세례와 성찬)를 통해—이것들에 관해 헤겔은 페트루스 롬바르두스(Petrus Lombardus ?~1160 무렵)의 『명제집』에 의거하고 있었다고 한다—실현되어야만 한다. 다만 교단은 신과 인간의 화해를 언젠가 일어났지만 아직 실현되어 있지 않은 것으로 간주하고 그것을 장래에 맡길 수밖에 없다.

Ⅳ. 종교와 철학. 종교에서는 그것의 표상성 때문에 완전히 실현되지 못한 화해는 철학의 사유에 의해서 성취된다. 『1800년 체계 단편』에서 종교는 "유한한 생에서 무한한 생으로의 고양"[1. 421]으로서 여전히 철학(이성) 위에 위치하고 있었지만, 이미 『기독교의 정신』의 종교론을 통해 인간과 자연의 연관에 관한 근원적 통찰이 생기고, 그것이 '개념'에 의한 "유한자의 무한자와의 연관에 대한 형이상학적 고찰"[『기독교의 실정성』개고 1. 225]로 고양되었다. 예나 시대 이후 종교는 이러한 형이상학에 기초하는 철학체계의 최후의 부분에—처음에는 『정신의 철학』의 뒤의 네 번째 부분에, 곧 이어서는 정신철학 안의 '절대정신'에—예술과 더불어 위치를 부여받게 된다. 그러나 역으로 말하면, 종교는 철학적 진리에 이르는 통로의 기능을 지닌다. 철학(사변)은 본질적으로 "신에 대한 봉사"[『차이 논문』 2. 113]이며, 반드시 모든 사람의 것은 아닌 철학적 진리는 종교에서 "모든 사람에게 있어"[『엔치클로페디(제3판) 정신철학』 573절 10. 379] 존재하는 것으로 된다. 철학과 종교간의 형식상의 차이에도 불구하고 인정되는 이러한 내용상의 공통성 때문에 헤겔은 『신앙과 지식』 이래로 양자를 분리하는 당시의 통념을 비판했다.

Ⅴ. 종교와 국가. 철학과 종교의 관계와 유사한 것이 종교와 인륜 특히 국가와의 사이에서도 인정된다. 종교는 지조의 내면적 영역에 속하고 국가는 법률의 내면적 세계에 속하여 각각 영역을 달리하지만, "대자적으로 존재하는 주관성이 실체적인 보편성과 절대적으로 동일하다"[『엔치클로페디(제3판) 정신철학』 552절 10. 364]는 점에서 양자는 공통된다. 이러한 공통성 때문에 한편으로 "참된 종교와 참된 종교성은 오로지 인륜 안에서 나타나게"[같은 책 10. 354] 되지만, 다른 한편으로 종교는 "인륜과 국가의 기초"[같은 책 10. 356]이다. 또한 종교에 의한 화해의 어려움은 국가와의 대립에서 생기며, 그런 까닭에 종교와 국가의 동시적 개혁이 요구된다. 다만 종교와 국가의 결합과 분리의 어느 쪽에 중점이 두어지는가와 공통성이 어떠한 것인가에 관해서 시기와 논쟁의 상대방에 따라 헤겔의 사고방식에 변화가 보인다. 『민중종교와 기독교』에서는 한편으로 종교가 '도덕성'을 촉진한다는 것으로부터 "종교는 국가의 입법자와 통치자의 목적으로 될 수 있다"[1. 88]는 식으로 결합이 인정되고 있었지만, 다른 한편으로 국가의 종교에 대한 작용은 "지조의 자유"[같은 책 1. 71]를 손상시키지 않는 범위 내에서 행해져야만 한다고 말해진다. 곧이어 베른 시대에는 정교분리의 측면이 강조되지만, 프랑크푸르트 시대에는 역으로 결합의 측면이—다만 공통원리는 '도덕성'이 아니라 "전체적인 것"[『기록』 281]으로 된다—칸트에 대립하여 역설되었다. 그러나 『독일 헌법론』에서 "종교에서의 통일"[1. 478]은 이미 근대 통일국가의 근본조건으로 간주되지 않고 오히려 종교의 정교분리의 필요성이 설파되었지만, 『자연법 강의 초안』에서는 "자유로운 민족"의 기초인 "새로운 종교"[『기록』 324]가 구상되었다. 나아가 『법철학』 270절에서는 종교와 국가의 내용상의 동일함이라는 전제하에서 정교분리가 신성정치의 부활을 바라는 낭만파의 주장에 대립하여 강조되었지만, 『엔치클로페디(제3판) 정신철학』 552절에서는 역으로 종교와 국가의 결합이 역설되며, 그리하여 양자의 분열이 "우리 시대의 거대한 오류"[10. 356]로서 비판되었다. ⇒기독교, 신, 화해

【참】 Henrich (1960), Splett (1965), Marsch (1965), Theunissen (1970), Leuze (1975), Kimmerle (1977), 金子武藏 (1979), Jaeschke (1983), 岩波哲男 (1984)

―구보 요이치(久保陽一)

종교개혁宗教改革 [Reformation]

세계사에서 정신이라는 태양은 동양에서 떠올라 게르만의 삼림으로 저물게 된다. 그러나 역사를 좀더 잘 살펴보면, 인류는 적어도 두 차례 더 '일출'을 맞이했다는 것을 알 수 있다. 숭고한 감격에 의해 맞이한 일출이 프랑스 혁명인바, 거기서 추상적이고 형식적인 주관적 자유가 실현되었으며, 남아 있는 것은 실재적 자유의 획득뿐이라고 헤겔은 말한다. 또 하나의 일출이 종교개혁인데, 그것은 "모든 것 위에서 아름답게 빛나고 모든 것을 정화하는 태양"[『역사철학』12. 491] 그 자체이다. 사실 신적인 것과 세계의 화해, 정신의 자유의 실현은 종교개혁에서 성취되었던 것이며, 혁명이 프랑스에서 일어나고 독일에서 일어나지 않았던 것의 주된 이유는 이 종교개혁 경험의 있고 없음에 귀착하는 것이다. 종교개혁의 결여는 정치혁명을 불러일으킨다. 다른 한편으로 또한 그는 종교개혁을 성취하는 것 없이 혁명을 일으키고자 하는 것은 근대에서의 어리석은 행위라고 반복해서 말한다[『엔치클로페디』10. 360;『역사철학』12. 535;『미학』15. 128, 413;『종교철학』16. 535f.;『철학사』19. 502]. 종교라는 정신의 내적인 깊이에서의 혁명 없이는 자유를 실현해야 할 혁명은 무질서와 전제라는 귀결에 이르지 않을 수 없기 때문이다.

'종교개혁의 원리', 요컨대 프로테스탄티즘의 원리는 "정신이 자기 안에 있는 것, 자유라는 것, 자기에게 도달하는 것이라고 하는 계기"[『철학사』20. 57], 결국 신적 정신과 인간적 정신의 동일성이라고 헤겔은 생각한다. 그는 루터와 마찬가지로 가톨릭의 성찬을 비판하지만, 그것은 거기서는 신과 인간의 통일이 정신에서가 아니라 물성에서 이루어지기 때문이다. 성찬은 더 나아가 성직자와 속인의 구별, 성서와 진리의 계급적 소유, 정신에 대한 모멸, 성속 이원론, 결혼과 노동과 주체적 순종에 대한 경시, 총괄하자면 정신의 절대적 부자유와 인륜적 퇴폐를 초래했던 것이며, 종교개혁은 그러한 귀결을 전체를 전복시켰던 것이다[『역사철학』12. 491ff.]. 그러나 그것과 더불어 화해, 평화, 신뢰 및 사랑이 상실되어 버린 것도 헤겔은 간과하지 않는다. 그가 프로테스탄티즘과 가톨릭주의의 대립을 넘어

선 지평에서 "새로운 종교"를 전망한 것의 이유는 거기에 있었다[『로젠크란츠』139ff.]. ⇒프로테스탄티즘, 가톨릭주의, 기독교, 자유, 정신, 성서, 루터

【참】 Hirsch (1930), Ritter (1969c)

―우부카타 쓰구루(生方 卓)

종합綜合 [Synthese]

헤겔에게 있어 일반적으로 종합이라는 개념에서는 그것만으로 사용되는 경우에 '표상'의 입장에 특징적인, 외적으로 따로따로 존재하고 있는 것의 외면적인 수집, 혼합, 뒤범벅, 절충과 같은 소극적인 뉘앙스가 강하다[『논리의 학』5. 100;『엔치클로페디(제3판) 정신철학』451, 456절]. 예를 들면 칸트의 '순수실천이성의 요청'론에서의 이율배반의 '종합적 통일(die synthetische Einheit)'은 '꾸미기'라는 '종합적 표상(das synthetische Vorstellen)' 내지 모순들의 '혼합(Synkretismus)'에 불과하다고 헤겔은 비판한다[『정신현상학』3. 452, 462f.]. 또한 헤겔에 따르면 '자연종교'에서 '장인'이 사상과 자연적인 것이라는 서로 이질적인 형식을 '종합하는 노동(das synthetische Arbeiten)', 즉 '혼합하는 것(das Vermischen)'[3. 512]을 그만두고, 그에 의해 '정신'은 다음 단계로 이행한다. 그러나 다음 단계인 '예술종교'의 '정신적 예술품'도 '표상성'을 벗어날 수 없다. '서사시'는 자기의식적 현존재와 외적 현존재를, 또는 "보편적인 것과 개별적인 것을 종합하는 결합(die synthetische Verknüpfung[Verbindung])"인 '표상'의 소산인 것이다[3. 531f.]. 이와 같은 '종합적 표상(das synthesierende Vorstellen)'은 엠페도클레스 철학의 원리이기도 하다[『철학사』18. 346, 351, 353]. 그런데 헤겔에 따르면 유한한 인식활동이라는 것은 '개별'로부터 출발하여 '보편'에로 나아가는 '분석'적 방법과 '보편[정의]'에서 '특수화[분류]'를 통해 '개별[정의]'에 이르는 종합적 방법의 두 가지 과정을 더듬어 가지 않으면 안 된다[『엔치클로페디(제3판) 논리학』228절, 이 절의「보론」]. '분석'이 소여의 경험적으로 구체적인 재료를 보편적인 추상의 형식에로 높이고, 이것이 종합적 방법에서 (최근류와 종차에 의한) 정의로서 서두에

놓여진다. 전자는 '사실[태]'로부터 '개념'에로, 후자는 '개념'에서 '사실'에 이르는 도정이라고 말할 수 있지만, 이 '사실'이라 할 만한 '구체적 개별성'은 "서로 다른 규정들의 종합적 관계"로서 파악된다. 이러한 관계의 매개항을 '구성'이 제출하며, 관계의 필연성이 '증명'된다[같은 책 231절]. 그러나 이러한 관계는 양적인 '형식적 동일성'에, 필연성은 '외적 필연성'에 머문다. 그러므로 분석적 방법과 종합적 방법(특히 기하학적 방법)은 모두 철학에 대해서는 부적합하다[같은 책 229절 「보론」; 『정신현상학』 3. 42-43; 『논리의 학』 5. 48-49, 6. 511-541; 『철학사』 20. 163, 167, 187f.]. 그럼에도 불구하고 '분석'과 마찬가지로 이러한 종합 역시 구별된 것의 '내재적 종합', 즉 "즉자대자적으로 존재하는 통일"의 조건인 '타자'로의 진전[『논리의 학』 5. 100]에 근거한 헤겔 고유의 방법에로 지양되어 있다. "대상을 개념적으로 파악하는 진리의 방법은 그것이 단적으로 개념 내에 머무르는 이상 분석적이지만, 그것은 또한 종합적이기도 하다. 왜냐하면 대상은 개념에 의해서 변증법적으로 규정되는 것이고, 다른 대상으로서 규정되기 때문이다"[『논리의 학』 6. 566, 557, 560, 563]. ⇒분석, 꾸미기, 예술종교

—야마다 다다아키(山田忠彰)

죄罪 [Sünde, Schuld]

종교에서 일반적으로 신의 명령을 위반하는 것이 죄이지만, 기독교적으로는 모든 죄의 기점으로서의 원죄가 모든 인간에게 죄책(Schuld)으로서 전해진다. 이러한 죄의 문제를 헤겔은 그의 "정신의 발전은 밖으로 나가는 것이며, 자기분리임과 동시에 자기귀환이다"[『철학사』 18. 41]라는 기본적 발상으로부터 정신에서의 자연성과 내면성의 대립을 축으로 하여 고찰하고 있다.

그리스적인 자연성에 대립하는 것으로서의 내면성의 계기가 강하게 출현한 것은 로마 세계에서였다. 인간은 자기를 스스로의 부정자로 느끼고, 자기가 신으로부터 분리되고 분열된 존재라는 것을 알지만, 이러한 내면의 고뇌 속에서 유대적인 의미에서의 죄가

문제로 된다. 빛과 어둠이라는 동양적 대립이 정신 속으로 옮겨져 어둠이 죄로 되지만, 여기서 "죄란 선악의 분열로서의 선악의 인식"으로서 그 "인식은 바로 의식에서 외면적인 것, 이질적인 것을 소멸시키는 것을 의미하고, 따라서 주관성의 자기회귀이다"[『역사철학』 12. 391].

원죄에 의해 선악을 알게 된 인간은 다른 동물과 구별되기에 이르렀지만, 이 구별은 인간이 그의 의지의 자연성을 대상적으로 파악하고, 그에 대립할 수 있는 의지의 내면성을 지니는 것에서 성립한다. 이렇게 "의지의 자연성에서 이탈하고 나아가 이러한 자연성에 대해서 내면적일 수 있다고 하는 자유의 필연성" [『법철학』 139절]이 악의 원천이며, 따라서 만약 인간이 이러한 구별을 성립시키는 자연성과 내면성의 분열의 입장에 머물러 보편에 대해 특수를 본질적인 것으로서 고집하게 되면, 주관성은 대자적 존재로서 개별적으로 행동할 수밖에 없으며, 그런 한에서 개별적인 주체는 악의 죄책을 짊어지게 된다[같은 곳].

"죄의 인식에 도달한 정신"은 헤겔에 따르면 "통일에 대해서 무한히 분리되어 있는 대자성의 인식에 도달한 정신, 그리고 이러한 분리로부터 다시 통일과 화해로 되돌아온 정신"[『종교철학』 16. 271-2]이지만, 어둠이 죄로 된 단계에서 화해에 이르는 통로는 이전에 유대적인 감정이 중시했던 실재성이 부정된 후 그것을 대신한 주관성 그 자체, 인간의 의지 이외에는 있을 수 없다[『역사철학』 12. 391]. 거기에 헤겔이 자기가 마땅히 자기이어야 할 것이 아닌 가능성의 하나인 죄[『종교철학』 16. 172]를 타자에 대한 관계의 가능성으로서 나중에 오는 것, 외면적으로 우유적인 것이라고 하면서 죄 문제를 특히 의지와의 연관에서 고찰한 이유가 있을 것이다.

죄책이 문제되는 것도 의지와의 연관에서이며, 인간은 그의 의도적인 행위의 결과에 대해서 죄책을 지니게 된다. "소행은 오로지 의지의 죄책으로서만 그 책임이 돌려질 수 있다. —이것이 지의 권리이다"[『법철학』 117절]. 그 행위의 전제들과 상황 등에 관해서 알고 있어야만 의지는 권리를 지닐 수 있다. 말하자면 결과보다는 의도를 중시하는 심정윤리적 입장에 서면서도

헤겔은 여기서도 원죄와 선악에 관한 지의 결부가 던지는 그림자를 보고 있었던 것은 아닐까? ⇒원죄, 책임

─구노 아키라(久野 昭)

죄로 죽는 것罪─ ⇨세례

죄책罪責 ⇨죄

주관과 객관主觀─客觀 [Subjekt und Objekt]

Ⅰ. 일반적 특징. 헤겔이 Subjekt와 Objekt라는 말을 그대로 대조시켜 사용하는 것은 적으며, 또한 Subjektivität와 Objektivität든 subjektiv와 objektiv든 모두 다의적이다. 이것은 가츠라(桂壽─ 1902-85)도 지적하듯이 이 어의의 역전이라는 역사적 배경 때문임과 함께 헤겔 자신이 의식하는 바였을지도 모른다. 예를 들면 그는 다음과 같이 말하고 있다. "객관성이란 세 가지 의미를 지닌다. 첫째로 단지 주관적인 것, 생각된 것, 몽상된 것 등과 구별된 외부에 현존하는 것이라는 의미, 둘째로 칸트가 확립한 의미, 즉 우리의 감각에 속하는 우연적이고 특수하며 주관적인 것과 구별된 보편적이고 필연적인 것이라는 의미, 셋째로 사유에 의해서 파악된 현실적으로 존재하는 것의 자체(Ansich)……라는 의미이다"[『엔치클로페디아(제3판) 논리학』 41절 「보론 2」]. 여기서는 '객관성'이라는 것에서 강조되고 있는 것은 세 번째의 것, 즉 두드러진 의미에서의 '개념'이며, 그에 반해 '주관적인 것'이란 이를테면 머릿속에서 생각된 진실하지 않은 것이라는 의미를 지니게 된다. 그러나 Subjekt는 실체에 대한 주체, 술어에 대한 주어의 의미로도 사용되며, 다른 한편 Objektivität는 '개념'에 대한 상대어로서도 사용된다. 그러나 그렇다고 해도 일반적으로는 적어도 다음의 두 가지 점만은 지적하지 않을 수 없다. 첫째, 헤겔에게 있어 중요한 것은 Subjekt와 Objekt의 구별이 아니라 양자의 종합이라는 것, 둘째, Subjekt는 '주어로 되어

술어로는 되지 않는 것'이라는 것에서 특히 개체 내지 개인을 가리키며, '주체' 혹은 '주체성'이라는 것에서 자기와 타자를 구별하고 타자와 관계하는 가운데 자기에게로 되돌아오는 '부정성(Negativität)'을 근본적 성격으로 하고 있다는 것, 그리고 Objekt 내지 Objektivität란 Subjekt의 상대방으로 되는 것 또는 그 부정성에 의해 매개되어야만 하거나 매개된 사태라는 것이다.

Ⅱ. 주관이라는 말의 용례와 객관. 헤겔은 『엔치클로페디아 정신철학』, 『법철학』 그리고 『논리의 학』을 중심으로 하여 다양한 것에 주관이라는 말을 적용하고 있다.

첫째, 폭넓게 "생명을 지니는 개체(das lebendige Individuum)" 즉 생명활동의 작용 중심이라고도 말해야만 할 것이 주관으로 되며, 그것의 유기적 조직(Organismus)이 객관성, 그리고 그것을 둘러싼 세계가 객관적 세계라고 말해진다. 개체로서의 생물은 자기의 조직을 수단=매개(Mittel)로 하여 객관적 세계를 자기 속에 받아들이는 "욕구(Bedürfnis)"의 활동을 수행한다[『논리의 학』6. 480]. 이러한 개체의 생명과정(Lebensprozeß)에서는 개체 자신이 자기목적(Selbstzweck)이며, 객관적 세계에 대해서 부정적 태도를 취함으로써 자기를 현실화하고 있음에도 불구하고 개체에게는 그에 대한 자각이 없다.

둘째, "자연적인 마음"이 "개인적 주관(das individuelle Subjekt)"이라는 형태를 취한 경우이다. 이러한 주관은 성장이라는 자연적 경과 속에서 다른 개체와 교제하면서 자기 자신을 깨우치고, 자기의 내적·외적 상태에 대해 감각하며, 어떤 특정한 심리적, 정신적 감정 속에서 살아가는 개인이다. 여기서도 자기와 자기의 신체성을 구별한다든지 자기를 주관으로 하고 타자를 객관으로서 대상화하여 그것에 관계하는 사태는 즉자적으로 존재하는 데 지나지 않은 채 대자화되어 있지 않다[『엔치클로페디아(제3판) 정신철학』 395절].

셋째, 이러한 개인적 주관은 '의식'의 단계에 이르러 비로소 자기가 아닌 것을 자기의 대상(객관)으로서 자기로부터 구별하고 그것에 관계한다. 자연적 마음의 내용도 의식의 대상으로 되며, 의식 쪽은 '자아'로서 "자연적 생명"을 "독립된 객관"으로 한다[같은 책 413

절]. 그러나 이러한 주관도 '자기의식'으로서 객관 속에서 자기를 발견하고, 또한 자기를 객관으로서 현실화하는 것을 통해 의식 단계에서의 주관과 객관의 대립을 지양한다.

넷째, 주관은 인식작용의 중심이라고도 말해야만 할 '지성(Intelligenz)'이다. "지성은 첫째로 어떤 직접적인 객관을 지닌다. 둘째로 어떤 자기 내로 반성하여 내화된 소재를 지닌다. 셋째로 어떤 주관적이기도 하고 객관적이기도 한 대상(Gegenstand)을 지닌다. 이리하여 세 개의 단계가 성립한다. …… 직관의 단계…… 표상의 단계…… 그리고 사유의 단계, 즉 우리가 사유하는 것이 존재도 하는, 요컨대 객관성도 지니고 있다는 특정한 의미에서의 사유의 단계이다"[같은 책 445절 「보론」].

다섯째, 주관은 실천적인 주관을 의미한다. 그러나 이러한 주관은 단순한 '쾌, 기쁨, 고통' 등의 감정, '법, 도덕, 종교'에 대한 감정이라는 주관성을 지니는 단계로부터 시작하여 '충동'과 '자의'와 '정열' 등의 담지자로서의 주관, 그리고 '추상법'에 관계하는 '인격', '도덕성'에서의 주관, 객관적인 실체적 의지와 합치된 의지로서의 주관으로 분류되는 것이다. ⇒부정, 생(명), 욕구·욕망, 개인, 의식, 자기의식, 지성

【참】桂壽一 (1974)

―도다 히로키(戸田洋樹)

주관적 정신主觀的精神 ⇨정신

주권主權 [Souveränität]

정치적 존재로서의 국가의 권력과 직무는 전체로부터 분리된 독립된 권한을 지니는 것이 아니라 이 전체의 유동적인 지절(Glied)에 불과하다. 또한 그것들은 실제로는 개인에 의해서 담지될 수밖에 없지만, 중세 국가에서 자주 그러했던 것처럼 결코 개인의 사유물일 수는 없고 국가의 본질적인 계기들로서 국가의 것이다. 요컨대 권력과 직무는 자립적이고 고정적인 것이 아니라 그것들의 단일한 자기로서의 국가의 일체성 속에

궁극적인 뿌리를 지니는 것이며, 이것이 국가의 주권을 구성하는 규정이다. "주권이란 일체의 특수한 권한의 관념성(Idealität)이다"[『법철학』 278절]. 그리고 이러한 주권의 주체성·인격성의 규정에 의해서 헤겔은 군주를 이끈다. 이상은 대내주권이지만, 국가는 또한 "하나의 개체성으로서 배타적인 일자(Eins)"[같은 책 271절]이며, 이 일자로서 다른 국가들과의 관계에 들어선다. 이 측면은 대외주권이라고 불린다. ⇒국가

―다카야나기 료지(高柳良治)

주어와 술어主語―術語 [Subjekt und Prädikat]

일반적으로 판단(또는 명제)은 'S는 P이다'라는 형태로 제시되는 주어 S와 술어 P의 계사(=이다)에 의한 결합의 형식(구문론적 구조)을 지닌다. 그리고 그 경우에 예를 들면 '소크라테스는 인간이다'라는 판단에서 보이는 것처럼 보통 주어는 개체적 대상을 나타내고 (지시하고), 술어는 이 대상을 일정한 보편적 개념하에 속하게 하는(이 대상을 어떤 일반원리에 따라 분류하는) 방식으로 각자의 의미론적 기능을 담당하게 된다.

헤겔 역시 주어는 가장 직접적으로는 개별자('개념'의 한 계기로서의 '개별성')를 나타내고 술어는 보편적인 규정성('보편성')을 나타낸다는 점에서 위와 같은 표준적 견해로부터 그렇게 벗어나 있지 않다[『논리의 학』 6. 306f. 참조]. 그러나 다른 한편으로 그는 첫째, 일반적으로 판단에 의한 술어화는 "머리 바깥에 자존하는 대상에 대해서 머리 안에 있는 이런 저런 술어를 부가하는"[같은 책 6. 304] 주관적인 표상에서의 조작이 아니라 오히려 주어가 나타내는 대상이 그 자신의 존재에서 "구별화와 규정성을 받아들이는" 것으로 되는[같은 책 6. 307] 사태 그 자체에서의 현실적인 규정의 진전으로서의 의의를 지닌다고 주장한다. 이러한 견해를 채택함으로써 헤겔이 의도하고 있는 것은 사태가 판단작용(더 나아가서는 인식 전반)의 도달범위를 초월하여 그 피안에 있는 '사물 자체'적인 존재에 빠져든다는 것을 피하는 것이다[같은 곳 참조].

둘째, 헤겔은 이상과 같은 규정의 진전이 구체적으로는 (1) 주어에 의해서 표시된 개별자가 그 자신에서

술어에 의해서 표시된 보편자 속으로 '자기 내 반성'함과 동시에, (2) 역으로 또한 보편자가 개별자로 자기를 외화한다는 개별자와 보편자 간의 상호적인 회귀 운동으로서 생기한다고 주장한다. "개별자는 판단에 의해서 보편성으로 고양되며, 역으로 또한 단지 즉자적[=잠재적]인 데 불과한 보편자는 개별자라는 형태로 현존재로 끌어내려진다"[같은 책 6. 307].

일반적으로 주어에 의해서 표시되는 개별자와 술어에 의해서 표시되는 보편자의 관계가 보통 말해지듯이 단지 전자가 후자의 '사례(instance, example)'로 된다—소크라테스가 인간이라는 보편자의 하나의 사례라는 식으로—는 정태적인 사태에서 다 마무리된다고 한다면[Strawson (1974) 참조], 이러한 헤겔의 주장은 상당히 특이한 것으로 비쳐진다. 그러나 이 경우 이러한 소크라테스와 인간 사이에서 보이는 개별자와 보편자 간의 관계는 헤겔에게 있어서 단지 위와 같은 <보편자의 사례화>와 같은 특징 없고 추상적인 관계로서 파악되는 것이 아니라 오히려 전통적인 형이상학의 관점에 따라서 예를 들면 종으로서의 인간=본질'과 개체로서의 소크라테스=현실존재' 간의 관계로서 이해되고 있다는 점에 유의할 필요가 있다. 즉 그에 따르면 판단에서의 개별자와 보편자 사이의 관계는 가장 기본적으로는 이러한 '본질-현실존재'의 관계로서, 또는 '실체-우유성'의 관계로서(이 경우는 개별자가 실체에, 보편자가 우유성에 상당한다) 파악되어야만 하는 것이지만[같은 책 6. 307, 313 참조], 그러나 동시에 바로 『논리의 학』의 '본질론'을 통해 전개되고 있는 대로 이러한 이원적으로 구성된 관계들에서는 그 한편의 항(예를 들면 '본질')은 <시공을 넘어선 보편자>, 또 한편의 항('현실존재')은 <시공 내에서 실현된 개별자>라는 방식으로 구별되며, 서로 대립하면서도 동시에 서로 타자를 통해서만 존립을 유지할 수 있는 성격을 지니기 때문에 서로 간에 외화-회귀의 운동을 반복할 수밖에 없게 되는 것이다.

헤겔은 '본질론'에서 이미 다루어진 이러한 운동을 판단론 단계에서 다시 취급하면서 그것이 <주어와 술어의 계사에 의한 결합>이라는 판단의 형식에 의해서 표현되고 규정되는 것을 통해 그 근저에 좀더 기초

적인 동일성—계사에 의해서 표시되는—이 생성하게 되는 사정을 서술하고자 한다고 말할 수 있다(또한 이러한 서술의 진전에 수반하여 주어는 개별성을 나타내고 술어는 보편성을 나타내는 위와 같은 관계도 이미 고정된 것이 아니게 되고, 오히려 주어와 술어 모두가 '개념'의 세 계기의 각각을 차례차례 표시해 가게 된다). 이와 같은 동일성의 생성은 사실 판단론 그 자체의 가장 기본적인 목적('개념의 동일성을 정립하는 것')으로 되어 있는 것에 다름 아니며, 이런 의미에서 주어와 술어 및 계사에 관한 헤겔의 논의는 그의 논리학의 전반적 구성에 근거하여 이해되어야만 한다고 말할 수 있을 것이다. ⇒판단, 근거, '이다'

【참】 Strawson (1974)

—오카모토 겐고(岡本賢吾)

주인과 노예 主人—奴隷 [Herrschaft und Knechtschaft]

계몽의 시대 사람들은 사회를 형성하는 이전의 인간 상태를 둘러싸고 다양하게 논의했다. 이러한 이른바 자연상태에서 헤겔은 인간의 '생사를 건 투쟁'을 발견한다[『정신현상학』 3. 149; 『엔치클로페디(제3판) 정신철학』 433절; 『예나 체계 Ⅲ』 GW 8. 221 참조]. 자연상태에 있는 인간에게 있어 절대적인 대상인 것은 어디까지나 자기이며, 타자는 비본질적인 것에 그친다. 이러한 확신을 단순한 확신에 그치게 하지 않고 타자에 대해서 관철하고자 할 때 사람들은 타자의 생명에 대한 부정으로 향해 갈 수밖에 없다. 또한 그것을 위해 자기의 생명을 걸 수밖에 없다. 여기서 생기는 투쟁은 인간을 두 종류로 나눈다. 그것은 자기의 확신을 어디까지나 관철시키는 인간과 죽음의 두려움에 떠는 인간이다. "한편은 자립적인 의식이며, 그것에서는 대자존재(자기에게서만 있는 것)가 본질이다. 다른 편은 비자립적인 의식이며, 그것에 있어서는 생명 또는 대타존재(타자에 대해서 있는 것)가 본질이다. 전자는 주인이며, 후자는 노예이다"[『정신현상학』 3. 150; 『인륜의 체계』 PhB 34f., 46f. 참조].

대자존재(자기에게서만 있는 것)가 주인의 본질이다. 그러나 주인은 직접 자기를 의식하는 것에 의해서

가 아니라 다른 의식(노예)과의 관계에서 자기를 대한다(자기에게서만 있다). 그는 죽음의 두려움에 떠는 노예를 자기에게 예속시킨다. 그리고 노예에게 노동을 강요하고 노예가 산출하는 사물을 순수하게―스스로는 생산에 종사함이 없이―향유한다. 여기서 성립하는 노예로부터의 일방적인 '인정'을 매개로 하여 주인은 자기를 확신한다(자기에게서만 있다). 그러나 이러한 대자존재 또는 자립성이 실제로는 그 자신과 역전된 것이라는 것을 헤겔은 주장한다. 노예의 노동과 그 노동에 의해서 산출된 사물 없이 주인은 스스로의 자립성을 지탱할 수 없기 때문이다. 의존이야말로 오히려 주인의 자립성의 참된 모습이다.

이러한 자립성의 비자립성으로의 전도와 정반대의 전도가 노예에서 생긴다. 노예란 무엇보다도 우선 죽음의 두려움에 떨고, 그 '공포'에 사로잡힌 의식이다. 죽음을 앞에 두고 노예 안의 모든 것이 동요하며 해체된다. 이러한 해체 또는 욕망의 단념은 주인에 대한 '봉사'에서 한층 더 개별적인 방식으로 생긴다. 이러한 봉사에 더하여 '노동'이 노예에게 강제된다. 헤겔은 바로 이러한 노동의 강제에서, 요컨대 오로지 타자(주인)의 뜻에 따르는 데 불과한 것으로 볼 수 있는 것에서 노예가 '자기 뜻' 그대로 있다는 것을 간파한다『정신현상학』 3. 154]. 노동이란 사물을 산출하는 것, 지속적인 것을 형성하는 것에 다름 아니지만, 바로 이러한 스스로가 산출하는 지속적인 것에서 노예는 자기 자신을 직관하기 때문이다. 결국 노동하고 사물을 형성하는 가운데 노예는 자기야말로 바로 대자존재이며, 자립적인 존재라는 것을 자각한다.

이러한 주인과 노예의 변증법은 많은 사상가에 의해서 주목받아 왔다. 그 가운데 특히 마르크스에 대한 영향이 잘 알려져 있다. 파리 시대의 초고(1844)에서 마르크스는 다음과 같이 적고 있다. "헤겔의『현상학』과 그 최종적인 성과 가운데 위대한 것은 무엇보다도 우선 헤겔이 인간의 자기산출을 하나의 과정으로서 파악하고 있다는 점이다. 요컨대 [자기의] 대상화를 자기로부터 벗어나 자기에 대한 것으로서, 외화로서, 그리고 이 외화의 지양으로서 파악하고 있다는 점이다. 그러므로 그는 노동의 본질을 파악하고 있다"[Marx,

K. (1932) S. 156]. ⇨인정, 노동, 두려움

【참】Marx, K. (1844a), Marcuse (1932), Sartre (1943), Kojève (1947), Becker (1970)

―후지타 마사카쓰(藤田正勝)

주체성主體性 ⇨**실체와 주체, 주관과 객관**

죽음 [Tod]

예수의 죽음이 기독교에서의 '가장 중요한 것, 즉 중심'이라는 것은 이미『민중종교와 기독교』이래로 헤겔이 반복하여 말하고 있는 것이다『민중종교와 기독교』1. 85 등]. 그러나 죽음이 예수의 죽음이라는 특별한 사례로서가 아니라 종교의 보편적 의미를 구성하는 것으로서 파악되는 것은『1800년 체계 단편』무렵부터이다. 거기서는 다음과 같이 말해진다. "살아 있는 전체에서 죽음, 대립, 지성은 동시에 정립되어 있는바, 이를테면 다양한 것으로서 정립되어 있는데, 그것은 살아 있는 것이자 살아 있는 것으로서 스스로를 전체로서 정립할 수 있는 것이며, 그러므로 다양한 것은 동시에 부분이기도 한바, 다시 말하면 그에 대해 죽음이 존재하고 그것 자체가 타자에 대해 죽어 있는 것이기도 하다"『1800년 체계 단편』1. 422]. 여기서는 이와 같이 개체로서 살아 있는 것이 그 죽음을 넘어서서 살아 있는 전체로서의 무한한 생으로 고양되는 궁극적인 입장이 '종교'로 된다.

예나 시대 이후의 헤겔에게 있어 궁극적인 입장은 종교가 아니라 철학으로 된다. 거기서 죽음은 논리적 의미에서는 부정의 부정으로서 파악되지만, 그러나 죽음이라는 실제적인 사건의 의미는 논리에 의해서 충분히 논구되는 것이 아니다.『정신현상학』에서 죽음의 위력은 예를 들면 주인과 노예의 관계에서 "절대적 주인"『정신현상학』 3. 153]으로서 나타난다. 또한 '인륜'의 단계에서 죽음은 개인이 개인으로서 도달하는 바의 보편태이자 순수존재[같은 책 3. 332]로 된다. 그 죽음은 개인과 공동체의 관계 차원에서는 자연적 부정태 또는 분열이라는 의미에 그치지만, 개인에게

있어 절대적 주인의 위력이라는 것에는 변함이 없다. 『정신현상학』의 '종교'의 단계가 되면, 정신의 생이 "죽음을 인내하고 죽음의 한가운데서 자기를 보존하는 생"[같은 책 3. 36]으로 되며, 죽음이 정신의 생의 한 계기에 그친다는 것이 응축되어 나타난다. 거기서는 예수의 죽음이 신적 존재와 자연적 존재의 대립을 해소하는 사건이 되며, 성령(Geist)의 나타남이자 교단의 성립에 연결되는 것으로 된다. 그러나 그 경우에도 성령으로 되기 이전에 예수의 죽음은 고통스러운 감정을 수반하는 사건이다. 그 감정은 예나 시대에도 말해진[『신앙과 지식』 2. 432] "신 그 자신이 죽었다"고 하는 불행한 의식의 감정[『정신현상학』 3. 572]이다.

신의 죽음에 관해서는 『종교철학』에서 다시 한 번 언급된다[『종교철학』 17. 291f.]. 그것은 신 안에서조차 부정태가 있다는 가장 두려운 생각, 최고의 고통, 구원이 전혀 없다는 감정, 최고존재자의 방기라고도 말해진다. 그러나 거기서 되살아남이라는 역전이 생긴다. 이에 의해 신의 죽음은 '죽음의 죽음'이 되고 '부정의 부정'이 되며 **무한한 사랑**이 된다. 이러한 『종교철학』의 서술에서 헤겔에서의 철학과 종교가 융합된 궁극의 입장이 나타난다고도 말할 수 있다. ⇒생(명), 주인과 노예, 성 금요일, 묘, 예수

【참】 Kojève (1947: chap. 9)

—오하시 료스케(大橋良介)

준칙準則 [Maxime]

헤겔은 칸트의 '준칙'에 대해 그것은 내용이 주어질 때에는 자기 자신도 폐기해버린다고 생각한다. 예를 들면 가난한 사람들을 구하고하 하는 것은 빈곤이 현재 존재하기 때문이다. '가난한 사람을 구한다'는 준칙은 빈곤을 폐기하는 것이며, 빈곤을 전제하고 있다. 그러나 이 준칙이 '모든 사람은 가난한 자를 구해야 한다'는 것처럼 보편적인 것으로 되는 경우에는 이미 가난한 자는 전혀 존재하지 않든가 아니면 가난한 자만으로 되든가 한다. 구하고자 하는 사람은 아무도 존재하지 않으며, 애당초 구한다는 것이 성립하지 않게 되어버린다. 구원을 수행하기 위해서는 빈곤이 존재해야만 한다면, 준칙은 단순한 가능성에 불과하게 된다. 결국 준칙의 수행이 준칙 자체의 폐기인 것이다. "보편성에서 생각하면 자기를 부정하는 규정[내용]에 관계하는 준칙은 보편적 입법의 원리로 될 수 없으며, 따라서 비도덕적이다"[『자연법 논문』 2. 465; 『철학사』 20. 268f. 참조]. ⇒칸트, 도덕성

—미즈노 다츠오(水野建雄)

중국中國 [China]

헤겔에 따르면 중국의 원리는 하늘(天)이며, 그것이 인간에게서 체험적으로 직관된 것이 도(이성)이다. 도는 만물의 생성의 근본이자 본질이다. 이 도가 구체적인 규정들을 취하면 도량(度量)으로 된다. 도는 하늘의 규정들이기 때문에 추상적 존재 또는 추상적 실체가 아니라 실체의 형상(形象)들이다. 하늘이 자연과 인간에게 나타나면 천명과 천성이라는 도량으로서 나타난다. 중국의 학문은 이 도량의 상세한 표시와 전개이며, 이 도량을 현실에서 지배하는 것이 황제이다[『종교철학』 16. 319f. 참조].

도량은 전적으로 단순한 범주들, 즉 존재와 비존재, 일과 이이며, 이것들은 괘선으로 표시된다. 이것들이 다양하게 결합하여 근원적 규정들의 구체적 의미를 나타낸다. 이 의미들 가운데는 네 방위와 중앙, 그것에 대응하는 다섯 개의 산, 5원소(흙, 불, 물, 나무, 쇠), 5원색이 있다. 나아가 인간관계에서도 다섯(오륜)이 있다. 이와 같이 도량규정은 자연과 인간 모두에서 도로서 타당화되어 있기 때문에 인간은 그것에 적합하게 행위해야만 한다. 도가 준수되면 자연에서나 국가에서 모든 일의 질서가 보존된다. 나라와 개인 모두 평안한 것이다[같은 책 16. 322 참조]. 그러나 헤겔에 따르면 자연과 인간, 실체와 정신의 이와 같은 관계는 미분화되어 있기 때문에, 인격과 자유는 나타나지 않는다. 실체에 대립하는 주관적 대자성의 결여로 인해 자기의 내면성에서 자유를 보는 것이 아니라 자기 바깥에 자유를 실체화하게 된다. 그것이 독재자로서의 황제이다. 신민은 황제를 존경하기만 하면, 황제를 매개로 하여 법칙을 존경하게 된다. 중국인은 자기

내면이 아니라 자기 바깥에 실체로서 세워진 자립성, 즉 황제만을 지주로 하고 있다. 중국인에게 있어 도덕상의 법칙은 자연법칙과 동일하며, 황제라는 밖으로부터의 명령이자 강제적 권리와 의무이다. 그리하여 이 자립적 정신성이 직관될 때 황제숭배, 개인숭배가 생겨난다. 숭배되고 있는 것은 개인이면서도 황제에게는 중국인의 정신 일반이 내리쬐어져 있다. ⇒황제, 공자, 노자

【참】Leuze (1975), 岩波哲男 (1984)

―핫타 다카시(八田隆司)

중력重力 ⇨ 무게

중보자仲保者 [Mittler]

'하나님과 사람 사이의 중보자' 예수[디모데전서 2: 5]라는 기독교의 사상을 헤겔은 유한자와 무한자 사이의 중보자라는 형태로 전화시킨다. 유한자는 무한자를 직접 인식할 수 없다. 절대적 정신은 직접적인 형태로 역사에 나타나는 것이 아니라 매개를 필요로 한다. 그것이 구체적으로는 예수의 육화라는 사건이며, 이 중보자 예수를 통해 즉자대자적으로 존재하는 진리가 분명하게 된다. 이러한 신의 아들은 "부정성의 고통 속에서 죽는다"[『엔치클로페디(제3판) 정신철학』 569절]. 그 고통에서 보편과 특수가 매개되고 교단 안에서 부활한다. 즉 중보자의 이러한 죽음을 매개로 하여 화해가 스스로의 의식에 들어오고, 이 특수한 대자존재가 교단의 보편적 자기의식으로 된다[『정신현상학』 3. 573]. 또한 청년 시대의 단편에는 신적 삼각형이라는 개념과의 관계에서 정신(영)을 중보자라고 부르는 곳도 있다[『신적 삼각형의 단편』 2. 537]. ⇒삼위일체

―이와나미 데츠오(岩波哲男)

중세中世 [Mittelalter]

중세는 게르만 세계의 제2기, 카를 대제(Karl I 742-814)의 치세로부터 카를 5세(Karl V 1500-58)까지, 즉 9세기부터 16세기에 걸친 시대를 가리킨다. 이 시기의 특징은 종속상태(봉건제도)와 교회와 국가의 대립이라는 두 가지이다[『역사철학』 12. 416].

중세를 지배하고 그 생활과 정신으로 되어 있는 것은 끝없는 허위의 모순에서 유래하는 반동이며, 이것은 세 종류로 나누어진다[같은 책 12. 441]. ① 프랑크 왕국의 보편적 지배에 대한 각 민족의 반동. 그 결과는 대제국의 분열. ② 법률적인 힘과 국가권력에 대한 개인들의 반동. 그 결과는 개인의 고립무원과 그에 따른 봉건제도의 출현 ③ 현실세계에 대한 정신세계의 반동으로서의 교회의 반동. 그 결과는 교회의 세속화.

종교생활과 외적인 세속생활이 서로 무관심하고 분열되게 된 것은 중세부터[『철학사』 20. 61]이지만, 그것은 교회가 자신만으로 신성정치를, 또한 국가가 자신만으로 봉건제도를 형성하는[『역사철학』 12. 416] 형태로 시작되었다. 중세의 봉건제도에서 개인들은 일정한 신분에 결부되어 있었지만, 더 나아가 고차적인 존재가 모든 사람들 위에 군림하고 있었고, 성직자 신분으로 되는 자유가 모든 사람들에게 주어져 있었다. 종교는 모든 이에게 평등하기 때문이다[같은 책 12. 184]. 그러나 그 후 기독교적 자유는 세속적으로나 종교적으로 그 반대물로 전화되고, 대단히 엄격한 예종상태와 부도덕한 방자함과 정욕으로 가득 찬 난폭함이 등장했다[같은 책 12. 416]. 중세는 많은 모순을 안고 있었다. 주관적 정신의 모순, 교회 그 자체의 모순, 제정의 모순, 충성의 모순, 개인의 모순 등이 그것들이다. 중세는 이렇게까지 모순되고 기만으로 가득 차 있으며, 그 잦아들지 않는 야만과 야비한 도덕, 유치한 공상 등을 보면 쾌씸하다기보다도 딱하게 생각된다. 그럼에도 불구하고 중세의 탁월함을 표어로 하고자 하는 것은 현대의 무미건조함을 보이는 것이긴 하다[같은 책 12. 460]. 어쨌든 정신은 이와 같은 소외를 경험함으로써 비로소 그 참된 화해에 이르는 것이다. ⇒봉건제

―시바타 다카유키(柴田隆行)

중세 철학中世哲學 [mittelalterliche Philosophie]

철학사는 크게 3기로 나누어진다. (1) 그리스 철학. 탈레스의 시대로부터 신플라톤주의 철학, 나아가 모든 철학의 소멸까지 1,000년간 (2) 중세 철학. 스콜라 철학이 이에 속하며, 마찬가지로 1,000년간 계속된다. (3) 근대 철학. 30년 전쟁 후, 요컨대 베이컨, 뵈메, 데카르트로부터 오늘날까지[『철학사』 **18**. 132].

중세 철학에서 점차 철학은 이교의 세계로부터 기독교 세계로 그 자리를 옮겨갈 수 있었다. 기독교의 이념은 신플라톤주의 철학을 통해서 알려져 있었지만, 신플라톤주의 철학은 기독교의 진실인 삼위일체를 알지 못했다. 구체적인 것으로서 파악된 절대자야말로 진실한 신임에도 불구하고 신플라톤주의는 그것을 알지 못했던 것이다. 이것은 북방의 야만족인 게르만 인에 의해서 비로소 바르게 이해되었다. 그러나 그들은 처음에 철학과 학문예술을 침묵시켰기 때문에 그것들은 아라비아 인에게로 피해가 거기서 번영하게 되었다. 따라서 중세 철학이라고 말할 때 우선은 동양에서의 철학인 아라비아 철학을 고찰하고 그 후에 서양의 철학인 스콜라 철학을 고찰해야만 한다. "아라비아 인의 철학은 철학사에서 언급되어야만 한다"고 헤겔은 강조하지만, 실제로 그는 마이모니데스(Moses Maimonides 1135-1204)의 철학사적 지식을 적절히 인용했을 뿐이다.

중세 철학의 중심은 스콜라 철학이다. 그 본질은 신학이며, 그것도 동시에 철학인 신학이다. 즉 종교적 내용을 사유와 이성의 면에서 구축하는 것이다. 그러나 스콜라 철학의 특징은 그 비자립성에 있다[『철학사』 **19**. 524]. 그것은 사유하고 개념파악하며 철학하지만, 언제나 하나의 전제를 수반하고 있다[같은 책 **19**. 542]. 또는 실정적인 권위가 근저에 놓여 있다고도 말할 수 있을 것이다.

스콜라학자 고유의 과제는 유명론과 실재론의 논쟁 및 신의 존재증명이지만, 전자야말로 스콜라 철학이 몇 세기 동안 관계한 형이상학적 대상이다[같은 책 **19**. 570]. 최초의 유명론자는 로스켈리누스(Roscelinus 1050-1123/25)라고 말해지지만, 오컴(William Ockham 1300경-49)에 의해서 비로소 이 보편논쟁이 확대되었다. 이 논쟁은 개체와 보편의 대립인데, 개체의 원리는 스콜라학자들을 크게 고뇌하게 만든 문제였다. 스콜라의 보편은 일자인데, 그것은 추상적인 것이 아니라 모든 것을 자기 안에 포함하는 것으로 생각된다. 그러나 스콜라학자는 현실적인 것을 경멸하여 그것에 아무런 관심도 보이지 않은 채 구체적인 것 없이 철학했기[같은 책 **19**. 593] 때문에, 개체와 보편의 관계를 올바로 이해할 수 없었다.

헤겔에게 있어 중세 철학은 스콜라 철학의 해체기까지를 포함한다. 즉 중세 철학 제3편은 '학의 부흥'이며, 그것은 더 나아가 고대 연구, 철학 본래의 동향, 종교개혁의 3기로 나누어진다. 중세 철학은 몰정신적인 내용에 흥미를 지닌다든지 반성의 도가 지나쳐 뿔뿔이 흩어지게 된다든지 하는 소외상태에 빠졌지만, 정신은 이제 자기 자신 안에서 자기를 파악하고 그 자기성을 자각하게 되었다[같은 책 **20**. 11]. ⇒스콜라학, 신학, 신의 존재증명

―시바타 다카유키(柴田隆行)

중항(매사)中項(媒辭) [Mitte, Mittel]

중항 또는 매사는 형식논리학의 삼단논법적 추론에서 소전제와 대전제를 결합·매개하여 결론을 도출할 뿐 아니라 격식의 구분에서도 중요한 역할을 담당하는 중간항 또는 매개념을 의미한다. 그러나 헤겔에서는 논리적인 것이 일반적으로 그러하듯이 추론도 인간의 단순한 주관적인 사유 활동이 아니라 주관·객관을 관통하는 이성적인 구조형식이며, 따라서 중항 역시 개별과 보편의 중간에 있으며, 양자를 연결하여 관계시키는 실재적인 매개의 활동 그 자체이다. 예를 들면 세계사에서 이념과 객관을 양극으로 하여 스스로의 이해·관심·정열에 기초하여 이념을 객관 속으로 이입하는 개인의 활동, 목적론적 관계에서 목적을 달성하기 위해 주관적인 목적과 목적의 실현 사이에 삽입되는 수단(Mittel), 나아가 기계적 관계에서 서로 기계적으로 작용하는 객관들을 자기 안에서 결합하는 중심점(Mittelpunkt) 등은 실재적인 추론의 중항에 다름 아니다. ⇒추론(추리), 개별성, 보편

―오쿠타니 고이치(奧谷浩一)

중화中和 [Neutralisation]

—이나오 마사루(稲生 勝)

중화란 오늘날 일반적으로는 산과 염기(알칼리)가 혼합되면 산에서 수소 이온이 염기로 건네져 산의 성질과 염기의 성질 모두가 상실되는 것을 의미하지만, 헤겔에게서는 그와 같은 산과 염기의 합일을 모델로 하면서도, 어떤 것이 자기에게 고유한 타자를 지녀 양자가 서로 보완하고 서로 타자를 요구하며 하나로 되어 하나의 전체를 형성하는 관계, 과정을 가리킨다[『논리의 학』 6. 428-436; 『엔치클로페디(제3판) 논리학』 201절]. 중화는 산과 염기 외에 남극과 북극, 전기의 플러스와 마이너스, 생물의 수컷과 암컷 등과 민족의 교류에 의한 문화와 사상의 혼합 등 광범위하게 자연과 사회에서 보인다.

고유한 타자를 지닌다는 것은 그 사물의 내적인 본성으로 되어 있으며, 그에 의해 타자와 관계하는 성질이다. 베르톨레의 영향을 받아 이와 같은 성질은 화학적인 친화성(Verwandtschaft)이라고 불린다. 화학적인 친화성을 지닌 양자가 하나로 될 때 하나의 중화적인 전체로 된다. 중화가 생기는 관계, 요컨대 화학론의 관계에서 사물은 두 개로 떨어져 서로 끌어당기는 친화적인 관계에 있지만, 하나로 되어 중화적인 전체로서 있는가 아닌가의 형태에서 존재한다. 그러나 한 번 중화된 것(염)은 외적인 자극 없이는 다시 스스로 친화적인 것으로 분화될 수 없다고 여겨지며, 그런 한에서 화학론은 분화하면서 통일되고, 통일되면서 분화하는 유기적인 것·발전적인 것을 취급할 수 없다[『논리의 학』 같은 곳; 『엔치클로페디(제3판) 논리학』 202절, 203절].

헤겔은 중화를 양과 질의 통일인 도량에서도 고찰하고 있다. 산과 염기가 중화될 때 특정한 질량의 비에서 중화되기 때문이다. 그것은 한편의 화학적 물질의 단위가 다른 편 속에 있고, 타자 속에서 자기의 즉자존재가 있다는 것을 의미한다[『논리의 학』 5. 413ff.].

헤겔의 시대에는 화학이 화학현상을 정량적으로 취급하는 것이 가능하게 되고 있었지만, 아직 화학평형의 개념 등은 확립되어 있지 않았다. ⇒친화성, 화학·화학적 연관

【참】 Engelhart (1976)

즉자即自 [Ansich]

'즉자'는 '다른 것'과의 관계없이 오로지 그 자신에서(ansich) 주제로 되는 일이나 그렇게 되고 있는 것을 의미하며, '대자'와 맞짝을 이루는 인식의 존재방식이나 사물의 존재방식 내지 그 본성을 가리킨다. '자기가 자신에게 밀착되어 있다'는 의미가 있으며, '자기의 본성을 꼭 들어맞게 몸에 갖추고 있지만 무자각적'이라는 의미로 된다. 예를 들면 인식은 '즉자'의 단계로부터 '대자'의 단계로 높아지며, 그 즉자와 대자의 대립을 넘어서서 더 나아가 '즉자대자'로 높아진다고 생각되는 것이다. 예를 들면 어린아이, 젊은이, 어른이 각각의 단계에 대응한다. 이렇게 하여 얻어진 '즉자대자'는 최초의 '즉자'로의 단순한 복귀·재현이 아니라 거기에 잠재적으로 포함되어 있던 것의 '전개', '실현'으로 간주되지만, 그러나 그 새로운 차원에서 그것은 다시 '즉자'로 되어 한층 더 전개되어가게 된다.

인식의 대상도 그 인식의 수준에 따라 '즉자'로부터 점차적으로 고차화되어 가지만, 다른 한편 시간 속에서 생성·변화하는 것에 관해서도 이 도식을 적용하여 생각된다. 예를 들면 종자가 큰 나무로 되는 과정이 그것이다. 여기서는 분명히 '운동($\kappa\iota\nu\varepsilon\sigma\iota\varsigma$)'을 '가능태($\delta\upsilon\nu\alpha\mu\iota\varsigma$)'로부터 '현실태($\varepsilon\nu\varepsilon\rho\gamma\varepsilon\iota\alpha$)'로의 그것으로서 설명하는 아리스토텔레스의 영향을 찾아볼 수 있다[『철학사』 18. 39 참조].

이와 같은 도식의 실례를 헤겔 저작의 모든 곳에서 찾아볼 수 있다. 이러한 사고방식의 배후에는 모든 것이 단독으로 있는 것이 아니라 서로, 그것도 중층적으로 매개되어 있다는 이해가 놓여 있다. 이와 같이 보면 '즉자'는 사실 '매개' 관계를 사상하여 얻어진 '추상적인 것' 내지 '매개'가 '지양'된 것에 불과하다. 예를 들면 칸트의 '사물 자체(Ding an sich)'에 대한 비판은 그것의 전형적인 하나의 예이다. ⇒매개

—스기타 마사키(杉田正樹)

즉자대자 卽自對自 [An-und-Fürsich]

'즉자대자'는 발전하는 존재와 인식에서 그때마다의 최고의 단계이며, 대립의 배제나 은폐가 아니라 대립을 '계기'로서 보존한 상태의 통일이다. 그때마다라는 것은 이 과정이 중층적인 것이기 때문인바, 최종적으로는 '전체성', '총체성'으로서 나타나는 '체계' 전체를 의미한다. 다시 말하면 '즉자대자'는 "최초의 것(시원)"이 "자기 자신에 의해서 자기 자신과 매개된 것으로서, 또한 그에 의해 동시에 참으로 직접적인 것으로서 자기를 나타내는"[『엔치클로페디(제3판) 논리학』 83절 「보론」] 과정 전체이며, 이런 의미에서 '전진'은 또한 '시원'의 실현이자 그것에로의 '귀환'이기도 하다[같은 책 244절 「보론」].

예를 들면 『논리학』은 '존재론(유론)', '본질론', '개념론'의 3부로 이루어지지만, 각각은 '즉자적 개념에 관한 학설', '대자적으로 존재하는 개념에 관한 학설', '즉자대자적인 개념에 관한 학설'로 특징지어진다[같은 곳]. 그러나 이러한 삼분법 구조는 그에 그치지 않고 더 나아가 각각의 내부에서 중층화되어 있다. 예를 들면 '존재론'의 최초의 잘 알려진 '존재-무-생성'도 이 도식을 이루고 있으며, 그 최종단계로서의 '생성'은 또한 '현존재(Dasein)'로서 '현존재-유한성-무한성'이라는 삼분법의 최초의 항으로 된다. 나아가 '존재'와 '현존재'는 '대자존재'와 삼분법을 이룬다. 『논리학』의 최종단계는 '절대이념'이지만, 이것은 또한 그것에 이어지는 『자연철학』의 '시원'('즉자')이기도 하며, 『논리학』에 대한 '도입'으로서의 『정신현상학』의 그 최종항인 '절대정신'은 『논리학』의 '시원'을 이루는 '순수존재'이기도 한 것이다.

종래의 논리학과 형이상학에서 다루어져 온 범주들을 이러한 도식에 의해서 완전하게 관련시켜 '개념의 자기운동'으로서 서술하는 것에는 당연히 무리가 있고, 또 도리를 아우르기 위한 반복의 어색함을 지적하기는 쉽지만, 하나의 원리('주관성')와 그에 기초한 방법개념('변증법')에 의해서 범주들을 서로 연관짓는다는 발상과 그 실현은 헤겔에게서 비로소 이루어진 위업이다. ⇒체계, 변증법, 즉자, 대자

―스기타 마사키(杉田正樹)

증명 證明 [Beweis]

헤겔 철학에서 증명은 주관에 기초하는 유한한 인식의 최종성과로 위치를 부여받지만, 여전히 주관성을 벗어나지 못한 인식의 존재방식이다. 헤겔은 기하학에서 증명의 전형적인 모습을 보며 그것의 결점과 한계를 논한다. 거기서 증명은 '종합적 인식' 안에 위치를 부여받으며, '정리'를 전제로 하여 성립하는 인식이다. 그리고 정리가 지니는 내용의 관계들로부터 자기의 목적에 적합한 필요한 것만을 끄집어내 "정리에서 결합된 것으로서 언표되어 있는 것을 매개하는 것"[『논리의 학』 6. 534]에 그 본질이 있다고 말해진다. 따라서 여기에서 이 결합에 관해 필연성이 나타나긴 하지만, 그것은 정리의 내용에 대해 언급하는 것은 아니다. 증명의 목적은 정리와는 관계없이 세워지며, 정리는 그 목적을 달성하기 위해 필요에 따라 재료로 된다. 요컨대 "필연성은 [정리에 대해서 외재적인] 통찰에 대해서만 존재하며, 증명 전체는 인식의 주관적 목적을 위해서 있다"[같은 곳]는 것이다. 예를 들면 어떤 두 개의 각이 같다는 것을 증명할 때에 엇각에 관한 정리를 사용했다고 하자. 이 경우 목적인 <두 개의 각의 같음>의 증명은 이 정리와 관계없이 존재하고 있으며, 증명이 종료되어서도 정리의 올바름이 좀더 확증되는 관계에 있는 것은 아니다. 요컨대 증명에 의한 인식은 정리를 수단과 재료로 할 뿐이고 또 자기의 주관적 목적에 관계될 뿐이며, 정리에 기초한 인식의 진리성을 확증하는 것은 아니다[같은 곳, 또한 『정신현상학』 3. 43; 『엔치클로페디(제3판) 논리학』 231절도 참조]. 그런 점에서 헤겔은 증명에 의한 인식을 <자기에서 자기의 진리성을 분명히 해가는 절대적 인식을 표방하는 철학의 인식방식>으로 할 수 없다고 생각하고, 기하학적 방법을 내세우는 스피노자와 볼프를 비판한다[『논리의 학』 6. 534]. ⇒종합

【참】 Fischer (1911)

―도쿠마스 다카시(德增多加志)

지 知 [Wissen]

Ⅰ. 헤겔 철학에서 일관되게 말할 수 있는 것은 <자

란 진리로서 무한한 것 절대적인 것을 파악할 수 있는 것, 또는 파악한 것이어야만 한다는 것이다. 헤겔은 초기논문『신앙과 지식』에서 이미 칸트, 야코비, 피히테 철학에 대해 그것들을 "단지 유한한 것만을 사유하는 이성"[2. 297]이라고 하고, 나아가 "유한자의 관념론"[같은 책 2. 298]이라고 하여 비판하고 있다.

Ⅱ. 절대자를 파악하는 <자>는 체계적 서술에 의해서 '학(Wissenschaft)'[『정신현상학』 3. 14]이어야만 한다고 주장된다. 이것은 논리적 서술을 진리의 표현이라고 간주하는 근대의 합리적 이성주의의 흐름에 칸트 이후의 독일 관념론의 이념이 부가되어 도달된 하나의 결실이다.

Ⅲ. 절대자를 파악할 수 있는 <지>는 방법으로서 현상에 관한 학에 기초한다. 즉 체계에서의 지가 『정신현상학』에서 획득된 의식과 대상의 완전한 합일이라는 <정신(Geist)>의 경지에서 성립하는 이상, 인식하는 의식의 입장에서 모든 <자>는 <현상자>이다. 『정신현상학』 전개의 한 과정에서 <자>의 상태를 모델화하면 다음과 같이 된다. (1) 처음에 의식에게는 선행하는 전개에서 얻어진 진리로서의 지가 성립한다. (2) 다음으로 의식에게는 직관적으로 새로운 인식이 생겨난다. 이것은 진리성의 음미, 요컨대 논리적 필연성에 기초한 뒷받침이 아직 이루어져 있지 않기 때문에 정확한 의미에서의 지가 아니다. (3) 따라서 더 나아가 당초의 지와 나중에 생겨난 새로운 인식의 차이를 논리적 필연성에 따라 연관시킨다. 이 경우 논리적 필연성을 형성하는 전제 또는 시원(Anfang)은 글로크너에 따르면 ① 역사, ② 현상학, ③ 논리학, ④ 자유로 된다[『헤겔』 S. 15ff]. (4) 헤겔에 있어서는 모든 것이 <자>이기 때문에, 당초의 지는 당초의 존재양태 또는 존재위상에서의 진리로서 <자>이며, 그 후 논리화된 지는 좀더 발전적 단계에서의 진리로서 <자>이다.

Ⅳ. 이 <현상지>로서의 <지>는 구조적으로 보면 교묘하게 절대적인 것의 파악을 가능하게 한다. 위에서 말한 모델이 중층적으로 연관된 것이 실제의 서술이기 때문에, 의식에게는 가능적으로 모든 사항이 나타나며, 목적론적으로 생각하면 당연히 절대적인 것이 생겨나게 된다. 더욱이 이 동적인 구조는 그 후의 후설

(Edmund Husserl 1859-1938)의 구성이론과 유비를 이루는 것과 같은[『데카르트적 성찰』 제5성찰 제59절], 즉 현상지의 본성에 따라서 인식 주관 자신이 인식 표상의 발전과 더불어 그 모습을 변화시키는 방식을 취함으로써 한층 더 효과적으로 절대적인 것 또는 의식과 대상의 구별의 소멸이라는 의미에서 무한한 것의 인식을 가능하게 한다. 즉 현상지의 개념에서는 가능적으로는 의식과 대상의 구별이 없는 것이며, 또한 그것에 동적 요인을 덧붙임으로써 그것을 현실화하는 것이다.

【참】 Glockner (1929), Husserl (1931)

―아라키 마사미(荒木正見)

지각知覺 [Wahrnehmung]

진술의 주어와 술어를 결합하는 계사의 객관적 근거가 지각에서 구해질 때 지각은 철학적 주제로 된다. 이 주제는 『정신현상학』의 '지각 또는 사물과 착각'장에서 대상과 의식의 관계로서 논해진다. 이에 따르면 지각의 대상은 '감각적 확신'의 의식이 자기에게 현전하는 감각내용을 대상 자체로서 지시하는 운동을 매개로 하여 생성한 대상으로서, 이 운동에서 유래하는 타자에 대한 관계 및 그 부정으로서의 자기에 대한 관계라는 계기를 갖춘 '다양한 성질을 지니는 사물'이다. 다른 한편 지각하는 의식은 대상 자체와 자기의 지의 구별을 알고 있어서 착각의 가능성을 의식하고 있지만, 감각내용을 매개로 하는 대상 자체의 파악(Auffassen)을 진리로 하는 주체이다. 그러나 이 진리가 성립할 수 없다는 것이 아래의 세 단계를 근거로 하여 전개된다. ―의식은 우선 성질을 감각내용과 동일시하며, 그 규정을 대상규정으로 간주하는 태도를 취한다. 그 경우 의식은 대상을 일자로서 발견하지만, 진술의 술어에는 다른 사물에도 공통된 내용을 내세울 수밖에 없다. 그렇다면 사물은 성질들이 개별적으로 받아들여지면 공통성 일반으로 되고, 성질들이 서로 무관심하고 자립하여 사물에서 결합된 것으로 간주되면, 이들의 매체, 즉 '……도 또한'이라는 것으로 된다. 어느 경우이든 대상 자체와 지의 일치는 얻어지지 않는다. 특히 후자에서는 다른 성질을 배제하고 성립한다고

할 내용이 사물의 존재와 동일시되고 있으며, 의식은 '감각적 확신'으로 돌아가게 된다. 그런데 의식은 대상을 일자로서 파악하기 때문에 거기서 발견되는 내용과 이것에서 유래하는 '……도 또한'을 착각으로서 스스로 받아들이는 태도를 취한다. 그러나 성질을 사상한 순수한 일자로서 사물은 다른 사물과 구별되지 않는다. 역으로 사물 상호간의 구별은 성질에 기초하고 있으며, '……도 또한'이야말로 사물의 객관적 규정이어서 일자는 의식의 주관적 규정으로 간주되어야만 한다. "사물은 A인 한에서 B나 C가 아니며, A이거나 B인 한에서 C는 아니다, ……"라고 하듯이 '……인 한에서'를 도입하여 성질을 각각 자립적 존재로 하고, 사물은 그것들을 둘러싼 표면으로 간주하는 것이다. 그러나 그것은 다시 의식의 '감각적 확신'으로의 후퇴를 의미한다. 이 단계에서 사물과 의식 양쪽이 '……도 또한'과 일자의 규정을 갖추고 있다는 것이 제시되지만, 사물의 이중적인 나타남은 의식에게 있어 진리의 상실이다. 그런데 의식은 마지막으로 두 개의 규정을 사물 상호간의 관계에 할당하여 사물은 그 본질적인 성질에 기초하는 한에서 자립적으로 존재(대자존재)하고, 다른 다양한 성질은 다른 사물과의 관계(대타존재)에 의해서 변화하는 비본질적인 것으로 간주하는 태도를 취한다. 그러나 이 태도도 파탄된다. 본질적인 성질은 다른 성질, 따라서 다른 사물과의 대립관계에 의해서 한정되며, 비본질적 성질도 본질적으로 되기 때문이다. 결국 사물은 일자와 '……도 또한'의, 즉 대자존재와 대타존재의 상호부정적인 통일이라는 관점이 여기에서 성립하며, 이러한 통일을 대상으로 하지 않는 의식은 진리를 확립할 수 없게 된다. ⇒사물, '……도 또한', 착각

―기타가와 고지(北川浩治)

지구 地球 [Erde]

지구는 천체의 계기의 대립으로부터 자기 귀환한 통일이다. 이러한 자기 귀환한 통일인 구체적인 총체성에 도달한 물체를 헤겔은 일반적으로 '행성 일반 또는 지구라고 부른다. 헤겔은 '역학'에서 '물리학'으로의 이행을 물체의 추상적인 계기들의 운동으로부터 구체적인 개체성으로의 이행으로 파악하고 구체적 개체성의 직접성이 천체라고 하지만, 천체는 자기의 중심을 자기 바깥에 정립하고(태양), 그로부터 자기로 귀환한 것이 지구라고 파악한다. 따라서 지구는 천체의 "개체적 총체성"[『엔치클로페디(제3판) 자연철학』 280절]이다. 모든 물체의 운동은 이 지구에서 다시 재현되며, 물체는 계기들을 충분히 전개하고, 지구는 그 물체들과 그 운동을 통일하는 그 물체들의 "자기중심의(selbstisch) 통일점"[같은 곳]이다. 지구는 그리하여 그 자신이 자립적인 물체이며, 따라서 자립적 운동을 행한다. 요컨대 그것은 자전을 행하며, 태양이라는 스스로 정립한 중심의 주위를 공전한다. 그러므로 "행성의 운동은 지축회전운동과 동시에 하나의 중심천체를 도는 운동으로서 가장 구체적인 운동이다"[같은 곳]. 따라서 헤겔에게 있어 지구는 천체의 계기들이 실재성을 지니며, 더욱이 유기적인 통일을 형성한다. 지구는 우선 처음에는 추상적인 개체성이며, 지구적인 과정을 통해서 그 안에서 응결되게 된다. 그러므로 이 지구적 과정을 통해서 밝은 곳으로 나오는 것은 그 계기를 이루는 물체의 네 가지 구성요소인바, 지구는 이 계기를 원소로 하여 독립화되고 실재화되면서 이것들을 부정적으로 통일하여 독립된 개체성으로서 실재하게 된다. 더 나아가 이 과정에서 "지상적인 것이 과정의 근저로서 남아 있기 때문에 여기서는 모든 원소가 나타난다"[같은 책 283절 「보론」]. 그러므로 지구는 개체성의 근거인바, 헤겔은 다음과 같이 말하고 있다. "물질의 개념, 즉 중력이 그 계기들을 우선은 독립적이지만 원소적인 실재성으로서 전개됨으로써 지구는 개체성의 추상적인 근거이다. 지구는 그 과정에서 자기를 상호외재적으로 존재하는 추상적인 원소들의 부정적인 통일로서, 따라서 실재적인 개체성으로서 정립한다"[같은 책 289절]. 헤겔에 따르면 이 원소들을 부정적으로 통일하는 자기중심성이 지구라는 물체의 차원을 중력으로서의 물체의 차원으로부터 구별한다.

지구는 이 과정을 통해 '흙'으로서 물체의 구성요소로 된다. '4원소'의 하나로서의 '흙'은 네 번째의 계기를

나타내는 원소이지만, 이것은 지구의 개체성의 근저라는 성격을 계승하여 "그 계기들을 과정으로 북돋움으로써 과정을 유지하는 위력이다"[같은 책 285절]. 그리고 다른 원소들, 즉 공기, 불, 물이 통일과 대립의 계기를 나타내는 데 반해, '흙'은 역시 이 계기들을 통일하여 개체성으로 하는 총체성이며, 지구와 동일한 성격을 지닌다. 그렇지만 다른 세 원소에 대해서 그것들로부터 구별된 원소로서는 우선 무규정적인 것을 나타내며, 그런 한에서 <토성(土性) 일반(Erdigkeit überhaupt)>으로 표현된다. ⇒ 태양(계), 행성

【참】 Levere (1986)

—나가시마 다카시(長島 隆)

지금[只今] ⇨ 시간, 감성적 확신

'지닌다' [haben]

헤겔의 모든 텍스트 속에서 동사 '이다(ist)'가 사용되는 회수는 '지닌다(haben)'보다 훨씬 많다. 헤겔 자신이 어느 정도 마음 쓴『정신현상학』의 정오표에서는 정정된 예도 많다. 어떤 것이 대립된 규정을 '지니는' 것은 모순으로 되지 않지만, 대립된 규정'인' 것은 모순으로 된다.

『논리의 학』에서 하나의 예를 살펴보자. "본질이 우선 직접적인 것으로 받아들여지면, 그것은 규정된 존재이며, 그것에는 다른 것이 대립한다. 그것은 [따라서] 비본질적인 현존재에 대립하는 본질적인 현존재에 지나지 않는다. 본질은 그러나 원래 지양된[알맹이가 빠진] 존재이며, 본질에 맞서 있는 것은 가상에 불과하다. 그러나 가상은 본질 자신의 정립이다"[6. 17].

데라사와 츠네노부(寺澤恒信)는 마지막 문장을 "정립하는 작용[의 소산]이다"라고 보완하고 있다. 요컨대 가상을 산출한 장본인도 본질 그 자체라는 취지이다. '본질은 가상을 낳는다'는 문장은 '본질은 가상을 지닌다'는 문장의 일종이라고 간주하여 말한 것일 것이다. 그러나 헤겔의 문장이 알려주는 것은 '본질은 가상이다'라는 것이다. 마찬가지로 '본질은 현상한다'는 문장을 우리는 '본질은 현상을 지닌다'는 취지로 이해할 것이지만, 헤겔의 문맥에서 그것은 '본질은 현상이다'가 옳다.

나와 나의 의지의 관계는 '나는 의지를 지닌다'라고 말하기보다는 '나는 의지이다'라고 말해야만 한다는 것이고, '나는 생산물을 지닌다'라고 말하기보다는 '나는 생산물이다'라고 말해야만 한다는 것이다. 나라는 실체가 의지라든가 생산물을 지니는 것은 나라는 본질이 현상을 지니는 것과 마찬가지라고 우리는 생각한다. 신체에 관해서도 '나는 신체를 지닌다'고 생각하는 것이 상식이다. 헤겔은 상식의 반대가 진리라고 생각한다. '나는 신체이다'라고 말하는 것이 진리인 것이다.

실체는 그것이 지니는 속성과 무관심하게 존재하는 것이 아니다. 실체의 속성은 실체의 외부에 있는 것이 아니라 실체 내부에 있다. 또한 완료형으로서의 '지닌다'의 의미에 관해서는『엔치클로페디(제3판) 정신철학』 450절 「보론」[10. 256]를 참조. ⇒ '이다'

—가토 히사타케(加藤尚武)

지레 [Hebel]

지렛대라고도 한다. 활차 등과 더불어 일반적으로 단일기계라고 말해지며, 고대부터 이용되고 있었다. 단일기계란 긴 거리에 걸쳐 적은 힘을 작용시켜 그 힘을 짧은 거리에 걸쳐 큰 힘을 작용시키게끔 전달하는 장치이다. 헤겔은 거리에 의해서 무거운 것, 질량이 큰 것을 움직이도록 한다는 점에 주목하여 거리가 질량으로 바뀔 수 있고 또 그 역도 가능하다고 하며, 이것의 원리를 관념성의 실재성으로의 이행이라고 파악한다. 여기서 관념성이라고 말해지는 것은 거리, 공간이며, 그것이 실재적인 질량으로 전화한다고 보는 것이다. 마찬가지로 운동량도 공간과 시간의 비례관계인 속도가 실재적인 질량으로 바뀔 수 있는 것으로서 존재한다[『엔치클로페디(제3판) 자연철학』 261절]. 이것들은 헤겔이 뉴턴의 절대시간과 절대공간과 같은 공간과 시간을 단순한 추상물이라고 하는 데 반대하여 어디까지나 운동과 물질의 관계로 파악하고자 했던

것이 나타난 것이다.

—이나오 마사루(稻生 勝)

지리학地理學 ⇨풍토

지배支配 [Herrschaft, Beherrschung]

청년 헤겔은 유대교의 정신의 근저에 지배라는 형식에 관계된 형태가 있다는 것을 찾아낸다. 자연과의 분열 상태에 빠진 인간은 적대적인 것으로서 나타나는 자연에 대해서 지배-피지배라는 형식으로밖에 관계할 수 없다. "적대하는 것은 지배라는 관계에 들어가는 것에 다름 아니기 때문이다"[『기독교의 정신』 1. 278]. 여기서 자연의 지배는 사상 속에서, 이상적인 존재자(신) 안에서만 인정되며, 이 신에게 절대 복종하는 한에서 인간은 다른 것을 지배할 수 있는 것이다. 헤겔은 이러한 관계가 자유와 양립할 수 없는 것이라고 보고 있다. 헤겔은 칸트의 의무라는 생각에서도 지배관계를 발견한다. 유대교 등의 실정적 종교가 자기 바깥에 주인을 지니는 데 반해, 의무는 자신 속에 주인을 지니며, 더 나아가 동시에 자기 자신의 노예인 것이다. 그는 보편자로서의 이성의 명령이 특수자로서의 충동, 감성을 지배하는 구조에 있다는 것을 간취하고 있다.

예나 시대의 '실재철학'에서의 인정이론을 거쳐 『정신현상학』의 '자기의식' 장에서는 지배-피지배의 관계가 한층 더 동적으로 파악되고 있다. 자기의식은 대자로서 모든 다른 것을 부정하고자 한다. 그러나 자기의식의 마당은 생명이며, 또한 다른 자기의식과의 관계 속에 있다. 자기의식은 이것들을 다른 것으로서 부정하고자 한다. 생명을 건 투쟁의 결과 다른 자기의식을 지배하고 이것을 노예로 삼아 스스로는 주인이 된다. 그러나 이 지배 관계는 모순을 포함한다. 주인이 노예에 관계하는 것은 생명을 통해서이다. 노예는 죽음을 두려워하여 노예가 된 것이다. 또한 주인이 사물에 관계하는 것은 노예의 노동을 통해서이다. 이러한 매개들에 의해서 주인은 스스로의 대자로서의 자립성을 보존한다. 주인의 자립성의 근거는 이러한 매개이

지만, 주인 자신은 이러한 매개를 스스로 이루지 못하고 노예가 이루고 있다. 주인은 지배자로만 되는 것이 아니며, 노예도 자기 자신으로서 본래 인정되어야만 하고, 주인-노예의 지배관계가 아니라 상호적인 인정 관계에 들어가야만 하는 것이다. ⇨주인과 노예, 인정

【참】Hyppolite (1946)

—가타야나기 에이치(片柳榮一)

지복至福 ⇨행복(행복설)

지성知性 [Intelligenz]

이론적 정신을 의미. 지성은 "자기를 자기 안에서 규정하는 정신"[『엔치클로페디(제3판) 정신철학』 387절]이며, 마음과 의식의 활동을 정신 자신의 것으로서 규정한다. 지성의 이러한 활동에 의해서 지각의 내용은 '이성의 형식'을 부여받으며, 지성 자신의 내용으로서 '이성의 내용'으로 높여진다[같은 책 445절].

지성은 직관, 표상, 사유의 삼단계 구성을 지니며, 나아가 직관은 감각, 주의, 직관으로, 표상은 상기, 상상력, 기억으로, 사유는 지성(오성), 판단, 이성으로 각각 구분된다. 지성은 안으로 향해서는 '관념적인 세계'를, 밖으로 향해서는 '언어'를 산출한다[같은 책 444절]. 지성은 다음으로 기억을 통해서 이러한 안과 밖의 구별을 지양하여 주객의 동일성이 성립하는 사유의 단계로 나아가 자기를 완성한다[같은 책 467절]. 칸트가 지성을 직관을 결여한 공허한 명칭이라고 하는[『순수이성비판』 B 158 주해] 데 반해, 헤겔은 『정신현상학』에 의해서 지성의 근거짓기를 수행하고 있다.

—요시다 로쿠야(吉田六弥)

지성知性 [Verstand]

사물은 다른 것과 구별되어 분별됨으로써 우리에게 '이해하기 쉬운(verständlich)' 것으로 된다. 이러한 분별의 능력이 지성이다. 구별하여 분별하는 것, 그것은 사물을 다른 것과의 대립관계에서 파악하는 것이며,

다시 말하면 사물을 규정하여 제한하는 것에 다름 아니다. 따라서 지성은 "제한의 힘"[『차이 논문』 2. 20]이라고 불리며, 또한 다음과 같이 말해지기도 한다. "지성으로서의 사유는 고정된 규정성과 이 규정성의 다른 규정성에 대한 구별을 고집한다. 그와 같은 제한된 추상적인 것이 지성에게 있어서는 그것만으로 독립하여 성립하고 존재하는 것이라고 간주된다"[『엔치클로페디(제3판) 논리학』 80절].

헤겔 철학의 특징의 하나는 지성을 부정적인 것으로서 파악한다는 점에 있다. "참다운 것은 전체이다"[『정신현상학』 3. 24]. 그러나 지성은 전체를 부분으로 나누어 분열을 고정화하기 때문에 진리를 파악할 수 없다. 플라톤 철학에서의 감성계와 이데아계의 구별, 근대적 자연과학에서의 현상과 법칙의 구별, 근대 철학에서의 주관과 객관의 구별—이들은 모두 바로 그러한 지성적 사유의 산물이다. 『정신현상학』에서는 사물을 '내적인 것'인 '힘'의 '외화' 내지 '현상'으로서 파악하고, 이 '내적인 것'을 사물의 '본질'로서 탐구하고자 하는 사유태도가 '지성' 장에서 주제화되며, 그 문제점이 지적되고 있다.

그러나 헤겔이 지성을 철학적 사유의 영역에서 전면적으로 물리치는 것은 아니다. 오히려 지성이라는 이 '부정적인 것'에서 그것이 지닌 독자적인 긍정적 의의를 발견하는 데 헤겔 철학의 특징이 놓여 있다. 이른바 변증법적 사유는 이러한 의의를 발견해가는 그의 사상형성 과정 속에서 확립되었다고 말할 수 있다. 지성적인 것(das Verständige)을 긍정적으로 평가하는 그의 태도는 우선 첫째로, 철학을 소수의 개인들의 비교적인 소유물로서가 아니라 공교적인 '학'으로서 수립하고자 하는 그의 태도와 결합되어 있다. 학은 그 보편성·객관성·확실성을 지니기 위하여 지성에 의한 명확한 규정을 필요로 한다.

지성에 대한 헤겔의 평가는 둘째로, '절대자'에 관한 그의 독자적인 이해와 결합되어 있다. '전체'인 절대자는 물론 지성에 의해서는 표현되지 않는다. 지성이 그것의 고유한 표현형식인 판단 형식에서 절대자에 관한 언명을 하고자 하면, 절대자는 이율배반, 즉 자기모순으로 되어 나타날 수밖에 없다. 그러나 헤겔은

이러한 자기모순이야말로 절대자의 하나의 국면의 정당한, 그리고 또한 불가피하고 불가결한 표현이라고 생각한다. 왜냐하면 절대자는 자기의 부정성에 의해서 자기를 자기 자신에 대립시키고 이 대립을 다시 부정하여 자기를 회복하는 생동하는 '주체'의 운동 그 자체이기 때문이다. 지성은 '주체'로서의 절대자의 자기전개에 있어 필연적인 분열의 계기를 표현한다. 하지만 지성의 분리·대립은 사변적인 '이성'에 의해서 결합되어야만 한다. 그리하여 지양되어야만 하는 '부정적인 것'인 한에서, 지성은 긍정적인 것으로서 학의 체계 안에 수용된다. 철학적 사유의 영역에서 물리쳐져야만 하는 것은 지성의 규정들을 절대시하여 "분열의 절대적인 고정화"[『차이 논문』 2. 22]를 수행하는—나쁜 의미에서의—지성적 사유이다.

지성은 이성과 더불어 사유의 하나의 기능 또는 능력이지만, 헤겔에게서는 사유가 단지 주관적인 것이 아니라 동시에 객관적이기도 한 것으로 생각되기 때문에 지성에 관한 그의 파악에서도 좀더 특징적인 독자적인 견해가 나타난다. "현존재는 질이며, 자기동일적인 규정성 또는 규정된 단순태이고 특정한 사상(Gedanke)이다. 이것이 현존재의 지성이다"[『정신현상학』 3. 54]. 또는 사물 A가 A로서 존재하는 것, 그것은 이 사물이 A로서의 자기동일성을 지니는 것이며, 그것은 다시 말하면 이 사물이 다른 사물과 구별된 특정한 <질>이라는 것에 다름 아니다. 그러나 이 구별이란 하나의 추상이다. 그리고 이 추상은 바로 사유의—특히 지성의—산물이다. 사물을 이해하는(verstehen) 주관적인 사유 능력은 또한 사물 그 자체가 존립하는(bestehen) 객관적인 능력, "존재의 능력"[『차이 논문』 2. 26]이기도 하다.

따라서 지성은 절대자의 자기전개에서의 분열의 계기를 단지 표현할 뿐 아니라 분열로 자기를 전개하는 절대자의 힘 그 자체라고 이해된다. 본질적으로 '주체'인 절대자는 자기의 "지성이라는 경탄할만한 위대한 위력"[『정신현상학』 3. 36]에 의해서 자기를 분열시키고 유한한 특수한 존재들을 정립한다. 그러나 또한 이 분열에서도 자기를 분리하여 다시 자기를 회복한다. 이러한 분리의 활동은 그것 자신이 지성의 활동이다.

"지성적인 것(Verständigkeit)은 하나의 생성이며, 이와 같은 생성으로서 그것은 이성적인 것(Vernünftigkeit)이다"[『정신현상학』 3. 54]라는 헤겔의 말은 절대자를 '주체'로서 파악하는 그의 견해와 밀접하게 관련되어 있다. ⇒반성, 초감성적 세계, 절대자·절대적인 것, 실체와 주체, 분열

―사사자와 유타카(笹澤 豊)

지성종교知性宗教 [Verstandesreligion]

지성도 그것의 초감각적인 것에서 종교를 지니지만, 그것은 아직 전개되지 않은 보편에 불과하다[『정신현상학』 3. 495f.]. 자연종교에서의 피라미드와 오벨리스크는 지성의 추상적인 형식을 지니지만, 아직 정신을 포함하고 있지 않다[같은 책 508]. 또한 지성종교는 합목적성의 종교이다[『종교철학』 17. 155f.]. 이 목적은 아직 직접적·형식적·유한적인 데 불과하다. "이러한 관계는 지성관계이며, 이와 같은 기초를 지니는 종교는 **지성종교**이다". 그리고 유일자가 목적으로서 모든 실재에 대립하는 한에서 "유대의 종교는 가장 완고하고 가장 생기 없는 지성의 종교이다"[같은 책 17. 159]. 그러나 "이 종교는 외적인 현상에서 로마의 종교이다. …… [여기서는] 국가와 국가체제와 한 국민의 정치적 운명은 그 종교에 의존한다는 것이 일반적으로 인정되고 있다"[같은 책 17. 163]. 그러므로 로마인의 신앙대상은 실천적·산문적인 신들이다.

―고바야시 야스마사(小林靖昌)

지성추리知性推理 ⇨주론(추리)

지속持續 ⇨운동

지식론知識論 ⇨학문론

지식학知識學 ⇨학문론

지양止揚 [Aufheben]

'지양(Aufheben)'이란 '폐기함'과 동시에 '보존하는' 것이다. 그것은 헤겔 철학에 있어 "가장 중요한 개념의 하나이며, 단적으로 곳곳에서 반복되는 근본규정"[『논리의 학』 5. 113]이다.

라틴 어의 tollere에 대한 독일어인 Aufheben이라는 말은 '들어 올리다'를 의미하지만, 이 말이 더 나아가 '폐기하다'와 '보존하다'라는 서로 상반된 두 가지 의미를 함께 지니고 있는 것이다. 헤겔은 이것을 '폐기하다'라는 의미로 빈번히 사용하지만, 동시에 이 말의 이러한 '이중의 의미'에 주의를 촉구한다. 헤겔은 스스로 이 말을 사용할 때에 이 말이 동시에 이러한 '보존하다'라는 의미도 함의하고 있다는 것을 강조하는 것이다[『정신현상학』 3. 94; 『논리의 학』 5. 114; 『엔치클로페디(제3판) 논리학』 96절 「보론」].

헤겔은 이러한 '긍정적인 의미와 부정적인 의미'를 함께 지니는 말을 가지고 있는 독일어의 '사변적인 정신'을 자랑하지만, 그것은 바로 거기서 헤겔 철학에서 가장 중요한 개념의 하나, 즉 "단순한 지성적인 이것인가 저것인가를 넘어서는"[『엔치클로페디』 같은 곳] 헤겔의 방법론, 결국 '변증법'의 원리를 발견하기 때문인 것이다.

그런데 '지양' 즉 '폐기함'과 동시에 '보존하는' 것이란 어떤 '개념'의 '한계'와 '결함'을 명시하고, 그 '개념'을 바로 그 '한계'와 '결함' 때문에 '폐기함'과 동시에 그 '개념'을 그 '한계'와 '결함'을 제거한 형태로 '보존하는' 것, 다시 말하면 어떤 '개념'을 기초로 그 '개념'의 '한계'와 '결함'을 제거하고 한층 더 고차적인 '개념'을 제시하는 것이다. 그런 까닭에 하르트만(Nicolai Hartmann 1882-1950)은 Aufheben의 원래의 의미, 즉 '들어 올린다', '위로 올린다'를 헤겔의 '지양'의 제3의 의미라고 생각하는 것이다[N. Hartmann (1957) 224. 일역 30쪽 참조].

구체적으로는 예를 들어 '동일성'이라는 '개념'은 그것의 무엇인가가 완전히 검토됨으로써 그 한계가

명확해진다. 요컨대 '동일성'이란 어떠한 경우에도 그것과는 다른 '구별'이라는 '개념'을 전제할 수밖에 없는 것이다. 예를 들면 (지금의 나)=(어제의 나)라는 '동일성'은 (지금의 나)와 (어제의 나)의 구별을 전제로 하여 비로소 성립하는 것이다. 이에 의해 '구별'을 포함하지 않는 '직접적인' '동일성'은 '폐기된다'. 그러나 그것은 전부 버려지는 것이 아니라 '구별'이라는 '개념'을 포섭한 '동일성', 즉 '근거'(지금의 나와 어제의 나라는 '구별'을 포함하는 '동일'한 '나 자신')이라는 고차적인 '개념'에서 동시에 '보존되는' 것이다.

이러한 '지양'의 사상은 원리적으로는 이미 예나 초기의 『차이 논문』과 『신앙과 지식』에서의 '모순'론과 '안티노미'론 그리고 이른바 '반성철학' 비판에서 발견된다. ⇒변증법

【참】 Hartmann (1923)

─다카야마 마모루(高山 守)

지적 직관知的直觀 [intellektuelle Anschauung]

예지적 직관, 초월론적 직관이라고 불린다. 전통적으로는 니콜라우스 쿠자누스의 '지적 직관visio intellectualis'에서 보이듯이 유한한 인간이 무한한 신을 파악하는 비감성적이고 직접적인 능력으로 간주된다. 칸트도 『순수이성비판』에서 "우리의 감성적 직관의 대상이 아닌" "비감성적 대상", 요컨대 "누메나"에 관계하는 "특수한 직관의 일종"을 그렇게 부르고 있다. 그에 따르면 이러한 직관은 "그에 관해 우리가 가능성조차도 통찰할 수 없는, 즉 우리의 것이 아닌 것"이다.

피히테와 셸링에 의해서 지적 직관은 절대적인 것을 이해하는 능력으로서 위치지어진다. 피히테에 따르면 지적 직관은 자아의 자기정립의 궁극적인 원리이며, 그 자신은 개념적으로 이해할 수 없는 것이다. 또한 동일철학 시기의 셸링에 따르면 예술에서의 "미적 직관"에서 보이는 것처럼 사유와 존재, 주관과 객관의 "무차별"인 절대적인 것을 "직접적으로 직관하는 인식"능력이며, "모든 초월론적 사유의 기관"이다.

헤겔은 이미 예나 시기 초기에 "철학의 절대적 원리, 즉 그것의 유일한 실재근거이자 확고한 입장은 피히테 철학에서나 셸링 철학에서 지적 직관이다"라고 말하고 그것이 "경험적 의식의 모든 다양성을 자유롭게 추상함으로써 의식되는 것인 한에서 주관적인 것이다"라고 지적하며, 이 주관적인 것이 극복되는 데서 "자아와 자연, …… 유한성과 무한성이 그것을 통해서…… 정립됨과 동시에 무화되는 것과 같은, 즉 어느 쪽도 아닌 동시에 어느 쪽이기도 한 진리"를 발견하고자 했다[『차이 논문』 2. 114f.]. 지적 직관이 주관적인 까닭은 "의식에서의 모든 이질적인 것을 도외시하고 자기 자신의 것을 생각하기" 때문인바, 이리하여 "사람들은…… 지적 직관을 산출하는 시도에 열중하여 미망에 빠져버리는" 것이다[『신앙과 지식』 2. 398].

헤겔의 이러한 조심스러운 비판은, 사유의 자유로운 비상을 확보하고자 하여 세계를 부정하는 까닭에 장발이 "시적 허무주의자들"이라고 부른 낭만파의 사람들에게, 그리고 그들의 이론적 지도자이자 지적 직관을 "어떠한 객체나 저항도 존재하지 않는" "죽음의 상태"에 비교하고 "비존재로의 이행, 무화의 계기"를 "존재의 최고의 계기"라고 말한 셸링에게로 향하고 있었다.

체계 시기에 지적 직관은 특히 셸링 비판의 문맥에서 부정적으로 말해진다. 셸링 철학이 "단서로 하고 있는 직접지, 요컨대 지적 직관"은 "예술의 재주가 있는 사람이나 천재, 즉 마치 행운아만"이 가질 수 있는 것에 불과하다[『철학사』 20. 428]. '절대적인 것'의 '직접적인 인식'인 지적 직관은 "전제된 것이자 이것의 필연성이 서술되어 있지 않은 것인바, 이것은 결함 있는 것이고, 바로 이 결함에 의해서 지적 직관은 내실을 지닌다[같은 책 20. 439f.]. 헤겔은 절대적인 것을 "자기지양의 운동"[같은 책 20. 440]으로 파악하며, "철학은 그 본성에서 보편적일 수 있는 것"[같은 책 20. 428]이라는 사고방식을 셸링에 대치시킨다. "이념이 진리이며 참된 것은 모두 이념이다"라는 것도 매개의 운동을 통해서 증명되어야만 한다[같은 책 20. 454]. 인간의 '사유'는 "매개의 활동과 증명을 행하는 외적 반성을 폭력적으로 배척하는" 지적 직관이 아니라 "하나의 규정에서 다른 규정에로 진전해가는 매개의 운동"인 것이다[『논리의 학』 5. 78]. ⇒직접지, 셸링

【참】 Dierse/Kuhlen (1971), Bonsiepen (1977)

　　　　　　　　　　　　　　　　 －자코타 유타카(座小田豊)

것이다. ⇒심정, 제도, 도덕성, 국가

　　　　　　　　　　　　　　　　 －미즈노 다츠오(水野建雄)

지조(마음가짐)志操 [Gesinnung]

지조는 단순한 '심정'과는 구별된다. "지조는 에테르적인 존재이다"[『기독교의 실정성』 1. 182]라든가 또한 "지조, 즉 그와 같이 행위하고자 하는 경향성(Geneigtheit)"[『기독교의 정신』 1. 301]이라는 표현에서 보이듯이 지조는 행동에 방향성을 부여하는 한에서의 인간 속에 있는 근본적인 심적 경향 내지 마음의 준비를 나타낸다. 이런 의미에서 도덕의 입장에서 지조는 그 본질적인 계기이지만, 그러나 거기서는 도덕적 행위의 주관적 측면, 즉 형식이자 자기확신에 불과하며, 현실적인 행위에서 본질적 요소인 내용은 아직 아니다. 칸트에서 '법칙에 대한 존경의 감정'이 이것에 해당한다. 그러나 도덕적 지조(양심)는 구체적인 내용을 지니지 않으면 공허하다. "참다운 양심은 즉자대자적으로 선인 바의 것을 의지하는 지조"[『법철학』 137절]이며, 주관과 객관의 양 측면이 합일된 인류의 입장에서 비로소 성립한다. 헤겔이 적극적 의미를 부여하고 있는 것은 이러한 인륜적 지조이다. 정치적 지조 즉 애국심은 이와 같은 지조이지만, 그것은 공동체에서 존립하고 있는 제도들의 성과로서의 활동이며, 일상적인 생활관계 속에서 공동체를 자신의 실체적인 기초라고 마음으로 체득하고 있는 지조이다[같은 책 268절]. 이것은 지조가 국가 및 그 제도들과 상관관계에 있다는 것을 나타낸다. 헤겔은 지조를 주관적인 의견과는 분명히 구별하는 것이다. 따라서 헤겔은 좀더 일반적인 의미에서 다음과 같이 말하고 있다. "개인의 지조는 실체의 앎이고, 개인의 전체 관심과 전체와의 동일성의 앎이다. 그리고 서로 다른 개인들이 이 동일성에서만 서로 알게 되고 더구나 현실적이라는 것, 이것이 신뢰이다. 결국 그것은 참된 인륜적 지조이다"[『엔치클로페디(제3판) 정신철학』 515절]. 헤겔은 지조에 대해 근대적 도덕의 근거와 프랑스 혁명 후의 공포정치에서 표현되는 것과 같은 정치적 열광을 시야에 두고서 독자적인 사상적 의미를 부여하고 있는

지질학地質學 [Geologie]

헤겔은 자연철학의 제3편 '유기적 자연학'에서 유기체를 지질학적 유기체와 식물적 유기체, 동물적 유기체의 셋으로 구분했다. 이런 구분은 오늘날 과학의 상식에서 보면 기묘하지만, 당시의 박물학에서는 오히려 보통의 것으로서, 예를 들면 헤겔이 1804년 8월에 베스트팔 자연연구자 협회에 가입할 때의 회원증에는 광물계, 동물계, 식물계를 나타내는 상징이 묘사되어 있었다고 한다[『서간집』(제4권) 171]. 따라서 헤겔의 자연철학 구성은 자연계를 이 세 영역으로 구분하는 당시 과학의 상식에 따른 것이며, 실제로 예나 시대의 수고에서 첫 번째 영역은 아직 "광물학적 유기체"라고 불리고 있었다.

하지만 헤겔이 암석이나 광물을 유기체의 일부로서 논한 것은 동시에 이러한 관점이 그의 자연철학의 동력학적인 관점에 합치했기 때문이기도 하다. 그는 그의 자연철학 전체를 통해서 자연을 형태화와 개체화의 원리를 자기 안에 내장한 능동적 과정으로서 파악하고자 했다. 이러한 견지에서 그는 자연철학의 최후 단계에서 지구를 하나의 역학적 질점과 물리화학적 상호작용의 장으로서 고찰하는 역학과 무기적 자연학의 입장을 떠나 고등동물(인간)의 발생에 이르는 개체화 과정의 한 계기로서 고찰했던 것이다. 그의 생각에서는 지각의 형성 그 자체가 이미 내재적인 이성에 지배된 자기형태화 과정이다. 이러한 생각을 경험에 의해서 뒷받침하기 위해 헤겔은 동시대 과학자들의 다양한 관찰과 그것에 기초하여 제기된 각종의 지각형성원인론(수성설과 화성설)을 연구하고 이용했다. 당시 독일의 지질학은 프라이베르크 광산 대학의 베르너의 영향하에 있었으며, 베르너와 그 문하생들은 경험적 관찰을 중시하여 지각을 연구하는 학문에 Geognosie라는 말을 할당했다. 이에 반해 헤겔은 오랜 Geologie라는 말을 부활시켰는데, 그것은 이 학문이 관찰과 더불어 이론적 추론에 의존한다는 것을 강조하고자 했기

때문이다『뉘른베르크 저작집 상급용 철학 엔치클로페디』121절 **4.** 39 참조]. ⇒암석, 유기체, 베르너

【참】 Gillispie (1959), Petry (1970c), Levere (1986).

―와타나베 유호(渡辺祐邦)

지질학적 자연地質學的自然 ⇨지질학

직관直觀 [Anschauen, Anschauung]

감성적 직관은 대상의 내용을 그 계기들로 분리한다든지 개념적으로 결합한다든지 하는 것이 아니라 계기들을 착종된 채로의 모양으로 하나의 전체로서 직접적으로 받아들이는 활동을 가리킨다. 직관은 이러한 활동을 의미할 뿐 아니라 직관된 상태와 그 상태에 있는 대상을 의미하기도 한다.

예나 전기의 헤겔은 반성적 사유에 의한 계기들의 분리 및 결합과 직관에 의한 무차별적 · 총체적 파악을 대비시키고 양자의 상호보완적 관계를 강조하고 있다. 반성은 "동일한 하나의 직관의 다양한 측면을 절대적으로 구별하고 다만 하나의 질에 의해서 측면들의 전체를 규정하는 것"[『자연법 논문』 2. 452]에서 추상적 · 개념적 통일을 만들어내는 데 반해, "직관의 통일은 전체를 형성하고 있는 규정성들의 무차별이자" "규정들을 하나로 파악하는 것"이다[같은 책 2. 467]. 반성의 통일이 "[다른] 규정들을 오로지 폐기한다는 전적으로 부정적 의의밖에 지니지 않는"[같은 책 2. 466] 데 반해, 직관의 통일은 규정들의 "생동하는 관계와 절대적 현존을 포함하는" "긍정적 통일"이다[같은 책 2. 468].

『인륜의 체계』에서 직관은 개념과 대비되며, 양자의 상호보완적인 관계가 체계의 계기들의 배열을 규정한다. 절대적 인륜의 이념은 직관과 개념의 "동일성에 다름 아니기" 때문에 그것은 오직 양자의 궁극적인 "적합한 일치태"로서만 인식된다. 따라서 인륜의 이념의 계기들은 <직관과 개념의 중층적인 상호포섭>의 전개상들 아래 포섭되게 된다. 이러한 경우에도 규정들의 무차별과 긍정적 통일이 <직관 아래로의 포섭>의

성질을 특징짓고 있지만, 다만 이 통일은 내적으로 전개되지 않은 채 머무르고 있는 정태적인 통일에 불과하다. <개념 아래로의 포섭>도 마찬가지로 추상적 · 부정적 통일의 위상을 지시하고 있지만, 여기서는 전개되지 않은 내적 통일을 이루고 있는 규정들을 서로 분리하고 유동화시키며 교체시키는 운동의 원리로서의 개념의 특성이 직관의 정태적 특성과 대조되고 있다.

『차이 논문』에서의 '초월론적 직관'이라는 특이한 용어법도 직관과 반성(개념)의 궁극적인 '적합한 일치태'를 드러내고자 하는 지향에 기인한다. '초월론적 직관'이란 반성적 사유와 직관의, 또한 반성적으로 개념파악된 것과 직관된 것과의, 결국 '개념'과 '존재'의 동일성에 대한 직관에 다름 아니다. 그러므로 "초월론적 직관에서 모든 반정립은 지양되어 있으며", 이러한 동일성이라는 점에서 직관은 사변과 동등하다[2. 42f.].

반성과 개념의 일면성을 보완하는 직관의 이러한 기능은 체계 시기의 헤겔에서는 사라진다. 직관의 활동은 '정신철학'의 '이론적 정신'을 구성하는 삼분법(직관, 표상, 사유)의 첫 번째 항에 위치하게 되며, "직접적으로 개별적인 객관에 관계된 소재적인 자"[『엔치클로페디(제3판) 정신철학』 445절 「보론」]라고 정의되는 데 지나지 않는다. 예나 전기의 '직관'에 대한 높은 평가가 '반성철학'의 지배를 극복한다는 모티브에서 발원하고 있다고 이해할 수 있는 데 반해, 그 가치가 낮아져 사라지는 것은 개념의 자기운동, 절대적 반성 등의 방법론의 성숙에 기인한다.

【참】 Göhler (1974), Zimmerli (1974)

―다바타 노부히로(田端信廣)

직업 · 신분職業 · 身分 [Beruf, Stände]

Ⅰ. 직업의 의미. (1) 욕구충족의 수단. 인간은 생존을 유지하기 위하여 의 · 식 · 주에 관한 기본적 욕구를 충족시켜야만 한다. 헤겔은 자연과의 관계에서 자기의 이러한 유한한 욕구를 충족시키기 위해 취하는 인간의 실천적 태도를 일반적으로 "산업활동(Gewerbfleiß)"

[『역사 속의 이성』 PhB. 135]이라고 명명한다. 그러나 그는 『법철학』에서 인간은 "(부르주아bourgeois로서의) 시민(Bürger)"[190절] 또는 "시민사회의 자식"[238절]으로서 분업체계 속에서 직접적으로 자기의 욕구를 채울 수 없으며, 만인의 의존관계 내에 존립하는 필연성으로서의 "보편적이고 지속적인 자산(Vermögen)"[199절]에 자기의 교양과 기술에 의해 참여하고 그에 따른 배분에 참가하는 것, 즉 취득(Erwerb)에 의해서만 자기의 생계를 확보할 수 있다고 말한다. 헤겔은 인간인 한에서 누구나 시민권을 지니는 시민이라는 것을 인정하지만[209, 270절], 직업은 우선 "욕구와 충족이라는 두 가지 면을 매개하는 것으로서의 활동과 노동"[189절]이며, 생업(Erwerb)이다.

(2) 자유의 실현의 마당. 직업은 단순한 생존의 수단이 아니다. "직업(Beruf)은 일종의 운명처럼 볼 수 있지만, 특정한 직업에 관련하여 일반적으로 그것에 부착된 [운명이라는] 외적 필연성의 형식은 폐절되어야만 한다. 직업은 자유롭게 선택하고 자유롭게 지속하며 또한 수행되어야만 한다"[『뉘른베르크 저작집』 4. 262]. 직업은 각 사람이 그것에로 부름을 받은 것으로서 외부로부터 다가온 운명처럼 보고자 한다 하더라도(직업소명관), 헤겔은 직업을 인간이 그의 사명을 달성하기 위한 소재 또는 재료라고 본다. "내가 그것[소재]을 완전히 자기 것으로 하는 한 나는 그 속에서 자유롭다"[같은 곳]. 직업은 각자의 사명이 달성되는 소재로서 자유롭게 선택되어야만 하는 것일 뿐 아니라 자유가 실현되는 지평 그 자체인 것이다.

(3) 공동생활에 대한 공헌. 개인이 수행하는 직업은 제한된 것이라 할지라도 헤겔은 거기서 적극적 의의를 발견한다. "직업은 보편적이고 필연적인 것이며, 인간의 공동생활의 한 측면을 이루고 있다. 따라서 그것은 인간의 사업 전체의 일부분이다. (중략) 인간은 직업을 가질 때 보편적인 것에 참여하고 협동하게 된다"[같은 책 4. 263]. 각각의 직업은 개별적인 제한된 영역이지만, 사회 전체의 필요불가결한 하나의 항들이며, 사람은 그것을 매개로 하여 전체에 공헌할 수 있다. 이런 의미에서 직업은 사회를 유지하기 위한 다양한 기능이 스스로 존립하는 모습이다. 따라서 인간이 하나의 어떤 것으로 되기 위해서는 자기를 제한하고 자기의 직업을 자기의 사항(Sache)으로 하여 공동생활에 기여해야만 하는 것이다.

Ⅱ. 욕구충족의 체계로서의 신분. (1) 직업과 신분. 헤겔은 『법철학』에서 공민(citoyen)과 구별된 사인(bourgeois)으로서의 시민을, 욕구와 그 충족수단으로서의 노동, 욕구를 충족시키는 방식과 방법 그리고 이론적 및 실천적 교양의 특수한 체계들에 할당되는 것으로 파악하고 이 체계들을 "신분(Stände)"이라고 규정한다[201절]. 신분에 속하는 것에 의해 시민의 생계유지가 가능해지는 한에서 신분은 직업과 같은 것이라고 말해도 좋다. 이와 같이 직업과 신분을 등치시키는 태도는 완성된 국가를 "하나의 유기적 전체"로 규정하고, 그 내부에서 종교, 법, 국가제도, 학문과 같은 영역들이 특수한 분수(신분)로서 분립하며, 그 각각에게 이런저런 개인들이 할당되고, "이 특수한 신분이 개인의 직업(Beruf)을 이룬다"[『역사 속의 이성』 PhB. 137]고 말해지는 데서도 엿보인다.

(2) 신분의 구분. 『법철학』에서 신분은 '개념'에 따라서 실체적 내지 직접적 신분, 반성적 내지 형식적 신분, 보편적 신분으로 나누어진다. ① 실체적 신분(der substantielle Stand)은 자신이 경작하는 토지의 자연적 산물을 자기의 자산으로 한다. 이 신분은 "농업 신분(der ackerbauende Stand)"[250절]이라고도 바꿔 말해지지만, 토지를 배타적인 사적 소유물로 한다. 헤겔은 이 신분이 지니는 마음가짐을 "가족관계와 신뢰에 기초한 직접적 인륜의 실체적 마음가짐"이라고 한다[203절]. 다만 이 신분에 일반 농민에 더하여 장자상속권(Majorat)을 짊어진 "교양 있는 부분"(토지귀족)이 포함되는 것은 후자가 정치적 제도에 배치되는 것으로부터 분명하다[305-7절]. ② 반성적 내지 형식적 신분, 결국 상공업 신분(der Stand des Gewerbes)은 자연적 산물을 형성, 가공하는 것을 과업(Geschäft)으로 하며, 생계수단은 노동, 반성, 지성이고, 또한 본질적으로 자기의 욕구 및 노동을 타인의 욕구 및 노동과 매개하는 것이다. 이것은 더 나아가 다음과 같이 세분된다. (a) 수공업자 신분(Handwerkersstand)은 개개의 욕구를 상당히 구체적인 방식으로 개개인의 요망에 따라서 충족시키는

노동을 행한다. (b) 공업가 신분(Fabrikantenstand)은 개개의 욕구를 충족시킨다 하더라도 한층 더 보편적인 수요에 응하는 한층 더 추상적인 대량생산의 노동에 종사한다. (c) 상업 신분(Handelsstand)은 주로 화폐라는 일반적 교환수단을 사용하여 서로 분리되어 있는 개별화된 수단들을 교환하는 일에 참여한다[204절]. ③ 보편적 신분(der allgemeine Stand)은 사회상태의 보편적 이익의 실현을 자기의 과업으로 한다. 따라서 이 신분은 사유(私有)의 자산에 의해서나 활동이 국가에 의해서 보상되던가 하여 자기의 욕구를 충족하기 위한 직접적 노동으로부터 해방되어 있어야만 한다[205절]. 사유의 자산에 기초하여 공무를 수행하는 자로서 헤겔은 주로 국회의원을 상정하고[301절], 국가에 의해서 활동이 보상되는 자로는 각종 관리와 공무원[294절] 및 용기의 신분으로서의 군인[325-7절]을 들고 있다.

또한 헤겔은 『예나 체계 Ⅲ』에서 국가를 위해 활동하는 공공적 신분을 역인(Geschäftsmann)이라고 규정하고, 학자(Gelehrter)도 이에 포함시키고 있다[GW 8. 273]. 종교가도 『인륜의 체계』에서는 절대통치와의 관련에서 보편성의 신분에 귀속되며[PhB. 75], 이미 보았듯이 『역사 속의 이성』에서도 국가를 구성하는 한 영역으로서 종교가 거론되고 있는 한에서 다른 영역에 관계하는 인간들과 마찬가지로 보편적 신분으로 계산되고 있다고 말할 수 있다. 그러나 "개인들의 종교적 연대성이 높아지고 하나의 교단이 형성되는 한 일반적으로 그것은 상급의 복지행정에 의해서 국가의 총감독을 받는다"[『법철학』 270절]고 분명히 말해지고 있다시피, 헤겔은 종파를 가리지 않고 종교가를 보편적 신분 중에서도 감시를 받는 위치에 놓고 있다. 헤겔이 근대세계의 예술가를 어떤 신분에 편입시키고자 했는가는 언급이 발견되지 않아 불분명하다. 어쨌든 헤겔은 직업을 사회 유지에 필요한 역할분담이라는 관점에서 신분으로서 총괄하여 파악하고 있다.

Ⅲ. 신분론의 범위. (1) 계급대립의 극복. 헤겔이 직업활동을 신분 안에 틀짓는 것은 근대에서의 산업활동의 문제성을 대자화했기 때문이었다. 『인륜의 체계』에 따르면 이익추구를 목적으로 하는 영리 신분은 부의 불균형을 통해 그 내부에서 "지배관계"를 산출하고,

"개별적인 거부의 소유자는 하나의 위력이 된다. (중략) [그 결과] 모든 고차적인 것을 멸시하는 야수성이 뒤얽힌다. (중략) 그리고 민족의 절대적 유대, 인륜적인 것은 소실되고, 민족은 해체되어 있다"[PhB. 83f.]. 이러한 공동생활의 파괴를 극복하기 위해 헤겔이 구상하는 것은 이러한 신분 내부에서 무한한 부에 대한 충동이 근절되는 기구를 수립하는 것과 이 신분 전체를 "정치적 무"[『자연법 논문』 2. 494]로서 정치적 영역에서 배제하는 것이었다. 그런 까닭에 이 신분은 통치·군사에 관계하는 "자유로운 사람들의 신분"에 반해 "자유롭지 않은 사람들의 신분"으로 규정되는 것이다[같은 책 2. 489]. 이러한 구상이 후기의 『법철학』에서 그대로 재현되는 것은 아니지만, 시민사회가 "인륜의 상실"[181절]로 규정되면서 그 전개가 자유의 실현과정으로 되고 그 한 단계에 신분이 끼워져 있는 한 신분은 인륜의 상실을 극복하는 제도의 하나로서 위치지어지고 있다. 그러나 헤겔이 신분의 제도화만으로 문제가 해결되지 않는다는 것을 자각하고 있었다는 것도 확실하다. 왜냐하면 그는 동일한 신분 내부에서 노동을 통해 부의 축적이 증대되면서 한편에서 "이 노동에 매어 있던 계급(Klasse)의 예속과 궁핍이 증대"[243절]하는 것에 대응하여 또 한편에서 균형을 상실한 부를 수중에 모은 소수의 "더 부유한 계급"[245절]이 지배를 강화하는 계급대립이 격화됨에 따라 인륜의 상실이 심화되는 것을 남김없이 그려내고 있기 때문이다. 이 동일한 신분 내의 계급대립의 제도적 해결책으로서 제기되는 것이 '직업단체'의 설립이다. 요컨대 그는 다른 두 신분이 함께 보편적인 것을 지반과 목적으로 하는 것과 마찬가지로 '특수적인 것'을 지향하는 상공업 신분도 직업단체를 통해 부의 불균형을 시정함으로써 '보편적 목적'을 실현할 수 있고 또 인륜적인 것이 시민사회에서 회복되리라고 예상하고 있는 것이다[249-252절].

(2) 시민생활과 정치생활의 통합. 헤겔은 신분에 대해 정치적 의미도 부여하고 있다. 보편적 신분, 특히 통치의 과업에 종사하는 신분은 이미 그 사명으로 보아 보편적인 것을 활동의 목적으로 하지만, 입법권 가운데 의회라는 장면에서는 사적 신분이 정치적 의의

와 활동을 부여받는다. 요컨대 실체적 관계를 기초로 하는 신분과 특수적 욕구와 이것을 매개하는 노동을 기초로 하는 신분이 각자 의회를 구성하는 것이다(양원제). 이와 같이 신분은 시민생활과 정치생활을 통합하는 기능을 짊어지며, 시민사회의 신분과 정치적 의의에서의 신분, 즉 의회(Stände)는 원래의 의의를 회복한다[303절]. 그러나 이에 의해 헤겔이 의도한 것은 시민의 개념으로 보아 봉건적 신분제 의회가 아니라 부르주아와 시뜨와엥의 분열과 국민이 원자로서 추상적으로 정치과정에 등장하는 것의 극복이었다. ⇒인류, 국가, 시민사회

【참】 Haller (1981), Pelczynski (1984), Giusti (1987)

―다케무라 기치로(竹村喜一郞)

직업단체職業團體 [Korporation]

직업단체는 특수 이해의 충돌에 의해 지배되고 있는 시민사회에서 내발적인 동시에 자기 부정적으로 형성되어 현존하기에 이르러야만 하는 공동성이며, 나아가 시민사회와 국가의 매개항이기도 하다. 그것은 이 내재성에 의해서 경찰행정과 구별되며, 나아가 그 동료 관계(Genossenschaft)로서의 성격, 비폐쇄적·비특권적 성격 및 그것이 공권력에 의한 감독을 받고 있다는 점에서 봉건적 동업자조합 및 길드와 준별되는바[『법철학』 250-256, 262, 278, 288, 290절], 헤겔은 이것을 중세적 특권적 경제체제와 영국과 프랑스의 원자론적 자유방임 경제체제 및 그 귀결(계급대립과 독점 등)의 양면에 대한 비판의 입장에서 구상했던 것이다. 현재 독일에서의 공동결정법은 그 이념의 하나의 구체화로 간주되기도 한다. ⇒경찰행정

【참】 Müller (1965), Riedel (1970), Heiman (1971), Hočevar (1973), Gans (1981), 神山伸弘 (1989), Harada (1989)

―우부카타 쓰구루(生方 卓)

직접성直接性 [Unmittelbarkeit]

문자 그대로의 의미는 '중간의 매개물(Mittel)을 개입시키지 않은(un) 채로'라는 의미로 '사태가 직접적으로 있는 그대로 마음에 포착될 수 있는 모습'을 나타낸다. '사이를 두지 않는 채로'라는 의미에서 그것은 '순간적인 즉각적 이해'라는 의미를 지닌다. 역사적으로는 야코비가 개념의 매개를 배제한 '직접지'를 중시하고 슐라이어마허가 '절대의존의 감정'을 종교의 본질로 간주한 데 대해 개념을 중시하는 칸트와 헤겔 등이 대립했다. 그러나 칸트와 헤겔이 직관의 중요성을 부정한 것은 아니다.

헤겔의 경우 직접성이 성립하는 경우는 둘이 있다. ① 인식의 시원의 경우에는 "진리는 직접성을 부정하여 자기 자신에게로 되돌아오는 것이다"[『논리의 학』 6. 571]라고 말해진다. 직관에 의해서 있는 그대로 파악할 수 있는 것이 진리라고 주장하는 사람은 사실 결과적으로 자기가 진실이라고 믿는 것을 '절대적인 것이다'라고 일면적으로 주장하는 셈이다. "절대적인 것은 인식의 매개에 의해서만 파악될 수 있다"[같은 곳]. ② 인식의 결과의 경우에는 "반성이 직접적인 것을 눈앞에서 발견한다"[같은 책 6. 27]고 말해진다. 마치 바둑의 명인이 숙고를 거듭하여 반면을 바라볼 때 일순간 오십 수순이 보이는 것처럼 반성의 결과가 직접성의 형태를 취한다. 그러면 본질이 있는 그대로 보이게 된다. 그 구조는 "본질은 자기 자신을 미리 정립한다. 이 전제의 지양이야말로 바로 본질 그 자체인 것이다"[같은 곳]라고 말해진다. 플라톤적으로 말하면, 본질을 앞선 세계에서 알고 있었다는 전제가 있지만, 그 전제를 지양하여 갑자기 눈앞에 말의 영혼으로서 모습을 나타내는 것이 본질의 본질이라는 것이다.

헤겔이 직접성을 비판한 것은 직접지에는 본래 매개가 포함되어 있음에도 불구하고 야코비가 직접적으로 절대적인 진리를 파악할 수 있다고 주장했기 때문이다. 동시에 헤겔은 감각·지각의 차원만으로 직접성이 성립하는 것이 아니라 개념의 최고의 차원에서도 직접성이 성립한다고 주장했다. 진리의 인식에서 직관적인 요소가 중요하지 않다고 말한 것은 아니다. ⇒매개, 직접지, 야코비

【참】 加藤尙武 (1980b)

―가토 히사타케(加藤尙武)

직접지直接知 [unmittelbares Wissen]

신앙, 영감(Eingebung), 심정의 계시(Offenbarung des Herzens), 자연에 의해서 인간에게 심겨진 내용, 양식(gesunder Menschenverstand), 상식(common sense, Gemeinsinn)과 같이 "내용이 의식 속에서 발견되고, 의식 속의 사실을 이루는 직접성을 원리로 하는" 지의 존재방식[『엔치클로페디(제3판) 예비개념』 63절]. 야코비는 『스피노자 서한』 보론 제7에서 제약된 것으로부터 제약된 것으로 나아가는 논증체계에서는 무제약자 · 신이 파악될 수 없다고 주장하며 스피노자를 비판하고, 직접지에 의한 신의 파악을 주창했다. 헤겔은 직접지와 매개지의 '이것인가 저것인가'를 야코비나 그가 적대시하는 지성주의자 모두 은밀히 상정하고 있다고 주장하며 양자를 지양한다. "사람들이 그것들에 대해 그것들이 가장 복잡한 최고도로 매개된 고찰의 결과라는 것을 잘 알고 있는 진리들도 그러한 인식에 익숙한 사람에게는 그의 의식 속에서 직접적으로 현전한다"[같은 책 66절]. 스피노자의 '직관적 지식'[『에티카』]에서도 매개지가 동시에 직접지로 된다. ⇒야코비, 매개, 사실, 이것인가 저것인가

【참】 Jacobi (1785)

－가토 히사타케(加藤尚武)

진리眞理 [Wahrheit, das Wahre]

Ⅰ. 헤겔은 철학적 진리를 역사적 · 수학적 진리와 구별한다. 역사적 사실에 대한 물음은 일정한 탐구에 기초하여 명확한 대답을 얻을 수 있지만, 개별적인 존재 내지 내용에 우연성과 자의성, 필연적이지 않은 규정들의 측면으로부터 관계하는 데 지나지 않는다. 또한 수학이 학인 까닭은 엄밀한 증명에 있지만, 증명 작업은 작도의 자의성에서 인정되듯이 사항 그 자체에는 속하지 않으며, 결과가 얻어지면 폐기되는 외적인 활동에 그친다. 뿐만 아니라 수학이 소재로 하는 시간과 공간은 양이라는 몰개념적이고 비본질적인 구별과 같음이라는 추상적이고 생명 없는 통일을 원리로서 취급하는 데 지나지 않는다. 공간은 움직임이 없는 죽은 것이며, 시간 역시 무관심하고 외적이며 생기

없는 내용이다. 이에 반해 철학이 고찰해야만 하는 것은 현실적인 것이며, 자기 자신을 정립하는 활동을 지니고 자기 속에서 살아 있는 것에 다름 아니다. 이와 같은 현실적인 것이 스스로의 계기를 산출하며, 그것을 더듬어가는 내적 필연성을 주시하여 언표하는 것이 철학의 과제이다. 따라서 철학에서는 대상의 생명에 스스로를 내맡기는 내재적인 태도가 요구되는 것이다[『정신현상학』 3. 52].

Ⅱ. 철학에서 주어지는 진리(Wahrheit)의 정의는 개념과 실재의 일치(die Übereinstimmung des Begriffs und der Realität)이다. 다만 그것은 사유 내지 인식과 존재의 일치로서의 올바름(Richtigkeit)이나 형식적 진리(die formelle Wahrheit)와 같지 않다. 개념을 주관적인 것으로 보고, 실재를 객관적인 것으로 삼는 것도 적절하지 않다. 오히려 개념이 보편적인 것으로 되고 실재가 개별적인 것으로 되어 후자가 전자에 합치하는 것이 진리로 간주되는 것이다[『논리의 학』 6. 311].

그러므로 보편은 개별적인 것들의 비교와 추상에 의해서 얻어진 경험적 보편이 아니라 개별에 선행하고 개별의 존립근거로서 개별 속에서 구체화하여 현현하는 것에 다름 아니다. 개별적인 것 역시 추상적인 개별이 아니라 보편성으로 고양된 것으로서 있게 된다. 따라서 양자가 일치한다는 것은 보편이 개별적인 것 속에서 현현하고 개별적인 것이 보편을 구현하고 있는 구체적 보편 내지 진무한의 성립을 의미한다. 일치하는가 아닌가라는 의미에서 진위가 물어질 때에는 개별이 그 기준인 개념에 상응하는가 아닌가, 그 개념의 완전한 표현인가 아닌가가 물어지고 있는 것이다. 그리고 이러한 음미에 기초하여 개념과의 일치를 추구하는 노력도 생겨난다. 거짓된 것은 단지 폐기되어야만 하는 것이 아니라 발전을 촉구하는 적극적인 계기로 간주된다.

『정신현상학』에서의 의식의 경험이 세 개의 명제, 즉 "의식은 자기 자신에 대해서 자기의 개념이다", "의식은 그것 자신에서 자기의 척도를 부여한다", "의식은 자기 자신을 음미한다"에 의해서 설명될 때 의식은 자기가 체현해야만 하는 개념을 자각적으로 파악하고 있으며, 그것을 척도 내지 기준으로 하여 자기음미

를 이룰 수 있다고 생각되고 있다. 음미란 자기의 개념과 자기와의 비교에 다름 아니다『정신현상학』3. 74-77].

III. 이와 같은 관점에서 볼 때 판단에서 진리의 표현을 구하는 것은 곤란하지 않을 수 없다. 왜냐하면 판단은 주어와 술어의 구별을 포함하며, 계사에 의해서 그것을 결합하면서도 전제되어 있는 불일치를 완전히 없애는 것은 불가능하기 때문이다. 특히 판단의 주어-술어 구조가 사물의 실체-속성 구조에 상응될 경우에 속성의 매거함에 의해서 실체의 완전한 포착이 가능한지 아닌지는 의문스러운 일이다. 그런 의미에서 판단은 진리의 표현형식으로서는 불충분하다고 말하지 않으면 안 된다. 적어도 "이 장미는 빨갛다"고 말할 때 "이 장미는 빨갛지 않다"라는 부정이 이어져야만 한다. 좀더 적절한 표현형식이 요구되는 것이다. 그리고 그것은 진리관의 근본적인 전환을 촉구하는 것으로 된다『엔치클로페디(제3판) 논리학』28절].

IV. 진리의 표현 문제를 둘러싸고 헤겔은 "참된 것을 실체(Substanz)로서가 아니라 주체(Subjekt)로서도 파악하여 표현할 필요가 있다"고 주장한다. 실체성이란 존재 내지 지의 직접성(무매개성)을 의미하며, 거기서 진리(Das Wahre)는 운동을 포함하지 않는 정지태로서 파악되게 된다. 이에 반해 주체란 살아서 운동하는 실체이며, "타자존재에서 자기로 반성하는 운동"에 다름 아니다. 그런 의미에서 그것은 "절대적인 타자존재에서 자기 자신을 안다"[『정신현상학』3. 29]. 다시 말하면 주체로서의 참된 것은 자기를 타자존재로 가져와 외화하면서 자기를 보지 못하게 되는 것이 아니라 외화하고 전개하여 다양으로 된 것을 자기 속에서 다시 파악하는 내화의 활동으로서 있는 것이다. 정신과 절대자라고도 불리는 참된 것의 이러한 존재방식은 기독교의 신 관념에 부합한다.

물론 이와 같은 주체적 진리관의 확립에 있어 실체를 저버려서는 안 되며, 속성의 기저에 놓인 부동의 실체의 내적 모순을 명확히 하는 형태로 실체를 주체로 지양할 필요가 있다. 그리고 그것은 판단형식의 지양을 통해 진리의 표현형식을 추구하는 것과 병행된다.

V. 판단의 주어에 대응하는 실체는 속성들의 담지자로 간주된다. 그러나 이러한 속성들을 제거하여 실체 그 자체를 주시하고자 한다면, 그것 자체는 아무런 규정도 없이 공허한 것으로서 사념될 수밖에 없다. 주어의 위치에 놓일 때 그것은 다만 판단의 출발점이라는 의미만을 지니며, 그 규정은 술어를 통해서만 주어진다. 판단자는 주어로부터 술어로 이행하며, 그로부터 주어로 귀환하는 반사운동을 수행하게 된다. 판단에서 비중은 오히려 술어 측에 있는 것이다. 그리고 이러한 것은 진리가 반성의 운동을 포함한다는 것을 예측케 한다.

그렇지만 술어를 실체의 우유성으로 간주하는 한 실체는 하나의 술어에 의해서 완전히 규정되지 않으며, 판단자는 실체의 충실을 지향하여 하나의 술어로부터 다른 술어로 이행할 수밖에 없고, 또한 쉽게 이행할 수 있다. 실체에 대해서 사유는 외재적이며, 외적 반성으로서 자유로운 방황을 수행하는 것이다. 헤겔은 그것을 이치추론적 사유(das räsonnierende Denken)라고 부른다.

그러나 이러한 방황은 실체와의 일치를 달성할 수 없는 한에서 오류 가운데를 헤매는(herumirren) 것으로 간주될 수 있다. 그리고 그것은 사변적 명제(der spekulative Satz)에 의해서 저지된다. "절대자는 존재이다"와 같은 명제에서 술어는 주어의 전체를 흡수하고 주어는 술어로 융해되는 것이며, 판단자는 술어를 떠나 다른 규정으로 이행할 수 없고 술어에 머물러 그것을 숙고한 것이 요구되는 것이다. 거기서 파악된 내용과 더불어 주어로 귀환할 때 명제의 이해가 성립된다.

그러나 하나의 규정(존재)을 숙고하게 되면, 그것이 반대규정(무)과의 상관관계에 있다는 것이 분명해진다. 따라서 주어로의 귀환은 이러한 대립을 수반한 귀환이다. 그때 주어는 서로 대립하는 규정들을 포함하는 종합자이며, 분석적으로 드러내면 이율배반을 낳는다("절대자는 존재이다", "절대자는 무이다")[『엔치클로페디(제3판) 논리학』86, 87절]. 이율배반을 진리의 최고의 형식적 표현이라고 한 『차이 논문』의 주장이 고려되어야만 한다.

그리고 대립의 종합은 일정한 관계를 나타내며, 이 관계 그 자체의 규정을 파악할 것이 요구된다. 더욱이 모든 규정은 부정이기 때문에 관계의 규정 자체가 대립하는 규정과의 상호관계에서가 아니라면 파악되지 않는다. 이리하여 새로운 종합이 요구되며 발전을 낳는 것이다. 그리고 이러한 종합의 계열이 전체에 도달했을 때 진리는 현실적으로 된다. "진리는 전체이다". 모든 규정은 이 계열 속에 위치지어져 결합(추론 Zusammenschließen)되어 있고, 고립된 규정은 존재하지 않는다. 이런 의미에서 전체는 "취하지 않은 것 없는 바쿠스제의 명정"에 비유된다. 더 나아가 그것은 전체로서 "투명하고 단순한 정자"에 다름 아니다[『정신현상학』 3. 46].

이와 같은 전체의 관점에 설 때 참된 것은 자기 자신을 규정하고 자기의 규정성, 한계를 자기 자신 속에 지니며, 유한한 것과 같이 그 규정을 위해 타자를 필요로 하여 타자에 의해 한정되는 것이 아니라 오히려 타자를 자기 속에 포함하는 것으로 파악된다. 그것은 스피노자의 실체에 대한 생동하는 파악이라고 말할 수 있지만, 그것이야말로 사변(Spekulation)의 목표이자 성과이다.

Ⅵ. 이상과 같이 주체로서의 진리의 성립을 표현형식에 따라 고찰하게 되면, 그 근저에 진리에 다가가 파악하고자 하는 주관의 활동이 있고 그 제약을 이루고 있다고 말할 수 있다. 유한한 사유형식에 구속되면서도 이 한계를 넘어서고자 하는 노력에 의해서 운동으로서의 진리관은 성립하는 것이다. 그런 의미에서 헤겔의 주체주의는 근대적 주관주의와 나누기 어렵게 결합되어 있으며, 거기서 성립할 수 있었다고 말해야만 한다. 반성(Reflexion)의 기능이 헤겔의 진리관과 방법사상을 논하는 데서 중시되는 것이 이와 같은 이유 때문이다. ⇒개념, 판단, 추론(추리), 이율배반, 사변적 명제, 반성, 실체와 주체

【참】 Röttges (1976), 山口祐弘 (1988)

─야마구치 마사히로(山口祐弘)

진보進步 [Fortschritt, Fortgang, Fortschreiten]

진보는 단순한 이행이 아니라 불완전한 것으로부터 완전한 것으로의 진전이다. 칸트의 경우에 그것은 도덕적 당위에로 정향된 윤리적 완성에 이르는 가능성이라는 의미이지만, 헤겔은 그렇게 생각하지 않는다. 왜냐하면 당위는 도덕성과 감성의 대립과 투쟁에서 완성을 향해 나아가야만 하는 미완성의 중간상태에서 비로소 존재할 수 있는 것이고, 따라서 완성을 무한한 저편에 놓는 까닭에 "완성은 결코 완성되는 것이 아니며", 또한 "완성에서 도덕성은 자기를 폐기하기"[『정신현상학』 3. 458] 때문이다. 당위에 기초한 진보의 이러한 모순은 순수한 도덕성이 현실성에 대립되어 어디까지나 추상적인 것에 머무른다는 점에 놓여 있다. 그러나 추상적 형식은 자기 자신만으로 존립하는 것이 아니다. 헤겔의 이러한 비판에는 '현실'이 단순한 사실의 총체가 아니라 성장하고 있는 이념의 가능성을 포함하며, 또한 이념은 언제나 현실에서 자기를 표현한다는, 이념과 현실의 상호침투성이 전제되어 있다. 따라서 진보란 당위를 자기 안에 포함하는 현실 그 자체의 전개이며, 동시에 이념의 자기표현이다. 배아가 자기 속에 식물 전체를 포함하고 있는 것처럼 불완전한 것은 완전한 것을 맹아로서 지니며, "불완전한 것이 자연성과 자기 자신의 외재성이라는 껍데기를 타파하고 자기 자신에 도달하고자 하는 충동"[『역사철학』 12. 78]이다. 그리고 그것은 "좀더 나중의 것이 좀더 앞선 것을 지양된 것으로서 자기 안에 포함하는 관계"[『엔치클로페디(제3판) 논리학』 86절 「보론」]를 이루어 추상적인 것으로부터 구체적인 것으로 나아가는 진전이다. 진보는 또한 역사적 원리이기도 하다. 역사를 "자유의 의식의 진보"라고 하여 게르만의 세계에서 만인의 자유가 실현되기에 이르렀다는 구도는 단지 진보의 종결을 나타내는 것이 아니라 인간이 인간으로서 자유라는 것이 이미 흔들릴 수 없는 것이고, 자유의 실현이라는 사명을 자각하여 완수하는 것 자체가 자유의 완성태이기도 하다는 것인바, 따라서 과거에 대한 집착과 당위는 현실에 대한 맹목을 나타내는 것으로 된다. ⇒칸트, 이념, 자유

─미즈노 다츠오(水野建雄)

진화론進化論 [Evolutionslehre, Evolutionstheorie]

헤겔과 진화론의 관계를 논한 논문은 세계적으로 몇 편밖에 없다. 다윈의 『종의 기원』은 헤겔이 죽은 지 18년 후이며, 라마르크의 『동물철학』은 서고목록에 없다. Evolution의 전성설(前成說)을 사용한 예가 있다. "각각은 전적으로 한 번에 그것 자체이다. 그 개체에도 진화가 있으며 태어난 것만으로는 아직 완전하지는 않지만, 그것이 성취될 전체의 실재적 가능성으로 그것은 있다"[『엔치클로페디(제3판) 자연철학』 339절 「보론」 9. 349—인용 ①]. 헤겔은 할러(Albrecht von Haller)에 의해서 제창된 전성설을 지지하며, 탄생 시에 이러한 실재성을 인정한 후 자기형성(진화)한다고 하는 점에서 보네(Charles Bonnet)에 의한 양자설에 반대한다. 영어의 evolution은 처음의 전성의 의미에서 1820년대에 후성적 의미를 지니게 되었다[Gould]. 후성적 사용례도 있다. "진화의 도정은 불완전한 것, 몰형식적인 것에서 시작되지만, 처음에 습기와 물 구성체가 있으며, 물에서 식물, 폴립, 연체동물이 발생하고, 마지막으로 동물에서 사람이 탄생했다. 이와 같은 점차적인 변화를 사람들은 설명이라든가 해설이라고 부르며, 자연철학에서 야기된 이러한 표상은 널리 퍼져 있다. 그러나 이것은 양적 구별이며, 비록 그것이 가장 이해하기 쉬운 것이라 하더라도 이 구별은 아무것도 설명하지 못한다"[같은 책 249절 「보론」 8. 32f.—인용 ②]. 종의 점차적인 변화라는 사상을 헤겔은 알고 있었다. 종의 변화는 부정된다. "종(=유)이 시간에서 진화한다(evolvierend)고 표상하는 것은 전적으로 공허하다. 사상에서 시간의 구별은 전혀 공허하다"[같은 책 249절 「보론」 9. 32—인용 ③]. 용불용설은 『정신현상학』에서 "커다란 영향이 있다"는 정도에서 법칙은 아니라고 비판되었다[3. 152f.]. 이리하여 논자들은 헤겔이 어떠한 의미에서도 진화론을 거부했다고 해석했다[Petry, Hösle, Breidbach, Bonsiepen]. 그러나 분명한 것은 헤겔의 자연철학에서 '단계의 체계'로서의 자연은 단순한 것으로부터 복잡한 것에로 개념적으로 발전한다고 서술되어 진화론적이라는 점이다. 인용 ①은 개체 수준의 전성의 승인이며, 인용 ②③은 종에 관한 양적·시간적 진화의 부정이면서도 개념 내의 질적 비약은 헤겔이 인정한다고도 읽혀진다. 그는 환경으로부터의 영향을 인정하여 기형을 '개념의 무력함'에 의해서 설명하고 있다[星 1993]. 우리는 이와 관련하여 간행되지 않은 노트들에서의 진화론에 대한 언급을 검토하기까지는 단정할 수 없다. 생물학이라는 말이 가능했던 것은 1802년으로 그 당시는 생물학의 여명기였다. 비교해부학의 힘에 의한 동물학의 성과를 헤겔은 근대의 경험과학의 최대의 진전이라고 찬양했다. 길리스피에 따르면 헤겔의 제자인 네겔리(Karl Wilhelm von Nägeli 1817-91)가 식물학자가 되어 관념적 진화론을 전개했다고 한다. 카시러는 다윈이 헤겔의 발전 사상을 과학 영역 내로 가지고 들어왔다고 해석한다. ⇒자연철학, 유(類)

【참】 Gillispie (1960), Petry (1970b), Goudge (1973), Gould (1977), Breidbach (1982), Bonsiepen (1986), Neuser (1987), Hösle (1988), Mayr (1988), 加藤尙武 (1991), 星敏雄 (1993)
—호시 도시오(星 敏雄)

질質 [Qualität]

붉은 것은 그 질 <붉음>을 결여하면 붉은 것이 아니게 된다. 질은 <어떤 것(Etwas, aliquid)>을 어떤 것<임>(현존재)으로 하는 것이며, 질을 결여하면 어떤 것은 그 현존재를 상실한다. 따라서 질은 어떤 것의 존재와 분리될 수 없으며, 단순하고 직접적인 규정성이다. 이에 대해 양과 도량도 규정성이긴 하지만, 어떤 것의 존재에 무관심하며, 반성된 규정성이다. 그리하여 헤겔은 칸트와 반대로 질을 양 앞에 두고 존재에 관한 첫 번째 범주로 한다. 질이 직접적이고 어떤 것의 존재와 하나라는 것에서 더 나아가 어떤 것이 자신과 구별된 질을 <지닌다>는 표현이 불가능하다는 것도 밝혀진다. <붉음>이라는 말이 있다고 하여 질로서 <붉음 그 자체>라든가 <붉은 색소>와 같은 자립적인 존재를 가정하는 것은 잘못이다. 헤겔은 『논리의 학』[5. 123]에서 이전의 형이상학이 그와 같이 질을 실재성(Realität)으로서 파악한 것을 비판하고 있다. ⇒양, '이다', '지닌다'

—에비사와 젠이치(海老澤善一)

질량質量 ⇨ 물질

질료質料 ⇨ 물질

질병 [Krankheit]

신체의 일부가 전체의 유동적인 과정에서 고립되어 독자적인 활동을 지속하게 되면 질병이 된다. 약은 유기체가 본래는 동화할 수 없는 것이지만, 동화의 기능을 자극하여 회복시키는 데에 효과가 있다. "유기체는, 그 안에 설정되어 있는 힘(포텐츠)이 유기체에 의해서 지배되지 않고, 그리하여 그 포텐츠가 고립된 시스템 속에 고착되어 독자적인 활동을 계속하고, 전체의 유동적인 활동으로 이행하지 않게 되어 유기적인 과정을 중단시키게 되면 질병의 상태에 빠진다. 질병과 그 치료의 학문은 의학이다"[『뉘른베르크 저작집』 4. 41]. 유기적인 전체에는 자신을 회복하는 힘이 있기 때문에 본래 그것은 질병을 자동적으로 예방하는 체제이다. 개체인 유기체에 왜 질병이 발생하는가 하는 것은 국가 유기체에 왜 범죄가 발생하는가, 신의 유기체인 자연세계에 왜 자유와 악이 발생하는가 하는 물음과 동일한 구조의 것이다.

【참】 Brown (1780), Eschenmayer (1797), Röschlaub (1798), 加藤尙武 (1983a)

―가토 히사타케(加藤尙武)

질소窒素 [Stickstoff]

원소기호 N, 원자번호 7의 원소. 일반적으로 다른 원소와는 화합하기 어려운 성질을 지닌다. 헤겔은 질소도 포함하여 이른바 화학적 원소를 추상적이라고 간주하며, 흙·물·불·공기의 4원소야말로 구체적인 원소(Element)라고 한다[『엔치클로페디(제3판)』 328절]. 이러한 관점은 고전적인 자연철학에 근거함과 동시에 현대의 생태계와 환경 개념에도 연결되는 흥미로운 것이라고 말할 수 있다. 흙·물·불·공기의 4원소가 추상적으로 분리된 경우에 추상적인 화학적 계기로서 질소, 산소, 수소, 탄소로 된다[같은 곳]. 질소는 이 네 가지 화학적인 계기 가운데서 무차별의 추상으로 된다. 이렇게 이야기되는 것은 질소가 타지도 않고 생물의 호흡에도 이용되지 않는, 즉 그 밖의 것과 무관계한 성질 때문이다. 그것을 헤겔은 "죽은 잔존물"이라고 표현하고 있다[같은 곳, 같은 절「보론」]. ⇨산소, 수소, 탄소

―이나오 마사루(稻生 勝)

집단(사회)集團(社會) [Gesellschaft]

사회라는 용어는 술어로서 확립된 것은 아니지만, 헤겔 사색의 동요를 때때로 비추어주는 말이다. 청년기의 초고에서는 작은 집단이라는 의미에서 등장한다. "시민 한 사람 한 사람에게 성원으로 될 것인가 아닐 것인가의 자유가 귀속되는 작은 집단의 제도, 법률은…… 그와 같은 집단 그 자체가 성장하여 국가로 된다고 하면, 그것은 그 원리를 그대로 보존할 수 없다"[『민중종교와 기독교』 1. 66]. 이러한 위상 차이와 변용의 문제는 기독교의 객체적 존재방식이 물어지는 가운데, 나아가 『기독교의 실정성』에서 원시 기독교단으로서의 집단이 변모하여 실정적이고 억압적인 것으로 되는 경위가 고찰되는 가운데 다루어진다[1. 124-165]. 예나 시기에는 나중의 시민사회를 함의하며 『독일 헌법론』의 「국가의 개념」 원고와 『예나 체계 III』(한 곳에서만)에서 나타난다. 전자에서 헤겔은 세부적인 것들까지 총괄하고자 하는 프랑스 혁명 하의 국가이론과 더불어 피히테의 자연법론을 염두에 두고, 본래의 국가권력으로부터 "사회 속에서 발생하는 관계들"[1. 480]을 구별하여 그 자유로운 활동을 허용하고자 한다. 후자에서는 "보편적인 것이 개별적인 노동하는 것들에서의 순수한 필연성이다. …… 사회가 그에게 있어 자연이다"[GW 8. 243]라고 하고 있다. 뉘른베르크의 김나지움 강의 초고에서는 가족을 가리키는 "자연적 사회", 국가를 가리키는 "국가사회(Staatsgesellschaft)"[『뉘른베르크 저작집』 4. 62]라는 어법이 발견된다. 국가사회는 국가와 시민사회(societas와 civitas)가 정치적으로 결합하여 중첩된 하나의 사회적 전체를 형성한

다는 고전적 전통에 근거하여 후자의 역어로서 취해졌다. 나중의 '시민사회'는 시민의 향유, 권리가 보호되는 장면에 잠재되어 있다. 『법철학』과 『역사철학』에서는 근대 자연법의 자연상태에 대한 사회상태를 의미하는 용법이 보인다[『법철학』 102절 「보론」; 『역사철학』 12. 42, 59]. ⇒ 시민사회, 국가, 가족

【참】 Riedel (1969)

―다키구치 기요에이(瀧口淸榮)

차안此岸 ⇨**피안 · 차안**

차원次元 ⇨**시간, 공간**

차이差異 ⇨**상이성**

착각錯覺 [Täuschung]

　『정신현상학』의 '지각 또는 사물과 착각' 장에서 헤겔은 지각하는 의식이 빠지는 착각의 경험을 서술하고 있다. 소금을 예로 들면, 지금 "이 소금은 희다"라고 말했다고 하면, "이 소금은 짜다"라는 다른 지각이 이에 모순된다. "희기도 하고 짜기도 하다"라고 절충하면 "이 소금은 하나의 것이다"라는 근본규정에 모순된다. 이하에서 마찬가지로 어떠한 설명을 시도하더라도 지각은 언제나 자신의 사물 파악이 잘못이라는 것을 안다. 이러한 지각이 빠지는 착각은 사실은 사물 그 자체가 여럿이면서 하나, 보편이면서 개별, 대타존재이면서 대자존재라는 모순된 규정을 지니는 데 원인이 있다. 그럼에도 불구하고 사물 그 자체는 어디까지나 동일하다는 관념을 고집할 때 의식은 항상 자신의 지각이 잘못이라는 우왕좌왕에 빠지는 것이다. 『정신현상학』 전체를 통해서 볼 때 현실의 자기부정적인 구조 전체를 보지 않고 그 일면만을 고집하는 태도를 취하는 한 착각은 반복하여 생긴다. ⇒지각, 사물, '……도 또한'

　　　　　　　　　　　　—우에무라 요시로(上村芳郎)

찬가讚歌 ⇨**예술종교**

참사회參事會 [Magistrat]

　중세 이후 발달한 도시의 시정 운영 기관. 본래 선거제와 임기제에 기초하는 시민 자치를 위한 합의기관이었지만, 당시의 독일에서는 공금의 부정사용, 선거제의 형해화 등 극도로 부패해 있었다. 헤겔은 계속해서 고국 뷔르템베르크 공국에서의 정치상황에 관심을 가지고서 『뷔르템베르크의 내정』(1798)에서 프랑스 혁명의 정신으로부터 정치적 혁신을 요구하였으며, 참사회가 시민의 선거에 의해 선출되는 것을 이상으로 내세우면서도 시민이 '공동정신'을 획득할 수 없는 현상황을 걱정할 수밖에 없었다. 그 후 『뷔르템베르크 의회 토론』(1817)에서도 선거법 개혁 문제를 제기하고, 종래 참사회를 지배하고 있던 '부르주아 귀족'의 특권을 빼앗아 선거권을 확대할 것과, 다른 한편으로 동시에 선거-피선거권을 관리와 각종 단체의 일꾼 등 공직에 종사하는 자들에게 제한하여 원자화의 폐해를 피할 것을 주장했다.

　【참】金子武藏 (1967)

　　　　　　　　　　　　—사이토 준이치(齋藤純一)

참회懺悔 ⇨**용서**

창조創造 [Schöpfung, Erschaffen]

　유대교와 기독교에서 창조 이야기는 구약의 창세기에 묘사되어 있지만, 헤겔은 그것을 사변적으로 해석함으로써 자기 철학체계의 표상(Vorstellung)에 의한 설명 수단으로 삼는다. <참된 것>은 철학의 개념에서 보면 로고스이지만, 종교적 표상에서 보면 신이다. 그리하여 '논리학'의 세계는 '종교적 표상'을 사용하면 '천지창조 이전의 신의 모습'이게 된다. 그에 대해 논리로부터 자연에로의 이행은 바로 '창조'로서 표상될 수 있다. 창조 이야기는 삼위일체론과 결합되어 절대이념의 운동에 대한 설명에 이용된다. (1) '세계의 창조 이전'의 '즉자대자적인 신'이 아버지인 신이고, (2) 세계의 창조는 사물적인 자연과 유한한 정신으로 분열되지만, 이것이 아들인 신이다. (3) 화해의 과정은 '교단의 정신(Geist)'이며, 이것은 다시 말하면 '성령(Geist)'이다『종교철학』17. 213ff.]. 마찬가지의 것이 이미 『정신현상학』에서도 말해지고 있다[3. 561]. ⇒기독교, 유대교, 신, 삼위일체

─우부카타 쓰구루(生方 卓)

창조자創造者 ⇨창조

책임責任 [Schuld]

Schuld는 sollen과 같은 어원의 말로서 도덕적인 것에 한정되지 않고 인간이 짊어지고 있는 책임과 동시에 죄를 의미하며, 죄책이라고도 번역된다. 책임은 행위와 그 결과에 관계되지만, 그러나 결과는 다종다양한 우연적인 요소를 포함하여 "어느 것이 우연적인 결과이고, 어느 것이 필연적인 결과인지는 무규정성을 포함하기"『법철학』118절] 때문에, 책임이 미치는 범위의 확정은 쉽지 않다. 헤겔은 고대 그리스의 비극과 근대적 주관성에서 보이는 책임 개념의 차이를 대비시키고 있다. 고대에 행해진 행위 전체는 행위자의 행위로 간주되며 또한 책임이 그의 광기와 같은 것으로 귀착되지도 않는다. 행위는 자기를 외적 현실에 대항시키는 것이고, 이러한 현실의 사실은 행위가 산출한 것인 이상 소행(Tat)의 범위 전체에 대해서 책임을 지지 않으면 안 된다. 따라서 "돌이 존재하는 것과 같은 아무런 행위도 하지 않는 것만이 죄책으로부터 자유로

운 것이어서, 자식의 존재마저도 이미 그렇지 않다"『정신현상학』3. 346;『뉘른베르크 저작집』4. 223f.]. 이에 반해 근대에서 책임은 의지 내지 지의 권리의 문제로서 세워진다. "주체의 활동에 의해 정립되는 모든 변화는 변화로서는 주체의 소행임에도 불구하고, 주체는 이것을 자기의 행위로 승인하지 않고 소행에서 자기의 지와 의지 속에 있던 것이자 자기의 기도였던 그러한 현존재만을 자기 자신의 것으로, 곧 자기의 책임으로 승인한다"『엔치클로페디(제3판) 정신철학』504절;『법철학』117절]. 헤겔은 이것을 "지의 권리"라고 부르고 이 지의 권리를 귀책근거로 간주하지만, 나아가 예를 들면 방화범이 바랬던 것 이상으로 불이 번지는 불운도 "의욕의 하나의 현존재"『법철학』119절「보론」]이며, 그 권리는 현실적 연관에서 행위의 귀추를 통찰하는 능력도 포함한다고 생각한다. 이 점에서 어린아이와 광인, 백치는 인책능력이 없게 된다. ⇒죄, 의도, 형벌

─미즈노 다츠오(水野建雄)

척력斥力 ⇨견인력과 반발력

천문학天文學 ⇨천체

천민賤民 ⇨빈곤

천재天才 [Genie]

보통 개인의 비범한 재능을 의미하지만, 헤겔에서는 "개체적 정신이 생래적으로 획득하는 일정한 방향"『엔치클로페디(제3판) 정신철학』395절「보론」], 요컨대 개인의 특성 속의 천성(Naturell), 자연적·생득적인 소질을 표현하며, 또한 동시에 사회적인 보편성을 지니도록 형성되어야만 하는 것이다. 천재가 자연의 것이면서 사회적인 평가의 대상으로 되는 것은 사회 그 자체가 분업과 교환, 작품발표와 비판의 무차별적

인 평가의 체계를 포함하고 있기 때문이다. 이러한 사정을 헤겔은 다음과 같이 표현하고 있다. "천재…… 가 현실 세계에 속하는 것은 현실 세계가 정신적인 동물의 나라라는 측면을 지니고 있는 한에서의 일이 다"[『정신현상학』 3. 397f.]. 그러므로 그 의의가 인정되는 것은 정신성과 자연성이 합일되어 있는 예술적 창작에 관련해서이며, 개념적 사유에 의거하는 학문과 일반적으로 개인이 자기 안에서 형성해야 하는 윤리적인 덕에 관련해서는 아니다. '재능(Talent)' 역시 자연적 소질에 속하지만, 재능이 특수한 면에서 발휘되는 예술적 형태화의 능력, 외적 기교를 가리키는 데 반해, 천재는 그 형태화에 정신성을 부여하여 그것을 완성하는 보편적인 창조력을 의미한다. 그러나 양자는 대립하는 것이 아니라 참된 예술가에서는 형태화의 재능과 형태화에 대한 "자연적인 충동과 직접적인 욕구"[『미학』 13. 369]가 결합되어 있으며, 양자가 서로 어울려 참으로 생명 있는 작품을 산출하는 것이다. 천재성의 원리를 찬양한 입장으로서는 셸링의 관념론과 Fr. 슐레겔의 아이러니론이 알려져 있지만, 헤겔은 그 연원을 피히테의 자아의 원리에서 보고 있다. 그것은 모든 것을 자아에 의해서 정립된 것으로 하는 자아의 능동성도 예술가의 천재에 의한 제작활동과 더불어 자기의 소산 안에서 자기 자신을 발견할 뿐이기 때문이다. 그러나 헤겔은 문예상의 천재시기(질풍노도의 시대)를 잇는 "철학자의 천재시기"[『아포리즘』 2. 542]에 대해서는 부정적이었다. 또한 천재와 어원적으로 관련되는 '수호신(Genius)' 역시 소크라테스의 다이모니온에서 보이듯이 외면적인 신탁이면서 주체적, 내면적인 것이라는 이중의 방식으로 개인의 행동에 관여한다. ⇒수호신

─기타자와 쓰네토(北澤恒人)

절대적 역학으로 구분하지만, 이로 인해 그의 자연철학은 자주 천체의 운동과 지상의 물체의 운동을 동일한 원리에 의해서 통일적으로 파악한 뉴턴의 위대한 업적에 반하여 천계와 지상의 세계에 서로 다른 원리를 상정한 아리스토텔레스의 입장으로 되돌아간 것으로 해석되었다. 그러나 상세하게 살펴보면 이러한 해석은 정당하지 않다. 헤겔이 우주공간을 '저항과 마찰 없이' 운동하는 천체의 행동과 지구 대기권 내의 물질의 행동을 구별한 참된 목적은 고대 자연철학의 시대착오적인 부활이 아니라 정지된 관성계에 <최초의 충격>이 가해져 운동이 생긴다는 뉴턴의 천체역학의 암묵적인 전제를 비판하고 자기운동하는 역학계로서 태양계의 구조를 동적으로 파악하는 것이었다. 이 문제는 이미 취직논문 『행성궤도론』에서도 간단히 언급되어 있지만, 예나 시기의 각종의 자연철학 초안에서 좀더 상세하게 전개되어 있다. 거기서 그는 "천체는 움직여지는 것이 아니라 절대적으로 자립적인 운동이다"라고 쓰고 있으며[『예나 체계 Ⅰ』 GW 6. 28], 또는 "천체 그 자체는 정지와 운동이 분리되어 있는 개별적인 물체가 아니기" 때문에 <충격>과 <견인>과 같은 정력학적 범주들을 이 영역에서 사용해서는 안 된다고 말한다[『예나 체계 Ⅱ』 GW 7. 204, 및 『같은 책 Ⅲ』 GW 8. 24]. 이러한 생각이 『엔치클로페디』에서 유한한 역학과 절대적 역학의 구별로 되며, 중심 천체와 주변 행성의 상호작용에 기초하여 자유운동하는 역학계의 구조를 기술할 수 있는 것은 "유한한 관계"가 아니라 "이성이념"뿐이라고 주장되기에 이르는 것이다[『같은 책 자연철학』 264절 참조]. ⇒태양(계), 행성

【참】Paolucci (1984), Shea (1986), Lunteren (1986), Neuser (1986a), Ihmig (1989)

─와타나베 유호(渡辺祐邦)

천체天體 [Himmelischer Körper]

'천체'란 헤겔에서 '지상의 물체(Irdischer Körper)' 즉 지구의 대기권 안의 물질계와 구별된 태양과 그 인력권 안을 운동하는 물체(행성, 달, 혜성 등)를 의미한다. 이러한 구별과 함께 헤겔은 역학을 유한한 역학과

철학哲學 [Philosophie]

Ⅰ. 철학의 근원. 아리스토텔레스는 철학은 세계에 대한 경이로부터 시작한다고 말하며, 근대 철학의 기초를 개척한 데카르트는 회의에서 출발했다. 이에 대해 헤겔은 그의 최초의 철학적 저작인 『차이 논문』에

서 "분열이야말로 철학의 욕구(das Bedürfnis der Philos-ophie)의 원천이다"[2. 20]라고 말하며, 근대적 생의 분열을 "이성과 감성, 지성과 자연, 그리고 일반적 개념으로 말하자면 절대적 주관성과 절대적 객관성의 대립"[2. 21], 또는 "존재와 무, 개념과 존재, 유한성과 무한성으로의 분열"[2. 24]로서 묘사하고 있다. 헤겔에게 있어 철학은 무엇보다도 시대의 궁핍에 몸을 돌리는 데서 필연성을 지녔던 것이다. 그런데 인간적 생의 분열이 분열로서 알려지는 것은 그 근저에 통일이 잠재해 있기 때문이다. 분열하고 대립하는 것의 통일을 절대자라고 한다면, 여기서 생의 분열과 함께 유일한 절대자가 존재한다는 것이 철학의 전제이어야만 한다. 철학은 제약들로부터 의식을 해방하는 것으로서 전제되어 있는 절대자를 인식하는 것, 따라서 생의 통일을 회복하는 것을 사명으로 하는 것이다. 그리고 이러한 철학의 목표가 인간적 생의 통일의 회복, 헤겔 자신의 말로 하자면, 자기소외의 극복에 있다는 것이 다름 아닌 헤겔의 인식이며, 이것은 만년의『법철학』서문에서 철학을 "개인에 대해 말하면, 본래 각 사람은 시대의 아들이지만, 철학 역시 그러하며, 사상 속에서 파악된 그 시대이다"[7. 26]라고 말해지는 데서 엿보이는 대로이다.

Ⅱ. 철학의 입장과 방법. 그런데 이와 같이 철학의 과제가 분열과 대립을 극복하여 절대자를 인식하는 것에 있을 때, 철학에는 분열하고 대립하는 것을 그것으로서 파악하는 지성과, 분열하고 대립하는 것을 통일하는 이성, 그리고 그것에게 분열이 분열로서 대립이 대립으로서 알려지는 것은 그 근저에 통일이 잠재해 있는 한에서 이 근원적인 통일을 파악하는 직관이 불가결한 것이라고 말할 수 있을 것이다. 헤겔은 철학은 학으로서 어디까지나 공중에게 이해되는 공교철학이어야만 한다고 주장하고, 이러한 입장에서 헛되이 직관과 감정에 의지하는 직접지의 입장을 사람들의 심정을 고양시키면서도 통찰을 줄 수 없는 비교철학이라고 비판하며, 이런 한에서 반성을 결여해서는 안 된다고 주장했다. 그러나 지성에 의한 반성은 분열하고 대립하는 것을 고정하는 한에서 이성에 의해서 부정되어야만 한다. 여기에 지성적 반성을 고집하며

통일을 피안에서 발견하는 데 머물렀던 칸트 등의 반성철학의 결함이 놓여 있다. 헤겔의 사변적 이성의 입장은 말하자면 직관과 반성을 종합하는 입장에 서는 것이다. 그것은 한 마디로 하면 상대적인 것 안에서 절대적인 것을 응시하는 입장이라고 말할 수 있다. 바로 여기서 헤겔에서 철학은 시원을 가지고서 종결로 삼는 원환을 완결시키는 것이며, 지에 대한 사랑의 학이라는 이름을 벗어던지고 현실적인 지로서 기초지어지는 것으로 되는 것이다『정신현상학』3. 14].

Ⅲ. 철학과 예술과 종교. 헤겔에 따르면 철학은 절대자를 인식하는 것을 지향하지만, 예술과 종교도 절대자를 파악하는 것을 과제로 삼고 있다. 따라서 이 3자의 차이는 향해 있는 내용이 아니라 같은 내용을 어떠한 형식으로 파악하는가에 놓여 있다. 요컨대 예술이 직관으로 파악하고 종교가 표상으로 파악하는 것을 철학은 개념으로 파악하는 것이다. "철학은 예술과 종교와 동일한 내용, 동일한 목적을 지닌다. 그러나 철학은 절대이념을 파악하는 최고의 양식이다. 왜냐하면 철학의 양식, 즉 최고의 양식은 개념이기 때문이다"[6. 549]. 개념이 절대이념을 파악하는 최고의 형식이라는 인식의 배후에는, 고대 그리스는 예술로, 기독교는 표상으로 절대자를 파악하고 있지만, 고대 그리스 시대는 이미 지나가고 기독교도 종교개혁을 헤쳐 나온 현대에는 철학이 절대자를 파악하는 가장 적합한 형식이 되었다는 헤겔의 정신사적 인식이 가로놓여 있다고 말해서 틀림이 없을 것이다.

Ⅳ. 철학과 철학사. 철학이 절대자의 인식일 때, 철학의 이념에 따르면 철학에는 유일한 철학밖에는 존재하지 않는다. 절대자도 이것을 인식하는 이성도 유일할 것이기 때문이다. 그러나 언제, 어디서, 어떠한 형식으로 절대자가 철학 속에서 나타나는가는 시간적으로는 시대의 제약하에서, 공간적으로는 풍토적 제약하에서 우연적이다. 그리하여 역사적으로 다양한 철학이 나타나 철학사를 형성하게 된다. 그리고 철학의 이념에 비춰볼 때 서로 상이한 다수의 철학이 발견되는 철학사는 "바보들의 회랑"이라고 말할 수도 있다. 그러나 절대자가 상대적인 것과 대립해서는 절대자가 아니며, 상대적인 것 안에서 나타나 존재하는 것일 때 유일한

절대자의 인식이 철학임과 동시에 철학은 불가피하게 고유한 역사를 지니게 된다고 말해야만 한다. 헤겔에게서 절대정신의 학으로서의 철학이 철학사로서 전개되는 것도 이 때문이다. 절대자가 바로 절대자로서, 그리고 그 발전이 시원을 가지고서 종결로 삼는 자기귀환의 운동일 때, 헤겔은 이러한 절대이념의 자기 귀환하는 장소에 몸을 두는 것이며, 철학사를 자기의 철학 속으로 지양함으로써 자기 철학의 필연성과 진리성을 보증했던 것이다. ⇒절대자・절대적인 것, 예술, 종교, 체계, 철학사

―고즈마 타다시(上妻精)

철학교육哲學教育 ⇨ 교육

『철학비판지哲學批判誌』 [Kritisches Journal der Philosophie]

1802-1803년에 걸쳐 셸링과 헤겔의 공동편집에 의해서 간행된 잡지. 튀빙겐의 코타로부터 2권 6분책까지 발행되었다. "비철학적 혼란 상태에 목표와 절도를 주기" 위해 다양한 "무기"를 사용하여 "불살라 치료"할 필요가 있다는 것이 당시 헤겔의 패기였다『서간집』(제1권) 65]. 제1권 제1책에는 '서론'으로서의 『철학적 비판 일반의 본질』(헤겔), 『절대적 동일성의 체계』(셸링), 『상식은 철학을 어떻게 이해하는가』(헤겔), 제2책에는 『회의주의 논문』(헤겔), 『뤼케르트와 바이스』(셸링), 제3책에는 『자연철학과 철학 일반의 관계』(셸링), 『철학에서의 구성』(셸링), 제2권 제1책에는 『신앙과 지식』(헤겔), 제2책에는 『자연법 논문』(헤겔), 제3책에는 이것의 계속 및 『철학적 관계에서의 단테』(셸링)가 게재되었다.

【참】 Buchner (1965)

―야마다 다다아키(山田忠彰)

철학사哲學史 [Geschichte der Philosophie]

(1) 철학사 전체는 하나의 그 자체 필연적인 수미일관된 진행 과정이며, 그것을 이끄는 것은 여러 가지 형태의 내적 변증법이다. 단순한 의견의 나열에 불과한 철학사는 "바보들의 회랑"이다『철학사』 18. 29]. (2) 어떠한 철학도 이전에 필연적으로 존재했었고, 지금도 존재한다. 모든 것은 전체의 계기로서 철학 안에 긍정적으로 보존되어 있다. 발전 과정은 규정 작용의 진전이자 이념의 자기내화인 까닭에, 최신・최후의 철학은 가장 발전되고 가장 심오하며, 전 철학의 모범이다[같은 책 18. 61]. (3) 원리를 지니는 철학과 그 원리 그 자체와의 모순이 철학사를 추진한다. (4) 각각의 철학과의 관계에 대해 말하자면, 철학사는 많은 원환을 그 원주로서 지니는 원환이다[같은 책 18. 46]. 헤겔의 철학사 강의는 1805년 예나 대학 겨울학기부터 베를린 대학에서 사망하는 해까지 계속되었다. 철학사는 헤겔에 의해서 학으로서 확립되었다고 말해도 지나친 말이 아니다.

【참】 Lenin (1929), Düsing (1983), 柴田隆行 (1990)

―시바타 다카유키(柴田隆行)

철학의 욕구哲學―欲求 ⇨ 욕구・욕망

청춘靑春 [Jüngling]

청춘의 특징은 이상주의적 반항이다. "청춘이란 대립이 발달하고, 이상, 상상, 당위, 희망과 같은 그것 자체로서는 아직 주관적인 보편성이 직접적인 개별성, 이상에 일치하지 않는 현존세계와 긴장하는 단계이다"[『엔치클로페디』(제3판) 정신철학』 396절]. 청춘은 자연적인 일체(어린이)로부터 분열되어 재통일(어른)에 이르는 중간단계이다. "어른은 현실의 이성 속에서 침잠하여 세계를 위해 도움이 되는 활동을 보인다. 이러한 목표에 젊은이는 반드시 도달한다. 젊은이의 직접적인 목적은 자기의 이상을 실현할 수 있도록 자신을 형성하는(bilden) 것이다. 이러한 실현의 시도 속에서 젊은이는 어른이 된다"[같은 책 「보론」 10. 83]. 그러한 이행의 시기에 우울증에 빠지는 수도 있다. 젊은이는 어른이 되는 최후의 단계에서 "타인을 위해 활동하는" 것과 "자기의 생계를 세우는" 것이 일치하

는 것을 몸에 익힌다[같은 책「보론」 **10. 85**]. 여기서 "타자에게서 자기 자신을 보존한다"는 이성적 태도가 가능하다. ⇒정신장애, 이성

—가토 히사타케(加藤尙武)

체계體系 [System]

Ⅰ. <체계>의 구조 헤겔은 체계철학자라고 말해진다. 『엔치클로페디』의 마지막에 아리스토텔레스의 『형이상학』에서 <신적 이성의 자기관조>를 둘러싼 서술을 인용함으로써 <너 자신을 알라>라는 인류 2500년의 철학지의 영위를 완결했다는 것이다. 또한 그의 역사철학은 장대한 변신론이며, 철학사는 철학의 역사를 완성하고 총괄하는 최후의 화관으로서, 이에 의해 헤겔 철학의 체계는 자기에게서 스스로를 기초짓고 자기 완결되었다고 간주되기도 한다. 확실히 "지는 학으로서만, 다시 말하면 체계로서만 현실적이며, 또한 서술될 수 있다"[『정신현상학』 **3. 27**]는 서술에서 <체계>에 대한 의지를 읽어낼 수 있다. 그러나 그 행간의 본의는 <학의 진리성을 환원할 수 있는 근본명제>를 전제하고 이에 기초하여 체계를 연역하고자 한 초월론적 철학의 순환을 비판하는 데 있었다. 오히려 헤겔은 <지의 원리가 자기 전개하여 자기 실현하는 체계>에서야말로 철학지가 성립한다고 생각하고 있었다.

『정신현상학』을 집필할 당시 <체계>는 아직 구상단계에 있었다. 『정신현상학』은 '학의 체계 제1부'이자 '제2부'로서의 <논리학·자연철학·정신철학>을 예상하는 <학에 이르는 입문>에 다름 아니었다. 따라서 <체계>의 생성과 더불어 『정신현상학』은 그 위치짓기를 둘러싸고 변화하지 않을 수 없게 된다. 1812년의 『논리의 학(초판)』에서도 『정신현상학』은 '학의 체계 제1부'에 머무르고 있었다. 그러나 1817년의 『하이델베르크 엔치클로페디』에서는 『정신현상학』이 논술한 "의식의 학적인 역사"가 "절대적인 단초가 아니라 철학이라는 원환 속의 하나의 항"[36절「보론」]이라고 언명되며, 1831년의 『논리의 학(제2판)』에서는 '학의 체계 제1부'로서의 위치짓기가 철회된다. 말하자면

<학에 이르는 입문>을 체계로부터 분리한 것으로서 <체계의 자기완성>이 기도되었던 것이다.

헤겔에게 있어 <체계>는 그 자신의 <체계>가 그러했듯이 <생성하는 동적인 것>이었다. 철학체계라고 말하면 철학을 논리학과 자연학과 윤리학으로 3분하는 고래로부터의 <체계구분>이 상기될 수도 있을 것이다. 그러나 헤겔의 <체계>는 <학의 구분>이나 <지식의 망라>가 아니었다. 칸트는 <원리에 따라 질서 있게 된 인식의 전체>에서 학의 체계를 보고 있었다. 그러나 그러한 <원리적인 통일성>만으로 헤겔의 <생성하는 체계>를 마무리할 수는 없다. "<절대적인 것>의 학은 필연적으로 체계이어야만 한다. 왜냐하면 구체적인 것으로서의 참된 것은 자기 내에서 스스로를 전개하여 통일로 수렴하고 (중략) 총체성으로서만 존립하기 때문이다"[『엔치클로페디』 **14**절]. 확실히 철학사에서는 몇 개의 체계가 등장했을 수 있다. 그러나 헤겔의 입장에서 보면 "참된 체계는 좀더 고차적인 것으로서 하위의 것을 자기 내에 포괄해야만 한다"[『논리의 학』 **6. 250**]. <체계>는 완성도에 따라 참된 체계의 계기로서 위치지어지는 것이었다. 이러한 체계의 진리성이 <근본명제로 환원될 수 있는 것>이 아니었다는 것은 분명하다.

Ⅱ. <체계>의 의미. 주체적인 신앙의 대상인 민중종교를 모색하고 있던 청년 헤겔에게서는 『독일 관념론최고의 체계 강령』이라고 불리는 수수께끼 같은 단편을 제외하면 『철학체계』에 대한 동경을 발견하기 어렵다. "이성의 신화"의 창출을 추구하고 "정신의 보편적인 자유와 평등"[『최고의 체계 강령』 **1. 236**]의 실현을 지향하는 데에 청년 시대의 이상이 놓여 있었다. 1800년 11월 2일자의 편지에서 헤겔은 "청년 시대의 이상은 반성형식으로, 동시에 하나의 체계로 변화될 수밖에 없었습니다"[『서간집』 (제1권) **59**]라며 인간의 <생>을 해명해야만 할 학문에로 향하고자 하는 결의를 표명했다. 이상이 변화된 체계란 「차이 논문」에서 "이성의 순수한 자기인식"이자 "사변의 완전한 자기구성"으로서의 "학의 체계"라고 말해진다. "<절대적인 것>은 이성의 이러한 자기산출에서 객관적인 총체성으로 자기를 형태화한다. 이러한 객관적인 총체성은 <그

자신 내에서 담보되고 완성된 전체적인 것>이고, 자기 바깥에 어떠한 근거도 지니지 않으며, 자신의 단초, 중간, 결말을 통해서 자기 자신에 의해서 근거지어진다"[『차이 논문』 2. 46].

헤겔이 <체계>를 <자기완결된 것>으로서 파악하는 배경에는 피히테처럼 <자아=자아>를 <절대적인 것>으로서 파악하면서도 근본명제에 기초하여 체계를 연역한 결과 근본명제와는 다른 결론, 즉 자아의 노력을 요구할 수밖에 없었던 것에 대한 비판적 관점이 놓여 있었다. 이것을 그는 셸링적인 동일철학의 구상과 중첩시켜 이론철학과 실천철학의 양극이 합일하는 '무차별점'에서 <절대적인 것>을 예술·종교·사변이라는 형태로 사상 내에서 실현하고자 했던 것이다[『차이 논문』 2. 112].

III. <체계>로의 여정. 예나 시대 초기의 헤겔에게는 이른바 '초기 논리학 구상'이라는 것이 있다. 『1801/02년의 《논리학·형이상학》 강의초고』에서는 철학에 이르는 <예비학>의 역할이 논리학에서 구해진다. 논리학은 "<유한한 것>으로부터 출발하여 그것이 이미 무화된 한에서 <무한한 것>으로 이행한다"[Fr. 3, 17a]는 절차를 취한다. 그리고 "논리학의 제3부, 결국 무화작용을 지니는 이성의 부정적 측면으로부터 본래의 철학 또는 형이상학에로의 이행이 이루어지게 된다"[Fr. 3, 19-20a]. 그에 반해 "철학은 말하자면 진리의 학으로서, 무한한 인식 또는 <절대적인 것>의 인식을 대상으로 한다"[Fr. 3, 17a]. 이러한 구상에 따르면 논리학은 유한한 인식을 무화하여 이성적 인식을 여는 준비단계라는 점에서 회의주의와 철학적 의의를 함께 한다. 이 점에서 그것은 셸링의 『학문론』에도 영향을 주며, 또한 『정신현상학』의 '절망의 도정'과도 통한다. 그러나 바로 그렇기 때문에 그것은 동일철학의 체계와 일치하는 것이 아니라고도 말할 수 있다. 사실 헤겔은 "피히테의 학문론이나 셸링의 초월론적 관념론은 모두 논리학 또는 사변철학을 순수하게 그것만으로 서술하고자 하는 시도 이외에 아무것도 아니다"[『로젠크란츠』 188]라고 1801년의 겨울학기에 말했다고 한다. 여기서 우리는 헤겔이 이미 셸링과 다른 체계구상을 지니고 있었다는 것을 엿볼 수 있다. 철학은 주관적인 것과 객관적인 것의 동일성을 지로서 구성한다. 그 준비로서 유한한 인식을 지의 전개에서 부정하는 과정이 필요하게 된다. 그러나 "셸링은 그 후의 철학관 안에서 사변적 이념을 전개를 결여한 채 일반적인 형태로 수립하고 있다"[같은 책 189]. 헤겔이 논리학에서 추구한 <유한한 인식에 대한 무화작용>은 "학적 진전을 이루는 영혼"으로서 변증법의 근간을 이루는 것이었다.

'논리학 및 형이상학'을 예비부문으로 하는 '이론철학', '실천철학', '무차별의 철학'의 네 부문으로 이루어지는 체계구상은 『1801년 가을의 철학입문 강의』에서도 분명하다. 거기서는 이념 그 자체의 학인 '관념론 또는 논리학 즉 형이상학', 물체로서 실재하는 이념을 다루는 '자연철학', 이념이 자유로운 국민으로서 실재적으로 되는 '정신철학', 자유로운 국민이 이념으로 귀환하는 '종교와 예술의 철학'이라는 네 부문에 걸친 체계구성이 이념의 전개과정으로서 말해진다. 즉 지의 이념이 자기를 실현하면서 전개하는 전체가 <체계>로서 구성되었던 것이다.

『철학비판지』에 수록된 논고에서 <무화의 논리>가 확립된다. 『인륜의 체계』, 『예나 체계 I』에서 보이는 것은 <초기 논리학 구상>에 기초한 사색을 체계화하는 시도이다. 그러나 그 후 논리학과 형이상학이 체계의 내부로 짜 넣어지며, 『예나 체계 III』에서 <이념의 전개>를 <철학의 통일성>으로 파악하고, 나아가 <역사적인 맥락> 안에 위치짓고자 한다. 이리하여 『정신현상학』이 <체계로의 예비학>으로서의 역할을 담당하여 등장하기에 이른다. 체계를 모색하고 있던 헤겔의 당시 궤적은 예나 대학의 '강의공고'에서도 엿볼 수 있다.

IV. 체계의 구축. 뉘른베르크에서 <철학에 대한 서론으로서의 정신론>과 논리학이 『철학 예비학』으로서 강의되었다. "학문의 전체는 [1.] 논리학, 2. 자연의 학, 3. 정신의 학이라는 세 개의 주요부문으로 나누어진다"[『뉘른베르크 저작집』 4. 11]는 것이다. 또한 『논리의 학(초판)』으로부터는 체계의 제1부문으로서의 <정신현상학>과 체계의 제2부문으로서의 <논리학 및 자연철학과 정신철학을 포함하는 실재철학>으로 이루어지는 체계구상을 알 수 있다. 그러나 강의는 개정을 거듭하며, 체계는 생성도상에 있었다고 말할 수 있다.

"철학은 본질적인 의미에서도 엔치클로페디이다"[7절]라고 선언되는 『하이델베르크 엔치클로페디』에서 「1) 논리학, 즉 즉자대자적인 이념의 학. 2) 이념의 타자존재에서의 학인 자연철학. 3) 자기의 타자존재로부터 자기 내로 귀환한 이념으로서의 정신의 철학」[11절]으로 이루어지는 체계가 실현된다. 엔치클로페디의 본래 의미는 "부문들의 구분과 연관이 개념의 필연성에 따라 서술된다"[6절]는 점에 있으며, 학들의 <수집>이 아니라 <자기 내에서 완결된 원환을 이루는 총체성>을 드러낸다는 것을 의미하는 것이었다.

『엔치클로페디(제2판·3판)』(1827년·1830년)에서 제시된 베를린 체계는 하이델베르크 체계의 구조와 동일하다고 말해도 좋지만, 내용에 관해서는 대폭적으로 증보되었다. 『정신현상학』을 내부에 짜 넣은 형태로 체계는 자기 완결된다. 이 시기의 저작이야말로 헤겔 철학의 참된 형태라고 간주되는 경향이 있었다. 예를 들면 『논리의 학』은 제2판이 초판보다 우선시되었다. 그러나 『철학사』 등은 예나 시대의 노트에 기초하여 강의되고 있었다. 헤겔의 <체계>는 지의 원리가 자기부정을 통해서 자기를 실현한 것이라는 점에 다른 <체계>와 두드러진 차이가 있었다. 그것을 변증법의 체계라고 부른다면, 바로 헤겔 철학을 조망할 때에 필요한 것은 최후에 남겨진 형태에서만 볼 것이 아니라 생성의 모습에서 파악하는 것이라고 말할 수 있다. ⇒『최고의 체계 강령』, 변증법, 학(문)

【참】 Trede (1972), 中埜肇(1978), Harris (1983)

―구리하라 다카시(栗原 隆)

『체계계획體系計劃』 ⇨『최고의 체계 강령』

초감성적 세계超感性的世界 [übersinnliche Welt]

칸트에서 초감성적인 것은 감성적인 것·현상을 가능하게 하는 근거이며, 그것은 사유되지만 지각되지 않는 것으로 주장되었다. 근대의 회의주의자는 경험적 인식을 중시하고 감성적인 것의 진리를 인정하며 초감성적인 것에 대한 인식의 가능성을 부정했다. 근대에서의 이러한 감성적인 것과 초감성적인 것의 분리에 대해 헤겔은 『정신현상학』에서 양자의 연결과 초감성적 세계의 인식가능성을 주장한다. "초감성적인 것은 <진리> 안에 있는 것으로서 정립된, 감성적인 것·지각된 것이지만, <감성적인 것>·지각된 것의 <진리>는 <현상>이라는 것이다. 따라서 <초감성적인 것>은 <현상>으로서의 <현상>이다"[3. 118]. 결국 초감성적 세계는 변화와 교체의 지각세계에 대해서 그 일반성으로서의 "법칙의 평온한 나라"[3. 120]로 생각된다. 이것이 첫 번째 초감성적 세계이지만, 이 법칙에 의한 설명이 동어반복적이라는 점에서 자체[법칙]와 현상[지각]이 상호 전도되는 두 번째 초감성적 세계가 생각된다. 이것이 '무한성'의 세계이다. ⇒ 전도, 무한

【참】 Gadamer (1971b)

―에비사와 젠이치(海老澤善一)

초월론적超越論的 [transzendental]

보통 하나·진·선 등, 범주를 넘어선 사물의 가장 일반적인 속성은 초월적(transzendent)이라고 말해지지만, 칸트는 이것을 대상과의 관계에서가 아니라 경험적 인식의 가능성이라는 인식비판의 의미에서 사용하여 초월론적이라고 칭했다. 이것은 선험적이나 초월적 또는 선험론적이라고도 번역된다. 헤겔은 이러한 칸트의 태도를 주관적·심리적이라고 비판하지만, 예나 초기에 한 번 그 의미를 확장하여 셸링의 지적 직관과 같은 초월론적 직관의 존재를 주장하고 있다. "초월론적 직관은 철학적 반성[에 불과한 것만이 아니라 그의 대상, 결국 절대자·근원적 동일성 그 자체이기도 하다"[『차이 논문』 2. 53]. 초월론적 직관에서 반성[지]과 직관, 존재와 개념, 주관과 객관 등 모든 대립이 지양된다는 것이다. 그러나 이 이후 헤겔은 초월론적 직관이라는 말을 사용하지 않는다. 인식비판을 과제로 했다고 할 『정신현상학』에서도 초월론적이라는 말은 한 번도 나오지 않는다. 오히려 그는 칸트의 초월론적 철학이 사유규정 그 자체의 고찰을 소홀히 했다고

말하며, 『논리의 학』에서는 사유규정의 본성을 그 제한을 넘어선다는 본래의 <초월적>이라는 말에 접근한 의미에서 이해하고, 인식비판으로서나 대상과의 관계에서가 아니라 자기 초월적인 사유규정들끼리의 관계에서 <개념>의 무한성을 보고자 한다. ⇒ 직관

―에비사와 젠이치(海老澤善一)

초월론적 직관超越論的直觀 ⇨직관

총체성總體性 [Totalität]

총체성은 전체성이라고도 번역된다. "진리는 전체이다"[『정신현상학』 3. 24]라는 말에서도 보이듯이 총체성 또는 전체성이라고 말하는 개념은 헤겔 철학에서 중요한 지위를 차지한다. 다만 헤겔에서는 "모든 소가 까맣게 보이는"[같은 책 3. 22] 밤으로서의 전체가 아니라 어디까지나 '구별'을 내포한 전체("구체적 전체"라고도 명명된다[『논리의 학』 6. 555])를 의미하는 데에 그 특징이 놓여 있다.

원래 총체적이라든가 총체성이라고 말할 때 헤겔은 우선 부분과 개별에 대한 전체, 모순과 대립에 대한 통일이라는 의미를 갖게 하지만, 본래 헤겔의 사고방식에 따르면 모든 모순과 대립의 양항은 사실은 '하나의 것'의 서로 다른 모습에서의 나타남이며, 또는 개별적인 부분들의 언뜻 보아 무질서한 집합체로 볼 수 있는 현실도 본래는 커다란 질서를 지닌 '하나의 것'의 우연한 모습이다. 여기서 말하는 '하나의 것'(통일성, 통체성)에 해당하는 것이 총체성이다. 헤겔의 이와 같은 기본적인 사상은 이미 베른 시대말(1796년)경부터 싹트고 있으며, 곧이어 '사랑'이라든가 '생'이라든가 '존재'라는 말로 표현되기에 이른다. 헤겔에 따르면 이러한 총체성은 객관적인 대상세계에 엄연히 존재하고 있음에도 불구하고 그것을 파악할 수 있는 것은 오로지 인간의 이성의 활동뿐이다. 따라서 헤겔에서 인간의 이성의 일인 철학의 사명과 목표는 실은 진리이기도 하고 절대자이기도 한 이러한 총체성의 파악에 있다고 말해도 과언이 아니다. 바로 그런 까닭에 이

개념은 헤겔 철학의 모든 분야, 즉 논리학(헤겔에서는 이것이 인식론과 형이상학적 존재론을 겸한다), 자연철학, 정신철학(넓은 의미의 사회철학, 역사철학) 등의 영역에서 언제나 중심적인 역할을 담당하게 된다.

우선 인식론, 존재론의 영역에서 총체성은 절대자이자 지와 인식의 유기적 통일체이게 된다. "절대자는 하나의 객관적 총체성, 지의 전체적 통합체, 다양한 인식의 유기적 통일체로 된다. 이러한 유기적 통일체에서는 부분들 각각이 동시에 전체이기도 하다. 부분이 절대자와의 관계에서 존립하고 있기 때문이다"[『차이 논문』 2. 30]. 다음으로 자연철학에서는 "총체적 개체성"[『엔치클로페디(제3판) 자연철학』 309절]이라든가 "특수한 개체성에서의 총체성"[같은 책 323절]과 같은 표현을 사용하며, 자력의 남북 양극과 전기의 플러스와 마이너스가 각각 총체를 간직한 개체라는 것을 예시함으로써 자연계의 기본구조를 설명하고 있다. 또한 생물의 양성에 관해서도 마찬가지라고 하고 있다[같은 책 369절]. 나아가 사회철학적으로는 국가가 인륜의 이념의 실현태라는 견해를 내세우고 있지만[『법철학』 257절], 그것은 인륜의 진리로서의 총체성은 시민사회에 의해서 담보되지 않기 때문에 국가에 의해서 실현되어야만 한다는 헤겔의 형이상학적 소신이 나타난 것이라고 볼 수 있을 것이다. '구별을 내포한 전체'라는 기본적 관점을 고려한다면, 헤겔을 이른바 정치적 전체주의의 창도자라고 간주하는 것은 지나친 일일 것이다. ⇒ 전체, 모순, 대립, 변증법

【참】 Henrich (1966), Avineri (1976)

―야지마 교시로(谷嶋喬四郎)

최고선最高善 [Höchstes Gut]

칸트는 (주로) 덕에 행복이 내속한다고 생각하는 스토아학파를 비판하면서 덕('도덕성'), 엄밀하게 말하자면 완전한 덕('최상선')에 다시 '행복'이 부가된 상태를 '최고선'이라고 하고, 그 상태를 행복에 관계하여 실현하는 것으로서 신의 존재를 요청했다.

이에 대해 독일 관념론은 일반적으로 칸트가 말하는 행복이 '경험적 행복'에 불과하다고 하여 그에 대해서

'순수한 행복'의 존재를 주장하고 그와 같은 '순수한 행복'과 덕으로 이루어지는 '최고선'의 실현은 인간 자신의 일이라고 주장한다.

헤겔도 마찬가지지만, 초기에는 다른 한편으로 (경험적) 행복을 단념하고 덕만으로 자족하는 존재방식도 하나의 이상이라고 하고 있다. 또한『정신현상학』, 『철학사』등에서는 좀더 일반적으로 '최고선'의 실현을 위해 신을 요청하는, 따라서 결국 '최고선'의 피안성을 말하는 칸트는 단순한 '당위'의 입장에 머무른다는 비판이 이루어지고 있다. ⇒요청, 슈토르, 행복(행복설)

【참】 Kant (1788), Schelling (1795), Peperzak (1960), Düsing (1971, 1973), Klein (1972), 安彦一惠 (1978)

　　　　　　　　　　　　　　　　　—아비코 가즈요시(安彦一惠)

『최고의 체계 강령』 [Älteste Systemprogramm]

Ⅰ. 텍스트 비판. (1) 텍스트의 내력. 로젠츠바이크 (Franz Rosenzweig 1886-1929)에 의해서『독일 관념론 최고의 체계 강령』이라는 제목이 붙은 헤겔의 초고가 1917년에『하이델베르크 아카데미 회보』에 게재되었다. 그는 이 초고의 사진판을 작성하였으며, 현재 이 사진판은 베를린 국립도서관에 보관되어 있다. 원문은 제2차 대전 중 베를린 국립도서관의 장서 전체가 전화를 피하기 위해 소개되었을 때 오늘날 폴란드령에 속하는 그뤼사우로 옮겨졌다. 이 원문은 전후 1946년에 그뤼사우에서 다시 반출되어 현재 크라쿠프의 야게위 도서관에 있는 것으로 판명되어 있다.

(2) 저자 문제. 텍스트는 헤겔의 자필 초고라는 형태로 남아 있지만, 초고의 원저자가 누구인가 하는 것은 오랫동안 문제가 되어왔다. 1917년에 로젠츠바이크가 『최고의 체계 강령』의 텍스트를 공표했을 때 그는 이 초고의 원저자를 헤겔이 아니라 셸링으로 간주했다. 셸링 저자설에 대해 텍스트의 사상내용 및 문헌학적 고증으로부터 횔덜린 저자설(뵘)이 반론으로서 제출되었다. 1920년대에 들어서서 양자 사이에 논쟁(제1차 저자논쟁)이 이루어졌다. 1930년대에 저자문제는 일단 해결된다. 즉 셸링이 횔덜린의 사상내용을 옮겨

놓았으며, 헤겔이 그것을 필사한 데 불과하다(L. 슈트라우스)는 것이다. 1960년대에 들어서면 원저자를 그 필적 그대로 헤겔 자신으로 하는 학설(푀겔러)이 제출되어 헤겔 저자설을 둘러싸고 논쟁(제2차 저자논쟁)이 이루어졌다.

(3) 집필 시기. 헤겔의 글자체를 검증한 결과 로젠츠바이크와 슐러는 집필 시기를 1796년 초 여름으로 삼았다. 그러나 암메와 슈나이더는『엘레우시스』[1796년 8월]와 엔델에게 보낸 서한[1797년 2월 9일]의 사이로 주장한다.『최고의 체계 강령』이 씌어져 있는 용지는 1796년에서 1797년 초에 걸쳐 제조된 것이 분명하기 때문에 헤겔은 이 용지를 베른에서 돌아오는 길에, 또는 프랑크푸르트에서 비로소 입수한 것이 된다. 따라서 1796년의 크리스마스에 슈투트가르트에 도착하고 나서 1797년 2월 9일에 서한을 쓰기까지『최고의 체계 강령』을 쓴 것으로 된다.

Ⅱ. 내용의 개관.『최고의 체계 강령』[1. 234-236]은 내용상 두 부분으로 이루어지며, 제1부와 제2부 사이에는 내용상의 커다란 단절이 있다.

(1) 이성의 요청론. 본문은 갑자기 '하나의 윤리학'이라는 말로 시작한다. 그 이전의 부분은 모두 누락되어 현존하지 않는다고 생각된다. 이 윤리학은 '모든 이념의 완전한 체계', '모든 실천적 요청의 완전한 체계'이다. 실천적 요청 가운데 제1의 이념은 '자유로운 자기의식적인 존재자'이다. 그리고 나서 이 윤리학은 '자연학'으로 이행한다. 자기의식적인 존재자와 동시에 제2의 이념으로서 전 세계가 무로부터 등장한다. 이것이야말로 '무로부터의 창조'이다. 나아가 자연학은 '인조물'로 이행한다. 우선 '국가의 이념'은 존재하지 않는다는 것이 명시된다. 왜냐하면 국가란 '기계적인 것'이기 때문이며, 자유로운 인간을 '기계적인 톱니바퀴 장치'로서 취급하기 때문이다. 다만 '자유의 대상'인 것만이 '이념'이라고 불리는 것이다. 모든 인조물에 대신하여 '도덕적 세계, 신성, 불사의 이념'이 등장한다.

(2) 이성의 미적 관념론. 제1부에서 모든 이념은 '자유'라는 이념의 특수한 규정에 불과했다. 그에 반해 제2부에서는 '미의 이념'이 이 이념들의 통일체로 된다. '마지막으로 모든 이념을 합일하는 이념, 즉 미의

413

이념[이 등장한다]'. '자유'가 아니라 '미'가 모든 이념을 정초함과 동시에 그것들을 포괄하는 이념이다. 여기서 다음의 것들이 확인된다. 하나는 미의 이념이 모든 이념을 합일하기 때문에 '진과 선은 미에서만 결합된다'는 것이다. 또 하나는 '이성은 모든 이념을 포괄하기' 때문에 '이성의 최고의 행위는 미적 행위'라는 것이다.

(3) 이성의 신화론. 제2부는 미에서 '시'로, 나아가 '새로운 종교'의 창설로 전개된다. 새로운 종교란 한편으로는 '이성과 마음의 일신론'이며, 다른 한편으로 '상상력과 예술의 다신론'이다. 전자는 순수한 이성이념에 따른 자율적인 도덕성을 의미한다. 후자는 스스로의 상상력에 의해서 신화를 흡수하는 뛰어난 감각을 의미한다. 한편으로 이념이 미적·신화적으로 되어야만 하며, 다른 한편으로 신화가 이성적·철학적으로 되어야만 한다. 신화가 이념의 담지자인 이성에게 봉사하는 것이게 되면 그것은 '이성의 신화'이어야만 한다. 『최고의 체계 강령』 전체는 이성의 신화에 의한 새로운 종교의 창설이라는 구상을 결론으로 한다.

『최고의 체계 강령』의 한 장의 종이에는 역사적·체계적으로 대단히 광범위한 영역을 지니는 다양한 사상이 응축되어 있다. 확실히 그것은 완전한 학적 형식을 갖춘 하나의 '체계'라고 말할 수는 없다. 그러나 그것은 윤리학, 실천적 요청의 체계, 미적 관념론, 새로운 종교, 이성의 신화론 모두를 포함하는 웅대한 규모의 계획이며, 독일 관념론의 전개에서의 맹아를 남김없이 포함한 체계의 '강령'이다. ⇒체계

【참】Bubner (1973c), 茅野良男 (1975), Jamme/Schneider (1984), 高橋昭二 (1984), 寄川條路 (1988 a, b), Hansen (1989)
—요리카와 죠지(寄川條路)

최고존재最高存在 ⇨**이신론**

최후의 만찬最後─晩餐 ⇨**예수**

추론(추리)推論(推理) [Schluß]

"모든 이성적인 것은 추리이다"[『논리의 학』6. 352]. 헤겔에게서 추리란 이성이 행하는 논리조작이 아니다. 오히려 이성 그 자체이다. 예나 대학에 취임할 때 제출한 『취직 테제』에서 이미 "추리는 관념론의 원리이다"라고 하고 있으며, 자기의 철학 체계의 대강을 형성했다고 보이는 『엔치클로페디』의 끝 부분[제1판 474-7절, 제3판 574-7절]에서는 '논리', '자연', '정신'이라는 체계의 세 부문이 각각이 각각을 매개항으로서 지니는 3중의 추리라고 위치짓고 있다. 헤겔이 계몽적 지성의 입장을 넘어선 이성의 입장에 섰다고 말해질 때 그 이성의 논리적 구조를 보이는 것이 추리인 것이다.

전통적 논리학에서 추론이라고 불리는 것은 삼단논법(Syllogismus)이다.

M은 B이다. (대전제)
A는 M이다. (소전제)
그러므로 A는 B이다. (결론)

이것은 역으로 보면 'A는 B이다'라는 결론명제가 M이라는 매개념에 의해서 근거지어지는 과정이라고 볼 수 있다. 그런 의미에서 추리란 매개념을 근거로 하는 주개념(주어)과 빈개념(술어)의 결합이라고 말할 수 있다. 이 점이 헤겔의 경우에도 추리의 본질이다. 그러나 그것에 의해 표현되는 내용은 전적으로라고 말해도 좋을 정도로 다르다. 전통적인 삼단논법을 헤겔은 '지성추리(Verstandesschluß)'라고 부르며, 본래의 추리가 지니는 이성적인 내용이 사상되어 형식만이 남은 것에 불과하다고 간주한다. 예를 들면 '장미는 빨갛다, 빨강은 색이다, 그러므로 장미에는 색이 있다'와 같은 지성적 추리에서 그 내용 없음이 이미 보이고 있는 것처럼, '장미'와 '색'이라는 두 항 사이에 본질적인 관계는 존립하지 않으며, '빨갛다'라는 중간항도 두 항에 대해 우연적이고, 따라서 양자의 결합도 외면적이다. "이러한 추리에서 주어는 다른 규정과 결합된다". "이에 반해 이성적인 추리란 주어가 매개에 의해서 자기를 자기 자신과 결합하는 것이다"[『엔치클로페디(제3판) 논리학』182절].

헤겔이 본래의 추리라고 말하는 것은 결합되는 세 항이 동일한 본질을 지니고, 그것들이 서로 다른 것을

근거짓는 활동을 하는 관계의 것이다. 이것을 형식적으로 보면, A M B라는 세 개념 가운데서 'A는 B'라는 판단을 M이 매개할 뿐 아니라 'A는 M'이라는 판단을 B가 매개하고 'M은 B'라는 판단을 A가 매개함으로써 모두의 '있다'라는 직접적인 전제가 지양되는 '3중의 추리'라는 형태를 취한다. 나아가 헤겔의 경우 결합되는 '개념'이란 그것 자체가 보편, 특수, 개별이라는 세 개의 계기를 지니지만, 이것들은 보편이 특수화하여 개별로서 지속한다는 동일한 구조의 세 개의 양상이라고 생각되고 있다. 추리는 이러한 개념이 지니는 구조를 세 개의 개념의 관계로서 드러낸다. 따라서 추리의 세 항은 각각이 개별, 특수, 보편으로 위치지어지지만, 내적으로는 각 항이 동일한 개념인 것이다. 따라서 "세 개의 동일한 항으로 이루어지는 3중의 추리"[같은 책 198절]로 되는 것이 이성추리의 형식적 특징이다. 그리고 그에 의해 표현되는 내용은 동일한 것이 외면적으로는 서로 대립하는 세 항의 본질적 동일성 속에서 자기를 지속하고 발전시켜 나가는 과정인 것이다.

헤겔에서 개념의 구조는 존재자의 내적 로고스를 의미하기 때문에 세 개의 개념의 관계인 추리도 자주 태양계와 생명과 국가와 종교와 같은 현실 그 자체의 관계라고 생각된다. 이 가운데 국가를 예로 생각해보자. "국가는 세 개의 추리로 이루어지는 체계이다"[같은 곳]. 개별이란 개인이다. 특수란 개인들의 정신적, 육체적 욕구이며, 이것이 그것만으로 조직된 것이 시민사회이다. 보편이란 국가, 법, 정부 등이다. 이 세 가지 형태를 상세하게 살펴보면, 각각이 다른 둘에 의존하고 있고 각각이 다른 둘을 결합하는 활동을 하고 있다고 판명된다. 그로부터 각 항이 다른 두 항을 내적 본질로서 자기 내에 포함하고 있으며, 각각이 매개항으로 되는 3중의 추리를 형성하고 있다고 밝혀진다. "이들 세 개의 규정 각각은 매개에 의해 다른 두 항과 연결됨으로써 자기 자신과 연결된다"[같은 곳]. 이러한 추리에 의해서 세 개의 형태가 동일하며 자기 자신을 생산하는 유기적 통일 속에 있다는 것이 드러난다.

이미 말했듯이 헤겔은 일찍부터 추리 형식에 주목하고 있지만, 『예나 체계 Ⅰ』(1803/4)의 시기까지 추리는 지금까지 말한 것과 같은 동일자의 자기 내에서의 발전을 보이는 형식이 아니다. 『예나 체계 Ⅲ』(1805/6)에서 비로소 <다른 것으로 자기를 외화함으로써 자기로 돌아온다>는 '정신' 내지는 '주체'라고 불리는 동일자의 원환구조가 추리형식에 의해서 표현되게 된다. 그에 의해 추리는 주체(주어)의 부정적인 자기실현의 운동이라는 의미를 획득하고, 단지 논리적인 형식에 그치지 않고 실재 그 자체의 로고스를 열어 보여주는 구조로서 파악되게 된다. 이리하여 "모든 것은 추리이다"[같은 책 181절]라는 범논리주의의 입장이 표면화되어 가는 것이다. ⇒유추

【참】Mure (1950), Schmitz (1957)(많은 개별적인 논점들은 수정을 필요로 한다), Düsing (1976)

―우에무라 요시로(上村芳郎)

주상抽象 [Abstraktion, Abstraktes, Abstrahieren]

구체에 대립하여 말하는 개념이지만, 헤겔에서는 통상적인 것과 의미가 역전되어 있다. 전체적 통일인 구체적 개념에 반해 추상은 전체의 한정된 것, 구체적 통일의 일면성을 의미한다.

Ⅰ. 추상적(일면적). 추상은 우선 일면적인 것으로서 개념의 규정성, 특수성 및 이것과 대립하는 추상적 보편의 의미에서 사용된다. "규정성은 확실히 다른 규정성에 대한 추상적(일면적)인 것[das Abstrakte]이지만, 이 다른 규정성은 단지 보편성 자체에 불과하다. 그런 한에서 이 보편성 역시 추상적인 보편성이며, 개념의 규정성, 다시 말하면 특수성은 오히려 규정된 보편성에 다름 아니다"[『논리의 학』 6. 283].

Ⅱ. 추상. (1) 따라서 추상은 공허한 것이 아니라 규정성으로서의 내용을 의미한다. "보통 추상(die Abstraktion)이라고 말해지는 것은 공허가 아니다. 그것은 규정된 개념이며 무언가 규정성을 내용으로서 갖는다. 순수한 추상인 최고의 존재자라고 하더라도 무규정성이라는 규정성을 내용으로서 갖는다"[같은 책 6. 285]. (2) 그러나 추상은 철저히 생각하게 되면 그 자신의 대립물인 구체적인 것과 일치한다. "추상은 개별성의 영혼으로

서 부정의 부정에 대한 관계이지만, 이러한 추상은 보편과 특수에 있어 외면적인 것이 아니라 그것들에 내재한다. 따라서 보편성과 특수성은 추상에 의해서 구체적인 것, 내용, 개별이다"[같은 책 **6**. 299].

Ⅲ. 사상[도외시]. 추상 그 자체는 결과이기 때문에 그 활동의 면에 주목하게 되면 도외시하는 것, 사상작용이다. "개별은 그 자신이 반발하면서 있는 분리이자 정립된 추상이지만, 바로 그 분리 속에서 긍정적 관계이다. 개별의 이러한 사상작용(Abstrahieren)은 구별의 자기 내 반성으로서, 첫째로 여러 가지 구별을 자립시키고 자기 내 반성된 것으로서 정립하는 활동이다"[같은 책 **6**. 300-1]. ⇒구체적

【참】大村晴雄 (1961), Meiners (1980)

─오사카다 히데유키(小坂田英之)

추상법抽象法 ⇨**법**

추한 것, 추하다醜─ [Häßliches, häßlich]

자연의 유기체(생물)에 관하여 그것을 구성하고 있는 부분들에는 그러해야만 하는 일정한 내적 연관 내지 모습이 있다고 우리가 생각하는 까닭에 그것과는 다르게 존재한다고 보는 경우 우리는 '추하다'고 판단한다[『미학』 **13**. 171]. 헤겔은 '추' 그 자체의 명확한 개념 규정은 제시하고 있지 않지만, 예술에 관해서도 이 말을 사용하고 있는 곳이 몇 군데 있으며, 거기서는 대체로 미의 반대개념으로 이해해도 좋을 것이다. 예술은 미를 현실화하고자 하는 것이기 때문에 추는 예술에 있어 부정적인 것이지만, 부분적으로 도입되는 한에서 긍정적인 역할을 수행할 수 있다. 즉 미라는 통일체 속에 추가 들어와 조화가 침해되지만, 그러나 그것이 극복될 때 오히려 그것에 의해 조화의 의의가 두드러지고 미가 실현되는 사태가 있을 수 있는 것이다[『미학』 라손 판 285f.]. 낭만적 예술의 일정한 국면에서 고전적인 미란 대상적으로 아름답지 않은 것(das Unschöne)이 없어서는 안 되는 계기로서 나타난다[『미학』 **14**. 153].

미의 판단은 그 대상의 본질을 이루는 개성적 특징에 주의를 돌리는 것에서 시작된다고 한 히르트(Aloys Hirt 1759-1839, 미술사가)의 미의 정의(관찰법)를 마이어(Johann Heinrich Meyer 1760-1832)는 추한 것을 강조하는 것으로서 회화가 있기 때문에 히르트의 정의를 받아들이면 자칫 추한 것의 표현도 예술의 근본 규정으로서 용인되어야만 한다고 비판하고, 그것을 배제하는 논의를 전개하고 있다. 그러나 헤겔은 마이어의 논의에는 결국 히르트와 비교하여 그다지 진전된 바가 없다고 비판하고, 오히려 히르트의 정의로부터 미는 내용이라는 내면적 요소와 그것을 의미하고 특징짓는 외면적 요소로 구성되는 것이라는 파악방식을 평가하고 있다. ⇒미

【참】Rosenkranz (1853)

─마스나리 다카시(增成隆士)

축복祝福 ⇨**행복**(**행복설**)

축회전軸回轉 [Achsendrehung]

축을 중심으로 하여 회전하는 운동으로 예를 들면 지구의 자전과 같은 운동이다. 헤겔에 따르면 지구를 비롯한 행성들은 지축을 중심으로 자전한다는, 즉 축회전 운동을 한다는 의미에서 자신의 중심을 자신 안에 지니지만 이것은 상대적 중심이고, 태양을 중심으로 공전한다는 의미에서 태양을 자신의 중심으로 하고 있는바 이것은 절대적 중심이다. 그런 한에서 행성운동은 독립성과 비독립성의 통일이며, 행성적 자연은 총체성을 보이고, 따라서 행성의 하나인 지구에서만 생명이 존립한다. 헤겔은 오직 축회전 운동(자전)을 할 뿐인, 또는 자신 속에서만 축의 중심이 있는 천체로서 태양이 있어 이것을 독립적인 천체로 하고, 공전할 뿐인, 또는 자기 바깥에 중심을 지닐 뿐인 천체로서 달과 혜성이 있어 이것을 비독립적인 천체라고 말하고 있다(물론 달도 자전하며, 태양도 은하계에서의 그 위치를 변화시키고 있다). 이 문제는 현대에 헤겔의 논리를 살리기 위해서도 과학들의 성과를 포함

하여 좀더 전개될 필요가 있을 것이다. 축회전 운동은 장소의 변화가 없는 운동이며, 헤겔은 정지된 운동이라고 부르고 있다[『엔치클로페디(제3판) 자연철학』 270절, 같은 절 「보론」]. ⇒천체, 행성

—이나오 마사루(稻生 勝)

출판의 자유 出版—自由 [Preßfreiheit]

의견 공표의 충동을 충족시키는 <언론의 자유>의 하나[『법철학』 319절]. 여론에 직접 관계하는 출판의 자유는[『법철학 강의(호마이어)』 337] 만인이 의회에 참가할 수 없는 것에 대한 "본질적인 보완"이며, 또한 헌법체제의 "불가결한 구성지절"이다[『법철학 강의(반넨만)』 238f.]. 언론의 자유를 직접 보증하는 것은 일탈을 규제하는 법률과 명령이다. 어떠한 언론도 자유라고 주장하는 것은 교양 없는 형식주의의 발상이다. 명예의 훼손, 정부·군주에 대한 비방, 법률의 조소, 폭동의 선동 등은 범죄로 된다. 그러나 언론의 소재와 형식이 다양하고 그 의도가 주관적이기 때문에 위반은 법률에서 정할 수 없고 배심재판에서 주관적으로 판가름할 수밖에 없다. 다른 한편 이성적인 헌법체제에 견고한 정부와 공개적인 의회가 있고 특히 천박하고 악의적인 의견이 경멸되는 기풍이 있게 되면 언론의 자유의 의의가 저하되기 때문에 도리어 이것을 간접적으로 보증한다. 또한 이성을 솔직하게 진술하는 학문은 그 소재와 내용에 권리와 보증이 있기 때문에 "무제한한 표현의 자유를 향유한다"[『법철학 강의(호토)』 825]. ⇒여론

【참】 Welcker (1830)

—가미야마 노부히로(神山伸弘)

충돌 衝突 [Kollision]

충돌이란 어떤 '상황(Situation)' 속에서 인간이 장애에 부딪쳐 상극한다든지 갈등하는 사태가 생기는 것이다. 헤겔은 『미학』에서 질병과 죽음 등의 육체적 불행에 의한 충돌에 대해서도 언급하고 있지만, 주로 정신적·인륜적 장면에서의 이야기를 소재로 하여 충돌의 모습들을 고찰하고 있다. 예를 들면 여러 자식들 사이의 왕위계승 다툼이라든가 영지 다툼에 의한 상극, 또는 지니고 살아온 개인의 정신적 자질과 그 개인이 어떤 특정한 계급으로 살아온 것에 의한 차별 사이의 갈등 등이다. 또한 연애에서 두 사람의 사랑에 대해 가문과 가족의 체면 등이 장애로 되는 경우 거기서 충돌이 일어난다. 이것들을 소재로 하여 묘사되는 극(Drama)의 이야기는 어떤 상황에서 우선 장애가 발생하고, 그로부터 개인들의 이해의 대립과 투쟁이 드러나게 되며, 그리고 이와 같은 충돌이 "모순의 극에 달하여 필연적으로 해소"[『미학』 15. 489]되는 식으로 모순의 발생과 격화, 그리고 그 지양이라는 일련의 전체적인 운동으로서 파악되고 있다.

이사카 세이시(伊坂青司)

충동 衝動 [Trieb]

무언가가 결핍되어 있다고 느껴질 때 이 무언가를 구하여 결핍감을 채우고자 하는 주체의 활동을 일으키는 것. 예를 들면 자기의식은 결핍되어 있는 대상을 자기 안의 타자존재로서 느끼는 "결핍의 감정"[『뉘른베르크 저작집』 4. 118]으로서의 욕구에 의해서 환기되며, 결핍되어 있는 대상과의 대립을 지양하고자 하는 충동을 지닌다. "그것[자기의식]의 타자존재라는 이 감정은 그것의 자기 자신과의 동등성과 모순된다. 이 대립을 지양할 것으로 느껴진 필연성이 충동이다"[같은 곳]. 이 활동은 대상과의 대립을 넘어선 총체성을 회복하는 활동이다.

충동은 총체성의 내용에 의해서 자연으로부터 정신에 이르는 단계들로 구별된다. 유기체의 활동이 그것의 모델로 된다. 그러나 자연에서는 식물의 형태변화, 동물의 형성충동·예술충동에서 보이는 것과 같은 유기체의 충동이 파악될 뿐 아니라, 물체의 역학적·물리학적·화학적 운동에서 비유기체도 충동을 지니는 것으로 된다. 충동은 더 나아가 정신에서도 직접적인 형태인 욕망과, 좀더 보편적이지만 의지에 대립하는 충동에서 보이는 것과 같은 단지 자연충동에 그치지 않는다. 그것은 이들 모두를 관통하는 "자유로운 정신

의 절대적 충동'[『법철학』 27절]으로서 의지에 합치되는 것이기도 하다. 즉 헤겔은 자연 및 정신에서의 (자연에 사로잡힌) 충동 안에서도 엔텔레케이아로서의 의지의 작용을 가능하게 하는 이념의 보편적인 활동을 발견했던 것이다. 이리하여 그는 충동의 형태들을 체계적으로 파악했다. 이러한 파악의 근저에는 그의 사변철학의 원리로서 "철학의 욕구"[『차이 논문』 2. 20]를 만족시키는 이념의 활동인 "[주관성과 객관성의] 분리를 지양하는 충동"[『논리의 학』 6. 467]이라는 견해가 놓여 있다.

충동 개념은 헤겔이 청년 시대 이래로 선행 사상들과 대결하여 자기 입장을 확립하고자 할 때 그의 근본적 관심사였다. 개념사에서 종교적·도덕적 가치판단에 기초하여 충동을 악으로 보는 견해를 별도로 한다면, 그 이전의 사상가들이 이미 충동을 도덕적 중립성의 틀 내에서 부정적이든 긍정적이든 인간에게 있어 불가결한 것으로서 파악하고 있었다. 그런 까닭에 부정적 이해는, 충동이 당시 능력심리학과 칸트에서 저차적인 욕구능력으로서 고차적인 욕구능력인 의지에 대립되어 있던 한에서, 그에게 있어서도 자명하였고, 또한 그는 칸트를 비판하는 실러, 야코비 등의 긍정적 이해로부터도 배웠다. 그러나 그는 그들 대부분에게 결여되어 있던 충동을 발전에 있어서 파악하는 통찰을 획득했다.

그들과의 대결에서 최대의 것은 예나 시대 초기의 피히테 비판 및 눈에 띄지 않는 형태의 셸링 비판이다. 그는 충동을 이성적인 것과 지성적인 것의 두 가지 의미로 구별하고, 피히테의 입장을 그의 지성적인 충동 이해를 이유로 비판한다. 즉 그는 이성적인 "총체성에 대한 충동"이 생의 분열에서 지성적인 "지식의 완전성에 대한 충동"으로 변질되어 있다고 하면서[『차이 논문』 2. 15], 절대자의 본질적 계기로서의 전자라는 그의 독자적인 입장에서 시대의 교양을 나타내는 후자에 대응하는 것으로서 피히테의 충동 개념을 비판하는 것이다. 당시 그는 공통된 스피노자주의적인 입장에 기초하여 셸링 가까이에 있었지만, 눈에 띄지 않는 형태로 셸링과는 다른 견해를 지니고 있었다. 셸링은 충동을 절대자와의 관련에 있어서는 말하자면 예외적

으로 '예술적 충동'으로서 인정했지만, 결국 절대자로부터 분리하여 지성적으로만 이해했다. 이에 반해 그는 이 두 가지 의미를 명확히 파악하고, 이 시기에는 이들을 단적으로 대립시키고 있었지만, 예나 시대 후기의 『정신현상학』에 이르는 연구들에 근거하여 뉘른베르크 시대의 이념의 목적론적 파악을 나타내는 "이념의 충동"에서 통일적으로 파악했다. 규정성 그 자체의 자기발전을 충동의 발전으로서 파악하는 이러한 견해는 스피노자주의적인 실체관을 넘어서서 실체를 주체로서 파악하는 그의 입장을 표현한다. 그것은 능력심리학의 이분법을 넘어서서 라이프니츠와 더 나아가 아리스토텔레스의 영향을 받고 있으며, 또한 사용하는 술어는 다르지만 『자유론』의 셸링의 입장과 유사성을 보이고 있다. ⇒욕구·욕망, 이젤린, 블루멘바흐

【참】 Riedel (1965), Wildt (1982), Kozu (1988)

―고즈 구니오(幸津國生)

충족充足 ⇨**향유**

충족이유율充足理由律 ⇨**근거**

취약성脆弱性 ⇨**약함(취약성)**

『**취직 테제**』 [Habilitationsthesen]

흔히 이렇게 불리고 있지만, 올바르게는 '공개토론용 테제(Disputationsthesen)'라고 불러야만 할 것이다. 이것은 헤겔이 1801년 여름 예나 대학 철학부에 사강사로서 철학 강의를 출원했을 때, 규칙에 따라 행해지는 공개토론(disputatio)의 자료로서 본래 제출해야만 하는 교수자격 심사청구논문(dissertatio)이 아직 완성되지 않은 까닭에 그 대신 교수회의 허락을 받아 급히 제출한 '발표의견'이다. 그것은 라틴 어로 쓴 12개의 명제로 이루어지며, 5쪽의 인쇄물로서 8월 23일에 관계자들에게 배포되었다.

그 내용은 오늘날 주어캄프 판 저작집 제2권의 부록에서 볼 수 있지만, 최근의 연구에 의해 명확히 된 공개토론 전후의 사정[Kimmerle (1967) 참조]과 토론 자체의 성격으로 보아 이 명제들이 지금껏 생각된 것처럼 『행성궤도론』의 내용과 이후 강의될 사변철학 체계의 요약인지 어떤지는 의심스럽게 되었다. 각각의 명제에 헤겔의 독자적인 정신이 각인되어 있는 것은 의심할 수 없지만, 다음의 사실도 고려되어야만 하기 때문이다. (1) 『행성궤도론』은 아직 완성되어 있지 않았다. (2) 공개토론은 대학 측이 지정한 반론자에 대해서 테제를 옹호하고 변론의 산뜻함을 보이는 것이기 때문에 테제는 일부러 역설적으로 만들어졌다. 이런 점들을 고려하면 로젠크란츠처럼 이것을 그의 사변철학 체계의 원리의 예고로 보기보다는 오히려 사카이 오사무(酒井 修)가 보는 것처럼 허둥대며 허겁지겁 정리된 것으로 보는 것이 진실에 가까울 것이다. 여하튼 간에 짧은 것인 까닭에 이하에서 그 전문을 번역해 둔다.

"1. 모순은 참의, 비모순은 거짓의 규칙이다. 2. 삼단 논법은 관념론의 원리이다. 3. 사각형은 자연의, 삼각형은 정신의 법칙이다. 4. 참된 산술에는 1에서 2로 나아가는 덧셈도 2에서 3으로 가는 뺄셈도 없다. 3은 합으로 볼 수 없으며, 1도 차이로 볼 수 없다. 5. 자석은 자연의 지렛대이며, 태양으로 향하는 행성의 중력은 자연의 진자이다. 6. 이념은 무한과 유한의 종합이며, 모든 철학은 이념 속에 있다. 7. 비판철학에는 이념이 없다. 그것은 회의론의 불완전한 형태이다. 8. 비판철학이 말하는 이성의 요청은 소재를 필요로 하지만, 바로 그것이 이 철학을 파괴한다. 이것이 스피노자주의의 원리이다. 9. 자연 상태는 부정의가 아니다. 따라서 우리는 이 상태로부터 탈출해야만 한다. 10. 도덕학의 원리는 운명에 대해서 외경의 마음을 지니는 것이다. 11. 덕은 행위의 무흠함과 고통의 무흠함을 배제한다. 12. 절대적 도덕은 모든 점에서 덕과 모순된다."[2. 533]

그 날 이 테제들에 대해서 누가 어떻게 반론을 가하고, 그가 그것에 어떻게 대답했는가에 대해서는 셸링이 쓴 짧은 라틴 어 메모 이외에는 아무것도 전해지지

않는다[Neuser (1986a, b) 참조].

【참】 Rosenkranz (1844: S. 156-159), Haering (1929: S. 759-762), Kimmerle (1967), 酒井 修 (1984), Neuser (1986a, b)

―와타나베 유호(渡辺祐邦)

츠빌링 [Jacob Zwilling 1776. 9. 12-1809. 7. 6]

헤센 홈부르크 궁정의 궁정교사의 아들이며, 후에 홈부르크 황태자 지휘하의 군인으로서 생애를 보낸다. 1794년 가을부터 1796년 봄까지 예나 대학에서 공부하며, 싱클레어와 횔덜린, 그리고 1797년 프랑크푸르트로 이주해온 헤겔과 '정신의 맹약'을 맺는다. 1796년 4월에 예나의 어떤 교수에게 보낸 편지의 초고에서 그는 횔덜린의 『판단과 존재』(1795) 식으로 피히테의 절대적 자아를 비판하고, 구상력을 중시하는 미적인 관점을 최고의 것으로 간주하고 있었다. 그러나 역시 1796년에 성립한 것으로 추정되는 논문 『모든 것에 관하여(*Über das Alles*)』는 예나 이후의 헤겔을 선취하여 피히테의 종합적 방법과 유사한 구상을 전개하고 있다. 요컨대 츠빌링도 횔덜린의 스피노자적인 하나인 존재에 상당하는 '모든 것'(무한성, 합일, 근원, 절대자)을 의식의 가능근거로서 전제하고, 그 근원분할에 의해서 반성을 설명하지만, 횔덜린 등처럼 근원적인 모든 것의 이념을 반성의 바깥에 남기는 것으로서가 아니라 오히려 반성에 내재하는 것으로 상정하고, 그 이념을 길어내는 "반성의 누진적인 교체"의 과정을 구상한다. 그때의 방법은 분리에 의해서 생겨난 맞짝 개념을 상상력에 의해서 "서로에 대한 관계"로 가져와 합일시킴과 동시에, 더 나아가 그것에 맞짝개념을 반정립하여 이것들을 다시 합일시키는 행정의 반복이다. 그러면 결국 이 행정의 종국에서 반성 그 자체에 "반성을 넘어서는 이념"이 반정립되며, 이것이 "부정적인 방식으로" 달성되는 "절대자의 이념"에 다름 아니라고 사유된다. "관계의 고찰은 그 최고의 단계에서는 무관계를 수반하는 관계이며, 그러므로 [······] 관계 일반의 범주는 [······] 우리가 헛되이 부정과 요청을 통해 무언가 절대적인 것으로서 탐구해온 무한성 그 자체이다". 이러한 반성규정들의 이율배반과 그 해소에 의한 절대

자의 인식이라는 구상에 의해서 그는 관념론을 준비한다.

【참】Strauß (1928), Henrich (1981), 四日谷敬子 (1986)

—카야 다이코(四日谷敬子)

친화성親和性 [Affinität, Verwandtschaft]

친화성이란 화학적 과정에서의 어떤 성분과 다른 성분이 서로 끌어당기는 특수한 성질에 다름 아니다. 예를 들면 공기가 산화시키는 것으로서 금속에 관계하는 경우 "금속이 공기의 산소에 대해서, 또는 산소가 금속에 대해서 친화성을 갖는다"[『예나 체계 Ⅰ』 GW 6. 154]고 말해진다. 나아가 "어떤 산이 칼륨과 금속의 결합을 분리하고 금속을 억제하여 칼륨과 결합하게 되면, 산은 칼륨과 긴밀한 선택친화성(Wahlverwandtschaft)을 지닌다"[같은 책 GW 6. 155]고 표현된다. 헤겔에 따르면 선택친화성의 해명에 중대한 공헌을 수행한 것은 리히터(Jeremias Benjamin Richter 1762-1807)와 모르보(Louis Bernard Guyton de Morveau 1736-1816), 그리고 특히 베르톨레(Claude Louis Bertholle 1748-1822)이다[『엔치클로페디(제3판) 자연철학』 333절]. 베르톨레는 '화학적 질량(chemische Masse)'이라는 개념을 새롭게 제시함으로써 화합물의 생성을 위한 조건이 작용인자로 내재하는 선택친화성만이 아니라 더 나아가 응집도·용해도·온도 등의 외적 사정에 의해서 규정된다는 것을 보였다. 그러나 헤겔은 이에 반대한다. 왜냐하면 베르톨레의 이러한 '수정'에서는 "배타적인 선택친화성 그 자체의 질적 계기가 약화될 뿐 아니라 오히려 폐기되고"[『논리의 학(제2판)』 5. 425], "선택친화성이 단순한 외적 변용에 존립하는 데 불과한"[같은 책 5. 426] 것으로 되기 때문이다. 결국 헤겔에게 있어 친화성과 선택친화성의 구별이 중요한 의미를 지니는 것은 전자가 일반적으로 "양적 비례의 계열"[같은 책 5. 430]에 기초하는 것인 데 반해, 후자는 양적인 연속적 비례관계와 질적인 배타적 비례관계의 "이중의 관계"[『논리의 학(제1판)』 GW 11. 211]의 "절대적 통일"[같은 책 GW 11. 210]을 체현하고 있는 "배타적인 대자존재(das ausschließende Fürsichsein)"[『논리의 학(제2판)』 5.

414]이기 때문이다.

【참】渡辺祐邦 (1991)

—기무라 히로시(木村 博)

7월 혁명七月革命 [Juli Revolution, (불) Révolution de Juillet]

나폴레옹 실각 후 프랑스에서는 부르봉 왕조가 부활했지만, 반정부파에 대항하여 국왕은 1830년 7월 26일에 네 개의 반동적 칙령을 공포했다(7월 칙령). 경제불황 하의 파리에서 곧바로 바리게이트가 구축되고 민중이 봉기했다. 3일간에 걸친 격렬한 시민전의 결과 국왕은 망명하고 복고 왕제는 붕괴된다(영광의 3일간). 7월 혁명의 충격은 유럽 각국에 반란과 동요를 야기했다. 헤겔의 제자인 법철학자 간스는 열광한다. 그 전해에 베를린 대학 총장에 취임하여 1830년 6월 아우구스부르크 신앙고백 기념식에서 연설한 헤겔은 7월 혁명의 소식에 곤혹스러워 한다. 그러한 곤혹은 로젠크란츠가 말하듯이 만년의 헤겔의 보수성을 나타내는 것일까? 친구에게 보낸 편지에서 헤겔은 "위기"에서 지금까지 통용되어 온 것 모두가 "의심스럽게" 되어버린 것으로 볼 수 있다고 말한다[『서간집』 (제3권) 323]. 그러나 『역사철학』에서는 7월 혁명의 필연성을 이해하고자 노력하여 프랑스 혁명이 제기한 문제를 다시 확인한다. 이미 프랑스적 중앙집권화가 특수적 이익과 보편적 이익의 일치를 실현할 "직업단체와 자치조작"을 결여하는 까닭에 원자의 원리라는 결함을 지닌다는 것이 지적되고 있었지만[『법철학』 290절 「보론」], 지금 헤겔이 역설하고 있는 것은 가톨릭교를 가지고서는 어떠한 이성적 국가조직도 불가능한바, 종교개혁 없이는 어떠한 혁명도 있을 수 없다고 하는 것이다. 혁명이 열매를 맺기 위해서는 종교와 마음의 지지가 필요하다. 그러한 지지를 결여한 프랑스 복고 왕제는 "15년간의 익살극"[『역사철학』 12. 534]에 불과하다. 원래 혁명이란 "신적인 것과 세계의 현실적 화해"[같은 책 12. 529]에 다름 아니다. 그러나 가톨릭적 원리와 자유의 계몽적 형식주의 및 추상성으로 인해 문제는 여전히 해결되지 않고 있는바, 그것을 역사가 해결해가야만 한다. "이리하여 동요와 불안은 계속된다"[같은 책 12. 535].

정신의 도정은 언제나 매개와 우회로이며, 역사는 열려 있다. ⇒혁명, 프랑스 혁명.

【참】 Rosenkranz (1844), Ritter (1957), Droz (1966).

─스기야마 요시히로(杉山吉弘)

칭기즈칸 [Dschingis-Khan, Cingiskan 1167-1227]

헤겔에게 있어 칭기즈칸은 파괴의 상징이다. "유린(蹂躙)이 가장 장려하게 출현한 것은 동양에서이며, 칭기즈칸과 티무르는 신의 빗자루로서 전 대륙을 휩쓸었다"[『인륜의 체계』 PhB 43]. 고원에서 유목에 의한 방랑생활을 보내는 몽골민족에게는 안정된 사회관계가 존재하지 않는다. "그들이 대집단을 형성하여 무언가의 충동에 의해 외부로 향하는 운동으로 몰리게 되는 일이 자주 생긴다. 지금까지 평온하게 지내고 있었다고 생각한다면, 홍수처럼 문명국들로 침입을 시작한다. 이러한 돌발적인 혁명은 파괴와 황폐라는 결과만을 초래한다. 일찍이 칭기즈칸과 티무르가 이끈 민족은 그러한 운동에로 내몰린 것이다. 그들은 휩쓸려 내려오는 산사태처럼 모든 것을 유린하고 곧이어 다시 떠났지만, 그것은 그들이 고유한 생활원리를 가지지 못했기 때문이다"[『역사철학』 **12**. 117]. ⇒약탈

─하라사키 미치히코(原崎道彦)

카드놀이 [Kartenspiel]

헤겔은 아이들과 때때로 트럼프하길 좋아하였으며, 특히 호이스트라는 게임을 좋아했다(사행은 아니다!). 그는 1798년 프랑크푸르트에서 「카드놀이에 대하여」라는 에세이를 쓴다. "카드놀이에 대한 기호는 오늘날 시대의 주요한 성격이다. 거기서 활동하고 있는 것은 지성과 정열이라는 마음의 특성이다. 각 사람은 규칙을 구하여 그것을 모든 순간에 판단력으로서 사용한다. 그러므로 깊은 이성의 소유자라든가 빛나는 상상력의 소유자는 자주 카드놀이에서 서투르다"[『기록』 277f.]. 이 서투른 사람이라는 것이 횔덜린일지도 모른다. "모든 그리스의 작품이 정열의 어떠한 동요의 경우에도 탄식하여 들이쉬고 있는 심정의 고요함"[같은 곳]과 일치하지 않는다고 쓰고 있기 때문에, 이 수필이 트럼프가 서투른 횔덜린을 놀리면서 위로하기 위해 씌어졌다고 말할 수 있는 가능성이 부정될 수 없다.

─가토 히사타케(加藤尙武)

카로베 [Friedrich Wilhelm Carové 1789. 6. 20-1852. 3. 18]

코브렌츠 출신의 헤겔의 제자이자 신봉자. 하이델베르크 대학에서 법학을 공부하고 하이델베르크 대학생 학우회의 지도자적 지위에 있었다. 1817년 이후 열심있는 헤겔의 제자가 되어 헤겔을 따라 베를린으로 옮겼지만, 베를린에서 대학생 학우회에 관여했기 때문에 헤겔의 추천이 있었던 보습교사의 직과 교수자격취득을 인정받지 못하고 모든 대학의 직에서 쫓겨나 이후 민간의 학자로서 생활했다. 하이델베르크에서 사망했다. ⇒ 대학생 학우회, 코체부

【참】 Hoffmeister (1953)

─미즈노 다츠오(水野建雄)

카르 [Jean Jacques Cart 1748-1813]

스위스의 법률가이자 정치가. 베른 공화국의 지배에 대한 바드(보) 지방의 저항운동을 지도하고, 1791년 탄압을 피해 파리로 망명하여 지롱드파에 속한다. 93년 서간체의 팸플릿 『장 자크 카르가 보 지방의 재무관 베르나르 드 뮈랄에게 보내는 이 지방의 공적 권리 및 현실적 사건에 관한 편지(*Lettre de Jean Jacques Cart à Bernard de Muralt, Trésorier du Pay de Vaud, sur le droit public de ce Pay, et sur évenements actuels*)』를 공간하여 베른 정부의 탄압을 역사적으로 구명하지만, 금서 처분을 받는다. 그 후 아메리카로 건너갔으며, 98년 헬베티아 공화국이 성립하자 곧 귀국하여 항소법원 판사 및 참의원이 되었다. 헤겔의 최초의 공간물은 독일어 역 『카르 친서』(1798년 익명 출판)로서, 역자 서문의 "충고로부터 배워라", "귀를 막는 사람들은 고통스런 운명을 맞이할 것이다"[1. 257]라는 글과 역주에서 모든 특권에 대해 부정적인 당시 그의 정치적 태도가 엿보인다.

【참】 Hoffmeister (1936), 金子武藏 (1967), Wieland (1970)

─다케무라 기치로(竹村喜一郎)

카를스바트 결의──決議 [Karlsbader Beschlüsse]

오스트리아 재상 메테르니히의 주도로 1819년 8월 6일부터 31일에 걸쳐 카를스바트에서 열린 독일 연방 대신회의(오스트리아와 프로이센을 포함하여 9개국이 참가)에서 가결된 자유주의 탄압 결의. 메테르니히

는 이에 앞선 8월 1일에 테플리츠에서 프로이센 국왕 프리드리히 빌헬름 III세와 대학과 출판의 철저한 속박을 내용으로 하는 비밀협정을 맺고 프로이센을 수습하였으며, 당시 고양되고 있던 대학생 학우회 운동과 학생 잔트(Kalr Ludwig Sand 1795-1820)에 의한 코체부 살해사건(1819년 3월) 등 독일정부에 주어진 충격을 이용하여 탄압을 시도했다. 그리고 9월 20일에 프랑크푸르트 연방의회는 대신회의에 기초한 이 결의를 만장일치로 채택했다. 그 내용은 (1) 군주제 유지를 위한 조치, (2) 대학 및 교수를 감독하기 위한 조치, (3) 특별한 검열규정을 지니는 출판조령의 포고, (4) 이른바 데마고그에 대한 중앙의 조치 및 마인츠 최고심문위원회의 설치로 이루어진다. 프로이센에서는 10월 18일에 필요한 시행규칙을 덧붙여 국왕포고에 의해 실시되었다.

카를스바트 결의는 헤겔의 동료인 데 베테의 해직을 둘러싼 슐라이어마허와의 대립, 헤겔의 제자들의 잇따른 체포 등 헤겔의 신변에 곤란한 상황을 산출했지만, 특히 이 결의의 검열조항이 바로 이 시기에 전념하고 있던『법철학』집필에 심각한 영향을 주었다고 지적하는 연구도 있다. 왜냐하면 특히 10월 18일의 프로이센의 신검열포고는 엄격하게 "지금까지 학술기관과 대학에 주어져온 검열의 자유는 이 이후 5년을 기한으로 정지된다"고 하여 모든 서적이 검열을 통과해야만 했기 때문이다.『법철학』은 늦어도 1819년 3월에는 착수되어 가을에는 완성될 예정이었지만 많이 늦어져 '서문'을 덧붙여 완성된 것은 1820년 6월의 일이었다. 이렇듯 완성이 지연된 배경에서 일팅(Karl-Heinz Ilting 1925-84)은 카를스바트 결의의 심각한 영향을 보면서 헤겔의 사상적 입장의 변경과 저작의 개작이라는 가설을 제기했다. 즉 "헤겔이 카를스바트 결의와 프로이센에서의 그 포고의 영향하에서 정치적으로 자신의 방향을 전환하고 이미 교정 중이던『법철학』을 1819년 10월과 1820년 6월 사이에 개작하여 그것이 결과적으로 복고정치에 대한 비본질적이지 않은 순응으로 되었다"[Ilting, 102]는 것이다. 일팅의 이러한 문제제기는 그의 헤겔 '법철학' 강의록에 관한 연구와 더불어『법철학』성립에 관한 연구의 심화에 기여하는 것이었지만, 그러나 이러한 주장에 대해 헤겔은 검열

조치의 추이를 주의 깊게 배려하지 않을 수 없는 상황에 있었긴 하지만, 다른 저작의 경우와 마찬가지로 써나가고 있었다는 지적도 있다(Lucas, Henrich). ⇒ 대학생 학우회, 코체부, 데 베테

【참】Ilting (1973), Lucas/Rameil (1980), Henrich (1983)

―미즈노 다츠오(水野建雄)

카이사르 [Gaius Julius Caesar BC 100. 7. 12-44. 3. 4]
기원전 60년 폼페이우스(Magnus Gnaeus Pompeius BC 106-48), 크라수스(Marcus Lucinius Crassus BC 114-53]와 제1차 삼두정치를 결성하고 59년에 집정관이 된다. 갈리아 전역을 평정한 후 이집트로 폼페이우스를 추격하여 멸망시키고, 각지의 내란을 평정하여 46년에 10년 기한의, 44년에 종신 독재관이 되었다. 공공사업, 율리우스력의 채용, 내륙으로의 판도의 확대 등 다방면에서 업적을 거뒀지만, 공화제 옹호를 주장하는 카시우스(Longinus Caius Cassius ?-BC 42) 등의 원로원파에게 암살되었다. 정치가이자 군인이면서 문인으로서도 탁월하여『갈리아전기』와『내전기』를 남겼다. 헤겔에게 있어 카이사르는 "로마적 합목적성의 전형"으로서 "세계사적으로 그래야만 하는 것(das Rechte)을 행했단" 것이고 "물론 공화제에 대립했지만, 본래적으로는 그 환영에 대립했던 데 불과하다. 왜냐하면 공화제에 아직 남아 있던 모든 것은 무력했기 때문이다"[『역사철학』**12**. 379].

―고바야시 야스마사(小林靖昌)

카이슬러 [Adalbert Bartholomäuse Kayssler 1769. 9. 24-1821. 12. 12]
독일의 철학자이자 미학자. 처음에는 자간과 오펠론의 김나지움 교사였지만, 그 후 할레 대학의 사강사가 되었고, 1806년부터는 브레슬라우의 프리드리히 슐레의 미학교수. 1811년부터는 이 대학의 철학교수. 로젠크란츠의 보고에 따르면 헤겔은 1803년부터 1806년에 걸쳐 에셴마이어, 쾨펜(Friedrich Köppen 1775-1858) 등의 저작과 더불어 그의 철학적 저작의 발췌를 작성하면

서 숙독했다고 한다『로젠크란츠』198]. 또한 1818년에 체육금지령에 대해 출간한『이념에 따른 체조술의 존중(Würdigung der Turnkunst nach der Idee)』에 대해 슈테펜스가『체조의 목적, 카이슬러 교수에게 보내는 공개장(Turnziel. Sendschreiben an Prof. Kayssler. 1818)』을 발표한 데서 시작된 논쟁에서 헤겔은 슈테펜스를 논박하고 있다. ⇒슈테펜스

―이케다 마사유키(池田全之)

카테고리 ⇒범주

카토 (대) [Marcus Porcius Cato (Censorius) BC 234-149]

투스쿨룸 출신으로 로마 정계에서는 신인이었던 카토는 제2차 포에니 전쟁에서 전공을 올려 지위를 얻었다. 헬레니즘 심취자들에게, 특히 스키피오 일파에게 반감을 품었으며, BC 184년 감찰관에 선출되고 나서는 옛 사람들의 질박한 생활태도를 이상으로 하여 풍속 교정의 열매를 거뒀다. "카토는 원로원의 심의가 끝날 때마다 <나는 어쨌든 카르타고는 절멸되어야 한다고 주장한다>고 말했다. 바로 그런 이유에서 그는 진정한 로마 인이었다"[『역사철학』 12. 374]. 또한 그는 라틴 산문문학의 개척자이기도 한데, 『기원론』(7권)은 라틴 어로 쓰여진 가장 오래된 로마사이다. 또한 헤겔은 카토를 공화제 로마의 전형적 인물로 지목하고 있다. "카토는 로마 공화제의 몰락 후에는 이미 생존할 수 없었을 것이다. 그의 내적 현실은 로마 공화제 이상으로 넓지 않았으며 그보다 높지 않았다"[『엔치클로페디(제3판) 정신철학』 406절].

―고바야시 야스마사(小林靖昌)

칸트 [Immanuel Kant 1724. 4. 22-1804. 2. 12]

독일의 철학자. 칸트는 종래의 형이상학, 특히 라이프니츠-볼프학파의 형이상학이 흄의 비판을 견뎌내지 못하는 독단론이라는 것을 인정하면서, 다른 한편으로 경험론도 과학과 도덕의 객관성 내지 보편성과 필연성을 기초지을 수 없다는 점을 비판하고 인간의 주관성(인식능력과 욕구능력)을 토대로 종래의 철학을 학으로서 전면적으로 다시 세우고자 했다. 그는 처음에 '비판'(『순수이성비판』 1781, 1788, 『실천이성비판』 1788)을 토대로 '자연의 형이상학'과 '도덕의 형이상학'을 구축하고자 했지만, 이윽고 『판단력비판』(1790)에 의해 '자연'과 '자유'를 매개하는 '자연의 합목적성'도 기초짓고자 했다. 헤겔은 칸트 철학이 이미 독일에서 광범위한 영향을 미치고 있고 '칸트 철학의 정신'의 계승과 완성이 과제로 되고 있던 시기에 사상 형성을 시작했으며, 특히 베른 시대에는 칸트의 도덕 신학의 영향을 강하게 받았지만, 곧 칸트 철학의 한계를 비판하고 극복하게 된다. 일반적으로 헤겔은 특히 칸트와의 대결을 통해 자기의 사상적 입장을 확립했다고 말할 수 있다. 그의 윤리학의 기초는 프랑크푸르트 시대의 칸트『도덕의 형이상학』(1797)과의 대결에 의해서 형성되며, 예나 시대에 시작된 사변적 형이상학은 '반성철학' 비판을 수반하고 있었다. 다만 노년에도 칸트 철학은 "사상의 형식으로 표명된" "혁명"[『철학사』 20. 314]의 철학으로서 높이 평가되었다. 그것은 칸트가 프랑스 혁명과 계몽사상, 특히 루소의 "자유"를 이론화하고 "외면성의 성격을 지니는 것을 자기 내에서 허용하는 것을 거부하고" "절대적 내면성의 의식을 일깨웠기"[『엔치클로페디(제3판) 논리학』 60절] 때문이다. 그러나 다른 면으로 칸트 철학은 이론적으로는 "방법적으로 수행된 계몽"[『철학사』 20. 333]으로서 '현상'만을 아는 데 불과한 "심리학적 관념론"[『논리의 학』 6. 261]이자, 실천적으로는 세계와의 통일과 현실성을 구하면서도 "통일과 현실성 그 자체에 도달하지 못한다"[『철학사』 20. 372]고 비판되었다. 이와 같은 헤겔의 칸트 평가가 어느 정도로 칸트 철학에 내재적이었는지는 문제지만, 다른 면으로는 헤겔의 칸트 평가는 당시의 다양한 칸트 해석에 제약되어 있었다.

Ⅰ. 칸트 철학의 수용. 헤겔은 튀빙겐 시대 말에 아마도 슈토르의 영향으로 칸트의 종교론에 관심을 갖게 되어 『민중종교와 기독교』에서 이미 "지조가 도덕법칙과 일치한다"[1. 97]는 칸트적 의미에서의 '도

덕성'[1. 10]을 '주체적 종교'의 구성요소로서 옹호하고 있었다. 그러나 거기서 '도덕성'은 '감성'과 조화되고 '민중정신'과 더불어 변화할 수 있는 것으로서 칸트 자신과는 다른 의미에서 받아들여지고 있었다. 그러나 그는 곧 "도덕성의 촉진"[1. 71]에 역점을 두게 된다. 칸트 연구의 재개를 알린 베른 시대 중반 이후 튀빙겐 신학에 대한 셸링의 비판으로부터의 영향도 있어서—그러나 오히려 셸링 이상으로 칸트의 도덕신학에 충실하게—"덕의 종교"[『기독교의 실정성』1. 109]로 기울고, 이 입장에서 예수 상을 묘사하는 것과 아울러 기성의 기독교의 실정성을 비판하며 "칸트의 체계와 그 최고의 완성으로부터 독일에서의 혁명을 기대"[『서간집』(제1권) 23]했다. 베른 시대 말에는 "도덕적 신앙"을 "이성이 절대적이자 자기 자신 내에서 완성되어 있다는 의식의 결여"[『기독교의 실정성』보론 1. 196]를 의미하는 것으로서 비판했지만, 이 비판은 칸트 자신보다도 오히려 정통파 신학의 실천이성 요청론으로 향하고 있었다.

Ⅱ. 칸트 철학의 비판. 그러나 헤겔은 프랑크푸르트 시대 초에 칸트적 이성의 입장으로부터 횔덜린적인 사랑의 입장으로 전환하여 1798년 여름부터 칸트의 『도덕의 형이상학』과 씨름했다. 거기서 그는 "칸트에서의 자연의 억압"과 "의무 개념의 절대주의에 의해 생겨나는 교조성 속으로 인간을 저며 넣는 것"[『로젠크란츠』87], 요컨대 "칸트적 덕의 자기강제"[『기독교의 정신』1. 359]를 비판하고, 칸트에서의 적법성과 도덕성의 대립과 국가와 교회의 분열을 '생'과 '전체'에 의해서 극복하고자 했다. 이리하여 "칸트의 실천이성"은 "배제의 능력"[같은 책 복안 1. 301]이며, 실천이성의 자율에 의해서는 "실정성은 부분적으로 제거되는 데 불과하고"[『기독교의 정신』1. 323], 그런 까닭에 "양심"은 "위선"[같은 책 1. 333]이다. 그러나 이것에 의해 헤겔은 '도덕성' 일반을 부정한 것이 아니라 "개별적인 것의 보편적인 것으로의 고양, 합일"[같은 책 복안 1. 299], 실러적인 "경향과 법칙의 일치"[『기독교의 정신』1. 326]라는 이타적 경향의 의미에서의 '도덕성'('지조' 내지 '덕')은 시인했다.

Ⅲ. 칸트 철학의 양면적 평가. 예나 시대 이후 헤겔은 사변철학의 전제하에서 칸트 철학을 한편으로는 칭찬하면서 다른 한편으로는 비판하게 된다. 그때 칸트의 입장은 대체로 피히테의 입장, 요컨대 '주관적인 주관-객관'의 의미에서 받아들여지고 있었다. 다만 평가의 기준은 처음에는 '주관과 객관의 동일성'에 놓여 있었지만, 후에는 '자유'와 '구체적 보편'으로 중점이 옮겨지게 된다.

(1) 『순수이성비판』. 헤겔은 절대자를 인식하기 전에 인식능력을 음미한다는 칸트의 '비판'에 대해 그것은 마치 "수영을 배우기 전에는 물에 들어가려고 하지 않는 오해"[『엔치클로페디(제3판) 논리학』41절]이며, 이 '비판' 그 자체가 특정한 인식이라는 것을 자각하지 못하는 "주관적 독단론"[『철학사』20. 333]이라고 비판했다. 오히려 사유형식들의 "참된 비판"[『논리의 학』5. 62]은 사유형식들 그 자체의 전개 속에서 제시되어야만 한다. 그럼에도 불구하고 그는 칸트가 직관형식과 지성형식의 연역에서 그것들을 산출적 상상력에 의한 통일에 귀착시키고 또한 지성형식들을 "삼일성(三一性)"의 형식에서 제시하고 있다는 점에서 "사변적 이념"을 인정하고 높이 평가했다[『신앙과 지식』2. 306, 316]. 그러나 칸트가 "사변적 이념"의 실재성을 인정하지 않고 그의 이원론으로 인해 '현상'을 고집하고 그것을 절대화한다는 점을 비판했다. 헤겔에 따르면 칸트의 '사물 자체'는 실재론적 요소나 한계개념이 아니라 일체의 감정과 사유의 규정이 사상된 "전적인 추상물"[『엔치클로페디(제3판) 논리학』44절]에 다름 아니다. 그러나 본래 '현상'은 그것을 포월한 무한자 안에서 지양되어야만 하며, 역으로 무한자는 '현상'을 포함하는 것으로서 '구체적'이어야만 한다. 칸트에 의해서 비로소 올바르게 '지성'과 '이성'이 구별되었지만, '이성'은 칸트에서 '추상물'의 '사유'로 폄하되어버리고 만다. 그러나 칸트의 변증론, 특히 이율배반론은 "지성규정들에 의해서 이성적인 것 안에 정립되는 모순이 본질적인 동시에 필연적"[같은 책 48절]이라는 것을 보였다는 점에서 엘레아학파와 함께 헤겔의 변증법 사상에 결정적인 영향을 미쳤다. 다만 칸트가 이율배반을 네 개로 한정한 것과 모순의 주관적 해결에 의해 "세계의 사물에 대한 상냥함"[같은 곳]에 빠졌다는

점이 비판되었다. 틀림없이 "이율배반은 도처에 존재한다"[『철학사』 **20**. 356]. 나아가 칸트의 신의 존재론적 증명 비판은 '존재'의 근거를 '감각적 지각'에서 구하고 '존재'와 '개념'의 구별을 고집하고 있다는 점에서 문제가 있게 된다. 왜냐하면 "정신은 정신에 있어서만 존재한다"[같은 책 **20**, 353] 것이며, '개념'은 본래 "자기를 객관적인 것으로서 나타내기"[같은 책 **20**. 362] 때문이다.

(2) 『실천이성비판』과 『도덕 형이상학』. 칸트의 『도덕 형이상학』은 법론과 덕론으로 구분되어 있지만, 헤겔은 이 구분에 따라서 자연법 강의와 나아가 『법철학』 등에서 윤리학적 사색을 전개했다고 생각된다. 칸트적 '도덕성'은 프랑크푸르트 시대에는 '자기강제'로 인해 비판되었지만, 『정신현상학』에서는 "모든 대상과 세계가 의식의 알고자 하는 의지 내로 되돌려져 있다"[**3**. 442]는 점에서 높이 평가되며, 『법철학』에서도 칸트의 '자율' 사상은 "의지의 인식의 확고하게 된 기초와 출발점"[135절]을 준 것으로서 칭찬되었다. 그러나 칸트의 정언명령은 어떠한 행위의 내용도 지시하지 않은 채 다만 의지 형식의 합법칙성만을 요구하는 데 불과하기 때문에 서로 대립하는 행위가 정당화될 수 있게 된다. 따라서 "형식적 주관성으로서의 양심은 그대로 악으로 전도되어버리는 것과 같은 것이다"[139절]. 나아가 '영혼의 불멸의 요청'과 '신의 요청'은 그 목표가 도달됨으로써 자기의 존립이 무의미하게 되기 때문에 목표의 도달을 진지하게 바라지 않는 '꾸미기'에 빠진다. 이리하여 신의 요청은 마치 어린이가 허수아비를 만들고 그것을 두려워하는 것과 같은 것이라고 헤겔은 말한다. 그런 의미에서 칸트의 실천이성 요청론은 "모순의 소굴"[『철학사』 **20**. 371]로 보이게 된다. 그런데 칸트적인 '도덕성'은 프랑크푸르트 시대에는 '사랑'과 나아가 '생의 의식'('종교')에 의해서 극복되었지만, 이러한 도덕성 비판의 모티브는 예나 시대 이후 주로 사회철학의 장면으로 옮겨져 '도덕성'은 '인륜'에 의해서 극복되게 된다. 이러한 모티브의 연속성이라는 점에서는 '인륜'을 '도덕성'보다 높은 위치에 놓은 『자연법 논문』과 『법철학』의 경우와, 역으로 '도덕성'을 '인륜'보다 높은 단계에서 서술한 『정신현

상학』의 경우 사이에 기본적으로 차이가 없다고 생각된다. 『정신현상학』의 경우에 '입법적 이성'과 '사법적 이성' 및 '도덕성'의 두 곳에서 도덕성 비판이 전개되지만, 어느 것이든 도덕성이 우선 주객의 통일로서 용인된 데 이어서 그 한계가 비판되고, 마지막으로 그 한계가 '생의 의식'('인륜적 지조', '종교')에 의해 극복되는 식으로 전개된다. 그러나 그때 '도덕성'은 전적으로 부정되는 것이 아니라 '인륜'의 '계기'로서, 즉 "부르주아의 인륜"[『자연법 논문』 **2**. 506]으로서 보존되기도 한다. 그런 까닭에 '의무'와 '당위'도 전적으로 부정되는 것이 아니라 "덕"[『법철학』 150절]과 "참된 양심"[같은 책 137절]이라는 의미에서 옹호된다.

(3) 『판단력비판』. 헤겔은 반성적 판단력의 대상으로서의 미와 유기체에 관한 칸트의 고찰 속에서 '이념'에로의 접근을 인정한다. 특히 "부분들의 가능성을 (그 성질과 결합에 관하여) 전체에 의존하고 있는 것으로서 표상하는" "직관적(원형적) 지성"[칸트 『판단력비판』 B 349] 내지 "내적 합목적성"의 원리는 위에서 말한 산출적 상상력의 이념과 동일한 이념을 나타내는 것으로 여겨진다. 그러나 헤겔은 칸트에서 그것은 다시 주관적인 고찰양식으로 간주된다는 점에서 한계가 있다고 말한다. ⇒초월론적, 이성, 요청, 도덕성, 사물 자체

【참】Görland (1966), Ritter (1966), Düsing (1973, 1983, 1986), Baumeister (1976), 金子武藏 (1980), Wolff (1981), Wildt (1982), Henrich (1983b), 久保陽一 (1990)

—구보 요이치(久保陽一)

캄페 [Joachim Heinrich Campe 1746. 6. 29-1818. 10. 22]

북 독일의 브라운슈바이크 출신의 교육자로 루소의 심취자. 훔볼트 가의 가정교사와 바제도우(Johann Bernhard Basedow 1723-90)의 필란드로핀 교의 주사를 거쳐 함부르크에서 자신의 유아교육시설을 설립함과 동시에 데포의 소설을 루소의 정신에 기초하여 개작한 『청년 로빈슨(Robinson der Jüngere. 1779)』, 『어린이를 위한 영혼론』(1780), 『테오프론』(1783) 등을 저술한다. 1786년 고국에 돌아와 브라운슈바이크의 교육고문관

이 되는 것과 함께 『브라운슈바이크 저널』을 창간하여 민중의 계몽과 교육개혁에 힘을 기울이다가 프랑스 혁명의 발발과 동시에 파리에 부임하여 그의 견문을 그 잡지에 써 보냈다. 그 『파리로부터의 편지』(1790)는 프랑스 혁명에 대한 최초의 보고로서 독일 국내에서 널리 읽혀졌다. 헤겔이 김나지움 시대에 캄페의 저작을 읽었다는 것은 발췌 등에서 분명하지만[『기록』 24, 101], 베른 시대에는 그의 계몽주의적 도덕에 만족하지 못하고 비판으로 전환했다[『초기신학논집』(놀) 12. 15]. ⇒교육

【참】 Leyser (1896), Gooch (1920) Vieweg (1934), 渡辺祐邦 (1974), Hocks/Schmidt (1975), Laermann (1976), Jäger (1977)

―와타나베 유호(渡辺祐邦)

케플러 [Johannes Kepler 1576. 12. 27-1630. 11. 15]

남독일의 슈바벤 지방에서 태어난 케플러는 튀빙겐 대학에서 신학을 공부했다. 그는 여기서 매스틀린 (Michael Mästlin 1550-1631)에게서 코페르니쿠스의 지동설을 배웠다. 1594년 모교의 수학 교수로 임명되면서 그의 수학적 천재가 개화되었고, 천문학에 대한 지망이 확립되었다. 그는 코페르니쿠스 학설을 배경으로 하여 태양을 '볼 수 있는 신'으로 경배하고 '세계의 빛'으로 믿는 신플라톤주의적 신비사상을 보았다고 생각된다. 케플러가 스승 티코 브라헤(Tycho Brahe 1546-1601)에게서 이어받은 점성술 사상도 이것과 결합되었다. 그러나 그는 브라헤의 근대적인 실증정신에 기초하여 스승의 화성 운행 궤도에 따른 겨우 8분의 오차 구명을 꾀했다. 드디어 그리스 천문학이 암묵적으로 고수했던 원(圓)형이상학의 잔재인 행성의 원형 궤도설을 고쳐 타원궤도설을 채택했다. 케플러의 이 제1법칙의 승리 그리고 "행성과 태양을 결합하는 동경은 같은 시간 내에 같은 면적을 휩쓴다"고 하는 제2법칙의 수립(더불어 케플러의 『신천문학』의 1609년 발표)은 과학적 천문학의 새벽을 열었다. 케플러가 가장 자부했던 제3법칙, 즉 "임의의 두 행성이 태양의 주위를 회전하는 주기(T, T')의 제곱은 태양으로부터 그 행성들까지의 평균거리(S, S')의 3제곱에 비례한다"

($T^2S^{3} \colon T'^2/S'^3$)는 법칙은 그보다 10년 후의 저서 『세계의 조화』(1619)에 발표되었다. 이 제3법칙은 뉴턴의 중력 법칙의 실마리가 되는 중요한 객관적 의의를 함축하고 있었다.

확실히 케플러의 제1, 제2법칙의 발견까지는 점성술 사다운 신비적 직관에 의지했던 시기가 있었다. 그러나 제3법칙의 발견은 끈질긴 시행착오 끝의 결과였다. 이러한 어려움은 확실히 중력의 역제곱의 법칙과 뉴턴의 미적분학을 갖고 있지 못했던 당시 과학의 한계에서 보아도 피할 수 없는 것이었다. 쾨스틀러의 평전에서는 뉴턴의 적지 않은 공적은 케플러의 저서에서 이 세 가지 법칙을 발견한 것에 있었다고까지 말하고 있다. 헤겔은 취직논문 『행성궤도론』에서 케플러의 천체역학에서의 업적들이 지닌 높은 의의를 칭찬했다. 그러나 그는 그에 비해 뉴턴의 『자연철학의 수학적 원리』(1687)는 천체물리학의 규정들을 단순한 수학적 규정들과 혼동한 데 불과하다고 비난한다[『행성궤도론』 글로크너판 전집 1. 5]. 요컨대 뉴턴은 케플러의 가설을 단지 기술적으로 수학의 공식으로 발표한 것에 불과하다고 비판했던 것이다. 헤겔의 이러한 뉴턴 비판은 영국 류의 '실험철학'에 대한 헤겔의 다년간의 비난이 표명된 것으로 보인다. 헤겔에게는 이미 "생성하는 물체는 평방이며, 존재하는 물체는 그에 반해 입방이다"[같은 책 1. 25]는 입장이 있다. 그런 까닭에 천체운행의 이성적 법칙은 물체의 입방체를 지양하고, 입방을 평방으로 환원하여 비로소 구해진다. 즉 케플러의 제3법칙($S^3/S'^{3} \colon T'^2/T^2$)의 입방의 평방화를 나타내는 개념적 관계를 근거로 하여 성립한다고 생각되었던 것이다. ⇒뉴턴 철학・뉴턴 역학, 행성, 인력

【참】 Koestler (1960), Ihmig (1989)

―혼다 슈로(本多修郎)

케플러의 법칙―法則 ⇨케플러

코기토 에르고 숨 ⇨데카르트

코란 ⇨ 이슬람

코러스 ⇨ 비극

코제브 ⇨ 프랑스의 헤겔 연구

코체부 [August von Kotzebue 1761. 5. 3-1819. 3. 23]

독일의 극작가. 그의 『파리로의 나의 도망』(1791)이 입헌의회보다도 팔레르와알의 귀부인들에게 흥미를 보이고 있듯이 시류에 편승한 재주에 의해 그의 희극은 한때 평판을 얻었다. 헤겔은 그의 작품이 그 표현의 주관성 때문에 참된 예술적 가치를 결여하고 있다고 엄격하게 비판했다[『미학』 **13**. 347]. 러시아의 관직에 나가 있었지만, 자유주의와 민족주의를 비난했기 때문에 러시아의 스파이라고 하여 학생연합의 일원인 학생 잔트(Karl Ludwig Sand 1795-1820)에 의해서 암살되었다. 메테르니히는 그 사건을 기회로 반동적인 탄압을 강화했다. 헤겔은 잔트의 개인주의적이고 무분별한 행동을 비난했지만, 그것은 당시의 일반적인 판단이기도 했다. 헤겔의 제자이자 학생연합의 창설자 중 한 사람이기도 한 카로베는 스승의 사상에서 착상을 얻어 그 살해에 관한 소논문을 발표했지만, 그 때문에 관헌으로부터 집요하게 공격 받았다. ⇨ 학생연합, 카를스바트 결의, 카로베

【참】 D'Hondt (1968b)

―스기야마 요시히로(杉山吉弘)

코타 [Johann Friedrich Freiherr Cotta von Cottendorf 1764-1832]

1787년 가업인 출판업을 이어받아 이를 실러, 괴테 등의 작품 출판을 통해 독일에서의 주요한 출판업자 가운데 하나로 만들어냈다. 『호렌』지, 『알게마이네 차이퉁』 등 많은 정기간행물도 발행했다. 1811년 슈투트가르트로 이전. 헤겔과 간스 등에 의한 『학적비판연보』의 발간(1827년) 및 그 계속적인 발행은 코타의

협력으로 비로소 가능했다. ⇨ 『학적비판연보』

―오카자키 에이스케(岡崎英輔)

쾌락 快樂 [Lust]

『정신현상학』의 '행위하는 이성'의 제1단계 '쾌락과 필연성'에 Lust의 특징적인 용례가 있다. 여기서 그것은 단적으로 애욕과 관능적인 쾌를 가리킨다. 이 단계의 의식은 "개별적인 것으로서의 자신을 다른 자기의식[이성(異性)] 속에서 자각하고자 한다. 요컨대 이 타자를 자기 자신의 것으로 하고자 한다"[3. 270]. '연애는 맹목'이라는 말 그대로 분별도 사회적 규범도 내던져버리고 애욕에 몸을 불태운다. "그것은 지성과 학문을/ 인간이 누리는 최고의 선물을 경멸하는도다/ 악마에게 몸을 내맡긴 이상은/ 파멸로 다다를 수밖에 없느니라"[3. 271]. 괴테의 『파우스트』로부터의 이 인용이 보여주는 것처럼 파우스트와 그레트헨의 비극적 사랑이 모델로 되고 있다. 애욕의 끝에서 임신한 그레트헨은 밀어닥치는 고뇌를 견디지 못해 미치게 되고 스스로 아이를 살해하여 감옥에 들어간다. '쾌락의 향수'에서 자기실현을 지향한 결과는 자기파멸이다. 사회를 무시하고 애욕에 탐닉한 자는 세상의 '굴레(필연성Notwendigkeit)'라는 냉혹한 벽에 부딪쳐 좌절한다. "다른 사람들과의 공동성을 내던지고 전적인 자신만의 존재"를 지향하는 향락적인 개인주의는 거꾸로 사회와의 "강고한 연계"를 깨닫는다[3. 273]. 쾌락의 끝에서 나타나는 것은 "이러한 개별자로서의 자신이 아니라 오히려 자기 자신과 다른 자기의식과의 통일[자녀의 탄생]이며, …… 보편재[자녀에 대해 책임을 지는 사회의 일원]으로서의 자신이기 때문이다"[3. 272]. 자기의 개별성(애욕)의 실현을 지향하면서 보편성의 필연적 위력(세상의 굴레)에 굴복하게 된다. 쾌락에는 이러한 역전의 계기가 잉태되어 있다.

Lust에는 애욕과 관능적인 쾌만이 아니라 일반적인 쾌의 용례도 있다. 예를 들면 에피쿠로스의 쾌락주의에 대한 기술에서는 Vergnügen과 거의 같은 뜻으로 사용되는 곳이 있다[『철학사』 **19**. 297, 326f.]. 단순히 쾌 일반을 긍정적이거나 중립적으로 가리키는 경우에

는 Vergnügen이 사용되며 Lust는 회피되는 경향을 보인다. ⇨에피쿠로스

—야마자키 쥰(山崎 純)

쿠쟁 [Victor Cousin 1792. 11. 28-1867. 1. 12]

파리에서 태어나 멘느 드 비랑(François Pierre Maine de Biran 1766-1824) 밑에서 철학을 연구하여 우수한 성적을 거두고, 23세에 르와이예-콜라르(Pierre Paul Royer-Collard)의 뒤를 물려받아 소르본에서 철학의 교직에 취임. 시원시원한 말솜씨로 그의 강의는 다수의 청강생을 끌어들였다고 한다. 그러나 과격한 왕당파의 지배에 의한 반동의 시대에 그의 자유주의는 고발당했으며, 1820년에는 교직을 잃고 데카르트와 프로클로스의 저작을 편집한다든지 플라톤을 번역한다. 그 후 정정의 변화로 그는 소르본에서의 지위를 회복하고 1830년 이후에는 소르본의 정교수, 에콜 노르말의 교장, 공교육에 관한 국가위원을 역임하였으며, 1840년에는 문부대신이 된다. 1847년 이후에는 점차 권위를 잃고 1852년의 쿠데타로 소르본의 교수 외에 공직을 떠났으며, 1867년 칸느에서 죽는다. 그의 사상은 일종의 절충주의로 감각론과 관념론에 더하여 회의론과 신비주의 등을 프랑스 및 영국과 독일의 철학에서 흡수하고 있다. 또한 그는 프랑스에서 최초의 전문적인 철학사가로서 알려져 있다.

쿠쟁은 1817년에 처음으로 독일로 연구 여행을 떠나 하이델베르크에서 헤겔을 방문한 이래 모두 4회에 걸쳐 독일로 향했다. 두 번째는 1820년으로 이때는 뮌헨에서 셸링과 야코비를 만난다. 세 번째인 1824년에는 정치적인 혐의를 받아 드레스덴에서 체포되어 베를린의 형무소에서 구금되었다. 이 소식을 들은 헤겔은 즉시 내무대신에게 친서를 보내[『서간집』(제3권) 75ff.] 쿠쟁의 학문상의 공적을 상술하여 그의 신속한 석방을 간청했다. 이 석방이 실현된 후 쿠쟁은 잠시 베를린에 체재하며 헤겔의 제자들(간스, 호토, 미슐레, 폰 헤닝 등)과 친교를 맺었다. 1826년 헤겔이 파리로 여행했을 때 쿠쟁이 크게 환대했다. 마지막으로 1831년 쿠쟁은 베를린으로 헤겔을 방문했다. 로젠크란츠는 『헤겔의 생애』에서 '쿠쟁과 헤겔'이라는 장[『로젠크란츠』 368-373]을 마련하고 있지만, 쿠쟁에 대해서 오히려 차가운 눈길을 돌리고 있다.

【참】 Rosenkranz (1844)

—나카노 하지무(中埜 肇)

크기 ⇨**양**

크네벨 [Karl Ludwig von Knebel 1744. 11. 30-1834. 2. 23]

독일(프로이센)의 사관·시인·경구가(警句家). 프로펠티우스, 루크레티우스, 알피에리의 번역가로서도 알려진다. 실러가 출간한 문예지 『호렌』의 공동 집필자이자 또한 괴테, 헤르더 등의 문필 활동도 지원했다. 1805년 에나에 정착 후 헤겔과 친교를 맺었으며 양자의 왕복서한이 남아 있다. 1808년 헤겔에게 보낸 서한에는 나폴레옹의 에나 침공을 둘러싼 상황이 기록되어 있다.

【참】 Rosenkranz (1844), Hoffmeister (1952a)

—히구라시 마사오(日暮雅夫)

크로이처 [Georg Friedrich Creuzer 1771. 3. 10-1858. 2. 16]

언어학자이자 고전학자. 마르부르크 대학과 예나 대학에서 철학을 공부한 후, 고전학으로 전환한다. 마르부르크 대학 교수, 그 후 하이델베르크 대학에 부임하여 언어학과 고대사 강좌를 개설. 이 대학의 헤겔의 동료로서 특히 친했으며, 정신적으로도 가까웠다. 왕복서한도 많다. 『미학』, 『역사철학』, 『철학사』, 『종교철학』에서 그를 인용, 언급하는 것도 많다. 『고대 민족들 특히 그리스 인의 상징과 신화』가 대표작.

—이토 히토미(伊藤一美)

크룩 [Wilhelm Traugott Krug 1770. 6. 22-1842. 1. 13]

<지의 구성>을 인정하지 않고 첫 번째 근본명제로부터 철학을 도출하고자 한 사상가. 비템베르크에서 태어나 비템베르크 대학에서 슐체의 후배로서 공부했다.

예나의 라인홀트에게서도 사사했다. 프랑크푸르트 대학에서 가르친 후 1805년에 칸트의 후임으로 쾨니히스베르크로 초빙된다. 1809년 이후에는 라이프치히에서 강의를 행한다. 헤겔에게서 비판 받은 논저와, 주저인 『근원철학(Fundamentalphilosophie. Züllichau und Freystadt, 1803)』에서 관념과 실재의 종합을 보이는 의식의 사실에서 인식의 확실성을 발견하는 한편, 의식은 설명되지 않는 것이라고 하는 '초월론적 종합주의'를 표방했다. 그것은 의식의 사실을 원리로 하여 철학의 기초학을 서술하고자 하는 한에서 라인홀트의 근원철학의 과제와 통하는 것이었다. 그러나 헤겔은 『상식비판론』에서 이것을 <종합>이 설명되지 않은 채 전제되어 있다는 점에서 슈미트(C. C. E. Schmid 1761. 4. 24-1812. 4. 10)의 사상을 재탕한 것이라고 보고 있다. ⇒라인홀트

【참】栗原隆 (1990)

—구리하라 다카시(栗原隆)

클롭슈톡 [Friedrich Gottlieb Klopstock 1724-1803]

18세기 중엽의 독일의 시인. 독일 시의 개혁자이자 힘찬 종교적 감정과 열광적인 예언자적 성격을 담은 작품을 통해서 젊은 날의 괴테를 비롯하여 독일 문학계에 심각한 영향을 주었다. 시의 형식에 관해서는 초기에는 그리스, 로마의 운율법을 독일 시에 도입할 것을 꾀했지만, 이윽고 『에다』와 『니벨룽겐의 노래』와 같은 게르만 문학으로의 경도를 통해 자유운율시의 창조에 나섰다. 대표작은 『구세주』, 『송가와 비가』 등인데, 그 주제는 이상주의적인 사랑, 자연, 조국, 삶과 죽음, 신에 의한 천지창조와 같은 것으로 향해 있으며, 그것들을 예리한 직관과 깊은 감정을 수반하여 노래했다. 헤겔의 클롭슈톡에 대한 평가는 한편으로 클롭슈톡이 독일 민족의 긍지에 의해 영감을 받은 시인이라는 점을 인정하면서도 그의 작품에 대해서는 내용과 형식이 분열되어 있다고 비판적으로 보고 있다『미학』 15. 346, 470].

—사토 야스쿠니(佐藤康邦)

키르케고르 [Sören Kierkegaard 1813. 5. 5-55. 11. 11]

키르케고르의 문제는 "어떻게 하여 주체적으로 되는가"라는 것에 있으며, 이 문제를 그는 "어떻게 해서 사람은 참된 기독자가 되는가"라는 문제로 구체화했다. 그리고 이러한 자기의 실존에 관계하는 사색을 그는 당시 지배적이었던 헤겔 철학과의 대결에서 성숙시키고 있었다. 1846년에 간행된 『철학적 단편에 대한 결산적・비학문적 후기』는 키르케고르의 헤겔 비판을 총결산하여 보여준 것이라고 말할 수 있다. '비학문적'이라는 표제가 "진리가 실존하는 참된 형태는 오로지 진리의 학문적 체계일 수 있을 뿐이다"[『정신현상학』 3. 14]라는 헤겔을 지목하고 있는 데서 그의 대결자세가 분명히 드러난다. 그리고 거기에서의 비판을 항목으로 정리하면, 다음과 같이 말할 수 있다. 첫째, 실존은 주체적이고 개별적인 것으로서 구체적인 것이다. 따라서 "실존하는 것은 사유의 대상이 되지 않는다". 사유의 대상으로 되는 존재는 이미 주체적인 존재가 아니라 객체적인 존재이며, 개별적인 존재가 아니라 보편적인 존재이고, 현실적인 존재가 아니라 가능적 존재이다. 여기서 사유와 존재의 일체에서 출발하는 논리학을 중심으로 하는 헤겔 철학은 실존의 문제를 회피하는 것이라고 말해지는 것이다. 둘째, 실존은 운동이고 생명이다. 실존은 신체와 영혼, 유한성과 무한성, 필연성과 가능성, 시간과 영원의 대립 사이에서서 양자의 종합을 지향하는 운동에서 생성하는 것이다. 그리고 이것은 실존이 장래에 관해 탈자적인 존재라는 것을 의미한다. 그때 모든 것을 절대적 이념의 전개로서 '영원의 상하에서' 이해하고, 이 이념의 전개를 처음이 곧 끝인 원환 속에 닫아버리는 헤겔 철학 체계에서는 "모든 생성이 배제되어버린다"고 말하지 않을 수 없다. 셋째, 실존은 관심성이다. 실존은 자기의 내면성에서 살아가는 자를 의미한다. 이때 자신이 실존에서 벗어나 전적으로 사유로 변화한 듯이 논리학을 말하고, 마치 자신이 인류 그 자체인 듯이 세계사를 말하는 헤겔 철학은 실존을 걸고 살아가는 자가 만나는 문제에 대한 '무관심'에서 성립하는 것이라고 말해야만 한다. 넷째, 관심과 함께 정열이 실존의 현실성이다. 신체와 영혼, 유한성과 무한성, 필연성과 가능성, 시간

과 영원의 대립을 종합하는 것은 오직 정열에서만 이루어지기 때문이다. "정열 없이 사람은 실존할 수 없다". 이에 대해 헤겔도 확실히 대립하는 것의 종합을 이야기하긴 하지만, 그 종합은 순수사유의 활동에 의한 대립하는 개념의 종합이다. 이러한 종합은 이념의 세계에서 말해지는 것에 불과하며, 실존에 대응하는 것이 아니다. 다섯째, 실존은 변증법적이다. 그러나 실존이 살아가는 대립이 질적 대립이고 그 종합이 실존하는 것의 무한한 관심과 정열에 의해 비로소 이루어질 때 이 '실존변증법'은 비약에 의한 '질적 변증법'이다. 이것은 실존의 생성이 선택과 결의라는 내면적 행위에 관계하고 있다는 것을 의미한다. 그러나 헤겔의 순수사유의 변증법은 '양적 변증법'이다. '이것인가 저것인가'의 변증법이 아니라 '이것도 저것도'의 변증법이다. 여기서는 참된 의미에서의 이행도 생성도 없다. 동일한 것이 단지 형태를 바꾸는 데 그친다. 여섯째, 실존은 선택과 더불어 반복에서 생성하는 것이다. 실존이 생성이고 운동이 모든 것이라면 그 근저에 연속하는 것이 존재해야만 하며, 그것은 실존하는 자에 의해서 반복적으로 파악되는 영원한 것이기 때문이다. 그러나 모든 운동을 절대적 이념의 세계로 지양해버리는 헤겔의 순수사유는 이러한 생성에서의 영원한 것을 파악할 수 없다. 일곱째, 실존은 역설(패러독스)에서 살아가는 자이다. 왜냐하면 실존은 객관적으로 불확실한 것에 몸을 거는 모험에서 비로소 본래적으로 될 수 있는 것이기 때문이다. 그것은 기독교의 계시의 진리이다. 실존하는 자는 내재로부터 초월하여 신의 존재에 자기의 존재를 결부시키는 신앙에서 살아가며, 비로소 자기가 내던져져 살아가는 신체와 영혼, 유한성과 무한성, 필연성과 가능성, 시간과 영원의 대립을 종합할 수 있는 것이다. 이에 대해 헤겔은 이러한 역설을 사변으로써 해명하고 이에 따라 신앙을 지식으로, 기독교를 철학으로 지양해버렸던 것이다. 이러한 비판들을 집약하면, 헤겔 철학에서의 '윤리적인 것'의 결여라고 말할 수 있다. 이러한 키르케고르의 비판에 대해 헤겔 철학 입장에서의 반론도 가능할 것이다. 그리고 이것은 예를 들어 발(Jean Wahl 1888-1974)의 『헤겔 철학에서의 의식의 불행』(1929)이 초

기 헤겔에서 키르케고르적인 실존 관심을 발견하는 등 많은 연구에서 엿보이는 대로이다. 어쨌든 아무리 헤겔 철학을 비판했다 하더라도 헤겔의 변증법을 빼놓고서는 키르케고르의 실존변증법도 생각될 수 없다는 의미에서 키르케고르도 헤겔 철학의 작용권에 속해 있다는 것만큼은 확실할 것이다. ⇒이것인가 저것인가, 실존

―고즈마 타다시(上妻精)

키케로 [Marcus Tullius Cicero BC 106-43]

로마의 정치가이자 철학적 저술가. 일찍부터 웅변에 의해 성공하여 집정관이 된다. 공화정 말기의 정쟁 속에서 일시 망명하지만 카이사르의 관용에 의해 정계에 복귀. 그 후 옥타비아누스와 다퉈 암살되었다. 다수의 철학적 저작이 있지만, 그 입장은 전형적인 절충주의로서 그 자신의 독창적인 것은 적다. 그러나 그리스 철학을 로마로 옮겨오고 용어를 라틴 어로 번역한 것 등에 의해서 후대에 커다란 영향을 미쳤다.

헤겔은 이성의 현실적 전개를 정치가와 장군에서 보고자 하기 때문에, 예를 들면 올바른 지성에 의해서 결단을 내리고 개인적 감정을 뒤섞지 않은 채 과감히 단행한 카이사르를 세계사적 역할을 수행한 자로서 찬양한다. 하지만 동시대의 정치가이자 철학자인 키케로에 대한 헤겔의 평가는 전반적으로 낮다. 헤겔이 묘사하는 키케로는 "국가의 본성에 대해서 어떠한 통찰도 지니지 않은"[『역사철학』 12. 377] 채, 위태롭게 된 로마 공화국을 유지하기 위해 "일시적인 호도책을 찾아다니고 있는" 자이자, 곳곳에서 공정과 예절에 관해 탁월한 의견을 말하면서도 그에 반하는 행위를 합법적으로 기도하고 그리하여 "법률에 의한 도덕의 타락으로의 길"[『법철학』 180절]을 연 자이다. 키케로에 의한 그리스 철학설의 '보고'에 대해서도 거기에는 "철학적 정신"[『철학사』 18. 190]이 결여되어 있으며, '사변'이 아니라 '이치추론(Räsonieren)'의 매체를 통해 이루어졌다는 점, 나아가 그의 '반성'은 주관적인 힘으로서 대상을 의심스럽게 애매한 것으로 만드는[『종교철학』 17. 172] 낮은 것이라는 점이 지적된다. 요컨대 키케로

의 철학은 자의에 기초하는 "통속철학"[『철학사』 **18.** 114]에 불과하다는 것이다. 키케로에 대한 이와 같은 평가는 14세기 중엽의 페트라르카(Francesco Petrarca 1304-74) 이래로 일반화된 것과 마찬가지 것이며 특히 엄격한 것은 아니다. ⇒통속철학, 카이사르

―오카자키 에이스케(岡崎英輔)

킬리안 [Konrad Joseph Kilian 1771-1811]

독일의 의사. 식사요법과 민간약에 의한 가정의술과 구명술의 보급에 힘썼다. 예나 대학 의학강사(1801). 그곳에서 셸링, 헤겔과 친교를 맺는다. 1803년에 되슐라우프의 후계자로서 밤베르크로 초청되어 마르쿠스 (Adalbert Friedrich Marcus 1753-1816)의 동료가 된다. 뷔르츠부르크 대학 의학강사(1805). 밤베르크 대학 의학교수(1807). 1809년에는 알렉산더 1세(Alexander Ⅰ 1775-1825)의 시의로서 페테르스부르크에서 개업. 그는 자연철학 사상에 관해서 셸링 및 트록슬러와 대립하고 있었다. 헤겔은 니트함머에게 보낸 편지(1804년 12월 19일, 1808년 3월 28일)에서 그에 대해 언급하고 있는데, 그것은 마르쿠스와 킬리안의 논쟁 등 외적인 사정에 관한 것이지만, 헤겔은 그의 저서 『전체 의학의 체계 초안(Entwurf eines System der gesammten Medizin.

Jena 1802)』을 예나 시대의 자연철학의 원천의 하나로 하고 있다고 추정된다.

―이케다 마사유키(池田全之)

킬마이어 [Karl Friedrich Kielmeyer 1765. 10. 22-1844. 9. 24]

독일의 생리학자, 비교해부학자. 슈투트가르트의 카루스 아카데미의 동물학, 식물학, 화학 교수(1970). 튀빙겐 대학의 화학, 약학, 의학, 식물학 교수(1796). 슈투트가르트의 과학, 예술학원 원장(1816). 칸트, 헤르더의 영향 아래 만물의 근거를 힘들의 관계에서 구하고, 물리화학 현상과 생명 현상의 유사성에 주목하여 생물의 종은 외적 원인과 내적 형성력의 상호작용 가운데서 발전단계를 형성한다는 통일적인 생물의 기원설을 주창했다. 그중에서도 특히 그 비교해부학의 성과인바, 생명 현상을 형성력(감수성Sensibilität, 반응성Irritabilität, 재생Reproduktion)의 상관관계의 산물로 간주하는 사상은 당시의 생물학에 커다란 영향을 주었다. 이와 같은 자연철학적 색채가 짙은 사상을 셸링은 『자연철학 제1초안』(1799)에서 수용하였으며, 또한 헤겔도 그것을 『정신현상학』 이성 장에서 비판적으로 수용한다.

―이케다 마사유키(池田全之)

타자他者 [Anderes]

헤겔 변증법의 기본구조[『논리의 학』 6. 561 이하]에 서 보면 '시원'의 '보편'이 우선 "그 자신의 타자(das Andere seiner selbst)"로서 정립된다. 이 타자는 "두 번째 것"으로서 "첫 번째 것의 부정자"이지만, "공허한 부정 자, 통상적으로 변증법의 결과로 되는 무가 아니라 첫 번째 것의 타자, 직접적인 것의 부정이다. 그런 까닭에 이 타자는 매개된 것으로서 규정되어 있으며, 일반적으로 첫 번째 것의 규정을 그 안에 포함한다". 그러나 동시에 이 타자는 매개하는 것이며, "자기가 무관심하게 존재하는 것의 타자가 아니라 그 자신에서 의 타자, 타자의 타자(das Andere eines Anderen)이다". 그런 까닭에 그것은 "그 자신의 타자"를 자기 안에 포함하는 "모순으로서 그 자신의 정립된 변증법"이며, "개념의 운동의 전환점"을 이룬다.

헤겔에게 있어 타자는 '유한한 것'의 근본규정을 이룬 다. '현존재하는 것'은 모두 타자에 대한 '어떤 것(Etwas)' 으로서 있으며, 그런 까닭에 유한이다. 그러나 타자도 그 자신이 '어떤 것', '다른 어떤 것(etwas Anderes)'이며, 이에 대해 '어떤 것'은 그 자신이 타자에 다름 아니다. '어떤 것인 것'과 '타자인 것', 요컨대 '타자존재(das Anderssein)'는 제3자적인 외적 비교를 넘어선 밀접한 '관계'에 있다. 즉 '어떤 것'은 타자 없이 생각되는 것이 아니며, '대타존재(Sein-für-Anderes)' 내지 자기부정의 계기를 지니고, 내재적으로 그 자신에서(an sich) '그 자신의 타자'이다(플라톤의 『소피스테스』에 대한 헤 겔 나름의 해석). '유한한 것'은 '어떤 것'인 동시에 그 타자라는 모순으로서 '변화하는 것(das sich Verändernde)'에 다름 아니다. '유한한 것'은 그것의 죽 음, 멸망의 맹아를 그 자신 안에 품고 있다. 그 탄생의

때는 죽음의 때이다[『논리의 학』 5. 125f., 140; 『엔치클 로페디(제3판) 논리학』 92절 「보론」]. 헤겔에 따르면 자연은 앞의 변증법 구조로부터 이해되어야만 하는 "이념"의 "타자존재"[같은 책 244절, 『엔치클로페디(제 3판) 자연철학』 247절], "정신의 타자"[『논리의 학』 5. 127; 『종교철학』 17. 245f.]로서 이와 같은 '유한한 것'의 세계이다. 그럼에도 불구하고 '정신'은 그의 타자에서 자기 자신과의 동등성을 보존하는, 즉 "자기 자신 곁에 있는(빙자적(憑自的)) 존재(das Bei-sich-selbst-Sein)"이 며[『정신현상학』 3. 552; 『역사철학』 12. 30, 391f.; 『엔 치클로페디(제3판) 논리학』 94절 「보론」], 이것이 '신 의 본성'을 이룬다. 신이 '정신'인 것은 자기 자신의 분리, 영원한 창조이며 나아가 타자의 이러한 창조가 자기로의 귀환, 자기 자신의 지로의 귀환이라는 것을 아는 한에서이다. "절대적인 타자존재에서의 순수한 자기인식"이라고 말해지는 지의 구조도 우선은 이런 의미에서 이해되어야만 한다[『종교철학』 17. 94f.; 『정 신현상학』 3. 29]. 타자에서 '자기에게 있는' 것은 또한 인간적 '자기의식'의 참된 존재방식(자유)이다. 인격 적 타자를 반성적으로 경유하는 것은 자기동일성을 획득하고 그것을 부단히 확증하는 기반이며, 사회적으 로 '인정'된 자기존재의 가능성의 조건인 것이다.

【참】山田忠彰 (1986), Hackenesch (1987)

―야마다 다다아키(山田忠彰)

타자존재他者存在 ⇨**타자**

타죄墮罪 ⇨**원죄**

탄성彈性 ⇨ 물리학

탄소炭素 [Kohlenstoff]

원소기호 C. 원자번호 6의 원소 유리(遊離)상태로서 다이아몬드, 석탄 등이 있으며, 무기화합물로서는 이산화탄소(탄산가스), 탄산염 등이 있고, 유기화합물을 형성한다. 헤겔은 탄소를 포함하여 이른바 화학적 원소를 추상적이라고 간주하며, 흙·물·불·공기의 4원소야말로 구체적인 원소(Element)라고 한다『엔치클로페디(제3판) 자연철학』 328절]. 흙·물·불·공기의 4원소가 추상적으로 분리된 경우, 추상적인 화학적 계기로서 질소, 산소, 수소, 탄소로 된다[같은 곳]. 탄소는 이 네 개의 화학적인 계기들 가운데 총체성의 계기로 되며, 개체적인 원소의 추상적 계기로 된다. 그것은 이 4원소 가운데 탄소만이 단순체, 요컨대 다른 원소와 화합하고 있지 않은 상태로서 통상적인 상태에 존재하면서도 또한 다른 원소와 화합할 수 있기 때문이다. 또한 그 결정으로서 다이아몬드 등에 대해서도 언급하고 있다. 그러나 탄소의 개체성은 화학적인 원소인 한에서 추상적이기 때문에 "죽은 개체성"에 불과하다[같은 곳, 같은 절 「보론」]. ⇒산소, 수소, 질소

—이나오 마사루(稻生 勝)

탈레스 ⇨ 이오니아학파

태양(계)太陽(界) [Sonne (Sonnensystem)]

물체의 개념은 중력이지만, 이 중력이 이념에 도달해 있는 것은 천체이다. 따라서 천체는 "그 구별된 본성의 계기로서 천체의 개념의 계기들을 지닌다"[『엔치클로페디(제3판) 자연철학』 270절]. 이 천체는 자신의 계기를 총체성으로까지 전개하고 실재성을 부여하지만, 그 통일의 계기는 중심을 정립한다. 이 중심이 태양이며, 물체들이 이 태양을 중심으로 하여 상호관계를 지니고 자신의 통일을 자기 바깥에, 요컨대 태양에서 지니는 "독립된 천체들의 집합"이 태양계

이다. 따라서 태양계는 "이성적 천체성의 완성된 체계"[같은 곳 「보론」]라고도 말해진다. 태양은 그 천체의 통일의 계기를 나타내는 것이자 자기 관계하는 천체이지만, 그것만으로는 전개되지 않은 추상적인 동일성이며 태양계로서 총체성이고 구체적인 것이다. 그러므로 태양은 아직 자기귀환해 있지 않으며, 대타적이다. 따라서 자기발광체이기도 하다. 태양은 빛을 냄으로써 자기를 소진하지만, 행성에 의해서 정립된 중심으로서 언제나 활성화되는 동시에 행성의 과정을 야기시킨다. ⇒천체, 행성, 지구, 달

—나가시마 다카시(長島 隆)

텐네만 [Wilhelm Gottlieb Tenneman 1761. 12. 7-1819. 10. 1]

명확한 방법 의식을 지닌 『철학사』 전 12권을 저술했다. 헤겔에 의한 평가는 "상세하게 쓰여져 있으며, 고대보다 근대 쪽이 잘 마무리되어 있다". "고대철학에 관해서는 거의 사용될 수 없다"[『철학사』 18. 135]. 철학사가는 철학을 가지지 않는다고 자랑스럽게 말하고 있지만, 그는 "비판철학자"이다. 헤겔의 철학사는 텐네만으로부터의 인용이 가장 많으며, 더욱이 얄궂게도 고대철학에서 두드러진다.

【참】 Tennemann (1798-1819), 柴田隆行 (1987)

—시바타 다카유키(柴田隆行)

토지소유土地所有 ⇨ 소유

통속철학通俗哲學 [Popularphilosophie]

특별하게는 볼프로부터 멘델스존에 이르는 독일 계몽철학을 가리키지만, 넓은 의미로는 철학사에 가득 차 있다. 통속철학의 원천은 마음과 충동, 소질 등 우리의 자연적 존재이며, 정의와 신에 관한 사적인 심정이다[『철학사』 18. 115]. 통속철학은 우리의 일상의식에서 말하며, 그것을 궁극적인 척도로 삼는다[같은 책 20. 264]. 그것은 사변적인 가치를 지니지 않지만, 일반교양이라는 점에서는 중요하다. 즉 하나의 전체로부터라기

보다도 자기로부터, 즉 자기의 경험, 자기의 대상으로부터 발언한다. 그것은 건전한 인간지성에 속한다[같은 책 **20**. 17]. 영혼의 불멸을 말하는 소크라테스의 최후의 말은 일종의 통속철학이다[같은 책 **18**. 511]. 후기 페리파토스 철학은 아리스토텔레스 철학이 아니라 통속철학이며[같은 책 **19**. 253], 특히 키케로의 시대에 그러하다. 에라스무스(Desiderius Erasmus 1466-1536), 페트라르카(Francesco Petrarca 1304-74), 멜란히톤(Philipp Melanchton 1497-1560), 몽테스키외 등도 그러하며, 볼프 철학은 확실히 그러하다. 멘델스존은 한층 더 통속적으로 철학했다. 헤겔에게 통속철학은 학으로서의 철학이 아니다.

―시바타 다카유키(柴田隆行)

통일統― [Einheit, Einigung]

헤겔에서 통일은 합일, 총체성, 전체성 등의 개념과 거의 등가적이며, 그의 사색의 기저를 보여주는 중요한 개념이다. 독일어에서 말하는 Einheit는 원래 '하나인 것', '하나로 된 것'을 의미하며, Einigung은 '하나로 되는 것'을 의미한다. 따라서 이 말은 (1) 한편으로 다수성에 대한 '단일성'을 의미함과 동시에, (2) 다른 한편으로 다양성에 대한 '통일성', 구별에 대한 '동일성'이라는 의미도 포함한다. 칸트는 그의 범주론에서 범주(순수지성개념)로서의 Einheit에 대해 오로지 '단일성' 내지 '일자성'으로서의 특성을 부여하고 다수성(Vielheit)과 총체성(Allheit)의 범주에 대립시키고 있다. 그러나 동시에 칸트는 그의 순수통각론에서 인간의 통각에는 근원적으로 다양성을 통일하는 기능이 갖추어져 있다고 생각하고, 지성이란 "직관에서의 다양한 표상을 통각에 의해서 통일하는 능력"이며, 이러한 "통각에 의한 통일이라는 원칙이야말로 인간의 인식 전체의 최고의 원리"라고 말한다. 칸트는 오로지 지성에 의해서 초래되는 인식상의 이와 같은 통일을 '지성통일(Verstandeseinheit)'이라고 부르고, 나아가 지성의 다양한 인식에 통일을 부여하는 것으로서의 규제적 원리로서의 '이성통일(Vernunfteinheit)'을 상정하고 있다. 헤겔에서의 통일 개념은 칸트에서의 이러한 다양성의

통일이라는 사고방식의 계보를 잇는 것이라고 말할 수 있다. 그러므로 헤겔 자신도 칸트에서의 통각의 통일 기능을 대단히 높이 평가하여 다음과 같이 말하고 있다. "칸트에서 저 (통각의) 통일이 자기의식의 절대적이고 근원적인 동일성이라는 것은 전혀 의심할 수 없다. 이러한 동일성이야말로 선험적인 절대성을 지니고서 그 자신 안으로부터 판단을 산출하는 것이다. 좀더 적절하게 말하면, 이러한 자기의식의 동일성이야말로 의식에서의 주관과 객관의 동일성이며, 그것이 판단이라는 형태로 나타나는 것이다. 통각의 이러한 근원적 통일이 종합적이라고 불리는 것은 바로 거기서 대립하는 것이 절대적으로 하나라는, 이 통일의 양면성 때문이다"[『신앙과 지식』 **2**. 306]. 여기서도 명확해지듯이 헤겔이 말하는 통일(성)이란 다수성과 총체성에 대립하는 단일성이 아니라 다수성을 내포한 총체성으로서의 일자를 의미한다. 나아가 통일은 전적으로 모순하는 존재와 무에 관해서도 성립한다고 말한다. "이제부터는 이러한 존재와 무의 통일이 최초의 진리로서 단연코 근저에 놓여 있고, 모든 뒤따르는 서술의 터전을 형성한다"[『논리의 학』 **5**. 86]. 그리고 이와 같은 통일의 파악을 지향하는 것이 참된 철학의 일인 사변의 과제이며, 변증법적 사유의 특성도 여기에 놓여 있게 된다. ⇒하나와 여럿, 합일

【참】 Henrich (1966), Avineri (1976), Düsing (1976)

―야지마 교시로(谷嶋喬四郎)

통찰洞察 [Einsicht]

통찰이란 어떤 것을 단지 그것 자신에 머무르지 않고 동시에 타자에 대해서도 어떤 것이라고 간취하는 것이지만, 헤겔의 『정신현상학』에서는 정신이 스스로 분열하여 소외되어가는 경험, 교육을 쌓아가는 경험에서 우선 신앙과 계몽의 분열과 대립 속에서 계몽의 본질을 이루는 것으로서 순수통찰이 나타난다[**3**. 391ff.]. 신앙이 절대적 자기동일을 나타내고, 절대적인 것의 내용을 그대로 받아들이고 마는 정태적인 것인 데 반해, 순수한 자기로서의 순수통찰의 경우에는 자기에 의해서 세워진 것이 아닌 것은 어느 것이든 다 부정해가는

운동으로서 존재한다. 여기서 순수라고 하는 것은 이 통찰이 현실세계의 경험에로 돌진하는 것이 아니라 어디까지나 순수한 자기의식의 부정적 활동에 머무른다는 것을 의미한다. 신앙에 내용이 있다 하더라도 그것은 결국 자기의 활동을 거친 것이 아니기 때문에 소원한 채로 머무른다. 그에 반해 순수통찰로서의 계몽의 운동의 경우에는 자아의 활동이 축에 놓여 있기 때문에 타자에 부정적으로 관계하는 과정에서 적극적인 내용을 얻을 가능성을 지닌다. 그렇지만 순수통찰인 한에서 거기서 세워지는 것은 내용 있는 것이 아니라 기껏해야 유물론에서의 물질과 이신론에서의 신과 같이 내용을 전혀 지니지 않는 채로 머무른다. 즉 물질이든 신이든 그것들은 내용은 없는 채로 자아의 대상으로서 세워진 것에 지나지 않는다. 그러나 세계의 모든 것을 자기의식과 무관계한 세계에 방치하는 것을 인정하지 않는 통찰의 운동은 바로 그렇기 때문에 이성의 운동이라고 말할 수 있다. 그에 의해 세계는 자아에 소원한 것이 아니게 되기 때문이다. 이리하여 순수통찰은 지성적인 자아의 활동처럼 볼 수 있지만, 그것은 좀더 높은 정신의 차원을 이미 상정하고 있는 것이다.

―사토 가즈오(佐藤和夫)

통체성統體性 ⇨ 종체성

통치統治 [Regierung]

근대 국가에서 의사결정 기구로서의 정부의 활동 전체를 가리킨다. 독일계의 국가에서 Regierung은 입법 및 사법과 구별되는 행정부 고유의 활동을 의미하는 경우가 많지만, 헤겔의 경우에는 사법활동도 Regierung 속에 포함된다. 『법철학』에 따르면 통치란 "특수한 권역들과 개별적인 사건", 즉 시민사회를 "보편적인 것", 즉 국가로 "포섭하는" 활동, 특수성의 원리가 관철되는 시민사회에서 보편성을 유지하면서 특수성을 보편성으로 부단히 되돌리는 활동을 의미한다[『법철학』273절]. 이러한 활동을 수행하는 권력이 '통치권(Regierungsgewalt)'이라고 불리며, 입법권 및 군주권과

더불어 국내체제를 구성한다. 시민사회에 대한 '배려와 관리'를 사명으로 하는 권력으로서 통치권은 사법권과 함께 경찰행정(Polizei)권을 포함한다. 통치권은 최종적으로는 군주에게 귀속되지만, 그것을 대리하는 것이 "집행하는 관리"와 "심의하는 상급관청들"[같은 책 289절]이다. 헤겔은 이 대리자들의 전횡을 막기 위해 위계제와 책임제와 더불어 지방자치체와 직업단체에 의한 아래로부터의 점검을 중시하고 있으며, 여기서 프랑스적인 중앙집권제에 대한 비판과 중간단체에 대한 높은 평가가 보인다. 또한 관리는 군주에 의해서 임명되지만, 그 자격은 "능력의 식별과 증명"에 기초하는 것이어서 원리적으로 모든 이에게 열려 있다. 초기의 『인륜의 체계』에서 통치의 의미는 양의적이어서 '욕구의 체계'가 (시장기구를 통해서) 자기를 통치한다는 관점 및 '욕구의 체계'의 파탄을 협의의 의미에서의 통치, 즉 국가가 위로부터 통치한다는 관점이 보이지만, 『법철학』이 보여주듯이 최종적으로는 국가가 시민사회를 위로부터 통치한다는 의미로 수렴하고 있었다. 이것은 로크, 애덤 스미스에서 보이는 '야경국가'적인 정부관으로부터 국가가 시민사회에 강하게 관여하는 '사회(복지)국가'적인 정부관에로의 이행과정의 일환으로서도 파악될 수 있다. ⇨ 권력, 관료(제), 군주·군주제, 경찰행정, 사법

―사이토 준이치(齋藤純一)

투쟁鬪爭 [Kampf]

헤겔은 예나 시기에 근대적 주관성의 문제를 논의의 주제로 삼기에 이르지만, 그때 헤겔이 이러한 주관성의 확립에 불가결한 계기로 간주한 것이 '투쟁'이다. '투쟁'을 거쳐 비로소 근대적 주관성이 확립된다. 여기서 모델로 된 것이 홉스의 '투쟁' 개념이었다. 다만 이 개념은 헤겔에 의해서 다시 해석되어 헤겔의 독자적인 개념으로 변용되었다. 왜냐하면 헤겔은 근대적 주관성의 확립 계기로서의 '투쟁'을 홉스적인 '자연상태'에서의 '폭력적인' 투쟁이 아니라 '명예'를 건 <지적>, <인격적> 투쟁으로 파악했기 때문이다.

이러한 독자적인 '투쟁' 개념이 처음으로 논해지는

것은 『인륜의 체계』 제2부에서이다[PhB 144a-41 이하. 여기서 이미 '투쟁'은 '범죄자'가 자기의 '명예'를 위해 스스로의 <존재 전체>를 걸고 자기에게 향해지는 '복수하는 정의'와 싸우는 '전 인격의 전 인격에 대한 투쟁'으로서 묘사되고 있다[Siep (1974) 참조]. 『예나 체계 Ⅰ』에서는 더 나아가 '보편적인 것'인 '사물'을 '개별적인 것'이 지배하는 '점유'의 '모순'으로 인해 만인이 <범죄자>이고, 따라서 만인이 자기의 '명예'를 위해 스스로의 <존재 전체>를 걸고 만인과 '전 인격'적인 '투쟁'을 벌여야만 한다고 설명된다[**GW 6**. 307 이하. 그리고 『예나 체계 Ⅲ』에서 이 '투쟁'이 결국 '사물'을 두고 서로 쟁탈하는 것으로서의 '투쟁'이 아니라 자기 자신을 상대방에게 '인정'시키는 '자'적인 '투쟁'이라는 것, 즉 <상호인정>을 둘러싼 '투쟁'이라는 것이 분명하게 된다[『예나 체계 Ⅲ』 GW 8. 214 이하, Wildt (1982) 참조]. 이러한 '투쟁'을 거쳐 비로소 근대적인 참된 '자기의식'이 성립한다는 사상이 『정신현상학』의 '생사를 건 투쟁'으로 이어지며, 여기서 전면적으로 전개되는 것이다. ⇒ 인정, 홉스

【참】 Siep (1974), Wildt (1982)

―다카야마 마모루(高山 守)

트레비라누스 [Gottfried Reinhold Treviranus 1776. 2. 4-1837. 2. 16]

독일의 동물학자, 생리학자. 괴팅겐 대학에서 의학, 수학을 공부(1793-96). 후에 브레멘에서 의사로서 생리학 및 특히 무척추동물을 재료로 한 비교해부학의 연구에 종사하고, 환경의 변화와 생물의 변화는 상관적이라는 진화론적 사상에 도달했다. 이 사상은 『생물학(Biologie oder Philosophie der lebenden Natur. 6 Bde. 1802-22)』에서 방대하게 전개되었다. 이 저작에 의해 생물학이라는 개념이 독일에 처음으로 도입되었다. 헤겔은 『엔치클로페디(제3판) 정신철학』에서 인종의 기원을 고찰할 때 그 제2권을 언급하고 있다[393절]. 그의 사상은 자연현상의 근거로서의 통일적인 원리의 존재를 믿는다는 점에서 자연철학의 제약에 사로잡혀 있지만, 헤켈(Ernst Heinrich Haeckel 1834-1919) 등의

진화론 사상의 선구로서의 의미도 지닌다. 또한 동생인 Rudolph Christian Treviranus(1779-1864)는 식물학자로서 알려져 있다.

―이케다 마사유키(池田全之)

트로포스 ⇨회의주의

트록슬러 [Ignanz Paul Vital Troxler 1780. 8. 17-1866. 3. 6]

스위스의 의학자, 철학자. 1800년에 예나에서 의학과 철학 연구를 시작하여 셸링의 강의를 들었으며 또한 헤겔의 최초의 청강생이 되었다(1801). 그의 청강 노트는 뒤징(Klaus Düsing)에 의해서 공간되어 있다. 초기의 의학철학의 저작은 셸링의 영향과 찬동을 받고 있으며, 『질병분류학을 위한 기초이념(Ideen der Grundlage zur Nosologie. Jena 1803)』, 『유기체물리학 시론(Versuch in der organischen Physik. Jena 1804)』, 『의학이론강요(Grundriss der Theorie der Medicin. Vienna 1805)』에 대해 헤겔은 자연철학 안에서 언급하고 있지만, "공허한 형식주의에 빠져 있다"[『엔치클로페디(제3판) 자연철학』 359절 「보론」]고 말한다. 1808년에 귀향하고부터는 셸링으로부터 벗어나 자기의 견해를 발전시켰으며 정치가로서도 활약. 1830년에 바젤에서 철학교수, 1834년에 신베른 대학 교수. 셸링과의 교제는 계속되었지만, 만년에는 주로 야코비의 영향을 받아 독자적인 철학적 인간학(Anthroposophie)을 구상했다. 『논리학. 사유 및 모든 인식비판의 학(Logik; Die Wissenschaft des Denkens und Kritik aller Erkenntnis. Stuttgart-Tübingen 1829-30)』에서는 헤겔 논리학을 평가하고 있다.

【참】 Düsing (1988)

―구로사키 츠요시(黑崎 剛)

트리아데 ⇨'정·반·합'(삼지성)

특권特權 [Privilegien]

헤겔에게 있어서는 특권이라는 말이 지니는 두 가지 의미가 구별되어 사용되고 있다. 어원상 본래의 의미는 '보편적 법률의 우연적인 예외'로 간주되는 것으로서, 여기에는 국가의 법률에 의해서 각 성원에게 부여되는 권리들(인권, 소유권 등등)과 독립적으로 각 사람이 보유하는 전국가적 권리가 포함된다. 이러한 '권리'들에 대해 헤겔은 시종일관 비판적이었다. 『독일 헌법론』에서는 이러한 전국가적 특권을 기초로 하여 주장되는 '독일적 자유'가 어떻게 근대적 자유의 개념과 어울리지 않은 것인지가 설명되고 있다. 또한 『뷔르템베르크 민회 토론』에서도 국왕의 헌법안에 대해서 의회 측이 어떻게 그들의 기득권을 방패로 하여 반동적 저항을 시도하고 있는지가 묘사되고 있다. 헤겔이 근대자연법이 주장하는 자연권에 대해서 비판적 입장을 무너뜨리지 않은 것도 국가 바깥에 있는 권리를 승인하지 않는 그의 이러한 입장과 관계가 있다.

한편 이것들과 구별되어 사회의 어떤 계층에 배타적으로 인정되는 "법률에 따라서 만들어지는"[『법철학』 252절] 특권이 있다. 헤겔은 이러한 특권이 승인되는 것의 근거를 그 사회에서 해당 부문이 지니는 "특수성의 본상"에서 기인한다고 본다. 헤겔 자신의 근대 국가 구상에서 그러한 특권이 부여되는 것은 직업단체(Korporation)에 대해서이다. 그런데 이러한 의미에서의 특권은 국가의 법률에 의해서 규정된 것이고, 따라서 필연적으로 제한된 것으로 된다. 그리하여 직업단체는 다른 것으로부터 폐쇄된 중세적 특권집단에 빠지는 것이 아니라 각 사람이 자기를 위해 배려하면서 타인을 위해서도 행동한다고 하는 시민사회에서 개개인에게 부과된 과제를 "몰의식적 필연성"에서 사유에 의해서 "자각된 윤리성"[같은 책 255절 「보론」]으로 고양시키는 장이 되는 것이다. ⇒자연법, 직업단체

─모리카와 고키치(森川孝吉)

특성特性 ⇨**성질**

특수성特殊性 [Besonderheit]

논리적으로 보면 '개념'의 세 계기의 하나인 특수성은 '보편'이 자기 자신으로부터 자기를 구별하고 자기 자신을 특수화하여 상관적이라는 의미에서의 "개념의 규정성", "보편의 내재적 계기"이고, '유'에 대한 '종'이며, '판단'의 영역을 형성하고[『논리의 학』 6. 280-281, 301-302; 『엔치클로페디(제3판) 논리학』 165, 166절], '보편'에서 '개별성'(내지 역)에로의 변증법적 전개에서의 매개 역할을 담당한다. "특수는 개별에 대해서는 보편이지만, 보편에 대해서는 규정된 것이다. 특수는 개별성과 보편성의 양항을 자기 안에 포함하며, 그러므로 양자를 결합하는 중항이다"[『뉘른베르크 저작집』 4. 56]. 이 범주는 철학체계의 그때마다의 단계에서 구체적 내실을 부여받고 있다. 체계 전체와 관련하여 이것은 '자연'의 단계를 가리킨다. 자연은 "특수성에서의 이념"이다[『엔치클로페디(제3판) 자연철학』 247절 「보론」]('논리'에는 '보편'이, '정신'에는 '개별성'이 대응한다). '객관적 정신'의 단계에서 특수성은 '시민사회'의 하나의 원리를 이루는, 오로지 "자기 자신을 목적으로 하는" 주체, 이기적인 "사적 인격"을 의미한다. 이러한 "자기 안에서 무한한 인격성"은 내면적으로는 기독교, 외면적으로는 로마세계에서 출현하며, 고대로부터 근대로의 전환점을 이룬다. 특수성의 자립적인 발전은 고대에서는 사회의 자기해체의 원리이지만, 근대에서는 특수성은 자립적이면서도 자기를 보편[국가·사회-경제적 연관]에로 고양시킬 수밖에 없다. 보편과 특수성의 이러한 변증법적 관계가 근대 국가의 '현실성'이다[『법철학』 182-186절, 185절 「보론」, 270절 「보론」]. 일반적으로 특수성은 보편이 취하는 실재·사실적 형태로서 "역사에 속"하며[같은 책 259절 「보론」], 특수 상호간의 투쟁과 몰락 속에서 [새로운] '보편'이 결과적으로 실현된다. 이것이야말로 바로 역사의 논리이다[『역사철학』 12. 40, 49]. ⇒보편, 개별성, 유(類), 자연, 시민사회, 역사

【참】 Lukács (1967)

─야마다 다다아키(山田忠彰)

티데만 [Dietrich Tiedemann 1748. 4. 3-1803. 5. 24]

『사변철학의 정신』 전7권을 저술. 헤겔에 의한 평가는 "말이 생경하고 졘체하며, 일생을 사변철학의 연구에 바치면서도 사변에 관해 아무것도 알지 못하는 학자의 애처로운 표본이다"[『철학사』 **18**. 134]라고 하여 대단히 혹독하다. 헤겔은 그의 유일한 공적이 중세의 희귀본으로부터의 인용에 있다고 말한다. 문화사와 정치사를 많이 채용하고 있다는 점이 이 책의 독자성이지만, 헤겔은 "몰정신적으로 다루어지고 있다"고 냉담하게 평가한다.

【참】 Tiedemann (1791-97), 柴田隆行 (1988)

─시바타 다카유키(柴田隆行)

『티마이오스』 [Timaios]

이데아의 분화에 기초하여 논리, 자연, 정신의 세 부문으로 대별되는 플라톤 철학에서 『티마이오스』는 자연철학에 속하며, 헤겔의 자연철학에도 깊은 영향을 미쳤다. 이데아론적인 사상을 전제로 한 그의 자연에 대한 총체적 설명에서 헤겔은 사변적인 것을 읽어냈다. 『행성궤도론』의 부론에서 행성간의 거리 문제를 논할 때 당시의 천문학계에서 지배적이었던 '티티우스-보데의 법칙'의 무개념성을 비판하고, 자연의 이성적 질서는 단순한 산술적 급수가 아니라 플라톤이 피타고라스를 따라 『티마이오스』에서 제시한 수열을 모델로 하는 거듭제곱으로 나아가는 수열에서 올바르게 표현된다고 했지만, 이 입론은 결과적으로 사실에 의해서 반박되며, 로젠크란츠가 전해주고 있듯이 당시 대단한 악평의 대상이 되었던 것으로 이후 헤겔의 자연철학에 대한 평가를 결정짓게 되었다. 그러나 『철학사』에서도 헤겔은 이 난해한 대화편에서의 개념적 인식과 표상적 의식의 외면적 혼합에 현혹되지 않는다면 거기에는 최고로 사변적인 것이 놓여 있다고 평가하고 있다. ⇒플라톤

【참】 Rosenkranz (1844)

─다케다 죠지로(武田趙二郎)

티보 [Anton Friedrich Justus Thibaut 1772. 1. 4-1840. 3. 28]

하이델베르크 대학 교수. 베를린 대학 교수 사비니와의 민법전 논쟁으로 알려져 있다. 1814년 티보는 『일반적 독일 민법의 필요에 관하여』를 저술하고, 독일법의 분립·통일의 결여를 제거하여 국민의 통일을 촉진하기 위해 사법·형법·소송법의 통일적 법전 제정을 주장했다. 이에 대해 사비니는 법은 언어와 마찬가지로 만들어져야만 하는 것이 아니라 저절로 이루어지는 것이라는 입장에서 시기상조라고 하여 반대했다. 헤겔은 "그에게는 드물게 가담의 정열을 가지고서"(리터) 티보와 그의 민법전 제정의 요구의 편에 섰다. "하나의 문명국민 내지 그 속의 법률가 신분에게 법전 작성의 능력을 인정하지 않는 것은 하나의 국민 내지 그의 법률가 신분에게 가해질 수 있는 최대의 모욕 가운데 하나이다"[『법철학』 211절]. "체계화하는 것은…… 현대의 무한한 갈망이다"[같은 곳 「보론」]. 또한 『법철학』 79절에 대한 '메모'에도 로마법과 관련하여 티보에 대한 언급이 보인다[7. 165]. ⇒사비니

【참】 Ritter (1969b)

─다카야나기 료지(高柳良治)

ㅍ

파괴 破壞 [Zerstören]

부수는 것. 헤겔에서는 무화(Vernichten)나 폐기(Aufheben)와 관련되는 말로서 사용된다.

파괴 및 무화, 폐기가 지성과 이성의 관계를 이해하는 데서 중요한 용어로서 등장하는 것은 예나 초기에서이다. 규정을 부여하는 활동인 지성은 규정을 고집하며 그 결과 이율배반에 빠질 수밖에 없는 데 반해, 이성은 지성이 고정시킨 규정성을 무화하여 폐기함으로써 이율배반을 종합하는 활동이며, 그리하여 이성 앞에서 지성은 자기 자신을 파괴시킬 수밖에 없게 된다. 그런 의미에서 헤겔에서 파괴는 다름 아닌 자기파괴이다.

예를 들면 『차이 논문』에서는 "지성은, 유한자와 무한자와 같은 대립한 것을 서로 대립시킨 채로 고정화하게 되면, 자기를 파괴하고 만다"[2. 27]고 말해지고, 그것과 대응하는 형태로 "고정화된 대립들을 폐기하는 것이 이성의 유일한 관심사이다"[2. 21]. 또는 "이성은 분열을 이율배반에서 종합하고 그에 의해 그것을 무화한다"[2. 98]고 말해지고 있는바, 지성과 이성의 관계는 아직 내재적 초월로서 변증법적으로 파악되고 있지 않다. 이성도 지성의 규정을 지양하는 것이 아니라 외부로부터 무화하고 폐기하는 부정적 활동임과 동시에 지성이 빠진 이율배반을 종합에서 파악할 수 있는 사변적 직관이기도 했다.

예나 초기에는 Aufheben이라는 용어도 아직 폐기의 의미로 사용되는 데 불과하다. 체계시기에는 Aufheben이 폐기의 의미로 사용되는 용례가 없지 않은 것은 아니지만, 주로 변증법적 지양의 의미를 지니게 된다. 그것에 대응하여 "창조는 파괴적이며, 파괴(Zerstörung)는 창조적이다"[『논리의 학』 6. 221]라고 말해지고 있듯이 Zerstören도 변증법적 뉘앙스를 띠게 된다. ⇒지성, 이성, 지양, 이율배반

―이와사 시게루(岩佐 茂)

파나티즘 [Fanatismus]

파나티즘은 원래 종교적 의식 내지 행위와 결부되어 있던 말로 신적 광란에 사로잡혀 있는 광신적 상태를 나타내는 것이었다. 헤겔의 용법에서도 정치적 의미뿐만 아니라 종교적인 광신의 의미가 함의되어 있다. 헤겔은 『법철학』 서문에서 적대자인 프리스를 "천박함의 장수"라고 부르고, 그의 생각은 "국가라는 이러한 형성된 건축물을 '심정과 우정, 영감'의 죽으로 뒤엉키게 만드는" 것이라고 비난했지만, 그것은 프리스 속에서 학문을 사상과 개념에 의해서 기초짓지 않고서 직접적이고 우연적인 착상 위에 세우고자 하는 파나티즘의 위험한 징후를 보았기 때문이다. 헤겔에게 있어 파나티즘이란 추상적 자유가 드러나는 방식이다. 보편적인 것은 스스로를 실현하고자 하면 반드시 특수한 현실적 규정을 이끌어 들일 수밖에 없지만, 그러나 추상적 자유는 바로 이러한 특수한 현실성을 절멸시키는 데서 자유의 의식을 느끼고 자기의 현존재를 감지하는 것이기 때문에, 그것은 어디까지나 추상적인 표상에 불과하며 그 현실화는 어디까지나 파괴적 광포이다. "파나티즘은 본질적으로 오로지 그것이 구체적인 것에 대해서 황폐케 하고 파괴하는 태도를 취함으로써만 존재한다"[『역사철학』 12. 431]. 분절된 어떠한 현실과도 결합하지 않는 '심정과 우정, 영감'은 현실의 부정이라는 것에 의해서만 자기의 현실성을 지닐 수 있는 것이다. "파나티즘은 하나의 추상적인 것을 욕구하는

것이며, 어떠한 분절·편성(Gliederung)도 욕구하지 않는다"[『법철학』 5절 「보론」]. 헤겔은 이것의 가장 구체적인 현상을 프랑스 혁명의 공포시대에서 보고 있다. 또한 종교가 국가와 법적 질서를 내면적 심정의 억압이라고 생각하고 이것에 부정적 태도를 취하며, 그것이 정치적 광신과 마찬가지로 현실세계에서 힘을 발휘하여 국가와 시민사회의 관계들을 폐절시키고자 할 때 그것은 "종교적 파나티즘"[『법철학』 270절]이다. ⇒광신, 프랑스 혁명

—미즈노 다츠오(水野建雄)

파라켈수스 [Paracelsus 1493. 12. 10–1541. 9. 24]

본명은 테오프라스투스 폰 호엔하임(Theophrastus von Hohenheim). 스위스에서 태어나 유럽 각지에서 의학을 공부한 후 잘츠부르크에서 개업. 만년에는 바젤 대학 의학부 교수. 일반적으로 의화학파의 시조로서 알려져 있지만, 사상적으로는 인문주의자로서 그의 헤르메스적인 색채가 짙은 신지학상의 저작은 야콥 뵈메에게 강한 영향을 주었다. 헤겔도 『엔치클로페디(제3판) 자연철학』 316절 주해에서 수은, 유황, 염을 원질로 하는 파라켈수스의 생각에 대해 언급하고 있다[9. 222]. 그러나 그것을 근거로 하여 헤겔의 자연철학 전체가 신비주의 전통에서 유래한다고 주장할 수는 없다. 헤겔 자신은 이 부분에서나 『철학사』의 뵈메 항에서 이 원질들을 실재의 원소라고는 간주하지 않고 다만 그것들이 유동성과 딱딱함과 같은 물체성의 개념의 규정들을 나타내는 한에서만 '단순한 탐색'보다 고차적인 것으로서 이런 종류의 사변을 인정했기 때문이다[20. 95 참조].

【참】 Löther (1969), Schipperges (1974), Debus (1977), 大橋博司 (1988)

—와타나베 유호(渡辺祐邦)

파르메니데스 [Parmenidēs BC 500경-?]

헤겔은 "본래적인 <철학함>은 파르메니데스로부터 시작되었다"[『철학사』 18. 290]고 말했다. 그것은 파르메니데스가 "존재만이 존재하고, 비존재는 존재하지 않는다"는 학설을 제시함으로써 모든 표상과 억견을 제거하고 이념적인 것으로 철학을 고양시킨 것에 대한 찬사였다. 즉 헤겔에게 있어 파르메니데스의 '존재'는 "사유가 그 절대적 추상에서 비로소 자기를 파악한다"는 점에서 '학의 시원'으로서의 '순수존재'에 다름 아니었던 것이다[『논리의 학』 5. 84]. 다만 파르메니데스가 '무'를 전적으로 부정했기 때문에 그로부터 앞으로 진전할 수 없었던 데 반해[같은 책 5. 98], 헤겔은 파르메니데스의 '존재'의 실질은 "순수존재와 순수무가 같은 것이다"[같은 책 5. 83]라고 하여 그로부터 존재와 무의 통일, '생성'을 도출했다. 따라서 '순수존재'를 "두 번째의 절대적 시원"[같은 책 5. 98]이라고 부르고 스스로 파르메니데스의 후예로서 자임했던 것이다.

—마쓰이 요시카즈(松井良和)

파악 把握 [Begreifen, Auffassen]

Ⅰ. 개념파악(Begreifen). 이 표현은 사변적 사유를 사유내용과의 관계에서 특징짓는 경우에 사용된다. 즉 사유주체가 사유내용과는 관계가 없는 인식형식을 밖으로부터 강요하지 않는다는 것을 특징짓고자 하는 것이다.

그런데 여기서 사변적 사유의 내용이라고 말하고 있는 것은 특히 논리학의 사유규정이다. 예를 들면 자체존재, 대자존재, 자기동일성 등이 그것에 해당된다. 표상적 사유는 한편으로 자체존재의 내용을 그 사례를 차례차례 제시함으로써 설명하고자 하고, 다른 한편으로 자체존재의 성질을 밖으로부터 부가하여 설명하고자 한다. 그러나 그 모두 자체존재의 내용을 내재적으로 분명하게 하고 있지 못하다. 그것을 분명하게 하기 위해서는 사유주체가 자체존재 그 자체의 운동을 밖으로부터 방해함이 없이 진전시켜가는 경지에 도달하지 않고서는 안 되는 것이다.

헤겔은 다음과 같이 말하고 있다. "개념의 내재적인 리듬에 대한 독자적인 착상을 떼어내고, 자의나 그밖에 달리 획득된 지혜를 통해 그 리듬에 관여하지 않는 이러한 절제는 그 자체로 개념에 대해 주의를 집중하는

것의 본질적인 계기이다"[『정신현상학』 3. 56]. 즉 "내용으로서의 내용 자신의 본성에 의해서, 즉 내용 자신의 것으로서의 자기에 의해서 내용을 운동시키는 것"[같은 곳]이 개념파악의 핵심인 것이다. 이것은 명제론의 논의 맥락에서는 다음과 같이 설명된다. 즉 고정된 표상기체로서의 주어에 중심을 두는 것이 아니라 그러한 주어를 부정한 데서 성립하는 명제내용의 운동에 중심을 두는 것이 개념파악의 시작이라는 것이다.

Ⅱ. 파악(Auffassen). 이 표현은 다양한 논의 맥락에서 다양한 의미로 사용되지만, 주로 의식이 경험의 운동을 관망하거나 또한 지각이 사물을 참된 것으로서 받아들이거나 할 때의 수동적인 이해의 모습을 언급하고자 한다. 전자에 관해서는 "의식은 [……] 개념의 실현을 오로지 관망하여 그것을 순수하게 파악한다"[같은 책 3. 108]고 말해진다. 또한 후자에 관해서는 "의식은 자기의 대상을 오로지 받아들여 순수한 파악으로서 행동해야만 한다"[같은 책 3. 96]고 말해진다.
⇒사유(사고), 사변, 지각

—야마구치 세이이치(山口誠一)

파우스트 ⇨쾌락

파울루스 [Heinrich Eberhard Gottlob Paulus 1761. 9. 1-1851. 8. 10]

독일의 프로테스탄티즘 신학자. 헤겔과 동향 사람으로 그의 선배로서 같은 튀빙겐 신학교를 졸업하고 예나 대학, 뷔르츠부르크 대학 교수, 밤베르크의 장학관을 거쳐 1807년 뉘른베르크의 장학관이 되었으며, 헤겔이 뉘른베르크의 김나지움 교장에 취임하는 것을 도와주었다. 1810년에 하이델베르크 대학으로 옮겨 헤겔을 이 대학에 초빙하는 데 협력했다. 파울루스는 주저 『신역성서주해』(4권, 1800-04, 1804-08)에서 신약성서의 상세한 문헌학적 고증을 행함과 동시에 합리주의 입장에서 기적을 자연현상으로서 설명하고자 했다. 헤겔이 '합리적 신학'에 관해 말할 때 독일에서는 파울루스의 학설도 염두에 두고 있다고 생각된다. 헤

겔은 예나 시기에 셸링을 매개로 하여 파울루스와 알게 되고 이후 오랫동안 계속해서 그와 그의 가족과 친교를 나눴다. 파울루스가 스피노자 전집을 간행할 때(1802) 헤겔은 불어역을 교열하며 협력했다. 그러나 헤겔은 하이델베르크에 체재한 시기에 고향 뷔르템베르크의 헌법 개정에 대한 평가를 둘러싸고 파울루스와 대립했다. 헤겔이 이 나라의 헌법 개정에 있어 국왕 측에 서서 의회를 비판한 데 대해 파울루스는 의회의 입장을 지지했다. 하지만 이것에 의해 두 사람의 관계가 전적으로 단절된 것은 아니어서 헤겔은 베를린으로 옮기기 위해 파울루스에게 도움을 요청하기도 했다. 그러나 두 사람의 정치적 입장 차이는 해소되지 않았으며, 헤겔의 『법철학』이 공간되었을 때 파울루스는 익명으로 비판을 행했다.

【참】 D'Hondt (1968)

—다카다 마코토(高田 純)

파토스 ⇨정열

판 게르트 [Peter Gabriel van Ghert 1782-1852]

네덜란드의 철학자·정치가. 예나 대학에서 공부하고부터 헤겔과 친교를 맺는다. 네덜란드로 돌아와 라이덴에서 가르치고, 1809년에 네덜란드의 대학에 헤겔을 초청하고자 했다. 그 후 공무로 파리에 파견되어 기조, 쿠쟁 등과 친교를 맺는다. 만년에는 헤겔 철학에 관한 공개강의를 행하여 헤겔 철학을 네덜란드로 들여오는 데 공헌했다. 동물자기에 관해 많은 연구를 수행하고, 그의 자기요법이 일지의 형태로 헤겔에게 보고되고 있다[『엔치클로페디(제3판) 정신철학』 406절 「보론」].

—요리카와 죠지(寄川條路)

판 다이크 [Anthonius van Dyck 1599. 3. 22-1641. 12. 9]

플랑드르의 화가. 헤겔은 세속화 내지 풍속화를 낮게 보는 회화관을 비판하여 세속화에는 종교화와는

또 다른 세속화로서의 고유한 예술적 의의와 정신적 의의가 있다고 논하고, 특히 판 다이크, 렘브란트(Rembrandt Harmensz van Rijn(또는 Ryn) 1606-69)를 포함하는 네덜란드의 세속화를 높이 평가했다. 거기에는 하찮고 한순간의 것처럼 볼 수 있는 사태로 향한 애정과 발랄하게 예민한 시각, 그리고 이것을 예술적으로 구성하는 자유의 극치 또는 이 특정한 인간이란 무엇인가에 관한 깊은 통찰 등이 있다고 헤겔은 분석하고 있다『미학』 **15**. 129f., **13**. 223]. ⇒네덜란드

【참】 增成隆士 (1987) 岩城見一 (1989)

—마스나리 다카시(增成隆士)

판단判斷 [Urteil]

판단에 관한 헤겔의 고찰은 일반적으로 판단이 개념과 추론이라는 다른 두 가지의 논리적 형식에서의 중간단계를 이룬다는 점을 기초로 하고 있다. 그렇지만 (1) 개념으로부터, (2) 판단을 거쳐, (3) 추론에 도달하는 구성 자체는 이미 칸트와 바움가르텐의 논리학에서도 보이는 비교적 표준적인 것에 지나지 않는다[Kant 1800, Baumgarten 1761 참조]. 헤겔에게 특징적인 것은 이러한 전통적인 구성 속에서 단지 (1)에서부터 (3)을 향해 논리적인 언명형식이 서서히 복잡화해가는 과정을 볼 뿐만 아니라 동시에 오히려 헤겔에게 고유한 의미에서의 '개념'이 실현되어가는 과정 그 자체를 발견하고자 한다는 점이다. 이것은 다음과 같은 것을 의미한다.

헤겔의 논의의 전제를 이루는 것은 (1)에서부터 (3)으로 논리적인 언명형식이 진전하여 말하자면 그 표현력을 고양시켜감에 따라 그것들에 의해 표현되는 사태 그 자체도 차례로 그 내용적 규정을 전개·심화시켜가고, 최종적으로는 '개념'으로서의 본질을 현현시켜 현실화하게 된다고 하는 견해이다. 즉 예를 들면 (1) 개념과 (2) 판단을 논리적인 형식으로서 비교할 경우 전자는 단순한 항(명사)에 불과하지만, 후자는 주어항과 술어항의 계사(="이다")에 의한 결합이라는 차이가 있다. 따라서 '개념'이 판단의 형식에서 표현되게 되면, '개념' 자신에게 포함된 대립적인 계기들(보편성·특

수성·개별성)이 주어와 술어라는 형식으로 그때마다 분명히 구별되고, 나아가 이 계기들 상호의 관계(동일성)도 계사에 의해서 제시되게 된다. 그리고 좀더 근본적으로는 이러한 판단에 의한 표현을 매개로 하여 '개념'의 존재 그 자체가 (1)의 단계에서의 미분화된 통일체로부터 벗어나 대립적인 계기들로 현실적으로 분화를 수행하는 방식으로 나타나게 되는 것이다. "판단이란 개념 그 자신에 의한 분할이며…… 시원적인 일자의 시원적인 분화이다"[『논리의 학』 **6**. 304].

다른 한편으로 또한 (2) 판단과 (3) 추론을 비교하면, 전자에서는 '개념'의 계기들이 계사에 의해서 나타내진 무규정적인 방식으로 관계지어지는 데 불과하며, 이 때문에 '개념' 자신의 동일성은 앞과 같은 분화 속에서 배경으로 물러나게(잠재적으로 머무르게) 된다. 이에 반해 추론, 즉 '중항(Mitte)'을 매개로 하여 각 항이 교호적으로 연결되는 논리형식에 도달하게 되면, '개념'의 각 계기의 구별이 보존되면서도 더 나아가 전체로서의 '개념'의 동일성이 회복되는 식으로 이른바 상호 매개적인 통일이 실현되게 된다. 이러한 의미에서 판단은 추론으로 초월되어야만 하는 유한한 형식이며, "개념의 동일성을 다시 확립하는 것, 혹은 오히려 정립하는 것이 판단의 운동의 목표이다"[같은 책 **6**. 309].

이러한 '목표'를 향한 판단의 형식의 진전과정을 구체적으로 헤겔은 전통적으로 인정되어 온 판단의 형태들을 차례로 분석하는 방식으로 행하고 있다. 예를 들면 『논리의 학』의 경우 판단의 형태는 'A. 현존재의 판단', 'B. 반성의 판단', 'C. 필연성의 판단', 'D. 개념의 판단'으로 크게 넷으로 나뉘어 있지만, 이것들은 『순수이성비판』에서 칸트의 판단표의 기본구분, 즉 '질', '양', '관계', '양상'에 그대로 대응하는 것이며, 실제로 A에서는 긍정/부정/무한판단, B에서는 단칭/특칭/전칭판단, C에서는 정언/가언/선언판단, D에서는 실연적/개연적/필연적 판단이 다루어져 칸트의 분류의 세목과 일치하고 있다. 이것들에 관해 헤겔은 우선 A에서 일반적으로 주어와 술어의 관계가 본래적으로 동일성과 비동일성을 함께 포함한다는 것을 확인하고, 이어서 B에서는 주어와 범위가 단칭에서 전칭에로

확장됨에 따라 술어의 내용이 주어와 보편적 본질로 심화되어가는 과정을 더듬어가며, 나아가 C에서는 이러한 보편적 본질을 '또는'과 같은 논리적 관계의 도입을 매개로 하여 유-종(-수)의 체계 전반으로까지 전개시키고 있다. 그리고 최종적으로 D에서는 '이러저러한 성질을 지닌 집은 좋다'와 같이 주어 속에서 술어와의 일치의 근거('이러저러한 성질을 지닌'이라는 규정성)가 명시되어 있는 형태의 판단을 다루어 여기서는 이미 추론의 경우에 준하는 연결이 실현되고 있다는 점을 지적함으로써 판단론 전체를 매듭짓고 있다. 이러한 D에서의 헤겔의 고찰은 위에서와 같은 판단의 구체적인 예의 독자성과 그 논리형식의 흥미진진함도 포함하여 특히 주목할 만한 가치가 있다(예를 들면 '이러저러한 성질을 지닌'이라는 한정구는 중세 이래로 중요한 의미를 지니고 있던 '한에서(quatenus)'라는 논리결합자와 내용적으로 관련되어 있다고 생각된다).

또한 이상과 같이 판단을 추론의 하위에 위치짓은 표준적 관점과는 별도로 『정신현상학』에서의 '무한판단'과 '사변적 명제'와 같이 판단에 대해서 추론 이상의 중요성이 주어지는 경우도 있으며, 헤겔 논리사상의 확립과정에서 판단과 추론의 관계가 어떻게 변화했는가 하는 점에서 관해서도 여전히 검토되어야만 하는 문제가 있다[Schmitz 1957 참조]. ⇒개념, 추론(추리), 무한판단, '이다', 사변적 서술, 주어와 술어

【참】 Baumgarten (1761), Kant (1800), Schmitz (1957)

—오카모토 겐고(岡本賢吾)

판단력判斷力 [Urteilskraft]

뉘른베르크 김나지움의 『하급용 논리학(1809/10)』에서만 형식논리학에서 일반적으로 <판단>이라고 불리는 것을 판단력이라고 칭하고 있지만[『뉘른베르크 저작집』 4. 131], 헤겔 고유의 판단력 개념은 없다. 칸트는 판단력을 지성과 이성의 중간에 있는 인식능력이라고 생각하고 그 활동을 다음과 같이 정의하고 있다. "판단력 일반은 특수를 보편 아래 포함되어 있는 것으로 생각하는 능력이다. 만약 보편이 주어져 있다면 판단력은 특수를 이 보편 아래 포섭한다. 이 경우의 판단력은 <규정적> 판단력이다. 그러나 특수만이 주어져 있고 판단력이 이 특수에 대해서 보편을 발견하는 것으로 되면, 이 경우의 판단력은 단순한 <반성적> 판단력이다"[『판단력비판』 XXVf.]. 헤겔은 이러한 칸트의 반성적 판단력의 개념을 높이 평가하면서도 그것이 주어진 것으로서의 특수에 관계할 뿐 보편 그 자체의 반성적인 자기귀환으로서 파악되고 있지 않다는 점에, 요컨대 헤겔이 말하는 이성의 자기동일성의 운동으로서 파악되고 있지 않다는 점에 불만을 표명하고 있다. ⇒이성, 반성, 칸트

—에비사와 젠이치(海老澤善一)

페르시아 [Persien]

페르시아의 원리는 스스로가 세계에서 활동하는 힘임과 동시에 세계의 목적이기도 한 신에 놓여 있다. 요컨대 신은 실체임과 동시에 주체이기도 하다. 세계의 목적으로서 신은 선이며, 세계의 힘으로서 빛이다. 이 빛은 기쁘고 생기를 주며 모든 것을 열어 보이는 빛이자 모든 생명과 발전을 돕는 빛이다. 그러나 신의 목적 활동은 언제나 장애와 저항에 부딪친다. 선에는 악이, 빛에는 어둠이 저항한다. 이것이 오르무즈드와 아리만의 투쟁이다. 따라서 페르시아의 원리는 이원론이다[『종교철학』 16. 398 참조]. 선의 승리는 존재하는 것이 아니라 존재해야만 하는 것이며, 미래에 선의 나라로 일원화되어야만 하는 것이다. 그러므로 페르시아의 원리에는 종말관이라는 새로운 생각이 포함되어 있다.

이와 같은 페르시아의 원리에 따르면 생물, 존재자, 영의 모두, 유한자의 행위, 성장 모두가 빛, 오르무즈드이다. 오르무즈드의 반려는 정령으로서 인격화된 별들, 7인의 아무샤 스펜타이며, 이것이 오르무즈드를 둘러싸고 있다. 이것은 페르시아 제국에서 7인의 고관이 페르시아 왕을 에워싸고 있는 것에 대응한다. 페르시아는 빛과 선이 현실화된 국가이며, 국왕은 오르무즈드의 대표이다. 파르시교도는 전 생활을 오르무즈드에게 바쳐야만 한다. "파르시교도는 언제나 생활을

촉진하고 풍요롭게 하며 유쾌하게 하고 언어에서나 행위에서 선을 실행해야만 하며, 이르는 곳마다 사람들 사이에서 사람들이 하는 것과 똑같이 모든 선을 촉진시켜야만 한다. 즉 운하를 파고, 나무를 기르며, 여행객에 잠자리를 빌려주고, 황야를 개척하며, 굶주린 자에게 음식을 주며, 토지를 관개해야만 한다"[『종교철학』 16. 406]. 이러한 종교에서는 빛이 모든 특수한 것을 자유롭게 자신 속으로부터 방출하고 번식시키며 성장시킨다. 그러므로 페르시아에서는 서로 적대하는 민족들이 연합하고 있다. 다양한 원리가 자유롭게 할거함과 동시에 공존공영을 누리고 있다. 페르시아인은 제국 내의 각각의 국가와 민족이 지니는 각각의 특수성, 결국 언어, 관습, 종교를 널리 허용했던 것이다.
⇒자연종교, 조로아스터

【참】 Schulin (1958), Leuze (1975), Boyce (1979)

—핫타 다카시(八田隆司)

페리클레스 [Periklēs BC 495경-429]

고대 아테네 최대의 정치가. 고전고대 문화의 최전성기인 '페리클레스 시대'를 드러내보였다. 헤겔에 따르면 페리클레스는 국가 생활을 위해 몸을 다 바친 "조각과 같은 고대적 성격을 지닌 정치가"[『역사철학』 12. 317]이다. 그런 그가 장기간에 걸쳐 아테네를 통치할 수 있었던 것은 그의 '인격'과 '확신', 즉 스스로 '고결'하면서 '국가의 안녕'만을 염원하고, 나아가 정신과 견식에서 다른 어느 누구도 능가한다는 자신이 있었기 때문이다. 헤겔은 그에게서 비교할 수 없는 개성의 위대함을 인식하고 최고도의 찬사를 바치고 있다. 그는 "가장 교양 있고 가장 공정하며 가장 고귀한 정치가"[같은 곳]이자 "아테네 민중의 판테온 속의 제우스"[같은 책 12. 319]인 것이다. 이와 같은 평가에서 진리를 단지 추상적인 이론이성에 그치지 않고 구체적인 세계이성에서 보고자 하는 헤겔의 의도가 엿보인다.
⇒정체

—오카자키 에이스케(岡崎英輔)

평등平等 [Gleichheit]

헤겔은 근대사회에서 출현한 평등의 요구가 법에 의한 추상적인 인격의 설정에 의해서 행해지는 형식적인 것이라는 점을 꿰뚫어보고 있으며, 그리하여 그와 같은 평등 개념이 이성에 의해서 세워진 추상성에 머문다는 점을 지적한다. 이러한 근대의 평등 개념은 한편으로는 그때까지 사회에서 존재하고 있던 신분차별을 폐기시킬 수 있었지만, 다른 한편으로는 그 평등이 형식적인 데 머무르기 때문에 실제로는 불평등을 내포할 수밖에 없다. 평등을 상정하는 것은 원래 다른 것이 동등하다고 선언하는 것이기 때문에 부등 내지 차이를 자기의 바깥쪽에 전제한다. 또한 역으로 말하면 바로 부등한 것이기 때문에 동등(평등)을 논의할 수 있다. 이리하여 평등과 부등은 언제나 서로 전화되는 구조를 지니기 때문에 형식적인 평등을 세우더라도 그것을 세우는 정신 자신이 자기 스스로 근면하게 노력하여 활동하면, 자연히 그 결과에서 불평등이 생겨나는 것은 피할 수 없다. 따라서 예를 들면 재산의 공유만으로써 평등을 보증하고자 하는 발상은 정신이 그와 같은 운동에 있다는 것을 간과한다. 처음에 전제로서의 평등이 세워지더라도 개개인의 근면함의 다름이 결국 다시 거기에 차이를 만들어내게 된다. 상품과 화폐를 매개로 하는 근대사회는 그에 의해 모든 관계를 양으로서 비교할 수 있는 것으로 하여 지금까지의 제약을 극복하지만, 그로부터 동시에 모든 것과의 부등한 관계도 생겨나게 된다. 이리하여 평등은 추상적으로 세워진 것이긴 하지만, 바로 그것이 이유가 되어 평등이 모순에 빠진다. 이와 같이 근대 시민사회에서의 평등 개념의 모순을 헤겔은 완전히 파악하고 있지만, 동일한 한계는 고대 그리스에서의 평등에서도 나타난다고 보고 있다. 헤겔은 더 나아가 그것이 단지 사회관계뿐만 아니라 자연에서도 동일한 것이 생긴다는 것을 지적하여 평등과 불평등의 논리적 모순관계를 보편화하여 생각한다.

—사토 가즈오(佐藤和夫)

평화平和 ⇒전쟁

폐허화廢墟化 ⇨**약탈**

포르스터 [(Johann) Georg Adam Forster 1754. 11. 27-94. 1. 10]
독일의 자연철학자·지리학자. 일찍부터 러시아의
볼가 지역을 비롯하여 아버지와 함께 각 지역을 여행.
쿡의 세계 일주 항해에 동반한 경험을 쓴 여행기『세계
주유항해기(*Voyage Round the World*, London 1777)』는
문학적 과학 이야기라는 새로운 장르를 창시하여 A.
훔볼트에게 영향을 주었다. 후에 괴팅겐과 빌너에서
박물학 강의를 행하고, 유럽 각지의 학자와 교류하며
『괴팅겐 매거진』,『괴팅겐 안차이겐』을 간행. 식물학
으로 학위를 취득하고, 대서양, 오스트레일리아의 식
물 분포에 관한 저술을 간행. 당시의 독일의 지리학과
생물학에 커다란 영향을 주었으며, 독일의 과학을 세
계적인 수준으로까지 올려놓았다. 1786년 칸트와 인간
의 기원에 관해 논쟁. 헤겔은『엔치클로페디(제3판)
자연철학』[362절「보론」]에서 괴테의 포르스터 언급
부분을 인용하여 동물의 색채와 빛의 관계를 논의하고
있다. 앞에서 든 것 이외의 주저로서 *De plantis esculentis
insularum Oceani Australis commentatio botanica*(Berlin-
Halle 1786)가 있다.

【참】 Haare (1971), 佐藤和夫 (1990)
―나가시마 다카시(長島 隆)

포섭包攝 [Subsumtion]
일반적으로 '포섭'이란 종개념을 유개념 아래, 좀더
좁은 외연의 개념을 좀더 넓은 외연의 개념 아래 포괄
하는 것이지만, 헤겔은 이 말을 조금 다른 의미에서
사용한다.
(1) 초기의『인륜의 체계』에서는 직관에 의해 전체
적 보편으로서 주어지는 민족을 개념적 사유를 통해
민족의 구성요소인 특수적인 것, 나아가 "개인들의
절대적 존재"로서 정립하는 것을 "직관의 개념 아래로
의 포섭"이라고 말한다. 반대로 고립된 개인들을 전체
에 받아들여 보편적인 것을 재구성하는 것, 특수적인
것의 실재성을 관념성으로 전화시키는 것을 "개념의

직관 아래로의 포섭"이라고 말한다. 여기서는 직관이
보편이고 개념이 특수이다. 직관과 개념이라는 이질적
인 인식 내용을 서로 관련짓는 것이 두 개의 '포섭'이며,
이에 의해 '절대적 인륜의 이념'의 체계적 인식이 가능
하게 되었다.
(2) 형식논리에서 말하는 판단은 사유하는 주관이
주어와 술어를 특수와 보편의 외연적 포섭관계에 기초
하여 결합하는 것이지만, 헤겔은 이것을 "외적이고
주관적인 포섭작용"[『엔치클로페디(제3판) 논리학』
166절]이라고 하여 다음과 같이 비판한다. 형식논리하
에서는 주어와 술어가 각각 자립된 규정을 지니며,
양자는 다만 '외적'으로 '결합'된다. 그 경우의 보편은
특수성을 제거함으로써 획득된 것이며, "단순한 공통
자", 즉 "추상적 보편"이다[같은 책 163절「보론」]. 그런
까닭에 '포섭'은 "특수 내지 개별에 대한 보편의 적용"
[『논리의 학』 6. 309]에 지나지 않는다는 것이다. 그에
반해 '구체적 보편'을 주장하는 헤겔의 입장에서 개별
은 보편에서 연역되는 것이며, 판단은 "근원적으로
하나인 것의 근원적 분할"이다. 거기서는 주어와 술어
가 '내적'으로 관계한다. 요컨대 보편은 특수·개별을
'포섭하는' 것이지만, 또한 많은 개별에 "내속하는
(inhärieren)"[같은 책 6. 308] 것이어야만 한다. 헤겔에게
서 '포섭'은 내포적 귀속관계도 포함하는 것이다. ⇒직
관, 개념, 판단, 특수성, 개별성, 보편
【참】 Düsing (1976), 大村晴雄 (1961), 金子武藏 (1984)
―후지타 순지(藤田俊治)

포이닉스 [Phönix]
500년마다 자기를 불태워 그 재로부터 되살아난다
고 말해지는 동양에서 기원한 전설의 불사조. 헤겔은
정신의 개념을 설명할 때 여러 차례 이 포이닉스를
참고로 내세운다. 정신은 "자기의 타자존재 및 이 타자
존재의 극복으로부터 부정의 부정에 의해서 자기 자신
에 도달하는 것이다. …… 그것은 자기 자신의 소외를
거친다"[『종교철학』 16. 407]. 자기의 소외와 부활, 죽
음에서 삶이 생긴다는 사상은 포이닉스의 비유가 보여
주듯이 이미 옛적부터 페니키아, 소아시아, 인도 등에

서 파악되고 있었다. 이러한 소외가 자연적인 부정으로서 파악되게 되면 죽음이다. 포이닉스의 비유는 그런 의미에서 아직 직접적이고 자연적인 규정성에 사로잡혀 있고 참된 정신에까지 도달해 있지 않다. 정신의 변화·전개는 단순한 젊어짐으로써의 추이가 아니라 이전의 문화와 교양을 양식으로 하여 고차적인 형태에 이르는 정신 자신의 자기도야로서 파악되어야만 한다[『역사철학』 12. 98]. ⇒부활

【참】 O'Brien (1975)

―히라노 에이치(平野英一)

포이어바흐 [Ludwig Andreas Feuerbach 1804. 7. 28~72. 9. 13]
헤겔 좌파에 속하는 철학자.『헤겔 철학 비판을 위하여』(1837)를 계기로 헤겔 비판으로 전환했다. 그는 『기독교의 본질』(1841)에서의 철저한 기독교 비판에 의해서 독일 사상계에 유명하게 되었다. 그것에 따르면 기독교에서 신의 본질로 되는 무한성과 완전성은 인간 자신의 본질이 인간으로부터 분리되어 외부의 초월적 존재에 투영된 것에 다름 아니다. 인간은 개인으로서는 유한하고 불완전하지만, 유(인류)로서는 무한하고 완전하다. "신의 본질은 인간의 본질이 소외된 것이다." 포이어바흐는 인간이 이미 신이라는 우회로를 거치지 않고서 직접 자신의 본질을 자각하고 "인간이 인간에게 있어서의 신"이라는 것을 자각하는 방향을 목표로 한다.

포이어바흐는 『장래 철학의 근본명제』(1842)에서 헤겔 철학이 거꾸로 선 것이라고 비판한다. 헤겔은 이성(사유)과 정신을 감성(감각)과 자연에서 분리하여 자립화시킨다. 그러나 이성과 정신은 감성과 자연을 기초로 함으로써 그 고유한 역할을 완수한다. 기독교도 감성을 지니는 현실적 인간에서 정신을 자립화시켜 초월적 존재(신)로 높이고 있으며, 정신을 현실적 인간에서 소외시킨다는 점에서 헤겔 철학을 정점으로 하는 관념론(유심론)과 공통성을 지닌다. 신학과 결합한 관념론에 대항하여 포이어바흐는 자연을 기초로 한 현실적, 전체적 인간의 이해를 목표로 하는 '인간학'을 구상한다. 또한 헤겔이 인간을 보편적 실체, 국가로 해소하

는 데 반해 포이어바흐는 인간의 감성적, 개별적 존재 방식을 강조하면서 이와 같은 개인 상호간의 결합(나와 너의 변증법)으로서 유와 공동체를 파악하고자 한다. 이상과 같은 사상은 청년 마르크스에게 커다란 영향을 미쳤다. ⇒헤겔학파, 마르크스와 마르크스주의

【참】 Bolin (1904), Rawidowicz (1931), Wartofsky (1977)

―다카다 마코토(高田 純)

포텐츠 [Potenz]
포텐츠는 본래 힘을 의미하는 말이며, 힘의 수준을 나타내는 의미에서 '세위(勢位)'로 번역된다. 나아가 수학용어로서는 동일한 조작의 반복을 의미하며 '멱(거듭제곱)'이라는 용어가 해당되지만, 이 말은 당시의 낭만주의적 자연철학 내에서 셸링, 노발리스, 에셴마이어 등의 공통용어이다. 셸링의 경우 포텐츠는 방법적이고 존재론적인 개념으로서 사용된다. 그 함의는 물질이라는 실체성을 힘으로 환원하는 것(산출성), 자연현상들을 계층화하고 각각의 계층의 기체를 힘의 이중화, 삼중화로서 나타내는 것이다. 그러므로 각각의 포텐츠에서 힘의 충실이 그 포텐츠의 운동을 구성하고, 각 포텐츠는 주관적인 것과 객관적인 것의 일정한 양적 차이를 나타내게 된다. 이런 의미에서 포텐츠는 '전상(展相)'이라고도 번역된다. 셸링은 포텐츠를 자연철학만이 아니라 후기에 이르기까지 사용하지만, 그것은 절대자가 자기를 펼쳐 보이는 이념(형상)을 의미하며 개별적인 현상들의 원상이 된다. 헤겔은 셸링의 영향을 이어받아 예나 초기에 포텐츠론에 기초하여 자연과 정신을 계층적으로 전개하고자 했지만, 이 경우의 포텐츠 이해는 자연철학으로부터 동일철학 시기의 포텐츠 파악에 기초하고 있다(특히 1803년의 『철학체계로부터의 상술』). 그러나 헤겔은 "수학에서 빌려오는 것은 적절하지 않다"『엔치클로페디(제3판) 자연철학』 259절]고 말하고, 나아가 양적 규정이자 질적 규정이 무시되는 것을 비판하여 원리적인 취급을 하지 않는다. 헤겔은 이 용어를 본래의 뜻에 가까운 형태로 사용하여 "원의 경우에는 두 번째 포텐츠에서의 선[제곱으로 표

현되는 선]이 존재한다"[같은 책 256절 「보론」]라고 말하고 있다. 그리고 이러한 본질을 "한 단계는 다른 단계의 힘인 동시에 상호적이다. 여기에 포텐츠의 참된 의미가 있다"[같은 책 252절 「보론」]고 말하고, 이념이 유한성에서 현시됨과 동시에 유한성을 타파하는 개념의 변증법에 그 본질이 있다고 한다.

【참】 Zimmerli (1986), 長島 隆 (1989b), 松山壽一 (1989)

―나가시마 다카시(長島 隆)

폭력暴力 ⇨**권력**

뫼르스터 [Friedrich Christoph Förster 1791. 9. 24-1868. 11. 8]
베를린 시대의 헤겔로부터 특별한 사랑을 받은 제자. 제자들 가운데 가장 연장자로서 헤겔 장례식 때(1831년 11월 16일) 묘지에서 식사를 했다. 헤겔 전집(1832 이후) 편집자의 한 사람. 시인이자 목사였던 아버지의 영향으로 어릴 때부터 비상한 재능을 보였으며, 김나지움 시대에 그리스 어를 배워 그리스 문학과 조각에 경도된다. 예나 대학을 졸업한(1811) 후 대학의 교사직에는 나가지 않고 궁정고문관의 지위를 얻어 저술가로서의 생애를 보냈다.

【참】 Nicolin (1970), Rosenkranz (1844)

―가토 히사타케(加藤尙武)

표상表象 [Vorstellung, Vorstellen]
헤겔 철학은 "표상을 사상으로 변화시키고 나아가 단순한 사상을 개념으로 변화시키는 것"[「엔치클로페디(제3판) 논리학」 20절]을 주안점으로 하고 있다. 일반적으로 표상이란 의식이 자기 앞에(vor) 세우는(stellen) 심상(Bild)을 의미하지만, 헤겔은 이것을 감성적 직관과 사상의 중간 단계에 위치하는 것으로서 파악하고 '표상과 사상의 구별'에 유의하는 것의 중요성을 강조한다. 우리의 의식 내용은 직관되는 경우나 표상되는 경우 그리고 사유되는 경우 모두에서 계속해서 동일하다. 그러나 이 내용이 의식의 대상으로서

취하는 형태는 직관, 표상, 사상이라는 의식에 형식에 따라서 각각 다른 것으로 된다(대상 형태의 다름의 구조를 의식의 발전에 입각하여 서술하고자 하는 것이 「정신현상학」이다). 의식의 내용은 그것에 가장 어울리는 형식에서 현전되어야만 한다. 이 형식은 사상이며 나아가 개념이지 표상이 아니다. 표상에는 (1) 감성적 소재를 내용으로 하는 표상(분노와 장미의 표상) 외에 (2) 사유에서 유래하는 소재를 지니는 표상(인류과 신에 관한 표상)이 있으며, 둘 다 감성적인 직관과는 달리 보편성의 형식을 지닌다. 그러나 이 보편성은 아직 추상적인 것에 불과하다. 또한 이러한 표상들은 의식에 있어 외재적이며, 따라서 밖에서 '주어진 것'이라는 특징을 지닌다는 점에서도 의식 본래의 내용에 어울리는 현전화의 형식이라고는 간주되지 않는다.

헤겔의 철학체계에서 표상은 '정신의 철학'의 '제1편 주관적 정신 C. 심리학. 정신 a. 이론적 정신' 안에 위치지어지며, 여기서 표상작용(Vorstellen)은 지성이 객관의 개별성에 관계하는 '직관'의 단계에서 벗어나서 자기를 자기 안으로 회복하여 객관을 보편자에 관계시키게 되는 단계로서 논의된다. 표상은 '내면화된 직관'으로 되며, 표상작용의 세 가지 단계로서 '상기', '상상력', '기억'이 다루어진다.

표상 영역을 지양한다는 주제가 헤겔 철학에서 국부적인 문제가 아니었다는 것은 이 주제가 그의 사변적 사유의 정점에서 다시 다루어지는 것에서도 보인다. 「엔치클로페디」에서의 '절대지' 영역과 「정신현상학」에서의 '절대지' 영역은 모두 '계시종교'를 성립의 전 단계로 하고 있지만, 계시종교로부터 이 영역들로의 이행이 수행되는 것은 이 종교의 정신에 고유한 '표상작용의 형식'이 지양됨으로써 이루어진다. 기독교의 정신은 '참된 내용'을 지니지만, 교단의 의식은 표상 영역에 놓여 있기 때문에 예수의 죽음과 부활을 먼 과거의 사건으로서 받아들이고 신적 실재와의 화해를 요원한 장래의 '피안의 사건'으로서 이해할 뿐 이 사건 연관의 필연성을 파악할 수 없다. 헤겔 철학의 안목은 표상작용에 고유한 그러한 '대상성의 형식'을 지양하고 기독교가 지니는 '참된 내용'을 그것에 걸맞은 개념적 사유의 형식에서 파악하는 데 있다. ⇒심상, 기억・

상기・내(면)화, 상상력

　　　　　　　　　－사사자와 유타카(笹澤 豊)

풍자諷刺 ⇨ 아이러니

풍토風土 [Klima]

"풍토는 마지막에는 유기물의 핵심에까지 침입하여 변화시킨다"고 하는 헤르더의 역사철학에서 풍토론이 시작되었다. 헤겔의 역사철학도 이러한 풍토론을 배경으로 하고 있지만, 헤르더 정도로 풍토를 중시하지는 않는다. 헤겔의 역사철학은 각각의 시대마다 어떤 민족이 주역으로 등장하여 곧이어 몰락해가는 식으로 나아간다. 그런데 어떤 민족이 어떤 시대에 활약하게 되는 필연성은 어디에서 생기는 걸까? 헤겔에 따르면 그것을 결정하는 것은 그 민족이 거주하는 풍토적 환경이다. 요컨대 풍토적 자연환경은 민족의 활약의 무대일 뿐 아니라 그 민족의 자연적 소질(인종)을 결정하는 것이기도 하다. 지리적 환경에 의해서 세계사에 나타나는 각각의 민족에게는 각각 하나의 원리가 배분되며, 세계사의 무대에서 단 한번만 주역을 담당할 것이 허락된다[『법철학』 346-347절].

『역사철학』의 '서론'에서 '세계사의 지리적 기초'가 상세하게 이야기되고 있다. 우선 세계는 신세계와 구세계로 구별된다. 신세계(남북아메리카와 오스트레일리아)에는 미숙한 자연에 걸맞은 미숙한 정신만이 존재하며, 그리하여 구세계의 유럽인에 의해서 간단히 정복되었다. 구세계는 아프리카, 아시아, 유럽으로 이루어지는데, 아프리카의 자연환경은 세계사에 등장할 자격을 갖춘 정신을 산출할 수 없다. 따라서 세계사의 무대가 되는 것은 아시아와 유럽뿐이다. 인류의 문명은 고원에서의 목축과 큰 강 주변의 농업이라는 형태로 아시아에서 생겨났다. 그 역사의 발걸음이 종결지점을 발견하는 것은 유럽의 온화한 자연에서이다. "세계사는 동쪽에서 서쪽으로 향한다. 유럽은 바로 세계사의 종결이며, 아시아는 단초이기 때문이다"[『역사철학』 12. 134]. 따라서 역사가 '자유의 의식의 진보'를 표현하

는 것이라고 해도 게르만 민족이 실현한 것과 같은 자유는 유럽의 자연환경에서 게르만 민족에서만 실현될 수 있게 되는 것이다. 문명의 진보에 의해서 자연의 완전한 통제가 가능하게 된다는 생각은 헤겔에게는 존재하지 않았다.

　　　　　　　　　－하라사키 미치히코(原崎道彦)

퓌론 ⇨ 회의주의

프랑스 계몽사상—啓蒙思想 [französische Aufklärung]

프랑스 계몽사상은 18세기 프랑스에서 전통적 종교관과 지배질서에 대해서 격렬한 비판을 수행하고 그것들이 인간의 '자연'에 반한다고 하여 인간의 '자연의 빛'인 이성에 기초하는 지식과 문화의 개혁을 시도한 운동이지만, 일반적으로는 그 과격한 주장이 유물론 또는 무신론과 결부되어 왔다. 그리고 헤겔을 정점으로 하는 독일 관념론이 관념론인 까닭에 유물론과 대립하는 것으로서 이해되어 왔기 때문에 헤겔과는 그다지 인연이 없는 사상이라고 생각되는 경향이 있지만, 실제로는 헤겔과 프랑스 계몽사상은 깊은 관련을 지니고 있다. 그것은 헤겔이 프랑스 계몽사상의 운동을 영국의 경험주의와 구별하여 비판적이고 관념론적인 활동으로서 특징짓고 있기 때문이다. 헤겔에 따르면 모든 인간의 활동과 사유, 제도는 프랑스 사상의 '관념론적' 활동[『철학사』 20. 287]에 의해서 고정된 존재방식을 그치고 모든 것이 활동화되어 그것들이 '자기의식'의 활동을 벗어난 데서는 존재하는 것이 아니게 된다. 요컨대 헤겔은 프랑스 계몽사상이 현실의 프랑스 사회에서 행한 가차 없는 기존의 제도와 사상에 대한 비판을 모든 현실을 자유로운 정신에 의해서 꿰뚫고자 하는 운동으로 파악했던 것이다. 그런 의미에서 프랑스 계몽사상은 데카르트에서 칸트, 피히테에 이르는 이성주의적(합리주의적) 철학의 정통적인 흐름에 놓여 있는 사상으로 위치지어지고 있다.

다만 이러한 활동은 순수한 부정적 활동에 불과하기 때문에 거기서 세워지는 내용은 공허한 것에 머물

수밖에 없다. 그것은 한편으로 추상적인 물질을 자기 의식의 피안에 세우는 모습으로 유물론 또는 무신론이라는 형태를 취한다. 다른 한편으로 그것에서는 완전히 반대로 신이 세워지는 것도 가능하지만, 그 신에 대해서는 어떠한 내용도 거부되고 있기 때문에 이신론의 신으로서 내용이 없게 된다. 적극적인 형태로 제기될 때에는 자연이라는 것이 있지만, 이것도 매개된 것이 아니기 때문에 규정된 풍부한 것이 아니다.

이리하여 프랑스 계몽사상에 대한 높은 평가는 권위와 신앙에 대한 경탄할 만한 비판 정신으로 향하는 것이다. 헤겔은 이와 같은 비판적이고 부정적인 활동을 평가하며, 내용을 긍정적으로 볼 때에는 돌바크(Paul Henri Thiry, baron d'Holbach 1723-89)의 『자연의 체계』와 로비네(Jean-Baptiste Robinet 1735-1820)의 『자연에 관하여』 등의 자연관에 주목한다. 또한 그와 같은 자연 속에는 동시에 인간이 들어가 있으며, 이 인간을 중심으로 하여 인간의 자유와 욕구 나아가서는 이기심을 승인하는 것에서 철저한 현세주의와 추상을 거부하여 구체에 머무르고자 하는 자세가 보인다. 그와 같은 사상의 대표자로서 엘베시우스(Claude-Adrien Helvétius 1715-71)가 제시된다. 흥미로운 것은 『정신현상학』에서 계몽이 다루어질 때 그 정점으로서 엘베시우스로 대표되는 유용성의 사상(공리주의)이 다루어지는 것이다[『정신현상학』 3. 415ff.]. ⇒계몽, 유물론, 무신론, 유용성

—사토 가즈오(佐藤和夫)

프랑스의 헤겔 연구—研究

Ⅰ. 헤겔과의 만남—1920년대까지

1817년 하이델베르크에서 헤겔과 만난 쿠쟁에 의해서 헤겔 철학은 처음으로 프랑스에 소개되었다. 그 후 1840-52년의 『미학』의 번역에서 시작하여 특히 이탈리아 인 베라(Vera Auguste 1813-85)에 의해서 1863-78년에 『자연철학』, 『정신철학』, 『논리학』, 『종교철학』이 잇달아 불어로 번역되었다. 그러나 베라는 헤겔의 번역자로서 충분한 자격을 갖추고 있다고는 말할 수 없었다. 불충분한 번역, 헤겔의 난해한 용어, 그리고

프랑스적인 과학적 실증정신과 가톨릭주의의 풍토가 헤겔을 여전히 친숙해지기 어렵게 만들고 있었다.

Ⅱ. 인간주의적 독해—1930년대의 변화

이러한 상황은 1930년대부터 20년 사이에 변화한다. 발(Jean Wahl 1888-1974), 코제브(Alexandre Kojève 1902-68), 이폴리트(Jean Hyppolite 1907-68) 등의 활약에 의해서 헤겔은 실존주의와 만나 일약 사상계의 중심적 존재가 된다.

발은 딜타이와 놀에 의해서 비로소 분명해진 초기의 종교사상에서 헤겔을 다시 이해하고자 했다. 특히 '불행한 의식'이라는 기독교의 의식형태 속에서 실존적인 모순의 경험을 보고 이것을 『정신현상학』 전체의 변증법적 전개를 이해하는 열쇠로 삼았다.

코제브는 1933-39년에 고등연구원에서 『정신현상학』을 텍스트로 하여 강의를 행했다. 아롱, 코이레, 발, 클로소우스키, 라캉, 메를로퐁티, 베이유, 이폴리트 등의 쟁쟁한 이들이 이 강의를 듣고 있었다. 코제브는 『정신현상학』에서 곧 공간될 마르크스의 『경제학 철학 수고』(1932)와 하이데거의 『존재와 시간』(1927)을 조합하여 독특한 헤겔 상을 묘사해 보였다. 그것은 인간을 역사의 주체로서 신의 자리에 올려놓는 무신론적-휴머니즘적 헤겔이었다. 그는 헤겔의 자기의식을 따라 인간을 <욕망하고 행동하는 자유로운 주체>로서 파악하고, 자연적 존재(사물=존재)/역사적 존재(의식=무=자유)라는 이원론을 세웠다. 이것은 사르트르의 『존재와 무』의 제목과 내용에서 온전히 재현되어 있다. 코제브는 더 나아가 '주인과 노예의 투쟁'을 헤겔 철학의 열쇠개념으로까지 밀어올리고 그것을 모델로 하여 역사를 전투하는 주인과 노동하는 노예와의 계급 투쟁으로 파악했다. 코제브의 영향을 절대적인 것으로 만든 것은 마르크스주의와 헤겔을 결합한 이러한 해석에 있었다. 그는 절대자로부터 인간의 노동과 역사로 중점을 옮겨놓았다. 그의 인간주의적 독해는 일세를 풍미하고, 마르크스, 후설, 하이데거(현상학·실존주의) 등의 현대적인 것의 원천으로서 헤겔이 찬양되었다. 그러나 그것은 헤겔의 이해라기보다는 헤겔의 자의적인 현대화라고 말해야만 할 것이었다.

Ⅲ. 존재론적 독해—1950년대 이후

이폴리트는『정신현상학』의 정확한 번역(1939, 46년)과 방대한 주해(1946년)를 통해 비로소 헤겔을 독일 관념론의 콘텍스트 속에서 내재적으로 이해하고자 하는 학문적인 방향정립을 수행했다. 그도 처음에는 코제브의 영향하에『정신현상학』의 자기의식론으로부터 헤겔을 이해하고자 하고 있었다. 그러나 하이데거의 전회를 계기로 이폴리트 자신도 인간주의적 독해로부터 존재론적 독해로 전회한다. 그는『정신현상학』보다『논리학』을 중시하게 된다. 전자는 인간의 의식에 자리 잡고 의식(지)과 존재(진리)의 구별에서 출발한다. 이러한 구별은 '절대지'에서 지양되지만,『정신현상학』에 머무르는 한 "인간주의, 즉 인간에 의한 존재 해석을 넘어설" 수 없다. 이에 반해『논리학』은 의식과 존재의 통일이라는『정신현상학』의 결론을 받아들여 언어에 의한 존재의 자기개시에 다름 아니다. 이미 "인간이 존재를 해석하는 것이 아니다. 존재가 인간에서 말해지는 것이다. 이러한 존재의 개시, 이러한 절대적인 논리가 인간을 꿰뚫고 나가는 것이다. 인간은 절대자나 최상의 궁극목적이 아니다". "인간은 존재의 로고스인 저 지적인 언어 속에서 안식을 취하기 위해서만 현존한다"[「헤겔에서 이성의 간지와 역사」(1952)]. 여기서는 말하는 주체의 소멸, 인간의 해체・종언이라는 60년대 이후의 구호가 선취되어 있다. 사실 그의 세미나에는 데리다와 알튀세르 등이 참가하고 있었다. 이폴리트의 새로운 해석은 로고스라는 신이 세계와 역사를 지배하고 개개인은 그의 세계계획 실현의 도구로 된다는 나쁜 헤겔 상을 강화시켰다. 이폴리트는 한편으로 이러한 오랜 헤겔 상을 묘사하고, 다른 한편으로 이로부터 벗어날 필요를 설득했다. 푸코와 데리다 등의 탈 헤겔 전략은 여기서 출발하고 있다. 사르트르 등의 세대에게 헤겔은 새로운 것・현대적인 것의 중심에 있었다. 그러나 60년대 이후의 탈 전후 세대에게서 새로운 것은 모두 헤겔로부터 멀어지고 있다.

그러나 견실한 문헌학적 연구는 프랑스에서도 착실한 성과를 거두고 있다. 최근의 새로운 번역. 컴퓨터를 이용한『정신현상학』의 색인(독불 공동의『헤겔 연구』별책 14권). 그 중에서도 페퍼작(Adrient B. Peperzak)의

청년 헤겔 연구, '반동적인 어용학자'라는 오명에서 헤겔을 구한 베이유(Eric Weil 1904-77)의 국가론 연구, 동트(Jacques D'Hondt 1920-)에 의한 헤겔의 숨겨진 일면의 발굴, 동트가 초대회장을 맡은 '헤겔-마르크스 연구・자료 센터'의 활동 등이 주목될 만하다. ⇒하이데거, 사르트르, 마르크스와 마르크스주의, 쿠쟁

【참】 Wahl (1929), Sartre (1943), Hyppolite (1946, 1953, 1955, 1971), Kojève (1947), Weil (1950), Peperzak (1960), Foucault (1966), Merleau-Ponty (1966), D'Hondt (1968a, b), Derrida (1970), Göhler (1973), Asveld (1974), Biemel (1974), Descombes (1979), Helferich (1979)

—야마자키 쥰(山崎 純)

프랑스 혁명—革命 [französische Revolution]

프랑스 혁명은 절대왕정의 구체제를 일거에 타도하여 민주적 의회정치, 사유제와 특권 폐지, 국민국가 등을 특징으로 하는 근대사회로의 길을 연 정치변동이다. 프랑스는 1789년부터 10년간에 걸쳐 민중을 끌어들인 격동의 역사적 전환기를 경험했을 뿐 아니라 이웃국가들과의 전쟁을 통해 전 유럽의 사회적 근저를 뒤흔들었다. 혁명의 진전은 전체로서 새롭게 나타난 '정치문화'의 프랑스적 특성에 의해서 규정되고 있었다. 1807년 헤겔은 그의 시대가 "탄생의 시대", "새로운 시기로의 이행기"이며, 구세계를 몰락시키고 정신이 자기를 재창조하고 있는 "전진하는 운동"의 시대라고 말하고 있었다[『정신현상학』 3. 18]. 헤겔에게 있어 철학의 과제는 시대의 현재를 사상으로서 개념적으로 파악하는 것이지만, 그 시대란 프랑스 혁명과 그 계속으로서의 나폴레옹 전쟁에서 드러난 새로운 시대로의 전환기에 다름 아니었다. 헤겔은 봉건적 특권의 폐기와 근대적 통일국가로 이끄는 새로운 정신을 철회될 수 없는 것으로서 이해했다. 튀빙겐에서 청년 헤겔이 횔덜린과 셸링과 함께 혁명을 축하하며 자유의 나무를 심었다는 일화는 세계에 비로소 등장한 새로운 정신에 대한 그의 열광을 보여준다. 헤겔은 이미 몽테스키외와 루소 등의 계몽사상을 알고 있었고 혁명의 진전을 계속해서 열심히 지켜보고 있었다. 동트(Jacques D'Hondt 1920-)가

분명히 했던 것처럼 헤겔은 국경을 넘어서 활동하고 있던 인물과 출판물을 잘 알고 있었고, 많은 프랑스인 사상가와 작가의 독자였다. 헤겔은 예나에서 프랑스군과의 전쟁에 부딪쳤지만 프랑스를 지지하고 유럽의 근대화를 추진하는 "파리의 위대한 국법학자" 나폴레옹을 찬미한다. 그러나 그는 프랑스 혁명이 빠져든 공포정치를 혐오하고 비판했다.

1793년 파리의 민중봉기에 의해서 지롱드파가 추방되고, 몽타뉴파를 중심으로 한 정권은 국내외의 비상사태에 대해 강경책을 취할 것을 강요받았다(자코뱅 독재). 의회는 기능을 정지하여 공안위원회가 행정권을 장악하고, 소불(Albert Soboul 1914-82)이 상세하게 밝혀주었듯이 상퀼로트 지도층은 루소의 인민주권론의 영향을 받아 직접민주주의와 평등주의의 실현을 요구했다. 이리하여 전시비상체제하에서 직접민주주의의 이름 아래 공포정치가 출현한다. 1794년의 크리스마스이브에 헤겔은 셸링에게 보낸 편지에서 로베스피에르의 추행에 대해 쓰고 있다『서간집』(제1권) 12]. 『정신현상학』에서는 프랑스 혁명을 '절대적 자유와 공포'라는 표제하에서 논하고 있다. 순수하게 자기 자신과 동등한 일반의지인 절대적 자유를 실현하고자 하는 혁명은 부정적인 광란이며 죽음의 공포를 출현시킨다. "따라서 그 죽음은 가장 차갑고 가장 평범한 죽음이며, 양배추의 머리를 잘라낸다든지 물을 한 모금 마신다든지 하는 이상의 의미를 지니지 않는다"[『정신현상학』 3. 436]. 계몽사상에서 유래하는 그러한 자유는 여전히 추상적 자유이며, 그 자유와 그것의 주관적 의지의 형태인 덕이라는 두 가지 추상적 원리가 지배하게 된다. 그것은 "덕과 공포"의 지배이다[『역사철학』 12. 533]. 지롱드파의 추방과 공포정치는 많은 독일의 진보적 지식인에게 있어 희망의 소멸이자 혁명사상으로부터의 이반을 낳았다.

그러나 빈체제 하의 독일 복고체제에서도 프랑스 혁명에 대한 헤겔의 긍정적 태도는 변하지 않았다. 오히려 공포정치에 대한 심각한 반성 속에서 격동하는 현실과 사상적으로 대결하면서 프랑스 혁명 이념의 참된 실현을 자기의 철학적 과제로 삼는다. 헤겔은 배타적인 민족주의에 반대하고 죽은 것을 되살려내고

자 하는 복고의 조류를 혐오했다. 헤겔은 반동적 철학자로서 베를린 대학에 초청된 것이 아니다. 베를린 시대의 헤겔은 제자들과 함께 혁명 기념일에 축배를 든다. 헤겔은 명확히 혁명의 세계사적 의의를 인정하고 있으며, 세계사가 "정신의 자기의식과 자유의 필연적 발전"일 때, 또한 자유가 "정신의 유일한 목적"일 때, 프랑스 혁명은 바로 권리로서의 보편적 자유를 원리로까지 고양시켰으며, "인간은 이제야 비로소 사상이 정신적 현실성을 지배해야만 한다는 것을 인식하는 단계에 도달했던 것이다"[같은 책 12. 529]. 바로 그 "빛나는 날의 출현"과 함께 나타난 과제, 즉 자유의 원리의 실현, 신적인 것과 세계의 화해라는 과제에 대해 헤겔 철학은 부응해야만 한다. 그런 까닭에 리터(Joachin Ritter 1903-74)는 헤겔 철학 속에서 '프랑스 혁명의 철학'을 발견하는 것이다. 일반적으로 말해서 많은 동시대의 독일인에게 있어 혁명의 나라 프랑스가 인권선언・헌법의 나라이자 혁명이 법학적・철학적으로만 이해되는 경향이 있었던 데 반해, 헤겔은 그에 더하여 혁명의 과제를 시민사회의 구체적 실현과 종교개혁의 필요성의 관점에서 다시 파악하고자 노력했다. 이리하여 헤겔 철학은 마찬가지로 프랑스 혁명과 대결한 피히테 등을 넘어서서 현대의 문제들에 관계하게 되었다. ⇒혁명, 자유, 7월 혁명, 나폴레옹

【참】 Droz (1949), Ritter (1957), D'Hondt (1968a, 1968b), Soboul (1968), Furet (1978)

—스기야마 요시히로(杉山吉弘)

프랑크푸르트학파 —學派

프랑크푸르트학파란 좁은 의미로는 프랑크푸르트 대학의 사회연구소(Institut für Sozialforschung, 1923년 창설)의 소장으로 1930년 6월 호르크하이머(Max Horkheimer 1895-1973)가 취임한 이래 그를 중심으로 결집한 폴록(Friedrich Pollock 1894-1970), 프롬(Erich Fromm 1900-80), 마르쿠제(Herbert Marcuse 1898-1979), 뢰벤탈(Leo Löwenthal 1900-), 아도르노(Theodor W. Adorno 1903-69), 벤야민(Walter Benjamin 1892-1940) 등의 연구소의 구성원의 호칭이며, 넓은 의미로는 이

들을 포함하여 1932년부터 41년까지 간행된 연구소의 기관지『사회연구지(Zeitschrift für Sozialforschung)』(미국으로 옮기고서부터 40년 이후 *Studies in Philosophy and Social Science*로 개제)를 거점으로 활동한 사람들을 가리킨다. 가장 넓은 의미로는 위의 사람들에 1951년 독일에서 재건된 사회연구소에 모인 사람들을 덧붙인 총칭이다.

이 학파가 치켜든 '사회의 비판적 이론'의 기조는 전기의 경우 호르크하이머가 제기한 "총체로서의 현대 사회의 이론의 구명"이다. 구체적으로는 그의 '전통이론과 비판이론'(1937)이 표명하고 있듯이 현대의 사회와 문화를 기존의 마르크스주의도 포함하여 비판적으로 극복할 것을 지향하는 "사회화된 주체-객체의 변증법"의 구축과 실현이다. 1933년 나치스의 정권탈취 후 연구소의 성원들이 미국으로 망명하고부터는 고도로 발달한 자본주의가 파시즘이라는 야만상태를 산출하는 이유가 공동연구의 중심에 놓이게 되었다. 그로부터 개인의 의식과 성격의 해명에 초점이 맞춰지고 프로이트(Sigmund Freud 1856-1939)의 본능설이 재평가됨과 더불어 프롬은 수정설이라고 비판되어 연구소로부터 이탈했다. 『사회연구지』는 폐간되고 연구소원들은 이곳저곳으로 흩어지는 가운데 호르크하이머와 아도르노는 『계몽의 변증법(Dialektik der Aufklärung Amsterdam 1947)』을 엮어 인류의 역사를 마술로부터의 해방으로서의 계몽의 진전임과 동시에 신화로의 역행이기도 한 변증법적 과정으로 총괄했다. 그리하여 아도르노가 주도하는 형태로 정식화된 "자연지배적 합리성과 자연과의 화해라는 유토피아의 변증법'이 후기 프랑크푸르트학파의 기초이론으로 된다. 전후 50년에 귀국한 호르크하이머와 아도르노에 의해 재건된 사회연구소는 하버마스(Jürgen Habermas 1929-)를 비롯하여 탁월한 연구자를 산출하고, 미국에 남은 마르쿠제와 함께 선진국들의 지식인들에게 커다란 영향을 끼쳤다.

이 학파의 대표적 이론가들이 비판을 전제로 하는 것이긴 하지만 헤겔로부터 많은 것을 배우고 있다는 것은 호르크하이머의 합리성 옹호 또는 도구적 이성 비판에서의 이성 개념, 마르쿠제의 '위대한 거부'의 원형으로서의 '부정성', 아도르노의 부정적 변증법의 핵심개념으로서의 '비동일성', 하버마스의 의사소통적 행위이론의 착상 원천으로서의 '인정을 둘러싼 투쟁'에서 분명하다.

【참】Rohrmoser (1970), Jay (1973), Schmidt (1974), 德永恂 (1974)

—다케무라 기치로(竹村喜一郎)

프로이센 [Preußen]

프로이센은 원래는 발트해에 면한 바이크셀강의 서안에서 메멜강에 이르는 지방을 가리켰다. 그리고 이 지방은 13세기 이후 독일 기사단에 의해 정복되어 그 영지로 되었다. 그러나 16세기 초엽 독일 기사단은 폴란드와 싸워 패하고, 그 결과 서프로이센은 폴란드가 영유하는 곳으로 됨과 동시에 동프로이센은 폴란드의 종주권하에 놓인 프로이센공국이 되었다. 그리고 브란덴부르크 변경백이던 호엔촐레른가의 지류가 대대로 프로이센공으로서 쾨니히스베르크에 거주지를 두고 이 지방을 통치했다. 이른바 프로이센 국가의 기초는 1618년 호엔촐레른가의 브란덴부르크 선제후가 대대로 프로이센공으로서 이 지방을 지배하고 있던 같은 가문의 지류가 단절됨으로써 프로이센 공국을 상속하고 이후 프로이센 공국과 브란덴부르크 후국이 호엔촐레른가의 한 군주가 이끄는 연합 형태로 통치되게 된 것에서 시작된다. 그리고 17세기를 통해 한편으로 폴란드의 종주권으로부터의 프로이센의 독립과, 다른 한편으로 브란덴부르크 후국 자신의 확대와 강화를 기초로 하여 1701년 선제후 프리드리히 3세가 황제로부터 왕위를 얻어 프로이센 왕국이 성립하는 것이다. 그리고 이것은 결코 프로이센 공국이 나중의 프로이센 국가의 모태라는 것을 의미하는 것이 아니다. 프로이센 왕국의 중심은 호칭과는 반대로 어디까지나 베를린을 중심으로 하는 브란덴부르크 후국에 있으며, 종래의 프로이센은 또한 폴란드령이었던 서프로이센에 의해 본국에서 격리되어 고립된 지역에 머물렀던 것이다. 다만 프로이센 국왕이 된 호엔촐레른가의 주인이 동시에 브란덴부르크 변경백이기도 하다는 사정으로 인해 그 영지 전체가 일반적으로 프로이센 왕국으로 불렸던 데 지나지 않는다. 헤겔의 프로이센에 대한 태도는 최초의 기피, 비판의 태도로부터 곧이어 공명, 지지의 태도로 전환되고 있다. 즉 1800년 전후에 쓰여진『독일 헌법론』에서 프로이센은 "모든 것이 위로부터 아래로 향해 통제되고 있고, 보편적인 측면을 지니는 것 가운데 이에 이해관계를 지니는 국민의 부분에 그 관리와 집행에 맡겨지는 것이 하나도 없는 근대 국가"[1. 484]이며, "정치적 기술이 전적으로 타산적이고, 그 군사력이 그 국토의 크기에 비해서 불균형적으로 강대하며", "군주적인 위엄이 어떤 원리에서 유래하는 것이 아니라 도시상공업자 근성에서 발생한" 국가[같은 책 1. 566]라고 혹독하게 비판되고 있지만, 1816년 10월의 하이델베르크 대학 취임 연설에서는 "프로이센 국가는 지성 위에 세워진 국가"[18. 12]라고 찬미되고 있다. 그러나 이러한 전환은 결코 헤겔의 보수화, 반동화를 의미하는 것이 아니다. 엄밀하게 말하면 변한 것은 헤겔이 아니라 프로이센이다.『독일 헌법론』에서 헤겔이 비판한 프로이센은 전제절대주의 국가의 프로이센이자, 대불동맹 전쟁에 참가하면서 오스트리아를 비롯해 많은 독일 제후를 배반하고 1795년 4월 바젤에서 프랑스와 단독강화를 체결하여 병력을 철수해버린 프로이센이다. 그러나 프로이센은 1807년에서 1815년에 걸쳐 슈타인 및 하르덴베르크에 의해서 지도된 일련의 개혁에 의해 농노제의 폐지, 거주의 자유, 토지매매의 자유, 직업선택의 자유, 춘프트(동업자조직) 규제의 폐지, 영업의 자유, 내각제도의 개혁, 토지의 자치 등이 도모되었다. 또한 이것들과 더불어 샤른호르스트와 그나이제나우에 의한 군제개혁, W. 훔볼트에 의한 교육제도의 개혁 등이 행해졌다. 헤겔이 지지한 것은 이러한 개혁의 노선을 진척시키는 프로이센이다. 헤겔이 1818년에 알텐슈타인의 초빙에 응하여 베를린 대학 교수가 되는 것도 이러한 프로이센에 대한 기대 때문이었다. ⇒대불동맹 전쟁, 슈타인-하르덴베르크의 개혁, 훔볼트 (W.), 알텐슈타인

─고즈마 타다시(上妻精)

프로클로스 ⇨신플라톤학파

프로테스탄티즘 [Protestantismus]

프로테스탄티즘, 개신교(복음주의)는 루터와 칼뱅 (Jean Calvin 1509-64) 등에 의한 종교개혁에 의해서 성립한 기독교 교파들의 총칭이다. 1826년에 헤겔은 가톨릭의 성찬에 관한 강의 중의 발언으로 고발 받았을 때 문부상 알텐슈타인에게 보낸 편지에서 "루터파로서 세례와 교육을 받은 것을 자랑스러워하고 있으며, 오늘도 장래에도 루터파인" 인간으로서 자신을 특징 짓고 있다[『베를린 저작집』11. 70; 하임 『헤겔과 그의 시대』509ff.]. 또한 1820년의 아우구스부르크 신앙고백 기념식전에서의 그의 연설은 "생동하고 순수한 프로테스탄트적인 마음가짐의 아름다운 기념비"[『로젠크란츠』411]라고 찬양받고 있다. 그가 루터파임을 스스로 인정하고 있었다는 것은 확실하다. 그러나 루터가 제창하고 그 후 프로테스탄티즘의 원리가 된 것은 (1) 인간은 선행에 의해서가 아니라 신앙에 의해서만 의롭게 된다는 신앙의인설, (2) 신앙의 근거를 전승 등에서가 아니라 오직 성서에서만 구하는 복음주의, (3) 성직자 제도를 폐지하고 신 앞에서의 평등을 주창하는 만인사제주의이다. 헤겔도 이러한 원리들의 역사적 의의를 인정하지만[『역사철학』], 그러나 헤겔에서는 (1) 신앙(종교)은 이성(철학)에 포섭되어야만 하는 것이며, 우리가 '신에게 다가가는' 것이 가능한 것은 이성에 의한 것이었다. 또한 (2) 성서의 문자와 서술은 종교적 '표상'에서일 뿐이며, 그것들은 철학에 의해서 개념으로까지 고양되어야만 하는 것이었다. '신의 형상'은 성서보다는 오히려 논리학 속에서 볼 수 있는 것이었다. 나아가 (3) 그의 신-인간설은 만인사제설을 넘어서서 신의 절대적 초월성을 부정하는 측면을 지니고 있었다. 이런 면에서 보면, 헤겔의 입장이 정통파에게서 배척당한 것도 일리 있었던 것이다. 그뿐 아니라 루터파의 가정에서 자라고 복음교회의 목사를 양성하기 위한 튀빙겐 신학교에 입학한 헤겔이었지만, 목사의 길로 나갈 의지는 그에게 조금도 없었다. 그렇기는커녕 이 시대부터 베른 시대에 걸쳐 그가

쓴 초고는 기성의 기독교에 대한 비판을 기조로 하고 있었다. 거기에서는 루터주의뿐만 아니라 기독교 그 자체가 비판의 대상이 되고, 그 대신에 고대 그리스의 민중종교에 대한 동경과 새로운 종교의 창설에 대한 희망이 보인다.

그 후 가톨릭주의에 대한 미묘한 마음의 동요를 포함하는 몇 번인가의 사상적 변화를 거치면서 그는 다시 기독교와 프로테스탄티즘으로 귀향하는데, 그 시기는 그가 고대 공화제와 프랑스 혁명을 중첩시킨 루소적인 몽상에서 깨어나 근대의 진행을 역사적 운명으로서 수용하고, 나아가 오히려 그 근대의 원리인 주체적 자유의 원리를 세계사적 관점에서 본 자유의 실현과정의 한 단계로서 위치짓게 된 시기이기도 했다. 그때 그가 자신의 철학과 세계사적 현재와 프로테스탄티즘의 3자의 공통적인 원리로서 파악한 것은 주체적 자유의 원리였다. 프로테스탄티즘은 이 원리를 프랑스 혁명보다도 정신의 좀더 깊은 곳에서 수립한 것이다. "사상에 의해서 정당화되지 않는 것은 그 어떤 것일지라도 마음가짐 속에서 인정되지 않는다고 하는 것, 이것은 하나의 위대한 아집, 인간의 명예가 되는 아집이다. 그리고 이 아집이야말로 근대의 성격의 특징을 이루는 것이자 본래 프로테스탄티즘의 특유한 원리이다. 루터가 감정과 정신의 증거에서의 신앙으로서 시작했던 것, 그것은 나아가 성숙한 정신이 개념에서 파악하고자 하고, 그리하여 현재 속에서 자기를 해방하고자 하며, 이에 의해 현재 속에서 자기를 발견하고자 노력하고 있는 것과 동일한 것이다"[『법철학』 서문]. 바로 <정신의 주체적 자유>를 프로테스탄티즘의 원리로서 파악함으로써 헤겔은 청년 시대의 기독교 비판에도 불구하고, 또한 통상적인 프로테스탄티즘의 세 가지 원리인 것과의 일정한 거리에도 불구하고 기독교와의 '화해'를 실현할 수 있었던 것이다.

헤겔이 삶을 누린 뷔르템베르크에는 슈바벤 피에티스무스라고 불리는, 벵겔(Johann Albrecht Bengel 1687-1752)과 외팅거로 대표되는 경건주의의 흐름이 있으며, 그것의 민주주의적인 '신의 나라(Gottes Reich)'의 사상이 헤겔의 교양에 커다란 영향을 주었다고 하는 주장이 있고[Schneider 1938] 또 일정한 지지를 얻고 있다. 그러나 이에 대해서는 당시의 경건주의의 영향력, 헤겔의 교우관계, 튀빙겐 신학교의 강의 내용과 튀빙겐 시대의 헤겔의 종교관으로부터 그 가능성을 부정하는 견해도 제시되고 있다[Brecht u. Sandberger 1969]. 또한 근간에 프로테스탄티즘 신학으로부터의 헤겔 재평가의 활동도 두드러지고 있다. ⇒루터, 기독교, 종교개혁, 성서, 근대, 자유

【참】 Haym (1857), Schneider (1938), Rohrmoser (1961), 上妻精 (1967a), Ritter (1969a), Brecht/Sandberger (1969), 佐藤敏雄 (1970), 中埜肇 (1974), Jaeschke (1983)

―우부카타 쓰구루(生方 卓)

프롬만 [Karl Friedrich Ernst Frommann 1765-1837]

독일의 출판업자. 1786년에 서점을 부친(Siegismund Frommann)에게서 물려받아 1798년에 예나로 옮겼다. 예나의 그의 집에서는 괴테, 라인하르트(Karl Friedrich Reinhardt 1761-1837), 크네벨 등 당대의 저명한 인물들이 교제를 나눴다. 헤겔과 친교를 맺고 예나에서 헤겔의 가장 좋은 친구였다. 그는 헤겔의 서자(Ludwig Fischer)의 대부가 되었으며, 헤겔이 예나를 떠난 후에는 그 아이의 양육을 맡았다[『서간집』(제4권-2) 174f.].

―오카자키 에이스케(岡崎英輔)

프리드리히 대왕―大王 [Friedrich Ⅱ, der Grosse 1712. 1. 24-86. 8. 17]

프로이센 왕(재위 1740-86). 아버지 프리드리히 빌헬름 1세가 창설한 상비군과 관료제를 강화하고 농민보호와 중상주의 정책의 실시, 법전의 정비 등에 의해서 프로이센의 번영을 이끌었다. 7년 전쟁에서 오스트리아, 프랑스, 러시아 연합군을 깨트리고 세계에 그의 이름을 알렸다. 계몽군주로서도 유명하며, 볼테르와 친교를 맺고 학예를 장려하며 스스로도 학술적 재능을 발휘했다. 헤겔은 7년 전쟁을 가톨릭에 대한 프로테스탄티즘의 투쟁으로 간주하고, 대왕의 정책을 프로테스탄티즘 원리의 세속화로 파악한다. 또한 대왕이 국가의 목적을 개인들의 이익의 총화를 넘어서는 보편적인

것에서 발견했다고 평가한다[『역사철학』 **12**. 519, 523].

—다카다 마코토(高田 純)

프리드리히 빌헬름 3세 [Friedrich Wilhelm III 1770. 8. 3-1840. 6. 7]

프로이센 왕(재위 1797-1840). 프리드리히 빌헬름 2세의 아들. 나폴레옹 군에 패배하여(예나 전투—이것을 『정신현상학』 집필 중의 헤겔이 체험) 폴란드와 작센 등의 영토를 잃었지만, 빈 회의(1814)에서 그 일부를 회복했다. 슈타인, 하르덴베르크 등의 계몽적인 관료를 등용하여 개혁을 진전시켰지만, 우유부단하고 보수적인 궁정세력의 저항에 부딪쳐 자주 동요했다. 대학생 학우회('부르셴샤프트')의 탄압을 겨냥한 카를스바트 결의에서 보이듯이 오스트리아의 메테르니히의 강한 영향도 받았다. 헤겔의 주요한 활동기는 이 왕의 치세에 해당된다. 그는 프로이센의 개혁을 기대했지만, 이 왕에 대한 평가는 낮다. 그가 군주제를 강조하면서도 군주의 역할을 "형식적 결정을 행하는 정점"으로 한정한 것은[『법철학』 279절 「보론」, 280절 「보론」] 이 왕과 선왕과 같은 군주하에서도 군주 개인의 역량에 좌우되지 않는 확고한 국가를 지향했기 때문이라고 생각된다. ⇒ 슈타인-하르덴베르크의 개혁, 카를스바트 결의

—다카다 마코토(高田 純)

프리드리히 빌헬름 2세 [Friedrich Wilhelm II 1744. 9. 25-97. 11. 16]

프로이센 왕(재위 1786-97). 방탕한 생활에 빠지고 지도력이 부족하여 측근정치를 행했다. 재위 중에 프랑스 혁명이 있었지만(1789), 이에 반감을 품고 숙부인 프리드리히 대왕과 달리 반계몽적인 보수적 정치를 펼쳤다. 신앙과 출판의 자유를 엄격하게 제한하고, 칸트의 『종교론』의 출판을 금지했다. 프리드리히 대왕이 준비한 법전을 마무리하여 '일반 국법'을 포고했다. 프랑스 혁명군에 굴복하여 라인 좌안의 프랑스로의 할양을 용인했지만, 러시아와 폴란드 분할을 행하여 영토를 확대했다.

—다카다 마코토(高田 純)

프리드리히 1세 [Friedrich I, Barbarossa 1123-90. 6. 10]

독일 왕(재위 1152-90). 통칭 붉은수염왕. 신성 로마 제국에서의 왕권의 확대를 지향하여 다섯 번의 이탈리아 원정을 행하고 이 사이에 로마 황제에 임명된다. 지방귀족을 지배하에 두고 중앙집권제도를 확립하였으며 봉건제도의 기초를 구축했다. 후세의 독일인 사이에서는 신성 로마 제국의 전성기를 가져온 왕으로서 받들어졌다.

—다카다 마코토(高田 純)

프리메이슨 [Freimaurer]

헤겔이 프리메이슨이었다고 하는 결정적 확증은 없다. 유일하게 『브록하우스 대백과사전』이 그 회원 리스트에 헤겔의 이름을 들고 있을 뿐이다. 확실히 기묘한 의식과 심오한 의례가 문제인 것은 아니며, 헤겔에 따르면 그 결사의 상징이 특히 비의적인 것은 아니다[『철학사』 **20**. 499]. 또한 철학이란 내적인 장인에 의한 "자각적 이성의 전당"으로 간주된다고 해도 그것은 물론 솔론 식의 비의적인 건축에 의한 것이 아니다[『철학사』 **18**. 54]. 그러나 헤겔은 프리메이슨의 상징을 계속해서 이용한다. 헤겔을 당시의 프리메이슨적인 세계에 처음으로 명확하게 결부시킨 것은 동트(Jacques D'Hondt 1920-)의 결정적인 연구이다. 동트에 따르면 청년 헤겔의 작품 『엘레우시스』와 십자가 안의 장미와 같은 다수의 상징과 이미지가 프리메이슨적인 배경 없이는 이해할 수 없을 뿐만 아니라, 친교가 있던 거의 모든 사람들이 프리메이슨이든가 계명결사원이든가 아니면 그들과 관계가 있던 사람들이었다. 발상지 영국의 프리메이슨 운동은 18세기에 급속하게 유럽과 아메리카에 침투하고 있었다. 그 집회소는 부르주아 국제주의 정보망의 거점이 되었다. 그 결사는 자유주의적 귀족과 상층시민의 엘리트층을 모으고 세계시민적 공동체의 이상을 주창하며 계몽주의 · 이신론

등의 18세기 시대정신을 체현하고 있었다. 몽테스키외와 레싱을 비롯한 많은 계몽사상가와 작가, 지롱드파를 중심으로 하는 수많은 혁명지도자와 활동가가 프리메이슨이었다. 바이에른의 급진적 '계명결사'도 프리메이슨화 되었다. 동트에 따르면 헤겔이 프랑스에 관한 지식을 얻기 위해 읽었던 『미네르바』 등의 출판물과 그것의 창간자와 기고가는 거의 모두 프리메이슨적 사조에 결부되어 있었다. 국경을 넘어서 활동하는 프리메이슨, 지롱드파, 계명주의자의 영향하에, 또한 그들의 우애에 의한 인간적 지지하에 헤겔의 활동이 전개되고 있었던 것은 분명하다. ⇒엘레우시스, 『미네르바』

─스기야마 요시히로(杉山吉弘)

프리스 [Jakob Friedrich Fries 1773. 8. 23-1843. 8. 10]

독일의 철학자, 헤겔의 적대자. 1797년까지 라이프치히, 예나 대학에서 공부하고 1801년에 교수자격을 취득하여 예나 대학 철학사강사가 되었으며 1805년에 헤겔과 함께 원외교수가 되었지만, 같은 해 하이델베르크 대학으로 옮겼다. 1816년에는 정교수로서 다시 예나 대학에 부임했지만, 1816년의 발트부르크제 참가를 이유로 교수직을 박탈당했다. 그 후 정치활동에서 물러나 1824년에 물리학과 수학의 교수로서 복직하고, 그 다음해 다시 철학교수가 되었다. 프리스는 특히 칸트 철학의 영향을 받아 인격의 존엄과 자유의지에 기초하는 사회의 도덕적 형성을 지향했지만, 그의 자유주의적 경향은 대학생 학우회에 커다란 영향을 주었다. 그러나 칸트 철학을 심리학적으로 해석하는 그의 비합리주의 때문에 헤겔로부터 "칸트 철학의 완벽한 천박화"[『법철학』 15절], "자의와 무지의 주관성"[『철학사』 20. 419] 등으로 통렬히 비판되었다. 『철학의 체계』, 『윤리학의 체계』 등의 저작이 있다. ⇒대학생 학우회

【참】 D'Hondt (1968b)

─미즈노 다츠오(水野建雄)

프리즘 ⇒색채론

플라톤 [Platon BC 427-347]

플라톤의 철학은 이데아와 변증법의 생각을 중심으로 하여 헤겔의 철학 전체에 깊이 각인되어 있다. 물론 청년기의 미적 플라톤주의나 예나 시기의 '진정한 회의주의'로서의 『파르메니데스』편 등에서 보이듯이 헤겔은 참으로 다양한 관점에서 플라톤에 대해 언급하고 있다. 그러나 무엇보다도 독자적인 텍스트 독해에 기초하여 아마도 아리스토텔레스와 신플라톤학파를 받아들이면서 정리된 『철학사』의 플라톤 해석이 가장 충실한 것이라고 말할 수 있다.

헤겔은 피치노(Marsilio Ficino 1433. 10. 19-1499. 10. 1)에 의한 라틴 어 역을 이은 츠바이브뤼켄 판 『플라톤 전집』을 텍스트로 하여 『국가』, 『파르메니데스』, 『소피스테스』, 『필레보스』, 『티마이오스』 등의 중기 이후의 대화편을 해석하고 있다. 이것은 역시 이데아론의 성립을 플라톤 철학의 성립으로 간주하고, 초기의 대화편은 소크라테스의 철학을 기록한 것이라고 하는 아리스토텔레스 이래의 해석을 기본적으로 따르고 있다. 그러나 18세기부터 19세기에 걸쳐 방금 거론한 대화편들이 위서라고 간주되어 경시되고 있었던 것을 생각하면 헤겔의 플라톤 이해는 대단히 선구적인 것이었다.

(1) 이데아. 헤겔은 "플라톤은 보편적인 것을 이데아(에이도스)라고 부르고 있으며, 우리는 그것을 당면하여 유 내지 종이라고 번역한다"[Vieillard-Baron (1976) S. 86]고 말하고 있다. 에이도스라는 말은 사실 이데아라는 말보다 자주 사용되고 있으며, 나아가 유 내지 종이라는 의미를 지닌다는 점에서 헤겔의 이해는 적절하다. 그러나 신화적 표상을 쓸데없이 뒤섞여 있는 것으로 보는 헤겔의 입장에서 당연한 일이지만, 이데아에게서 개별적인 불완전한 사물에 대한 완전한 전형이라는 면은 부정되고 있다. 이와 같은 관점에서 헤겔은 존재와 비존재, 유한과 무한, 같음과 다름, 하나와 여럿 등의 범주들을 이어받고 있다.

(2) 변증법. 헤겔은 플라톤의 대화편에서 사변적인

학으로의 길을 열어 제치는 부정적인 변증법과 본래적인 사변적 변증법의 두 면을 보고 있다. 전자에 관해서는 "플라톤의 변증법의 목적은 인간의 유한한 표상을 혼란시켜 해체하고, 학의 요구, 존재하는 것[진리]으로의 도정을 인간에게 자각시키는 것"[같은 책 87]이라고 말하고 있다. 또한 후자에 관해서는 "나아가 전진된 변증법의 현실은 특수적인 것을 혼란시킴으로써 나타나는 보편적인 것을 그것 자체 속에서 규정하고 그 가운데서 대립항을 해소하는 것이다. 따라서 모순의 이와 같은 해소는 긍정적인 것"[같은 책 88]이라고 말해진다.

(3) 자연철학. 헤겔이 자연세계에 대해 정신의 세계와는 다른 네 가지 항(예를 들면 흙, 물, 불, 공기)으로 이루어지는 추론을 인정하게 된 계기는 피타고라스학파의 비례조화 사상의 색채를 짙게 띠고 있던『티마이오스』이해에 있다. 플라톤은 세계영혼의 신체인 물질 세계가 아름답고 나아가 입체적이기 위해서는 비례조화에 뒷받침된 흙, 물, 불, 공기의 네 원소가 필요하다고 말하고 있다. 이 점에 관해 헤겔은 "여기서 나오는 넷이라는 수는 자연에서 하나의 중요한 기수이다"[같은 책 104]라고 말하고 있다.

(4) 정신철학. 헤겔에 따르면 플라톤은『국가』에서 한편으로 고대 그리스의 도시국가의 진실을 표현하여 국가가 개인의 제2의 본성이라고 주장했다. 그러나 다른 한편으로 양심의 자유 내지 주관적 자유의 원리를 배제했다. ⇒이념, 변증법, 신플라톤학파

【참】 Gadamer (1971d), Vieillard-Baron (1976), Riedel (1990)
―야마구치 세이이치(山口誠一)

플라트 [Johann Fridrich Flatt 1759-1821]

튀빙겐 대학 신학부의 철학교수. 슈토르의 제자로 신학자지만, 칸트 철학에 관심을 기울였으며 대학에서는 그에 대한 권위로 지목되었다. 칸트 사상의 헤겔에 대한 영향에는 슈토르와 더불어 플라트도 역할을 했다고 말할 수 있을 것이다. 또한 헤겔은 그의 강의 '경험심리학과 칸트의 비판'의 노트[GW 1. 167-192]를 기초로 종교를 심리학적으로 고찰하는 노력을 거듭하고 있다.

종교와 사회를 혁신하기 위해서는 우선 개인의 심리를 숙지할 필요를 느꼈기 때문이다. ⇒슈토르

【참】 Harris (1972)

―가타야나기 에이치(片柳榮一)

플레로마 [(그) πλήρωμα, (라) complementum, (독) Komplement]

플레로마는 일반적으로 '채우고, 보충하는 것'을 의미하지만, 헤겔은 이 말을 청년 시대에 예수의 산상수훈 중의 말("내가 온 것은 율법과 예언자를 폐지하기 위해서가 아니라 완성하기(πληρῶσαι) 위해서다"[마태복음 5. 17]를 토대로 특히 '덕' 내지 '지조'에 의한 '율법의 보전'이라는 의미에서 사용했다. 이미 베른 시대에 "율법의 보전(complementum)―도덕적 지조"[『기독교의 실정성』1. 139]라고 말해지고 있었지만, 거기서 '도덕적 지조'는 칸트적 도덕성을 나타내고 있었다. 프랑크푸르트 시대 후기에 덕(지조)은 (경향과 도덕법칙의 대립을 전제하는) 칸트적 도덕성과는 달리 '경향의 법칙과의 합일성'[『기독교의 정신』1. 326]을 의미하게 된다. 이리하여 덕(지조)에 의한 '율법의 보전(πλήρωμα)'[같은 곳]은 적법성에서의 인간과 법의 대립을 인간과 법의 한층 완전한 합일의 형태(덕, 지조)에 의해서 극복하고 보충하는 것을 의미한다. 동시에 헤겔은 덕(지조)에 의한 율법의 보전을 "존재(현실성[초고])는 가능성의 보전(Komplement)"[같은 곳;『초기신학논집』(놀) 286(b)]이라는 볼프학파의 존재(현실성) 개념과 겹쳐지고 있다. 그런 까닭에 플레로마는 가능성과 현실성의 연관으로서 일반적 의미를 지닌다. 이리하여 덕(지조)이 율법의 보전이듯이 '사랑'이 "유덕한 것의 보전(Komplement)"[『기독교의 정신』1. 362]이고 '종교적인 것'이 "사랑의 보전'(πλήρωμα)[같은 책 1. 370]이게 된다. 일반적으로 플레로마는 불완전한 합일의 형태가 한층 더 완전한 합일의 형태에 의해서 극복됨과 동시에 전자가 후자의 가능성 내지 조건으로서 보존되는 연관을 의미하며, 그에 의해 다양한 합일 형태들의 단계가 형성된다. 이것은 나중의 '지양'의 원형을 이루는 것이라고 생각된다. 다만 예나 시기 이후 플레로마는 헤겔의 독자적인 용어로서는

거의 사용되지 않게 된다. ⇒지양

【참】 Peperzak (1960), Hamacher (1978)

—구보 요이치(久保陽一)

플로기스톤⇨열

플로티노스⇨신플라톤학파

피라미드 [Pyramiden]

내부에 어떤 것이 존재하고 그것을 소중하게 포위하는 것으로서 건조물이 있다. 그것이 피라미드이다. 내적인 것은 왕 또는 당시 신성시되고 있던 동물(오늘날의 표현으로 하면 그의 시체)이며, 그것은 당시의 사고방식에서 보면, …… 그리고 헤겔의 표현을 빌리면 단순한 자연성을 벗어난 정신적인 것이다(불멸의 영혼, 성스러운 것). 그것을 기예(내지 예술)에 의해 만들어진 외면적 형태가 둘러싸 비장하고 있다. 그러나 안에 비장되어 있는 것은 정신 그 자신으로서 완전히 자유롭게 생동하고 있는 정신의 영역에는 아직 도달해 있지 않다. 그러므로 피라미드라는 형태는 그 내적인 것의 내용에게 전적으로 외적인 외피인 데 머물러 있다. 이와 같은 의미에서 피라미드는 헤겔이 말하는 바의 '상징적 예술'의 단적인 예이다[『미학』13. 458-460]. ⇒이집트, 안과 밖, 상징예술

【참】 增成隆士 (1987)

—마스나리 다카시(增成隆士)

피셔 부인—夫人 ⇨부르크하르트 부인

피안·차안彼岸·此岸 [Jenseits, Diesseits]

일반적으로 피안이란 고뇌로 가득 찬 현세·지상의 나라인 차안에 대해서 행복이 넘치는 저 세상·황천의 나라, 기독교의 개념으로는 <하늘>을 가리킨다. 그러나 헤겔에서 피안은 유한한 것을 실재하는 것으로서 고정시키고 그것을 부정하여 취해진 무한[악무한]이나, 대립하는 것을 그대로 하여 이해되는 추상적 통일에 관한 공간적이자 표상적인 표현에 지나지 않는다. 그와 같은 피안의 본성은 <도달 불가능(unreichbar)>이라는 것에 있으며, 그것이 잘못되게도 숭고함이라고 생각되고 있는 것이다. 따라서 헤겔의 의미에서 피안(jenseits)에는 현재적이고 완결적(gegenwärtig und vollständig), 결국 현실적(wirklich)이라는 말이 대립한다[『논리의 학』5. 292]. 피안을 갈망하는 의식은 당위와 동경이지만, 그의 형태로서 『정신현상학』에서는 감성적 세계를 넘어서서 이데아계[초감성적 세계]를 추구하는 플라톤주의의 의식[3. 117], 불변적인 것에 개별적 형태를 부여하는 원시 기독교의 불행한 의식[3. 169], 현실의 모든 것을 전적으로 부정하여 공허한 최고존재를 숭배하는 프랑스 혁명의 의식[3. 434]이 제시된다. 또한 칸트 철학에서는 실천적인 것과 자연의 통일이 피안에 머무르고 있다고 비판한다[『야코비 서평』4. 440].

—에비사와 젠이치(海老澤善一)

피타고라스 [Pythagoras BC 582경-497/96]

피타고라스와 그의 학파의 사상은 많은 전설과 분식에 의해 전해지고 있어서 역사상의 확실성을 추구하기는 어렵다. 피타고라스학파를 논함에 있어 헤겔이 주로 아리스토텔레스와 섹스투스 엠피리쿠스를 자료상의 전거로 삼고 있는 것은 특징적이다.

헤겔은 우선 이오니아학파로부터 고대 이탈리아의 피타고라스학파로의 철학사 흐름을 실재철학으로부터 관념철학으로의 발전으로서, 즉 사상이 자연적·감성적인 것을 벗어나 지적·관념적인 것으로 이행하는 과정으로서 위치짓는다. 그리고 그들이 감성적·물체적인 것을 모두 제거한 수의 원리를 자연의 근원에 둔 것, 절대적인 것을 사상의 규정에서 파악하고자 시도한 것을 "이데아의 징후"[『철학사』18. 239]로 간주한다. 또한 그들이 수를 단위(1원), 대립(2원), 양 계기의 통일(3원)과 관련시켜 자연의 무한한 다양성을 이러

한 단순한 원리들로 환원시키고, 사변적인 것으로 다가간 것, 무질서하고 불완전하면서도 대립적인 개념들을 고찰하여 범주표의 선구를 이룬 것을 논리학상의 공헌으로서 칭송한다. 나아가 일종의 종교적·정치적 결사로서 지·정·의의 전 영역에 걸쳐 학문적·윤리적인 교육을 행하고자 한 이 학파 속에 인륜적 생활의 원리에 관한 실천철학이 있다고 인정하고 이것을 높이 평가한다.

그러나 헤겔은 다른 한편으로 피타고라스학파가 빠진 수와 수적 비례를 사물의 본질로 잘못 이해한 나쁜 수학주의에 대한 비판을 잊지 않고 있다. 동양에서 기원한 영혼윤회설과 함께 그들이 "죽어 있고 개념을 결여하며 무차별하고 대립이 없는 연속성"[같은 책 **18**. 237]인 수를 개념 그 자체와 혼동하고 수의 원리를 공간과 음악상의 관계를 넘어서서 천체와 정신의 영역들에도 확장하여 적용한 것을 "후기 피타고라스학파의 사상의 혼란과 참혹함"[같은 책 **18**. 260]이라고 하여 물리치는 것이다.

【참】 Heath (1931), Guthrie (1962), O'meara (1989)

─오쿠타니 고이치(奥谷浩一)

피히테 [Johann Gottlieb Fichte 1762. 5. 19-1814. 1. 29]

Ⅰ. 생애와 저작. 독일의 철학자. 예나, 라이프치히 대학에서 신학·철학·법률·언어학 등을 공부. 예나 대학 교수(1794)가 되어 정력적인 저작활동을 전개하지만, 무신론 논쟁에서 패해 베를린으로 떠나(99) 사적 강의와 공개 강연을 주된 활동의 마당으로 삼는다. 베를린 대학 창설에 관여하고 개교(1810)와 동시에 취임, 그 다음 해 총장이 된다. 지원 간호사가 된 처 요한나가 티푸스에 걸려 그녀를 간호하는 중에 스스로도 감염되어 뜻을 완수하지 못한 채 급서. ─본래적인 철학(『학문론』)으로 비교적 정리된 공간서로서는 『전체 학문론의 기초』(94/5)가 있을 뿐이며, 더욱이 그것마저도 미완이었지만, 독일 철학계에 준 영향은 결정적이었다. 그러나 통찰의 깊이, 전개의 수미일관성, 사상으로서의 완성이라는 점에서 보자면 유고로서 남아 있는 중·후기의 강의 종류 쪽이 훨씬 더 우수하다.

『인간의 사명』(1800)과 『해처럼 분명한 보고』(01)는 학문론의 통속판이다. 사회철학에는 『프랑스 혁명론』(93), 『자연법의 기초』(96/7), 『인륜론의 체계』(98)가, 종교철학에는 데뷔작인 『모든 계시비판의 시도』(92), 무신론 논쟁의 방아쇠가 된 『신의 세계통치에 대한 우리 신앙의 근거』(98), 『축복된 삶에 대한 지시』(06)가, 역사철학에는 『현대의 특징』(1806)이 있다. 국민교육에 기초한 독일의 재건을 주장한 『독일 국민에게 고함』의 연속강연(07/8)은 특히 유명하다. ─이것들 가운데 헤겔 철학의 형성에 영향을 준 것은 예나 시대의 저작, 그것도 거의 『기초』에 한정된다. 그리고 그것이 그대로 <피히테 본래의 사변철학은 예나 시기의 저작에 있다>고 하는 평가로 이어졌다[『철학사』 **20**. 387f.].

Ⅱ. 전기의 사상. 『기초』를 쓸 무렵의 피히테는 칸트 철학의 '정신'을 되살려 비판주의를 서술하는 데서 더 나아가 완성시키는 것을 자기의 사명으로 간주했다. 주요한 사고방식은 다음과 같다. ① 초월론적 통각과 정언명법은 동일한 사항의 다른 측면, 이론이성과 실천이성은 하나의 자아를 다르게 보는 방식이다. ② 자기의식의 가능성을 설명하기 위해 자아의 자기정립이라는 사고방식을 도입한다. ③ 철학은 근본명제로부터 시작해야만 하지만, 그것은 의식의 사실이 아니라 자아의 사행을 나타내는 것이어야만 한다. ④ 범주는 경험적으로 수집되어야만 하는 것이 아니라 자아의 활동과 자아에 대한 비아의 반정립에서 도출되어야만 한다. ⑤ 독단론적으로 상정된 사물 자체는 청산되어야만 한다, 등.

Ⅲ. 헤겔의 평가. 헤겔은 일찍부터 피히테에 주목하고 있었지만, 본격적으로 몰두하는 것은 프랑크푸르트 시대에서이며, 예나 시대 초기에 『차이 논문』[**2**. 9-137]·『신앙과 지식』[**2**. 287-433]·『자연법론』[**2**. 434-529] 등에서 전면적으로 대결한다. 이 논문들에서 피히테 철학에 대한 평가는 대략 다음과 같다. ─피히테는 학으로서의 철학의 이념을 수립했다[176]. 그의 철학은 사변의 참된 소산이다[115]. 그렇지만 ① 피히테는 칸트, 야코비와 더불어 유한성의 입장을 넘어설 수 없는 '반성철학'이다. 일반적으로 반성철학은 행복주의·계몽주의의 완성 형태이며, 유한성과 그로부터

생겨나는 대립(유한과 무한, 실재성과 관념성, 감성과 초감성, 하나와 여럿 등)을 절대화하고 참으로 절대적으로 실재적인 것은 피안에 존재하게 한다[294ff., 470]. ② 피히테 철학의 원리는 주관=객관, 지적 직관, 자아=자아지만[50-52, 114, 397], 내용적·실재적인 것과의 대립에서 형식적이고 공허한 지로서 세워져 있기 때문에[79, 96ff., 399ff.], 결함 있는 것이며[403], ③ 공허한 동일성에서 특수적인 것에 도달하기 위해서는 사상된 다양, 요컨대 비아와의 대립이 필요해진다[412, 455]. ④ 그러나 양자의 종합은 불완전하며[60], 무제한한 유한성의 진행으로 될 수밖에 없다[67, 84ff.]. ⑤ 그러므로 원리로서는 자아=자아였음에도 불구하고 체계적 결과로서는 "자아는 자아에 동등해야만 한다"는 무한한 노력·당위·요청으로 끝나고 만다[61, 296, 394]. ⑥ 결국 피히테는 참된 구체적인 동일성에 도달할 수 없으며, 그의 주관=객관은 주관적인 것에 머문다[94]. 형식적 통일이 지배적이어야만 한다는 생각에 의해서 비아·다양성·실재적인 객관적 세계는 죽은 것·개념에 예속하는 것·결함 있는 것·근절되어야만 하는 것·무에 머물러야 하는 것으로 되며[79, 84, 88, 418ff.], 해명되지 않은 채로 남겨진다[395]. ⑦ 다른 한편 참으로 절대적인 것·도덕적 세계질서·신은 자아의 밖에 있으며[411], 신앙에 의해서만 도달된다[109, 288, 332, 396f.]. ⑧ 전체로서 피히테의 철학은 형식주의적이며[312, 395, 430], 칸트와 마찬가지로 개념으로까지 높아졌지만 이성이념에까지는 도달하고 있지 못하다[296, 429f.].—이러한 결함에도 불구하고 피히테를 포함한 반성철학은 근대 문화의 분열을 최고도로 첨예하게 표현하는 것으로서 새로운 철학을 준비하고 있다[432].

이상과 같은 피히테 평가는 후년의 저술에서도 변하지 않는다. 다만 피히테는 칸트의 부정합성을 극복하고『철학사』20. 390, 413], 지의 지를 주제화하고, 사유규정을 그 필연성에서 도출하고자 하는 등의 새로운 시도를 했다[같은 책 392f., 401]는 적극적 평가도 눈에 띄게 된다. 칸트, 피히테, 셸링 이외에는 어떠한 철학도 없다[같은 책 387]고 하여 자기의 철학을 이러한 선행 철학들의 필연적 결과·완성으로 간주하는 도식은 그 후의 철학사의 상식으로까지 되었다. ⇒자아, 학문론

【참】 Siep (1970)

—후지사와 겐이치로(藤澤賢一郎)

필연성 必然性 [Notwendigkeit]

필연성이란 반드시 그렇게 되는 것, 달리는 존재할 수 없는 것을 의미한다. 필증적(apodiktisch)은 유사한 용어이다. 칸트는 'A는 반드시 B이다'라는 필증적 판단에서 필연성의 범주를 도출했지만, 헤겔은 판단론에서 정언적 판단·가언적 판단·선언적 판단의 총칭인 '필연성의 판단'과 '개념의 판단'의 하나인 필증적 판단을 구별하고 있다.

Ⅰ. 헤겔은 필연성을 우연성과의 변증법적 통일에서 고찰했다.『논리학』의 '본질론'의 '현실성' 장에서 필연성과 우연성은 현실성의 계기로서 가능성과 현실성과의 연관 속에서 형식적 필연성, 실재적 필연성, 절대적 필연성의 세 가지 수준에서 논의되고 있다.

형식적 필연성은 추상적 가능성이 이따금 실현된 것으로서, 존재하기 위한 근거를 자기 속에 지니지 않는 필연성이다. 이것은 인간인 한에서 모든 직종에 종사할 수 있다고 하는 것과 비길만한 필연성이자 우연성으로까지 끌어 내려진 필연성에 다름 아니다. 그러나 이와 같은 필연성은 달리는 존재할 수 없다는 필연성의 말뜻에서 보자면 결코 충분한 것이라고 말할 수 없다. 필연성은 반드시 그렇게 된다는 의미에서는 다양한 조건하에서도 실현될 수 있는 가능성이어야만 한다. 예를 들면 종이를 옥상에서 떨어뜨리면 어떠한 궤적을 그리며 낙하할 것인가는 바람의 방향과 세기에 따라 다르다고 하더라도 종이가 낙하하는 것은 필연적이다. 이와 같은 필연성을 헤겔은 실재적 필연성(또는 상대적 필연성)이라고 불렀다. 이것은 우연성에 매개된 필연성이다. 그에 대해 조건과 근거를 자기 속에 지니는 현실성이 절대적 필연성이라고 말해진다. 이것은 인간 활동의 조건·총체·소산인 사회적 현실과 같이 현실성의 과정 그 자신이 스스로의 조건들을 산출하면서 그에 의해 매개되는 필연성이다. 절대적

필연성은 현실성과 가능성의 절대적인 통일로서 다름 아닌 절대적 현실성 그 자체이다.

Ⅱ. 헤겔은 필연성과 자유를 서로 양립하지 않는 것으로서 추상적으로 대립시키는 것에 반대하여 자유를 필연성의 진리로서 파악했다. 필연성에 대립된 자유는 내용을 결여하고 있으며, 형식적·추상적·주관적 자유에 불과하다. 참된 자유는 내용과 통일된 자유로서의 객관적 자유이다. 필연성의 진리로서의 자유는 이와 같은 객관적 자유를 표현하는 것이다. 그러나 필연성 그 자체는 어둠의 세계이며 아직 자유는 아니다. 자유이기 위해서는 주관성의 계기가 불가결하다. 주관성을 표명하는 것은 보편·특수·개별의 통일된 투명한 개념이며, 이 개념이야말로 자유의 세계인 것이다. 헤겔은 자유를 보편·특수·개별의 유기적 통일 속에서 개별적인 것이 총체성 속에서 그 계기로서 위치지어지는 것 속에서 보고 있었던 것이다.
⇒ 현실성, 우연성, 가능성, 자유

―이와사 시게루(岩佐 茂)

필증적必證的 ⇨ **필연성**

하나와 여럿 [Eins und Vieles]

철학용어로서는 추상명사로서의 성격이 강조되어 '통일(Einheit일자성)'과 '다수성(Vielheit수다성, 다양성)'이 한 쌍을 이루는 경우도 많다. 모든 사물이 다양한 성질이나 측면과 함께 독자적인 통일성을 갖는다고 생각된다.

'하나와 여럿(Eins und Vieles)'이라는 표제를 지닌 텍스트는 『논리의 학』 제1부 제3장 '대자존재' 속의 짧은 절에 불과하지만, 헤겔이 사용하는 모든 개념의 기초구조를 보여주고 있다. '하나'는 철학사적으로는 플로티노스의 '하나인 것(τὸ ἕν토 헨)'에서 유래하는데, 이는 다양한 개물 속에 과연 '하나의' 이데아라는 순수본질이 존재하는가라는 플라톤 이래의 문제에 관계된다. 근대에 이르러 칸트는 인식론의 문제가 다음과 같이 압축된다고 생각했다. 감각의 다양을 개념의 통일과 결합하는 방법이 동시에 감각적인 성질의 다양과 존재의 통일의 결합으로 되도록 하기 위해서는 어떠했어야 하는가? 헤겔은 플라톤 이래의 오랜 문제와 근대 인식론의 문제를 '하나와 여럿'의 문제로서 통합하여 취급하고 있다.

소크라테스가 '선이란 무엇인가'라는 식으로 ……란 무엇인가라는 물음을 내놓은 것이 플라톤의 출발점이다. 헤겔은 '하나의 그것은 무엇인가'라고 물을 때 Was für ein이라는 독일어 표현이 실마리가 된다고 말한다[『논리의 학』 5. 177]. 직역하면 '하나의 것(ein)' '으로서(für)' '무엇인가(Was)'이기 때문에, '하나의 것으로서 무엇인가'라는 의미가 된다. 하지만 '으로서'를 의미하는 'für'에는 '에 있어서'라는 의미도 있다. 그 경우에는 높은 곳에 '하나인 것'이 있고 그 '하나인 것에 있어서'라는 의미가 된다.

신의 눈으로 보면 '하나의 통합된 것'으로 보인다. 이렇게 단언한 것은 말브랑슈이다. 그의 사상의 핵심을 헤겔은 "신은 자기 안에 모든 영원한 진리들과 모든 사물의 이데아들 및 완전성들을 포함한다. 그러므로 만물은 다만 그의 것일 뿐이다. 그러므로 우리는 만물을 오로지 신 안에서만 본다. 우리는 우리가 대상에 대해 그것의 이데아, 그것의 본질을 표상할 뿐만 아니라 또한 그 대상의 현존재의 감각을 획득한다고 생각하지만, 신이 우리 안에 감성적인 것을 지니지 않는 작용을 통해 대상에 대한 우리의 감각들을 일깨운다"[『논리의 학』 5. 179]고 요약하고 있다.

신의 백과사전에 있는 이데아라는 단어에 따라서 사물을 볼 때 비로소 다양한 것이 하나로 통일되어 보인다. 그 중심의 핵심이 되는 것이 '하나의 것으로서의 존재(Sein-für-Eines)'인데, 그것은 이데아적으로 있는 한에서 '관념적'이고, 비유적으로 말하자면 '신에 있어서의 존재'이다. 이 중심핵 속에 '사물의 무엇임'이라는 본질이 가득 차 있는 것이 아니라 중심핵은 공허이다. 중심은 단지 '하나'로 통일되어, 다시 말하면 불가분성을 체현하고 있다. "하나 그것은 그 자신에게 밀착하여 [an ihm selbst, 불가분하게] 있다. 하나의 존재는 현존재가 아니다. 다른 것에 대한 관계인 규정성이나 성질도 아니다. 하나는 이러한 범주의 영역을 부정한 것이다. 그러므로 하나는 다른 것으로 될 수 없고 불변이다"[같은 책 5. 183]. 가장 넓은 의미에서 사물의 존재방식을 표현하는 범주의 차원을 넘어서는 것이 '하나'의 본성이다. 군주는 실권이 없는 통합의 상징이라고 헤겔이 생각한 이유도 여기에 있다.

헤겔은 원자론과 같은 세계상에서는 무한한 공간 속에서 독립된 '하나의 것'이 다수 존재하는 세계상이 묘사되지만, 본래 하나하나의 원자들 간의 상호 배제 관계가 은폐되어 있다고 말한다. ⇒신플라톤학파, 하나이자 모두

—가토 히사타케(加藤尚武)

하나이자 모두 [(그) ἓν καὶ πᾶν]

세계는 언뜻 보아 다양하게 보여도 근원적으로는 하나라는 일원론적 세계관을 표현하는 말. 이것은 야코비의 『스피노자 서한』이란 책의 속표지에 헤라클레이토스의 말로서 첨부되어 있고, 당시 이 말은 일반적으로 헤라클레이토스의 말로서 믿어지고 있었지만, 딜스/크란츠의 『소크라테스 이전 철학자들의 단편집 (H. Diels/W. Kranz, *Die Fragmente der Vorsokratiker*, Berlin 1903)』에는 없다. 세계 전체를 '하나의 자연', '일자'[아리스토텔레스 『형이상학』 986b]로서 처음으로 포착한 것은 크세노파네스(Xenophanēs BC 570년 경~470년 경)이지만, 다만 헤라클레이토스에게도 "전체는 하나이기 때문에 또한 하나로부터 전체가 나온다"[딜스/크란츠 22B10]는 구절이 있기는 하다. 야코비는 『스피노자 서한』에서 레싱이 정통파 신학의 유신론에 대항하여 스피노자주의적인 범신론을 옹호할 때에 '하나이자 모두'라는 말을 했다고 전했다. 그 이래로 이 말은 헤르더, 괴테를 포함하여 스피노자주의를 옹호하는 사람들의 일종의 구호로 되었다. 횔덜린 또는 헤겔은 기념장에 이 말을 적어 넣고 있으며[『서간집』(제4권-1) 136], 또한 횔덜린은 『휘페리온』 최종원고에서 '하나이자 모두'를 '존재'나 '미'와 같은 뜻으로 간주했다. 셸링은 "철학은 자아 안에서 그 하나이자 모두를 발견해냈다"[『자아론』]고 말하고 있으며, 싱클레어도 '하나이자 모두가 최고의 원리에 관계하는 최고의 개념이다'[『철학논의』]라고 말했다. 헤겔도 "사랑하는 것들은 하나의 살아 있는 전체이다"[『사랑』 1. 246]라는 식으로 '하나이자 모두'를 플라톤적 '사랑'과 결부시켰다. 그러나 헤겔과 횔덜린에게 있어 '일자'는 다양과 운동을 배제하는 엘레아학파적인 '일자'가 아니라 다양한 양태를 통하여 자기 전개하는 '자기 자신에서 구별되어 있는 일자'였다. ⇒합일철학, 하나와 여럿,

횔덜린, 레싱

【참】 Harris (1972)

—구보 요이치(久保陽一)

하르덴베르크 ⇨슈타인-하르덴베르크의 개혁

하만 [Johann Georg Hamann 1730. 8. 27~88. 6. 21]

칸트와 동향으로 독일에서 기독교의 감정철학, 체험철학, 신앙철학의 대표자. 조르다노 브루노의 영향을 강하게 받아 지성을 제한하고 경험·체험을 중시할 것을 설파한다. '북방의 위안'이라고 불린다. 칸트, 헤르더, 야코비 등과 친교를 가졌다.

헤겔은 베를린 시대의 1828년 『학적 비판 연보』에 그의 생애와 교우관계를 다룬 제1부와 저작의 내용을 논의한 제2부로 이루어진 하만 저작집의 장대하고도 상세한 서평을 6회에 걸쳐 싣고 있다[『베를린 저작집』 11. 275~352]. 특히 하만의 특성묘사에 중점이 두어져 때때로 언급되는 사상적 의의 평가는 일반적으로 부정적이다. "수수께끼로 가득 찬 것이 하만의 문필활동 및 개성의 본질적 특질"[같은 책 11. 276]을 이루며 "자신의 특수성"을 고집하는 데서 독창성을 발견하고 있기[같은 책 11. 280] 때문이다. 그러므로 "자기의 유한한 내용의 특수성과 우연성을 가지는 주관적 신앙"[같은 책 11. 302]의 대표적 인물로 지목된다.

【참】 Jørgensen (1988)

—자코타 유타카(座小田豊)

하이네 [Heinrich Heine 1797. 12. 13~1856. 2. 17]

서정시인. 뒤셀도르프 출신. 베를린에서 1821년 부활제부터 23년 부활제까지 헤겔의 열심 있는 청강자 가운데 한 사람이었다. 이 사이 자주 밤에 헤겔의 집을 방문하기도 한다. 어떤 밤의 정경이 하이네로 하여금 "이 인물(헤겔)에서 세기의 맥박이 파도치고 있었던 것이다"[쿠노 피셔 『헤겔의 생애』 일역서 352쪽]라고 말하게 하고 있다. 다음과 같이 말하기도 한다. "이

사상가[헤겔]가 자연철학을 하나의 완성된 체계로 마무리하고, 그 종합으로부터 현상세계 전체를 분명히 하며, 그 선인들의 위대한 이념을 하나의 그토록 위대한 이념에 의해서 보완했다'[Heine (1834) S. 633 일역서 230쪽]. 하이네도 프랑스 혁명의 산물. 파리 7월 혁명 (1830) 승리 후 파리로 망명. 헤겔 변증법과 생시몽의 사상을 하나로 하는 역사관을 전개했다. 만년에는 망향의 그리움에 시달렸다.

【참】 Heine (1834)

―이토 히토미(伊藤一美)

하이데거 [Martin Heidegger 1889. 9. 26-1976. 5. 26]

Ⅰ. 청년 하이데거는 교수자격논문 『둔스 스코투스의 범주론과 의미론』의 말미에서 "살아 있는 정신의 철학"을 표방하고, 그것은 "충실과 깊이, 체험의 풍부함과 개념구성의 점에서 더할 나위 없는 강인한 역사적 세계관의 체계"인 "헤겔"과 대결해야만 한다고 강조하고 있었다[『하이데거 전집』 1. 411]. 그러한 헤겔과의 대결 성과는 그의 저작의 여러 곳에 아로새겨져 있다.

Ⅱ. 원래 위의 교수자격논문이 이미 그 초두에서부터 이성의 자기 자신과의 관계 속에서만 성립하는 "철학의 내적 본질을 고려하면 선행자도 후행자도 없다"는 청년 헤겔의 한 구절[『차이 논문』 2. 17]을 표어로 내걸고 있었다. 하이데거는 만년의 '1968년의 르 톨에서의 연습'에서도 『차이 논문』을 실마리로 헤겔을 해명하고 있다. 흥미진진하게도 그는 거기서 헤겔의 예나 시기의 아포리즘의 하나를 통상적인 것과는 거꾸로 독해하여 "찢어진 양말이 기워진 양말보다 더 좋다"고 이해하고[『기록』 370; 『로젠크란츠』 552], 분열로부터 회복하고자 하는 철학의 요구에 빛을 던지고 있다[『네 개의 연습』 25 이하]. 『현상학의 근본문제』에서는 상식에 있어 철학의 세계는 '전도된 세계'라고 하는 헤겔의 금언[『비속한 인간지성은 철학을 어떻게 이해하는가』 2. 188]을 교묘하게 원용한다. 더 나아가 헤겔의 해학으로 가득 찬 소론 『추상적으로 사유하는 것은 누구인가』[2. 575 이하]를 하이데거는 "독일 관념론 철학에 대한 가장 좋은 입문서"라고 평가하고 있다

[『셸링의 논문 '인간 자유의 본질에 관하여'』 96]. 『형이상학이란 무엇인가』에서는 존재와 무를 '같다'고 본 헤겔 논리학을 무에 밑받침된 현존재 속에서의 존재의 개시를 뜻한다고 해석한다[『하이데거 전집』 9. 120]. '헤겔의 경험 개념'에서는 『정신현상학』 서론을 상세하게 논의하여 의식의 '역전' 경험을 존재자로부터 '존재'로 몸을 돌리는 활동이라고 고쳐 파악한다 [『하이데거 전집』 5. 180, 188, 206]. 1930/31년의 강의에서 하이데거는 『정신현상학』의 의식으로부터 자기의식까지의 발걸음을 상세하고도 엄밀하게 해명하고 있다[『하이데거 전집』 32].

Ⅲ. 그렇지만 하이데거는 최종적으로는 헤겔에 대해 비판적이다. 이미 『존재와 시간』은 그 말미 82절에서 헤겔의 시간론을 비판하고 있었다. 『동일성과 차이』에서는 존재를 사유 속으로 흡수하고 다른 학설의 지양만을 꾀하는 헤겔과 달리 하이데거는 존재로의 귀환만을 자기의 입장으로 한다[같은 책 37 이하]. 헤겔은 하이데거에 따르면 서양 "형이상학의 완성의 개시"이다[『강연논문집』 76]. '헤겔과 그리스 인들'의 논문이 잘 보여주듯이[『하이데거 전집』 9. 427 이하] 서양철학 전체의 변증법적 발걸음을 "자기를 아는 절대적인 주체의 절대적 확실성"의 전개로 본 헤겔과 달리, 하이데거에 따르면 그리스에서는 주체에 의해서 사유적으로 정립되는 존재의 근저에 '알레테이아(현현)'의 구조가 간취되고 있었던 것이다[같은 책 9. 439 이하].

―와타나베 지로(渡辺二郎)

『하이델베르크 문학연보文學年報 [Heidelberger Jahrbücher der Literatur]

하이델베르크 대학에서 교편을 잡고 있을 때 헤겔은 이 연보의 철학과 고전문헌학 부문의 편집을 담당했다. 그 스스로 1817년의 제1호와 2호에 야코비 전집 제3권 (1816)에 대한 비평을 게재했다[『야코비 서평』]. 『신앙과 지식』에서의 야코비 비평의 엄격함에서 돌변하여 온건하고 호의적인 이 비평에서는 셸링에 대한 헤겔의 거리가 암시되고 있다. 같은 해의 66-69호와 73-77호에 헤겔은 『뷔르템베르크 민회 토론』의 의사록에 관한

비평을 게재했다. 프리드리히왕의 입헌체제 원안에 기본적으로 찬성(선거법에는 변경이 있음)을 표시하고, 상임위원회와 서기제도의 특권적 "부르주아 귀족 정차"[『하이델베르크 저작집』 4. 574, 576]에 의한 폐해를 통렬히 비판한 이 비평에서는 프랑스 혁명에 대한 젊은 시절의 공감이 엿보인다. 또한 헤겔은 이 연보에 대해 1819/20년의 문부성 앞으로 보낸 서간에서도 언급하고 있다[『베를린 저작집』 11. 9, 22].

【참】金子武藏 (1967)

—야마다 다다아키(山田忠彰)

하임 [Rudolf Haym 1821. 10. 5-1901. 8. 27]

독일의 문학사가, 철학자이자 할레 대학 교수. 헤겔 좌파인 루게(Arnold Ruge 1802-80)의 헤겔 비판을 계승하면서 풍부한 자료와 동시대인의 증언에 기초하여 로젠크란츠에 이어 헤겔에 관한 두 번째 전기 『헤겔과 그의 시대(Hegel und seine Zeit, 1857)』를 저술, 이후의 헤겔관에 커다란 영향을 주었다. 그에 따르면 헤겔은 "반선동적, 반주관주의적 격정에서 복고정신의 전형적인 언어, 요컨대 정치적인 보수주의와 정관주의, 낙천주의의 절대적인 상투어"[『헤겔과 그의 시대』 365]를 말했던 것으로서, 이 점에서 헤겔은 "공인된 왕정복고론자, 프로이센의 국가철학자"에 지나지 않는다. "헤겔의 [『법철학』의] 서문에서 말하는 현실적인 것의 이성성에 관한 저 악명 높은 말에 비하면 이전의 홉스와 필머……가 가르친 모든 것이 좀더 자유로운 사상이다. 신의 은총이론과 절대적 순종의 이론은 있는 바의 것이 있는 바의 것으로서 [그대로] 신성한 것이라고 하는 [헤겔의] 놀랄 수밖에 없는 교의에 비하면 죄도 없고 위험하지도 않다"[같은 책 367f.]. 하임은 헤겔에게서 "실천적인 것에 대한 이론적인 것의 우위, …… 사유하는 정신에 의한 의지하는 정신의 흡수"를 이야기하며, 그 정관주의를 다음과 같이 지적하고 있다. "헤겔에서 의지와 자유는 사유와 지 속으로 증발되어 버린다. …… 정확히 말하면 의지는 아무것도 의지하지 않는 의지이다"[같은 책 370]. 이와 같은 해석의 배후에는 헤겔의 철학 형성에서 아리스토텔레스의

강한 영향을 보고자 하는 하임의 이해가 놓여 있다. 다른 저작으로 『포이어바흐와 그의 철학(Feuerbach und die Philosophie, 1847)』, 『쇼펜하우어(A. Schopenhauer, 1864)』, 『낭만파(Die romantische Schule, 1870)』가 있다.

—스기타 마사키(杉田正樹)

학(**문**)學(問) [Wissenschaft, Wissenschaftlichkeit]

철학에게 본래 학문들에게 존재이유를 부여한다든지 그것들을 조직화하는 사명이 있었던 것은 철학사에 비추어보아도 분명하지만, 이러한 경향은 필연적으로 철학 그 자체의 학문성을 묻는 '학으로서의 철학'이라는 의식을 생겨나게 한다. 독일에서는 칸트가 '비판'이라는 작업을 통해 학으로서의 철학(형이상학)의 권리 문제를 구명('연역)한 이래, 철학의 기초학에 대한 지향이 강하다. 라인홀트의 '근원철학'과 피히테의 '학문론'은 그 방향을 보여준다. 또한 학으로서의 철학에 필요한 요건인 체계성도 볼프와 바움가르텐(Alexander Gottlieb Baumgarten 1714-62)을 계승한 칸트(예를 들면 『판단력비판』의 제1서론) 이후 강한 관심을 불러일으켰다. 헤겔에서의 '학'의 문제에도 이상과 같은 역사적 전제가 있다는 것은 그 자신의 발언[예를 들면 『예나 저작집』 2. 176]에서도 분명하다. '학'에 대한 헤겔의 명확한 결의 표명은 1800년 11월 2일에 쓴 셸링에게 보낸 편지[『서간집』 (제1권) 59f.]에서 보이며, 그 최초의 성과가 이른바 『1800년 체계 단편』[『초기 저작집』 1. 419-27]이다. 그 후 예나에서 헤겔의 '학으로서의 철학'의 구성에 관해서는 『예나 체계』[GW 6, 7, 8] 및 예나 대학에서의 그의 강의제목[Kimmerle (1966); 中埜 (1979) 327 ff.]에서 추측할 수 있다. 나아가 헤겔은 『정신현상학』에서 철학으로의 예비학(기초학)을 '의식의 경험의 학'으로서 구상하고 그 정점인 절대지가 '학으로서의 철학'의 지반이라는 것을 보였다. 즉 『정신현상학』에서 의식의 발전은 지와 진리가 동등하지 않은 것을 지양하는 운동이었지만, 절대지에서 정신은 개념이라는 순수한 지평에 도달하여 여기서 새로운 현존재와 운동을 전개한다. 그것이 '학'이다[『정신현상학』 3. 588f.]. 나아가 『정신현상학』의 원래 구성에서

는 '절대지' 대신 '학'이 놓이기로 했다고도 말해진다[**GW 9**. '부록' 466-468]. 또한 '정신현상학' 그 자체가 '학'인지 아닌지 하는 문제도 있지만, 어쨌든 헤겔 고유의 의미에서의 '학'은 절대지의 지평에서 성립한다고 생각해야만 할 것이다.

물론 헤겔은 Wissenschaft라는 말을 보통의 '과학'의 의미로도 사용하지만, 이 학문들은 "지식의 모임"[『정신현상학』 3. 11]으로서 학적(wissenschaftlich)일 수 없는 역사학적(historisch)인 것이다[『뉘른베르크 저작집』 4. 9]. 다시 말하면 특수과학은 '학'의 이름에 걸맞지 않은 것이기 때문에 학적인 것은 철학이며, 철학과 '학'은 등치된다. 이리하여 성립한 철학=학은 헤겔에서 실재와 방법과 체계의 삼위일체로부터 이루어지는 이념적 구성을 지닌다. 이 가운데 실재란 말할 필요도 없이 넓은 의미의 정신이 지의 영역에서 소박한 감각적 의식에서 시작하여 다양한 대상의식과 자기의식을 거쳐 도달한 좁은 의미의 정신 또는 이성의 최고단계인 절대지에서 활동하는 개념 또는 이념이며, 그것 자체가 헤겔 철학의 기초에 놓여 있는 (넓은 의미의) 정신의 지적 변용에 다름 아니다. 이 실체는 결코 안정된 부동의 것이 아니라 내발적으로 자기를 부정하여 타자로 되고 그 타자성에서 자기를 회복하는 자기운동체(=주체)이다('실체와 주체'의 항을 보시오). 그리고 이 내재적 전개의 이법이 학의 방법으로서의 변증법이다. "학에서 개념은 자기 자신 속으로부터 전개하는 것이며, 규정들의 내재적인 진행과 산출에 다름 아니다"[『법철학』 31절]. 개념의 변증법적 전개인 학은 그 결과로서 필연적으로 체계를 이룬다. "참된 것은 체계로서만 현실적이다"[『정신현상학』 3. 28]. 즉 체계로서 현실화된 진리가 학이다. 따라서 헤겔에서는 체계를 이루지 않는 학은 있을 수 없다. 이러한 전제에 서서 그는 자기 철학의 체계화를 시도했다. 그것은 1800년의 단편에서 시작하여 ① 예나 체계, ② 뉘른베르크 체계, ③ 하이델베르크 체계, ④ 베를린 체계로 나누어질 수 있다고 생각된다[中埜 (1979) 278f.]. 또한 이 가운데 ②-③은 잘 알려져 있는 3부문 구성을 지니는 데 반해, ①은 4부문 구성이라고 생각되지만[같은 책 326], 여기서는 이른바 『엔치클로페디』를 그의 체계라고 생각하

기로 한다면(그것이 그의 최종적인 체계구성이기 때문이다), 여기에서 학이란 본질적으로 원환이라는 그의 사상이 나타나 있다. "방법의 본성에 의해 학은 자기 속에 닫힌 원환으로서 나타난다"[『논리의 학』 6. 571]. "철학의 부문들의 하나하나는 하나의 철학적인 전체이며, 자기 속에 닫힌 원환이다. 각각의 원환은 한층 더 커다란 원의 기초로 된다. 따라서 전체는 다수의 원환으로 이루어진 원환(ein Kreis von Kreisen)으로서 나타난다"[『엔치클로페디(제3판) 논리학』 15절]. 이리하여 실재와 방법과 체계의 삼위일체를 이루는 학은 본래 개념의 변증법적 전개에 의해서 생겨난 것이기 때문에, 사변적인 것으로서 직관을 배제하고 통합성·보편성·순수성·공개성(exoterisch) 등을 학문성의 조건으로 하지만, 특히 헤겔이 여러 차례 반복하여 지적하는 것은 개념 전개의 내적인 필연성이다. 그리고 또한 헤겔은 이러한 "학의 궁극적인 사명은 이성에 의해서 신을 인식하는 것"[『엔치클로페디(제3판) 논리학』 36절 「보론」 8. 104]이라고 생각했다. ⇒실체와 주체, 체계, 철학, 원환

【참】 Kimmerle (1966), 中埜 肇 (1979)

―나카노 하지무(中埜 肇)

학교學校 [Schule]

헤겔이 뉘른베르크에서 김나지움 교장으로 있을 때 근거했던 니트함머가 입안한 바이에른 왕국에서의 『공적 수업 시설 설치의 일반적 규범』에 따르면 학교(Schule)는 6세부터 12세까지의 의무교육 기관으로서의 국민학교(Volksschule)와, 고등교육에 대한 준비교육 기관으로서 면학학교(Studien-Schule)라고 불린 8세부터 12세까지의 초등학교(Primärschule), 그리고 14세까지의 중학교(Sekundärschule)로서의 김나지움 예과와 실과학교를 가리킨다. 후자는 면학고교(Studien-Institut)라고 불린 김나지움 본과와 실과고교로 연결되어 그 전체가 면학시설(Studienanstalt)을 형성했다. 학교는 넓은 의미에서 이것들 전체를 가리킨다고 말할 수 있을 것이다. 헤겔은 학교를 주관적인 애정을 유대로 하는 가정생활로부터 자녀를 자립시켜 객관적인 사태가

문제로 되는 사회생활을 향해 자녀를 준비시키는 장소로서 파악한다. 그리고 거기서 헤겔은 학교를 둘러싸고 학교와 가정, 학교와 사회, 국가가 한편으로는 협동관계에 섬과 동시에 다른 한편으로는 대립관계에 선다는 인식을 지니고 있었다. 즉 그는 한편으로 가정이 자녀를 취학시켜 수업료를 지불하고 학교와 협력하여 자녀의 공부와 생활을 지도·감독해야만 하며, 또한 국가도 교사에 대한 급여, 시설의 정비, 급비제도의 확립 등 재정적 원조를 아껴서는 안 되지만, 다른 한편으로 학교는 시민계급의 실용주의와 농민계급의 보수주의에 의해 교육을 왜곡해서는 안 되며, 또한 국가의 부당한 간섭에 의해서 국가교육으로 되어서도 안 된다고 생각했던 것이다. 헤겔의 『법철학』에서 학교는 경찰행정(Polizei)의 소관사항으로 되어 있다. 구체적으로는 도시의 경찰, 성직자, 교장 등이 참가하여 구성되는 교육위원회 산하에 속하는 것으로 생각되고 있었다고 말해도 좋을 것이다. ⇒교육, 니트함머, 경찰행정

—고즈마 타다시(上妻精)

학문론學問論 [Wissenschaftslehre]

피히테가 '철학'을 대신하는 것으로서 『학문론의 개념』(1794)에서 제창한 말이며, 그 자신의 철학설을 가리키기 위해서도 사용된다. 피히테에 따르면 철학은 경험(지식 일반 및 지의 체계로서의 학)을 그 가능성의 면에서 기초짓고 더 나아가 그 자신이 학이어야만 한다. 일반적으로 승인되고 있음에도 불구하고 아직 수행되고 있지 않은 이러한 요구를 충족(시키고자)하는 철학은 특히 학에 관한 학(설)로서 '학문론'이라고 불려야만 한다. 학문론은 칸트의 비판주의의 정신을 계승함과 동시에 이론이성과 실천이성의 분열을 극복함으로써 비판주의를 서술하는 데서 나아가 완성시키는 것이다. 그것의 이론부문은 자아의 사행을 나타내는 절대적으로 확실한 근본명제로부터 출발하여 표상·지 일반의 모든 가능한 형식을 도출하고, 실천부문은 미학·종교론·상식·자연법론·인륜론을 포함해야 한다. 피히테는 이 계획을 공표함과 동시에 『전체 학문론의 기초』(94/95)에서 그 실행에 착수했지

만, 수미일관하지 못함을 느끼고 실천 부문의 중도에서 중단했다. 곧바로 개작에 착수하여 예나 대학에서 『새로운 방법에 의한 학문론』을 강의, 그 일부를 두 개의 서론을 포함하는 『학문론의 새로운 서술의 시도』(97)로서 발표했지만, 이것 역시 본론의 서두 부분만으로 끝난다. 1800년 이후에는 자아를 그 자체로서는 불가지한 절대자의 현상 내지 상으로서 파악하는 새로운 발상에 기초하여 사적인 모임과 대학에서 몇 차례 학문론을 강의했다. 그것들은 모두 동일한 근본사상을 전혀 다른 양식으로 서술하는 것이었다. 그러나 생전에 공표된 것은 팸플릿 정도의 『학문론 개요』(1810/11) 뿐이다. —『기초』는 그 참신한 착상 때문에 독일 사상계에 커다란 충격을 주었으며, 라인홀트와 청년 셸링 등 많은 추종자들을 만들어냄과 동시에 몰이해에 기초한 반대와 조소를 초래했다. 헤겔은 『상식논문』에서 크룩의 천박한 피히테 비판을 일축하여 초월론적 관념론의 입장을 옹호하고, 『차이 논문』과 『신앙과 지식』에서는 피히테를 지성적 유한성의 입장에 머무르는 까닭에 절대자를 파악할 수 없는 공허한 형식주의에 빠졌다고 비판한다. ⇒피히테

—후지사와 겐이치로(藤澤賢一郎)

학자學者 ⇨직업·신분

『학적비판연보學的批判年報』 [Jahrbücher für wissenschaftliche Kritik]

학적비판협회에 의해서 편집, 간행된 잡지로서 1827년 1월 1일에 제1호가 코타에서 출판되었다. 헤겔은 죽음에 이르기까지 중추적 인물로서 활약했고, 이 잡지는 헤겔학파의 기관지적 성격을 지녔다. 헤겔은 W. v. 훔볼트 『바가바드 기타라는 이름의 마하바라타의 삽화』(1826)에 대하여(1827), 졸거의 유고와 왕복서한(1826)에 대하여(1828), 하만 저작집(1821-25)에 대하여(1828), 괴셀 『기독교 신앙론과의 관계에서 무지와 절대지에 관한 잠언』(1829)에 대하여(1829), 익명(슐제만?)의 『헤겔 학설 또는 절대지와 현대의 범신론에

대하여』(1829)와 슈바르트『철학 일반, 특히 헤겔의 엔치클로페디에 대하여』(1829)에 관하여(1829), 올레르트(Albert Leopold Julius Ohlert)『관념적 실재론』(1830)에 대하여(1831), 괴레스『세계사 강의』(1830)에 대하여(1831) 비평 논문을 게재했다. ⇒학적비판협회

—야마다 다다아키(山田忠彰)

학적비판협회學的批判協會 [Sozietät für wissenschaftliche Kritik]
『학적비판연보』(통칭『베를린 연보*Jahrbücher für wissenschaftliche Kritik*. 1827-46)』의 편집과 출판을 주목적으로 하여 1826년 7월에 베를린의 헤겔 집에서 설립된 조직. 헤겔은 일찍부터 문헌비판 잡지를 낼 희망을 갖고 있었지만, 그 실현을 위해 진력한 것은 간스였다. 협회와 발행하는 잡지 모두 실질적으로는 헤겔학파의 기관·기관지로서의 성격이 짙었고 일반적으로도 그렇게 받아들여졌다. 사무국을 인수한 것은 처음 1년은 간스, 그 후에는 v. 헤닝이었는데, 모두 헤겔 학도였다. 협회에는 괴테, W. v. 훔볼트, A. W. 슐레겔, 트렌델렌부르크(Friedrich Adolf Trendelenburg 1802-72) 등도 가입했지만, 헤겔은 슐라이어마허를 끌어들이는 것을 강하게 거부했다. 협회는 학파의 발전에 공헌했지만, 학파의 분열과 프로이센의 반동화 속에서 점차 쇠퇴해갔다. ⇒『학적비판연보』, 헤겔학파, 간스, 헤닝

【참】 Gans (1836), Rosenkranz (1844), Schlawe (1959)

—우부카타 쓰구루(生方 卓)

한계限界 [Grenze]
어떤 것을 어떤 것이게끔 하고 있는 그 경계의 것. 유사한 개념으로 제한(Schranke, Beschränkung)이 있다.
헤겔은『논리의 학』의 존재론의 '현존재'에서 한계를 논하고 있다. 초판에서는 한계-규정-성질로 전개되는 데 반해, 제2판에서는 규정-성질-한계로 되어 있으며, 전개 순서가 다르긴 하지만, 한계 개념의 의미가 서로 다른 것은 아니다.
Ⅰ. 어떤 것은 한계에 의해서 어떤 것 자신인 것이고,

한계를 넘어서서 어떤 것일 수 없다. (1) 어떤 것은 한계 내에서 자신의 질(규정성)을 지니며, 한계에 의해서 다른 것과 스스로를 구별한다. 그런 의미에서 한계는 다른 것의 비존재이다. (2) 그러나 어떤 것은 또한 한계에 의해서 어떤 것이라고 한다면, 한계를 넘어서서 어떤 것일 수 없다. 그 점에서 한계는 어떤 것의 비존재이기도 하다. 그러므로 한계는 어떤 것과 다른 것의 비존재로서 양자의 '타자'이며, '중간'에 다름 아니다.
Ⅱ. 한계가 어떤 것을 한계짓고 있고 한계에 의해서만 어떤 것이라고 한다면, 한계는 어떤 것의 '요소' 또는 '원리'이기도 하다. 점은 선이 점에서 끝나고 점의 바깥에 있다는 의미에서 단지 선의 한계인 것이 아니라 선의 요소로서 선의 절대적 시원(원리)인 것이고, 선은 점의 운동에 의해서 생기는 것이다. 이와 같이 어떤 것이 한계 속에 있으면서 한계를 넘어서고자 하는 것은 '모순'이며 거기에 '변증법'이 있다고 헤겔은 본다.
한계를 넘어서고자 하는 운동은『논리의 학』에서는 또한 제한과 당위(Sollen)의 관계에서 분석되며, 제한은 어떤 것이 스스로 정립한 경계를 넘어서는 것에 대한 한계로서 규정되어 있다. 그러나『엔치클로페디 논리학』에서는 한계와 제한의 구별은 특별히 내세워져 있지 않다.

—이와사 시게루(岩佐 茂)

할러 [(Victor) Albrecht von Haller 1708. 10. 16(. 8)~77. 12. 12]
스위스의 해부학·생리학·식물학자, 시인. 튀빙겐, 라이덴에서 의학, 해부학, 식물학을 공부하고 의학 박사를 취득. 1736년 괴팅겐 대학 교수. 53년 이후 베른의 관리, 제염소장 등으로 일하면서 연구저술에 몰두했다. 해부학적인 실험관찰을 생리학적 기능의 연구와 통일시켜 심장의 근육운동과 뇌와 호흡, 신경과의 관계에 관해 성과를 거두고 실험생리학, 신경생리학을 기초지었다. 특히 많은 동물 실험에 기초하여 신경의 감수성과 근육의 흥분성 원리를 정식화한『인체생리학의 기초(*Elementa physiologiae corporis humani*. 8 vols.,

1757-66)』는 광범위한 영향을 미쳤다. 청년기의 시집 『알프스』(*Die Alpen*, 1732)는 자주 칸트에게 받아들여졌지만, 헤겔은 그의 작품 속에서 악무한을 방기하고 진무한에 이르는 것이 시사되고 있다고 본다[『논리의 학』 5. 265f.]. 또한 자연철학에서는 혈액순환에 대한 심장의 역할에 관한 할러의 학설을 원용하고 있다[『엔치클로페디(제3판) 자연철학』 356절 「보론」]. ⇒혈액순환

―기타자와 쓰네토(北澤恒人)

할러 [Karl Ludwig von Haller 1768. 8. 1-1854. 5. 21]

프랑스 혁명에 적의를 보이고 그것을 뒷받침하는 근대자연법과 계몽철학에 대한 투쟁을 자기의 사명으로 한 할러는 자연상태에서의 인간 개인의 본성으로부터 사회상태를 도출하는 점에서는 근대자연법 정치이론과 동일한 방법을 채용한다. 그러나 할러에 의하면 자연상태에서는 인간간의 힘의 불평등이 기본적인 테제로서 세워진다. 쾌적하게 살아가고 싶다는 욕구를 지닌 인간 상호간의 필요에 의해서 약자와 곤궁자는 그들의 보호와 원조를 좀더 강한 것으로서 요구하는 까닭에 자연에 크고 작은 다양한 사교적 관계가 생기게 된다. 따라서 국가는 사회계약론자가 말하듯이 인민의 동의에 기초하는 것이 아니라 강자의 힘에 기초하는 것으로 된다. 이것이 할러가 말하는 일반법칙의 하나이다. 한편 치자와 피치자 사이에는 '자연의 법칙'인 '의무의 법칙'이 지배하게 된다. 이것이 두 번째 일반법칙이지만, 그 내용은 '악을 피하고 선을 행하라'는 정의의 법칙과 '가능한 한 아무도 모욕하지 말고 그를 도와줘라'라는 사랑의 법칙으로, 이것이 모든 인간에게 생득적으로 갖추어져 약자만이 아니라 강자도 구속한다는 것이다. 요컨대 힘의 법칙에 의해서 성립하는 모든 사교적 관계는 의무의 법칙에 의해서 적법하게 도덕적 질서로까지 고양되어 각인의 자유와 더불어 전체의 질서가 확보된다는 것이다. 정치적 지배를 토지 위에서 성립하는 사적 권리와 사적 계약 관계의 총괄로 규정하는 할러는 국가도 이러한 지배의 연장선상에 둔다. 그런 까닭에 국가에게는 예를 들면 '각

개인의 안전하고 쾌적한 생활'과 같은 여러 가지 사적 계약에서 생기는 것 이외에 아무런 고유한 목적도 주어지지 않는다.

헤겔은 할러의 이러한 복고주의 사상에 엄격한 비판을 퍼붓고 있다. 그의 『법철학』에서 보이는 할러 비판의 핵심은 현상의 외면성을 국가의 실체로 잘못 파악하고 있다는 것과, 가까스로 루소가 도달한 인식원리로서의 개별성의 사상이 다시, 그것도 "힘의 강함과 약함"과 같은 조야한 "경험적 개별성"[『법철학』 258절]의 수준으로 끌어내려져 있다는 것에 대한 것이었다. 결국 국가에서의 "즉자대자적으로 무한히 이성적인 것"을 보지 못하고 국가의 내적 본성의 파악에서 "사상을 추방하는 착상"이야말로 다름 아닌 할러의 국가사상의 본질로 된다. 주저로 *Restauration der Staatswissenschaft oder Theorie des natürlichgesellen Zustands, der Chimäre des Künstlich-Bürgerlichen entgegengesetzt*. 6 Bde, Winterhur 1816ff. (Neudruck Aalen 1964)가 있다. ⇒자연법

―모리카와 고키치(森川孝吉)

합목적성合目的性 ⇨**목적론**

합성合成 ⇨**화학 · 화학적 연관**

합일合― [Vereinigung]

프랑크푸르트 시대부터 예나 시대 초기에 걸쳐 헤겔에게는 그의 사색의 핵심을 보여주는 하나의 정식이 있었다. 그것은 "생은 결합(Verbindung)과 비결합(Nichtverbindung)의 결합이다"[『1800년 체계 단편』 1. 422] 또는 "<절대적인 것>은 동일성과 비동일성의 동일성이다"[『차이 논문』 2. 96]라고 말해지는 관점이다. 그러한 일련의 사색의 실마리를 1798년경의 단편 『신앙과 존재』에서 볼 수 있다.

"이율배반을 합일하는 것은 합일된 것이지만, 이 합일된 것이 우리의 표상에서 존립한다면 그것은 신앙이다. 합일은 활동성이다. 이 활동성은 객체로서 반성

되게 되면 신앙된 것이다. 합일하기 위해서는 이율배반의 두 항이 항쟁하는 것으로서, 요컨대 두 항의 상관관계가 이율배반으로서 느껴지든가 아니면 인식되든가 하지 않으면 안 된다. 그러나 항쟁하는 것은 이미 합일되어 있는 것에 의해서만 항쟁하는 것으로서 인식될 수 있는 것이다"[『신앙과 존재』 1. 250f.]. 당시의 헤겔에게는 <근원적으로 존재하고 있던 통일>이 분열해버렸다는 <감정>이 있었다. 분열이 상징하고 있는 것은 예를 들면 실정종교이자 기계국가이고 도덕률이자 반성철학이었다. 거기서의 분열을 분열로서 받아들이는 것에서부터 <합일>, 즉 <화해>의 가능성이 생긴다고 헤겔은 생각했다.

합일에서는 <분열에 의해서 생긴 대립>의 해소가 구해진다. 헤겔의 독특한 논리는 <대립하는 것>이 <전체적인 것> 안에 포괄되면 자기부정을 초래하며 이율배반이 해소된다는 데 놓여 있다. 즉 그것은 <개별적인 것>의 자기부정을 통해서 <합일>이 달성된다는 논리이다. '사랑', '생', '이성'은 그러한 <전체적인 것>이었다. 이 <합일의 논리>는 헤겔에게 있어 변증법 논리의 이를테면 초기형태로서 구상되었던 것이다. ⇒분열, 통일, 합일철학

【참】 Düsing (1976)

―구리하라 다카시(栗原隆)

합일철학合一哲學 [Vereinigungsphilosophie]

<살아 있는 것의 화합>과 <사랑에서의 운명의 화해> 등 프랑크푸르트 시대의 헤겔 사상의 근저에 있는 것은 <합일>의 논리이다. 다시 말하면 그것은 <제한된 것>이 스스로의 제한성을 벗어나 전일성을 회복하는 논리였다. 『기독교의 정신』에서는 다음과 같다. "신앙의 완성, 즉 인간이 그로부터 태어난 신성에로의 귀환은 인간의 발전의 원환을 완결한다. 모든 것은 신성 안에서 살고 있으며, 모든 살아 있는 것들은 신성의 아이들이다. 그러나 아이는 전일성, 연관, 전체의 조화에 대한 동조를 파괴되어 있지 않지만 전개되지 않은 채로 자기 내에 담고 있다. 아이는 스스로의 외적인 신들에 대한 신앙에서 시작하여 두려움을 품고 결국

다양하게 행위하여 분열을 심화시키지만, 그러나 여러 가지 합일에서 근원적인, 하지만 이제는 전개되고 스스로가 산출하여 감득한 전일성으로 귀환하여 신성을 인식하는 것이다"[1. 369].

<분열한 것>을 대립구조를 무화하는 계기로서 파악하고, 그 자기부정을 거쳐 <전일성>에로 되돌아오는 것을 논리화하는 <합일의 논리>에서 우리는 프랑크푸르트에서 횔덜린이 펼친 사색이 반사되고 있음을 볼 수 있다. 1794년 말부터 예나에서 피히테를 청강한 횔덜린은 그곳에서 집필한 『판단과 존재』에서 반성에 의해 주체와 객체의 근원적인 합일이 상실되는 데에 자아가 존립하고 지적 직관에서 합일이 회복된다고 했다. 또한 그는 실러의 『미적 교육에 관한 서한』에서 강한 영향을 받아 1795년 9월 4일자의 실러에게 보낸 서한에서는 주관과 객관의 <미적 합일>에 관해 사색을 펼치고 있었다. 『휘페리온』의 초기 원고에서의 「이반을 꿈꾸는 인생행로」에서는 우리가 그 가운데 있는 <분리>를 전제하고 <지적 직관>과 <미>에서 "하나의 무한한 전체"[바이스너 편 『횔덜린 전집』 III. 236]를 개척하기 위해 인생행로를 걸어갈 것을 말하고 있었다. 이러한 <합일철학>은 횔덜린에게 있어서는 미완으로 끝났지만, 헤겔에게 파급되어 사상적 발전의 토양이 되었다. ⇒합일, 횔덜린

【참】 Henrich (1974a), 秋山卓也 (1975)

―구리하라 다카시(栗原隆)

해골 곳 [Schädelstätte]

형장(刑場)이라고도 번역된다. 예루살렘 교외에 예수가 십자가에서 죽은 장소[마태복음 27-33]이며, 그 지형에서 골고다(히브리어로 두개골)라고 불린다. (1) 헤겔에게 있어 그리스도의 해골 곳에서의 죽음은 신이 특정한 인간으로서의 개별적 실존을 버리는 것이다. 그리스도의 육화에서 유한한 것이 된 신적 본질은 그 죽음에서 다시 자신을 외화하여 보편적인 것으로 귀환한다. 이것은 정신이 부정의 부정에 의해서 자기 귀환하는 것이기 때문에, 그리스도의 죽음은 "정신의 해골 곳"[『미학』 14. 152]이라고 말해진다. (2) 그리스도

의 수난에서 신적 본질이 유한한 현실로 되는 것은 절대정신이 우연적인 현존재인 역사에서 나타나는 것이다. "개념 파악된 역사는 절대정신의 상기와 해골 곳을 형성한다"[『정신현상학』 3. 591]. 역사는 절대정신의 외화이며, 절대정신은 역사의 전체를 편력하는 노고를 인내하여 비로소 자기 자신으로 돌아온다. 만약 역사가 없다면 절대정신은 생명이 없는 고독한 것이다. ⇒역사

―히구라시 마사오(日暮雅夫)

해방解放 ⇨자유

해석解釋 [Auslegung, Exgese]

정전으로서의 성서가 주어지고 이성은 이에 대한 해석을 수행한다. 그 경우 해석은 그 주어진 틀 내에서 이루어지기 때문에, 그런 한에서 자유로운 정신 활동은 한정되어 있는 것으로 볼 수 있다. 그러나 헤겔에 따르면 해석에서 "지성은 그 자신에서 자기의 견해, 자기의 사상을 미리 확정하며, 나아가 성서의 말씀이 그에 따라서 어떻게 설명되는지가 조절된다"[『종교철학』 16. 35]. 이리하여 이성의 도움에 의해 이성-신학이 성립한다. 해석한다는 것은 그저 말을 바꿔 말하는 것이 아니다. 설명이 부가됨으로써 하나의 사상적 발전이 인정되는 것이다. "성서에 대한 주해(Kommentar)는 우리에게 성서의 내용을 알게 하는 것이라기보다는 오히려 그 시대의 사고방식을 포함하는 것이다"[같은 책 16. 36]. 이것은 바로 슈바이처(Albert Schweitzer 1875-1965)가 『예수전 연구사』에서 분명히 한 것처럼 해석에 연구자의 주관이 들어간다는 것이다. 플라톤, 아리스토텔레스와 같은 고전을 포함한 텍스트 해석은 모두 해석자 자신의 시대의 반영이라는 것을 빼놓고서는 성립하지 않는다. 따라서 "성서에 대한 해명은 각각의 시대의 형식과 사고방법에서 성서의 내용을 제시한다"[같은 책 17. 200]고 말해진다. 정신은 기성의 성서와 교의를 받아들인다. 그러나 그것은 단순한 "수동적 수용"[같은 책 17. 201]이 아니다. 정신은 수용적임과

동시에 능동적이다. 이 양자가 공존하는 데에 해석과 주석의 본질이 놓여 있다. 이미 슐라이어마허가 신학을 실증적 신학이라고 불렀던 것은 신학의 기성성에 주목하여 그 주어진 것을 어떻게 해석할 것인가라는 점에 신학의 중점이 있다고 생각했기 때문이다. 그러므로 현대의 해석학은 슐라이어마허에서 시작한다고 말해진다. 헤겔의 해석에 대한 생각 역시 슐라이어마허와 동일한 뿌리를 갖고 있다고 말할 수 있을 것이다. ⇒성서, 슐라이어마허

【참】 Schweitzer (1951), Schleiermacher (1959)

―이와나미 데츠오(岩波哲男)

행복〈행복설〉幸福〈幸福說〉 [Eudämonie, Glück(Eudämonismus, Glückseligkeitslehre)]

행복이란 일반적으로 어떤 주체에게 있어 그 요구가 충족된 상태를 말한다. 그것은 인간이 각자의 특수한 성격과 의욕과 자의에 적합한 모습으로 살아갈 때 그 현실존재 속에서 자기 자신을 향유하는 데서 성립하는 것이며[『역사철학』 12. 4], 따라서 그 의욕과 그 주체가 어떠한 것인가에 따라서 다양한 행복이 있을 수 있다. 이러한 행복 가운데서 인간 행위의 최고의 가치기준과 궁극의 목적을 인정하고 도덕을 이것을 획득하는 수단으로 보는 입장이 바로 행복주의(Eudämonismus) 및 행복설(Glückseligkeitslehre)이다. 그것은 행복의 개념이 다의적인 것에 대응하여 다의적이다. 헤겔에 따르면 "칸트 철학 이전에 도덕은 행복설이며, 행복이라는 규정 위에 세워져 있었다"[『철학사』 18. 186]. 이러한 도덕설로서의 행복설을 행복이 경험적 개념이며 도덕의 원리일 수 없다고 하여 부정한 것이 칸트이다. 헤겔도 행복주의를 그것이 일상적 현실 속에서의 경험적 행복과 감각의 향유만을 가리키는 한에서는 부정하지만[『신앙과 지식』 2. 292f.], 전체로서는 긍정한다. 왜냐하면 헤겔은 행복을 칸트처럼 단순한 욕망과 경향성의 충족이라든가 도덕과 구별되는 부정적인 것으로 보는 것이 아니라 사회생활에서의 조화에 관계되는 적극적인 것으로서 보고자 하기 때문이다. 이리하여 헤겔에서는 도덕적 의식과 행복은 분리되는

것이 아니라 "도덕과 행복의 조화가 요청된다"[『정신현상학』 3. 444].

여기서 조화가 '요청'되는 것은 행복이 자기의식의 생성이라는 모습에서 파악되기 때문이다. 즉 행복이란 직접적으로는 행위 그 자체 가운데서의 "정신의 현실과 대상적인 실재와의 통일"[3. 268]이지만, 그 통일은 즉자적으로는 이미 완성되어 현실적으로 있으면서도 자신에게 있어서는 자기 자신을 매개로 하여 생성될 필요가 있는 것이다. 그것은 결국 자기의 목적을 수행하는 것, 따라서 또한 자기를 실현하여 자기가 어떠한 존재인지를 대상적으로 직관하는 것, 즉 자기를 향유하는 것에 다름 아니다. 그렇다면 자아를 실현하는 것이 행복인 것이다.

나아가 행복이 자아의 생성에 관계하는 이상, 그것이 실제로 얻어지는지 아닌지, 그리고 위에서 말한 통일과 조화가 얻어지는지 어떤지 하는 것은 우연적이며, 따라서 행복이라는 것에는 행운의 개념이 포함되어 있다. 이에 반해 '지복(至福Seligkeit)'에는 이와 같은 우연적인 것은 전혀 포함되지 않는다. 지복이란 오로지 신에 대해서만 말해질 수 있을 뿐이다[『뉘른베르크 저작집』 4. 231]. ⇒조화

—오카자키 에이스케(岡崎英輔)

행성 行星 [Planet]

18세기까지의 천문학은 실질적으로 행성천문학이었다. 항성은 어떠한 우수한 망원경을 사용하더라도 점으로밖에 볼 수 없고(이것은 오늘날에도 변함이 없다), 은하계 밖에 위치하는 성운은 허셸(Frederick William Herschel 1738-1822)에 의한 목록이 만들어지기 시작했을 뿐이었다. 따라서 헤겔이 자연철학에서 그 천체들보다 행성을 중시한 것은 지극히 자연스러운 일이었다. 그렇지만 헤겔이 행성을 모든 천체 가운데서 "직접적으로 구체적인 천체로서 가장 완전한 천체"라고 부른 이유는 조금 다른 데 있다. 그것은 한 마디로 말해 행성이 통합성을 가진 하나의 시스템(계)을 이루고 있기 때문이다. 헤겔은 이 구조 속에서 <이성적 개념>을 보고자 했다. 그렇지만 뉴턴을 신봉하는 그의

시대의 물리학자들은 행성 운동의 역학적 요소로의 분해와 그에 대한 수학적 해석에 만족하여 이러한 구조를 보고자 하지 않았다.

헤겔이 취직논문 『행성궤도론』에서 문제로 삼은 것은 주로 이 점이었다. 이 논문은 불운하게도 그가 그 말미에서 비판한 보데(Johann Elert Bode 1747-1826)의 법칙의 올바름을 증명하는 것으로 볼 수 있는 소행성의 발견에 의해 조소의 대상이 되고 또 그 전체가 오류로 여겨지고 말았지만, 그것의 참된 테마와 목적은 행성계에서 외적인 힘과 <충격>을 가정하지 않고서 중심 천체와 행성의 상호작용에 기초하는 동적인 역학계로서 태양계의 구조를 고찰하는 관점을 준비하는 것이었다.

훗날의 『엔치클로페디(제3판) 자연철학』에서 헤겔은 이 문제를 발전시켜 '총체성' 또는 '대립의 통일'로서 태양계를 개념적으로 파악하는 <절대적 역학>의 관점에 도달했다. 이 역학의 입장에서는 각 행성이 중심 천체를 정립하거나 중심 천체가 각 행성을 정립하는 것이 아니다. 양자는 동시이다. "중심은 주변 없이는 무의미하며, 또한 주변도 중심 없이는 의미를 지니지 않는다"[269절 「보론」]. 태양계의 물질의 각 행성으로의 분산(Diremtion)과 <주체성의 정립>은 자유로운 운동이라는 <하나의 악투스>이지 이 계 밖으로부터 압력과 충격이 더해진 결과가 아니다. 헤겔은 이러한 입장에서 행성계를 태양과 행성의 역학적 상호작용의 마당으로서 파악할 것을 제안했던 것이다.

그가 고대 민족의 태양 숭배와 항성에 대한 낭만주의적 심정을 배척하고, '철학의 입장'에서는 행성 쪽이 태양과 항성보다 훨씬 흥미롭다고 말한 것은 다름 아니라 <다수의 물체의 계>로서의 행성계의 이러한 유기적 구조에 강하게 마음이 끌렸기 때문이다. 그에 대한 수학적 해석은 그의 능력을 넘어선 것이라고 하더라도, 헤겔은 이러한 견지에서 다체문제와 섭동에 관한 라플라스(Pierre Simon Laplace 1749-1827)의 연구를 상세하게 읽었으며, 그 영향은 자연철학의 범위를 넘어서서 『법철학』에까지 미치고 있다[270절 주해 참조]. 그가 『엔치클로페디』 제2판에서 자신은 25년 동안이나 이 문제와 씨름해 왔다고 쓴 것은 결코 과장이

아니었던 것이다. ⇒태양(계), 천체

【참】渡辺祐邦 (1964), De Gandt (1979), Bucher (1983), Neuser (1986a), Shea (1986), Ihmig (1989), 村山恭一 (1991)

―와타나베 유호(渡辺祐邦)

행위 行爲 [Handlung]

'행위'는 행위 주체의 의지의 실현인 한에서 행위 주체의 자기실현임과 더불어 그 본질, 요컨대 <도대체 무엇이 행해진 것인가>가 행위를 둘러싼 공동체 속에서 한정되어 비로소 정착될 수 있다는 점에서 헤겔이 말하는 '실체'의 자기실현이기도 하다고 말할 수 있다. 여기서 '실체'란 학문·교양·종교·경제·사법·예술·가족생활 등의 다양한 양식에서 보이는 민족과 시대의 본질을 이루는 동일한 정신적 내실이다. 『법철학』의 기술에 따라서 '행위'의 이러한 두 측면은 주관성의 권리와 객관성의 권리라는 견지에서 나란히 세워 놓을 수 있다. 전자는 "행위는 목적을 외적 객관성에 들어서게 하는 것이기 때문에 행위가 의지에 귀책될 때에는 그것이 객관성에서 지니는 가치[정-부정, 선-악, 법-불법]에 관한 의지의 지식에 따르는 것"이라는 주장이며, 후자는 "행위는 변혁(Veränderung)이며, 변혁은 현실적 세계에서…… 승인되어야만 행해지는 것이기 때문에, 행위는 세계 속에서 타당한 것에 [의지의 지식 여하에 관계없이] 어쨌든 적합해야만 한다"는 주장이다『법철학』132절]. 그러나 헤겔에게 있어 의지주의나 귀책주의는 모두 그것만으로는 '추상적'이며, '행위'는 어디까지나 이 두 측면의 통일에서 이해되어야만 한다. '행위'의 존재란 무언가가 '변혁'으로서 정신적 공동체 속에서 이루어지고, 그리하여 그 본질이 인정되며, 또한 반대로 행위자 자신에게도 인정되는 것을 통해 정착하는 것일 뿐이다. '사건(Tat)', 즉 <행해(Tun)진 것>은 그 존재 그 자체가 이미 사회적 관계의 산물이다.

『미학』은 '변혁'으로서의 '행위'의 비극적 성질을 개체를 포함하는 전체의 운동이라는 측면에서 묘사하고 있다. 정리하여 말하면, '행위'는 '시대정신'이라고도 말할 수 있는 무언가의 '세계상태(Weltzustand)'를 전제하여 '여러 가지 대립, 저해, 착종, 훼손'을 포함하는 '충돌(Kollision)'의 '상황(Situation)' 속에서 여러 가지 '관심, 목적, 고유성, 성격적 특징'을 총괄하는 통일적 전체인 '성격(Charakter)'의 담지자에 의해서 행해진다. '세계상태'의 본질을 구성하는 가치들은 행위 주체의 '성격'에서 그(녀)의 의지, 욕구의 조준의 과녁으로서 현실성을 지닌다. 『정신현상학』은 객관성의 권리와 주관성의 권리라는 행위의 한정에 관계되는 두 측면을 각각 '정신' 장의 '인륜성(Sittlichkeit)'과 '도덕성(Moralität)' 절에서 다루고 있다. 고대 그리스의 행위 주체는 인륜적 공동체를 현실적으로 구성하고 있는 가치 있는 요소들의 담지자로서 오로지 자신을 확인할 뿐 행위의 한정을 자신의 지나 무지와 관계시키지 않는다. 칸트적 도덕성의 행위 주체는 의지의 순수하고 무조건적인 자기규정에서만 가치의 근원을 인정하고 행위의 한정을 공동체의 판정에 맡기지 않는다. 헤겔은 이 두 면의 통일을 '용서(Verzeihung)'에서 구하고 여기서 '절대정신'으로의 상승 가능성을 발견하고 있다. '행위'의 정착은 '절대정신'에로 통하는 문이다. ⇒공동체, 인륜, 도덕성, 용서

【참】中埜肇 (1958), Derbolav (1965)

―마쓰모토 마사오(松本正男)

행위하는 이성 行爲─理性 [tätige Vernunft]

『정신현상학』의 'V. 이상 장 'B. 이성적인 자기의식의 자기 자신에 의한 실현'[3. 263]에서 등장하는 이성. 'A. 관찰하는 이성'은 세계 속에서 자신을 발견하고자(finden) 하는 이론적 입장에 선다. 이것이 능동적인 실천에 의해서 자신을 세계 속에서 산출하고자(hervorbringen) 하면 행위하는 이성이 된다. 이 이성은 우선 쾌락의 추구에 자기의 실현을 걸며, 모든 것을 버리고 사랑에 애태운다(a. 쾌락과 필연성). 다음으로 제멋대로의 '법칙'을 내걸고 세계 일반을 이 법칙에 등 돌리고 있다고 비난한다(b. 심정의 법칙과 자만의 광기). 또는 자기 혼자 정의의 기사를 자처하며 권선징악을 지향하여 세상에 도전한다(c. 덕과 세계행로). 이들은 모두 세상에 갓 나왔을 뿐인 미숙한 의식으로 사회를 무시하고

혼자서 좋아하는 생활방식이다. 그러나 이러한 생활방식 그 자체가 사실은 지극히 사회적인 것이다. 그 점을 행위와 그 좌절의 경험을 통해 알게 되어 좀더 견실한 개인(V. C)으로 성장한다. ⇒쾌락, 세계행로

—야마자키 쥰(山崎 純)

행정行政 ⇨통치

향유享有 [Genuß, genießen]

일단 외화한 것을 다시 자기 속에 받아들여 나의 것으로 삼아 깊은 충족을 맛보고 자기를 확증하는 것.

Ⅰ. 욕구-노동-향유의 삼분구조 향유는 노동의 성과를 즐기고 욕구를 충족시키는 것이자 일반적으로는 '소비'에 가깝다. 헤겔이 '향유'를 즐겨 사용하는 것은 자기 확증의 계기를 강조하고 싶었기 때문이다. 단순한 사물의 소비가 아니라 노동과 그 성과(Werk, 일, 작품)를 매개로 하여 자기를 대상화하고, 그 성과를 내화함으로써 자기 직관=자기 확증을 달성하는 것, 이것이 향유이며, '향유의 총체'는 '행복'이라고 불린다[『철학사』 18. 186; 『정신현상학』 3. 444, 454].

Ⅱ. 행위의 향유. 향유는 좁은 의미의 생산노동에 한정되지 않고 인간의 행동 전반의 외화를 통한 내화의 국면을 의미한다. 인간은 행동과 그 결과를 통하여 자신이 무엇인지를 알고 자신을 확인할 수 있다. "행동은 개체의 현실태이다. …… 일반적으로 행동에 있어서 행동하는 자는 자기 자신을 대상성에서 직관하고자 한다. 다시 말하면 자신을 자신의 현존재에서 감지하고 향유에 도달한다"[같은 책 3. 488f.].

Ⅲ. '신의 현재성의 향유'. 완전한 자기 향유는 자기와 보편적인 것과의 통일을 확증하는 것이다. 그것은 제사의 공동식사(예배, 성찬)에서 실현된다. 일상의 향유(소비)를 단념하고 신에게 봉헌한다. 그리고 그 봉헌물을 모두 함께 향유한다. 결국 신을 상징적으로 먹는다. 거기서 현전한 화합의 정신을 절대적인 것의 임재로서, 자기와 보편적인 것과의 일체성을 향유(확증)한다. 여기에 "최고의 절대적 향유"[『종교철학』 16. 212]가 있다.

—야마자키 쥰(山崎 純)

향자向自 ⇨대자

허망함虛妄— ⇨『라모의 조카』

허무주의虛無主義 [Nihilismus]

헤겔은 청년 시대에 이미 모스하임(Johann Lorenz von Mosheim 1693-1755)의 교회사로부터 "피조물이 '무(nihil)'이다"라는 문장을 발췌하고 있으며[『초기신학논집』(놀) 367], 특히 예나 시대에는 '절대무'를 말하고 있다[『신앙과 지식』 2. 295, 352, 410]. 절대무의 인식은 철학의 첫 번째 일이며, 그것은 '허무주의의 과제'라고도 말해진다. 야코비가 피히테에게 보낸 서간[1799. 3. 21]에서 니힐리즘이라는 말은 피히테의 관념론을 비난하는 말로서 사용되지만, 그 참된 뜻은 자기가 말하는 비(非)-지 또는 신앙의 입장이 피히테의 관념론보다 한층 더 고차적인 '무의 지'라는 주장에 있었다. 헤겔의 입장에서 보면 피히테의 관념론은 주관성의 입장에 제약되기 때문에 절대무의 인식(허무주의)에 이르지 못하지만, 야코비의 철학 역시 철학에 대치된 무밖에 알지 못한다. 하지만 베를린 시대의 어떤 공저 서평에서 헤겔은 이전의 자기의 표현에 대해 언급함이 없이 허무주의라는 비난을 야코비에게 되돌리고 있다. ⇒야코비, 무

【참】 Pöggeler (1970[1974: 304-349])

—오하시 료스케(大橋良介)

헌법憲法 [Verfassung]

Ⅰ. 규정. (1) 고유한 의미의 헌법. 학설상 헌법은 국가 존립의 기본조건을 정한 근본법이며, 국가가 있는 한 통치자와 피통치자의 관계, 지배의 범위, 통치의

수단 등에 관한 결정으로서 반드시 존재한다. 헤겔도 헌법을 "국가라는 추상체가 그에 의해서 비로소 생명과 규정성을 획득하는 바로 그것"[『역사철학』 12. 62]이라고 규정하고, 성문헌법전을 갖지 못한 영국에도 헌법이 존재한다는 것을 확인하고 있다[『영국 선거법 개정안』 11. 89].

(2) 입헌적 의미의 헌법. 근대에 들어서서 특히 군주의 전제를 제약하기 위해 성문화된 기초법이 헌법이라고 불리기에 이르렀다. 헤겔은 성문헌법을 국가에 불가결한 것으로 간주한다. "국가의 입헌군주제로의 형성은 근대 세계의 업적이다"[『법철학』 273절].

Ⅱ. 특질. 헌법은 특정한 정치과정의 반영으로서의 정치성과 근본법으로서의 규범성을 지닌다. 『법철학』은 전자에 관해서 "특정한 국민의 헌법은 그 국민의 자기의식의 양태와 형성에 의거한다"[274절]고, 후자에 관해서는 "헌법은…… 원래 입법권의 직접적 규정의 권역 바깥에 있다"[298절]고 말한다.

Ⅲ. 원칙들. 헤겔은 국가 존립의 조건을 『독일 헌법론』에서는 "일 인의 지배자와 국회라는 보편적 중심점"[1. 469]이 존재하는 것에서 구했지만, 『법철학』에서는 헌법이 부여하는 원칙으로서 다음의 내용을 들고 있다. (1) 국민의 정치 참가는 제도화된 조합·지방자치단체·직업단체를 기반으로 대표를 선출하는 간접적인 것이다[308절]. (2) 권력기구에 관해서는 사법권은 통치권에 흡수되며[287절], 입법·통치·군주의 3권 가운데 군주권이 기점이자 정점을 이루고, 분립은 부정된다[273절]. (3) 기본적 인권으로서 직업선택의 자유[206절]와 생존권의 보장[127, 270절]은 긍정되지만, 영업의 자유는 제한되며[236절], 언론·출판의 자유도 무제한하지 않다[319절]. 이러한 내용들에서 '인류의 상실'을 야기하는 근대적 헌법 극복의 지향성이 엿보인다. ⇒권력, 국가, 정체

【참】 Marcic (1970), Lucas/Pöggeler (1986)

―다케무라 기치로(竹村喜一郞)

헤겔 가―家

게오르크 빌헬름 프리드리히 헤겔(가족들은 빌헬름이라고 불렀다)은 1770년 8월 27일 뷔르템베르크 공국의 수도 슈투트가르트에서 태어나 1831년 11월 14일 프로이센의 수도 베를린에서 사망했다. ① 헤겔의 선조는 16세기의 요한네스 헤겔(Johannes Hegel 1550년경-?)까지 소급된다. 그는 신앙상의 이유로 쾨른텐으로부터 뷔르템베르크 공국의 그로스 보테바로 프로테스탄트의 사람들과 집단 이주했다(원래 뷔르템베르크 사람으로 쾨른텐에 잠시 체재했을 뿐이라는 이설도 있다). 주석 세공인인 그는 읍장까지 되었다. 가계도를 더듬어 가면 그 후 3대는 목사, 그 후 증조부는 슈투트가르트에서 재무국 파견고문관, 조부는 같은 곳에서 참사관 서기를 지낸 후 알텐슈타이크에서 군장. 어머니 쪽의 가계로는 슈바벤 지방의 종교개혁자 E. 슈네프(1495-1558)와 J. 플렌츠(1499-1570), 16세기의 이름 높은 튀빙겐 대학 교수들, 신학의 D. 슈네프와 법률의 N. 바른빌러, 의학의 D. 뮈클링, 천문학자 M. 메스트린, 신학자이자 명예총장인 J. 헤프란트와 연결되며, 증조부는 슈투트가르트에서 등기관, 조부는 같은 곳에서 국무 및 고급재판소 법률고문이었다. ② 아버지인 게오르크 루트비히 헤겔(Georg Ludwig Hegel 1733. 12. 11-1799. 1. 14)은 슈투트가르트에서 재무국 서기관으로 후에 파견고문관, 어머니는 마리아 막달레나 루이자 헤겔, 옛 성 프롬(Maria Magdalena Louisa Hegel, geb. Fromm 1741. 11. 14-1783. 9. 20). 두 사람은 일곱 명의 아이를 낳았지만 기른 것은 세 명. 어머니는 헤겔이 13세가 된 해 가을에 말라리아 열병으로 사망. 동생인 게오르크 루트비히 헤겔(Georg Ludwig Hegel 1776. 5. 24-1812)은 군인으로 생애 내내 독신. 나폴레옹의 러시아 전투에서 전사. 누이인 크리스티아네(Christiane Luise Hegel 1773. 4. 7-1832. 2. 2)는 평생 독신. 1807년부터 백작 가에서 가정교사. 14년 이후 신경병을 앓고 친척 곁에서 요양, 20년에는 입원, 최후에는 혼자 지냄. 헤겔이 죽은 다음 해 온천장 타이나흐에서 물에 빠져 자살. ③ 헤겔 자신은 41세에 뉘른베르크 시의회 의원의 딸로 21년 연하인 마리아 폰 투허(Maria Helene Susanne von Tucher 1791. 3. 19-1855. 6. 7)와 결혼. 첫째 자녀인 딸(Susanna Maria Louisa Wilhelmina Hegel 1812. 6. 27-8. 8)은 태어난 후 곧 사망. 아들인 카를(Karl

Friedrich Wilhelm von Hegel 1813. 6. 7-1901)은 유명한 역사학자·정치평론가로서 에어랑겐 대학 교수가 되었으며, 임마누엘(Immanuel Thomas Christian Hegel 1814. 9. 25-1891)은 보수정당의 중심적 지도자로서 브란덴부르크 주의 종무국 장관이 되었다. 서자로 루트비히가 있다. 일족은 시조 요한네스 이래 프로테스탄트이며, 깊은 슈바벤 기질이 지적된다. ④ 또한 철학자 셸링의 증조부가 시조 요한네스의 손자의 딸과 결혼. 이렇듯 사실 양자는 가계도에서 이어져 있다[『서간집』(제4권-1, 2)]. ⇒부르크하르트 부인

【참】 Rosenkranz (1844), Fischer (1911), Wiedmann (1965), Nicolin (1970), Harris (1972)

−호시 도시오(星 敏雄)

헤겔학파—學派 [Hegelianer, Hegelsche Schule]

헤겔학파란 좁은 의미로는 헤겔에게 직접 배우고 그의 철학체계를 기본적으로 수용하며 그의 학설의 유포·발전에 힘쓴 사람들을 가리키지만, 넓은 의미로는 간접적으로 강한 영향을 받은 사람들, 나아가서는 헤겔 비판자로 변한 사람들의 일부(예를 들면 K. 마르크스와 키르케고르)까지 이 명칭으로 부르기도 한다.

대학에서의 헤겔의 교수 활동은 예나(1801-06)에서 개시되었지만, 거기서 이미 열심 있는 신봉자가 그의 곁에 모였다. 그 가운데 한 사람이 A. 가블러이며, 이 최초의 헤겔 학도는 헤겔 사후 그의 후계자로서 베를린 대학의 철학교수로 초빙되게 된다. 하이델베르크 대학(1816-17)에서는 F. W. 카로베, H. 힌리히스, E. 간스, 그리고 이 대학에 헤겔을 초청한 신학자 K. 다우프가 헤겔 철학의 지지자가 되었다. 하지만 학파의 본격적인 형성은 그가 베를린 대학(1818-31)으로 옮기고서부터의 일이며, 특히 획기적인 것은 헤겔학파의 기관지적 성격을 지닌 『학적비판연보』(베를린연지)의 발간(1827)이었다. 그의 강의를 듣는 것은 하나의 유행이 되고, 이제 헤겔 학도라는 것이 프로이센에서 교직을 얻는 조건으로 간주될 정도로 되었다. 헤겔학파의 형성을 가져온 요인의 하나는 이 철학이 프로이센 정부,

특히 문부상 알텐슈타인의 지지를 받고 있었다는 외적 상황에서, 그러나 좀더 본질적으로는 이 철학 그 자체의 성질 가운데서 찾아진다. 헤겔 철학은 '논리학'에 의해서 기초지어져 있다는 강함을 지니며, 그 '철학사'에 의해서 지금까지의 모든 입장을 자기 속에 받아들이고 있고, 나아가 그 엔치클로페디적인 전체성에 의해서 개별 학문영역들을 완성시킨다는 임무의 여지를 학도들에게 남기고 있기 때문이다. 이리하여 가블러, 힌리히스, 베르더, J. E. 에르트만 등이 논리학을, 살러, 멘차 등이 자연철학을, K. 로젠크란츠와 K. L. 미슐레가 심리학을, H. G. 호토, H. T. 레차 등이 미학을, 다우프, P. K. 마르하이네케, K. 괴셀, C. H. 바이세, 로젠크란츠, 콘라디, W. 파토케 등이 신학을, 간스, 미슐레, 힌리히스 등이 법철학을 각각 한층 더 발전시키는 역할을 떠맡았다. 『학적비판연보』를 비롯한 기관지 활동이 단결과 학파의 확대를 뒷받침했다. 로젠크란츠는 1861년에 그의 장서에 토대하여 헤겔학파의 문헌목록을 작성하고 있는데, 거기서 거론된 학파 사람은 74명에 달한다.

그러나 헤겔학파의 융성을 가져온 요인은 동시에 그 분열과 붕괴를 초래하는 것이기도 했다. 이미 카를스바트 결의 시기부터 시작된 반동화의 경향은 알텐슈타인이 죽고 프로이센의 새로운 국왕이 등장하는 40년대에 더욱 더 가속화되었다. 원래 헤겔의 <학파> 형성에 대한 비판의 목소리는 처음부터 울려나고 있었으며, 그에 더하여 D. 슈트라우스의 『예수의 생애』(1835, 36)를 계기로 한 헤겔학파의 분열과 좌파의 급진화는 정부와 헤겔학파의 관계를 급격히 악화시키고, 또 그것이 학파의 분열을 촉진시켰던 것이다. 헤겔 철학이라는 '불화의 씨앗'을 일소하기 위해 노년의 셸링이 베를린에 초청되었다. 그러나 학파 분열의 요인은 오히려 헤겔 철학 자신 안에 있었다. 대립을 자기 바깥에 지니지 않는 보편성은 자기분열에 의해서만 발전할 수 있기 때문이다. 헤겔 철학의 원리의 관철이라는 이름 아래 발전과 일면화와 후퇴가 진행되었다. 헤겔에게서 통일되거나 관련되어 있던 철학과 종교, 철학(로고스)과 자연 및 인간, 철학(이론)과 실천, 철학(이성)과 현실, 자유와 공동성, 개인과 사회, 철학과 경험과

학, 철학과 실존이 모두 분열되고 일면화되었다. 이러한 일면화는 자주 스피노자나 피히테 또는 청년 시대의 헤겔로의 회귀라는 모습을 띠었다. 그리고 처음에는 종교와 교회가, 이어서는 국가가, 나아가서는 철학 그 자체가 부정되고, 때로는 부정의 입장마저도 부정되기에 이르렀다.

대립은 처음에 철학과 종교의 관계를 둘러싸고 생겼는데, 슈트라우스의 저작이 그것을 분열로 전화시켰다. 그는 처음으로 학파를 분류하여 신적 본성과 인간적 본성의 합일이라는 이념에 의해서 복음서의 전 역사(Geschichte)를 (1) 역사학적(historisch)인 것으로서 받아들여야만 한다는 입장을 우파, (2) 부분적으로 받아들이는 입장을 중앙파, (3) 그리고 전체든 부분이든 받아들여야만 하는 것이 아니라는 입장을 좌파라고 불렀다. 그는 우파에 속하는 인물로서 괴셸, 가블러, 그리고 같은 세대의 B. 바우어, 중앙파로서 로젠크란츠, 좌파로서 슈트라우스 자신의 이름을 들었다 [*Streitschriften*, Heft 3, 95ff.]. 종교상의 대립은 곧바로 정치적 대립으로까지 확대되었다. 그리고 대립은 학파 내부의 대립으로부터 학파와 정부의 대립, 좌파 내부의 대립으로 나아가고 있었다. 그와 함께 학파의 분류도 정치적 성격을 강화해감과 동시에 좌파와 우파는 각각 청년 헤겔파와 노년 헤겔파라는 명칭과 겹쳐졌다. 사회적·정치적 비판의 이와 같은 출신은 그 후의 정치적·사회적 비판과 종교와의 결합을 어렵게 했다. 슈트라우스에 이어 바우어, 포이어바흐, 슈티르너 등이 종교비판을 범신론으로부터 무신론, 유물론으로까지 밀고나갔으며, 체시코프스키와 헤스는 '미래'와 그로 향한 '실천'을 역사철학에 도입할 것을 시도했고, 바우어 형제, 루게, 헤스, 마르크스, 엥겔스, 바쿠닌, 라살레 등의 정치 비판은 입헌군주주의, 민주주의, 사회주의, 무정부주의로 갈라지고 있었다. 좌파는 파로서의 통일성을 상실했다. 중앙파, 우파로 간주된 사람들은 기본적으로 정치적 자유주의의 입장에 섰으며, 학문적으로는 철학사의 연구와 헤겔 체계의 개정에 종사했다. 19세기 후반에 그들은 잡지 『사상 (*Gedanke*)』에 발판을 마련하여 헤르바르트주의와 대결하지만, 지난날의 세력은 이미 없었다. 그러나 마르크스는 헤겔이 '죽은 개'로서 취급되고 있던 이 시대에 스스로 헤겔 학도임을 공언하는 데 거리낌이 없었다.

슈트라우스 이후 헤겔학파의 재분류 시도가 여러 차례 이루어졌다(미슐레, 뢰비트, 뤱베). 오트만은 그때까지의 분열을 검토하여 현재에 이르기까지의 사상의 흐름을 (1) 반개인주의적 체계를 비판하는 헤겔 좌파(루게, 포이어바흐, 마르크스로부터 블로흐, 마르쿠제, 아도르노까지), (2) 보편주의에 찬동하는 헤겔 우파(J. E. 에르트만, C. 레슬러, A. 라손으로부터 E. 슈프랑거를 거쳐 J. 빈더, O. 슈판 등에 이른다), (3) 근대 자유주의적 법치국가를 변호하는 헤겔 중앙파(로젠크란츠, 미슐레, Fr. 로젠츠바이크로부터 J. 동트, Sh. 아비네리, 나아가 J. 리터와 그 학파의 로르모저, H. 뤱베 등)로 분류하고 있다. 그러나 이와 같은 분류에 어울리지 않는 자연철학과 미학, 주관적 정신론과 같은 분야도 있어 헤겔학파를 이와 같은 단순한 분류법으로 정리하는 것에는 한계가 있다. ⇒학적비판협회, 『학적비판연보』, 철학, 종교, 신헤겔주의, 독일의 헤겔 연구, 마르크스와 마르크스주의

【참】Strauß (1837), Erdmann (1896), Moog (1930), Löwith (1941), Löwith (1962), Lübbe (1962), 良知力 (1974), 大井正 (1975), Ottmann (1977), 廣松渉 (1980), Toews (1980), 良知·廣松 (1986, 87), Hegel-Studien (1961-).

—우부카타 쓰구루(生方 卓)

헤겔학회——學會

역사적으로 말하면, 1831년의 헤겔 사후 곧바로 그의 전집 간행을 목적으로 하여 결성되어 최초의 헤겔 전집을 간행한 '고인친우회(Verein von Freunden des Verewigten)'라는 것이 있는데, 이것이 헤겔 학회라고 말해지는 것의 효시라고 말할 수 있을 것이다. 여기서는 고인의 직접적인 제자들이 그 주요 구성원이었다. 19세기에는 헤겔학파라고 말해지는 것은 존재했지만, 그것들은 학회는 아니다. 20세기에 들어서서 이른바 신칸트학파의 퇴조 조짐이 시작된 10년대부터 갑자기 헤겔 철학 부흥의 목소리가 높아졌다. 그와 같은 추세 속에서 신헤겔학파의 사람들에 의해

서 헤겔 탄생 100년(1931년)의 기념을 목표로 '국제헤겔연맹(Internationaler Hegel-Bund)'이 설립되었지만, 국제 정세의 긴박함 등 때문에 그 활동에는 한계가 있었다. 본격적으로 국제적인 헤겔학회가 조직되게 된 것은 제2차 대전 후이다. 그 가운데 하나는 W. R. 바이어를 회장으로 하여 설립된 '국제헤겔학회(Internationale Hegel-Gesellschaft)'이며, 또 하나는 H. -G. 가다머를 회장으로 하여 설립된 '국제헤겔협회(Internationale Hegel-Vereinigung)'이다. 전자는 1981년에 분열되어 새롭게 '국제변증법철학회─소키에타스 헤겔리아나(Societas-Hegeliana)'가 그로부터 분리, 독립하여 생겨났다. 각각 *Hegel-Jahrbuch*, *Hegel-Studien*, *Hegel-Annalen*을 기관지로 하고 있으며, 정기적으로 국제회의도 개최하고 있다. 이밖에 '아메리카 헤겔학회'를 비롯하여 세계 각 나라에 헤겔 연구의 학술단체가 있다. ⇒독일의 헤겔 연구, 신헤겔주의

【참】谷嶋喬四郎 (1984)

─야지마 교시로(谷嶋喬四郎)

헤닝 [Leopold Dorotheus Henning 1791. 10. 4-1866. 10. 5]

독일의 철학자. 베를린 대학 교수. 헤겔 우파. 처음에 헤겔의 조교·복습 강사로 일한다. 대학생 학우회의 구성원이자 카로베 사건 때에 체포되어 투옥되었다. 곧이어 베를린 대학 교수가 되고 헤겔의 법철학과 국가철학을 계승, 발전시켰다. 언제나 나폴레옹 이념의 정열적인 대변자였다. '괴테의 색채론에 관하여'라는 공개 강의를 행하여 헤겔 자연철학과 괴테 색채론의 일치를 증명했다. 베를린 판 헤겔 전집의 『논리의 학』과 『엔치클로페디』를 편집한다. 주저: Das Verhältnis der Philosophie zu den exakten Wissenschaften (1821), Einleitung zu öffentlichen Vorlesungen über Goethes Farbenlehre (1822), Zur Verständigung über die preußische Verfassungsfrage (1845). ⇒헤겔학파, 대학생 학우회

─요리카와 죠지(寄川條路)

헤라클레이토스 [Hērakleitos BC 540경-?]

고대 그리스의 철학자로 에페소스의 왕가 출신. 그의 저작은 겨우 단편이 남아 있을 뿐이다. 난해한 문체로 알려져 있으며 '어두운 사람'이라는 별명으로 불렸다. 그러나 그의 난해함은 변증법적인 깊이로 통한다. 헤겔은 "여기서 우리는 [변증법의] 조국을 발견한다. 헤라클레이토스의 명제에서 나의 논리학에 받아들여지지 않은 것은 없다'[『철학사』 18. 320]고 강조한다. 또한 헤라클레이토스는 그의 고고함으로 허무주의적인 사상의 성화, '우는 철학자'라고도 불린다.

헤라클레이토스는 세계의 원리를 '영원히 살아 있는 불'로 간주하고, 이 세계를 그 내부에서 끊임없이 상승하고 하강하는 운동체로 생각한다. 그는 만물유전의 사상을 설파하고 있으며, '만물은 유전한다'는 명제를 헤겔도 인용하고 있다. 그러나 현대의 문헌학적 성과에서 보면 그 자신이 이 명제를 실제로 말했는지의 여부는 의심스럽다. 어쨌든 "질병은 건강을, 기아는 포식을…… 좋은 것으로 만든다'[대립물의 상관관계], "원주에서 처음과 끝은 공통된다'[대립물의 합치], "싸움은 만물의 아버지다'[대립물의 투쟁] 등의 명제에서 분명히 드러나듯이 그의 사상에서는 헤겔의 지적대로 변증법이 흘러넘치고 있다. 또한 "사람은 같은 강에 두 번 들어갈 수 없다'는 등의 명제는 많은 철학자를 고뇌하게 만들었다.

헤겔은 논리학의 <존재-무-생성>의 일련의 전개 속에서 '생성(Werden)'에 헤라클레이토스의 사상을 대응시킨다[『논리의 학』 5. 84-5; 『엔치클로페디(제3판) 논리학』 88절 「보론」]. 헤겔은 '존재(Sein)'에 엘레아학파(파르메니데스, 제논 등)를 대응시키지만, 만물유전을 설파하는 헤라클레이토스와 운동·변화하지 않는 것을 참된 존재로 보는 엘레아학파는 대조적이다. ⇒변증법, 과정, 생성

【참】Diels/Kranz (1951), Kahn (1983)

─시마자키 다카시(島崎 隆)

헤르더 [Johann Gottfried von Herder 1744. 8. 25-1803. 12. 18]

'질풍노도(Sturm und Drang)'의 이론가로 바이마르의 궁정 교사. 헤르더는 민족의 풍토, 언어, 예술, 종교,

역사 등에 관계하여 '지성의 계몽'의 추상성을 없애고, 각 민족의 특성을 감정과 상상력의 입장에서 해석하여 구체적으로 표현했다. 『언어의 기원에 관한 소론』, 『독일의 특성과 예술에 관하여』, 『인류의 형성을 위한 또 하나의 역사철학』, 『인류사의 철학에 대한 이념』, 『인간성 촉진을 위한 서한』 등의 저작이 있다. 헤겔은 초기의 종교론에서 특히 상상력의 종교와 역사철학적 고찰의 측면에서 많은 것을 헤르더에게 빚지고 있었다. 그는 이미 슈투트가르트 시대 말의 고대 시인에 관한 논문에서 헤르더의 논문 '우리는 오늘날 아직도 고대의 청중과 조국을 지니고 있는가'로부터 가르베를 매개로 하여 간접적인 영향을 받고 있었다. 『민중종교와 기독교』에서 신에 대한 외경의 염과 그리스의 아름다운 '민중의 정신'[1. 42]을 근대 유럽인의 차가운 '지성의 계몽'[같은 책 1. 21]에 대치시켜 높이 평가한 것은 헤르더의 영향에 의한 것일 것이다. 베른 시대 말의 『기독교의 실정성』 보충원고에서 헤겔은 헤르더와 함께 독일 고유의 상상력의 상실을 한탄하고 기적의 '주관적 진리'를 용인했다. "모세에 있어 신이 참으로 현전하고 있었던 것은 우리에게 있어 어떤 느낌이 진실인 것과 마찬가지이며"[『기독교의 실정성』 보충원고 1. 201], 그와 같이 기적이 '상상력'에 있어 '진리'라는 의미에서 "구약성서를 논한 최초의 인물, 아마도 유일한 인물은 헤르더이다"[같은 책 1. 215]. 헤겔은 이러한 성서 해석의 방법을 『기독교의 정신』에서 적용하지만, 나아가 『최고의 체계 강령』의 '새로운 신화론'에서도 헤르더의 영향을 찾아볼 수 있다. 예나 시대의 『신앙과 지식』에서는 신을 '근원력'으로 이해하는 헤르더의 『신』의 사상을 야코비와 비교하여 높이 평가하지만, 『엔치클로페디(제3판) 논리학』 136절에서는 이를 뒤집어 '힘'과 '발현'의 비동일성을 이유로 비판한다. 그러나 『미학』에서 그는 헤르더가 민족들의 '민요'를 수집하고 "모든 민족의 특성을 알고 동감하며 추체험하는"[15. 432] 것에 기여한 점을 평가하고 있다.

【참】 Ripalda (1977), Jamme (1983)

―구보 요이치(久保陽一)

헤르바르트 [Johann Friedrich Herbart 1776. 5. 4–1841. 8. 4]

독일의 철학자, 교육학자. 그의 다원적 실재론의 입장과 모순율을 준수하는 분석적 사유법 때문에 그의 철학적 측면에서의 학설은―특히 헤겔 사후―반헤겔적 조류의 유력한 핵심을 형성했다. 그는 경험적 세계의 근저에 각자 서로 다른 단순한 질을 지니고서 자존하는 다수의 참된 실재를 상정하고 경험적 사물의 생성・변화를 이 참된 실재 상호간의 '관계'의 변화로서 설명한다. 생성・변화의 경험적 개념에 포함되어 있는 모순들은 그것에 의해 해소된다고 한다. 형이상학의 임무는 이러한 모순의 해소에 있다. 그때마다의 '관계'는 참된 실재의 본질에 무관계한 우리 사유의 '우연의 견지(zufällige Ansichten)'의 산물이며, 따라서 생성・변화는 '가상'에 불과하고, 참된 실재는 생성하거나 변화하지 않는다. 그에 따르면 엘레아학파와 플라톤에 의해서 착수된 이러한 실재론을 완성시키는 것이 철학의 과제이다. 헤겔에 대한 직접적 논평으로서 『법철학』에 대한 익명의 서평(1822)이 있다.

【참】 Häntsch (1912)

―다바타 노부히로(田端信廣)

헤브라이인 ⇒유대교

헨 카이 판 ⇨하나이자 모두

혁명革命 [Revolution]

Ⅰ. 정신의 재파악. 정신이 자기를 파악한 결과 좀더 고차적인 단계로 이행하는 운동[『법철학』 343절]. 종교와 학문, 세계사 등에서의 모든 혁명은 정신이 "좀더 깊이 참으로 자기를 파악하여 지니고 있는 범주를 변경함으로써 일어난다"[『엔치클로페디(제3판) 자연철학』 246절 「보론」]. 헌법체제는 "국민의 자기의식의 존재방식과 교양에 의존"[『법철학』 274절]하기 때문에, 세계사의 과정에서 시민사회의 교양이 전진하여 국민정신이 쇄신되면 재편되지 않을 수 없다. 그렇지

않으면 헌법과, 그것을 밑받침하는 정신이 모순을 초래하고 "정신의 교양 진전(Fortbildung)"이 "혁명의 원천으로 된다"[『법철학 강의(반넨만)』 219]. 이러한 혁명관은 일찍이 『기독교의 정신』[1. 297]에서 확립되어 헤겔에게 있어 끝내 변하지 않았다.

그런데 좀더 고차적인 국민정신은 "돌발적으로는 형성되지 않기"[『법철학 강의(19/20년)』 229] 때문에, 우선 "시대의 정신에서 고요하고 은밀한 혁명이 선행될 필요가 있다"[『기독교의 실정성』 1. 203]. 그리고 "점차 몰래 들어와 관습으로 된 것은 후에 법률이 되며, 다른 법률은 효력을 잃고 폐기된다"[『법철학 강의(19/20년)』 229]. 그러나 이러한 제도적 진전이 없으면 "자기의식적인 개념 속에서 현실과는 다른 제도가 존재"[『법철학 강의(반넨만)』 220]하게 된다. 그리하여 "습속과 경직화된 헌법체제와의 모순"[『엔치클로페디 제1판에 대한 자필 노트』 199]을 해소하기 위해 개념상의 제도에 실재성을 부여하고자 하여 혁명이 발생한다.

II. 혁명의 의식과 과정. 혁명이 발생할 때의 의식의 형태는 현실의 조직이 지니는 유용성을 지와 의지로 환원시켜 철폐한 "절대적 자유"의 의식이자[『정신현상학』 3. 431] 보편의지이다. 이러한 의식은 자신이 지니는 구별을 현실의 구별로서 전개하여 새로운 조직을 다시 일으키게 된다[같은 책 3. 438].

이때 국민은 이미 유효성이 없는 법을 "폭력적인 내부 폭력에 의해서 분쇄(zerschlagen)"하거나 "비교적 온건하게 서서히 변경(ändern)"하거나 한다[『철학사』 19. 113]. 이러한 변혁의 이념이 일반적인 통찰로 되면, 구제도는 폭력에 의하지 않고서 소멸되지만, 정부가 구제도를 고집하면 이것을 타도하여 신정권이 수립된다[같은 곳]. 이렇게 할 만한 지성과 힘이 없는 국민은 저차적인 법률에 만족하든가 시대에 앞서 가는 국민에게 종속하게 된다[같은 곳].

국민에 의한 혁명은 사회계약론적인 "다수자의 집합체"[『엔치클로페디(제1판)』 440절]가 아니라 "실체적이고 절대적인 연관"[같은 곳]으로부터 현실적인 법을 산출하는 모습으로 수행되기 때문에, "헌법체제가 자기 자신을 만든다"[『법철학 강의(반넨만)』 190]는

의미에서 이해되어야만 한다. 이때 헌법체제와 일체화된 개인(영웅)이 혁명의 주체로 되어 주권을 발동한다. 주권을 보유해야 할 군주가 국민정신을 배반하는 경우 "국가의 통일"[『법철학』 278절]이라는 이념에 주권이 복귀하고 이 이념의 현실자가 새로운 군주로 된다. 혁명적 폭력은 자연상태를 극복하는 "신적 권리"[『법철학 강의(반넨만)』 174]로서 정당화된다.

III. 헤겔의 확신. "관념(Vorstellung)계의 혁명이 일어나면 현실은 오래 지속되지 않는다. 실천적인 활동이 반드시 뒤따르게 될 것이다"[『서간집』(제1권) 253]라는 헤겔의 확신은 이상과 같은 혁명관에서 나온다. 『법철학』의 국가론은 근대 국가의 정태적 분석이 아니라 혁명의 이론을 내포한 동태적인 것으로서 이해되어야만 한다. ⇒ 헌법, 민족정신(국민정신), 프랑스 혁명

【참】 Lucas (1986)

―가미야마 노부히로(神山伸弘)

현상現象 [Erscheinung]

헤겔이 말하는 현상이란 직접적으로 지각되지 않는 본질 내용이 구체적인 모습을 가지고 존재하게 된 것이다. 이와 같은 현상 이해는 현상이 외면적인 것이고 본질이 내면적인 것이라고 생각하면 <외면적인 것은 내면적인 것을 표현한다>고 고쳐 말할 수 있다.

예를 들면 어떤 아이의 내면에 숨어 있는 화가로서의 천분은 그 아이가 그린 그림이라는 모습을 취하여 표현된다. 요컨대 내면에 있는 천분은 그 아이가 성장하면서 그려가는 작품들이라는 구체적인 모습을 취하여 외면에 나타나는 것이다. 그러므로 하나하나의 그림을 보면 교사의 가르침이 서툴렀음에도 불구하고 가르치는 대로 그리기 위해 그 아이의 천분이 충분히 그림에 나타나지 않는 경우도 있다. 또는 아이 자신이 지향한 그림 구상이 실제로 그림붓을 움직여가는 가운데 뭔가의 외부 사정에 의해서 일그러져 실패작이 만들어지는 경우도 있다. 그러나 그 아이가 정말로 천분을 타고난 아이라면 그림을 거듭해서 그려가는 가운데 상당한 걸작이 나타나고 평가를 받게 된다. 역으로 한 사람의 화가를 그가 그린 그림에서 떼어내

481

내면에 있는 훌륭한 그림을 그리고자 하는 의도만으로 평가하는 것은 전적으로 헛되다.

헤겔에 따르면 일반적으로 어떤 것의 본질은 그 현상으로부터 완전히 떨어진 곳에 있는 것이 아니라 현상 그 자체 속에 내용으로서 포함되어 있다. 그 점에 관해서는 "초감성적인 것[본질내용]은 현상으로서의 현상이다"[『정신현상학』 3. 118]라고 말해지고 있다. 더욱이 거꾸로 본질은 반드시 그 밖으로 나타나서야 비로소 본래의 본질인 까닭에 "본질은 현상하지 않으면 안 된다"[『논리의 학』 6. 124]고 말해지는 것이다.

나아가 헤겔은 다양한 면에서 현상이라는 것을 고찰하고 있다. (1) 『정신현상학』에서는 정신의 현상이 지각 등의 의식의 형태와 인륜적 세계 등의 세계의 형태로서 파악되고 있다. 그리고 그와 같은 현상 이해는 특히 '지성' 장에서 힘들의 유희라는 생각을 중심으로 하여 밝혀져 있다. (2) 『논리의 학』과 『엔치클로페디 논리학』의 현상 이해도 기본적으로는 (1)과 동일하지만, 실존(Existenz)이라는 생각에서 이끌려나온다는 점에서 차이가 있다. 이와 같은 현상 이해는 예를 들어 어떤 건물의 화재가 그 건물에 불을 붙인 낙뢰를 근거로 하여 실제로 존재하게 된다고 생각하는 데서 생겨난다. (3) 종교 영역에서는 (2)의 현상 이해를 기준으로 하여 다양한 종교의 신이 성격지어지고 있다. 특히 기독교에서의 신의 계시는 본질로서의 신이 예수라는 인간의 모습을 지니고 나타나게 된다. ⇒안과 밖, 본질, 실존

―야마구치 세이이치(山口誠一)

현실성現實性 [Wirklichkeit]

I. 헤겔의 『법철학』 서문에는 "이성적인 것은 현실적이고, 현실적인 것은 이성적이다"라는 유명한 명제가 있다. 이 명제의 후반부는 일부 사람들에 의해서 당시 급속하게 반동화 되어가고 있던 프로이센의 정치적 현실을 합리적인 것으로서 신성화하는 사상으로서 받아들여졌다. 그러나 이 명제를 가지고 헤겔을 단순하게 보수반동이라고 결론지을 수는 없다. "우연적인 현실존재는 참된 의미에서의 현실적인 것의 가치를

지니지 않는다"[『엔치클로페디(제3판) 서론』 6절]고 헤겔 자신이 말하고 있는 것처럼, 현실성은 일관되게 현존재·현상·현실존재 등의 범주들과는 구별되어 있기 때문이다. 게르만 고유어에 속하는 현실적, wirklich라는 형용사는 크게 보아 ① 현실의·실제의, ② 본래적인·참된·진실한이라는 두 가지 뜻을 지니며, ②는 그런 한에서 reell의 의미에 접근하게 된다. 헤겔의 현실성 개념에서는 이 ②의 함축이 강조되고 있다. 따라서 실제로 있는 것, 현재적인 것이 모두 현실적인 것이 아니라 이성적인 것을 참으로 실현한 것만이 현실성이라는 이름에 값하며, 그러므로 이성과 현실은 같은 뜻의 것이다. "철학의 대상은 현실성"[같은 곳]이라고 말해지는 것은 바로 이런 의미에서이다.

II. 현실성은 헤겔의 논리학에서는 본질과 현상 다음에 위치하며, 우선 "본질과 현실존재의 통일 또는 내적인 것과 외적인 것의 통일"[같은 책 142절]이라고 정의된다. 현실성은 내적인 것으로서의 본질이 외적인 것으로서 나타난 것이며, 본질의 발현 그 자체이다. 따라서 그것은 본질과 관계를 지니지 않는 현상과 현실존재 일반이 아니라 그것이 현상하는 외적 측면이 본질 그 자체인 것이다. 이와 같은 본질과 현상의 통일은 하나의 과정이며, 이 계기들이 현실성의 내용을 이룬다. 현실성은 우선 가능성이다. 가능성은 현실성에게 본질적이지만, 그러나 "추상적이고 비본질적인 본질성"[같은 책 143절]에 불과하다. 조건이 제시되지 않으면 모든 것은 가능함과 동시에 불가능하기도 하다. 이러한 추상적 가능성은 단순한 우연성이다. 우연적인 것은 참된 현실성이 아니라 다른 것의 가능성의 조건으로서 지양되는 것이다. 조건들과의 연관에서 취해진 가능성은 실재적 가능성이며, 이러한 연관은 필연성이기도 하다. 가능성은 일정한 사정들과 조건들에 매개되면 필연적으로 자기를 관철하고 현실화한다. 그러나 이것은 다른 것에 의한 매개를 필요로 하기 때문에 외적 필연성일 뿐이다. 이러한 연관은 실체가 자기의 전제를 자기 자신으로부터 산출하고 자기를 자기 자신과 매개하여 전개하는 절대적 필연성의 단계로 지양된다. 가능성이 현실화해 가는 가운데 자기를 좀더 고차적인 필연성으로서 전개하는 이러한 과정은 현실성이

자기 자신으로 되어가는 과정에 다름 아니다. 그러나 『논리의 학』(초판 1816년)과 『엔치클로페디』(제3판 1830년)에서 현실성의 전개와 구성에 상당한 차이가 있고, 헤겔의 현실성에 관한 교설은 여전히 완성되어 가는 도상에 있었다고 말해야만 할 것이다. ⇒필연성, 우연성

【참】 Haym (1857), Lakebrink (1979)

—오쿠타니 고이치(奧谷浩一)

현실존재現實存在⇨실존

현실화現實化 [Realisierung, Verwirklichung]

현실태로 되는 것. 실현, 실재화라고도 번역된다. 어떤 것 내지 사태의 본질이 참으로 현실적인 것, 즉 현실태로서 나타나 이루어지는 것. 아리스토텔레스의 에네르게이아와 같으며, '목적'과도 등치된다『뉘른베르크 저작집』4. 28, 156, 202]. 변증법적으로 전개되는 현실화 과정은 특히 정신에서의 목적의 실현과정으로 간주된다. "이성의 규정이 그것 자신에서 무엇인가라는 물음은…… 세계의 궁극목적은 무엇인가라는 물음과 일치한다. 이 궁극목적이라는 표현에서 당연히 생각되는 것은 이 목적이 실현되고 현실화되어야만 한다는 것이다"『역사철학』 12. 29]. 이 목적은 자유라는 보편성이며, 개개의 인간이 상호의 보편적 매사를 형성하는 무한한 노고를 통해서 역사 속에서 현실화되어 간다[같은 책, 12. 32, 36, 76f.]. 현실화란 "타자의 자립성 속에서 타자와의 완전한 통일을 직관"하고 좀 더 고차적인 통일성을 자각하는 것이기 때문이다『정신현상학』 3. 263f.]. ⇒목적론

—자코타 유타카(座小田豊)

현재現在⇨시간

현존現存⇨실존

현존재現存在 [Dasein]

정재 또는 정유라고도 번역된다.

Ⅰ. 현존재의 성립. 현존재는 '규정된 존재'로서 헤겔 논리학의 시원인 '순수존재'의 한정된 존재방식으로서 이해된다. 이러한 한정의 구조는 '순수존재'와 '순수무'의 통일인 '생성'의 운동에서 보인다. "생성 그 자체에서 존재와 무는 모두 각각이 똑같은 방식으로 오히려 그것 자신의 무로서만 존재한다. 생성은 소멸로서의 통일이며, 다시 말하면 무의 규정에서의 통일이다. 그러나 이 무는 존재로의 본질적 이행이며, 따라서 생성은 존재와 무의 통일로의 이행이다. 그리고 이 통일은 존재하는 것으로서 있으며, 다시 말하면 이 두 계기의 직접적 통일이라는 형태를 지닌다. 즉 이 형태가 현존재이다"『논리의 학(제1판)』 GW 11. 57]. 이와 같은 현존재의 성립은 헤겔 논리학에서의 최초의 범주의 연역을 의미한다. 현존재는 시원의 생성이 떠맡은 창조 활동의 성과이다. 현존재에서는 생성의 계기로서 있는 순수존재와 순수무가 '정지된 단순성'이라는 존재방식에서 나타난다. 현존재는 '거기(da)'에 있는 존재방식이며, 일상적인 표상에서 주어지는 존재의 직접성이다. 실로 현존재는 감각에까지 도달한 시원의 본질이다.

Ⅱ. 현존재의 존립구조. 현존재는 생성에서 도출되었다. 즉 현존재는 생성에 매개되어 있다. 생성의 구조는 존재와 무를 계기로 하여 성립하고 있었다. 이러한 생성의 구조를 지양한 현존재의 존재방식이 '실재성(Realität)'이다. 실재성의 존재방식은 우선은 불완전한 통일이다. 이와 같은 통일의 성격이 현존재 운동의 원인이 된다. 현존재가 존재의 계기의 면에서 이루어진 존재와 무의 통일이라고 한다면, 이러한 통일과 동등한 권리를 지니고서 무의 계기에서 이루어진 존재와 무의 통일이 없어서는 안 된다. 즉 규정된 존재만이 아니라 규정된 무가 없어서는 안 된다. 이와 같은 무의 측면에서 현존재의 의의를 지니는 것이 '비현존재(Nichtdasein)'이다. 이것은 '제2의 현존재', '비현존재로서의 현존재', '그 자신의 무로서의 현존재'라고도 표현된다. 이와 같이 비현존재가 현존재와 대등한 가치를 지님으로써 현존재의 근본적인 존재방식은 현존재

의 비현존재에 대한 관계, 즉 '타자존재'이다. 현존재는 비현존재가 아니라는 것에서 비현존재의 규정을 그 자신 내에 포함한다. 비현존재라는 규정의 존재방식은 현존재 자신의 나타남이다. 그러나 비현존재는 현존재 자신의 타자이다. 타자가 현존재의 본질적 관계로서 있을 때, 요컨대 타자의 존재방식이 그 자신의 내면적인 규정으로 되어 있을 때, 비현존재에 대한 현존재의 존재방식은 '대타존재(Sein-für-Anderes)'이다. 그리고 더 나아가 현존재가 '타자존재', '대타존재'에 매개됨으로써 자각되는 그 자체의 구조계기는 '즉자존재(Ansichsein)'이다. ⇒ 생성, 실재성

【참】 Werder (1841), Rademaker (1979), Lakebrink (1979/1985)

—오사카다 히데유키(小坂田英之)

현현顯現 [Manifestation]

내적인 것, 본질적인 것이 외적인 것으로서 정립되어 그 본래의 모습이 드러나는 것이지만, 현상보다도 고차적인 의의를 지닌다. 현상이 근거와 실존의 반성 운동으로서 존재하는 것인 데 반해, 현현은 자기의 외면적 존재에서 존재하는 한에서 자기 자신이라는 자기규정의 운동을 나타내며, 근거와 실존, 내면과 외면이 동일한 '현실성'의 지평에 존재한다. 다시 말하면 현상이 본질적인 것으로 환원되어 본질의 자기규정으로 되어 있는 경우의 현상이 본질의 현현이라고 말해진다. "현현은 자기 자신에 동등한 절대적 현실성이다"[『논리의 학』 6. 218]. 예를 들면 빛의 존재는 빛이 빛나는 활동 그 자체이지 빛나는 현상과는 별도로 빛이 있는 것은 아니기 때문에, 빛은 자연의 현현이고 자연의 규정들을 자기로서 개시한다[『엔치클로페디(제3판) 자연철학』 275절 이하]. 나아가 정신의 규정성은 자기에 대해서 자기를 규정하고 그 외화에서 자기동일적이라는 것으로서 특별히 현현이라고 불린다[『엔치클로페디(제3판) 정신철학』 383절, 564절]. ⇒ 현실성, 현상

—기타자와 쓰네토(北澤恒人)

혈액순환血液循環 [Blutumlauf, Zirkulation]

유기적 개체 내에서 흥분성의 계기를 담당하는 과정이며, 유기체 그 자체의 '살아 있는 자기 운동', '맥동(Pulsieren)'으로서 개체의 다양한 내적 순환을 촉진하는 보편적인 과정이다. 혈액은 우선 근육조직의 운동 성과이지만, 또한 그것 자체가 운동의 원리이다. 심장의 근육은 혈액을 움직이게 하지만, 심장의 근육을 움직이게 하는 것은 역시 혈액의 운동이며, 이 순환운동에서 혈액이야말로 그 운동원리, 시동주체라고 생각된다[『예나 체계 Ⅲ』 GW 8. 160; 『엔치클로페디(제3판) 자연철학』 354절 「보론」]. 혈액순환은 심장에서 출발하여 동맥과 정맥 또는 폐와 간장이라는 이중의 과정으로 특수화되며, 나아가 육체의 부분들에서 다양한 형태를 취하고 자기 귀환한다. 이 순환과정의 본질은 각 부분을 생기 있게 하는 데 있지만, 동시에 각 부분에 영양을 부여하여 그것들의 재생산을 행하게끔 하는 과정이기도 하기 때문에, 재생산의 계기도 포함한다. ⇒ 할러 (A.), 흥분성

—기타자와 쓰네토(北澤恒人)

형벌刑罰 [Strafe]

형벌은 국가의 법을 위반하는 불법에 대해서 내려지는 벌이다. 그런 의미에서 형벌은 침해된 당사자에 의해서 수행되는 보복으로서의 복수와는 구별된다. 다시 말하면 특수한 인격들의 상호관계에서의 침해가 국가의 법 앞에서 국가에 대한 침해로 간주되어 형벌로서 국법이라는 보편적 의지에 의해서 처벌된다는 것이다. 범죄는 해악을 야기하기 때문이 아니라 법에 대한 침해인 까닭에 폐기되어야만 하는 것이다. 헤겔에 따르면 범죄행위는 법의 부정이며, 따라서 "형벌은 부정의 부정이다"[『법철학』 97절 「보론」]. 범죄는 침해되는 자의 권리를 없는 것으로서 취급하지만, 형벌의 실행에 의해서 그 권리의 존재가 명시되고 확립된다. 만약 형벌이 실행되지 않으면 침해되는 자는 권리를 갖지 못하게 된다. 따라서 형벌은 법의 회복이며, 권리의 확립이다. 이것은 법 내지 권리가 형벌과 불가분하며, 예를 들면 형벌을 수반하지 않는 인격적 권리의

추상적 주장은 그 권리의 존재 자체를 위태롭게 하는 것이고, 따라서 형벌을 수반하지 않는 권리는 권리가 아니라는 의미를 지닌다. 또한 "형벌은 범죄자의 권리를 포함한다"[『법철학』 100절]. 만약 형벌이 범죄 방지를 위한 위협과 경고라고 한다면, 그것은 개에게 채찍을 치켜드는 것과 같은 것으로 인간을 자유로운 이성적 존재자로서 다루고 있지 않는 것이 된다. 형벌은 범죄자를 책임을 짊어질 수 있는 이성적 존재자로 간주하며, 또한 범죄자는 형벌을 승인함으로써 권리를 회복하는 것이다. 따라서 형벌은 범죄자의 권리의 회복이기도 하다. 또한 사형에 관해 헤겔은 한편으로 생명은 존재자의 범위 전체이기 때문에 살인에 대해서는 필연적으로 사형이 부과되어야 한다고 하면서, 다른 한편으로 사형 반대의 노력은 사형에 값하는 범죄에 대한 신중한 확인이라는 점에서 유익한 결과를 산출했다고 평가한다. 그런데 이와 같은 민사적 형벌에 대해서 종교적 형벌, 예를 들어 교회의 참회는 헤겔에 따르면 "그 본질적인 목적은 처벌되는 자의 개선과 회심이다"[『종교철학』 16. 227]. ⇒법, 불법, 책임, 복수

【참】Cooper (1971)

―미즈노 다츠오(水野建雄)

형성形成 [Formierung] ⇨ 노동

형식과 내용形式―內容 [Form und Inhalt]

　형식과 질료(Materie)를 칸트는 경험의 대상을 가능하게 하는 반성개념이라고 생각한다. 전자는 인간의 인식능력이 만들어내는 순수직관과 순수지성개념, 후자는 주어진 인상인바, 전자가 후자를 규정함으로써 현상이 구성된다. 헤겔도 역시 양자를 규정자와 피규정자의 대립에서 생각하지만, 칸트처럼 외면적이고 추상적인 관계에서가 아니다. 헤겔은 이 대립을 본질론의 <근거>, 요컨대 본질의 자기매개에서의 실재적인 반성규정으로서 다룬다. 질료는 구별을 지니지 않는 단순한 자기동일성으로서 근거이며, 형식은 절대적 부정성[관계성]으로서 질료에 의해서 근거지어지는

것이다. 그러나 이 대립은 서로 타자를 전제하고 각자가 타자를 안에 포함함으로써만 성립한다. 형식과 질료의 반성규정은 양자가 각자 자신의 타자에 매개되어 동일한 근거로 되돌아오는 것을 보이는 것이다. 이리하여 양자의 통일로서 절대근거가 나타난다. 따라서 형식이 질료를 규정하는 것은 동시에 질료가 형식을 규정하는 것이기도 하며, 참으로는 절대근거로서의 본질이 형식과 질료라는 자신의 두 계기를 매개하여 자기 부정적으로 자기와 매개되는 것에 다름 아니다.

　이리하여 근거의 자기매개에 의해 정립된 통일이 내용이다. 질료는 추상적 규정성이었지만, 내용은 이미 형식과 질료의 통일이기 때문에 그것 자체가 형식을 지니는 실재적인 규정성이다. 한편 내용에 대립하는 형식 역시 어떤 내용을 지닌다. 형식과 내용이라는 상보적인 반성규정에서 관계를 나타내는 <과>는 [형식규정으로서의] 양자를 구별하고 대립시키는 계기 즉 형식임과 더불어 [실재적인 것인] 양자를 통일시켜 동일한 것이게끔 하는 계기 즉 내용이기도 하다. 그리하여 이 반성규정 그 자체가 형식과 내용의 두 규정을 구별하는 형식이면서 실재적인 형식과 내용을 동일화하는 내용이기도 한바, 본래적인 의미의 형식과 내용의 일치를 정립하고 있는 것이다.

　헤겔은 형식과 내용을 추상적으로 대립시켜 전적으로 무규정하고 영원히 불변하는 내용에 대해 외부로부터 형식이 부가된다고 하는 칸트와 상식적 생각을 물리치고 형식과 내용의 상호매개를 분명히 함으로써 내용이 절대적 부정성으로서의 형식 자신의 규정성에 다름 아니라고 주장하는 것이다. 내용은 기존의 것, 특히 종교이고, 형식은 '사유'이다[『힌리히스 종교철학의 서문』 11. 63]. 이러한 두드러진 의미에서의 형식은 '무한한 형식'[『논리의 학』 6. 550 등]이라고 불리며, <개념> 혹은 <논리적 이념>과 동일시된다. 근대 독일의 분열은 형식과 내용의 대립에서 전형적으로 나타나지만, 헤겔은 '현실과의 화해'[『법철학』 서문]를 추구하여 양자의 일치를 지향하는 것이다. 무한한 형식은 절대적인 것의 현전이며, 그것은 개념에서 파악되어야만 한다. ⇒근거

―에비사와 젠이치(海老澤善一)

형식주의 形式主義 [Formalismus]

헤겔이 당시의 자연철학 및 셸링 철학을 비판할 때의 용어. 그는 감성적 소재와 일부 영역에서의 관계 등에서 만들어진 도식을 차원의 다름을 무시하고 유비적·외면적으로 전체에 강요하는 방식을 비판하고 있다. 이 경우 질적인 구별이 무시되어 구별이 양적인 구별로 환원된다. 비판의 대상은 당시의 브라운 이론, 오켄, 트록슬러 등이지만, 중심은 셸링이었다. "자연철학의 이념은······ 외면적인 형식주의로 변화되어 피상적인 사상과 공상적인 상상력을 위한 개념 없는 도구로 전도되었다"[『엔치클로페디(제3판) 자연철학』 서론]. 형식주의는 "개념에 대한 무지와 경멸"에서 생겨나며 "몰개념성"을 특징으로 하지만, 셸링 철학에 대해서 이 말을 사용하여 "절대적 현실의 인식이 자기의 본성을 완전하고 명석하게 자각하게 되기까지는"[『정신현상학』 3. 22] 학으로부터 그 모습이 사라지는 것은 아니라고 지적한다. ⇒브라운 이론

―나가시마 다카시(長島 隆)

형이상학 [Metaphysik]

헤겔은 『엔치클로페디』를 신에 있어서의 '사유의 사유'를 설파하는 아리스토텔레스의 『형이상학』으로부터의 인용으로 끝맺고 있다. 아리스토텔레스 이래로 형이상학이 '제1철학'으로서 '참된 철학'을 의미하는 한 헤겔도 이러한 전통에서 살고 있다고 말할 수 있다. 그러나 헤겔 철학의 성립과정은 제쳐놓고 적어도 체계 전개를 시도하는 헤겔에 입각하는 한 기본적으로 헤겔은 형이상학이라는 말을 적극적으로는 사용하지 않으며, 종래의 형이상학을 가리키는 경우 내지는 자기의 사상을 예로부터의 철학 전통과의 관계에서 표현하는 경우에 한해서 사용한다고 말할 수 있다. 예나 초기 최초의 체계구상에서 논리학은 주객대립에 서 있는 지성의 사유규정을 취급하는 한에서 본래의 철학을 이끌어 들이는 '서론'에 머무르며, 형이상학이 '본래의 철학'으로 되어 논리학과 구별된다. 그러나 곧 '서론'의 과제가 '정신현상학'에 넘겨지고 이에 따라 논리학과 형이상학이 일체화될 때 이 일체화된 부문이 '논리학'이라고 명명되며, 이 안의 객관적 논리학이 "예전의 형이상학을 대신한다"[『논리의 학』 5. 61]고 말해지는 것이다. 여기에는 종래의 형이상학에 대한 헤겔의 비판이 기록되어 있다. 그리고 이 비판이 어떤 것인가는 『엔치클로페디』 '논리학'의 '예비개념'에서 집약적으로 볼 수 있다. 거기서 '객관성에 대한 사상의 첫 번째 입장'으로서 "객체가 참으로 존재하는 대로 의식 앞에 가져와질 수 있다"는 전제에 서는 입장이 거론되며, 이것이 칸트에 선행하는 '형이상학'의 입장으로서 총괄되고 있기 때문이다. 그리고 이 입장을 "이성적 대상들에 대한 단순한 지성적 견해"로서 비판할 때 헤겔이 칸트의 형이상학 비판을 따르고 있다는 것은 분명하다. 그러나 헤겔은 '객관성에 대한 두 번째 입장'으로서 경험론과 더불어 칸트의 입장을 거론하며, "경험을 가지고 인식의 유일한 지반으로 간주함으로써 진리 그 자체는 인식할 수 없고 다만 현상만이 인식 가능하다"고 하는 입장이라고 비판한다. 『논리학』 서문에서 헤겔은 "비판철학은 통속적인 상식과 서로 손잡고 형이상학의 몰락을 초래함으로써 형이상학을 지니지 않는 도야된 민족이라는 기묘한 광경을 야기했다"고 비판하며, "이 학문을 다시 새롭게 시작할 필연성"을 승인하는 것이다. 그러나 이 새로운 형이상학을 헤겔은 오랜 명칭으로 부르는 것을 좋아하지 않았다. 피히테가 '학문론'을 가지고 등장하고, 셸링이 '동일성의 철학'으로서 자기의 철학을 특색지은 것처럼 헤겔은 이제 "본래적인 형이상학 내지는 순수한 사변철학을 구성하는 논리학"[같은 책 5. 16]을 말하는 것이다. 그리고 오랜 명칭을 기피한 것은 결코 그저 그렇게 한 것은 아니었다. 여기서 헤겔에서의 새로운 형이상학은 사태적으로 오랜 형이상학과 다른 점을 지니고 있었기 때문이다. 아니 그렇게 말할 필요도 없이 종래에 형이상학이 논리학과 명확히 구별되었던 데 반해, 헤겔에서 양자는 개념과 실재성의 통일로서의 이념을 발전시키는 사유의 학 안에서 통합되어 있기 때문이다. "따라서 논리학은 형이상학과, 요컨대 사물들을 사물들의 본질성들을 표현하는 것으로 여겨져 온 사상 속에서 파악하는 학과 합치한다"[『엔치클로페디(제3판) 논리학』 24절]. 그리고 이 차이는 언뜻 보아 논리학

이 일반 형이상학으로서의 존재론에 대응하는 데 대해서 특수 형이상학에 대응하는 것으로 볼 수 있는 자연철학과 정신철학에서도 보인다. 헤겔은 이미 이 부문들에 형이상학이라는 명칭을 씌우지 않는 것이다. 이러한 사정을 단적으로 보여주는 것이 헤겔의 신에 대한 취급이다. 종래의 형이상학에서 신은 최고실재로서 자연신학의 대상이었지만, 헤겔에서 신은 정신이고, 그의 종교철학은 이미 신 그 자체로서 대상으로 삼는 것이 아니라 정신으로서 어떻게 교단 속에서 활동하고 있는지를 묻고 있기 때문이다. 형이상학이 이성적 대상들에 대한 '지성적 견해'를 가리키는 한에서 헤겔은 단호하게 형이상학을 부정한다. 그러나 형이상학이 '이성적 대상들'을 묻는 것인 한에서 헤겔은 이것을 지성을 넘어선 사변적 이성의 입장에서 받아들이는 것이다. 헤겔이 '객관성에 대한 사유의 첫 번째 입장'을 맺음에 있어 "예를 들어 일반적으로 이와는 역으로 믿어지고 있긴 하지만 플라톤은 결코 이와 같은 형이상학자가 아니었으며, 하물며 아리스토텔레스에서는 더더욱 그러했다"[같은 책 36절 「보론」]고 말할 때 거기서 우리는 형이상학의 파괴를 통해 참된 형이상학 전통의 재생을 지향하고자 한 헤겔의 자세를 엿볼 수 있다. 덧붙여 말하자면, 하이데거는 이러한 헤겔 철학에서 니체에 이르는 형이상학 완성의 역사의 시작을 발견하고 있다. ⇒논리학

—고즈마 타다시(上妻精)

형장刑場 ⇨ 해골 곳

형제자매兄弟姉妹 [Geschwister]

형제자매는 인륜의 나라의 여성에게 있어 유일한 인정관계이다. 아내 및 어머니로서의 여성은 가족(=선조의 영혼)이라는 보편적인 것과 결부된 자연적인 것으로서 남편과 자녀 안에서 자기를 인식하지 않는다. 미혼 여성으로서도 연로한 양친을 돌볼 뿐 양친과의 인정에는 이르지 못한다. 그럼에도 불구하고 "형제자매 사이에는 순수한 관계가 성립한다"[『정신현상학』 3. 336]. 왜냐하면 형제자매 사이에서만 여성이 남성과 대등하고, 정욕이나 한쪽의 다른 쪽에 대한 종속이 없기 때문이다. 따라서 자매는 형제 속에서 "인륜적 본질에 대한 최고의 예감을 지닌다"[같은 책 3. 336]. 예감이 인식에 도달하지 못하는 것은 자매는 가정을 관리하도록 정해져서, 형제처럼 인간의 계명의 영역으로 나아갈 수 없기 때문이다. 인간의 계명과 신들의 계명은 이리하여 균형이 보존된다. 그러나 이러한 균형은 남녀가 각각의 계명을 준수하는 것에서 도리어 붕괴한다. 이것을 묘사하는 것이 『정신현상학』의 '인륜'에서의 안티고네 비극에 대한 분석[3. 342-354]이다. ⇒인륜적 세계, 『안티고네』

【참】 Pöggeler (1964), Sichirollo (1964), Axelos (1965)

—이시카와 이오리(石川伊織)

형태形態 [Gestalt]

형태는 존재하는 것의 외면적인 형식이지만, 그 형식은 존재하는 것의 내면적인 고유성에 의해서 규정되어 나타난다. 물질은 그 자신에게 고유한 '개성', 요컨대 특성을 지니며, 그에 의해 물질의 형태가 규정된다. 예를 들면 어떤 물질은 그 특성에 의해서 온도의 변화에 따라 용해된 것에서 고형의 것으로 그 형태가 변화한다. 따라서 '결정(Kristall)'은 외면적인 형태일 뿐 아니라 물질의 내면적인 형태이기도 하다. 화학적 과정에서도 물질은 전기나 연소 등에 의해서 그 특성에 따라 합일되거나 분리되어 그 형태를 변화시킨다.

생명 있는 유기체 역시 그 자신의 형태를 지닌다. 예를 들면 식물은 "기하학적인 형식과 결정의 규칙성"[『엔치클로페디(제3판) 자연철학』 345절]에 가까운 형태를 갖추고 있으며, 특히 동물적 유기체에는 곡선이라는 형태가 특징적이다. "유기적인 것의 형태는 직선이나 평면에 기초하는 것이 아니라…… 살아 있는 형태에는 곡선이 있다"[같은 책 310절 「보론」]. 동물에서의 내면적인 유동적 과정의 존재방식이 동물의 외면도 규정하는 것이다. 즉 외부로부터 받은 자극에 반응하면서 생명을 보존하는 동물에 고유한 활동이 동물의 감각기관과 운동기관 그리고 소화기관이라는 형태를

형성한다. 이와 같이 헤겔은 형태를 생명의 유동성에서 분리하는 것이 아니라 오히려 그것과의 통일에서 파악한다. 헤겔의 이와 같은 발상은 유기체의 형태를 내면의 반영으로서 살아 있는 모습에서 파악하는 괴테의 형태학과 궤를 같이 한다.

또한 '의식'의 다양한 형태 변화는 그 근저에서 의식의 실체를 이루는 '정신'의 현상과정에 의해 규정된다. 또한 미의 형식으로서의 '규칙성', '합목적성', '조화'와 같은 형태는 내용을 이루는 영혼이 불어넣어져 있기 때문에 아름답게 느껴지는 것이다. "[미의] 절대적인 형태는 내용과 형식, 영혼과 육체의 연관을, 구체적으로 영혼을 불어넣고자 함으로써…… 양자를 합일시키고자 함으로써 지닌다"『미학』 13. 508]. ⇒유기체

【참】 Claesges (1981), Bonsiepen (1986)

　　　　　　　　　　　　　　　　　　　　　—이사카 세이시(伊坂靑司)

형태변화 形態變化 [Metamorphose]

보통은 곤충이나 개구리 등이 성장 과정에서 그 모습과 형태를 두드러지게 변화시키는 것(변태)을 가리킨다. 그러나 괴테는 동물만이 아니라 식물에도 이러한 형태변화가 있다는 의표를 찌르는 발상으로 형태학(Morphologie)을 창시했다. 괴테에 따르면 식물에서의 기본적 기관은 잎이며, 줄기·꽃·열매는 잎이 형태 변화한 모습에 다름 아니다. 또한 괴테는 모든 동물과 식물은 그 '원형'인 원동물과 원식물로부터의 형태변화라고도 생각하고 있었다.

헤겔은 친교가 있던 괴테의 형태변화론을 "식물의 본성에 관한 이성적인 사상의 단서"『엔치클로페디(제3판) 자연철학』 345절]로서 높이 평가하고 있다. 개별적인 식물의 다양성이 '기본적 기관'과 '원식물'이라는 '동일한 것'의 '계열적' 전개로서 파악되고 있기 때문이다. 이러한 사고방식은 헤겔 철학의 핵심에 닿아있다고도 말할 수 있을 것이다. 실제로도 헤겔은 형태변화에 대해 다음과 같이 언급하고 있다. "형태변화라는 표현]는 바로 개념(Begriff) 그 자체에 어울린다. 개념의 변화만이 발전(Entwicklung)이라고 말할 수 있기 때문에"(같은 책 249절, 마찬가지로『엔치클로페디

(제3판) 논리학』 161절 「보론」에서도 '개념의 형태변화(Formveränderung)'라는 표현이 보인다). 인식의 역사적 발전을 '꽃봉오리→꽃→열매'라는 식물의 성장에 비교한『정신현상학』이 "의식의 형태들(Gestaltungen)의 계열[3. 73]의 발전에 대한 기술로 된다는 점에서도 그러한 발상이 엿보인다.

또한『미학』에서는 나르시스의 수선화로의 변신과 같은 변신 이야기가 형태변화라고 불린다[14. 39-46]. 헤겔은 그러한 변신이 굴욕과 징벌을 나타낸다는 점에서 자연성에 대한 정신성의 우위를 보고 있다. ⇒괴테, 형태, 식물, 발전, 변화

　　　　　　　　　　　　　　　　　　　—가도쿠라 마사미(門倉正美)

형태화 形態化 [Gestaltung] ⇨ **유기체**

혜성 彗星 [Komet]

헤겔의 자연철학에서 태양계는 절대적인 역학을 예시하고 있다. 역학이 절대적 역학으로서 일단 완성된다면, 예를 들어 태양계와 같이 필연적인 궤도를 묘사한 운동의 계로 되는 것이다. 그러나 태양계에도 우연적인 것이 있으며, 그것이 혜성이라고 헤겔은 말한다. 혜성은 일단 태양을 중심으로 하는 선회운동을 하지만, 회귀하는지 어떤지도 분명하지 않은 궤도를 지닌다고 헤겔은 생각하고 있었기 때문이다. 이러한 우연적인 물체인 천체가 혜성이라고 말해진다. 혜성은 달과 함께 자기 밖에서만 중심(태양)을 지니는 천체이자 비독립적인 천체이다. 또한 헤겔은 혜성 그 자체가 단순한 가스체라고 생각하고 있으며, 달이 대기를 지니지 않은 것과 아울러 모두 일면적인 천체로 간주한다. 역으로 말하면 지구는 고체와 기체, 즉 대기를 아울러 지니기 때문에 혜성의 성격과 달의 성격을 아울러 지니게 된다『엔치클로페디(제3판) 자연철학』 279절]. ⇒달

　　　　　　　　　　　　　　　　　　　—이나오 마사루(稻生 勝)

호메로스 [Homēros 생몰년 미상]

고대 그리스의 가장 오래된 최대의 서사시 『일리아스』와 『오디세이아』의 작자로 전해지는 사람. BC 8세기 경 활약한 음송시인이다. 그의 2대 서사시는 고대 그리스 인의 교양의 기본을 이루는 것이 되었다.

호메로스의 두 작품을 헤겔은 동서고금을 통해 최고의 서사시라고 생각했다. "원래 서사시라는 것의 참된 기본적 성격이 무엇인지를 확정하기 위한 전거가 되는 작품을 여러 서사시적 저작 중에서 하나만을 끄집어낼 수 있다. 호메로스의 시가 그것이다"[『미학』 **15**. 339]. 호메로스의 서사시는 한 사람 한 사람의 인간이 공동체가 부과하는 사명을 견실히 떠맡아 자유롭고 활달하게 행동하는 영웅시대에 길러졌으며, 그 중에서도 특히 보통 이상의 힘을 발휘하는 영웅들의 말과 행동을 생생한 이야기 속에 정착시킨 것이었다. 역으로 말하면 호메로스의 서사시는 아이스킬로스, 소포클레스의 비극과 더불어 헤겔이 그리스의 공동체정신을 파악하는 데서 가장 풍부한 자료를 제공하는 것이었다. ⇒영웅(시대), 그리스 비극, 시

【참】高津春繁 (1966), Latacz (1979)

─하세가와 히로시(長谷川宏)

호토 [Heinrich Gustav Hotho 1802. 5. 22-73. 12. 24]

독일의 미술사가. 베를린 대학 교수. 왕실박물관 동판화 진열실장. 볼프 이후의 미학 체계의 역사, 시학 등에 관해 강의한다. 후에는 독일과 네덜란드의 회화를 연구하고 작품의 개성을 일반적인 시대양식으로 환원하여 미술사의 총체적 파악을 위해 노력했다. 생과 예술의 화해, 현실과 시의 화해를 헤겔 철학에서 발견하고 『생과 예술을 위한 예비적 연구』(1835)를 저술한다. 헤겔 철학의 역사에서나 예술사에서 중요한 역할을 맡는다. 헤겔 『미학』을 편집한다. 주저: *Vorstudien für Leben und Kunst*(1835), *Geschichte der deutschen und niederländischen Malerei*(1842 f.).

─요리카와 죠지(寄川條路)

홉스 [Thomas Hobbes 1588. 4. 5-1679. 12. 4]

홉스는 이른바 사회계약설의 대표자들 가운데 한 사람이다. 그러나 동시에 홉스는 근대 자연과학의 원리와 방법을 적극적으로 섭취하여 자연상의 완전한 기계론화를 성취하고 있었다. 인간 역시 그와 같은 자연과의 대사과정에서 욕구를 추구하면서 혐오를 피하고, 그것을 통해 자기보존을 꾀하며, 그것을 위한 수단으로서의 힘의 추구에서 만족할 줄 모르는 철저하게 자기중심적인 존재로서 파악되고 있었다. 그러나 바로 그런 까닭에 그와 같은 개인의 자연상태는 바로 '만인에 대한 만인의 전쟁' 상태였다. 그리하여 각 사람은 이성의 추론을 통해 평화를 위한 계율로서의 자연법을 발견하고 계약에 의해서 국가를 설립했다는 것이다. 물론 홉스는 그와 같이 하여 설립된 국가가 해체되어 다시 자연상태로 회귀하는 것을 피하기 위해 국가의 주권을 절대적인 것으로 만들었다.

그와 같은 홉스의 철학에 대한 헤겔의 최초의 논리적인 비판은 『자연법 논문』(1802)에서 보인다. 거기서 헤겔이 경험적 자연법으로서 비판하고 있는 하나는 분명히 홉스의 그것이다. 거기서 헤겔은 홉스적인 것에서는 개체와 전체가 분리·대립하고, 질서는 외적 강제를 통해 보장될 수밖에 없다고 비판했다. 이미 헤겔에게 있어 존재하는 모든 것은 분열하면서도 근저에서 통일되어 '동일과 비동일의 동일성'으로서 존재하는 것이며, 이와 같은 존재를 개념적으로 파악하는 것이 철학의 과제였다. 정치적으로 말하게 되면, 그것은 개인의 자주성을 매개로 한 인륜적 공동체의 회복인 것이다. 이와 같은 홉스적인 것에 대한 헤겔의 관점은 그 후의 저작들에서도 반복하여 나타나며, 예를 들면 『법철학』에서 '추상법'과 '시민사회'로서 묘사되고 있는 것은 분명히 홉스적인 정치철학의 세계였다. 또한 헤겔은 『철학사』에서 홉스에 대해 처음으로 국가권력을 인간의 경험적 자연, 경향성에서 도출했다고 하여 일정한 평가를 부여하고 있다. ⇒자연법, 권력

─후지와라 야스노부(藤原保信)

화강암花崗巖 ⇨**암석**

화폐貨幣 [Geld]

화폐에 대한 헤겔의 고찰은 예나 시대로까지 거슬러 올라갈 수 있지만, 『법철학』에 따르면 화폐는 "보편적 물건으로서 규정되어 있는 물건, 즉 오로지 가치로서 통용될 뿐 달리 이용되기 위한 특수한 규정을 지니지 않는 물건"[80절]이며, 화폐의 개입에 의해서 교환이 매매로 전환된다. 그러나 화폐는 단지 보편적인 교환 수단일 뿐 아니라 "보편적 상품, 추상적 가치"[『뉘른베르크 저작집』 4. 240]이기도 하며, "화폐는 모든 사물의 대표"[『법철학 강의(호토)』 241]이다. 또한 어떤 나라에 화폐가 많은 것은 그 나라의 부의 척도가 되지 않는다. 왜냐하면 그것은 화폐가 싸다는 것, 상품이 비싸다는 것이기 때문이다. 화폐가 적으면 그 역의 것이 일어나며, 나아가 교환이 곤란하게 된다. 오히려 주요한 것은 '유통'으로서 화폐의 유통이 최대일 때 부도 최대인 것이다. 금속화폐가 적은 경우에는 지폐를 써서 유통을 증대시켜야 한다고 헤겔은 설파한다. 여기서는 스미스 『국부론』의 영향이 보인다. ⇒교환, 가치·가격

―우부카타 쓰구루(生方 卓)

화학·화학적 연관化學·化學的聯關 [Chemie, Chemismus]

어원은 이집트의 khem(검다)에서 유래하며, 이집트의 '검은 기술'을 의미하는 그리스 어의 케메이아(chemeia)에서 나온 말.

(1) 기계적 연관. 세계에서 객관들의 연관의 최초 형식은 객관들 상호간의 필연적이고 외적인 연관, 즉 단순한 모임이다. 헤겔은 이것을 기계적 연관(Mechanismus, 기계적 질서)이라고 부른다. 이 필연적인 세계 질서의 최초의 단계에서는 객관들의 상호작용이 서로 저항을 받으며 반작용을 불러일으킨다. 그리고 그것들은 모든 객관을 자기 내에서 합일시키고자 하는 중심적 객관을 지향하길 그치지 않는다. 어떤 개체적 객관도 동시에 보편적 객관이며, 그것들은 이 지향에 의해서 비로소 자립적이기도 하고 비자립적이기도 하다. 이 중심화의 본성은 행위와 경동(傾動Streben, 스피노자의 conatus)이지만, 그것은 도달되지 않는 노력, 충족되지 않는 당위이다.

(2) 화학적 연관. 객관들의 기계적 통일은 추상적인 중심화의 단계에서 완결되며, 객관들의 참된 질서도 완성되지 않는다. 절대적인 중심적 객관은 상대적이고 자기의 외부에 다른 객관들을 지니는바, 이 객관들이 참으로 통일되기 위해서는 차이가 지양되어 객관들이 서로 무차별화(중성화)하여 합해지지 않으면 안 된다. 그러기 위해서는 화학적 연관(Chemismus)에 의존해야만 한다. 기계적 객관은 그 외부에 대한 활동에서 자기의 현존(Existenz)이나 성질(Beschaffenheit)에 의존하지 않고 다만 그것이 하나의 사물이라는 것에 의존하기 때문이다. 그에 반해 화학적 객관들은 그 성질에 의해서 관계되며, 상호간에 친화적(verwandt)이거나 상호적인 긴장상태에 있다. 기계적인 객관들은 서로 긴장하는 것이 아닌바, 본래 기계적 친화력 등은 존재하는 것이 아니다. 화학적 객관들의 합일은 그것들의 중화(Neutralisation)이며, 중화적 산물이 다시 분해되는 것은 환원(Reduktion)이다. 중화에서 생긴 산물에서 화학적 과정은 소실되며, 새로운 중화나 환원은 행해지지 않는다. 헤겔에 따르면 "화학적으로 차별적인 객관들은 그것들의 차이(Differenz)에 의해서만 그 자체이며, 상보적으로 자기를 통합하고자 하는 절대적 충동(Trieb)이다"[『엔치클로페디(제3판) 논리학』 200절 「보론」].

또한 화학적 연관은 물체들 사이의 사물에 관련될 뿐 아니라 정신적 개체들 사이에서 일어나는 중화작용에도 관계한다. 예를 들면 사회적 파벌들의 연합이라든가 사상에서의 절충주의 등도 중화의 실례일 것이다.

(3) 객관성이 과제로 하는 것은 객관성 전체의 보편적 통일(전일성)을 성취하는 것이다. 그러나 이 과제는 기계적 과정이나 화학적 과정에 의해서 해결될 수 없다. 중심적 객관은 자기의 외부에 다른 객관들을 지니는 개체적 객관이기도 하며, 중화적 객관 역시 자기분해를 달성하지 못할 뿐만 아니라 보편적 통일에 도달하지 못한다. 화학적 연관은 모든 객관과 구별된 주관적인 활동으로서 객관 전체에 대립하여 그것에 침투하지만, 역시 화학적 질서짓기에 머문다. 하지만 이 보편적 통일은 필연적으로 객관성에 관계되며, 그 최고의 범주이어야 할 개념이 존재한다. 헤겔은 이

객관적이어야 할 개념을 목적(Zweck)의 범주로 생각했다. 헤겔의 목적론 체계(Teleologie)에서는 목적의 개념의 완전한 전개야말로 논리학의 최고의 주제로서 지향되었던 것이다.

(4) 화학적 연관(과정)의 범주는 헤겔의 체계에서 다시 한 번 자연철학의 범주로서 등장한다. 이미 셸링은 그 역동론적인 과정(dynamischer Prozeß)의 근본형식으로서 자기와 전기, 화학적 연관의 3단계를 논하고 있다. 그는 자기(Magnetismus)는 물질에 응집성을 부여하며, 전기(Elektrizität)는 사물의 감각적 성질을 한정하지만, 자기와 전기의 총합은 제3차원적으로 화학적 연관을 이룬다고 생각했다. 헤겔은 대체로 셸링의 자연철학의 도식을 따랐지만, 그는 이것들을 동일한 양극성(Polarität) 법칙의 단계적인 나타남으로 보았다. 즉 동일한 직선 모양의 물체의 두 끝이 양극을 이루면 자기, 다른 두 물체의 양면이 양극을 이루면 전기, 그리고 자기와 전기의 총합은 화학적 연관을 나타낸다는 것이다. 자기는 역학적 작용, 전기는 감각적 작용, 화학적 작용은 양극을 이루는 물질 상호간의 화학적 긴장(Spannung)에 기초한 정신화(begeistet)의 작용으로 된다. "화학적 과정은 생명의 유사물(ein Analogon des Lebens)이다. 사람들이 눈앞에서 보는 생명의 내적 활동성(Regsamkeit)은 사람들을 놀라게 한다"[『엔치클로페디(제3판) 자연철학』 326절 「보론」]. 헤겔은 여기서 생명에 대한 과학적 파악에서 전진하고자 하는 것으로 보인다. 헤겔은 셸링이 화학원소들을 동서남북에 대응시켜 도식화한 것을 모방하여 동일한 화학원소들을 그리스 이래의 공기·불·물·흙의 네 가지 원질에 대응시키고 있다. 그러나 그는 이 아리스토텔레스의 네 가지 원질에 대해 이 화학원소들은 추상적인 의의밖에 지니지 않는다고 주의하고 있다. 그러나 그는 화학적 과정을 무차별화(중성화)와 차별화(분리)로 나누고, 전자는 4원질에, 후자는 화학원소들에 관계된다고 설명하고 있다. ⇒기계적 연관, 목적론, 중화

【참】 Fischer (1911), 本多修郎 (1971), Horstmann/Petry (1986)
―혼다 슈로(本多修郎)

화합化合 ⇨화학·화학적 연관

화해和解 [Versöhnung]

유화라고도 말한다. 화해는 타자의 죄를 용서하는 것이 동시에 자기의 죄가 용서되는 까닭으로서, 헤겔은 초기 이래로 일종의 근본적인 덕으로서 중시해왔다. 그는 이미 튀빙겐 시대의 『설교』에서 화해를 "참된 덕"[GW 1. 60]으로 간주하고 있었다. 그것은 자기의 재산과 명예가 타자에 의해 탈취되더라도 탈취된 것의 반환 이상을 타자에게 요구하지 않고 복수를 단념하며 타자의 잘못을 마음으로부터 용서하는 것을 의미한다. 그러나 타자에게 관용을 베푼다 하더라도 자기에 대해서는 엄격해야만 하며, 그럼으로써 신의 용서를 기대할 수 있다. 이러한 화해의 "가장 숭고한 체현자"[GW 1. 64]를 그는 예수에서 찾았다. 『예수의 생애』에서는 이러한 관점에서 예수가 이야기하는 화해를 "맑아진 마음가짐의 징후"[GW 1. 237], 신에 의한 "징벌로부터의 해방"의 "유일한 조건"[같은 곳]으로 파악하고, 칸트적인 일종의 철학적 은총론을 설파했다. 이러한 모티브는 프랑크푸르트 시대에는 합일철학적인 견지에서 사랑 내지 아름다운 영혼에서 "운명이 화해된다"[『기독교의 정신』 1. 346]는 것에 의해서 기초지어지게 된다. 아름다운 영혼은 자기의 권리를 포기함으로써 자기 측에서 적대 상태를 폐기하고 운명과 화해한다. 예수가 타자 안에서 '신앙'을 발견했을 때 '당신의 죄는 용서되었다'고 말한 것도 그 믿는 자 안에서 "그와 동등한 마음, 법과 운명의 넘어섬"[같은 책 1. 354]을 인정했기 때문이다. 사랑은 나아가 "덕과의 화해"[같은 책 1. 359]를 가져온다. 개개의 덕들은 행위로서 나타나면 서로 배척하지만, 각각이 자기의 절대성을 서로 포기함을 통해서 덕들의 화해가 성립한다. 이 점은 『정신현상학』에서도 계승된다. 행위하는 양심과 비판하는 양심이 서로 자기의 아님을 인정하고 타자를 서로 인정함으로써 "화해하는 그러함"[『정신현상학』 3. 494]이 성립하고, 그에 의해 "정신은 모든 행위와 현실을…… 일어나지 않은 것으로 할 수 있다"[같은 책 3. 491]. 거기서 동시에 신이 나타나며, 그런 한에서

화해(Versöhnung)는 서로 인정하는 두 사람의 인간을 공통의 아버지(신)의 아들(Sohn)로 만든다는 것을 의미할 것이다. 다만 『기독교의 정신』에서는 (예수의 죽음이 사람들의 각성에 대한 희생으로 보이고 있었다 하더라도) 예수의 속죄에 의한 신과 세계의 화해는 아직 인정되고 있지 않았던 데 반해, 『정신현상학』과 『종교철학』에서는 신과 세계의 화해가 신의 육화와 죽음에 의해 이미 잠재적으로 성립했다고 간주되게 된다. 이러한 잠재적 화해는 교단 안에서 세례와 성찬식을 통해 사람들이 자각하는 바로 될 것이지만, 그것은 실제로는 교단과 세계의 대립으로 인해 어려우며, 먼 장래에 맡겨지는 데 불과하다. 이 문제는 『정신현상학』에서는 '절대지'에서 해결되도록 하고 있지만, 『종교철학』에서는 철학과 더불어 인륜에서 해결이 시도된다. "신적인 것이 현실의 영역에서 자기를 실현하며, 참된 화해는 인륜적인 법적 국가생활 안에 존재한다"[17. 332]. 그러나 이것은 국가가 참으로 '신적인 것'을 실현하고 있는 한에서만 성립할 것이다. 나아가 '화해'라는 말은 종교적 화해 이외의 장면에서도 사용되며(로마 인의 "세속적 화해"[『역사철학』 12. 139], 스토아 철학의 "내면적 화해"[같은 책 12. 385], 계몽에서의 "신적인 것의 세계와의 현실적 화해"[같은 책 12. 529] 등), 일반적으로 "타자존재의 구별의 부정"[『종교철학』 17. 203]의 활동으로서 '매개'와 '인정'과 거의 동일한 의미에서 사용된다. 다시 말하면 '구별'이 아직 없는 곳에서는 본래의 '화해'는 말해질 수 없게 될 것이다. ⇒용서, 세례, 성찬식

【참】 Dilthey (1906), Lukács (1948a), Rohrmoser (1959)

─구보 요이치(久保陽一)

확신確信 [Gewißheit]

헤겔에게 있어 Gewißheit란 그때마다의 주관적 신뢰의 정도(확실함/불확실함)를 말하는 것이 아니라 오히려 자아 내지 의식의 단계에서의 지의 구조 그 자체이다. 자아는 "자기를 자기로부터 구별하고 자기로부터 구별된 것 속에서 자기 자신 곁에(bei sich selber) 존재하는 것 없이는, 즉 자기에 대해 아는 것, 자기 자신의 확신을

지니고 또 그 확신인 것 없이는 존재할 수 없다"[『엔치클로페디(제3판) 정신철학』 413절 「보론」].

그러나 의식은 추상적인 개별성이라는 제약을 지니기 때문에 자기의 보편적 본성을 충분히 표현할 수 없다. 의식의 확신과 그 확신이 본래 표현해야 하는 사태('진리') 사이에는 엇갈림이 존재한다. 부정적 자기관계에서 유래하는 의식의 동적 성격을 강조하는 한에서 그로부터 확신과 진리의 변증법이 생겨난다. 그것이 전형적으로 나타나는 것은 '의식의 경험의 학'인 『정신현상학』이다. 그러나 실제로는 자기의 확신의 내용을 음미하지 않고 형식적인 자기완결성을 고집하는 것도 불가능하지 않다. 단순한 표상의 입장은 확신과 진리를 구별하지 않고 또 내용이 어떠한지를 묻지 않은 채 자신이 확신하는 것을 <참>이라고 간주한다. 그렇다면 철학의 역할은 확신과 진리의 변증법을 통해 진리의 실현을 기도하는 것이다. 『정신현상학』의 '서론'에 따르면 피히테적 관념론은 <학>의 선구적 자각이라는 점에서는 정당하였지만, 자신의 올바름을 단지 '단언(Versicherung)'했다는 점에서 불충분했다. 진리는 주도면밀하고 전체적인 개념파악의 작업에 의해서 현실화되어야만 한다.

종교적 확신의 형태는 신앙이다. 신적 이념의 진리성은 경험적이고 구체적인 주체에 의해서 확신되는 것이 필요하다. 그러므로 그것은 감성적 직관의 대상으로서 나타나지 않으면 안 된다. 신앙의 계기는 근대적 내면성의 확립에 통한다는 점에서도 중요하다. 그렇지만 그리스도 자신이 직접 그리스도와 만나 그로부터 신앙을 길어낸 제자들에게 정신(성령)에 의해 진리로 인도될 것을 요구하고 있다. 확신은 역시 최종적 입장이 아닌 것이다. ⇒감성적 확신, 신앙, 의식, 진리

─나카오카 나리후미(中岡成文)

활동성活動性 [Tätigkeit, tätig]

정지·안정·고정에 대해 생명 있는 것의 동적인 존재방식("살아 있는 것은 언제나 활동 상태에 있다"[『종교철학』 17. 508f.]; "실천적 활동성은 자유롭게 행동하고, …… 그것 자체가 통일이다"[『도덕성·사

랑・종교』1. 239, 253f. 참조]). 과정・매개・부정・모순・생성・산출・이행 등의 '생명성(Lebendigkeit)'을 나타내는 계기들에 공통된 불가분의 개념. '정신'에서 특히 그 의의가 강조된다. "정신은 본질적으로 활동성이다. …… 정신은 존재하는 것, 직접적으로 완성된 것이 아니라 오히려 자기 자신을 산출하는 것, 순수한 활동성, 정신 자신에 대해 즉자적으로 만들어져 있는…… 전제를 지양하는 작용"[『엔치클로페디(제3판) 정신철학』443절「보론」10. 237], "고정적인 일체의 지성규정의 부정"[같은 책 378절「보론」10. 12]이다. 나아가 활동성은 개념과 이념이 실현되어 가는 과정의 동적인 모습을 보이기 위해서도 사용된다. "화해는 자유이며, 정지한다든지 또는 존재하는 것이 아니라 활동성이다. 화해, 진리, 자유, 이것은 모두 보편적인 과정이며, 단순한 명제로 언표될 수 없다"[『종교철학』17. 203].

―자코타 유타카(座小田豊)

황제皇帝 [Kaiser]

(1) 중국의 황제. 직접 하나의 개체적 주관으로 된 실체이자 "모든 것이 회전하고 귀일하는 중심"[『역사철학』12. 160]. 법률과 자연법칙마저 정립하는 황제는 가족 원리에서 비자립적인 신민(자식)을 지배한다.

(2) 고대 로마 황제. 로마의 "무정부상태를 종결시키고"[『독일 헌법론』1. 525], 원로원 제일인자(princeps senatus)로서 공화정 시대의 제도들을 한 몸에 통합한다. 『정신현상학』의 '법적 상태'에서 말하는 "세계의 주인"[3. 358]에 해당한다. 황제는 "지배라는 운명(Fatum), 추상적 보편성"[『역사철학』12. 384]이며, 모든 것 위에 군림하는 자의를 지니는 "무한성에로 고양된 유한성・특이한 주관성"[같은 책 12. 386]이다. 다른 한편 개인들은 자립적인 추상적 인격으로서 평등하지만, 실제로는 무권리이자 몰인격적인 "자기 소외된 실재성"[『정신현상학』3. 359]에 불과하다. 그리하여 황제와 개인들의 관계는 "무제약적인 지배와 예속의 관계"[『역사철학』12. 382]로 된다.

(3) 신성 로마 황제. 공식적으로는 "전 기독교도의

세속적 원수"[같은 책 12. 447]이지만, 민족・개인・교회의 반동에 의해 무정부상태로 되며, 현실적으로는 "공허한 명예"[같은 책 12. 459]에 지나지 않게 된다. 헤겔은『독일 헌법론』에서 독일의 통일 수단은 "민중이 다시 황제 및 제국과의 관계에 들어서는 것"[1. 577]이라고 했다. ⇒중국, 법적 상태

―가미야마 노부히로(神山伸弘)

회심回心 ⇨용서

회의懷疑 ⇨회의주의

회의주의懷疑主義 [Skeptizismus]

칸트는 흄에 의해서 '독단의 잠에서 깨어났지'만, 헤겔은 근대의 회의주의보다 고대의 회의주의에서 그 진수를 본다. 헤겔에 따르면 참된 회의주의는 사람들을 철학적 지평으로 이끄는 것이자 철학 그 자체에 내재하는 본질적 계기이다. 또한 회의주의는 진리의 객관성을 부정함으로써 주관성의 극점에 선다.

Ⅰ. '고대의 고상한 회의주의'. 동시대의 회의주의자 G. E. 슐체에 의한 칸트 논박서에 대한 서평 논문(『회의주의자 논문』)에서 헤겔은 고대의 회의주의를 높이 평가한다. 근대의 회의주의자가 오로지 '사유와 존재의 구별'이라는 상식적 확신을 근거로 하여 참된 철학에 적대할 뿐인 데 반해, 섹스투스 엠피리쿠스(Sextus Empiricus)의『퓌론주의 개요』와『학설가 논박』이 전하는 퓌론(Pyrron)과 아이네시데모스(Ainesidēmos) 등의 고대의 회의주의자는 상식에 안주하지 않고 철학의 학설들과 상식의 의견을 깨트리는 '고상함'을 지니고 있었다. 그들은 언제나 상대방의 독단적 주장에 대해 그것과 정반대의 주장을 동등한 정당성을 지니고서 대치시키는 형태의 반박을 행했다. 이를 위한 방법적 지침으로서 아이네시데모스는 10개조, 아그립파(Agrippa)는 5개조의 트로포스(방식)를 제시한다. 전자는 구체적인 문화, 환경, 상태의 차이를 자각한 철저한 상대주의와

관계주의의 관점을 내세운다. 다른 한편 후자는 인식의 궁극적인 근거와 관련하여 무근거한 전제나 무한소급 또는 순환과 같은 대단히 세련된 문제설정을 포함한다. 이것은 헤겔 철학의 체계구성의 중요부분에서 나타나는 문제틀과도 통한다.

Ⅱ. 철학에로의 도입으로서의 회의주의. '반대명제를 동등한 정당성을 지니고서 대치시킨다'는 고대 회의주의의 방법은 칸트의『순수이성비판』 '변증론'에서의 이율배반을 상기하게 만든다. 회의주의는 변증법의 부정적 측면인바, 그것을 지양하는 것이 참된 철학이다. 회의주의는 이율배반을 제기할 뿐 그것을 지양하고자 하지는 않는다. 오히려 독단에 가담하고자 하지 않는 평정심을 얻고자 한다. 그에 대해 헤겔은 이율배반의 개시에서 만족하지 않는 "철저하게 수행된 회의주의"[3. 72]로서의『정신현상학』에 의해서 참된 철학의 지평으로의 도입을 시도했다.『정신현상학』서두의 '감성적 확신'은 '이것', 결국 눈앞의 지극히 구체적이고 개별적인 바로 이 사태야말로 참된 것이라는 '의견'을 지니지만, '이것은 실은 보편적인 것'이라는 반대명제의 진리성 앞에서 그 '의견'은 붕괴한다. 그러나 '의식의 경험'은 개별과 보편의 이율배반의 제시에 안주하는 것이 아니라 그것을 지양하는 '사물과 성질들'이라는 '지각'의 지평으로 진전해가는 것이다.

Ⅲ. 회의주의의 역사적 의의. 회의주의는 상대주의를 철저화함으로써 스스로의 주관성을 강하게 자각한다. 회의주의를 하나의 중요한 계기로 하는 '주관성'의 형성은 그리스의 인륜적 세계로부터 로마-기독교 세계로 이행하는 거대한 세계사적 전환의 핵심을 이룬다. ⇒정신(의)현상학, 감성적 확신, 이율배반

【참】 Fulda (1965), Forster (1989)

—가도쿠라 마사미(門倉正美)

회화 繪畫 [Malerei]

회화가 철학에서 참으로 중요한 주제로 되는 것에서도 역사적 경과가 필요했다. 플라톤은『국가』에서 회화는 보는 장소에 따라 점차로 달라지는 대상의 외관의 모방만을 행하며 이데아에 관계하지 않는 것이라고 하여 부정적으로 평가했다. 그에 반해 18세기 중엽의 빙켈만 이후 괴테를 거쳐 독일 관념론의 철학자들에 이르기까지 회화는 동일한 이데아의 이름 아래에서 높은 평가를 받아 철학적 고찰의 대상이 되었다. 적어도 철학자들이 회화에 관해 견식을 보이지 않으면 부끄러워해야 할 것으로 간주되었던 것이다. 그것의 전제에 절대군주제의 왕권하에서 미술관의 건설, 많은 재정을 들여 추진된 작품수집, 일반에 대한 공개라는 사실들이 있었던 것도 빠뜨려서는 안 된다. 빙켈만, 헤겔과도 관계가 깊은 드레스덴의 미술관에서는 1765년에 최초의 카탈로그가 인쇄된다. 그런데 헤겔은『미학』에서 예술 장르를 또한 상징주의, 고전주의, 낭만주의로 나누고 있지만, 회화는 음악과 시와 더불어 낭만주의 내에 위치지어진다. 고전주의 예술인 조각이 내면과 외면, 주관성과 객관성이 일체화된 것인 데 반해, 낭만주의 예술은 내면적인 것이 심화되는 가운데 주관성이 객관적이고 외면적인 것으로부터 벗어나 이것을 압도하게 된다. 그 가운데서 회화는 조형예술로서 가시적 사물의 특수한 모습을 그 기반으로 하지만, 조각과 건축과는 달리 공간의 총체와 관계하는 것이 아니라 다만 평면으로서의 화면에만 관계하며, 거기서는 물질적 소재가 정신에 의해서 산출되어 정신을 반영하는 '가상'[『미학』 15. 14]으로 변화되어 있다고 규정된다. 그런 의미에서 회화는 근대 낭만주의 시대에 속하는 예술로 된다. 헤겔의 회화관은 기본적으로는 라파엘로 (Raffaello 1483-1520)를 정점으로 간주하는 당시의 일반적 견해에 따르는 것이지만, 특히 네덜란드파의 회화 등에 관해서는 탁월한 견해를 보여준다. ⇒낭만주의, 낭만적 예술, 네덜란드, 부아스레 형제

—사토 야스쿠니(佐藤康邦)

횔덜린 [Johann Christian Friedrich Hölderlin 1770. 3. 20-1843. 6. 7]

슈바벤 출신의 시인, 헤겔의 튀빙겐 시대 이래의 친구.

Ⅰ. 생애. 두 살 때에 아버지를, 곧이어 의붓아버지도 잃었지만, 경건한 어머니의 희망에 따라 성직자가

되어야만 하는 영방의 수도원 학교를 졸업한 후, 1788년 튀빙겐 신학교에 입학했다. 그는 거기서 노이퍼(Christian Ludwig Neuffer 1769-1839) 및 마게나우(Rudolf Friedrich Heinrich Magenau 1767-1846)와 시인의 결사를 만들고, 헤겔과 셸링 등과 함께 프랑스 혁명의 이념을 찬미하며 신학교의 신학과 제도에 반항했다. 1793년 졸업 후 발터스하우젠에서 가정교사가 되지만, 1794년 11월에 예나에서 피히테의 강의를 듣고, 실러, 싱클레어 등과 교제하며 괴테, 헤르더, 노발리스와도 알게 되었다. 1796년 프랑크푸르트의 곤타르트 가의 가정교사가 되어 주제테 부인(Susette Gontard 1767-1802)을 사랑하게 됨과 동시에 1797년 초에 헤겔과 다시 만나 헤겔, 싱클레어, 츠빌링과 '정신의 맹약'을 맺었다. 1798-1800년 홈부르크의 싱클레어 곁에서 지내고 1801-2년에 스위스의 하우프트빌, 보르도에서 가정교사를 한 후 정신상태의 이상으로 고향으로 돌아왔다. 1804-6년 싱클레어의 주선으로 홈부르크에서 사서로 일하지만, 1806년 튀빙겐의 병원에 입원하고 1807년 이후 죽기까지 튀빙겐의 소목장이 침머(Ernst Zimmer 1772-1838)의 곁에서 정신적 혼미의 생활을 보냈다.

Ⅱ. 사색과 시작. 소년 시대의 서정시에서는 인간의 타락을 한탄하는 경건주의적인 경향이 강했다. 곧이어 클롭슈톡과 실러의 영향 아래 인간성의 억압에 대한 반감이 생기고, 튀빙겐 시대에는 자유와 사랑을 소리 높여 외치는 많은 찬가가 만들어졌다. 그때 자유는 자연과 조화되고 사랑은 이미 일종의 우주적 원리를 이루어 합일철학의 맹아가 형성되고 있었다. 그의 합일철학은 처음에 '예나의 영혼'이라고 칭찬 받은 피히테와의 대결을 통해 1795년 봄 무렵 생겨났다. 인간의 두 가지 서로 대립하는 충동(무한에 대한 충동과 한정됨에 대한 충동)은 '사랑'에서 결부된다. 이러한 '사랑'은 우선은 인간학적인 원리에 그치고 있었지만, 『판단과 존재』에서는 '자기의식'의 근저에서 '주관과 객관과의 결합'으로서의 '존재'가 제시되었다. '존재'는 『휘페리온』 최종원고에 따르면 '하나이자 모두'이며, 그것은 인간이 보지 못하고 있지만 이미 '미'로서 '현존하고 있기' 때문에 이론과 실천에 의해서가 아니라 미적 태도에 의해서 회복된다. 여기서는 플라톤의 영

향이 인정되지만, 이러한 '미'는 『휘페리온』에서 '자연', '생', '신성'이라고도 불리며, 나아가 '자기 자신 내에서 구별되어 있는 일자'(헤라클레이토스)라고도 규정된다. 그는 그것을 고대 그리스의 예술, 종교, 국가, 철학에서 발견하고, 이집트인의 전제와 북방인의 지성에 대치시킴과 동시에 현대에서의 그 재생 시도를 휘페리온의 사랑과 투쟁과 좌절을 통해 묘사했다. 그러나 홈부르크 시대의 『엠페도클레스의 죽음』의 초고들과 시론에서는 예술이 '신의 일'로서 반성되고 '미'보다도 '비극적인 것'에 역점이 두어진다. 엠페도클레스는 신과 지나치게 긴밀하게 되고 자기를 신으로 간주한 오만함 때문에 죽지 않으면 안 되며, 그에 의해 비로소 인간과 인간을 포월한 신과의 합일이 '감지'되게 된다. 이러한 비극론은 후의 소포클레스의 역주에서도 보이지만, '생'의 합일·분열·재합일의 존재론은 '비극의 형식'과 음조론만이 아니라 개인의 형성과 역사의 전환의 이론에도 적용되며, 1800년경부터 '독일로의 회귀'와 그리스도의 구원에 대한 새로운 기대가 생겨났다. 후기에는 핀다로스(Pindaros BC 522(-18)-442(-38))를 본보기로 한 찬가와 비극 등 많은 걸작이 씌어졌지만, 병 상태의 악화와 함께 시인은 점차로 언어에 대한 지배력을 잃고 있었다.

Ⅲ. 헤겔과의 관계. 횔덜린은 헤겔을 '침착한 분별 있는 인간'이라고 말하며 신뢰를 보냈지만, 헤겔도 초기에, 특히 프랑크푸르트 시대에 횔덜린에게서 막대한 영향을 받았으며, 그런 까닭에 "헤겔의 철학적 사색의 실존적 근거는 오로지 횔덜린과의 교제로부터만 파악되어야만 한다"[『기록』 455-6]. 양자는 튀빙겐 신학교에서 알게 되고 야코비와 플라톤을 함께 읽으며 '신의 나라'를 표어로 하여 우정으로 맺어지고 '민중의 교육이라는 이상'을 나누어가지고 있었다. 졸업 후의 왕복서한에서도 횔덜린은 피히테 비판을 논하거나 헤겔로부터 바울서신의 석의를 기대하였으며, 헤겔도 자기의 종교론의 구상을 전하고 『엘레우시스』에서 재회의 기대를 말하고 있었다. 프랑크푸르트에서 재회 후 헤겔은 『도덕성·사랑·종교』의 후반부에서 종전의 상상력의 종교라는 모티브 아래 횔덜린의 '사랑'을 받아들여 칸트적 도덕종교로부터 합일철학으로 관점

을 전환했다. 또한 『최고의 체계 강령』의 특히 후반부의 '미의 이념'에 관한 부분에서는 횔덜린의 '미적 플라톤주의'의 영향을 볼 수 있다. 나아가 『신앙과 존재』에서 헤겔은 횔덜린의 『판단과 존재』와 마찬가지로 '존재'와 '합일'을 같은 뜻으로 이해하고, 『기독교의 정신』에서는 횔덜린의 '자연'('생')의 3단계론과 '운명'의 사상을 '미적 종교'의 견지에서 받아들였다. 그때 '아름다운 영혼' 내지 예수의 죽음에 관한 『기독교의 정신』의 초고로부터 개고로의 전개와 엠페도클레스의 죽음에 관한 횔덜린의 프랑크푸르트 시대로부터 홈부르크 시대로의 사상의 전개 사이에서는 병행성을 찾아볼 수 있다. 나아가 헤겔은 독일의 현 상황 비판과 예술·종교·철학관에 관해서도 횔덜린에게서 영향을 받았을 것이다. 역으로 후자의 기독교화는 전자의 영향에 의한 것으로 생각된다. 그러나 헤겔은 1803-4년경 이전에 『최고의 체계 강령』에서 공유하고 있던 '새로운 신화'의 구상으로부터 결별하고 있었다. ⇒ 합일철학, 엘레우시스. 『최고의 체계 강령』

【참】 Dilthey (1905), Hoffmeister (1931), Henrich (1974a), Kurz (1975), Kondylis (1979), 手塚富雄 (1981), Düsing (1981), Jamme (1983)

―구보 요이치(久保陽一)

훈육訓育 ⇨ 교육

홈볼트 [Friedrich Wilhelm Heinrich Alexander von Humboldt 1769. 9. 14-1859. 5. 6]

독일의 박물학자로서 W. 홈볼트의 동생. 1792-96년 프로이센의 광산 관리로 일하는 한편, 갈바니 전기 실험을 통해 생명의 화학적 과정의 해명에 몰두하였으며, 또한 유럽 각지를 여행하여 지리학과 지자기의 연구에도 종사했다. 한때 예나에 머물렀지만, 1799-1804년에는 중남미를 여행하고, 자기, 기상학, 지질학, 동물학 등 다채로운 분야의 자료를 수집하였으며, 귀국 후 파리에서(1807-27) 여행기를 정리, 출간함과 동시에 기후학, 식물지리학, 산악학을 확립했다. 29년의 시베리아

여행 이후에는 베를린, 파리에서 자연지리학의 강의, 저서의 출간에 힘쓰고, 만년에는 지자기 관측소의 세계적인 설치를 제창했다. 『엔치클로페디』에서는 기상학, 갈바니 전기 등에 관한 그의 견해에 대한 언급이 이루어지고 있지만, 홈볼트 자신은 계몽적 경험론자로서 헤겔과 셸링의 자연철학에 대해서 부정적이며, 그의 강의에서 헤겔을 비판했다『서간집』 (제3권) 주 424ff.]. ⇒ 갈바니즘

―기타자와 쓰네토(北澤恒人)

홈볼트 [Karl Wilhelm von Humboldt 1767. 6. 22-1835. 4. 8]

포츠담에서 태어남. 일찍부터 전 세계의 언어 연구를 시작한다. 독일 언어철학의 중심인물이며, 언어를 에르곤이 아니라 에네르게이아로서 파악하고 '내적 언어형식(innere Sprachform)'이라는 생각을 분명히 했다. 주저로 『카비어 서론』(1836)이 있다. 헤겔은 "사람들은 근대에 비로소 근원적 상태 그대로 머물러 있는 언어들을 연구하기 시작"했지만, 이 연구는 이러한 오랜 언어들이 "좀더 발달한 언어에는 결여되어 있는 바의 구별들을 표현하고 있다"는 발견을 했다고 하여 홈볼트를 평가하고 있다『엔치클로페디(제3판) 정신철학』 459절]. 또한 헤겔은 홈볼트의 『마하바라타론』에 대해서도 논의하고 있다『베를린 저작집』 11. 131f.].

【참】 Steinthal (1848), Cassirer (1923)

―구로사키 마사오(黑崎政男)

흄 [David Hume 1711. 4. 26-76. 8. 25]

영국의 철학자. 역사가로서도 알려진다. 주저는 『인간 본성에 관한 논고(A Treatise of Human Nature, 1739-40)』, 『인간 지성에 관한 탐구(An Enquiry concerning Human Understanding, 1748)』. 로크와 버클리 (George Berkeley 1685-1753) 이래의 영국 경험론 입장을 밀고 나가 크게 완성했다. 특히 (1) 관념은 모두 인상에서 기원을 지니며, 다만 그 '힘과 생생함'의 정도에 의해서만 인상과 구별되는 것이고, (2) 관념들은 서로 일정한 연상 법칙에 의해서 결부되지만, 그때

원인-결과와 같은 언뜻 보아 대상들 사이의 객관적 관계로 생각할 수 있는 것도 사실은 단지 인상들 사이의 '항상적인 연접'에 의해서 동기지어진, 우리 마음의 습관의 소산이며, (3) 마음 그 자체도 어떠한 실체가 아니라 단지 차례로 이어 일어나는 '지각의 다발'에 불과하다고 하는 그의 학설은 칸트를 비롯해 그 후의 철학에 커다란 영향을 주었다. 그 밖에도 도덕철학을 중요한 주제로 다루어 '공감' 개념을 기초에 놓고서 다양한 사회적·제도적 사태의 분석을 행하여 현재에도 넓은 각도에서 관심의 대상이 되고 있다.

헤겔은 『철학사』에서 흄을 루소와 더불어 "독일 철학의 두 가지 출발점"[20. 311]이라고 부르고 그의 칸트에 대한 영향관계를 강조하는 등 흄에게 중요한 위치를 부여하고 있지만, 특히 "흄은 사유규정이 경험 속에는 존재하지 않는다는 것을 보이고 있다"[같은 책 20. 337]고 하여 흄 철학의 회의주의적 귀결을 헤겔 자신의 사변적 입장으로 이끄는 논거 가운데 하나로서 파악하고자 하고 있는 것이 주목된다. ⇨로크

―오카모토 겐고(岡本賢吾)

흑인黑人 [Negar, Schwarzer]

헤겔에게 '흑인'이란 자연상태에 있는 인간이다. "흑인은 전적인 야망과 분방함 속에 있는 자연인을 나타낸다. 그들을 바르게 이해하고자 한다면, 모든 품위와 인륜을 버리고, 감정을 의미하는 것을 버려야만 한다. 이러한 성격 안에서는 인간성의 울림이 있는 것은 아무것도 발견되지 않는 것이다'. 아프리카의 흑인사회는 아메리카에 노예로서 팔렸던 흑인들의 생활보다도 훨씬 가혹한 노예사회이며, 오히려 "[유럽인이 가져온 노예제도는 흑인들에게 인간적인 것을 일깨웠다"고 할 정도라는 것이다. 아프리카는 "전적인 자연적 정신에서 취해진 대로의 몰역사적이고 미개발의 것"이며 영구히 자연상태에 머무르기 때문에, "인간의 본질이 자유로운 것인 까닭에 노예제는 즉자대자적으로 부당하다"는 것이 흑인들에게는 타당하지 않다고 헤겔은 생각했다『역사철학』12. 122-129]. ⇨아프리카, 인종

―하라사키 미치히코(原崎道彦)

흙⇨땅

흥분성興奮性 [Irritabilität]

감수성, 재생산과 함께 유기체, 특히 동물적 주체의 개념을 구성하는 세 개의 계기 가운데 하나. 외적 자극에 대한 유기체의 반작용과 대립의 면을 나타내지만, 외적인 것을 수용하는 감수성이 수동적, 이론적 관계를 시사하듯이 흥분성은 타자를 향한 능동성으로서 실천적 과정을 예시하고 있다. 원래는 할러(Albert von Haller 1708-77), 나아가 하비(William Harvey 1578-1657)로 소급되는 술어지만, 헤겔은 당시 브라운 이론이 흥분설의 설명원리로서 외적 자극을 직접 전제하고 있던 점을 비판하고 흥분성의 계기를 유기체 내부에서 기초지었다. 자극은 생명 안에 수용되지 않으면 자극일 수 없기 때문에 동물적 주체는 감수성을 매개로 하여 흥분할 수 있는 것이고, 이와 같은 흥분성이 생명적 개체의 타자에 대한 부정적인 관계성을 이루는 것이다. 흥분성은 유기체 내에 근육과 혈액계로서 존재하지만, 동시에 그 안에는 세 계기의 총체가 포함되어 있다. ⇨브라운 이론, 감수성

【참】Breidbach (1982), Engelhardt (1985)

―기타자와 쓰네토(北澤恒人)

희극喜劇 [Komödie, Lustspiel]

인생의 표면적 가치와 불완전성을 폭로하고, 인간의 악함을 묘사하며, 웃음을 일으키면서 생각하게 만드는 연극 장르. 인간의 불완전성을 예리하게 찌르는 풍자(사티로스)극, 이 불완전성을 본받아 처지를 벗어나 신나게 떠드는 협의의 희극 또는 유흥극(Lustspiel), 혹은 사회상황 속에 잠재해 있는 불완전성을 파헤쳐내며 익살을 부리는 소극(Schwank) 등이 있다.

유럽 희극의 원형은 고대 그리스의 디오니소스 축제에 봉헌된 것에서 찾아볼 수 있으며, 그리스 어 코모스κῶμος(야단법석)를 어원으로 한다. 아리스토텔레스의 『시학』에 남겨진 짧은 언급 이래로 많은 희극론이

있으며, 특히 20세기의 프로이트와 베르그송에 의해 웃음의 구조에 잠재해 있는 철학적 중대성이 받아들여졌다. 희극의 최전성기는 비극의 그것과 평행하고 있으며, 기원전 5~4세기의 그리스와 16~17세기의 유럽 국가들에서일 것이다.

헤겔은 진리의 발현이라는 관점에서 예술의 장르들 가운데 언어예술을 최고 위치에 두는데, 그 가운데서도 희극을 비극과 대비시켜 주관성이 우월한, 예술의 자기해소에 거의 다가가 있는 것으로 위치짓고 있다.

그는 희극적인 것을 재미남, 어리석음과 넌센스, 조소, 홍소와 구별한다. "희극적인 웃음에는 어디까지나 계속해서 쾌활하며, 자기 자신의 모순을 넘어서서 어디까지나 숭고하고자 하고, 거기서 모질게 생각한다든지 불행을 숨기려 하지 않는 확신이 필요하다"[『미학』15. 528].

비극에서는 실체적 객관성이 지반으로 되는 데 반해, 희극의 일반적 지반은 "인간이 본래는 지행 양면에 걸친 본질적 내포로서 자기 자신에 관계되는 모든 것을 주체적으로 완전하게 지배하에 두는 것과 같은 세계"[같은 책 15. 527]이다. 그러나 그와 같은 세계의 목적은 그에 고유한 본질의 결여로 인해 스스로 붕괴되어 버린다. 그 경우에도 주관성 그 자체가 소멸되는 것은 아니다. "단지 실체적인 것에서 볼 수 있는 것, 전적으로 사소한 것이 나타날 때에도 확고하게 된 주관성의 고차적인 원리가 존속하고, 이 주관성은 스스로 자유이면서 모든 유한성의 몰락을 넘어서고, 스스로에 대한 믿음에 충만한 기쁨으로 넘쳐나고 있다"[같은 책 15. 531]. ⇒드라마, 비극, 웃음

【참】 Bergson (1924), Preisendanz/Warning (1976)

―가나타 스스무(金田 晋)

희사喜捨 ⇨ 불행한 의식

희생犧牲 [Aufopferung, Opfer]

자기를 기꺼이 방기함을 통해 좀더 커다란 보편화된 자기를 획득하는 것. 자기부정을 통한 자기실현을 의

미한다. 이 말은 청년기로부터 만년에 이르기까지 계속해서 거의 동일한 의미로 사용된다. 자유론과 소외론의 원형을 이루는 중요한 기본개념이다. 바치다(opfern, hinopfern, widmen usw.), 내맡기다(preisgeben, darbringen, hingeben usw.), 방기하다(aufgeben, überlassen, ablassen, entäußern usw.), 단념하다(entsagen, absagen, versagen, Verzichttun usw.) 등의 일련의 어군이 이 개념에 관계된다. 실로 다양한 문맥에서 사용되지만, 특히 중요한 것은 국가에 대한 헌신, 신에 대한 봉사(공희(供犧)), 절대자의 희생이다.

청년기에는 고전고대의 영웅들의 조국애가 '헌신'으로서 찬양된다. "그들은 스스로의 대의를 위해 재산과 정열을 걸며(hingeben), 수천의 생명을 내던졌다(Leben opfern)"[『기독교의 실정성』1. 205]. 여기에는 개체가 자아=자아라는 무매개의 자기 동일을 고집하지 않고 <자가>를 사회적 공동성에로 외화하면서 거기서 좀더 풍부하게 된 보편적 <자가>를 향유하는('타자존재에서 자기 자신 곁에 존재한다') 자유론의 기본이 놓여 있다.

조국에 대한 실제의 헌신은 조국의 수호신에 대한 공동의 숭배(봉사라는 종교적 행위)에 의해 보완된다. 양자가 하나의 국가론 속에서 통합되는 것은 『자연법논문』의 '인류의 비극'론에서이다. ① 개체가 행하는 국가에 대한 헌신 ② 국가가 희생이 되어 개체의 자유와 권리를 인정하고 개체를 기름. ③ 양방향에서의 희생의 만남을 확증하는 상징적 행위로서의 제사(신에 대한 봉사). 이 세 계기가 통합되어 희생론의 기본이 만들어진다.

그 후에는 기독교의 개념화에서도 사용되어 삼위일체와 성찬론이 이 개념에서 파악된다. 신의 희생을 매개로 한 신인일체의 이념은 실체가 자기를 부정하여 주체화한다는 것으로서 '희생'은 <실체=주체>론의 관건이 되는 개념이기도 하다. ⇒성찬식

【참】 Trede (1973)

―야마자키 쥰(山崎 純)

히포콘드리아 ⇨정신장애

힌리히스 [Hermann Friedrich Wilhelm Hinrichs 1794. 4. 22- 1861. 9. 17]

헤겔 우파의 철학자. 하이델베르크에서 헤겔의 학생. 하이델베르크에서 사강사가 되며, 후에 브레슬라우를 거쳐 할레의 대학교수가 된다. 헤겔이 그의 저작 『학문에 대한 내적 관계에서의 종교(*Die Religion im inneren Verhältnisse zur Wissenschaft*, Heidelberg 1822)』에 대해서 쓴 서문은 감정을 원리로 하는 종교를 비판하는 내용으로 헤겔이 범신론자로서 공격 받는 계기가 되었다. 헤겔이 감정을 종교의 원리로 삼는 것에 반대하는 이유는 "감정이 그 자체로는 단순한 형식이고 무규정이며 어떠한 내용도 안에 포함할 수 없는 것이고"[『베를린 저작집』 11. 59], 결국 "어떠한 감정을 지니는가를 주관에 맡기게 되기"[같은 곳] 때문이다. 이에 대해 헤겔은 "시대의 요구에 관해 말하자면 종교와 철학은 모두 진리의 실체적이고 객관적인 내용을 지향하도록 요구받고 있다"[같은 책 11. 61]고 주장하여 비판하고 있다. ⇒헤겔학파

―기쿠치 에이요시(菊地惠善)

힘 [Kraft]

헤겔은 체계의 이곳저곳에서 <힘>이라는 역학의 기본적 범주를 문제로 다루고 있지만, 그 참된 의미는 셸링에서 시작되는 힘 개념의 해체의 역사를 고찰함으로써만 이해된다. 셸링은 헤겔에 앞서 힘의 개념을 검토하고, 그것이 전체적인 상호작용의 연관의 한 계기에 불과하다는 것을 이미 통찰하고 있었다. 그는 『이념』(1797)에서 다음과 같이 주장한다. "힘이란 일반적으로 단순한 지성 개념이다. …… 물질의 기본적인 힘들은 저 근원적 활동성의 지성에서의 표현 이외의 아무것도 아니다"[슐레타 판 전집 Erg. Bd. I, 235]. 그 다음 해의 『세계영혼』(1798)에서도 그는 <생명력>을 공허한 개념이라고 부르고, "생명의 본질은 하나의 힘 안에서가 아니라 힘들의 자유로운 유희 안에 있다"[같은 전집 Bd. II, 634]고 쓰고 있다.

헤겔은 셸링에게서 이러한 관점들을 받아들였지만, 단지 자연철학 분야에서 역학적 사유형식과 역학 범주의 다른 영역에로의 적용을 비판하는 데 머무르지 않고, 더 나아가 <힘>이라는 범주 그 자체의 논리적 본성에 대한 해명에로 향했다. 힘의 개념에 관한 고찰은 이미 '예나 논리학'에서도 보이지만, 이 고찰은 힘이라는 범주가 볼 수 없게 하는 상관관계의 참된 구조를 발견한다는 중요한 목적을 지니고 있었다[『예나 체계 II』 GW 7. 51f.]. 또한 『정신현상학』의 '힘과 지성' 장은 이 상관관계의 한편의 항을 <힘>으로서 고정하는 지성적 의식이 그 자신의 변증법에 의해서 움직이는 운동으로서 힘의 개념의 해체를 묘사하고 있다. 이러한 고찰들은 『논리학』에서 <힘과 그 발현은 같은 것이다>라는 테제로 완성되지만, 상호작용의 연관에서 분리된 고립적인 힘을 전혀 인정하지 않는 이러한 관점은 헤겔의 존재론과 자연철학의 근저에 놓여 있는 대단히 중요한 관점이다. 『엔치클로페디』의 자연철학 부분에서 그는 다음과 같이 쓰고 있다. "힘이라는 반성규정은 일단 지성에 대해서 고정되면 궁극적인 것으로서 가로막고 서서 그 규정들의 관계를 더 묻지 못하게 한다"[261절]. "[뉴턴 역학에서] 자립적인 원심력과 구심력이라는 형이상학적 넌센스<Unding>가 전제되며, 더욱이 이 지성의 허구에는 또 이 이상으로 지성을 적용해서는 안 된다……고 말해지고 있다"[270절].

이러한 기술들이 중요한 것은 그것이 엥겔스(Friedrich Engels 1820-95)의 『자연변증법』을 선취하고 있기 때문도, 전자기장에 관한 패러데이(Michael Faraday 1791-1867)의 이론을 예감하게 하기 때문도 아니다. 헤겔에 의한 힘 개념의 비판은 확실히 직접적으로는 어떠한 물리학적 발견도 불러일으키지 않았다. 그럼에도 범주의 논리적 본성에 관한 그의 연구는 힘을 근원적인 것으로서 전제하는 것을 자명한 것으로 생각하는 우리의 의식에 언제나 반성을 강요하고 있다. 그것이 중요한 것은 바로 그 때문이다. ⇒견인력과 반발력

【참】 Treder (1981), Paolucci (1984), Neuser (1986a), Shea (1986), Lunteren (1986), Ihmig (1989)

―와타나베 유호(渡辺祐邦)

힘의 유희—遊戲 [Spiel der Kräfte]

『정신현상학』은 감성적 확신, 지각에 이어서 의식의 세 번째 형태로서 지성을 취급한다. 지성의 대상은 '힘'이다. 힘은 예를 들면 잠재적인 내적인 힘으로 생각된다. 그러나 힘은 본래 밖으로 발현('외화')해서야 비로소 힘이다. 그러나 이렇게 전개된 힘 역시 내적인 힘, '되밀린 힘'의 외화인 데 지나지 않는다. 이러한 양자의 상호이행은 한편만이 힘인 것이 아니라 두 개의 자립적인 힘이 있다는 것을 보이고 있다. 그것들은 되밀린 힘을 외화로 '유발하는 힘'과, 외화로서의 힘에 의해서 발현으로 '유발되는 힘'이다. 그러나 유발한다는 것은 '유발되는 힘'에 의해서 그렇게 유발됨으로써 비로소 성립한다. '유발되는 힘'이야말로 유발하는 것이다. 그리고 더 나아가 그 역이 성립한다. 이 양자의 규정의 서로에게로의 즉각적인 전환이 '힘의 유희'[3. 113]이다. '유희'라고 불리는 것은 양쪽의 힘이 자립적인 것처럼 보이면서도 실제로는 놀이하듯이 즉각적으로 그 규정을 교환하고 타자로 전환하기 때문이다. ⇒힘, 외화

【참】 Heidegger (1980), 渡邊二郎 (1978)

—후지타 마사카쓰(藤田正勝)

✠ 참고문헌 일람 ✠

이 일람은 본문의 각 항목에 게재된 참고문헌을 저자(편자와 역자도 포함) 성의 알파벳순(일본인의 한자 이름은 로마자로 읽어 변화시킴)과 동일 저자의 간행 연대순으로 배열하여 게재한 것이다. 따라서 체계적으로 망라하여 작성된 연구문헌 목록은 아니다.

헤겔 자신의 저작에 관해서는 「헤겔 집필 연대표」를, 또한 비교적 입수하기 쉬운 연구문헌(단행본과 잡지의 특집)에 관해서는 「일본어로 읽을 수 있는 헤겔 연구문헌 일람」(둘 다 부록에 수록)을 참조하길 바란다.

본문 항목에서의 지시와 대응시키기 위해 예를 들면 논문집 전체와 거기에 수록되어 있는 개별 논문이 둘 다 게재되는 등 다소 체재에서 통일되지 못한 점이 있다.

간행년도는 초판을 기본으로 했지만, 입수하기 쉬운 판과 일본어 번역의 저본이 된 판을 병기하거나 주된 것으로 삼은 경우도 있다.

A

安彦一惠　1978　「ベルン時代におけるヘーゲルの《自由》概念」『實踐哲學研究』第1号.

安彦一惠　1986　「ヘーゲルの近代論」中埜肇 編『ヘーゲル哲學研究』理想社.

Adorno, Theodor Wiesengrund　1963　*Drei Studien zu Hegel*. Frankfurt a. M. (渡辺祐邦 譯『三つのヘーゲル研究』河出書房新社, 1986)

Adorno, Theodor Wiesengrund　1970　*Ästhetische Theorie*. Gesammelte Schriften. Bd. 7. Frankfurt a. M. (大久保健治 譯『美の理論』河出書房新社, 1985)

秋山卓也　1975　「根源の探究―ヘルダーリーンの1795年および1796年の哲學的思索の考察」『獨佛文學語學研究』(關西學院大學) 論攷 第30号.

Albrecht, Reinhardt　1978　*Hegel und die Demokratie*. Bonn.

Allgemeine Deutsche Biographie. Bd. 7. Leipzig. (푀르스터 항의 참고문헌)

Amrine, Frederick/Zücker, Francis J./Wheeler, Harvey (ed.)　1987　*Goethe and the Sciences: A Reappraisal*. Dordrecht.

Annas, Julia/Barnes, Jonathan　1985　*The Modes of Scepticism*. Cambridge University Press. (金山弥平 譯『懷疑主義の方式』岩波書店, 1980).

Ariès, Phillippe　1960　*L'enfant et la vie familiale sous, l'ancient régime*. Paris. (杉山光信・杉山惠美子 譯『<子供>の誕生』みすず書房, 1980)

Aristotelēs *De Arte poetica*. ed. by R. Kassel. Oxford 1968.

Arthur, Christopher J.　1987　Hegel on Political Economy. In: David Lamb (ed.), *Hegel and Modern Philosophy*. London.

Ast, Friedrich   1807   *Grundriss einer Geschichte der Philosophie*. Landshut.

Asveld, Paul   1974   Zum Referat von Walter Biemel über die Phänomenologie des Geistes und die Hegelrenaissance in Frankreich. In: *Hegel-Studien Beiheft* 11. Bonn.

新規矩男 (編)   1975   『古代西アジア美術』體系世界の美術 2, 學習研究社.

Auerbach, Erich   1946   *Mimesis. Dargestellte Wirklichkeit in der abendländischen Literatur*. Princeton. (篠田一士・河村二郎 譯『ミメーシス』上・下, 筑摩書房, 1967)

Avineri, Schlomo   1972   *Hegels Theory of the Modern State*. London. (高柳良治 譯『ヘーゲルの近代國家論』未來社, 1978)

Axelos, Christos   1965   Zu Hegels Interpretation der Tragödie. In: *Zeitschrift für philosophische Forschung*. Bd. 19. Meisenheim a. Glan.

B

Bacherard, Gaston   1957   *La poétique de l'espace*. Paris. (岩村行雄 譯『空間の詩學』思潮社, 1969)

Bailey, Cyril   1928   *The Greek Atomists and Epicurus*. Oxford.

Barnikol, Ernst   1972   *Bruno Bauer, Studien und Materialien*. Assen.

Barth, Karl   1942   *Christengemeinde und Bürgergemeinde*. Zürich.

Barth, Karl   1947   *Die protestantische Theologie in 19. Jahrhundert*. (5. Aufl., Zürich 1985)

Bauer, Bruno   1968   *Feldzüge der reinen Kritik*. Frankfurt a. M.

Baumeister, Thomas   1976   *Hegels frühe Kritik an Kants Ethik*. Heidelberg.

Baumgarten, Alexander Gottlieb   1750/58   *Theoretische Ästhetik*. Die grundlegenden Abschnitte aus der "Aesthetica". Lateinisch-Deutsch. übers. und hrsg. von H. R. Schweizer. Hamburg 1983.

Baumgarten, Alexander Gottlieb   1761   *Acroasis Logica in Christianum L. B. de Wolff*. Halle. (Reprint: Hildesheim 1963   Wolff, Chr., Gesammelte Werke, Materialien und Dokumente, 5)

Baumgarten, Alexander Gottlieb   1779   *Metaphysica*. 7. Aufl., Halle. (Reprint: Hildesheim 1963)

Baumgartner, Hans Michael (hrsg.)   1975   *Schelling*. Freiburg/München.

Baum, Manfred 1980 Zur Methode der Logik und Metaphzsik beim Jenaer Hegel. In: *Hegel in Jena*. Hegel-Studien Beiheft 20. Bonn.

Baum, Manfred/Meist, Kurt   1977   Durch Philosophie leben lernen. Hegels Konzeption der Philosophie nach den neu aufgefundenen Jenaer Manuskripten. In: *Hegel-Studien*. Bd. 12. 43-81. Bonn.

Bayle, Pierre   1697   *Dictionaire historique et critique*. Tome Ⅱ. 1083-1100. Rotterdam. (『歴史批評辭典』Ⅲ (スピノザ 項목) 法政大學出版局, 1987)

Becker, Werner   1970   *Idealistische und materialistische Dialektik. Das Verhältnis von <Herrschaft und Knechtschaft> bei Hegel und Marx*. Stuttgart/Berlin.

Behler, Ernst   1988   *Studien zur Romantik und zur idealistischen Philosophie*. Paderborn.

Belaval, Yvon   1976   *Études Leibnizienne: De Leibniz à Hegel*. Paris.

Benjamin, Walter 1955 Der Begriff der Kunstkritik in der deutschen Romantik. *W. Benjamin Schriften*. Frankfurt a. M. (大峯・高木 編 『ヴァルター・ベンヤミン著作集 4 ドイツ・ロマン主義』 晶文社, 1970)

Bergson, Henri 1924 *Le Rire. Essai sur la signification du comique*. Paris.

Berlin, Isaiah 1969 *Four Essays on Liberty*. London. (小川晃一 譯 『自由論』 みすず書房, 1979)

Best, Otto F. 1989 *Der Witz als Erkenntniskraft und Formprizip*. Darmstadt.

Beyer, Wilhelm Raimund 1968 Hegels 'Gesetz', In: *Der Gesetzbegriff in der Philosophie und den Einzelwissenschaften*. hrsg. von G. Kröber, Berlin.

Beyer, Wilhelm Raimund 1985 *Gegenwartsbezüge Hegelscher Themen: Mit unbekannten Hegel-Texten zur Farbenlehre*. Halin.

Biemel, Walter 1974 Die Phänomenologie des Geistes und die Hegel-Renaissance in Frankreich. In: *Hegel-Studien Beiheft* 11. Bonn.

Black, Max 1962 *Models and Metaphors*. Cornell Univ. Press, Ithaca.

Bloch, Ernst 1972 *Das Materialismusproblem. Seine Geschichte und Substanz*. Frankfurt a. M.

Bodammer, Theodor 1969 *Hegels Deutung der Sprache: Interpretation zu Hegels Äußerungen über die Sprache*. Hamburg.

Bolin, Wilhelm 1904 Feuerbach. In: *Ludwig Feuerbachs Sämtliche Werke*. hrsg. von W. Bolin und F. Jodl. Bd. 12-13. Stuttgart. (齋藤信治・桑山政道 譯 『フォイエルバッハ』 福村出版, 1971)

Bonsiepen, Wolfgang 1977 *Der Begriff der Negativität in den Jenaer Schriften Hegels*. Hegel-Studien Beiheft 16. Bonn.

Bonsiepen, Wolfgang 1979 Erste Zeitgenössische Rezensionen der Phänomenologie des Geistes. In: *Hegel-Studien*. Bd. 14. Bonn.

Bonsiepen, Wolfgang 1985 *Hegels Raum-Zeit Lehre, Dargestellt anhand zweier Vorlesungs-Nachschriften*. Bonn.

Bonsiepen, Wolfgang 1986 Hegels kritische Auseinandersetzung mit der zeitgenössischen Evolutionstheorie. In: *Hegels Philosophie der Natur*. hrsg. von Rolf-Peter Horstmann und Michael John Petry, Stuttgart.

Bonsiepen, Wolfgang 1988 *Einleitung zu G. W. F. Hegels Phänomenologie des Geistes*. Philosophische Bibliothek 414, Hamburg.

Boyce, Mary 1979 *Zoroastrians*. London. (山本由美子 譯 『ゾロアスター教』 筑摩書房, 1983)

Boyer, Carl B. 1959 *The History of the Calculus and its Conceptual Development*. New York.

Brauer, Oscar Daniel 1982 *Dialektik der Zeit, Untersuchungen zu Hegel's Metaphysik der Weltgeschichte*. Stuttgart.

Bray, René 1963 *Formation de la doctorine classique en France*. Paris.

Brecht, Martin/Sandberger, Jörg 1969 Hegels Begegnung mit der Theologie in Tübinger Stift. Eine Quelle für die Studienzeit Hegels. In: *Hegel-Studien*. Bd. 5. Bonn.

Breidbach, Olaf 1982 *Das Organische in Hegels Denken, Studie zur Naturphilosophie und Biologie um 1800*. Würzburg.

Brown, John 1780 *Elementa medicinae*. Edinburgh.

Brucker, Johann Jakob 1742-44 *Historia critica philosophiae a mundi incunabulis*. 5 Bde., Leibzig.

Brummarck, Jürgen 1979 *Statirische Dichtung*. München.

Bubner, Rüdiger 1969 Problemgeschichte und systematischer Sinn einer Phänomenologie. In: *Hegel-Studien*. Bd. 5. Bonn. (加藤尚武・伊坂青司・竹田純郎 譯 『辨證法と科學』 所收, 未來社)

Bubner, Rüdiger 1973a Über einige Bedingungen gegenwärtiger Ästhetik. In: *Neue Hefte für Philosophie*. Heft 5.

38-73. Göttingen.

Bubner, Rüdiger 1973b *Dialektik und Wissenschaft.* Frankfurt a. M. (加藤尙武・伊坂靑司・竹田純郎 譯『辨證法と科學』未來社, 1983)

Bubner, Rüdiger (hrsg.) 1973c *Das älteste Systemprogramm. Studien zur Frühgeschichte des deutschen Idealismus.* Bonn.

Bubner, Rüdiger 1978 Hegel und Goethe. In: *Beihefte des Euphorion.* 12. Heidelberg.

Bubner, Rüdiger 1987 Zur dialektischen Bedeutung romantischer Ironie. In: *Die Aktualität der Frühromantik.* Paderborn.

Bucher, Theodor G. 1983 Wissenschaftstheoretische Überlegungen zu Hegels Planetenschrift. In: *Hegel-Studien.* Bd. 18. Bonn.

Buchner, Hartmut 1965 Hegel und das Kritische Journal der Philosophie. In: *Hegel-Studien.* Bd. 3. 95-156. Bonn.

Buckley, Michael J. 1971 *Motion and Motion's God.* Princeton.

Buhle, Johann Gottlieb 1796-1804 *Lehrbuch der Geschichte der Philosophie und kritische Litteratur derselben.* 8 Bde. Göttingen.

Buhle, Johann Gottlieb 1800-04 *Geschichte der neueren Philosophie seit der Epoche der Wiederstellung der Wissenschaften.* 6 Bde. Göttingen.

Bultman, R. 1952 Polis und Hades in der Antigone des Sophokles. In: *Sophokles.* hrsg. von Hans Diller. Wissenschaft der Forschung. Bd. 95. 1986.

Busche, Hubertus 1987 *Das Leben der Lebendigen.* Hegel-Studien Beiheft 31. Bonn.

C

Campe, Joachim Henrich 1817 *Die Entdeckung von Amerika, ein Unterhaltungsbuch für Kinder und junge Leute.* 3 Teile, 8 Aufl. Braunschweig.

Cassirer, Ernst 1923, 1925, 1929 *Philosophie der symbolischen Formen.* 3 Bde. Berlin. (木田元 外 譯『シンボル形式の哲學』岩波文庫, 1989-)

Chalybäus, Heinrich Moritz 1837 *Historische Entwicklung der spekulativen Philosophie von Kant bis Hegel.* Dresden.

Chamley, Paul 1963 *Economie politique et philosophie chez Steuart et Hegel.* Paris.

Chamley, Paul 1965 Les origines de la pensée économique de Hegel. In: *Hegel-Studien.* Bd. 3. Bonn.

Chemnitz, Bogislav Philipp von 1647 *Dissertatio de ratione status in imperio nostro Romano-Germanico.* Freistadii.

Claesges, Ulrich 1981 Darstellung des erscheinenden Wissens. In: *Hegel-Studien Beiheft* 21. Bonn.

Cohen, Robert S./Wartofsky, Marx W. (ed.) 1984 *Hegel and the Sciences.* Dordrecht.

Colpe, Carsten 1958 *Die Religion in Geschichte und Gegenwart.* Bd. 2. 3. Aufl. Tübingen.

Cooper, David E. 1971 Hegels Theory of Punishment, In: Pelczynski (hrsg.), *Hegels Political Philosophy, Problems and Perspectives.* Cambridge. (藤原保信・引田隆也・飯島昇藏・川上文雄 譯『ヘーゲルの政治哲學』上・下, 御茶の水書房, 1980)

Coseriu, Eugenio 1972 *Die Geschichte der Sprachphilosophie von der Antike bis zur Gegenwart.* Tübingen.

Croce, Benedetto   1906   *Ciò che è vivo e ciò che è morto della filosofia di Hegel*. Bari.

D

Dahlhaus, Carl   1983   Hegel und die Musik seiner Zeit, In: *Hegel-Studien Beiheft* 22. Bonn.

Debus, Allen G.   1977   *The Chemical Philosophy: Paracelsian Science and Medicine in the Sixteenth and Seventeenth Centuries*. New York.

De Gandt, François   1979   *Hegel, Les Orbites des Planetes*. Paris.

出口純夫   1980   『精神と言葉―ヘーゲル研究』創文社.

Deinet, Klaus   1981   *K. E. Oelsner und die Französische Revolution*. München.

Deleuze, Gill   1968   *Différence et Répétition*. Paris.

Derbolav, Josef   1965   *Hegels Theorie der Handlung*. Bonn.

Derrida, Jacques   1970   Le puits et la pyramide. In: *Hegel et la pensée moderne*. Paris. (高橋允昭 譯「堅坑とピラミッド―ヘーゲルの記號論への序論」,『現代思想』1973年 1, 2月号)

Descombes, Vincent   1979   *Le même et L'autre, quarante-cinq ans de philosophie française (1933-1978)*. Paris. (高橋允昭譯『知の最前線―現代フランスの哲學』TBSブリタニカ, 1983)

DeVries, Willem A.   1988   *Hegel's Theory of Mental Activity*. Ithaca.

D'Hondt, Jacques   1968a   *Hegel secret, recherches sur les sources cachées de la pensée de Hegel*. Paris. (飯塚勝久・飯島勉譯『知られざるヘーゲル』未來社, 1980)

D'Hondt, Jacques   1968b   *Hegel en son temps, Berlin 1818-1831*. Paris. (花田圭介・杉山吉弘 譯『ベルリンのヘーゲル』法政大學出版局, 1983)

Dickey, Laurence   1987   *Hegel. Religion, Economics, and the Politics of Spirit, 1770-1807*. Cambridge.

Diels, Hermann/Kranz, Walther   1951   *Die Fragmente der Vorsokratiker*. Bd. 1. Weidmann. (山本光雄 譯編『初期ギリシア哲學者斷片集』岩波書店, 1974)

Diemer, Alvin   1976   *Elementarkurs Philosophie. Dialektik*. Düsseldorf/Wien.

Dierse, H./Kuhlen, R.   1971   Artikel. Anschauung, intellektuelle. In: *Historisches Wörterbuch der Philosophie*. Bd. Ⅰ. Basel.

Dietl, Paul Gerhard   1987   *Die Rezeption der Hegelschen "Rechtsphilosophie" in der Sowjetunion*. Frankfurt a. M.

Dilthey, Wilhelm   1870   *Leben Schleiermachers*. Berlin.

Dilthey, Wilhelm   1905   *Das Erlebnis und die Dichtung. Lessing, Goethe, Novalis, Hölderlin*. Stuttgart. (小牧・柴田 譯『體驗と創作』上・下, 岩波書店, 1961)

Dilthey, Wilhelm   1906   *Die Jugendgeschichte Hegels*. Stuttgart. (In: ders.: *Gesammelte Schriften*. Bd Ⅳ. Leibzig/Berlin 1921.)

Doz, André   1970   *La théorie de la mésure*. Paris.

Droz, Jacques   1949   *L'Allemagne et révolution française*. Paris.

Droz, Jacques   1966   *Le Romantisme allemand et l'Etat*. Paris.

Durand, Gilbart 1968 *L'imagination symbolique*.

Düsing, Klaus 1971 Das Problem des Höchsten Gutes in Kants Praktischer Philosophie. In: *Kant-Studien*. 62-1. Köln.

Düsing, Klaus 1973 Die Rezeption der Kantischen Postulatenlehre in den frühen philosophischen Entwürfen Schellings und Hegels. In: *Hegel-Studien Beiheft* 9. Bonn.

Düsing, Klaus 1976 *Das Problem der Subjektivität in Hegels Logik*. Hegel-Studien Beiheft 15. Bonn.

Düsing, Klaus 1981 Ästhetischer Platonismus bei Hölderlin und Hegel, In: *Homburg vor der Höhe in der deutschen Geistesgeschichte*. hrsg. von C. Jamme und O. Pöggeler. Stuttgart. (久保陽一 譯 『ヘーゲル、ヘルダーリンとその仲間』, 公論社, 1985)

Düsing, Klaus 1983 *Hegel und die Geschichte der Philosophie*. Darmstadt.

Düsing, Klaus 1984 *Das Problem der Subjektivität in Hegels Logik. Systematische und entwicklungsgeschichtliche Untersuchungen zum Prinzip des Idealismus und zur Dialektik*. 2., verbesserte und um ein Nachwort erweiterte Auflage. Bonn.

Düsing, Klaus 1986 Ästhetische Einbildungskraft und intuitiver Verstand. In: *Hegel-Studien*. Bd. 21. Bonn.

Düsing, Klaus (hrsg.) 1988 *Schellings und Hegels erste absolute Metaphysik*. Köln.

E

海老澤敏 1981 『ルソーと音樂』白水社.

海老澤善一 1980 「反省の原理と比例の論理(イエナ論理學のついて)」『愛知大學學論叢』第 64, 65輯.

Eco, Umberto 1984 *Semiotics and the philosophy of language*. London

Elan, Keir 1980 *The semiotics of theatre and drama*. New York/London.

Eley, Lother 1976 *Hegels Wissenschaft der Logik*. München.

遠藤敎三 1975 『服裝美學』造形社.

Engelhardt, Dietrich von 1974 Das chemische System der Stoffe, Kräfte und Prozesse in Hegels Naturphilosophie und der Wissenschaft seiner Zeit. In: *Hegel-Studien Beiheft* 11. Bonn.

Engelhardt, Dietrich von 1976 *Hegel und Chemie; Studien zur Philosophie der Natur um 1800*. Wiesbaden.

Engelhardt, Dietrich von 1984 The Chemical System of Substances, Forces and Processes in Hegel's Philosophy of Nature and the Science of His Time. In: *Hegel and the Science*. ed. by R. S. Cohen and M. W. Wartofsky, London/Boston.

Engelhardt, Dietrich von 1985 Die organische Natur und die Lebenswissenschaft in Schellings Naturphilosophie. In: Heckmann, Krings, Meyer (hrsg.), *Natur und Subjektivität, Zur Auseinandersetzung mit der Naturphilosophie des jungen Schelling*. Stuttgart.

Engelhardt, Dietrich von 1986 Die biologischen Wissenschaften in Hegels Naturphilosophie. In: *Hegels Philosophie der Natur*. Klett-Cotta.

Erckenbrecht, Ulrich 1976 *Das Geheimnis des Fetischismus*. Frankfurt a. M.

Erdmann, Johann Eduard 1986 *Die Deutsche Philosophie seit Hegels Tode. Faksimile-Neudruck der Berliner Ausgabe*

186. (Stuttgart/Bad Canstatt 1964).

Eschenmayer, Carl (Karl) Adorf 1797 *Sätze aus der Natur Metaphysik auf chemische und medizinische Gegenstände angewandt*. Tübingen.

F

Falkenheim, Hugo 1934 *Goethe und Hegel*, Tübingen.

Farrington, Benjamin 1944 *Greek Science*. London (出隆 譯『ギリシャ人の科學』上・下, 岩波書店, 1955)

Fetscher, Iring 1970 *Hegels Lehre vom Menschen*. Stuttgart/Bad Cannstatt.

Fink-Eitel, Hinrich 1978 *Dialektik und Sozialethik*. Meisenheim a. Glan.

Fink, Eugen 1977 *Hegel*. Frankfurt a. M. (加藤精司 譯『ヘーゲル』國文社, 1987)

Fischer, Kuno 1911 *Hegels Leben, Werk und Lehre* (1901). (2 Aufl., Heidelberg. Kraus Reprint, Nendeln/Lichtenstein 1973) (玉井・磯江・岸本 外譯『ヘーゲルの生涯・著作・學說』1-6, 勁草書房, 1978-90)

Fleischmann, Max 1905 *Völkerrechtsquellen*. Halle.

Forster, Michael N. 1989 *Hegel and Skepticism*. London.

Foucault, Michel 1966 *L'ordre du discours*. Paris. (中村雄二郎 譯『言語表現の秩序』河出書房新社, 1981)

Franckenberg, Abraham von 1730 *Gründlicher und wahrhafter Bericht von dem Leben und Abscheid des in Gott seligruhenden Jacob Böhmens*. In: J. Böhme: Sämtliche Schriften. Faksimile-Neudruck der Ausgabe von 1730. (Neu hrsg. von W.-E. Peuckert. Bd. 10. Stuttgart 1961. 5-31.)

Frank, Manfred 1989 *Einführung in die frühromantische Ästhetik*. Frankfurt a. M.

Freitag, Gustav 1863 *Die Technik des Dramas*. Darmstadt.

Freud, Sigmund 1905 *Der Witz und seine Beziehung zum Unbewußten*. Frankfurt a. M.

Friedrichs, Arno 1913 *Klassische Philosophie und Wirtschaftwissenschaft, Untersuchungen zur Geschichte des deutschen Geisteslebens in neunzehnten Jahrhundert*. Gohtha.

Fuhrmans, Horst 1962 Schelling und Hegel. Ihre Entfremdung. In: *F. W. Schelling. Briefe und Dokumente*. Bd. Ⅰ. Bonn.

藤田正勝 1983a 「ヘーゲルによるカント實踐哲學の受容」『哲學』第3号.

藤田正勝 1983b 「現代ドイツにおける『精神現象學』研究の状況と意味」『理想』605号

藤田正勝 1985 *Philosophie und Religion beim jungen Hegel. Unter besonderer Berücksichtungen seiner Auseinandersetzung mit Schelling*. Hegel-Studien Beiheft 26. Bonn.

藤田正勝 1986 『若きヘーゲル』創文社.

藤原保信 1972 「イギリスにおけるヘーゲル研究の動向」『社會思想史研究』No. 6.

藤原保信 1982 『ヘーゲル政治哲學講義—人倫の再興』御茶の水書房.

Fulda, Hans Friedrich 1965 *Das Problem einer Einleitung in Hegels Wissenschaft der Logik*. Frankfurt a. M.

Fulda, Hans Friedrich 1966 Zur Logik der Phänomenologie. In: *Hegel-Studien Beiheft* 3. Bonn.

Fulda, Hans Friedrich 1978 Unzulänliche Bemerkungen zur Dialektik. In: *Seminar: Dialektik in der Philosophie Hegels*.

hrsg. von R. P. Horstmann. Suhrkamp Taschen Buch 234. Frankfurt a. M.

Fulton, John F./Cushing, Harvey   1936   A Bibliographical study of the Galvani and the Aldini writings on animal electricity. In: *Annals of Science.* vol. 1. London.

Funke, Gerhard   1958   Gewohnheit. In: *Archiv für Begriffsgeschichte.* Bd. 3. Bonn.

Furet, François   1978   *Penser la Révolution française.* Paris. (大津眞作 譯『フランス革命を考える』岩波書店, 1989)

G

Gadamer, Hans-Georg   1960   *Wahrheit und Methode.* Tübingen.

Gadamer, Hans-Georg   1971a   *Hegels Dialektik. Fünf (Sechs) hermeneutische Studien.* Tübingen. (2. Aufl. 1980) (山口誠一・高山守 譯『ヘーゲルの辨證法』未來社, 1990)

Gadamer, Hans-Georg   1971b   Hegel. die verkehrte Welt. In: *Hegels Dialektik.* Tübingen. (2. Aufl. 1980)

Gadamer, Hans-Georg   1971c   Die Idee der Hegelschen Logik. In: *Hegels Dialektik.* Tübingen. (2. Aufl. 1980)

Gadamer, Hans-Georg   1971d   Hegel und die antike Dialektik. In: *Hegels Dialektik.* Tübingen. (2. Aufl. 1980)

Gadamer, Hans-Georg   1976   *Vernunft im Zeitalter der Wissenschaft.* Frankfurt a. M. (本間・座小田 譯『科學の時代における理性』法政大學出版局, 1986)

Gamby, Erik   1985   *Edger Bauer. Junghegelianer. Publizist und Polizeiagent.* Trier.

Gamm, Gerhard   1981   *Der Wahnsinn in der Vernunft. Historische und erkenntniskritische Studien zur Dimension des Anders-Seins in der Philosophie Hegels.* Bonn.

Gans, Eduard   1836   *Rückblicke auf Personen und Zustände.* Berlin.

Gans, Eduard   1981   *Naturrecht und Universalrechtsgeschichte.* hrsg. von Manfred Riedel. Stuttgart.

Garewicz, Jan   1988   Hegel über Böhme. In: *Philosophie und Poesie.* Otto Pöggeler zum 60. Geburtstag. hrsg. von A. Gethmann-Siefert. Stuttgart/Bad Cannstatt. Bd. 1, 321-329.

Gentile, Giovanni   1913   *La riforma della dialettica hegeliana.* Messina.

Gethmann-Siefert, Annemarie   1984   *Die Funktion der Kunst in der Geschichte.* Hegel-Studien Beiheft 25. Bonn.

Gethmann-Siefert, Annemarie   1987   Die Sammlung Boisserée in Heidelberg, Anspruch und Wirkung. In: *Heidelberg im Säkularen Umbruch, Traditionsbewußtsein und Kulturpolitik um 1800.* hrsg. von Friedrich Strack. Stuttgart.

Gies, Manfred (hrsg.)   1982   *G. W. F. Hegel Naturphilosophie. Bd I. Die Vorlesung von 1819/20.* Napoli.

Gillispie, Charles Coulston   1959   *Genesis and Geology. The Impact of Scientific Discoveries upon Religious Beliefs in the Decades Before Darwin.* New York.

Gillispie, Charles Coulston   1960   *The edge of objectivity.* New Jersey. (島尾永康 譯『科學思想の歷史』みすず書房, 1965)

Giovanni, George D.   1973   Reflection and Contradiction. In: *Hegel-Studien.* Bd. 8. Bonn.

Girtanner, Christoph   1797-8   *Ausführliche Darstellung des Brownischen Systems der Praktischen Heilkunde.* I, II. Göttingen.

Giusti, Miguel   1987   *Hegels Kritik der modernen Welt. Über die Auseinandersetzung mit den geschichtlichen und systematischen Grundlagen der praktischen Philosophie.* Würzburg.

Glockner, Hermann 1929–44 *Hegel.* Stuttgart.

Glockner, Hermann 1964 *Hegel.* Erster Band. Schwierigkeiten und Voraussetzungen der Hegelschen Philosophie. 4. Aufl. *Georg Wilhelm Friedrich Hegel Sämtliche Werke.* Bd. 21. Stuttgart.

Glockner, Hermann 1968 *Hegel.* Bd. 2. Entwicklung und Schicksal der Hegelschen Philosophie. *Georg Wilhelm Friedrich Hegel Sämtliche Werke.* hrsg. von H. Glockner. Bd. 22. Stuttgart.

Goedewaagen, Tobie 1971 Hegel und der Pantheismus. In: *Hegel–Studien.* Bd. 6. Bonn.

Goethe, Johann Wolfgang von 1817 *Als kleinen Knaben*⋯⋯ (ヘーゲル『書簡集』第4巻-1, 233: 1817年3月30日付)

Goethe, Johann Wolfgang von 1820 *Zur Morphologie.* Ⅰ Bd. 2. Heft.

Goethe, Johann Wolfgang von 1890 Gott und Welt. In: *Goethes Werke.* Abt. Ⅰ, Bd. 3, Weimar. (高橋義人 編譯・前田富士男 譯『自然と象徴』冨山房, 1982)

Göhler, Gerhard 1973 Die wichtigsten Ansätze zur Interpretation der Phänomenologie des Geistes. In: *Göhlers Phänomenologie-Aufgabe.* S. 600–612. Ullstein.

Göhler, Gerhard 1974 Dialektik und Politik in Hegels frühen politischen System. Kommentar und Analyse. In: *G. W. F. Hegel Frühe politische Systeme.* hrsg. von Gerhard Göhler, Frankfurt a. M./Berlin/Wien.

Gooch, George Peabody 1920 *Germany and the French Revolution.* London. Reissue: New York 1966.

Görland, Ingtraud 1966 *Die Kantkritik des jungen Hegel.* Frankfurt a. M.

Görtz, Heinz–Jürgen 1984 *Tod und Erfahrung. Rosenzweigs "erfahrende Philosophie" und Hegels "Wissenschaft der Erfahrung des Bewußtseins",* Düsseldorf.

Goudge, Th. A. 1973 Evolutionalism. In: *Dictionary of the history of ideas.* New York.

Gouhier, Henri 1968 *L'essence de thêater.* (Paris 1943) (佐佐木健一 譯『演劇の本質』TBS ブリタニカ, 1976)

Gould, Stephen Jay 1977 *Ontogeny and phylogeny.* Cambridge.

Gundolf, Friedrich 1911 *Shakespeare und deutscher Geist.* Leibzig. (竹内敏雄『シェイクスピアと獨逸精神』上・下, 岩波文庫, 1941)

Guthrie, William Keith Chambere 1962 *A History of Greek Philosophy.* Ⅰ, Cambridge.

Guthrie, William Keith Chambere 1965 *A History of Greek Philosophy.* Ⅱ, Cambridge.

Guyer, Paul 1978 Hegel, Leibniz und der Widerspruch im Endlichen. In: *Seminar: Dialektik in der Philosophie Hegels.* hrsg. von R.–P. Horstmann. Frankfurt a. M.

H

Haare, Michael 1971 Forster, (Johann) Georg Adam. In: *Dictionary of Scientific Biography,* Bd. Ⅴ, pp. 75–76. New York.

Habermas, Jürgen 1962 *Strukturwandel der Öffentlichkeit: Untersuchungen zu einer Kategorie der bürgerlichen Gesellschaft.* Neuwied/Berlin. (細谷貞雄 譯『公共性の構造轉換』未來社, 1973)

Habermas, Jürgen 1985 *Der philosophische Diskurs der Moderne.* Frankfurt a. M. (三島憲一 外譯『近代の哲學的ディスクルス』

Ⅰ, Ⅱ, 岩波書店, 1990)

Hackenesch, Christa 1987 *Die Logik der Andersheit. Eine Untersuchung zu Hegels Begriff der Reflexion.* Frankfurt a. M.

Haering. Theodor L. 1929 *Hegel, sein Wollen und sein Werk.* Leipzig. Neudruck Aalen, 1963 Bd. Ⅰ.

Haering. Theodor L. 1934 Die Entstehungsgeschichte der Phaenomenologie des Geistes. In: *Verhandlungen des 3. Hegelkongresses.* Tübingen/Haarlem.

Haller, Michael 1981 *System und Gesellschaft. Krise und Kritik der politischen Philosophie Hegels.* Stuttgart.

Hamacher, Werner 1978 pleroma-zu Genesis und Struktur einer dialektischen Hermeneutik bei Hegel. In: *G. W. Hegel "Der Geist des Christentums" Schriften 1796-1800.* hrsg. u. eingel. von Werner Hamacher. Frankfurt a. M./Berlin/Wien.

Hanisch, Manfred 1981 *Dialektische Logik und politisches Argument. Untersuchungen zu den methodischen Grundlagen der Hegelschen Staatsphilosophie.* Meisenheim.

Hansen, Frank-Peter 1989 *"Das älteste Systemprogramm des deutschen Idealismus". Rezeptionsgeschichte und Interpretation.* Berlin/New York.

Häntsch, Kurt 1912 Einführung in Herbarts System der Philosophie. In: J. F. Herbart, *Lehrbuch zur Einleitung in die Philosophie.* 4. Aufl. Leipzig.

Harada, Tetsushi 1989 *Politische Ökonomie des Idealismus und der Romantik. Korporatismus von Fichte, Müller und Hegel.* Berlin.

原崎道彦 1987 「もう一つの體系」『文化』50卷 3・4号, 東北大學文學會.

Harris, Henrz Silton 1972 *Hegel's Development. Toward the Sunlight 1770-1801.* Oxford.

Harris, Henrz Silton 1983 *Hegel's Development. Night Thoughts (Jena 1801-1806).* Oxford.

Harris, Horton 1973 *David Friedrich Strauss and his Theory.* Cambridge.

Hartmann, Eduard von 1868 *Über die dialektische Methode.* Berlin.

Hartmann, Nicolai 1923 *Aristoteles und Hegel.* In: *Kleine Schriften von N. Hartmann.* Berlin 1957. (樺俊雄 譯「アリストテレスとヘーゲル」哲學論叢 37, 岩波書店, 1930)

Hartmann, Nicolai 1929 *Die Philosophie des deutschen Idealismus.* 2. Teil. Berlin.

Hartung, Fritz 1914 *Deutsche Verfassungsgeschichte, vom 15. Jahrhundert bis zur Gegenwart.* Stuttgart. (成瀬治・坂井榮八郎 譯『ドイツ國制史』岩波書店, 1980)

速水敬二 1967 『ルネッサンス期の哲學』筑摩書房.

速水敬二 1974 『ヘーゲルの修業遍歷時代』筑摩書房.

Haym, Rudolf 1857 *Hegel und seine Zeit.* Berlin. (Hildesheim 1974)

Haym, Rudolf 1857 *Die Romantische Schule.* Berlin.

Heath, Thomas L. 1931 *A Manual of Greek Mathematics.* Ⅰ, Ⅱ, Oxford. (平田・菊池・大沼 譯『ギリシア數學史』Ⅰ, Ⅱ, 共立出版, 1960)

Hebbel, E. Hoff 1936 Galvani and the Pre-Galvanian Electrophysiologists. In: *Annals of Science.* vol. 1. London.

Hegel, Hannelore 1971 *Isaak von Sinclair zwischen Fichte, Hölderlin und Hegel.* Frankfurt a. M.

Heß, Hans 1926 Das romantische Bild der Philosophiegeschichte. In: *Kant-Studien.* Bd. 31. Berlin.

Heidegger, Martin 1927 *Sein und Zeit.* Tübingen. (辻村公一 譯『有と時』河出書房, 1967; 原佑 外 譯『存在と時間』

中央公論社, 1971. 그밖에 일본어 역 다수)

Heidegger, Martin 1950a *Holzwege*. Frankfurt a. M. (2. Aufl. 1952.; Gesamtausgabe. Bd. 5. 1977) (茅野良男 譯 『杣徑』 創文社, 1988)

Heidegger, Martin 1950b Hegels Begriff der Erfahrung. In: *Holzwege*. Frankfurt a. M. (細谷貞雄 譯 『ヘーゲルの「經驗」 概念』 理想社, 1968)

Heidegger, Martin 1980 *Hegels Phänomenologie des Geistes*. Gesamtausgabe. Bd. 32. Franjfurt a. M. (藤田正勝・Guzzoni, A. 譯 『ヘーゲル 「精神現象學」』 創文社, 1987)

Heiman, G. 1971 The Sources and Significants of Hegel's corporate doctrine. In: Z. A. Pelczynski (ed.), *Hegels Political philosophy, problems and perspectives*. Cambridge. (藤原保信 外 譯 『ヘーゲルの政治哲學』 (上) 所收, 御茶の水書房, 1980)

Heimann, Betty 1927 *System und Methode in Hegels Philosophie*. Leipzig.

Heine, Heinrich 1834 *Zur Geschichte der Religion und Philosophie in Deutschland*. In: Heinlich Heine Sämtliche Schriften. Bd. 3. München. 1978. (ハイネ選集 9 『宗教-哲學史考』 くりはらゆう 譯, 解放社: 伊東勉 譯 『ドイツ古典哲 學の本質』 岩波文庫, 1952)

Heinrichs, Johannes 1974 *Die Logik der <Phänomenologie des Geistes>*. Bonn.

Helferich, Christoph 1979 *G. W. Fr. Hegel*. Stuttgart.

Henrich, Dieter 1960 *Der ontologische Gottesbeweis. Sein Problem und seine Geschichte in der Neuzeit*. Tübingen. (2. unveränderte Auflage. 1967) (本間・須田・中村・座小田 譯 『神の存在論的證明』 法政大學出版局, 1986)

Henrich, Dieter 1963 Anfang und Methode der Logik, In: *Hegel-Studien Beiheft* 1. 19-35. Bonn.

Henrich, Dieter 1965 Leutwein über Hegel. In: *Hegel-Studien*. Bd. 3. Bonn.

Henrich, Dieter 1966 *Hölderlin über Urteil und Sein*. Hölderlin-Jahrbuch.

Henrich, Dieter 1967 *Hegel im Kontext*. Frankfurt a. M. (中埜肇 監譯 『ヘーゲル哲學のコンテクスト』 哲書房, 1987)

Henrich, Dieter 1974a Hegel und Hölderlin. In: *Hegel-Studien Beiheft* 11. Bonn. (中埜肇 監譯 『ヘーゲル哲學のコンテクスト』 所收, 哲書房, 1987)

Henrich, Dieter 1974b Formen der Negation in Hegels Logik. In: *Hegel-Jahrbuch 1974*. Meisenheim a. Glan.

Henrich, Dieter 1976 Die Grundstruktur der modernen Philosophie. In: *Subjektivität und Selbsterhaltung*. hrsg. von Hans Ebeling. Frankfurt a. M.

Henrich, Dieter 1978a Hegels Logik der Reflexion. Neue Fassung. In: *Hegel-Studien Beiheft* 18. Bonn. (中埜肇 監譯 『ヘーゲル哲學のコンテクスト』 所收, 哲書房, 1987)

Henrich, Dieter 1978b *Die Wissenschaft der Logik und die Logik der Reflexion*. Hegel-Studien Beiheft 18. Bonn.

Henrich, Dieter 1981 Jacob Zwillings Nachlaß. In: *Homburg vor der Höhe in der deutschen Geistesgeschichte*. hrsg. von C. Jamme und O. Pöggeler. Stuttgart. 245-266.

Henrich, Dieter 1983a Einleitung des Herausgebers. In: *Philosophie des Rechts, Die Vorlesung von 1819/20 in einer Nachschrift*. Frankfurt a. M.

Henrich, Dieter (hrsg.) 1983b *Kant oder Hegel. Über Formen der Begründung in der Philosophie*. Stuttgart.

Henrich, Dieter/Horstmann, Rolf-Peter (hrsg.) 1982 *Hegels Philosophie des Rechts. Die Theorie der Rechtsformen und ihre Logik*. Stuttgart.

Herder, Johann Gottfried von 1772 *Über den Ursprung der Sprache*. In: Herder: *Sämtliche Werke*. Bd. 5. hrsg. von

B. Suphan. Berlin 1891.

Heussi, Karl   1932   *Die Krisis des Historismus*. Tübingen. (佐伯守 譯『歴史主義の危機』イザラ書房, 1974)

Hinske, Norbert   1973   Einleitung zu '*Was ist Aufklärung?*'. Darmstadt.

廣松 渉   1971   『青年マルクス論』平凡社.

廣松 渉   1974   『マルクス主義の理路』勁草書房.

廣松 渉 (井上五郎 補註)   1980   『マルクスの思想圏―本邦未紹介資料を中心に』朝日出版社.

廣松 渉   1982   『存在と意味』岩波書店.

廣松 渉   1991   『ヘーゲルそしてマルクス』青土社.

Hirsch, Emanuel   1924   Die Beisetzung der Romantiker in Hegels Phänomenologie, In: *Deutsche Vierteljahresschrift für Literaturwissenschaft*, Ⅱ. (In: H. F. Fulda/D. Henrich (hrsg.) *Materialien zu Hegels Phänomenologie des Geistes*. Frankfurt a. M. 1973)

Hirsch, Emanuel   1930   *Fichtes, Schleiermachers und Hegels Verhältnis zur Reformation*. Göttingen.

Hirsch, Emanuel   1952   *Geschichte der Neueren evangelischen Theologie*. Bd. 4. Lengerich.

Hočevar, Rolf K.   1973   *Hegel und der Preußische Staat. Ein Kommentar zur Rechtsphilosophie von 1821*. München. (壽福眞美 譯『ヘーゲルとプロイセン國家』法政大學出版局, 1982)

Hocks, Paul/Schmidt, Peter   1975   *Literarische und politische Zeitschriften 1789-1805*. Stuttgart.

Höffe, Otfried   1974   Streben. In: *Handbuch philosophischer Grundbegriffe*. hrsg. von H. Krings, H. M. Baumgartner, Chr. Wild. München. 1419-1430.

Hoffmeister, Johannes   1931   *Hölderlin und Hegel*. Tübingen.

Hoffmeister, Johannes   1936   Anmerkungen. In: ders. (hrsg.): *Dokumente zu Hegels Entwicklung*. Stuttgart.

Hoffmeister, Johannes   1952a   *Brief von und an Hegel*. Bd. Ⅰ, Hamburg.

Hoffmeister, Johannes   1952b   *Einleitung des Herausgebers zu Phänomenologie*. Philosophische Bibliothek 114. Hamburg.

Hoffmeister, Johannes   1953   Anmerkungen. In: ders. (hrsg.), *Brief von und an Hegel*. Bd. Ⅱ, Hamburg.

Hoffmeister, Johannes   1955   *Wörterbuch der philosophischen Begriffe*. Hamburg.

Höhne, Horst   1931   Hegel und England. In: *Kant-Studien*. Bd. 36. Berlin.

本多修郎   1970   『ヘーゲルと自然辨證法』未來社.

本多修郎   1971   『ヘーゲル辨證法と科學』理想社.

Hoppe, Brigitte   1967   Polarität, Stufung und Metamorphose in der Spekulativen Biologie der Romantik. In: *Naturwissenschaftliche Rundschau*. Heft 9. Stuttgart.

Horstmann, A.   1974   Gottheit. In: *Historisches Wörterbuch der Philosophie*. hrsg. von J. Ritter, Bd. 3. Basel/Stuttgart.

Horstmann, Rolf-Peter   1977   Jenaer Systemkonzeptionen. In: *Hegel*. hrsg. von O. Pöggeler. Freiburg. (谷嶋喬四郎 外譯『ヘーゲルの全體像』以文社, 1987)

Horstmann, Rolf-Peter/Petry, Michael John (hrsg.)   1986   *Hegels Philosophie der Natur. Beziehungen zwischen empirischer und spekulativer Naturkenntnis*. Klett-Cotta, Stuttgart.

Hörz, Herbert H/Löther, Rolf L./Wollgast, Siegfried W. (hrsg.)   1969   *Naturphilosophie; Von der Spekulation zur Wissenschaft*. Berlin.

星 敏雄   1981   「意識と存在 (上)―『精神現象學』の位置付け」『千葉大學教養部研究報告』A-14.

星 敏雄   1984   「ヘーゲル」田中元 外 共著『哲學とはなにか』所收, 北樹出版.

星 敏雄 1987 「「意識の立場」から 「概念の立場」へ (1)」『工學院大學研究論叢』 第25号.

星 敏雄 1993 「ヘーゲル哲學と進化論」『東京文化短期大學紀要』 第11号.

星野 勉 1983 「良心論の意味するもの―『精神現象學』における良心をめぐって」『理想』 10月号.

Hösle, Vittorio 1987a *Hegels System*. Bd. 1: *Systementwicklung und Logik*. Hamburg.

Hösle, Vittorio 1987b Pflanze und Tier. In: M. J. Petry (hrsg.), *Hegel und die Naturwissenschaften*. frommann-holzboog, Stuttgart.

Hösle, Vittorio 1987c Das abstrakte Recht. In: Christoph Jermann (hrsg.): *Anspruch und Leistung von Hegels Rechtsphilosophie, (Spekulation und Erfahrung, Texte und Untersuchungen zum Deutschen Idealismus:* Abt. 2, Untersuchungen; Bd. 5), Stuttgart/Bad Cannstatt.

Hösle, Vittorio 1987d Raum, Zeit, Bewegung. In: M. J. Petry (hrsg.), *Hegel und die Naturwissenschaften*. frommann-holzboog, Stuttgart.

Hösle, Vittorio 1988 *Hegels System*. Bd. 2. Hamburg.

細見 英 1979 『經濟學批判と辨證法』 未來社.

細谷貞雄 1971 『若きヘーゲルの研究』 未來社.

Huch, Ricarda 1951 *Die Romantik*. Tübingen.

Husserl, Edmund 1931 *Cartesianische Meditationen und Pariser Vorträge*. (2 Aufl., 1973). Haag. (船橋弘 譯『デカルト的省察』 中央公論社, 1970)

Huttin, Serge 1969 *Les Francs-Maçons*. (ré éd.) Paris.

Hyppolite, Jean (tr.) 1941 *La Phénoménologie de l'Esprit*. Tome Ⅱ, Paris.

Hyppolite, Jean 1946 *Genèse et structure de la «Phénoménologie de l'Esprit» de Hegel*. Paris. (市倉宏祐 譯『ヘーゲル精神現象學 の生成と構造』 上・下, 岩波書店, 1972, 73)

Hyppolite, Jean 1953 *Logique et Existence*. Paris. (渡辺義雄 譯『論理と實存』朝日出版社, 1975)

Hyppolite, Jean 1955 *Etudes sur Marx et Hegel*. Paris. (宇津木正・田口英治 譯『マルクスとヘーゲル』法政大學出版局, 1970)

Hyppolite, Jean 1941 *Figures de la pensée philosophique*. Paris.

I

Ihmig, Karl-Norbert 1989 *Hegels Deutung der Gravitation. Eine Studie zu Hegel und Newton*. Athenäum, Frankfurt a. M.

Ilting, Karl-Heinz 1973 Vorwort. In: ders. (hrsg.) *G. W. F. Hegel, Vorlesungen über Rechtsphilosophie 1818-1831*. Bd. Ⅰ. Stuttgart.

Ilting, Karl-Heinz 1982 Philosophie als Phänomenologie des Bewußtseins der Freiheit. In: Dieter Henrich, Rolf-Peter Horstmann (hrsg.): *Hegels Philosophie des Rechts, Die Theorie der Rechtsformen und ihre Logik*. Stuttgart.

Ilting, Karl-Heinz 1987 Hegels Philosophie des Organischen. In: *Hegel und die Naturwissenschaften*. frommann-holzboog, Stuttgart.

稲葉 稔 1977 『疎外の概念』 創文社.

稲葉 稔 1991 『政治のロゴス』 創文社.

石川伊織 1988 「ヘーゲル『精神現象學』の悲劇論における「自己(Selbst)」の概念」『法政大學大學院紀要』 第20号 所收.

石川澄雄 1972 『シュタインと市民社會』 御茶の水書房.

岩城見一 1989 「二種の繪畫—ヘーゲルにおける藝術解釋の轉換について」『美學』 第40卷 第3号 (通卷159号).

岩波哲男 1984 『ヘーゲル宗教哲學の研究』 創文社.

J

Jacobi, Friedrich Heinrich 1785 *Über die Lehre Spinozas.* (2. Ausg. 1789) (工藤喜作 譯『スピノザ書簡』哲書房, 近刊)

Jaeschcke, Walter 1983 *Die Religionsphilosophie Hegels.* Darmstadt. (岩波哲男 譯『ヘーゲルの宗教哲學』早稻田大學出版部, 1990)

Jäger, Hans-Wolf 1977 Dokumente und Nachwort zu J. H. Campe, *Briefe aus Paris.* Hildesheim.

Jamme, Christoph 1983 *"Ein ungelehrtes Buch". Die philosophische Gemeinschaft zwischen Hölderlin und Hegel in Frankfurt 1797-1800.* Bonn.

Jamme, Christoph/Schneider, Helmut (hrsg.) 1984 *Mythologie der Vernunft.* Hegels <ältestes Systemprogramm> des deutschen Idealismus. Frankfurt a. M.

Jay, Martin 1973 *The Dialectical Imagination. A History of the Frankfurt School and the Institute of Social Research 1923-1950.* Boston. (荒川幾男 譯『辨證法的想像力—フランクフルト學派と社會研究所の歴史 1923-1950』みすず書房, 1975)

Jean Paul 1804 *Vorschule der Ästhetik.* Werke. Bd. 5. hrsg. von N. Miller. 5. Aufl. München 1987.

Jens, Walter 1952 Antigone: Interpretationen. In: *Sophokles.* hrsg. von Hans Diller. Wissenschaft der Forschung. Bd. 95. 1986.

Jørgensen, Sven-Aage 1988 Hamann und seine Wirkung im Idealismus. In: *Idealismus und Aufklärung.* hrsg. von C. Jamme und G. Kurz. Stuttgart.

K

化學史學會 編 1989 『原子論・分子論の古典』 學會出版センター.

Kahn, Charles 1983 *The Art and Thought of Heraclitus.* London/New York/New Rochelle/Melbourn/Sydney.

Kainz, Howard p. 1976 *Hegel's Phenomenology.* part Ⅰ. *Analysis and Commentary.* Alabama.

Kainz, Howard p. 1983 *Hegel's Phenomenology.* part Ⅱ. *The Evolution of Ethical and Religious Consciousness to the Dialectical Standpoint.* Ohaio.

梯 明秀 1959 『ヘーゲル哲學と資本論』 未來社.

神山伸弘 1989 「市民社會の人倫的再編―ヘーゲル『法の哲學』における「職業團體」導出論理」『一橋論叢』101卷2号.

金田 晋 1978 『ペリペティアとアナグノーソシス―アリストテレス『詩學』解釋のための一章』美學史研究叢書 第4卷, 東京大學美學藝術學研究室.

金田 晋 1983 「飜譯の論理―アウグスト・ウィルヘルム・シュレーゲル」東京大學美學藝術學研究室『美學史論叢』所收, 勁草書房.

神林恒道 1985 「イロニーの論理―ロマン的イロニー考」『フィロカリア』第2卷, 大阪大學文學部美學研究室.

金田民男 1968 『シラーの藝術論』理想社

金子武藏 1962 『ヘーゲルの精神現象學』佐久哲學會.

金子武藏 1967 「譯者解說」『ヘーゲル政治論文集』上 (金子武藏 譯)・下 (上妻精 譯), 岩波書店.

金子武藏 1971 「譯者註」同譯『精神の現象學』上卷, 岩波書店.

金子武藏 1979 「譯者總註」同譯『精神の現象學』下卷, 岩波書店.

金子武藏 (編) 1980 『日本倫理學會論集 15 ヘーゲル』(「道德性と人倫性」) 以文社.

金子武藏 1982 「ヘーゲルの就職テーゼ」『日本學士院紀要』第38卷 第2号.

金子武藏 1984 『ヘーゲルの國家觀』岩波書店 (初版 1944).

金子武藏 1991 『精神の現象學への道』岩波書店.

Kant, Immanuel 1788 *Kritik der praktischen Vernunft.* Riga. (波多野・宮本 譯『實踐理性批判』岩波書店, 1927)

Kant, Immanuel 1790 *Kritik der Urteilskraft.* hrsg. von K. Vorländer. Hamburg 1968.

Kant, Immanuel 1793 *Die Religion innerhalb der Grenzen der bloßen Vernunft.* (飯島宗享・宇都宮芳明 譯 『單なる理性の限界内における宗教』『カント全集 第9卷 宗教論』理想社, 1974)

Kant, Immanuel 1795 Zum ewigen Frieden. Ein philosophischer Entwurf von Immanuel Kant. Königsberg. In: *Kants Werke.* Akademie Textausgabe. Bd. Ⅷ. Berlin 1968. (宇都宮芳明 譯 『永遠平和のために』岩波書店, 1985)

Kant, Immanuel 1800 *Logik. Ein Handbuch zu Vorlesungen.* Königsberg. (Akad.-Ausg. Bd. Ⅸ, Berlin 1923)

Kapoor, Satish C. 1970 Berthollet, Claude Louis. In: *Dictionary of Scientific Biography.* Bd. Ⅱ, pp. 73-82. New York.

Karsch, Fritz 1925 Christoph Gottfried Bardilis logischer Realismus. In: *Kant-Studien.* Bd. 30. Berlin.

鹿島 徹 1991 「立ち止まる今と具體的現在―ヘーゲルの永遠概念について」『フランス實存思想論集Ⅳ』所收, 以文社.

樫山欽四郎 1961 『ヘーゲル精神現象學の研究』創文社.

加藤尚武 1978 「革命の死んだ日に歴史が生まれた」『現代思想』12月 臨時增刊号.

加藤尚武 1980a 『ヘーゲル哲學の形成と原理』未來社.

加藤尚武 1980b 「直接性と意味の先驗性」『ヘーゲル哲學の形成と原理』所收, 未來社.

加藤尚武 1983a 「死によって否定される人間の存在とは何か―ヘーゲルにおける「死」の思想」渡辺二郎・泉治典 編『西洋における生と死の思想』所收, 有斐閣.

加藤尚武 (編) 1983b 『ヘーゲル「精神現象學」入門』有斐閣.

加藤尚武 1987 『二一世紀への知的戰略』筑摩書房.

加藤尚武 1990a 「子どもの存在論」『子ども』現代哲學の冒險 第2卷 所收, 岩波書店.

加藤尚武 1990b 「生という存在の原型」廣松渉・坂部惠・加藤尚武 編『講座ドイツ觀念論』第5卷 所收, 弘文堂.

加藤尚武 1991 「ヘーゲル自然哲學と進化論」『自然哲學研究』第4号.

桂 壽一 1974 『近世主體主義の發展と限界』東京大學出版會.

Kaufmann, Walter 1965 *Hegel*. New York. (栃原・齋藤 譯『ヘーゲル』理想社, 1975)

川本隆史 1989 「ポリツァイと福祉國家―ヘーゲル・フーコー・ロールズ」城塚登・濱井修 編『ヘーゲル社會思想と現代』所收, 東京大學出版會.

茅野良男 1975 『ドイツ觀念論の研究』創文社.

Kayser, Wolfgang 1948 *Das sprachliche Kunstwerk*. Bern/München.

Kerény, Karl 1958 *Die Heroen der Griechen*. Zürich. (高橋英夫・植田兼義 譯『ギリシャの神話 2・英雄の時代』中央公論社, 1974)

Kern, Walter 1957 Aristoteles in Hegels Philosophiegeschichte. Eine Antinomie. In: *Scholastik*. Bd. 32. Freiburg.

Kern, Walter 1961 G. W. F. Hegel, Eine Übersetzung zu De Anima Ⅲ, 4-5. In: *Hegel-Studien*. Bd. 1. Bonn.

Kimmerle, Heinz 1966 Zur Entwicklung des Hegelschen Denkens in Jena. In: *Hegel-Studien Beiheft* 4. Bonn.

Kimmerle, Heinz (hrsg.) 1967 Dokumente zu Hegels Jenaer Dozententätigkeit (1801-1807). In: *Hegel-Studien*. Bd. 4. S. 28-44. Bonn.

Kimmerle, Heinz 1977 Religion und Philosophie als Abschluß des Systems. In: Otto Pöggeler (hrsg.), *Hegel*. 150-171. Freiburg/München.

Kim-Wawrzinek, Utta 1972 Bedürfnis. In: *Geschichte der Grundbegriffe*. hrsg. von O. Brunner, W. Conze, R. Koselleck. Bd 1. A-D. 440-466. Stuttgart.

Kirchner, Friedrich 1897 *Wörterbuch der philosophischen Grundbegriffe*. Leipzig.

Klein, Hans-Dieter 1972 Kants Postulatenlehre und Hegels Philosophie des Geistes. In: H.-D. Klein/E. Oeser (hrsg.), *Geschichte und system*. Wien/München.

Klemmt, Alfred 1958 *Karl Leonhard Reinholds Elementarphilosophie*. Hamburg.

Koestler, Arthur 1960 *The watershed. A biography of Johannes Kepler*. New York. (小尾信弥・木村 博 譯『ヨハネス・ケプラー 近代宇宙觀の夜明け』河出書房新社, 1982)

Kojève, Alexandre 1947 *Introduction à la lecture de Hegel. Leçons sur la Phénoménologie de l'Esprit réunies et publiées par Raymond Queneau*. Paris. (上妻精・今野雅方 譯『ヘーゲル讀解入門―「精神現象學」を讀む』國文社, 1987)

Koller, Hermann 1954 *Die Mimesis in der Antike. Nachahmung, Darstellung, Ausdruck*. Bern.

Kommerell, Max 1940 *Lessing und Aristoteles. Untersuchung über die Theorie der Tragödie*. Frankfurt a. M.

近藤恒一 1985 『ルネッサンス論の試み』創文社.

Kondylis, Panajotis 1979 *Die Entstehung der Dialektik. Eine Analyse der geistigen Entwicklung von Hölderlin, Schelling und Hegel bis 1802*. Stuttgart.

Kozu, Kunio 1988 *Das Bedürfnis der Philosophie. Ein Überblick über die Entwicklung des Begriffskomplexes "Bedürfnis", "Trieb", "Streben" und "Begierde" bei Hegel*. Hegel-Studien Beiheft 30. Bonn. (日本語版『哲學の欲求―ヘーゲルの「欲求の哲學』弘文堂, 1991)

上妻 精 1967a 「ヘーゲルとキリスト敎倫理」『日本倫理學會論文集』3.

上妻 精 (譯) 1967b 『ヘーゲル 政治論文集』下, 岩波書店.

上妻 精 1983 「「精神現象學」の理念」『理想』605号.

上妻 精・小林靖昌・高柳良治 1980 『ヘーゲル 法の哲學』有斐閣.

Kroner, Richard 1924 *Von Kant bis Hegel*. Bd. 2. Tübingen.

Krug, Wilhelm Traugott　1833　*Allgemeines Handwörterbuch der philosophischen Wissenschaften nebst ihrer Literatur und Geschichte*. Bd. Ⅲ. Leipzig. (Rep. Aetas Kantiana)

久保陽一　1990　「ヘーゲルの形而上學と道德性批判」廣松渉・坂部 惠・加藤尚武 編『講座ドイツ觀念論』第5卷 所收, 弘文堂.

Kuhlmann, Wolfgang (hrsg.)　1986　*Moralität und Sittlichkeit*. Frankfurt a. M.

Kuhn, Helmut　1931　Die Vollendung der klassischen deutschen Ästhetik durch Hegel. In: ders.: *Schriften zur Ästhetik*. München 1966.

Kultermann, Udo　1981　*Geschichte der Kunstgeschichte*. Berlin.

吳茂一 外 (譯)　1960　『ギリシャ悲劇全集』第1卷, 人文書院.

栗原 隆　1990　「事實から事行へ――ヘーゲルによるシュルツェ批判, クルーク批判の前哨」廣松渉・坂部 惠・加藤尚武 編『講座ドイツ觀念論』第5卷 所收, 弘文堂.

黑田寬一　1968　「ヘーゲルとマルクス――技術論と史的唯物論・序說』現代思潮社.

Kurz, Gerhard　1975　*Mittelbarkeit und Vereinigung zum Verhältnis von Poesie, Reflexion und Revolution bei Hölderlin*. Stuttgart.

Kusch, Martin/Manninen, Juha　1988　Hegel on Modalities and Monadology. In: *Modern Modalities*. ed. by Simo Knuuttila. Dordrecht.

許 萬元　1972　『ヘーゲル辨證法の本質』青木書店.

許 萬元　1978　『認識論としての辨證法』青木書店.

L

Laermann, Klaus (hrsg.)　1976　*Reise und Utopie*. Frankfurt a. M.

Lakebrink, Bernhard　1979/1985　*Kommentar zur Hegels «Logik» in seiner «Enzyklopädie»*. 2 Bde. Freiburg/München.

Lämmermann, Godwin　1979　*Die Genese der Religions-und Selbstbewußtseinstheorie Bruno Bauers*. München.

Landau, Peter　1974　Hegels Begründung des Vertragsrechts. In: Manfred Riedel (hrsg.), *Materialien zu Hegels Rechtsphilosophie*. Bd. 2. Frankfurt a. M.

Lasson, Georg　1911　Anhang Ⅸ. In: K. Fischer, *Hegels Leben, Werke und Lehre*. 2 Aufl. Heidelberg. (玉井・磯江 譯『ヘーゲルの生涯』勁草書房, 1970)

Latacz, Joachim　1979　*Homer: Tradition und Neuerung*. Wege der Forschung 463. Darmstadt.

Lattimore, Richmond　1958　*The Poetry of Greek Tragedy*. Baltimore.

Laube, Heinrich　1847　Hegel in Berlin. In: *Reisenvollen*. 2. Aufl. Mannheim. (In: *Hegel in Berichten seiner Zeitgenossen*. Hamburg 1970. S. 542) (초판은 1837)

Lauth, Reinhard　1974　*Philosophie aus einem Prinzip Karl Leonhard Reinhold*. Bonn.

Lenin (Ленин, Влалимир Ильич)　1929　Философские тетрали. (松村一人 譯『哲學ノート』上・下, 岩波文庫, 1975)

Lessing, Gotthold Ephraim　1769　*Hamburgische Dramaturgie*. In: Lessing: *Werke in drei Bänden*. Bd. 2. hrsg. von H. G. Göpfert. München/Wien 1982.

Leutze, Reinhard   1975   *Die außerchristlichen Religionen bei Hegel*. Göttingen.

Levere, Trevor H.   1986   Hegel and the Earth Sciences. In: R. -P. Horstmann und M. J. Petry (hrsg.), *Hegels Philosophie der Natur*. Stuttgart.

Leyser, J.   1986   *Joachim Heinrich Campe*. Braunschweig.

Locke, John   1690   *An Essay concerning Human Understanding*. London. (Edited by J. W. Yolton, London/New York 1961) (大槻春彦 譯 『人間知性論』 中央公論社, 1968)

Löther, Rolf   1969   Zur Naturphilosophie des Paracelsus. In: *Naturphilosophie. Von der Spekulation zur Wissenschaft*. hrsg. von H. Hörz, R. Löther, S. Wollgast. Berlin.

Löwith, Karl   1940   Der europäische Nihilismus. In: 『思想』 岩波書店, 1940. 9, 10, 11. (본 논문은 『思想』을 위해 저술되었다. 역자 柴田治三郎) (「ヨーロッパのニヒリズム」, 柴田治三郎 編譯 『ヨーロッパのニヒリズム』 筑摩書房, 1974 所收)

Löwith, Karl   1941   *Von Hegel zu Nietsche*. Zürich. (柴田治三郎 譯 『ヘーゲルからニーチェへ』 Ⅰ, Ⅱ, 岩波書店, 1952, 53)

Löwith, Karl   1962   *Die Hegelsche Linke*. Stuttgart/Bad Cannstatt.

Lübbe, Hermann   1962   *Die Hegelsche Rechte*. Stuttgart/Bad Cannstatt.

Lübbe-Wolff, von Gertrude   1981   Hegels Staatsrecht als Stellungsnahme im ersten Preussischen Verfassungskampf. In: *Zeitschrift für philosophische Forschung*. 35. Meisenheim a. Glan.

Lucas, Donald William   1960   *The Greek Tragic Poets*. London.

Lucas, Hans-Christian   1986   "Wer hat die Verfassung zu machen, das Volk oder wer anders?" Zu Hegels Verständnis der konstitutionellen Monarchie zwischen Heidelberg und Berlin. In: ders. et al (hrsg.), *Hegels Rechtsphilosophie im Zusammenhang der europäischen Verfassungsgeschichte*. Stuttgart/Bad Cannstatt.

Lucas, Hans-Christian/Pöggeler, Otto (hrsg.)   1986   *Hegels Rechtphilosophie im Zusammenhang der europäischen Verfassungsgeschichte*. Stuttgart/Bad Cannstatt.

Lucas, Hans-Christian/Rameil, Udo   1980   Furcht vor Zensur?, Zur Entstehungs-und Druckgeschichte von Hegels Grundlinien der Philosophie des Rechts. In: *Hegel-Studien*. Bd. 15. Bonn.

Lukács, György   1948a   *Der junge Hegel. Über die Beziehung von Dialektik und Ökonomie*. Zürich/Wien. (生松敬三・元浜清海・木田元 譯 『若きヘーゲル』 上・下, ルカーチ著作集 10・11, 白水社, 1969)

Lukács, György   1948b   Die Entäußerung als philosophischer Zentralbegriff der Phänomenologie des Geistes. In: *Der junge Hegel*. Zürich/Wien.

Lukács, György   1963   *Skizze einer Geschichte der neueren deutschen Literatur*. Neuwied/Berlin. (栗原良子 譯 「ドイツ文學の轉換點としてのロマン主義」 『ドイツ・ロマン派論考』 所收, 國書刊行會, 1984)

Lukács, György   1967   Über die Besonderheit als Kategorie der Ästhetik. (In: *G. Lukács Werke*. Band 10, Neuwied/Berlin 1969. 良知力 外譯 『美と辨證法』 法政大學出版局, 1970)

Lunteren, Frans H. van   1986   Hegel and Gravitation. In: J. M. Petry (hrsg.), *Hegels Philosophie der Natur*. Stuttgart.

M

MacIntyre, Alasdair 1972 Hegel on Faces and Skulls. In: ders (ed.), *Hegel, a collection of critical essays*. New York.

Macpherson, Crawford Brough 1962 *The Political Theory of Possessive Individualism: Hobbes to Locke*. Oxford. (藤野涉 監譯 『所有的個人主義の政治理論』 合同出版, 1980)

Malsch, Wilfried 1965 *"Europa". Poetische Rede des Novalis*. Stuttgart.

Mann, Otto 1958 *Poetik und Tragödie*. Bern.

Marcic, René 1970 *Hegel und das Rechtsdenken im deutschen Sprachraum*. Salzburg.

Marcuse, Herbert 1932 *Hegels Ontologie und die Grundlegung einer Theorie der Geschichtlichkeit*. Frankfurt a. M. (吉田茂芳 譯 『ヘーゲル存在論と歴史性の理論』 未來社, 1980)

Marcuse, Herbert 1954 *Reason and Revolution*. New York. (桝田啓三郎・中島盛夫・向来道男 譯 『理性と革命』 岩波書店, 1961)

Marks, Ralph 1985 *Konzeption einer dynamischen Naturphilosophie bei Schelling und Eschenmayer*. München.

Marsch, Wolf-Dieter 1965 *Gegenwart Christi in der Gesellschaft*. München.

Marx, Karl 1841 *Differenz der demokritischen und epikureischen Naturphilosophie*. In: *MEW*. Ergänzungsband, Erster Teil. Berlin 1968. (マルクス 「デモクリトスとエピクロスの自然哲學の差異」, 『マルクス・エンゲルス全集』第40卷, 大月書店)

Marx, Karl 1843 *Kritik des Hegelschen Staatsrechts*. In: *MEW*. Bd. 1. Berlin 1956. (眞下信一 譯 「ヘーゲル國法論批判」 『ヘーゲル法哲學批判序論』 國民文庫, 1973 所收)

Marx, Karl 1844a *Ökonomisch-philosophische Manuskripte aus dem Jahre 1844*. In: *Karl Marx-Friedrich Engels historisch-kritische Gesamtausgabe* (hrsg. von V. Adoratskij). Erste Abteilung, Bd. 3, Berlin 1932. (城塚登・田中吉六 譯 『經濟學・哲學草稿』 岩波書店, 1964)

Marx, Karl 1844b Kritik der Hegelschen Dialektik und Philosophie überhaupt, In: derselbe, *Ökonomisch-philosophische Manuskripte, MEW*. Ergänzungsband, Erster Teil. Berlin 1968. (藤野涉 譯 「ヘーゲル辨證法および哲學一般への批判」, 同譯 『經濟學・哲學手稿』, 國民文庫, 大月書店)

Marx, Karl 1867 *Das Kapital. Kritik der politischen ökonomie*. Bd. 1. Berlin 1972. (向坂逸郎 譯 『資本論』第1卷, 岩波書店, 1967)

Marx, Karl 1947 Das Elend der Philosophie. In: *MEW*. Bd. 4. Berlin 1972. (高木佑一郎 譯 『哲學の貧困』 國民文庫, 大月書店)

Marx, Karl/Friedrich Engels 1957-68 *Werke*. hrsg. vom Institut für Marxismus-Leninismus beim ZK der SED. Dietz, Berlin. (MEW로 약기)

Marx, Werner 1971 *Hegels Phänomenologie des Geistes. Die Bestimmung ihrer Idee in "Vorrede" und "Einleitung"*. Frankfurt a. M. (上妻精 譯 『ヘーゲルの「精神現象學」』 理想社, 1981)

Marx, Werner 1986 *Das Selbstbewußtsein in Hegels Phänomenologie des Geistes*. Frankfurt a. M.

增成隆士 1987 「繪畫作品から見たヘーゲル美學」 加藤尚武 編 『ヘーゲル讀本』 法政大學出版局.

松本正男 1987 「ヘーゲルの空間・時間論」 山口大學 『文學會志』 38号.

松山壽一 1989 「根源力と力動—カント動力學批判」 『哲學』 (日本哲學會) 第39号.

Mayr, Ernst 1988 *Toward a new philosophy of biology. Observation of an evolutionalist*. Cambridge.

McLellan, David 1973 *Karl Marx. his life and thought*. London. (杉原四郎 譯者代表 『マルクス伝』 ミネルヴァ書房, 1976)

Meiners, Reinhard 1980 *Methodenprobleme bei Marx und ihr Bezug zur Hegelschen Philosophie*. München.

Meist, Kurt Rainer 1979 Altenstein und Gans, Eine frühe politische Option für Hegels Rechtsphilosophie. In:*Hegel-Studien.* Bd. 14. Bonn.

Merleau-Ponty, Maurice 1966 *Sens et non-sens*. Paris. (瀧浦靜雄・木田元 外譯 『意味と無意味』 みすず書房, 1983)

Merleau-Ponty, Maurice 1969 *La prose du monde*. Paris. (瀧浦靜雄・木田元 譯 『世界の散文』 みすず書房, 1979)

Michelet, Karl Ludwig 1837 *Geschichte der letzten Systeme der Philosophie in Deutschland von Kant bis Hegel*. Berlin.

Michelet, Karl Ludwig/Haring, G. H. 1988 *Historisch-kritische Darstellung der dialektischen Methode Hegels*. Leipzig.

Mitteis, Heinrich 1969 *Deutsche Rechtsgeschichte, ein Studienbuch, neubearbeitet von Heinz Lieberich*. 11. ergänzte Aufl. München. (世良晃志郎 譯 『ドイツ法制史概説』 改訂版, 創文社, 1971)

Moiso, Francesco 1986 Die Hegelsche Theorie der Physik und der Chemie in ihrer Beziehung zu Schellings Naturphilosophie. In: *Hegels Philosophie der Natur*. hrsg. von R.-P. Horstmann und M. J. Petry. Stuttgart.

Moog, Willy 1930 *Hegel und die Hegelsche Schule*. München.

Moretto, Antonio 1986 L'influence de la «Mathematique de l'Infini» dans la formation de la Dialectique Hégélienne. In: *Hegels Philosophie der Natur*. hrsg. von Rolf-Peter Horstmann et al. Stuttgart.

Mueller, Gustav Emil 1958 The Hegel Legend of "Thesis-Antithesis-Synthesis". *Journal of the History of Ideas*. No. 3. Lancaster.

Müller, Cotthold 1968 *Identität und Immanenz*.

Müller, Friedrich 1965 *Korporation und Assoziation*. Berlin.

村上淳一 1980 『ゲルマン法史における自由と誠實』 東京大學出版會.

村山恭一 (譯) 1991 ヘーゲル 『惑星軌道論』 法政大學出版局.

村岡 哲 1981 『近代ドイツの精神と歴史』 創文社.

村田 潔 (編) 1984 『ギリシア美術』 體系世界の美術5, 學習研究社土.

Mure, Geoffrey Reginald Gilchrist 1950 *A Study of Hegel's Logic*. Oxford.

N

長島 隆 1989a 「シェリングの有機體論―分極性と『普遍的有機體』の構想」 『モルフォロギア』 第10号, ナカニシャ出版.

長島 隆 1989b 「シェリングのポテンツ論―ポテンツ論と辨證法」 『日本醫科大學基礎科學紀要』 第9号.

長島 隆 1990 「ブラウン説とシェリング, ヘーゲル」 『日本醫科大学基礎科學紀要』 第10号.

中埜 肇 1958 「ヘーゲルにおける行爲の構造」 『哲學研究』 39-Ⅷ.

中埜 肇 1974 『ヘーゲル哲學の根本にあるもの』 以文社.

中埜 肇 1978 「イェナ體系に關する形式的考察」 『現代思想』 12月 臨時増刊号.

中埜 肇 1979 『ヘーゲル哲學の基本構造』 以文社.

中山 愈 1978 「ヘーゲルのヒポコンドリーについて」 『倫理學年報』 第27集, 日本倫理學會.

Neuser, Wolfgang (hrsg.) 1986a *Hegel Dissertatio Philosophica de Orbitis Planetarum*. Weinheim.

Neuser, Wolfgang 1986b Schelling und Hegels Habilitationsthesen. In: *Philosophia Naturalis*. 23, Nr. 2. Meisenheim

a. Glan.

Neuser, Wolfgang 1987 Das naturphilosophische und naturwissenschaftliche Literatur aus Hegels privater Bibliothek. In: *Hegel und die Naturwissenschaften.* hrsg. von M. J. Petry. Stuttgart/Bad Cannstatt.

Nicolin, Friedhelm 1970 *Hegel 1770-1970.* Stuttgart.

Nicolin, Friedhelm 1977 Pädagogik-Propädeutik-Enzyklopädie In: *Hegel.* hrsg. von O. Pöggeler, Freiburg/München. (谷嶋喬四郎 監譯『ヘーゲルの全體像』以文社, 1988)

Nicolin Friedhelm/Pöggeler, Otto 1959 *Einführung zur Enzyklopädie.* Philosophische Bibliothek 33. Hamburg.

Nicolin Günther (hrsg.) 1970 *Hegel in Berichten seiner Zeitgenossen.* Hamburg.

Niethammer, Friedrich Immanuel 1968 *Philantropismus-Humanismus.* Text zur Schulreform, bearbeitet von Werner Hillebrecht, Weinheim/Bern/Basel.

西川 亮 1971 『デモクリトス研究』理想社.

西川富雄 1960 『シェリング哲學の研究』法律文化社.

新田博衛 1980a 『詩學序說』勁草書房.

新田博衛 1980b 「ドラマの構成―『アンティゴネ』」同『詩學序說』所收, 勁草書房.

野田又夫 1963 『ルネッサンスの人間像』岩波新書.

O

O'Brien, George 1975 *Hegel on Reason and History.* Chicago.

O'connor, Daniel John 1971 *Free Will.* Open University Set Book. London.

Oetinger, Friedrich Christoph 1858-64 *Sämtliche Schriften.* 11 Bde. hrsg. von K. Ch. E. Ehmann. Stuttgart.

O'meara, Dominic J. 1989 *Phythagoras Revived.* Oxford.

大橋博司 1988 『パラケルススの生涯と思想』思索社.

大井 正 1985 『ヘーゲル學派とギリスト教』未來社.

大村晴雄 1961 『ヘーゲルの判斷論』小峰書店.

大村晴雄 1976 『ヘーゲルの本質論理』以文社.

大村晴雄 1987 『ベーメとヘーゲル』高文堂出版社.

大西克礼 1961 『浪漫主義の美學と藝術觀』弘文堂.

大野 誠 1989 「近代的元素概念の確立をめぐって」化學史學會 編『原子論・分子論の原典』所收, 化學史學會出版センター.

Orthmann, Winfred 1975 *Der alte Orient.* Propyläen Kunstgeschichte 14. Berlin.

Ottmann, Henning 1977 *Individuum und Gemeinschaft bei Hegel.* Berlin.

P

Pannenberg, Wolfhart 1978 *Gottesgedanke und menschliche Freiheit*. Göttingen. (座小田・諸岡 譯『神の思想と人間の自由』法政大學出版局, 1991)

Paulucci, Henry 1984 Hegel and the celestial mechanics of Newton. In: R. S. Cohen and M. W. Wartofsky (eds.), *Hegel and the sciences*. Reidel, Dordrecht.

Pechmann, Alexander von 1980 *Die Kategorie des Maßes in Hegels «Wissenschaft der Logik»*. Köln.

Peirce, Ch. S./Harris, W. T. 1978 Nominalismus versus Realismus. In: *Seminar: Dialektik in der Philosophie Hegels*. hrsg. von R.-P. Horstmann. Suhrkamp Taschen Buch 234. Frankfurt a. M.

Pelczynski, Zbigniew A. (ed.) 1971 *Hegel's Political Philosophy. Problems and Perspecives*. Cambridge. (藤原保信 外譯『ヘーゲルの政治哲學』御茶の水書房, 1989)

Pelczynski, Zbigniew A. 1984 *The State and Civil Society. Studies in Hegel's Political Philosophy*. Cambridge.

Pelczynski, Zbigniew A. 1986 Hegel and Britisch Pariliamentarism. In: H.-C. Lucas & O. Pöggeler (hrsg.), *Hegels Rechtphilosophie im Zusammenhang der europäischen Verfassungsgeschichte*. Stuttgart.

Peperzak, Adrien T. B. 1960 *Le jeune Hegel et la vision morale du monde*. La Haye.

Petry, Michael John 1970a Notes. In: ders. (ed. and tr.) *Hegel's Philosophy of Nature*. vol. 2, pp. 253–255, London/New York.

Petry, Michael John 1970b Note. In: ders. (ed. and tr.) *Hegel's Philosophy of Nature*. vol. 3. London.

Petry, Michael John (ed. and tr.) 1970c *Hegel's Philosophy of Nature*. vol. 3. London.

Petry, Michael John 1976 Hegel and the 'Morning Chronicle'. In: *Hegel-Studien*. Bd. 11. Bonn.

Petry, Michael John 1987 Hegels Verteidigung von Goethes Farbenlehre gegenüber Newton. In: ders. (hrsg.) *Hegel und die Naturwissenschaften*. frommann-holzboog, Stuttgart.

Petry, Michael John 1988 Hegel's Philosophy of Nature: Recent Developments. In: *Hegel-Studien*. Bd. 23. Bonn.

Pfaff, Christoph Heinrich 1796 *John Brown's System der Heilkunde*.

Piepmeier, Reiner 1978 *Aporien des Lebensbegriffs seit Oetinger*. Freiburg/München.

Plant, Raymond 1980 Economic and Social Integration in Hegel's Political Philosophy. In: O. P. Verne (ed.), *Hegel's Social and Political Thought*. New Jersey/Sussex.

Pleines, Jürgen-Eckhardt 1983 *Hegels Theorie der Bildung* I. (*Materialien zu ihrer Interpretation*). Philosophische Texte und Studien Bd. 8. Hildesheim/Zürich/New York.

Pleines, Jürgen-Eckhardt 1986 *Hegels Theorie der Bildung* II. (*Kommentare*). Philosophische Texte und Studien Bd. 9. Hildesheim/Zürich/New York.

Pöggeler, Otto 1956 *Hegels Kritik der Romantik*. Bonn.

Pöggeler, Otto 1961 Zur Deutung der Phänomenologie des Geistes. In: *Hegel-Studien*. Bd. 1. Bonn.

Pöggeler, Otto 1964 Hegel und die griechische Tragödie. In: *Hegel-Studien Beiheft* 1. Bonn.

Pöggeler, Otto 1966 Die Komposition der Phänomenologie des Geistes. In: *Hegel-Studien Beiheft* 3. Bonn.

Pöggeler, Otto 1970 *Hegel und die Anfänge der Nihilismus-Diskussion*. jetzt in: *Der Nihilismus als Phänomen der Geistesgeschichte*. hrsg. von Dieter Arendt. Darmstadt 1974.

Pöggeler, Otto 1971 Hegel und Heidelberg. In: *Hegel-Studien*. Bd. 6.

Pöggeler, Otto 1973a *Hegels Idee einer Phänomenologie des Geistes*. Freiburg/München.

Pöggeler, Otto 1973b Sinclair-Hölderlin-Hegel. Ein Brief von Karl Rosenkranz an Christoph Th. Schwab. In: *Hegel-Studien*.

Bd. 8. 9-53. Bonn.

Pöggeler, Otto 1980 Hegels Bildungskonzeption im geschichtlichen Zusammenhang. In: *Hegel-Studien*. Bd. 15. Bonn.

Pöggeler, Otto 1983 Ist Hegel Schlegel? Friedrich Schlegel und Hölderlins Frankfurter Freundekreis. In: *Frankfurt aber ist der Nabel dieser Erde*. hrsg. von Christoph Jamme und Otto Pöggeler. Stuttgart.

Pöggeler, Otto 1986 Geschichtsschreiber Johannes von Müller im Blickfeld Hegels. In: *Johannes von Müller. Geschichtsschreiber der Goetezeit*. hrsg. von Christoph Jamme und Otto Pöggeler. Schaffhausen.

Pöggeler, Otto 1987 *Preußische Kulturpolitik im Spiegel von Hegels Ästhetik*. Rheinisch-Westfälische Akademie der Wissenschaften. Vorträge G. 287. Opladen.

Pöggeler, Otto 1989 Ansatz und Aufbau der Phänomenologie des Geistes. In: *Journal of the Faculty of Letters*. The University of Tokyo. Aesthetics. vol. 13.

Pöggeler, Otto 1990 Hegels philosophische Anfänge. In: Jamme & Schneider (hrsg.), *Der Weg zum System*. Frankfurt a. M.

Popper, Karl 1963 "What is Dialectic?", *Conjectures and Refutations*. London. (藤本隆志・石垣壽郎・森博 譯「辨證法とは何か」, 同譯『推測と反駁』法政大學出版局, 1980)

Pothast, Ulrich 1980 *Die Unzulänglichkeit der Freiheitbeweise*. Frankfurt a. M.

Prang, Helmut 1972 *Die romantische Ironie*. Darmstadt.

Preisendanz, Wolfgang/Warning, Rainer (hrsg.) 1976 *Das Komische*. Poetik und Hermeneutik VII. München.

Priddat, Birger P. 1990 *Hegel als Ökonom*. Berlin.

Pütter, Johann Stephan 1786/87 *Historische Entwicklung der heutigen Staatsverfassung des Teutschen Reichs*. 3 Teile. Göttingen.

Q

Querner, Hans 1974 Die Stufenfolge der Organismen in Hegels Philosophie der Natur. In: *Hegel-Studien Beiheft* 11. Bonn.

R

良知 力 (編) 1974 『資料ドイツ初期社會主義―義人同盟とヘーゲル左派』平凡社.

良知力・廣松渉 (編) 1986, 1987 『ヘーゲル左派論叢』第1, 3, 4卷, 御茶の水書房.

Radamaker, Hans 1979 *Hegels «Wissenschaft der Logik». Eine darstellende und erläuternde Einführung*. Wiesbaden.

Ravaisson, Felix 1927 *De l'Habitude*. Paris. (野田又夫 譯『習慣論』岩波文庫, 1951)

Rawidowicz, Simon 1931 *Ludwig Feuerbachs Philosophie*. Berlin. (桑山政道 譯『ルードヴィヒ・フォイエルバッハの哲學』上, 新地書房, 1983)

Rawls, John   1971   *A Theory of Justice*. Harvard. (矢島鈞治 監譯 『正義論』 紀伊國屋書店, 1979)

Rebstock, Hans-Otto   1971   *Hegels Auffassung des Mythos in seinen Frühschriften*. Freiburg/München.

Reissner, Hans Günther   1965   *Eduard Gans. Ein Leben im Vormärz*. Tübingen.

Richards, Ivor Armstrong   1936   *The Philosophy of Rhetoric*. New York.

Ricoeur, Paul   1975   *Le métaphore vive*. Paris.

Riedel, Manfred   1965   *Theorie und Praxis im Denken Hegels*. Stuttgart/Berlin/Köln/Mainz.

Riedel, Manfred   1967   Hegel und Gans. In: *Natur und Geschichte. Festschrift für Karl Löwith zum 70. Geburtstag*. Stuttgart/Berlin/Köln/Mainz.

Riedel, Manfred   1969   *Studien zu Hegels Rechtsphilosophie*. Frankfurt a. M. (清水正德・山本道雄 譯 『ヘーゲル法哲學』 福村出版, 1976)

Riedel, Manfred   1970   *Bürgerliche Gesellschaft und Staat bei Hegel*. Neuwied/Berlin. (池田貞夫・平野英一 譯 『ヘーゲルにおける市民社會と國家』 未來社, 1985)

Riedel, Manfred (hrsg.)   1974   *Hegels Rechtsphilosophie*. 2 Bde., Frankfurt a. M.

Riedel, Manfred   1975a   Bürgerliche Gesellschaft. In: *Geschichtliche Grundbegriffe*. hrsg. von Brunner/Conze/Kosellech. Bd. 2. Stuttgart. (石原達也・山根共行 譯 「市民社會」 河上倫逸・常俊宗三郎 編譯 『市民社會の概念史』 所收, 以文社, 1990)

Riedel, Manfred (hrsg.)   1975b   *Materialien zu Hegels Rechtsphilosophie*. 2 Bde., Frankfurt a. M.

Riedel, Manfred   1990   *Hegel und die antike Dialektik*. Frankfurt a. M.

Ringleben, Joachim   1977   *Hegels Theorie der Sünde*. Berlin/New York.

Ripalda, José Maria   1973   Poesie und Politik beim jüngen Hegel. In: *Hegel-Studien*. Bd. 8. Bonn.

Ripalda, José Maria   1977   *The divided nation. the roots of a bourgeois thinker: G. W. F. Hegel*. Assen/Amsterdam.

Ritter, Joachim   1940/41   Über das Lachen. In: *Blätter für deutsche Philosophie*. 14. 1-21. Amsterdam.

Ritter, Joachim   1957   Hegel und französische Revolution. In: *Geisteswissenschaften* 63. Westdeutsche Verlag, Köln/Opladen. (出口純夫 譯 『ヘーゲルとフランス革命』 理想社, 1966)

Ritter, Joachim   1966   *Moralität und Sittlichkeit zu Hegels Auseinandersetzung mit der Kantischen Ethik*. Berlin.

Ritter, Joachim   1969a   *Metaphysik und Politik. Studien zu Aristoteles und Hegel*. Frankfurt a. M.

Ritter, Joachim   1969b   Person und Eigentum. In: *Metaphysik und Politik. Studien zu Aristoteles und Hegel*. Frankfurt a. M.

Ritter, Joachim   1969c   Hegel und die Reformation. In: *Metaphysik und Politik. Studien zu Aristoteles und Hegel*. Frankfurt a. M.

Robertson, Martin   1975   *A History of Greek Art*. 2 vols. London.

Rohrmoser, Günther   1959   Zum Problem der ästhetischen Versöhnung. Schiller und Hegel. In: *Euphorion*. Bd. 53. Leip/Wien.

Rohrmoser, Günther   1961   *Subjektivität und Verdinglichung. Theologie und Gesellschaft im Denken des jungen Hegels*. Lengerich.

Rohrmoser, Günther   1970   *Das Elend der kritischen Theorie*. Freiburg. (城塚登・竹村喜一郎 譯 『批判理論の貧困』 理想社, 1983)

Rommel, Otto   1943   Die wissenschaftliche Bemühungen um die Analyse des Komischen. In: *Deutsche Vierteljahrsschrift für Literaturwissenschaft und Geistesgeschichte.* 21, 161-193. Halle.

Röschlaub, Andreas 1798 *Untersuchungen über Pathogenie oder Einleitung in die medizinische Theorie.* Ⅰ, Ⅱ, Ⅲ. Frankfurt a. M.

Rosen, Stanley 1974 *G. W. F. Hegel.* London.

Rosenkranz, Johann Karl Friedrich 1844 *Hegels Leben.* Supplement zu: *Georg Wilhelm Friedrich Hegel Werke.* Vollständige Ausgabe durch einen Verein von Freunden des Verewigten. Berlin (Nachdr. Darmstadt 1693) (中埜肇 譯『ヘーゲル傳』みすず書房, 1983)

Rosenkranz, Johann Karl Friedrich 1853 *Ästhetik des Häßlichen.* Königsberg. (Nachdr. Stuttgart/Bad-Cannstatt 1968)

Rosenzweig, Franz 1920 *Hegel und der Staat.* München/Berlin. (Nachdr. München 1982)

Röttges, Heinz 1976 *Der Begriff der Methode in der Philosophie Hegels.* Meisenheim a. Glan.

Rousseau, Jean-Jacques 1753 *Lettre sur la musique française.* (海老澤敏 譯 (「フランス音樂に關する手紙」『ルソー全集』第12卷 所收, 白水社, 1983)

Rousseau, Jean-Jacques 1761 *Extrait du projet de paix perpétuelle de St.-Pierre.* (宮治弘之 外譯 (「サン＝ピエール師の永久平和論關の拔萃」『ルソー全集』第4卷 所收, 白水社, 1978)

Ruof, Friedrich 1915 *J. W. von Archenholtz.* Leipzig. (Nachdr. Vaduz)

Russell, Bertrand 1903 *The Principles of Mathematics.* Cambridge.

Russell, Bertrand 1919 *Introduction to Mathematical Philosophy.* London.

S

Saint-Pierre, Abbé de 1713 *Projet de paix perpétuelle.* Utrecht.

酒井 修 1984 「1801年夏のヘーゲル―『イエーナ時代の論理學』研究(二)」『哲學研究』(京都哲學會) 第550号.

酒井 修 1990 「ヘーゲル哲學の本邦渡來」『哲學研究』(京都哲學會) 第555号.

Sallis, John 1987 *Spacings of reason and imagination in texts of Kant, Fichte, Hegel.* Chicago.

Sánchez, José 1986 *Der Geist der deutschen Romantik.* München.

Sandberger, Jörg F. 1972 *David Friedrich Strauß als theologischer Hegelianer.* Göttingen.

Sapir, J. David et al. (ed.) 1977 *The Social Use of Metaphor. Essays on the anthropology of rhetoric.* Philadelphia.

Sarlemijn, Andries 1971 *Hegelsche Dialektik.* Berlin/New York.

Sartre, Jean-Paul 1943 *L'être et le néant.* Paris. (松浪信三郎 譯『存在と無』Ⅰ-Ⅲ, 人文書院, 1956-60)

佐藤和夫 1990 「友愛・人類・進步―フォルスターを媒介にみたフランスとドイツ」廣松渉・坂部惠・加藤尙武 編『講座ドイツ觀念論』第1卷 所收, 弘文堂.

佐藤敏雄 1970 「主觀性と物化の分裂と和解―ヘーゲルと現代神學」『思想』555号.

佐藤康邦 1991 『ヘーゲルと目的論』昭和堂.

Schacht, Richard 1970 *Alienation. With an Introductory Essay by Walter Kaufmann.* New York.

Schadewaldt, Wolfgang 1966 *Antike und Gegenwart. Über die Tragödie.* München.

Schaff, Adam 1977 *Entfremdung als Soziales Phänomen.* Wien. (花崎泉平 譯『社會現象としての疎外』岩波書店, 1984)

Schalk, F. 1972 Enzyklopädismus. In: *Historisches Wörterbuch der Philosophie*. hrsg. von J. Ritter, Bd. 2. Basel.

Schefold, Karl 1967 *Die Griechen und ihre Nachbarn*. Propyläen Kunstgeschichte 1. Berlin.

Scheit, Herbert 1972 *Geist und Gemeinde. Zum Verhältnis von Religion und Politik bei Hegel*. München.

Schelling, Friedrich Wilhelm Joseph von 1795 *Vom Ich als Prinzip der Philosophie oder über das Unbedingte im menschlichen Wissen*. In: *Schellings Werke*. hrsg. von K. F. A. Schelling Abt. 1. Bd. 1. Stuttgart/Augsburg 1856. (高月義照 譯 「哲學の原理としての自我について」 『シェリング初期著作集』 日清堂書店出版部, 1977)

Schelling, Friedrich Wilhelm Joseph von 1798 *Von der Weltseele*. In: *Schellings Werke*. hrsg. von K. F. A. Schelling Abt. 1. Bd. 2. Stuttgart/Augusburg 1857.

Schelling, Friedrich Wilhelm Joseph von 1799 Erster Entwurf des Systems der Naturphilosophie. In: *Schellings Werke*. hrsg. von K. F. A. Schelling Abt. 1. Bd. 3. Stuttgart/Augusburg 1858.

Schelling, Friedrich Wilhelm Joseph von 1806 Vorläufige Bezeichnung des Standpunktes der Medicin nach Grundsätzen der Naturphilosophie. In: *Schellings Werke*. hrsg. von K. F. A. Schelling Abt. 1. Bd. 7. Stuttgart/Augusburg 1860.

Schelling, Friedrich Wilhelm Joseph von 1856-61 *Sämtliche Werke*. 10 bde. hrsg. von K. F. A. Schelling. Stuttgart/Augusburg.

Schiller, Johann Christoph Friedrich von 1793 *Kallias oder über die Schönheit*. In: Schiller: *Sämtliche Werke*. hrsg. von G. Fricke und H. G. Göpfert. 6. Aufl. Bd. 5. München 1980.

Schiller, Johann Christoph Friedrich von 1795 *Über naive und sentimentalische Dichtung*. In: Schiller: *Werke. Nationalausgabe*. Bd. 20. hrsg. von B. v. Wiese. Weimar 1962.

Schiller, Johann Christoph Friedrich von 1943- *Werke. Nationalausgabe*. hrsg. von L. Blumenthal/B. v. Wiese. Weimar. (참고: 石原達二 譯 [『カリアス書簡』『人間の美的教育について』『素朴文學と情感文學について』の譯] 『美學藝術論集』 冨山房, 1977. 다만 *Nationalausgabe*로부터의 번역은 없다.)

Schipperges, Heinrich 1974 *Paracelsus. Der Mensch im Licht der Natur*. Stuttgart.

Schlawe, Fritz 1959 Die Berliner Jahrbücher für wissenschaftliche Kritik. Ein Beitrag zur Geschichte des Hegelianismus. In: *Zeitschrift für Religions-und Geistesgeschichte*. (石川三義 譯 「『ベルリン年誌』に見るヘーゲル學派の展開」 『情況』 1976年12月号)

Schlegel, Friedrich 1795/96 *Über das Studium der griechischen Poesie*. In: Kritische Friedrich-Schlegel-Ausgabe. Bd. 1. hrsg. von E. Behler. München/Paderborn/Wien 1979.

Schleiermacher, Friedrich Daniel Ernst 1959 *Hermeneutik*. nach den Handschriften neu hrsg. u. eingeleitet von H. Kimmerle. Heidelberg. (2 Aufl. 1974)

Schleiermacher, Friedrich Daniel Ernst 1987 *Theologische Enzyklopädie (1831/32)*. hrsg. von Walter Sachs. Berlin.

Schmidt, Alfred 1974 *Zur Idee der Kritischen Theorie*. München. (生松敬三 譯 『フランクフルト學派』 青土社, 1975)

Schmidt, Alfred 1984 *Goethes herrlich leuchtende Natur*. Wien.

Schmidt, Erik 1952 *Hegels Lehre von Gott*. Lengerich.

Schmidt, Erik 1974 *Hegels System der Theologie*. Berlin/New York.

Schmitz, Hermann 1957 *Hegel als Denker der Individualität*. Meisenheim a. Glan.

Schnädelbach, Herbert 1974 *Geschichtsphilosophie nach Hegel. Die Probleme des Historismus*. Freiburg/München.

Schneider, Helmut 1975 Anfänge der Systementwicklung Hegels in Jena. In: *Hegel-Studien*. Bd. 10. Bonn.

Schneider, Robert 1938 *Schellings und Hegels schwäbische Geistesbahnen*. Würzburg/Aumüble.

Schneiter, Rudolf 1968 *Schellings Gesetz der Polarität*. Verlag Hans Schellenberg, Winterthur.

Schofield, Robert E. 1970 *Mechanism and Materialism. British Natural Philosophy in An Age of Reason*. Princeton.

Schopenhauer, Arthur 1851 *Parerga und Paralipomena: kleine philosophische Schriften*. Wiesbaden. (有田潤 譯 『哲學小品集』 I, 白水社, 1973)

Schopenhauer, Arthur 1966 *Die Welt als Wille und Vorstellung*. Zweiter Band. Wiesbaden.

Schulin, Ernst 1958 *Die weltgeschichte Erfassung des Orients bei Hegel und Ranke*. Göttingen.

Schulte, Günter 1981 *Hegel oder das Bedürfnis nach Philosophie*. Köln.

Schuster, J. 1929 Oken, Welt und Wesen, Werk und Wirkung. In: *Archiv für Geschichte der Mathematik, der Naturwissenschaften und der Technik*. No. 3, 54–70.

Schüttauf, Konrad 1984 *Die Kunst und die bildenden Künste*. Eine Auseinandersetzung mit Hegels Ästhetik. Bonn.

Schwanitz, Hans Joachim 1983 *Homöopathie und Brownianismus 1795–1844*. Stuttgart.

Schweitzer, Albert 1951 *Geschichte der Leben-Jesu-Forschung*. 6 Aufl. Tübingen. (遠藤彰 外譯 『イエス伝研究史』 全3卷, 白水社, 1960–61)

Shea, William R. 1986 Hegel's Celestial Mechanics. In: *Hegels Philosophie der Natur*. hrsg. von R.-P. Horstmann/M. J. Petry, Stuttgart.

柴田隆行 1986 『ヘーゲルにおける自由と共同』 北樹出版

柴田隆行 1987 「一八世紀末の哲學史論爭」 『白山哲學』 21号.

柴田隆行 1988 「一八世紀末哲學史論爭の行方」 『白山哲學』 22号.

柴田隆行 1990 「哲學史概念の成立」 廣松渉・坂部惠・加藤尚武 編 『講座ドイツ觀念論』 第5卷 所收, 弘文堂.

柴田陽弘 1983 「ゲーテと石の王國―ゲーテの地質學」 『モルフォリギア』 第5号, ナカニシャ出版.

Shikaya, Takako 1878 Die Wandlung des Seinsbegriffs in Hegels Logik-Konzeption. In: *Hegel-Studien*. Bd. 13, 119–173. Bonn.

四日谷敬子 1978 「ヘーゲル美學に於ける『假現』の範疇と繪畫理論」 『理想』 540号, 177–191.

四日谷敬子 1985 「J・ベーメにおける神の自然と惡の起源」 『中世哲學研究』 第4号, 66–74.

四日谷敬子 1986 「存在と反省―ヘーゲルの絕對的觀念論への道」 中埜肇 編 『ヘーゲル哲學研究』 理想社. 31–50.

四日谷敬子 1989 『歷史における詩の機能―ヘーゲル美學とヘルダーリン』 理想社.

四日谷敬子 1991a 「知の境地と否定性の論理―存在論理學(質)を中心に」 『存在・思惟・個體性―ドイツ觀念論とヘーゲル論理學』 所收, 世界書院.

四日谷敬子 (譯) 1991b 『無底と根底―ベーメ神秘主義主要著作集』 哲學書房.

島崎隆 1991 「ヘーゲル自然哲學と進化論」 『自然哲學研究』 第4号.

清水純一 1970 『ジョルダーノ・ブルーノ』 創文社.

Sichirollo, Livio 1964 Hegel und die griechische Welt. In: *Hegel-Studien Beiheft* 1. Bonn.

Siep, Ludwig 1970 *Hegels Fichtekritik und die Wissenschaftenlehre von 1804*. Freiburg/München.

Siep, Ludwig 1974 Der Kampf um Anerkennung. In: *Hegel-Studien*. Bd. 9. Bonn.

Siep, Ludwig 1979 *Anerkennung als Prinzip der praktischen Philosophie*. Freiburg/München.

Siep, Ludwig 1982 Intersubjektivität, Recht und Staat in Hegels 'Grundlinien der Philosophie des Rechts'. In: Dieter Henrich, Rolf-Peter Horstmann (hrsg.): *Hegels Philosophie des Rechts. Die Theorie der Rechtsformen und ihre Logik*. Stuttgart.

Smith, Adam　1776　*An Inquiry into the nature and causes of the wealth of nations.* ed. by Edwin Cannan. 6th ed. 2 vols. London 1950. (大内兵衛・松川七郎 譯『諸國民の富』全2冊, 岩波書店, 1969)

Snelders, Henricus Adrianus Marie　1986　Hegel und die Bertholletsche Affinitätslehre. In: *Hegels Philosophie der Natur.* Stuttgart.

Soboul, Albert　1968　*Les sans-culottes.* Paris. (井上幸治 監譯『フランス革命と民衆』, 1983)

Solger, Karl Wilhelm Friedrich　1829　*Vorlesungen über die Ästhetik.* hrsg. von K. W. L. Heyse. Leipzig (Nachdr. Darmstadt 1980).

Solomon, Robert C.　1983　*In the Spirit of Hegel. A Study of G. W. F. Hegel's Phenomenology of Spirit.* Oxford.

Spaventa, Bertrand　1864　*Le prime categorie della logica di Hegel.* Napoli.

Specht, Ernst Konrad　1952　Der Analogiebegriff bei Kant und Hegel. In: *Kant-Studien.* Erg. Hefte Bd. 66. Köln.

Splett, Jörg　1965　*Die Trinitätslehre G. W. F. Hegels.* Freiburg/München.

Stanguennec, André　1985　Génèse et structure d'une remarque critique de Hegel sur la consruction kantienne der matière dans la Science de la Logique. In: *Archives de Philosophie.* Paris.

Steinthal, Heymann　1848　*Die Sprachwissenschaft W. v. Humboldt's und die Hegel'sche Philosophie.* (Olms 1985).

Storr, Gottlob Christian　1794　*Bemerkungen über Kants philosophische Religionslehre. Aus dem Lateinischen. Nebst einigen Bemerkungen des Übersetzers* [F. G. Süskind] *über den aus Principien der praktischen Vernunft hergeliteten Überzeugungsgrund von der Möglichkeit und Wirklichkeit einer Offenbarung in Beziehung auf Fichte's Versuch einer Kritik aller Offenbarung.* Tübingen.

Strack, Friedrich　1832　Hegels Persönlichkeit im Spiegel der Tagebücher Sulpitz Boisserées und der Lebenserinnerungen C. H. A. Pagenstechers. In: *Hegel-Studien.* Bd. 17. Bonn.

Strauß, David　1837　*Streitschriften zur Verteidigung meiner Schrift über das Leben Jesu und zur Charakteristik der gegenwärtigen Theologie.* Tübingen.

Strauß, Ludwig　1928　Jacob Zwilling und sein Nachlaß. In: *Euphorion.* 29, 365–396. Leip/Wien.

Strauß, Ludwig　1931　Aus dem Nachlaß Johann Gottfried Ebels. In: *Euphorion.* 32, 353–393. Leip/Wien.

Strawson, Peter Frederick　1974　*Subject and Predicate in Logic and Grammar.* London.

Strohschneider-Kohrs, Ingrid　1960　*Die romantische Ironie in Theorie und Gestaltung.* Tübingen.

杉 勇 (編)　1977　『エジプト美術』體系世界の美術 3, 學習研究社.

Szabadvary, Ferenc　1962　Jacob Winterl and His Analytical Method for Determining Phlogiston. In: *Journal of Chemical Education.* vol. 39, No. 8. Easton.

T

高橋昭二　1984　『若きヘーゲルにおける媒介の思想』上, 晃洋書房.

高津春繁　1966　『ホメーロスの英雄敍事詩』岩波書店.

高柳良治　1970　「ヘーゲルとルソー」(1)・(2),『一橋論叢』64巻 3・4号.

武市健人　1950a　『ヘーゲルとマルクス』福村出版.

武市健人 1950b 『ヘーゲル論理學の體系』 岩波書店.

竹内敏雄 1952 『文藝學序說』 岩波書店.

竹内敏雄 1959 『アリストテレスの文藝理論』 弘文堂.

谷田閲次 1960 『生活造形の美學』 光生館.

Taylor, Charles 1975 *Hegel*. Cambridge.

Taylor, Charles 1979 *Hegel and Modern Society*. Cambridge.

手塚富雄 1981 『ヘルダーリン』 中央公論社.

Temkin, Owsei 1946 The Philosophical Background of Magendie's Physiology. In: *Bulletin of the History of Medicin*. vol. 20. Baltimore.

Temkin, Owsei 1947 Gall and the Phrenological Movement. In: *Bulletin of the History of Medicine*. vol. 21, 275-321. Baltimore.

Tennemann, Wilhelm Gottlieb 1798-1819 *Geschichte der Philosophie*. 12 Bde. Leipzig.

Theunissen, Michael 1970 *Hegels Lehre vom absoluten Geist als theologisch-politischer Traktat*. Berlin.

Theunissen, Michael 1982 Die verdrängte Intersubjektivität in Hegels Philosophie des Rechts. In: Dieter Henrich u. Rolf-Peter Horstmann (hrsg.), *Hegels Philosophie des Rechts. Die Theorie der Rechtsformen und ihre Logik*. Stuttgart.

Tiedemann, Dietrich 1791-97 *Geist der spekulativen Philosophie*. 7 Bde. Marburg.

Toews, John Edward 1980 *Hegelianism, the path toward dialectical humanism, 1805~1841*. Cambridge.

德永恂 1974 『ユートピアの論理―フランクフルト學派研究序說』 河出書房新社.

Trede, Johann Heinrich 1972 Hegels frühe Logik (1801-1803/04). In: *Hegel-Studien*. Bd. 7. Bonn.

Trede, Johann Heinrich 1973 Mythologie und Idee. In: *Hegel-Studien Beiheft* 9. Bonn.

Treder, Hans-Jürgen 1981 Hegel zu den Begriffen "Schwere", "Trägheit", "Masse", "Kraft". In: *Vom Mute des Erkennens*. hrsg. von M. Buhr/T. I. Oisermann. Frankfurt a. M.

Treher, Wolfgang 1969a *Hegels Geisteskrankheit oder das verborgene Gesicht der Geschichte. Psychopathologische Untersuchungen und Betrachtungen über das historische Prophetentum*. Verlag Dr. W. Treher, Emmendingen.

Treher, Wolfgang 1969b Hegel-Impressionen von Zeitgenossen Schopenhauers Hegel-Kritik und die "Enkomiastik" der Schule, In: *Hegels Geisteskrankheit oder das verborgene Gesicht der Geschichte*. Emmendingen.

津田道夫 1970 『ヘーゲルとマルクス―マルクス學徒の「法の哲學」解說 I 季節社.

U

生方卓 1976 「ヘーゲルのポリツァイ論について」『政經論叢』（明治大學） 44卷 5・6号.

生方卓 1989 「初期ヘーゲルにおける共同性と所有の問題」大井正・西尾孝明 編著『ドイツ社會主義研究』所收, 勁草書房.

上村忠男 (編譯) 1986 『クローチェ政治哲學論集』 法政大學出版局.

上村忠男 1989 『クリオの手鏡』 平凡社.

V

Vadée, Michel 1972 Nature et fonction des Mathématiques et de leur histoire dans le système dialectique hégelien. In: *Hegel-Jahrbuch 1972*. Meisenheim a. Glan.

Vandersleyn, Claude 1975 *Das Alte Ägypten*. Propyläen Kunstgeschichte 15, Berlin.

Verene, Donald Phillip 1985 *Hegel's Recollection*. Albany.

Vieillard-Baron, Jean-Louis 1976 *Vorlesung über Platon* (1825-1826). hrsg. und eingeleitet von J.-L. Vieillard-Baron.

Vieweg, Eduard 1934 Nachwort zu J. H. Campe, *Robinson der Jüngere*. Leipzig.

Vischer, Friedrich Theodor 1846-57 *Ästhetik oder Wissenschaft des Schönen*. hrsg. von R. Vischer. 6 Bde. 2. Aufl. München 1922/23 (Nachdr.: Hildesheim, New York 1975).

von Bogdandy, Armin 1989 *Hegels Theorie des Gesetzes*. Freiburg/München.

Vorländer, Karl 1927 *Geschichte der Philosophie*, 7. Aufl. Leipzig. (6. Aufl. Leipzig 1921) (栗田・吉野・古在 譯 『西洋哲學史』 岩波書店, 1929)

W

Wagenbreth, Otfried 1955 Abraham Gottlob Werner und der Höhepunkt des Neptunismus um 1790. In: *Freiberger Forschungsheft*. ser. D. 11, 183-241.

Wahl, Jean 1929 *Le malheur de la conscience dans la philosophie de Hegel*. Paris.

Walsh, William H. 1969 *Hegelian Ethics*. London. (田中芳美 譯 『ヘーゲル倫理學』 法律文化社, 1975)

Walton, A. S. 1984 Economy, Utility and Community in Hegel's Theory of Civil Society. In: Z. A. Pelczynski (ed.), *The State and Civil Society, Studies in Hegel's Political Philosophy*. Cambridge.

Wandschneider, Dieter 1982 *Raum, Zeit, Relativität*. Frankfurt a. M.

Wandschneider, Dieter 1987 Die Kategorien 'Materie' und 'Licht' in der Naturphilosophie Hegels. In: M. J. Petry (hrsg.), *Hegel und Wissenschaften*. Stuttgart/Bad Cannstatt.

Wartofsky, Marx W. 1977 *Feuerbach*. Cambridge.

鷲田清一 1989 『モードの迷宮』 中央公論社.

鷲田小弥太 1975 『ヘーゲル『法哲學』研究序論』 新泉社.

Waszek, Norbert 1985a Hegels Exzerpte aus der 'Edinburgh Review'. In: *Hegel-Studien*. Bd. 20. Bonn.

Waszek, Norbert 1985b A Stage in the Development of Hegel's Theory of the Modern State. In: *Hegel-Studien*. Bd. 20. Bonn.

Waszek, Norbert 1986 Hegels Exzerpte aus der 'Quarterly Review'. In: *Hegel-Studien*. Bd. 21. Bonn.

Waszek, Norbert 1988 *The Scottish Enlightenment and Hegel's Account of 'Civil Society'*. Dordrecht/Boston/London.

渡辺二郎 1978 「力と悟性」 『現代思想』 第6卷 第16号.

渡辺祐邦 1964 「『惑星軌道論』とヘーゲルにおける古典力學の問題」 北大哲學會 編 『哲學』 1号.

渡辺祐邦 1974 「J. H. カンペと彼の『小ロビンソン』」 『北見工大研究報告』 Vol. 2, No. 2.

渡辺祐邦　1976　「クリスチャン・ガルヴェと「通俗性」の哲學」『北見工大研究報告』Vol. 7, No. 2.

渡辺祐邦　1987　「ミネルヴァのふくろうはもう一度飛ぶ」加藤尚武 編『ヘーゲル讀本』法政大學出版局.

渡辺祐邦　1990　「ドイツ觀念論における自然哲學」廣松渉・坂部惠・加藤尚武 編『講座ドイツ觀念論』第6卷 所收, 弘文堂.

渡辺祐邦　1991a　「ベルトレの『化學靜力學試論』とヘーゲルの選擇親和力論―ヘーゲルの讀んだ古典(その1)」『自然哲學研究』第3号.

渡辺祐邦　1991b　「H. シュテッフェンスの『地球の內的自然史への寄與』とヘーゲルによるその批判」『自然哲學研究』第4号.

Weikard, Melchior Adam　1795　*Grundsätze der Arzneilehre*. Frankfurt a. M.

Weil, Eric　1950　*Hegel et l'état*. Paris.

Weiser, Christian Friedrich　1916　*Shaftesbury und das deutsche Geistesleben*. Leipzig/Berlin.

Welcker, Karl Theodor　1830　*Die vollkommene und ganze Preßfreiheit, nach ihrer sittlichen, rechtlichen und politischen Notwendigkeit, und ihrer Uebereinstimmung mit deutschem Fürstenwort und nach ihrer völligen Zeitgemäßheit dargestellt in ehrerbietigster Petition an die hohe deutsche Kundesversammlung*. Freiburg.

Welzel, Hans　1951　*Naturrecht und materiale Gerechtigkeit*. Göttingen.

Werder, Kahl　1841　*Logik. Als Kommentar und Ergänzung zu Hegels Wissenschaft der Logik*. Berlin.

Wiedmann, Franz　1965　*G. W. F. Hegel*. Hamburg. (中埜肇・加藤耀子 譯『ヘーゲル』理想社, 1982)

Wiehl, Reiner　1971　Über den Handlungsbegriff als Kategorie der Hegelschen Ästhetik. In: *Hegel-Studien*. Bd. 6. 135-170. Bonn.

Wiehl, Reiner　1986　Das Gesetz als Kategorie in Hegels Philosophie des Geistes. In: *Hegels Wissenschaft der Logik*. hrsg. von D. Henrich. Stuttgart.

Wieland, Wolfgang　1970　Nachwort. In: *Hegels erste Druckschrift. Vertrauliche Briefe über das vormalige staatsrechtliche Verhältnis des Waadtlandes (Pays de Vaud) zur Stadt Bern von Jean Jacques Cart, Faksimiliedruck der Ausgabe von 1798*. Göttingen.

Wiese, Benno von　1959　*Friedrich Schiller*. Stuttgart.

Wildt, Andreas　1982　*Autonomie und Anerkennung*. Stuttgart.

Wilke, Jürgen　1978　*Literarische Zeitschriften des 18. Jahrhunderts*. Ⅰ, Ⅱ, Stuttgart.

Windelband, Wolfgang　1936　*Die auswärtige Politik der Großmächte in der Neuzeit von 1494 bis zur Gegenwart*. Essen.

Wohlfart, Günther　1981　*Der spekulative Satz*. Berlin.

Wohlfart, Günther　1984　*Denken der Sprache: Sprache und Kunst bei Vico, Hamann, Humboldt und Hegel*. Alber.

Wölfel, Kurt　1974　Nachwort zu *Christian Garve, Populärphilosophischen Schriften*. Stuttgart.

Wölfflin, Heinrich　1915　*Kunstgeschichtliche Grundbegriffe* Basel/Stuttgart.

Wolff, Michael　1981　*Der Begriff des Widerspruchs*. Meisenheim a. Glan. (山口祐弘・山田忠彰・河本英夫 譯『矛盾の概念』學陽書房, 1984)

Wolff, Michael　1986　Hegel und Cauchy. Eine Untersuchung zur Philosophie und Geschichte der Mathematik. In: *Hegels Philosophie der Natur*. hrsg. von Horstmann, Rolf-Peter et al. Stuttgart.

Y

谷嶋喬四郎　1984　「國際ヘーゲル學會の現況」『社會思想史研究』第 8号, 北樹出版.

山田忠彰　1986　『ヘーゲル論 一理性と他性』批評社.

山口祐弘　1988　『近代知の返照』學陽書房.

山口祐弘　1991　『ドイツ觀念論における反省理論』勁草書房.

山口誠一　1989　『ヘーゲル哲學の根源―『精神現象學』の問いの解明』法政大學出版局.

山口誠一　1991　「ヘーゲルの元素論について―『ティマイオス』篇― 32a–b解釋への檢討」『法政大學教養部紀要(人文科學編)』
　　　　第へ78号.

山本光雄 (編)　1958　『ギリシア初期資料集 』岩波書店.

山本義隆　1987　『熱學思想の史的展開』現代數學社 .

山内登美雄　1969　『ギリシア悲劇―その人間觀と現代』日本放送出版協會.

山內志朗　1990　「ライプニッツの影響―apperceptioをめぐって」廣松渉・坂部惠・加藤尙武 編『講座ドイツ觀念論』第1卷
　　　　所收, 弘文堂.

寄川条路　1988a　「ヘーゲル, ヘルダーリン, シェリング―『ドイツ觀念論最古の體系計劃』の著者問題について」『哲學の探求』
　　　　第16号.

寄川条路　1988b　「初期ヘーゲルにおける「美の理念」について―『ドイツ觀念論最古の體系計劃』の研究」『哲學世界』第 11号.

Z

Zahn, Manfred　1965　Fichtes, Schellings und Hegels Auseinandersetzung mit dem "Logischen Realismus" Ch. G. Bardillis.
　　　　In: *Zeitschrift für philosophische Forschung*. 19. Meisenheim a. Glan.

Zeltner, Hermann　1954　*Schelling*. Stuttgart.

Zimmerli, Walther Christoph　1974　*Die Frage nach der Philosophie. Interpretationen zu Hegels "Differenzschrift."*
　　　　Bonn.

Zimmerli, Walther Christoph　1986　Potenzenlehre versus Logik der Naturphilosophie. In: *Hegels Philosophie der Natur*.
　　　　Klett–Cotta, Stuttgart.

부 록

- 헤겔 집필 연대표
- 내용설명과 약호 일람
- 헤겔 상세 연보
- 한국어로 읽을 수 있는 헤겔 연구문헌 일람
- 일본어로 읽을 수 있는 헤겔 연구문헌 일람
- 메이지 시기 헤겔 언급 서지
- 헤겔이 살던 시대의 도량형
- 18세기 후반의 통화 환산율
- 18세기 후반부터 19세기 전반의 통화의 구매력

❄ 헤겔 집필 연대표 ❄

【범례】

1. 이 집필 연대표는 단순한 문헌표가 아니다. 근간의 문헌학의 진보에 따라 헤겔의 여러 저작과 강의록은 개정을 거듭하는 가운데 많은 단편과 이본을 산출한다든지 몇 개의 초고가 흡수되어 형태가 변화되어 성립한다든지, 또한 첨가와 메모로서 사색의 궤적을 아는 데서 귀중한 결정이 포함된다든지 한다는 것이 분명하게 되었다. 이 집필 연대표는 헤겔의 사색이 이루어진 과정을 논저와 단편, 강의의 집필·성립 시기를 확정함으로써 중층적이고 입체적으로 묘사함과 아울러, 전거와 번역에 관한 정보를 명시함으로써 연구자와 독자에게 편리를 제공하는 것을 목적으로 한다.

2. 이 집필 연대표는 1975년경부터 도호쿠 대학 문학부(당시)의 가토 히사타케(加藤尙武) 연구실에서 첫 번째로 그 형태가 만들어졌으며, 그 후 1986년경까지 야마자키 쥰(山崎純), 구리하라 다카시(栗原隆) 이사카 세이시(伊坂靑司), 자코타 유타카(座小田豊), 가도쿠라 마사미(門倉正美) 등이 보충한 것을 츠루마키 고헤이(鶴卷孝平) 씨가 컴퓨터에 입력하여 두 번째 형태를 갖추게 되었다. 이번의 고분도(弘文堂) 판『헤겔 사전』에 실린 집필 연대표는 두 번째 형태를 전면적으로 개정·증보하는 형태로 요리카와 죠지(寄川条路), 하라사키 미치히코(原崎道彦), 구리하라 다카시, 이사카 세이시, 고즈 구니오(幸津國生), 하야세 아키라(早瀬明), 가미야마 노부히로(神山伸弘), 후지타 마사카쓰(藤田正勝), 야마자키 쥰에 의해 작성된 원고를 구리하라가 집약하고, 츠루마키 고헤이 씨의 노력에 의해 데이터베이스화한 세 번째 형태에 기초하고 있다. 이 세 번째 형태를 다시 편집위원들의 검토와 협의에 기초하여 간략화하고 축약한 것이 이 집필 연대표이다.

3. 지면 넓이의 제약이 있긴 했지만, 데이터를 압축해 넣음으로써 오히려 독자의 편의에 이바지할 수 있는 형태가 되었다고 믿는다. 다만 완전판은 이외는 별도로 작성 모체라고도 말해야만 할 「헤겔 연구회」(운영책임자: 고즈마 타다시(上妻精), 가토 히사타케)에서 앞으로 어떤 형태로든 공개될 예정이다.

4. 작성에 있어 G. W. F. Hegel: *Werke in zwanzig Bänden* (Suhrkamp) 및 G. W. F. Hegel: *Gesammelte Werke* (Felix Meiner)의 편집자 교정 주, Gisela Schüler: *Zur Chronologie von Hegels Jugendschriften.* (in: *Hegel-Studien.* Bd. 2); Heinz Kimmerle: *Zur Chronologie von Hegels Jenaer Schriften.* (in: *Hegel-Studien.* Bd. 4); H. S. Harris: *Hegel's Development—Toward the Sunlight.* (Clarendon Press) 1972; H. S. Harris: *Hegel's Development—Night Thoughts.* (Clarendon Press) 1983의 각 논저를 기초자료로 삼았다.

5. 약호에 관해서는 집필 연대표 말미의 「약호 일람」을 참조하기 바란다.

(구리하라 다카시 적음)

*주: 공간 관계상 로마자의 분철 규칙 등은 무시했다.

【한국어판에 대한 주】

「헤겔 집필 연대표」의 한국어 번역에 즈음하여 2006년 1월까지 수집한 정보를 정리한 개정표가 구리하라 다카시에 의해 제공되었다. 이 개정표에는 일본어판 초판 제2쇄에서의 보정 내용도 포함하는 최신 정보가 짜 넣어져 있다. 한국어 번역은『헤겔 사전』일본어판의 「헤겔 집필 연대표」를 이 개정표와 조합하여 정정한 것을 저본으로 하고 있다. (고분도 편집부)

번호	집필·발표 시기	원어 표제	한국어 표제	텍스트	번역 내용	비고
1	1785년 5월 30일	Unterredung zwischen Dreien	세 사람 사이의 담화	HiS. 65-68; Dok. 3-6; Ros. 451-454; GW Ⅰ. 37-39		Sch. 1; Har. 3; Text 2
2	1785년 6월 26일 - 87년 1월 7일	Tagebuch. Darin der Aufsatz: Über das Exzipieren	일기, 「해석에 관하여」	Ms; His 31-64; DoK. 6-41; GW. Ⅰ. 3-33	「解釋について」(86년 3월 8-21) 날짜는 로젠크란츠 저『ヘーゲル伝』中埜 肇 譯(みすず書房 1983) p. 30에 아주 짧게 소개	Sch. 3; Har. 5, 7; Text 1
3	1785년 5월 14일	Einige Bemerkungen über die Vorstellung von Grösse	「크기의 표상에 관한 몇 가지 고찰」	His 69-70; Lasson, Hegel -Archiv 3(1914/16), 96-98; Dok. 42-43; GW Ⅰ, 40-41		Sch. 11; Har. 25; Text 3
4	1787년 8월 10일	Ueber die Religion der Griechen und Römer	「그리스인과 로마인의 종교에 관하여」	Ros. 454-458; His. 71-75; Dok. 43-48; GW Ⅰ. 42-45	速水敬二 著『ヘーゲルの修行遍歷時代』(筑摩書房 1974) p. 36-7에 소개	Sch. 13; Har. 27; Text 4
5	1788년 8월 7일	Ueber einige charakteristische Unterschiede der alten Dichter [von den neueren]	「고대시인[과 근대시인]의 몇 가지 특징적 차이에 관하여」	부분적으로 게재; Dok. 3-48; HiS. 76-79; Ros. 458-461; Dok. 48-51; GW Ⅰ. 46-48	速水敬二 著『ヘーゲルの修行遍歷時代』(筑摩書房 1974) p. 37-8에 소개	Sch. 16; Har. 35; Text 5
6	1788년 9월	Aus einer Rede beim Abgang vom Gymnasium	김나지움 졸업연설	부분적으로 게재; Dok. 52-54; HiS. 80-82; Ros. 19-21; GW Ⅰ. 49-50	로젠크란츠 저『ヘーゲル伝』中埜 肇 譯(みすず書房 1983) p. 40-42	Sch. 17; Har. 36; Text 6
7	1788년 12월	Über einige vortheile, welche uns die Lektüre der alten klassischen Griechischen und Römischen Schriftsteller gewährt	「그리스·로마 고전작가의 작품의 독서에 의해 주어지는 몇 가지 이점에 관하여」	Ms; Dok. 169-72 (Ros. 27 참조); GW Ⅰ. 51-54	로젠크란츠 저『ヘーゲル伝』中埜 肇 譯(みすず書房 1983) p. 47에 일부분, 速水敬二 著『ヘーゲルの修行遍歷時代』(筑摩書房 1974) p. 147-8에도 일부가 번역(같은 곳)	Sch. 22; Har. 38; Text 7
8	1792년 1월 10일, 11월 22일, 1793년 5월 1일, 6월 16일	Predigten	설교	Ms; Dok. 175-192; GW Ⅰ. 57-77	速水敬二 著『ヘーゲルの修行遍歷時代』(筑摩書房 1974) p. 149-55에 소개	Sch. 25-28; Har. 40-42, 48; Text 8-11
9	대체로 1793년; 92년 이전은 아님	* wiefern ist Religion...	「민중종교와 기독교」	Ms; N. 355-59; GW Ⅰ. 75-82		Sch. 29-31; Har. 43 (1793년 초); Text 12, 13, 15
10	대체로 1793년	* Unsre Tradition...	「민중종교와 기독교」 예비고	GW Ⅰ. 80		Sch. 37; Text 14
11	1793년 여름-94년	* Religion ist eine der wichtigsten Angelegenheiten... (Volksreligion und Christentum.)	「민중종교와 기독교」	Ms; N. 3-71; Ⅰ. 9-101; GW Ⅰ. 83-164	久野 譯『初期神學論集』(以文社 1973) Ⅰ. p. 7-118; Three Essays, 1793-1795. tr. by P. Fuss and J. Dobbins 1984, p. 30-103; H. S. Harris: Hegel's Development. 1972, p. 481-510	Sch. 32, 38-46; Har. 46, 50, 51, 53-58, 61-63; Text 16-26
12	1793년-94년경	Ueber Lessing's Briefwechsel mit seiner Frau	레싱과 부인의 왕복서간에 관하여	GW Ⅰ. 405-407		Text 37
13	1793년-94년경	* Menschen frühe...	신학 비판 단편	GW Ⅰ. 408		Text 38
14	1794년	Materialien zur Psychologie und Logik	심리학과 논리학 자료	Ms; Dok. 195-217; GW Ⅰ. 167-192		Sch. 43; Har. 59, Text 27. Text 23보다 일찍은 아니지만 23과 24의 사이?

번호	집필·발표 시기	원어 표제	한국어 표제	텍스트	번역 내용	비고
15	1795년 2월 5일과 4월 16일 사이	* 1. Die transzendentale Ide e von Gott...	실천이성 단편	Ms; N. 361-362; Ⅰ. 101-103; GW Ⅰ. 195-196	久保陽一 譯 (『ヘーゲル讀本』 法政大學出版局, 1987, p. 79-80)	Sch. 47; Har. 64 (1795년 2-3월); Text 28
16	1795년 4월 아니면 5월-7월	* Unkunde der Geschichte...	「기독교의 실정성」 예비고	Ms; N. 362-367; Ⅰ. 207; GW Ⅰ. 197-203		Sch. 48, 51; Har. 65, 68; Text 29, 30
17	1795년 5월 9일-7월 24일	* Die reine aller Schranken unfähige Vernunft... (Das Leben Jesu)	「예수의 생애」	Ms; N. 75-136; GW Ⅰ. 207-278	原健忠 譯 (河出書房 1950); 久野 譯 『初期神學論集』 (以文社 1973) Ⅱ. p. 9-105; Three Essays. p. 104-165; vie de Jésus. tr. par D. D. Rosca 1928, 1977	Sch. 50; Har. 67; Text 31
18	대부분 1795년 여름-11월2일, 결론 96년 4월 29일	* man mag die widerspreche ndsten Betrachtungen... (Die Positivität der christlichen Religion.)	「기독교의 실정성」 기본고	Ms; N. 152-213; Ⅰ. 104-190; GW Ⅰ. 281-351	水野建雄 譯 『初期神學論集』 (以文社 1973) Ⅰ. 140-227; Early Theological Writings. tr. by T. M. Knox and R. Kroner 1948, 1961, 1970, 1971, p. 67-145; La positivitède la religion chrétienne. tr. par Guy Planty-Bonjour 1983	Sch. 53; Har. 69; Text 32
19	1795/96년 겨울 (N. 233-39), 96년 5월-7/8월 (N. 214-31)	* Ein positiver Glauben... (Die Positivität der christlichen Religion. Zusätze)	「기독교의 실정성」 속고	Ms; N. 214-31, 233-39; Ⅰ. 190-215; GW Ⅰ. 352-378	水野 譯 『初期神學論集』 (以文社 1973) Ⅰ. p. 262-271	Sch. 54, 55; Har. 70 (1795년 12월과 96년 3월 사이), 75; Text 33, 34
20	1796년경	* Der Streit über...	신학 연구 단편	GW Ⅰ. 409-410		Text 39
21	1796년 7월 25일-8월	Tagebuch (Bericht über eine Alpenwandlung)	알프스 여행 일기	Ros. 470-490; Dok. 221-244; Ⅰ. 614-18; GW Ⅰ. 381-398	초역: 加藤尙武 譯 『現代思想』 1978년 12월 增刊号) p. 257-62; Journal d'un voyage dans les Alpens bernoise s: du 25 au 31 juillet 1796. tr. par R. Legros et F. Verstraeten. 1988	Sch. 57; Har. 77; Text 35 (대체로 여행 후 96년 8월에 집필)
22	1796년 8월	Eleusis	엘레우시스	Ms; Br. Ⅱ. 230-233; Dok. 380-3; Br. Ⅰ. 38-40; Ham. 337-40; GW Ⅰ. 399-402	金子武藏 譯 (『ヘーゲル政治論文集』 (上) 岩波文庫) p. 300-08	Sch. 58; Har. 78; Text 36
23	1796년 크리스마스-97년 2월 19일	* eine Ethik... (Das ältteste Systemprogramm des deutschen Idealismus)	「독일 관념론 최고의 체계 강령」	Ms; Ⅰ. 234-236; Ham. 341-43; Mythologie der Vernunft 11-14	加藤尙武 譯 (『現代思想』 1978년 12월 增刊号) p. 262-64; 茅野 譯 p. 169-(『ドイツ觀念論の硏究』 創文社 1975); 速水敬二 著 『ヘーゲルの修行遍歷時代』(筑摩書房 1974) p. 184-86; 神林恒道 譯 『ドイツ・ロマン派全集』 9. 97-101 (國書刊行會 1984); 寄川 譯 (『ヘーゲル研究』 第12号 1989) 2-4; Harris p. 510-512	Sch. 56; Har. 76
24	1797년 초 또는 이미 96년 가을(Sch. 63), 1798년 (97년 12월 이전은 아님; Sch. 70, 71), 1798년 여름/가을 (Sch.78)	Entwürfe zum Geist des Judentums	유대정신에 관한 단편들	Ms; N. 368-74; Ham. 344-53, 367, 368, 376, 377, 529-31; 久保陽一 『ヘーゲル『ユダヤ精神』の成立──ノール版の問題(1)』 (騎澤大學文學部紀要 第43号 1985) p. 78-82; Der Weg zum System. Hrsg. v. Jamme/Schneider (Suhrkamp 1990) 45-52	原崎道彦・寄川條路 譯 (『ヘーゲル研究』 第19号 1991) p. 1-20	Sch. 63-66, 70, 71, 78; Har. 79-82, 87, 88, 94

번호	집필·발표 시기	원어 표제	한국어 표제	텍스트	번역 내용	비고
25	1797년 7월 이전	* Positiv wird ein Glauben genannt... (Moralität, Liebe, Religion)	「도덕성·사랑·종교」	Ms; N. 374-77; Ⅰ. 239-43; Ham. 354-58	細谷貞雄 譯 (『若きヘーゲルの研究』) p. 204-208; 原崎·寄川 譯 (『ヘーゲル研究』第12号 1989) p. 5-8	Sch. 67; Har. 83, 84
26	1797년 여름	* so wie sie mehrere Gattungen... (Liebe und Religion)	「사랑과 종교」	Ms; N. 377-78; Ⅰ. 243-44; Ham. 359, 360	細谷貞雄 譯 (『若きヘーゲルの研究』) p. 264, 270, 274, 276; 原崎道彦·寄川條路 譯 (『ヘーゲル研究』第12号 1989) p. 9-10	Sch. 68; Har. 85
27	1797년 11월 경	* welchem Zwecke denn alles übrige dient... (die Liebe) Erstfassung	「사랑」의 초고	Ms; Hegel-Studien XVII. 9-23 (1982)	原崎道彦·寄川條路 譯 (『ヘーゲル研究』第14号 1989) p. 1-10	Sch. 69; Har. 86
28	1798년; 97년 12월 이전은 아님	* Glauben ist die Art... (Glauben und Sein)	「신앙과 존재」	Ms; N. 382-85; Ⅰ. 250-54; Ham. 369-72	原崎道彦·寄川條路 譯 (『ヘーゲル研究』第12号 1989) p. 11-15	Sch. 72; Har. 89
29	1798년	* Neigung zum Kartenspiel... (Über das Kartenspiel)	「카드 놀이에 관하여」	Ros. 23 f; Dok. 277-78: Ⅰ. 455	加藤尚武 譯 (『現代思想』1978년 12월 増刊号) p. 256; 로젠크란츠 저 『ヘーゲル伝』中埜肇 譯 (みすず書房 1983) p. 44	Sch. 73; Har. 101
30	1796-98년 초에 집필, 98년 부활제에 출판	vertrauliche Briefe über das vormalige staatsrechtliche Verhältnis des Waatlandes zur Stadt Bern. Eine völlige Aufdeckung der ehemaligen Oligarchie des Standes Bern. Aus dem Französischen eines verstorbenen Schweizers übersetzt und mit Anmerkungen versehen. Frankfurt am main 1798	「카르 친서 역」 서문	Hegels Erste Druckschrift (Vandenhoeck & Ruprecht 1970): Ⅰ. 255-67	金子武藏 譯 『ヘーゲル政治論文集』 (上) p. 15-6 (서문만, 번역 부분은 일역되어 있지 않다.)	Sch. 74; Har. 90
31	1798년 8월 이전	Daß die Magistrate von den Bürgern gewählt werden müssen. 1798 (Über die neuesten innern Verhältnisse Württembergs, besonders über die Gebrechen der Magistratsverfassung)	「뷔르템베르크의 최근의 내정에 관하여」	부분적으로 Ms; 부분적으로 보고, 게재되어 있다: Haym 65-68, 483-85; Lasson 150-54: Ⅰ. 268-73	金子武藏 譯 『ヘーゲル政治論文集』 (上) p. 17-24; ハイム『ヘーゲルと其の時代』松本芳景 譯 (白揚社 1932) p. 81-85, 299-302	Sch. 75; Har. 91 (1797년 4-7월)
32	1798년 8월 10일부터	Kommentar zu: Kant, Metaphysik der Sitten	칸트『인륜의 형이상학』의 주석	인용과 함께 보고; Ros. 87 f; Ⅰ. 443-44	로젠크란츠 저 『ヘーゲル伝』中埜肇 譯 (みすず書房 1983) p. 97	Sch. 76; Har. 92
33	1798년 여름/가을	* Mit Abraham dem wahren Stmmvater... (Der Geist des Christentums und sein Schicksal. Abschnitt 1, anfang)	「기독교의 정신과 그 운명」 제1장 [서론]	Ms; N. 234-45; Ⅰ. 274-77	信太正三 譯 (創元社 1950); 木村毅 譯 (現代思潮社 1969); 細谷·岡崎 譯 (白水社 1974); 伴博 譯 (日清堂 1978); Early Theological Writings. p. 302-308; 原崎道彦·寄川條路 譯 (『ヘーゲル研究』第19号 1991) p. 20-22	Sch. 77; Har. 93 초고 내지 예비고?
34	1798년 가을	* zu der Zeit, da Jesus...	「기독교의 정신과 그 운명」 제1장의 초고	Ms; N. 久保陽一 에 의한 초고와 개고의 구별「ヘーゲル『ユダヤ精神』の成立──ノール版の問題(1)」(騎澤大學文學部紀要 第43号 1985) p. 71-72 및 주의 26-28	久保陽一 『初期ヘーゲル哲學研究』 (東京大學出版會) 87-94쪽	Sch. 79; Har. 95

번호	집필·발표 시기	원어 표제	한국어 표제	텍스트	번역 내용	비고
35	1798년 가을	* Zu der Zeit, da Jesus... (Grundkonzept zum Geist des Christentums)	「기독교의 정신과 그 운명」 초안	Ms; N. 385-98; Ⅰ. 297-312; Ham. 378-395; 久保陽一 에 의한 개정판 「初期ヘーゲル斷片(Nr. 80, 81) 校訂案—ノール版の問題(2)」 (騎澤大學文學部紀要 第44号 1986)		Sch. 80; Har. 96
36	1798년 가을/겨울 (Sch. 83보다도 뒤일 수도—암메, 久保)	* B. Moral. Bergpredigt...	「기독교의 정신과 그 운명」 이고 (異稿) 초안	Ms; N. 385-98; Ⅰ. 312-16; Ham. 396-401; 久保陽一 에 의한 개정판 「初期ヘーゲル斷片(Nr. 80, 81) 校訂案—ノール版の問題(2)」 (騎澤大學文學部紀要 第44号 1986)		Sch. 81; Har. 97
37	1798/9년 가을/겨울	* Abraham, in Chaldäa geboren... (Der Geist des Christentums und sein Schicksal. Abschnitt 1) Endgültige Fassung	「기독교의 정신과 그 운명」 제1장의 개고(결정고)	Ms; N. 245-60; Ⅰ. 277-97; Ham. 402-19; 久保陽一 에 의한 초고와 개고의 구별 「ヘーゲル『ユダヤ精神』の成立—ノール版の問題(1)」 (騎澤大學文學部紀要 第43号 1985) p. 71-72 및 주의 26-28	信太正三 譯 (創元社 1950); 木村毅 譯 (現代思潮社 1969); 中埜肇 譯 (以文社 1974); 細谷·岡崎 譯 (白水社 1974); 伴博 譯 (日清堂 1978); Early Theological Writings. transl. by T. M. Knox. p. 185-205	Sch. 82 (Nr. 79의 개고); Har. 98 (Nr. 95의 개고)
38	1798/9년 가을/겨울	* [leben]digen Modifikation... (Der Geist des Christentums und sein Schicksal. Abschnitt 2-5) Erste Fassung	「기독교의 정신과 그 운명」 제2장~제5(4?)장의 초고	Ms; 「종교」군의 부분; 久保陽一 「ヘーゲルにおける合一哲學の展開(2)」 (騎澤大學 「文化」 11号 1988) p. 96-109; Jamme 및 Schneider에 의한 일부분의 개정 Der Weg zum System (Suhrkamp 1990) p. 53-57		Sch. 83; Har. 99 4부 구성일 수도
39	1798/9년 가을/겨울	* welchem Zwecke denn all es übrigen dient... (Die Liebe) Zweite Fassung	「사랑」 (Sch. 69)의 개고	Ms; N. 378-82; Ⅰ. 244-50; Ham. 361-66; Hegel-Studien XVII. 9-23 (1982)	細谷貞雄 譯 (『若きヘーゲルの研究』) p. 279-285; 原崎·寄川 譯 (『ヘーゲル研究』 第14号 1989) p. 1-10; Early Theological Writings p. 302-308	Sch. 84; Har. 100
40	1798년 12월 10일	* Er rennt in weiten Kreisen... (Gedicht.)	시 「푸돌」	Ros. 83: Dok. 383	加藤·小栗 譯 (『現代思想』 1978年 12月 增刊号) p. 252; 中埜肇 譯 (『ヘーゲル伝』) p. 93-	Sch. 85; Har. 102
41	1798년 12월 12일	* Deine Freunde trauern... (Gedichtsang)	시 「자연에 기대어」	Ros. 83 f; Dok. 384	加藤·小栗 譯 p. 252; 中埜肇 譯 (『ヘーゲル伝』) p. 93-	Sch. 86; Har. 103
42	1799년 초부터 1801년 봄까지	* Sollte das politische Resultat... ~Begriff und Wesen eines Staats	『독일 헌법론』을 위한 초고	GW. V. S. 5-14; Dok. 282-88; Ros. 88-90; Ⅰ. 451-456	金子武藏 譯 『ヘーゲル政治論文集』 (上) p. 36-48	Kim. 3; Sch. 91; Har. 104, 108 (1798년 12월부터 1799년 1월)
43	1799년, 또는 1800년까지	* Jesus trat nicht lange... (Der Geist des Christentums und sein Schicksal. Abschnitt 2-5) Endgültige Fassung	「기독교의 정신과 그 운명」 제2~제5장의 개고(결정고)	Ms; N. 251-342; Ⅰ. 317-418; Ham. 420-516; Jamme 및 Schneider에 의한 부분적 개정판 Der Weg zum System (Suhrkamp 1990) p. 53-57	信太正三 譯 (創元社 1950); 木村毅 譯 (現代思潮社 1969); 中埜肇 譯 (以文社 1974); 細谷·岡崎 譯 (白水社 1974); 伴博 譯 (日清堂 1978); Early Theological Writings. p. 205-301	Sch. 89; (Nr. 83의 개고); Har. 107 (Nr 99의 개고)

번호	집필·발표 시기	원어 표제	한국어 표제	텍스트	번역 내용	비고
44	1799년	* über ihre Entstehung... ~Begriff und Wesen eines Staats	『독일 헌법론』을 위한 초고	Ms; Lasson 141-42; GW. V., S. 15; Ⅰ. 603-604	原崎道彦・瀧口清榮 譯 (『ヘーゲル研究』 17号 1990) p. 29-30	Sch. 90; Har. 106
45 -1	1799년 봄부터 1800년에 걸쳐	* Der immer sich vergrossende Widerspruch... ~Augen. Oder	『독일 헌법론』을 위한 초고	GW. V., S. 16-18; Ⅰ. 457-460		Sch. 91
45 -2		* Im Deutschen Reich gibts... ~Staat zu formen	『독일 헌법론』을 위한 초고	GW. V., S. 19		
46	1800년 8월 21일	* Gegen des Stormes... (Gedichtanfang.)	시 「달빛을 받으며」	Ros. 84; Dok. 384	加藤・小栗 譯 p. 253; 로젠크란츠 저 『ヘーゲル伝』 中埜肇 譯(みすず書房 1983) p. 94	Sch. 92; Har. 109
47	1800년 9월 14일 이전	* absolute Entgegensetzung... (Systemfragment von 1800)	1800년의 체계 단편	Ms; N. 345-351; Ⅰ. 419-27; Ham. 517-25	水野 譯 『初期神學論集』 (以文社 1973) Ⅰ. p. 275-84; 로젠크란츠 저 『ヘーゲル伝』 中埜肇 譯(みすず書房 1983) p. 102-106; 原崎道彦 譯 (『ヘーゲル研究』 1号 1986) p. 2-8; Early Theological Writings p. 309-319	Sch. 93; Har. 110
48	1800년 9월 23일	* 1 B 1. S dient... (Geometrische Studien)	기하학 연구	Ms; Dok. 288-300		Sch. 94; Har. 111
49	1800년 9월 24일	* Der Begriff der Positivität einer Religion... (Die Positivität der christlichen Religion) Neufassung	「기독교의 실정성」 개고 서문	Ms; N. 139-151; Ⅰ. 217-229	水野 譯 『初期神學論集』 Ⅰ. 121-39; Early Theological Writings p. 167-181; 多田茂・瀧口清榮 譯 (『ヘーゲル研究』 24号 1991)	Sch. 95; Har. 112
50	1800년 말 아니면 1801년	* Der unmittelbare Eindruck... (Über Wallenstein)	「발렌슈타인에 관하여」	Ms; Werke 17; Ⅰ. 618-20		Sch. 96; Har. 113
51	상세 불명	* Es ist gefragt worden...	프로이센 영방법의 개혁 (형무소 제도에 관한 평주)	Ros. 85 f; Dok. 278-80; Ⅰ. 443	로젠크란츠 저 『ヘーゲル伝』 中埜肇 譯(みすず書房 1983) p. 96	Sch. 97; Har. 147 (프랑크푸르트, 1798-9?)
52	상세 불명	* Der Frühling droht!... (Gedichtanfnag)	시 「봄」	Ros. 84 f; Dok. 385	加藤・小栗 譯 p. 253-4; 로젠크란츠 저 『ヘーゲル伝』 中埜肇 譯(みすず書房 1983) p. 95	Sch. 98; Har. 149 (프랑크푸르트)
53	상세 불명	Tabellen zur Geschichte	연표 (실러 『30년 전쟁』 중의 시대 구분에 관련하여)	Erwähnt; Ros 60	로젠크란츠 저 『ヘーゲル伝』 中埜肇 譯(みすず書房 1983) p. 74	Sch. 100; Har. 150 (예나, 1801?)
54	상세 불명	Fragmente historischer Studien	역사 연구 단편들	Ros., Lit. Taschenbuch 1 (1843), 173-200; Ros. 515-532 u 60 f; Dok. 257-77; Ⅰ. 428-448	原崎道彦・瀧口清榮 譯 (『ヘーゲル研究』 5号 1988) p. 67-86	Sch. 101; Har. 146 (프랑크푸르트, 1798?)
55	1801년 (1월?) [Kim. 1801. 상세 불명]	Entschluß (Gedicht)	시 「결의」	GW. V. 511	「決意」金子武藏 譯 『ヘーゲル政治論文集』(上) 「解說」 收錄 岩波文庫) 1967; 速水敬二 著 『ヘーゲルの修行遍歴時代』 筑摩書房 1974)	Kim. 25 Har. 151
56 -1	1799년 초와 1801년 4월 이전	* Religion ~ wird sonst gesprochen	『독일 헌법론』을 위한 초고	GW. V. S. 20-24; Ⅰ, 597-600		Kim. 1
56 -2	1799년 초와 1801년 4월 이전	* Ⅰ Deutschland kein Staat mehr ~ Gerichte	『독일 헌법론』을 위한 초고	GW. V. S. 25; Ⅰ, 603		Kim. 13

번호	집필·발표 시기	원어 표제	한국어 표제	텍스트	번역 내용	비고
57 -1	1801년 2월 9일 이후 4월 이전	* II. Ein Staat, dem die Kraft genommen ist... ~Europas	『독일 헌법론』을 위한 초고	GW. V. S. 29-35; I, 592 -593. I, 499-502		Kim. 6
57 -2	1801년 2월 9일 이후 4월 이전	* d.. politischer Grundsatz ... ~Privatrechten.	『독일 헌법론』을 위한 초고	GW. V. S. 36-38; I, 594		Kim. 6
57 -3	1801년 2월 9일 이후 4월 이전	* Reichsfeind, der dritte... ~unterstutze.	『독일 헌법론』을 위한 초고	GW. V. S. 39-40; I, 604 -605		Kim. 6
57 -4	1801년 2월 9일 이후 4월 이전	* B. Finanzen.	『독일 헌법론』을 위한 초고	GW. V. S. 41-47; I, 605 -610		Kim. 6
57 -5	1801년 2월 9일 이후 4월 이전	* C) Die Lebensverfassung... ~der Politik.	『독일 헌법론』을 위한 초고	GW. V. S. 48-51; I, 600 -602		Kim. 6
57 -6	1801년 4월 이전	* Der Namen für die... ~aufkommen zu lassen	『독일 헌법론』을 위한 초고	GW. V. S. 52-57		
58	1801년 2월-3월	§. a) Menschenliebe Freundschaft... (Gliederungsnotiz zur praktischen Philosophie) Ms: Nachl. Bd 13. 1 S	실천철학을 위한 구분	Dok. 467 Anm.		Kim. 7 Har. 120
59 -1	1801년 5월 이후 8월 이전	* Diese Form des deutschen Staats... ~völlige Unverständlichkeit	『독일 헌법론』을 위한 초고	GW. V. S. 58-72; I, 465 -472. I, 582-585		Kim. 10
59 -2	1801년 전반		『독일 헌법론』을 위한 초고 단편	GW. V. S. 205. 207-210. 211. 211-212. 213. 214-215		
59 -3		* dennoch war Deutschland... ~warden sollen	『독일 헌법론』을 위한 초고	GW. V. S. 73-74;		
59 -4	1801년 5월 이후 8월 이전과 1802년 11월 또는 좀더 늦게	* Die Fortpflanzung dieses... ~zu vertheidigen	『독일 헌법론』을 위한 초고	GW. V. S. 75-87; I, 485 -488. I, 585-592		Kim. 12 Kim 44
59 -5	1801년 5월 이후 8월 이전	* kan, wodurch die Freiheit... ~der Mensch	『독일 헌법론』을 위한 초고	GW. V. S. 88-158; I, 595-596. I, 512-581		Kim. 12
59 -6	1801년 여름	* Machiavalli richtet sich... ~qui oseroit	『독일 헌법론』을 위한 단편	GW. V. S. 205-206		
59 -7	1801년 2월 9일 이후의 봄	* Versuche der katholischen ... ~daran Antheil	『독일 헌법론』을 위한 단편	GW. V. S. 207-210		
59 -8	1801년 4월	*Kaiserliches Kommissions Dekret... ~	『독일 헌법론』을 위한 단편	GW. V. S. 211		
59 -9		* Kaiserliches Kommissions Dekret Regensburg... ~werden	『독일 헌법론』을 위한 단편	GW. V. S. 211-212		
59 -10		* Schreiben der Reichsstadte...	『독일 헌법론』을 위한 단편	GW. V. S. 213		

번호	집필·발표 시기	원어 표제	한국어 표제	텍스트	번역 내용	비고
60	1801년 5월-7월 집필; 1801년 9월 공간	Differenz des Fichte'schen und Schelling'schen Systems der Philosophie... Originaldruck Jena: Seidler 1801, 184 S.	『차이 논문』	GW. IV. 5-92; II. 9-138; Glockner I. 31-168; ED. 1-113.	Premières publications. Différence des systèmes philosophiques de Fichte et de Schelling. Foi et savoir. trad. par M. Mery (Vrin); 『フィヒテとシェリング哲學』佐佐木正治 譯 (名著刊行會 1975); The difference between Fichte's and Schelling's system of Philosophy. transl. by J. S. Harris & Walter Cerf (State University of New York Press) 1977; The difference between the Fichtean and Schellingian systems of Philosophy. tr. bz J. P. Surber 1978; 『フィヒテとシェリングの差異』戸田洋樹 (公論社); 『理性の復權—フィヒテとシェリングの哲學體系の差異』山口祐弘・星野勉・山田忠彰 譯 (アンヴィエル 1982); La Différence entre les systèmes philosophiques de Fichte et de Schelling. tr. par B. Gilson (Vrin 1986)	Kim. 15 Har. 152
61	1801년 8월 18일~22일에 집필: 1801년 8월 27일 발표	Dissertationi philosophica De orbitis Planetarum praemissae Theses... Originaldruck Jena: Prager 1801. 5 S.	『취직 테제』	II. 533; Neue allgem. dt. Bibliothek 68 (1801), Intelligenzblatt. 551; [H. E. G. Paulus:] Entdeckungen über die Entdeckungen der neuesten Philosophen. Bremen 1835. 26f; Ros. 156-159; ED. 404f. GW. V., 223-228; GW. V., 235-253	『ヘーゲルの討論テーゼについて—體系との關連—』中埜肇 譯 (『情況』1976年 11月 增刊号); 『ヘーゲルの就職テーゼ』金子武藏 譯 (『日本學士院紀要』第38卷 第2号) 1982年; 『惑星の軌道に關する哲學的論考への暫定的テーゼ』村山恭一 譯 (『惑星軌道論』法政大學出版局 1991) p. 159-163; Erste Druckschriften. S. 405; Dissertatio philosophica de orbitis planetarum übers. von W. Neuser 1986. S. 74-77; Les orbites des planètes. tr. par F. de Gandt 1979. p. 167	Kim. 16 Har. 154
62	1801년 8월 16일 또는 그 이전에 집필; 1801년 9월 15·16일 『에어랑겐 문예 신문』	Rezension: Anfangsgründe der spekulativen Philosophie... Von F. Bouterwek. Originaldruck: Litteratur-Zeitung. Erlangen. Jg, 1801, 1441 bis 1451	『부터벡 비평』	GW. IV. 95-104; II. 141-155; ED. 131-142	海老澤善一 譯 『ブーターヴェークの『思辨哲學の始原根據』』(『愛知大學一般教育論集』2号 1989) p. 3-11; 海老澤善一 譯·編『ヘーゲル批評集』(梓出版社)	Kim. 17 Har. 153
63	1801년 8월 27일 이전에 집필	ad Respondentem. In publico... (Notizen zur Vorbereitung der Habilitationsdisputation) 초고는 망실 (Autographe nabt. der Berliner Staatsbibliothek)	『토론의 준비』	GW. V. 229-231; Dok. 312-314		Kim. 18 Har. 155
64	1801년 8월 18일~22일에 집필: 1801년 8월 27일 발표	Dissertatio philosophica De orbitis Planetarum... Originaldruck Jena: Prager 1801. 32 S.	『행성궤도론』	Glockner I. 1-29; ED. 347-401; GW. V. 233-253	Les orbites des planètes (Dissertation de 1801) trad. par François de Gandt (Vrin) 1979; Philosophische Erörterung über die planetenbahnen. Übers. W. Neuser S. 81-139; 村山恭一 譯 『惑星軌道論』(法政大學出版局 1991)	Kim. 20 Har. 157

번호	집필·발표 시기	원어 표제	한국어 표제	텍스트	번역 내용	비고
65	1801년 10월 집필; 1801/02년 겨울학기「철학입문」	Introductio in Philosophiam * Diese Vorlesungen... Ms. 5a-6b	「철학 입문」을 위한 강의 초고	GW. V. 259-261; Ros. 181 u. 179 (불완전)	伊坂青司「ヘーゲル最初の哲學體系構想─イェーナ大學『哲學序論』講義草案の考察」(『人文研究』136号)	Har. 158
66	1801년 10월 집필; 1801/02년 겨울학기「철학입문」	Introductio in Philosophiam * Die Idee des... Ms. 1a-2b	「철학 입문」을 위한 강의 초고	GW. V. 262-265; Ros. 181 u. 179 (불완전)		Har. 158
67	1801년 10월 집필; 1801/02년 겨울학기「철학입문」	Logica et Metaphysica * Dass die Philosophie... Ms. 15a-20b	「논리학과 형이상학」을 위한 강의 초고	GW. V. 269-275; Ros. 189-192 (불완전)	(Ros.의 대응 부분만)『ヘーゲル伝』中埜肇 譯(みすず書房 1983) p. 174-177; Appendix 2 to First Philosophy of Spirit. trnasl. by H. S. Harris & T. M. Knox (SUNY 1979) p. 262-265	Har. 159
68	1801년 10월 집필; 1801/02년 겨울학기『논리학과 형이상학』	Hauptideen von Hegels Vorlesung über Logik und Metaphysik [1801/02] (nachgeschrieben von Ignaz Paul Vital).	「논리학과 형이상학 강의」	Schellings und Hegels erste absolute Metaphysik (1801-1802). Herausgegeben eingeleitet und mit Interpretationen versehen von Klaus Düsing (Jürgen Dinter) 1988.	多田茂・寄川條路 譯『ヘーゲルの論理學・形而上學講義 (1801/1802年)の主要概念』(『ヘーゲル研究』第18号, 1990) p. 11-27	
69	1801년 11월 이전 집필	Fragment vom Dreieck der Dreiecke * Was nun die erste Gestalt...	「신의 삼각형에 관하여」	GW. V. 477-482; Hegel-Studien X, 133-135; II, 534-539; Literarhistor. Taschenbuch 2 (1844), 159-164; Ros. 101f (verkürzt); Dok. 303-306.	「神の三角形について」加藤尚武 譯 (『現代思想』1798年 12月 増刊号); The full report of Rosenkranz concerning the 'Triangel of Triangelers' transl. by H. S. Harris (Appendix to Hegels Development-Night Thought (1801-1806) (Oxford, Clarendon Press) 1983	Kim. 68 Har. 160
70	1801년 11월 또는 그 이전에 집필; 1802년 1월『철학비판지』 I-1	Ueber das Wesen der philosophischen Kritik... Originaldruck: Krit. Journal I, 1. III-XXIV.	「철학적 비판 일반의 본질」	GW. IV. 117-128; II. 171-187; Glockner I. 171-189; ED. 117-130; Schelling (Schröter) III. 511-525.	L'essence de la critique philosophique. tra. par B. Fauquet (Librairie philosophique J. Vrin) 1972; The Critical Journal, Introduction-On the Essence of Philosophical Criticism generally, and its Relationship to the Recent State of Philosophy. tr. by H. S. Harris (in: Between Kant and Hegel. State Uni. of New York Press 1985);『哲學的批判一般の本質について』 加藤尚武・門倉正美・栗原隆・奥谷浩一 譯 (『懷疑主義と哲學との關係』未来社 1991);「(緒論) 哲學批評一般の本質, およびとくにそれと哲學の現狀との關係について」海老澤善一 譯 (愛知大學文學會『文學論叢』90輯 1989) p. 31-43; 海老澤善一 譯・編『ヘーゲル批評集』(梓出版社)	Kim. 21 Har. 161

번호	집필·발표 시기	원어 표제	한국어 표제	텍스트	번역 내용	비고
71	1801년 11월 또는 그 이전에 집필; 1802년 1월 『철학비판지』 I-1	Wie der gemeine Menschenverstand die Philosophie nehme... Originaldruck: Krit. Journal I, 1. 91–115.	『상식 비판 논문』	GW. IV. 174–187; II. 188–207; Glockner I. 191–212; ED. 143–159.	How the Ordinary Human Understanding Takes Philosophie (as Displayed in the Works of Mr. Krug). tr. by H. S. Harris (in: Between Kant and Hegel. State Uni. of New York Press 1985);「常識は哲學をどのように理解しているか」加藤尚武・門倉正美・栗原隆・奥谷浩一 譯 (『懷疑主義と哲學との關係』未來社 1991);「常識は哲學をどのようにうけとっているか──クルーク氏の著作にあらわれたものに卽して」海老澤善一 譯 (『愛知大學一般敎育論集』2号 1989) p. 14–25; 海老澤善一 譯・編『ヘーゲル批評集』(梓出版社)	Kim. 22 Har. 162
72	1801년 11월 하순 집필; 1802년 1월 『철학비판지』 I-1	Besonderer Zweck des Blattes (Nr 1 des Notizenblattes) Originaldruck: Krit. Journal I, 1. 116–121.	『통신란: 지면의 특수 목적』	GW. IV. 188–190; II. 208–212; Schelling (Schröter) E III. 91–95.	「短信欄. この誌面の特別の目的」海老澤善一 譯 (愛知大學文學會『文學論叢』91輯 1989) p. 37–40; 海老澤善一 譯・編『ヘーゲル批評集』(梓出版社)	Kim. 23 Har. 163
73	1801년 12월 발표	Ankündigung der Zeitschrift: Kritisches Journal der Philosophie Originaldruck: Allgemeine Literatur–Zeitung. Jena und Leipzig. Jg. 1801, Intelligenzblatt 1994f.	『철학비판지의 신문 광고』	GW. IV. 503–504; II. 169–170	『『批判雜誌』の發行豫告」石川伊織 譯 (『ヘーゲル研究』2号 1987) p. 10–11;「批評雜誌への廣告」海老澤善一 譯 (愛知大學文學會『文學論叢』90輯 1989) p. 30–31; 海老澤善一 譯・編『ヘーゲル批評集』(梓出版社)	Kim. 24 Har. 164
74	1802년 2월 중순 이전 집필; 1802년 3월 중순 『철학비판지』 I-2	Verhältniß des Skepticismus zur Philosophie... Originaldruck: Krit. Journal I, 2. 1–74	『회의주의 논문』	GW. IV. 197–238; II. 213–272; Glockner I. 213–275; ED. 161–211.	La relation du scepticisme avec la philosophie. trad. par B. Fauquet (Librairie philosophique J. Vrin) 1972; Relationship of Skepticism To Philosophy, Exposition of its Different Modifications and Comparison to the Latest Form with the Ancient One. tr. by H. S. Harris (in: Between Kant and Hegel. State Uni. of New York Press 1985);『懷疑主義と哲學との關係』加藤尚武・門倉正美・栗原隆・奥谷浩一 譯 (未來社 1991); 海老澤善一 譯・編『ヘーゲル批評集』(梓出版社)	Kim. 27 Har. 166
75	1802년 2월 중순 이전 집필; 1802년 3월 중순 『철학비판지』 I-2	Rückert und Weiß... Originaldruck: Krit. Journal I, 2. 75–126.	『뤼케르트와 바이스 비평』	GW. IV. 239–255; Schelling (Schröter) E III. 63–90.		Kim. 28 Har. 167
76	1802년 2월 중순 이전 집필; 1802년 3월 중순 『철학비판지』 I-2	Neue Entdeckung über die Ficht'sche Philosophie. Originaldruck: Krit. Journal I, 2. 113–114.	『통신란: 피히테 철학에 관한 새로운 발견』	GW. IV. 256–257		Har. 168
77	1802년 2월 중순 이전 집필; 1802년 3월 중순 『철학비판지』 I-2	Beförderung auf der Landesuniversität Landshut und Ausbruch der Volksfreude... (Nr 2 a und b des Notizenblattes) Originaldruck: Krit. Journal I, 2. 115–123.	『통신란: 바이에른 a) 란츠후트 지방대학에서의 승진; b) 민족의 기쁨의 폭발』	GW. IV. 257–261; II. 273–279; Schelling (Schröter) E III. 103–108 (불완전)	海老澤善一 譯・編『ヘーゲル批評集』(梓出版社)	Kim. 29 Har. 169

번호	집필·발표 시기	원어 표제	한국어 표제	텍스트	번역 내용	비고
78	1802년 2월 중순 이전 집필; 1802년 3월 중순 『철학비판지』 I -2	A. Aufnahme, welche die durchaus praktische Philosophie in Göttingen gefunden hat und B. Ansicht des Idealismus daselbst (Nr 3 a und b des Notizenblattes) Originaldruck: Krit. Journal I, 2. 123-126.	「통신란: A. 괴팅겐에서 철저하게 실천적인 철학이 발견한 수용; B. 괴팅겐에서의 관념론의 견해」	GW. IV. 261-262; II. 279-282; Schelling (Schröter) E III. 108-111.		Kim. 30 Har. 170
79	1802년 3월 26일 이전 집필; 1802년 4월 9일 『에어랑겐 문예신문』	Rezensionen: I. Kurze wissenschaftliche Darstellung der Unhaltbarkeit... Von J. Fr. C. Werneburg.—II. Versuchte, kurze, faßliche Vorschilderung der Allwissenschaftslehre... Von D. J. Fr. C. Werneburg. Originaldruck: Litteratur-Zeitung. Erlangen. Jg. 1802. Anzeigenblatt. 105-106.	「베르네부르크 비평」	GW. IV. 105-106; II. 155-157; ED. 212-214.	『ヴェルネブルクの2冊子』海老澤善一 譯 (『愛知大學一般教育論集』2号 1989) p. 12-13	Kim. 31 Har. 171
80	1802년 3월 26일 이전 집필; 1802년 4월 28일 『에어랑겐 문예신문』	Rezension: Versuch einer gemeinfaßlichen Deduktion des RechtsBegriffs... Von K. Fr. W. Gerstäcker. Originaldruck: Litteratur-Zeitung. Erlangen. Jg. 1802. Kritikenblatt. 276-280.	「게르슈태커 비평」	GW. IV. 107-111; II. 157-163; ED. 214-219.	『ゲルシュテッカーの法概念の演繹』加藤尚武・栗原隆 譯 (『ヘーゲル研究』2号 1987) p. 25-29	Kim. 32 Har. 172
81	1802년 3월 26일 이전 집필; 1802년 6월 4일 『에어랑겐 문예신문』	Rezension: Entwurf eines neuen Organon's der Philosophie... Von W. T. Krug. Originaldruck: Litteratur-Zeitung. Erlangen. Jg. 1802. Anzeigenblatt. 106.	「크룩의 『새로운 기관』의 비평」	GW. IV. 112; II. 164-165; ED. 159f.	『クルークの『哲學の新オルガノンの構想』海老澤善一 譯 (『愛知大學一般教育論集』2号 1989) p. 25; 海老澤善一 譯・編『ヘーゲル批評集』(梓出版社)	Kim. 33 Har. 173
82	1802년 6월 이전에 집필; 1802년 7월 중순 『철학비판지』 II -1	Glauben und Wissen... Originaldruck: Krit. Journal II, 1. 1-188.	「신앙과 지식」	GW. IV. 315-414; II. 287-433; Glockner I. 277-433; ED. 221-346.	Faith & Knowledge. transl. by Walter Cerf & H. S. Harris (State University of New York Press) 1977; Premières publications. Différence des systèmes philosophiques de Fichte et de Schelling. Fiet savoir. trad. par M. Méry (Vrin) 1952; 『信仰と知』久保陽一 譯 (公論社 1976/1980) Foi et savoir: Kant, Jacobi, Fichte. tr. par A. Philonenko et C. Lecouteux. 1988; 『信仰と知』上妻精 譯 (岩波書店 1993)	Kim. 36 Har. 176
83	1802년 7월-8월? 집필; 1802년 11/12월 『철학비판지』 I -3	Ueber das Verhältniß der Naturphilosophie zur Philosophie überhaupt. Originaldruck: Krit. Journal I, 3. 1-25.	「철학 일반에 대한 자연철학의 관계에 관하여」	GW. IV. 265-276; ED. 407-421; Schelling (Schröter) E III. 526-571.	『自然哲學の哲學一般に對する關係について』長島隆・北澤恒人 譯 (『ヘーゲル研究』6号 1988) p. 95-107	Kim. 37 Har. 177

번호	집필·발표 시기	원어 표제	한국어 표제	텍스트	번역 내용	비고
84	1802년 8월 집필; 1802년 8월 28일 『일반 문예 신문』	Anzeige zum ersten Heft des zweiten Bandes Originaldruck: Allgemeine Literatur-Zeitung. Jg. 1802, Bd. 3. Intelligenzblatt. Sp. 1205-1206 Nr. 149 (28. August)	『철학비판지 제2권 제1분책의 광고』	GW. IV. 505.	『『哲學批判雜誌』 第二卷第二分冊への後記』石川伊織 譯 (『ヘーゲル研究』 4号 1987) p. 65	
85	1802년 7월-8월? 집필; 1802년 11/12월 『철학비판지』 I-3	B. Göttingen. I-III. (Abschn. B des Notizenblattes) Originaldruck: Krit. Journal I, 3. 94-98.	『통신란: 괴팅겐 I-III』	GW. IV. 309-311; II. 283-286		Kim. 38 Har. 178
86	1802년 여름, 또는 그 이전에 집필; 1802/3년 겨울학기; 1803년 여름학기; 1803/4년 겨울학기; 1805년 여름학기 「자연법」 강의	Vorlesungen über Naturrecht	『자연법 강의 초고』	GW. V. 459-467; Ros. 132-141 (불완전); R. Haym: Hegel und seine Zeit. Berlin 1857. 164-165, 414-416, 509 Anm. 13 (불완전); Dok. 314-325 (불완전)	『ヘーゲル『自然法講義草稿』 加藤尙武 譯 (『思索』12月 東北大學哲學會刊) 1979: Appendix to System of Ethical Life (1802 있음) transl. by H. S. Harris & T. M. Knox (State University of New York Press) 1979	Kim. 45 Har. 179
87	1802년 11월 이전 집필; 1802년 11/12월과 1803년 5/6월 『철학비판지』 II-2와 『철학비판지』 II-3	Ueber die wissenschaftlichen Behandlungsarten des Naturrechts... Originaldruck: Krit. Journal II, 2. 1-88과 II, 3. 1-34.	『자연법 논문』	GW. IV. 417-485; II. 434-530; Pol. 327-416, 2. Aufl. 325-411; Glockner I. 435-537.	Natural Law. transl. by T. M. Knox (University of Pennsylvania Press) 1975; Des manières de traiter scientifiquement du droit maturel. trad. par Bernard Bourgeois (Librairie philosophique J. Vrin) 1972; 『ヘーゲル自然法學─その方法と體系─』平野秩夫 譯 (勁草書房) 1963; Le droit naturell. tr. par A. Kaan 1972; 『近代自然法批判』 (松富弘志・高橋洋兒 譯, 世界書院)	Kim. 41 Har. 182
88	1802년 11월 이전 집필; 1803년 5/6월 『철학비판지』 II-3	Anhang zu No. II	『제2논문에 대한 부론』	GW. IV. 497-500.		Har. 183
89-1	1802년 11월 또는 좀 더 늦게	* Deutschland ist kein Staat mehr... ~ Staatsgewalt organisirt. (Reinschriftfragmente zur Schrift über die Verfassung Deutschlands)	『독일 헌법론』을 위한 청서고	GW. V. 161-178; I. 461-465, I. 472-485; Pol. 3-7, 17-32, 34-68, 68-71 (Anm.); Mollat 1-5, 14-26, 29-54 (불완전)	Hegel's political writings. transl. by T. M. Knox (Oxford, Clarendon Press) 1964; G. W. F. Hegel: La Constitutione e L'Allemagne. tr. par M. Jacob (in: Ecrits politiques.) 1977; 『ヘーゲル政治論文集』(上) 金子武藏 譯 (岩波文庫 1967)	Kim. 39, 42-44 Har. 128, 129-131
89-2	1802년 11월 또는 좀 더 늦게	* Jades Gesicht auf... ~ Gesetzxe sind.	『독일 헌법론』을 위한 청서고	GW. V. 179-202; I. 487-512, I. 596-597		Kim. 44
89-3	1802년 가을		『독일 헌법론』을 위한 초고 단편	GW. V. 216, 217, 218, 219		
90	1802년 여름부터 1802/03년 겨울까지 집필; 1803년 여름학기 「엔치클로페디」	* Um die Idee der absoluten Sittlichkeit... (Reinschriftfragment des sog. "System der Sittlichkeit") Ms: Nachl. Bd 10. 175 S.	『인륜의 체계』	GW. V. 277-361; System der Sittlichkeit (Feilx Meiner); Hegel: System der Sittlichkeit. Hrsg. von G. Mollat. Osterwieck 1893 (불완전); Pol. 419-503, 2. Aufl. 417-499.	Hegel's System of Ethical Life and First Philosophy of Spirit transl. by H. S. Harris & T. M. Knox (State University of New York Press) 1979; 『道義の體系』平野秩夫 譯 (『ヘーゲル自然法學─その方法と體系─』勁草書房 1963); Système de la vie éthique. tr. par J. Taminaux 1976 pp. 109-209; 『人倫の體系』(上妻精 譯, 以文社)	Kim. 47 Har. 184

번호	집필·발표 시기	원어 표제	한국어 표제	텍스트	번역 내용	비고
91	1803년-1806년에 집필; 1842년 5월 4일, 5월 11일, 6월 22일, 7월 20일, 7월 27일 『쾨니히스베르크 문예신문』	Jenaer Notizenbuch; Hegel's Wastebook (Naturwissensch aftliche und philosophische Exzerpte, Aufzeichnungen über selbstgemachte Experimente, Aphorismen) Ms Verloren seit Veröf. der Aphorismen durch Rosenkranz.—Erwähnt und beschrieben von Rosenkranz: 1) im Brief an K. Hegel, 15. 7. 1840. 2) Königsberger Literatur-Blatt 1 (1841-42), 241-243, vgl. Hegel-Studien IV. 16-18; 3) Ros 198-201.	『헤겔의 아포리즘』	GW. V. 483-508; II. 540-567; Ros. 537-555 (불완전); Dok. 353-375 (불완전); Hegel-Studien. IV. 12-16.	Notes et fragments: léna 1803-1806. tr. par C. Colliot-Thelene, G. Jarczyk, J.-F. Kervegan, P.-J. Labarriere, A. Lacroix, A. Lecrivaln, B. Longuenesse, D. Souche-Dagues, S. Wajsgrus 1991	Kim. 46 Har. 207
92	1803년 3월 이전에 집필	* Ad pag. 156. editionis nostrae... (Lateinische Ergänzungen zu den Remarques curieuses... zu Spinozas Tractatus Theologico-Politicus) Original druck: Benedicti de Spinozae Opera. Ed. H. E. G. Paulus. Bd 2. Jena 1803. XXXVI-XXXIX.-Nicht wieder veröff.	『스피노자의 정치 논문집에 대한 라틴문 주해의 기고』			Kim. 48 Har. 185
93	1803년 여름 또는 그 이전 (GW에서는 1804년 봄 또는 그 이후)	* I. Intelligenz a) Anschauung... (gliederungsentwurf zur praktischen Philosophie)	실천철학에 대한 구분	GW. VI. 329; Jen. Realph. I. 207 (난외)		Kim. 49 Har. 186
94	1803년 봄부터 여름에 집필: 1803년 여름학기 『엔치클로페디(엔치클로페디)』	Fragment eines Entwurf zur Vorlesung Philosophiae universiae deloneatio. Ms. 7a-10b * ist auf das Allgemeine...	『엔치클로페디(엔치클로페디)』 강의의 단편	GW. V. 365-369		Har. 188
95	1803년 여름에 집필: 1803년 여름학기 『엔치클로페디(엔치클로페디), 나아가서는 1803/04년의 체계구상에 대한 스케치일 수도	Fragment eines Entwurf zur Vorlesung * Das Wesen des Geistes... Ms. 11a-14b	강의 초고의 단편	GW. V. 370-373	Appendix to System of Ethical Life (1802/03). Transl. by H. G. Harris & T. M. Knox (Suny 1979) p. 261	Har. 189
96	1803년 여름에 집필: 1803년 여름학기 『엔치클로페디(엔치클로페디)』, 또는 1803/04년의 체계구상에 대한 스케치일 수도	Fragment eines Entwurf zur Vorlesung * seiner Form... Ms. 3a-4b	체계구상에 대한 단편	GW. V. 374-377	Appendix to System of Ethical Life (1802/03). Transl. by H. G. Harris & T. M. Knox (Suny 1979) pp. 254-6	Har. 190
97	1803년부터 1805년 사이의 강의	Vorlesungen ueber das System der Philosophie	『학으로서의 철학 전반』 강의의 서두	GW. V. 468-475; Ros. 181-186, 188-189	Appendix to System of Ethical Life (1802/03). Transl. by H. G. Harris & T. M. Knox (Suny 1979) pp. 259-260, 262-263; 로젠크란츠 저, 『ヘーゲル伝』 中埜肇 譯(みすず書房 1983) p. 168-174	Har. 226

번호	집필 · 발표 시기	원어 표제	한국어 표제	텍스트	번역 내용	비고
98	1803년 여름부터 가을에 집필, 1803/04 겨울학기 「사변철학의 체계」	Das System der spekulativen Philosophie. Fragmente aus Vorlesungsmanuskripten zur Philosophie der Natur und des Geistes (1803–1804)	「사변철학의 체계—자연철학과 정신철학에 대한 강의」 초고군	GW. VI. 3–326, 329, 330 –331; Jen. Realph. I. 3– 241, 255–256, 257–258, 269–270; LMN. 361–36 8, 368–374	Hegel La Première Philosophie de L'esprit (Iéna 1803–04), tr. par Guy Planty-Bonjour, Paris, 1969; Hegel's system of ethical life and First Philosophy of Spirit, tr. H. S. Harris & T. M. Knox (Suny Press, 1979); 廣松涉 編『ヘーゲル』(『世界の思想家』) 平凡社 1976에 초역; 「ヘーゲルの最初の『精神哲學』草稿」 小坂田英之·鈴木恒範 外譯 (東洋大學文學部『白山哲學』21号 1987) p. 145–172; 加藤尙武 監譯『イェーナ體系構想』(法政大學出版局, 1999)	Kim. 49, 50– 66 Har. 186, 192 –206
99	1803년 마지막–1804년 여름 집필	* Daß die absolute Totalität... (Fragment eines Entwurfs zur Logik-Metaphysik) Ms: Hegel-Nachlaß der Universitätsbibliothek Havard, USA. 1 S.	체계를 위한 한 장	GW. VII. 348f; Dok. 308f	加藤尙武 譯「絶對者の認識における對立と統一」(로베르트 하이스『辨證法の本質と諸形態』279 f.)	Kim. 70 Har. 208
100	1804년 여름 또는 그 이전에 집필	* Metaphysik. Die Idee... (Gliederungsentwurf zur Metaphysik) Ms: Nachl. Bd 9. 2 S.	형이상학을 위한 구성 초안	GW. VII. 341f; LMN. 130f	加藤尙武 譯「主客二元性絶の形成とその克服」(로베르트 하이스『辨證法の本質と諸形態』282 f.)	Kim. 71 Har. 209
101	1803년 마지막–1804/5년 집필	* Anmerkung. 1. Die Philosophie... (Fragment eines Entwurfs zur Logik) Ms: Nachl. Bd 10. 8 S.	체계를 위한 두 개의 주석	GW. VII. 343–347; Jen. Realph. I. 264 (제2단)–268(마지막)	加藤尙武 譯「絶對的認識として哲學とその始元」(로베르트 하이스『辨證法の本質と諸形態』271–277)	Kim. 69 Har. 211
102	1804년 여름–1804/5년 겨울 집필; 1805년 여름학기 발표	* ...seyende sind. Das eine... (Reinschriftfragmente zur Logik, Metaphysik und Naturphilosophie) Ms: Nachl. Bd 9. Bogen 4–102 zu je 8 S. mit einzelnen Bogen zu 4 S. nd einigen Lücken.	『논리학·형이상학·자연철학』청서고 단편	GW. VII. 3–338f; LMN. 1–359 (130f. Anm.을 제외): Ros. 102–123	로젠크란츠 저, 『ヘーゲル伝』中埜肇 譯(みすず書房) 166–180;『論理學·形而上學』田辺振太郎 譯 (未來社 1971) (LMN 가운데 LM의 번역); 廣松涉 編『ヘーゲル』에 초역;『自然哲學』(上) 本多修郎 譯 (未來社 1973) (LMN 가운데 N의 번역); Logique et Métaphysique (Iéna 1804–1805) tr. par D. Souche-Dagues. 1980; The Jena System, 1804–5-Logic and Metaphysics. tr. by J. W. Burbridge and G. d. Giovanni. 1986; 「イェーナ體系構想Ⅱ. 論理學·形而上學[Ⅰ. 單純關係]」 杉田廣和·黑田則夫 譯 (『ヘーゲル研究』21号 1991) p. 1–36	Kim. 72 Har. 211
103	1804년 9월 집필	Hegels eigenhändiger Lebenslauf [Entwurf]	자필이력서(초안)	II 582f.; Ros. 181–5	廣松涉 編『ヘーゲル』(平凡社 1976) 2f.	Har. 212
104	1805년 5월 또는 그 이전에 집필	* Das absolute Wissen.../2) göttliches Recht... (Fragment eines Entwurfs zum "System der Wissenschaft. 1 Teil, Wissenschaft der Erfahrung des Bewußtseins") 초고는 망실 (Autographenabt. der Berliner Staatsbibliothek), 2 S. Photokopie der 2. Seite im Hegel-Archiv, Bonn.	『학의 체계 제1부·의식의 경험의 학』을 위한 초안 단편	GW. IX. 437; Dok. 353	加藤尙武 譯「絶對知と人倫精神との根源的な關係」(로베르트 하이스『辨證法の本質と諸形態』287)	Kim. 73 Har. 214

548

번호	집필·발표 시기	원어 표제	한국어 표제	텍스트	번역 내용	비고
105	킴멀레 및 GW에 따르면 1805년 5월(또는 그 이전)부터 1807년 1월까지 집필, 해리스에 따르면 1805년 조기 집필, 1806년 인쇄 개시, 1807년 4월 발표	System der Wissenschaft. 1 Teil, die Phänomenologie des Geistes. (Früherer Titel: Wissenschaft der Erfahrung des Bewußtseins") Originaldruck Bamberg und Würzburg: Goebhardt 1807, XCI, ?65 S.	『학의 체계 제1부·정신현상학』	GW. IX. 5-434; Philosophische Bibliothek. Bd. 114. Hrsg. v. J. Hoffmeister; III. 11-591	山本信『精神現象學序論』1967 中央公論社; 金子武藏 譯『精神の現象學』上 1976, 下 1979 岩波書店; 樫山欽四郎 譯『精神現象學』1977 河出書房; Phenomenology of Mind, tr. bz A. V. Miller, 1977, Oxford; La phénoménologie de l'esprit, 2 vols, tr. par J. Hyppolite, 1939 Paris; 「서문」 부분역 Préface de la phénoménologie de l'esprit, tr. par J. Hyppolite. 1966: Hegel: Texts and Commentary. tr. by W. Kaufmann. 1966; 「주인과 노예」의 부분적 대역 Les premiers combats de la reconnaissance. tr. par G. Jarczyk et P. J. Labarrière. 1987; 「불행한 의식」 부분을 포함하는 것 J. Wahl: Le malheur de la conscience dans la philosophie de Hegel. 1911; 「불행한 의식」의 부분적 대역 Hegel: le malheur de La conscience ou l'Accés à la raison. tr. par G. Jarczyk et P. J. Labarrière. 1989; 「절대지」의 부분역 Le savoir absolu. tr. par B. Rousset. 1977; Phénoménologie de l'esprit. tr. par Jean-Pierre Lefevre (Aubier 1991)	Kim. 74 Har. 223
106	1805년 가을 번역 (1808년 11월 이후라는 설도 유력)	* Aristot. de Anima III. (Übersetzung von Aristoteles De anima III, 4-5) Ms im Privatbesitz. 4 S. Photokopie des Ms im Nachl. Kassette 15.	아리스토텔레스의 『영혼론』(III 4-5)의 번역	Hegel-Studien I. 49-55	山口誠一·堀江聰「ヘーゲル『靈魂論』飜譯斷片」(『ヘーゲル研究』第3号 1987) p. 32-36	Kim. 78 Har. 227
107	1805년 가을 집필	* ...der Bestimmung dieser Einheit... (Fragment eines Entwurfs einer zusammenfassenden Darstellung der Naturphilosophie) Ms: Nachl. Bd 12. 12 S.-Ausg.: Realph. I. 245-256.	자연철학을 위한 총괄적 서술의 단편	GW. VIII. 294-308; Jen. Realph. I. 245-254		Kim. 76 Har. 216
108	1805년 가을-겨울에 집필; 1806년 여름학기 발표	* I. Mechanik. Die Idee. (Reineschriftfragmente zur Natur- und Geistesphilosophie) Ms: Nachl. Bd 5. 249 S.-Ausg.: Realph. II. 2-273.	「자연철학 및 정신철학의 강의」 초고 청서고	GW. VIII. 3-287; Jen. Realph. II. 2-273	정신철학 가운데 「III. 國家體制」座 小田·山崎 譯 (『現代思想』1978年12月 增刊号』廣松涉 編『ヘーゲル』에 초역; La philosophie de l'esprit de la Realphilosophie, 1805 tr. par Guy planty-Bonjour, 1982, Paris.: Hegel and the Human Spirit. transl. by Leo Rauch (Wayne State Uni. 1983); 加藤尙武 監譯『イェーナ體系構想』(法政大學出版局, 1999年); 『イェーナ精神哲學』尼寺義弘 譯 (晃洋書房 1994)	Kim. 77 Har. 216
109	1805년 이후 집필	* Der Organismus ist Einheit... (ein Blatt zur Naturphilosophie)	자연철학을 위한 한 장	GW. VIII. 291-293; Jen. Realph. II. 174-176		Har. 217

번호	집필·발표 시기	원어 표제	한국어 표제	텍스트	번역 내용	비고
110	1805/06년 겨울학기 1816/17년 겨울학기 1817/18년 겨울학기 1819년 여름학기 1820/21년 겨울학기 1823/24년 겨울학기 1825/26년 겨울학기 1827/28년 겨울학기 1829/30년 겨울학기 1831/32년 겨울학기	Geschichte der Philosophie	「철학사 강의」	Glockner XVII, XVIII. XIX; XVIII, XIX, XX	『哲學史講義(全二卷)』(長谷川宏 譯, 河出書房新社)는 미슐레 편집의 제2판에 의거하고 있기 때문에 텍스트를 신뢰할 수 없다. 또한 영역 Hegels Lectures on the History of Philosophy. 3 vol. tr. by E. S. Haldeneu. F. H. Simson (rep. London u. New York 1955)도 제2판에 의거하고 있다. 따라서 어느 쪽이든 Suhrkamp 판의 텍스트와는 합치하지 않는다. 다음에 적는 불역의 전거에 관해서는 분명하지 않다. Leçons sur L'histoire de la philosophie. tr. par J. Gibelin. 2 vols. 1954.; Leçons sur L'histoire de la philosophie. tr. par P. Garniron. 6 vols. 1971-1985.	Glockner 판에서나 Suhrkamp 판에서나 텍스트는 헤겔의 초고와 청강생에 의한 필기 노트를 미슐레가 「정리」하여 편집한 초판에 기초하고 있기 때문에 교정에 문제가 남는다. 그에 더하여 미슐레가 편집한 제2판은 미슐레의 손이 덧붙여져 있어 텍스트가 훼손되어 있다.
111	1806년 봄부터 여름에 걸쳐 집필, 여름학기 「사변철학 즉 논리학」 1806년 9월 18일 폐강	Vorlesungen Ueber «Spekulative Philosophie»	「『학의 체계』에 기초한 사변철학 즉 논리학을 위한 강의」 초고	GW. V. 473-475; Ros. 212-215	加藤尙武 譯 『絶對知への意識の高揚』(로베르트 하이스 『辨證法の本質と諸形態』298-302); 로젠크란츠 저, 『ヘーゲル伝』中埜肇 譯(みすず書房) 190-193	Kim. 81 Har. 221
112	킴멀레에 따르면 1805년, GW에 따르면 1806년 또는 그 이전, 해리스에 따르면 1805년 여름에 집필	* C. Die Wissenschaft (Reinschriftfragment zum "System der Wissenschaft, Ⅰ. Theil") Ms: Nachl. Bd 10. 11 S.	「『학의 체계 제1부』를 위한 청서고 단편	GW. IX. 438-443; Jen. Realph. Ⅰ. 259-264	加藤尙武 譯 『絶對知を形づくる最後の自己內反省』(로베르트 하이스 『辨證法の本質と諸形態』290-297)	Kim. 75 Har. 222
113	1807년 봄부터 여름에 걸쳐 집필	Wer denkt abstract? (Reinschriftmanuskript)	「추상적으로 사유하는 것은 누구인가?」청서고	GW. V. 381-387; Ⅱ. 575-581; Hegel-Studien. V. 161-164	Who thinks abstractly? in: Hegel: Texts and Commentary. tr. by W. Kaufmann 1966; 加藤尙武 「抽象的に考えるのは誰か」(『現代思想』1978年12月 增刊号) p. 264-268	
114	1807년 2월 -3월 집필	Maximen des Journals der deutschen Literatur (Plan für eine zu gründende Zeitschrift) Ms: Nachl. Bd 13. 12 S.	「독일 문학지의 준칙」	GW. IV 509-514; Glockner Ⅰ. 541-547	「ドイツ文藝雜誌の原則」 海老澤善一 譯 (愛知大學文學會 『文學論叢』90輯 1989) p. 44-48; 海老澤善一 譯·編 『ヘーゲル批評集』(梓出版社)	Kim. 82 Har. 224
115	1807년 4월 또는 그 이후에 집필; 1807년 6월 28일 『밤베르크 신문』 발표; 그밖에 『밤베르크 신문』 1807년 7월 9일호, 『예나 일반문예신문』 1807년 10월 28일호, 『주간 일반문예신문』(할레, 라이프치히) 1807년 11월 25일호에도 게재	Selbstanzeige der Phänomenologie	『정신현상학』의 저자 자신의 광고	Ⅲ. 593; GW. IX. 446f.	加藤尙武 編 『ヘーゲル『精神現象學』入門』(有斐閣 1983) 223-224	

번호	집필·발표 시기	원어 표제	한국어 표제	텍스트	번역 내용	비고
116	1807/08년?	* Das Erkennen hat...	단편	GW. XII. 257-258.		
117	1807/08년?	* Daseyn hat...	단편	GW. XII. 259-298.		
118	1808/09년 상급반 (1808년 12월 12일 이후, 이듬해 9월 29일 이전)	Philosophische Encyklopädie. Kursus für die Oberklasse 1808/09.	철학적 엔치클로페디의 강의 필기 노트			
119	1808/09년 상급반	Philosophische Enzyklopädie für die Oberklasse.	상급반을 위한 철학적 엔치클로페디	IV. 9-69.	武市健人 譯 『哲學入門』 岩波文庫 1952.; 川原榮峰·伴一憲 譯 『哲學入門』 日清堂書店 1977.; 海老澤善一 譯 『ヘーゲルのギムナジウム論理學』 梓出版社 1986.; Propédeutique philosophique. tr. par M. de Gandillac, Denoel 1963.; The philosophical Propaedeutic. tr. by A. V. Miller. Oxford 1986. p. 124-169	다만 207절의 괄호 안의 문장(IV. 66-68)은 로젠크란츠가 가필한 것이다.
120	1808/09년 중급반	Geisteslehre als Einleitung in die Philosophie.	철학에의 입문으로서의 정신론	IV. 70-110.	海老澤善一 譯 『ヘーゲルのギムナジウム論理學』 梓出版社 1986.	
121	1808/09년 중급반 (1808년 12월 12일 이후, 이듬해 9월 29일 이전)	Geisteslehre als Einleitung in die Philosophie. Kursus für die Mittelklasse 1808/09	「철학에의 입문으로서의 정신론」의 수강생에 의한 필기 노트			
122		[Bewusstseinslehre.]	학생의 필기 노트 난외에 대한 헤겔의 기입			
123	1809년 7월 10일	Rede auf den Amtsvorgänger Rektor Schenk am 10. VII. 1809.	셴크 전 교장에 대한 송별사	Nürnberger Schriften. 297-303.; IV. 305-311	上妻精 譯 『ヘーゲル敎育論集』 (國文社 1988) p. 13-21	
124	1809년 9월 29일	Rede zum Gymnasial-Schuljahres-Abschluß am 29. IX. 1809.	1809년 9월 29일의 김나지움 졸업식에서의 식사	Nürnberger Schriften. 303-317.; IV. 312-326	上妻精 譯 『ヘーゲル敎育論集』 (國文社 1988) p. 22-42; Early Theological Writings. p. 321-330.	
125	1809년 가을까지	Zur Lehre von den Schlüssen: (Prädikats darin, dass...)	추리론 단편 (『논리의 학』의 예비고?)	GW. XII. 299-309.	石橋とし江·木村博·小林俊太 譯 「ヘーゲル『推理論斷片』」 (『ヘーゲル硏究』 第18号 1990) p. 1-10	
126	1808/09년-1815/16년에 집필	Berichte Hegels über seine Unterrichtsgegenstände	헤겔에 의한 수업과목 소개	IV. 294-302.	海老澤善一 譯 『ヘーゲルのギムナジウム論理學』 梓出版社 1986.	
127	1809/10년 상급반 (1809년 10월-1810년 4월)	Subjektive Logik. Kursus für die Oberklasse.	「상급반을 위한 주관적 논리학」의 수강생에 의한 필기 노트	Eva Ziesche를 참조.		
128	1809/10년 상급반	Begriffslehre für die Oberklasse.	상급반을 위한 개념론	IV. 139-161.	武市健人 譯 『哲學入門』 岩波文庫 1952.; 川原榮峰·伴一憲 譯 『哲學入門』 日清堂書店 1977.; 海老澤善一 譯 『ヘーゲルのギムナジウム論理學』 梓出版社 1986.; Propédeutique philosophique. tr. par M. de Gandillac, Denoel 1963.; The philosophical Propaedeutic. tr. by A. V. Miller. Oxford 1986. p. 105-123.	
129	1809/10년 상급반 (1810년 4월부터 9월 14일 이전까지)	System der besondern Wissenschaften. Kursus für die Oberklasse.	「상급반을 위한 특수 학문들의 체계」의 수강생에 의한 필기 노트			

번호	집필·발표 시기	원어 표제	한국어 표제	텍스트	번역 내용	비고
130	1809년 이후의 중급반	Bewußtseinslehre für die Mittelklasse.	중급반을 위한 의식론	IV. 111-123.	武市健人 譯『哲學入門』岩波文庫 1952.; 川原榮峰・伴一憲 譯『哲學入門』日清堂書店 1977.; 海老澤善一 譯『ヘーゲルのギムナジウム論理學』梓出版社 1986.; Propédeutique philosophique. tr. par M. de Gandillac, Denoel 1963.; The philosophical Propaeutic. tr. by A. V. Miller. Oxford 1986. p. 55-64.	
131	1809/10년의 초급반 (1809년 10월 30일 개강-이듬해 9월 14일 이전)	Logik für die Unterklasse.	초급반을 위한 논리학	IV. 124-138.	海老澤善一 譯『ヘーゲルのギムナジウム論理學』梓出版社 1986.; The philosophical Propaeutic. tr. by A. V. Miller. Oxford 1986. p. 65-73.	
132	1810년-1815/16년의 초급반	Rechts, Pflichten- und Religionslehre für die Unterklasse.	초급반을 위한 법·도덕·종교론	IV. 204-274.	武市健人 譯『哲學入門』岩波文庫 1952.; 川原榮峰・伴一憲 譯『哲學入門』日清堂書店 1977.; 海老澤善一 譯『ヘーゲルのギムナジウム論理學』梓出版社 1986.; Propédeutique philosophique. tr. par M. de Gandillac, Denoel 1963.; The philosophical Propaeutic. tr. by A. V. Miller. Oxford 1986. p. 1-54.	
133	1810년 여름	Über die Prüfungsgegenstände aus den philosophischen Vorbereitungswissenschaften, Sommer 1810.	철학입문에서의 시험과목에 관하여	Nürnberger Schriften. 377.	上妻精 譯『ヘーゲル敎育論集』(國文社 1988) p. 127.	
134	1810년 8월 4일	Über die Waffenübungen Studierenden vom 4. VIII. 1810.	학생의 군사훈련에 관하여	Nürnberger Schriften. 378-379.	上妻精 譯『ヘーゲル敎育論集』(國文社 1988) p. 128-131.	
135	1810년 9월 14일	Rede zum Gymnasial-Schuljahres-Abschluß am 14. IX. 1810.	김나지움 종업식에서의 식사	Nürnberger Schriften. 317-333.; IV, 327-343.	上妻精 譯『ヘーゲル敎育論集』(國文社 1988) p. 43-65.	
136	1810년 9월 19일	Über die Stellung des Realinstituts zu den übrigen Studienanstalten vom 19. IX. 1810.	그 밖의 면학시설에 대한 실과 고교의 위치에 관하여, 왕국총무위원회 앞	Nürnberger Schriften. 417-434.; IV, 379-397.	上妻精 譯『ヘーゲル敎育論集』(國文社 1988) p. 187-207.	
137	1810년 10월 11일	Über das Gymnasial-Schuljahr 1809/10.	김나지움 학년 보고	Nürnberger Schriften. 380-387.	上妻精 譯『ヘーゲル敎育論集』(國文社 1988) p. 132-145.	
138	1810/11년의 상급반 (1810년 10월-이듬해 8월 9일)	System der besondern Wissenschaften. Kursus für die Oberklasse.	「상급반을 위한 엔치클로페디」수강생에 의한 필기	Eva Ziesche를 참조		
139	1810/11년의 중급반 (1810년 10월부터 1811년 8월 9일)	Logik für die Mittelklasse.	「중급반을 위한 논리학」	IV. 162-203; G. W. F. Hegel: Logik für Die Mittelklasse des Gymnasiums (Nürnberg 1810-11ff). S. 62-148 u. 158-161.	海老澤善一 譯『ヘーゲルのギムナジウム論理學』梓出版社 1986.; The philosophical Propaeutic. tr. by A. V. Miller. Oxford 1986. p. 80-104.	

번호	집필·발표 시기	원어 표제	한국어 표제	텍스트	번역 내용	비고
140	1810/11년의 중급반	Logik für die Mittelklasse.	중급반을 위한 논리학	IV. 162-170 (§ 28까지)	武市健人 譯『哲學入門』岩波文庫 1952.; 川原榮峰·伴一憲 譯『哲學入門』日淸堂書店 1977.; 海老澤善一 譯『ヘーゲルのギムナジウム論理學』梓出版社 1986.; Propédeutique philosophique. tr. par M. de Gandillac, Denoel 1963.; The philosophical Propaedeutic. tr. by A. V. Miller. Oxford 1986. p. 74-80.	
141	1811년 9월 2일	Rede zum Schuljahres-Abschluß des Gymnasial-und Realinstituts am 2. IX. 1811.	김나지움과 실과 고교 종업식에서 의 식사	Nürnberger Schriften. 333-348.; IV, 344-359.	上妻精 譯『ヘーゲル教育論集』(國文社 1988) p. 66-86.	
142	1811년 9월 9일	Über das Gymnasial-Schuljahr 1810/11.	김나지움 학년 보고	Nürnberger Schriften. 387-391.	上妻精 譯『ヘーゲル教育論集』(國文社 1988) p. 146-150.	
143	1811/12년의 중급반 (1811년 가을-1812년 8월)	Psychologie. Kursus für die Mittelklasse. Nachschrift von Christian S. Meinel. Paragraphen und Anmerkungen.	『중급반을 위한 심리학』 수강생에 의한 필기 노트	K. W. Kantzenbach		
144	1811-13년의 중·상급반	Religionslehre. für die Mittel- und Oberklasse.	중·상급반을 위한 종교론	IV. 275-290		
145	1811-13년의 중·상급반 (1811년 10월-1812년 8월; 1812년 10월-1813년 9월 2일 이전)	Religionslehre. Kursus für die Mittel- und Oberklasse. Nach Schrift von Christian S. Meinel. Paragraphen und Anmerkungen.	『중·상급반을 위한 종교론』 수강생에 의한 필기 노트			
146	1811년 4월 20일 이후 10월 10일까지 집필	Notiz zu Fries.	프리스에 대한 메모	GW. XII. 311-312.		
147	1811년 7월 6일부터 늦어도 이듬해 2월 초까지 집필	Notiz zu Leibniz.	라이프니츠에 관한 메모	GW. XII.. 311-312.		
148	1812년 3월 22일 서문 탈고; 1812년 4월 19일-5월 경에 출판	Wissenschaft der Logik.: 1. Lehre vom Sein.	『논리의 학』 (Sein의 초판)	GW. XI. 1-232; V. 13-18	寺澤恒信 譯『ヘーゲル大論理學 1』(以文社 1977); Science de la logique 1. L'être (Edi. de 1812). tr. par J. Labarrière/G. Jarczyk. (Auvier-Montaigne) 1972.	
149	1812년 3월에는 인쇄 개시, 12월에는 인쇄 종료. 출판은 1813년 초일 수도	Wissenschaft der Logik.: 2. Lehre vom Wesen.	『논리의 학』 (2. Wesen)	GW. XI. 233-409.; V. 11-240.	武市健人 譯『大論理學·中卷』(岩波書店 1960); 寺澤恒信 譯『ヘーゲル大論理學 2』(以文社 1983); Science of Logic. tr. by A. V. Miller (Allen & Unwin) 1969.; Science de la logique. tr. par Bourgeois, B. (Urin) 1970.; Science de la logique, Doctrine de l'Essence. tr. par J. Labarrière/G. Jarczyk. 1976.; La Science de la Logique. tr. par S. Jankélévitch. 4 vols.; [본질론 제1부의 부분역] Hegel's doctrine of reflection. tr. by W. T. Harris 1881	
150	1812년 9월 ?	Gedruckter Bericht zum Abschluß des Gymnasial-Schuljahres 1811/12.	인쇄된 1811·12년의 김나지움 종업보고	Nürnberger Schriften. 349-356.; IV, 398-402.	上妻精 譯『ヘーゲル教育論集』(國文社 1988) p. 87-97.	

번호	집필·발표 시기	원어 표제	한국어 표제	텍스트	번역 내용	비고
151	1812년 10월 13일	Über das Gymnasial-Schuljahr 1811/12.	1811·12년의 김나지움 학년 보고	Nürnberger Schriften. 391-393.	上妻精 譯『ヘーゲル教育論集』(國文社 1988) p. 151-152.	
152	1812년 10월 23일	Über den Vortrag der Philosophie auf Gymnasien vom 23. X. 1812.	김나지움에서의 철학 수업에 관하여. 바이에른 왕국 상석 교육 고문관, 임마누엘 니트함머에 대한 사적 보고서	Nürnberger Schriften. 434-448.; IV, 403-417.	上妻精 譯『ヘーゲル教育論集』(國文社 1988) p. 208-229.; 海老澤善一 譯『ヘーゲルのギムナジウム論理學』(梓出版社 1986) p. 271-283.	
153	1812/13년의 상급반 (1812년 10월-1813년 9월 2일 이전)	Philosophische Enzyklopädie nach den Unterrichtsvorträgen für die Oberklasse am Gymnasium	「상급반을 위한 철학적 엔치클로페디」 수강생에 의한 필기 노트	Vorlesungen Ausgewälte Nachschriften und Manuskripte. Bd. XV: 3-179. Philosophische Enzyklopädie nach den Unterrichtsvorträgen für die Oberklasse am Gymnasium		
154		Ein Blatt zur Geisteslehre.	정신론에 대한 한 장	IV. 291.		
155		Ein Blatt zur Mathematik.	수학에 대한 한 장	IV. 292-293.		
156	1813년 9월 ?	Aus dem gedruckten Bericht über das Gymnasial-Institut 1812/1813.	인쇄된 1812·13년의 김나지움 종업보고로부터	Nürnberger Schriften. 356-358.	上妻精 譯『ヘーゲル教育論集』(國文社 1988) p. 98-102.	
157	1813년 9월 2일	Rede zum Schuljahres-Abschluß des Gymnasial-und Realinstituts am 2. IX. 1813.	1813년 9월 2일의 김나지움 및 실과고교 종업식에서의 식사	Nürnberger Schriften. 358-365.; IV, 360-357.	上妻精 譯『ヘーゲル教育論集』(國文社 1988) p. 103-112.	
158	1813년 11월 6일	Über das Gymnasial-Schuljahr 1812/13.	1812·13년 김나지움 학년 보고	Nürnberger Schriften. 393-395.	上妻精 譯『ヘーゲル教育論集』(國文社 1988) p. 153-156.	
159	1814년 1월 27일	Über die Jahresanfangs-Berichte des Gymnasial-und Real-Instituts 1813/14.	1813·14년 김나지움 및 실과고교 시업 보고	Nürnberger Schriften. 396-400.	上妻精 譯『ヘーゲル教育論集』(國文社 1988) p. 157-163.	
160	1814년 4월 13일	Über die Fortsetzung der Höheren Töchterschule vom 13. April 1814.	고등여학교의 존속에 관하여	Nürnberger Schriften. 400-401.	上妻精 譯『ヘーゲル教育論集』(國文社 1988) p. 164-165.	
161	1814년 10월 20일	Über die Jahresschluß-Berichte des Gymnasial-und Real-Instituts 1813/14.	1813·14년 김나지움 및 실과고교 종업 보고	Nürnberger Schriften. 402-405.	上妻精 譯『ヘーゲル教育論集』(國文社 1988) p. 166-170.	
162	1815년 6월 29일	Über die Disziplinargesetz-Vorschläge des Gymnasial-und Real-Instituts vom 29. VI. 1815.	김나지움 및 실과고교에서의 징벌규칙에 관한 제언	Nürnberger Schriften. 405-408.	上妻精 譯『ヘーゲル教育論集』(國文社 1988) p. 171-174.	
163	1815년 8월 30일	Rede zum Gymnasial-Schuljahres-Abschluß, den 30. VIII. 1815.	1815년 8월 30일의 김나지움 종업식에서의 식사	Nürnberger Schriften. 365-373.; IV, 368-376.	上妻精 譯『ヘーゲル教育論集』(國文社 1988) p. 113-123.	

번호	집필·발표 시기	원어 표제	한국어 표제	텍스트	번역 내용	비고
164	1815년 11월 11일	Über die Jahresschluß-Berichte des Gymnasial-und Real-Instituts 1814/15.	1814·15년 김나지움 및 실과 고교 종업 보고	Nürnberger Schriften. 408-412.	上妻精 譯 『ヘーゲル教育論集』(國文社 1988) p. 175-179.	
165	1815년 12월	Über Gymnasial-Schuljahres-Anfang 1815/16.	1815·16년 김나지움 시업 보고	Nürnberger Schriften. 412-413.	上妻精 譯 『ヘーゲル教育論集』(國文社 1988) p. 180-181.	
166	1816년 7월 12일 탈고; 1816년 초가을에 간행	Wissenschaft der Logik.: 3. Lehre vom Begriff	『논리의 학』(3. Begriff)	GW. XII	武市健人 譯 『大論理學·下卷』(岩波書店 1961); Science of Logic. tr. by A. V. Miller (Allen & Unwin) 1969.; Science de la logique. tr. par Bourgeois, B. (Urin) 1970.; Science de la logique, Doctrine du Concept. tr. par J. Labarrière/G. Jarczyk. 1981.; La Science de la Logique. tr. par S. Jankélévitch. 4 vols.; 1971-76.	
167	1816년 8월 2일	Über den Vortrag der Philosophie auf Universitäten vom 2. VIII. 1816.	대학에서의 철학 강의에 관하여. 프로이센 왕국정부고문관, 프리드리히 폰 라이머 교수에게 보내는 서신	Nürnberger Schriften. 448-457.; IV, 418-425.	上妻精 譯 『ヘーゲル教育論集』(國文社 1988) p. 230-242.; 海老澤善一 譯 『ヘーゲルのギムナジウム論理學』(梓出版社 1986) p. 284-290.	
168	1816년 9월 23일	Über die Jahresschluß-Berichte des Gymnasial-und Real-Instituts 1815/16.	1815·16년 김나지움 및 실과 고교 종업 보고	Nürnberger Schriften. 413-414.	上妻精 譯 『ヘーゲル教育論集』(國文社 1988) p. 182-183.	
169	1816/17년 겨울학기 (1816년 10월 28일-1817년 3월 22일) 1816년 8월의 마지막부터 10월의 마지막 사이	Geschichte der Philosophie	강의 「철학사」	Einleitung in die Geschichte der Philosophie. Hrsg. v. J. Hoffmeister (1959) S. 1-17; GW. XVIII. 3-8	武市健人 譯 『哲學史序論』(岩波文庫 1967)에 섞여 들어 있다.; Hegel's Introduction to the Lecture on the History of Philosophy. tr. by T. M. Knox & A. V. Miller 1985. p. 1-14.; 『哲學史講義(全二卷)』(長谷川宏 譯, 河出書房新社)는 미슐레 편집의 제2판에 의거하고 있기 때문에 텍스트를 신뢰할 수 없다.	
170	1816년 여름 이후, 늦어도 겨울까지 집필; 1817년 봄 『하이델베르크 문예연보』 No. 1 u. 2	[Rezension von] Friedrich Heinrich Jacobis Werke. Dritter band. Leipzig, bei Gerhard Fleischer dem Jüngeren. 1818. XXXVI und 568 S.	야코비 저작 제3권에 대한 비평	GW. XV. 7-29; IV. 429-461.	座小田豊·山口誠一·寄川條路 譯 「F. H. ヤコービ著作集第三卷の評論」(『ヘーゲル研究』 第11号 1989) 1-28.; Recension des oeuvres d. F. H. Jacobi. (Urin) 1976.; 「ヤコービ著作集第三卷について (上·下)」 海老澤善一 譯 (愛知大學文學會 『文學論叢』 88, 89輯 1988) p. 155-75, p. 121-149; 海老澤善一 譯·編 『ヘーゲル批評集』(梓出版社)	

번호	집필·발표 시기	원어 표제	한국어 표제	텍스트	번역 내용	비고
171	1817년 5월 서문 탈고 (1816년 4월 19일 현재, 138절까지 인쇄 완료); 1817년 6월 발표	Encyklopädie der philosophischen Wissenschaften im Grundrisse.	『(하이델베르크) 엔치클로페디』	Glockner VI. 1-310.	加藤尙武·上村芳郎 譯『ハイデルベルク·エンツュクロペディ』の＜緒論＞および＜豫備槪念＞」(『ヘーゲル硏究』第4号 1987 6 4.; 黒田則夫『『ハイデルベルク·エンチクロペディー』の論理學·第Ⅳ―＜部緒·存在論＞」(『ヘーゲル硏究』第7号 1988); 加藤尙武·神山伸弘 譯『『ハイデルベルク·エンチクロペディー』「客觀精神」章」(『ヘーゲル硏究』第8号 1988: Encyclopédie des sciences philosophiques, I La Science de la logique. tr. par Bernard Bourgeois, Paris 1970.	
172	1817년 여름학기 (1817년 4월 28일 개강)	Logik und Metaphysik	강의「논리학과 형이상학」	Vorlesungen. Ausgewählte Nachschriften und Manuskripte. Bd. 11, 1991.: Hegel-Studien. VI. 41-43.: [Hegel-Studien VII. 23-27. ?] [Hegel-Studien. XII. 21-25 ?]		Nachschrift von F. A. Good
173	1817년 여름학기 (1817년 4월 28일 개강)	Anthropologie und Psychologie.	강의「인간학과 심리학」	[Hegel-Studien VII. 27-28: Hegel-Studien. X. 10, 18-77. ?]		
174	1817년 여름학기 1818년 여름학기 1820/21년 겨울학기 1823년 여름학기 1826년 여름학기 1828/29년 겨울학기	Vorlesungen über die Ästhetik.	『미학강의』	1] XIII. XIV. XV, …… 전거로 되는 것은 Vorlesungen über die Ästhetik. hrsg. v. H. G. Hotho. Teil 1-3. 2. Aufl. Berlin 1842, 1843. 2] Glockner 판 3 Bde. Stuttgart 1927, 1928,… 전거로 되는 것은 Vorlesungen über die Ästhetik. hrsg. v. H. G. Hotho. Teil 1-3. Berlin 1835, 1837, 1838, 3] Vorlesungen über die Ästhetik. 1. Teil. 1. Abteilung; Die Idee und das Ideal. hrsg. v. G. Lasson, Leipzig 1931.	竹内敏雄 譯『美學』(岩波書店) 第一卷(上) 1956, (中) 1960, (下) 1962,는 텍스트를 3]에 의거하고 있다. 第二卷 (上) 1965, (中) 1968, (下) 1970, 第三卷 (上) 1973, (中) 1975, (下) 1981,는 텍스트를 1]에 의거하고 있다.; The philosophy of art. tr. by W. M. Bryant. 1976.: Introduction to Hegel's philosophy of fine arts. tr. by B. Bosanquet. 1886.: The philosophy of fine arts. tr. by F. P. B. Osmaston. 4 vols. 1920, 1921, 1975, 1976,: Hegel's Aesthetics. tr. by T. M. Knox. 2 vols. 1975, 1988,: Hegel's Introduction to Aesthetics. tr. by T. M. Knox. 1979,: Hegel on Tragedy. tr. by J. B. Baillie & F. P. B. Osmaston, 1962, 1975, 1978.: Esthétique. tr. par S. Jankélévitch. 8 vols. 1964-65, 1979, 1991.: Esthétique. tr. par C. Khodoss, 1954.: Esthétique de la peinture figurative. tr. par B. Teyssèdre, 1964.;『ヘーゲル美學講義(全三卷)』 (長谷川宏, 作品社)	[Hegel-Studien VI. 41 참조.]
175	1817년 여름학기	Vorlesungen über die Ästhetik.	강의「미학」	Hegel-Studien. Bd. IX, 9-38		

번호	집필·발표 시기	원어 표제	한국어 표제	텍스트	번역 내용	비고
176	1717년 11월 18일을 포함하는 겨울에 집필; 1817년 12월과 1818년 초엽 『하이델베르크 문예연보』 Nr. 66, 67, 68, 73, 74, 75, 76 u. 77.	[Rezension von] Verhandlungen in der Versammlung der Landstände des Königreichs Würtembergs im Jahre 1815 und 1816. I–XXXIII. Abtheilung.	인쇄에 부쳐진 1815년과 16년의 뷔르템베르크 왕국의회에서의 토론의 비판 1절-33절	GW. XV. 30–125.; IV. 462–597.	上妻精 譯『ヴュルテンベルク王國地方民會の討論』(『ヘーゲル政治論文集下』岩波文庫 1967) pp. 7–128.; [부분역] Hegel's Political Writings. tr. by T. M. Knox. 1964.; Actes de l'assemblée des états du royaume de Wurtemburg. tr. par P. Quillet. in: Ecrits politiques. 1977.	
177	1817년 11월; 1818년 9월 경; 1819년 3월	Hegels Exzerpte aus der Edinburgh Review and der Quarterly Review.	『에든버러 리뷰』와 『쿼털리 리뷰』에서의 발췌	Hegel-Studien. XX. 90–104, 104–106, 106–110, 110–111, 111–112; Hegel-Studien. XXI. 22–25		
178	1817/18년 겨울학기 (1818년 3월 14일 폐강)	Naturrecht und Staatswissenschaft. 1] Naturrecht und Staatswissenschaft 1817/18. Nachschrift P. Wannenmann. in: Hegel Vorlesungen Bd. I, 1983	강의 「자연법과 국가학」	Vorlesungen. Ausgewählte Nachschriften und Manuskripte. Bd. 1. (Felix Meiner) 1983: G. W. F. Hegel, Die Philosophie des Rechts, die Mitschriften Wannenmann (Heidelberg 1817/18) und Homeyer (Berlin 1818/19). hrsg. v. K–H. Ilting. (Klett-Cotta) 1983	『自然法および國家學に關する草稿』(尼寺義弘 譯, 晃洋書房)	
179	1817/18년 겨울학기 (1818년 3월 10일 폐강)	Enzyklopädie der philosophischen Wissenschaften. (Privatkolleg für Priny Gustav) ?	개인 강의 「엔치클로페디」	Hegel-Studien. IX. 12. [Hegel-Studien. IX. 16–38.?] [Hegel-Studien. X. 10. 18–77.?]		
180	1818년 여름학기 (1815년 5월 1일 또는 4일-1818년 9월 4일)	Philosophie in ihrem gesamten systematischen Umfange.	강의 「철학의 체계 전 범위」	[Hegel-Studien. V. 17–30.?] [Hegel-Studien. IX. 16–38.?] [Hegel-Studien. X. 10. 18–77.?]		
181	1818년 10월 22일 이전, 하이델베르크 대학 취임 연설의 원고를 기초로 초안	Rede zum Antritt des philosophischen Lehramtes an der Universität Berlin	베를린 대학 철학교수직 취임 연설	GW. XVIII. 11–31	松村一人 譯『小論理學(上)』(岩波文庫 1951) p. 13–19	
182	1818년/19년 겨울학기 (10월 22일-1819년 3월 23일 폐강)	Enzyklopädie der Philosophie	강의 「엔치클로페디」 (교과서에 의함)	Hegel-Studien. IX. 16–38?		
183	1818년/19년 겨울학기 (10월 22일-1819년 3월 25일 폐강)	Naturrecht und Staatswissenschaft. 2] Naturrecht und Staatsrecht. 2-1] Natur- und Staatsrecht, nach dem Vortrage des Professors Hegel im Winterhalbjahr 1818/19 von G. Homeyer. 2-2] Einleitung nach der Vorlesung im Wintersemester 1818-19 im Berlin, Nachgeschrieben von P. Wannemann.	강의 「자연법과 국가학」	2. 1] Hegel, Die Philosophie des Rechts, die Mitschriften Wannenmann (Heidelberg 1817/18) und Homeyer (Berlin 1818/19) hrsg. v. K-H. Ilting, 1983. 2. 2] Hegel, Vorlesungen, Ausgewählte Nachschriften und Manuskripte. Bd. I, 1983	『自然法および國家學に關する草稿』(尼寺義弘 譯, 晃洋書房)	C. G. Homeyer에 의한 수고
184	1818/19년	Hegels Vorlesungsnotizen (1818-1819).	강의를 위한 메모	Hegel, Vorlesungen über Rechtsphilosophie 1818-1831. Edition und Kommentar von K.-H. Ilting, I. 1973.		

번호	집필·발표 시기	원어 표제	한국어 표제	텍스트	번역 내용	비고
185	1819년 여름학기 (1819년 4월 22일 개강-8월 12일 폐강)	Geschichte der Philosophie	강의 「철학사」	Vorlesungen, Ausgewählte Nachschriften und Manuskripte. (Felix Meiner) Bd. VI, 109-138		
186	1819/20년 겨울학기 (18919년 10월 25일-1820년 3월 18일)	Naturrecht und Staatswissenschaft oder die Philosophie des Rechts. Rechtsphilosophie und Politik, Berlin im Winterhalbjahr 1819/20. hrsg. v. Dieter Henrich, 1983.	강의 「자연법과 국가학, 또는 법철학」	Hegel, Philosophie des Rechts. Die Vorlesung von 1819/20 in einer Nachschrift. hrsg. v. Dieter Henrich. 1983 S. 46-291.		
187	1819/20년 겨울학기 (1819년 10월 25일-1820년 3월 18일) 1821/22년 겨울학기 1823/24년 겨울학기 (1823년 10월 30일 개강-1824년 3월 30일 폐강) 1825/26년 겨울학기 (1825년 10월 31일 개강-1826년 3월 17일 폐강) 1828년 여름학기(1828년 5월 5일 개강-8월 27일 폐강) 1830년 여름학기(1830년 5월 6일 개강-8월 27일 폐강)	Naturphilosophie.	강의 「자연철학」	Hegel: Naturphilosophie. bd. Ⅰ, Die Vorlesung von 1819/20. hrsg. v. K.-H. Ilting (Bibliopolis 1980)	『엔치클로페디』(제3판)의 「자연철학」에 관해서는 『自然哲學(上·下)』(加藤尙武 譯, 岩波書店)	
188	1819/20년 겨울에 집필	Über die Einrichtung einer kritischen Zeitschrift der Literatur (1819/20).	문예비판지의 발간에 관하여	XI. 9-30. GW. XV, S. 147-188(handschriftlicher Entwurf): S. 189-203	「學藝批評雜誌の組織について」海老澤善一 譯 (愛知大學文學會『文學論叢』 91輯 1989) p. 22-36; 海老澤善一 譯·編『ヘーゲル批評集』(梓出版社)	초고가 남아 있음. 1835년의 전집에서 처음 출현.
189	1820년 6월 25일 서문 탈고; 1820년 말 공간	Grundlinien der Philosophie des Rechts (1821).	『법의 철학』	VII. 11-512	藤野涉·赤澤正敏 譯『法の哲學』(中央公論社); 高峯一愚 譯『法の哲學』(論創社); 三浦和男 外譯『法·權利の哲學』(未知谷 1991); Hegel's Philosophy of Right. tr. by T. M. Knox (Oxford 1942): Principes de la philosophie du droit. tr. par A. Kaan (Paris 1940); Principes de la philosophie du droit ou Droit naturel et science de l'Etat en abrégé. tr. par R. Derathé (Paris 1975); La société civilebourgeose. tr. par J.-P. Lefebrè, 1975. 『法の哲學』(上妻精·佐藤康邦·山田忠彰 譯, 岩波書店); Elements of the Philosophy of Right. tr. by H. B. Nisbet (Cambridge 1991); Le Systeme du pouvoir: y a-t-il une democratie hégélienne? tr. par G. Jarczyk, P-J. Labarrière (Aubler 1989)	
190	1820년 가을 집필일 수도	Über von Kügelgens Bilder.	폰 퀴겔겐의 그림에 관하여	GW. XV, S. 204-206.		

번호	집필·발표 시기	원어 표제	한국어 표제	텍스트	번역 내용	비고
191	1820/21년 겨울학기 (1820년 10월 24일 개강-1821년 3월 23일 폐강)	Geschichte der Philosophie. Die Berliner Niederschrift der Einleitung in die Geschichte der Philosophie.	강의 「철학사」	Einleitung in die Geschichte der Philosophie. hrsg. v. J. Hoffmeister. 1940, S. 19-75: GW. XVIII, 36-94: Vorlesungen, Ausgewählte Nachschriften und Manuskripte. Bd. VI, 5-81	『哲學史講義(全二卷)』(長谷川宏 譯, 河出書房新社)는 미슐레 편집의 제2판에 의거하고 있기 때문에 텍스트를 신뢰할 수 없다.	
192	1820/21년 겨울학기 (1820년 10월 24일 개강-1821년 3월 24일 폐강)	Vorlesung über Ästhetik.	강의 「미학」	G. W. F. Hegel: Vorlesung über Ästhetik. Hrsg. v. Helmut Schneider (Peter Lang 1995)		
193	1821년 여름학기 1824년 여름학기 1827년 여름학기 1831년 여름학기	Vorlesungen über die Philosophie der Religion.	『종교철학강의』	XVI. 11-442. XVII. 9-535 木場深定 譯『宗教哲學』(岩波書店) (上) 1982, (中) 1983, (下) 1984; Lectures on the Philosophy of Religion. tr. by E. B. Speirs & J. P. Sanderson. 3 vols. 1895, 1962.; Philosophie de la religion de Hegel. tr. par A. Véra. 2 vols. 1876-78.; Leçons sur la philosophie de la religion. tr. par J. Gibelin. 5 vols. 1954-59.	1832년에 P. Marheineke의 편집에 의해서 최초의 판이 출판된다. 제2판은 B. Bauer의 편집에 의해서 1840년에 출판되며, 이것이 Glockner판과 Suhrkamp판의 저본으로 된다. 두 판 모두 편성이 다른 네 개 학기의 자료를 짜넣어 하나의 책으로 만들고 있다.	
194	1821년 7월 초부터 중순에 걸쳐 집필	Blätter zur Religionsphilosophie	종교철학에 관한 지편	G. W. F. Hegel. Vorlesungen. hrsg. von W. Jaeschke. Bd. IV, 643-648. Bd. V, 291-303: GW. XVII, 305-334.		
195	1821년 여름학기 (4월 30일-8월 25일)	Religions-Philosophie	강의 「종교철학」	G. W. F. Hegel. Vorlesungen. Ausgewählte Nachschriften und Manuskripte. hrsg. von W. Jaeschke. Bd. III. 3-29, 95-163, Bd. IVa. 1-137, Bd. V. 1-97; GW. XVII; Hegel. Religionsphilosophie. Bd. I, die Vorlesung von 1821. hrsg. von K.-H. Ilting.	Lectures on the philosophy of Religion. ed. by P. C. Hodgson. vol. 1-3. 1984-1987	헤겔 자신의 손으로 이루어진 Originalmanuskripte가 남아 있다.
196	1821년 여름학기 (4월 30일-8월 24일)	Logik und Metaphysik	강의 「논리학과 형이상학」			
197	1821년 9월 중순-11월	Anmerkungen zu Creuzers Proclus-Edition.	크로이처에 의한 『프로클로스의 신학원리』에서의 주(註)의 작성	GW. XV. 253-254.		

번호	집필 · 발표 시기	원어 표제	한국어 표제	텍스트	번역 내용	비고
198	1821/22년 겨울학기 (1821년 10월 25일-1822년 3월 23일)	Rationelle Physik oder Philosophie der Natur.	강의 「자연철학(『엔치클로페디』에 따른다)」	Hegel-Studien. XX. 39-78.		
199	1821-25년 집필	Hegels Vorlesungsnotizen 1821-25.	헤겔에 의한 강의를 위한 메모	Hegel, Vorlesungen über Rechtsphilosophie 1818-1831. Edition und Kommentar von K.-H. Ilting, II. 1974.		
200	1822년 1월 3일, 12월 17일, 1823년 1월 22일, 1824년 12월 23일, 1825년 1월 14일 집필	Hegels eigenhändige Randbemerkungen in seinem Handexemplar der Rechtsphilosophie.	헤겔에 의한 『법철학』 저자 사용본에 대한 난외 메모	Grundlinien der Philosophie des Rechts. hrsg. von J. Hoffmeister, 1955. S. 377ff. 374ff., 413ff., 384ff.		
201	1822년 봄 집필	Fragmente zur Philosophie des subjektiven Geistes.	주관적 정신의 철학에 대한 단편	GW. XV. 207-247.		
202	1822년 5월	Vorrede zu Hinrichs' Religionsphilosophie.	힌리히스의 종교철학에 대한 서문	XI. 42-67. Hegel, Hinrichs, and Schleiermacher on feeling and reason in relgion. ed. by E. von der Luft 1987. pp. 487-520	「H. F. W. ヒンリクス『宗教』に寄せる序[1822年]」岩波哲男・日暮雅夫・渉谷繁明 譯(『ヘーゲル研究』22号) p. 1-16; 텍스트 난의 영역 pp. 245-268; 海老澤善一 譯・編『ヘーゲル批評集』(梓出版社)	
203	1822년 여름학기 (4월 25일-8월 13일)	Anthropologie und Psychologie.	강의 「인간학과 심리학」	Hegel-Studien. Bd. X. 18-77?		Hotho에 의한 Nachschrift가 남아 있음.
204	1822년 4월 16일	Über den Unterricht in der Philosophie auf Gymnasien.	의견서 「김나지움에서의 철학교육에 관하여」	XI. 31-41.	上妻精 譯『ヘーゲル教育論集』(國文社 1988) p. 243-261.	
205	1821/22의 겨울부터 1822년 9월 15일까지의 언젠가 집필	Zwei Aufsätze zur Farbenlehre.	색채론에 대한 두 논고	GW. XV. 255-276.		
206	1822/23년 겨울학기 (1822년 10월 30일 - 1823년 3월 20일)	Natur- und Staatsrecht oder Philosophie des Rechts. 4] Philosophie des Rechts, Berlin im Winterhalbjahr 1822/23. Nachschrift Hotho.	강의 「자연법과 국가법, 또는 법철학 (교과서에 의함)」	Hegel, Vorlesungen über Rechtsphilosophie 1818-1831. Edition und Kommentar von K.-H. Ilting, III. 1974.	『ヘーゲル教授殿の講義による法の哲學 I』(尼寺義弘 譯, 晃洋書房)	H. G. Hotho의 수고
207	1822/23년 겨울학기 1824/25년 겨울학기 1826/27년 겨울학기 1828/29년 겨울학기 1830/31년 겨울학기	Vorlesungen über die Philosophie der Geschichte.	『역사철학강의』	XII. 11-540	武市健人 譯『歴史哲學 (上) (中) (下)』(岩波文庫 1971); Lectures on the philosophy of history. tr. by J. Sibree, 1852.; Introduction to the philosophy of history. tr. by L. Rauch, 1988.; Leçons sur la philosophie de l'histoire. tr. par J. Gibelin, 2 vols. 1937; 長谷川宏 譯『歴史哲學講義 (上)』(岩波文庫 1994)	E. Gans가 편집한 『역사철학 강의』가 출판된 것은 1837년, 그 후 Karl Hegel의 편집으로 이루어진 새로운 판이 1840년에 간행되며, Glockner 판과 Suhrkamp 판은 모두 이에 의거하고 있다.

번호	집필·발표 시기	원어 표제	한국어 표제	텍스트	번역 내용	비고
208	1822/23년 겨울학기 (1822년 10월 31일 - 1823년 3월 25일)	Philosophie der Weltgeschichte. Erster Entwurf der Einleitung: Die Behandlungsarten.	강의 「세계사의 철학」	XII, 543-556: Die Vernunft in der Geschichte. hrsg. v. J. Hoffmeister, 1955, S. 1-22.; GW. XVIII, 221-227.	Reason in history, a general introduction to the philosophy of history. tr. by R. S. Hartman, 1953.: Lectures on the philosophy of world history, Introduction-Reason in History. tr. by H. B. Nisbet, 1975.: La raison dans l'histoire, Introduction la philosophie de l'histoire. tr. par K. Papaioannou, 1965.	
209	1822-25년 집필	Ein Hegelsches Fragment zur Philosophie des Geistes (1822-25).	정신철학을 위한 단편	Hegel-Studien. I. hrsg. v. F. Nicolin S. 17-48; GW. XV. 207-249.		
210	1823년 여름학기 (4월 21일-8월 14일)	Vorlesungen über die Philosophie der Kunst	강의 「미학 또는 예술의 철학」	Vorlesungen. Ausgewählte Nachschriften und Manuskripte. (Felix Meiner) Bd. II.		Hotho에 의한 Nachschrift가 남아 있음.
211	1823/24년 겨울학기 (1823년 10월 27일 개강-1824년 3월 30일 폐강)	Die Geschichte der Philosophie. Vorlesungen vom 1823/24.	강의 「철학사」	Einleitung in die Geschichte der Philosophie. hrsg. v. J. Hoffmeister. 1940, S. 77-262; GW. XVIII, 95-106; Vorlesungen. Ausgewählte Nachschriften und Manuskripte. (Felix Meiner) Bd. VI, S. 1-12, 139-203.	『哲學史講義(全二卷)』 (長谷川宏 譯, 河出書房新社)는 미슐레 편집의 제2판에 의거하고 있기 때문에 텍스트를 신뢰할 수 없다.	
212	1824년 여름학기 (4월 26일 - 8월 26일)	Religionsphilosophie.	강의 「종교철학」	Vorlesungen. Ausgewählte Nachschriften und Manuskripte. (Felix Meiner) Bd. III, S. 37-60: Bd. IV, S. 139-410: Bd. V, S. 99-176; Hegel-Studien Bd. XIX, S. 52-64.	195번의 영역과 동일.	Pastenaci, Deiters, Griesheim, Hotho, Kehler 등에 의한 Nachschrift가 남아 있다.
213	1824/25년 겨울학기 (1824년 10월 27일 - 1825년 3월 24일)	Natur- und Staatsrecht oder Philosophie des Rechts. 5] Philosophie des Rechts, nach der Vorlesungsnachschrift K. G. v. Griesheim 1824-25.	강의 「자연법과 국가법, 또는 법의 철학」	G. W. F. Hegel, Vorlesungen über Rechtsphilosophie 1818-1831. Edition und Kommentar in sechs Bänden von Karl-Heinz Ilting, IV. 1974.	『法哲學講義』 (長谷川宏 譯, 作品社)	
214	1824/25년 겨울학기 (1824년 10월 28일 - 1825년 3월 25일)	Die Philosophie der Weltgeschichte.	강의 「세계사의 철학」	Vorlesungen über die Philosophie der Weltgeschichte. II-IV, hrsg.v. G. Lasson, 1923, S. 332-342.: Nachschrift von Hauptmann von Kehler. in: Ebenda.		
215	1825년 부활제에 집필	Fragment zur Philosophie der subjektiven Geistes.	「인간학과 심리학」에 대한 예비고	GW. XV. 247-249		
216	1825년 여름학기 (4월 25일 - 8월 30일)	Logik und Metaphysik	강의 「논리학과 형이상학」			

번호	집필·발표 시기	원어 표제	한국어 표제	텍스트	번역 내용	비고
217	1825년 여름학기 (4월 28일 – 8월 30일)	Anthropologie und Psychologie, d. I. Philosophie des Geistes.	강의 「인간학과 심리학, 즉 정신 철학」	GW. XV. 303 참조.		Griesheim과 Kehler에 의한 Nachschriften이 남아 있음.
218	1825/26년 겨울학기 (1825년 10월 31일 – 1826년 3월 18일)	Geschichte der Philosophie. Vorlesungen vom 1825/26.	강의 「철학사」	Einleitung in die Geschichte der Philosophie. hrsg. v. J. Hoffmeister. 1940. S. 77-262; Vorlesungen. Ausgewählte Nachschriften und Manuskripte. (Felix Meiner) Bd. VI, S. 205-276, 359-400: Bd. IX, S. 1-188: G. W. F. Hegel: Vorlesungen über Plato (1825/26) hrsg. v. Jean-Louis Vieillard-Baron (Ulstein) S. 65-118.	Lectures on the History of Philosophy. The Lectures of 1825-1826, volume III, Medieval and Modern Philosophy. tr. by R. F. Brown & J. M. Stewart with the assistance of H. S. Harris, 1990.	
219	1826년 1월 11일 『베를린 급보』	Über die Bekehrten. (Antikritisches)	『회개한 자』에 관하여	XI. 72-82	海老澤善一 譯·編 『ヘーゲル批評集』 (梓出版社)에 부분역과 요약이 수록	
220	1826년 4월 3일 집필	Über eine Anklage wegen öffentlicher Verunglimpfung der katholischen Religion.	가톨릭을 공공연하게 모욕하는 것에 대한 소추에 관하여	XI. 68-71.	海老澤善一 譯·編 『ヘーゲル批評集』 (梓出版社)	처음 나타나는 것은 Rudolf Haym: Hegel und seine Zeit. (1857)
221	1826년 여름학기 (4월 24일 – 9월 1일)	Ästhetik oder Philosophie der Kunst. 1] Nachschrift von Griesheim aus dem Jahr 1826. 2] Nachschrift von Kehler aus dem Jahr 1826. 3] Nachschrift eines unbekannten Schreibers aus dem Jahr 1826. 4] Nachschrift eines unbekannten Schreibers aus dem Jahr 1826	강의 「미학 또는 예술의 철학」			
222	1826/27년 겨울학기 (1826년 11월 1일 – 1827년 3월 24일)	Die Enzyklopädie der philosophischen Wissenschaften.	강의 「엔치클로페디」	[Hegel-Studien. IX. 26-38 ?]		
223	1826/27년 겨울학기 (1826년 10월 30일 – 1827년 3월 31일)	Die Philosophie der Weltgeschichte	강의 「세계사의 철학」	Zusätze aus der Wintersemester 1826/27. In: Die Vernunft in der Geschichte. S. 258-271.; Nachschrift von Friedrich Stieve. in: Vorlesungen über die Philosophie der Weltgeschichte. hrsg. v. G. Lasson. Hegel-Studien. XXII. 45-49 참조.		

번호	집필·발표 시기	원어 표제	한국어 표제	텍스트	번역 내용	비고
224	1827년 초『과학비판연보』Nr. 7/8, 181/182, 183/184, 185/186, 187/188	Über die unter dem Namen Bhagavad-Gita bekannte Episode des Mahabharata. Von Wilhelm vom Humboldt.	빌헬름 훔볼트 저『바가바드 기타의 이름 아래 알려진 마하바라타의 에피소드에 관하여』의 비평	XI. 131-204.	海老澤善一 譯·編『ヘーゲル批評集』(梓出版社)에 부분역과 요약이 수록	
225	1827년 여름학기 (3월 7일 - 8월 10일)	Logik und Metaphysik. Notizen zu Logik und Metaphysik.	강의「논리학과 형이상학」	GW. XIX. 434-435.		
226	1827년 여름학기 (3월 7일 - 8월 10일)	Religionsphilosophie.	강의「종교철학」	XVII. 518-527; Vorlesungen, Ausgewählte Nachschriften und Manuskripte. III. 61-92, 265-338, IVa, 411-591, V. 177-270.	195번의 영역과 Lectures on the Philosophy of Religion. One volume edition. The Lectures of 1827. ed. by P. C. Hodgson. 1988	Börner, Hube 외에 필기자 불명에 의한 Nachschrift 가 남아 있음.
227	1825/26년 겨울부터 개정 구상을 시작한다. 1827년 5월 25일 서문 탈고; 1827년 7월 초 공간	Enzyklopädie. 2te. Auflage.	『엔치클로페디』(제2판)	VIII. 13-32.; GW. XIX. 5-416.	松村一人 譯『小論理學 (上)』(岩波文庫 1051) p. 24-49	
228	1827/28년 겨울학기 (1827년 10월 29일 - 1828년 3월 14일)	Geschichte der Philosophie. Vorlesungen vom 1827/28.	강의「철학사」	Vorlesungen, Ausgewählte Nachschriften und Manuskripte. (Felix Meiner) Bd. VI, S. 277-312; Einleitung in die Geschichte der Philosophie. hrsg. v. J. Hoffmeister. 1940, S. 77-262.	『哲學史講義(全二卷)』(長谷川宏 譯, 河出書房新社)는 미슐레 편집의 제2판에 의거하고 있기 때문에 텍스트를 신뢰할 수 없다.	
229	1827/28년 겨울학기 (1827년 10월 29일 - 1828년 3월 28일)	Psychologie und Anthropologie oder Philosophie des Geistes.	강의「심리학과 인간학, 또는 정신철학」	Vorlesungen, Ausgewählte Nachschriften und Manuskripte. (Felix Meiner) Bd. XIII, S. 1-260.		
230	1828년 『과학비판연보』Nr. 1/52, 53/54, 105/106, 107/108, 109/110	Solgers nachgelassene Schriften und Briefwechsel.	졸거의 유고 및 왕복서간에 관하여	VIII. 205-274	海老澤善一 譯·編『ヘーゲル批評集』(梓出版社)에 부분역과 요약이 수록	
231	1828년	Notiz zu Hamann.	하만에 관한 메모	VIII. 551-552		
232	1828년 『과학비판연보』Nr. 77/78, 79/80, 107/108, 109/110, 111/112, 113/114	[über] Hamanns Schriften	『하만 저작집』에 관하여	VIII. 275-352	「ハーマン著作集(第一編)」 海老澤善一 譯 (愛知大學文學會『文學論叢』94 輯 1990) p. 120-142; Les Ecrits de Hamann. Aubier-Montaigne 1981; 海老澤善一 譯·編『ヘーゲル批評集』(梓出版社)	
233	1828년 여름학기 (1828년 5월 5일 - 8월 29일)	Logik und Metaphysik	강의「논리학과 형이상학(『엔치클로페디』제2판에 의함)」	GW. XIX. 419-428; Hegel-Studien. VII. 67-74.		

번호	집필·발표 시기	원어 표제	한국어 표제	텍스트	번역 내용	비고
234	1828/29년 겨울학기 (1828년 10월 30일 - 1829년 4월 3일)	Die Philosophie der Weltgeschichte. Erster Entwurf der Einleitung: Die Behandlungsarten der Geschichte.	강의 「세계사의 철학」	G. W. F. Hegel: Die Vernunft in der Geschichte. S. 1-22: GW. XVIII, 121-137.		
235	1829년 5월 4일 집필	Notizen zu Vorlesungen über Logik und Metaphysik.	「논리학과 형이상학」 강의를 위한 메모	GW. XIX. 419-428.		
236	1829년 『과학비판연보』 Nr. 10-11, 13-14, 37-40, 117-120	Über die Hegelsche Lehre oder absolutes Wissen und moderner Pantheismus.—Über Philosophie überhaupt und Hegels Enzyklopädie der philosophischen Wissenschaften insbesondere.	콜만 간 『헤겔의 학설에 관하여』의 비평—슈바르트 및 카르가니코 저 『철학 일반 및 헤겔의 엔치클로페디에 관하여』의 비평	XI. 390-466.	海老澤善一 譯・編『ヘーゲル批評集』(梓出版社)	
237	1829년 여름학기 (1829년 5월 4일 개강 - 8월 21일 폐강)	Vorlesung über die Beweise vom Dasein Gottes.	강의 「신의 존재 증명에 관하여」	GW. XVIII, 217, 228-317, 318-336	木場深定 譯『宗敎哲學 (下)』(岩波書店 1984); Les preuves de l'existence de Dieu. tr. par H. Niel, 1947,	
238	1829년 여름학기 (1829년 5월 20일 - 8월 18일)	Logik und Metaphysik	강의 「논리학과 형이상학」	GW. XIX, 419-435.		
239	1829년 10월 18일	Rede beim Antritt des Rektorats	대학총장 취임연설	Glockner XX. 521-527.		
240	1829년 『과학비판연보』 Nr. 99/100, 101/102, 105/106	Aphorismen über Nichtwissen und absolutes Wissen im Verhältnisse zur christlichen Glaubenserkenntnis.	게셸 저 『무지와 절대지의 아포리즘』에 관하여	XI. 353-389	海老澤善一 譯・編『ヘーゲル批評集』(梓出版社)	
241	1829/30년 겨울학기 (1829년 10월 29일 - 1830년 3월 26일)	Vorlesungen über die Geschichte der Philosophie.	강의 「철학사」	Vorlesungen, Ausgewählte Nachschriften und Manuskripte. (Felix Meiner) Bd. VI, S. 313-350; Einleitung in die Geschichte der Philosophie. hrsg. v. J. Hoffmeister, S. 269-305.	『哲學史講義(全二卷)』(長谷川宏 譯, 河出書房新社)는 미슐레 편집의 제2판에 의거하고 있기 때문에 텍스트를 신뢰할 수 없다.	
242	1829년 12월 9일	Bei der Promotion des Dr. Rose.	로제 박사의 학위수여에 즈음한 연설	Glockner XX. 528-531.		
243	1830년 여름학기 (1830년 5월 6일 - 8월 28일)	Logik und Metaphysik.	강의 「논리학과 형이상학(『엔치클로페디』 제3판, 제1부에 의함)」	GW. XIX. 428-432 [434-435?]. Hegel-Studien. VII. 74-77 [79?] 참조.		
244	1830년 6월 25일	Rede bei der dritten Sekular-Feier der Übergabe der Augsburgischen Konfession	아우크스부르크의 신앙고백 300년제에서의 연설	Glockner XX. 532-544.		

번호	집필·발표 시기	원어 표제	한국어 표제	텍스트	번역 내용	비고
245	1830년 9월 19일 서문 탈고; 1830년 (10월 1일까지는 인쇄 종료)	Enzyklopädie. 3te Auflage.	『엔치클로페디』 (제3판)	VIII. 32-393; IX. 9-539; X. 9-395; GW. XX.	船山信一 譯『精神哲學 (上) (下)』 (岩波文庫 1965); 松村一人 譯『小論理學 (上) (下)』 (岩波文庫 1951, 1952); Précis de l'encyclopédie des sciences philosophieques. tr. par J. Gibelin. 1952; Encyclopédie des sciences philosophieques en abrégé. tr. par M. de Gandillac. 1970.; Encyclopédie des sciences philosophieques. tr. par B. Bourgeois, 1. La science de la logique. 1970; 3. Philosophie de l'esprit. 1988.; The Logic of Hegel. tr. by W. Wallace. 1874.; Hegel's Philosophy of Nature. tr. by A. V. Miller. 1970; Hegel's Philosophy of Nature. tr. by M. J. Petry, 3 vols. 1970.: Hegel's Philosophy of Mind. tr. by W. Wallace (and A. V. Miller) 1894.; Encyclopedia of the Philosophical Sciences in Outline. tr. by E. Behler. 1990.; Hegel's Philosophy of Subjective Spirit. tr. by M. J. Petry, 3 vols 1978; The Berlin Phenomenology. tr. by M. J. Petry. 1981.; 『論理學』 (長谷川宏 譯, 作品社); Encyclopaedia Logic: Part 1 of the "Encyclopaedia of Philosophical Sciences" with the Zusatze. tr. by W. A. Suchting & T. F. Geraets (Hackett 1991); Encyclopaedia of the Philosophical Sciences in Outline: And Other Philosophical Writings. ed. by E. Behler 1990.	
246	1830년 8월 5일부터 연말까지 집필	Notizen Hegels zur Julirevolution	7월혁명에 대한 메모	Hegel-Studien. XI. 86-87		
247	1830/31년 겨울학기 (1830년 11월 8일 - 1831년 3월 26일)	Philosophie der Weltgeschichte. Einleitung.	강의 「세계사의 철학」 서론	G. W. F. Hegel: Die Vernunft in der Geschichte. S. 23-183: GW. XVIII, S. 138-207: GW. XVIII, S. 208-210: GW. XVIII, S. 211-214.	Reason in history, a general introduction to the philosophy of history. tr. by R. S. Hartman, 1953.: Lectures on the philosophy of world history, Introduction-Reason in History. tr. by H. B. Nisbet, 1975.: La raison dans l'histoire, Introduction la philosophie de l'histoire. tr. par K. Papaioannou, 1965.	
248	1831년 『과학비판 연보』 Nr. 55-58.	Über Grundlage, Gliederung und Zeitenfolge der Weltgeschichte. Von J. Görres.	괴레스 저 『세계사의 기초, 구분, 시대순서에 관하여』의 비평	XI. 487-513.	海老澤善一 譯·編『ヘーゲル批評集』 (梓出版社)에 부분역과 요약이 수록	
249	1831년 『과학비판 연보』 Nr. 106-108.	Der Idealrealismus. Erster Teil. Von A. J. Ohlert.	올레르트 저 『관념실재론』에 관하여	XI. 467-486.	海老澤善一 譯·編『ヘーゲル批評集』 (梓出版社)	
250		Zwei Entwürfe zur Reformbill-Schrift	「영국 선거법 개정안에 관하여」를 위한 두 개의 초고	XI. 551-552.		

번호	집필·발표 시기	원어 표제	한국어 표제	텍스트	번역 내용	비고
251	1831년 4월 26일 - 4월 29일 『일반 프러시아 국가 공보』 Nr. 115, 116, 118	Über die englische Reformbill	영국 선거법 개정안에 관하여	XI. 83-128. 2.	上妻精 譯(『ヘーゲル政治論文集下卷』 岩波書店 1967) pp. 179-233.; Hegel's Political Writings. tr. by T. M. Knox (Oxford) 1964.; A Propos du Reform bill anglais. tr. par M. Jacob. in: Ecrits politiques. 1977.	
252	1831년 여름학기	Logik.	강의 「논리학(『엔치클로페디』 제3판에 의함)」	Vorlesungen, Ausgewählte Nachschriften und Manuskripte. (Felix Meiner) Bd. X.; GW. XIX, 432-434.		
253	1831년 여름학기	Religionsphilosophie.	강의 「종교철학」	XI, 501-517, 528-535; Vorlesungen, Ausgewählte Nachschriften und Manuskripte. (Felix Meiner) Bd. III. S. 351-363: BD. IV, 611-642: Bd. V, 279-289.	195번의 영역; 山崎 純 譯「D. F. シュトラウス─ヘーゲル『宗教哲學』講義(1813年)の摘要」(『ヘーゲル研究』25·27号); 『宗敎哲學講義』(山崎 純 譯, 創文社)	Strauss의 요약이 실러 박물관에 보존되어 있다.
254	1831년 11월 4일까지 집필	Notizen zur Vorrede zur zweiten Ausgabe	『논리의 학』(제2판)의 서문을 위한 메모	GW. XXI. 387-390		
255	1831년 11월 7일 서문 탈고: 1832년 공간	Wissenschaft der Logik. 2te Aufl. Die Lehre vom Sein	『논리의 학』(제2판)	GW. XXI.	武市健人 譯『大論理學 (上 1)』(岩波書店 1958); 武市健人 譯『大論理學 (上 2)』(岩波書店 1960); Science of Logic. tr. by A. V. Miller (Allen & Unwin) 1969:	
256	1831년 겨울학기	Hegels Vorlesungsnnotizen	헤겔에 의한 강의를 위한 메모	Hegels Vorlesungen über Rechtsphilosophie 1818-1831. Edition und Kommentar von K.-H. Ilting, Bd. IV, S. 915-916		
257	1831년 겨울학기 (1831년 11월 10일)	Natur- und Staatsrecht oder Philosophie des Rechts. Berlin im Winterhalbjahr 1831/32. Nachschrift D. F. Strauß.	강의 「자연법과 국가법 또는 법의 철학」	Hegels Vorlesungen über Rechtsphilosophie 1818-1831. Edition und Kommentar von K.-H. Ilting, Bd. IV, S. 917-925		
258	1805/06년-1831년 집필; 1831년 겨울학기 (1831년 11월 10일)	Vorlesung über die Geschichte der Philosophie.	강의 「철학사」	Vorlesungen, Ausgewählte Nachschriften und Manuskripte. (Felix Meiner) Bd. VI, S. 351-357	『哲學史講義(全二卷)』(長谷川宏 譯, 河出書房新社)는 미슐레 편집의 제2판에 의거하고 있기 때문에 텍스트를 신뢰할 수 없다.	
259	1818-31년 집필	Notizen und Aphorismen, 1818-1831	메모와 아포리즘	XI. 556-574		
260	1831년 10월 1일 계약 체결; 1832년 공간	Phänomenologie des Geistes. (2te Auflage)	『정신현상학』의 개정	GW. IX. 9-27; III. 11-35		

❈ 내용설명과 약호 일람 ❈

1. '집필 · 발표 시기'는 논저와 단편이 집필된, 또는 발표된 시기이며, 헤겔의 생전에 공표된 텍스트에 관해서는 그 발표 시기 또는 게재 잡지를 명기하고 있다. 강의와 관련하여 적혀 있는 학기는 그 강의가 행해진 시기를 의미한다.

2. '원어 표제'는 헤겔 자신에 의해서 표제가 적혀 있는 경우는 그에 따르지만, 표제가 붙어 있지 않은 논저에 관해서는 전집에 게재되어 있는 표제명을 제시하며, 그 밖의 것에는 앞에 *를 붙여 텍스트 서두의 일부를 내걸었다.

3. '한국어 표제'는 일반적으로 통용될 수 있는 표제명을 적었다. 사전 본문에서의 표기와 다른 경우도 있다.

4. '텍스트' 난에는 아래의 약호를 사용하여 현재 입수할 수 있는 해당 전거를, 로마 숫자(Ⅰ, Ⅱ……)로 권수를, 아리비아 숫자로 쪽수를 명시했다. 다만 Suhrkamp 판의 *Werke in Zwanzig Bänden*을 전거로 하는 경우에는 약호 없이 권수 및 쪽수를 제시한다. 또한 전거로서 추측되고 있는 것에 관해서는 '[……?]'로 괄호에 넣었다. 복수의 전거를 제시하는 쪽이 편리한 것에 관해서는 편리하게 이용하기 쉬운 전거를 내거는 순서로 ';'에 의해서 정보를 구분하여 복수의 전거를 제시했다. 또한 전거를 약호를 사용하지 않고서 제시한 것에 관해서는 아래에 포함되어 있지 않다.

Br …… *Briefe von und an Hegel*. Hrsg. J. Hoffmeister (Felix Meiner)

Dok …… *Dokumente zu Hegels Entwicklung*. Hrsg. J. Hoffmeister (F. frommann)

ED …… G. W. F. Hegel: *Erste Druckschriften*. Hrsg. G. Lasson (Felix Meiner)

Eva Ziesche …… *Unbekannte Manuskripte aus der Jenaer und Nürnberger Zeit in Berliner Hegel*. Nachlass. in: *Zeitschrift für Philosophische Forschung*. 1975. 29 Bd.

F. W. Kantzenbach …… *Hegels Psychologie 1811/12 nach einer unbekannten Nachschrift*. in: *Zeitschrift für Bayerische Kirchengeschichte*. 1977. 46 Bd.

Glockner …… G. W. F. Hegel: *Sämtliche Werke*. Hrsg. H. Glockner

GW …… G. W. F. Hegel: *Gesammelte Werke*. (Felix Meiner)

Ham …… "*Der Geist des Christentums*", *Schriften 1796–1800. Mit bislang unveröffentlichten Texten*. Hrsg. und eingel. Werner Hamacher (1978)

HiS …… *Der Junge Hegel in Stuttgart*. Hrsg. Fr. Nicolin

Hegel-Studien …… Hegel-Studien. (Bouvier)

Jen. Realph. …… *Jenenser Realphilosophie*. Ⅰ. Hrsg. J. Hoffmeister (Felix Meiner)

Jen. Realph. Ⅱ …… *Jenenser Realphilosophie*. Ⅱ. Hrsg. J. Hoffmeister (Felix Meiner)

LMN …… *Jenenser Logik, Metaphysik und Naturphilosophie*. Hrsg. J. Hoffmeister (Felix Meiner)

N …… *Hegels theologische Jugendschriften*. Hrsg. H. Nohl

Nürnberger Schriften …… *Nürnberger Schriften 1808–16*. Hrsg. G. Lasson (Felix Meiner)

Pol …… G. W. F. Hegel: *Schriften zur Politik und Rechtsphilosophie*. Hrsg. G. Lasson (Felix Meiner)

Ros …… K. Rosenkranz: *Hegels Leben*. (Buchges.)

       Schelling (Schröter) ······ F. W. J. Schelling: *Schellings Werke*. Hrsg. V. M. Schröter (Beck)

         * 또한 결정판 전집 제5권(GW. V)은 아직 간행되어 있지 않기 때문에 수록 예정의 논고들에 관해
           그 쪽수는 기재하지 않는다.

5. '번역 내용'은 해당 텍스트의 입수하기 쉬운 일역, 영역, 불역을 제시했다.

6. '비고란'에는 그 밖의 정보를 담았다. 헤겔 논저의 연대 고증으로서 유명한 '슐러 번호', '킴멀레 번호', '해리스에 의한 고증'에 관해서는 기초자료로서 사용한 각각의 논저로부터 다음의 약호로서 저작 번호를 적어 놓았다.

       Har ······ 해리스에 의한 연대 고증 번호

       Kim ······ 킴멀레에 의한 저작 번호

       Sch ······ 슐러에 의한 저작 번호

❇ 헤겔 상세 연보 ❇

이 연보를 작성함에 있어 주로 이하의 저작들을 참조했다. 또한 사항의 기입에 있어 특별히 의거한 문헌에 관해서는 그 부분에 아래와 같이 [ ] 안에 저자의 약호를 적어 명시했다. 또한 이 상세 연보는 당초 작성한 더 큰 규모의 연보를 지면의 사정에 따라 대략 3분의 1로 압축한 것이다.

1) 茅野良男「ヘーゲル詳細年譜」,『現代思想』1978年 12月 臨時 增刊号 所收. (본 연표에서는 참조 부분을 [茅野]로 약기한다).
2) Karl Rosenkranz, *G. W. F. Hegels Leben*. 1977, Darmstadt. ローゼンクランツ『ヘーゲル伝』[中埜肇 譯] みすず書房) ([R]로 약기).
3) Kuno Fischer, *Hegels Leben, Werke und Lehre*, Heidelberg, 1911. (クーノー・フィシャー『ヘーゲルの生涯』[玉井茂・磯江 景孜 譯] 勁草書房) ([F]로 약기).
4) Giesela Schüler, *Zur Chronologie von Hegels Jugendschriften*, Hegel-Studien, Bd. 2, Bonn, 1963. ([S]로 약기)
5) Heinz Kimmerle, *Zur Chronologie von Hegels Jenaer Schriften*, Hegel-Studien, Bd. 4, Bonn, 1967. ([K]로 약기)
6) Herman Nohl (hrsg.), *Hegels theologische Jugendschriften*, Tübingen, 1907. ([N]으로 약기)
7) Johannes Hoffmeister (hrsg.), *Dokumente zu Hegels Entwicklung*, 1936. ([H]로 약기)
8) Johannes Hoffmeister (hrsg.), *Briefe von und an Hegel* (2. Aufl.), Hamburg, 1961.
9) Günther Nicolin (hrsg.), *Hegel in Berichten seiner Zeitgenossen*, Hamburg, 1970.
10) 金子武藏『精神の現象學への道』岩波書店 ([金子]로 약기).
11) 上妻精 譯『ヘーゲル教育論集』國文社.
12) 海老澤善一『ヘーゲルの「ギムナジウム論理學」』梓出版社 ([海老澤]으로 약기).

1770년

3월 20일 　횔덜린, 네카르 강변의 마을 라우펜에서 태어난다.

8월 27일 　게오르크 빌헬름 프리드리히 헤겔, 주세국 서기관 게오르크 루트비히를 아버지, 마리
아 막달레나 루이자를 어머니로 하여 헤겔가의 장남으로서 슈투트가르트의 에베르하
르트가 53번지에서 태어난다.

1771년

12월 31일 　차남이 태어난 지 1년을 채우지 못하고 사망.

1773년

4월 7일 　헤겔의 누이 크리스티아네 루이제가 태어난다.

8월 27일 　헤겔, 세 살이 되어 독일어 학교에 다닌다.

1774년

11월 19일 　3남, 태어나자마자 곧 사망.

1775년

1월 27일 　셸링, 레온베르크에서 태어난다.

8월 27일 　헤겔, 다섯 살이 된다. 어머니 마리아 막달레나에게서 라틴 어 제1 어미변화를 배우고
또 라틴 어 학교에 다닌다.

1776년

5월 25일 　4남 게오르크 루트비히(헤겔의 동생)가 태어난다. (이 해에 악성의 천연두를 앓아
중태에 빠지며, 며칠간 눈이 멀었다가 회복된다.)

1777년

가을 　1686년에 창립된 슈투트가르트 김나지움의 하급 1학년에 입학한다. 레플러가 헤겔의
담임교사가 된다.

9월 30일 　차녀, 태어나자마자 곧 사망.

1778년

(이 해에 은사 레플러는 헤겔에게 깊은 관심과 기대를 가지고 그에게 빌란트 역[R] 또는 에셴부르크
역[F]의 셰익스피어 전집을 선물한다.)

1779년

4월 24일 　3녀, 태어나자마자 곧 사망.

5월 8일 　후에 헤겔과의 사이에 서자를 낳게 되는 크리스티나 샬롯테 요한나, 고등재판소

사환 요한 크리티안 피셔의 장녀로서 태어난다.

(전 해와 이 해의 대부분에 레플러의 수업을 받은 후 숙부 픠리츠의 반에 들어가지만, 레플러 밑에서 그의 학생들과 함께 개인교수를 받으며, 크리티우스, 아이소포스, 신약성서를 읽는다.)

1780년

(이 해에 헤겔보다 12살 연장인 김나지움 최상급생 두텐호퍼를 개인교사로 하여 그에게서 기하학과 천문학을 배운다.)

1783년

9월 20일　어머니 마리아 막달레나, 말라리아 열병으로 쓰러져 사망한다. 동생을 제외하고 아버지, 헤겔, 누이의 세 사람도 같은 병에 걸려 중태에 빠진다.

(이 해에 나스 교수의 제5급반으로 진급하지만, 레플러 밑에서 이번에는 혼자서 개인교수를 받으며 키케로의 『노년에 관하여』, 『스키피오의 꿈』, 『라엘리우스』, 신약성서의 데살로니카서와 로마서, 시편의 헤브라이어, 그리고 비더의 『크리스티아스』를 해석한다.)

1784년

8월 27일　14세가 된다.

11월 21일　성 레온하르트 교회에서 견신례를 받는다.

1785년

4월 22일　슐레차의 『국가공보』로부터의 발췌를 행한다.

5월 5일　페더의 『신 에밀』로부터의 긴 발췌를 행한다.

　　30일　독일어 작문으로 「삼두정치에 관하여. 안토니우스, 옥타비아누스, 레피두스의 3자 회담」을 낭독하고 칭찬 받는다.

6월 8일　친구 하그에게 편지를 써 곤충의 호흡에 관하여 가르치고, 수학자 아브라함 고트헤르프 케스트너의 촌철시를 적는다.

　　10일　"다양한 사항의 정의"라는 표제의 노트에 미신, 미, 철학적 사색, 변화, 논리학, 국가 등의 정의를 다양한 책에서 발췌.

　　26일　이 날부터 일기를 쓰기 시작하여 1787년 1월 7일까지 계속한다.

7월 6일　은사 레플러가 사망한다. 일기에 레플러의 추억을 적어 마음으로부터 애도의 뜻을 표현한다.

8월 27일　15세가 된다.

10월 31일　시편의 예습을 시작한다.

12월　시험공부로 병에 걸려 목에 난 커다란 종양을 수술한다.

1786년

2월 6일　이 날부터 17일에 걸쳐 교수방법에 관한 규칙을 발췌한다.

3월　「해석에 관하여」라는 표제에 따른 짧은 논고를 쓴다.

4월 5일	이 날부터 에픽테토스의 『요록』의 번역을 시작한다.
6일	두쉬의 『취미의 형성 도야에 관한 서간』에서 소크라테스의 수탉에 관한 문장을 발췌.
6월 5일	키케로의 파라독스를 발췌한다.
17일	이 날부터 22일에 걸쳐 분쉬의 『우주론적 대화』로부터 참된 축복에 관한 부분의 긴 발췌를 행한다.
7월 3일	티르타이오스의 전쟁가로부터 미지의 단어를 모으기 시작한다.
10일	호메로스의 『일리아스』의 독해 준비를 시작한다.
8월 27일	16세가 된다.
10월 10일	캄페의 『어린이를 위한 심리학』에서 발췌한다.
15일	이 날부터 다음 날에 걸쳐 침머만의 『고독에 관하여』에서 발췌.
16일	케스트너의 『산술, 기하학, 삼각법의 초보』에서 발췌.
11월 14일	키케로의 『가족에게 보낸 서간』의 독해 준비를 시작한다.
12월 23일	마이너스의 『철학의 수정』 제1부에서 발췌한다.

(이 해 겨울부터 87년 9월까지 개인수업으로 롱기누스의 숭고한 것에 관한 저작의 완전한 번역을 마무리한다.)

1787년

1월 1일	헤르메스의 『메멜에서 작센까지의 소피아의 여행』이라는 통속소설에 매혹된 것을 일기에 쓴다.
3월 9일	이 날부터 다음 날에 걸쳐 줄셔의 『모든 학문과 학식의 다른 부문들의 개념』에서 발췌한다.
14일	이 날부터 18일에 걸쳐 『아름다운 학문들과 자유로운 예술의 새로운 문고』에 수록되어 있는 가르베의 논문 「능력의 검정」에서 발췌.
20일	위의 책의 케스트너의 강의에 관한 논문에서 발췌.
22일	다시 위의 논문에서의 발췌를 행한다.
5월 31일	『베를린 월간지』 1784년 제9호에 실린 모제스 멘델스존의 논문에서 발췌.
6월 1일	에우리피데스의 연구를 시작한다.
8월 10일	낭독 시험에서 「그리스인과 로마인의 종교에 관하여」를 발표하여 내용은 칭찬 받지만, 연설 방식과 음성에서는 결점이 많다고 평가된다.
16일	니콜라이의 『독일과 스위스 여행』에서 발췌한다.
23일	다시 위의 책에서 발췌를 계속한다.
27일	17세가 된다.
9월 28일	『베를린 월간지』 1787년 7월호의 에베르하르트의 마술에 관한 논고에서 발췌한다.

1788년

2월 1일	『일반 문예 신문』 이 해 제1호의 첼너헤의 서평에서 발췌.
3월 18일	위 신문 제41호의 키스텐마커의 언어학 논문에서 발췌.

5월	아리스토텔레스의 논리학을 연구하기 시작한다.
7월 29일	소포클레스의 『콜로노스의 오이디푸스』를 연구하기 시작한다.
31일	『일반 문예 신문』의 제100호의 울리히의 자유와 필연에 관한 책에 대한 서평으로부터의 긴 발췌를 행한다.
8월 7일	낭독 시험에서 「고대 시인과 현대 시인의 몇 가지 특징적인 구별에 관하여」를 다루어 홉프 교수에게서 높은 평가를 받는다.
27일	18세가 된다.
9월 16일	학우 메르클린, 아우텐리트, 파버, 마울브론 수도원에서 진학한 횔덜린 등 30명과 함께 울리히 공이 창설한 튀빙겐 신학교에 입학을 허가 받는다.
25일	김나지움 졸업식에 즈음하여 교사와 학생들이 모두 참석한 공식 회합에서 고별사를 말한다.
29일	『일반 문예 신문』 제153호의 레베르크의 『형이상학과 종교의 관계』에 대한 서평에서 긴 발췌를 행한다.
10월 21일	신학 장학생으로서 선서의 글을 제출한다.
27일	대공의 급비생으로서 튀빙겐 신학교(슈티프트)에 입학, 2년간의 철학부에 적을 둔다. 최초의 겨울학기는 슈누러 교수에게서 사도행전, 시편 제1부 등을 청강한다.
12월	「그리스와 로마 고전작가의 작품을 읽음으로써 우리에게 주어지는 몇 가지 이익에 관하여」라는 제목으로 자유선택 논문을 쓴다.

(헤겔의 김나지움 시대의 연구에서는 위의 것들 외에 타키투스의 『아그리콜라』의 번역, 다양한 방언에서의 독일어의 관용어법 사전, 실러의 공화제의 비극 『피에스코』의 단편적 분석, 연설의 연습 「시작의 효용에 관하여」 등이 있다는 것이 보고되고 있지만[R], 시기가 확정되지 않으며 원고도 남아 있지 않다.)

1789년

여름학기	슈누러에게서 시편 제2부와 가톨릭 서간, 플라트에게서 키케로의 『신들의 본성에 관하여』의 강의를 청강한다[R].
7월 14일	파리의 바스티유 요새가 공격되고 프랑스 혁명이 발발한다.
8월 26일	프랑스 혁명이 한창인 때 인권선언이 행해진다.
27일	19세가 된다.
9월 19일	졸업하는 4세 연상의 니트함머를 둘러싸고 간친회를 연다.
겨울학기	레슬러에게서 철학사를 청강.
11월 5일	부학장 선거에 즈음하여 카를 오이겐 공 튀빙겐 신학교를 방문.
11일	카를 오이겐 공, 튀빙겐 신학교 교장에 대해 2주마다 학내 치안에 관해 보고할 것을 명한다.

1790년

여름학기	플라트의 형이상학 및 자연신학을 청강한다.
8월 말	석사 학위 취득 시험의 과제로서 베크 교수의 논문 「인간의 의무의 한계에 관하여」의

변호를 부여받고, 횔덜린, 아우텐리트, 핑크와 함께 준비한다. 또한 석사 시험의 준비를 위해 「표상의 객관성과 주관성에 관한 보통의 인간 지성의 판단에 관하여」 및 「철학사의 연구에 관하여」를 쓴다.

27일	20세가 된다.
9월 4일	학우 핑크의 기념장에 당시 즐겨 부른 노래를 적어 넣는다.
상순	2년간의 철학과정을 수료하고, 학위 취득을 위한 토론회에 출석한다.
27일	철학부장 푸프라이엘러로부터 철학 석사의 학위를 수여받는다.
10월	15세의 소년 셸링, 아버지와 함께 튀빙겐 신학교를 방문.
11월 22일	3년간의 신학 과정에 진학하여 이 날 입학식이 있다.
겨울학기	이후 대부분 슈토르 교수에게서 각 복음서, 로마서와 그 밖의 서신들, 교의학 등을 청강한다. 이 겨울학기는 횔덜린, 셸링, 그의 사촌형 브라이어와 사촌동생 브라이어와 함께 큰 방에서 생활한다.

1791년

2월 12일	횔덜린의 기념장에 괴테의 말 "기쁨과 애정은 위대한 행위로 날아오르는 날개이다"를 적고, 이 뒤에 "헨 카이 판(하나이자 모두)"이라고 쓴다. 헤겔의 기념장에는 학우 파로트가 지팡이를 들고 걷는 노인 헤겔의 만화를 그린다.
5월 10일	학우 엘스너, 튀빙겐 대학 교수 헤겔마이어의 딸 아우구스테를 사랑하고 있던 헤겔의 기념장에 '경고'를 적는다.
여름	카를 오이겐 공, 신학교에서의 자유로운 교육을 제한하는 새로운 입법을 제정한다. 린네의 저서를 신학교 도서관에서 대출한다[H].
8월 27일	21세가 된다.
9월 7일	학우 잘트리우스, 헤겔의 기념장에 "우정은 식물이다"라는 말을 적어 넣는다.
10월 7일	학우 핑크의 기념장에 "지난해의 표어는 술, 올해는 사랑…… 아우구스테 만세"라고 써넣는다.
11월 14일	카를 오이겐 공, 조사와 감시를 위해 신학교를 방문한다.

(이 달에 뉘른베르크에서 후의 헤겔의 처 마리 헬레나 주잔나, 시 참사회원이자 훗날의 시장 욥스트 빌헬름 카를 폰 투허를 아버지, 주잔나 마리를 어머니로 하여 태어난다.)

1792년

1월 10일	이사야 서 61장 7절과 8절에 관해 설교를 행한다.
여름	카를 학원과 마찬가지로, 튀빙겐 신학교에서도 정치 클럽이 결성되고[茅野], 학생들이 다투어 프랑스 신문을 읽는다.
8월 27일	22세가 된다.

(이 해의 가을부터 다음 해에 걸쳐 놀 편 『헤겔 초기 신학논집』에 수록, 공간된 『민중종교와 기독교』의 단편 1이 쓰어지기 시작하며[S], 권말에 부록으로서 모아져 있는 초고 단편 13편 가운데 "종교가…… 하는 한"(이하에서 원서 쪽을 N 355~7로서 적는다), "그러나 대다수……"(N 357~8), "다른 형상의 형식들……"(N 358~9)도 위와 같은 시기에 쓰어진 것으로 추정된다[S].)

1793년

5월 1일	성 필립포제와 성 야코프제의 금요일인 이 날, 설교를 행한다.
13일	새로운 입법 공포를 기념하여 카를 오이겐 공 부처, 튀빙겐 신학교를 방문한다.
6월 14일	튀빙겐 교외의 목장에서 횔덜린, 셸링 등과 함께 '자유의 나무'를 심는다[茅野].
16일	오순절 축제 후 두 번째 일요일인 이 날, 마태복음 제5장1~16절에 관해 설교를 행한다.

(이 달에 튀빙겐 신학교 신학부의 최종 시험에서 신학교수 루 불레의 논문 「뷔르템베르크 교회의 재난으로부터의 재생에 관하여」를 횔덜린 등과 함께 변호한다.)

8월	카를 오이겐 공의 명령으로 신학교 내부의 프랑스 혁명 옹호파에 대한 조사가 행해진다.
24일	슈투트가르트로 돌아와 베른의 폰 뤼테에 편지를 써, 그가 소개한 폰 슈타이거 가의 가정교사 건에 관해 현 상황을 보고하고 봉급 인상 교섭을 의뢰한다. 고향마을에 몇 주간 체재하며 12년 연상의 선배 슈토이틀린과 친교를 맺는다.
27일	23세가 된다.
9월 11일	폰 뤼테에게 다시 편지를 써 폰 슈타이거 가의 가정교사를 받아들이는 데서 장애가 없어진 것을 보고, 그러나 월말에 종교국 시험이 있기 때문에 다음 달 8일보다 일찍 베른에 도착할 수 없다는 것을 전한다.
20일	종무국 시험을 치른다. 슈토이틀린, 샤를로테 폰 칼프로부터 가정교사 추천을 의뢰받고 있던 실러에게 헤겔 대신 횔덜린을 소개한다.
22일	헤겔, 시험에 합격하여 목사보가 된다.
말	횔덜린, 슈토이틀린의 소개로 실러와 고향마을에서 만난다.

(이 달에 셸링, 처녀작인 「신화, 역사적 전설 및 가장 오랜 세계의 철학설에 관하여」를 써서 동향의 선배이자 예나 대학 교수인 파울루스가 편집하는 철학신학지 『메모라빌리엔(회상)』에 투고한다.)

10월 1일	실러, 횔덜린의 추천장을 샤를로테에게 보낸다.
중순 이후	스위스 베른의 슈타이거 가의 가정교사가 된다.
24일	카를 오이겐 공이 사망한다.
12월 6일	횔덜린, 슈투트가르트에서 종무국 시험을 치른다.
14일	슈토이틀린, 베른의 헤겔에게 편지를 써 그와 함께 담소를 나눈 것이 참으로 즐거웠다고 감사한다.
28일	횔덜린, 발터스하우젠의 폰 칼프 가의 가정교사가 된다.

(이 해에 또는 전 해에 「가장 탁월한 공적의 하나는……」으로 시작되어 화해를 강조하는 설교 원고를 쓴다[S]. 또한 놀 편 『헤겔 초기 신학논집』 부록의 단편 「우리의 아이들은 가르쳐진다……」(N 359-60)가 이 해부터 다음 해에 걸쳐 씌어지며, 이의 최초의 몇 행은 아직 튀빙겐 시대에 씌어졌다고 추정된다[S]. 튀빙겐 시대에는 이밖에 소포클레스의 『안티고네』의 번역, 플라톤으로부터의 번역, 칸트의 『순수이성비판』에 덧붙여진 주석이 있다고 보고되지만[R], 원고는 남아 있지 않으며, 집필시기도 확정될 수 없다.)

1794년

4월 하순	피히테, 『학문론 또는 이른바 철학의 개념에 관하여』 공간.
5월 하순	피히테, 공개강의 「학자의 사명에 관하여」 및 사강의 「전체 학문론의 기초」를 행한다.
7월 10일	횔덜린, 발터스하임에서 헤겔에게 편지를 써 '신의 나라'라는 말로 헤어진 것에 대해 언급하며, 서로가 아무리 변하더라도 이 말에서 상대방을 알아볼 수 있다고 말한다.
여름	피히테, 『전체 학문론의 기초』 제1부 강의용 원고를 인쇄 배포.
8월 27일	24세가 된다.
9월 26일	셸링, 『철학 일반의 형식의 가능성에 관하여』를 써 이것을 피히테에게 헌정한다.
11월	횔덜린, 폰 칼프 가의 가정교사를 그만 두고 예나로 옮기며, 예나 대학에서 피히테의 강의를 듣고 감명을 받는다.
12월 24일	『회상』에 게재된 셸링의 처녀 논문을 읽고서 그에게 편지를 써 마음으로부터 찬성한다고 말하고 카리에의 처형을 전한다.

(이 해에 놀 편의 『민중종교와 기독교』의 2부부터 5까지의 초고군, 4의 초고의 개고가 씌어졌다고 추정되며[S], 호프마이스터에 의해서 전해진 「심리학과 논리학을 위한 자료」도 이 해에 씌어진 것으로 생각된다[S].)

1795년

1월 6일	셸링, 헤겔에게 편지를 써 피히테가 철학을 높은 곳으로 끌어올리며, 그 앞에서는 칸트주의자의 대부분이 머리가 어지러워질 것이라고 말하고, 그의 『전체 학문론의 기초』의 처음 부분을 입수했다는 것, 스피노자를 연구하고 있다는 것을 알린다.
말	셸링에게 편지를 써 답신에 감사하고, 칸트 연구를 재개했다는 것을 알리며, 어느 정도까지 신의 합법적인 이념을 도덕신학에서 자연신학으로 가지고 올 수 있는지를 연구하고 있다고 설명한다.
26일	횔덜린, 헤겔에게 편지를 써 예나로 돌아와 『휘페리온』을 다시 구성하는 데 전념하고 있다고 알린다.
2월 4일	셸링, 헤겔에게 『철학 일반의 형식의 가능성에 관하여』를 보내고, 그가 시도하고 있는 생각을 옳든 그르든 전개하길 권한다. 또한 스피노자주의자가 되었다고 말하고, 스피노자에게서의 세계라는 말은 자기에게서의 자아라고 쓴다.
5일	이 날까지 아마도, 로젠크란츠가 전하는 「복음서의 조화를 위한 도식」(원고는 남아 있지 않다)을 쓰며[S], 이 날부터 4월 16일까지 사이에 단편 「신의 초월적 이념은……」, (N 361~2)을 쓴다.
3월 29일	셸링, 『철학의 원리로서의 자아에 관하여』의 서문을 완성.
부활제	피히테, 『전체 학문론의 기초』에 대한 서문을 쓴다.
4월 16일	셸링에게 편지를 써 베른의 평의회 선거 때문에 답신이 늦어졌다고 말하고, 논문의 증정과 시사를 받은 것에 감사, 그의 "두뇌야말로 전 독일의 사상체계에서의 중요한 혁명에 커다란 공헌을 할 것이다"고 평가하고, "칸트의 체계와 그 최고의 완성에서 나는 독일에서의 하나의 혁명을 기대하고 있다"고 말한다.
5월 9일	이 날부터 7월 24일에 걸쳐 『예수의 생애』를 집필한다.

(이 달에 베른에서 제네바로 짧은 여행을 시도한다[R].)

7월 2일	피히테, 라인홀트에게 편지를 써 셸링을 평가하면서도 그의 저작이 자신의 책의 주해에 불과하다고 말한다.
21일	셸링, 헤겔에게 공개 토론회 논문 「바울 서신의 교정자, 마르키온에 관하여」와 『철학적 원리로서의 자아』를 보낸다.
24일	이 날까지 『예수의 생애』(N 75~136)를 쓴다.
8월 27일	25세가 된다.
30일	셸링에게 편지를 써 논문의 증정과 모호하게 마음에 떠돌고 있던 것을 이것들이 해명해준 데 대해 감사한다.
가을	셸링, 『바울 서신의 교정자, 마르키온에 관하여』를 공간.
11월	셸링, 슈투트가르트 종교국의 시험에 합격한다.
2일	이 날까지 『기독교의 실정성』의 주요부분(N 152~213)이 집필되며, 그 다음 해 4월 29일까지 가필된다.
25일	횔덜린, 헤겔에게 편지를 써 정정불안 때문에 프랑크푸르트의 곤타르트 가의 가정교사 교섭이 결정되지 않아 걱정하고 있으며, 헤겔 건에 관해서도 마찬가지라고 알린다.
12월 상순	셸링, 뉘르팅겐의 횔덜린을 방문한다.
하순	횔덜린, 프랑크푸르트로 이주한다.

(이 해에 단편 「역사의 문서는……」(N 362~6), 부록 5의 단편 「공화국에서는……」(N 366~367)을 집필하고, 겨울부터 다음 해에 걸쳐 『기독교의 실정성』의 보론3(N 233~9)이 쓰여진 것으로 생각된다 [S].)

1796년

1월	셸링, 고향마을에서 헤겔에게 편지를 써 그곳의 폰 리데제르 남작의 두 아이의 가정교사를 하고 있다는 것을 알린다.
11일	횔덜린, 이 날쯤 곤타르트 가의 가정교사가 된다.
3월 2일	셸링, 두 아이를 데리고 라이프치히로 향한다.
4월	셸링, 프랑크푸르트에서 횔덜린을 방문한다.
15일	셸링, 라이프치히에 도착한다. 가정교사를 함과 동시에 라이프치히 대학에서 수학, 물리학, 화학 강의를 청강한다.
29일	『기독교의 실정성』의 가필과 결론을 끝내고, 날짜를 기입.
초여름	헤겔의 필적으로 이루어진 「독일 관념론 최고의 체계 강령」이 이 무렵 쓰여졌다고 생각된다[S].
6월 20일	셸링, 헤겔에게 편지를 써 그를 위해 찾고 있는 예나의 취직자리에 관해 머지않아 짧은 여행을 하여 상세한 정보를 보고하겠다고 알리고, 우유부단과 의기소침은 그에게 어울리지 않는다고 격려한다.
7월 10일	횔덜린, 곤타르트 부인 주제테와 그녀의 아이들과 함께 전화를 피해 베스트팔렌의 온천장 드리부르크로 간다.
25일	이 날부터 8월에 걸쳐 3인의 작센 출신의 가정교사들과 베른의 고지 알프스 지방을

	도보 여행한다. 오전 4시에 베른을 출발, 툰, 인터라켄을 통해 라우터브룬넨에 도착.
26일	벵겔알프를 넘어 샤이데그를 경유하여 그린델발트에 도착.
27일	오전 4시에 그린델발트를 출발, 라이펜바흐 폭포를 보고, 마이링겐에 도착.
28일	오전 5시에 마이링겐을 출발, 하스리 계곡을 오르고, 베른 국경의 구트터넨을 통해 아르 강을 본다.
29일	그림젤에 오르고, 알커, 울슈테렌 계곡, 레알프를 경유하여 안델마트에 도착.
30일	안델마트를 출발하여 울너 동굴, 바센, 슈테크를 거쳐 알트도르프에 도착.
31일	프뤼엘렌에서 배를 타고 필발트슈테크 호를 건너 브룬넨, 겔자우, 베기스를 거쳐, 루체른에 도착.
8월	휠덜린에게 시 「엘레우시스」를 헌정한다.
27일	26세가 된다.
10월	휠덜린, 프랑크푸르트로 돌아온다.
24일	휠덜린, 헤겔에게 편지를 써 고겔 가의 가정교사를 소개, 자신에게서 가까운 곳이기 때문이라고 승낙을 권한다.
11월	휠덜린에게 답장을 써 우정을 마음으로부터 감사, 다른 가정교사 이야기를 끊고 주저함이 없이 그의 초대에 응한다고 답한다.
20일	휠덜린, 헤겔에게 편지를 써 저 번 편지의 조건대로 고겔과 이야기가 된 것을 보고, 형제와 같이 노고와 기쁨을 함께 하자고 말하며 싱클레어도 크게 기뻐하고 있다고 전한다.
연말	슈투트가르트로 귀향한다. 헤겔의 누이 여자 친구 나네테 엔델이 이 겨울에 헤겔 가에 체재한다.

(이 해 초부터 여름에 걸쳐 『기독교의 실정성』의 보론1(N 214~231)이 씌어졌다고 추정되는 한편, 같은 책 보론2도 씌어졌지만 시기는 확정할 수 없다[S]. 또한 대체로 가을부터 「유대교의 정신에 관하여」의 준비초고 III(N 370~1)가 씌어지기 시작했다[S]. 이밖에 베른 시대에는 투키디데스의 번역, 베른의 재정 상태에 관한 상세한 연구, 몇 가지 소견을 덧붙인 칸트 『실천이성비판』에서의 발췌가 있다고 보고되고 있지만[R], 시기는 확정되지 않으며, 원고도 남아 있지 않다.)

1797년

1월 10일	이 날 이후 프랑크푸르트의 상인 고겔 가의 가정교사가 된다.
2월 9일	나네테 엔델에게 편지를 쓴다.
16일	휠덜린, 노이퍼에게 편지를 써 헤겔과 같은 평정한 이성적인 사람이 있어 도움 받기 때문에 고맙다고 말한다.
3월 22일	나네테 엔델에게 편지를 써 한 주에 한 번은 희극을 보며, 최근 『마적』을 들었고, 다음 날은 『돈 후안』이 있다는 등을 알린다.
4월 중순	휠덜린의 『휘페리온』의 제1부, 셸링의 『자연철학의 이념』 제1부가 간행된다.
6월	이 달 이전에 「유대교의 정신에 관하여」 준비초고 IV(N371~3)와 「도덕·사랑·종교」 (N374~7)가 씌어졌다고 추정된다[S].
여름	「사랑과 종교」(N377~8)가 씌어졌다고 추정된다[S].

7월 2일	옵바흐로 옮긴 나네테 엔델에게 편지를 쓴다.
17일	위의 엔델에게 보내는 편지에 추신을 쓴다.
8월 27일	27세가 된다.
겨울학기	니트함머, 예나 대학 철학부에서 신학부 원외교수로 옮기고, 셸링을 예나에 초빙하는 계획을 파울루스와 함께 진전시킨다.
11월경	「사랑」 초고(N378~382)가 씌어졌다고 추정된다[S].
13일	나네테 엔델에게 편지를 쓴다. 베른에서 친했던 화가 존넨샤인, 헤겔에게 편지를 써 자기 집의 모임에서는 그를 위해 실러의 「환희의 송가」를 노래한다고 말한다.

(이 해 초에 「유대교의 정신에 관하여」 준비초고 III이, 이 해 이른 시기에 준비초고 II(N368~70)가 씌어졌다고 추측된다[S]. 피히테, 『철학지』를 니트함머와 공동 편집, 「학문론에의 첫 번째 서론」 등을 게재.)

1798년

부활제	헤겔의 처녀 출판, 『바드 지방과 베른 시의 이전의 국법상의 관계에 관한 친서』가 익명으로 프랑크푸르트의 예거 서점에서 간행되며, 셸링도 『세계영혼에 관하여』를 간행.
5월 25일	나테네 엔델에게 편지를 써 그녀로부터의 선물에 감사한다.
6월	셸링의 예나 대학으로의 초빙이 결정된다.
8월	이 달 무렵 「자치체 공무원은 민중에 의해 선출되어야만 한다는 것」이라는 원고(『뷔르템베르크의 최근의 내정에 관하여. 특히 그 자치체 공무원 제도의 결함에 관하여』)의 출판을 계획한다.
7일	슈투트가르트의 친구, 헤겔에게 편지를 써 이 문서가 당시의 상황하에서는 역할을 하지 못할 뿐 아니라 유해하다고 조언.
10일	이 날부터 칸트의 『인륜의 형이상학』을 연구하기 시작한다.
가을	『기독교의 정신과 그 운명』의 제1장 「아브라함은 칼데아에서 태어나……」의 초고(N245~60), 이 글의 기본 구상 「예수가……한 시대에」(N 385~38)가 씌어졌다고 생각된다[S]. 또한 가을부터 겨울에 걸쳐 「B. 도덕. 산상의 수훈」(N 398~402, 부록 13), 『기독교의 정신과 그 운명』 제1장 최종고(N 245~260), 같은 책 제2~5장(N 261~342)의 초고, 「사랑」(N 378~82)의 제2고가 씌어졌다고 추측된다[S].
9월 25일	이 무렵 휠덜린, 곤타르트 가를 떠나 홈부르크에서 『휘페리온』 제2부와 『엠페도클레스』의 집필에 힘쓴다.
10월	셸링, 예나 대학 철학부의 무급 원외교수가 된다.
11월	작센 정부, 피히테의 서문에 더하여 『철학지』에 게재된 폴베르크의 논문 「종교 개념의 발전」에 무신론의 혐의를 걸며, 이를 계기로 무신론 논쟁이 벌어진다.
12월 10일	삽살개를 주제로 하는 시 「그는 크게 바퀴를 그리며 달린다……」를 짓는다.
12일	「너의 친구들은 슬픔……」으로 시작하는 시를 짓는다.

(또한 이 해에 위의 원고들 외에 여름 또는 가을에 『기독교의 정신과 그 운명』 제1장의 처음 부분(N 243~5)이 씌어졌다고 추측된다[S].

1799년

연초	『독일 헌법론』을 위한 최초의 준비초고(H 282~8)가 씌어졌다고 추정된다[S].
1월 14일	밤 12시 가까이에 헤겔의 아버지 게오르크 루트비히가 사망한다.
15일	누이 크리스티아네, 헤겔에게 아버지의 죽음을 알리는 편지를 쓴다.
17일	아버지 게오르크 루트비히, 호펜라우 묘지에 묻힌다.
2월 19일	이 날부터 제임스 스튜어트의『국민경제학 원리의 연구』의 독일어 역을 연구, 이에 주석을 적어 넣는다.
3월 9일	아버지의 재산상속을 위해 슈투트가르트로 돌아온다. 헤겔 3,154, 누이 4,000, 동생 3,354 굴덴을 상속하기로 결정.
28일	재산상속을 마치고 프랑크푸르트로 돌아온다.
5월 16일	이 날까지 스튜어트의 경제학에 주석을 가한다.
7월	피히테, 무신론 논쟁의 결과 예나 대학에서 해임된다.
8월	칸트, 피히테의 학문론을 비판한다.
27일	29세가 된다.
9월	피히테, 『일반 문예 신문』에서 칸트의 비판에 답한다.
10월 말	횔덜린의 『휘페리온』 제2부가 출판된다.

(이 해, 또는 다음 해에 걸쳐『기독교의 정신과 그 운명』제2장부터 제5장의 최종고가 집필된다. 이 해에 셸링,『자연철학 체계의 첫 번째 시도』및『자연철학 체계의 시도에 대한 서론』을 출판.)

1800년

3월 말	셸링, 『선험론적 관념론의 체계』의 서문을 쓴다.
5월	셸링, 밤베르크에서 「자연철학의 시도」를 사적으로 강의.
8월 21일	「흐름을 거슬러서」로 시작하는 시를 짓는다.
27일	30세가 된다.
9월 14일	이른바 「1800년 체계」를 탈고하여 날짜를 기입한다.
19일	마인츠로의 짧은 여행을 계획하고, 시에서 여권이 교부된다.
23일	기하학 연구의 단편을 쓴다.
24일	『기독교의 실정성』의 논문 처음부분, 「종교의 실정성은……」(N139~151)을 새롭게 고쳐 쓴다.
10월 3일	피히테, 셸링에게 편지를 써 자연철학에 관한 그의 일에 판단을 내릴 만큼 이 방면의 연구를 하고 있지 않다고 말한다.
11월	이즈음부터 12월에 걸쳐 「행성궤도론」을 독일어로 집필[金子].
2일	셸링에게 편지를 써 예나로 가기 전에 제3의 장소에 체재하고 싶기 때문에 좋은 환경을 주선해줄 것을 의뢰, 인간의 부차적인 욕구들에 대한 연구로부터 시작한 자신의 학문적인 형성이 학으로 향할 수밖에 없으며, "청년 시대의 이상은 반성형식으로, 그리고 동시에 하나의 체계로 변화될 수밖에 없었다"고 써 보낸다.
15일	피히테, 셸링에게 편지를 써 초월론적 철학과 자연철학을 대립시키는 그의 생각에

동의할 수 없다고 감상을 말한다.

(이 해 마지막이나 이듬해에 「발렌슈타인에 관하여」가 집필되었다고 생각된다[S]. 그밖에 「봄은 다가온다.……」라는 시의 처음부분도 프랑크푸르트 시대의 것이라고 생각되지만[S, R], 시기는 확정할 수 없다[S].)

1801년

1월		프랑크푸르트에서 직접 예나로 옮긴다.
	24일	피히테, 간행되지 않은 『1801년의 학문론』의 고시문에서 셸링을 "재기가 풍부한 나의 협력자"라고 부른다.
4월		이즈음까지 마키아벨리의 『군주론』의 불어역에서 발췌, 『독일 헌법론』에 대한 주, 준비초고를 위한 단편들을 쓴다[K].
5월		이즈음부터 8월에 걸쳐 『독일 헌법론』의 집필을 계속하며, 그 근간부분이 거의 완성된다[K]. 또한 『피히테와 셸링의 철학체계의 차이』를 집필한다. 셸링, 그가 편집한 『사변적 물리학지』에 『나의 철학체계의 서술』을 게재한다.
7월		『피히테와 셸링의 철학체계의 차이』의 서문을 완성한다.
8월	8일	예나 대학에 교수 자격 취득의 인정신청서를 쓴다[K].
	15일경	『에어랑겐 문예신문』의 편집자, 메멜에게 편지를 써 이 해에 간행된 G. E. 슐체의 『이론철학의 비판』에 관한 평론을 게재해줄 수 있는지를 타진한다.
	20일	헤겔의 위에서 언급한 예나 대학에 대한 신청에 대해 '인정'이 내려진다.
	26일	메멜에게 편지를 써 서평 「부터벡의 사변철학의 초보」의 발송과 크룩, 베르네부르크의 서평 계획을 알린다. 이날 밤까지 「토론에 대한 준비」라는 제목의 라틴 어 글을 쓴다.
	27일	31세가 된다. 교수 자격 취득을 위한 12개의 토론주제, 즉 취직 테제에 관한 토론회가 열린다.
9월	15일	이날과 다음 날 이틀에 걸쳐 『에어랑겐 문예신문』 181~182호에 위에서 언급한 부터벡의 서평이 게재된다.
10월	초	예나의 자이들러 서점에서 『차이』가 간행된다.
	3일	셸링, 피히테에게 편지를 써 앞의 "나의 협력자"라는 피히테의 표현에 간접적으로 항의한다.
	18일	라틴 어의 교수 자격 청구 논문 『행성궤도론』을 제출[K].
	19일	시험강의를 행하고, 교수 자격을 취득하여 사강사가 된다.
	21일	이날 처음으로, 예나에 체재 중인 괴테를 방문하고 부임인사를 한다.
겨울학기		이 학기부터 사강사로서 강의를 개시한다. 강의 제목은 '논리학과 형이상학', 그 외에 무료로 '철학입문'의 강의, 셸링과 공동으로 '철학연습'을 행한다. 셸링의 동생 카를, 드록슬러, 아베켄을 비롯하여 11명이 '논리학과 형이상학'을 청강한다. 이때부터 1806년에 걸쳐 논리학과 형이상학, 자연철학, 정신철학에 관한 강의 초고를 써 모은다.
11월경		『철학비판지』를 위한 논문, 「철학적 비판의 본질에 관하여」(셸링과 공동)와 「상식은 철학을 어떻게 받아들이는가—크룩 씨의 저작에 의거하여」를 이때 집필한다[K].

말	셸링과 공동으로 메모 「잡지의 특수한 목적」을 집필한다[K].
12월	셸링과 공동으로 『철학비판지』의 간행을 계획하고 준비를 진행한다. 『에어랑겐 문예신문』에 간행 예고가 게재된다.
중~하순	피히테, 셸링에게 보낸 편지에서 셸링을 비난한다.
30일	프랑크푸르트 종교성의 푸프나겔에게 편지를 써 동료 파울루스가 스피노자 전집의 간행을 계획하고 있으며, 셸링과 공동으로 내는 잡지의 제1책이 곧 출판되고, 『차이』 논문과 취직 논문을 조만간 보낸다는 것, 그의 집에 살고 있다는 것을 보고한다.

1802년

1월	『철학비판지』 제1책 제1권이 간행되어 위에서 언급한 「서론: 철학적 비판의 본질」, 「상식은 철학을 어떻게 받아들이는가」가 셸링이 쓴 「절대적 동일성의 체계와 그것의 최신의 라인홀트의 이원론에 대한 관계에 관하여」 등과 함께 게재된다.
25일	셸링, 피히테에게 마지막 편지를 쓰며, 교류가 해소된다.
2월 중순	이 무렵까지 슐체의 『이론철학의 비판』을 비판하는 「회의주의의 철학에 대한 관계」를 집필하며, 아마도 셸링과 공동으로 「리케르트와 바이스」, 「메모 2. 바이에른」, 「메모 3. (괴팅겐)」 등도 쓴다[K].
3월	『철학비판지』 제1권 제2책이 간행되며, 위에서 언급한 회의주의 논문 등이 게재된다.
24일	『에어랑겐 문예신문』에 『철학비판지』의 서평이 실린다.
26일	메멜에게 편지를 써 베르네부르크의 저작, 크룩의 『철학의 새로운 기관의 구상』, 게르슈태커의 법 개념의 연역, 피슈하버의 피히테에 관한 저작의 비판을 보냈다고 보고.
4월 9일	『에어랑겐 문예신문』에 베르네부르크 서평이 게재된다.
28일	위의 신문에 게르슈태커 서평이 게재된다.
여름학기	'논리학과 형이상학, 또는 반성의 체계와 이성의 체계(표시된 제목으로 출판될 예정의 제2권에 의함)' 및 '자연법, 시민법, 만민법(구술에 의함)'을 강의한다.
4월~5월	이 무렵 헤르더가 1800년에 출판한 『신. 스피노자의 체계에 관한 몇몇 대화』 제2판의 서평을 쓴다[K].
6월 4일	『에어랑겐 문예신문』에 크룩의 서평이 게재된다.
7월	『철학비판지』 제2권 제1책이 간행되어 「신앙과 지식. 또는 칸트, 야코비, 피히테의 철학이라는 그것들의 형식의 완전성에서의 주관성의 반성철학」이 단독으로 게재된다.
8월 27일	32세가 된다.
가을	헤겔도 협력한 셸링의 「자연철학의 철학 일반에 대한 관계에 관하여」, 아마도 헤겔이 협력했다고 생각되는 셸링의 「철학에서의 구성에 관하여」, 두 사람 공동의 「메모 B. 괴팅겐 I~III」 등의 『철학비판지』 제1권 제3책을 위한 논문들이 이 무렵 인쇄되지만, 발행 시기는 늦다.
9월	『독일 헌법론』의 준비를 위해 제14회 의회로부터의 발췌를 만든다[K]. 11월까지 또는 그 이후에도 『독일 헌법론』을 위한 발췌를 하거나 청서, 단편을 써 남긴다[K].

겨울학기	여름학기와 마찬가지로 '논리학과 형이상학(이번에 시중에 출판될 예정의 제2권에 의함)' 및 '자연법(구술에 의함)'을 강의.
11월 이후	『철학비판지』제2권 제2책이 위에서 언급한 제1권 제3책과 함께 간행되어 전자에는 헤겔의 「자연법의 학적 취급 방식」의 전반부가 게재된다. 또한 이 겨울부터 이듬해에 걸쳐(또는 이듬해 일찍이) 『인륜의 체계』가 집필된다[K].

(이 해부터 1805년에 걸쳐 자연법에 관한 강의 초고를 쓰고, 또 1806년에 걸쳐 잡기장에 자연과학서와 철학서로부터 발췌, 스스로 행한 실험의 메모, 아포리즘 등을 기입한다[K].)

1803년

2월 25일	제국 대표자 회의에서 약정이 성립, 『독일 헌법론』의 집필을 포기.
3월경	파울루스의 스피노자 전집 출판에 즈음하여 『신학·정치론』에 라틴 어로 주해를 쓴다[K].
여름학기	'올 여름[튀빙겐의 코타 서점에서] 출판될 예정의 개요에 기초한 철학 일반 개설' 및 '자연법(구술에 의함)'을 강의 제목으로서 고시한다.
5월 4일	동향인인 푸프나겔, 헤겔에게 편지를 써 그와 셸링의 아카데미에서의 활약이 커다란 즐거움이라고 열렬히 환영한다.
21일	셸링, 아우구스트 빌헬름 폰 슐레겔과의 사이에서 이혼이 성립한 카롤리네와 함께 예나를 떠난다.
5월~6월	『철학비판지』제2권 제3책(최종 발행)이 간행되어 헤겔의 자연법 논문의 후반부, 셸링의 「철학적 관계에서의 단테」 등이 게재된다.
6월 26일	셸링, 카롤리네와 결혼한다.
7월 11일	셸링, 칸슈타트에서 헤겔에게 편지를 써 그곳에서 체재 하는 동안 가장 슬픈 광경이 프랑스에서 심신 쇠약 상태로 돌아온 횔덜린이며, 그곳에서는 그에게 회복의 가망이 없다고 말한다.
8월 3일	괴테에게 최초의 편지를 써 예나의 교수이자 『일반 문예신문』의 창설자인 슈츠가 신설된 뷔르츠부르크 대학으로 초청된 것은 문예신문을 그곳으로 옮기는 일이 맡겨져 있기 때문이며, 파울루스 등 교수진을 동 대학으로 빼내가는 것은 큰 손실이라고 경고한다.
16일	셸링에게 편지를 써 결혼의 축사를 말한 후, 슈바벤으로 돌아온 횔덜린을 걱정한다.
8월 27일	33세가 된다.
10월	셸링, 뷔르츠부르크 대학 정교수로서 취임, 파울루스, 니트함머 외에 6인의 교수가 동 대학으로 옮겨간다.
겨울학기	'자연법' 및 'a. 논리학과 형이상학, 즉 초월론적 관념론, b. 자연철학, c. 정신철학을 포함하는 사변철학의 체계(구술에 의함)'를 강의 제목으로 고시.
11월 1일	괴테, 이 날부터 12일까지 예나에 체재, 젊은 사강사들을 모아 새로운 문예신문의 발간에 대한 관심을 환기시키고자 시도한다.
16일	셸링에게 편지를 써 뷔르츠부르크에서 지위를 얻은 것을 축하, 괴테가 예나에 새로운 문예신문을 계획하고 있다고 보고.

24일	괴테, 다시 예나를 방문하여 12월 24일까지 여기에 체재. 새로운 문예신문의 발간을 위해 준비한다.
26일	헤겔, 괴테를 방문한다. 모두 합해 5일간 괴테와 행동을 함께 한다.
27일	괴테, 헤겔에게 최초의 아주 짧은 편지를 써서 저작을 동봉하고, 이 저작을 훑어본 생각을 듣고 싶다고 부탁.
30일	실러, 괴테에게 편지를 써 그가 헤겔과 친하게 된 것을 기뻐하며, 헤겔과 펠노우를 가까이 하도록 충고한다.
12월 20일	펠노우와 함께 저녁 때 괴테를 방문한다.

(여름부터 가을에 걸쳐 「역학」, 「지상의 체계로의 이행」의 초고를 비롯하여 자연철학의 초고 단편을 쓴다[K]. 가을에도 자연철학 및 정신철학의 단편, 가을부터 겨울에 걸쳐 주로 자연철학의 단편들, 겨울에는 정신철학의 단편 초고를 계속 써나간다[K]. 이 초고들은 새로운 판의 『헤겔 전집』 제6권에 수록되어 있다.)

1804년

1월 1일	『예나 문예신문』, 이날부터 발간된다.
30일	예나 광물학협회, 헤겔을 만장일치로 준회원에 임명.
2월 27일	셸링에게 서점 가블러의 그에 대한 소송에 관해 보고.
3월 3일	셸링, 헤겔에게 답신을 써 대학평의원에 선출되어 시간적인 여유가 없지만, 이것을 제외하면 상황은 좋다고 알린다.
여름학기	'일반 철학체계, 또는 논리학과 형이상학, 정신철학, 자연철학'을 강의 제목으로 고시하지만, 실제로는 강의가 행해지지 않는다[R].
7월 4일	셸링, 헤겔에게 편지를 써 싱클레어와 함께 지내온 횔덜린이 작년보다는 좋지만 현저한 착란상태에 있으며, 홈부르크 영주의 도서관 사서가 되어 거기로 갔다고 알린다.
8월 1일	베스트팔렌 자연과학협회, 헤겔을 정회원으로 임명.
27일	34세가 된다.
9월 29일	동료 사강사 프리스의 교수 임명 움직임을 알고, 바이마르 내각에 「탄원서」를 써 정식 철학교수로의 임명을 희망한다. 또한 괴테에게도 편지를 써서 도움을 부탁한다.
겨울학기	'전체 철학적 학, 즉 사변적 철학(논리학과 형이상학), 자연철학, 정신철학(구술에 의함)'을 강의한다. 바하만을 비롯하여 청강자는 모두 합해서 30명이 된다.
11월 24일	노르웨이 인인 묄러, 헤겔에게 편지를 써 가톨릭으로 되어 평화를 즐기고 있다고 말하고 그에게도 개종을 권한다.
12월 6일	괴테에게 신혼의 바이마르 황태자 카를 프리드리히와 황태자비 마리아 파울로브나가 그곳에 도착한 것을 기념한 종교국 평정관 말레촐의 축하 설교를 보낸다.
10일	니트함머에게 편지를 써 2주간마다 프롬만, 크네벨, 제베크의 집에서 야회를 열고 있다고 보고한다.

(이 해 초 「신적 삼각형에 관하여」의 단편, 여름에는 논리학과 형이상학의 초고 단편, 여름부터 가을에 걸쳐 형이상학의 구분에 관한 초고, 여름부터 겨울에 걸쳐 논리학・형이상학・자연철학의

청서, 단편 등, 킴멀레 번호 67~72의 논고가 집필된다[K]. 이 청서고 단편은 신판 『헤겔 전집』 제7권에 수록되어 있다.)

1805년

2월 15일   헤겔, 동료인 프리스와 함께 원외교수로 승진한다.

3월 4일   니트함머에게 편지를 쓰며, 가까스로 그에게 빌린 돈을 갚는다.

여름학기   '전체 철학적 학, 즉 사변적 철학(논리학과 형이상학), 자연철학, 정신철학(올 여름 출판될 예정의 책에 기초하여)' 및 '자연법(위와 같음)'을 강의 제목으로 고시. 주트마이어, 폰 봄멜, 네덜란드 인 판 게르트, 유능하면서 요절한 첼만 등이 청강생의 중심이 된다.

5월   이 무렵까지 『학의 체계』 제1부 '의식의 경험의 학'을 위한 초고 단편 「절대지……」(킴멀레 73)를 써 『정신현상학』의 집필을 개시한다.

여름   『학의 체계』 제1부를 위한 청서 단편 「C. 학」(킴멀레 번호 75)이 집필된다[K].

7월 6일   예나 대학 원외교수의 지위에 관한 것을 슈투트가르트 종교국에 제출하여 "향리로 돌아온다"는 조건으로 허가 받는다.

8월 24일   포스, 자금부족 때문에 아무것도 할 수 없다고 답신한다.

       27일   35세가 된다.

가을   자연철학의 포괄적인 서술을 위한 초고 단편 「이러한 통일의 규정의……」(킴멀레 번호 76), 자연철학과 정신철학의 강의를 위한 청서, 단편 「I. 기계론. 이념은……」(킴멀레 번호 77), 아리스토텔레스 『영혼론』 제3권 제3장의 번역(킴멀레 번호 78)이 씌어졌다고 추정된다[K]. 가을부터 겨울에 걸쳐 철학사에 관한 강의 초고도 씌어졌다.

겨울학기   '순수수학, 예를 들면 슈탈의 『순수산술의 초보(제2판)』라는 책에 기초하여 산술, 또한 로렌츠의 『순수수학의 초보』라는 책에 기초하여 기하학, '실재철학, 즉 자연철학과 정신철학(구술에 의함)', '철학사'를 강의한다고 고시. '순수수학'을 훗날의 헤겔의 후계자 가블러가 청강한다. '철학사'에서는 자신과 셸링의 입각점의 차이에 관해 언급한다[R]. 또한 프리스, 하이델베르크 대학에 정교수로서 초빙되며, 크라우제도 드레스덴으로 옮긴다.

11월 15일   이전의 청강생이자 화학 교수가 된 카스트너, 헤겔에게 편지를 써 하이델베르크 부임 도중에 셸링을 방문했으며, 그를 비롯하여 교수들이 헤겔의 초빙에 관심을 기울이고 있다고 전한다.

12월 4일   예나에서 하이델베르크로 옮긴 학생 랑게, 헤겔에게 편지를 써 이곳의 교수가 된 프리스의 강의에는 불만을 갖고 있으며, 헤겔에게 깊은 관심을 기울이는 다우프에게는 만족하고 있다고 말한다.

(이 해 겨울, 밤베르크의 서점 괴프하르트와 당초에는 아마도 『학의 체계』, 후에는 『정신현상학』으로 된 저작의 출판계약을 맺는다.)

1806년

2월   헤겔의 저서의 인쇄가 개시된다.

여름학기	전년도 겨울학기와 마찬가지로 '순수수학', '곧 출판될 예정의 나의 저서 『학의 체계』에 기초한 사변철학 즉 논리학', '구술로 자연철학과 정신철학'을 고시, '순수수학'은 강의하지 못한다.
4월 25일	싱클레어, 홈부르크에서 헤겔에게 편지를 써 베를린에서 지위를 얻고 싶다는 그의 희망에 대해 조언한다.
5월	셸링, 뮌헨으로 이주하여 학사원 회원이 된다.
17일	밤베르크의 지방 행정고문관이 된 니트함머에게 편지를 써 잘라트의 서평을 쓴 것에 대해 언급한다.
6월 27일	괴테, 헤겔에게 편지를 써 국고가 궁핍함에도 불구하고 그에게 봉급 지급이 재가되었다고 알린다.
7월 1일	최초이자 최후의 예나 대학의 봉급 100탈러를 받는다.
8월	출판의 조건들에 관해서 서점 괴프하르트 사이에 다툼이 생긴다.
6일	니트함머에게 편지를 써 서점이 인쇄부수를 1,000부에서 750부로 내리고 원고료를 줄이는 등 자신을 무시했기 때문에 생겨나고 있는 분쟁을 중재하여 줄 것을 부탁한다.
20일	괴테, 색채론에 관해 이 날부터 헤겔과 편지를 주고받기 시작한다.
27일	36세가 된다.
9월	21 인쇄 전지의 원고가 완성된다.
5일	니트함머에게 편지를 써 서점 괴프하르트와의 중개에 애를 써준 것에 감사하고 문제 해결이 자신의 경제상의 문제에 대단히 필요하다고 말한다.
17일	니트함머에게 답장을 써 12일자의 편지와 동봉물을 받았음을 알리고, 전쟁이 불가피한 정세로 되고 있지만, 서점과의 교섭이 잘 이루어져 수입이 들어오면 당장은 견딜 수 있다고 말한다.
18일	사변철학에 관한 예나에서의 최종 강의를 마친다. 또한 이 여름에 『정신현상학』의 교정쇄 일부가 청강생 하나하나에게 배부되어 『정신현상학』이 실제로 강의되었다고 한다[R].
29일	니트함머, 서점 괴프하르트와 교섭하여 출판을 함에 있어 자신이 전 책임을 지고 10월 18일까지 원고 전부를 건네지 못하면 인쇄된 부수를 전부 사들이고, 각각에 대하여 12굴덴을 지불하기로 계약한다. 헤겔에 대해 원고 전체의 절반으로 상정된 24 전지분의 원고료가 지불된다.
겨울학기	여름학기와 마찬가지로 '순수수학……' 및 '나의 저술 『학의 체계』에 기초하고 곧 출판될 예정의 정신현상학이 그에 선행하는 논리학과 형이상학, 즉 사변철학을 강의 제목으로서 고시하고, 9월 20일의 『예나 문예신문』에도 마찬가지의 강의 예고가 실리지만, 예나의 재난에 의해 강의는 행해지지 않는다.
10월 1일	프로이센, 나폴레옹에게 최후통첩을 통고한다.
3일	니트함머, 괴프하르트와의 교섭 결과를 알리며, 원고의 최종 마감은 18일이고, 13일에는 원고를 반드시 보내도록 촉구한다.
6일	니트함머에게 편지를 써 그의 덕택에 문제가 해결을 본 데 대해 감사하고, 원고 전체를 이번 주 중으로 발송할 것을 약속한다.

7일	나폴레옹, 프로이센에 선전포고.
8일	니트함머에게 답장을 써 그의 중개를 영웅적이라고 평가하고, 남은 원고의 전반 부분을 동봉, 10일에 남은 후반을 보내기로 약속한다.
10일	남은 원고의 후반부분의 대부분을 니트함머에게 발송한다.
12일	이 날부터 13일에 걸쳐 남은 원고를 완성하지만 보낼 수가 없었다. 니트함머에게 편지를 써 원고가 도착했는지를 염려하고, 세계정신다운 황제 나폴레옹이 말을 탄 채 거리를 지나가는 것을 보았음을 알리며 "이 사람에 대해 경탄하지 않을 수 없다"고 말한다. 곤궁한 상태이며, 정부위원 집에 숙박하고 있음을 덧붙인다. 밤에 큰 불이 일어난다.
14일	『정신현상학』의 최후의 원고를 주머니에 넣고 예나 대학 부학장 가블러 집으로 피난한다. 그의 아들이자 훗날의 헤겔의 후계자, 게오르크 안드레아스가 헤겔을 위해 작은 방을 정돈한다.
18일	괴테, 예나의 우인들에게 회람장을 보내 그들에게 이상이 없는지를 점검한다. 니트함머에게 편지를 써 괴테가 방금 회람장을 보내주었으며, 재해를 면하여 그도 무사하다는 것을 알리고, 프랑스군 주력은 예나를 떠나 20일에는 우편이 재개되기 때문에 최후의 원고를 보내기로 약속, 거듭해서 궁핍을 호소한다.
24일	니트함머에게 거리가 조금 평온한 상태로 돌아왔다고 써 보낸다.
28일	괴테, 크네벨에게 약탈을 받아 곤궁해 있는 헤겔에게 10탈러까지 주도록 지시한다[F].
11월 중순	연말까지 밤베르크로 피난하여 교정과 서론 집필에 전념한다.

(이 해 초부터 여름에 걸쳐 현상학과 논리학을 위한 강의 초고를 쓴다[R].)

1807년

1월 1일	하이델베르크 물리학 협회, 헤겔을 명예회원으로 임명한다.
3일	셸링에게 편지를 써 지난해 부활제부터 저작을 헌정할 수 있길 바라왔지만, 올해 부활제에는 "단지 처음에 불과하지만, 물론 처음치고는 꽤 분량이 많은" 이 책을 보낸다고 말한다.
11일	셸링, 헤겔에게 답장을 써 "그대의 성숙이 열매를 맺기 위해 아직 시간을 필요로 한다면 무엇이 생길 것인가"라고 말하며 그의 저작의 간행에 큰 기대를 기울인다.
16일	니트함머에게 편지를 써 『정신현상학』의 서론을 이날 괴프하르트로 발송했다고 알리고 "곧이어 나올 제2판"에서 "배를 이곳저곳 청소하여 좀더 하중을 적게 하고, 훨씬 경쾌하게 하고 싶다", "이것을 목표로 하여 자신을 위로하고 사람들에게도 너그러움을 구하고 싶다"고 말한다.
후반	괴테에게 편지를 써 식물학 교수의 빈자리에 대해 언급하며 철학과 더불어 식물학 강의를 할 용의가 있다고 말한다.
31일	예나의 서점주 프롬만과 함께 괴테를 방문한다.
2월 2일	니트함머, 뮌헨으로 옮겨 중앙장학관이 되며, 새로운 교육계획 입안에 착수한다.
5일	크리스티나 샬롯테 부르크하르트(이전 성 피셔)와의 사이에서 서자 게오르크 루트비히 프리드리히가 태어남.

7일	서자 루트비히, 세례를 받는다. 명부상의 대부는 그를 받아들여 기른 프롬만, 헤겔의 동생이자 뷔르템베르크 왕국 태자연대 소위인 게오르크 루트비히였다.
16일	니트함머, 헤겔에게 편지를 써 추밀고문관 폰 바셀이 그에게 의뢰해온 밤베르크 신문 편집의 일을 추천.
20일	니트함머에게 신문 편집의 일을 수락한다고 답신한다.
23일	셸링의 지난달 편지에 답신을 써 '점지팡이' 실험의 문제점에 관해 자기의 견해를 말하고, 괴테의 색채론 연구가 사상에 대한 증오에서 경험적인 것으로 시종하고 있다는 감상을 말한다.
3월	밤베르크로 이주하여 『밤베르크 신문』의 편집자가 된다. 2월부터 이 무렵까지 『독일 문예잡지의 원칙들』의 초고를 쓴다.
19일	『밤베르크 신문』에 헤겔이 관여한 것으로 보이는 파리의 어떤 기억술사에 관한 통신보고가 게재된다[F].
여름학기	전년도와 마찬가지 고시문에서 '순수수학……', '나의 저술 『학의 체계, 제1부』[밤베르크 뷔르츠부르크, 괴프하르트 서점]이라는 책에 기초하고 정신현상학이 그에 선행하는 논리학과 형이상학', '구술에 의한 자연철학과 정신철학', '철학사'를 강의한다고 고시하지만, 강의는 행해지지 않는다.
4월 상순	『정신현상』의 인쇄가 완성된다.
7일	니트함머에게 편지를 써 그가 가지고 돌아온 『정신현상』의 조치에 관해, 가죽으로 가철된 견본을 그와 괴테에게, 필사지의 그것을 추밀고문관 포이크트에게 헌정한다고 말하고, 가철하지 않은 한 책을 프롬만에게, 서점에서 프롬만에게 보내줄 두 책을 크네벨과 제베크에게 전해줄 것을 부탁한다.
중순	괴테에게 편지와 함께 『정신현상학』을 증정.
5월 1일	셸링에게 편지를 써 "불행한 혼란"으로 인해 저서 간행이 늦어졌지만 곧 증정할 수 있다고 알리고, "세부적인 점에 들어간 것이 전체의 개관을 방해하고", "마지막 부분의 지독히 흉한 모습에 관해서는 편집을 예나에서의 전투 전날 밤에야 마쳤다는 사정을 헤아려 관대하게 보아주도록"이라고 스스로 감상을 말한다.
30일	니트함머에게 편지를 써 야코비와의 관계는 의견의 차이 문제가 아니라 "육체적 고통"이라고 하고, 밤베르크의 신문사주가 경영의 일체를 맡을 것을 제의했으며, 자신의 전직에 관한 결정적인 이야기가 없으면 제의의 수락을 인정해주었으면 한다고 전한다.
7월 1일	4월부터 이날까지 「추상적으로 생각하는 것은 누구인가」를 쓴다.
8일	니트함머에게 편지를 써 그의 교육개혁을 지지함과 아울러 그가 언급한 리체움이나 김나지움으로의 취직 가능성에 대해 기뻐한다.
8월 27일	37세가 된다.
30일	크네벨에게 뉴스 제공을 요청하는 편지를 써 보낸다.
9월 11일	크네벨, 헤겔에게 답신을 써 예나와 바이마르의 상황을 보고하고, 제베크를 통해 프롬만이 1매씩 여러 사람에게 배포한 『정신현상학』의 서론을 읽었다는 것을 알린다.
겨울학기	'철학의 강의를 여행에서 돌아와 차례로 지시할 예정'이라고 강의 고시.

10월 28일	『예나 일반학예신문』에 자기의 저서 『학의 체계. 제1부. 정신현상학』을 소개하고, 이어지는 제2권은 '사변적 철학으로서의 논리학과 남은 철학의 두 부문, 자연의 학과 정신의 학의 체계를 포함함'이라고 고시한다.
11월	이 달에 니트함머에게 편지를 써 그에게서 제의가 있었던 밤베르크의 신학교 교사의 직을 거절한다고 답신한다.
2일	셸링, 『정신현상학』의 서문만을 읽고 헤겔에게 편지를 써 논쟁적 측면을 자신에게 관계시키려면 자신을 대단히 하찮게 생각하지 않으면 안 되는 것이며, 개념과 직관을 대립시키는 그의 사고방식을 이해할 수 없다고 비평, 이후 양자의 관계는 단절된다.
27일	크네벨, 셸링의 취임연설이 불가능한 것을 말하고자 한다고 하여 예술과 시를 과장되게 말하고 있다는 비평을 헤겔에게 써 보낸다.
12월 23일	니트함머에게 편지를 써 프로테스탄트 대학을 설립할 때에는 자신을 여기 신문에 버려두지 않았으면 한다고 부탁한다.

(누이 크리스티아네, 이 해에 베를힝겐 백작가의 가정교사가 된다.)

1808년

1월 22일	니트함머에게 편지를 써 새로운 바이에른 왕국의 조직 개혁에는 권위 있는 문학상의 모니터가 어떻게든 필요하다고 역설한다.
29일	제베크, 헤겔에게 편지를 써 칼륨과 나트륨이 참된 금속산화물이라는 최근의 발견에 관해 상세하게 보고한다.
3월 28일	니트함머에게 바이에른의 신문에 실린 그의 저서 『현대의 교육수업이론에서의 박애주의와 신인문주의의 다툼』의 광고를 보내고, 프롬만에게 부탁하여 이것을 손에 넣었다고 알린다.
5월 8일	니트함머, 헤겔에게 편지를 써 김나지움의 교장직을 제의, 조심스럽게 의향을 타진한다.
20일	니트함머에게 긴 답신을 써 제의를 승낙한다.
29일	크로이처, 헤겔에게 편지를 써 『하이델베르크 문예연보』에 대해 철학 영역에서 협력하여 줄 것을 부탁한다.
6월 28일	크로이처에게 답장을 써 위에서 언급한 부탁에 쾌히 승낙할 의향을 전한다.
7월 9일	프롬만에게 편지를 써 예나로 돌아갈 것을 기대하고 있었지만, 바이에른의 취직이 거의 결정되었다고 보고한다.
21일	이전의 제국 자유도시 뉘른베르크, 페그니츠 군도가 된다.
8월 상순	교육시설을 시찰하러 온 니트함머 부처와 며칠간 지낸다.
27일	38세가 된다.
9월 15일	니트함머에게 편지를 써 국왕 지령의 사본을 사설에 넣었다고 해서 당국에게서 신문 발행을 정지시키겠다는 위협을 받았다고 말한다. 파울루스, 군장학관으로서 뉘른베르크에 부임한다.
10월 25일	니트함머, 헤겔의 편지를 써 두통 때문에 위원회에 나가지 못해서 헤겔의 천거가 위태롭게 흘러갈 수 있었다고 보고.

26일	니트함머, 헤겔의 뉘른베르크 김나지움 교장 겸 교수 임명 결정을 알리고, 다음 달 중순 무렵까지 부임을 요망.
28일	니트함머에게 답장을 써 그의 노력을 마음으로부터 감사하고, 이전의 동료 파울루스도 있는 그곳이 더할 나위 없는 곳이라고 기뻐한다.
29일	어제 편지에 추가하여 오늘 아침 결정을 통지하는 편지를 받았으며 만족스러운 기분이라고 쓰고, 니트함머가 자신의 창조주이며 일을 충분히 수행함으로써 그의 호의에 보답하겠다고 말한다.
11월 3일	이날, 칙령에 의해 니트함머의 새로운 교육개혁안, 「공공교육기관 설립을 위한 일반적 기준」이 효력을 갖는다.
4일	상기 개혁안에 기초하여 새로운 학제가 시행된다.
23일	페그니츠군 왕국 총무장관 퇴르하임으로부터의 사령장을 수리한다.
하순	예나 대학의 사직원을 제출. 뉘른베르크로 이전한다.
12월 6일	멜란히톤이 창설한 에게디엔 김나지움과 다른 세 개의 학교를 통합한 새로운 김나지움이 발족, 정부 관계자의 임석하에 파울루스가 개교 연설, 헤겔이 선서를 행한다.
12일	수업이 개시되어 이듬해에 걸쳐 상급반에서는 '철학입문'과 '수학', 중급반에서는 '논리학'을 강의한다.
14일	니트함머에게 편지를 써 부임 후의 상황을 보고하고, 경제적 측면에서 보아 이 학교는 상당히 열악한 상태에 있다고 말한다.

1809년

2월 7일	이날부터 10일에 걸쳐 『예나 일반학예신문』에 빈디슈만에 의한 『정신현상학』에 비상하게 호의적인 서평이 게재된다.
12일	니트함머에게 편지를 써 교과서의 출판판매에 부정이익이 얽혀 있었다는 것, 일부 학교설비에 화장실이 없는 등 시설이 대단히 조악하며, 급여 면에서도 당초의 조건이 지켜지지 않는다는 것, 밤베르크에서는 3분의 1은 더 높은 수입을 얻고 있었던 것, 직무 집행을 위해서 사무원이 필요하다는 것을 알리고 개선방안을 제출한다.
5월 7일	니트함머에게 편지를 써 나폴레옹의 오스트리아군 격퇴에 의한 뮌헨 해방을 축하하고, 가톨릭으로 개종하여 반나폴레옹 측에 선 프리드리히 폰 슐레겔을 풍자한다.
6월 11일	뉘른베르크에 대해 국민학교 교사의 질 향상을 이루기 위해 교원 양성 세미나와 연수 시설을 개설해야 한다는 칙령이 내려온다.
26일	니트함머에게 편지를 써 서기로 쓸 수 있는 사무원이 어떻게 해서든 필요하다는 것을 거듭해서 청원한다.
7월 10일	뉘른베르크 김나지움의 전 교장, 레온하르트 셍크의 재직 50년 기념식을 개최하여 연설하고 감사의 말을 한다.
8월 4일	예나 시대의 제자이자 네덜란드 관직에 올라 있는 판 게르크, 헤겔에게 보내는 편지에서 그를 초빙할 뜻이 있다고 말한다.
27일	39세가 된다.
9월 29일	학년 말의 훈화를 말하고, 김나지움의 개혁에 관해 연설한다.

10월 4일	니트함머에게 편지를 써 그의 교육개혁에 대해 가톨릭 측의 반격이 시작된 것에 대해 언급하고, 그가 사태를 방치하게 되면 자신은 네덜란드로 가버릴 것이며, 이는 벗이 힘을 다해주길 바라기 때문이라고 말하고, 2개월이나 봉급 지불이 늦어지고 있다는 것을 탄원한다.
12월 16일	판 게르트에게 답신을 보내 이전의 스승에게 원조의 손길을 내밀고자 하는 친절에 감사하면서도 정중하게 제의를 거절한다.
신학기	상급반에서 '철학', 중급과 하급반에서 '철학입문'을 강의한다. 상급반에서는 객관적 또는 선험론적 논리학을 제외한 논리학이 전반적으로, 중급반에서는 의식의 단계들과 심리학의 이론적 부문이, 하급반에서는 논리학의 일반적 개념과 법론·의무론·종교론의 기초개념이 다루어진다.

1810년

2월 무렵	예나 시대의 제자 바하만, 『하이델베르크 연보』에 헤겔 『정신현상학』의 서평을 게재하고, 셸링 및 헤겔을 플라톤 및 아리스토텔레스와 비교한다.
3월 15일	니트함머에게 편지를 써 이전에는 높이 평가하고 있던 실과학교 교장과 교사가 가톨릭에 접근해가는 것에 분노한다.
4월 3일	지난해 9월의 학생 군사훈련에 관한 칙령에 기초하여 실제적인 제안을 뉘른베르크 총무위원회에 상신하여 승인 받는다.
15일	뮌헨의 안젤름 폰 포이어바흐, 군중에게 주거를 습격당하고, 프로테스탄트 학자들에 대한 박해가 강화된다.
27일	빈디슈만, 헤겔에게 편지를 써 『현상학』은 곧 "인간 해방의 기초적 문건으로 간주되고 레싱이 예언한 것과 같은 새로운 복음의 열쇠로 간주될 것이다"라고 말한다.
5월 11일	니트함머에게 편지를 써 내무성의 지도에 의한 학생들의 교회로의 인솔이 김나지움 교사들을 우울하게 만들고 있다고 말한다.
19일	학생의 군사훈련에 관한 새로운 칙령이 공포된다.
27일	빈디슈만에게 답장을 써 서평의 노고에 감사한다.
6월 22일	판 게르트, 헤겔에게 편지를 써 『하이델베르크 연보』에 게재되어 셸링을 플라톤, 헤겔을 아리스토텔레스에 비교한 바하만의 『정신현상학』 서평에 대해 기뻐하며 야콥 뵈메의 폴리오판 전집을 증정하고 싶다고 말한다.
8월 4일	새로운 칙령에 기초하여 「학생의 군사훈련에 관한 김나지움 교장의 보고」를 왕국 총무위원회에 제출.
7일	니트함머에게 편지를 써 바이에른의 광신적 폭발에 대해 분노한다.
16일	싱클레어, 헤겔에게 편지를 써 바하만의 서평을 읽은 것만으로도 『현상학』이 걸작이라는 것을 추측할 수 있다고 말하고, "셸링과 그 무리들의 허풍"을 비판한다.
18일	왕국 총무장관에 의한 실과학교의 확대와 인문교육의 축소를 의도한 세 개의 질문에 회답하기 위해 교원회의를 소집한다[海老澤].
27일	40세가 된다.
9월 14일	학년 말의 훈화를 행하고, 학습법과 교수법 문제에 관해 언급한다.

19일	왕국 총무장관에게 「다른 교육기관에 대한 실과학교의 위치 부여에 관한 보고서」를 제출하고, 위에서 언급한 질문에 대해 회답한다.
23일	군제의 재편으로 페그니츠 군은 소멸하고 군도가 안스바흐로 옮겨진다. 파울루스, 이에 따라 하이델베르크 대학 교수가 된다.
27일	니트함머에게 편지를 써 고전학자 야콥스가 가톨릭교도로부터의 박해를 피해 고타로 떠난 것을 알린다.
가을	피히테, 베를린 대학의 개설과 함께 초빙된다.
10월 11일	「1809, 1810년의 시설 상태에 관한 김나지움 교장의 보고」를 제출하고, 예배의 의무 부여에 반대한다.
15일	답장을 재촉 받고 판 게르트에게 편지를 써 야콥 뵈메의 폴리오판 전집 증정을 기쁘게 받는다고 회답한다.
11월 중순	싱클레어에게 『정신현상학』을 증정하고 그의 우정에 감사하면서도 그가 제의한 홈부르크에 대한 취직 주선을 정중하게 거절한다.
신학기	이듬해에 걸쳐 상급반에서 철학입문으로서 「Ⅱ. 상급용 엔치클로페디」의 자연의 학과 정신의 학을, 중급반에서는 마찬가지로 철학입문으로서 일반논리학을, 하급반에서는 법론·도덕론·종교론을 강의한다.

1811년

1월 8일	파울루스 부인 카롤리네, 안스바흐에서 헤겔에게 편지를 써 근황과 하이델베르크 대학의 상황을 알린다.
2월 25일	판 게르트, 약속한 뵈메의 폴리오판 전집을 헤겔에게 증정한다.
3월 6일	루트비히에게 50플로린을 송금한다.
4월 8일	마리 폰 투허의 아버지에게 그녀와의 결혼 희망을 알린다.
13일	마음의 고조를 시로 표현하여 마리에게 바친다.
16일	싱클레어, 헤겔에게 그의 3권으로 된 저작 『진리와 확실성』을 증정하고 『정신현상학』을 헌정 받은 것에 감사한다.
17일	마리에게 확정적인 대답을 얻은 후 그녀에게 다시 시를 헌정.
18일	니트함머에게 편지를 써 어떤 소녀에게 약혼을 제안하여 확증을 얻었다고 알리고, 이를 위해서도 대학에 직을 얻고 싶다고 말한다.
20일	과부부조연금에서 19플로린을 빌린다.
24일	위에서 언급한 연금에서 다시 60플로린을 빌린다.
25일	동료 교수 레베르거에게서 4%의 이자로 250플로린을 빌려 이것으로 위의 빌린 돈을 갚는다.
5월 6일	바이에른 국왕 막시밀리안 1세, 니트함머의 진퇴가 걸린 건의서를 받아들여 그의 적대자를 경질하는 문서에 서명한다.
7일	니트함머, 헤겔에게 5일부터 편지를 써 이날의 추신에서 가톨릭 측의 반격을 막은 것을 보고한다.
18일	예나의 프롬만 부인에게 약혼을 보고, 서자 루트비히의 어머니 부르크하르트에게는

비밀로 하고 대학법률고문 아스베루스에게는 전해줄 것을 부탁한다.

30일 니트함머에게 편지를 써 사정들이 허락하지 않기 때문에 현직 그대로 가을에는 결혼식을 올릴 계획이며, 그와 처와 함께 출석하고 싶다고 말하고, 자금난에 직면해 있는 것을 한탄한다.

6월 13일 제베크, 바이로이트에서 헤겔에게 편지를 써 그의 색채에 관한 실험 결과를 상세하게 보고.

7월 13일 파울루스 부인 카롤리네에게 편지를 써 에어랑겐이나 하이델베르크로의 취직에 대한 노력을 약혼자 마리와 함께 간청한다.

14일 니트함머에게 편지를 써 전에 물은 학보의 작성과 필경의 수수료, 필기구, 도서의 부수입에 관해 대답을 독촉한다.

여름 약혼자에게 두 통의 편지를 쓴다.

8월 14일 마리의 부친에게서 결혼 허가를 얻는다.

16일 니트함머에게 편지를 써 5개월분의 봉급과 부수입의 지불이 늦어지고 있어 결혼식을 치르기에 필요한 자금이 부족하고 두 사람은 고사하고 한 사람의 생활 유지마저도 곤란하다고 알린다.

27일 41세가 된다. 니트함머에게 편지를 써 결혼식을 9월 16일에 올린다고 보고, 그로부터의 자금대부의 제의에 감사한다.

9월 2일 「학년 말의 권고사」를 행한다.

9일 「1810, 1811년의 시설 상태에 관한 왕국 김나지움 교장의 학년보고」를 뉘른베르크시 왕국위원회에 제출.

16일 결혼식을 올린다. 식에 참석할 수 없었던 가블러, 헤겔에게 결혼을 축복하는 시를 바친다.

10월 10일 니트함머에게 편지를 써 "나의 지상의 목표는 달성되었다. 직업과 사랑하는 처를 얻음으로써 인간은 이 세상에서 모든 일을 마치기 때문에"라고 말하고, 프리스의 『논리학의 체계』를 혹평, 다음해의 부활절에는 자신의 논리학을 내고 싶다고 알린다.

신학기 상급반에서 '철학적 엔치클로페디'(논리학을 복습한 후 특수한 학들의 기초개념이 구술되었다), 상급과 중급반에서 '종교론'(신의 존재증명과 이에 대한 칸트의 비판이 비평되었다), 중급반에서 '철학입문'(우선 의식론이, 다음으로 정신의 활동들에 관한 본래의 심리학이 강의되었다), 하급반에서 '법론·의무론·종교론'을 가르쳤다.

1812년

2월 5일 니트함머에게 편지를 써 『논리학』의 인쇄가 9 전지 끝났으며, 부활제 전에 또 20 전지를 인쇄하게 될 것이지만, 이것으로 겨우 제1책에 불과하다는 것, 이것에서는 보통의 논리학이 다루고 있는 것은 쓰여져 있지 않으며, 형이상학적 논리학 또는 존재론적 논리학이라고 말해야만 할 것이라는 점을 보고한다.

3월 22일 『논리학』 제1권 제1책에 대한 서문을 완성하고 날짜를 기입한다.

24일 니트함머에게 편지를 써 『논리학』 제1권 제1책이 부활제에 간행된다고 알린다.

4월 12일 판 게르트, 헤겔에게 편지를 써 네덜란드에서의 『현상학』에 대한 비판적 서평에

	대한 그의 반비판이 오히려 『현상학』을 널리 알려지게 하여 발행되어 있지 않은 '학의 체계' 제2부가 어떤 서점에서는 세 번이나 주문되었다고 보고한다.
하순	동료 수학자 푸파프, 헤겔에게 세 통의 편지를 써『논리학』의 서술을 수학적 증명의 형식으로 고쳐 유쾌하게 논평한다.
6월 27일	장녀 주잔나 마리아 루이 빌헬미네가 태어남.
7월 19일	니트함머에게 처의 출산을 알리고 야코비의 자신에 대한 좋은 감정이 그의 중개 덕분인 것을 감사한다.
8월 8일	장녀 밤중에 사망한다.
13일	장녀를 잃은 슬픔과 괴로움을 니트함머에게 전한다.
27일	42세가 된다. 헤겔의 동생 루트비히 독신인 채로 죽는다.
10월 12일	싱클레어, 헤겔에게 편지를 써『논리학』의 헌정과 뉘른베르크에 대한 초대에 인사를 전한다.
13일	「과거 1년간의 김나지움 시설의 상태에 관한 왕국 김나지움 교장의 보고」를 뉘른베르크시 왕국위원회에 제출한다.
23일	니트함머에게 편지를 써 셸링이 방문해 주었지만 철학 이야기는 하지 않았음을 알리고, 사적 보고서「김나지움에서의 철학 수업에 관하여」를 보낸다.
26일	판 게르트, 『논리학』제1권 제1책에 관해 "당신의 논리학은 당신의 깊이와 철저성의 새로운 증명입니다"라고 써 보낸다.
30일	새로운 학년의 시업 보고에서 "교사들의 선의와 인내심이 만약 없었다면 직무는 수행될 수 없었을 것"이라고 감사를 말한다.
11월 30일	파울루스와 카롤리네, 헤겔 부부에게 위로의 편지를 쓴다.
신학기	상급반에서 '철학적 엔치클로페디'와 '종교론'을 강의하고, 전자에서는 자연철학을 중점적으로 다룬다. 중급반에서는 '철학입문'을 논리학, 특히 개념론을 중심으로 논하고, 하급반에서는 '법론·의무론·종교론'을 강의하여 법과 도덕의 기초개념을 구술로 논한다.
12월 18일	판 게르트에게 편지를 써『논리학』제1권 제2책 '본질론'의 인쇄 완료를 알리고, 제2권은 다음해 부활제에는 출판된다고 말하며, 자신이 네덜란드에서 주목 받고 있는 것은 그의 덕분이라고 감사한다.
20일	니트함머에게 편지를 써『논리학』제1권 제2책의 인쇄가 완료되어 곧 견본쇄를 보낼 거라고 보고한다.
29일	싱클레어, 헤겔에게 편지를 써 그의 비평을 구한다.

1813년

연초	『논리학』제1권 제2책 '본질론'이 간행된다. 싱클레어에게 답장을 써 그로부터 비평이 있었던 방법과 시원의 문제에 관해 논하고, 자신의 유일한 최후의 목표는 대학에 자리를 얻는 것이라고 말한다.
1월 31일	내각의 훈령으로 김나지움 교장의 식사 인쇄가 폐지되고, 교사에게는 능력·지식·강의·열의·품행의 평가가 의무적으로 부과된다.

4월 7일 　동료 레베르거 교수로부터 빌린 돈 250플로린을 이날까지 전액 갚는다.

5월 21일 　니트함머에게 편지를 써 『논리학』 제1권 제2책을 헌정해줄 것을 서점에 부탁했다는
　　　　　 것과, 2년 넘게 지급받지 못한 급료를 겨우 받았다는 것을 전하고, 장인이 작년 말부터
　　　　　 쇠약해진다고 걱정한다.

　　 23일 　파울루스와 부인 카롤리네, 헤겔에게 편지를 써 하이델베르크 대학교수 티보의 문헌
　　　　　 찾기를 중개하고, 뉘른베르크의 공립도서관에서 조회하여 줄 것을 부탁한다.

6월 7일 　장남 카를 프리드리히 빌헬름이 태어난다.

　　 24일 　판 게르트, 헤겔에게 편지를 써 『논리학』 제1권의 증정에 감사하고, 그의 사상이
　　　　　 네덜란드에서는 커다란 모순으로서 비난받고 있다는 등의 상황을 알린다.

7월 4일 　니트함머에게 편지를 써 그로부터 이야기가 있었던 듯한 에어랑겐 대학으로의 초빙
　　　　　 전망에 관해 교수의 연봉 1,200 플로린이라는 조건으로는 예를 들어 초빙되어도
　　　　　 받아들일 수 없다고 호소한다.

8월 27일 　43세가 된다.

9월 2일 　김나지움과 실과학교 종업식에서 학년 말의 훈화를 행한다.

10월 16일 　시위원회에 직속된 학교학술 보고관에 위촉된다.

11월 6일 　「이곳의 김나지움 시설에 관한 학년종업보고」를 제출한다.

　　 25일 　위에서 말한 새로운 겸무직에 취임하여 일을 시작한다.

12월 15일 　위에서 말한 학교학술 보고관의 발령장을 받는다.

신학기 　상급반에서는 '철학적 엔치클로페디'(전체가 개관되며 특수한 학의 기초개념이 알기
　　　　　 쉽게 가르쳐진다)와 '종교론', 중급반에서는 '철학입문'(정신현상학에서 의식의 기초
　　　　　 적 단계가 분명하게 되고, 정신론에서 심리학이 다루어졌다)과 '종교론'이, 하급반에서
　　　　　 는 '법론 · 의무론 · 종교론'이 강의된다.

(이 해에 마리의 아버지, 욥스트 빌헬름 카를 폰 투허가 사망한다.)

1814년

1월 17일 　내무성에서 국민학교의 교원양성소의 개설 허가가 떨어진다.

　　 27일 　피히테, 베를린 대학 재직인 채로 서거한다. 1813~14년 김나지움 및 실과학교 시업
　　　　　 보고 「이곳의 면학시설의 학년 시작에 관한 교장 보고」를 내무성에 제출한다.

2월 12일 　교원연수회에 출석하여 학생들에게 시의 청취를 부과할 것을 조언[海老澤].

　　 25일 　군 총무장관에게 교원양성소 시설 개축을 제안하고 거절된다.

3월 17일 　내무성의 학술국에 교원양성소의 출자 독촉을 상신한다.

봄 　헤겔의 누이 크리스티아네 발병하여 요양한다.

4월 7일 　내무성에서 필요한 자금 지출을 허가하는 취지의 통지가 나온다.

　　 9일 　누이 크리스티아네에게 편지를 써 만약 여행이 기분 전환과 원기 회복에 좋다면
　　　　　 자기가 있는 곳으로 와서 다시 일로 돌아가기까지 요양하도록 권고하고 여행의 방법에
　　　　　 관해 세세하게 조언한다.

　　 13일 　「로렌츠 교회 부속의 여학교 존속에 관하여」의 보고를 제출하고, 이 학교의 규모를
　　　　　 축소시킨 존속을 승인한다.

29일	니트함머에게 편지를 써 나폴레옹의 몰락과 이에 수반되는 혼란에 대해 언급하고 "천재가 스스로를 파괴해가는 모습을 보는 것은 놀랄만한 광경입니다.—이것이야말로 최대의 비극입니다"라고 말한다.
6월 27일	내무성령의 개설 허가에 기초하여 헤겔이 개교에 있어 보고관으로서 커다란 역할을 수행한 교원양성소의 개교식이 행해진다.
7월 30일	파울루스에게 편지를 써 대학에 자리를 얻고 싶다는 희망을 표명하고, 다시 그와 함께 일하는 것이 자신의 희망이라고 말하고, 피히테 사후의 베를린 대학에 대해서도 언급하며 파울루스의 협력을 부탁한다.
8월 16일	파울루스, 헤겔에게 답장을 써 내무대신 슈크만에게 직접 편지를 써서 희망을 말하는 것이 좋을 것이며, 대신 훔볼트도 뭔가 해줄지도 모른다고 조언한다.
27일	44세가 된다.
9월 2일	프롬만에게 편지를 써 김나지움에 대한 혜택으로 학생들의 희랍어 사전의 선불에 의한 구입 계획을 상담한다.
8일	누이 크리스티아네에게 답장을 써 폰 베를리힝겐가를 떠나겠다는 의견이 승낙된 건에 관해 충고, 처의 출산 사이에 가사를 맡아주는 것을 처도 마음으로부터 기뻐하고 있다고 알린다.
25일	오후 6시 차남이 태어난다.
27일	임마누엘 니트함머에게 편지를 써 차남이 태어난 것을 알리고, 토마스 제베크, 누이 크리스티아네와 함께 대부가 되어줄 것을 부탁한다.
10월 4일	판 게르트, 헤겔에게 편지를 써 바하만이 예나에서 교수가 된 것을 기뻐하면서도 헤겔 자신이 새로운 형성 도야를 보급할 수 있는 쪽이 자신에게는 더 즐거운 일이라고 말한다.
9일	파울루스에게 답장을 써 조언과 충고에 감사한다. 빈 회의에 관해 정보와 의견을 써 보낸다.
16일	차남 세례를 받고 대부, 대모 3인으로부터 이름을 취해 토마스 임마누엘 크리스티안이라고 명명한다.
20일	「이곳 김나지움의 시설 및 실과학교 시설에 관한 취업 보고」를 왕국 내무성 학무국에 제출한다.
26일	니트함머에게 편지를 써 세례의 모습과 차남의 이름을 보고.
신학기	상급반에서 '철학적 엔치클로페디'(미학을 중심으로 하는 정신의 학)와 '종교론', 중급반에서 '철학입문'(논리학의 3부문)과 '종교론', 하급반에서 '법론·의무론·종교론'을 강의한다.

1815년

2월 21일	니트함머에게 편지를 써 보고관이 된 이래 행정관리자가 자신에 대한 비난, 밀고, 중상을 당국에 제기하는 기회를 볼 수밖에 없었다고 말하고 도움과 선처를 부탁한다.
3월 15일	니트함머에게 편지를 써 친척이 뮌헨에서 도움이 된 것을 감사하고, 나폴레옹의 엘바 섬 탈출에 의해서 바이에른의 마비상태에 확실한 자극이 주어지리라고 말한다.

4월 29일　싱클레어, 빈 회의 도중에 사망한다.

6월　예나 대학에서 학생연맹 부르셴샤프트가 결성된다.

29일　「김나지움 및 실과학교에서의 징벌 규칙에 관한 제언」을 왕국 내무성 학무국에 제출한다.

7월 17일　니트함머에게 편지를 써 가을에 그를 방문하기 위한 허가를 얻었다고 보고, 이번 달 제출되는 대학의 개혁 계획이 통과되면 자신을 아무쪼록 잘 배려해줄 것을 부탁한다.

18일　누이 크리스티아네를 맞이하러 안스바흐로 여행한다.

8월 1일　교원양성소의 첫 해 수업시험에 임석, 세 과목을 담당한다[海老澤].

16일　파울루스에게 편지를 써 『하이델베르크 연보』에 자신의 『논리학』에 대한 프리스의 서평이 게재된 것에 대해 언급하고, 자신과 자신의 죄 없는 논리학이 모욕당한 것에 분노한다.

27일　45세가 된다. 프렌스부르크의 관리 타덴, "당신의 논리학은 인간 정신의 완성된 걸작입니다"라고 찬사를 써 보낸다.

30일　김나지움의 종업식에서 식사를 행한다.

9월 상중순　2주간에 걸쳐 뮌헨에 체재하며 니트함머와 옛정을 되살리고 야코비와 셸링을 방문한다.

20일　니트함머에게 사례편지를 써 그와 그의 가족과 함께 지낸 것이 이루 말할 수 없는 기쁨이었다고 말한다.

10월 8일　훈령에 따라 에어랑겐 대학의 존속과 뉘른베르크 실과학교의 폐지가 결정. 여기서도 니트함머에 의한 에어랑겐 대학 발전개혁의 계획이 파탄되고, 헤겔의 바람도 최종적으로 좌절된다.

11월　누이 크리스티아네, 헤겔 집을 떠나며, 알렌에 무사히 도착했음을 알린다.

11일　1814~1815년 김나지움과 실과학교의 종업보고, 「이곳의 면학시설에 관한 종업보고」를 왕국 내무성에 제출한다.

19일　니트함머, 그의 반대에도 불구하고 프로테스탄트의 학교시설을 빼버리기로 하는 커리큘럼 안이 교육위원회를 통과한 데 대해 분개, 헤겔에게 편지를 쓴다.

12월　1815~1816년 김나지움 학년 시작의 훈화를 행한다.

신학기　상급반에서 '철학적 엔치클로페디'와 '종교론'(아타나시우스파의 신앙고백에 따라서 기독교의 신앙론을 다룬다), 중급반에서 '철학입문'과 '종교론', 하급반에서 '법론'을 강의한다.

12일　파울루스 부인 카롤리네, 괴테가 이번 가을 2주간 하이델베르크에 체재하여 거의 매일 저녁 그와 함께 지냈다고 헤겔에게 써 보낸다.

28일　니트함머에게 편지를 써 전 달부터 이곳에 와 있는 그의 아들 율리우스와 크리스마스를 지냈으며, 처가 유산하여 병에 걸리기 직전에 야코비로부터 그의 전집 제2권을 헌정 받았다는 것을 알린다.

1816년

3월 1일		판 게르트, 만약 헤겔이 네덜란드를 여행하게 된다면 가능한 한 환대할 것이라고 써 보낸다.

3월 1일 　판 게르트, 만약 헤겔이 네덜란드를 여행하게 된다면 가능한 한 환대할 것이라고 써 보낸다.

4월 26일 　니트함머, 지난해에 통과된 계획안의 철회를 압박하지만, 이날의 교육위원회 투표에서 소수가 되어 다시 가톨릭 측에게 패배한다.

28일 　니트함머, 위에서 언급한 결정이 프로테스탄트에 대해 적용되지 않도록 국왕에게 다시 건의를 시도한다.

5월 2일 　프리스의 예나 초빙을 바이마르로부터 듣고 파울루스에게 편지를 써 하이델베르크에서의 사태 진전을 묻는다.

21일 　니트함머, 간결하게 현재의 사태와 심경을 헤겔에게 전한다.

26일 　파울루스, 헤겔에게 답장을 써 셰르퍼가 후임인사에 관해 대신과 이야기를 나눴으며, 헤겔과 제베크의 이름을 올렸다고 전하고, 봉급은 1,200~1,300 굴덴 정도일 거라고 말한다.

6월 4일 　니트함머의 건의에 대한 칙령이 내려오지만, 이번에는 그의 의견이 거부되었을 뿐 아니라 국왕의 "최고의 불쾌함"을 산다.

8일 　니트함머에게 편지를 써 문헌학 교수(아마도 에어랑겐)의 보충 인사에 응모한 것을 알린다.

13일 　파울루스에게 두 통의 편지를 써 사신에서는 현재의 봉급 1,560 굴덴과의 격차에 관한 판단을 구하고, 공적 서신에서는 학문적인 경력으로 돌아가고 싶다는 강한 의향을 표명한다.

16일 　니트함머, 헤겔에게 편지와 함께 칙령의 사본을 보내고, 국왕의 결단에 대한 분개를 써 보낸다.

7월 5일 　니트함머에게 답장을 써 그를 위로한다.

12일 　니트함머에게 편지를 써 금후의 학교제도의 개악을 염려하며 "우리의 대학과 학교, 이것이 우리의 교회입니다"라고 말하고, 『논리학』의 최종 전지가 이날 인쇄에 부쳐진 것을 보고한다.

20일 　파울루스에게 편지를 써 봉급액과 사택, 그에 더하여 하이델베르크 전출에 따르는 여비의 지출에 관해 마지막 상담을 한다.

21일 　『논리학』 제2권 '개념론'의 서문을 완성하고 날짜를 기입한다.

하순 　역사학자이자 프로이센의 국가관리인 폰 라우머, 이탈리아 조사 여행에서 돌아오는 길에 뉘른베르크의 헤겔을 찾는다.

30일 　하이델베르크 대학 부학장 다우프, 헤겔에게 편지를 써 프리스의 후임으로 그를 초빙하고 싶다는 뜻을 분명히 하고, 1,300 굴덴의 봉급 외에 곡물의 현물 지급이라는 조건을 제시, "만약 당신이 이 초빙을 받아들인다면 하이델베르크 대학은 처음으로(이전에 스피노자가 초빙되었지만 실현되지 않았습니다) 한 사람의 철학자를 갖게 될 것입니다"라고 말한다.

8월 2일 　폰 라우머에게 「대학에서의 철학의 강의에 관하여」를 보낸다.

6일 　다우프에게 답장을 써 현재의 봉급과 제시된 조건 사이에 차이가 있지만, 무료 사택과 장래의 승급이 약속되면 초빙에 응하겠다고 답한다. 베를린의 철학교수 후보자로 거론되고 있는 것을 희생하며 받아들이고 있는 것으로서 제안을 받아들이고 싶다고 덧붙인다.

7일 폰 라우머, 뮌헨에서 헤겔에게 편지를 써 서간으로 견해를 보내준 데 대해 감사한다.

10일 폰 라우머, 프로이센 대신 폰 슈크만에게 편지를 써 헤겔과 회담한 내용을 전하고, 서간의 약속을 완수해주었음을 알리며, 그의 이야기는 유창하고 이해하기 쉽다고 보고한다.

15일 폰 슈크만, 베를린 부임의 의지가 있음을 들었다고 하며 헤겔에게 편지를 써 오랫동안 대학 강단을 떠나 있는 그가 필요한 강의 능력을 가졌는지 자기 평가를 묻는다.

16일 다우프, 봉급 1,500 굴덴의 결정을 헤겔에게 전한다.

19일 바덴 공으로부터 하이델베르크 대학 전임의 임명장이 교부된다.

20일 다우프에게 답장을 써 봉급 증액에 감사하고, 곡물의 현물 지급은 그쪽의 판단에 맡기며, '철학적 학들의 엔치클로페디'와 '철학사'를 강의할 작정이라고 말한다.

24일 바이에른 정부에 보고관 등의 교육직에서의 퇴직원을 제출한다. 폰 슈크만으로부터의 편지가 이날 도착한다. 폰 라우머, 취리히에서 베를린 대학 철학교수 졸거에게 편지를 써 헤겔의 강의가 현란한 것은 아니라 하더라도 그가 뜻을 알 수 없는 사람이라고는 생각되지 않는다고 말한다.

25일 다우프에게 편지를 써 인사의 신속한 처리에 감사하고, 어제 베를린에서 의사타진의 편지를 받았지만 이에 대한 대답으로서 하이델베르크를 선택한다고 알린다. 에어랑겐 대학, 헤겔을 철학부장, 웅변학, 시학, 그리스·로마 고전문학 교수에 임명한다.

27일 46세가 된다.

28일 폰 슈크만에게 이미 하이델베르크 전임이 결정되었음을 보고, 정중하게 거절의 편지를 쓴다. 프롬만에게 하이델베르크 초빙을 알리고 처와 함께 서자 루트비히를 받아들일 결심을 했음을 전하며 누이 크리스티아네에게도 전임을 알린다.

9월 4일 바이에른의 관보, 뉘른베르크 김나지움 교장 겸 교수 헤겔의 에어랑겐 대학 전임을 보도한다.

5일 뉘른베르크 시 왕국위원회로부터 하이델베르크 전임에 따르는 퇴직원을 제출하면서 바이에른 왕에 의해 에어랑겐 대학에 임명된 것에 관해 해명의 요청이 있다.

7일 뉘른베르크 시 왕국위원회 앞으로 답신을 보내 승인을 청한다.

8일 다우프에게 이 사이의 사건들과 사정을 설명하는 편지를 쓴다.

19일 에어랑겐 대학에서 바이에른 왕의 결정으로서 헤겔의 요구에 부합한 봉급의 지급을 명받았다는 통고가 있다.

21일 에어랑겐 대학에게 정식으로 거절의 답신을 보낸다.

23일 1815~6년의 김나지움 및 실과학교의 종업 보고를 왕국 내무성에 제출한다.

30일 폰 타덴에게 1년 이상만에 답신을 써 『논리학』에 대한 그의 평가에 감사, 제2권이 곧 간행될 거라고 보고.

10월 6일 뉘른베르크의 슈타크 서점에 편지를 써 『논리학』 제2권 '개념론' 증정과 관련하여 야코비, 니트함머, 프롬만, 판 게르트에게 각각 1부씩 보내줄 것을 지시한다.

7일 시 왕국위원회에 김나지움 교장의 사직원을 제출.

19일	유산 후 요양 중인 마리를 남기고 홀로 하이델베르크에 도착.
25일	대학 당국에 해결되지 않은 곡물 현물 지급에 관해 일 년에 10마르텔의 라이밀과 20마르텔의 스페르트 소맥의 지급을 요청한다.
28일	하이델베르크 대학에서의 최초의 강의를 '철학사'로 개시한다.
29일	처 마리에게 편지를 써 어제부터 강의를 개시했지만, 청강자는 예상한 것보다 적으며, 낙담은 하고 있지 않지만 놀랐음을 알린다.
겨울학기	'철학적 학들의 엔치클로페디'와 '철학사'를 강의,『하이델베르크 문예연보』의 철학과 문헌학 편집을 받아들인다.

1817년

1월 초	파울루스, 뷔르템베르크 왕국 헌법 논쟁에 관한 논문을『하이델베르크 문예연보』에 게재하고자 했지만, 너무 길다는 이유로 거부된 것을 개인적 모욕으로 받아들여 헤겔에게 반환을 요구.
19일	파울루스에게 논문을 반송하고 그가『연보』의 협력자로서 지니는 다양한 관계들 가운데 하나만은 버리지 않았으면 한다고 말한다.
29일	헤겔, 빌켄, 티보의 3인 연명으로 파울루스에게 편지를 써 편집부의 조치가 정당한 편집권의 행사라고 밝힌다.
2월 2일	니트함머를 지지해온 바이에른 왕국의 몬쥐러 내각이 무너진다.
15일	바덴 정부 내무성 앞으로 청원의 편지를 써 하이델베르크 부임을 작년 10월 1일로 하여 봉급을 계산하여 줄 것을 요청한다.
3월 30일	괴테, 헤겔의 서자 루트비히에게 관심을 보이고, 그와 이별할 때 기념장에 동정심을 담은 아름다운 시를 써 넣는다.
4월 중순	루트비히, 헤겔의 동료 하인리히 포스를 따라 예나를 출발하여 하이델베르크의 헤겔 집에 도착.
19일	프롬만에게 편지를 써 루트비히가 도착했다는 것, 포스에게서 그의 어머니의 죽음을 듣고 그에게 전했다는 것, 그는 머리 좋음을 발휘하여 김나지움에서 라틴 어를 대단히 열심히 공부했다는 것 등을 알린다. 또한 니트함머에게 편지를 써『엔치클로페디』가 부활제까지는 간행된다는 것을 전한다. 또한 뷔르템베르크의 민회 토론에 관해서 민회의 편을 드는 파울루스를 엄격하게 비판한다.
여름학기	강의 제목을 '근간 예정의『철학적 학들의 엔치클로페디』를 참고서'로 하는 '논리학과 형이상학', '인간학과 심리학'(필기 강의)으로 하여 내걸고, 주 16시간의 강의를 행한다.
5월	『철학적 학들의 엔치클로페디 강요』의 서문을 완성.
6월	『철학적 학들의 엔치클로페디 강요』가 하이델베르크의 아우구스트 오스발트 서점에서 간행된다.
23일	하이델베르크에 주재하는 예술학자 부아스레, 괴테에게 헤겔의『엔치클로페디』안의 색채론에 관한 몇 절을 보내 주의를 환기한다.
26일	판 게르트, 헤겔에게 편지를 써 대신에 대한 자신의 영향력으로 그에게 벨기에 대학의 자리를 주선할 수 있다고 말한다.

27일   부아스레, 괴테에게 좀더 추가하여 『엔치클로페디』 안의 뉴턴 역학을 비판하는 몇 쪽을 보낸다.

7월 1일   괴테, 부아스레에게 대단히 기뻐하며 답장을 써 편광의 색채론 도형표를 동봉하여 헤겔에게 전해줄 것을 부탁한다.

8일   괴테, 헤겔에게 짧은 편지와 함께 편광의 색채에 관한 자신의 논문을 보낸다.

20일   괴테에게 상세한 답장을 써 괴테의 색채론에서의 공적을 칭찬하면서 방해석 현상에 관한 괴테의 주석에 관해 자연의 모순을 강조하고, 그가 보내준 논문에 상세한 주석을 쓴 후 그에게 확고한 발걸음으로 전진하여 주기를 빈다.

25일   판 게르트에 편지를 써 1년 이상이나 답신이 늦어진 데 대해 사과하고, 벨기에로의 초빙을 정중하게 거절한다.

26일   누이 크리스티아네에게 편지를 써 그녀의 건강을 염려하면서도 현재의 상황에 만족하고 있고 이번 여름 상당한 청강생을 얻어 학생 사이에 철학연구의 열의가 다시 타오르고 있다고 전한다.

하순   프랑스의 철학자 빅토르 쿠쟁, 독일 여행을 출발. 잠시 프랑크푸르트에 체재한 후 하이델베르크 대학 역사학 교수 슐로타로부터 다우프를 매개로 하여 헤겔의 이름을 알고 카로베와 함께 헤겔을 방문하여 강한 감명을 받는다.

8월 27일   47세가 된다.

9월   이 달부터 11월에 걸쳐 「1815년 및 1816년의 뷔르템베르크 왕국 지방민회의 토론. 의사록 33절」에 대한 논평을 집필하고, 『하이델베르크 문예연보』에 게재한다. 민회 측의 편을 든 파울루스와 절교한다.

5일   괴테, 부아스레에게 보낸 편지에서 헤겔에 대한 평가를 말한다.

겨울학기   '인간학과 심리학', '철학사'(필기강의), '자연법과 국가학'(필기강의)을 강의한다.

10월 18일   예나 대학 학생연맹의 제창에 의해 이른바 발트부르크 축제가 열리고, 동시에 전 독일 학생연맹(부르셴샤프트)이 결성된다. 프리스, 여기에 참가하여 연설한다.

26일   쿠쟁, 예나에서 프리스, 바이마르에서 괴테, 베를린에서 슐라이어마허를 방문한 후, 헤겔과 친교를 맺는다..

11월 3일   알텐슈타인, 프로이센 초대 문부대신에 임명된다.

17일   쿠쟁, 하이델베르크를 떠나 프랑스로 향한다.

12월 11일   니트함머에게 편지를 써 이번 겨울학기는 세 개의 강의를 하고 있고 이 준비를 위해 모든 시간을 뺏기고 있으며, 이러한 형편으로 인해 답장이 늦어졌다고 사과한다.

26일   프로이센 문부대신 알텐슈타인, 헤겔에게 편지를 써 베를린 대학의 피히테 후임 철학교수로서 연봉 2,000 탈러와 여비의 지급을 조건으로 그를 초빙하고 싶다고 제의한다.

27일   니트함머, 헤겔에게 편지를 써 바이에른과 로마 교황청 사이에서 조약이 체결된 것에 대해 언급하고 조약의 체결자 가운데 하나인 헤페린이 주교이면서 신약이 성서인지 아닌지를 알지 못하는 무지한 인물이라고 보고한다.

1818년

1월 6일	알텐슈타인이 헤겔에 보낸 서간을 받는다.
24일	알텐슈타인에 대해 초빙에 응할 의지를 표명한다.
31일	니트함머에게 논문 「뷔르템베르크 왕국 지방 민회의 토론」을 보내고, 민회의 의식에 관해 "이 정도의 어리석은 행위는 본 적이 없다"고 써 보낸다.
3월 16일	알텐슈타인, 헤겔에게 공적 문서를 보내 연봉과 여비·부임 수당의 지급 결정을 통지하고, 내각은 위대한 사상가를 획득한 것을 높이 평가하고 있으며, 필요한 모든 것을 기쁘게 제공한다고 전한다.
18일	알텐슈타인, 헤겔에게 사적인 편지를 덧붙여 과학 아카데미의 개혁 후에는 봉급의 인상을 포함하여 상황을 개선하기 위해 가능한 한 편의를 도모할 것을 약속한다.
26일	알텐슈타인의 공적인 문서를 받는다.
31일	알텐슈타인의 공문서에 답신하여 제시된 연봉과 부임 수당의 조건들 등의 두터운 배려에 감사한다.
봄	슈투트가르트로 귀향하여 며칠간 머문다.
4월 21일	바덴 정부 내무성과 대학 당국에 사직원을 제출한다.
26일	폰 타덴, 헤겔에게 편지를 써 『논리학』의 완결에 이은 『엔치클로페디』, 그에 더하여 야코비 비평의 간행을 기뻐한다. 졸거, 티크에게 편지를 써 자신이 최초로 피히테 후임으로 헤겔을 추천하고 그를 존경하고 있으며 많은 점에서 의견이 같다고 전한다.
30일	알텐슈타인, 착임 시기에 관한 헤겔의 제안을 승낙.
여름학기	'철학의 체계 전 범위'(교과서 『엔치클로페디』와 필기에 의함) 및 '미학'(필기에 의함)을 강의.
5월 중순	졸거, 헤겔에게 편지를 써 부임 후 서로의 담당 강의 과목을 어떻게 분담할지에 대해 상담.
25일	알텐슈타인, 헤겔에게 공문서를 보내 연봉 2,000 탈러를 7월 1일부터 지급하는 결정을 통지한다.
6월 12일	판 게르트, 헤겔에게 편지를 써 『엔치클로페디』의 증정에 감사하고 근황을 전한다.
7월	알텐슈타인, 하르덴베르크의 강한 추천에 의해 요한네스 슐체를 고등교육국의 고문으로 초청한다.
8월 5일	독일로 여행하고자 하는 쿠쟁에게 프랑스 어로 편지를 써 지인을 소개한다.
27일	48세가 된다.
9월 12일	누이 크리스티아네에게 베를린으로의 부임을 전한다.
19일	하이델베르크를 출발하여 베를린으로 향한다.
23일	가족과 함께 바이마르에 들러 괴테로부터 따뜻한 대접을 받는다.
29일	베를린에 도착. 문부대신 알텐슈타인의 누이의 도움을 받아 처음에는 라이프치히 가에 산다.
10월 7일	프롬만에게 편지를 써 무사히 베를린에 도착한 것을 알리고 여행 도중 도움을 준데 대해 감사한다.
22일	베를린 대학에서 개강 연설을 행한다.
겨울학기	『자연법과 국가학』 및 『철학적 학들의 엔치클로페디』의 강의를 행한다. 카로베,

사적으로 헤겔 강의의 복습교사(조교)를 맡는다.

11월 12일   졸거, 티크에게 누구도 "선량한 헤겔"의 이야기를 하지 않으며, 그가 "과묵하고 근면", "가장 우둔한 맹종자의 도래가 필요한 것이리라"라고 써 보낸다. 타덴, 『빈 연보』에 실린 프리스 등의 비판의 필자가 헤겔이라고 잘못 생각하여 헤겔에게 충고의 편지를 쓴다.

12월 6일   힌리히스, 헤겔에게 편지를 써 철학의 교사가 되고 싶다는 희망이 점점 더 강해지며 부활제에는 하이델베르크의 교단에 서고 싶다고 말하고 그의 노력을 부탁한다.

(이 해 여름 철학과 학생들에게 현상논문 주제를 부과하며, 이에 힌리히스가 응모한 것이 계기가 되어 친하게 된다. 여름에 장 파울과 만나며, 쿠쟁도 8월 이후 하이델베르크에 체재하여 다시 교류를 깊이 한다.)

1819년

2월 9일   1813년의 이 날 프로이센이 나폴레옹에게 선전포고한 것을 기념하는 학생 주최의 축하연에 출석한다.

3월 23일   예나 대학 학생이자 대학생 학우회원인 카를 루트비히 잔트, 러시아 공사관 고문인 작가 코체부를 만하임에서 살해한다.

     25일   베를린에서의 최초의 학기를 마친다.

     26일   니트함머에게 편지를 써 "라이프치히의 큰 시장에서도 나는 또한 책을 쓰지 않으면 안 됩니다(나의 자연법)"라고 알려 처음으로 『법철학』의 간행을 예고한다. 힌리히스, 하이델베르크에서 편지를 써 코체부 살해의 소식을 헤겔에게 알린다.

4월 8일   변호사인 아버지가 헤겔의 우인이고, 베를린의 헤겔 집에 출입하고 있던 예나의 대학생 학우회원인 구스타프 아스베루스, 예나 시대의 결투를 이유로 체포되어 그의 보석을 위해 뛰어다닌다.

여름학기   『엔치클로페디』를 사용하여 '논리학과 형이상학'과 '철학사'(근대 철학의 상론)를 강의.

5월 2일   대학생 학우회가 베를린 교외에서 개최한 피헬스베르크 축제에 초대되어 슐라이어마허, 데 베테와 함께 참가한다.

7월   이 달에 파울루스, 빌헬름 1세에 의해 뷔르템베르크에서 추방당한다.

     8일   카로베의 후임 복습교사로서 채용된 폰 헤닝, 장모의 편지를 수상히 여긴 경찰에 체포된다.

     14일   베를린의 대학생 학우회의 지도자 카를 울리히, 결투를 구실로 하여 체포되어 110일간 투옥된다.

     15일   아스베루스, 민중선동 용의로 다시 체포되어, 헤겔, 폰 헤닝, 푀르스터 등과의 교제를 자백.

     27일   자기의 편지를 덧붙여 아스베루스 아버지의 전언을 경찰장관 폰 캄푸츠에게 전하고 보석을 위해 노력한다.

8월 6일   메테르니히, 이 날부터 30일까지 주요 10개국의 정부 대표자를 카를스바트로 소집하여 대학법, 출판법, 심문법을 포함하는 카를스바트 결의를 결의한다.

27일	49세가 된다.
9월 1일	가족과 함께 발트 해의 뤼겐섬으로 여행한다.
20일	프랑크푸르트의 연방의회에서 카를스바트 결의가 채택되어 연방결의로서 발효된다.
23일	베를린으로 돌아온다. 이번 여름휴가까지 『법철학』 원고가 거의 완성되어 있었던 것으로 생각된다.
말	카를 잔트의 모친에게 동정적인 편지를 보낸 베를린 대학 신학교수 데 베테, 국왕에게서 해임된다.
겨울학기	'자연철학'과 '자연법과 국가학 또는 법의 철학'을 강의.
10월 30일	크로이처에게, 검열령이 시행되었기 때문에 머지않아 『법철학』 원고를 인쇄에 돌릴 수 있다고 써 보낸다.
11월	이 달에 이 해에 소논문 「코체부 살해에 관하여」를 발표한 카로베에 대한 수사가 시작된다.
초	데 베테의 동료들, 그에게 1년간의 급여를 보증하기 위해 비밀리에 모금하고, 헤겔도 25탈러를 내놓는다.
13일	점심식사 자리에서 데 베테에 대한 정부의 해임 조치를 인정하는 발언을 하고 슐라이어마허와 격렬하게 논쟁한다. 양자가 나이프를 가지고 싸웠다는 소문이 돈다.
16일	슐라이어마허, 헤겔에게 건네기로 약속한 메모 형식을 빌려 13일의 일을 사죄하는 편지를 쓴다.
17일	곧바로 이에 대한 답장을 써 일단 화해가 성립한다.
12월	경찰 당국의 혐의가 슐라이어마허와 헤겔에게도 미쳐 알텐슈타인이 이를 푸는 노력을 한다.
15일	니콜라이 서점에서 『법철학』의 최초의 원고료를 받는다.

(나아가 이번 겨울부터 1820년에 걸쳐 「문예비평지의 발간에 관하여」의 건의서를 집필하여 문부대신에게 제출한다. 또한 이 해부터 요한네스 슐체, 헤겔의 강의를 청강한다.)

1820년

연초	이 해 초에 친척인 괴리츠, 병환이 재발한 누이 크리스티아네를 츠비팔텐의 요양소에 보내 돌본다.
1월 22일	타덴, 헤겔에게 편지를 써 안손을 비판하고, 슐라이어마허와 사이가 틀어지지 않도록 충고한다.
3월 18일	겨울학기의 강의를 마친다.
19일	헤겔, 괴리츠에게 편지를 써 세례증명서를 보내준 데 대해 감사하고 병환 중인 누이 건에 대해서도 인사한다.
23일	이 날 카를 베어, 쇼펜하우어의 교수자격 인정 시험강의의 제목 '인과성의 세 가지 종류에 관하여'에 관해 헤겔이 길거리에 엎드려 눕고자 하는 말의 동기에 관해 질문한 상황을 메모에 적는다.
여름학기	'논리학과 형이상학' 및 '인간학과 심리학(『엔치클로페디』 § 299~399)'를 강의한다. 이 학기부터 힌리히스, 하이델베르크 대학의 사강사가 된다.

5월 5일	카를 잔트, 처형된다.
30일	크로이처, 헤겔에게 편지를 써 그가 베를린에서 급속하게 영향력을 확대하고 있는 것을 축하한다.
6월 7일	헤겔의 500탈러의 보석금으로 아스베루스가 석방된다.
17일	프로이센의 내각, 헤겔을 브란덴부르크 주의 왕립학술검정위원회의 상임위원으로 임명한다. 괴리츠에게 편지를 쓰고 누이 크리스티아네의 요양비로서 300플로린을 송금한다.
21일	프로이센 정부에 편지를 써 내각의 임명을 받아들인다고 대답한다.
25일	『법 철학 강요 즉 자연법과 국가학의 요강』 서문을 완성한다.
7월 14일	바스티유 습격을 기념하여 학생들과 축배를 든다.
8월 15일	가족과 함께 드레스덴, 작센 스위스를 여행한다.
27일	50세가 된다. 생일에 즈음하여 헤겔을 플라톤과 아리스토텔레스에 비교한 찬사의 시를 헌정 받는다.
9월 30일	다우프, 헤겔에게 편지를 써 비상한 긴장을 가지고서 그의 『논리학』을 연구하여 비로소 『정신현상학』을 이해할 수 있었다고 전한다.
겨울학기	'철학사'와 '미학 또는 예술철학'을 강의. 이 학기부터 셸링, 에어랑겐 대학 교수가 된다. 또한 훗날의 헤겔의 철학상의 적대자 베네케, 베를린에서 교수자격을 취득한다.
10월 7일	괴테, 헤겔에게 편지를 써 제베크가 발견한 편광의 색채에 관해 말하고, 『자연과학을 위하여』 제3분책을 증정한다.
10일	알텐슈타인에게 서간과 함께 『법철학』을 헌정한다.
14일	힌리히스, 헤겔에게 편지를 써 그의 처녀작 『학에 대한 내적 관계에서의 종교』의 서문 집필을 의뢰한다.
중순	하르덴베르크에게 서간과 함께 『법철학』을 헌정.
11월 29일	쿠쟁, 파리 당국으로부터 새로운 강의의 개강을 금지 당한다.
12월 23일	프로이센 문부성 앞으로 학술검정위원회의 상임위원 임명에 대한 감사의 편지를 쓴다.

(이 달 말, 『법철학』, 베를린의 니콜라이 서점에서 간행.)

1821년

1월 5일	슐라이어마허, 뤽케에게 보낸 편지에서 헤겔을 공공연한 적으로 보고 있다고 고백.
2월 24일	지난해 10월 7일자의 괴테의 편지에 대한 답신을 써 『자연과학을 위하여』 제3분책에 대한 인사를 전함과 동시에 괴테의 색채론을 지지하는 견해를 말한다. 괴테, 이 편지를 대단히 기뻐한다.
3월 14일	힌리히스, 헤겔에게 보낸 편지에서 다시 자기 저서에 대한 서문을 독촉한다.
부활제	폰 헤닝, 교수자격을 취득한다.
여름학기	'종교철학'과 '논리학과 형이상학'을 강의. 다우프, 하이델베르크 대학에서 헤겔의 『정신현상학』을 강의하기 시작한다.
4월 7일	힌리히스에게 답장을 써 그의 저서에 서문을 쓸 것을 승낙한다.

605

9일	다우프에게 편지를 써 『하이델베르크 연보』에 실린 『법철학』에 대한 혹평의 저자가 파울루스인 듯하다고 말한다.
13일	괴테, 헤겔에게 2월 24일자의 편지에 간단한 사례편지를 써, 이 편지를 『자연과학을 위하여』 제4분책에 인쇄할 것임을 알리고, 말미에 "원현상은 절대자로부터 따뜻하게 받아들여진 데 대해 마음으로부터 인사 올립니다"라는 헌사를 적고 술잔을 선물한다.
22일	힌리히스, 헤겔에게 사례편지를 쓴다.
5월 9일	다우프에게 답장을 써 작년의 편지를 3월말에야 겨우 받았음을 알리고 그의 말이 자신에게 있어 보기 드문 선물이라고 감사.
24일	괴테, 이 날의 일기에 헤겔에게 술잔을 보냈다고 적는다.
말	크로이처에게 편지를 써 그가 쿠쟁과 출판을 경합하고 있던 프로클로스의 번역 소개의 헌정에 감사한다.
6월경	누이 크리스티아네, 병환이 회복되었다고 보여 진료소를 나온다.
8월 2일	괴테에게 술잔을 선물해준 데 대한 사례편지를 쓴다.
12일	누이에게 편지를 써 누이의 건강이 회복된 것을 기뻐한다.
24일	알텐슈타인에게서 『법철학』이 현실에 대해 취해야만 할 유일한 올바른 태도를 보이고 있다는 찬사를 적은 편지를 받는다.
27일	51세가 된다.
9월 13일	지난해에 이어 드레스덴 여행을 위해 출발한다.
19일	여행 중 핑켄슈타인 백작 부인과 함께 티크를 만난다.
겨울학기	'합리적 자연학 또는 자연철학(『엔치클로페디』에 의함)'과 『법철학』에 의한 '자연법과 국가학 또는 법의 철학'을 강의. 폰 헤닝, 사강사가 되고, 이번에는 유급으로 헤겔 강의의 복습교사를 맡는 동시에 괴테의 색채론 강의도 행한다.
10월 26일	폰 헤닝의 복습교사 성적에 관해 프로이센 문부성 앞으로 보고서를 제출한다.
11월 5일	루트비히, 프랑스 고등학교 제3학년으로 진급
28일	에스토니아의 윅스퀼에게 편지를 써 러시아가 세계사 분야에서 커다란 지위를 차지하고 있다고 말한다.
크리스마스	헤겔의 장모의 친족, 슈투트가르트로 옮긴 헤겔의 누이를 방문한다. 셸링의 동생이자 의사인 카를, 누이의 치료를 맡는다.
12월 31일	추밀고문관 C. L. F. 슐츠, 여기서 8주간 매주 수요일, 헤겔, 폰 헤닝, 슈바르트와 광학상의 일로 자신의 집에서 모이고 있다고 괴테에게 써 보낸다.

(이 해에 쿠쟁, 헤겔과 셸링에게 그의 프로클로스 저작집 제4부를 증정한다. 또한 가블러, 바이로이트의 김나지움 교장이 된다.)

1822년

1월 25일	힌리히스, 겨울학기에 헤겔 철학에 의거하여 '논리학적인 원리에 관하여', '법과 국가의 철학', '괴테의 파우스트에 관하여' 등을 강의했다는 것을 헤겔에게 보고한다.
2월 22일	『할레 일반학예신문』 제40호에 익명으로 헤겔 『법철학』의 프리스 비판을 공격하는 기사가 실린다. 헤겔, 이 비평의 끝부분을 베껴 편지를 정부에 보내고, 자신을 보호하여

줄 것을 요청한다.

3월 31일	루트비히, 견신례를 받는다.
4월 4일	힌리히스에게 그로부터 의뢰 받은 서문의 원고를 나머지 1~2 전지를 남기고 보냈음을 보고한다.
8일	예나의 프롬만에게 편지를 써 의학을 지망하는 루트비히를 욥스트 씨의 상점에 취직시켜줄 수 있는지를 상담한다.
9일	힌리히스에게 나머지 원고를 보냈다는 것, 그가 자신에게 보낸 편지의 일부를 서문에 인용했다는 것을 알린다. 이 서문 때문에 헤겔과 슐라이어마허 사이의 대립이 한층 더 강화된다.
12일	헤겔의 장남 카를, 프랑스 고등학교에 입학한다.
16일	문부성 앞으로 지난해 11월 1일자의 요망에 답하여 「김나지움에서의 철학의 수업에 관하여」라는 의견서를 제출한다.
여름학기	'인간학과 심리학(『엔치클로페디』에 의함)'과 '논리학과 형이상학'(이전 학기와 같음)을 강의. 폰 헤닝이 이 강의들과 관련하여 주 2회의 복습강의와 연습강의를 행한다.
5월 1일	힌리히스, 헤겔의 서문을 붙인 그의 저작을 헌정한다.
6월 6일	함부르크의 모자 공장 경영자 뒤보크, 헤겔에게 편지를 보내 진리라는 말에서 무엇을 이해하고 있는지를 묻지만, 답신하지 않는다.
7월 9일	프롬만에게 편지를 써 루트비히를 욥스트 씨에게 취직을 주선하여 준 데 대해 감사하고, 장래에 관해 좀더 상담한다.
중순	뒤보크, 헤겔에게 다시 편지를 써 경력과 사색의 편력, 라인홀트와의 교제 등 자기를 소개하며 답신을 구한다.
26일	알텐슈타인, 헤겔에게 서간을 써 『할레 일반학예신문』에 경고를 발하고 비판을 엄중하게 검토할 것을 요구했다고 보고.
30일	뒤보크에게 힌리히스의 저서에 대한 서문을 첨부하여 답장한다.
8월 27일	52세가 된다.
9월 14일	헤겔, 네덜란드 여행을 위해 출발. 오후에 막데부르크에 도착. 대성당을 보고, 프랑스 혁명 시의 전직 장군이자 국외추방 중인 라잘 카르노를 방문.
15일	막데부르크에서 괴테에게 편지를 써 『자연과학을 위하여』 증정에 감사하고, 그 안에서의 논의에 관해 의견을 좀더 전개.
18일	오전에 카셀 도착.
24일	코블렌츠에서 아내에게 편지를 쓴다.
28일	쾰른에 도착. 대성당을 견학, 판 게르트에게 편지를 쓴다.
10월 3일	브뤼셀에서 아내에게 편지를 써, 아헨에서 베텐도르프 미술관을 방문하였으며, 또한 카를 대제 이래의 황제의 옥좌에 앉아보았고, 브뤼셀에서는 판 게르트와 함께 산보했다고 보고한다.
4일	판 게르트와 워털루의 전적지를 방문하여 깊이 감동한다.
9일	밤에 하그에 도착.
10일	하그에서 아내에게 겐트와 안트워프의 장엄한 가톨릭교회, 루벤스와 판 다이크의

	그림을 보았음을 알린다.
12일	암스테르담에 도착. 네덜란드가 자연과 예술이 융합된 아름다운 나라이며, 렘브란트에 감동했다는 것 등을 아내에게 써 보낸다.
22일경	여행을 마치고 베를린으로 돌아온다.
12월 26일	문부성에 대해 다망함을 이유로 하여 브란덴부르크 주 왕립학술검정위원회의 직을 사임하고 싶다는 뜻을 제출한다.

1823년

연초	울리히가 복권되고, 조금 늦게 푀르스터도 권리를 회복한다.
3월 25일	판 게르트, 헤겔에게 네덜란드 여행 후의 소식을 문의하고, 힌리히스의 저서에 대한 서문을 보내줄 것을 요망한다.
여름학기	'미학 또는 예술철학'과 '논리학과 형이상학(『엔치클로페디』에 의함)'을 강의.
4월 7일	판 게르트에게 답장을 쓴다.
5월 26일	정부 내각에 대해 1820년 5월 아스베루스를 위해 지불한 보석금 500탈러를 반환해줄 것을 바라는 탄원서를 쓴다.
6월 1일경	내각에 의해서 탄원이 인정되었다는 취지의 서류를 수취한다.
8월 10일	판 게르트에게 편지를 써 그가 나폴레옹 관계의 책을 자신을 위해 서점에 조처를 취해준 데 대해 감사한다.
27일	53세가 된다.
10월 4일	차남 임마누엘, 프랑스 고등학교에 입학.
	(이날 에두아르트 간스, 저서 『세계사적인 발전에서의 상속법』 제1권을 편지와 함께 헤겔에게 증정한다.)
겨울학기	'자연법 또는 합리적 자연학(『엔치클로페디』에 의함)'과 '철학사'를 강의한다. 이 무렵부터 폰 헤닝, 헤겔 철학 그 자체를 자기의 강의 대상으로 하여 다룬다.
11월 5일	판 게르트, 헤겔에게 서문의 헌정에 대한 사례편지를 써 나폴레옹 관계 책의 가격 등을 알린다.

(이 해에 베를린에서 괴테 탄생 축하회가 개최되어 아내와 함께 출석한다. 다음해에 걸쳐 프란츠 폰 바더와 만나고, 에크하르트에 관해 깨우침을 받는다. 이 해 이후 루트비히, 어머니 쪽의 성 피셔를 이름으로 쓰기 시작한다.)

1824년

3월 3일	빈디슈만, 헤겔에게 지난해에 보낸 편지와 논고에 답신이 없다는 것을 호소하면서 "밤낮으로 당신과 함께 있다"고 써 보낸다.
31일	부인들과의 회합에서 어떤 부인에게 결별의 8행시를 써준다.
4월 11일	빈디슈만에게 답장을 써 답장이 늦어진 것을 사과하면서 논문을 받은 것에 대해 인사와 감상을 말한다.
13일	힌리히스, 괴테로부터 파우스트 강의의 헌사를 승낙 받는다.
여름학기	'종교철학' 및 '논리학과 형이상학'을 강의한다. 이 학기부터 루트비히 안드레아스

	포이어바흐, 하이델베르크에서 베를린으로 옮겨와 헤겔의 강의를 청강한다.
21일	포이어바흐, 아버지에게 보내는 편지에서 헤겔의 강의를 듣고 있으며, 하이델베르크에서 다우프를 청강했기 때문에 이해에 도움이 된다고 알린다.
5월 3일	괴테, 헤겔에게 서간을 보내 지난해 헤겔로부터 색채론의 문제들에 관한 세 개의 논문을 증정 받은 것에 대해 감사의 뜻을 표시.
4일	힌리히스에게 편지를 써 그의 파우스트 강의가 간행된 것을 알리며, 그의 할레 이전의 희망에 관해 상황을 보고한다.
24일	포이어바흐, "깊은 사상적 보고의 강력한 영향을 느끼고 있습니다"라고 헤겔의 강의에 관해 아버지에게 써 보낸다.
8월 27일	54세가 된다.
9월 7일	빈 여행을 위해 출발하여 이 날 드레스덴에 도착한다. 도착 후 우연히 같은 곳에 머물고 있던 추밀고문관 슐체와 재회한다.
11일	아내에게 테프리츠에서 편지를 쓴다.
14일	아내에게 프라하에서 편지를 보내 아내의 친척(그녀의 백부)으로 쿠취러 연대장 폰 할러슈타인에게서 환대를 받았음을 전한다.
17일	그림을 보러 프라하 근교의 카를슈타인의 고성을 방문한다.
21일	아내에게 편지를 써 빈 도착 30분 후에 이탈리아 오페라를 보러 극장을 방문하였으며 가수의 훌륭함에 나를 잊었다는 것을 보고하고, "돈이 있는 한 나는 빈에 머무르고 싶다"고 써 보낸다.
22일	로시니의 오페라 '첼미라'를 본다.
24일	카를 대공 소장의 스케치와 동판화를 감상. 오후에는 베르베데레 미술관, 밤에는 로시니의 '세빌리아의 이발사'를 본다.
27일	리히텐슈타인과 에스터하치 미술관을 방문하고 부르크 극장에서 연극을 본다.
28일	밤에 다시 로시니의 '세빌리아의 이발사'를 본다.
10월 4일	아내에게 편지를 써 이탈리아 오페라의 훌륭함을 열광적으로 찬미한다.
7일	빈을 출발하여 저녁 때 프라하에 도착한다.
8일	보헤미아의 두크산에서 아내에게 편지.
10일	저녁 때 드레스덴에 도착. 곧바로 티크 집을 방문, 거기서 브레슬라우로부터 할레로 전임 도중의 힌리히스를 만난다. 프리드리히 폰 슐레겔도 와 있었지만, 그가 돌아간 후 그것을 알게 된다.
11일	드레스덴을 떠나려고 할 때 폰 몬테벨로 공작부인의 아들과 함께 독일 여행을 하고 있던 쿠쟁을 우연히 만난다.
겨울학기	'자연법과 국가학 또는 법의 철학'과 '세계사의 철학'을 강의.
21일	힌리히스, 할레의 비템베르크 대학에 정교수로서 받아들여지며, 할레에서 인사 편지를 헤겔에게 보낸다.
24일	쿠쟁, 드레스덴에서 체포되어 베를린의 감옥에 구류된다.
11월 4일	내무대신과 경찰장관 폰 슈크만에게 편지를 써 쿠쟁의 체포가 어떤 착오는 아닌가 하여 석방과 면회를 탄원.

12월 8일   아스베루스, 이 날 6년의 금고형을 구형받는다.
(이 해에 카를 로젠크란츠, 헤겔의 임시 청강생이 된다. 프리스, 예나 대학에 복직한다.)

1825년

2월 22일   마인츠 조사위원회, 쿠쟁에 관해 완전히 무죄방면 되지는 않는다고 하면서도 석방
결정을 프랑스 공사 라인하르트에게 전한다.

3월 22일   포이어바흐, 아버지에게 편지를 써 다우프와 장래를 상담한 결과, 신학이 아니라
철학 연구를 결심했다고 고백한다.

4월 24일   괴테에게 "나를 당신의 자식들의 하나라고 부르고 싶습니다"라고 말한 편지를 써
괴테를 방문하는 쿠쟁에게 맡긴다.

28일   쿠쟁, 헤겔의 소개장을 지참하고 괴테를 방문한다.

여름학기   '논리학과 형이상학' 및 '인간학과 심리학 또는 정신철학'을 강의.

5월 초   쿠쟁, 베를린을 떠난다. 그 사이에 헤겔과 그의 제자들과 우호적인 관계를 가지고
헤겔 철학을 배운다.

6월 12일   크로이처, 소문을 듣고서 헤겔에게 편지를 써 하이델베르크를 떠날 가능성과 조건을
묻는다.

7월 11일   루트비히, 암스테르담에서 누이 테레제 부르크하르트가 일하는 병원의 의사 에베르트
에게 편지를 써 6년 계약의 네덜란드 군에 입대, 동인도를 향해 출항한다고 전한다.

29일   크로이처에게 답장을 써 그의 처지를 동정하면서 알텐슈타인에게 편지를 쓰도록
조언한다.

8월 1일   쿠쟁, 파리에서 헤겔에게 서간을 보낸다.

27일   55세의 생일. 화가 레젤, 그에게 유머러스한 시를 바친다. 이날 루트비히, 벨기에의
헨트 항에서 누이에게 이별의 편지를 써 3일 후 바타비아로 출항한다고 알린다.

9월 10일   루트비히, 다음 날의 출항을 앞두고 오스텐데 항에서 기념장을 맡긴 지인 슈미트에게
편지를 쓴다.

12일   루트비히의 지인 게오르크 티르, 그의 누이 테레제에게 편지와 함께 그의 기념장을
보낸다.

20일   어머니의 기일인 이 날 누이 크리스티아네에게 편지를 써 어머니의 기일을 잊은
것은 아니라고 말한다.

겨울학기   '철학사' 및 '자연철학 또는 합리적 자연학(『엔치클로페디』에 기초함)'을 강의. 폰
헤닝, 원외교수로 승진하여 이 학기부터 헤겔의 『법철학』에 기초하여 '법론 즉 법철학'
을 강의한다.

10월 27일   빈디슈만, 헤겔에게 편지를 써 정신철학 강의에서 자신의 의학서에 호의적으로 언급해
준 데 대해 감사한다.

11월 20일   쿠쟁에 대한 공소 기각이 결정된다.

12월 13일   쿠쟁, 헤겔에게 서간을 보내 인사한다.

1826년

1월 11일	극작가이자 시인인 지인, 에른스트 라우바흐의 「회개한 자들에 관하여」에 관한 반대의 비평을 쓴다.
16일	『베를린 급행편』 제8·9호에 위의 서평이 게재된다.
3월 8일	판 게르트에게 편지를 써 이번 겨울에 반년간 절판된 『엔치클로페디』의 개정에 착수했다고 말한다.
29일	다우프, 헤겔에게 편지를 써 그에게서 의뢰받은 『엔치클로페디』 제2판의 교정은 영광스러운 일이라고 하여 승낙한다.
4월 2일	티르, 루트비히의 누이 테레제에게서 답장이 없기 때문에 그녀에게 다시 편지를 써 기념장이 도착했는지 문의한다.
3일	지난해 겨울학기의 역사철학 강의에서의 가톨릭 성찬론에 관련하여 청강생 가운데 있던 성 헤트비히 교회의 부사제로부터 고발을 받았기 때문에 「가톨릭교에 대한 공공연한 명예훼손의 고발에 관하여」를 써 알텐슈타인에게 보낸다.
5일	쿠쟁에게 답장을 써 데카르트와 프로클로스의 저작집을 중요한 사업이라고 평가하고, 간스가 베를린 대학 교수가 되고, 호토가 학위논문 심사에서 데카르트 철학을 다루었다는 것 등을 전한다.
중순	포이어바흐, 헤겔에게 이별을 고하고 에어랑겐으로 향한다.
여름학기	'논리학과 형이상학' 및 '미학 또는 예술철학'을 강의.
6월	이 달에 아내와 아이들이 뉘른베르크로 귀성한다.
11일	니트함머에게 편지를 써 『엔치클로페디』 제2판의 일로 인해 귀성한 아내를 맞이한 뒤 그를 방문한다는 계획을 단념하고 대신 간스와 호토의 파견을 전한다.
7월 14일	바스티유 점령을 축하하며 학생들과 건배하고, 매년 이것을 빠뜨린 적이 없다고 말한다.
15일	쿠쟁, 『프로타고라스』와 『고르기아스』를 포함하는 플라톤의 불어역을 헌사와 함께 헤겔에게 증정한다.
17일	아스베루스 사건의 공소기각이 결정된다.
23일	베를린 최초의 문예신문인 『학적 비판 연보』를 발간하는 기관으로서 '베를린 학적 비판 협회'를 헤겔 집에서 설립한다.
29일	뉘른베르크에 있는 아내와 아이들에게 편지를 쓴다.
8월 1일	쿠쟁, 헤겔에게 편지를 써 자신의 형성, 도야를 위해서는 그의 엄격한 충고가 필요하다고 말한다.
15일	다우프에게 편지를 써 곧 『엔치클로페디』 제2판의 원고 송부를 개시할 수 있다고 보고하며 교정의 수고를 받아준 데 대해 감사하고, 서론이 길고 "내용이 엔치클로페디라는 제목에는 부합하지 않으며, 세목이 한정되어 있지 않고 반대로 전체가 개관적이지 않다는 주요한 결점이 수정되어 있지 않다"고 말한다.
하순	힌리히스, 『지금까지의 원리들의 학적 변혁의 시도로서의 철학 및 논리학 강요』의 견본쇄를 편지와 함께 헤겔에게 증정.
27일	56세의 생일. 블로흐 집에서 밤중의 12시에 탄생축하를 시작하며, 첼터 가가 동석한다. 아침이 되어 추밀고문관 폰 캄푸츠가 방문, 저녁 때 운터 덴 린덴의 음식점에서

	40인의 제자와 학생들이 성대하게 탄생을 축하하고 다음 날의 괴테 탄생축 하와 연속시킨다.
28일	아침 11시까지 자고, 슈티크리츠에게서 축하시를 헌정받는다.
29일	뉘른베르크의 아내에게 편지를 써 탄생축하회의 들뜸을 보고.
9월 20일	잡지 발간의 준비와 협의를 위해 뉘른베르크로 여행을 떠난 간스와 호토, 헤겔에게 제1신을 보낸다.
26일	간스, 슈투트가르트에서 헤겔에게 제2신을 보내 서점주 코타와 무언가 계약에 도달했 다는 것, 그의 많은 편지를 가지고서 뮌헨에서 좀더 협력자를 모으고 있다는 것 등을 써 보낸다.
10월 3일	간스에게 편지를 보내 그들의 노고를 위로하고, 마르하이네케도 그에 못지않게 많은 협력자를 모아왔다는 것을 전한다.
겨울학기	'철학적 학들의 엔치클로페디' 및 '세계사의 철학'을 강의.
11월 26일	뉘른베르크의 서점주 슐락, 헤겔에게 편지를 써 『논리학』 제2판을 내도록 권한다.
12월	아우구스트 베크, 슐라이어마허를 '베를린 학적 비판 협회'에 참가시키자는 동의를 내놓아 헤겔을 격노케 한다.
15일	쿠쟁, 헤겔에게 데카르트 저작집 제11권을 증정.
19일	다우프에게 편지를 써 『엔치클로페디』 제2판의 교정쇄의 13매 째의 인쇄 전지를 받은 것에 대해 감사하고, 자연철학 부분을 근본적으로 고쳐 썼다고 말한다.

1827년

1월 1일	『학적 비판 연보』의 발행이 개시된다.
2월 중순	「빌헬름 폰 훔볼트의 『바가바드 기타의 이름으로 알려진 마하바라타의 에피소드』에 관하여」의 논평을 『학적 비판 연보』 제7/8호에 게재하기 시작한다.
25일	빌헬름 폰 훔볼트, 헤겔에게 편지를 보내 논평에 감사함과 아울러 인도 철학에 관해 조만간 만나 이야기하고 싶다고 쓴다.
3월 6일	헤겔과 파른하겐 폰 엔제, 연명으로 괴테에게 서간을 보내 『학적 비판 연보』에 대한 협력을 구한다.
15일	괴테, 위의 편지에 답장을 써 요망을 쾌히 승낙한다. 이날 쿠쟁, 헤겔에게 편지를 써 호토가 필기한 그의 철학사와 역사철학의 노트를 이용하고 싶다고 하며 도움을 부탁한다.
18일	괴테, 파른하겐에 편지를 써 카를 에른스트 슈바르트의 헤겔 방문을 미리 전하도록 부탁.
여름학기	'논리학과 형이상학(『엔치클로페디』에 의함)' 및 '종교철학'을 강의.
4월 15일	베네케, 알텐슈타인에 의해 명예를 회복한다.
5월 9일	괴테, 헤겔에게 편지를 보내 슈바르트가 베를린에 취직할 수 있도록 도움을 부탁한다.
13일	다우프, 헤겔에게 편지를 써 이 날 『엔치클로페디』의 27매 째의 인쇄 전지를 교정해 마쳤음을 보고.
16일	누이 크리스티아네에게 편지를 쓴다.

25일	『엔치클로페디』 제2판의 서문을 완성하여 날짜를 기입.
29일	다우프에게 답장을 써 교정의 노고를 위로하고, 제2판 서문을 보냈다는 것, 서문 집필 도중에 트루크에 대한 논평을 넣었기 때문에 한 권의 책으로 되기에 이르러 처음부터 다시 썼다는 것을 보고.
6월 상순	『엔치클로페디』 제2판, 하이델베르크의 오스발트 서점에서 출판된다.
11일	알텐슈타인에게 여름휴가와 여행비용 급부의 탄원서를 쓴다.
16일	미슐레, 간스의 편지에 따라 '학적 비판 협회'에 입회한다.
29일	괴테에게 편지를 써 슈바르트의 취직 주선에 관해 일반적인 상황을 보고, 바이마르 주재 50년제 기념 메달 수여를 축하한다.
7월 1일	쿠쟁에게 편지를 써 호토의 노트와 함께 쿠쟁의 지인에게 맡긴다. 『엔치클로페디』 제2판이 하이델베르크에서는 호평이며, 파리 여행에 갈 기분이 없는 것은 아니지만 현 단계에서는 "스페인의 성"과 같이 공중누각에 불과하다고 말한다.
16일	쿠쟁, 헤겔에게 답장을 써 파리로 오도록 열렬히 권하고, 몸도 시간도 주거도 모두 제공하겠다고 말하고 계획을 써 보낸다.
8월 17일	괴테, 헤겔에게 최후의 편지를 써 그의 연구방법에 유보를 나타낸다. 헤겔, 파리와 네덜란드 여행을 위해 출발한다.
19일	카셀에서 아내에게 편지를 써 어젯밤 하인리히 베어 부부와 우연히 만났음을 알린다.
21일	베츨러로 가서 C. L. F. 슐츠를 방문, 환영을 받는다.
22일	코블렌츠 도착.
23일	엠스에서 아내에게 편지를 써 트리어로 편지를 보내도록 부탁한다.
25일	코블렌츠로 돌아와 요제프 멘델스존을 방문. 셸링, 창설된 뮌헨 대학에 교수로서 초빙되어 학사원에서 취임 강연을 행한다.
27일	57세가 된다. 트리어에 도착, 로마 시대의 유적을 돌아본다. 저녁 때 상등품의 모젤 와인으로 자신과 처자의 건강을 위해 건배한다.
28일	트리어에서 아내에게 편지를 쓴다.
29일	룩셈부르크 도착. 아내에게 편지를 쓴다.
30일	메츠 도착. 마침내 정말로 프랑스에 도착했다고 아내에게 보고.
31일	프랑스 혁명 전쟁의 거점, 아르덴느 고지에서 발미의 풍차를 보고 "그것에 최대의 관심을 기울인 우리 청춘의 추억"이라고 적는다. 서로마와 게르만의 연합군이 훈족의 왕 아틸라를 격파한 카탈라우눔 평원을 본다.
9월 2일	파리에 도착. 곧바로 쿠쟁을 방문한다.
3일	아내에게 편지를 써 그녀의 편지를 받았음을 알리고 아이들에게 카탈라우눔 평원의 일을 일깨우도록 지시한다.
9일	아내에게 편지, 뤽상부르 공원에 가까운 호텔에 숙박하고, 매일 쿠쟁과 만나 식사와 잡담을 하며, 루브르 미술관에서 라파엘로, 코레죠, 다빈치, 티치아노 등을 보고, 테아트르 프랑세에서 꽃과 같은 여우 마르스의 연극을 보고 있다는 것을 써 보낸다.
13일	아내에게 편지를 써 세느의 물이나 생활양식의 변화 탓으로 밤중에 위통을 일으켰으며, 의사의 치료를 받은 것을 보고.

19일	아내에게 편지를 써 몸 상태가 좋지 않은 원인을 고향에서 멀리 떠난 것, 대도시의 떠들썩함 등이라고 하면서도 등기원 아카데미의 회의에 출석하고, 프랑스 혁명사를 읽었으며, '오셀로'를 보았다고 알린다.
20일	루소가 살았던 몽모랑시를 방문하고 괴테의 8월 17일자의 편지를 받는다.
28일	가블러, 헤겔에게 헌정의 편지와 함께 『정신현상학』에 기초한 자기의 저서 『이론철학의 체계』 제1권 '철학의 예비학'을 보낸다.
30일	아내에게 파리에서의 마지막 편지를 쓴다. 마르스가 연기하는 몰리에르의 『타르튀프』를 보고, 왜 이 작품이 희극인지를 이해했다는 것, 괴테를 방문하기 위해 바이마르를 들를 것을 보고.
10월 2일	쿠쟁과 함께 파리를 출발하여 브뤼셀로 향한다.
3일	피카르디를 통해 저녁 때 브뤼셀에 도착. 곧바로 판 게르트를 방문하여 환대받고, 그의 집에 머문다.
7일	아내에게 편지를 써 브뤼셀까지의 도정, 겐트와 브뤼셀로 가서 판 다이크의 작품을 본 것을 보고.
8일	브뤼셀을 출발하여 쾰른으로 향한다.
10일	뢰벤, 뤼티히, 아헨을 경유하여 쾰른에 도착. 쿠쟁, 쾰른까지 동행한다.
12일	엘바페르트에서 아내에게 편지를 써 아헨에서는 다시 한번 카를 대제의 의자에 앉았고, 본에 들러 빈디슈만과 폰 슐레겔을 방문한 것을 보고한다.
14일	카셀에 묵는다. 괴테의 『에그몬트』를 연극으로 본다.
15일	아이제나흐에 묵는다.
16일	고타, 에르푸르트를 거쳐 저녁 때 바이마르에 도착하여 괴테를 방문한다. 괴테, 헤겔을 최고의 우정을 가지고서 맞이하며, 카를 아우구스트 대공도 내방, 리마와 첼터도 마침 그 자리에 있다.
17일	벨베델레 식물원을 첼터와 함께 방문하고, 괴테 집에서 그의 가족과 방문자들과 함께 점심식사, 프랑스의 정치와 문학의 관심에 관해 설명.
18일	괴테, 차 모임에서 헤겔과 하만 및 변증법을 화제로 한다.
19일	첼터와 함께 베를린을 향해 출발.
21일	베를린으로 귀환.
겨울학기	'철학사' 및 '심리학과 인간학'을 강의. 알렉산더 폰 훔볼트가 자연지리학의 강의를 '지식과 경험이 없는 자연철학의 단죄'로 시작하여 헤겔 철학에 대해 불쾌함을 표현했다는 소문을 듣고 공통의 우인인 파른하겐에게 호소한다.
29일	뉘른베르크의 서적상 슐락에게 편지를 써 『논리학』 제2판의 출판 제안을 받아들이는 취지의 답장을 쓴다.
11월 21일	알렉산더 폰 훔볼트, 파른하겐에게 자신의 강의 노트를 보내 그에게 매우 혹독하게 하소연한 헤겔에게 전해줄 것을 부탁한다.
24일	헤겔, 파른하겐이 보내온 노트를 반송, 이것을 읽을 기분이 아니며, 훔볼트에 대한 존경이 그렇게 하게 했다고 써 보낸다.
26일	셸링, 뮌헨 대학에서 첫 강의를 행한다.

12월 20일 　레오, 『유대인의 국가의 역사』를 헤겔에게 헌정.

1828년

1월 　　　니트함머, 헤겔에게 편지를 써 자식과 함께 셸링의 뮌헨 대학에서의 강의를 열심히
　　　　　듣고 있다고 말한다.

3월 1일　 빌헬름 폰 훔볼트, 겐츠에게 보낸 편지에서 헤겔에 대해 언급, 그의 "장문의 비평은
　　　　　결코 인정되지 않습니다"라고 쓴다.

　　 3일　 쿠쟁에게 편지를 써 파리 여행에서의 헌신적인 도움에 감사한다.

　　 4일　 가블러에게 편지를 써 저서 헌정에 감사, 내용을 칭찬한다.

　　 5일　 『라이프치히 문예신문』에 크룩이 썼다고 생각되는 『엔치클로페디』 제2판의 혹평이
　　　　　실린다.

4월 7일　 쿠쟁, 헤겔에게 편지를 써 공교육으로서의 철학에 전념하여 자신의 지위를 강화하고
　　　　　싶다는 야심을 말한다.

여름학기　'논리학과 형이상학(『엔치클로페디』 제2판에 기초하여)' 및 '자연철학 또는 합리적
　　　　　자연학'을 강의.

5월 23일　판 게르트, 헤겔에게 보내는 편지에서 서자 루트비히에 대한 도움을 제의한다.

8월 15일　쿠쟁, 헤겔에게 편지를 써 앞서 보낸 『철학적 신단편』에 수록 예정의 크세노파네스와
　　　　　제논의 전기에 대한 비평을 청한다.

　 27일　 58세가 된다.

겨울학기　'미학 또는 예술철학' 및 '세계사의 철학'을 강의.

11월 20일　조각가 비히만, 헤겔의 초상 외 2점을 괴테에게 선물한다.

　 22일　 포이어바흐, 안스바흐에서 헤겔에게 학위논문 「통일적이고 보편적인 무한한 이성에
　　　　　관하여」를 편지와 함께 보낸다.

(이 해에 『학적 비판 연보』 51~54호, 105~110호에 서평 「티크, 폰 라우머 편 『졸거의 유고와 왕복서간』」,
같은 잡지 77~80호, 107~114호에 「프리드리히 로트 편 『하만 저작집』 7권」이 게재된다. 레오,
할레 대학 정교수가 되며, 트렌델렌부르크, 학위를 취득한다.)

1829년

1월 16일　슈바르트, 가르가니코와의 공저로 헤겔을 비판한 『철학 일반, 특히 헤겔의 철학적
　　　　　학들의 엔치클로페디에 관하여』를 괴테에게 보낸다.

2월 17일　괴테, 헤겔의 하만 평을 읽고, 에커만에게 칭찬한다.

여름학기　'신의 존재증명에 관하여' 및 '논리학과 형이상학(『엔치클로페디』에 기초하여)'을
　　　　　강의.

5월 16일　알텐슈타인에게 여행을 위한 휴가와 비용 지급을 신청한다.

　 27일　 알텐슈타인, 헤겔에게 300탈러의 특별급여의 지급이 인가되었다는 것을 통지한다.

6월 2일　 임마누엘 헤르만 피히테, 헤겔에게 편지와 함께 자기의 저서 『현대 철학의 특징짓기를
　　　　　위한 기여』를 보내고, 비평을 청한다.

7월 　　　오스발트 서점, 헤겔에게 『엔치클로페디』 제3판의 간행을 권유한다.

8월 11일	가블러, 헤겔에게 편지를 써 공석인 하이델베르크 대학의 철학교수에 자신이 취임할지 여부를 상담한다.
말	최후의 긴 여행인 보헤미아 여행을 위해 출발. 테플리츠에서 마리의 어머니 주잔네를 비롯 투허 가의 사람들에게 따뜻하게 환영받는다.
27일	59세가 된다. 로젠부르크에서 투허 가의 사람들에게서 생일 축하를 받는다.
31일	프라하에 도착.
9월 1일	괴테, 에커만에 대해 신의 존재증명에 관한 헤겔의 강의에 관해서 이것은 이미 시대에 맞지 않다고 말한다.
2일	백부 폰 할러슈타인에게 환송받으며 프라하를 출발한다.
3일	아침 일찍 카를스바트에 도착한다. 저녁 때 온천에서 온천탕 치료를 위해 와 있던 셸링과 우연히 만난다.
4일	오후에 셸링과 산보하고, 저녁식사도 함께 한다. 아내에게 지난밤 셸링과 해후하여 옛날부터의 친구처럼 지냈다고 써 보낸다.
5일	온천수를 음용하여 상쾌한 기분이 되며, 셸링과 점심식사를 함께 한다. 오후에는 드라이크로이츠베르크에 오른다.
11일	카를스바트에서 돌아오는 길에 바이마르에서 괴테를 하루에 두 번 방문하며, 이는 최후의 괴테 집 방문이 된다.
27일	다우프에게 편지를 써 가블러 건을 잘 부탁하고, 지난해 등장한 일군의 헤겔 비판자들에 대한 반비판을 개시했다는 것, 여행 중에 셸링과 5일간 우정을 되살렸다는 것을 전한다.
10월	베를린 대학 총장에 취임한다.
14일	괴셸, 헤겔에게 편지를 써 그가 쓴 서평에 감사한다.
19일	총장 취임 연설을 라틴 어로 행한다.
겨울학기	'철학사' 및 '심리학과 인간학 또는 정신철학(『엔치클로페디』제2판에 의함)'을 강의.
12월 7일	누이 크리스티아네에게 근황과 총장직에 뽑힌 것을 보고.

(이 해에 『학적 비판 연보』 제99~102호, 105~106호에 서평 「괴셸의 『기독교적 신앙 인식과 비교한 무지와 절대지에 관한 아포리즘』, 또한 같은 잡지 제10~11, 13~14, 37~40, 117~120호에 『헤겔의 교설에 관하여, 또는 절대지와 현대 범신론』 및 슈바르트와 가르가니코의 위에서 언급한 공저에 대한 비평을 게재한다.)

1830년

1월	할레의 신교신문에 두 사람의 교수를 공격하는 익명의 논문이 실려 센세이션을 불러일으킨다.
2월 초	『엔치클로페디』제3판의 인쇄가 개시된다.
26일	쿠쟁에게 편지를 써 『철학적 단편』 안에서 그가 독일 철학의 진보에 관해 언급하고 있는 것에 대해 이의와 불쾌를 표명한다.
3월	오한에 괴로워하기 시작한다.
여름학기	'논리학과 형이상학(『엔치클로페디』제3판 제1장에 의함)' 및 '자연철학 또는 합리적

자연학(같은 책 제2장에 의함)'을 강의.

5월 1일　가족과 함께 포츠담을 방문하여 미술관을 견학한다.

　　23일　파른하겐에게 편지를 써 그의 두 책의 저서 증정에 감사.

　　27일　누이를 잃은 알텐슈타인에게 위문의 편지를 써 위로한다.

　　31일　알텐슈타인, 헤겔의 위문장에 마음으로부터 감사한다.

6월 25일　아우크스부르크 신앙고백 300년제에서 라틴 어로 공개연설을 행한다.

7월 29일　파리에서 7월 혁명이 발발한다.

8월 3일　국왕의 탄생일인 이 날, 대학총장으로서 축하기념현상논문을 고시하고, 구츠코를 입상자로서 발표한다.

　　27일　60세의 환갑을 맞이하여 제자 일동에게서 초상이 들어 있는 기념 메달을 선물 받는다. 이후 부부가 오한으로 괴로움을 당한다.

9월 19일　『엔치클로페디』 제3판의 서문 저술을 마친다.

　　30일　폰 바더, 조만간 출판예정의『야콥 뵈메의 「위대한 신비」에 관한 강의』를 헤겔에게 헌정한다고 써 보낸다.

10월　베를린 대학 총장에서 물러나 사임연설을 행한다. 또한 이 달 초에『엔치클로페디』 제3판의 인쇄가 완성된다.

겨울학기　'자연법과 국가학 또는 법의 철학' 및 '세계사의 철학 제1부'를 강의. 파트케, 이 학기부터 신학의 교수활동을 개시하며, 헤겔의 장남 카를, 아버지의 강의를 청강하기 시작한다.

11월 16일　파른하겐, 괴테의 아들이 죽었다는 소식을 들은 헤겔의 위로의 말을 괴테에게 전한다.

12월 3일　마이어, 헤겔에게『엔치클로페디』의 라틴 어역을 증정한다.

　　6일　알텐슈타인, 헤겔에게『엔치클로페디』 제3판의 증정에 대한 사례편지를 쓴다.

　　12일　첼터, 괴테에게 편지를 써 헤겔의 건강이 좋지 않고 열이 내리지 않는다는 것, 부인 쪽은 좀더 나쁘다는 것을 보고한다.

　　13일　괴셸에게서 온 1년 이상 전의 편지에 답장을 써 호의적인 내용에 감사하고,『엔치클로페디』 제3판을 그에게 선물한다.

　　31일　괴셸, 헤겔에게 사례편지를 써 보낸다.

1831년

(이 해에『학적 비판 연보』106~108호에서 올레르트의『관념실재론』제1부를 서평하고, 헤르바르트를 비판한다. 또한 마찬가지로 55~58호에 게재된 「세계사의 기반, 구분, 시대계열에 관하여」에서 지난해 뮌헨 대학에서 괴레스가 행한 강연을 비판한다.)

1월 18일　헤겔과 슐라이어마허에게 3등적색대취훈장을 수여하기로 결정.

　　22일　코타 서점주에게 편지를 써『논리학』제1권 제2판의 인쇄를 위임한다고 전한다.

　　23일　위에서 말한 훈장 수여식이 거행된다.

여름학기　'논리학(『엔치클로페디』제3판에 의함)' 및 '종교철학'을 강의.

4월 26일　이날부터 논문 「영국 선거법 개정안에 관하여」를『프로이센 국가 일반 신문』에 게재하기 시작한다. 동지 115~116, 118호에 게재된 후 속고는 금지되지만, 사적인 인쇄는 허가되었기 때문에 속고를 우인과 희망자에게 배포한다.

5월	빅토르 쿠쟁, 추밀고문관 및 교육계에서의 실력자가 되며, 프로이센의 교육제도 시찰을 위해 베를린을 방문.
17일	첼터, 헤겔이 맡긴 그의 초상이 들어 있는 금메달을 이 날 겨우 괴테에게 건네준다[F].
7월	로젠크란츠, 할레 대학 원외교수가 된다.
여름	유행하기 시작한 콜레라를 피하기 위해 가족과 함께 그루노 공원으로 이주한다. 한 여름에 『논리학』 제2판에 전념하며, 강의 「신의 존재증명에 관하여」를 퇴고, 『정신현상학』의 개정도 개시한다.
8월 27일	61세의 생일. 티볼리 유원지의 홀에서 마지막 탄생 축하회가 성대하게 베풀어진다. 레젤, 첼터, 트록슬러, 마르하이네케, 헤겔의 자식들이 참석한다. 형편상 참석할 수 없었던 슈티클리츠, 밤에 인사의 말을 헤겔에게 드린다.
28일	슈티클리츠에게 답례의 시를 써 보낸다. 이 날 루트비히 피셔, 열병으로 자카르타에서 사망한다.
9월 1일	아이를 잃은 하인리히 베어에게 위문의 편지를 쓴다.
10월 초	베를린 시내의 암 쿠퍼그라벤의 자택으로 돌아온다.
겨울학기	'자연법과 국가법(교과서에 기초함)' 및 '철학사'를 강의한다는 것을 고시한다.
11월 상순	누이 크리스티아네, 몇 차례에 걸쳐 자살을 시도하지만 실패한다.
7일	『논리학』 제1권 제2판의 서문을 완성하고 날짜를 기입한다.
10일	헤겔, 강의를 개시하며, 평생에 없던 정열을 다해 강의를 행하여 청강자의 마음을 뺏는다. 튀빙겐 신학교의 후배 슈트라우스가 내방, 뷔르템베르크와 오랜 친구 메르클린의 일 등을 즐겁게 이야기 나눈다. 아내에게 "오늘은 특히 기분이 좋았다"고 보고한다.
11일	둔커 서점과 『정신현상학』의 신판에 관해 최종 계약.
12일	간스에게 편지를 써 헤겔과 경쟁 강의의 형식이 된 것을 배려한 그가 헤겔의 강의 쪽으로 출석하도록 학생들에게 강하게 권유하는 게시를 내건 것에서 그의 미숙함과 무례함을 책망한다.
13일	아침식사를 한 후 오전 11시에 위통과 구역질을 호소하고, 점심으로 예정하고 있던 우인들과의 회식을 취소한다. 오후 2시에 의사를 부른다. 겨자씨 연고를 바르고 거머리 추출물을 적셔도 효과가 없고 위통은 그치지 않는다. 아내의 헌신적인 간호를 받으면서도 잠자지 못하는 괴로운 하룻밤을 보낸다.
14일	위통과 구역질은 없어졌지만, 맥박이 약해져 쇠약함이 혹독하게 되고, 침대에서 일어나지 못한다. 열도 발한도 변함없었고, 의식도 분명해져 있었지만, 오후 3시에 천식이 시작되고 왼쪽 안면과 양손이 차갑게 되기 시작한다. 의사가 급히 달려오지만 이미 늦고, 평정한 표정인 채로 오후 5시 15분에 영면한다. 그의 죽음에 입회한 우인은 아내가 부른 요한네스 슐체 한 사람뿐이었다. 의사들은 병명을 '독성 콜레라'라고 진단하지만, 우인들의 동분서주에 의해 24시간 이내에 콜레라 환자의 묘지에 매장하는 결정을 면한다.
16일	오후 3시 헤겔의 장례식이 대학에서 엄숙하게 거행되고, 대학 총장 마르하이네케가

조사를 읽는다. 학생들도 긴 행렬을 이루어 영구차를 따르고 도시의 문에서 학자들의 합창으로 송별한다. 묘지에서는 궁정고문관 푀르스터가 사자를 애도하는 말을 하며, 마르하이네케가 성직자를 맡는다. 시신은 생전의 헤겔의 희망에 따라 피히테와 나란히 졸거의 옆에 묻힌다.

12월 2일   헤겔 부인 마리, 니트함머에게 편지를 써 헤겔의 돌연한 죽음의 상황에 관해 상세하게 보고, 생전의 우의에 감사한다.

11일   헤겔 부인 마리, 둔커 서점과 전 20권의 헤겔 전집 간행에 관한 계약을 승낙한다.

12일   헤겔 부인 마리, 다우프에게 편지를 써 지아비를 잃은 슬픔을 절절하게 말하고, 장남 카를을 신학자로서 다우프 밑에서, 차남 임마누엘을 법률학자로서 티보 밑에서 공부하도록 하고 싶다는 것, 우인들이 강의를 포함한 헤겔 전집 출판 계획을 진전시켜 종교철학을 마르하이네케, 역사철학을 간스, 미학을 호토, 엔치클로페디 논리학과 자연철학, 정신철학을 폰 헤닝, 철학사를 미슐레, 그 밖의 잡론을 푀르스터와 요한네스 슐체가 떠맡아주었다는 것 등을 보고한다.

15일   파른하겐, 괴테에게 편지를 써 헤겔의 죽음을 애도한다.

24일   최초의 헤겔 전집에 관한 출판계약서가 교환된다.

1832년

1월 7일   헤겔의 누이 크리스티아네, 헤겔 부인 마리에게 편지를 써 헤겔의 경력에 관한 메모를 보낸다.

12일   니트함머, 헤겔 부인 마리에게 편지를 써 헤겔의 죽음을 애도하고, 마음으로부터 추도의 뜻을 표한다.

26일   헤겔 부인 마리, 판 게르트에게 편지를 써 헤겔의 죽음 직전의 『논리학』 제2판의 말을 전하고, 헤겔의 후임으로서 가블러의 이름을 들며 헤겔이라면 그 이외에는 선택하지 않았을 것이라고 말한다.

2월 2일   헤겔의 누이 크리스티아네, 투신자살하여 사망.

4일   크리스티아네, 카르프의 묘지에 묻힌다.

3월 22일   괴테, 83세로 서거한다.

5월 6일   마르하이네케, 자신이 편집한 헤겔 전집의 『종교철학』 초판의 서문을 완성한다. 이것을 처음으로 최초의 헤겔 전집(베를린판)이 간행되어 1845년에 이르러 완결된다.

(이 해에 다비트 프리드리히 슈트라우스, 튀빙겐 신학교의 복습교사가 된다.)

❈ 한국어로 읽을 수 있는 헤겔 연구문헌 일람 ❈

(수록 범위는 2008년 3월 현재까지의 단행본으로 출간된 헤겔 저작의 번역들과 번역서 및 저서를 포함한 연구문헌들로 제한했다. 수록 순서는 연대순으로 하되, 같은 역자 내지 저자의 동일저작의 판본이 여럿인 경우 개정작업과 독자의 편의 등을 고려하여 최근 것을 수록하기도 했다. ― 이신철)

1. 헤겔 저작의 번역들

『역사철학강의 1』, 김종호 옮김, 삼성출판사, 1982.
『역사철학강의 2』, 김종호 옮김, 삼성출판사, 1982.
『역사철학』, 김종호 옮김, 신화사, 1983.
『철학입문』, 박전규 옮김, 삼일당, 1983.
『헤겔미학』, 최동호 옮김, 열음사, 1988.
『헤겔시학』, 최동호 옮김, 열음사, 1988.
『법의 철학』, 윤용석 옮김, 미문출판사, 1989.
『피히테와 셸링 철학체계의 차이』, 임석진 옮김, 지식산업사, 1989.
『법철학 1』, 임석진 옮김, 지식산업사, 1989.
『법철학 2』, 임석진 옮김, 지식산업사, 1990.
『역사 속의 이성』, 임석진 옮김, 지식산업사, 1993.
『대논리학 1, 존재론』, 임석진 옮김, 벽호, 1994.
『대논리학 2, 본질론』, 임석진 옮김, 벽호, 1994.
『대논리학 3, 개념론』, 임석진 옮김, 벽호, 1994.
『음악미학』, 김미애 옮김, 시와 시학사, 1995.
『헤겔 미학 1』, 두행숙 옮김, 나남출판, 1996.
『헤겔 미학 2』, 두행숙 옮김, 나남출판, 1996.
『헤겔 미학 3』, 두행숙 옮김, 나남출판, 1996.
『철학사 1』, 임석진 옮김, 지식산업사, 1996.
『헤겔 논리학』, 김계숙 옮김, 서문문화사, 1997.
『철학강요』, 서동익 옮김, 을유문화사, 1998.
『법철학 1 ― 서문과 서론』, 강유원 옮김, 사람생각, 1999.
『종교철학』, 최신한 옮김, 지식산업사, 1999.
『정신철학』, 박병기 외 옮김, 울산대학교출판부, 2000.

『헤겔의 종교론집: 베른 시기』, 정대성 옮김, 한들, 2001.
『논리학 서론・철학백과 서론』, 김소영 옮김, 책세상, 2002.
『믿음과 지식』, 황설중 옮김, 아카넷, 2003.
『행성궤도론』, 박병기 역, 책세상문고, 2003.
『변증법과 회의주의』, 황설중 옮김, 철학과현실사, 2003.
『기독교의 정신과 그 운명』, 조홍길 옮김, 철학과현실사, 2003.
『자연법』, 김준수 역, 한길사, 2004.
『교수취임 연설문』, 서정혁 옮김, 책세상, 2004.
『헤겔과 포스트구조주의 (헤겔연구 16)』, 한국헤겔학회 편, 동과서, 2004.
『정신현상학 1』, 임석진 옮김, 한길사, 2005.
『정신현상학 2』, 임석진 옮김, 한길사, 2005.
『청년 헤겔의 신학론집』, 정대성 옮김, 인간사랑, 2005.
『헤겔 예나 시기 정신철학』, 서정혁 옮김, 이제이북스, 2006.
『법철학강요』, 권응호 옮김, 홍신문화사, 2006.
『인륜성의 체계』, 김준수 옮김, 울력, 2007.
『헤겔 예술철학』, 한동원・권정임 옮김, 미술문화, 2008.

2. 헤겔 관련 단행본 연구문헌

『헤겔과 그의 철학』, 김형석 지음, 연세대학교출판부, 1978.
『헤겔철학과 현대신학』, 김균진 지음, 대한기독교서회, 1980.
『헤겔철학 서설』, 오토 푀겔러 지음, 황태연 옮김, 도서출판 새밭, 1980.
『헤겔철학과 현대신학』, 김균진 지음, 대한기독교출판사, 1980.
『역사와 현실변증법: 헤겔 철학의 현대적 접근』, A. 꼬제브, 지음, 설헌영 옮김, 도서출판 한벗, 1981.
『헤겔의 사회철학』, 최재희 지음, 형설출판사, 1981.
『헤겔의 정치사상』, 슬로모 아비네리 지음, 김장권 옮김, 한벗, 1981.
『헤겔철학사상의 이해』, 한단석 지음, 한길사, 1981.
『헤겔에서 니체에로』, 카알 뢰비르 지음, 강희철 옮김, 삼일당, 1982.
『헤겔과 바르트』, 김균진 지음, 대한기독교서회, 1983.
『헤겔과 프랑스혁명』, 조하임 리터 지음, 김재현 옮김, 한울, 1983.
『헤겔 정신현상학 해설』, 황태연 편저, 도서출판 이삭, 1983.
『헤겔과 프랑크푸르트학파』, 곡교부 지음, 오세진 옮김, 진흥문화사, 1983.
『헤겔미학 입문』, 토마스 메춰・페터 스쫀디 지음, 여균동・윤미애 옮김, 종로서적, 1983.
『헤겔변증법연구』, R. P. 호르스트만 편역, 김창호・장춘익 옮김, 풀빛, 1983.
『헤겔의 사회철학』, M. 리델 지음, 황태연 옮김, 한울, 1983.

『헤겔의 정치사상』, 이영재 지음, 박영사, 1983.

『헤겔의 생애와 철학』, 최정희 지음, 이문출판사, 1983.

『헤겔 법철학 입문』, 고즈마 타다시 외 지음, 윤길순 옮김, 중원문화, 1984.

『헤겔 정신현상학과 논리학강의』, 황세연 엮음, 중원문화, 1984.

『헤겔 정신현상학 입문』, 리차드 노만 지음, 오영진 옮김, 한마당, 1984.

『헤겔의 정신현상학』, W. 마르크스 지음, 이강조 옮김, 형설출판사, 1984.

『헤겔의 존재론과 역사성이론의 기초』, H. 마르쿠제 지음, 황태연 옮김, 지학사, 1984.

『헤겔연구 1』, 임석진·황문수 편, 범우사, 1984.

『헤겔 변증법의 모색과 전망』, 임석진 지음, 종로서적, 1985.

『헤겔』, 월터 카우프만 지음, 김태경 옮김, 한길사, 1985.

『헤겔 철학연구』, 최재희 지음, 삼지원, 1985.

『헤겔과 현대』, 에르하르트 랑게 지음, 신민우 옮김, 풀빛, 1985.

『헤겔에서 니체에로』, 카알 뢰비트 지음, 강학철 옮김, 민음사, 1985.

『헤겔 이후의 역사철학』, H. 슈내델바하 지음, 이한우 옮김, 문예출판사, 1986.

『정치사상사 3: 헤겔과 마르크스의 사회·정치사상』, J. 플라므나츠 지음, 김홍명 옮김, 풀빛, 1986.

『헤겔 철학의 분석적 입문』, 리텔 지음, 이우석 옮김, 민중서각, 1986.

『청년헤겔 1』, G. 루카치 지음, 김재기 옮김, 동녘, 1986.

『헤겔연구 2』, 임석진 편, 중원문화, 1986.

『헤겔연구 3』, 임석진 편, 중원문화사, 1986.

『헤겔의 철학과 사상』, 택전장 지음, 이종한 옮김, 문호사, 1986.

『헤겔 사유 속의 이론과 실천』, 만프리드 리델 지음, 이병창 옮김, 이론과 실천, 1987.

『헤겔의 정신현상학』, C. 닝크 지음, 이충진 옮김, 청하, 1987.

『마르크스에서 헤겔로』, 게오르그 리히트하임 지음, 김대웅 외 옮김, 문학과지성사, 1987.

『헤겔에서 니체로』, 카알 뢰비트 지음, 민음사, 1987.

『청년헤겔 2』, G. 루카치 지음, 서유석·임춘길 옮김, 동녘, 1987.

『정신은 어떻게 나타나는가? 헤겔 정신현상학 입문』, 최성묵 지음, 이문출판사, 1988.

『마르크스주의와 헤겔』, 루시오 콜렛티 지음, 박찬국 옮김, 인간사랑, 1988.

『계몽과 해방: 헤겔과 마르크스와 베버의 동양세계관』, 송두율 지음, 한길사, 1988.

『이성과 혁명: 헤겔철학의 기초』, H. 마르쿠제 지음, 김현일·윤길순 옮김, 중원문화사, 1988.

『헤겔철학과 현대의 위기』, 찰스 테일러 지음, 박찬국 옮김, 서광사, 1988.

『헤겔연구 4』, 한국헤겔학회 편, 지식산업사, 1988.

『변증법의 현대적 전개 (1): 칸트로부터 헤겔까지』, W. 뢰트 지음, 임재진 옮김, 중원문화사, 1989.

『헤겔 법철학 비판』, K. 마르크스 지음, 홍영두 옮김, 아침, 1989.

『헤겔과 마르크스』, K. 베커 지음, 황태연 옮김, 중원문화사, 1989.

『헤겔에서 하이데거로』, 아르투르 휩셔 지음, 삼성미술문화재단, 1989.

『헤겔 철학의 이해 및 비판』, 김두하 지음, 중앙경제사, 1989.

『헤겔』, 월터 카우프만 지음, 김태경 옮김, 한길사, 1989.

『칸트·헤겔·마르크스는 이미 낡았는가』, 岩佐茂 外 지음, 김갑수 옮김, 보성출판사, 1989.

『헤겔의 정신현상학 1』, 장 이뽈리뜨 지음, 이종철·김상환 옮김, 문예출판사, 1989.

『헤겔의 정신현상학 2』, 장 이뽈리뜨 지음, 이종철 옮김, 문예출판사, 1989.

『헤겔 철학 개념과 정신현상학』, N. 하르트만 지음, 박만준 옮김, 천지, 1990.

『헤겔』, R. 크로너 지음, 유헌식 옮김, 청아출판사, 1990.

『헤겔의 노동의 개념』, 임석진 지음, 지식산업사, 1990.

『헤겔』, 정문길 지음, 고려대학교출판부, 1990.

『헤겔 변증법적 논리의 세계』, 최성묵 지음, 이문출판사, 1990.

『헤겔논리학입문』, 소판 진 지음, 권오걸 옮김, 한마당, 1990.

『헤겔에서 포퍼까지 사회철학의 문제들, 변증법과 유물론』, 강영계 지음, 철학과현실사, 1991.

『헤겔의 사회철학』, 최용규 지음, 형설출판사, 1991.

『헤겔의 정신현상학』, 베르너 마르크스 지음, 장춘익 옮김, 서광사, 1991.

『헤겔의 변증법』, N. 하르트만 지음, 박만준 옮김, 형설출판사, 1992.

『헤겔 변증법의 쟁점들』, J. E. 맥타가르트 지음, 이종철 옮김, 고려원, 1993.

『헤겔의 변증법』, H. 가다머 지음, 한정석 옮김, 경문사, 1993.

『헤겔 법철학 비판』, 칼 맑스 지음, 홍영두 옮김, 아침, 1994.

『헤겔에서 리오타르까지』, 표재명 외 지음, 지성의 샘, 1994.

『헤겔연구 5』, 한국헤겔학회 편, 청아출판사, 1994.

『헤겔의 사변철학』, 양무석 외 지음, 문경출판사, 1995.

『마르크스의 요강과 헤겔의 논리학』, 우찌다 히로시 지음, 김종기 옮김, 문원출판, 1995.

『이성과 종교, 헤겔 종교 철학 연구』, 이부현 지음, 서광사, 1995.

『헤겔의 역사 철학』, B. T. 윌킨스 지음, 최병환 옮김, 서광사, 1995.

『헤겔연구 6』, 한국헤겔학회 편, 청아출판사, 1995.

『헤겔의 신 개념』, 박영지 지음, 서광사, 1996.

『근대적 이성과 헤겔철학』, 임홍빈 지음, 고려대학교출판부, 1996.

『헤겔과 하이데거: 존재개념 비교연구』, G. 슈미트 지음, 조관홍 외 옮김, 이문출판사, 1996.

『헤겔 철학과 종교적 이념』, 최신한 지음, 한들, 1997.

『헤겔연구 7』, 한국헤겔학회 편, 청아출판사, 1997.

『헤겔 철학의 현대성』, 하워드 P. 케인스 지음, 이명준 옮김, 문학과지성사, 1998.

『헤겔의 자연철학』, L. G. 리히터 지음, 양우석 옮김, 서광사, 1998.

『정신현상학 쉽게 읽는 헤겔』, 랄프 루드비히 지음, 이동희 옮김, 이학사, 1999.

『헤겔』, G. 비더만 지음, 강대석 옮김, 서광사, 1999.

『헤겔연구 8: 임석진 교수 정년기념논총』, 한국헤겔학회 편, 한길사, 1999.

『헤겔』, 피터 싱어 지음, 연효숙 옮김, 시공사, 2000.

『헤겔의 가족철학』, 배장섭 지음, 얼과알, 2000.

『헤겔연구 9: 헤겔과 근대정신』, 한국헤겔학회 편, 한길사, 2000.

『정신현상학의 이해』, 박인성 저, 전주대학교 출판부, 2001.

『청년 헤겔, 통일의 철학』, 안재오 지음, 한울, 2001.

『칸트와 헤겔』, 한단석 지음, 한단석 지음, 사회문화연구소, 2001.

『헤겔』, 피터 싱어 지음, 연효숙 옮김, 시공사, 2002.

『헤겔 철학과 정신』, 한국헤겔학회, 철학과현실사, 2002.

『헤겔 철학과 현대 신학』, 김균진, 대한기독교출판사, 2002.

『헤겔 철학의 역사적 지평』, 한국헤겔학회 지음, 철학과현실사, 2002.

『헤겔과 맑스의 변증법 연구』, 문국진 지음, 도서출판 변증법, 2002.

『헤겔연구 10: 헤겔과 근대예술』, 한국헤겔학회 편, 철학과현실사, 2002.

『헤겔연구 11: 헤겔 철학의 역사적 지평』, 한국헤겔학회 편, 철학과현실사, 2002.

『헤겔연구 12』, 한국헤겔학회 편, 철학과 현실사, 2002.

『서양의 지적 전통 다 빈치에서 헤겔까지』, 브로노프스키 지음, 학연사, 2003.

『헤겔과 철학사』, 클라우스 뒤징 지음, 서정혁 옮김, 동과서, 2003.

『이성의 복권 헤겔 철학과 이성사회 실현』, 조극훈 지음, 2003.

『칸트와 헤겔 주체성과 인륜적 자유』, 이정일 지음, 동과서, 2003.

『헤겔연구 13: 헤겔철학의 재해석』, 한국헤겔학회 편, 철학과현실사, 2003.

『헤겔연구 14』, 한국헤겔학회 편, 동과서, 2003.

『헤겔철학의 유산』, 김진 지음, 울산대학교출판부, 2004.

『헤겔 절대정신과 변증법 비판』, 강영계 지음, 철학과현실사, 2004.

『헤겔 또는 스피노자』, P. 마슈레 저, 진태원 역, 이제이북스, 2004.

『헤겔연구 15』, 한국헤겔학회 편, 동과서, 2004.

『헤겔연구 16: 헤겔과 포스트구조주의』, 한국헤겔학회 편, 동과서, 2004.

『객관적 관념론과 그 근거짓기』, 비토리오 회슬레 지음, 이신철 옮김, 에코리브르, 2005.

『칸트에서 헤겔까지』, 이와사끼 다께오 지음, 한단석 옮김, 신아사, 2005.

『헤겔 근대 철학사 강의』, 하워드 P. 케인즈 지음, 강유원 옮김, 이제이북스, 2005.

『삶의 논리: 헤겔『대논리학』의 객체성과 이념론 분석』, 윤병태 지음, 용의숲, 2005.

『절대가 죽은 시대의 헤겔의 절대주의 철학은 과연 가능한가?』, 양우석 지음, 서광사, 2005.

『헤겔연구 17: 진리와 변증법』, 한국헤겔학회 편, 동과서, 2005.

『헤겔연구 18: 사회와 인간』, 한국헤겔학회 편, 동과서, 2005.

『진리를 향한 의식의 모험 헤겔의 정신현상학』, 강순전 지음, 김양수 그림, 삼성출판사, 2006.

『헤겔 철학과 학문의 본질』, 이광모 지음, 용의숲, 2006.

『포스트구조주의 헤겔 비판과 반비판』, 이성백 지음, 이학사, 2006.

『헤겔 대논리학의 자기의식 이론』, 이정은 지음, 한국학술정보, 2006.

『헤겔과 자연』, 이동희 지음, 제우스, 2006.

『헤겔과 독일관념론』, 권기철 지음, 철학과현실사, 2006.

『개념논리학: 헤겔 ‘대논리학’의 주관성이론에 대한 분석』, 윤병태 지음, 용의숲, 2006.

『헤겔과 맑스의 변증법 철학 헤겔 대논리학과 맑스 그룬드리세 그리고 현대의 변증법』, 문국진 지음, 변증법, 2006.

『헤겔 영원한 철학의 거장』, 테리 핀카드 지음, 전대호·태경섭 옮김, 이제이북스, 2006.

『헤겔연구 19: 미와 변증법』, 한국헤겔학회 편, 동과서, 2006.

『칸트 그리고 헤겔』, 윤병태 지음, 용의숲, 2007.

『청년기 헤겔철학』, 윤병태 지음, 용의숲, 2007.

『칸트와 헤겔에 있어서 인륜적 자유: 당위론적 의무와 목적론적 일치의 지평에서』, 이정일 지음, 한국학술정보, 2007.

『헤겔과 성적 차이의 페미니즘』, 엘리슨 스톤 지음, 윤소영 옮김, 공감, 2007.

『헤겔 입문』, 황세연 지음, 중원문화, 2007.

『세계정신의 오디세이: 헤겔 철학을 넘어서』, 이광모 지음, 프로네시스, 2007.

『차이와 연대: 현대 세계와 헤겔의 사회 정치철학』, 나종석 지음, 길, 2007.

『부정적인 것과 함께 머물기: 칸트, 헤겔, 그리고 이데올로기 비판』, 슬라보예 지젝 지음, 이성민 옮김, 도서출판b, 2007.

『정신현상학』, 최신한 지음, 살림, 2007.

『헤겔의 체계 1: 체계의 발전과 논리학』, 비토리오 회슬레 지음, 권대중 옮김, 한길사, 2007.

『헤겔과 일반화된 마르크스주의』, 윤소영 지음, 2007.

『헤겔』, 로이드 스펜서 지음, 윤길순 옮김, 김영사, 2007.

『법철학 강요』, 서정혁 옮김, 지만지고전천줄, 2008.

『칸트에서 헤겔로』, 강순전 지음, 철학과현실사, 2008.

✠ 일본어로 읽을 수 있는 헤겔 연구문헌 일람 ✠

(수록 범위는 메이지로부터 1991년까지의 단행본(및 잡지의 특집). 저자명은 원본의 표기를 따르며 통일하지 않았다. 다키구치 기요에이(瀧口清榮)―(옮긴이) 일본인 저자와 역자, 그리고 출판사는 한자로 표시하고, 문헌명은 우리말로 옮겨 놓았다.)

1. 일본어로 씌어진 저작

中島力造, 헤겔, 편년체 서양철학사 (하), 1898.

今澤慈海, 헤겔, 서양 선철상 전 (中島力 편), 1912.

紀平正美, 헤겔의 철학, 철학강좌 6, 8, 9, 12, 近代社, 1926~1927.

三木 淸, 헤겔과 마르크스, 유물사관과 현대의 의식 (三木淸), 岩波書店, 1928.

小山鞆繪, 헤겔, 암파강의 제1차 세계사조 11, 1929.

松原 寬, 헤겔 철학 이야기, 同文館, 1931.

三枝博音, 헤겔 논리의 과학―그 파악을 위하여, 力江書院, 1931, 1949년에 柳澤書店에서 재간.

近藤俊二 (편) 국제 헤겔 연맹 일본판 (백주년 기념) 헤겔과 헤겔주의, 岩波書店, 1931. 이하 10편의 논문을 수록한다.
　　　　　大西克礼: 헤겔의 미학과 낭만주의, 西田幾多郎: 나의 입장에서 본 헤겔의 변증법, 三木淸: 변증법의 존재론적 해명, 高橋里美: 헤겔주의와 신칸트주의, 田辺元: 헤겔에서의 이성적과 현실적의 일치, 小山鞆繪: 비판과 체계, 닝크: 헤겔 철학의 기초 (栗田賢三 역), 클라우스: 헤겔에서의 경제와 사회 (近藤俊二 역), 센: 문학가로서의 헤겔 (宇多五郎・八百淸顯 역), 푸슈왈러: 스콜라학과 헤겔 부흥 (吉滿義彦 역).

ヘーゲル研究會 (편), 변증법을 이해하기 쉽게 파악한다, 人文書房, 1931.

赤松 要, 헤겔 철학과 경제과학, 同文館, 1931.

理想社 (편), 헤겔 부흥 (합본), 理想社, 1931.

東洋學藝協會 (편), 헤겔 철학 총론, 潮書房, 1931.

松原 寬, 헤겔과 역사철학, 同文館, 1931.

三枝博音・今田竹千代 (편), 헤겔의 관념론적, 마르크스의 유물론적 변증법 신연구, モナス社, 1931.

早稻田大學文學部 (편), 헤겔 철학 (1), 新建社, 1931.

田辺 元, 헤겔 철학과 변증법, 岩波書店, 1932. 1963년에 田辺元 전집 3 (筑摩書房)에 수록.

三木 淸 (편), 스피노자와 헤겔 (국제 헤겔 연맹 일본판), 岩波書店, 1932.

土方定一, 헤겔의 미학―유물론 미학에 대한 하나의 기여, 木星社書員, 1932.

田村 實, 헤겔의 법률철학, 建設社, 1934.

甘粕石介, 헤겔 철학으로의 길, 淸和書店, 1934. 1974년에 解放社에서 재간.

鈴木龍司, 헤겔의 선구자들, 右文書院, 1935.

務臺理作, 헤겔 연구, 弘文堂, 1935.

高山岩男, 헤겔, 서철총서, 弘文堂書房, 1936.

矢崎美盛, 헤겔 정신현상론, 岩波書店, 1936.

陶山 務, 헤겔 철학 개설, 大都書房, 1939.

鈴木龍司, 헤겔의 철학, 右文書院, 1939. 1949년에 古明地書店에서 재간.

鈴木權三郎, 헤겔주의의 철학, 세계 정신사 강좌 5, 理想社, 1940.

武市健人, 헤겔의 사회윤리, 암파강좌 윤리학 5, 1941. 1944년에 역사존재론의 연구(櫻井書店)에 수록.

金子武藏, 헤겔의 국가관에 관하여 (Hegel: Philosophie des Rechts. 별책·해제), 岩波書店, 1942.

鈴木權三郎, 헤겔 철학 연구, 岩波書店, 1943.

金子武藏, 헤겔의 국가관, 岩波書店, 1944. 1984년 증보판.

松村一人, 헤겔 윤리학 연구, 北隆館, 1944. 1951년에 靑木文庫에 수록.

田村 實, 헤겔 역사철학, 關書院, 1946.

武市健人, 헤겔 논리학의 세계, 福村書店, (상) 1947, (중) (하) 1948. 1970년 재간.

眞下信一, 헤겔 변증법 입문, 三笠書房, 1948.

高橋 亘, 절대와 심연―헤겔과 키르케고르, 理想社, 1948.

岩崎勉·武市健人 외, 헤겔 철학 해설, 冬書房, 1948.

船山信一, 헤겔에서의 역사와 논리, 民友社, 1948.

河原廣三, 헤겔 논리학 해설, 信修社, 1948.

田中 晃, 헤겔의 사회철학, 關書院, 1948.

松永 材, 헤겔의 철학, 風間書房, 1949.

三浦つとむ, 변증법을 어떻게 배워야만 할까, 双流社, 1949. 1975년에 季節社에서 복각판.

金子武藏, 헤겔의 변증법, 변증법 노트, 1949.

武市健人, 헤겔과 마르크스, 福村書店, 1950. 1970년 재간.

武市健人, 헤겔 논리학의 체계―변증법의 기본구조, 岩波書店, 1950.

松村一人·甘粕石介, 헤겔, 아테네 문고, 弘文堂, 1952.

黒田寬一, 헤겔과 마르크스―기술론과 사적 유물론·서설, 理論社, 1952. 1968년에 現代思潮社에서 재간.

三浦つとむ, 변증법은 어떠한 과학인가, 講談社, 1955. 198년에 개정증보판.

松村一人, 헤겔의 논리학, 勁草書房, 1959.

梯 明秀, 헤겔 철학과 자본론, 未來社, 1959.

高柳 茂, 헤겔 변증법과 분석철학, 현대 철학의 기초 (植田淸次 편), 早稻田大學出版部, 1960.

船山信一, 헤겔 철학의 체계와 방법, 未來社, 1961. 1969년에 신편 재간.

樫山欽四郎, 헤겔 정신현상학의 연구, 創文社, 1961.

高峯一愚, 법·도덕·윤리―헤겔의 법철학에 관하여, 理想社, 1961.

大村晴雄, 헤겔의 판단론, 小峯書店, 1961.

金子武藏, 헤겔의 정신현상학, 南佐久哲學會, 1962. 1973년 以文社에서 재간.

船山信一, 헤겔 철학체계의 생성과 구조, 岩波書店, 1963. 1970년 재간.

헤겔 특집, 理想 No. 377, 理想社, 1964.

哲學會 (편), 헤겔 철학의 재검토, 哲學雜誌 No. 751, 1964.

本多修郎, 헤겔과 자연변증법, 세계사에서의 일본의 문화 (三枝博音 기념논문집), 제1법규, 1965. 1970년에 헤겔과 자연변증법(미래사)에 수록.

中埜 肇, 헤겔 연구, 理想社, 1965.

河原廣三, 헤겔에의 길과 그의 철학 (전6책), 哲學普及會, (1) 1966, (2) 1968, (3) 1969, (4) (5) 1970, (6) 1975, 제3분책 · 제4분책 1977년 개정판, 제5분책 1976년 개정판.

上妻 精, 인간과 역사―헤겔 『정신현상학』에 입각한 사회윤리의 탐구 (淡野安太郎 · 城塚登 편), 勁草書房, 1968.

許 萬元, 헤겔에서의 현실성과 개념적 파악의 논리, 大月書店, 1968. 1987년 증보판.

上妻 精, 헤겔과 기독교 윤리, 기독교 (일본윤리학회 편), 理想社, 1968.

中埜 肇, 헤겔―이성과 현실, 中公新書, 1968.

茅野良男, 변증법 입문, 講談社現代新書, 1969.

本多修郎, 헤겔과 자연변증법, 未來社, 1970.

中埜 肇, 헤겔, 세계의 사상가들, ミネルヴァ書房, 1970.

樫山欽四郎, 헤겔 논리학의 연구, 創文社, 1970.

澤田 章, 헤겔, Century Books, 淸水書院, 1970.

津田道夫, 헤겔과 마르크스―마르크스 학도의 『법의 철학』 해독 I, 季節社, 1970.

헤겔 특집, 理想 No. 555, 岩波書店, 1970. 9.

헤겔 특집, 理想 No. 449, 理想社, 1970. 10.

小林利裕, 헤겔 연구, 三修社, 1971.

武市健人, 변증법의 문제, 武市健人 선집 4, 福村出版, 1971.

細谷貞雄, 청년 헤겔의 연구, 未來社, 1971.

本多修郎, 헤겔 변증법과 과학, 理想社, 1971.

武市健人, 헤겔과 마르크스, 武市健人 선집 2, 福村出版, 1972.

許 萬元, 헤겔 변증법의 본질, 靑木書店, 1972.

谷嶋喬四郎, 변증법의 사회사상사적 고찰―헤겔 · 마르크스 · 베버―, 東京大學出版會, 1972.

中埜 肇, 변증법, 中公新書, 1973.

헤겔 특집, 現代思想 vol. 1. 12, 靑土社, 1973. 12.

廣松 涉, 마르크스주의의 줄거리―헤겔에서 마르크스로, 勁草書房, 1974.

長谷川宏, 헤겔의 역사의식, 紀伊國屋新書, 1974. 1982년 신장판.

宮本冨土雄 (편), 헤겔과 현대, 理想社, 1974.

三枝博音, 헤겔 대논리학, 三枝博音 저작집 제2권, 中央公論社, 1974.

中埜 肇, 헤겔 철학의 근본에 있는 것, 以文社, 1974.

速水敬二, 헤겔의 수업편력시대, 筑摩書房, 1974.

米倉 守, 정신현상학의 논리, 同學社, 1974.

井尻正二, 헤겔 『정신현상학』에서 배운다, 筑地書館, 1975.

大井 正, 마르크스와 헤겔학파, 福村出版, 1975.

茅野良男, 독일 관념론의 연구, 創文社, 1975.

堀江忠男, 변증법경제학 비판―헤겔 · 마르크스 · 우노(宇野)의 '허위', 早稻田大學出版部, 1975.

牧野紀之, 헤겔 연구 입문, 계명쌍서 14, 鷄鳴出版, 1975.

鷲田小弥太, 헤겔 『법철학』 연구서론, 新泉社, 1975.

大村晴雄, 헤겔의 본질논리, 以文社, 1976.

栃原敏房, 헤겔 정신현상학 연구, 福村出版, 1976.

見田石介, 헤겔 논리학과 사회과학, 見田石介 저작집 제1권, 大月書店, 1976.

헤겔 특집, 情況 No. 101, 情況出版, 1976. 11.

甘粕石介, 헤겔 철학에로의 길, 見田石介 저작집 보권, 大月書店, 1977.

稻葉 稔, 소외의 문제, 創文社, 1977.

岩崎武雄, 칸트에서 헤겔로, UP선서, 東京大學出版會, 1977.

田原八郎, 헤겔 논리학의 연구―비판의 논리, イザラ書房, 1977.

田原八郎, 헤겔 논리학 주해, イザラ書房, 1977.

水野建雄, 헤겔 역사철학 연구―역사적 이성의 성립과 구조, 南窓社, 1977. 1983년 증보판.

宮本十藏, 철학의 이성―헤겔과 마르크스 연구서설, 合同出版, 1977.

鯵坂眞・有尾善繁・鈴木茂 편, 헤겔 논리학 입문, 有斐閣신서, 有斐閣, 1978.

將積 茂, 헤겔 논리학과 변증법, 合同出版, 1978.

田原八郎, 헤겔 정신현상학 논고, イザラ書房, 1978.

許萬 元, 인식론으로서의 변증법, 靑木書店, 1978.

粂 康弘, 독일 관념론의 역사적 성격, 勁草書房, 1978.

헤겔 특집, 理想 No. 540, 理想社, 1978. 5.

헤겔 특집, 現代思想 vol. 6. 16, 靑土社, 1978. 12.

豊福淳一, 헤겔과 키르케고르, 高文堂新書, 1979.

中埜 肇, 헤겔 철학의 기본구조, 以文社, 1979.

藤原保信, 정치철학의 복권, 新評論, 1979.

牧野紀之, 헤겔에서 레닌으로, 계명쌍서, 鷄鳴出版, 1979.

見田石介, 헤겔 대논리학 연구 제1권 (헤겔 논리학 연구회 편), 大月書店, 1979.

向井俊彦, 유물론과 헤겔 연구, 文理閣, 1979.

井尻正二, 헤겔 『대논리학』에서 배운다, 筑地書館, 1980.

加藤尙武, 헤겔 철학의 형성과 원리―이념적인 것과 경험적인 것의 교차, 未來社, 1980.

金子武藏 (편), 헤겔, 일본윤리학회 논집 15, 以文社, 1980.

上妻精・小林靖昌・高柳良治, 헤겔 법의 철학, 有斐閣신서, 有斐閣, 1980.

城塚 登, 헤겔, 인류의 지적 유산 46, 講談社, 1980.

出口純夫, 정신과 언어―헤겔 연구, 創文社, 1980.

廣松 涉, 변증법의 논리, 靑土社, 1980.

牧野紀之, 헤겔의 수업, 계명쌍서 19, 鷄鳴出版, 1980.

見田石介, 헤겔 대논리학 연구 제2권 (헤겔 논리학 연구회 편), 大月書店, 1980.

見田石介, 헤겔 대논리학 연구 제3권 (헤겔 논리학 연구회 편), 大月書店, 1980.

米川 浩, 헤겔 논리학과 『자본론』―변증법적 유물론의 기초적 연구, 米川硏究所, 1980.

加藤尙武 (편), 역사철학의 지평, 河出書房新社, 1981.

山崎庸佑 (편), 현상학에서 역사철학으로, 河出書房新社, 1981.

岩崎武雄, 칸트・헤겔과 그 주변, 岩崎武雄 저작집 제4권, 新地書房, 1982.

岩崎充胤 (편), 헤겔의 사상과 현대, 汐文社, 1982.

谷 喬夫, 헤겔과 프랑크푸르트학파—정치철학의 근본문제, 御茶の水書房, 1982.

田原八郎, 논리의 현상학—헤겔을 읽는다, せりか書房, 1982.

難波田春夫, 스미스・헤겔・마르크스, 難波田春夫 저작집 제2권, 早稲田大學出版部, 1982.

藤原保信, 헤겔 정치철학 강의—인륜의 재흥, 御茶の水書房, 1982.

牧野紀之, 헤겔과 함께, 계명쌍서 20, 鷄鳴出版, 1982.

山下太郎, 사회존재의 이법—헤겔과 쇼펜하우어, 公論社, 1982.

栗田義彦 외, 독일 관념론 철학의 원리, 高文堂, 1983.

井尻正二, 헤겔에게서 배운다, 井尻正二, 선집 제9권, 大月書店, 1983.

井尻正二, 변증법의 핵심, 井尻正二, 선집 제10권, 大月書店, 1983.

大橋良介, 헤겔 논리학과 시간성—'장소'의 현상학으로, 創文社, 1983.

加藤尚武 (편), 헤겔『정신현상학』입문, 有斐閣신서, 有斐閣, 1983.

笹澤 豊, 헤겔 철학 형성의 과정과 논리, 哲書房, 1983.

岩波哲男, 헤겔 종교철학의 연구—헤겔과 기독교, 創文社, 1984.

粂 康弘, 체계와 방법—철학적 이론 구성과 변증법, ぷろぱあ叢書, 世界書院, 1984.

姜 尚暉, 헤겔 대논리학 정해 (상), ミネルヴァ書房, 1984.

佐佐木孝洋, 청년 헤겔의 사색, 九州大學出版會, 1984.

高橋昭二, 청년 헤겔에서의 매개의 사상 (상), 晃洋書房, 1984.

高橋昭二, 칸트와 헤겔, 晃洋書房, 1984.

船山信一, 헤겔 철학과 니시다(西田) 철학, 未來社, 1984.

宮川 透, '신앙'과 '지식'—헤겔의 세계, 朝日出版社, 1984.

渡部光男, 초기 헤겔・키르케고르・틸리히, 杉山書店, 1984.

大井 正, 헤겔학파와 기독교, 未來社, 1985.

中本征利, 프로이트와 헤겔—성의 사상사, 勁草出版サービスセンター, 1985.

內田 弘, 중기 마르크스의 경제학 비판—『요강』과 헤겔『논리학』, 有斐閣, 1985.

山崎照雄, 근원과 유동—Vorsokratiker・Herakleitos・Hegel론, 慶応應信, 1985.

岩佐 茂 외, 철학의 리얼리티—칸트・헤겔・마르크스, 有斐閣, 1986.

柴田高好, 헤겔의 국가 이론, 日本評論社, 1986.

柴田隆行, 헤겔에서의 자유와 공동, 北樹出版, 1986.

中埜 肇 (편), 헤겔 철학 연구, 理想社, 1986.

藤田正勝, 청년 헤겔, 創文社, 1986.

山田忠彰, 헤겔론—이성과 타성, 비평사, 1986.

藤原保信 (편), 계몽정치사상의 극복—근대 정치사상 연구 Ⅲ, 成文堂, 1986.

大村晴雄, 뵈메와 헤겔, 高文堂出版社, 1987.

加藤尚武 (편), 헤겔 독본, 法政大學出版局, 1987.

杉田正樹, 헤겔 시론, 八千代出版, 1987.

谷口孝夫, 의식의 철학—헤겔과 마르크스, 批評社, 1987.

長谷川宏, 격투하는 이성—헤겔, 니체, 키르케고르, 河出書房新社, 1987.

太田喬夫 외 (편), 독일의 미학자들, 昭和堂, 1987.

牧野紀之, 헤겔과 자연생활운동, 鷄鳴雙書 34, 鷄鳴出版, 1987.

良知力, 헤겔 좌파와 초기 마르크스, 岩波書店, 1987.

芹澤 功 (편), 현대에 말하기 시작하는 정치사상사, 昭和堂, 1987.

山口裕弘, 근대지의 반조―헤겔의 진리 사상, 學陽書房, 1988.

加藤尙武 외 (편), 헤겔 철학의 현재, 世界思想社, 1988.

許 萬元, 변증법의 이론, 創風社, 1988.

武田趙二郞, 청년 헤겔의 지평―그 아포리아와 현대, 1988.

田村一郞, 독일 관념론에서의 '자율사상'의 전개, 北海道大學圖書刊行會, 1989.

南原一博, 정치철학의 변환―헤겔과 서양근대, 未來社, 1988.

岩本光悅, 자아·판단·세계, 法律文化社, 1989.

小林道憲, 헤겔 『정신현상학』의 고찰―부정성의 근거를 찾아서, 理想社, 1989.

四日谷敬子, 역사에서의 시의 기능―헤겔 미학과 횔덜린, 理想社, 1989.

城塚登·濱井修 (편), 헤겔 사회사상과 현대, 東京大學出版會, 1989.

특집 헤겔 논리학, 理想 No. 641, 理想社, 1989년 겨울호.

中山 愈, 헤겔의 실존사상 연구, 以文社, 1990.

京都ヘーゲル讀書會 (편), 헤겔 학보―서양 근현대 철학 연구, 창간호, 京都ヘーゲル讀書會, 1990.

廣松涉·坂部惠·加藤尙武 (편), 헤겔―시대와의 대화, 강좌 독일 관념론 5권, 弘文堂, 1990.

靑山政雄, 사회비판의 철학―헤겔·마르크스·마르쿠제 연구 서설, 北樹出版, 1990.

南條文雄, 인류의 철학―헤겔·칸트·루소와 현대, 北樹出版, 1991.

ヘーゲル論理學硏究會 (편), 헤겔 대논리학―개념론의 연구, 大月書店, 1991.

佐藤康邦, 헤겔과 목적론, 昭和堂, 1991.

山口祐弘, 독일 관념론에서의 반성이론, 勁草書房, 1991.

岩佐茂·島崎隆·高田純 (편), 헤겔용어사전, 未來社, 1991.

四日谷敬子, 존재·사유·개체성―독일 관념론과 헤겔 논리학, 世界書院, 1991.

廣松 涉, 헤겔 그리고 마르크스, 靑土社, 1991.

幸津國生, 철학의 욕구―헤겔의 '욕구의 철학', 弘文堂, 1991.

2. 번역

K. 마르크스, 헤겔 법리학 비판 (嘉治隆一 역), 我等 6-Ⅳ, 1924.

W. 빈델반트, 플레르디엔 (서곡) 상권 (河東涓 역), 岩波書店, 1926.

W. 빈델반트, 철학의 근본문제 (상) (松原寬 역), 同文館, 1926.

G. V. 플레하노프, 헤겔론 (笠信太郞 역), 同文館, 1927.

―――――, 헤겔 비판―헤겔 서거 60년에 즈음하여 (川內唯彦 역), 叢文閣, 1927.

B. 크로체, 헤겔 철학 비판 (高見澤榮壽 역), 甲子社書房, 1927.

B. 크로체, 헤겔에서 살아 있는 것과 죽은 것 (吉岡佐太郞 역), 批評社, 1928.

K. 피셔, 헤겔 철학 해설 (坂上詢一郎 역), 白揚社, 1928.

H. 파르켄하임, 헤겔 (大橋勉 역), 대사상가, 岩波書店, 1929.

V. I. 레닌, 헤겔『논리의 과학』대강 (川內唯彦 역), 叢文閣, 1929.

W. 딜타이, 헤겔의 청년 시대, 딜타이 논문집 (栗林茂 역), 丸善書店, 1929.

S. 마룩크, 헤겔주의와 마르크스주의 (奈良岡茂男 역), 岩波書店, 1930.

A. M. 데보린, 변증법, 헤겔 논리학 비판 (川內唯彦 역), 鐵塔書院, 1930.

N. 하르트만, 아리스토텔레스와 헤겔 (樺俊雄 역), 岩波書店, 1930.

이 바인슈타인, 헤겔 변증법 비판 (直井武夫 역), 春陽堂, 1931.

H. 글로크너, 헤겔 부흥과 신헤겔주의 (大江精志郎 역), 理想社, 1931.

L. 포이어바흐, 헤겔 철학의 비판 (牧野英二 역), 포이어바흐 저작집 4, 共生閣, 1931.

K. 로젠크란츠, 헤겔 철학체계 해설 (和田治平 역), 白揚社, 1931.

R. 하임, '헤겔'과 그의 시대 (松本芳景 역), 白揚社, 1932.

J. 로이스, '칸트'에서 '헤겔'로 (小倉好雄 역), 白揚社, 1932.

W. 모크, 헤겔학파사 (土方定一 역), 刀江書院, 1932.

H. 로젠베르크, 헤겔 해석사 (松岳謙一 역), 刀江書院, 1932.

국제헤겔연맹, 국제헤겔연맹 논총 제1집, 政經書院, 1932.

三木 淸 (편), 국제헤겔연맹 일본판 스피노자와 헤겔, 岩波書店, 1932.

プロレタリア科學硏究所・ソヴェート同盟硏究會, 헤겔 변증법 비판, (ソヴェート同盟硏究會 편), 1932.

R. 하우스, 헤겔 철학과 마르크스주의 (坂本德松 역), 同人社, 1933.

L. 포이어바흐, 헤겔 철학의 비판 (佐野文夫 역), 岩波書店, 1933.

M. B. 미틴 외, 헤겔과 변증법적 유물론 (廣島定吉 역), ナウカ社, 1933.

H. A. 레이방, 헤겔 철학으로의 길 (陶山務・所一郎 역), 章華社, 1933.

N. 하르트만, 헤겔의 변증법 (長屋喜一・日高乾峰・小松攝郎 역), 同文館, 1934.

N. 하르트만, 헤겔의 사상체계 (長屋喜一・日高乾峰・小松攝郎 역), 同文館, 1934.

N. 하르트만, 헤겔의 정신현상론 (長屋喜一・日高乾峰・小松攝郎 역), 同文館, 1934.

G. V. 플레하노프, 헤겔론 (笠信太郎 역), 岩波文庫, 1934.

K. 피셔, 헤겔 전기 (甘粕石介 역), 三笠書房, 1935.

V. V. 아드라츠키, 헤겔 변증법의 비판 (永田広志 역), 白揚社, 1936.

K. 피셸, 헤겔 정신철학 개요 (상 하 2책) (田村實 역), 改造文庫, 改造社, 1936. 1977년 改造圖書出版에서 복각.

W. 딜타이, 청년 시대의 헤겔 (甘粕石介 역), 三笠書房, 1939. 1976년 名著刊行會에서 복각.

W. 딜타이, 청년 헤겔 (栗林茂 역), 大學書林, 1939.

K. 마르크스, F. 엥겔스, 헤겔 철학과 변증법 (田村實 역), 關書院, 1947.

슈에글러, 헤겔—생애・방법・체계 (田村實 역), 關書院, 1947.

K. 마르크스, 헤겔 법철학 비판 서설 (笹川儀三郎 역), 蘭書房, 1948.

L. 포이어바흐, 헤겔 철학의 비판 (佐野文夫 역), 岩波文庫, 1950.

K. 마르크스, 헤겔 법철학 비판 서설 (マルクス・エンゲルス選集刊行會 역), 마르크스・엥겔스 선집 (보 4), 大月書店, 1951.

R. 뢰비트, 헤겔・마르크스・키르케고르 (柴田治三郎 역), 要書房, 1951.

K. 뢰비트, 헤겔에서 니체로 (柴田治三郎 譯), 岩波書店, (1) 1952, (2) 1953, 1971년 재간.

H. 마르쿠제, 이성과 혁명—헤겔과 사회이론의 흥륭 (桝田啓三郎・中島盛夫・向来道男 譯), 岩波書店, 1961.

K. R. 포퍼, 자유사회의 철학과 그 논적—예언의 전성기: 헤겔 및 마르크스 (武田弘道 譯), 泉屋書店, 1963.

W. H. 윌레스, 헤겔 철학 입문 (전 5책) (河原光三 譯), 哲學普及會, 1966-1969.

J. 리터, 헤겔과 프랑스 혁명 (出口純夫 譯), 理想社, 1966.

G. R. G. 뮤어, 헤겔의 철학 (中尾隆司 譯), 關書院新社, 1967.

G. 루카치, 청년 헤겔 (상) (하) (生松敬三 외 譯)『루카치 저작집』제10, 11권, 白水社, 1969. 1987 중판.

G. 루카치, 마르크스주의 미학을 위하여 (男澤淳 외 譯),『루카치 저작집』제7권, 白水社, 1969. 1987 중판.

K. 마르크스, 헤겔 법철학 비판 서론 (眞下信一 譯), 大月書店, 1970.

J. 하버마스, 프랑스 혁명에 대한 헤겔의 비판, 사회철학 논집 I (細谷貞雄 譯), 未來社, 1970. 1975년『이론과 실천』수록.

J. 이폴리트, 마르크스와 헤겔 (宇津木正・田口英治 譯), 法政大學出版局, 1970.

W. R. 바이어 외, 헤겔의 전체상 (岩淵慶一 외 譯), 啓隆閣, 1970.

R. 하이스, 변증법의 본질과 형태들 (加藤尚武 譯), 未來社, 1970. 1981년 개정판.

J. 하버마스, 이데올로기로서의 기술과 학문 (長谷川宏・北原章子 譯), 紀伊國屋書店, 1970. 1977년 신장판.

W. R. 바이어 외, 현대 헤겔 연구 (村上嘉隆 외 譯), 啓隆閣, 1971.

K. 피셔, 헤겔의 생애 (玉井茂・磯江景孜 譯), 헤겔 I, 勁草書房, 1971. 1987년 재간.

E. 랑게, 헤겔과 우리—마르크스주의에 대한 철학적 최대 유산 (眞下信一 譯), 大月書店, 1971.

J. 이폴리트, 헤겔 정신현상학의 생성과 구조 (市倉宏祐 譯), 岩波書店, (상) 1972, (하) 1973.

G. 루카치, 모제스 헤스와 관념변증법의 문제들 (良知力・三宏啓二 譯), 岩波書店, 未來社, 1972.

R. 세로, 헤겔 철학 (高橋允昭 譯), 문고 크세쥬 542, 白水社, 1973.

E. 토피취, 헤겔의 사회철학 (宇治琢美 譯), 未來社, 1973.

L. 알튀세르, 정치와 역사—몽테스키외・루소・헤겔과 마르크스 (西川長夫・坂上孝 譯), 紀伊國屋書店, 1974.

J. 이폴리트, 헤겔 역사철학 서설 (渡辺義雄 譯), 朝日出版社, 1974.

G. 바타이유, 헤겔의 변증법의 근저에 관한 비평 (片山正樹 譯),『바타이유 저작집』제12권, 二見書房, 1974, p. 189-212.

K. 마르크스, 헤겔 법철학 비판 서설 (城塚登 譯), 岩波文庫, 1974.

F. 뮐러, 소외와 국가—루소・헤겔・마르크스 (清水正德・山本道雄 譯), 福村出版, 1974.

J. 이폴리트, 논리와 실존—헤겔 논리학 시론 (渡辺義雄 譯), 朝日出版社, 1975.

W. H. 월쉬, 헤겔 윤리학 (田中芳美 譯), 法律文化社, 1975.

W. 카우프만, 헤겔—재발견・재평가 (栃原敏房・齊藤博道 譯), 理想社, 1975.

K. 뢰비트, 헤겔과 헤겔좌파 (麻生建 譯), 未來社, 1975.

W. 딜타이, 헤겔의 청년 시대 (久野昭・水野建雄 譯), 以文社, 1976.

C. 바케스 편, 헤겔 철학의 문제들 (生松敬三 외 譯), 현대사상총서, 靑土社, 1976.

M. 리델, 법철학—그 성립과 구조 (清水正德・山本道雄 譯), 福村出版, 1976.

G. 리히트하임, 마르크스에서 헤겔로 (小牧治 외 譯), 未來社, 1978.

H.-G. 가다머, 헤겔 논리학의 이념 (安井邦夫 譯),『변증법의 근본문제』수록, 晃洋書房, 1978, p. 25-60.

M. 하이데거, 헤겔과 그리스인 (竹市明弘・長澤邦彦 譯),『변증법의 근본문제』수록, 晃洋書房, 1978, p. 1-24.

I. 페쳐, 헤겔—그 위대함과 한계 (加藤尚武・座小田豊 譯), 理想社, 1978.

J. 프람나츠, 근대 정치사상의 재검토 4 (藤原保信 譯), 早稻田大學出版部, 1978.

W. 베커, 관념적 변증법과 유물론적 변증법 (安井邦夫・長澤邦彦・四日谷敬子 譯), 『변증법의 근본문제』 수록, 晃洋書房, 1978, p. 61-273.

D. 헨리히, 현대의 예술과 예술철학—헤겔을 고려하여 (西谷祐作・物部晃二 譯), 『예술철학의 근본문제』 수록, 晃洋書房, 1978, p. 1-48.

J. 데리다, 헤겔의 시대 (白井健三郎 譯), 브리태니커 총서, 日本ブリタニカ, 1980.

N. 톨스토르프, 키르케고르의 헤겔에 대한 관계 (大谷長 외 譯), 東方出版, 1980.

J. 동트, 알려지지 않은 헤겔—헤겔 사상의 원류에 관한 연구 (飯塚勝久・飯島勉 譯), 未來社, 1980.

K. R. 포퍼, 열린 사회와 그 적 제2부 (小河原誠・內田詔夫 譯), 未來社, 1980.

H. 마르쿠제, 헤겔 존재론과 역사성의 이론 (吉田茂芳 譯), 未來社, 1980.

Ch. 테일러, 헤겔과 근대 사회 (渡辺義雄 譯), 岩波書店, 1981.

Z. A. 펠친스키 (편), 헤겔의 정치철학 (상) (하) (藤原保信 외 譯), 御茶の水書房, 1981.

W. 마르크스, 헤겔의 『정신현상학』 (上妻精 譯), 理想社, 1981.

F. 비트만, 헤겔 (中埜肇・加藤耀子 譯), 로로로 전기총서, 理想社, 1982.

R. 노먼, 헤겔 『정신현상학』 입문 (宮坂眞喜弘 譯), 御茶の水書房, 1982.

H. 부브너, 생과 반성—헤겔의 「1800년의 체계단편 제1부」에서의 철학과 종교 (樋口寬 譯), 上田閑照 편, 『독일 신비주의 연구』 수록, 創文社, 1982, p. 635-663.

R. K. 호체발, 헤겔과 프로이센 국가 (壽福眞美 譯), 法政大學出版局, 1982.

K. I. 글리언, 헤겔과 위기의 시대의 철학 (橋本剛・高田純 譯), 御茶の水書房, 1983.

J. 동트, 베를린의 헤겔 (杉山吉弘 譯), 法政大學出版局, 1983.

K. 피셔, 헤겔의 논리학・자연철학 (玉井茂・岸本晴雄 譯), 헤겔 3, 勁草書房, 1983.

S. 후크, 헤겔에서 마르크스로 (小野八十吉 譯), 御茶の水書房, 1983.

R. 부브너, 변증법과 과학 (加藤尚武・伊坂青司・竹田純郎 譯), 未來社, 1983.

M. 메를로-퐁티, 헤겔에서의 실존주의 (瀧浦靜雄 譯), 『의미와 무의미』, みすず書房, 1983, p. 91-102.

K. 로젠크란츠, 헤겔 전기 (中埜肇 譯), みすず書房, 1983.

M. 볼프, 모순의 개념—18세기 사상과 헤겔 변증법 (山口祐弘 외 譯), 學陽書房, 1984.

F. 코플스톤, 독일 관념론의 철학 (池田俊彦 외 譯), 以文社, 1984.

J. 데리다, 헤겔의 시대 (白井健三郎 譯), 國文社, 1984.

K. 피셔, 헤겔의 정신철학・역사철학 (玉井茂・將積茂 譯), 헤겔 4, 勁草書房, 1984.

M. 리델, 제도의 변증법—헤겔 법철학의 역사적, 체계적 구조에 관하여 (笹倉秀男 외 譯), 『해석학과 실천철학』, 以文社, 1984.

W. 뢰트, 변증법의 철학 I 근대—칸트에서 헤겔까지 (武田趙二郎・池田俊彦・高月成兒 譯), 以文社, 1984.

G. 루카치, 사회적 존재론을 위하여—헤겔의 잘못된 존재론과 올바른 존재론 (鷲山恭彦 譯), イザラ書房, 1984.

E. 토피취, 헤겔의 사회철학 (宇治琢美 譯), 필로소피아 쌍서 16, 未來社, 1985 신장판.

M. 하이데거, 헤겔과 그리스인들 (辻村公一・H. 부너 譯), 『도표』 수록, 하이데거 전집 제9권, 創文社, 1985, p. 427-553.

J. 호프마이스터, 정신의 귀향—괴테 시대의 문예와 철학의 연구 (久保田勉 譯), ミネルヴァ書房, 1985.

Ch. 세메, O. 푀겔러 편, 헤겔, 횔덜린과 그 무리들 (久保陽一 役), 公論社, 1985.

M. 리델, 헤겔에서의 시민사회와 국가 (池田貞夫・平野英一 役), 필로소피아 쌍서 13, 未來社, 1985.

Th. W. 아도르노, 세 개의 헤겔 연구 (渡辺祐邦 役), 河出書房新社, 1986.

B. 바우어 외, 유대인 문제 (良知力・廣松渉 편, 篠原敏昭 외 역), 『헤겔좌파 논총』 제3권, 御茶の水書房, 1986.

K. 피셔, 헤겔의 미학・종교철학 (玉井茂・堀場正治 역), 헤겔 5, 勁草書房, 1986.

M. 헤스 외, 독일 이데올로기―내부논쟁 (良知力・廣松渉 편, 山本耕一 외 역), 『헤겔좌파 논총』 제1권, 御茶の水書房, 1986.

P. 마슈레, 헤겔인가 스피노자인가 (桑田礼彰・鈴木一策 역), 新評論, 1986.

M. 리델, 체계와 역사―헤겔 철학의 역사적 위치 (高柳良治 역), 御茶の水書房, 1986.

A. 코제브, 헤겔 독해 입문―『정신현상학』을 읽는다 (上妻精・今野雅方 역), 國文社, 1987.

M. 하이데거, 헤겔 『정신현상학』 (藤田正勝・A. 구초니 역), 『하이데거 전집』 제32권 (제2부문 강의 1919-44), 創文社, 1987.

B. 바우어 외, 헤겔을 재판하는 최후의 심판 나팔 (良知力・廣松渉 편, 大庭健 외 역), 『헤겔좌파 논총』 제4권, 御茶の水書房, 1987.

G. 비더만, 헤겔―전기와 학설 (尼寺義弘 역), 阪南대학 번역 총서 9, 大月書店, 1987.

E. 핑크, 헤겔―『정신현상학』의 현상학적 해석 (加藤精司 역), 아우로러 총서, 國文社, 1987.

D. 헨리히, 헤겔 철학의 콘텍스트 (中埜肇 감역), 哲書房, 1987.

R. 라우트, 피히테의 헤겔 비판 (隈元忠敬 역), 協同出版, 1987.

K. 피셔, 헤겔의 철학사 (玉井茂 역), 勁草書房, 1988.

O. 푀겔러 편, 헤겔의 전체상 (谷嶋喬四郎 외 역), 以文社, 1988.

T. Z. 라빈, 헤겔에서 사르트르―현대의 전망 (宮下眞喜弘 역), 理想社, 1989.

M. 리델, 시민사회의 개념사 (河上倫逸・常俊宗三郎 편역), 以文社, 1990.

H. G. 가다머, 헤겔의 변증법 (山口誠一・高山守 역), 未來社, 1990.

W. 예슈케, 헤겔의 종교철학 (岩波哲男 역), 早稲田大學出版部, 1990.

K. 피셔, 헤겔의 정신현상학 (玉井茂・宮本十藏 역), 勁草書房, 1991.

* 고즈마 타다시(上妻精) 「헤겔 문헌 목록」(『사상』 555호 (1970년 9월) 수록), 야마구치 세이이치(山口誠一)・호시 도시오(星敏雄) 「헤겔 일본어 문헌 목록」(『사상』 641호 (1989년 겨울호)를 기초로 작성했다.

【초판 제2쇄 보충―지면 관계상 1993년까지 간행된 것으로 한정했다】

里見軍之, 독일 관념론과 디알렉티크, 法律文化社, 1991.

實存思想研究會 (편), 하이데거와 헤겔 실존사상논집 5, 以文社, 1991.

加藤尚武, 철학의 사명―헤겔 철학의 정신과 세계, 未來社, 1992.

尼寺義弘, 헤겔 추리론과 마르크스, 晃洋書房, 1992.

牧野廣義, 변증법적 모순의 논리구조, 文理閣, 1992.

京都ヘーゲル讀書會 (편), 헤겔 학보, 제2호, 京都ヘーゲル讀書會, 1992.

久保陽一, 초기 헤겔 철학 연구, 東京大學出版會, 1993.

加藤尚武, 헤겔의 '법' 철학, 靑土社, 1993.

島崎 隆, 헤겔 변증법과 근대 인식, 未來社, 1993.

中島秀憲, 청년 헤겔의 사상 전개—도덕·사랑·종교·철학, 北樹出版, 1993.

총특집: 헤겔의 사상, 현대사상, 제21권 7호, 青土社, 1993.

W. Ch. 침멀리, 철학에 대한 물음—헤겔과 더불어 (山口祐弘 역), 晢書房, 1993.

R. 부브너, 언어와 변증법 (伊坂靑司·鹿島徹 역), 晃洋書房, 1993.

✠ 메이지 시기 헤겔 언급 서지 ✠

니시 아마네 (西周)
『생성발온(生性發蘊)』(메이지 6년 6월)

이전에 거론한 피관차관(彼觀此觀)의 일왕일반(一往一返)하고 서로 상제극(相制克)하는 이법은 헤겔이 발명한 것으로서 만사에 비추어 진리라고 인정해야만 한다 할지라도, 헤겔 그 자신이 각각이 다 동일하고 모든 것이 신이라는 학설로써 스스로 완성의 지위를 얻었다고 생각할 수는 없다고 말해야만 할 것이다.

우에무라 마사히사 (植村正久)
『진리일반(眞理一斑)』(메이지 17년 10월)

헤겔의 설은 보편의 불가인식론을 깨뜨리기에 적합할 뿐만 아니라 실로 사물의 전체에 걸치지 않고 다만 그 일부분에 한정될 뿐인 불가인식론도 넘어뜨리기에 족하다.

니시무라 시게키 (西村茂樹)
『일본 도덕학의 종류』(「동경학사회원잡지」 메이지 17년)

서국의 이학(理學, 철학)을 이룬 자, 이학에 더하여 도덕설을 세운 자는 상고 희랍의 플라톤, 아리스토텔레스를 처음으로 하여, 근대 영국의 베이컨, 로크, 독일의 칸트, 헤겔, 프랑스의 데카르트, 콩트 등의 명현대유가 배출되었다고 말할 수 있는바, 그 중 혹은 예수의 교를 주로 하는 자가 있고, 혹은 천리를 주로 하는 자가 있으며, 혹은 인생을 주로 하는 자가 있고, 혹은 위기(爲己)를 주로 하는 자가 있으며, 혹은 이익을 주로 하는 자가 있고, 그밖에 학설들이 매우 많다 할지라도 요컨대 진리를 구하는 것에 다름 아니다.

이노우에 엔료 (井上円了)
『철학일석화(哲學一夕話)』(메이지 19년 11월)

본질의 명칭으로 하자면 스피노자의 학도라고 하고, 자각의 명칭으로 하자면 칸트의 파라고 하며, 절대적 이상의 명칭으로 하자면 헤겔의 학설을 계승하는 것이고, 불가지적이라는 명칭으로 하자면 스펜서의 논의를 말하는 것이라고 이야기해야만 할 것이다.

『진리금침(眞理金針)』(메이지 19년)

예수교인은 철학자의 책을 읽고서 종종 신이라는 글자가 있는 것을 보고 아마도 칸트도 헤겔도 스펜서도 다윈도 모두 천제(天帝)를 믿는다고 하는 데 이르니 그 어리석음을 비웃지 않을 수 없다. 헤겔, 스펜서 등이 말하는 신은 예수교인이 말하는 것과 같은 신일 수 없으며, 모든 이학자와 철학자가 말하는 바의 신은 혹은 만유의 이법(즉 인과의 이법과 같은)의 체(體)의 이름이며, 혹은 물심 보편의 이체(理體) 만상 만물의 본질을 가리킨다.

사가노야 오무로 (嵯峨の屋おむろ)

『무미기(無味氣)』(메이지 21년)

학교에 다닐 적 가장 즐겨 읽은 서적은 멀게는 '소크라테스'부터 가깝게는 '헤겔'에 이르는 고금의 철학입니다. 더불어 '셰익스피어', '벤존슨', '스코트'의 소설, '바이런'의 시, 동양의 책으로는 마금동파(馬琴東坡)가 가장 사랑을 받았습니다.

미야케 세츠레이 (三宅雪嶺)

『철학연적(哲學涓滴)』(文海堂 메이지 22년 11월)

헤겔의 이른바 철학을 비웃어 가로되 이것은 노동자의 일로서 철학을 떠나 멀어졌다고 한다. 우리나라 젊은이들이 칭하는 바의 철학을 보면 장차 어떤 모습의 평가를 내릴 것인가.

1818년 피히테를 이어 베를린 대학의 수업을 담임하기에 이르며, 크게 그 회포를 펼치고, 왕성하게 생각을 토로하며, 유력한 학파를 불러일으키고, 명망이 일세를 풍미하여 거의 또 다시 사람들이 셸링을 부르지 않게 된다. 학교에서, 관부에서, 정치결사에서, 상회에서 사람들이 서로 모이면 먼저 서로 헤겔의 교의를 받들 것인가 말 것인가를 물었다고 한다.

오니시 하지메 (大西祝)

『윤리 교구의 방법과 목적』(「철학회 잡지」제47, 49호 메이지 24년 1, 3월)

한편으로는 제반 과학의 전진에 따라, 또 다른 한편으로는 헤겔 풍의 철학이 그 성가를 잃음에 따라 근대에 점점 더 세력을 증가해 오고 있는 그의 경험주의라고 칭하는 것이라든지.

호시노 덴치 (星野天知)

『노자를 읽는다』(상) (하) (「여학(女學)잡지」제312, 313호 메이지 25년 4월)

노자는 위대한 철인 헤겔과 가장 비슷하면서도 또 헤겔과 가장 다른 점이 많으며, 그 헤겔이 위대한 철리를 발견한 것의 큰 자극은 종교 영역에서이지만 이 노자가 생애의 큰 격려가 된 것은 실로 정치 영역에서이다.

아마도 헤겔은 천부의 큰 사랑을 알고서 세상을 사랑한다는 것을 생각하면, 노자를 단적으로 넘어서는 까닭이 있고, 이 점이 가장 두 사람이 다른 바이다.

기요사와 만시 (清澤滿之)

(『종교철학 해골(宗教哲學骸骨)』)(메이지 25년 8월)

헤겔의 삼단궤범은 정반합의 삼단을 이야기함으로써 비로소 정밀함을 얻었다고 말해야만 할지라도, 그것을 설명하는 데서 [편주: 아래의 도식을 참조] 정은 자연필연으로 반을 제기하고, 반은 자연필연으로 정과 결합하여 합을 낳는 까닭에 정반의 두 단계만을 볼 때에는 앞의 인과의 두 항의 설과 같은 것이다.

아마도 헤겔의 뜻은 절대 일원으로부터 상대적인 다원을 전개시키고자 했던 것인 까닭에 이와 같이 두 모양의 방궤를 하나의 원칙 속으로 혼합하기에 이르렀다고 할지라도 내가 보는 바에 따르면 절대계 사이에는 인과의 관계가 있는 것이 아니다.

미나카타 구마구스 (南方熊楠)
『토의법룡사에게(土宜法龍師宛)』(서간 메이지 27년 3월 2일 밤 9시 냄)

그러나 이 무리는 제국의 교수라든가, 아니 박사라든가, 칸트와 헤겔이라든가, 밀과 스펜서의 설에 따르면 도덕이라는 것은 이익에서 생긴다든가, 중국에서도 의는 이지화야(利之和也)라든가, 흔히 편리한 것뿐이라 하여 사람을 내려보고, 제국대학에 출입하지 않는 것은 학자가 아니라는 듯이 득의양양하여 겨우 백 원 내외의 돈을 위하여 안타깝게도 불성금강삼매(佛性金剛三昧)를 좌절시키고 있는 것이다. 나는 이러한 것은 어떠한 독서, 어떠한 과학의 발명과 발견, 기계와 도물법(塗物法)을 만들어낸다 하더라도 결코 인간답지 못하다고 생각하며 매우 싫어한다. 이러한 것은 아무것도 행할 수 없다.

이노우에 데츠지로 (井上哲次郎)
『내 세계관의 티끌(我世觀の一塵)』(철학회 강연 「철학회잡지」 제89호 메이지 27년 5월)

헤겔, 쇼펜하우어 등의 철학은 정말이지 그 모습이 다르긴 하지만 역시 모두 유심론입니다. 독일에서는 유심론이 실로 대 세력으로 하여 학문사회를 한 때 지배했던 것입니다.

무라카미 센쇼 (村上專精)
『일본불교일관론(日本佛教一貫論)』(메이지 28년 1월)

대저 서구의 철학, 아리스토텔레스를 처음으로 하여 칸트, 헤겔, 밀, 스펜서 등, 그들은 누구든 일시적으로 그것을 아는 것이라고 말해야만 하며, 그렇지만 그들은 그것을 행하는 자는 아니며, 그들은 그것을 행하는 자가 아닌 까닭에 그들이 사회에 주는 도덕성의 이익은 어떠하고, 그들이 인심의 귀향(歸向)을 얻는 정도는 어떠하며, 또 그들이 인심을 관리하는 세력은 어떠하고,

츠다 마미치 (津田眞道)
『유물론』(「동경학사원잡지」 메이지 28년 4월 14일 강연)

유물론은 공리(空理)의 관상기괴(觀想奇怪)의 환설(幻說)이자, 한마디로 그것을 말하면 우주의 현상을 모두 인심(人心)에 돌리는 것이며, 헤겔이 말하는바, 우주의 만상은 인지(人智)의 화석이고 만물은 마음이 형성한 것이라고,

스자키 모쿠도 (須崎默堂)
『국가관』(「오사카 아사히신문」 메이지 31년 8월 27일)

국가는 정의의 주장을 지니며, 법률은 도의적 전체(국가)와 도덕적 각 부분(개인)과의 관계를 보이는 것이고, 헤겔의 이른바 "국가는 도의적 관념의 실체이다"라고 말하는 것에 참으로 해당한다고 해야만 할 것이다.

우치무라 간조 (內村鑑三)
『월요강연』[개제 종교와 문학] 제2장 단테와 괴테 (메이지 31년)

철학의 요점은 관찰에 있습니다. 헤겔의 철학과 같이 그것에 의해서 인생의 진상을 엿보는 일을 얻는 까닭에 귀중하지 않습니다.

다카야마 초규 (高山樗牛)
『미학에서의 이상(理想)설에 대하여』(철학회 강연 메이지 33년 3월)

결국 헤겔이 그 역사론 즉 역사주의 위에 구상(具象)이상설의 근거를 세우기까지 독일에서의 미학상의 이상설은 추상파였다고 보아도 지장이 없을 것으로 생각된다.

이와 같이 추상미의 구현체로서 희랍 미술을 찬양한 것만큼은 일반 예술사가, 혹은 예술비평가의 이의가 없는 것이라고 생각된다. 그러나 헤겔은 무슨 까닭에 이것마저 개체성이 있는 곳에 미가 있다고 이야기하고자 하는 것일까? 은밀히 생각하면, 그의 미의식이 그의 순리(純理)철학상의 편견을 배반한 결과 미봉책으로서 이러한 설을 내놓은 것은 아닐까? 그의 학설에서 보면 이러한 상상이 반드시 억측은 아니라고 생각된다.

오츠카 야스지 (大塚保治)
『미의 성질과 연구법』(철학회 강연 메이지 33년 11월)

만약 종래의 미학 원리를 모조리 이에 응용하여 새롭게 평가를 내린다면 어떠한 모습이 나타날 것인지, 헤겔과 하르트만을 의지하여 그 의견대로 모습을 바꿔 본다면 어떠한 새로운 미술이 나타날 것인지 기묘하게 느낀 일도 있습니다.

도바리 치구후 (登張竹風)

『프리드리히 니체』 제2장 역사론 (제국문학 메이지 34년 6~8월, 11월)

헤겔의 역사철학에 이른바 "세계사는 신의 현현이다"라는 말은 오늘날의 사가로 하여금 종종 사실행위의 결과에 의해 사람을 판단하게 하는 폐해를 야기한다.

우키타 가즈타미 (浮田和民)
『제국주의의 교육』 제5장 공공적인 것과 자유 (메이지 34년 8월)

사람은 고립될 때에는 만물 중에서 가장 약한 자이다. 그의 독립과 자유를 실제로 이룰 수 있게 되는 것은 실로 사회적인 생활을 하기 때문이다. 사회를 떠나서 어찌 선악정사가 있겠으며, 또 자유독립이 있을 수 있겠는가. 이것이야말로 헤겔이 국가를 가리켜 자유의 실현, 또는 현실로 존재하는 실제로 이루어진 도덕적 생활이라고 말하는 까닭이다.

헤겔의 뜻 역시 국가를 인격을 실현하기 위해 결여할 수 없는 제도라고 하고, 대략 그것을 신성시하는 데 있다. 그럼에도 불구하고 그가 신성시하는 바의 국가는 이상적 국가이며, 현실적 국가—즉 현재의 정부 내지 현재의 사회로부터 성립하는 국가는 아니다. 과거, 현재, 미래의 세 세계를 관통하여 인간의 최고 복지 즉 인격적 복지를 개발하는 바의 이상적 국가가 이것이다.

우선 나폴레옹과 같은 대 영웅은 지구를 다 뒤져도 오늘날 발견할 수 없다. 문예학술은 일반적으로 발달해 있는 것은 틀림없지만 괴테와 같은 대 문호와 헤겔과 같은 대 철학자는 현재 구미의 선진국에 한 사람도 없는 상태이다. 사회는 전진했지만 인물은 저급하고, 인류는 커졌지만 개인은 작은 상태로 생각된다.

도모나가 산쥬로 (朝永三十郎)
『학구만록(學究漫錄)』 (「정신계」 제2권 메이지 35년 11, 12호)

크게 헤겔 류로 되지만, 어쩌면 죄에 대한 우리의 태도 역시 위에서 말한 것과 마찬가지로 세 가지 종류의 유형이 있는 것으로 생각됩니다.

나카에 초민 (中江兆民)
『경세방언(警世放言)』 (메이지 35년) 이론은 국가에 필요하다

이론을 배척하는 자는 산하, 대지, 초목, 인수를 모두 무로 귀착시키고자 하는 자이며, 이론을 배척하는 자는 독일 헤겔의 이학에서 벗어난 러시아의 허무당과 취지를 같이하는 자이다.

야마지 아이잔 (山路愛山)
『海老名彈正의 예수 그리스도전을 읽는다(海老名彈正氏の耶蘇基督傳を讀む』 (「독립평론」 제3호 메이지 36년 5월)

헤겔은 그를 '인간적인 것과 신적인 것의 결합'으로 만든다. 대저 복음서의 기사는 본래 온전한 믿음을 두기에 충분하지 않다 하더라도 흠 없고 죄 없는 생애를 보낸 한 남자의 실제로 존재하는 바를 꿰뚫으면

복음 기자 역시 뭔가 형태 없이 쓰고 소리 없이 들을 수 없다.

나가자와 린센 (中澤臨川)
『신앙의 확청(信仰の廓淸)』 (「明星」 메이지 37년 5월)

회의는 신앙의 별명이다. 헤겔의 변증법의 법식을 빌려 말하자면, 신에 대한 총념(總念)의 진화이다.

구와키 겐요쿠 (桑木嚴翼)
'프래그머티즘'에 대해 (철학회 강연 「철학잡지」 227 · 228호 메이지 38년 12월 18일)

즉 감정이라든가 의지라든가 하는 활동과 전적으로 독립된 순연한 사상이 있는 듯이 헤겔 일파의 사람들이 생각하고 있다 하더라도 그것은 거짓말이다.

이와노 호메이 (岩野泡鳴)
『신비적 반수주의(神秘的半獸主義)』 (메이지 39년 4월)

헤겔의 철학처럼 논리 그 자체가 대략 우주의 생명이랄 수 있는 영역에 도달해 있다고 할지라도, 여전히 전하기 어려운 바가 있기 때문에, 쇼펜하우어는 다른 방향을 취하는바, 하르트만처럼 헤겔을 이용한 것에 지나지 않는다.

사이토 노노히토 (齋藤野の人)
『입센은 어떤 사람인가』 (「동아의 빛(東亞の光)」 메이지 39년 7, 9, 10월)

이에 있어 헤겔은 바로 개인주의에 대한 가장 위엄 있는 박해자이다. 보라, 처음으로 사회주의를 주창하고 하층의 민중 노동자를 위해 그 권리를 주장한 유대민족의 아들 라살(Ferdinand Lassalle, 1825-1864)은 실제로 헤겔주의자였으며, 그의 다음에 나타난 마르크스(Karl Marx, 1818-1883)도 마찬가지로 헤겔주의자이자 동시에 유대민족이다.

가네코 마지 (金子馬治)
『키르케고르의 인생관』 (「와세다(早稻田)문학」 제9호 메이지 39년 9월)

예를 들어 셸링과 헤겔은 지식과 신앙과 예술의 조화를 이루고자 고심하고 있지만, 필경 그것은 가공의 이론에 불과하다. 헤겔에 따르면 사물의 반대는 참된 반대가 아니며, 올바르게 일리 있는 쪽 아래에서 조화되는 것이라 하더라도 그것이 원래 천박한 관찰은 아닐까.

시마무라 호게츠 (島村抱月)
『문예상의 자연주의』 (「와세다(早稻田)문학」 메이지 41년 1월)

상징주의, 고전주의, 낭만주의의 세 명칭이 철학자 헤겔의 미술론에서 처음으로 가장 명료하게 문예 종류의 대조어로서 사용된 것은 사람들이 아는 바이다.

니토베 이나조 (新渡戶稻造)
『무사도』 제9장 충절 (丁未出版社 메이지 41년 3월)

헤겔이 논평함에 있어 봉건신하의 충의는 하나의 사람에 대한 책임이자 그 국가에 대한 것일 수 없는 까닭에 전혀 부당한 도리와 정의를 기초로 하는 구속이라고 말한다. 그럼에도 불구하고 그와 그 나라를 같게 만드는 한 준걸은 하나의 군주에 대한 충절을 독일 국민의 미덕이라고 과시하는 것에 다름 아니다. 비스마르크가 토로이에(Treue, 忠厚)를 자부하는 까닭에 참으로 그 이치가 있다.

나츠메 소세키 (夏目漱石)
『삼사랑(三四郞)』 (「아사히신문」 메이지 41년 10월 9일)

헤겔의 강의를 듣고자 하여 사방에서 베를린에 모인 학생들은 이 강의를 의식(衣食)의 밑천으로 이용하고자 하는 야심으로 모인 것이 아니다. 그것은 오로지 철인 헤겔에 있으며, 강단 위에서 더 없는 보편의 진리를 전한다고 듣고서 향상구도(向上求道)의 간절한 생각 때문인바, 단하에서 우리의 끝없는 의심을 해석하고 싶어 하는 청정심의 발현에 다름 아니다.

근본의 자리에 와서 보면, 요지로(与次郞)가 예의 헤겔론을 가리켜 작은 목소리로 "대체로 그럴듯하다. 예전의 졸업생과 다르지 않다. 예전의 나는 난폭하지만 어딘가 우스운 바가 있다. 실제로 이대로이다."

시라야나기 슈코 (白柳秀湖)
『황혼』 (如山堂 메이지 42년 3월)

세이이치(誠一)는 본래 윤리학상의 헤겔주의자로, 그의 학설의 출발점은 언제나 사회에서의 관습의 파괴, 건설과 같은 문제에 있다. 그의 학설은 완고한 단체주의만으로, 퍼져 있는 이 나라의 학자들 학설들 가운데 언제라도 다소의 이채로움을 내보이며, 언제나 일부의 청년은 그것을 적지 않은 흥미를 가지고 보고 있었다.

모토라유 지로 (元良勇次郞)
『헤겔의 존재론에 관하여』 (「철학잡지」 제272호 메이지 42년)

이는 이른바 헤겔의 유명한 "유와 무는 동일하다"라고 말하는 구절에 있는 바입니다. 이 구절은 처음으로 헤겔의 철학을 읽는 사람에게는 대단한 장애물이고 유와 무가 동일하다는 것은 어떠한 의미인가라고 말하는 것과 같은 것은 오히려 불교적 사상으로, 특히 서양의 주리학파(합리주의)의 입각점에서 볼 때에는 오히려 의미 없는 것을 말하고 있는 것과 같이 생각되는 것입니다. 동양인에게 오히려 알기 쉽고, 헤겔이 동양의 사상에서 그것을 받아들였다고 말하는 것이어서 예를 들면 불교에는 "유구무구(有句無句)는 등나무에 의지하는 것과 같다"는 것과 같은 구절도 있어서 유와 무가 동일하다는 것은 불교철학에서 지극히 초보적인 것으로 되고 있는 것입니다.

요시다 세이치 (吉田靜致)
『인격적 유심론에 관하여』(「철학잡지」 제285, 286호 메이지 43년 11월, 12월)

헤겔과 같은 이는 역시 인간의 이성의 활동에서 깨달아 이성—로고스—관념을 실재로 하는 일종의 절대주의를 주창하고 있는 것이지만, 인간의 이성 영역을 넘어서지 않는 사이에 그것은 괜찮다 하더라도 그는 이미 사람이라는 것을 초월하여 절대인 것에 들어간다. 그것은 이미 내적 방안에서 절연된 것이어서 매우 안타까운 일이다.

모리 오가이 (森鷗外)
『식당』(메이지 43년 12월)

프루동(Proudhon)은 배장송(Besançon)의 가난한 사람의 아들로서 어린 시절 활자공까지 한 적이 있었다. 그럼에도 마침내 파리에서 의원으로까지 선거되게 되었다. 큰 학자는 아니다. 슈티르너와 마찬가지로 헤겔을 중심으로 하고는 있지만, 헤겔의 책을 정말로 읽은 것은 아니라고 후에 스스로 고백하고 있다.

니시다 기타로 (西田幾多郎)
『선의 연구』 제1편 순수경험 제1장 순수경험/제5장 참된 실재의 근본적 방식 (메이지 44년)

순수경험과 사유는 원래 동일한 사실을 보는 방법을 달리 한 것이다. 일찍이 헤겔이 전력을 다해 주장한 것과 같이 사유의 본질이 추상적인 데 있는 것이 아니라 오히려 그 구체적인 데 있다고 한다면, 내가 위에서 말한 의미의 순수경험과 거의 동일하게 된다. 순수경험은 곧바로 사유라고 말해도 좋다.

헤겔은 무엇이든지 이성적인 것은 실재이고 실재는 반드시 이성적인 것이라고 말했다. 이 말은 다양한 반대를 받았음에도 불구하고 보는 방식에 따라서는 움직일 수 없는 진리이다. 우주의 현상은 아무리 사소한 것이라 하더라도 결코 우연히 일어나 앞과 뒤에 관계를 지니지 않는 것은 없다. 반드시 일어나야만 할 이유를 갖추어 일어나는 것이다. 우리는 그것을 우연이라고 보는 것이 오로지 지식의 부족에서 온다고 하는 것이다.

다나카 오도 (田中王堂)
『프래그머티즘의 미래』(「철학잡지」 메이지 45년 2월)

칸트의 노력은 철학을 비판의 방법으로 하고자 하는 데 있었지만, 헤겔은 다시 철학을 계통의 양식으로 되돌렸다.

✠ 헤겔이 살던 시대의 도량형(Masse und Gewichte) ✠

마토바 아키히로(的場昭弘)

(1) 길이(Langengemasse)

헤겔이 생활한 지역 및 헤겔이 여행한 지역과 헤겔에 관계된 지역을 선택했다(피셔, K. 『헤겔의 생애』(玉井・磯江 역), 勁草書房, 1971년을 참고로 한다). 독일의 도시들, 나라들 및 오스트리아 합스부르크 제국, 스위스, 영국, 프랑스.

촐……사람의 엄지손가락의 넓이.
푸스……사람의 발의 길이.
엘레……팔꿈치에서 손목에 이르는 길이.
라흐터……광산 등의 깊이를 나타낸다.
클라프터……양손을 펼쳤을 때의 손가락 끝에서 손가락 끝까지의 길이.
마일레……시간에 걷는 거리.

	1 리니에 1 Linie(m)	1 촐 1 Zoll(m)	1 푸스 1 Fuss(m)	1 엘레 1 Elle(m)	1 라흐터 1 Lachter(m)	1 클라프터 1 Klafter(m)	1 루테 1 Rute(m)	1 마일레 1 Meile(m)
프로이센	0.00218 (1/12 Zoll)	0.02615	0.314 (12 Zoll)	0.667 (25 1/2 Zoll)	2.092 (80 Zoll)	1.883 (72 Zoll)	3.766 (144 Zoll)	7532.485 (288000 Zoll)
브라운슈바이크	0.001982 (1/12 Zoll)	0.02378	0.285 (12 Zoll)	0.571 (24 Zoll)	1.758 (8 Spann) Spann=0.22		4.566 (192 Zoll)	7419.422 (312000 Zoll)
라이프치히	0.001966 (1/12 Zoll)	0.235	0.282 (12 Zoll)	0.566				
작센	0.001967 (1/12 Zoll)	0.023599	0.283 (12 Zoll)	0.566	2.00 (1.98)		4.531 (192 Zoll)	9062.08 (384000 Zoll)
바이마르	0.001958 (1/12 Zoll)	0.235	0.282 (12 Zoll)	0.564 (24 Zoll)		1.69	4.512	
헤센 대공국	0.0025 (1/10)	0.0025	0.25 (10 Zoll)	0.6		2.5		7500
헤센 선제후국	0.0019975 (1/12 Zoll)	0.2397	0.288 (12 Zoll)	0.567			3.989	9206.4
바이에른	0.00203 (1/12 Zoll)	0.02432	0.2918592 (12 Zoll)	0.833015	1.97000478 (1.943)	1.1511552 (72 Zoll)	2.9186 (4.378)	7419.5
아우크스부르크			0.296160					
바덴	0.003 (1/10 Zoll)	0.03 (1/10 Zoll)	0.3 (10 Zoll)				3.00	8888.89
뷔르템베르크	0.00287 (1/10 Zoll)	0.28649	0.287 (10 Zoll)	0.614	2.005		2.865	7448.750
라인란트	0.002179 (1/12 Zoll)	0.027148	0.314 0.377		2.09		7.393 (3.766)	

지역								
쾰른			0.288	0.553(0.579)			4.602	
코블렌츠			0.291				4.650	
하이델베르크			0.279					
함부르크			0.287 (12 Zoll)	0.691			4.585	
하노버	0.002028 (1/12 Zoll)	0.02434	0.291 (12 Zoll) 1836년 후 0.292	0.584	1.95	1.753	4.66 (4.674)	7419.205
단치히			0.287				4.303	
브레멘			0.289	0.579		1.736	4.629	7407.488
슐레즈비히-홀슈타인	0.00199 (1/12 Zoll)	0.02388	0.287 (12 Zoll)	0.573		1.719	4.585	8803.5
프랑크푸르트 (마인)	0.00198 (1/12 Zoll)	0.02372	0.285 (12 Zoll)	0.699 (0.547)		1.708	3.558	
쾨니히스베르크			0.308					
뤼벡			0.288 (12 Zoll)				4.602 (192 Zoll)	
뉘른베르크	0.00211083 (1/12 Zoll)	0.2533	0.3039 (1838년 후 0.3)	0.656 0.680363 (1838년 후 0.6)			4.864	
빈 (오스트리아)	0.2195 (1/12 Zoll)	0.02634	0.3161023 (12 Zoll)	0.777558	1.957	1.896614 (72 Zoll)	3.793 (144 Zoll)	7585.9334 (Postmeile)
인스부르크 (티롤)	0.0023201 (1/12 Zoll)	0.0278414	0.334097 (12 Zoll)	0.804154		2.004582 (72 Zoll)		
잘츠부르크	0.0029535 (1/10 Zoll)	0.029535	0.295935 (10 Zoll)	0.806689 1.008361				
프라하 (보헤미아)	0.0020545 (1/12 Zoll)	0.0246547	0.29585696 (12 Zoll)	0.59271053 (1855년 후 0.59 301435)	2.3668552 (96 Zoll)	1.7751418 (72 Zoll)	4.7737115 (192 Zoll)	11249.6590
그라츠 (슈타이어마르크)			0.297116	0.863988 (1857년 후 0.86 3911)		1.782696		
크라쿠프 (갈리티아)	0.002475 (1/12 Zoll)	0.0297	0.3564 (12Zoll) (1855년 후 0.29980001)	0.7128 (24 Zoll)		2.1384 1855년 후 1.78006		7146.4660
브라티스라바 (헝가리)	0.0019009 (1/12 Zoll)	0.022811	0.273733	0.6220464		1.642398 (72 Zoll)	4.4544624 (180 Zoll)	8385.6
브르노 (모라비아)	0.0020549 (1/12 Zoll)	0.024658	0.2959066 (12 Zoll) 2	0.788891	4.3405767 (180 Zoll)	1.775424	4.4386 (180 Zoll)	8877.12
네덜란드			(Voet Amst. 0.283 0.314)	(Amst. 0.68778 79)			Roede 3.77 (12 Voet)	Mijl 7368.96
프랑스	(Ligne) 0.0022557 (1/12 Zoll)	(Zoll) 0.0270694	(Pied) 0.3248333 (12 Zoll)	(Aune) 1.1884		(Toise) 1.949 2 (1812-40)	(Perche) 5.847 7.1	(Lieue) 4451.7464
벨기에	0.0020109 (1/12 Zoll)	0.0241319	0.2895833 (1 pied) (12 Zoll)	0.6 (1 Brache) (Brusse 10.59) (Gent 0.698)			5.7	6277.24
영국	(line) 0.002116 (1/12 Zoll)	(Inch) 0.0254	0.3048(1 foot) (12 Zoll)	1.114	(Yard 0.9144)	1.8288	(Pole) 5.0292	(Mile) 1609.344
베른	0.0020365 (1/12 Zoll)	0.0244381	0.293258 (12 Zoll)	(Schritt) 0.879774 (36 Zoll)	(Stab) 1.759548 (72 Zoll)	2.246 (96 Zoll)	2.93258 (120 Zoll)	5278.643

스위스	0.0029973997 (1/10 Zoll)	0.029973997 (10 Zoll)	0.29973997 (20 Zoll)	0.5994798 (40 Zoll)	(Stab) 1.1989598	1.79484397 (60 Zoll)	2.9973995 (100 Zoll)	4795.8396

(2) 면적(Flächenmasse), 무게(Gewichte), 용적(Körpermasse)

헤겔이 생활한 지역 및 헤겔이 여행한 지역과 헤겔에 관계된 지역을 선택했다(피셔, K.『헤겔의 생애』(玉井・磯江 역), 勁草書房, 1971년을 참고로 한다). 독일의 도시들, 나라들 및 오스트리아 합스부르크 제국, 스위스, 영국, 프랑스.

[면적]

크바드라트루테……루테(Rute)의 제곱, 마찬가지로 클라프터의 제곱은 Quadrat-Klafter, 푸스의 제곱은 Quadrat-Fuss, 라흐터의 제곱은 Quadrat-Lachter, 츨의 제곱은 Quadrat-Zoll, 리니에의 제곱은 Quadrat-Linie, 엘레의 제곱은 Quadrat-Elle, 마일레의 제곱은 Quadrat-Meile라고 한다.

모르겐……모르겐이란 오전 중 토지를 경작할 수 있는 면적을 의미한다. 오늘날에는 1/4 헥타르를 의미한다. 이 밖에 하루의 경작 면적을 의미하는 Tagewerk, Tagestonne, Joch, Juchart, Juck 등이 있다.

[무게]

푼트……푼트와 함께 마르크(Mark)(1/2 Pfund)라는 단위가 있지만 역사적으로는 푼트 쪽이 오래이다. 푼트는 나아가 Lot(1/30-1/32 Pfund), Quentchen(1/128-1/320 Pfund)로 나뉜다. 오늘날에는 1 푼트는 500g이다.

첸트너……오늘날에는 1 첸트너(100-200푼트)는 100푼트이자 50kg이다. 관세 동맹의 성립에 의해서 전국적인 통일이 도모되었다.

[용적]

아이머……액체의 용적.

푸더……와인의 양을 재는 단위.

셰펠……소맥 등의 고체의 양을 재는 단위.

라스트……소맥 등의 고체의 양을 재는 단위.

	크바드라투르테 m² 루테의 제곱	모르겐 1 Morgen m²	푼트 Pfund g	첸트너 Zentner g	아이머 Eimer l	옴 Ohm l	푸더 1 Fuder l	셰펠 Scheffel g	라스트 Last g
프로이센	14.185	2553.224 (180 Qu-Ruten)	467.404	51448 110 Pfund	68.76	137.404 2 Eimer	824.42 12 Eimer	54.964 (Malter 696)	3957.192 72 Scheffel
브라운슈바이크 (프로이센)	20.847	2501.58 (120 Qu-Ruten) 3335 (Wald Morgen)	467.71	46771 100 Pfund		150		(Himten 31.15)	
작센	18.11	2767.11 (300 Qu-Ruten)	467.21818	51394 110 Pfund	Weineimer 55.568	135	719.232	103.823 (Malter 1248)	
라이프치히 (작센)	11.504 20.452	3273.2	466.964						
바이마르 (작센)	20.355		467.627	51439 110 Pfund					

헤센 대공국		2500 400 Qu-Klafter	500	50000 100 Pfund		160	952.52	80.368 (Malter 128)	
헤센 선제후국	15.91		467.815	50524 108 Pfund	7.938	158.75		(Malter 643)	
바이에른	8.518	3407.3 1 Tagewerk 400 Qu-Ruten	560.06	56000 100 Pfund	68.418 Biereimer			222.361	
아우크스부르크 (바이에른)			427.423						
바덴	9	3600 400 Qu-Ruten	500	50000 100 Pfund		150	1500	(Malter 150)	
뷔르템베르크	8.208	3151.872 384 Qu-Ruten	467.712	48642 104 Pfund	293.927		1840 1736	177.23	
하이델베르크 (바덴)						160.96	1609.6		
라인란트	14.185	10213.2 (720 Qu-Ruten)		(Rheinpfalz 100 kg 200 Pfund)		142.62	1000		
쾰른 (라인란트)	21.177	3176.61 150 Qu-Ruten	467.625						
코블렌츠 (라인란트)	21.622	3459.44 384 Qu-Ruten				152.172			
함부르크	21.02 16.1	9657.58	551.23	54276 112 Pfund		155.76	864		3300
하노버	21.77 (1836년 이후) 21.842	2608(120 Qu-Ruten) (1836년 후 2621.009(120 Qu-Ruten)	489.589 467.11	54893 112 Pfund 46711 100Pfund		144.8	934	(Himten 31.15) (Malter 187)	2990.56
단치히	18.518	5555.46 300 Qu-Ruten							
브레멘	21.433	2571.98 120 Qu-Ruten	498.5	57826 116 Pfund		144.948	870	79.201	2960
슐레스비히-홀슈타인	21.02	5466 (260 Qu-Ruten)	468	500 468	28.982	145		137.12	3339
프랑크푸르트 (마인)	12.659	2025.08 1 Feldmorgen	467.771	50513 108 Pfund		143.42			
쾨니히스베르크									
뤼벡	21.177		484.705	54287 112 Pfund		145		36.1	3330
뉘른베르크	18.11	2848.62 120 Qu-Ruten	360 (의학상의 중량)						
빈 (오스트리아)	14.386849	(Joch 5754.6432)	560.063	56006.3 100 Pfund	56.589 (Biereimer 60.138) (Weineimer 58.568)		(Fass-Wein 580.03725) (Fass-Bier 240.50325)		
인스부르크 (티롤)	(Qu-Klafter 4.0183489)	(Joch 5754.642)	561.231		56.589		(Dreyling 1358.136)	(glatter-Staar 30.571)	
잘츠부르크		(Tagbau 3540.600)	560.708		56.589		(Sud-Bier 1527.903)	(Metzen 36.168235)	
프라하 (보헤미아)	22.788338	(Strich Saatland 2877.3216)	513.923 514.398 (1855)	61670.76 120 Pfund	61.11612		(Kufe 687.52497)	(Strich 93.362202)	

그라츠 (슈타이어마르크)	(Qu-Klafter 3.1780059)	(Tagwerk 5394.978)	560.063	56006.3 100 Pfund	105.012			(Grazer-Vie rtel 80.5908)	
크라쿠프 (갈리티아)	(Qu-Klafter 4.5727545)	5598.720	405.504	40550.4 100 Pfund	(Fass 138.37708)			123.00192	
브라티스라바 (헝가리)	(Qu-Klafter 2.6974711)	(Joch 4315.9536)	490.053		54.2976		(Fass 149.3148)	(Metzen 63.630)	
브르노 (모라비아)	(Qu-Klafter 3.1521303)	2877.1938	560.142		53.476505		(Kufe 641.71926)	(Metzen 70.599166)	
네덜란드	(Vierkanter oede 13.54)	(Jonke 2839)	494.09	Centenaar 49409		155.227		(Schepel 27.811503)	3003.6424
프랑스	(Qu-Perche 34.187409)	(Arpent 3418.7378)	(livre 489.504)	(Quintal 48950.4)	(Muid 268.1964)		(Tonneau 913.20874)	(Setier 110)	
벨기에	(perce carre 32.875889)		(livre 470)	(Quintal 47015.505)					
영국		(Arce 4046.8564)	(pound 453.5982)	(Cental 45359.82)		(Barrel 163.566)		(Bushel 36.348)	(Load 2907.84)
베른 (스위스)	8.5995562	(Juchart 3440)	Eisenpfund 520.1 Markgewicht 489.506	52010 48950.6	(Brenten 41.75)	(Saum 167)	(Fass 1002)	(malter 168)	
스위스	8.9844035	(Juchart 3593.7614)	500	50000	(Seiter 37.5)	(Saum 150)		(Malter 150)	

【참고문헌】

1) 小泉袈裟勝, 『단위의 기원 사전』, 東京書籍, 1982.

2) 小泉袈裟勝, 『도량형의 역사』, 原書房, 1977.

3) 『신편 단위 사전』, ラテイス, 1974.

4) 篠崎晃雄, 『상용 단위 사전』, 實業之日本社, 1974.

5) *Lexicon der Masse und Gewichte*, zusammengestellt von Gerhard Hellwig, Orbis Verlag, Gütersloh, 1988.

6) *Alte Masse, Münzen und Gewichte aus dem deutschen Sprachgebiet*, gesammelt und bearbeitet von Fritz Verdenhalven, Verlag Degener & Co., Neustadt an der Aisch, 1968.

7) *Alte lokale und nichtmetrische Gewichte und Masse und ihre Grössen nach metrischem System*, bearbeitet von Wilhelm E. Rottleuthner, Universitätverlag Wagner, Innsbruck, 1985.

8) Tuor, Robert, *Masse und Gewicht im Alten Bern, in der Waadt, im Aargau und im Jura*, Verlag Paul Haupt, Bern und Stuttgart, 1977.

9) *Hilfen zum Lesen handschriftlicher Quellen*, zusammengestellt von Hans Schmocker, *Schulpraxis*, 9-10, Sept./Okt., Eicher+Co, Bern, 1973.

10) *Tabellen alter Münzen, Masse und Gewichte zum Gebrauch für Archivbenutzer*, zusammengestellt von Franz Engel, Verlag C. Bösendahl, Rinteln, 1982.

※ 18세기 후반의 통화 환산율(Währungstabelle) ※

마토바 아키히로(的場昭弘)

발행지역	통화명	환산율		
		Rthlr.	Gr.	Pf.
프로이센	Rheinischer Goldgulden	2	2	2
	Reichsthaler (1763)	1		
	Speziesthaler (1763)	1	8	
	Koenigsthaler	1	2	8
	Gulden		16	
	Reichsgulden		17	9
	Zweydrittel			
	altes		20	4
	neues		17	9
	neues		16	
	Neues Zweidrittel		17	9
	Groschen Preussisch Courant		3	
	Batzen			10 2/3
	Kreutzer			2 2/3
	Pfenig guter			1
	leichter			2/3
쾰른	Blaffert			2 2/3
브란덴부르크	Brandenburger Reichs Thaler	1	9	4
	Friedrichsd'Or	5		
	Thaler	1		
	Courantgeld Preussisches		22	10
브라운슈바이크	Braunschweiger Thaler	1		
	Mariengroschen			8
	Mattier			4
브레멘	Bremer Thaler	1		
	Duettgen		1	6
	Flinrich		1	4
	Schwar			4/5
	Groot			4
	Kopfstueck		4	
헤센	Casseler Thaler	1		
오스트프리스란트	Gulden		8	4
	Flinderke		1	3
	Stuever			5
	Krumsteert			2
	Oertgen			1 1/4
	Witte			1/2
하노버	Georgsd'or	5		
	Goldgulden, Hannoversche	2	3	1
	Hannoversche Thaler	1	2	8
	Mariengroschen			8 4/7

함부르크	Lubischer Gulden	2	21	8
	Dukat	2	19	7
	Hamburger Thaler	1	10	9
	Courant Thaler luebischer	1	4	
	Mark Banco		11	7
	Schilling		4	8
	Schilling		1	2
	Schilling			7
	Pfennig lübisch			7/12
	Groot			3 1/2
작센	Groschen		6	
	Dreyer			3
니더작센	Ort-Thaler		6	
	Witte			2
오버작센	Schreckenberger			2 2/3
뤼벡	Luebecker Thaler	1	4	
뤼네부르크	Lueneburger Gulden		17	9
메클렌부르크	Mecklenburger Thaler	1	4	3
프랑스	Louisd'or	6-7		
	Franc, Livre (20 sous)		6	
영국	Guinee	6	7	10
	Engl. Pfund	6	7	9
	Rosenobel	6	5	6
	Schilling		7	6
러시아	Rubel (1764)	1		7
네덜란드	Soverein	8	10	3
이탈리아	Zechino	2	20	

표의 각 통화의 환산율은 1763년의 프로이센 왕국의 탈러로 표시되어 있다. 또한 탈러, 그로셴, 페니히의 환산율은 아래와 같다.

　　　1 탈러 = 24 그로셴 = 288 페니히

　　　(은화 16세기부터 1873년까지)

　　　1 그로셴 = 1/24 탈러 = 12 페니히

　　　1 페니히 = 1/12 그로셴 = 1/288 탈러

【참고문헌】

Tabellen alter Münzen, Masse und Gewichte zum Gebrauch für Archivbenutzer, zusammengestellt von Franz Engel, Verlag C. Bösendahl, Rinteln, 1982.

✠ 18세기 후반부터 19세기 전반의 통화의 구매력 (Kaufkraft) ✠

(1) 독일 마르크에서 본 당시 통화의 가치 (Wert des Geldes)

		1967년의 독일 마르크
프로이센	1 Reichsthaler (1622-1775) 1 preuss. Thaler (1839-1855)	32.50-43.20 DM 14.70 DM

(2) 18세기의 물가들 (Preise)

연대	1 셰펠의 라이밀의 가격	그 외
1721	1 Rthlr. 16 Gr. 4 Pf. (Berin)	1 셰펠의 소맥 2 Rthlr. 2 Gr. 4 Pf. (Berlin)
1724	1 Rthlr. (Berlin)	
1725	16-20 Gr. (Berlin)	
1727	12 Gr. (Ostpreussen)	
1728	12-18 (Preussen)	
1748	(1 Himten의 가격 14 Gute Gr.) (Lüneburg)	닭 2 gute Groschen 거위 2 gute Groschen 양 20 gute Groschen 새끼 돼지 2 1/2 Rthlr. 송아지 1-4 Rthlr. 황소 9-10 Rthlr. 수말 40 Rthlr. (Lüneburg)
1750		황소 50 Mark 돼지 15 Mark (Lüneburg)
1755	(3 kg의 라이밀 빵 1 Mariengroschen) (Braunschweig)	
1762	4 1/2 Rthlr. (Paderborn)	
1770		황소 20-30 Rthlr. 돼지 5-10 Rthlr. (Osterstade)
1780	33 Mariengroschen (Lippe)	
1790		베를린의 간이 주거의 대금 10-12 Rthlr.
1793		베를린의 간이 주거의 대금 18-24 Rthlr.
1857	5 Pfund의 라이밀 빵 4 gute Groschen (Braunschweig)	

(3) 18세기의 소득 (Einkommen)

장소	연대	직종	봉급
Lippe	1700년	정원사 집사 대장장이 제분 직인 병사 목수 지붕 직인 통 직인	60 Thaler (년) 21 Thaler (년) 20 Thaler (년) 12 Thaler (년) 10 Thaler (년) 8 Groschen (일) 9 Groschen (일) 5 Groschen (일)
Lüneburg	1747년	하인	8 Thaler 20 Groschen (년)
Lippe	1750년 경	상급 공무원 서기관 건물 관리인 하인	162 Thaler (년) 88 Thaler (년) 9 Thaler (년) 9 Thaler (년)
Lippe	1752년 이후	하인 우두머리 하인 아래 하인 마부 하녀 우두머리 하녀 아래 하녀	12 Thaler (년) 10 Thaler (년) 8 Thaler (년) 4 Thaler (년) 7 Thaler (년) 6 Thaler (년) 5 Thaler (년)
Brüun (Brno)	1769	양복집 상급의 직인 중급 젊은 직인 가장 젊은이	30 Kreuzer 24 Kreuzer 18 Kreuzer 15 Kreuzer
Königsberg	1770년	미장이 목수 현장감독 직인 부하 일꾼	여름 1 Gulden 10 Groschen (일) 겨울 1 Gulden 6 Groschen (일) 여름 1 Gulden 6 Groschen (일) 겨울 1 Gulden (일) 여름 18 Groschen (일) 겨울 15 Groschen (일)
Danzig	1821년	프로이센 행정구 장관	1200 Thaler (년)

【참고문헌】

1) W. 아벨, 『식생활의 사회경제사』(高橋, 中村, 櫻井 譯), 晃洋書房, 1989.

2) *Alte Masse, Münzen und Gewichte aus dem deutschen Sprachgebiet*, gesammelt und bearbeitet von Fritz Verdenhalven, Verlag Degener & Co., Neustadt an der Aisch, 1968.

색 인

- 우리말 색인
- 구미어 색인
- 인명 색인

❈ 우리말 색인 ❈

(ㅅ)

※ 구미어 색인 ※

(앞의 정관사는 생략했다)

�֍ 인명 색인 ✖

(신의 이름과 가공인물도 포함)

(ㅂ)

(ㅅ)

(ㅇ)

(ㅈ)

(ㅊ)

(ㅎ)

현대철학사전 II

헤 겔 사 전

초판 1쇄 발행_2009년 01월 08일
    2쇄 발행_2020년 09월 21일

엮은이_가토 히사타케+구보 요이치+고즈 구니오+다카야마 마모루+다키구치 기요에이+야마구치 세이이치
옮긴이_이신철
펴낸이_조기조
기획_이성민+조영일
편집_백은주
표지디자인_미라클인애드
출력_엔컴
인쇄_상지사
펴낸곳_도서출판 b

등록_2003년 2월 24일 제2006-000054호
주소_08772 서울특별시 관악구 난곡로 288 남진빌딩 302호
전화_02-6293-7070(대) / 팩시밀리_02-6293-8080
홈페이지_b-book.co.kr / 이메일_bbooks@naver.com

정가_80,000원

ISBN 978-89-91706-22-4 93100
ISBN 978-89-91706-20-0 (세트)